학습문제가 있는 학생들을 위한

특수교육 교수방법

Cecil D. Mercer · Ann R. Mercer 공저 | 서선진 · 안재정 · 이금자 공역

학지사

Teaching Students with Learning Problems, 7th ed.
by Mercer, Cecil D. & Mercer, Ann R.

역자 서문

이 책 『학습문제를 가진 학생들을 위한 특수교육 교수방법』은 Cecil D. Mercer와 Ann R. Mercer가 공동 저술한 *Teaching Students with Learning Problems*(7th edition)를 완역한 것이다. 이 책은 미국 학습장애 분야에서 권위 있는 책 중 하나로서, 1981년 초판이 발행된 이래 지속적인 개정을 거치면서 학습문제가 있는 학생들을 가르치고자 하는 많은 교육자들과 예비교사들에게 상당한 영향을 주었다.

개인적으로는 특수교육 학도로서 가장 재미있게 공부했던 교재 중 하나였고, 특수교사로서 학습문제가 있는 학생들을 가르치면서 직면했던 도전을 감당할 수 있도록 실제적인 지식과 아이디어를 제공해 준 소중한 교수 지침서이기도 하다. 책의 제목을 통해 알 수 있듯이, 이 책의 내용은 단지 학습장애를 가진 학생들을 위한 교수방법에 국한된 것이 아니라 다양한 이유로 인해 학습에서 어려움을 경험하는 학생들을 가르치는 데 도움이 될 수 있는 교수 이론과 실제에 대하여 매우 포괄적이면서도 상세하게 다루고 있다.

이 책이 가진 장점은 학습문제를 가진 학생들의 문제만을 교정하려고 하기보다는 그들의 교육적 요구를 보다 적절하게 충족시킬 수 있도록 교수의 근본적인 부분에서부터 체계적으로 접근하려고 한다는 것이다. 교사는 이 책을 통해 학습문제를 가진 학생들이 학업에 좀 더 반응적으로 참여할 수 있는 분위기를 조성하고, 이들의 학습에 도움을 줄 수 있는 교수를 계획 · 관리할 수 있다. 학생이 가진 문제에 대처하거나 예방할 수 있도록 과학적으로 효과성이 입증된 다양한 교수 실제 관련 정보를 얻을 수 있다. 특히 학업 영역에서 제공되는 교수용 자료, 활동 및 컴퓨터 소프트웨어에 대한 정보는 학습문제를 가진 학생들과 함께 좀 더 역동적인 수업을 모색해 보고자 하는 교사들에게 유용할 것이다.

이 책은 총 2부 14장으로 구성되어 있는데, 1부는 '교수를 위한 기초'로 교수 환경, 계획, 조직, 평가, 관리 등 교수와 관련된 전반적인 지식과 정보를 다루고 있다. 2부는 '학업기술의 교수'로 언어, 읽기, 쓰기, 수학, 내용교과 등의 학업 영역의 평가와 교수를 비롯하여 학습문제를 가진 학생들을 위한 전략 및 전환교육의 내용을 포함하고 있다. 특히 2부에서는 학업 영역별로 평가와 교수의 구체적인 전략과 기술, 교수 활동 등이 제시되어 있어 학습문제를 가진 학생들을 가르치는 교사들에게 실제적이고 유익한 정보를 제시하고 있다.

사실 이 책의 일부가 다른 나라(미국)의 언어와 읽기 · 쓰기 교수와 같이 영어에 기반을 둔 교육을 다루고 있기 때문에 우리나라와는 차이가 있어 이를 번역하는 것이 우리나라의 학생들과 교사들에게 도움이 될 수 있을지 걱정하기도 했다. 그러나 이 책에서 다루고 있는 관련 내용이 한국어 문해교육을 하는 교사들이 수정 ·

적용할 수 있는 것들을 많이 포함하고 있어, 학습문제를 가진 학생들에게 새롭고 효과적인 교수를 제공하길 원하는 교사들에게 유익할 듯하다. 특별히 번역서가 원서와 다른 점이 있다면 별도의 CD-ROM을 제공하였던 원서와는 달리, 번역서에서는 가급적이면 대부분의 자료를 본문에 포함시켜 독자들이 별도의 자료를 찾는 불편함을 줄이고자 노력하였다. 또한 본문에 포함되지 않은 CD-ROM 자료의 경우는 학지사의 '부록자료실'에 게시하여 독자들이 손쉽게 자료에 접근할 수 있도록 하였다.

이 책의 번역을 시작할 때의 열정이 길고 더딘 번역 작업으로 인해 빛바래질 무렵, 우리 역자들이 만난 현장교사들의 특수교육 교수방법에 대한 뜨거운 관심과 요구가 고되고 힘들었던 이 작업을 지속하게 해 준 것 같다. 서선진은 2~4장과 6~8장을, 안재정은 9~12장을, 그리고 이금자는 1, 5, 13, 14장을 맡아 번역하였다. 번역 과정에서 역자들은 가급적이면 이 책에 제시된 방대한 양의 과학적 지식과 실제적인 교수 정보를 독자들이 이해하기 쉽게 전달하고자 노력하였다. 그럼에도 불구하고 아직도 많은 부분에서 저자의 의도를 충분히 전달하면서 독자가 그 의미를 편안하게 이해할 수 있도록 번역하지 못한 것 같아 마음이 무겁다. 추후 기회가 다시 주어진다면 미비한 부분을 보완하고 교정하고자 하니, 독자들의 너그러운 이해를 구한다.

이 번역서가 나오기까지 도움을 주신 많은 분들께 감사의 말씀을 전하고 싶다. 특히 원고가 약속한 날짜를 넘겼어도 인내심을 가지고 기다려주신 학지사의 김진환 사장님을 비롯하여, 작은 부분 하나까지도 꼼꼼하고 세심하게 읽고 조언을 해 주신 편집부 여러분들께 감사드린다. 또한 이 역서가 나오기까지 여러모로 도움과 관심을 보여 준 황보연희, 서전성, 서우정 그리고 윤진영 선생님께도 감사의 인사를 전한다. 끝으로, 이 책이 학습문제를 가진 학생들과 그들을 가르치는 선생님들에게 학문적인 면과 실제적인 면 모두에서 도움이 되었으면 하는 바람이다.

2010년 2월

대표역자 서선진

저자 서문

교육자라면 오랫동안 그들의 마음이나 가슴에 남을 중요한 사건이 하나쯤 있을 것이다. 나(Cecil D. Mercer)의 경우는 1968년 버지니아 주 블루리지 마운틴스(Blue Ridge Mountains) 옆에 위치한 작은 초등학교에서 열린 부모-교사 협의회를 들 수 있다. 이 협의회의 담당자는 학생들이 흥미도 없고 동기도 그리 높지 못하여 적절한 행동을 보이지 않는 것에 대해 걱정하고 있었고, 나에게 이러한 주제에 대해 토의했으면 하고 부탁해 왔다. 학부모, 교사, 학교 행정실 직원 등 70명이 넘는 사람들이 협의회를 위해 작은 식당으로 들어왔다.

나를 소개하는 데 2~3분이 소요되었고, 나는 거기 모인 사람들에게 이러한 자리에 함께할 수 있어서 기쁘고 이 모임을 시작하기에 앞서 간단한 시험을 하나 보겠다고 말했다. 그 시험은 닭 한 마리, 여우 한 마리, 한 자루의 닭모이를 호수 건너편으로 보내는 것과 관련된 것이었다. 그러나 문제는 정답을 말하기가 거의 불가능할 정도로 어려웠다. 나는 사람들에게 "이 시험은 평균적인 능력을 가진 사람들이라면 대부분 1분 이내에 끝낼 수 있는 것입니다. 내가 '시작하세요' 라고 말하면 바로 시작해 주세요. 준비되셨나요?" 1분이 거의 끝날 무렵, 많은 사람들은 알 수 없는 말을 중얼거리거나 화를 내거나 다른 사람들의 답을 보려고 애썼다. 나는 시간이 끝났음을 알리고는 얼마나 많은 사람들이 문제를 풀었는지를 물었다. 누구도 손을 들지 않았다. 나는 아주 재미난 표정을 지으면서 사람들에게 "너무 고생하셨을 것 같네요. 그래도 1분을 더 드리도록 하지요. 학습부진아들은 대개 이 문제를 2분 내에 풀 수 있습니다."라고 말했다.

물론 이 문제를 내면서 사람들이 약간의 좌절감을 경험할 것으로 예상하기는 했다. 하지만 추가 1분 동안 사람들의 행동은 가히 놀랄 만했다. 많은 사람들이 다른 사람의 것을 보려고 했고, 어떤 사람들은 욕을 했으며, 어떤 사람들은 내 연필을 부러트렸고, 또 다른 사람들은 시험지를 구겨서 옆에 던져 버렸다. 1분의 시간이 끝났다. 나는 몇몇 사람들에게 기분이 어땠는지를 물었다. 사람들의 반응은 이러하였다. "나는 당신의 얼굴에 주먹을 날리고 싶었습니다." "이 자리를 박차고 일어나 절대 돌아오고 싶지 않았어요." "내 심정이 어떤지 정말 속이라도 꺼내 보이고 싶었어요." "도대체 이거 답이 뭡니까?"

2분 동안 이러한 상황이 성인들로 하여금 남을 속이고 욕을 하며 기물을 파손하도록 만들었고, 그들은 자리를 떠나거나 물리적 폭력을 가하거나 불손한 언행을 하고 싶을 지경이 되었다. 나는 여기서 그들에게 일어난 상황이 학습문제를 가진 학생들에게서 종종 일어나는 것과 유사하다는 것을 이야기하였다. 그런 학생들에게 주어지는 과제는 종종 그들이 정확히 수행하기에 너무 어렵거나 실제적으로 불가능한 것들이 많다. 그리고 그 과제를 수행하면서 경험하게 되는 실패는 일반적으로 그들의 능력을 반영한다고 본다. 여기서 말하고 싶은 것은 분명하다. 학생과 성인은 모두 부적절한 과제가 주어지면 그 상황에 공격적으로 대응하거나 회피하려는 경향이 있다. 나는 성인들이 이러한 유형의 실패에 매우 빨리 격하게 반응하는 것을 보면서 학교에서 실패를 자주 경험하는 학생들에게서 생겨나는 일들에 대해 생각해 보게 되었다. Ann과 나는 학습문제를 가진 학생들이 그들의 독특한 요구에 맞는 교육 프로그램을 받을 권리가 있다는 것에 대해 많은 교육자들이 확신하고 있다는 사실에 대해 적극적으로 알리고 있다. 우리에게 개별화 프로그램이란 학생이 효과적으로 자신의 동기를 유발하는 조건에서 오랜 시간 동안 적절한 과제나 내용을 배우는 것을 말한다.

이 책의 가장 기본적인 목표는 학습 및 행동 문제를 갖는 학생들에게 개별화 프로그램을 제공하는 데 있어 어려움을 경험하는 특수교육 교수, 특수교사, 자료실 교사, 교정(치료)교육 교사 그리고 일반교사를 준비시키는 것이다. 개별화 프로그램은 교과목, 평가, 각 교과 영역에서의 효과적인 교수 실제, 교수활동, 독립과제 활동, 상업용 프로그램과 소프트웨어에 대한 이해를 필요로 한다. 그리고 학습문제를 가진 학생들의 복잡한 요구와 다양한 중재기법은 특수교사와 일반교사, 다른 전문가 및 학부모 간의 협력을 필요로 한다. 초 · 중등학교 및 대학의 교사로서 우리는 이 모든 영역을 포함하는 교재를 찾기 어려웠다. 자료실 및 교실 교사, 특수교육 교수들은 간혹 교수활동, 교수 제작자료, 교과영역 및 기술계열 목록, 평가, 사업용 자료 및 소프트웨어 각각에 대해 별도의 교재를 사용하고 있다. 이 책은 특수교육 및 교정교육 교수법, 특수교육 및 교정교육의 교사교육 프로그램 자료 그리고 개별 교사를 위한 핸드북으로서 포괄적이고 실제적인 교재가 될 것이다.

개정판에 포함된 것

제6판의 독자와 평론가들의 피드백에 기초하여, 이번 제7판은 음운론적 인식, 발음법, 유창성, 어휘, 읽기 이해의 평가 및 중재에 대한 국가건강연구원과 국가 읽기 전문가 연구의 결과를 포함시키는 등 획기적인 변화가 포함되어 있다. 또한 평론가들의 의견에 의하면 협력, 통합, 내용 심화, 효과적인 교수 중재, 교실 관리, 음운론적 인식, 문화적 다양성, 정의적 발달, 기능적 교육과정, 문제해결, 명시적-내재적 교수, 성공적인 전환의 실제 그리고 교실에서 성인 자원봉사자나 보조원의 활용은 시기적절하고 포괄적이다. 제7판에서는 교재, 평가, 소프트웨어에 대한 설명이 개정 · 보완되었다. 이번 판의 새로운 변화는 사용자 친화적인 형식으로 만들어진 추가적인 정보를 CD-ROM에 포함시킨 것이다.

보충자료

CD-ROM. CD-ROM 자료는 이 책 제7판에 함께 제공된다. 본문에서 엄선된 그림, 표, 서식, 그리고 기타 전략, 활동 및 자료를 CD-ROM으로부터 얻을 수 있다. 본문에서는 CD-ROM이 언급될 때마다 기호를 제시하여 독자가 손쉽게 필요한 정보와 자료를 찾아볼 수 있도록 하였다.

평가 문항과 관련된 강사를 위한 매뉴얼. 강사용 매뉴얼에는 장별로 개요를 소개하고 본문의 표와 그림의 목록을 순서대로 제시하고 있으며, 10개의 시나리오형 질문과 10개의 토론형 질문, 5개의 학생활동과 25개의 사지선다형 문항이 포함되어 있다.

컴퓨터화된 시험문제 은행. 강사 매뉴얼의 평가 문항은 사용상의 편이를 위해 CD-ROM에서도 찾아볼 수 있다. CD-ROM은 매킨토시와 PC 모두에서 호환 가능하다.

파워포인트 슬라이드. 이러한 시각적 보조물은 각 장에서 제시하고 있는 핵심 정보를 보여 주고 요약하며 설명하는 데 도움을 준다. 강의자는 출판사의 Companion 웹 사이트에서 슬라이드를 내려 받아서 파워포인트 슬라이드로 사용할 수도 있고 OHP에서 사용하기 위해 투명필름에 출력/복사할 수도 있다.

Companion 웹 사이트. 주소는 http://www.prenhall.com/mercer이다. 이로부터 강의자와 학생 모두는 유용한 정보를 얻을 수 있다.

- 강의자를 위하여: 교수용 자료 부분은 강의자들만을 위하여 암호를 가진 사람들만 접근할 수 있도록 하였다. 각 장에는 교수자가 내려받기를 하고 개인적으로 수정할 수 있도록 각 장의 내용과 관련된 파워포인트 슬라이드가 제시되어 있다. 또한 강의자용 매뉴얼의 온라인 버전도 이 웹 사이트에서 찾아볼 수 있다. Companion 웹 사이트에서는 강의 계획서를 만들고 수정하기 쉽도록 강의 계획서 제작 기능이 있다. 교수용 자료의 암호를 받기 위해서는 지역의 프렌티스홀(Prentice-Hall) 출판사 영업부로 연락하거나 강의지원 팀(1-800-526-0485)으로 전화할 수 있다.
- 학생들을 위하여: Companion 웹 사이트는 학생인 여러분이 핵심 질문, 각 장의 목표, 웹링크, 교실 적용활동, 상호작용적인 자기평가, 토의 시작자, 다양성과 테크놀로지 관련 성찰활동을 사용하여 내용을 이해하도록 하는 데 도움을 줄 것이다.

본문 관련 비디오. 강의를 진행하는 교수자는 본문에 소개된 정보와 문제점 등에 대한 보충 및 확장 자료로 사용할 수 있는 비디오 자료를 받아 볼 수 있다. 이 비디오는 '헤더의 이야기'라는 제목하에 다운증후군을 가진 초등 4학년 학생이 처음으로 통합학급에 입급되면서 학생과 그 가족 및 교사가 겪었던 경험을 보여 준다.

감사의 글

많은 분들이 이 책을 개정하는 데 도움을 주었다. 특히 이 책의 평론을 맡아 준 캘리포니아 주립대학교의 Tamarah Ashton, 호프스트라 대학교의 Darra Pace, 라로쉬 대학의 Jodi Katsafanas, 내셔널 대학교의 Joan P. Sebastian에게 감사의 인사를 전한다.

또한 제6판을 읽어 주고 더 나은 책을 만들 수 있도록 훌륭한 제언을 해 준 수많은 학생들에게도 감사의 인사를 전한다. 더불어 메릴/프렌티스홀(Merrill/Prentice Hall) 편집 팀의 Allyson Sharp, Heather Dolye Fraser, Amy Nelson이 보내 준 격려, 지원, 인내, 믿음에 감사함을 표한다. 마지막으로 수년 동안 우리와 함께 성공과 좌절을 함께 나눈 학생들, 학부모들 그리고 선생님들에게 감사의 마음을 전한다.

Cecil D. Mercer

Ann R. Mercer

차 례

제3장

교수를 위한 학생평가 _ 113

제4장

교수 관리 _ 161

제5장

사회, 정서 및 행동 발달의 촉진 _ 203

⟨2부: 학업기술의 교수⟩

제6장

언어영역의 평가와 교수 _ 257

제7장

읽기평가 _ 311

제8장

읽기교수 _ 343

제9장

철자의 평가 및 교수 _ 415

제10장

필기하기와 쓰기표현의 평가 및 교수 _ 445

제11장

수학평가 _ 485

제12장

수학교수 _ 511

제 1 부

교수의 기초

제 1 장

반응적 학습환경의 조성

다음은 최근 대학생들과 함께 초등 일반교육 현장에서 읽기기술을 평가하면서 초등학생들로부터 들은 몇몇 심각한 이야기다. "제발 읽기 좀 가르쳐 주세요!" "선생님은 나에게 읽는 방법을 가르쳐 줄 건가요?" "선생님이 우리 (학급) 선생님이 읽기 가르치는 것을 도와줄 건가요?" 일부 어린 학생들은 읽기를 거부하거나 단어를 읽을 수 없을 때 소리를 지른다고 하였다. 평가에 참여했던 대학생들은 학생들이 사용하고 있는 읽기 책에서 읽을 문단이 제시되었지만 이는 일부 초등학생들이 가진 읽기능력을 보여 줄 만한 문단이라기보다는 그들이 읽기에 너무 어려운 과제라고 주장하였다. 따라서 각 아동들에게는 자신의 학년수준에 맞는 읽기 문단이 제시되어야 한다고 본다. 하지만 현실은 모든 연령의 학생들이 낮은 학업성취와 학교생활의 실패로 인하여 좌절감을 경험한다는 시나리오가 만연되어 있다. 그러나 여기서 주목해야 할 것은 이런 학생들이 지금보다 더 높은 수준의 성취를 이룰 수 있는 가능성을 가지고 있다는 것이다.

Cegelka와 Berdine(1995)은 전체 학생 중 25~40%가 주변에서 관심을 가져야 할 수준의 학습문제를 가지고 있다는 평가 결과를 보고하였다. 우리 주변에서 발생하는 여러 사회적 문제는 학생들의 유약한 학업 수행의 원인이 되기도 한다. 그 원인으로는 제한적이거나 전무한 가족지원, 가난 등이 포함되는데, 이는 학생의 다양성, 범죄율, 낙제율, 약물남용을 증가시키는 것으로 알려져 있다. 그리고 학교와 관련된 여러 문제도 학생의 낮은 성취를 이끌기도 한다. 교육현장에서 아직 검증되지 않은 교육과정 자료를 현장에 적용하면서 생기는 여러 문제는 이론과 교수 실제 간에 나타나는 간극을 줄이기 어렵게 한다. 또한 경제적 지원 및 지역사회 지원의 감소는 오히려 다양한 학생들의 요구를 충족시켜야 할 학교 관계자들의 능력을 약화시키고 있다.

이 장에서는 그들의 요구사항에 반응하는 교수를 받지 못할 경우 학교생활에서 전반적인 실패에 직면하게 될 가능성이 높은 학생들을 가르치는 것에 초점을 맞추고 있다. 교육방법론은 이 학생들이 자기의 학습 잠재력을 실현하고 독립성을 획득하며 사회의 구성원으로서 기여할 수 있도록 도움을 주고자 한다. 이 장의 내용은 다음 네 가지의 교육적 신념을 바탕으로 한다. 첫째, 모든 개인은 학습할 수 있다. 이는 모든 학생이 동일한 것을 학습할 수 있는 능력이 있다는 것을 의미하는 것이 아니라 대부분의 학생들이 학교에서 제시하는 기본적 교육과정을 숙달할 수 있다는 것이다. 둘째, 오늘날 대부분의 학교는 모든 학생들이 그들의 잠재력에 따라 학습하도록 도울 수 있는 교수적 자질을 갖추고 있다. 셋째, 효과적인 교수로 알려진 것과 일반적으로 실제 교실 상황에서 이루어지는 수업 활동은 일치하지 않을 수도 있다. 학교와 교육 프로그램은 모든 학생들을 교육하기 위하여 구조화될 수 있으며 연구 결과는 교사와 학생들을 돕기 위하여 사용되어야 한다. 넷째, 모든 학생은 안전하고 양육적이며 긍정적인 학습환경이 필요하며, 성공을 보장하는 방식으로 그들을 가르치는 것은 모든 학생들을 배려하는 최상의 방법 중 하나다. Hiam Ginott 박사(Milwaukee Public Schools, 1990, p. 30)는 교사가 학생을 위한, 학생을 배려하는 환경을 조성할 필요가 있음을 다음과 같이 강조하였다.

> 나(교사)는 내가 교실에서 환경 조성에 결정적인 요소가 된다는 실로 놀라운 결론에 도달하였다.
>
> 나의 개인적 접근방식에 따라 교실 분위기가 만들어진다.
>
> 나는 교사로서 아이들의 삶을 즐겁게 혹은 끔찍하게도 만들 수 있는 무서운 힘을 가지고 있다.
>
> 나는 아이들에게 고문의 도구 혹은 영감의 수단이 될 수 있다.
>
> 나는 굴욕을 주거나 만족시킬 수도 있고, 상처를 주거나 낫게 할 수도 있다.
>
> 모든 상황에서 문제를 증가시킬 것인지 혹은 감소시킬 것인지, 그리고 아동이 인간적이 될지 혹은 비인간적이 될지를 결정하는 것은 교사인 나의 반응이다.

다음에서는 학생을 배려하는 환경에서 효과적인 교수를 제공받지 못할 때 학업성취에서 결손을 경험할 수 있는 많은 학생들에 대해 간단히 설명하고자 한다.

학교에서 실패를 경험할 위험성이 있는 학생

특별한 도움이 없으면 학교에서 실패를 경험하는 학생들이 가진 요구를 충족시키기 위하여 특수한 요구를 가진 학생 집단을 위한 프로그램이 개발되었다. 이러한 프로그램의 예로는 특수교육, 타이틀(Title) I, 이중언어 교육, 이주민 교육 등이 있다. 이들 프로그램은 미국 장애인교육법(Individuals with Disabilities Education Act: IDEA)의 지원을 받고 있으며, 프로그램별로 수혜 학생의 적격성에 대한 기준이 있다. 특수교육은 특정 학습장애, 언어장애, 정신지체, 정서장애, 중복장애, 청각장애, 정형외과적 손상, 기타 건강장애, 시각장애, 자폐장애, 농-맹, 외상성 뇌손상과 같은 장애 범주 중 하나 이상의 장애를 가진 학생들에게 제공된다. 부가적으로 주의력결핍장애(ADD)와 주의력결핍 과잉행동장애(ADHD)를 가진 학생들도 IDEA(기타 건강장애 혹은 다른 장애 범주)에 따른 특수교육 서비스 적격성을 갖게 되거나 연방법의 지원을 받는 프로그램〔1973년의 재활법(Rehahilifation Act) 504〕에 참여 할 수 있다. 대다수의 특수교육 대상 학생들이 갖는 학습문제는 대개 경도(mild)로 분류된다. 경도 정신지체, 학습장애, 정서장애 그리고 주의력결핍 과잉행동장애 학생들의 학습과 행동상의 문제는 그들의 개별교육 프로그램을 계획할 때 강조된다. 하지만 지체 또는 감각장애 학생들이 보이는 이차적인 학습상의 어려움을 인식하는 것 또한 중요하다. 지체 또는 감각장애 학생들은 종종 사회성 기술뿐만 아니라 학업적인 내용을 학습하는 데도 의미 있는 문제를 나타내기도 하므로 그들 상당수가 나타내는 학습상의 문제를 다룰 수 있는 특수교육이 필요하다.

타이틀 I 프로그램은 낮은 성취수준을 보이는 빈곤층 학생들에게 초점을 맞추고 기존의 일반교실에서 제공할 수 있는 서비스를 보충할 수 있도록 만들어졌다. 학습 관련 변인에 관한 연구를 개관한 Wang, Haertel과 Walberg(1993/1994)는 가정환경이나 부모지원의 변인이 학생의 학습에 큰 관련이 있다고 보고하였다(예를 들면, 28개 변인 중 4위에 랭크됨). 가정환경과 관련된 긍정적인 요인으로는 학교과제에 대한 높지만 실제적인 기대, 너무 허용적이거나 통제적인 규율보다는 권위가 있는 훈육, 긍정적이며 지원적인 부모-아동 관계, 지원적인 교육적 분위기 그리고 숙제를 할 수 있도록 도와주는 일과 계획 및 조직화가 포함된다(Ysseldyke, Christenson, & Kovaleski, 1994). 일반적으로 낮은 사회경제적 수준의 가정은 위에서 언급한 긍정적 요소들을 거의 가지고 있지 않다. 따라서 교사는 환경 결핍으로 인해 학습문제를 보이는 학생들을 지도할 때 위의 요인을 고려해야 한다. Borich(1992)에 의하면 낮은 사회경제적 배경 출신의 학생들을 가르치는 교사는 따뜻하고 학생을 격려하며 그들이 도움을 필요로 하고 있음을 깨닫고 즉각적으로 도울 수 있어야 하며, 과제를 작은 부분으로 나누어 제시해 주어야 하며, 교수 및 학습 속도를 조정해야 하고, 학생이 연습할 기회를 제공해야 한다. 또한 실질적인 과제들로 수업을 강화하고, 개별 학생이 가진 요구를 충족시키기 위하여 표준화된 교육과정안에 특화된 자료를 보충해 주어야 한다.

학습문제를 가진 학생들의 상당수는 문화적 · 언어적으로 다양한 배경을 갖는다. 교사는 학생들의 문화적 차이를 가치 있게 여기고, 그들에게 자신들이 가진 풍부한 유산을 다른 사람들과 나눌 수 있는 방법을 제공해 주어야 한다. 이런 활동은 학생들이 개인들 간에 나타나는 다양성을 존중하도록 돕고 소수민족의 학생들에게 긍정적인 자아존중감과 동기를 촉진하는 사건을 제공할 수 있다. 또한 교사는 다양한 학습자가 가진 다양한 문화에 관심을 갖게 됨으로써 학생들의 선호도와 요구를 조정할 수 있는 교육과정, 교수 그리고 전략을 적용할 수 있다. 학교와 가정 사이의 언어 및 사회적 가치관의 차이는 학생들의 학교 성공을 방해하는 걸림돌

〈표 1-1〉 미국 학교에서 우세한 가치와 다양한 문화적 배경을 지닌 집단의 가치

미국 학교에서 우세한 가치	다양한 문화적 배경을 지닌 집단의 가치
경쟁 – 타인과 직접적인 경쟁에서 이기는 것에 가치를 둠	**협동** – 함께 일하는 것과 사회적인 것에 가치를 둠(아프리카계 미국인, 히스패닉계 미국인, 미국 원주민)
개인적 자율 – 젊은이들이 성인과 같은 혹은 성숙한 행동을 보이는 것에 가치를 둠	**권위나 가족에의 의존** – 젊은이들이 가족이나 권위에 의존하는 것에 가치를 둠(아프리카계 미국인, 히스패닉계 미국인, 아시아계 미국인)
시간을 기본적인 사항으로 강조 – 제시간에 오는 것, 제한된 시간 내 과제를 완성하는 것, 시간 내에 시험을 치르는 것에 가치를 둠	**시간을 이차적인 사항으로 강조** – 시간을 중요하게 여기기는 하나 관계나 수행에 있어 부차적인 것으로 간주함(아프리카계 미국인, 히스패닉계 미국인)
높은 성취에 초점 – 높은 학업적 성취에 가치를 둠	**정의적 발달에 초점** – 성취와 연결하여 인성과 자아개념의 발달에 가치를 둠(아프리카계 미국인, 히스패닉계 미국인, 미국 원주민)
미래에 초점 – 미래 요구에 연관된 동기	**즉시성에 초점** – 오늘의 요구에 연관된 동기(아프리카계 미국인, 히스패닉계 미국인)
비공식적 분위기에 초점 – 학생들이 많은 질문을 하는 비공식적이고 편안한 교실환경에 가치를 둠	**공식적 분위기에 초점** – 권위자나 어른에 대한 존경, 말보다는 듣는 것에 가치를 둠(미국 원주민과 아시아계 미국인)

이 된다. 게다가 일부 소수민족(아프리카계와 히스패닉계 미국인)에게서 빈번하게 보이는 가난은 출신 학생들의 학교 성공에 불리한 영향을 미친다. 관련 문헌을 종합한 Olson과 Platt(2004)은 문화적으로 다양한 배경을 가진 학생들이 학교에서 성공할 수 있도록 도와 주기 위하여 6개의 가치를 제시하였다. 〈표 1-1〉은 미국 학교에서 우세하게 생각되는 가치와 소수민족에 의해 지지되는 가치가 충돌할 수 있는 가능성이 높은 영역 6개를 제시하고 있다. 교사가 갖는 가치와 관련된 지식은 그들의 학생을 위하여 교수를 수정할 때 사용될 수 있다. 간혹 교사들은 교수를 바꿈으로써 우세한 가치와는 다른 가치를 수용할 수 있다(예: 일부 학생을 위해서는 교수용 게임을 사용하고 또 다른 학생을 위해서는 협동학습을 사용하기). 혹 다른 상황에서 교사는 학생이 자신의 성공에 중요한 가치를 받아들이도록 도움을 제공할 수 있다(예: 사전 조직, 계획, 목표 설정을 함으로써 제한시간 안에 과제를 완성하도록 학생을 격려하기).

학교에서 실패할 위험성이 있는 학생의 특성

학령기 인구의 15~20%는 장애, 가난, 제한된 가족 지원, 문화적 차이, 언어적 차이, 비효율적 교수, 교육기금의 부족으로 인해 심각한 수준의 실패를 경험하게 된다고 한다. 이런 학생들은 교수를 받고 새로이 배운 지식과 기존의 선행지식을 연결하고 의미 있는 방법으로 조직화하며 기억을 용이하게 하는 것, 적절한 시기에 표현하거나 보여 줄 수 있는 방법으로 새로운 정보를 기억해 내는 것 등에 있어 그다지 만족할 만한 경험을 가지고 있지 않다.

비록 학교에서 실패할 위험성이 높은 학생들 모두가 특별한 교수를 받지 못하면 학업 실패를 경험할 수 있다 하더라도 그들의 학습적 특징은 매우 다양하다. 그리고 그들은 개인적인 특성과 요구를 토대로 교육 프로그램을 계획해야 하는 이질적인 집단이다. 학습문제를 가진 학생을 위한 교수계획을 세울 때는 그들의 학습 관련 특성을 파악하는 것이 도움이 된다. 〈표 1-2〉에는 학습문제를 가진 학생의 중요한 인지적, 정서적, 행동적 특징에 대한 정보가 제시되어 있다. 이러한 특징을 고려하는 것은 교사가 학습문제를 가진 학생이 성공할 수 있도록 도와주는 기술, 전략, 접근방법을 선택, 수정, 활용하는 데 있어 유용하다. 가끔은 한 가지 전략이 여러 학생들에게 유효하고 그들의 인지, 정서, 행동적 영역에 긍정적인 영향을 미치기도 한다.

학습문제를 경험하는 학생이 가지고 있는 특별한 요구는 장애를 가지고 있지 않은 또래들과 함께 배치되는 학급 내에서 가능한 한 많이 충족되어야 한다는 사실은 법령과 판례에서도 알 수 있다. 장애학생을 일반학급에 배치함에 따라 그들을 위한 교육을 계획하고 실행하는 데 있어 일반교사-특수교사 협력이 필수적이다. 최근 들어 일반교사가 장애를 가진 학습자에게 직접적으로 교수를 제공하는 일이 더욱 많아지는 추세이며 특수교사와도 밀접하게 일을 하고 있다. 학습문제를 가진 학생들이 학교에서 성공하기 위해서는 그들의 개인적인 요구에 맞게 계획된 체계적인 교육 프로그램이 절실하다. 교육 계획이 일정에 따라 실행되기 위해서는 일반교사와 특수교사 간의 협력적인 계획 수립이 이루어져야 한다.

〈표 1-2〉 학습문제를 가진 학생들의 특성

인지적 특성
인지 및 초인지적 결함 28개 범주에 걸친 1만 1,000개의 통계적 결론에 근거한 지식 기반으로부터, Wang 등(1993/1994)은 학생의 학습에 대한 각 범주의 영향력을 조사하였다. 학생의 초인지와 인지 과정은 학생의 학습에 미치는 영향력의 여러 요인 중 2, 3위로 랭크되었다. 초인지는 사고 과정이나 전략의 인식(예: 계획하기, 진행 중인 활동의 효과성 평가하기, 노력의 성과 점검하기, 문제점 정정하기)에 대한 학습자의 지식과 성공적으로 학습하기 위해 그 과정이나 절차를 조절하고 모니터하는 능력을 말한다. 학생의 초인지에 대한 지식은 교수를 계획하는 데 있어 매우 유용하게 사용될 수 있다. 인지와 초인지적 어려움을 갖고 있는 학생을 돕기 위한 교수적 실제(예: 기억술과 소리 내어 말하기)는 이 책 전반에 걸쳐 다루어진다.
낮은 학업성취 낮은 학업성취는 모든 영역(즉, 언어, 읽기, 수학, 철자, 쓰기 표현, 그리고 내용교과)에서 발생하는 학습문제를 가진 학생의 기본적인 특성이다. 특히 언어문제와 읽기문제가 가장 크다. 언어기술과 학업 기능은 매우 밀접하게 연관되어 있기 때문에 때때로 학생의 주요 문제가 언어영역인지 혹은 읽기영역인지를 결정하기가 어렵다.
빈약한 기억력 학습문제를 가진 많은 학생들은 시각적 혹은 청각적으로 제시된 정보를 기억하는 데 어려움을 갖는다. 교사들은 이 학생들이 철자, 수학적 사실, 어휘 그리고 지시사항을 곧잘 잊어 버린다고 보고한다. 일부 연구자들은 그들이 기억을 촉진하는 기법(예: 연습 또는 연상하기)을 자발적으로 사용하지 않는다고 주장한다.
주의집중 문제와 과잉행동 학교에서 성공하기 위해서는 학생들이 관련 교실과제를 인식하고 그에 대한 생각을 계속해서 가지고 있어야만 하고, 또 새로운 과제로 주의집중을 옮길 수 있어야 한다. 주의집중 문제를 가진 학생들은 외부의 자극을 걸러낼 수 없고, 관련되지 않은 자극으로부터 쉽게 주의가 산만해진다. 주의집중 결함과 관련된 행동은 『1982년도 정신장애의 진단 및 통계편람(*Diagnostic and Statistics Manual of Mental Disorders*: DSM)』(American Psychiatric Association, 1982)에서 주의력결핍장애(attention deficit disorder: ADD)란 용어를 도입하면서부터 상당한 관심을 받았다. 그리고 1987년의 DSM 개정판에서 이 장애의 명칭을 주의력결핍 과잉행동장애(attention-deficit hyperactivity disorder: ADHD)로 변경함으로써 그 관심이 더욱 증가하였다. DSM의 1994년 판에는 ADHD의 세 가지 하위 유형이 포함되었다. 현저한 과잉행동 유형, 현저한 주의결함 유형, 결합된 유형이 그것이다(American Psychiatric Association, 1994).
지각장애 (감각을 인식, 구별, 해석하지 못하는 능력과 같은) 지각상의 문제, 특히 시각적 · 청각적 장애는 전통적으로 학습장애 학계의 많은 관심을 받아 왔다. 관련 연구를 종합한 Garnett(1992)에 따르면 공간적 결함은 일부 학생들의 수학학습에 있어 중요한 요인이다. Smith(1998, pp. 116-117)에 따르면, "시지각적 과정은 매우 어린 나이에 읽기와 수학 성취에 있어 중요하고 매우 미묘한 방식으로, 후에 일어나는 철자, 쓰기 그리고 개념적 문제와 관련이 깊다. 시지각 과정은 더 높은 수준의 학업영역에서의 진보에 필요한 기술에 기여하는 주요한 요인은 아닌 것으로 보인다." 지각적 요인을 강조하는 것은 그리 분명하지 않다. 그러나 일부 연구자들은 계속해서 신중하지만 호기심 깊은 눈으로 지각적 요인을 연구하고 있다.
정서적 특성
사회적 기술의 부족 사회적 기술의 어려움은 학습문제를 가진 학생에게 학업문제만큼이나 큰 문제가 될 수 있다. 학습문제를 가진 학생들 중 일부가 나타내는 빈약한 사회적 기술의 예에는 인사하기, 타인의 비평을 받아들이기, 칭찬 받아들이기, 싫다고 말하기, 긍정적 피드백 주기 등이 포함된다. 일부 학생들의 사회적 기술 결함은 사회적 단서를 이해하지 못함으로 인해 생기기도 한다. 사회적 기술 결함이 있는 학생들은 교사, 또래와 적절하게 상호작용하지 못하기 때문에 종종 그들의 또래 사이에서 낮은 사회적 지위를 갖는다.

〈계속〉

유약한 자아개념

학습문제를 가진 많은 학생들은 학업문제로 인해 좌절감을 경험함으로써 파괴적으로 행동하고 자기가치감에 대해 부정적인 감정을 갖게 된다(Bender & Wall, 1994). 그들은 자신이 할 수 있는 과제에 대한 태도를 학습하고 개발하기보다 종종 자신이 할 수 없는 것이 무엇인지를 배운다. 자아존중의 긍정성 결여는 종종 유약한 자아개념과 자아존중감을 야기한다. Montgomery(1994)는 학습장애를 가진 일부 학생들이 학업과 관련하여 낮은 자아개념을 가지고 있지만(다른 영역의 예: 정서, 가정, 신체, 사회)에 관한 자아개념은 장애가 없는 또래 그리고 높은 성취를 보이는 또래와 크게 다르지 않다는 것을 발견했다.

동기 부족

많은 학습문제를 가진 학생들이 경험하는 반복된 학업 실패를 생각한다면 그들이 장애가 없는 또래보다 과제를 수행하고자 하는 동기가 부족하다는 것은 그리 놀랍지 않다. 학교에서 성공하기 위한 초기 시도가 실패할 때, 학생들은 성공이 자신의 능력과 노력을 뛰어넘는 것이라고 믿게 된다. 결과적으로 많은 이들이 학습된 무기력을 개발하고 그들의 능력을 향상시키기 위한 내적 동기를 상실한다. 따라서 성공은 통제할 수 없는 외적 요소에 달려 있다고 믿기 때문에 그들은 외현적으로 동기화된다(Smith, 1998)

기분 상태의 약화

문제를 가진 학생들의 기분 상태에 대한 연구는 거의 없다. 그러나 학습장애 학생들에 대한 일부 연구에서는 주목할 만한 결과가 제시되었다. 학습장애 학생들은 장애가 없는 학생들보다 더 높은 수준의 불안, 근심, 신경과민, 미약한 신체적 고통, 외로움 그리고 우울을 보인다고 보고한다(Bender & Wall, 1994; Sabornie, 1994). 또한 Heiman과 Margalit는 경도 정신지체를 가진 초기 청소년기 학생들이 장애가 없는 학생들보다 더 큰 외로움과 우울함을 보인다는 것을 발견했다.

행동적 특성

적응행동 결함

학습문제를 가진 학생들은 흔히 그들의 학업성취와 사회적 관계를 방해하는 적응행동상의 결함을 보인다. 적응행동 또는 적응력(adaptivity)은 "개인이 다양한 환경의 요구를 충족시키기 위하여 목적적이고 유연하고 유리한 방식으로 그들의 삶을 조직하는 순행적 과정"(Weller, Wetteyne, Herbert, & Crelly, 1994, p. 282)이다. 적응행동은 다차원적 변수이며 사회적 대처, 관계, 화용론적 언어, 생산(즉, 개인이 업무를 어떻게 해 내는가)이 포함된다.

파괴적 행동

파괴적 행동은 사회적 기술 결함 또는 학업에서의 성공 결여로 인해 나타나는 좌절의 결과일 수 있다. 파괴적 행동은 일반적으로 적절한 활동을 방해하는 행동을 포함한다. 그것은 타인의 학습이나 과제를 방해하고 교사나 감독자가 생산적인 활동을 중단하고 혼란을 처리하도록 한다. 학습문제를 가진 많은 학생들의 행동문제는 이미 잘 알려져 있다(Bender & Smith, 1990). 일부 학생들은 타인에 대하여 파괴적이고 공격적 행동(예: 싸움과 공격행동)을 보인다. 좌절을 참기 어려워한다는 것은 간혹 다른 사람들에게 나쁜 말을 하거나 빈정거림 또는 욕설을 하는 등 감정의 폭발을 이끌어 낸다. 이런 행동적 문제는 종종 통합교실에서 파괴적인 사건을 야기하고, 교사들은 학습문제를 가진 학생이 갖는 행동상의 어려움을 그들의 학교 성공에 심각한 방해물이 된다고 생각한다. 교수-학습 과정에 있어 가장 파괴적인 행동은 높은 결석률이다. 교사는 계속해서 결석한 학생이 학습과 과제를 따라가도록 도움을 줄 수 있는 계획을 세워야만 한다. 더욱이 결석생의 학업적 진보는 방해를 받는다.

위축

Bender와 Smith(1990)는 학습문제 학생이 정상적으로 성취하는 또래보다 유의하게 더 소심하고 위축된 행동을 보인다고 보고하였다. 사회적 위축은 학생의 상호작용에서 과거의 실패나 학업 실패로 인한 무능력감으로부터 생겨날 수 있다. 일부 학생들은 사회적으로 고립되어서 또래나 어른들과 긍정적 방법으로 상호작용을 할 수 없을 수도 있다. 외로움과 사회적인 위축은 종종 우울과 자살의 상황에서 나타나기 때문에 이를 위한 중재와 예방책을 개발하는 것이 필수적이다.

개별화 교육 프로그램

다양한 학생 집단의 요구를 충족시키는 것은 일반교사와 특수교사 모두에게 쉽지 않은 일이다. 초등교사는 아동이 기본 기술을 획득하고 독립적인 학습전략을 개발하며 진로를 탐구할 수 있도록 도와주어야 한다. 중등교사는 매일 100명 이상의 학생을 가르치면서 청소년기를 맞이한 학생들이 특수한 직업기술, 학습전략 그리고 학업 지식을 획득할 수 있도록 도와주어야 한다. 중등교사는 교수의 유형을 변화시키고 교수의 양을 조절할 수 있어야 한다. 교수 유형을 바꾸는 것은 테이프에 읽기 구문을 녹음하거나 학생에게 문단 쓰기에 유용한 전략을 가르치는 것 등이 해당된다. 교수의 양은 개념을 가르치는 데 있어 교사가 모델링을 제공하는 것, 정교한 피드백을 사용하는 것, 독립적인 연습하기를 더 많이 시키는 것 등이 해당된다.

개별화 교수는 학생이 동기화된 상황에서 제한된 시간 내에 적절한 과제나 내용을 수행하도록 하는 교수를 말한다. 여기서 말하는 개별화된 접근법은 학생이 일대일로 배워야 한다는 것을 의미하는 것이 아니라 학생들이 그들의 교육적 요구에 맞추어진 교수를 받아야 함을 의미한다. 이는 자습, 소집단, 또래교수, 대집단을 포함하여 다양한 교육적 배치 상황에서 이루어질 수 있다. 교사는 학생이 최선의 성장을 이룰 수 있도록 학습자, 과제 그리고 교육적 중재를 매치한다.

개별화 교수를 특징짓는 요소로는 평가에 기초한 교수목표, 교육과정으로의 다양한 도입 지점, 다양한 수준의 속도, 학습자의 의사결정에의 적극적인 참여, 과제와 학습 수준의 기능으로서 교수 배치의 다양성(예: 대집단, 소집단, 협동학습), 학습자의 준거참조검사가 있다. 개별화 교육 프로그램(individualized education program: IEP)은 개별화된 교수를 촉진하는 교육 계획(예: 결과, 교육과정, 교사의 책임, 일정, 환경)이라고 볼 수 있다.

앞에서 언급한 것처럼, 미국 장애인교육법(IDEA)은 특수교육에 그 목적을 두고 있다. IDEA는 공법 94-142(1975년 채택)를 재승인하고, 공법 99-457(1986년 채택), 공법 101-476(1990년 채택), 공법 105-17(1997년 채택)을 모두 종합하여 공법 94-142에 대한 개정안을 구체화하였다. 기본적으로 IDEA는 21세까지의 장애인을 위한 무상의 적절한 공교육을 보장한다. 공법 94-142은 주로 교육 프로그램을 다루고 있고, 공법 99-457과 공법 101-476은 영유아를 비롯한 가족 서비스 제공을 위한 명령과 장려금 제도를 포함하고 있다. 또한 개정안에는 중등학교에서 학령기 졸업 후 성인환경으로 전환하는 청년을 돕기 위한 지침이 포함되어 있다. IDEA는 장애학생을 위한 기본 교육권 네 가지에 대해 다루고 있다.

1. 단지 평가를 위한 기준으로 하나의 측정방법을 사용하지 않고, 특수한 장애를 판별하기 위한 철저하고 비차별적인 평가 시행
2. 개개인의 요구에 따른 무상의 적절한 교육에 대한 권리
3. 일반교육과정에의 참여를 최대한 강조하고 가능한 한 장애아동이 장애가 없는 아동과 함께 프로그램에 배치되는 '최소 제한적 환경'에의 배치
4. 교육 프로그램의 성공을 돕기 위한 보충적인 지원과 서비스의 제공

IEP는 장애가 있는 학생(3~21세) 개개인을 위하여 계획되고 실행되어야 한다. IEP의 법적 취지는 관리, 의사소통, 책무성의 세 가지 주요한 기능을 갖는다(California Department of Education, 1994). IEP는 학생의 개별적인 요구에 기초한 적절한 서비스를 제공한다는 확신을 할 수 있도록 하므로 관리 기능을 가지고 있다고 본다. 또 IEP는 적절한 서비스와 학습자가 보여야 할 성과를 상술하는 문서화된 계획이 되기 위해 다학문적 팀이 함께 작업할 수 있어야 하므로 의사소통 기능을 가진다고 볼 수 있다. 특수한 목표를 향하여 학생의 진보 상황이 모니터링되어야 하고 주기적으로 검토되어야 하기 때문에 여기에 책무성의 요소가 존재한다. IDEA에 따르면 IEP는 학생의 현재 수행수준, 장단기 교육목표, 특별 서비스와 일반교실으로의 통합 정도, 서비스의 시작과 예상 기간 등 계획된 날짜, 기준, 평가 절차 그리고 진행을 결정하기 위한 시간 계획을 진술해야 한다. 아울러 1997년 개정안에서는 만약 장애학생이 행동문제를 가지고 있다면 기능적 행동평가에 근거한

[그림 1-1] 개별화 교육 프로그램(IEP)

파트 A: IEP

체크리스트

- 03.9.9 의뢰자 앤 사린
- 03.9.9 권리에 대한 부모 고지: 평가를 받도록 동의
- 03.9.16 평가
- 03.9.17 부모 접촉
- 03.9.19 전체 위원회 회합과 소위원회
- 03.9.24 소위원회에 의해 IEP 개발
- 03.9.26 전체 위원회에 의해 IEP 승인

위원회 구성원

앤 사린
의뢰 교사

존 토머스
다른 LEA 대표자

멜리사 윌리엄스
부모

메리 리베라
교사

조앤 뷰튼

앨리스 킹

IEP 초기 승인 날짜 03.9.26

건강 정보

시각: 좋음
청각: 훌륭함
건강: 좋음
기타:

연간 학급 일정

학기	시간	과목	교사
1학기	8:30-9:20	수학	리베라
	9:30-10:20	언어 미술	뷰튼(자료실)
	10:30-11:20	사회	뷰튼
	11:30-12:20	과학	리베라
		점심	
	1:10-2:00	미술	쇼
	2:10-3:00	체육	킹
2학기	8:30-9:20	수학	리베라
	9:30-10:20	언어미술	뷰튼(자료실)
	10:30-11:20	사회	뷰튼
	11:30-12:20	과학	리베라
		점심	
	1:10-2:00	미술	쇼
	2:10-3:00	체육	킹

검사 정보

검사명	날짜	해석
K-TEA	03.9.10	철자 표준점수 82, 수학 표준점수 104, 읽기 표준점수 78
비공식적 음성검사	03.9.12	음성학 규칙의 9개 인식
CBM 검증	03.9.12	70% 이해수준으로 84wpm으로 3학년 수준 읽음
CBM 검증	03.9.16	40% 이해수준으로 60wpm으로 4학년 수준 읽음
사회적 기술 체크리스트	03.9.16	다른 것들을 잘 다루나 비판적 피드백을 다루는 데는 어려움 보임

개인 정보

이름:
학교:
생일: 91.5.15 학년: 6
부모 이름: 켄 윌리엄스와 멜리사 윌리엄스
주소: 1300 Johnson Street Raleigh N.C.
전화: 집 없음 사무실: 9328161

서비스 연속체

	주당 시간
일반교실	20시간
일반교실에서 자료실 교사	6시간
자료실	4시간
읽기 전문가	
언어치료사	
카운슬러	
특수교실	
전이교실	

기타:

〈계속〉

파트 B: IEP(각 과목 영역 완성하기)

학생 이름 그레그 크레스웰 과목 읽기

수행수준 20개 음성학 규칙 중 6개 인식함. 3학년 책 읽음-84wpm; 70% 이해 교사 조앤 뷰튼-자료실 교사

4학년 책 읽음-60wpm; 40% 이해

연간목표
1. 4학년 읽기의 문단이 주어질 때 그레그는 80% 이해력, 110wpm으로 읽을 것이다
2. 그레그는 20개 음성학 규칙을 인식하고 이용할 것이다.
3.

	1학년 9~10월	3학년 10~11월	4학년 11~12월	4학년 1~2월	5학년 2~4월	6학년 4~6월
목표	의뢰	1. 80% 이해력, 110wpm으로 3학년 문단의 초기 수준 읽기 2. 8개 음성학 규칙을 인식하고 사용하기	1. 80% 이해력, 110wpm으로 3학년 문단의 중간 수준 읽기 2. 11개 음성학 규칙을 인식하고 사용하기	1. 80% 이해력, 110wpm으로 3학년 문단의 상위 수준(책의 끝) 읽기 2. 14개 음성학 규칙을 인식하고 사용하기	1. 80% 이해력, 110wpm으로 4학년 문단의 초기 수준 읽기 2. 17개 음성학 규칙을 인식하고 사용하기	1. 80% 이해력, 110wpm으로 4학년 문단의 중간 수준 읽기 2. 20개 음성학 규칙을 인식하고 사용하기
대행자		자료실 교사-1 일반교사-2	자료실 교사 -1 일반교사 -2	자료실 교사 -1 일반교사 -2	자료실 교사 -1 일반교사 -2	자료실 교사 -1 일반교사 -2
평가		1. 3학년 읽기수준으로 CBM 읽기 검증 2. 음성학 규칙과 적용의 비공식적 검사	1. 3학년 읽기수준으로 CBM 읽기 검증 2. 음성학 규칙과 적용의 비공식적 검사	1. 3학년 읽기수준으로 CBM 읽기 검증 2. 음성학 규칙과 적용의 비공식적 검사	1. 4학년 읽기수준으로 CBM 읽기 검증 2. 음성학 규칙과 적용의 비공식적 검사	1. 4학년 읽기수준으로 CBM 읽기 검증 2. 음성학 규칙과 적용의 비공식적 검사

출처: B.B.Strickland & A. P. Turnbull, 1990, *Developing and Implementing Individualized Education Programs* (pp. 419-420), 3rd ed. Upper Saddle River, NJ: Merrill/Prentice Hall. Copyright 1990 by Prentice Hall Publishing Company(허락하에 게재함)에서 수정.

사전 행동중재 계획이 학생의 IEP에 포함되어야 한다. 게다가 공법 99-457은 장애 영유아(출생부터 2세까지)를 위한 개별화 가족서비스 프로그램(individualized family service plan: IFSP)을 제공한다.

IEP와 IFSP 모두 학부모를 포함한 다학문적 팀에 의해 개발되고, 아동의 독특한 요구에 대한 다학문적 평가에 근거하여 계획을 수립하도록 되어 있다. IEP 회합(meeting)에서 다학문적 팀은 연간목표 각각에 대하여 적어도 하나 이상의 단기목표를 세운다. 연간목표를 주요한 진술로 두고 그것을 더하거나 삭제할 때는 반드시 부모의 동의가 있어야 한다. 반면에 단기목표는 진술된 연간목표를 달성하기 위한 단계로 교사의 판단에 따라 더해질 수 있다.

[그림 1-1]은 계획의 본질을 종합한 IEP의 양식을 보여 주고 있다. 파트 B는 교사로 하여금 1년 동안 단기목표의 개요를 수립할 수 있도록 한다. 파트 B의 조직은 단기목표가 성적 작성기간에 따라 나누어지지 않도록 하기 위하여 수정 가능하다(예: 개별 단기목표, 시작 시기, 자료, 평가, 성취 날짜, 개인의 책임). 이는 특수교사가 IEP 회합을 갖기 전 여러 회기 동안 학생이나 그들의 교사가 함께 일할 수 있게 하는 좋은 교수 실제가 되어 준다. 이 기간 동안 특수교사는 학생들을 위한 실질적인 목표와 특수한 교수기술을 결정할 수 있다.

IEP 회합 참여자

IDEA는 IEP 회합에 참여해야 하는 사람을 명시하고 있는데, (1) 아동의 교사 이외에 특수교육을 제공하거나 감독할 자격이 있는 학교의 대표자, (2) 학생의 교사(특수교사와 일반교사), (3) 학부모, (4) 학생, (5) 부모나 학교 직원의 재량에 따라 임명된 사람이다. 처음으로 평가받는 장애학생을 위해서는 평가방법에 대한 지식이 있는 사람이나 평가 팀의 구성원이 IEP 회합에 참여해야 한다.

학교는 학부모의 참석을 위하여 부모 참여를 위한 특정 절차를 따라야 한다. 그 단계는 다음과 같다.

1. 회합에 대하여 부모에게 시간을 두고 일찍 알린다. 목적, 시간, 회합 장소와 참석할 사람들이 통지에 포함되어야 한다.
2. 시간과 장소에 대해 상호 동의한 회합 일정을 짠다.
3. 만약 부모가 참석할 수 없다면 전화상담이나 가정방문과 같은 부모의 직접 참여를 대신할 수 있는 다른 방법을 사용한다.
4. 만약 부모 참여 없이 회합이 열린다면 부모의 참여를 위하여 문서를 작성한다(예: 전화상담, 통신 복사본, 가정방문 기록 등).
5. 학부모의 요구대로 학생의 IEP 복사본을 제공한다.

마지막으로 IDEA에서는 적절한 시기에 학생을 자신의 IEP 계획에 참여시켜야 한다고 지정하고 있다. IEP 회합에서 학생들의 참여가 그리 많지 않다 하더라도, 특히 중등학생의 경우는 프로그램을 계획하는 데 참여시키는 것이 효과적이다.

IEP 구성 요소

수행수준

IEP의 구체적인 목표를 세우기 위해서는 수행수준에 대한 분명한 자료가 있어야 한다. 규준참조 혹은 준거참조 검사도구는 이러한 자료를 제시하기 위하여 고안되었다. 규준참조검사에서 학생의 수행은 다른 학생의 점수와 비교된다. 준거참조검사에서는 학생의 수행이 고정된 준거에 따라 기술된다. 보편적으로는 표준화된 성취검사로 학생의 발전을 평가한다. 하지만 표준화된 검사는 학생이 배우고 있는 교육과정의 내용을 직접적으로 평가하지 않기 때문에 표준화 검사에서 수행한 학생의 실행을 믿기 어렵다. 따라서 학생의 학습과 교사 효율성은 교사가 가르치지 않은 내용에 대해 평가되어야 한다. 준거참조검사와 비공식적 검사는 주로 상대적인 점수를 이끌어 내는 검사와 비교했을 때 학생의 현행수준을 파악하는데 더욱 적합할 수도 있다. 일반적으로 이 도구는 체계적인 기술 계열화를 포함하고 직접적으로 목표를 이끌어 내는 데 도움이 되는 정보(예: 합이 9 이하가 되는 수 가르치기)를 제공한다. 최근 교육과정 중심 측정은 학생의 수행과 IEP에서의 진보를 평가하는 최상의 실제이기도 하다. 다음의 영역에서 학생의 수행수준이 평가될 수 있다. 즉, 사회적 적응, 정서적 성숙, 직업 전 및 직업 기술, 심리운동 기술, 학업성취의 영역이다. 공식 및 비공식적 평가도구는 3장에서 논의될 것이고, 특수한 검사도구는 각각의 교육과정 영역에서 설명될 것이다. 또한 읽기, 철자하기, 필기하기, 쓰기표현, 수학의 하위 영역과 기술계열은 부록 A에 제시되어 있다.

연간목표

연간목표(혹은 장기목표)는 개인의 요구에 따라 학업 영역뿐 아니라 그 외 영역에서 설정되어야 하고, 세분화된 영역은 단기목표의 전체 범위를 포괄하여야 한다. 연간목표는 측정 가능해야 하고, 학년말쯤 학생이 할 수 있는 것이 무엇인지를 기술해야 한다. 만약 IEP가 계획된 대로 실행되었는데도 학생이 계획된 성장이나 발달을 이루지 못했다면 교사가 그것을 책임질 의무는 없다. 하지만 교사는 목표를 위해서 실제적인 기대를 하고 체계적인 교수를 제공해야 할 책임이 있다. 경도장애 학생들에게 적당한 연간목표는 다음과 같다.

- 4학년 수준의 자료를 이해하며 유창하게 읽을 수 있다.
- 구구단을 배울 것이다.
- 독립적으로 과제를 수행하고 완수할 것이다.

교사가 교수목표를 정의하고 학생의 진전을 점검하기 위하여 계열적인 기술 목록을 사용하게 되면 연간목표를 기술하는 절차에서 시간 낭비를 줄일 수 있을 것이다. 교사는 기술계열 목록을 사용함으로써 간단하게 연간목표를 기술할 수 있다. 예를 들어, 학생의 현재 수행수준이 읽기기술 No. 3.14라면, 연간목표는 읽기기술 No. 4.26에 도달하기가 될 수 있다. 이 접근에서 단기목표는 3.14와 4.26 사이의 기술이 될 수 있다. 교사는 코드를 사용할 때 학부모가 교수목표의 조직을 이해할 수 있도록 해야 한다.

단기목표

단기목표는 세분화되고 측정 가능한 용어로 목록화되고 구체적으로 기술되어야 한다. 이 목표는 연간목표를 이루기 위하여 현재의 수행수준을 앞서갈 수 있도록 도와주어야 한다. 앞서 언급한 대로, 이 과제에서는 준거참조 검사도구를 사용하면 더 간단해진다. 왜냐하면 목록화된 기술/능력의 연속선상에서 특별한 기술의 숙달을 그 목표로 세울 수 있기 때문이다. 경도장애 학생들을 위해 사용될 수 있는 단기목표는 다음과 같다.

- 학생은 100% 시간 내내 초성자음 r과 w의 소리를 재인하고 말할 수 있다.
- 학생은 30초 안에 자신의 이름을 바르게 쓸 수 있다.
- 학생은 90%의 이해력으로 분당 150단어로 다음 이야기를 읽을 것이다.

서비스의 서술

학생에게 제공되는 서비스와 자료의 진술에는 누가 학생을 가르치는지, 교수 프로그램에 어떤 내용이 포함되는지, 그리고 어떤 자료가 사용되는지가 포함된다. 또한 IDEA에서는 학생을 최소 제한적 환경에서 교육할 것을 요구하기 때문에, 학생이 어느 정도로 일반교육에 참여하는지를 확정해야 한다. 예를 들어, 학생이 하루 중학교에서 보내는 시간에서 한 시간을 제외하고 일반교실에서 생활하도록 계획할 수 있다. 이 경우 일반교사의 역할이 명시된다(예를 들면, 해당 아동이 일반학급에서 앞쪽에 앉을 것이고, 일반교사와 특수교사에 의해 공동 개발된 개별화된 철자교육용 프로그램을 사용할 것이다.).

서비스 날짜

계획에는 시작 날짜와 서비스의 참여기간을 명시한다.

평가

목표의 준거를 사용하고 자주 평가한다. 그러나 법에서는 연간목표가 성취되었는지를 결정하기 위한 연간 평가만을 요구한다. 평가절차는 3장과 교육과정 영역에서 제시된다.

IEP의 활용

IEP는 오랜 시간 동안 여러 교육자들에 의해 사용되었던 계획하기 전략이 상당히 발전한 것이라고 볼 수 있다. 그러나 개별화 프로그램을 개발하는 것만으로는 충분하지 않다. 진단적 교수(개별화된 프로그래밍 접근)의 요소와 IEP 모두 학생의 현행 수준을 평가하고 목표와 목적을 자세히 기술할 것을 요한다. 그러나 처방적인 교수만이 목표(선행사건, 학생 반응, 후속사건, 각 과제에 대한 매일의 평가)에 걸맞는 교수과제를 제시할 수 있다.

불행하게도 IEP는 대다수의 경우에 유용한 문서가 되지 못한다. IEP를 연구한 Giangreco, Dennis, Edelman과 Cloninger(1994)는 IEP가 "학생의 개별적인 요구를 적절하게 의사소통하지 않으며 일반교육 경험을 이끌어 내는 데 유용한 자원이 되지도 못한다."(p. 295)는 것을 발견하였다. 게다가 자료실과 통합환경에서 학습하는 학생들의 IEP를 비교한 Espin, Deno와 Albayrak-Kaymak(1998)는 통합 프로그램에 속한 학생의 IEP보다 자료실에서 공부하는 학생의 IEP가 서비스에 더 많은 시간을 할당하고 있으며, 장기목표가 더 많이 제안되고 정보를 가진 자료에 근거한 단기목표로 구성되어 있다는 것을 발견했다. 따라서 IEP 자체는 교육개혁의 움직임과 함께 중대한 변화를 이룰 때인 것 같다. 다음 인용문에서 Giangreco 등(p. 295)은 IEP와 관련하여 앞으로 이루어져야 할 변화에 대해 언급했다.

> 적어도 부분적으로 최소한의 요구를 재개념화하고 그 최소 기준을 뛰어넘도록 함으로써 IEP의 질과 유용성을 향상시키는 데 노력을 기울여야 함을 제안한다. IEP의 목표, 목적, 지원은 내적 · 외적으로 일치해야 하고 가치 있는 삶의 결과를 향상시킬 수 있도록 고안되어야 한다. 즉, IEP 내용은 일반학급의 활동에서 가르치고 있는 것을 반영해야 하고, 학생 성과는 진실로 의미 있어야 한다.

비록 IEP가 학습문제를 보이는 학생의 교육 서비스 향상을 이루기 위한 주요 단계로 인식된다 하더라도, 뒤따르는 자료관리 시스템은 교사에게 꽤 버거운 작업일 수 있다. 컴퓨터가 교사의 관리를 도울 우수한 도구가 될 수 있지만, 교사는 IEP를 개발하고 모니터링하는 데 상당한 시간을 투자해야 한다. 컴퓨터로 만들어진 IEP는 높은 수준의 IEP를 제공하고 작성시간을 상당히 줄여 준다.

다음은 IEP 관리에서의 컴퓨터 적용을 나타내 준다.

- **새로운 IEP 만들기.** 컴퓨터로 IEP를 개발하는 데 사용할 수 있다(예: 통계자료 저장하고 검색하기, 검사점수, 연간목표, 단기목표, 기타 자료). 대부분 IEP plus (SUNGARD Pentamation)와 IEPMaker(Chalkware Education Solution)와 같은 소프트웨어 프로그램이 IEP 개발에 사용되는데, 학생의 요구, 장단기 목표 및 중재의 변화를 기록 · 보관하는 데이터베이스를 포함하며 흔히 사용되는 IEP의 장단기 목표를 모아 둔 자료원으로서 기능하기도 한다(Belson, 2003).

- **절차적인 안전장치 모니터하기.** 컴퓨터는 IEP 개발 및 시행 과정의 단계(예: 평가, IEP 회합의 고지, 연간 IEP 결과 검토일을 위한 부모 동의서)와 단계별 상태를 알려 주기 위해 사용될 수 있다.
- **기록 업데이트.** 학생의 IEP는 컴퓨터에서 쉽게 볼 수 있고 수정될 수 있다. 예를 들면, 단기목표와 관련된 진보 상태가 추가될 수 있다. 더욱이 업데이트되거나 혹은 현재의 기록이 부모, 교사 또는 다학문간 팀원을 위해 쉽게 출력될 수 있다.
- **검사자료 분석하고 해석하기.** 검사 결과는 컴퓨터에서 점수화되고 분석될 수 있다. WISC-Ⅲ, K-ABC, 그리고 우드콕-존슨(Woodcock-Johnson) 인지능력검사와 성취검사의 점수화와 분석을 위해 프로그램이 유용하다.
- **학업 진보 모니터하기.** 교육과정 기술 목록은 프로그램화될 수 있고, 학생의 진보는 모니터될 수 있다.

컴퓨터는 IEP 관리를 위해 아주 광범위하게 활용될 수 있다. 일부 학교에서는 각 학교의 특별한 요구에 맞는 고유한 IEP 관리 프로그램을 개발했다.

교육 서비스와 관련된 교수 실제

학습장애 학생에게 적절한 학교환경을 고르는 것은 매우 복잡하고 중요한 일이다. 이 결정은 학생에게 제공되는 교수의 질에 영향을 주고, 누가 학생을 가르치고 누가 학생의 또래 그룹이 될 것인지를 결정한다. 본질적으로 배치 결정은 학생의 태도, 성취, 사회적 발달에 유의한 영향을 준다. 법에서는 교사가 학생의 최소 제한적 환경을 나타내는 배치를 선택하도록 명시하고 있다.

최소 제한적 환경

IDEA에 따르면 최소 제한적 환경(least restrictive environment: LRE)이란 장애학생이 비장애학생과 함께 교육을 받아야 한다는 것을 의미한다. IEP 위원회는 학생의 사회적, 교육적 요구를 잘 충족시키는 환경을 선택함으로써 학생을 위한 최소 제한적 환경을 결정한다. 학생이 '가장 잘할 수 있는 환경(most enabling environment)' 선택하기는 LRE를 개념화하는 더 긍정적인 방법이다. 역사적으로 장애아동은 일반교실 밖으로 밀려나 전일제 특수학급(self-contained classes)에 배치됐다. LRE는 장애아를 비장애아와 함께 배치하는 것이 그들의 학업적, 사회적 발달의 향상을 가져오고, 분리된 환경에서 교육받는 것과 관련된 낙인을 줄일 수 있다는 전제에 근거하고 있다.

최소 제한적 원칙은 다양한 요구에 민감하게 반응할 수 있는 서비스 연속체를 사용해야 한다고 강조한다. [그림 1-2]는 이질적인 장애학생에게 기능하는 필수적인 대안적 배치의 핵심을 나타낸다. 서비스의 주요한 세 가지 범주는 일반학급, 특수학급 그리고 특수학교다. 대안적 배치는 분리, 낙인, 학생 요구의 심각성 정도에 따라 밑에서부터 위로 배치되어 있다. 미 교육부(U.S. Department of Education, 2002)에 따르면, 1999~2000학년도에 다양한 교육적 환경에 배치된 6~21세 사이의 학습장애 학생의 비율은 일반교실 5.6%, 자료실 37.8%, 특수학급 15.8%, 특수학교 0.7%, 기숙시설 0.2%, 그리고 가정이나 병원 0.2%다.

학습장애 학생의 목표를 수립하는 데 있어 프로그램의 수준을 결정하는 것은 일시적인 것일 뿐 어떤 프로그램으로의 배치도 영속적이거나 최종적이라고 생각하지 않는 것이 중요하다. 교육자들은 아동들의 독특한 요구에 지속적으로 반응할 수 있는 프로그램을 제공해야 한다. 가능할 때마다 학생을 제한적인 환경에서 통합된 배치로 옮겨야 한다. 또한 특정 프로그램의 대안적 배치는

[그림 1-2] 장애학생 교육적 배치의 연속체

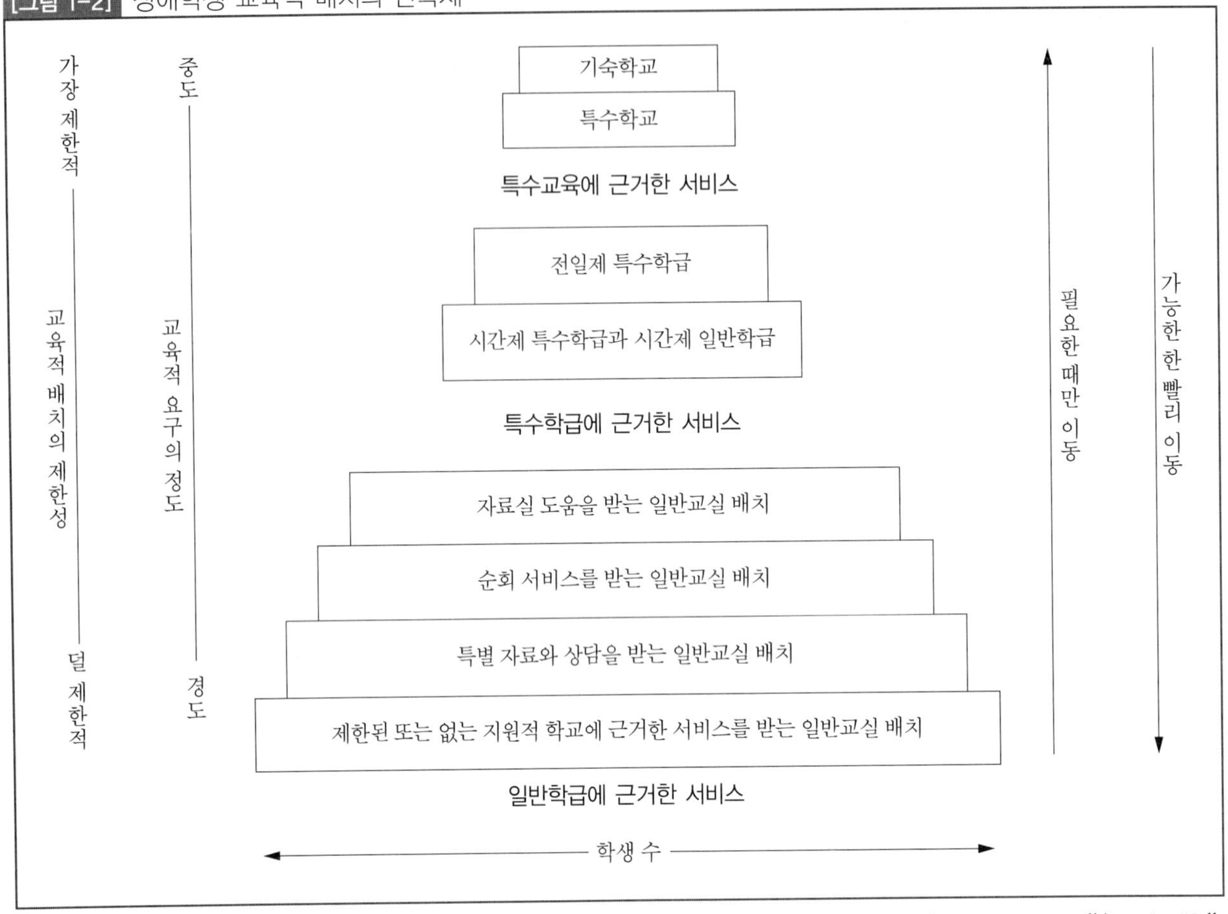

출처: C. D. Mercer & P. C. Pullen, 2005, *Students with Learning Disabilities* (p. 213), 6th ed. Upper Saddle River, NJ: Merrill/Prentice Hall. Copyright 2005 by Pearson Education(허락하에 게재함).

그 변화가 도움이 된다고 생각될 때 고려되어야 한다. 예를 들면, 어떤 교사가 양질의 교수를 제공할 수 있는 능력을 가지고 있거나 학생에게 아주 잘 맞는 교수 프로그램을 사용할 수 있을 경우는 학생이 일반교실에서 다른 교실로 이동할 수도 있다.

다양한 서비스 대안을 적절히 사용하기 위해서는 세심한 계획이 필요하다. 학습문제를 가진 학생이 가장 흔하게 포함되는 일반학급 중심의 서비스와 관련된 실제는 다음에서 설명될 것이다.

일반학급

기본 교육과정을 학습할 능력이 있는 많은 학생들은 일반학급에서 대부분의 시간을 보낸다. 이 배치에서 학생은 하루 중 대부분의 시간을 같은 연령의 또래들과 보내게 된다.

일반학급에 배치된 장애학생이 성공하기 위해서는 일반교사의 역할이 중요하다. 여기서 고려할 만한 요인은 교실 내 장애학생에 대한 교사의 태도, 진보를 보이는 학생의 능력에 대한 교사의 판단, 또래 수용의 문제를 다룰 수 있는 교사의 능력, 그리고 정서적 행동과 함께 학업적으로 다른 학생들과 경쟁하기 어려운 학생의 무능력으로부터 야기될 수 있는 문제에 대처하는 교사의 기술이다. 여기서는 일반교사가 무한 책임을 가지며, 교수를 위한 준비와 유용한 지원(예: 교사지원 팀이나 코치)을 제공받는 것이 중요하다. 그리고 학습에 어려움을 가진 학생을 일반학급에 배치하는 것이 학생에게 이익이 될 것이라고 믿지 않는 교사의 반에는 배치해서는 안 된다.

특별 자료와 자문

때때로 교사는 추가적인 읽기 시리즈, 학습전략 자료, 컴퓨터 보조 학습, 내용 심화자료, 수학과의 조작적인 자료와 같은 부수적인 자료의 도움을 받을 수 있다. 교사는 성공을 위하여 합리적인 교사-학생 비율(예: 교사 1인에 학생 20명 정도 혹은 그 이하의 비율)을 가져야 하는데, 특히 저학년일 경우에 이러한 비율은 더욱 중요하다. 또한 일반교사들은 학습장애 교사로부터 제한적인 수준이지만 상담을 받을 수 있다. 자문은 자료나 도구의 사용 제시, 평가 수행, 특별한 학습전략의 개발, 교사연수 프로그램의 제공 등으로 구성될 수 있다. 협력적 자문은 대안적인 서비스에 근거하여 모든 일반교육 학급에 포함되어야 할 서비스다.

순회 서비스

일반교사는 때때로 일반학급에서 자료실 교수나 특수학급 배치로 충분한 서비스를 받지 못하는 학습문제를 지닌 학생을 만나게 된다. 이러한 경우 순회교사가 주기적으로 그 학교를 방문하고 교수기술과 특별자료에 초점을 맞추어 서비스를 제공한다. 이러한 상담 서비스는 매일 혹은 격주로 방문하여 제공될 수도 있지만 여전히 학급의 담임교사가 학생에 대한 기본적인 책임을 갖는다. 순회교사는 일반교사의 활동을 방해하지 않도록 방문 계획을 수립해야 한다. 때때로 순회 서비스는 자원봉사자나 특수교육 보조원으로 메워지기도 한다.

자료실 도움

학습문제를 가진 학생들의 상당수는 일반학급에서 하루의 대부분을 보내고 하루 중 특정 시간 동안(예: 45~60분) 자료실로 간다. 학교에 배치된 자료실 교사는 학생을 위한 교수 프로그램을 조정·수정하기 위해서 여러 교사들과 가깝게 일한다. 자료실 교사는 장애를 가진 20~30명의 학생들과 그들의 교사에게 매일 서비스를 제공하기 때문에 아주 유능하고 우수한 교사여야 한다. 자료실 교사는 일반교사에게 다음의 지원 서비스를 제공해야 한다.

1. 부모 협의회에 참석한다.
2. 학생 진보를 논의하기 위해 일반교사와 비공식적으로 만난다.
3. 자료실에서 교정수업을 제공한다.
4. 행동 특성에 대한 정보를 제공한다.
5. 학업평가 자료를 제공한다.
6. 학생 진보를 평가하기 위한 모임을 주선한다.
7. 교실 활동에 대한 자료를 제공한다.
8. 교실 활동에 대한 자료를 제안한다.
9. 학생의 활동과 진보 보고서를 제공한다.

대부분의 서비스가 자료실 교사의 상담을 필요로 하기 때문에, 교사들은 교사 보수교육 및 예비교사 교육 프로그램을 통해 상담기술을 발달시켜야 한다.

학습장애를 가진 많은 학생은 범주적, 범주 간 또는 비범주적 유형의 세 가지 자료실 모델 중 하나에서 서비스를 제공받는다. 범주적 프로그램은 학습장애를 가진 학생만 지원한다. 범주 간 프로그램은 여러 장애 범주(예: 교육 가능 정신지체, 정서장애, 학습장애)를 가진 학생을 지원한다. 비범주적 프로그램은 장애로 판별되거나 혹은 판별되지 않은 경도 학습문제를 가진 학생의 교육적 요구를 충족시킨다.

Smith(1998)는 학생의 참여행동과 학업성취를 증진시키는 데 있어 자료실 서비스의 효율성을 지지하는 여러 연구를 보고하였다. 그리고 자료실에 가는 학생은 자아개념이 악화되거나 또래들에게 거부당하지 않는다고 하였다. 그러나 Smith는 다음과 같은 부분에서 자료실 모델이 일반학급 밖으로 학생들을 밀어냄으로써 생길 수 있는 불이익이 있다고 언급하기도 하였다.

- 학생은 자료실에 가 있는 동안 일반학급에서 행해지는 가치 있는 수업을 놓칠 수 있다.
- 학생은 자료실에 가 있는 동안 일반학급에서 행해지는 몇 가지 즐거운 활동(예: 음악, 체육, 미술)을 놓칠 수 있다.
- 학생은 특수한 도움을 받기 위해 일반교육 교실을 떠나야 하기 때문에 낙인이 찍힌다고 느낄 수 있다.
- 자료실과 일반학급 교사가 수업을 조정하는 데 실패할 수 있다.

이러한 불이익에 대처하기 위해 학생을 교실 밖으로 빼내는 풀아웃(pullout) 모델에 대한 반대로 푸시인(push-in) 모델이 개발되고 있다. 푸시인 모델에서는 일반학급에서 자료실 교사가 수업을 제공한다. 자료실 교사의 활동은 개별 학생과 함께 공부를 하고 일반교사와 (독립적으로 혹은 함께 전체 학급을 가르침으로써) 팀으로 가르치기, 특정 영역에서 학생 소집단을 가르치기가 포함될 수 있다. 자료실 교사가 모든 학생과 주기적으로 함께 교수할 때 학습문제가 있는 학생에 대한 낙인이 감소될 수 있다. 앞에서 언급한 것처럼, 이러한 통합된 배치는 자료실 프로그램보다 적은 비용으로 동등한 학업 성취를 가져올 수 있다.

학생의 재통합

최소 제한적 환경이나 가장 잘할 수 있는 환경에서 학습문제를 가진 학생의 교육적 요구를 충족시키기 위해서, 그리고 배치에서의 변화가 적절한지, 즉 학생의 요구가 덜 제한적인 서비스 모델을 정당화하는지를 결정하기 위해서, 교사는 학생 개개인의 요구와 진보를 꾸준히 평가해야 한다. 따라서 교사는 제한적 환경에 배치된 학생들이 성공적으로 일반학급에 재통합될 가능성에 대해 자주 점검해야 한다. 현재 이 학생들을 위한 교육은 학생의 진보수준에 따라 교육 프로그램을 변경하거나 일반학급으로 돌려보내는 것을 강조하지 않은 채 너무나 많은 학생들이 특수교육 대상자로 판별되고 낙인 찍히고 있다는 비난을 받고 있다.

교육자들은 장애학생과 비장애학생 통합의 사회적 영향을 고려할 필요가 있다. 비장애학생들이 장애학생들에 대해 부정적인 태도나 행동을 보이지 않도록 장애학생들에게 사회생활에 필수적인 기술을 가르쳐야 한다. 일반 초등학교 교육환경에서 성공적으로 기능하는 데 중요한 사회적 기술로 간주되는 것으로는 타인과의 긍정적인 상호작용, 학급 규칙 따르기, 적절한 학습 습관을 보여 주기와 관련된 능력 등이 있다. 초등과 중등 환경에서 성공하는 데 필요한 능력이 매우 유사함에도 불구하고, 학년이 높아질수록 교실 규칙이나 행동에 대한 성공 기대는 강화된다.

Ellett(1993)는 중등교사를 대상으로 학생이 일반학급 교실환경에서 성공하는 데 필수적이라 생각되는 기술과 행동을 조사하였다. 그녀는 중등교실의 성공에 중요한 학생의 능력(기술 또는 행동) 순위를 다음과 같이 제시하였다.

1. 교실에서 지시 따르기
2. 자료를 준비하여 교실로 오기
3. 학급에서 시간을 현명하게 사용하기
4. 과제와 시험을 수행하기
5. 교사와 또래들에게 예의 바르게 대하기
6. 제시간에 숙제를 완성하고 제출하기
7. 학생 집단에서 협동적으로 수행하기
8. 학년 통과 시험을 끝내기
9. 수업내용에 흥미 보이기
10. 교실에서 노트 필기하기
11. 질문에 대한 응답과 정보를 위해 교과서 내용 훑어보기
12. 교실에서 질문에 자발적으로 대답하기

13. 적절하게 노트 필기하기
14. 구두 보고와 발표하기

학업적, 사회적 기술의 준거는 학생이 일반학급에 재통합될 준비가 되었는지를 결정하는 데 중요한 정보를 교육배치 팀에 제공해 줄 수 있다.

재통합을 위한 상세한 지침은 다음과 같다.

- 특수교육 서비스의 감소나 수정을 위하여 학생과 부모가 조정하도록 돕는다.
- 교사를 포함시키고 배치 결정과 관련하여 교사들이 수행한 학생관찰 기록을 구한다.
- 배치를 변화시킬 때 기술 소거를 사용한다.
- 새로 옮긴 교실의 교사가 필요한 최소한의 조정을 할 수 있도록 한다(Ellett, 1993).
- 학생 분류와 배치에 사용된 동일 변인을 포함한 확실한 퇴소(exiting) 기준을 만든다.

특수교육 프로그램으로부터 퇴소하기 위해서는 우선 학생의 요구와 진보 사항을 재평가할 필요가 있다. IEP 체계는 교사에게 통합의 가능성을 점검할 훌륭한 기회를 제공한다. 만약 관찰 결과에 근거하여 변화가 필요하다고 판단되면, 교사는 현재의 IEP를 재평가하거나 IEP 회합을 시작할 수 있다.

주류화에서 통합으로의 변화

1975년에 공법 94-142가 통과되면서 학생에게 최소 제한적 환경에서 서비스를 제공할 것이 의무화되었다. 제한은 학생이 비장애 또래와 함께 교실에서 교육받는 시간의 양으로 해석되었다. 따라서 주류화(mainstreaming)라는 용어는 최소 제한적 환경 개념으로부터 발전되었고, 장애학생이 사회 및 교실수업에서 일반교실에 가능한 한 많이 통합될 수 있도록 하는 교수 실제를 의미한다. 주류화는 앞에서 언급한 특수교육 배치 선택의 연속체와 연결되어 이루어진다. 경도장애 학생들 중 일부가 시간제와 전일제 특수학급에 배치되기는 하지만, 가장 보편적인 서비스 전달 형태는 자료실이다. 대부분의 경도장애 학생은 하루 중 한두 시간을 자료실에서 보내고, 나머지 시간은 일반학급에서 보낸다. 자료실에서 학생들은 그들의 IEP에 언급된 특별한 지원을 받는다. 선택적으로 특수교육을 지원받으면서 일반교육 배치가 이루어지는 이런 이중 시스템은 1986년까지는 별다른 문제 제기 없이 지속되었다. 그러다 1986년 초에 장애학생을 특수교육 서비스로 보내는 풀아웃 없이 일반학급에서 교육해야 한다는 일반교육주도(REI)가 주장되기 시작했다.

일반교육주도

레이건 행정부의 특수교육과 재활서비스국의 비서관인 Madeleine Will과 여러 교육자들(M. C. Reynolds, 1989; Stainback & Stainback, 1987; Wang, Reynolds, & Walberg, 1986)은 REI(Regular Education Initiative)로 대변되는 특수교육 대상 학생들을 위한 서비스 제공 시스템을 발기하였다. REI는 어떻게 학습장애 학생들에게 서비스를 제공해야 할 것인가에 대한 중요한 개정이라고 할 수 있다. 이는 특수교육과 일반교육의 이중 시스템은 더 이상 필요하지 않고, 학습장애 학생들은 일반교육환경에서 더 효과적으로 서비스를 받을 수 있다고 주장한다. 본질적으로 REI는 대안적인 특수교육 서비스 연속체는 없어지고, 학습장애 학생을 비롯한 특수교육 대상 학생도 일반학급에서 전적으로 교육받아야 한다고 제안하고 있다.

REI는 Will(1986)과 그녀의 동료들(Wang et al., 1986)이 제시한 연구 결과, 즉 특수교육 대상 학생들이 장애가 없는 또래들과 분리되어 교육 서비스를 받을 때 부정적 성과가 나타난다는 결과에 바탕을 둔 주장이라고 할 수 있다. Will은 REI의 이론적 근거를 다음과 같이 진술하였다.

- 학습이나 행동상의 문제를 지닌 학생들 중 일부는 특별 서비스를 필요로 하지는 않지만 특수교육 대상자로서 적격하지 못하다.
- 학생들은 정상적인 성취를 보이는 급우들과 분리되어 특수교육에 배치될 때 오히려 낙인 찍힐 수 있다.
- 특수교육 대상 학생들은 보통 심각한 학습문제가 진행된 후에야 판별된다. 따라서 예방보다는 실패가 강조된다.
- 적격성 요구와 엄격한 규칙을 가지는 특수교육 시스템은 학교-부모 협력관계를 방해할 수도 있다.

REI는 특수교육자들 간에 많은 토론과 논쟁을 자극하였다. 일반교사와 특수교사가 서비스를 조화시키고 최소 제한적 환경에 따라 특수교육 대상 학생들을 교육할 필요가 있다는 것은 동의하였다. 그러나 특수교육에서 유용한 현 서비스 연속체를 완전히 변화시키는 것에 대해서는 염려가 많다. 1980년대 후반, REI의 입장은 완전통합(inclusion)운동의 일부가 되었다.

완전통합운동

1990년대 초반, REI는 통합의 흐름 속에서 중요한 운동으로서의 힘을 얻게 되었다. 그러나 완전통합운동(inclusion movement)은 통합학급의 사회적 가치와 일반교실 내에 중도장애아가 배치되어야 한다는 것을 강조하였다(Fuchs & Fuchs, 1994). 또한 완전통합은 배치 연속체에 대해 강력한 반대 입장을 취한다. 이에 대한 반대로 대안적 배치의 연속체 없이 일반교실에서 장애학생과 비장애학생을 교육하는 것에 대한 저항 역시 증가하였다. 여기서는 장애학생이 어디서 교육을 받아야 하는지에 대한 입장을 살펴보고자 한다.

완전통합의 주장

Sapon-Shevin에 따르면 완전통합은 모든 학생이 그들이 거주하고 있는 이웃에 위치한 학교의 일반교실에서 또래 학생들과 교육을 받는다는 비전을 가지고 있다(O'Neil, 1994/1995). 통합학교는 교사와 학생들에게 실질적인 자료와 지원을 제공하면서 모든 개인들의 요구가 충족되는 지원적이고 양육적인 공동생활체로 재구조화되었다. Sapon-Shevin은 분리된 환경이 학교교육의 성과를 지지하는 증거가 거의 없다고 주장하였다. 그녀는 통합학교는 우리의 세계가 장애뿐 아니라 인종, 계급, 성, 종교적 배경이 다양한 사람들의 통합적 공동체라는 믿음에 근거한다고 주장하였다. 학생이 통합적인 세계에서 살도록 준비하기 위하여 그들이 성인으로서 살게 될 세계와 유사한 생활공동체 안에서 배우고 자라는 것이 중요하다고 본다. Sapon-Shevin은 교육자들이 통합된 환경에서 모든 학생들의 요구가 충족될 것이라는 가정에서 교육을 시작해야 한다고 믿는다.

대안적 배치 연속체의 주장

1970년대 중반, 장애학생의 권리를 옹호하는 사람들은 장애학생이 일반교육의 일부이어야 한다는 주장을 하였다. 이 견해는 최소 제한적 환경을 의무화한 미 공법 94-142로 흡수되었고, 1990년 IDEA에도 그대로 유지되었다. 그러나 Yell(1995)은 소송의 결과로 인해 IDEA는 장애학생의 일반교실 배치보다는 배치 연속체의 지지를 강조하고 있다고 주장하였다. 그는 "때때로 주류화가 적절한 배치일 것이다. 그러나 IDEA와 LRE 명령을 해석하는 사례는 일부 장애학생들에게 적절한 최소 제한적 환경이 일반교육 교실이 아닐 수도 있다는 것을 명백히 한다……. 가장 중요한 배치 요소는 학생의 개인적 요구에 근거해야 한다."(p. 402)라고 언급하고 있다.

대안적 배치 연속체가 필요하다는 것은 일반학급의 전일제 배치에서부터 특수기숙학교 혹은 병원 배치에 이르는 선택사항이 장애학생의 다양한 요구를 충족시키는 데 필수적이라는 가정에 근거한다. Kauffman은 교육자들이 통합이건 그렇지 않건 모든 배치 결정을 정당화할 수 있어야 한다고 말한다(O'Neil, 1994/1995). 그는 "확실히 우리는 가능한 정규 교실 안에서 특수한 요구를 충족시켜야 한다. 그러나 필요하다면 일반교실 밖에서 특수한 요구가 충족된다고 하더라도 그것이 잘못된 것은 아니다. 사실상 법과 최상의 교수 실제는 우리에게 반드시 두 가지 가능성을 모두 고려해야 한다고 이야기하고 있다." (O'Neil, 1994/1995, p. 7)라고 말하였다.

본질적으로 대안적 배치 연속체의 입장에서는 장애학생에게는 그들의 잠재력에 적절한 방법으로 배울 수 있는 선택적 배치가 필요하다고 가정한다. 처방적 교육은 장애학생들이 독립적이고 생산적인 사회의 일원이 될 수 있도록 도움을 준다. 양쪽의 입장은 모든 일반학급에서 학생을 교육해야 한다는 생각을 지지하고 있다. 하지만 완전통합을 지지하는 입장이 일반교실 배치만을 채택하고 있다면, 대안적 배치 연속체의 입장은 배치 선택에 있어 연속성을 가져야 한다고 주장하는 것이다.

완전통합의 이론적 근거

완전통합의 이론적 근거는 다음과 같다.

- 많은 완전통합 지지자들은 윤리적으로 학생이 통합되거나 통합환경에 학생을 배치하는 것을 옳다고 믿는다. Stainback, Stainback, East와 Sapon-Shevin(1994)은 많은 교육자들이 학생들을 일반적인 특징에 기초하여 동질적으로 그룹화하는 것은 평등과 같은 윤리적 이유에서 부적절하다고 생각한다고 하였다.
- 특수교육 범주로 학생을 분류하고 명명하는 것은 학생에게 해롭다. 명명은 학생의 자아존중감을 낮추고, 타인이 그들에게 비뚤어진 생각(예: 낮은 기대감)을 갖도록 한다. 완전통합은 명명의 필요성을 감소시킨다.
- 일반교육에서 분리된 특수교육 배치에 범주적으로 정의된 학생을 배치하는 것의 효력은 아직 확립되지 않았다.
- Sapon-Shevin에 따르면 일반교육 밖에 학생을 배치하는 것은 장애학생을 교육하기 위해 책임 있는 통합환경을 개발하려는 범학교적인 노력을 감소시킨다(O'Neil, 1994/1995).
- 일반교사, 특수교사, 학부모 그리고 다른 서비스 제공자들 사이의 협력으로 인하여 모든 학생이 가진 교육적 요구가 일반교실에서 충족될 수 있다.
- 장애학생과 비장애학생을 함께 배치하는 것은 교사가 학생들에게 개인차를 이해하고 인정하도록 가르칠 수 있는 기회를 제공해 준다. Sapon-Shevin은 이러한 기대가 통합적인 사회에서 학생이 기능할 수 있도록 준비하는 것을 도와준다고 하였다(O'Neil, 1994/1995).

통합운동을 둘러싸고 여러 가지의 확신과 열정이 팽배해 있다. Baker, Wang과 Walberg(1994/1995)는 "학교가 점점 더 다양화되는 학생 집단을 효과적으로 가르쳐야 하는 도전에 직면하게 되면서, 우리의 관심은 통합교육 제공 여부가 아니라 모든 아동, 특히 특수한 요구를 가진 아동들이 학교에서 성공을 확신할 수 있는 방식으로 실현가능성과 효과성을 모두 고려한 통합교육을 어떻게 실행 하느냐가 되었다." (p. 34)라고 말한다. 그리고 Sapon-Shevin은 "통합은 특수교육보다 훨씬 더 큰 의미를 가지고 있다. 이는 학교의 의미보다 더 큰 개념이다. 통합은 학교와 학군에 있어 기본적인 재구조화를 필요로 한다." (O'Neil, 1994/1995, p. 9)고 믿는다.

대안적 배치 연속체의 이론적 근거

대안적 배치 연속체의 이론적 근거는 다음과 같다.

- 일반학급 배치와 일반교육과 분리된 배치 연속체는 장애학생의 다양한 요구를 충족시키기 위하여 필요하다.
- 특수교육의 역사는 학부모, 입법가, 교육자 그리고 여러 옹호단체가 다양하고 강도 높은 서비스 제공의 대안을 얻어 내기 위하여 다양한 노력을 기울임을 통해 발전해 왔다. 완전통합은 그들이 그동안 서비스 선택 대안을 획득하기 위해 기울인 노력을 헛되게 할 수도 있다.
- 1975년 이후 대안적 배치 연속체의 유효성은 법으로 의무화되었다. 이 명령은 많은 학부모, 교육자, 입법자의 요구를 반영한 것이며, 장애학생들이 서비스 선택의 대안을 잃게 되는 것은 그들의 시민권을 침해하는 것이다(Kauffman & Hallahan, 1995).
- 과거에 진행된 배치 연속체에 관한 연구는 방법론적으로 심각한 문제를 가지며, 너무 오래전에 실시되어서 현재 특수학급에서 실시되고 있는 교수 실제와는 관련성이 매우 부족하다(Hallahan & Kauffman, 1994).
- 일반교사들은 장애학생들과 함께 할 준비가 되어 있지 않다. 많은 경우에 현 시스템은 일반학생들에게 질 높은 교육(quality education)을 제공하지 못한다. 따라서 현 체계는 학습과 성취에서 문제를 가진 학생의 교육적 요구를 조화시키지 못한다.
- 많은 일반교육자들은 완전통합을 지지하지 않는다. 미국 교사연합회장인 Albert Shanker(1994/1995)에 의하면 교사들은 과밀한 학급, 끊임없는 사회적 문제, 학습자의 다양성, 그리고 다양한 장애학생을 가르치는 훈련을 받을 기회를 가지지 못하여 이미 과중한 수준의 부담을 가지고 있으며, 통합학급에서 나타나는 이례적인 교수 관련 요구를 어떻게 충족시킬 수 있을지에 대해 우려를 표명한다.
- 완전통합이 모든 장애학생들에게 적절하다는 증거는 명확하지 않고, 평균 혹은 그 이상의 학생들에게 유익하다는 증거도 충분하지 않다.

완전통합과 대안적 배치 연속체에 대한 연구

장애학생을 위한 대안적 서비스의 효력에 관한 연구 근거는 확립되지 않았다. 그리고 초창기 연구 결과는 방법론적 문제, 아직 확정된 결과를 도출하지 못한 실증연구 그리고 미국 학교의 인구학적 변화(예: 다양성의 증가)로 인해 오늘날의 학교에 그 결과를 적용하고 해석하는 데 어려움이 많다.

적응적 학습환경 모델(Adaptive Learning Environments Model: ALEM)은 완전통합의 가능성을 증명하는 모델로 개발되었다. ALEM은 비장애학생, 장애학생, 고위험군 학생들이 일반교실에 통합되는 큰 범주의 전일제 통합 프로그램이다. 이 프로그램의 지지자들(M. C. Reynolds, Wang, & Walberg, 1987; Wang & Zollers, 1990)은 ALEM이 성공적이라고 보고하고 있지만, 다른 연구자들(Bryan, 1988; Fuchs & Fuchs, 1988)은 ALEM이 그리 긍정적이라고 보기 어렵고 일반교육과 특수교육의 합병을 찬성하기에는 아직 이르다고 믿는다. Kauffman과 Hallahan(1993)은 ALEM이 경도와 중등도 장애학생의 요구를 충족시키기에 효과적이지 않다고 밝혔다.

통합의 효력

1989년부터 1993년까지 특수교육과 재활서비스국은 일반학급 내 경도장애 학생의 교육을 연구하는 네 가지 연구 프로젝트를 지원했다. 그 프로젝트들은 마이애미 대학교의 Sharon Vaughn, Jeanne Schumm, 캔자스 대학교의 Keith Lenz, Jean Schumaker, Don Deshler, 매사추세츠 뉴턴 교육개발 센터의 Sue Gordon,

Maureen Riley, Catherine Morocco 및 밴더빌트 대학교의 Lynn Fuchs, Douglas Fuchs와 같은 연구자들에 의해 주도되었다. 이들 연구 팀은 다양한 철학적 입장을 표방하면서 다양한 연구방법을 사용하였고, 다양한 교육과정 영역을 가르치는 수많은 초등과 중등 교사들을 포함시켰다. 놀라운 것은 이러한 차이점을 살펴봄으로써 교사들이 학업적으로 다양한 성취수준을 보이는 일당의 학생들을 가르칠 때 직면할 수 있는 여러 가지 도전들 중에서 공통적이며 핵심적인 주제를 도출해 낼 수 있었다는 점이다. 장애학생을 위한 교수계획위원회(Joint Committee on Teacher Planning for Students with Disabilities, 1995)는 다음의 네가지 공통적인 주제에 대해 보고했다.

주제 1. 교사들은 학급 내 고위험군 학생들에 대해 민감하고 관심도 많다. 연구자들은 교사들이 그들의 학급에 소속되어 있는 학생들의 학업적 요구를 충족시키는 것에 대해 크게 염려하고 있음을 발견했다. 이러한 태도는 초등과 중등 교사 모두에서 나타난다. 불행히도 많은 교사들은 학급의 나머지 학생들에 비해 일부 학생이 뒤처질 때 교사로서 자신이 무엇을 해야 할지에 대해 당황해한다.

주제 2. 특수한 교수절차와 도구는 일반학급에 속한 대부분의 학생들에게 유용하고 효과적이다. 몇 가지의 교수 계획 전략과 교육적 접근법은 일반교실에서 사용하기 위해 개발되었다. 연구자들은 교사들에게 전략 사용과 관련된 훈련과 피드백을 충분히 제공하면 그들의 교수 활동에서 훈련받은 전략과 접근을 효과적으로 조화시킬 수 있다는 사실을 밝혀내었다. 교사는 새로운 방식에 만족했고, 상중하의 성취자를 포함한 대부분의 학생들에게 혜택을 줄 수 있다고 하였다. 다음의 절차는 다양한 교수 접근법의 특징을 강조하고 있다.

- 교사는 전체적인 관점에서 학생들을 보고, 자신의 교수 결과를 함께 이야기하며 다양한 학생들의 독특한 요구를 충족시키는 방법을 논의했다.
- 교사는 모든 학생이 배울 수 있는 방법으로 수업내용을 계획하고 구조화하기 위하여 자기 질문법을 사용하였다.
- 교사는 학급단위 또래교수와 교육과정중심 측정을 사용하여 학생 개인에게 초점을 맞춘 집중적인 교수를 실행할 수 있는 충분한 기회를 마련했다.
- 교사는 중요한 내용을 선택하고 학습자에게 친숙한 방법으로 그것을 구조화하기 위하여 그래픽 조직자를 사용했다.

주제 3. 장애학생의 요구를 충족시키기 위한 프로그램을 계획할 때는 일반학급 환경의 복잡한 실제를 고려해야만 한다. 가장 쉽게 채택되는 교수절차는 현재 진행되는 일과의 흐름에 가장 쉽게 어우러지고 학급에 속한 모든 학생들에게 유익한 것으로 인식되는 것이다. 일반교사가 직면하는 교수 실제로는 많은 양의 내용을 포괄하고, 학습자의 수행수준을 올리며, 대집단을 가르치고, 수업을 하면서 별도의 준비시간이 거의 없이 또 다른 복잡한 수업을 준비하고, 협력을 위해 많은 시간을 할애하지 않으면서도 다른 교사 및 관계자들과 일해야 하는 부담이 포함된다. 통합학급의 교수 프로그램이 비장애학생의 교육의 질을 위협한다고 주장하는 학부모를 비롯하여 지역사회 관계자들과 만나야 할 때는 실행의 부담이 더욱 커진다.

주제 4. 일부 경도장애 학생들은 일반학급에서 수행되는 교수수정의 이익을 보지 못한다. 어떤 프로그램에 포함되어 있든지 일부 학생들은 교수로부터 혜택을 얻지 못한다. 연구자들은 이 학생이 성취에서 취약한 성과를 보이는 것을 다음과 같은 그럴듯한 이야기로 설명하고자 하였다.

- 교수절차는 일부 학생의 수행에 영향을 줄 만큼의 영향력을 가지지 못한다.
- 독특한 학습자의 개별화 교수에 대한 교사훈련이

부족하다.

- 교사들은 교육과정의 내용을 모두 끝내야 한다는 부담 때문에 학생들에게 숙달을 위한 충분한 시간을 제공하지 못한다.
- 학급 전체의 요구가 너무나 광범위해서 교사는 장애학생의 어려움을 간과하고 학습이 이미 이루어졌다고 가정한다.
- 장애학생들은 자주 결석을 한다.

기본적으로 통합학급의 요구가 너무 광범위해서 교사는 모든 학생들이 기술이나 내용을 숙달할 수 있도록 할 만한 시간이나 에너지를 가지고 있지 않다. 다양한 형태의 부담감으로 인해 교사는 매우 어려운 상황을 경험하게 되고, 그 안에서 독특하고 간혹 심각한 학습 결함을 가진 장애학생들의 요구를 충족시켜야 한다.

이상의 네 가지 연구 프로젝트로부터 학자들은 다음과 같은 합의점에 도달하였다. 장애학생들이 일반학급에 성공적으로 통합되기 위해서는 교육자들이 단순한 '통합'이 아닌 '지원적 통합(supported inclusion)'의 측면에서 생각할 필요가 있다는 점이다(Joint Committee on Teacher Planning for Students with Disabilities, 1995, p. 5). 연구자들은 지원적 통합을 실행하기 위해서 다음의 교수조건을 제시하였다.

- 교사는 일반학급에서 모든 학생의 요구를 충족시키려는 철학적 인식을 가져야 한다.
- 교사는 다양한 학습자들의 요구에 대해 생각하고 계획할 시간을 가져야 한다.
- 모든 학생의 요구를 충족시키는 교수 실제를 교육 프로그램에 포함시켜야 한다.
- 일반교사는 학생의 진보를 평가하고 가르치며 모니터링하기 위하여 특수교사와 협력해야 한다.
- 일부 장애학생들은 특수교사로부터 단기의 집중적인 교수를 받을 필요가 있다.
- 일반학급에서 제공될 수 없는 기본 기술이나 학습 전략에 대한 교수는 지속적으로 진행되어야 하고, 일부 장애학생들에게는 이러한 서비스가 유용하다.

본질적으로 지원적 통합은 일반학급에서 가능한 한 많은 학생이 교육받는 것을 장려한다. 그러나 일반학급에서 수용 가능한 진보를 보이지 못하는 학생들을 위해서는 장단기적으로 대안적 환경에서 교육이 이루어져야 한다.

최근의 여러 연구에서는 경도장애 학생들과 관련된 추가적인 연구 결과를 밝혀내었다. 그러나 통합의 효율성에 관한 실증연구는 상충된 결과를 보여 준다. 예를 들어, Rea, McLaughlin과 Walther-Thomas(2002)는 학습장애 중학생을 대상으로 통합 프로그램과 풀아웃 프로그램의 효과성을 연구하였다. 그 결과, 통합학급에서 교육받는 학생들은 풀아웃 프로그램에서 교육받는 학생들에 비해 더 높은 성적을 받았고, 표준화 검사에서는 더 높거나 비슷한 수준의 점수를 얻었으며, 행동 문제도 더 적고 학교 출석률도 더 높았다. 그러나 Klinger, Vaughn, Hughes, Schumm과 Elbaum(1998)이 일반학급에 전일제로 배치된 학습장애 초등학생과 장애가 없는 학생들을 대상으로 실시한 연구에서는 학습장애 학생 중 일부가 학교생활 중에 주목할 만한 성취를 보였지만 다른 학습장애 학생들은 향상을 전혀 보이지 않았다. 또한 학습장애 학생들보다 더 적은 수의 저성취 및 평균성취를 보이는 학생들만이 수행의 향상을 보였다. 통합학급과 자료실 환경에 대한 학생 인식 연구에서, Vaughn과 Klingner(1998)는 대부분의 학습장애 학생들이 하루 중 일부만 일반학급 밖에서 특수교육을 받는 것을 더 선호한다는 것을 밝혀내었다. 그리고 문헌 분석 결과에서는 장애학생들이 통합환경에 배치되었을 때 교사들이 특별한 교수전략의 수정을 가하지 않은 채 대집단 교수방법을 고수하는 것으로 나타났다(Scott, Vitale, & Masten, 1998). 모든 장애학생들의 요구를 충족시키기 위해서는 교육 모델의 범위가 제공되어야 하고, 아동의 독특한 요구에 따라 개별 아동의 배치가 고려되어야 한다.

주류화에서 통합으로의 변화에 대한 전망

비록 완전통합이 이론적 영향력과 전망을 가지고 있다 하더라도, 우리가 직면한 현실에서는 대안적 배치 연속체를 없애는 것이 아직은 시기상조라는 것을 상기해야 한다. 교육자들은 일반교육이나 특수교육 현장에서 가르치는 것과 관련하여 아직까지 빠르게 출현하는 지식과 기술을 미처 현장에 광범위하게 적용해 보지도 못했다. 연구와 실제 사이의 간극은 매우 크다. 모든 교육현장에서 교육의 질이 향상될 때까지는 더 이상의 구조적인 변화가 현 체계 안에서 이루어져서는 안 된다.

장애학생뿐 아니라 학습문제를 가진 다른 학생들은 수용 가능한 진보를 보이지 않는다는 증거가 존재한다. 그러나 여태까지 시행되어 왔던 서비스 역시 일반학급과 특수학급 모두에서 허용되지 않는다는 것도 명백한 사실이다. 학습자들에게 문제가 되는 서비스 전달체제상의 변화는 교실수준에서 이루어지는 교수의 질을 향상시키기 위하여 필요하고, 이는 체계적인 계획에 따라 실행되어야 한다. Keogh(1994, p. 68)는 변화과정에 대해 다음과 같은 견해를 제시하였다.

> 우리는 현재 엄청난 변화의 시대에 살고 있고, 진보의 잠재력 또한 실재한다. 동시에 사회/정치적 및 경제적 상황으로 나타나기도 하고 우리 분야 안에서의 충돌, 의견 차이와 같은 여러 형태를 가진 진보에 대한 위협이 많이 존재한다. 실제적인 진보는 우리로 하여금 정책 및 연구와 관련된 이슈를 모두 다루어야 한다. 그 첫걸음으로, 우리는 생각을 더 해야 할 것 같다.

시민, 교육자 그리고 학부모들 모두는 학생이 안전하고 양육적인 환경에서 적절한 교육을 받을 수 있는 학교를 원한다. 또한 모든 사람들은 다양한 구성원이 서로 다른 개개인의 권리와 문화를 가치 있게 여기는 사회를 원한다. 이런 비전을 이루기 위해서 교육자들은 이상(理想)에 대한 열정을 가져야만 하며, 제한된 재정으로도 다양한 사람을 교육하는 현실성을 자각함으로써 오는 지혜를 가져야만 한다. 지금은 광신적으로 열광하고 신랄하게 비판하는 것으로 양편으로 갈라서야 할 시기가 아니다. 적개심으로 인한 분열은 교육의 전문성을 약화시키고, 연구나 교육기금을 감소시키며, 학생들이나 교사들이 생각하는 최상의 상태로 움직이는 것을 방해한다. 지금은 모든 학생을 교육하는 공유된 목표를 향해 함께 일할 시간이다. 또한 많은 개인이 통합적 이상과 대안적 배치 연속체의 필요성 모두에 대해 매우 공감한다는 사실을 깨달을 시간이다. Keogh(1994)는 교육자들이 여기서 잠깐 멈추고 생각해야 한다고 이야기한다. 생각은 듣기를 통하여 더 강화된다. 따라서 교육자는 특수교육의 혼란스러운 시기 동안 학부모와 동료들이 말하는 것을 잘 듣고 생각해야 한다. 다음의 인용문들은 깊이 생각할 볼 가치가 있다.

- Kauffman(1994)에 따르면, "Hirschman(1986)은 정부의 사회복지 프로그램(예: 일반교육과 특수교육)에 대해 부정적 견해를 가진 많은 사람들이 교정 가능한 문제에 대해 현 체제를 유지하면서 시간이 오래 걸리고 세심한 주의를 요하는 발전 방안을 그 해결책으로 보고 개혁이나 재구조화를 제안한다는 것을 알아내었다고 보고하고 있다. 그러나 개혁에 대한 대중적이고 구조적인 접근은 오로지 구조만을 변화시키기 때문에 우리를 실망시키게 된다. 변화하기 가장 어려운 실제 처치는 구조가 변화한다고 해서 수정되지 않는다"(p. 617).
- Sapon-Shevin에 의하면, "자신의 아이가 친구를 가지며 더 큰 공동체와 연계하기를 희망하지 않는 장애아동의 부모는 만나 본 적이 없다"(O'Neil, 1994/1995, p. 7).

학습에서의 성공은 어떠한 학급환경이건 가장 핵심적인 변인이 된다.

- Morse(1994)는 말한다. "특수교육은 보살핌(caring)의 전문성을 이야기한다. 그러나 특수교육의 필수적인 요소로서 교사의 보살핌이 가진 재활적인 기능은 심지어 그간 버려진 아이들의 수가 증가한다는 논의에서조차 언급되지 않는다……. 자문에 의한 보살핌은 보다 많은 사고의 확장을 필요로 한다. 여전히 보살핌은 가장 많은 장애아동이 필요로 하는 것이다"(p. 538).
- Brandt(1994/1995)는 결론짓는다. "나는 여러 선구자적인 교육자들의 증언과 적절한 조건하에서 그들의 실제가 정말 효과적임을 아는 학부모들이 만족하는 것에 대해 잘 알고 있다. 하지만 나는 또한 너무 많은 학교에 우리가 알고 있는 적절하다는 것과는 너무나 먼 상황이 있다는 것도 인정한다. 통합에 찬성하고 반대하는 논쟁을 살펴보라……. 나는 뮤지컬〈지붕 위의 바이올린〉에서 테비의 말을 생각한다. '그가 옳다. 그러나 그녀 또한 옳다'"(p. 3).
- 교사이자 장애아의 부모인 Wilmore(1994/1995)는 이야기한다. "모든 위원회는 생각해야 한다. 만약 이 아이가 내 아이라면? 아동의 내일에 대해 생각하라. 우리가 지금 하는 것이 그 내일에 영향을 줄 것임을 생각하라. 우리는 실수를 할 여유가 없다"(p. 62).

프로그램 요소와 최소 제한적 환경

A학교에서는 학습장애 학생을 통합 프로그램에 배치하는 것이 최소 제한적 환경이 될 수 있지만, B학교에서는 자료실에 시간제로 배치하는 것(시간제 특수학급)이 최소 제한적 환경이 될 수 있다. 이 시나리오는 학군, 학교, 교사 그리고 배치에 따라 서비스의 질이 다양하기 때문에 나타난다. A학교는 학습장애 학생의 요구를 충족시키기 위한 수업을 진행하는 데 능숙한 일반교사가 여럿 있다. B학교는 학생이 학업성취를 높이고 더 독립적인 학습자가 되기 위해 학습전략을 사용하도록 가르치는 데 능숙한 학습장애 자료실 교사가 있다. 불행히도 B학교의 일반교사들은 학습장애 학생의 교육적 요구에 그리 민감하지 않다. 일부 일반교사들은 학습문제를 가진 학생들을 수용하고 적절하게 교육하도록 계획하는 반면, 다른 일반교사들은 통합에 부정적이다. 통합 초등교실의 장애학생에 대한 교사 태도 연구에서, Cook, Tankersley, Cook과 Landrum(2000)은 교사들이 장애학생들을 염려가 되는 학생("만약 걱정이 가장 많이 되는 학생 한 명을 고른다면 누구를 고를 것인가요?") 혹은 수용하고 싶지 않은 학생("만약 선생님의 학급에서 한 아동을 빼야 한다면 누구를 선택할 것인가요?")으로 지목한다고 보고했다.

Bender, Vail과 Scott(1995)은 통합에 그리 긍정적인 태도를 보이지 않는 선생님들이 학습문제를 가진 학생들에게 효과적인 교수전략을 자주 사용하지 않는다고 보고하였다. 통합환경에서 사용되는 교수수정은 성공적 통합을 위해 다음과 같은 교수적 특징을 나타내고 있다.

- 학생 개개인마다 교수적인 조화가 이루어진다.
- 교육목표를 성취하기 위해 개별화된 속도를 유지한다.
- 학생 진보를 모니터하고 지속적으로 피드백을 제공한다.
- 학생은 자신의 학습계획과 모니터링에 참여한다.
- 광범위한 기술과 자료가 사용된다.
- 학생들은 공부를 하기 위해 서로를 돕는다.
- 학생들은 자기관리 기술을 학습한다.
- 교사들이 교수훈련 팀에 참여한다.

일반교육과정으로의 접근을 가능하게 하기 위해, King-Sears(2001)는 교사가 경도와 중도 장애학생들이 어떻게 일반교육과정으로 접근할 수 있을지를 결정하는 데 도움이 되는 지침을 제공하고, 교육과정의 강화와 수정을 위한 제안을 제시하였다. 장애학생의 교수 및 사회적 요구가 통합환경에서 충족되는것이 가장 적절한 배치라고 본다. 따라서 무엇이 효과적인 통합 프로그램을 구성하는가 하는 질문은 점점 더 중요해지고 있다. 다행히도 일부 연구자들은 효과적인 통합환경의 요소에 대해 연구하고 있다. Ysseldyke와 Christenson (2002)은 교사들이 학습환경을 평가하는 것을 돕기 위하여 학업행동의 기능평가(Functional Assessment of Academic Behavior)를 개발했다. 이 검사는 경도장애 학습자를 위하여 긍정적 학생 성과를 촉진하는 경험에 근거한 교수 실제를 기반으로 개발됐다.

여기에서는 경도장애 학생의 성공적인 통합 혹은 학업성취를 촉진하는 프로그램 요소를 주로 다룬다. 그 주제로는 교사가 교사 가르치기(teachers teaching teachers), 특수아동 또는 장애 위험성이 높은 학생을 가르치는 교사, 교사-부모 협력이 해당된다.

교사가 교사 가르치기

IDEA는 특수교육에서 분류, 교육적 실제, 배치 실제에 다양한 영향력을 행사한다. 예를 들어, 이제는 일반교사와 특수교사 사이의 협력이 요구된다. 모든 학생을 최소 제한적 환경에서 교육하기 위해 IDEA에 규정된 상호작용적인 구조를 구축할 책임이 교사에게 있다. 장애학생들의 다양한 요구를 충족시키기 위하여 일반교사와 특수교사가 서로 협력해야 하는 것 이외에도 두 교사 집단이 함께 일해야 할 필연적인 이유가 또 있다. 예를 들면, 정보의 급증으로 인해 교사 간에는 서로 전문적 의견을 공유할 필요가 생긴다. 또한 학교 실정에 기반한 관리체제(site-based management)의 필요성이 증가하면서 학교행정가, 교사, 학부모 그리고 지역사회 구성원은 학교 질에 대한 책임감 있는 결정을 해야 한다. 일반학급에서 장애학생을 교육하기 위하여 다양한 특수교육/일반교육 '교수 팀'이 나타났다. 그리고 Robert Fulghum(1988)은 우리에게 상생의 중요성을 상기시켰다. "여전히 상생해야 한다는 것은 바꿀 수 없는 진실이다. 당신의 나이에 상관없이 당신이 세상 밖으로 나갈 때 손을 잡고 함께 서는 것이 최상의 방법이다"(p. 6).

교사가 서로를 가르쳐 주는 방식은 공식적인 특수교육 서비스에서 학생의 분리된 배치를 고려하기에 앞서 일반학급에서 장애학생의 요구를 충족시키는 것에 초점을 맞춘다. 이러한 활동은 교사가 지지적이고 신뢰할 만한 환경에서 좀 더 나은 개별화 교수를 위하여 서로를 지원하고 가르칠 수 있다는 가정에 근거한다. 결과적으로 교사들이 더 유능해짐에 따라서 장애학생을 위한 일반교육의 환경은 향상되고 특수교육으로의 의뢰는 감소하게 된다.

자문시간 증가전략

자문시간의 증가를 위한 특별 전략은 초 · 중 · 고등학교 수준에서 성공적으로 실행되어 왔다(West & Idol, 1990). 그 전략은 다음과 같다.

- 대다수의 학생들을 소수 교사의 감독하에 두고 학년에 따라 혹은 범학교적인 활동에 참여하게 하여 다른 교사들이 만날 수 있는 시간을 만들어라.
- 교장선생님이 정기적으로 매일 한 시간을 가르치도록 하라.
- 비슷한 과제를 하는 학생들이 소수 교사의 감독하에 더 큰 집단으로 모이도록 하라.
- 필요할 때마다 교실 간 이동을 담당하는 특수교육 보조원(정규직)을 고용하라.
- 매주 특정한 시간을 교직원 간 협력을 위한 시간으로 미리 잡아두어라.
- 한 달에 하루 혹은 시험기간 중 하루를 '협력의 날'로 정하라.
- 교사들 간에 협력의 시간을 제공하기 위하여 주당 2회, 20분씩 학교 수업시간을 연장하라.

West와 Idol(1990)은 협력적 자문(collaborative consultation)을 지원하기 위하여 독특하고 창조적인 전략을 사용하게 되었다고 말한다. 상담시간을 만드는 전략의 개발은 행정적이고 계획적인 지원 이상의 것을 요구한다. 교사와 행정가들은 동료 간의 문제해결 과정을 가치 있게 생각해야 한다(Philips & McCullough, 1990; West & Idol, 1990). 최종적으로 효과적인 자문을 개발하고 유지하기 위하여 필요한 요소는 행정지원, 교사의 의사결정 과정 참여, 협력적 자문의 훈련, 동료 협력 팀과 함께 일하는 협력지원 팀, 그리고 모든 참여자가 이해할 수 있는 언어를 사용하는 것이다(Olson & Platt, 2004).

협력적 자문

광범위한 학생의 학습과 행동상의 문제를 예방하려는 협력적 문제해결은 고비용의 의뢰-검사-배치의 틀을 대치할 수 있는 실행 가능한 대안으로 사용될 수 있다. 협력적 자문의 요구가 가장 명백하게 드러나는 부분은 일반교사와 다른 특수한 프로그램을 진행하는 교사와의 협력, 특수교육을 다른 프로그램/서비스와 겹치지 않게 조정하기 그리고 일반교육과 특수교육 사이의 관계의 향상이다.

West와 Idol(1990)은 자문관계와 협력관계 사이의 차이를 설명하였다. 자문관계에서는 한 명의 전문가가 다른 누군가와의 토의를 통해 도움이 될 지침을 찾는다. 협력관계에서는 둘 이상의 전문가가 문제해결을 위해 호혜적이고 동등하게 함께 일한다. 초기의 협력적 자문은 특수교육 서비스의 한 모델로 개념화되었을 때 다음과 같이 정의되었다(Idol, Paolucci-Whitcomb, & Nevin, 1986, p. 1).

> 협력적 자문은 공동으로 정의한 문제에 대해 다양한 전문가들이 창의적 해결책을 만들어 내는 상호작용적 과정이다. 그 결과는 팀 구성원이 각기 독립적으로 만들어 내는 원래의 해결책보다는 향상되고 달라지기도 한다. 협력적 자문의 주요 결과는 특수한 요구를 가진 학생들을 위하여 가장 적절한 상황 내에서 포괄적이고 효과적인 프로그램을 제공하는 것이다. 그래서 비장애 또래들과 최선의 건설적인 상호작용을 할 수 있게 하는 것이다.

본질적으로 교육적 협력의 중요한 목표 중 하나는 상호 간에 인정하고 권리를 보장하는 권한의 강화(empowerment)다.

협력적 자문의 주요 목표는 행동 및 학습의 문제를 예방하고 기존의 학습 및 행동상 문제를 개선하며 교수 프로그램을 조정하는 것이다(West, Idol, & Cannon, 1988). 가장 효과적인 협력적 자문을 위해서는 일련의 공식적인 문제해결 단계가 추천되고 있다. 가장 널리 사용되는 단계(Idol et al., 1986; West et al., 1998)는 다음과 같다.

- **1단계: 목표/도입.** 자문 제공자와 수혜자 간에 역할, 목표, 책임, 기대가 협의된다.
- **2단계: 문제 정의.** 모든 구성원들이 서로 이해할 때까지 문제를 명확히 정의하고 논의한다.
- **3단계: 중재에 대한 추천.** 기대되는 실행의 순서에 따라 중재가 만들어지고 그 우선순위가 결정된다. 문제를 구성하는 각각의 부분을 위한 특별한 중재가 상술되고, 문제가 해결됐는지를 결정하기 위한 기준이 결정되며, 학생과 팀원 각각의 역할을 설명하며 중재를 제공하는 데 필요한 적절한 자료를 정의하기 위하여 명문화되고 측정 가능한 목표를 개발한다.
- **4단계: 수행의 추천.** 수립된 목표와 활동에 따라 수행이 제공된다. 선정된 중재의 시행을 책임지는 관련자들이 누구인지를 기술한다. 협력적 모델에서 자문 제공자는 일반적으로 자문 수혜자가 중재에 대한 전문적 지식과 자신감을 얻게 되면서 모델링을 해야 하는 역할을 점진적으로 축소시킨다.
- **5단계: 평가.** 중재전략의 성공 여부를 평가한다. 이 평가는 학생, 상담자 그리고 시스템의 변화를 측정하는 것이다.
- **6단계: 재설계.** 중재전략의 평가에 근거하여 중재가 지속, 수정 또는 중지된다.

West와 Idol(1990)은 다음 단계로 넘어가기 전에 각 단계마다 팀원 간에 합의를 이루어야 한다고 보고했다. 그리고 그자들은 각 단계에 충실하게 되면 문제해결을 할 수 있는 체계적이고 효과적인 접근이 가능해진다고 지적하였다.

협력적 자문은 다양한 상황에서 간단한 문제해결의 과정으로 나타날 수 있다. 장애를 가진 학습자에게 최소 제한적 환경에서 적절한 교육 프로그램을 제공하기 위하여 교육개혁이 제안 · 요구되기도 한다. 많은 교육자들은 학습과 행동 문제를 가진 학생을 교육하기 위하여 일반교사와 특수교사가 좀 더 긴밀하게 협력할 것을 언급하고 있다. 그 결과, 협력적 자문이 일어날 수 있는 여러 가지 팀 접근방식이 개발되어 왔다. 그 모델에는 교사지원 팀(Chalfant & Pysh, 1989), 장학(Showers, 1985), 동료 간 협력(Pugach & Johnson, 1988) 그리고 협력교수(Bauwens & Hourcade, 1995)가 포함된다.

교사지원 팀

Kirk와 Chalfant(1984)는 부적절한 의뢰를 줄이면서 많은 학생의 문제를 해결하기 위하여 교사를 도와주는 교사지원 팀(teacher assistance team: TAT)의 모델을 제시하였다. 각 팀은 세 명의 선출 교사와 도움을 필요로 하는 교사 그리고 학부모 혹은 기타 관련인으로 구성된다. 의뢰교사는 아동의 강점과 약점 그리고 여태까지 시도된 중재에 대한 정보를 제공한다. 일반적으로 교사지원 팀은 교사와 함께 특별한 목표를 기술하고, 중재 대안을 서로 나누며, 중재를 선택하거나 재정의하고, 추수활동을 계획하며 문제해결을 위한 모임을 이끌어 간다. 교사는 중재가 적힌 종이를 들고 모임을 떠나게 된다. 그리고 팀의 제안이 제대로 실행되고 있는지를 결정하기 위하여 2~6주 안에 추수 모임이 계획된다.

TAT 모델은 2년 동안 3개 주에서 시행 · 평가되었다. 이 연구에 참여한 200명의 학생 중에 TAT 팀은 66.5%인 133명 학생들의 어려움을 해결하고자 하는 학급 교사에게 지원을 제공하였다. 낮은 성취를 보인 116명의 학생들 중에 TAT 팀은 특수교육에 의뢰하지 않고도 103명(88.7%)의 학생들이 가진 요구를 충족시킬 수 있었다. 그리고 TAT 팀이 있는 학교는 진단 비용의 약 50%를 절약했다(Kirk & Chalfant, 1984). 다른 한 연구에서는 Chalfant와 Pysh(1989)사 7개 주 96명의 1년차 교사를 위한 TAT 팀의 활동을 조사하였다. 그 결과 TAT 모델은 학생의 수행을 향상시키고 특수교육 의뢰의 적절성을 증가시켰으며, 비장애학생을 위해 효과적인 전략을 만들고 일반교사가 자신의 학급에서 장애아동을 교육하는 것을 지원하는 결과를 가져왔다. 게다가 TAT에 참여한 교사들의 만족도 역시 긍정적이었다(즉, 88%의 긍정적 진술 대 12%의 부정적 진술). TAT의 효율성에 기여하는 주요 요소로는 학교장의 지원, TAT 팀의 특성 그리고 교사의 지원이 있었다. 이 외에도 Graden, Casey와 Christenson(1985)은 교사 대 교사 자문과 집단문제 해결 회기를 사용하는 사전 의뢰 시스템의 성공을 보고했다.

장학

교사들 사이에서 장학(coaching)이라는 팀 접근은 매우 적극적으로 활용되고 있다(McREL Staff, 1984/1985; Showers, 1985). 동료장학은 동료 간 관찰을 위해 교사들이 소집단을 구성하는 것을 말한다. 교사들은 서로의 교실을 관찰하고 수업에 대해 피드백을 주며 좀 더 낫다고 생각되는 기술을 실험 · 지원한다(McREL Staff, 1984/1985). 논의와 계획, 관찰, 피드백을 포함하는 3단계 과정에 3명의 장학 팀이 참여한다.

논의와 계획 단계에서는 교사들이 습득하기 원하는 기술이나 전략에 초점을 맞추고 새로운 기술을 실행하는 데 필요한 중요한 행동 또는 행위를 상술한다. 관찰 단계에서는 교사 1이 교사 2를, 교사 2는 교사 3을, 교사 3은 교사 1을 관찰한다. 자료 수집의 형식(예: 체크리스트, 일지, 테이프 녹음)을 이용하면 관찰에 용이하다. 피드백 단계에서는 수업을 실시한 교사와 동료 관찰자가 관찰한 내용을 논의하기 위해 만난다. 장학의 전문성을 유지하기 위하여 교사는 제3자에게 관찰에 대해서 말하거나 혹은 개인적인 문제를 관찰에 끌어들여서는 안 된다. 장학 팀은 서로를 위한 지원을 계획 · 제공하기 위해서 주기적으로 다른 장학 팀들과 6~12명의 소그룹의 형태로 만난다. Showers(1985)는 장학이 교수의 향상을 위해 지속적인 노력을 하고 있는 교사들 간에 유대감을 만들어 준다고 보고하고 있다. 학계의 새로운 지식과 기술 연구를 통하여 만들어진 질 높은 교수를 반드시 이해시키기 위해서는 일정한 주기를 따라 장학의 절차가 이루어져야 한다.

장학의 효과는 인상적이다. Showers(1985)는 장학을 새로운 기술과 전략의 훈련을 위한 필수적인 후속 절차라고 보고하였다. 또한 장학은 교실에서 적용하는 방법을 알려 주는 데 있어서 강의와 시연보다 더 효과적이었다(McREL Staff, 1984; 1985). 동일한 훈련(예: 이론, 시연, 교수 실제)을 받으며 장학에 참여하는 교사와 그렇지 않은 교사들을 조사한 연구에서, Showers(1990)는 장학을 받는 교사의 80%가 새로운 학습기술을 학급으로 전이시켰지만 장학을 받지 않은 교사는 단 10%만이 학습기술을 전이시켰다는 것을 발견하였다. 장학은 통합환경에서 학생들의 다양한 요구를 충족시키기 위해 교육자들이 더 광범위한 기술영역을 개발할 수 있도록 도움을 준다.

동료 간 협력

동료 간 협력(peer collaboration)은 학습문제를 가진 학생을 위한 교육적 중재를 설계하고 수정하는 일반교사의 능력을 강화할 수 있는 방법이다(Pugach & Johnson, 1988). 동료 간 협력은 일반교사가 체계적인 문제해결 전략을 사용하여 함께 일할 때, 모든 학생들을 위한 적절한 교수적 · 행동적 중재를 개발할 수 있다는 가정에 근거한다.

동료 간 협력에는 학생 한 명, 학생 집단 하나 혹은 학급 전체와 관련된 문제에 대하여 고도로 구조화된 대화에 참여하는 한 쌍 이상의 교사들이 관여한다. 구조화된 대화는 자기 질문, 요약, 교사와 관련된 특정한 문제에 관한 예측 기회가 포함된다. 한 쌍의 교사 각각은 특별한 역할을 맡게 된다. 문제 발기인은 문제를 나누고 궁극적으로 문제를 해결하는 교사다. 촉진자는 해결책에 도달하기 위하여 대화의 각 단계를 거쳐 파트너의 문제

〈표 1-3〉 동료 간 협력과정을 위한 단계

문제 묘사와 질문 분명히 하기

이 단계에서 문제 발기인은 파트너에게 문제에 대해 서술한 짧은 글을 제공한다. 그다음 촉진자는 문제를 읽고 파트너(문제 발기인)에게 그 문제를 명료화하기 위한 질문을 던진다. 예를 들면, '로버트는 교실에서 주어지는 과제와 숙제를 마치지 않는다.' 가 발기인이 제시한 문제일 수 있다. 발기인은 '언제 그 행동이 일어났는가?' 또는 '로버트가 과제를 마친 경우가 있었는가?' 와 같은 질문을 할 수 있다. 촉진자 역시 파트너 교사에게 로버트의 학급 과제와 숙제에 대하여 스스로에게 물어봐야 할 질문이 있는지를 물음으로써 이 과정을 안내할 수 있다. 이러한 형태의 확인 작업을 하는 목적은 문제 발기인이 살펴보고자 하는 특정 영역을 제안하는 것이 아니라 학생의 문제의 일반적인 영역으로 생각을 이끌게 하기 위함이다. 여기서의 목표는 문제 발기인이 '행동의 패턴을 인식하고 요약할 수' 있도록 하는 것이다.

요약하기

문제가 분명해진 후, 문제 발기인은 문제를 요약한다. 요약은 학생의 행동 패턴을 정의하고, 그 행동에 대한 교사의 반응과 교사의 통제하에 있는 교실환경에서 관련 요소에 대한 정보를 포함한다.

중재와 예측

이 단계에서는 문제 발기인에 의해 적어도 세 가지의 시도 가능한 중재가 제안되고, 중재별로 나타날 수 있는 성과에 대한 예측도 이루어진다. 촉진자의 역할은 파트너가 교사와 학급에 최소한의 방해를 주면서 실용적인 중재에 도달하도록 돕는 것이다.

평가계획

이 과정의 마지막 단계에서는 중재의 효과를 기록하고 평가하기 위한 합리적이고 간단한 계획이 만들어진다. 예를 들면, 로버트의 문제를 제기한 선생님은 로버트가 숙제를 마칠 때마다 표시할 수 있는 확인표를 사용했을 때 그의 숙제 마치기를 도와줄 수도 있다는 것을 깨달을 수 있다. 중재로는 로버트가 모든 숙제를 기록하는 특별한 공책을 사용하는 것이 포함될 수 있다. 2주간 매일 두 과제 모두에 있어 로버트의 수행이 모니터링되어야 한다. 최종적으로 문제 발기인과 그 파트너는 중재를 계속할 것인지 혹은 동료 간 협력과정을 다시 시작할 것인지를 논의하기 위해 2주 후에 만날 것을 약속할 수도 있다.

해결 과정을 안내해 준다. 〈표 1-3〉은 동료 간 협력과정의 4단계를 보여 준다.

Pugach와 Johnson(1988)에 의하면 동료 간 협력의 과정이 체계적으로 반복되면 교사 간 대화의 일반적 형식은 교사 개개인에게 내면화된 문제해결 전략이 된다. 동료 간 협력은 일반교사가 통합교실의 장애학생이 적응하도록 하는 데 도움을 주는 전략으로 사용할 수도 있다. 동료협력에 대한 연구를 종합한 Pugach와 Johnson(1990)은 동료 간 협력과정 훈련의 결과로 학급교사는 다음과 같은 행동을 나타냈다고 보고하였다.

- 문제를 판별하는 것의 초점이 학생에서 교사가 직접 통제할 수 있는 요소로 옮겨 갔다.
- 교사들은 동료 간 협력의 회기 동안 목표가 되었던 모든 문제를 해결할 수 있는 잠정적인 중재를 만들어 내었다.
- 교사들은 동료 간 협력을 통하여 목표한 문제의 85% 이상을 효과적으로 해결했다.
- 교사들은 교실에서 일어나는 문제를 해결할 수 있는 자신의 능력에 확신을 갖게 되었다.
- 전반적으로 학급에 대한 긍정적 태도가 증가했다.

협력교수

협력교수(cooperative teaching)라는 용어는 코티칭(co-teaching) 혹은 협력적 교수(collaborative teaching)와 같은 의미로 사용되어 왔다. 협력교수는 장애학생이 일반교육 환경으로 통합되는 데 있어 실질적으로 적용할 수 있는 모델로 알려져 있다. Bauwens와 Hourcade(1995, p. 46)는 이를 다음과 같이 정의했다.

> 협력교수는 별개의 기술을 가진 둘 이상의 교육자들이 통합환경, 즉 일반교실에서 학업적・행동적으

로 이질적인 학생 집단을 함께 가르치기 위한 상호 활동적이고 조화로운 방법으로 일하는 교수절차의 재구조화를 의미한다.

Bauwens와 Hourcade는 그들의 정의를 사용하여 다음의 세 가지 서로 다른 형태의 협력교수를 논의했다. 즉, 팀티칭, 보완적 교수(complementary instruction) 그리고 지원적 학습 활동(supportive learning activities)이다.

팀티칭에서 두 교사는 내용교과 지식에 대해 교수적인 책임을 공유한다. 일반교사와 특수교사는 모든 학생들에게 동일한 학업내용을 함께 계획하고 가르친다. 이 과정에서는 협상이 중요한 특징이 된다. 교사는 내용 제시방법, 교수를 위한 시간계획 그리고 교수의 각 부분에 대한 책임을 협상한다. 보완적 교수에서 일반교사는 특정 내용영역을 가르치는 데 일차적 책임을 갖지만, 특수교사는 부가적인 교수를 필요로 하는 학생들에게 전략이나 기술(예: 노트하기, 요약하기, 읽기에서 핵심 생각 정의하기)을 가르친다. 팀티칭 배치에서 교사들이 동일한 내용에 대해 동등한 책임을 갖는 것과 대조적으로, 보완적 교수는 교수에 대한 책임이 분리되어 있으나 서로 관련이 있다는 특징이 있다. 마지막으로 지원적 학습 활동에서는 일반교사와 특수교사가 교수의 주요 내용과 교수 목표를 협력적으로 정한다. 교사는 교수를 지원하고 확장하는 활동을 공동으로 찾아낸다. 지원적 학습 활동 배치에서는 일반교사가 내용교수에 대한 일차적 책임을 지게 된다. 여기서 특수교사는 지원적 학습 활동을 실행함으로써 내용을 강화하고 풍부하게 한다. 예를 들어, 특수교사는 십진법과 백분율에 대한 수학 단원을 확장할 수 있는 컴퓨터 응용에 전문성을 가졌을 수 있다. 아울러 특수교사는 흥미학습 센터(interest centers)를 사용하여 내용영역을 풍부하게 하고 지원할 수 있다.

협력교수 혹은 코티칭이 잘 실행되기 위해서는 일반교사와 특수교사가 업무상 좋은 관계를 가져야 한다. 그들은 또한 교수절차에 대한 공통의 혹은 조화로운 철학과 접근방법을 공유해야 한다. 아직 코티칭의 효과성에 대한 연구는 제한적이다. 그러나 이 교수 모델에 대한 장애학생과 비장애학생 그리고 학부모들의 의견을 다룬 연구에서 Gerber와 Popp(1999)는 이 모델이 높은 수준의 만족도와 함께 학업 성적과 자아존중감에서 긍정적인 결과를 갖게 되었다는 것을 알아내었다. 하지만 이 모델에 대해 우려하고 있는 바가 있다면 그것이 가지고 있는 철학에 대해 학부모들에게 제대로 알리지 못하고 있다는 것, 그리고 학년의 변화에 따른 프로그램의 연결성이 아직 부족하다는 것이다. Walther-Thomas(1997)는 장애를 가진 초등학생과 중학생을 대상으로 이루어지는 협력교수의 이점은 학생들에게 능력 있는 학습자로서 자신에 대하여 긍정적 느낌을 가지게 하는 것과 학업 수행 및 사회성 기술의 향상 그리고 또래관계의 강화라고 보고하였다. 협력교수를 시행하면서 지속적으로 나타나는 문제로는 계획을 위한 시간을 만들기 어렵다는 것과 학생들의 시간표, 사례 수와 관련된 고민, 행정적 지원 및 전문성 향상을 위한 기회 부족이 있다. 더욱이 Rice와 Zigmond(2000)는 중등학교 교사들이 협력교수의 성공을 결정짓는 중요 요소 중 하나로 학교차원의 통합교육 원칙의 중요성을 강조한다고 보고하였다.

많은 학교들이 통합교육 프로그램에서 학생 모두를 교육하기 위하여 협력교수 배치를 채택하고 있기 때문에, Salend, Gordon과 Lopez-Vona(2002)는 협력교수팀의 경험과 인식을 조사하고 성공적인 협력의 실제를 확인하며 개정이 필요한 교수 실제를 정의하기 위한 지침과 전략을 제공하였다. 또한 초·중·고등학교에서의 협력교수 프로그램을 집중적으로 연구한 Gerber와 Popp(2000)은 신규교사, 행정가, 간접적으로 관련된 직원, 학부모 그리고 대학 프로그램 담당자를 위한 훈련 제안뿐 아니라 교육 서비스 전달체계, 행정 및 의사소통 이슈에 대한 지침을 제공하였다.

협력을 위한 의사소통 기술

협력의 다양한 모델에 익숙해지는 것과 더불어, 교사들은 협력에 성공하기 위하여 효과적인 의사소통 기술을 사용해야 한다. 교사들 간 동등함, 공유된 책임감, 책무성 그리고 공통의 목표를 갖는 것은 명령으로 이루어질 수 없다. 이런 특징은 협력을 가치 있게 여기고 협력이 학생과 자신들을 돕는다고 믿는 지원자들이 서로 상호작용하는 관계에서 나타나게 된다. Idol와 West(1991)는 성공적인 협력적 상담기술의 원칙을 다음과 같이 제시하였다.

- 팀원들이 정보를 공유하는 데 편안함을 느낄 수 있도록 공통의 신뢰와 서로를 존중하는 분위기를 만들어라.
- 다른 사람이 말을 할 때는 비평가적인 피드백을 제공하라.
- 새로운 생각을 나눌 때는 은어가 없는 말을 사용하라.
- 신체로 표현되는 비구어적 의사소통은 긍정적 혹은 부정적 메시지를 전달할 수 있음을 주의하라.
- 대결하려고 하지 말고 효과적으로 그리고 기꺼이 피드백을 주고받아라.

교사–교사 및 교사–학생 상호작용, 교수 레퍼토리를 적용·수정하는 것은 교사들에게 상당한 위험 부담을 느끼게 한다. 장애학생의 다양한 요구를 충족시키기 위해 교수를 수정할 책임을 공유하고 있는 일반교사와 특수교사는 변화를 향한 그들의 노력을 지원해 줄 만큼 신뢰관계를 확립할 필요가 있다. Covey(1989)의 『성공하는 사람들의 7가지 습관(*The Seven Habits of Highly Effective People*)』에서 제시된 원칙의 훈련과 Covey, Merrill과 Merrill(1994)의 『중요한 것 먼저 하기(*First Things First*)』는 개개인의 긍정적인 변화를 촉진하는 협력적 관계를 개발하고 유지하는 데 도움이 될 근간을 제공해 준다.

특수교육 대상자 혹은 장애 위험성이 높은 학생을 위한 교사

비록 수많은 변인들(예: 기금, 지원, 협력)이 장애학생들에게 제공되는 교육 서비스의 질에 영향을 준다 할지라도, 교사는 여전히 프로그램의 질에 가장 중요한 영향을 미치는 요소다. 직접 서비스를 제공하기 위하여 특수교사 혹은 장애 위험성이 높은 학생들을 가르치는 교사들은 가장 효과적이고 과학적으로 증명된 평가를 비롯하여 이 책 후반부에서 제시될 교수 실제를 수행할 수 있는 능력을 보여 주어야 한다. 간접적인 서비스 제공을 위하여 교사는 장애학생의 원적 학급(일반교육) 교사, 학교지원 팀 그리고 학부모와 함께 일을 하는 데 필요한 효과적인 자문기술을 가지고 있어야 한다. 많은 장애학생들이 일반학급에서 교육을 받기 때문에, 그들이 일반학급에서 성공하는 데 도움이 되는 자문 서비스를 이용하는 방향으로 움직이고 있다. 일반적으로 자문의 결과에 대한 연구에서는 자문 서비스가 특수교육으로의 의뢰를 줄이고 일반학급에서 학생의 성취를 돕는 것으로 나타난다(Heron & Kimball, 1988; Idol, 1988; Polsgrove & McNeil, 1989). Heron과 Kimball은 "현재까지 유용한 연구자료에 의하면 자문은 최소 제한적 환경에서 모든 학생들을 교육하는 데 도움을 주는 적절한 서비스라고 볼 수 있다. 그리고 자문의 특정 실제의 효율성에 대한 자료 역시 지속적으로 증가하고 있는 추세다." (p. 27)라고 보고한다.

자문

협력적 자문은 많은 전문가들이 자문을 통한 문제해결의 역동성을 어떻게 보는지와 관련하여 점차 인기가 높아지고 있는 절차다. 일반교사뿐 아니라 특수교사도 협력적 상담에 유능해지기 위한 훈련에 참여해야 한다. West와 Cannon(1988)은 일반학급에서 장애학생의 교육적 요구를 충족시키는 데 일반교사와 특수교사 모두에게 필요한 자문 기술/능력을 만들어 내기 위하여 학제간 전문가 위원들과 연구를 함께 했다. 연구원들은 9개 영역에서 47개의 필수 능력을 정의하였다. 가장 높은 등급을 받은 영역은 상호작용적 의사소통, 개인적 속성, 공평함에 대한 논쟁, 가치, 신념, 협력적 문제해결 그리고 자문의 효과성에 대한 평가다. 교사 개개인의 개별적인 능력이 중요하기는 하나 필수적이지는 않았다. 자문과정에 있어 덜 중요하다고 생각되는 영역은 상담 이론과 모델, 상담연구 그리고 체계 변화였다.

Idol(1988)에 의하면 자문교사는 학교상담과 관련된 현장실습을 받아야 하며 장애학습자의 모든 유형, 모든 특수교육 서비스 전달 모델, 특수교육의 역사, 특수교육법 그리고 장애인의 법적 관리에 대한 지식을 가져야 한다. 또한 자문교사는 평가기술의 사용(예: 교육과정 중심 평가, 준거참조검사, 교실 관찰, 표준화 검사), 학업기술의 결함을 위한 기본적인 교정기술의 적용(예: 학습기술 전략), 학생 개인뿐 아니라 집단을 위한 기본적인 행동관리 기술의 적용, 일반교육 환경 내에서 특수한 요구를 가진 학습자를 위한 조정기술의 적용(예: 자료수정, 강화원칙, 컴퓨터 보조 교수), 지원서비스 프로그램에서 교실로의 학습기술 전이, 학생의 학업 및 행동 진보에 대한 평가와 모니터링, 효과적인 의사소통을 사용하고 다른 성인들과 협력적으로 일하는 데 필요한 기술 등을 가지고 있어야 한다고 말한다.

자문에 관한 실질적인 지식이 증가하고 있는데, 이는 예비 특수교사를 위한 교육 및 전문성 심화훈련 과정의 일부로 포함되어야 한다. Tindal, Shinn과 Rodden-Nord(1990)는 자문과정에 영향을 주는 실제적인 학교중심 변인을 고려한 모델을 제시하였다. 이 모델은 세 영역—사람, 과정, 절차상 수행—으로 조직화된 11개 변인으로 구성되어 있다.

인적 변인

1. 자문 제공자의 배경과 기술: 역사, 경험, 지식, 자원
2. 협의자의 배경과 기술: 역사, 경험, 지식, 자원, 교사 인내력
3. 자문의 대상자 배경과 기술: 역사, 경험, 지식, 자원
4. 행정가의 배경과 기술: 역사, 경험, 지식, 자원

과정 변인

5. 자문 제공자와 협의자 사이의 문제해결 관계: 문제 판별과 교정
6. 자문의 이론적 관점: 행동적, 조직적, 정신적 건강
7. 자문 단계: 문제 정의, 문제 확인, 프로그램 개발, 프로그램 운용, 프로그램 평가
8. 활동구조: 평가, 평가/직접 중재, 평가/간접 중재, 시스템에 간접 서비스

절차상 수행 변인

9. 자료의 형태: 의견, 관찰, 검사
10. 프로그램 중재: 내용, 자료, 상호작용하는 기술
11. 평가전략: 질적, 양적(개인 참조, 준거 참조, 표준 참조)

Tindal 등은 이 모델이 교육환경에서 자문을 실행하면서 교사를 중요한 변인으로 생각하도록 돕는 데 사용되어야 한다고 주장한다.

교사-부모 협력

교사는 가정과 학교에서 학습을 촉진하기 위해 학부모와 긴밀히 협력해야 한다. 12명의 전문가 팀에 의해 아동의 학습에서 가장 중요한 것으로 인정되는 20개 변인을 찾는 연구에서, M. C. Reynolds, Wang과 Walberg(1992)는 학부모를 포함한 세 가지 변인을 밝혀내었다. 이 전문가들은 아동의 학습을 촉진하는 데 있어 학부모가 아동에게 애정을 가지고 아동의 숙제에 관심을 표현하며 학업 성공을 기대하는 것이 중요하다고 보고하였다.

우선 부모는 아동에게 따뜻하고 수용적이고 그들을

이해하는 가정환경을 제공해야 한다. 아동은 매일의 압박, 요구, 좌절에서 벗어날 안락한 장소를 가져야 한다. 부모가 아동의 교육에 참여하고 협조적일 때, 가정은 아동이 변화하는 학교의 요구에 직면하는 데 필요한 지원의 초석이 되어 준다. 교사와 부모는 서로의 부족함을 채워 줄 수 있는 지지자로서 자신의 역할을 인식해야 하고, 아동의 발전을 촉진하는 협력자로서 그들의 관계를 바라보아야 한다.

협력의 구축

종종 교사와 학부모는 상호 협력을 방해하는 서로에 대하여 불편한 심기를 드러내기도 한다. 이런 태도는 때때로 교사 혹은 부모에 대한 비난으로 드러난다. 이러한 불화는 서로에게 이익이 되지 않는다. 그러므로 불화의 원인을 정의해야 하고, 협력적인 관계를 촉진하기 위한 전략을 찾아야 한다.

협력을 위한 초기 단계는 상호 존중에 기초해야 한다. 일반적으로 학부모는 자신을 중요한 사람으로서 접근해 주길 바라고, 위엄 있게 다루어 주길 바라며, 자신을 받아들일 수 있는 교사를 선호한다. 학부모들은 단순하게 한 장애아의 부모로서 취급받기를 원하지 않는다.

협력적인 부모와 교사 관계를 이루는 데는 여러 방해물이 그 길을 막을 수 있다. 그러나 공통목표가 있다면 장애물을 넘어서서 함께 일할 수 있게 한다. 다음의 선택된 활동은 교사-학부모 협력을 촉진할 수 있다.

- 부모에게 그들의 아이를 다루는 방법에 대하여 훈련을 제공하라.
- 부모를 교실 자원봉사자로 초대하라.
- 숙제에 관한 부모와 교사 사이의 유익하고 지속적인 의사소통 체계를 개발하라. 정기적으로 의사소통을 시작하고, 문제를 해결하기 위하여 일찌감치 문제에 대해 이야기하고, 말한 것은 끝까지 완수하고 분명하게 전달하라(Jayanthi, Nelson, Sawyer, Bursuck, & Epstein, 1995).
- 알림장, 전화를 통한 전달, 진행 보고서, 학부모-교사 협의, 학부모의 밤, 이메일, 학교 행사를 통해 자주 의사소통하라.
- 아이에게 책 읽어 주기, 숙제 확인하기, 아동의 학교생활에 대해 물어보기, 수학이나 철자연습을 돕기, 도서관에 데려가기를 통해 자녀의 학업을 적극적으로 도울 것을 요청하라.
- 현장학습을 함께 가거나 교실로 부모를 초대하라.
- 이해를 얻고 존중을 보여 주기 위해 부모의 말에 경청하는 것에 초점을 맞추어라.
- 학부모가 자녀를 위하여 지식이 풍부한 옹호자가 되도록 도와라.
- 학교 모임이나 행사에 참여하는 부모를 위하여 교통수단과 아동보호 서비스를 제공하라.

미국의 교육자들은 다양한 언어를 사용하고 있는 학부모들을 효과적으로 참여시키기 위한 기술을 개발하기 위해 노력 중이다. Wilson과 Hughes(1994)는 일곱 사람 중 한 사람이 집에서 영어가 아닌 다른 언어를 사용한다고 보고하였다. 이들 부모의 참여에 영향을 주는 주요 요소는 미국 거주기간, 영어 유창성, 지원 그룹과 이중언어 관계자의 유용성 그리고 이전 경험이다. 교사는 또한 가족의 관습, 가치, 관심 그리고 기대에 대해 배워야 한다. Wilson과 Hughes는 이들 부모의 참여를 증진시키기 위해 다음의 전략을 제안하였다.

- 학부모 협의회를 위해 통역자를 고용하라.
- 가족이 사용하는 언어로 모든 사인, 학교 의사소통 그리고 기록을 작성하라.
- 시간을 연장하여 부모에게 많은 양의 정보를 제공하고 시각적으로 정보를 제시하라.
- 일부 교실 활동을 녹화하고 부모와 공유하라.

학부모-교사 협의회

학부모-교사 협의회는 부모들이 학교 직원과 협력적으로 일한다고 생각되는 환경을 만드는 것이다. 학교의 여러 교직원들은 특수교사로 하여금 특수교육 서비스를 시작하기 전에 아동의 부모를 만나야 한다고 이야기한다. McNamara(1986)는 서비스 전달 초기에 학부모와 만나는 것이 학생의 결석을 줄이고 등급을 향상시키며 징계문제의 감소를 가져온다고 보고하였다. 또한 초기의 만남이 앞으로의 효과적인 의사소통을 촉진할 수 있다고 하였다.

최초의 학부모-교사 협의회는 매우 중요하다. 협의회를 준비하기 위해서 교사는 아동의 기록을 조사하고, 현재 상태(예: 나이, 학년, 학급, 이전 교사), 신체적 특징과 과거력, 교육적 상태, 개인적 특성 그리고 가정의 특징과 같은 정보를 검토해야 한다. 또한 교사는 모임의 목적을 명확히 하고 적절한 안건을 개발해야 한다. 협의 시간은 모두가 참석하기에 편리해야 하고, 모임 장소는 의사소통이 유리한 곳으로 준비해야 한다.

일반적으로 성공적인 협의는 다음의 여섯 부분으로 구성된다. 즉, (1) 초기 좋은 관계 형성하기, (2) 부모로부터 적절한 정보 얻기, (3) 정보 제공하기, (4) 계획에 도달하기 위해 부모와 협력하기, (5) 협의내용을 요약하고 추수 활동 계획하기, (6) 협의사항 평가하기다(Kroth & Edge, 1997; Salend, 2001). 중립적 화제로 시작하고 편안한 자리를 만드는 것은 부모와 교사 간에 편안한 관계를 만드는 데 도움이 된다. 교사는 정보를 얻기 위하여 협의회의 목적을 말하고, 개방형 질문을 던지며, 감정이입적인 반응을 하여 부모의 기분을 인식하고, 부적절한 내용(예: 부부간의 문제)은 피해야 한다. 교사는 아동의 행동에 대하여 긍정적으로 진술하고, 가능하다면 과제 샘플을 제공하며, 전문용어의 사용은 피하고, 예정된 계획을 공유해야 한다. 부모와 서로 협력하기 위해서는 양쪽의 정보가 고려되어야 한다. 적극적인 듣기와 융통성은 계획에 대한 합의 도달을 촉진한다. 협의를 요약하기 위하여 교사는 학생 진보에 관한 중요 사항을 짧게 검토하고, 학생의 약점과 문제를 다루기 위해 실행해야 할 활동을 재진술한 후 질문을 해야 한다. 교사와 부모는 추후에 사용할 전략에 대해 논의하고 동의해야 하며, 필요하다면 다음 모임 약속을 잡아야 한다. 협의는 고무적인 말로 끝나야 하며, 교사는 부모의 정보와 관심에 감사하고 아동 장래에 관한 유용한 질문을 제시해야 한다. 마지막으로 평가는 협의회에 대한 만족도로 이루어진다. 다음의 질문이 평가에 사용될 수 있다. 부모를 위해서 학생과제 폴더가 준비되었는가? 교사는 부모에게 학업 교정전략을 설명할 수 있었는가? 교사는 아동의 사회-정서 발달에 대한 보고서를 적절하게 제공했는가? 교사는 부모에 의해 제기된 문제에 대해 답할 수 있었는가?

듣기는 의사소통의 중요한 부분으로 부모와 교사 양쪽 모두 서로의 이야기를 들어야 한다. 좋은 청취자는 문제해결을 도울 수 있는 많은 정보를 얻는다. 부모는 자신의 감정을 이해해 주고 쉽게 판단하지 않으며 자신의 이야기를 잘 들어주는 교사와 이야기하고 싶어 한다. 적극적인 듣기에는 반응의 증가, 신체 움직임 그리고 질문하기가 포함된다. 눈맞춤은 좋은 듣기의 기본 요소다. 반면에 피로, 강한 감정의 표출, 너무 많이 이야기하기 그리고 환경적인 주의산만은 적극적인 듣기를 방해한다. Simpson(1996)은 의사소통 과정을 촉진하기 위해서 효과적인 청취자는 특수한 듣기기술(예: 이야기 시작하기, 분명하게 진술하기, 내용 다시 말하기, 감정 나타내기, 침묵하기, 요약하기)뿐 아니라 주의집중, 수용 그리고 감정이입 기술을 보여 주어야만 한다고 말하였다. 그는 "부모의 말을 듣기 전에 반응하려고 하는 전문가 또는 교사들은 너무 성급하게 부모의 말에 '대답'하거나 부모에게 해야 할 것을 '이야기'하므로 만족스러운 협의관계를 이룰 가능성이 거의 희박하다."(p. 120)라고 말한다.

부모는 자녀의 교육 프로그램에 있어 중요한 일원

(stakeholder)인데, 감정이 개입되기 때문에 교사가 부모의 비난이나 분노를 직면하는 것은 흔한 일이다. Jones와 Jones(1995)는 교사들이 부모의 비난과 분노를 다루는 데 있어 유용한 기술을 제시하였다.

- 조용하고 유쾌한 매너를 유지하라.
- 적극적 듣기를 사용하고 방어적으로 행동하는 것을 피하라. 이야기를 하는 동안 진심으로 관심을 보여라. 이러한 행동은 감정의 긴장을 완화시킨다.
- 부모가 이루기 원하는 것에 대해 질문하라.
- 필요하다면 시간 제한을 두고 또 다른 회의계획을 생각하라.
- 부모가 자녀가 관심을 두는 문제를 지각하고 있는지를 물어보라.
- 정직하게 대하고 자료에 근거를 두어라.
- 문제를 다루기 위하여 앞으로 행해질 것에 대해 부모가 알게 하라.

교사로서 부모

세대에 걸쳐 부모는 자녀들에게 관습, 독특한 가족 습관, 전통을 전달한다. 일반적으로 사회에서는 부모가 가치와 사회성 기술을 가르칠 것으로 기대한다. 하지만 부모는 자녀에게 학업적인 것들을 가르쳐야 하는가? 가정교사로서의 부모 효과에 대한 연구 결과는 아직 일정한 결론을 도출해 내지 못하였다. 일부 전문가들은 효과적이라고 주장하고, 일부 전문가들은 그 효과에 의문을 갖는다. 기본적으로 선택은 개인의 결정에 달려 있다고 볼 수 있다.

개인은 가정 내 교수에 대해 결정해야 한다. 기본적으로 고려해야 할 사항은 잘 조화된 삶을 유지하기 위한 가족 구성원의 자원(예: 시간, 돈, 활동)을 빼앗지 않고 가정에서 학습이 이루어질 수 있는가다. 본질적으로 아동과 부모가 전체 과정을 즐겁게 할 수 있다면 가정학습은 실행 가능하다.

만약 부모가 가정에서 학습을 하기로 결정한다면 좋은 결과를 낼 수 있도록 세심한 주의가 필요하다. 이에 대한 지침은 다음과 같다.

- 간단한 교수를 제공하고 정확하게 과제와 관련된 요구사항을 전달한다.
- 가정에서 제공하는 수업 한 회기의 길이는 고정적이지 않다. 간혹 아동은 집중해야 할 시간 동안 과제에 주의집중하지 않을 수도 있다. 이때 좌절감과 긴장감을 만드는 위험을 감수하며 과제를 끝마치도록 하기보다는 2~5분 정도로 집중시간을 짧게 할 수 있다.
- 가정학습을 하는 동안 이루어진 아동 수행의 결과 또는 관찰 기록(예: 오류 유형, 질문, 반응 비율)을 남긴다. 이러한 관찰내용은 교사와 공유할 수 있고 미래를 위한 계획을 짜는 데 도움이 될 수 있다. 아동의 진보 기록을 보관하는 것은 종종 도움이 된다.
- 가정에서 행해지는 공식적인 학습을 무기한으로 연장하지 않는다. 정기적으로 가정학습을 잠시 쉰다. 일상적으로 가정에서 하는 일이나 게임 속에 치료교육적 과제를 통합시킴으로써 가정학습을 보충하거나 대체할 수도 있다.
- 수업을 위한 최상의 시간을 선택하도록 노력한다. 많은 부모들은 저녁식사 직후가 가장 좋다고 한다. 또한 수업을 위해 다른 가족 구성원들의 활동을 제한하지 말고 가능한 한 너무 어수선하지 않은 장소를 선택한다. 활동에 대한 기대감을 갖도록 가능한 한 같은 장소에서 동일한 시간대에 가르친다.
- 적절한 수준을 정의하고, 아동이 과제를 완성할 수 있는지를 확인한다. 가정학습은 성공을 지향해야 한다. 과제는 도전적이어야 하지만 너무 어려워서는 안 된다.
- 6학년 아동은 약 15분, 더 나이든 학생은 30분까지 가정에서 공부하는 시간을 제한한다(Cummings &

Maddux, 1985).

- 지루함을 줄이는 방식으로 새로운 자료와 연습 활동을 감독하고 교수하는 창의적인 기법을 사용한다.
- 실수를 했을 때 긍정적이거나 중립적인 방법으로 아동에게 이야기한다. 노력하는 학습자에게는 격려하고 칭찬한다.
- 아동에게 과제와 자료가 익숙해질 수 있는 시간을 준다. 공식적인 수업을 시작하기 전에 아동에게 내용이나 활동에 대한 개관이나 도입을 제공한다.
- 권위에 호소하거나 사실을 추측하기보다는 증거에 기초하여 판단하거나 선택할 수 있도록 아동을 격려한다. 아동에게 문제에 대해 생각할 시간을 준다.
- 가정학습 시간이 아동과 부모 모두에게 즐거운 시간이 될 수 있도록 한다.

교사-부모 협력에 대한 전망

정의, 배치, 교육 프로그램에 부모의 참여가 늘어나면서, 학교 교직원들은 학부모와 좀 더 가깝고 효과적으로 일할 수 있는 준비를 해야 한다. 교사는 중요하게 생각되는 부모의 조정기간 동안 지원적이고 부모의 요구에 민감하며 정보를 제공해 주어야 한다. 양쪽은 아동이 최선의 성장을 할 수 있도록 문제해결에 도전하는 긴 여행을 해야 함을 인식해야 한다. 좌절과 고된 작업이 서비스를 탐색하는 과정에 동반될 것이다. 그러나 문제해결로 인해 기쁨을 경험할 수 있을 것이다. 이러한 과정을 통해 교사와 학부모는 정확한 평가기술을 개발하고 자원, 기술, 자료에 대한 정보를 모을 수 있게 될 것이다.

학생의 학습에 관련된 교수 변인

교사가 학생성취와 관련된 여러 요소를 직접적으로 통제하는 것은 거의 불가능하다. 그러나 교실에서 제공되는 교수의 질은 학생의 학습에 있어 중요한 요소로 남아 있다. 교사와 교사교육을 하는 이들은 연구를 통해 교수 실제(practices)를 개발할 책임이 있다. 교수 변인들은 일반교육과 특수교육에서 선택된 연구들에서 도출된 중요한 결과에 초점을 맞춘다. 교사가 매일 실시하는 자신의 교수에 이러한 실제를 포함시킬 때, 학생의 성취 향상 가능성은 증가한다.

학습시간

성공적인 교사는 학업에 매우 집중한다. 효과적인 교사는 학생이 교재, 학습지, 교수자료, 또래중재 교수에서 직접적인 학업과제를 수행하는 데 더 많은 시간을 소요할 수 있도록 가르친다. 이들 교사는 학생들에게 숙제를 더 많이 내고, 학생이 그 책임을 지도록 하며, 학생이 숙제를 더 자주 점검할 수 있도록 한다.

수업 집중시간(engaged time)과 관련된 연구 결과로부터 학업에 초점을 맞추는 것이 중요하다는 것을 알 수 있다. 수업 집중시간은 학생이 실제로 학업과제를 수행(예: 쓰기, 읽기, 컴퓨터)하는 데 보낸 시간이다. 학생의 성취에 차이를 만드는 교수 활동과 관련된 연구는 국가교육연구소(National Institute of Education)의 지원을 받아 캘리포니아 주 교사 양성 및 자격증 위원회에 의해 행해진 6년짜리 초임교사 평가연구의 일부분으로 수행되었다. Denham과 Lieberman(1980)에 의하면 이 연구가 학계에 기여한 주요한 사항 중 하나는 학업 관련 학습시간(academic learning time), 즉 학생이 적절한 난이도의 학업과제에 참여하면서 보낸 시간을 강조한 것이다. 기대했던 것처럼, 학업 관련 학습시간은 학생의 성취와 연관이 깊은 것으로 나타났다. 특히 Fisher 등(1980)은 교과내용에 할당된 시간이 학습에 긍정적인 연관이 있으며, 학생이 읽기 또는 수학 과제를 성공적으로 수행하는 데 보낸 수업 집중시간이 학습에 긍정적인 연관이 있다고 보고했다. 따라서 좋은 교수의 초석은 적절한 학업 관련 수업목표를 수립하고, 학생이 목표와 관

〈표 1-4〉 학생 참여시간을 증가시키기 위한 제안

참여시간을 늘리기 위한 일반적 제안

교수시간을 더 많이 계획하라.
학생으로 하여금 활동 간의 전이를 빨리 하도록 가르쳐라.
효과적인 교수기법을 사용하라(4장 참조).
학생이 동기화될 수 있도록 노력하라.
조직화하고 준비하라.
학생과 교사의 교수적 상호작용을 증가시켜라.
교사 주도시간과 착석과제에 할당하는 시간 사이의 균형을 유지하라.

교사 주도적 수업 동안 참여시간을 늘리기 위한 제안

학생이 주의집중을 할 수 있도록 상기시켜 주는 신호를 사용하라(4장의 SLANT 참조).
열정적으로 하라.
활발한 속도를 유지하라.
흥미 있는 은유나 이야기로 내용을 묘사하라.
자주 질문하고 모든 학생을 참여시켜라.
학생의 노력과 과제를 수행 중인 것을 칭찬하라.
내용의 중요성과 일생생활 간의 관련성을 강조하라.

독립과제 동안의 참여시간을 늘리기 위한 제안

다양한 착석과제 활동, 교수용 게임, 자기 교정 자료, 컴퓨터 보조 학습을 사용하라.
학생들에게 독립적으로 공부하도록 가르쳐라.
또래교수를 위한 짝과 학급단위 또래교수를 활용하라.
독립과제를 학생에게 관련 있고 의미 있게 만들어라.
협력적인 학습 집단을 이용하라.
자습을 하는 학생을 칭찬하라.
진보를 위해 독립과제를 정정하라.
교실을 돌아다니면서 학생들의 수행을 훑어보고 학생의 독립과제를 모니터링하라.
명확하고 간결한 지시를 하라.
독립과제를 평가하라.
학생 과제를 교실에 게시하라.
각 학생의 교수수준에 맞게 독립과제를 제공하라.

련된 과제를 성공적으로 수행할 기회를 최대로 늘릴 수 있는 중재 프로그램을 고안하는 것이다(Howell & Nolet, 2000). 하지만 불행하게도 여러 연구자들에 의하면(Larrivee, 1986; Ysseldyke & Algozzine, 1995) 많은 학급에서 학생의 수업 집중시간은 그리 길지 않다.

Haynes와 Jenkins(1986)는 특수교육 대상 학생들이 자료실에서 받는 수업을 연구하였다. 이 연구 결과 중의 하나는 하루에 행해지는 읽기수업의 양이 학급마다 다양하다는 것이다. 어떤 학급은 하루에 약 58분간, 어떤 학급은 하루에 약 17분간 읽기수업을 받았다. 예상한 대로, 읽기수업에서 더 많은 시간을 보낸 학생들은 읽기를 더 많이 배웠다. 230명의 경도장애 초등학생을 관찰한 Rich와 Ross(1989)는 학생이 학교에서 보내는 시간 중 거의 3시간을 비수업 활동(예: 이동, 청소, 기다리는 시간, 자유시간)에 보내고 있다는 것을 밝혀내었다. 그리고 성취 및 학업에 참여하는 시간은 학생이 독립적으로 수행하는 과제보다는 교사 주도적 활동에서 더 많아진다는 보고가 있다(Sindelar, Smith, Harriman, Hale, & Wilson, 1986).

일반학생들과 학습문제를 가진 학생들을 대상으로 한

연구 모두에서 학업과 관련된 학습시간은 학생의 학습과 긍정적으로 매우 밀접한 관련이 있는 것으로 알려졌다(A. Reynolds, 1992). 긍정적이고 생산적인 학습환경의 촉진을 위하여, 학생들은 가능한 한 많은 시간을 의미 있는 학업과제에 참여하는 데 보내야 한다.

Gettinger(1991)는 학습장애 학생들이 학습장애가 없는 학생들보다 읽기이해 과제를 숙달하는 데 있어 매우 많은 시간을 필요로 한다는 것을 밝혀내었다. 기본적으로 학습문제가 있는 학생들은 학습을 위한 충분한 시간, 높은 성공률 그리고 관련 정보를 학습하고 기억하는 방법과 관련된 전략이 필요하다. Greenwood(1991)는 학업과제를 위한 시간을 늘리기 위하여 5학기 이상 장애위험성이 높은 초등학생들에게 학급단위 또래교수(classwide peer tutoring)를 사용하였다. 또래교수를 실시한 집단은 통제집단에 비하여 더 우수한 학업 성과를 이루어 내었다.

연구자들은 학생들의 성취는 두 가지 방법(학생의 학습시간을 증가시키거나 학습을 하기 위해 필요한 시간을 감소시킴)으로 개선된다고 주장하였다. 수업 참여시간을 증가시키거나 특정 기술을 학습하는 데 필요한 시간을 감소시키는 교수 요인은 학생과 관련된 학습과제, 효과적인 교실 관리, 명확하게 진술된 학습 관련 기대, 시기적절하고 구체적인 피드백, 교사-학생 상호작용, 학습을 위한 강화 그리고 교수목표를 충족시키기 위한 지속적인 모니터링이다. 〈표 1-4〉는 교수시간과 수업 참여시간을 늘리는 데 사용할 수 있는 여러 가지 제안이다.

학생 성공의 확대

학생이 높은 수준의 성공을 경험하는 것은 매우 중요하고 이를 위한 연구적 지원이 필요하다. 이 연구에서 성공은 학생이 과제를 이해하고 바르게 끝마치는 비율을 말하며(Borich, 1992), 자료의 난이도에 따라 정의된다. 성공을 자주 할 때, 학생은 과제를 이해하기는 하나 간혹 부주의로 인해 실수를 한다. 50% 내외의 성공을 할 때는 자료를 부분적으로만 이해하며 실수도 많이 한다. 그리고 학생이 자료를 잘 이해하지 못할 때는 성공률이 낮아진다. 학업과제에 대한 학생의 참여와 주의집중(student engagement)은 높은 성공률과 깊은 관련이 있다(즉, 중간에서 높은 성공률을 이끄는 교수는 성취의 증가를 가져온다.). 특히 교수가 설명적이거나 해설적일 때 성취와 높은 성공률 간의 긍정적인 관련성은 이미 알려져 있다.

초임교사 평가연구(Fisher et al., 1980)에서 밝혀진 기초적인 연구 결과는 교사가 질문하고 착석과제를 하는 중에 학생이 정답을 많이 만들어 낼 때 학습이 가장 잘 이루어진다고 한다. 적절한 성공률은 교수 동안은 적어도 80%, 그리고 교수 회기의 끝에는 90%라고 한다. 이상적으로 과제는 학생들에게 적절한 수준의 도전을 할 수 있도록 해야 한다(즉, 성공하려면 노력이 필요하다.). Fisher 등(1980, pp. 17-18)은 다음의 사항을 강조하였다.

> 흔히 너무 높은 수준의 성공률을 나타내는 과제는 지루하고 반복적일 수 있고, 인내심의 발달을 방해할 수도 있다. 아마도 높은 성공률과 도전적인 과제 사이의 균형을 이루는 것이 적절할 것이다. 또한 나이 든 학생 그리고/또는 일반적으로 학교학습에 숙련된 학생들은 시간을 더 많이 투자한다고 해서 더 많이 성공하지 않는다는 것을 알게 되었다. 분명한 것은 이 학생들이 문제해결(과제를 명확하게 이해하지 않은 상태로 과제를 받아서 해 내는 것)을 학습하였다는 것이다. 그들은 성공을 경험할 수 있는 한 좀 더 어려운 자료에 도전할 수도 있다. 학생들이 성공의 가능성이 낮은 자료나 활동을 가지고 과제를 수행할 때는 그들의 성취 가능성이 더 낮아진다.

Borich(1992)는 실증연구를 기초로 하여 학생들은 간혹 부주의한 실수를 할 수 있기는 하지만 거의 완벽하게 이해할 수 있는 과제에 그들의 시간의 60~70%를 보내

〈표 1-5〉 학생의 성공을 촉진하는 교수 특징

영역	교수 특징
내용	유용하거나 관련이 있다. 명확하게 상술되었다. 배우기 쉽도록 교수적으로 조직되었다.
평가	적절한 배치를 가능하게 한다. 프로그램에 관해 자주 피드백을 준다. 실질적이지만 높은 수준의 목표를 수립하도록 이끌 수 있다.
학습 경험	학습을 위한 충분한 시간을 허용한다. 학습을 촉진할 수 있는 지원을 제공한다. 학생으로 하여금 실제적으로 높은 비율의 진보를 경험할 수 있게 한다. 성취와 노력을 강화한다.
자기 조정	학생이 독립적으로 공부할 수 있도록 한다. 일부 수업에서 학생이 자신의 진보를 직접 모니터링하도록 한다. 목표설정과 활동을 선택하는 데 학생을 참여하게 한다.
협력	또래교수를 한다. 그룹 활동에서의 협력을 포함시킨다.

출처: C. D. Mercer & P. C. Pullen, 2005, *Students with Learning Disabilities* (p. 320), 6th ed. Upper Saddle River, NJ: Merrill/Prentice Hall. Copyright 2005 by Pearson Education(허락하에 게재함).

야 한다는 제안을 하였다. 높은 성공률을 촉진하는 교수는 성취의 향상을 이끌 수 있을 뿐 아니라 학업과 학교생활에 대해 긍정적인 태도와 자아존중감의 수준을 증가시키는 것으로 나타났다. 교수적으로 적절한 조화와 학생 진보를 지속적으로 검토하는 것은 분명하게 이루어져야 한다. 성공을 많이 경험하지 못하게 되면 분노, 좌절, 부적절한 행동 그리고 낮은 수준의 학습 동기를 갖게 된다. 반면에 성공 경험은 동기, 태도, 학업 진보 그리고 교실에서의 행동을 향상시킬 수 있다.

많은 변인이 학생 성공에 기여할지라도, 개별 학생을 위하여 교수적으로 적절한 조화를 이루는 정도는 학생이 더욱 자주 성공을 경험할 수 있도록 촉진할 수 있는 교수의 초석으로 간주되어야 한다. 학생 관련 특성(예: 기술수준, 사전지식, 전략 사용, 흥미, 동기)을 진단하는 교사의 능력과 과제 요인(예: 난이도, 숙달에 걸리는 시간, 연관성)은 교수적인 조화를 이루는 것의 질에 영향을 준다(Christenson, Ysseldyke, & Thurlow, 1989). 근본적으로 교사는 학습과제를 학생의 능력에 맞추어야 하는데(예: 진단적 교수 기능), 이는 학생의 성공을 보장할 수 있는 교수 프로그램을 개발하는 데 도움을 준다. 〈표 1-5〉에서 제시한 것처럼, Wang(1987)은 성공적인 학습 결과를 장려하는 학습환경의 특징을 강조하였다. Borich (1992)는 보통에서 높은 수준의 성공률은 학습자가 수업내용을 완전히 습득할 수 있도록 도와줄 뿐 아니라 학생이 독립적인 학습자가 되고 고차원적 수준의 사고를 할 수 있는 기초를 제공해 준다고 하였다. 명시적 교수가 전략이나 자기 주도적 교수와 함께 제시될 때 그런 발달이 더 잘 이루어진다.

긍정적이고 지원적인 학습환경의 제공

학교 및 교실 환경이 긍정적이고 지원적일 때 학생이 더 잘 배운다는 것은 이미 잘 알려져 있다(Christenson et al., 1989). 예를 들면, 인본주의적 차원을 기초로 학업에 초점을 맞추게 될 때 학생 성취가 높아진다. 교사는 교실 분위기에 영향을 미치는 매우 중요한 개인이다. 교사는 물리적(예: 조명, 온도, 좌석), 학업(예: 시간표, 수업 제시방법, 검사 날짜, 숙제) 변인을 배치하고, 교실의 정서적 특성(예: 격려, 경쟁, 협력)을 확립한다. 교사의 기대, 격려, 평가, 감정, 태도는 학습자로서 학생의 지각에 큰 영향을 미친다. 학습문제를 가진 학생들의 상당수가 자신의 학습능력에 대해 부정적인 인식을 가지고 있기 때문에, 일반교사와 특수교사는 그들을 위해서 지원적인 교실환경을 조성하고 유지해야 한다. 교사가 기운차고 학생에게 지원적이며 열심히 하는 모습을 보일 때, 학생은 더 편안하게 느끼고 교사의 이러한 행동과 태도를 따라 하는 경향이 있다. 이는 모든 학습자를 위한 즐겁고 생산적인 학습환경을 수립하는 데 도움이 된다.

교사는 교실에서 무언가 잘못되는 것이 있다면 쉽게 알아챌 수 있다. 그러나 효과적인 교사는 교실에서 일어나는 긍정적인 사건에 대해 자주 언급한다. Sprick(1985)은 교사가 부정적 사건보다 긍정적 사건에 주의를 더 기울일 때 교실에서 학습이 이루어질 가능성이 더욱 커지고 적절한 행동이 더 많이 나타난다고 말한다. 특히 교사가 긍정적 사건 대 부정적 사건에 대해 3:1의 비율로 주의를 잘 유지하면 고성취 학생으로 구성된 잘 관리된 학급을 갖게 될 가능성이 높다고 한다. Goodlad(1984)는 긍정적 스타일의 교사는 문제행동을 다루는 데 총 교수시간의 10%를 사용하지만, 현저하게 부정적인 스타일의 교사는 학생의 부적절한 행동을 관리하는 데 총 교수시간의 42%를 사용한다는 것을 발견했다. 하지만 안타깝게도 Sprick은 대부분의 학급교사가 긍정적인 사건보다 부정적인 사건에 3배 더 많은 관심을 보인다고 하였다.

일부 교육자들(Borich, 1992; Brigham, Scruggs, & Mastropieri, 1992)은 교사가 보이는 열정이 교사의 노력을 나타내는 중요한 한 측면으로서 학생의 성취에 긍정적인 영향을 미치며, 긍정적이고 지원적인 학습환경을 확립하는 데 도움이 된다고 주장한다. Brigham 등은 교사의 열정이 학습문제가 있는 중학생의 학습과 행동에 미치는 영향에 대해 조사하였다. 그 결과, 교사의 열정적인 수업은 학생의 더 높은 학업성취와 과제 이탈행동의 감소를 이끌었다. 교사의 열정적인 수업은 다음의 여덟가지 요소에 따라 특징지을 수 있다. 즉, (1) 다양하고 의기양양한 목소리 전달, (2) 이리저리 끊임없이 살피는 크게 열린 눈, (3) 표현력이 강한 몸짓의 빈번한 제시, (4) 드라마틱하고 다양한 신체 움직임, (5) 다양하고 감정적인 얼굴 표현, (6) 다양한 단어 사용, (7) 생각과 느낌의 재빠르고 생기발랄한 수용, (8) 열정적이고 전체적인 에너지다. 역으로 연구자들은 열정적이지 않은 교사의 행동을 다음의 다섯 가지 요소로 묘사하였다. 즉, (1) 동일한 장소에 서 있거나 앉아 있기, (2) 단조롭거나 표현이 묻어나지 않은 목소리로 말하기, (3) 빈번하지 않은 눈맞춤, (4) 활기찬 얼굴 표현이 거의 나타나지 않는 것, (5) 일반적으로 학생의 상호작용이 그리 많이 나타나지 않는 것이다. Borich는 감정적으로 지치지 않고 오랜 시간 동안 높은 수준의 열정을 유지할 수 있는 사람은 없다고 주장하였다. 그는 적당한 수준의 몸짓의 조화, 눈맞춤, 음성 변화 그리고 움직임은 대부분의 학생들에게 교사의 활기, 참여, 목적을 알리는 신호가 될 수 있다고 하였다.

Alderman(1990)은 교사가 모든 학생은 배울 수 있고 교사가 그 차이를 만들 수 있다는 믿음이 있을 때 긍정적인 학습환경과 학생의 학습이 강화된다고 말한다. Christenson 등(1989)은 긍정적 학습환경은 학생 학습에 대한 실질적인 기대, 학생의 특성과 요구를 고려한 교수 계획의 개발, 학생의 생산적인 성과에 대한 강화의 사용, 학생 진보의 적극적인 모니터링, 그리고 모든 학생이 학업적으로 성공하게 될 것이라는 믿음 위에 만들어질 것이라고 말한다. Alderman은 긍정적인 분위기의 교실에서 학생이 보이는 실수는 학생의 능력 부족 때문이라기보다는 자연스러운 학습과정의 중요한 한 부분으로 생각된다고 하였다. 그리고 긍정적인 접근에서는 적절한 학업적, 과제 수행적, 사회적 행동을 적절하게 강화함으로써 학생의 수행이 더욱 향상된다. 학업성취와 과제행동에 대한 강화의 긍정적 효과가 입증되었다(Lovitt, 1995). 교사가 긍정적이고 지원적인 학습환경을 만드는 데 있어 자신의 잠재적 영향력이 있는지를 파악하기 위해서는 다음의 질문을 생각해 볼 수 있다.

- 대부분의 시간 동안 나(교사)는 열정적인가?
- 학생들에 대한 나의 태도는 어떠한가?
- 동료들에 대한 나의 태도는 어떠한가?
- 나는 모든 학생을 지원하는가?
- 나는 실수를 허용하고 편안하게 하는가?
- 나는 새로운 정보에 따라 내 의견을 바꾸는가?
- 나는 행복한가?
- 나는 내 일을 완수하는가?
- 나는 나 자신의 신체적 · 정서적 건강을 돌보는가?
- 나는 훌륭한 청취자인가?
- 나는 많이 웃는가?

학생이 좋은 교사를 묘사하는 데서 우리는 긍정의 중요성을 이해할 수 있게 된다(Lovitt, 1977). Lovitt의 연구에서 학생들이 생각하는 좋은 교사는 학생을 칭찬하고, 학생이 도움을 받기 위해서 교사에게 다가가는 것을 허용하며, 모든 학생을 돕고, 좋은 매너를 사용하며, 학생들을 신뢰하고, 학급 내 유머에 동참하며, 학생들에게 한 번 이상 설명하고, 학생에게 도움이 필요한지 묻는다고 한다. 학생들은 조용하고 잘 정돈된 학급에서 공정하게 놀이를 하며 활동에 참여하며 주어진 과제를 완수하는 것에 대해 관심을 보였다. 학생들은 그들을 가르치는 교사가 유머감각이 있는 사람이기를 원한다. 교사가 이와 같이 행동할 때 학생들의 학업 수행은 향상된다. "교사가 학생들을 즐겁게 하면 할수록, 학생들은 교사를 더 즐겁게 한다."(Lovitt, 1977, p. 94)

동기유발적인 환경의 계획 및 유지

교실 내 행동문제를 예방하는 첫 단계는 학생을 동기화시켜서 학습과정에 참여하게 하는 것이다. 동기는 학생의 관심, 감정, 활동에 초점을 두거나 학생의 활기를 돋우는 것을 묘사하기 위해 사용된다. 동기는 왜 학생이 특정 활동(예: 숙제하기, 전화로 이야기하기)을 고르는지를 설명해 준다. 동기원(motivator)은 내적이거나 외적일 수 있고, 선택에 영향을 주는 사건이나 사물을 의미하기도 한다. 내적 동기원은 개인으로부터 나오고(예: 스포츠 잡지를 읽고 싶은 욕구), 외적 동기원은 환경으로부터 나온다(예: 숙제를 하라는 부모의 압력). 내적 · 외적 자원이 같은 방향으로 동기화될 때 그 효과는 강력하다. 효과적으로 동기화시키기 위하여, 교사는 흥미, 욕구, 열망과 같은 학생의 내적 동기원과 또래의 영향 또는 교사의 승인 같은 외적 동기원을 인식해야 한다. Borich (1992)는 동기부여의 핵심이 외적 · 내적 동기원이 함께 학생을 능동적으로 학습에 참여하게 하는 것이라고 주장한다. 그는 교사가 학생의 욕구, 흥미, 열망을 발견하고 학습을 개별화하기 위해 이를 사용하고 학생이 학습을 위한 동기화를 하도록 격려한다.

학습문제가 있는 학생들의 대부분은 학교에서의 실패와 좌절이라는 경험의 결과로 학습에 대한 동기를 잃었다. 제한된 동기를 가진 학생을 가르칠 때는 교사가 동기를 향상시키기 위해 조직적인 절차를 계획해야 한다. Van Reusen과 Bos(1994)는 IEP 계획 시 학습장애를 가진 중학생을 수업에 참여시키기 위한 동기화 전략교수의 효과를 연구하였다. 이러한 교수는 학생으로 하여금 자신의 강점과 한계를 알고 그들의 요구와 열정을 찾도록 한다. 동기화 전략교수의 목적은 학습과정의 중요한 한 부분으로 학습자를 참여시키고 배우고자 하는 학생의 수행을 증가시키는 것이다. 동기화 전략훈련을 받지 않은 학습장애 학생과 비교할 때, 처치집단은 목표를 더 많이 인지하고 그들의 IEP 회의 동안 더 효과적으로

〈표 1-6〉 학습 동기 향상을 위한 전략

동기화를 위한 계획하기

지원적이고 긍정적인 환경을 만들어라.
과제와 학생 가능성 사이의 연결을 유지함으로써 성공을 프로그램하라.
의미 있는 학습 결과를 개발하라.
학생의 흥미와 일상생활에 내용을 연관시켜라.
재미있게 이해하도록 은유, 일화, 이야기, 예시를 사용하라.

적절한 기대를 의사소통함으로써 동기화하기

긍정적 기대를 전달하라.
도전적 기대를 전달하라.
목표 설정을 가르치고 학생이 노력을 결과에 연관시킬 수 있도록 도와라.

외적 강화제를 필요로 하는 학생들에게 외적 강화제를 사용하기

성실한 노력을 칭찬하라.
좋은 수행이나 향상된 수행에는 보상하라.
학습의 실용적 가치를 지적하라.
경쟁적인 활동을 적절하게 구조화하라.
학생이 반응할 수 있는 많은 기회를 제공하라.
학생의 반응에 즉각적인 피드백을 제공하라.
주기적으로 게임 형식을 활용하라.

내재적 동기를 인식 · 제공하기

자기관리를 가르쳐라.
일부 교수 활동을 계획할 때 학생을 포함시켜라.
학생이 완전학습을 할 수 있는 충분한 시간을 제공하라.
활동이나 주제 선택 시 학생에게 선택권을 주어라.
학생이 결과물을 완성하도록 허용하라.
상상의 세계나 가상 활동을 사용하라.
학생에게 높은 수준의 사고력을 요하는 활동에 도전하게 하라.
협동학습과 또래교수를 사용하라.
특정 기술과 내용을 학습하는 이유에 대해 토의하라
학생이 자신의 동기를 개발할 수 있도록 유도하라.
외현적 동기원에서 내적 동기원으로 옮겨 갈 수 있도록 학생을 격려하라.
호기심을 일으키는 활동을 사용하라.

동기를 촉진하는 전략 사용하기

기본적인 사회적 기술을 가르쳐라.
학습에 대한 흥미를 모델링하라.
집중도를 보여 주어라.
내용과 학습에 대하여 열정적이 돼라.
내용을 제시하고 상호작용할 때 열정적이 돼라.
주의집중과 중요성을 수립하기 위하여 선행 조직자를 사용하라.
이해를 가르치기 위해 명시적 모델링을 사용하라.
다양한 독립적인 학습 활동(예: 자기 교정 자료와 컴퓨터 보조 교수)을 사용하라.
문제해결을 하는 동안 '소리 내어 생각하기'를 통해 초인지를 모델링하라.
학습 활동을 하는 동안 불안감을 최소화하라.
진보를 모니터하고 그에 따라 교수를 조정하라.
그룹 배치를 다양화하라.
문화적으로 관련된 자료와 예시를 사용하라.
수업에 학생의 이름, 경험, 취미, 흥미를 사용하라.

출처: C. D. Mercer & P. C. Pullen, 2005, *Students with Learning Disabilities* (p. 324), 6th ed. Upper Saddle River, NJ: Merrill/Prentice Hall.

의사소통했다. 이러한 결과는 교육 프로그램 계획에서 학습장애 학생들의 참여가 중요하다는 것을 알려 준다. 특히 동기화 전략교수는 학생들을 동기화하는 데 중요한 욕구, 흥미, 열망 등을 교사와 학생이 인식하도록 돕는다.

실제적인 교수목표를 세우고 숙달의 기준을 상세하게 설정하는 것은 학생의 동기화에 있어 매우 중요하다. Clifford(1990)에 따르면 교사는 학생이 보통 수준의 성공 가능성을 가진 학습 목표를 세우도록 격려한다. 교사는 학생들이 흔히 쉬운 과제에서 성공하면 과제가 쉬웠기 때문이고, 아주 어려운 과제를 성공하면 운이 좋았던 덕분이라고 여긴다고 하였다. Clifford는 "오로지 중간 난이도의 성공…… 개인적 노력, 잘 선택된 전략, 능력으로 설명하는 과제, 그리고 이런 설명들은 자신감, 능력, 만족, 지속성, 개인적 통제감을 불러일으킨다"(p.22)고 말했다. Alderman(1990)은 자신의 노력과 성공을 관련짓는 것도 학생의 동기화 개발에 중요하다고 이야기하였다.

일단 목표가 설정되면 그것을 향한 진전을 검토하고 학습전략과 학업기술을 통하여 실수를 어떻게 교정할 것인지에 대해 피드백을 전달함으로써 학생의 동기화는 향상된다(Porter & Brophy, 1988; Wang, 1987). 〈표 1-6〉은 Alderman(1990), Brigham 등(1992), Brophy(1987), Christenson 등(1989), Porter와 Brophy(1988), Salend(2001)이 제안한 학생 동기화 전략을 제시하고 있다.

· 제 · 2 · 장 ·

교수 계획과 조직

1장은 학생의 요구와 특성, 교사 간 협력, 교사-학부모 협력의 맥락에서 반응적인 교수환경을 조성하는 것에 초점을 맞추었다. 그리고 학습을 촉진할 수 있는 교수 변인에 대한 실증연구를 아우르는 철학을 적용하고자 했다. 1장이 인력과 법적 조항과 같은 거시적 요소에 관심을 가졌다면, 2장은 교수와 함께 제공되는 여러 가지 세부적인 사항을 계획하고 조직하는 미시적인 요소에 초점을 맞춘다. 교실을 배치하고, 교수자료를 선정하며, 숙제의 지침을 완성하고, 수업 시간표를 짜는 것은 교사가 반드시 계획하고 조직해야 할 세부적인 일 중 일부에 해당된다.

일반적으로 교수(instruction)는 교사가 포괄적으로 수업을 계획한 결과로 주위의 방해, 여담, 학생의 기분전환 없이도 학생의 주의집중과 참여를 계속해서 유지시킬 수 있다. 교사가 수립하는 교수 계획은 매우 중요하므로 교사가 활동을 계획하는 데 있어 인정과 지원이 필요하다. 한 보고서에서 Lenz, Deshler와 Schumaker (1990)는 교수 계획에 대해 도움이 될 만한 정보를 이야기하였다.

- 수업시간 후에 교사가 교수 계획을 위해 소비하는 시간은 매우 다양하다. 평균 계획시간은 76분 정도다.
- 여름방학 동안 교사가 교수 계획에 소비하는 평균 시간은 59시간이다.
- 많은 교사들은 교수 계획을 수립할 때 가장 생산적으로 일할 수 있는 공간이 구조화되지 않은 곳(예: 운전 중, 개와 산책하다가, 샤워 중에)이라고 한다. 보통 교사들은 학교 일과 중에 '표층 구조(top structure)' (즉, 시간표 짜기, 수업의 구조 결정하기, 행정업무 처리하기)를 계획하는 반면에, '심층 구조(deep structure)' (즉, 어려운 개념을 명료화하거나 동기유발 활동을 개발함)의 계획은 학교 이외의 곳에서 이루어진다고 한다.

- 교사들은 학업적으로 다양성을 지닌 학급을 가르치기 위한 계획을 수립하는 데 있어 가장 큰 걸림돌이 되는 것으로 시간이 충분치 못한 것, 학생의 동기를 유발하고 그들의 능력에 적합한 자료와 활동을 개발하거나 발견하는 기회가 부족한 것, 그리고 학생 능력과 학업 관련 경험에 관련된 지식이 부족한 것을 꼽았다.

이 장에서는 물리적 배치, (교수자료의 선정과 사용을 포함한) 교수적 배치 및 정리, 시간표 작성, 교구 및 자료 조직체계 영역에서 교수를 계획하고 정리하는 방법에 대해 소개하고자 한다.

물리적 배치

교실의 물리적 배치에 관하여 교사가 내리는 결정은 교수 활동이나 학급 관리에 중대한 영향을 미친다. Cegelka와 Berdine(1995)은 물리적 배치가 학생이 적극적인 학습에 할애하는 시간과 학생이 주의집중하는 시간, 그리고 방해행동을 보이는 양에 영향을 미친다고 전했다. 아주 철저하게 계획·준비된 학급에서는 교사와 학생이 쉽게 자료에 접근할 수 있으며 혼잡한 느낌 없이 교실을 돌아다닐 수 있다. 또한 잘 계획된 학급에서는 교사가 학생을 쉽게 볼 수 있다. 바꾸어 말하면, 학생이 교사가 제시하는 바를 쉽게 볼 수도 들을 수도 있다는 것이다. 물리적 배치를 계획하는 데 있어 학생, 자료, 특수 공간의 배치를 고려하는 것은 도움이 된다.

학생의 배치

학생 배치를 결정할 때는 먼저 교사가 어디서 전체 학급을 대상으로 한 교수를 진행할 것인지를 결정해야 한다. 일반적으로 칠판, 오버헤드 프로젝터(OHP) 및 스크린의 위치는 교사가 수업을 진행하는 최적의 장소로 결정하는 데 있어 중요하다. 다음의 사항은 학생의 배치를 결정하는 데 있어서 중요하다.

- **학생이 교사가 제시하는 바를 쉽게 보고 들을 수 있도록 학생을 배치하라.** 학생은 칠판이나 OHP, 스크린에 제시된 내용을 손쉽게 볼 수 있어야 하며 교사가 하는 이야기도 잘 들을 수 있어야 한다.
- **교사가 어떤 학생에게든지 쉽게 접근할 수 있도록 학생을 배치하라.** 학생에게 쉽게 다가갈 수 있는 교사는 학생에게 개인적인 도움과 사적인 피드백을 줄 수 있으며, 위기 상황을 예방할 수도 있다.
- **교사가 쉽게 학생들을 볼 수 있도록 학생을 배치하라.** 이는 교사로 하여금 교실을 자주 훑어보게 하므로 쉽게 학생을 모니터링할 수 있도록 해 준다. 교사가 학생을 훑어보는 것은 학생의 과제 수행행동을 증가시켜 주며, 특히 학생 주도적인 활동에 있어 중요하게 사용된다. Sprick(1991)은 훑어보기가 가르치는 데 있어 중요한 요소 중 하나라고 보고, 효과적인 교사들은 일반적으로 15초에 한 번 정도로 학급을 훑어본다고 보고하였다.
- **책상을 모둠 또는 줄로 배치할지를 결정하라.** 학생의 책상을 배치하는 방법에는 단독 책상 구역이나 모둠을 이용하는 것, 줄을 맞추어 배치하는 것, 그리고 둘을 혼합하는 것이 있다. 책상을 모둠으로 배치하는 것은 학생 간의 사회화와 상호작용을 활발하게 하기 때문에, 교육자들(Emmer, Evertson, & Worsham, 2003)은 특히 학년초에는 줄을 맞추어 책상을 배치하는 것이 적당하다고 제안한다. 그리고 학생들은 중요한 교수공간과 반대 방향으로 앉으려 하지 않으며 산만하게 하는 쪽(예: 창문, 복도, 혹은 다른 학생들)으로 앉으려 하지도 않는다.
- **가르치기 어려운 학생이나 과제 불이행 학생은 교실 앞쪽 중앙에 배치하라.** 이런 학생들은 다른 학생들

에 비해 더 자주 모니터링을 해야 하므로 그들을 교사 가까이 배치하는 것이 주의집중과 행동을 점검하는 데 도움이 된다.

자료의 배치

자료를 적절한 위치에 놓는 것은 교수 활동의 흐름을 원활하게 하고 교실 관리를 향상시킨다. 자료를 배치할 때는 다음의 사항을 고려하는 것이 중요하다.

- **자주 사용하는 자료는 쉽게 찾을 수 있도록 한다.** 교사와 학생이 자주 사용하는 특정 자료가 학생들이 배우는 특정 학업영역이나 교과목에 따라 달라지나, 일반적으로 교실에서 자주 사용하는 기본 물품에는 종이, 분필, 자, 가위, 지우개, 마커, 투명 필름, 수성펜, 테이프, 풀, 스테이플러 등이 있다. 학생이 사용하게 될 자료를 원활히 공급받기 위해서는 가정으로 목록을 만들어 보내는 것이 좋고, 교사는 학생들에게 필요한 물건을 충분히 구비해 놓고 있어야 한다. 자주 사용하는 물품은 가까운 책장이나 서랍 안에 보관하는 것이 좋다.
- **교사나 학생이 자주 왔다 갔다 하는 곳은 가능한 한 혼잡하지 않도록 한다.** 사람의 이동이 많은 곳은 일반적으로 집단 작업을 하는 구역, 연필깎이, 쓰레기통, 교사 책상, 일부 책장, 컴퓨터 주변과 복도, 학생 책상 등이다. 혼잡한 공간은 가능한 한 서로 멀리 떨어져 있도록 하고 많은 사람들이 쉽게 접근할 수 있도록 한다.

특별 구역과 센터의 배치

교실 배치계획을 수립하는 데 있어 중요한 고려사항 중 하나는 특정 활동(예: 수학, 국어 영역이나 개별학습 공간)을 위해 특별히 고안된 공간을 설계하는 것이다. 많은 학급은 소집단 교수, 센터, 개별 과제 수행을 위한 공간을 필요로 한다. 다음은 이러한 공간 중 몇 가지 형태다.

학업공간

간혹 학업과 관련하여 교수공간을 분할할 필요성이 있다. 일반적으로 초등학교 저학년에서는 읽기, 수학, 언어, 필기하기, 철자법, 과학 및 사회, 건강과 같은 교과목에 할당된 공간이 따로 있다. 각각의 공간에는 2~3명의 학생이 모일 공간과 자료를 수납할 공간이 필요하다. 초등학교 고학년에서는 교실 내에 특별 구역을 그리 많이 필요로 하지 않는다. 그러나 교수영역은 특정 교과의 다양한 분야를 수행하기 위해 만들어질 수 있다. 예를 들어, 영어교사는 문학, 문법, 듣기와 자유로운 읽기를 위한 공간을 만들 수 있다.

교사공간

교사는 소집단과 대집단 교수를 위한 공간을 필요로 한다. 또한 교재나 개인적인 물건을 보관할 수 있는 자리도 필요하다. 교사의 공간은 교실에서 일어나는 활동을 지속적으로 모니터링할 수 있는 최적의 자리가 되기도 한다.

개별 학생 공간

학생 개개인은 교재를 보관하고 전체 수업이나 협동학습을 하고 개별 과제를 수행하는 동안 앉아 있을 공간을 필요로 한다. 일반적으로는 한 명의 학생이 하나의 책상을 배정받는다. 간혹 교실 활동의 흐름과는 좀 떨어진 곳에 칸막이 책상과 같은 별도의 작업 공간을 두고 매우 산만한 학생이 사용하도록 하거나 문제가 발생하는 날에 사용할 수 있게 하는 것도 꽤 도움이 된다. 그러나 이러한 칸막이 책상은 처벌이 아닌 학습을 할 수 있는 긍정적인 장소로 인식되게 하는 것이 중요하다.

시청각 공간

학급에는 영화, 단편 필름, OHP를 사용할 수 있는 공간과 테이프레코더, 녹음기, 비디오 재생기, 컴퓨터, 듣기를 위한 청취 센터가 필요하다. 대부분의 교실은 별도의 시청각 공간을 가지고 있지 못한데, 이러한 경우 일부 공간(예: 읽기/듣기 영역)은 두 가지 목적을 갖는 공간으로 활용되기도 한다.

일반적인 고려사항

교실 배치를 계획하는 데 있어 교실이 주는 전체적인 느낌은 쾌적하고 역동적이며 학생이 공부를 하고 싶은 마음이 들 수 있도록 해야 한다. 교사는 유효한 자원과 공간을 취해야 하고 학급의 스타일이나 가르치는 교과의 내용에 맞게 학급을 정리 · 배치해야 한다. [그림 2-1]은 일반학급 평면도의 예이며, [그림 2-2]는 특수학급 평면도의 예다. [그림 2-1]의 일반학급 평면도는 교사에게는 최적의 위치며 학생은 쉽게 접근할 수 있고 소집단 교수와 전체 집단 수업이 모두 가능하므로 학생으로 하여금 칠판이나 OHP 스크린의 자료를 볼 수 있게 해 준다.

[그림 2-1] 일반학급 평면도의 예

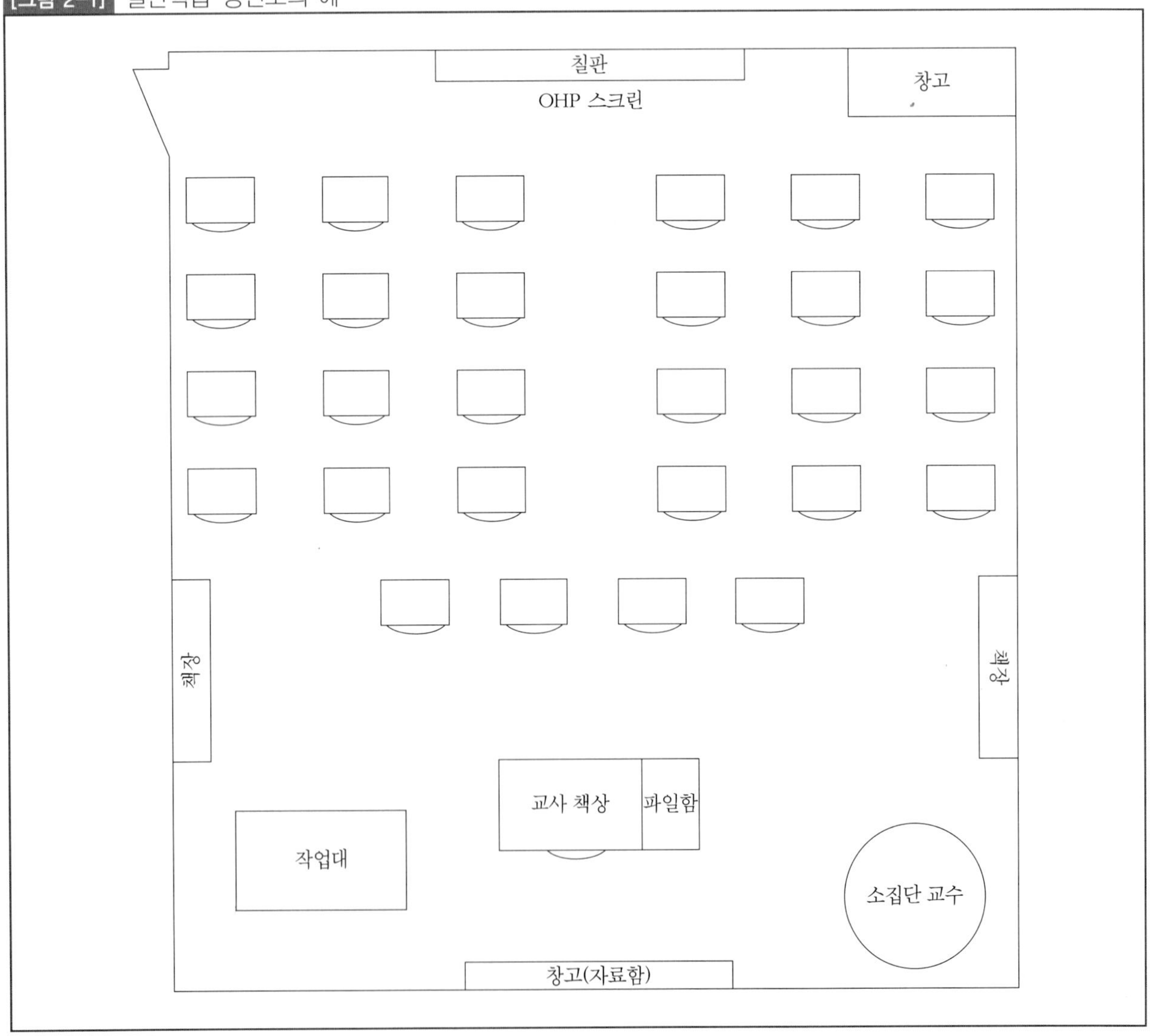

[그림 2-2] 자료실(특수학급) 평면도의 예

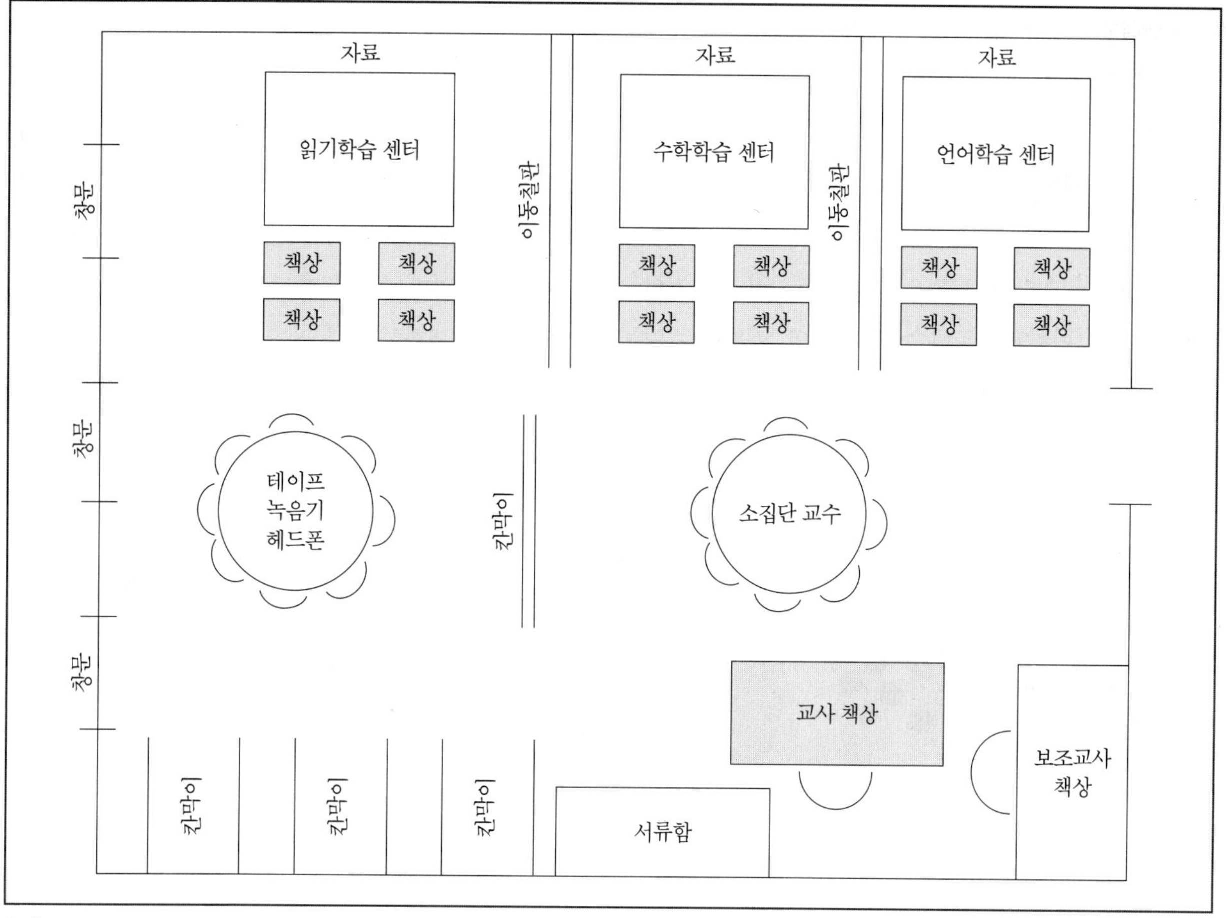

출처: J. L. Wiederholt, D. D. Hammill, & V. L. Brown, 1983, *The Resource Teacher: A Guide to Effecitive Practices* (p. 56), 2nd ed. Austin, TX: PRO-ED. Copyright 1983 by Allyn & Bacon(허락하에 게재함).

학급 크기

특수학급 크기에 따른 효과에 관한 연구는 그 수가 제한적이기는 하지만 교사 대 학생 비율이 낮을수록 좀 더 긍정적인 학생 성과를 얻을 수 있다는 결과를 보여 주었다(Forness & Kavale, 1985). 일반학급의 경우에는 관련된 연구의 수가 좀 더 많은 편이다. Mueller, Chase와 Walden(1988)은 초등 저학년의 학급 크기를 줄이는 것의 효과에 관하여 인디애나 주의 프라임 타임이라는 프로그램으로부터 다음의 결과를 도출하였다. 특히 초등 저학년에서 학급 크기가 작을 때는 학습 분위기가 훨씬 덜 복잡하고, 교사 의욕을 좀 더 고취할 수 있으며, 개별화된 교수의 시행이 더 유리하며, 특히 학습문제를 가질 위험성이 있는 학생과 학습장애 학생의 성취가 향상되었다. 교실 크기의 효과와 관련된 연구 결과를 종합한 Robinson(1990)은 유치원에서 초등 3학년 사이에 가장 효과가 큰 소집단의 크기는 22명 이하이고, 이는 특히 장애 위험성이 있는 학생들에게 혜택을 줄 수 있다고 하였다. 학년수준이 올라가면서 학급의 크기가 학생의 성취에 미치는 영향은 감소한다. 교사가 소집단 수업에서도 대집단에서 사용하던 교수방법과 같은 것을 사용하게 되면 학급의 크기를 줄이는 것 자체는 학생의 성취에 거의 영향을 미치지 못한다. 비용이 그리 많이 들지 않는 학습중재와 전략을 사용하는 것과 비교해 보았을 때는 학급의 크기를 줄이는 것이 약간의 긍정적인 효과를 가져왔을 뿐이다. 다만 소규모 학급에서 장애 위험성이 있는 학생과 학습문제가 있는 학생의 학습을 향상시키는 것은 교사가 학생이 가진 개별적인 교수 요구에 제대로 반응했을 가능성 때문이라고 본다.

교수적 배치

[그림 2-3]은 교사에게 유용한 여섯 가지의 기본적인 교수 배치에 대해 알려 준다. 대집단 수업, 소집단 수업 그리고 교사 1인과 학생 1인이 함께 공부하는 것은 교사 주도적 활동으로 교사의 참여가 계속해서 필요하다. 학생과 함께 성인 보조자가 있는 경우, 학생이 학생을 가르치는 경우, 그리고 학생이 학습자료와 함께 하는 경우는 교사의 개입이 간접적으로 이루어지는 것으로 주기적인 교사의 참여가 있어야 한다. 이러한 여섯 가지 교수 배치는 다양한 요구를 가진 학생으로 구성된 학급에서 교수를 개별화하는 데 필요한 중요한 요소다. 예를

[그림 2-3] 교수 배치

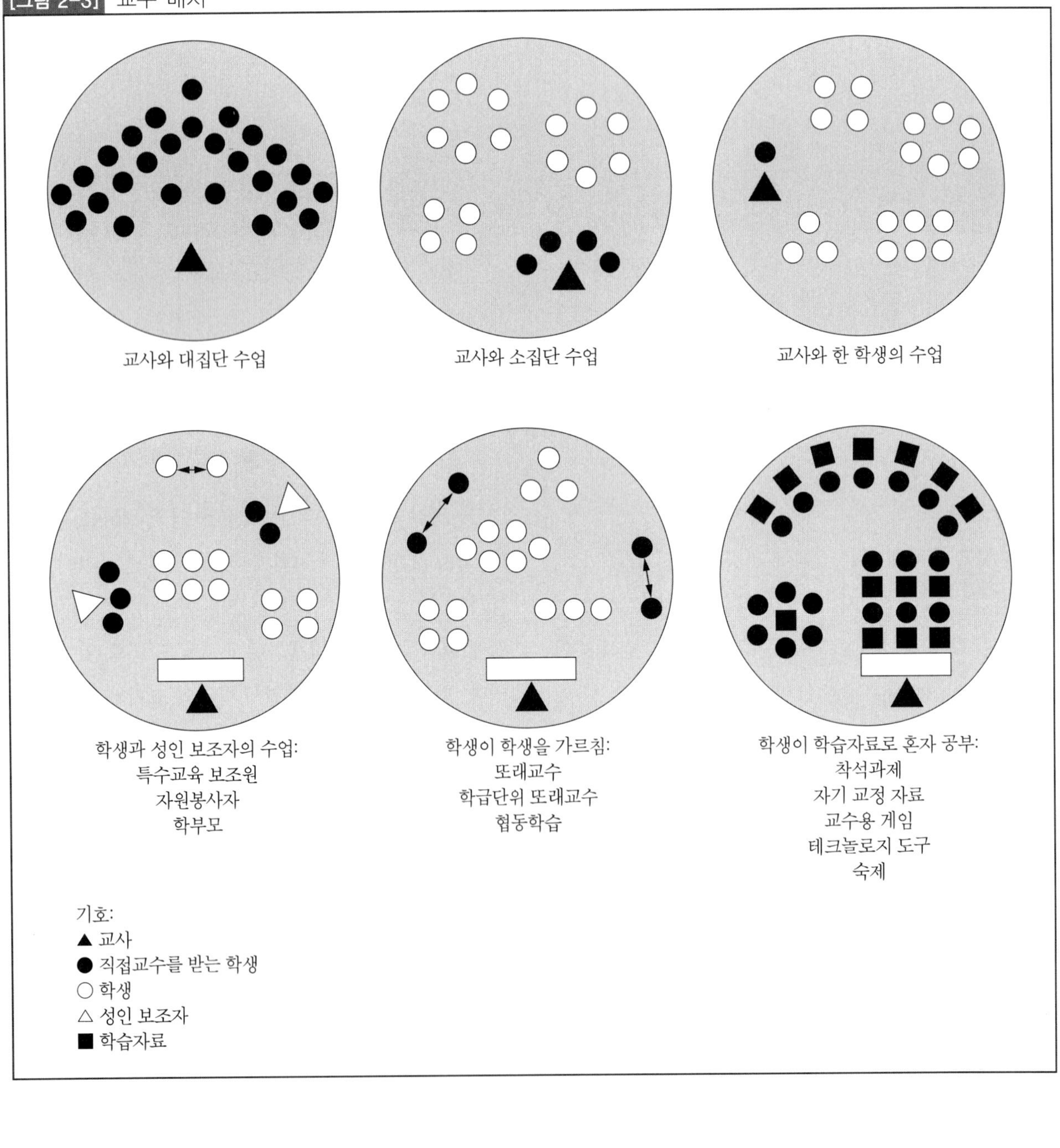

들어, 교사가 소집단 수업이나 학생 1인과 수업을 하는 경우에는 나머지 학생은 교사의 간접적인 개입을 통해 학습 활동에 의미 있게 참여할 수 있어야 한다(예: 학생이 다른 학생을 가르치기, 학생이 학습자료로 혼자 공부하기). 이러한 교수 배치를 잘 조율하는 기술은 교사로 하여금 학생의 참여와 주의집중을 유지하는 데 도움을 준다.

대집단 수업

실제로 대부분의 학교는 그 학급 크기가 크기 때문에 대집단 수업을 필요로 한다. 교수내용이 모든 학생들에게 적합할 때, 대집단 교수는 새로운 내용을 제시하거나 관련 정보를 토론하는 데 있어 적절한 방법 중의 하나가 될 수 있다. 일반적으로 대집단 형식은 이야기 나누기, 보여 주고 말하기, 재미난 사건 이야기하기, 현장학습, 브레인스토밍, 게임하기, 비디오테이프 보기와 같은 활동에 적합하다. 만약 교사가 (4장에서 제시되는 것처럼) 보여 주기(시범), 모델링하기, 교사의 지도가 제공되는 연습(guided practice)과 같은 효과적인 전략을 활용하고 협동학습, 소집단 교수, 추후 직접교수나 착석과제를 보충한다면, 대집단 수업은 다양한 요구를 가진 학생들에게 효과적으로 학업 및 사회성 기술을 가르칠 수 있다.

대집단 수업의 장단점

대집단 수업은 시간 관리에 효율적이고 학생으로 하여금 중등학교, 대학에서의 수업에 사용되는 교수 형태를 준비할 수 있도록 한다. 또한 대집단에서의 경험은 장애학생으로 하여금 특수학급에서 일반학급으로 옮겨가는 전이를 도와줄 수도 있다. 또한 협동학습을 하는 일반교사와 특수교사는 대집단을 가르치는 책임도 공유할 수 있다. 대집단 수업의 단점은 교사가 교실에서 나타나는 다양한 능력과 기술수준을 쉽게 다루기 어렵도록 만든다는 것이다. 대집단에서 교사는 학생이 던진 질문에 답을 하지 못하는 수도 있고, 산만한 학생들은 계속해서 과제를 수행하지 않으며, 집중적인 교수를 받아야 하는 학생이 있다 하더라도 그들이 집중교수를 받지 못하고 넘어갈 수도 있다. 대집단 교수는 능력이 뛰어난 학생들에게는 너무 천천히 진행되는 것일 수도 있고, 낮은 능력을 가진 학생들에게는 일반적으로 너무 빨리 진행되는 것처럼 느껴진다. 어떠한 상황이든 두 경우 모두 지루함 혹은 좌절감 때문에 행동문제가 나타날 가능성이 높다.

대집단 수업을 위한 지침

대집단 수업에서도 다음의 지침과 기법을 활용한다면 다양한 학습능력을 가진 학생들에 맞게 수업을 진행해 갈 수 있다.

- **교수를 짧게 하라.** 대집단 수업에 있어 학년수준에 맞는 수업시간은 유치원~초등 1학년은 5~15분, 초등 2~3학년은 5~20분, 초등 4~5학년은 5~25분, 초등 6학년~중학교 1학년은 5~30분, 그 이상은 5~40분이다.
- **학생을 수업에 참여시키기 위해 질문을 사용하라.** Emmer 등(2003)은 교사들에게 개별 학생 모두가 수업에 참여할 수 있는 기회를 자주 가질 수 있도록 해야 한다고 제안하였다. 함께 답하거나 집단으로 답하는 것은 동시에 모든 학생을 수업에 참여시킬 수 있는 좋은 방법이다. 또한 교사는 한 학생의 이름을 너무 자주 부르지 말아야 한다. 긍정적인 형태의 참여방법은 높은 능력을 보이는 학생에게는 어려운 질문을 던지고 좀 낮은 능력을 보이는 학생에게는 부담이 별로 없는 질문을 던지는 것이다.
- **강의-휴지기 절차를 사용하라.** 강의-휴지기(lecture-pause) 방법은 교사가 6~12분간 강의를 하고 나서 약 3분 정도의 시간 동안 학생을 세 집단으로 나누어 다음의 RAP 방법을 사용하게 하는 것이다.

–R(read): 메모나 질문을 읽어라.
–A(ask): 메모(예: 철자, 빠진 정보, 내용에 대한 질문)에 대해 다른 학생들에게 질문하라.
–P(put): 질문에 대한 답이나 고칠 것을 적어 넣어라.

- **성취가 높은 학생들의 참여를 유지하면서 성취가 낮은 학생들의 적극적인 참여를 고취하라.** 머리 맞대기(Head Together)(Kagan, 1989/1990)는 교사 주도적 교수와 또래가 개입한 교수의 요소를 혼합한 교사 질문전략이다. 학생은 4명으로 구성된 학습 팀의 일원이 되고, 각 팀에는 성취가 높은 한 명의 학생, 두 명의 평균성취 학생 그리고 성취가 낮은 한 명의 학생이 포함된다. 학생들은 서로를 1~4까지의 번호로 부르고 교사가 주도하는 수업에서는 함께 앉는다. 교사가 전체 학급에 질문을 던지면 학생 팀은 최선의 답을 찾기 위해 '머리를 맞댄다'. 그러고 나서 교사가 "얼마나 많은 숫자(1번, 2번, 3번, 4번)가 답을 알고 있지?"라고 묻는다. 이에 무작위로 선택된 학생 한 명이 답을 말하고 나면 교사는 그 팀에 있는 다른 학생에게 그 답에 동의하는지 혹은 답에 추가적인 답변을 하고 싶은지를 묻는다. 학생들이 답을 말하기 전에 가능한 답에 대해 토의할 시간이 주어지므로, 어떤 팀원이 선택될지는 알 수 없지만 성취가 낮은 학생을 포함하여 모든 학생이 정답을 말하게 될 가능성은 더 커진다.
- **강의자료의 이해를 돕기 위해 시청각 자료를 활용하라.** 도식은 학생들에게 관계를 이해시키는 데 있어 특히 유용하다. 개념 도식(13장 참조)과 이야기지도(8장 참조)는 시각적 도식으로 자주 활용되는 것들이다.
- **활기차게 수업을 진행하라.** 활기찬 수업 진행은 학생의 주의집중을 유지하는 데 도움을 준다. 말하는 시간보다는 생각하는 시간이 항상 더 빠르기 때문에, 학생의 흥미를 유지하기 위해서는 적절한 속도로 수업을 진행시키는 것이 매우 중요하다.
- **수업 중 잦은 '변화구'를 사용하라.** 교사가 수업 제시의 다양성을 주는 그 어떠한 방법도 수업에 있어 '변화구'가 될 수 있다. 변화구 활동에는 목소리의 높낮이나 말하는 속도를 변화시키는 것, 이야기에서 그림을 사용하는 시점, 농담하기, 학생이 지시사항을 따라 하도록 하는 것, 수업 중에 일어나 스트레칭을 하도록 하는 것 등이 있다.
- **교사가 수업을 진행하는 동안 행동을 관리하는 원칙을 정하라.** SLANT와 같은 기억술(4장 참조)은 수업 중에 어떻게 행동해야 하는지를 상기시키는 데 매우 훌륭한 전략이다.
- **토의 중에 행동을 관리하는 원칙을 정하라.** 토론 중에는 소리 지르는 것과 학생들이 너무 침체되어 있는 것을 막는 것이 중요하다. 토의 중에 사용할 수 있는 좋은 규칙 중 하나는 '질문을 하고 싶거나 답을 이야기하고 싶을 때는 손을 들어라.' 이다.
- **학생이 잘못된 행동을 보이면 규칙을 따르고 있는 학생을 칭찬하라.** 적절한 행동을 보이는 학생을 강화하고 교사가 생각하는 기대치에 대해 이야기하며, 또한 부적절한 행동을 보이는 학생에게는 모델이 될 만한 행위를 제공하라.
- **그룹핑에는 융통성을 발휘하라.** 융통성 있는 그룹핑을 통해 교사는 대집단에서 내용의 묘사와 보여 주기 같은 직접교수 방법을 사용하지만, 교사의 지도가 제공되는 교수와 독립 수행은 개별화할 수 있다. 개별화 교수를 위한 소집단 그룹핑은 수업의 내용 때문에 학생이 다양한 수준의 도움을 필요로 하기 때문에 수업마다 다르게 할 수 있다.
- **학생의 개입을 촉진하기 위해 함께 참여 할 수 있는 짝을 사용하라.** 이 기법(Fister & Kemp, 1995)에서는 교사가 학생을 2인 1조로 나누고 학급 전체에 질문 하나를 던진다. 교사는 개별 학생에게 답을 생각

해 보라고 이야기한 후 짝에게 자신이 생각한 답을 이야기하라고 한다. 이때 짝은 학급 전체를 대상으로 그들이 생각한 답을 이야기한다.

- **학생 참여를 촉진하기 위해 정답 카드를 사용하라.** 모든 학생에게 한 면에는 참, 다른 한 면에는 거짓이라고 쓰인 카드 한 장씩을 나누어 준다. 교사는 진술문 하나를 이야기하고 그것이 참인지 거짓인지를 결정하라고 말한다. 몇 초 후에 교사는 학생들에게 자신이 생각한 답에 맞는 카드를 들라고 이야기한다. 그러고 나서는 학생에게 답을 말하고 왜 그 답이 만들어졌는지를 토의하게 한 다음 활동에 참여한 학생들을 칭찬한다. 이 활동은 OHP나 유인물 내 객관식 문제의 답을 제시할 때도 사용할 수 있는데, 이 경우 답을 적은 카드를 보여 주거나 답을 쓰도록 할 수 있다.
- **질문하고 몇 초 후에 학생의 이름을 불러라.** 교사는 질문을 하고 학생이 답을 생각할 여유를 갖도록 몇 초간 쉬었다가 학생 개인이나 집단을 호명할 수 있다(Fister & Kemp, 1995).
- **갑작스럽게 호명하는 것을 피하기 위하여 신호체제를 써라.** 교사는 학생이 다음 질문의 답을 하거나 읽기 구문을 읽게 될 것을 학생이 미리 알 수 있도록 미묘한 단서를 사용할 수 있다(예: 호명할 학생 책상 근처에 서 있기).

소집단 교수

소집단 배치는 일반적으로 3~7명의 학생으로 이루어지며, 학업기술을 가르치는 데 사용되는 주요 교수양식이다. 소집단은 모든 학생들에게 매우 효과적인 배치이기는 하지만 특히 학습문제가 있는 학생들을 가르치는 데 있어 추천될 수 있는 배치양식이다. 소집단 교수를 위해 교사는 특정 교과영역에서 비슷한 교수적 요구를 가진 학생들끼리 묶는다. 학생 집단은 학생이 앉은 자리, 혹은 특정 발음법 규칙, 단락쓰기나 수학적 사실을 학습할 필요에 따라 나누어질 수도 있다. 집단은 학습 속도의 차이를 조절하기 위하여 유동적으로 구성될 수 있다. 매우 빠른 속도로 발전을 보이는 학생이 있을 때는 그 학생을 다른 교수 집단에 배치할 수도 있다.

Foorman과 Torgesen(2001)은 소집단 교수가 읽기에 문제를 보일 위험성이 큰 학생들의 교수 강도를 증가시키는 데 있어 가장 실질적인 방법이라고 강조하였다. 장애학생의 읽기성취와 그룹핑의 관계를 메타 분석한 결과, 소집단과 학생들끼리 짝 지운 그룹핑이 전체 학급수업에 비해 긍정적인 영향을 미치는 것으로 알려졌다(Elbaum, Vaughn, Hughes, & Moody, 1999). 일반학급에서 실시된 Slavin(1988)의 연구에서는 수학교과에서 학급 내 교수를 위한 학생 그룹핑의 성과가 위와 같은 연구 결과를 지지한다고 보고하고 있다. 이 같은 영향력은 고성취 및 평균적 성취의 학생에 비해 저성취의 학생들에게서 더욱 두드러지게 나타난다. 교수 그룹핑의 효과를 향상시키기 위해서 학생은 반원의 책상을 사이에 두고 교사와 마주 보고 앉을 수 있다. 산만한 학생은 학생 집단의 가운데 앉을 때 더 잘 수행하는 경향이 있고, 교사로부터는 약 60cm 정도 떨어져 있는 것이 좋다.

소집단 교수의 장점

대집단에서 이질적인 학생 집단의 학업 요구를 맞추는 것은 어렵기 때문에 소집단 교수는 하나의 효과적인 대안으로 사용될 수 있다. 그리고 소집단 교수는 특히 읽기, 쓰기, 수학에서의 기본 기술을 연마하고 있는 학생들에게 중요하다. 따라서 소집단 교수는 초등학교에서 더 많이 활용된다. 대집단 교수와 비교해 보았을 때, 소집단 교수는 다음과 같은 장점을 갖는다.

- 교수 중에 학생들이 더 많이 참여할 수 있다.
- 교사는 더 많은 교수, 피드백, 칭찬을 제공할 수

있다.

- 학생은 자기 자신의 학습 속도에 맞게 진보할 수 있다(즉, 성취가 높은 학생과 성취가 낮은 학생 모두 자신의 능력에 맞는 속도로 진보할 수 있다.).
- 소집단 교수는 일반적으로 덜 지루하다.
- 소집단 교수를 사용하는 교사는 학생의 진보를 더 잘 모니터링하고 교수수정을 할 수 있다.
- 소집단 교수는 다른 언어를 쓰는 학생들이 수업에 참여하고 모르는 것을 명확하게 하기 위해 질문하는 데 있어 좀 더 편안한 환경을 제공해 준다.
- 소집단 배치는 특히 학습이나 행동 문제를 가진 학생들에게 중요한데, 이 학생들의 상당수가 혼자서 학습하고 공부하는 기술이 부족하기 때문이다. 그들은 관계를 인식하고, 연관성을 지으며, 정보를 기억하고, 효과적인 학습전략을 사용하거나 활성화하며, 새로운 지식을 찾아내는 데 어려움을 갖는다. 그러므로 교사 주도적 소집단 환경의 방향성, 구조, 집중성을 필요로 하며 이를 통해 발전하게 된다(Cegelka & Berdine, 1995).
- 대집단 수업 후에 소집단에서 실시되는 추수 조사나 후속 조치는 교사가 설명하는 중에 내용을 충분히 배우지 못한 학생들에게 유용하다. 교사는 교사 주도적인 소집단 수업으로 학생들을 불러들임으로써(예: "착석과제를 하는 데 도움이 필요한 사람은 이쪽 책상으로 모여서 나와 함께 합시다.") 다른 학생들이 독립적으로 과제를 수행하거나 협동학습을 하는 동안 이 학생들을 도와줄 수 있다(Cegelka & Berdine, 1995).

소집단 교수의 단점

소집단 교수가 가진 단점의 대부분은 교사의 준비시간과 학생들이 소집단 교수에 참여하는 동안 착석과제를 하는 다른 학생들을 관리하는 문제와 관련이 있다. 대집단 교수와 비교하여 소집단 교수의 단점은 다음과 같다.

- 착석과제가 더 많이 필요하다.
- 교사가 교수를 계획하는 데 더 많은 시간이 필요하다(예: 읽기교사는 소집단 수업의 준비뿐 아니라 소집단에 속하지 않은 학생들을 위하여 착석과제 활동을 계획해야 한다.).
- 교사는 더 많은 교수 변인을 조직화해야 한다(예: 학생 그룹핑, 활동 간 전이 관리, 교수 중 착석과제 활동 관리).
- 교사는 각각의 학업 또는 내용교과의 교수를 더 많이 제공해야 한다.

소집단 교수 지침

소집단 교수에서는 학생들의 학습에 대한 보상과 동기가 매우 중요하다. 따라서 교사는 소집단 교수에 긍정적인 방식으로 접근해야 한다. 다음의 지침을 따를 때 소집단 교수의 장점이 나타나고 그 단점은 최소화될 것이다.

- **소집단 수업의 규칙을 정하라.** 소집단 수업에서 적용할 수 있는 일반적인 학급 규칙을 상기시키는 것과 동시에, 교사는 해당 수업에 적용되는 특정한 규칙도 따로 가지고 있어야 한다(예: "소집단 수업을 할 때는 항상 연필, 책, 공책과 같은 준비물을 여러분 스스로 챙겨 오세요." "수업을 시작하기 위해 조용히 선생님을 기다리세요."). 교사가 소집단 수업으로의 전환에 적용될 수 있는 규칙이나 기대되는 행동에 대해 미리 정해 놓은 것이 없다면 이 같은 학급 규칙이 반드시 학습되어야 한다. 마지막으로 소집단을 빠져나가는 학생에게는 착석과제와 관련된 학급 규칙을 따를 것을 상기시켜야 한다.
- **가능한 한 동질적으로 학생 집단을 구성하라.** 능력과 기술에 의거하여 학생을 그룹핑하는 것은 학생들에게 맞게 교수를 수립하고 시행하는 데 도움이

된다. 학급에서 가장 낮은 성취를 보이는 학생들은 좀 더 집중적인 교수(즉, 좀 더 구체적인 설명, 예시, 칭찬과 피드백, 연습)를 필요로 하기 때문에 그들을 위한 집단은 가능한 작은 것이 좋다. 읽기를 가르치기 위해서는 보통 세 집단으로 나누는 것이 적절한 반면, 수학의 경우는 두 집단이면 충분하다.

- **그룹핑은 융통성 있게 하라.** 그룹핑은 학생이 자신의 학습 속도에 맞게 진보할 수 있도록 하기 위해 융통성을 유지해야 한다. 예를 들어, 빠른 속도로 발전하는 학생은 다른 집단에 배치할 수 있다.
- **소집단의 위치는 교사가 전체 집단을 훑어보는 것이 가능한 곳으로 하라.** 소집단과 수업을 할 때, 교사는 교실에 있는 나머지 학생들도 살펴볼 수 있어야 한다. 그리고 학생들을 위해 산만함을 최소화할 수 있는 장소를 선택하는 것이 좋다. 예를 들어, 소집단에 속한 학생들은 착석과제를 하는 학생들과 서로를 볼 수 없는 곳에 앉아야 한다. 연필깎이, 쓰레기통, 시청각 센터와 같이 통행이 잦은 영역과 멀리 떨어진 곳에 위치하는 것은 잠재적인 산만함을 줄이는 데 도움이 된다.
- **반원의 형태로 학생을 앉힘으로써 학생들의 어깨가 서로 부딪치는 일이 없게 하라.** 이 형태의 배치는 모든 학생들이 그룹 활동에 공평하게 참여할 수 있는 기회를 제공한다. 학생의 어깨가 다른 이들의 어깨 뒤에서 약 15cm 이상 떨어져 있으면 그 학생은 그룹에서 벗어난 느낌이 들 수 있다. 한 집단에 9명 이상의 학생이 있을 때는 2개의 반원을 한 줄로 배열할 수 있다. 뒷줄에 있는 학생들은 의자에 앉고, 앞줄에 있는 학생들은 바닥에 앉는다. 바닥에 앉는 것을 나쁘게 생각하지 않도록 이를 특권인 것으로 이야기한다(예: "토냐, 그레그, 제이슨은 오늘 수업에 집중을 아주 잘했으니 다음번에는 바닥 위 매트에 앉도록 하세요.").
- **소집단 수업을 하면서 동기를 부여할 수 있는 활동을 활용하라.** 학생의 동기를 높일 수 있는 기술로는 처음에 소집단 수업을 시작하면서 긍정적인 칭찬을 많이 제공하는 것과 잘한 일을 자세히 설명하는 칭찬, 집단 전체를 대상으로 한 칭찬(예: 간혹 학생들끼리 집단으로 악수하기), 소집단에 속한 모든 이가 함께 목소리를 모아 답을 말하기, 수업 중에 생기 있고 열정적인 태도로 수업하기 등이 있다.

교사와 학생 1인의 수업

집중적인 개인교수는 종종 학습문제를 가진 학생들에게 새로운 기술을 가르치고자 사용한다. 또 일대일 교수는 다수의 학생들과 다른 기술을 가진 학생들에게 적합하다. 일대일로 하는 개인교수는 강력한 교수적 배치의 한 형태다. 일대일 배치에서 학생은 질문을 하고, 추론과 전략을 설명하며, 교수 관련 피드백을 받으며, 오답을 고치고, 특정 기술이나 내용에 있어 생길 수 있는 학습문제를 미연에 예방할 수 있는 기회를 갖는다. 일대일 교수는 좌절을 예방하거나 감소시키기 위해 집단교수의 방법과 함께 사용될 수도 있다. 집단교수나 착석과제를 하는 동안에 학생이 어려움을 겪고 있는 것이 관찰되면 교사는 그들에게 처음으로 주의를 기울일 수 있다.

학생이 어떤 개념 하나를 이해하고, 교정적 피드백을 받으며, 지시를 이해하며, 과제를 계속하고픈 동기가 생기는 데 필요한 적정시간은 약 3~5분 사이라고 한다. 학습문제를 가진 학생들이 매일 일대일 교수를 받는다고 할 때, 학생은 도움을 받기 위해 교사와 함께하는 시간이 있다는 것을 알게 된다. 초등교사와 자료실 특수학급(역자 주: 우리나라의 경우는 시간제 특수학급이 해당된다.) 교사는 좀 더 적은 수의 학생과 함께하거나 혹은 그들과 좀 더 긴 시간을 보내게 된다. 그러므로 상대적으로 초등 고학년이나 중등학교 교사들에 비해 일대일 교수를 시행하기가 더 쉽다. 일대일 교수를 활용할 때, 교사는 나머지 학생들을 위해 착석과제, 또래교수, 컴퓨터 보조 교수 혹은 협동학습과 같은 활동을 계획해야 한다.

성인 보조원과의 수업

지난 10년간, 교실에서 자원봉사자와 특수교육 보조원을 활용하는 것은 기하급수적으로 증가했다. 학급 크기가 커지고 특수한 요구를 가진 학생이 많아지면서, 교사들이 지원적인 교수 배치 중 하나로 특수교육 보조원에게 도움을 청하는 것은 어쩌면 당연한 일인 것 같다. 그리고 특수교육 보조원은 교사와 학생 모두에게 매우 중요하며 비용 대비 효과가 높은 서비스를 제공한다. 전통적으로 수업 보조원은 교무업무 보조의 역할로 주로 활용되었으나, 최근에는 교수자로서의 역할이 점차 증가하고 있다. 그들은 학습과 행동상 문제가 있는 학생들이 수업에 몰입하고 있는 시간을 증가시키는 데 있어 효과적인 인적자원이 된다. 자원봉사자와 특수교육 보조원을 모집하려면 부모-교사 협의회, 봉사 서비스 단체, 학부모, 교회 모임, 노인단체 등에 접촉해 보는 것이 좋다. 학교 직원들은 특수교육 보조원이 되고자 하는 사람들이 그 일에 적합한지를 파악하고 앞으로 맡게 될 지위의 역할과 책임에 대해 이해하고 있는지를 확실히 하기 위해 면접에 철저하게 임해야 한다.

특수교육 보조원 프로그램의 계획과 운영

효과적인 특수교육 보조원 프로그램을 계획·운영하기 위해서는 다음의 요소가 고려되어야 한다.

- **특수교육 보조원의 역할.** McKenzie와 Houk(1986)는 특수교육 보조원이 가져야 할 기술과 교사의 요구사항을 목록으로 작성하였다([그림 2-4] 참조). 이 목록은 교사가 자신이 가진 요구의 윤곽을 잡을 수 있도록 하고 특수교육 보조원은 자신에게 요구되는 기술을 알도록 하는 데 도움을 준다. 교사와 특수교육 보조원 모두는 이 목록을 사용할 경우 보조원의 기술과 교사의 기대가 서로 맞는지를 확인하는 것이 가능해진다. 만약 둘 사이에 상당한 수준의 격차가 존재한다면 '기꺼이 훈련을 받을 의지가 있는' 보조원이 기술을 좀 더 습득하도록 할 수 있고, 다른 요구를 가진 다른 교사와 이 보조원을 연결해 줄 수도 있다. 이 목록에 속한 여러 중요한 과제를 탐색하는 것은 곧 특수교육 보조원이 학급의 변화를 이끌 수 있는 기회를 가지게 되는것이라고 말할 수 있다. 그리고 교사는 진단지원, 교수, 행동 관리, 교실 조직, 사무보조와 같은 영역에서 특수교육 보조원의 의무를 상세히 할 기회를 갖게 된다.
- **특수교육 보조원의 훈련.** 특수교육 보조원과 자원봉사자는 제각기 그 역할을 수행하기 위한 준비를 해야 한다. 그 준비를 위해서는 다음 활동이 포함되어야 한다. (1) 학교를 돌아보고 중요한 학교 직원을 만난다. (2) 기밀유지의 원칙을 설명한다. (3) 적절한 복장과 행동 기준을 살핀다. (4) 의사소통 체제에 대해 설명한다. (5) 교수에 관한 특수한 요구를 가진 학생들을 위해 사용되는 교수 접근법을 보여준다. (6) 시간표, 학교 행사, 비상시 행동절차, 결근 관련 사항을 설명한다. (7) 수업양식, 학생 지도 방식, 교정적 피드백, 격려, 독립과제 활동에 대한 교수절차를 훈련한다. 교수절차와 관련된 기술은 지속적인 현장연수, 독서, 비디오, 교사 및 다른 특수교육 보조원과의 협력을 통해 개발되고 정교화될 수 있다.
- **협력.** 교사와 특수교육 보조원이 서로 간의 역할 기대에 대해 명확히 정의한 후에는 특수교육 보조원이 수행해야 할 과제가 무엇인지를 개략적으로 설명하고, 그 과제를 수행하는 데 필요한 기술이 무엇인지를 결정하며, 그것을 수행하는 데 필요한 방식이나 전략을 훈련하거나 보여 주는 것이 필요하다. 매일 갖는 회의는 그날을 돌아보고 다음 날을 계획

[그림 2-4] 특수교육 보조원 기술 및 교사의 요구 평가

이름:__________ 일시:__________

지시: 아래의 활동은 특수교육 보조원이 할 수 있는 과제를 나타냅니다. 만약 당신이 특수교육 보조원이라면 당신의 일이라고 생각되는 것에 'P' 라고 표시해 주세요. 만약 당신이 학급의 교사라면 특수교육 보조원이 해야 할 일에 'T' 라고 표시해 주세요.

교수적 지원		
1		읽기, 수학, 철자, 조음, 어휘 발달, 운동 혹은 자조 영역에서 학생에게 보조를 제공함으로써 교사에 의해 이미 제시된 개념을 강화함
2		학생의 읽기를 들음
3		학생에게 읽어 줌
4		독립과제 혹은 소집단 과제를 감독함
5		글로 쓰인 자료를 수정함(예: 이야기를 녹음함, 낮은 수준으로 이야기를 다시 씀)
6		학생이 과제나 프로젝트를 수행하는 것을 도와줌
7		학생이 도서관에서 책을 고르는 것을 도와줌
8		지체장애 학생들을 보조함(예: 먹기, 자리 잡기)
9		학생이 진로나 특별한 흥미를 탐색하도록 도와줌
10		영어를 사용하지 않는 학생들을 대상으로 어휘를 연습시킴
		기타(상세히 설명하시오)
행동관리 지원		
11		강화를 제공하거나 감독함
12		타임아웃을 감독함
13		스트레스를 경험하는 학생들에게 자원을 제공함
14		유관계약상에 있는 행동의 진전도를 점검함
15		긍정적임 피드백을 제공함으로써 학생의 자아개념을 향상시킴
		기타(상세히 설명하시오)
진단적 지원		
16		학생에게 제공된 활동의 점수를 매기거나 답을 고쳐 줌
17		학업적 행동과 진보 상태를 관찰 · 기록함(예: 학습한 수학문제, 어휘의 성장, 읽기 속도)
18		사회적 행동을 관찰 · 기록함
19		비공식적인 평가를 시행함(예: 단원평가, 준거참조검사)
		기타(상세히 설명하시오)
학급 조직		
20		교수용 게임을 개발함
21		학습 센터를 개발하고 관리함
22		보여 주기를 준비함
23		교수자료를 배치함
24		일간계획을 보조함
25		게시판을 만듦
		기타(상세히 설명하시오)
사무보조		
26		타이핑
27		교재 복사하기
28		출석 점검하기
29		성적 기록하기
		기타(상세히 설명하시오)

출처: R. G. McKenzie & C. S. Houk, 1986, Paraprofessionals in Special Education (p. 249), *Teaching Exceptional Children, 18*, 246-252.

하며 활동이나 역할에 있어 필요한 수정을 할 수 있다는 측면에서 많은 도움이 된다. 이러한 회의의 가장 중요한 측면 중 하나는 교사와 보조원 사이에 의사소통을 유지하고 평가, 훈련, 문제해결에서 협력적 체계를 구축하는 것이다. 또한 교사는 특수교육 보조원이 기여하는 바를 인정해야 한다.

- 문화적 · 언어적으로 다양한 배경을 가진 학생들과 함께 공부하기. 일부 지역에서는 특수교육 보조원이 영어 이외의 언어를 사용하거나 다른 문화를 이해할 수 있다면 큰 도움을 받을 수 있다. 이러한 자격요건은 특수교육 보조원이 영어를 모국어로 사용하지 않는 학생들이나 다른 문화적 배경을 가진 학생들을 지원하는 것을 가능하게 한다. Miramontes (1991)는 문화 · 언어적으로 다양한 배경을 가진 학생들을 위한 서비스를 조정하기 위하여 다언어/다인종 교수서비스 팀을 만들었다. 이 모델에서 특수교육 보조원은 교수 프로그램을 계획하고 제공하는 데 도움을 주고, 학생들의 제1 언어와 문화를 프로그램 안에 결합시키며, 긍정적으로 인종적 · 언어적 역할 모델을 하며, 학교와 지역사회 간의 연결 서비스를 제공한다.

학생이 학생을 가르치는 수업: 또래교수

학생이 학생을 가르치는 교수적 배치는 교사에게 실현 가능한 교수지원의 한 자원이 되고, 학생에게는 개인적 요구에 맞게 학업과제에 집중적인 연습을 할 수 있는 기회를 제공한다. 또래학습에서는 학생이 독립적으로 공부하게 하므로 교사가 다른 학생들과 개별적 혹은 소집단으로 수업을 할 수 있게끔 해 준다. 이질적 특성을 가진 학습자로 구성된 일반학급에서 이 같은 교수배치는 학생이 독립적으로 필요한 기술을 연마하거나 교과내용을 학습하고 학습문제를 가진 학생들이 학업적으로 성공하도록 하는 데 중요하다. 다양한 양식으로 학생이 학생을 가르칠 수 있지만, 가장 일반적인 형태의 또래학습은 또래교수(peer tutoring)나 협동학습(cooperative learning)이다.

또래교수

개인교수(예: 부모가 자녀를 가르치는 것, 형 또는 누나가 동생을 가르치는 것)는 아마 원시사회에서 사용되던 최초의 교수법이었을 것이다. 1세기경 오라토리아 학교(Institutio Oratoria)의 Quintilian은 나이가 좀 더 많은 학생이 어린 학생을 가르치는 교수환경에 대해 논하였다. 오늘날 또래교수의 기본 정의는 교사가 교과내용이나 학업기술의 학습을 촉진하기 위하여 두 명의 학생을 튜터(tutor, 개인교수 제공자)와 튜티(tutee, 개인교수 수혜자)의 관계로 짝 지우는 교수 배치다. 교사는 학업과제를 결정하고 교수자료를 제공한다. 또래교수가 두 학생 모두의 사회성 기술, 긍정적 관계, 자존감을 촉진하는 데 사용된다 하더라도 그 초점은 튜티의 학업적 진보에 있다. 또래교사는 단어 철자, 수학, 구어 읽기, 어휘와 같은 기본 기술영역에서 가르치고, 또래교수는 연습과 모니터링에 자주 사용된다. 효과적인 또래교수가 되기 위해서는 교사가 튜터와 튜티 모두의 행동을 모니터링하고 각자가 역할을 제대로 수행하고 있다면 칭찬해 주어야 한다.

또래교수에 대한 연구

2~3개의 실증연구가 또래교수의 효과성에 대해 관심을 두었다. Levin, Glass와 Meister(1984)는 읽기와 수학의 성과에 있어서 또래교수의 효과성에 대해 조사하여 또래교사가 컴퓨터 보조 교수보다는 2배가량의 성취를, 학급 크기를 35명에서 30명으로 줄였을 때보다는 3배의 성취를, 수업시간을 1시간 늘렸을 때 거의 4배에 가까운 성취를 보였다는 것을 밝혀내었다. Elbaum 등(1999)은 읽기교수 중에 장애학생과 짝이 된 학생의 효율성에 대하여 강력한 지지를 보낼 수 있음을 보고하였

다. Osguthorpe와 Scruggs(1986)는 특수교육 학생들이 튜터의 역할을 한 연구들을 살펴보았는데, 특수교육 학생으로부터 교수를 제공받은 튜티들이 다양한 교과 영역에서 학업적으로 성장했음을 발견하였다. 또 많은 튜터들이 튜터가 됨으로 인해 학업적으로나 사회적으로 혜택을 누리게 되었음을 찾아내었다. 이런 결과는 일반교사와 특수교사 모두에게 학습문제를 가지고 있는 학생과 그렇지 않은 학생 모두의 사회적 통합뿐 아니라 학업성취를 촉진하기 위해 다양한 형태의 튜터-튜티 관계를 수립해 주어야 함을 권하고 있다.

Scruggs와 Richter(1985)는 개인교수를 이용한 중재와 관련된 학습장애 학생들이 포함된 연구를 살펴보았다. 연구자들은 또래교수를 활용하는 것을 선호하였고, 대부분의 연구들이 학습문제를 가진 학생들에게 개인교수를 사용하는 것을 지지하고 있었다. 이 외에도 학습문제를 가진 학생들과 그렇지 않은 학생들 사이에 또래교수의 효과를 비교한 연구들도 있었다. 또래교수 연구로부터 얻은 교육적 함의는 일반교육과 특수교육에 속한 학생들에게서 비슷하게 나타난다. 학습문제를 가지고 있건 그렇지 않건 간에 튜터와 튜티 모두 학업적 측면에서 혜택을 누리지만, 또래교수가 사회성 기술이나 자아개념에 미치는 영향에 대한 결론은 아직 명확하지 않다(Cohen, Kulik, & Kulik, 1982; Osguthorpe & Scruggs, 1986). 또한 또래교수 프로그램 변인은 나이, 능력, 학년, 훈련 여부와 같은 학생 변인에 비해 학생 성취에 있어 더 중요하다는 연구 결과가 있다. 관련된 프로그램 변인으로는 구조화된 환경, 더 낮은 수준의 목표 기술, 교사가 개발한 성취도구와 좀 더 긴 시간 동안 프로그램을 운영하는 것 등이 포함된다. 프로그램 변인의 효과 때문에 학습문제를 가지고 있는 학생과 그렇지 않은 학생 모두가 비슷한 디자인과 내용의 또래교수 프로그램을 통해 혜택을 보았다는 것은 그리 놀랄 만한 것이 아니다.

또래교수의 효과에 대한 전망은 매우 밝은 편이다. 학업기술을 향상시킬 수도 있고, 자존감을 고취할 수도 있으며, 적절한 행동을 발달시킬 수도 있으며, 또래 간에 긍정적인 관계와 협력을 촉진할 수도 있다. 튜터와 튜티 모두에게 도움이 되며, 일단 프로그램이 개발되고 나면 대부분의 교수적 배치 모형에 비해 교사의 시간을 그리 많이 필요로 하지 않는다. 또한 학습문제를 가진 학생이 일반교육 환경에서 성취를 높일 수 있도록 프로그램을 맞춤 제작할 수 있다.

또래교수의 프로그램 지침

성공적인 또래교수 프로그램의 개발과 실행을 위해서는 다양한 요소를 고려해야 한다. 다음에 제시된 12단계는 또래교수의 계획과 시행에 관련된 연구와 문헌에서 도출한 최상의 실제를 나타낸다.

1. 또래교수의 목표 설정하기. 기본적으로 또래교수가 학생의 학업성취를 돕는 데 사용된다 하더라도, 일부 교육자들은 또래교수가 사회성 기술, 교실행동, 자아개념, 인간관계를 향상시키는 데 유용하다고 한다. 또래교수에 적절하다고 여겨지는 목표에는 다음의 것들이 포함될 수 있다.

   - 튜티에게 목표 학업기술(예: 철자, 수학, 단어 재인)이 완전히 습득될 때까지 그 기술을 연습하고 학습할 수 있는 기회를 제공한다.
   - 튜티에게 교과내용(예: 과학 용어의 정의, 지도에 나온 나라 찾기)을 검토하고 학습할 수 있는 기회를 제공한다.
   - 튜터와 튜티에게 적절한 사회적 기술(예: 격려하기, 교정적 피드백의 제공, 지시사항이나 교과목의 내용 명료화, 단서와 촉진의 제공)을 발달시키기 위한 기회를 제공한다.
   - 튜터와 튜티 모두의 기술이나 능력에 대해 긍정적인 표현을 하고 사회적 측면뿐 아니라 학업영역에서 성공 경험을 할 수 있도록 함으로써 자아

개념을 향상시킨다.

2. 또래교수에 참여하는 학생 짝을 위해 목표기술이나 내용을 정하기. 최근 학급 전체가 공부하는 기술(예: 단어 철자하기)이나 내용(예: 미국의 대통령)이 있을 때, 교사는 각각의 짝에게 같은 내용을 공부하라고 할 수 있다. 혹은 추가 연습이 필요한 학생의 경우는 또래교수를 통해 연습을 제공한다. 일반적으로 목표내용이나 기술은 교사가 학생에게 이미 제시했던 자료를 포함해야 한다. 다음의 연구 결과는 내용과 기술을 선택함에 있어 도움을 준다.

- 대부분의 학업영역에서 또래교수는 튜터와 튜티 모두에게 있어 그들의 학업 성과를 높여 준다.
- 또래교수는 다른 교과목보다 수학에서 더 높은 학생 성취(튜터와 튜티 모두)를 이루어 낸다.
- 또래교수는 해독기술과 같은 단일 기술 활동보다는 옳게 쓰거나 읽은 단어의 수를 세는 것과 같은 다양한 기술을 연습하는 활동을 하는 것이 더 좋다.
- 목표기술과 내용은 교실에서 사용되는 다른 것들과 유사해야 한다.
- 일반적으로 학생의 성취는 표준화 검사보다는 교육과정중심 측정에서 더욱 분명히 드러난다.

3. 교재 선택하기. 종이 및 연필과 함께, 또래교수에는 다음과 같은 교재가 필요하다.

- 튜터와 튜티를 위한 지시사항
- 학습과제가 제시된 플래시카드, 학습지, 혹은 학습할 교과서의 페이지
- 튜터가 정답과 오답을 기록할 수 있는 평가지
- 튜티의 수행을 평가할 경우의 채점요령

〈표 2-1〉은 플래시카드를 사용하는 튜터 교수용지의 견본이다. [그림 2-5]에서는 평가 기록지의 예시를 볼 수 있다.

〈표 2-1〉 플래시카드를 이용한 교수에서 튜터 학생을 위한 교수절차 안내 견본

- 1단계: 또래학습을 시작할 때 튜터용 자료 폴더를 꺼내 온다.
- 2단계: 튜티의 정반대쪽에 앉아 튜티를 마주 본다.
- 3단계: 튜터용 자료에 기록지, 플래시카드, 빈 플래시카드, 연필이 들어 있는지를 확인한다.
- 4단계: 튜티에게 공부를 시작할 준비가 되었는지를 묻는다.
- 5단계: 자료 폴더에서 기록지, 연필, 플래시카드를 꺼낸다.
- 6단계: 튜티가 볼 수 있게 플래시카드를 보여 주는데 한 번에 한 장씩만 보여 준다.
- 7단계: 튜티에게 단어나 숫자를 큰 소리로 읽으라고 말한다.
- 8단계: 조용히 3까지 센다. 만약 튜티가 답하지 않거나 오답을 말하면 "답은~야."라고 말한다. 튜티가 답을 다시 한 번 반복한 후에는 카드 묶음의 가장 밑쪽에 방금 전에 사용한 카드를 놓는다.
- 9단계: 튜티가 답하지 않거나 오답을 말했을 때 기록지의 첫 번째 시도 칸에 숫자나 단어를 쓰고 그 옆에 '−'를 표기한다.
- 10단계: 튜티가 정답을 말했을 때는 숫자나 단어 옆에 '+'를 표기하고 "잘했어." 혹은 "최고인데."라고 말한다. 그리고 카드는 책상 위에 올려놓는다.
- 11단계: 튜티가 준비된 카드 모두를 시도하고 나면 두 번째로 카드를 반복해서 보여 준다. 이때 기록지의 두 번째 시도 칸에 '+'나 '−'를 표기한다.
- 12단계: 세 번째로 카드를 보여 주고 기록지의 마지막 칸에 '+'나 '−'를 표기한다.
- 13단계: 기록지에 데이터(자료)를 확인한다. 단어나 숫자별로 3개의 '+'가 있으면 빈 카드와 연필을 주고 튜티에서 숫자나 단어를 써 보라고 이야기한다. 그러고 나서 튜티의 완전학습 상자에 카드를 집어넣는다.
- 14단계: 튜티에게 성공사다리가 그려진 차트에서 학습한 단어나 숫자가 몇 개인지에 따라 자신의 위치를 표시하라고 말한다.
- 15단계: 자료를 폴더 안에 집어넣고 폴더를 제자리에 가져다 놓는다.

[그림 2-5] 개인교수 기록지의 예시

튜 터: ______________________ 일 시: ______________________

튜 티: ______________________

학생의 반응을 '+' 혹은 '−'로 표시하세요(+=정답, −=오답)

수학적 사실 혹은 단어	1차 시도	2차 시도	3차 시도	학습되지 않은 수학적 사실/단어
1				
2				
3				
4				
5				
6				
7				
8				
9				
10				

오늘의 수업에 대해 어떤 생각이 들었나요?

____

____

아래 내용은 기입하지 않습니다.

정답률: ______________________ 오답률: ______________________

학습한 문제의 개수: ______________________ 학습되지 않은 문제의 개수: ______________________

4. **튜터와 튜티를 위한 계획 절차.** 튜터에게 학습과제를 제시하고, 튜티의 반응을 채점하며, 정답과 오답에 피드백을 제공하고, 튜티의 전체 수행점수를 기록하는 방법을 교수해야 한다. 튜티에게는 학습과제에 어떻게 반응해야 하는지(예: 글로 쓰기, 시간 제한 안에 답하기, 말로 답하기)도 교수한다. 그리고 특정 목표를 성취했을 때 튜터와 튜티에게 제공되는 보상에 대해서도 자세히 이야기해야 한다(예: 튜티가 개인교수를 받은 내용의 주간 퀴즈에서 90%의 정확도를 보여 통과하거나 매 회기에 80%의 정확도를 성취하였을 때).
5. **튜터-튜티 짝을 정하기.** 또래교수에는 여러 형태의 튜터-튜티 배치 모형이 있다. 학급 간 교차 배치는 한 학급에서 다른 학급으로 튜터의 역할을 하러 가는 것으로, 대개 나이가 많은 학생이나 성취가 높은 학생들이 학급 간 교차 배치의 튜터가 된다. 풀아웃 배치는 튜티가 다른 학급에서 온 튜터와 함께 공부하기 위하여 특정 장소로 이동하는 것을 말한다. 이 두 가지 모형은 학급 간의 이동이 요구되므로 행정적 지원과 시간표 배정을 필요로 한다. 세 번째 유형은 학급단위 또래교수로 학교단위의 계획을 그리 많이 필요로 하지 않으면서 좋은 성과를 낼 수 있다. 학급단위 또래교수는 같은 학급 학생들끼리 튜터와 튜티의 역할을 한다. 또래교수의 상호작용은 일방적일 수도 있고 양방향으로 진행될 수도 있다. 상보적 또래교수에서는 튜터와 튜티가 또래교수 기간 동안 역할을 바꾸어 교사와 학습자의 역할을 돌아가면서 한다. 만성적인 문제가 있는 학생들이 아니라면 튜터와 튜티의 배치는 무작위로 할 수 있다. 일정 시간(예: 1주에서 한 달

정도)이 지난 후에는 튜터와 튜티의 배치를 무작위로 바꾼다(예: 튜터나 튜티가 파트너의 이름을 통 속에서 뽑기). 튜터에게 정답이 제공되는 자료가 사용될 때 저성취 학생들이 고성취 학생들의 튜터 역할을 할 수 있다. 학습문제가 있는 학생이라 하더라도 정답을 확인하고 고성취 학생들에게 피드백을 제공할 수 있게 한다. 이러한 형태는 이질적인 학생 집단이 서로 튜터를 할 수 있도록 할 뿐 아니라 상보적 또래교수가 가능하게끔 한다.

6. **튜터 훈련하기.** 대부분의 또래교수 프로그램에는 튜터 훈련과정이 포함되어 있다. 보통 튜터의 역할은 새로운 자료를 소개하고, 학습 항목을 제시하며, 오류를 교정하고, 정답을 촉진하고 칭찬하며, 검사와 진보를 기록하며, 진보사항에 대해 점수를 매기는 것이다. 튜터 훈련과정에는 또래교수를 실시하는 근거와 목표를 설명하는 오리엔테이션, 또래교수에 사용되는 자료와 절차에 대한 설명, 또래교수 기술에 대한 교사의 시범, 튜터의 모방과 역할수행 연습에 대한 피드백, 필요할 때마다 제공되는 간헐적인 지도와 적절하게 절차를 수행했을 때 제공되는 칭찬이 포함된다. 핵심적으로 튜터 훈련은 학급 규칙과 같이 행동적 기대치를 가르치는 데 사용되는 직접교수의 순서를 따른다(상위 조직자의 사용, 행동 기대치의 묘사 및 시범 등). 다음은 성공적인 튜터의 역할을 하기 위한 지침의 예다.

- 모든 또래교수 프로그램에서 파트너와의 관계가 매우 중요하므로 긍정적 관계를 수립하도록 노력하라.
- 친한 친구를 대하듯이 파트너를 맞이하라. 친근하게 대하고 개방적으로 행동하라.
- 파트너의 말을 주의 깊게 들어라. 관심을 보여라. 질문을 하라.
- 인내심을 가져라. 존중하라. 파트너가 성공할 수 있도록 도와줌으로써 자신감을 수립하라.
- 파트너에게 믿음을 가져라. 당신과 파트너 모두 성공할 것이며, 당신 또한 그것을 통해 배울 것이다. 모든 사람은 서로 다르고 각기 다른 속도로 배운다는 것을 명심하라.

[그림 2-6]은 교사가 튜터를 훈련하고 피드백을 제공하는 데 사용할 수 있는 튜터 체크리스트의 예시다.

7. **튜티 훈련하기.** 튜티의 기본 역할은 튜터가 제공하

[그림 2-6] 튜터용 체크리스트 예시

튜터 이름: ______________________

날짜	날짜	날짜	날짜	날짜	날짜	
						자료 수집하기
						작업 장소로 이동하기
						수업을 짝에게 설명하기
						정답을 칭찬하기
						열정 보이기
						교정적 피드백 제공하기
						긍정적인 태도 보이기
						도움 없는 상태에서도 지시사항 따르기
						조용한 목소리로 말하기
						기록하기
						교수시간을 마치고 나면 자료 제자리에 가져다 두기

는 과제에 최선을 다하는 것이다. 튜티의 역할은 지시사항을 따르고, 적절한 방식으로 피드백을 수용하며, 주의집중을 유지하는 것이다. 보통 튜티는 튜터를 가르칠 때 사용했던 것과 같은 직접교수 순서에 따라 훈련 받는다.

8. **또래교수에 사용되는 사회성 기술 가르치기.** 긍정적이고 지원적인 환경에서 또래교수가 실시되도록 하기 위해서, 교사는 학생들에게 파트너를 수용하고 교정적 피드백을 주고받으며 파트너를 칭찬하는 것과 같은 사회성 기술을 가르쳐야 한다. 이러한 기술은 직접교수의 순서에 따라 가르쳐야 한다. 교사는 비예시(무례함이나 혹평과 같은)의 시범을 보이고, 이러한 행동이 다른 사람에게 어떠한 느낌이 들게 하는지를 토의해야 한다. 이는 학생들로 하여금 바람직한 사회성 기술의 중요성을 인식할 수 있도록 도와준다. 이때 교사는 미소를 띠고 파트너를 맞이하는 방법과 파트너에게 할 수 있는 제스처(예: 하이파이브)를 보여 주고 역할놀이를 할 수 있다.
9. **규칙 확인하기.** 교사는 학생들에게 또래교수 중에도 학급 규칙이 적용된다는 사실을 상기시켜 주어야 한다. 또래교수 시간 동안에 강조되는 규칙에는 '활동 간 전이시간에 빨리 움직이기' '속삭이며 말하기' 등이 있다. 또한 이러한 규칙과 관련하여 기대되는 행동에 대해 직접교수 절차를 사용하여 가르쳐야 한다.
10. **또래교수 시간 계획하기.** 대부분의 연구자들은 일방적 또래교수에는 20분, 상보적 또래교수에는 30분의 시간을 할당할 것을 제안한다. 기본적으로는 일주일에 2회 이상의 또래교수가 실시될 때 긍정적인 성과를 이룰 수 있다고 한다.
11. **또래교수 실시하기.** 교사는 또래교수 프로그램을 계획하고 교육과정 자료를 수정하는 것과 함께 또래교수 수업을 관리 감독하고 진보사항을 평가하며 개정이 필요하면 주기적으로 수행해야 한다. 초기에 교사는 또래교수 수업을 가까이서 감독하면서 교정적이며 긍정적인 피드백을 제공할 필요가 있다. 학생들이 튜터와 튜티의 역할 각각에 익숙해지게 되면, 교사는 소집단이나 개별 학생을 가르치면서 또래교수 수업을 하는 학생들을 간단히 살펴볼 수 있다. 일부 교육자는 교사가 또래교수에 참여하는 학생 짝들을 주기적으로 만나 진보사항을 이야기할 때 긍정적인 성과를 얻어 낼 수 있다고 이야기하고 있다. 또한 연구자들은 튜터와 튜티가 만들어 낸 성과는 효과적인 또래교수 상호작용뿐 아니라 학업성취에도 긍정적인 영향을 미친다는 사실을 밝혀내었다(Greenwood, Carta, & Hall, 1988). 또래교수 수업 중에 발생하는 잘못된 행위를 관리하기 위하여 다음의 사항을 제안할 수 있다.

    - 잘못된 행동이 오래 지속되지 않는 한 무시하라.
    - 부적절한 행동이 만성적이라면 다른 파트너로 짝을 바꾸어 주어라.
    - 사소한 분쟁에는 개입하지 말라.
    - 적절한 행동에 대해서는 짝 모두를 칭찬해 주어라.
    - 지속적인 부적절한 행동을 하며 시간을 헛되게 보낸 것에 대해서는 후속 조치를 취하도록 하라.
    - 조용히 공부할 것을 알려 주는 신호(예: 장난감 실로폰에서 음계 하나를 치는 것)를 개발하라.

12. **또래교수 프로그램 평가하기.** 튜티가 어느 정도 성취했는지는 매일 튜터가 작성하는 일간 진도표를 살펴봄으로써 알 수 있다. 또래교수를 통해 다루어진 기술이나 내용을 주간 퀴즈를 통해 확인하는 것 역시 학생의 진보를 모니터링하는 데 도움이 된다. 사회성 기술에서 진보를 보이는지는 또래교수에 임하는 학생 짝을 체계적으로 관찰함으

로써 확인해 볼 수 있다. 그리고 정의적인 영역은 인터뷰나 질문지를 통해 평가 가능하다.

적절한 계획, 학생훈련 그리고 교사의 지원이 있으면 또래교수는 실행 가능한 교수적 대안이 될 수 있다. 튜터의 참여를 유지하기 위해서는 게시판에 그들의 사진을 붙이거나, 수업시간 이전에 만날 수 있게 하거나, 상을 주거나, 프로그램에 대한 기사를 싣거나, 학교장이 인정하는 튜터로 선정하는 것과 같은 학생에게 강화가 될 만한 일을 만들어 준다.

학생이 학생을 가르치는 수업: 학급단위 또래교수

일반교사와 특수교사는 모두 또래가 개입하는 교수 프로그램에 관심을 가지고 있다. 교실 전체에서 실시되는 또래교수는 교실에 속한 모든 학생이 동시에 다양한 학업과제를 수행할 수 있도록 한다. 학급단위 또래교수를 위해서는 학생 짝들이 학업 활동에 함께 참여하도록 해야 하므로 교실의 재구조화가 필요하다.

학급단위 또래교수

학급단위 또래교수(ClassWide Peer Tutoring; Delquadri, Greenwood, Whorton, Carta, & Hall, 1986; Greenwood, Delquadri, & Carta, 1997)는 캔자스 주 캔자스시티의 주니퍼 가든스 아동 프로젝트(Janiper Garlans Children' s Projct)에서 개발되었다. 그 목적은 경도장애 학생들의 기본 기술을 향상시키는 것이었다. 학급단위 또래교수는 상보적 또래교수와 집단형 강화 후속결과(예: 협동학습)를 근간으로 한 직접교수와 행동 관리를 통합한 형태다. 여기에는 학생의 과제 수행행동과 학업기술 연습량을 증가시키기 위한 다음 세 가지 특성이 포함되어 있다. (1) 또래는 반응과 연습을 관리 감독하는 역할을 하고, (2) 학생의 동기와 흥미를 유지하기 위해 경쟁과 점수체계를 도입한 게임 형식을 사용하며, (3) 개인뿐 아니라 학급 전체가 진보했는가를 확인할 수 있는 주간 평가계획이 수립되어야 한다. 교사는 학생이 효과적인 튜터가 될 수 있도록 훈련함에 있어 오류수정 절차와 함께 또래교수 수업 이후에 쓰이게 될 점수체계를 자세히 설명하고 시범 보여야 한다. 교정적 피드백은 교사의 감독하에 시행되는 연습기간 동안에 제공된다.

학급단위 또래교수 체제는 다음의 기본적인 배치를 포함한다.

- 매일 30분간의 또래교수 시간이 있어야 한다. 각 학생은 10분간 튜터의 역할을 하고 그다음 10분간 교수를 제공받는다. 추가 10분은 점수를 매기고 결과를 보고하는 시간이다.
- 매주 월요일에는 해당 주의 튜터와 튜티가 결정된다. 각각의 튜터–튜티는 앞뒤 혹은 옆에 앉아서 10분간의 또래교수 수업을 시작한다. 예를 들어, 철자하기 과제에서 튜터는 철자를 모니터링하고 튜티가 쓴 단어가 정확하면 2점을 준다. 튜티의 오답에 대해 튜터가 오류를 고치고 정답을 이야기한 후에 튜티가 제대로 된 철자를 다시 쓰면 1점을 준다. 튜터는 점수표에 점수를 기입하고 10분이 끝나면 역할을 바꾼다.
- 또래교수 시간 동안 교사는 학생들 주변을 돌아다니며 적절한 또래교수 행위를 보이는 학생들에게 점수를 준다.
- 두 번째 10분 수업 후에 각 학생은 튜터와 튜티로서 얻은 점수를 합산해 본다. 통 안에 두 가지 색의 네모를 넣어 학생이 하나씩 뽑은 결과를 기초로 학급을 두 팀으로 나눈다. 개별 학생이 얻은 총점을 차트의 두 열 중 한쪽에 기입한다. 최고점을 얻은 팀이 그날 혹은 그 주의 승리 팀이 된다. 팀의 구성은 주기적으로 바꾼다.
- 금요일에 교사는 해당 주에 배운 기술에 대하여 학

생이 어느 정도 진보를 보였는지에 대해 좀 더 집중적으로 평가한다.

밴더빌트 대학교의 조지 피바디 대학(역자 주: 밴더빌트 대학교 사범대학의 이름)에서 개발된 또래 보조 학습전략(Peer-Assisted Learning Strategies: PALS ; 과거에는 피바디 학급단위 또래교사라 불림)은 주니퍼 가든스 아동 프로젝트 모델을 확장시킨 실증연구의 결과에 기초한 교수적 대안이다. 여기에서는 학생들이 전략에 기반을 둔 읽기훈련과 집중적인 수학교수에 참여할 수 있도록 하였다. 원래 초등 2~6학년생을 위해 개발된 PALS 읽기에서는(D. Fuchs, Fuchs, & Burish, 2000; D. Fuchs, Mathes, & Fuchs, 1996) 2명의 학생이 짝이 되는데, 한 명은 성취가 높은 학생과 나머지 한 명은 성취가 낮은 학생이다. 각 쌍은 학급 내 2개 팀 중 하나에 배치되고, 학생들은 읽기 활동을 잘 마치고 적절한 또래교수 행위를 보여 주었을 때 점수를 획득하게 된다. 주 3회, 각 35분짜리 수업에서 파트너 읽기, 단락 줄이기, 예측하기 릴레이의 세 가지 활동이 진행된다. 파트너 읽기에서는 돌아가면서 큰 소리로 읽기, 오류수정, 읽은 것 다시 말하기 등의 활동을 한다. 단락 줄이기에서는 돌아가며 큰 소리로 단락 읽기, 오류 수정하기, 10단어 이하로 단락의 중심 생각 말하기를 한다. 예측하기 릴레이에서는 다음에 무슨 일이 일어날지를 돌아가며 예측하고, 다음 단락을 큰 소리로 읽은 후 구문을 요약하고, 이후에 일어날 일을 또다시 예측한다.

읽기문제는 보통 2학년쯤에 나타나고 6학년 이후에도 지속되기 때문에, PALS 읽기는 유치원, 초등 1학년, 고등학생까지 확대되었다(D. Fuchs et al., 2001). 유치원 PALS(Mathes, Clancy-Menchetti, & Torgesen, 2001)에서는 20분 수업(주 3회 실시)마다 발음하기, 문자 지식, 음운론적-음소론적 인식을 가르치는 학급과 2명 학생 짝의 단위별로 게임을 실시한다. 소리 게임은 운율 말하기, 첫소리 떼어내기, 끝소리 말하기, 소리 합치기, 단어를 소리로 나누기 등의 활동이 포함되고, 소리-단어 활동에는 '무슨 소리?'와 '무슨 단어?'라는 활동이 포함된다. 1학년 PALS(Mathes, Togesen, Allen, & Allor, 2001)에서는 성취가 높은 학생이 저성취 학생과 짝을 이뤄 일주일에 3회, 35분씩 수업이 진행된다. 각 수업은 3분 단위로 새로운 글자 소리와 일견단어(SightWord), 글자/소리 합성 및 분해 활동이 교사 주도적 교수로 진행된다. 소리-단어 활동에는 글자-소리의 연합, 혼성하기, (빨리 읽기 게임를 포함한) 일견단어, 짧은 이야기에서 해독 가능한 단어와 일견단어 읽기가 포함된다. 4주 동안 독립적으로 소리-단어 활동을 하고 나면 파트너 읽기가 추가된다. 고등학생까지 확대된 PALS는 초등학교 2~6학년 학생들에게 시행하는 PALS와 같은 활동과 팀 구조를 함께 사용한다. 그러나

교사의 모델링은 또래가 개입한 교수를 촉진한다.

고등학생용 PALS는 좀 더 자주 파트너를 바꾸고, 좀 더 성인다운 동기 시스템과 학생들의 생활에서 유용한 설명문을 사용한다.

수학 PALS(C. S. Fuchs, Fuchs, Karns, & Phillips, 1996)에서는 그 기본방법으로 코칭과 연습의 두 가지가 사용된다. 코칭 동안에 튜터는 미리 작성된 문제를 읽어 질문을 던지고 3개의 수학문제를 풀 때 튜티를 도와주는 교정절차를 사용한다. 튜티는 튜터의 설명을 지침 삼아 그다음의 3개 문제를 풀고 그 과정을 설명한다. 학습지 풀이 중간에 학생들은 역할을 바꾼다. 학생들은 연습기간 중에 여러 문제로 구성된 학습지를 독립적으로 풀고 서로의 답을 확인하고 점수를 매긴다. 수학 PALS는 초등학교 2~6학년 학생을 대상으로 일주일에 40분짜리 수업을 2회 이상 진행한다. 컴퓨터 프로그램은 어떤 학생들이 짝을 이루어 특정 수학기술을 공부할 것인지를 결정해 준다.

학급단위 또래교수 관련 연구

학급단위 또래교수 프로그램은 8년 넘게 개발되었고 광범위한 수준에서 현장 검증이 이루어졌다. 중재연구는 초등 및 중등 학교에서 실시되었으며 경도-중도 장애학생뿐 아니라 비장애 저성취 학생을 대상으로 실시되었다. 연구 결과에 의하면 학습단위 또래교수는 학업과제에 있어 학생의 수업 참여와 주의집중을 향상시키고 학업성취를 증가시키며 협력적인 또래관계를 촉진한다(Maheady, Harper, & Mallett, 1991, 2001; Simmons, Fuchs, Fuchs, Hodge, & Mathes, 1994; Utley, Mortweet, & Greenwood, 1997).

읽기와 수학에서의 교수용 PALS는 교육과정에 기초한 측정과 함께 사용되고 통합학급에서 현장 검증되었다. 효율성 연구는 연속 2년간 학습장애 학생들이 통합된 일반학급에서 실시되었는데, 대상으로는 150명의 교사와 3,500명 이상의 학생이 포함되었다. 각 연구에서는 통계적으로 매우 중요한 성과를 이끌어 내었다 (Joint Committee on Teacher Planning for Students with Disabilities, 1995). 구어 읽기 유창성, 읽기이해, 수학 측정에 대한 PALS 추가 연구에서는 과제 수행시간이 증가하고, 학업적 성장이 이루어지며, 학생과 교사가 또래교수에 대해 긍정적으로 보고한다(C. S. Fuchs, Fuchs, & Kazdan, 1999; C. S. Fuchs, Fuchs, Phillips, Hamlett, & Karns, 1995; Mastropieri et al., 2001; Mathes & Babyak, 2001). 워크숍과 훈련 자료를 통해 교사는 교육과정 중심 측정과 학급단위 또래교수를 시행하며 학생을 가르칠 수 있게 된다.

학급단위 또래교수의 프로그램 지침

성공적인 학급단위 또래교수 프로그램을 개발하고 시행하기 위해서는 다음의 지침을 고려할 수 있다.

- 함께 협력적으로 일하기 위해 학급단위 또래교수를 필요로 하는 학생들에게 사회성 기술훈련을 제공한다. 파트너를 수용 · 격려 · 칭찬하고, 자신의 차례를 지키며, 조용히 이야기하고, 신호가 떨어지면 울리면 하던 일을 멈추는 기술을 가르친다. 이러한 기술을 보여 주고 강화하는 것은 또래교수의 성공을 이끌게 된다.
- 파트너 읽기 동안 고성취 학생과 저성취 학생으로 한 쌍을 맺어 주고 다음의 순서대로 따르게 한다. (1) 고성취 학생이 5분간 큰 소리로 읽는다. (2) 저성취 학생이 같은 구문을 5분간 큰 소리로 읽는다. (3) 저성취 학생이 앞서 읽은 구문에서 주요 사건을 순서대로 배열하도록 하는데, 2~3학년생은 1분간, 4~6학년생은 2분간 실시한다.
- 문단 줄이기를 위해서 고성취 학생과 저성취 학생을 한 쌍으로 맺어 주고 다음의 순서를 따르게 한다. (1) 5분간 고성취 학생은 이야기의 새로운 구문을 계속해서 읽는데, 한 단락이 끝날 때마다 멈춰서 그 단락을 요약한다. (2) 그다음 5분간 저성취 학생

은 구문을 읽고 단락마다 그것을 요약한다.

- 예측하기 릴레이를 위해서 고성취 학생과 저성취 학생을 한 쌍으로 맺어 주고 다음의 순서를 따르게 한다. (1) 5분간 고성취 학생은 계속해서 구문을 큰 소리로 읽으면서 페이지마다 이전에 했던 예측이 맞는지를 확인하고 페이지의 내용을 요약한 후 다음 페이지에 어떤 일이 일어날지를 예견한다. (2) 저성취 학생은 구문을 큰 소리로 읽으면서 각 페이지마다 이전에 했던 예측이 맞는지를 확인하고, 페이지의 내용을 요약하고 다음 페이지에 어떤 일이 일어날지를 예견한다.
- 철자하기나 수학적 사실과 같은 낮은 수준의 기술을 가르칠 때는 농구와 비슷한 점수체계를 활용한다. 단어나 수학적 사실을 말하는 학생은 파트너가 정답을 말할 때 '2점' 이라고 말하고 점수표의 2점 부분에 동그라미를 친다. 오답일 경우에는 문제를 읽어 주는 학생이 "친구, 미안. 정답은~야. 파울볼 쪽으로 가자."라고 말하고, 파트너가 단어나 수학적 사실을 옳게 세 번 써서 연습하게 한다. 교사는 파울볼(오류수정) 연습을 격려하기 위해 주기적으로 단어나 수학적 사실을 옳게 세 번 쓰는 학생들에게 보너스 점수를 준다.
- 2명의 학생으로 구성된 짝 한 쌍씩 학급 내 두 팀 중 하나에 배치하고, 학생들이 한 주간 동안 받은 점수를 더하여 전체 팀 점수로 합산한다. 전체 팀 점수가 발표되면 각 팀이 얻은 점수에 대해 축하인사를 건내고 경쟁심을 최소화한다. 그리고 각 팀이 얻은 철자나 수학 시험점수는 합산하여 기록한다. 각 팀은 지난주에 받은 점수와 비교하거나 새로 목표점수를 책정할 수 있다.
- 학급단위 또래교수를 주에 2~3회 정도 실시한다
- 서로 잘 어울리지 못하는 학생들은 너무 오랫동안 짝으로 지정하는 것을 피한다. 학급 내 팀은 1주 혹은 2주 간격으로 바꿀 수 있다.

학생이 학생을 가르치는 수업: 협동학습

협동학습은 또래가 독립적으로 학습할 수 있는 교수 배치의 하나다. 이 교수 배치가 가진 독립적 특성뿐 아니라 다양한 학생 집단을 대상으로 협동학습을 사용했을 때 성공적인 결과가 도출되었기에(Mainzer, Mainzer, Slavin, & Lowry, 1993), 그것은 성공적인 통합교육을 촉진하는 데 있어 사용될 수 있는 실현 가능한 접근법이다. 지난 10년간 협동학습은 상당한 인기를 누려왔으며 일반교사와 특수교사로부터 열렬한 지지를 받아 왔다.

협동학습

협동학습에는 다양한 양식이 있으나 공통적으로 학생들끼리 서로 학습하는 것을 돕기 위해 팀이나 소집단으로 공부를 한다(Slavin, 1991). 협동학습은 학생들에게 교사가 제시한 기술을 연습하거나 교수내용을 학습할 기회를 제공하기 때문에 교사가 시행하는 교수를 보충하는 기능을 한다. 협동학습은 팀의 목표와 팀의 성공을 강조한다. 협동학습의 기본 정의는 학생 소집단이나 팀이 함께 공부하는 교수 배치로 학생 자신의 학습뿐 아니라 다른 사람들의 학습까지 책임감을 갖도록 하는 방식으로 팀의 성공을 이루는 것이다. Johnson과 Johnson (1994)에 의하면 소집단 교수가 협력적이 되려면 다음의 다섯 가지 요소를 포함시켜야 한다. 즉, (1) 상호의존성(학생들은 자기 자신과 팀 전체에 도움이 되도록 개인적 노력을 기울이고 팀 전체의 목표를 이루기 위해 공부해야 한다), (2) 서로를 격려하는 상호작용(학생들은 칭찬, 도움, 지원, 격려하기를 통해 또래의 학습을 촉진해야 한다), (3) 개인적인 책무성(학생 개개인은 필수 자료를 학습할 책임이 있고 소속 집단에도 기여해야 한다), (4) 인간관계 및 소집단 기술(학생은 사회성, 의사결정, 의사소통, 갈등관리 기술과 같은 협력적 기술을 학습해야 한다), (5) 집단 행위/의견 처리(학생들은 집단이 가진 목표를 얼마나 잘 성취하고 함께 공부할 것인지를 논의하고 평가해야 한다)다.

학생 팀학습(Student Team Learning) 모델은 협동학습 중 가장 광범위하게 사용되는 교수 실제를 포함하고 있다. 이 모델에서는 구성원 개개인이 이전에 설정한 학습목표를 수립할 때만 팀 전체의 목적이 이루어진다는 사실을 강조한다. Slavin(1991)은 팀 단위 보상, 개인적 책무성, 성공을 위한 동등한 기회 제공이야말로 이 모델의 핵심이 된다고 하였다. 팀 단위 보상은 팀 전체가 미리 결정한 준거에 도달하거나 그 이상을 이루었을 때 제공된다. 준거를 이루어 낸 모든 팀이 성공적이고 보상을 받기 때문에, 팀은 전부를 받거나 혹은 아예 아무것도 받지 못하는 경쟁체제에 속해 있지는 않는다. 팀 전체의 성공이 구성원 개개인의 성공 여부에 달려 있기 때문에 개인적 책무성이 다루어진다. 팀의 성공은 그룹 전체가 학습하도록 한 자료를 다룬 퀴즈에서 팀원들이 이루어 낸 성과를 합산한 것에 의해 결정된다. 개인의 성취와 팀의 성공 간의 관계는 팀원 모두가 목표가 되는 학습내용을 학습할 수 있도록 돕는 활동을 선호하게 된다. 성공을 위해 동등한 기회를 제공하는 것은 팀원 각각이 과거의 수행을 향상시킴으로써 팀 자체를 돕도록 하는 것이다. 이는 학생의 능력수준에 상관없이 학생 모두가 자신의 수행수준이 팀에게 가치로운 것이 되므로 최선을 다할 수 있도록 한다.

학생 팀성취 리그(Student Teams-Achievement Divisions: STAD; Slavin, 1978, 1986)와 팀게임 토너먼트(Teams-Games-Tournament: TGT; DeVries & Slavin, 1978; Slavin, 1986)는 교과와 학년수준에 맞게 수정할 수 있는 학생 팀학습 모델의 협력적 학습방법이다. STAD에서 한 팀은 이질적인 특성을 갖는 4명의 학생으로 구성된다. 교사가 학습내용을 보여 주고 나면 학생 팀은 구성원 모두가 그 내용을 완전학습하기 위해 함께 공부한다. 그러고 나서 학생들은 또래의 도움 없이 개별적으로 시험을 치른다. 학생들은 이전에 보았던 시험의 평균점수와 비교하여 이번 점수/수행이 이전의 노력수준에 도달하거나 그것을 뛰어넘었을 때 보상을 받는다. 보상으로 받은 점수를 모아 전체 팀 점수로 합산했을 때 팀이 받은 점수가 미리 설정해 놓은 기준에 맞으면 포상(예: 상장 수여)을 받는다. 이 같은 활동은 대개 3~5회의 수업시간을 거쳐 시행된다. STAD는 오로지 한 개의 답이 존재하는 학습자료(예: 수학 계산이나 지도 읽기 기술)에서 가장 효과적이다. TGT는 교사의 설명, 그룹 배치, 팀 활동양식 등이 STAD와 동일하다. 그러나 퀴즈 대신 주간 토너먼트 방식이 사용된다. 토너먼트에서 학생은 다른 팀의 학생과 경쟁하게 되고, 경쟁을 통해 점수를 얻으면 각각의 팀 점수에 합산된다. 학생들은 동일한 목표(기술)에 대해 3인이 참가하는 토너먼트에서 비슷한 기술수준을 보이는 학생들과 겨루게 된다. 토너먼트에서 승자는 각각 동일한 점수를 받게 된다. 저성취 학생은 다른 저성취 학생과, 고성취 학생은 다른 고성취 학생과 겨루어 많은 점수를 얻을 수 있다. 그러므로 학생 모두는 성공할 수 있는 동등한 기회를 갖게 된다. STAD와 TGT는 3~5회의 수업시간이 필요하고, 단 하나의 답이 있는 내용을 가르치고자 할 때 가장 적합하다.

STAD와 TGT 이외에도 특정 교과내용과 학년에게 유용한 두 가지 전반적 교육과정이 존재한다. 팀지원 개별화 교육(Team Assisted Individualization; TAI; Slavin, Madden, & Stevens, 1990)은 초등 3~6학년에게 수학을 가르치기 위한 것이고, 협력적 읽기-작문 통합 프로그램(Cooperative Integrated Reading and Composition: CIRC; Slavin, Stevens, & Madden, 1988)은 초등 3~5학년에게 읽기를 가르치기 위한 것이다.

협동학습 관련 연구

협동학습에 대한 대부분의 연구는 존스홉킨스(Johns Hoplains) 대학교에서 개발된 학생 팀학습 기술에 초점을 맞추었다. Slavin(1991)은 협동학습에 관한 문헌을 종합한 논문에서 다음의 사항을 보고하였다.

- 학업성취를 향상시키는 데 가장 성공적인 접근방식

은 집단의 목표와 개인적 책무성이다. 이러한 환경에서 집단은 팀 구성원 개개인의 수행에 기초하여 보상을 받는다.

- 집단의 목표와 개인적 책무성을 특징으로 하는 연구들은 통제집단과 실험집단 간 성취를 비교하였는데, 그 결과 모두 일관되게 협동학습을 지지하였다. 상세히 말하자면, 협동학습은 44개 중 37개의 연구에서 최소 4주 동안 상당히 높은 수준의 긍정적인 성과를 보였다. 그 연구들 중 어느 하나도 전통적인 방식을 선호하지 않았다.
- 협동학습의 긍정적인 성취 효과는 학년(초등 2학년~고등학교 3학년), 교과목, 학교환경(시골, 도시, 대도시 주변 교외, 역자 주: 미국의 대도시 주변 교외에는 주로 중산층 이상이 거주하고 시골이나 도시 내부에는 대개 빈민층이 거주한다.)에 상관없이 일관되게 나타난다.
- 협동학습의 긍정적인 효과는 정적인 영역에서도 일관되게 나타난다(예: 자존감, 대인관계, 학교에 대한 태도, 협력적인 학습능력).

Slavin과 동료들(1991)은 일반학급에서 학습장애 학생들을 대상으로 한 팀지원 개별화 교육을 사용하여 수학성취와 정의적 영역 평가에서 훌륭한 성과를 이끌어 냈음을 보고하였다. 유사하게 협력적 읽기-작문 통합 프로그램에서 일반학급 내 학습장애 학생뿐 아니라 장애가 없는 학생들에게도 읽기와 쓰기에서 뛰어난 성과를 얻어 냈다(Slavin et al., 1988). Slavin(1988/1990)은 "협동학습은 매우 뛰어난 성공을 이끌어 내는 것 같다. 그것은 우수한 연구 기반, 많은 실현 가능하고 성공적인 형식, 그리고 수백수천의 열정적인 옹호자를 가지고 있다."(p. 3)라고 진술했다.

협동학습 프로그램의 지침

팀 목표와 보상, 개인적 책무성, 동일한 기회는 협동학습 프로그램에 있어 매우 중요한 요소라고 생각된다. 협동학습을 계획하고 시행하는 데 적절하도록 앞서 또래교수에서 제시했던 지침을 다음과 같이 수정하였다.

- 협동학습의 목표를 결정한다.
- 팀을 위한 기술과 교수 내용을 선정한다.
- 퀴즈나 토너먼트에 사용될 질문을 포함하여 교수자료를 선정한다.
- 팀 구성원이 서로를 도울 수 있는 교수절차를 고안한다.
- 한 팀에 다양한 성취수준을 보이는 학생을 배치한다.
- 팀 구성원이 서로를 도울 수 있도록 훈련한다.
- 팀 활동을 위한 사회적 기술을 가르친다.
- 학습 규칙을 상기시키고 새로운 규칙은 알려 준다.
- 주 3~5회로 협동학습을 위한 시간을 책정한다.
- 협동학습 수업을 시행한다.
- 협동학습 프로그램을 평가한다.

학생이 사용하는 학습자료: 착석과제 활동

학습상의 고려점

학습의 관점에서 학생이 사용하는 자료나 독립적인 착석과제는 학생에게 교사가 제시한 기술을 연습할 기회를 제공한다. 이러한 연습은 학생으로 하여금 습득에서 시작해서 유창성, 유지, 일반화로 발전하는 학습 단계를 거칠 수 있도록 도와준다. 학습문제를 가진 많은 학생들은 학습기술과 내용을 완전히 숙달하는 데 좀 더 많은 연습이 필요하다.

연습과 관련된 실증연구에서 살펴보면, Dempster(1991)는 교실수업에 도움이 될 수 있는 몇 가지 연구 결과를 언급하고 있다.

- 같은 자료를 두 번 이상 연습할 기회를 제공하는 것

은 단 한 번의 기회를 제공하는 것보다 훨씬 더 효과적이다.

- 한꺼번에 많은 연습 기회를 제공하는 것보다 시간차를 두고 연습하도록 하는 것이 학습에는 더 낫다.
- 시간차를 두고 연습할 때는 연습의 기회를 많이 줄수록 그 효과성도 증가한다.
- 비슷한 질문이나 과제를 누적해서 제공함으로써 효과적인 학습을 촉진할 수 있다.
- 한꺼번에 많은 연습을 제공하는 것보다 연습시간을 자주 갖도록 하는 것이 주제를 좀 더 자세히 이해할 수 있게 한다.

Dempster(1991)가 제시한 결과로부터 도출된 이러한 논의를 통해 효과적인 연습을 계획하는 데 도움이 될 사항은 다음과 같다.

- 시간차를 둔 연습이나 복습(그전에나 이번 수업에서 나온 질문을 포함)을 다양한 활동(예: 토의, 착석과제, 또래교수, 숙제)과 함께 사용한다.
- 이전 수업에서 다룬 요점을 복습하기 위해서 짧게 시간을 할애하고 이를 수업에 포함시킨다. 착석과제에는 복습용 문제나 질문을 포함시킨다.
- 한 달에 한두 번은 토론과 착석과제를 포함한 포괄적인 형태의 연습을 제공한다.

교사가 고려해야 할 점

교사의 관점에서 학생이 사용하는 학습자료는 학생들에게 학업성취를 향상시킬 수 있는 기회를 제공할 뿐 아니라 교사에게 소집단 및 학생들 개개인과 함께할 수 있는 자유를 제공해 주기도 한다. 착석과제 활동을 계획하고 학생이 독립적으로 학습할 수 있도록 가르치는 것 자체가 시간이 많이 소요되는 작업이나, 그것은 충분히 노력을 기울일 만한 가치가 있다. 잘 만들어진 학생용 학습자료는 학생이 한 해를 보다 즐겁고 생산적으로 보내는 데 도움을 준다. 효과적인 독립 착석과제 프로그램을 계획하고 시행하기 위하여 다음의 지침을 제공할 수 있다.

- **독립과제를 제공할 때는 학생의 교수수준에 맞는지를 확실히 해야 한다.** 독립과제와 함께 교사가 시범을 보이고 활동을 지원해 주는 것은 과제를 부여한 것이 교수적 적절성을 확실히 하기 위한 좋은 방법이다.
- **학생이 혼자서 할 수 있는 다양한 착석과제 활동을 활용한다.** 활동을 다양화하는 것은 교사에게 여러 가지 대안을 제공해 주고 학생의 학습 동기와 과제 수행시간을 증가시켜 준다. 이에 적절한 활동에는 자기 교정 자료, 교수용 게임, 컴퓨터 보조교수, 녹음기를 사용한 교수 등이 있다. 관련 활동은 이 장 뿐 아니라 교육과정 내용을 다루는 장에서도 제시되어 있다.
- **매일 수업에서 쓰는 과제를 학생용 폴더에 담아 두는 것을 고려해 본다.** 학생 과제를 담아 두는 폴더는 교사와 개별 학생들 간의 의사소통을 돕는 시스템으로 융통적으로 활용할 수 있다. 학생용 폴더는 그날의 과제에 대해 설명할 때 사용될 수 있는데, 차트와 이미 끝마친 과제를 보관하고 피드백을 제공해 줄 수도 있다. 학생이 오랫동안 폴더를 사용한 후에는 교사가 없어도 교실로 와서 폴더를 꺼내어 혼자 공부를 시작할 수 있다. 폴더 안에 과제 확인표를 넣어 두면 학생이 어떤 과제를 해야 할 것인지를 결정하는 데 도움을 줄 수 있다.
- **학생마다 과제를 마치는 시간이 다를 때 남은 시간 동안에 할 수 있는 활동을 미리 준비해 둔다.** 이러한 활동으로는 다른 과제를 시작하거나, 컴퓨터를 이용하여 쓰기를 하거나, 학습 센터에서 공부를 하거나, 테이프를 듣거나, 다른 친구를 도와주거나, 책 또는 잡지를 읽는 것 등이 있다.
- **학습지는 학습자에게 친숙할 수 있도록 양식을 바꾸**

어 준다. 일부 학생은 문제가 가득한 학습지를 보면 긴장을 하기 때문에 학습지의 문제 수를 줄여 주는 것이 좋다. 이렇게 하면 학생이 압도감을 느끼지 않으면서 가능한 한 많이 문제를 풀 수 있게 된다. 또한 한 장의 학습지라도 부분으로 나누어 제공하여 한 번에 한 부분씩 풀 수 있도록 할 수 있다.

- **학생이 독립과제를 하면서 질문에 답할 수 있는 교수절차를 고안한다.** 교사가 소집단과 수업을 하는 중에 다른 학생들에게 계속해서 방해를 받지 않도록 하기 위해서는 (1) 학생의 질문에 답해 줄 수 있는 학생 보조원을 배치하고, (2) 누군가 도움을 줄 때까지 과제를 계속할 수 있도록 하는 신호를 개발하고(예: 학생이 질문이 있다는 것을 뜻하는 책상 신호), (3) 교실 내에 질문이 있는 학생이 한 번에 한 명씩 갈 수 있는 공간을 만든다.
- **소집단 수업을 시작하기 전에 학생이 착석과제 활동에 대한 지시사항을 이해하고 있는지를 확실히 한다.** 새로운 과제나 새로운 형식(예: 자기 교정 과제 혹은 컴퓨터)이 사용될 때 이 점은 매우 중요하다.
- **독립적인 착석과제를 할 때 기대되는 행동을 가르치기 위해서는 직접교수의 순서를 따른다.**

학생이 사용하는 자료: 자기 교정 자료

학생들은 자기 스스로 교수자료를 공부하는 데 교실에서 보내는 시간의 대부분을 할애한다. 그러므로 여기에 사용되는 자료는 학생이 좌절감을 느끼거나 실패를 경험하며 이전에 실수한 것을 반복하도록 해서는 안 된다. 어느 정도까지는 자료가 교사의 역할을 하도록 해야 한다. 자료는 교사와 같은 기능이 많아질수록 그 유용성이 높아진다. 그리 비싸지 않은 자료라도 교수의 기능을 제공할 수 있고, 학생에게 자극이나 과제가 되며, 학생의 답이 옳은지에 대해 피드백을 줄 수 있다.

자기 교정 자료는 교사가 바로 옆에 있지 않아도 학생에게 즉각적인 피드백을 준다. 자기 교정 자료는 특히 학습의 실패를 경험한 적이 있는 학습문제를 가진 학생들에게 더 유용하다. 이는 학생들의 실패 경험, 그중에서도 공개적으로 나타나는 실패 경험을 감소시켜 주기 때문에 더 중요하다. 학생이 자기 교정 자료에서 실수를 하는 것은 어디까지나 누구도 알지 못하는 사적인 사건일 뿐이다. 학생 자신만이 실수한 것을 볼 수 있으며, 그 실수는 즉각적으로 고쳐질 수 있다. 만약 즉각적인 피드백이 주어지지 않는다면 후에 교사가 학생의 실수를 고쳐 줄 때까지 반복적으로 오류가 일어나게 된다. 자기 교정 자료를 통해 학생은 즉각적으로 실수를 고칠 수 있으며 적절한 답이나 반응만을 연습하게 된다.

자기 교정 자료는 학생이 학습과제에 대한 주의집중을 유지할 수 있도록 해 준다. 학생은 게임을 하는 것과 같은 태도—"이 문제의 답은 내가 맞힐 거야!"—로 과제에 임하게 된다. 자기 교정 자료가 사용될 때, 처음에는 학생들이 답을 미리 볼 수도 있을 것이다. 많은 학생들이 처음에는 미리 답을 보면서 선생님을 속이는 것을 즐길 수도 있으나, 나중에는 답을 고르고 그 답이 정답인지를 보는 것에 더 큰 즐거움을 느끼게 된다. 만약 부정행위가 지속된다면 확인용 평가나 학습한 내용에 대한 사후평가를 실시할 수 있다. 학생들은 곧 부정행위를 하는 것이 확인평가나 사후평가에 별로 도움이 되지 못한다는 것을 깨닫게 될 것이다.

정답지를 사용하고 맞춤 카드를 보여 주고 소형 계산기와 퍼즐, 컴퓨터를 사용하는 것을 비롯하여 자기 교정 자료를 제작하는 방법은 매우 다양하다. 자기 교정 자료는 간단해야만 학생들에게 보여 주는 것만으로도 쉽게 사용될 수 있다. 자기 교정 자료를 가장 잘 사용하는 것은 이미 교사가 보여 준 영역이나 내용에 대해 반복 연습하도록 할 때다.

학생에게 너무 오랫동안 동일한 자기 교정 자료를 사용하도록 하는 것은 그리 좋지 않다. 교사는 내용을 주기적으로 변화시켜 주어야 한다. 또한 다른 교사와 자료를 교환해서 사용할 수도 있으며, 학생에게 자기가 사용하고 싶은 자료를 선택하라고 할 수도 있다. 그리고 자기 교정 도구를 만들기 위해 자기만의 학습내용을 만들어 보게 할 수도 있고, 선택된 자료를 잠시 동안 사용하지 않을 수도 있다. 때때로 자기 교정 자료를 바꾸어 줌으로써 교사는 학생들의 흥미와 참여의 수준을 유지할 수 있다.

이제부터는 자기 교정 자료를 만드는 데 사용할 수 있는 피드백 방식의 예를 소개하고자 한다. 그중 일부는 제작이 매우 간단한 반면에 일부는 제작방법이 복잡하여 그 지침이 소개되어 있기도 하다. 간혹 같은 도구나 자료가 다른 교과에서 사용될 수도 있다. 이 책 곳곳에는 다양한 교육과정 영역에서 사용 가능한 자기 교정 자료가 제시되어 있다.

플랩

플랩(flap)은 천, 비닐로 된 벽지, 교재 제작용 종이나 하드보드지와 같은 접기 쉬운 자료로 만들 수 있다. 플랩을 사용할 경우, 학생은 질문에 대한 답을 확인하기 위하여 가려진 부분을 올려보거나 한 면을 펼쳐 볼 수 있다. [그림 2-7]은 피드백을 제공하기 위해 답상자에 플랩을 활용한 예다.

교수목적: 수학적 사실이나 문제를 보고 답을 말한다. 수학적 사실이나 문제를 보고 답을 쓴다. 축약 가능한 단어를 보고 축약어를 쓴다. 백분위 문제를 보고 답을 쓴다.

피드백 반응: 플랩을 입 위에 올려놓는다. 플랩을 올리면 답이 보인다. 비닐장판은 잘 접혀서 플랩으로 사용하기 좋다.

자료: 두꺼운 종이로 만들어진 상자(예: 담배갑이나 문구류 상자), 3×5인치 색인 카드, 라미네이트 코팅, 작은 나무 블록(약 3인치×$3\frac{1}{2}$인치)

제작방법: 상자 뚜껑의 $\frac{3}{4}$을 잘라내어 2개의 눈과 1개의 입을 만든다. 상자의 오른쪽 부분이 밖으로 나올 수 있게 잘라 내어 상자에 색인 카드를 끼워넣을 수 있게 만든다. 상자의 안팎을 색칠하고 상자에 얼굴 그림을 코팅

[그림 2-7] 답상자

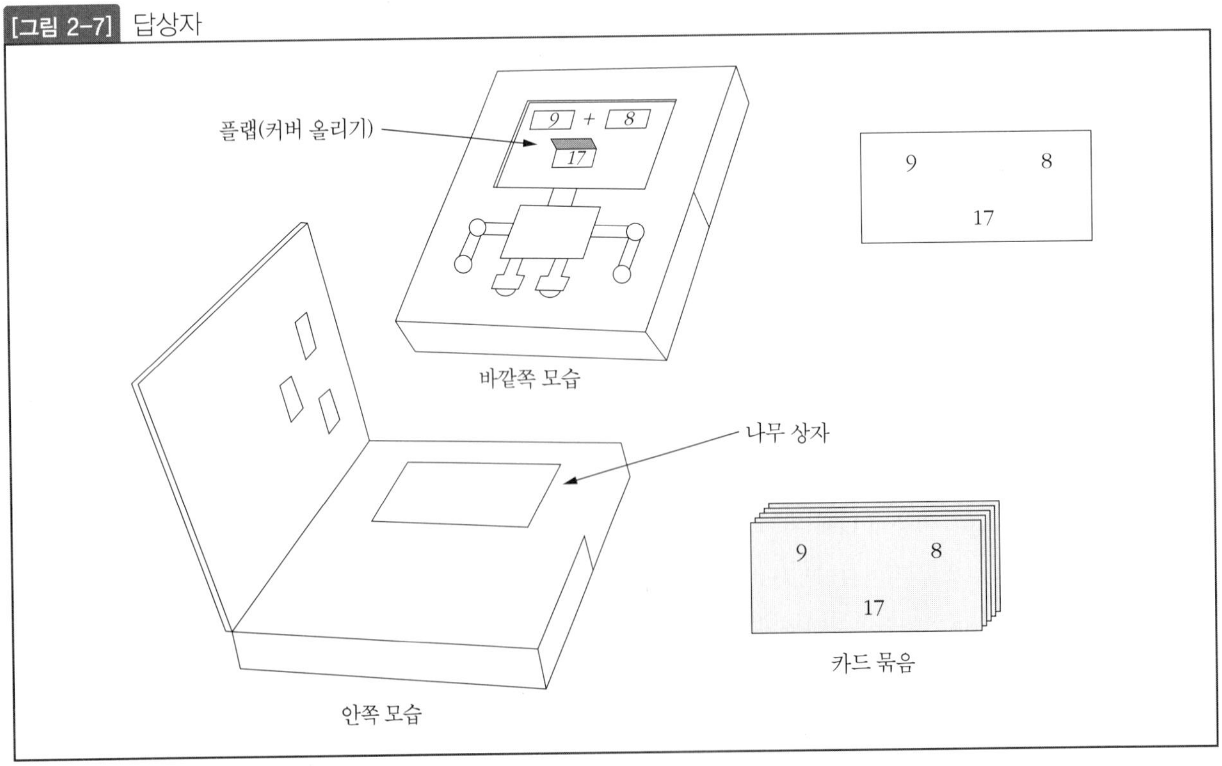

하여 붙이고 네모 위에 눈과 입을 붙인다. 입 위에 잘 접히는 플랩을 붙인다. 문제와 답이 쓰인 색인 카드를 준비하는데, 문제는 '눈' 부분에 보일 수 있도록 하고 입 부분의 플랩을 젖히면 답이 보이도록 한다. 수학문제의 경우는 OHP 필름 위에 쓸 수 있는 유성펜을 이용하여 양 눈의 사이에 연산기호(+, −, ×, ÷)를 적는다.

사용방법: 학생은 선택된 카드 묶음을 답상자 안에 집어넣는다. 학생은 두 개의 창(눈)에 제시된 문제의 답을 말하거나 써서 반응을 한다. 학생이 입 부분의 플랩을 올리면 답이 나타나고, 자신의 반응과 맞추어 볼 수 있다.

수정방법: 다양한 수학문제와 읽기과제를 제시하기 위하여 카드 형식을 다양하게 사용할 수 있다. 가능한 양식은 다음과 같다.

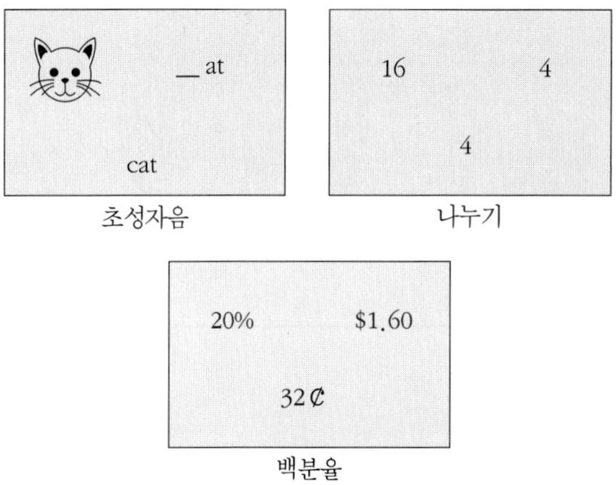

윈도

작은 윈도(창)는 피드백을 제공하기 위해 자료의 일부를 자르는 것이다. 정답을 윈도에서 찾을 수 있게 하거나 2개 이상의 윈도를 사용할 경우, 윈도별로 제시된 항목은 정답을 잘 보일 수 있도록 구멍을 잘 맞추어야 한다. [그림 2-8]은 윈도를 사용한 예시를 보여 주고 있다.

스타일러스

스타일러스(송곳)를 사용하여 피드백을 제공하는 방식이다. [그림 2-9]의 포크박스는 스타일러스를 사용한 예시다.

매칭카드

한 장의 카드에 문제가 쓰여 있고 다른 카드에는 답이 쓰인 여러 세트의 카드를 준비한다. 카드의 뒷면에는 그림을 연결하거나 완성할 수 있는 것을 그려 넣는다. 문제에 대한 답을 선택한 후, 학생은 카드를 뒤집는다. 만약 정답이 선택되면 뒷면의 사물, 수, 색이나 그림이 연결되거나 함께 붙어 하나의 그림을 완성하게 된다.

시간

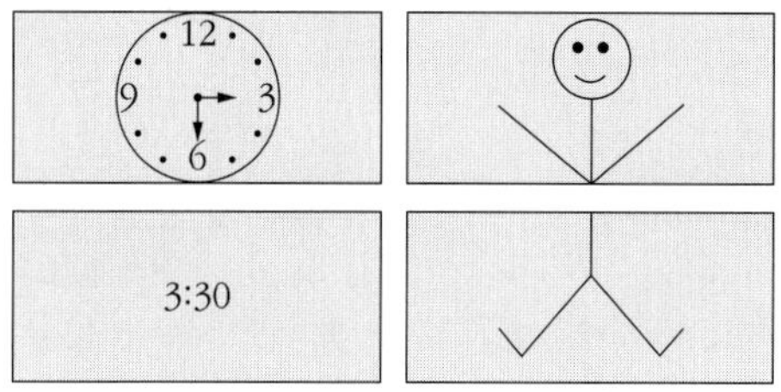

앞 / 뒤 (그림 완성)

덧셈

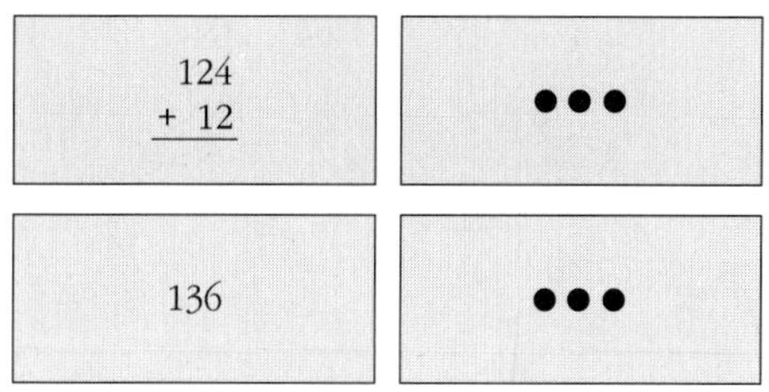

앞 / 뒤 (점의 수가 같음)

뒷면에 답 쓰기

카드의 한 면에 문제를 제시하고 답은 그 뒷면에 제시한다.

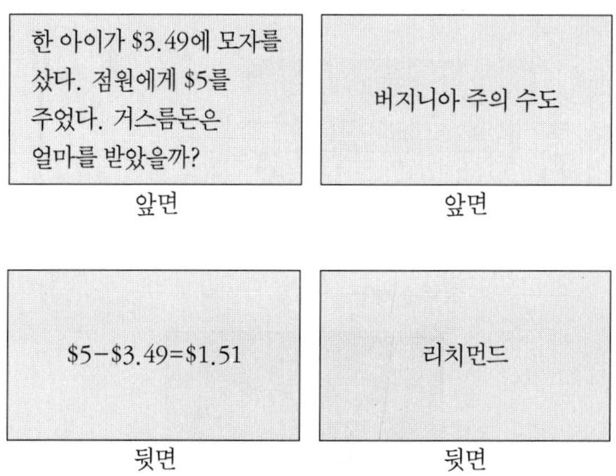

[그림 2-8] 돌림판

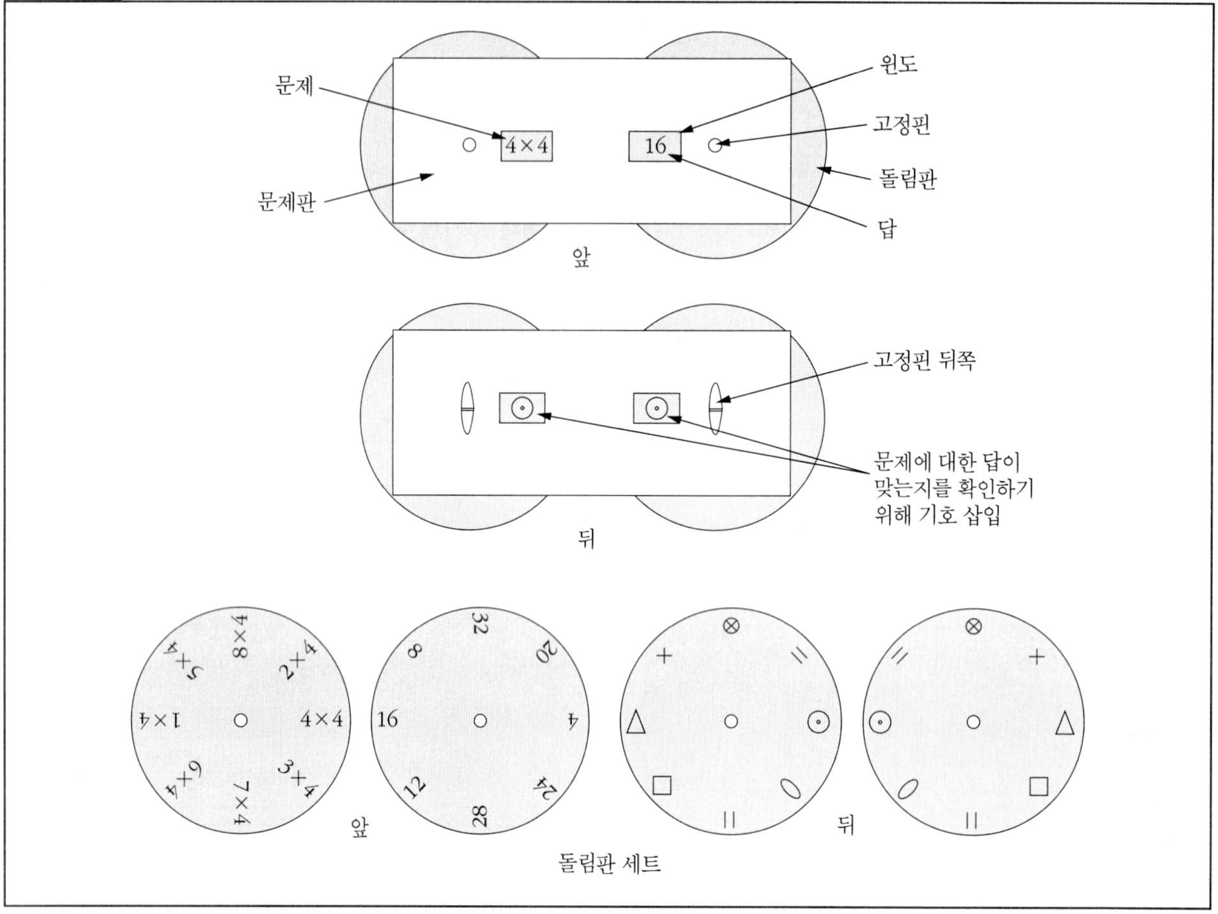

[그림 2-9] 포크박스

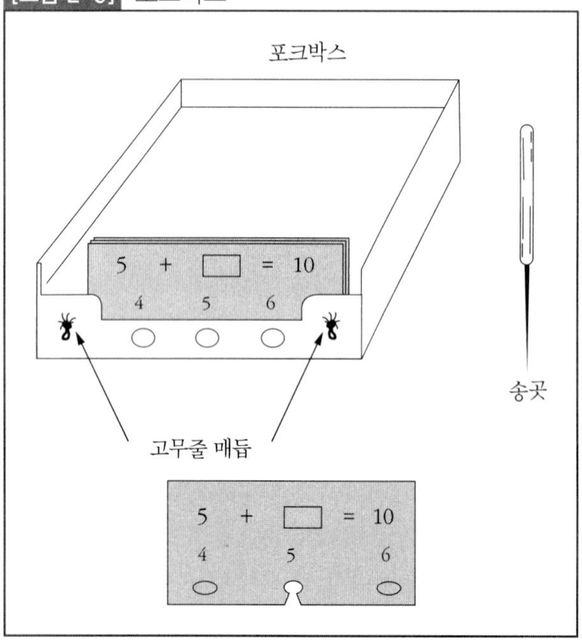

탭

답을 나타내 주기 위해서 학습자료에 주머니를 만들고 거기서부터 탭을 잡아당긴다.

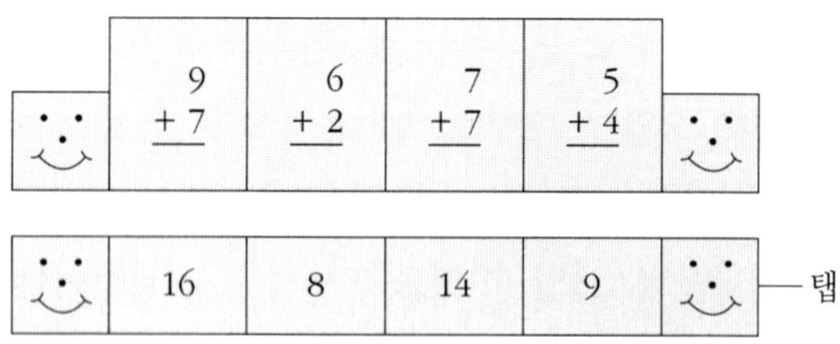

포켓

포켓은 학습자료의 뒷면에 스테이플러로 봉투를 박아서 쉽게 만들 수 있다. 보통 포켓에는 답을 담는다. 또한 포켓을 이용하면 피드백을 제공할 수도 있다. 예를 들어, 도서관에서 쓰는 대출용 카드를 자극 카드를 분류하는 데 사용할 수 있다. 코드는 자극 카드와 도서 및 포켓의 뒷면에 쓰여 있다. 만약 카드가 올바른 포켓에 들어 있다면 코드는 딱 맞아떨어질 것이다. 교수용 목표는 이러한 형식으로 가르칠 수 있다. 예를 들어, 명사, 대명사, 동사, 형용사의 범주로부터 카드를 골랐다면 범주별로 포켓을 사용하여 카드를 분류할 수 있다.

구멍

카드나 종이의 한 면에 문제를 쓰고 각각의 옆이나 아래쪽에 펀치로 구멍을 뚫는다. 각 문제에 대한 답은 다음 카드의 뒷면이나 구멍의 아래쪽에 적어 둔다. 학생은 문제를 보고 답을 쓰거나 말하고는 구멍에 연필이나 다른 막대를 넣고 답을 확인하기 위해 카드를 돌려본다. 이러한 형식은 반댓말, 복수, 동의어, 문장제 문제 등을 가르치는 데 사용될 수 있다. 마닐라 폴더(역자 주: 미색의 종이로 된 폴더)가 교재를 만드는 데 사용될 수 있다.

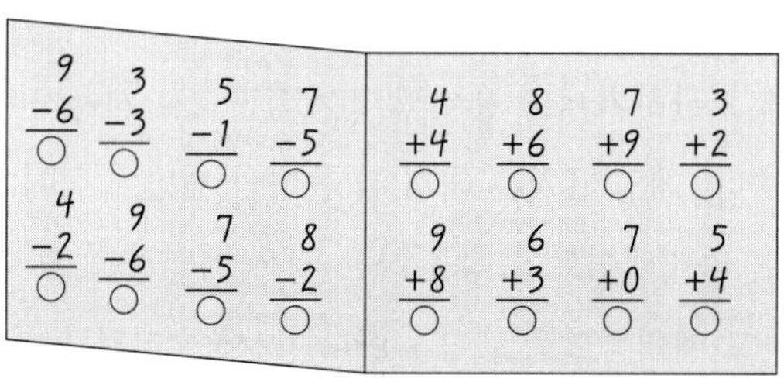

앞면

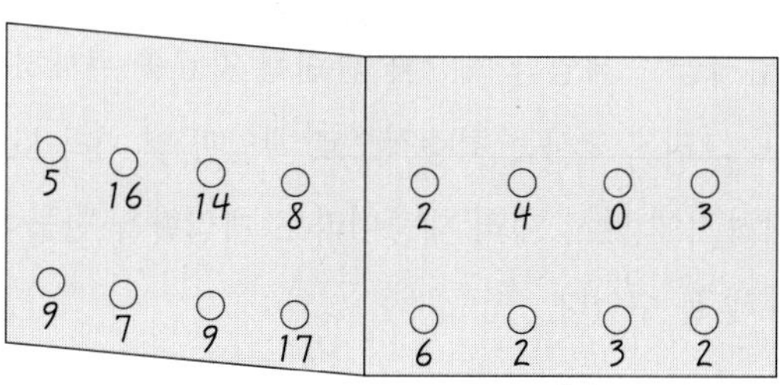

뒷면

클립

빨래집게나 사무용 클립과 같은 클립 역시 피드백을 제공하는 데 사용될 수 있다. 예를 들어, 두꺼운 마분지로 만들어진 피자판을 조각으로 나누고 각 부분에 과제 자극(예: 문제)을 제시한다. 답은 각 조각의 끝에 빨래집게를 꼽아 쓴다. 답을 확인하려면 판을 돌려 피자판의 표식이 빨래집게의 표식과 일치하는지를 확인한다.

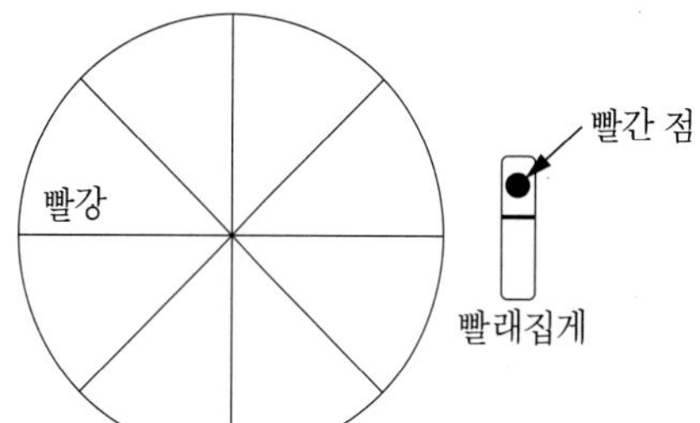

앞면

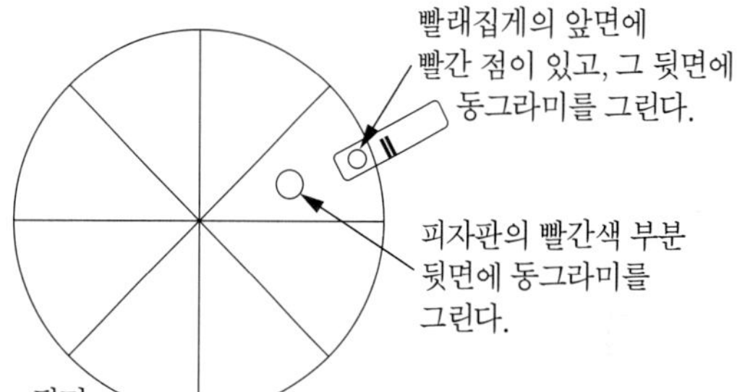

뒷면

폴더에 가림판 만들기

코팅된 마닐라 폴더의 한 면을 일정 크기로 도려낸다. 문제와 답이 쓰인 학습지를 폴더 안에 넣는데 문제만 보이게 한다. 학생은 각 문제의 답을 코팅된 폴더 위에 수성펜 등을 이용하여 쓴다. 그리고 학습자를 약간 위로 들면 가림판 위로 답이 나온다.

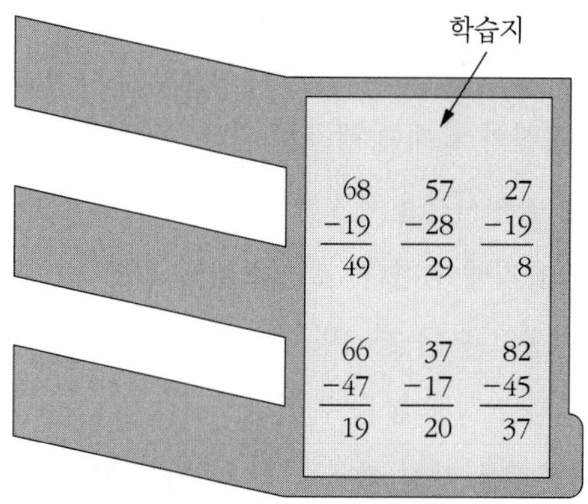

가림판이 있는 폴더

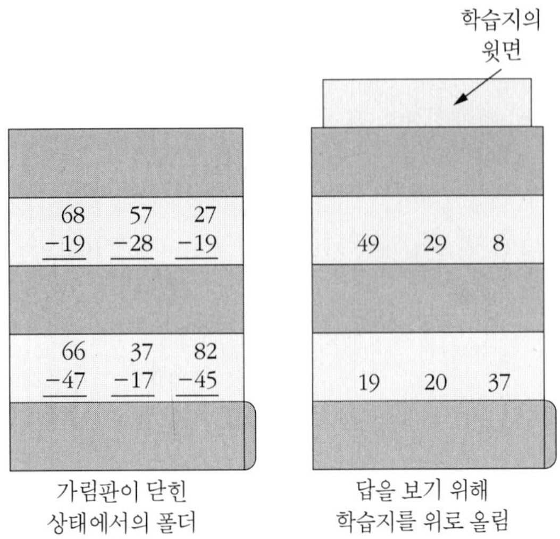

학생이 사용하는 자료: 교수용 게임

학습문제를 가진 학생이 새로운 기술이나 전략에 관련된 개념을 이해하려면 완전학습이나 자동성을 성취하기 위한 연습이 필요하다. 교수용 게임은 학생이 연습기간 동안 흥미를 유지하도록 해 준다. 이때 장기, 카드, 주사위, 돌림판, 게임용 말판(출발-도착 표시가 있음)과 같은 친숙한 게임 자료가 유용하게 사용될 수 있다. 게임의 내용은 카드에 질문을 써 넣거나 혹은 학생 개인용 자료함(예: 한 학생에게는 곱셈 카드를 다른 학생에게는 단어정의 카드를 쓸 수 있다.)에서 나온 카드에 대한 답을 하도록 하여 학생에 따라 개별화할 수 있다. 학생은 정답을 말할 때 게임에서 주사위를 던지거나 돌림판을 돌리는 등 자신의 차례에 행하게 된다. 학생들은 높은 수준의 학업 참여시간을 유지하기 위해서 게임 진행 중 일정 속도를 유지해야 한다. 게임을 빨리 진행하기 위해서는 참여 학생의 수를 2~3명으로 제한하거나 답을 말하는 시간을 따로 정해 놓을 수 있다.

학습문제를 가진 학생들 중 일부는 게임에서 이기기 위해 필요한 지식이나 기술이 없다는 것을 걱정하여 게임하는 것을 별로 좋아하지 않는다. 학생이 게임에서 이길 수 있다는 생각을 하게 될 때, 게임은 비로소 학생의 동기를 유발하게 된다. 게임의 내용이나 기술이 학생의 독립 수행수준에 맞는다면 학생이 게임에 승리할 것이라 생각할 가능성은 더욱 높아지게 된다. 또한 협력적 게임의 형태는 학생이 경쟁적 게임의 형태를 다룰 수 있을 만큼 성숙했을 때 사용해야 한다.

게임은 학생의 요구에 맞게 개별화되어야 한다. 만약 게임이 다양하게 사용된다면 게임 제작자의 시간을 절약해 주며, 학생이 친숙한 형태로 새로운 기술을 학습하도록 도와준다. 게임은 자기 교정적으로 사용될 수도 있으며 정답지가 함께 제공될 수도 있다. 이는 학생으로 하여금 교사의 직접적인 관리감독이 없이도 게임을 할 수 있도록 해 준다. 기회 요소(예: 자신의 기회를 잃어버리거나 추가 기회를 얻거나 게임판에서 2칸을 한꺼번에 옮겨가는 것)는 학생의 흥미를 배가시켜 줄 수 있으며, 친숙한 게임 양식(게임판과 같은)은 학생이 독립적으로 게임에 참여하는 것을 가능하게 한다.

마닐라 폴더는 견고하고 그 크기도 사용하기에 적당하고, 색인을 붙일 수 있는 탭도 붙어 있으며, 파일 보관함에 보관하기에도 용이해서 게임판으로 사용하기 매우 좋다. 게임 규칙은 대개 각 폴더의 뒷면에 적어 두면 좋다. 라미네이트 코팅을 하는 것은 게임판을 좀 더 튼튼하고 매력적으로 보이게 한다. 교사는 게임판 제작을 위해 카드, 돌림판, 게임용 말 등을 구입할 수 있다. 여러 업체들은 게임판 제작과 관련된 자료를 판매하기도 한다. 그리고 교사는 최종적으로 게임판 및 기타 도구를 제작하기에 앞서 미리 대충이라도 게임판을 만들어 테스트해 볼 수있다.

[그림 2-10]과 [그림 2-11]에는 교사가 제작한 교수용 게임의 예가 제시되어 있다. 또한 교육과정 영역을 다룬 장들에서 카드, 도미노, 칩, 주사위 등을 사용한 게임들이 소개될 것이다.

학생이 사용하는 자료: 테크놀로지 도구

Peck과 Dorricott(1994)은 테크놀로지 도구가 학생

[그림 2-10] 간단한 게임판

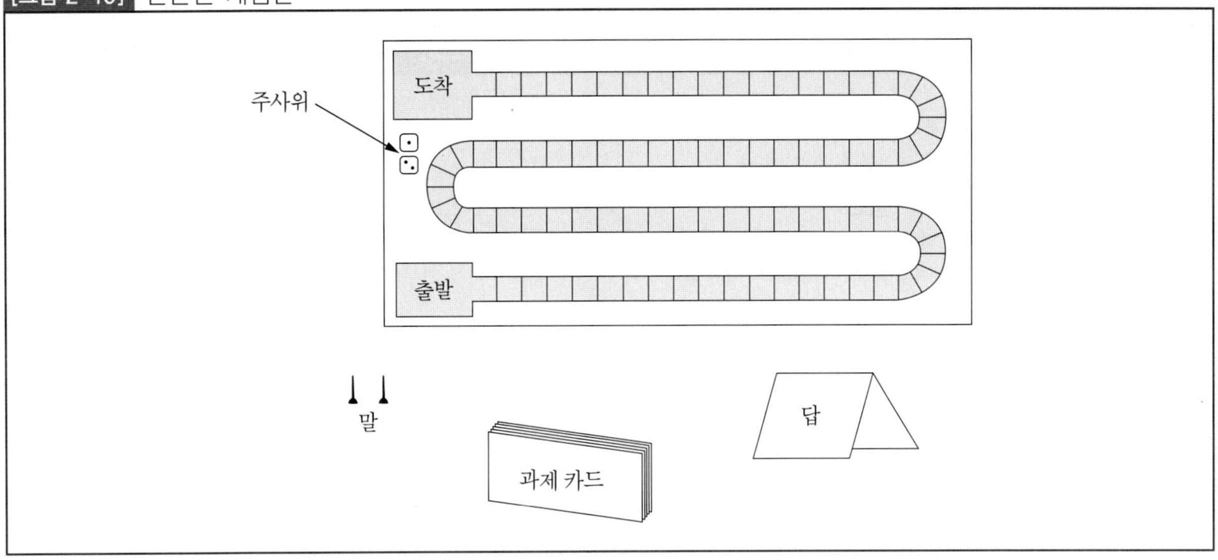

[그림 2-11] 탐정 게임

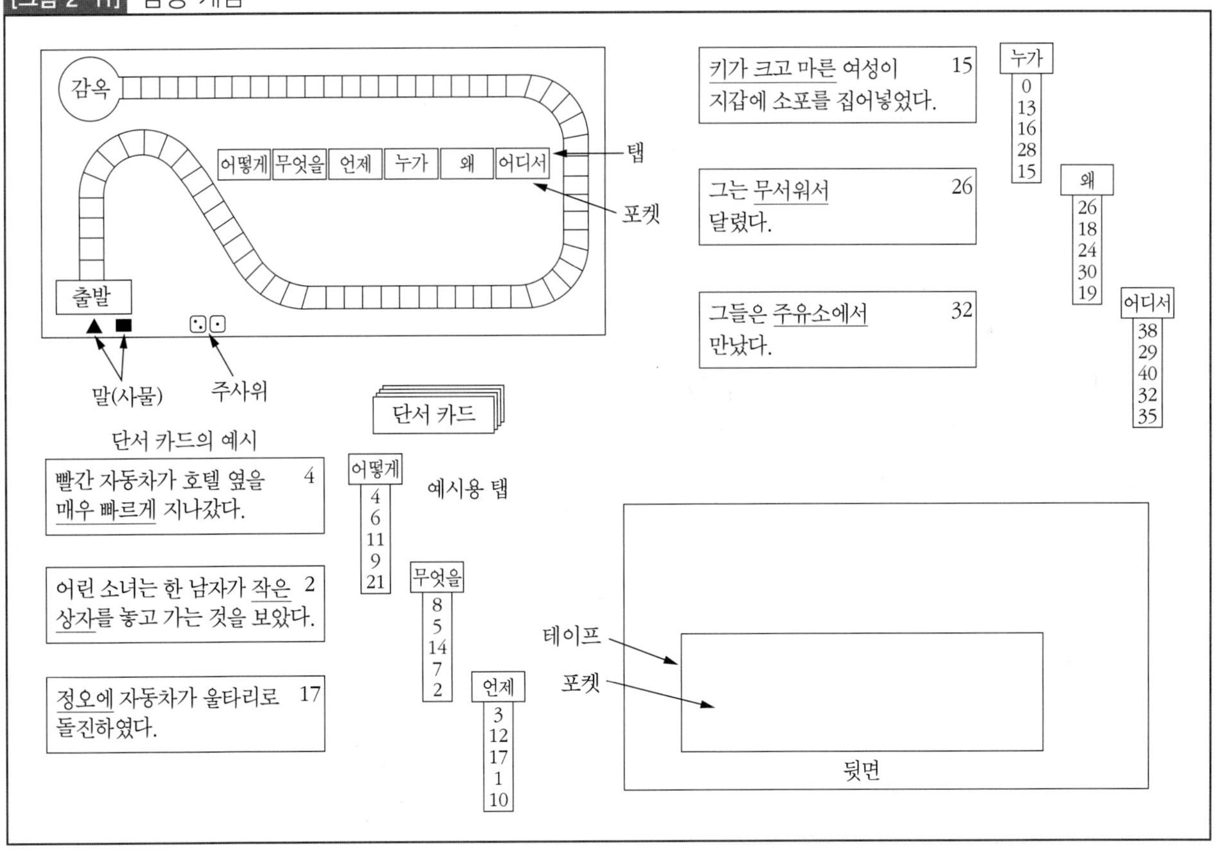

의 능력을 향상시켜 주고, 그들이 작업하고 생각하는 방식을 변화시켜 주며, 세상에 대한 접근방식을 새롭게 제공한다고 주장한다. 교육자들은 앞으로 학습문제를 가진 학생들을 교육하기 위하여 새로운 기술을 사용하는 것의 교육적 가능성에 대해 연구해야 한다는 의견을 피력하고 있다. Hancock과 Betts(1994)는 교수에서 테크

〈표 2-2〉 교수에 활용할 수 있는 테크놀로지

실증연구를 통해 성과가 입증된 테크놀로지
계산기 산술, 대수, 삼각함수 기능을 비롯하여 최근 개발된 계산기는 제도(plotting)와 그래프 그리기 기능까지 포함되어 있다. 이러한 기능은 학생으로 하여금 그래픽의 형태로 계산 결과를 볼 수 있게 해 준다.
컴퓨터 보조교수(CAI)/통합학습 시스템(ILS) 학습에 작지만 긍정적인 영향을 미치는 기술 반복연습용 프로그램을 선정한다. 일부 학교에서 ILS 기능을 탑재한 CAI(개별화된 학업지도 프로그램 포함)는 또래보다 낮은 성취를 보이는 도시지역 학생들에게 매우 인상 깊은 성과를 거두었다.
원격교육 원격교육에서 원거리에 위치한 학습자들은 케이블이나 위성 안테나, 전화선, 비디오카메라가 있는 곳에 모인다. 이 도구는 단방향 혹은 쌍방향으로 강의 제공자와 오디오 및 비디오를 통한 접속을 가능하게 한다. 휴즈(Hugues)사 갤럭시(Galaxy)는 위성방송을 통해 학교에 매일 프로그램을 보내는 원격교육 프로그램이다.
레이저 비디오디스크 레이저 비디오디스크 프로그램은 학습자가 활자와 정지 화면이나 동영상과 상호작용할 수 있게 해 준다. 이 프로그램은 컴퓨터를 필요로 하지 않으며 이미지를 선택하고 보여 주기 위한 리모컨과 바코드 인식장치가 있는 디스크 플레이어를 200~300달러 정도에 구입 가능하다.
마이크로컴퓨터에 기초한 실험실(MBLs) 이 실험실은 온도, pH 수준, 광밀도를 감시하기 위해 마이크로컴퓨터와 결과 확인기를 사용한다. 컴퓨터 실험실은 과학현상을 직접 체험할 수 있는 수단이 된다.
프레젠테이션 소프트웨어 OHP와 다른 시청각 기술은 효과적으로 수업과 시범 보이기를 지원한다. 대형 스크린이나 LCD 모니터와 연결된 컴퓨터는 시각자료를 보여주는 데 있어 매우 훌륭한 매체가 된다. 여기에 멀티미디어 기능을 탑재하면 소리, 그래픽, 비디오 이미지와 같은 것들을 향상시켜 줄 수 있다.
원격통신 동시에 많은 사람들에게 방대한 양의 정보를 유포하는 것은 원격 통신망을 통해 가능하다. 학생들은 출판물, 훈련/연수용 자료, 수집된 자료를 평가하는 데 있어 원격통신 서비스를 활용할 수 있다.
최근 효과가 입증되기 시작한 테크놀로지
컴퓨터를 통해 조정이 이루어지는 시험(Computerized Adaptive Testing: CAT) CAT를 사용하면 수험자의 답에 따라 시험문제가 달라진다. 오답이 나오면 그다음 질문은 난이도가 좀 낮은 것이 나오고, 정답의 경우는 좀 더 어려운 질문이 뒤따르게 된다. CAT의 초기 연구에서는 CAT가 전통적인 시험양식에 비해 더 짧은 시간 내에 개인의 지식수준을 좀 더 정확하게 파악할 수 있는 결과를 만들어 낸다고 보고하고 있다.
상호작용적 멀티미디어 이 컴퓨터 테크놀로지는 다양한 자료원으로부터의 정보를 연결하고 사용자가 프로그램의 내용과 상호작용할 수 있도록 한다. 대부분의 상호작용적 멀티미디어 프로그램은 구문, 선 그리기, 지도, 그래프, 애니메이션 그래프, 내레이션, 음악, 비디오클립을 포함하고 있다.
다중사용자 측면(Multi-User Dimensions: MUDs) MUD를 사용하여 컴퓨터와 원격통신 서비스를 이용하는 사람들은 가상의 환경에서 역할을 수행한다. MUD는 사용자를 어느 시대, 어느 장소로도 옮겨 놓을 수 있다. MUD는 보편적인 형태의 작문이나 드라마 활동을 넘어선 협력적이고 창의적인 활동을 추구할 수 있는 기회를 제공한다.
구문을 말로 표현하기 컴퓨터는 활자로 표현된 구문을 말로 바꾸어 줄 수 있다. 이 기능은 저학년과 영어를 모국어로 사용하지 않는 사람들에게 인기가 있다.
음성메일 디지털 음성메일 시스템은 일반적으로 사용되고 있고 학생에게 정보를 전달하는 데 매우 뛰어난 매체가 된다. 각 학생은 개인 암호(PIN)로 열어 볼 수 있는 개인 메일함을 할당받을 수 있다. 그리고 학부모, 교사, 다른 학생들은 누름버튼 방식(touchtone)의 전화기로 학생의 메일함에 접속할 수 있다.
워드프로세싱 워드프로세싱 프로그램은 학교에서 학생들의 쓰기기술을 발달시키기 위해 널리 사용되고 있다. 이 프로그램은 특히 저성취 학생들에게 사용할 때 효과적이다.

〈계속〉

미래에 사용하게 될 테크놀로지

광대역 통신망
이 통신망을 통해 가정에서도 케이블이나 위성으로 쌍방향의 전달상 지연이 없는 연결이 가능해진다.

그룹웨어
그룹웨어는 네트워크상의 사용자들이 함께 전자문서를 만들고 공유 · 유포할 수 있도록 하며, 집단으로 의사결정을 하는 것을 가능하게 한다.

지식로봇(knowledge robots: Knowbots)
지식로봇은 자료를 수집하고 선별하며 조직하는 자동화된 시스템을 말한다.

펜을 사용한 컴퓨터 활용
데이터는 키보드를 통해서가 아닌 펜을 이용하여 터치스크린 아이콘을 클릭하거나 직접입력 인식 프로그램을 통해 입력된다.

말을 구문으로
이 음성 소프트웨어 응용체제는 사용자로 하여금 음성으로 컴퓨터 기능을 조절할 수 있게 해 준다

가상현실
사용자는 데이터 입력장치가 연결된 특수 제작 고글(안경)을 쓰는데, 이 기구는 사용자를 실제 세계를 모방한 3차원의 세계 속에 빠지게 한다.

무선통신
휴대폰과 같은 무선통신 기술은 교사, 학생으로 하여금 장소에 구애받지 않고 정보를 교환할 수 있게 한다.

출처: C. D. Mercer, 1997, *Students with Learning Disabilities* (pp.250-251), 5th ed. Upper Saddle River, NJ: Merrill/Prentice Hall. Copyright 1997 by Prentice Hall Publishing Company(허락하에 게재함).

놀로지를 사용하는 것을 연구를 통해 입증된 테크놀로지, 그 효과가 입증되기 시작한 테크놀로지 그리고 미래에 사용할 가능성이 높은 테크놀로지로 나누어 논의하였다. 테크놀로지의 적용에 대해서는 〈표 2-2〉에 설명되어 있다.

컴퓨터는 학급 관리뿐 아니라 교실수업의 도구로 사용될 수 있다. 교사는 컴퓨터를 이용한 교수에서 좀 더 효율적으로 개별화 교수 프로그램을 개발할 수 있고 자료도 기록할 수 있다. 컴퓨터로는 교수목표의 계열과 학생 수행 정보를 저장할 수 있고, 학생의 진보사항을 추적하며, 기록 수집에 적절한 자료와 양식을 만들어 낼 수 있다.

컴퓨터 보조 교수(computer-assisted instruction: CAI)는 교수를 제공하기 위해 고안된 소프트웨어를 지칭한다. 컴퓨터는 학습문제를 가진 학생을 교수하는 데 있어 매우 독특한 장점을 가진다. 학습문제를 가진 학생들에게 도움이 되는 CAI의 속성은 다음과 같다.

- 학생에게 적절한 교수 항목을 연결시켜 주어 교수를 개별화할 수 있다.
- 의미 있는 순서대로 과제를 분석하고 제시할 수 있다.
- 학생 개개인의 학습 속도에 맞게 발전 가능하다.
- 학생 개개인의 반응에 대해 즉각적인 강화를 제공할 수 있다.
- 유창성 프로그램을 사용하면 학생들의 정반응 속도를 높일 수 있다.
- 애니메이션, 음향 효과, 게임에 참여하는 상황은 다감각적이고 동기를 유발하는 반복연습을 가능하게 한다.
- 실제 생활 경험을 시뮬레이션하는 프로그램은 학생으로 하여금 의사결정을 하고 그 결과를 볼 수 있게 한다.
- 문제해결과 관련된 전략은 어드벤처 게임과 프로그램의 사용방법을 가르치는 소프트웨어를 통해 컴퓨터로 수정 가능하다.
- 수업의 진행 중 학생의 이름을 이용하여 컴퓨터 프로그램을 만들 수 있다. 컴퓨터를 이용하면 판단이 개입되지 않으면서 위협적이지 않은 환경을 제공하게 되므로 학생이 실수를 해도 괜찮다.

- 학생은 미래 생활에서 성공하기 위해 테크놀로지를 사용하는 방법을 배울 필요가 있다.

교육용 소프트웨어는 그 전달 양식 또는 방식뿐 아니라 그 질에서도 차이가 난다. 그 여섯 가지 전달양식은 다음과 같다.

1. **반복연습.** 컴퓨터를 이용한 반복연습은 교수의 다른 형태를 보충하는 데 사용하고 이전에 학습한 자료를 통합하고 견고화할 수 있다.
2. **지도용 소프트웨어.** 컴퓨터는 설명과 같은 교사의 역할을 하고, 교수자료는 이미 프로그램된 학습의 형태로 제시된다. 학생이 답을 맞히면 현 단계에서 다음 단계로 이동하고, 학습문제가 있을 때는 교정하거나 그 내용을 복습하여 좀 더 높은 수준으로 확대 · 발전시킬 수 있다.
3. **교육용 게임.** 게임은 학생의 흥미와 동기를 유지하면서 일반적인 문제해결 방법과 전략을 개발하기 위해 만들어졌다.
4. **시뮬레이션.** 시뮬레이션은 실제 현상의 기본 특성을 모델링하기 위해 고안되었는데 이를 통해 그 현상의 특성을 학습할 수 있다. 시뮬레이션에는 다양한 게임적 속성을 포함시킬 수 있으나, 그 목적은 실제 현상을 모델링하는 것이다.
5. **문제해결.** 컴퓨터는 실생활의 문제를 해결하기 위해 사용될 수 있다. 예를 들어, 컴퓨터를 이용하여 다양한 문제에 대한 예상 답안을 작성해 볼 수 있다.
6. **워드프로세서.** 워드프로세서는 쓰기교수의 도구가 된다. 오류를 쉽게 수정할 수 있고, 철자와 문법 확인을 할 수 있으며, 교정이 쉬우며, 프린터를 활용하여 깔끔한 출력본을 만들어 낼 수 있다. 그러므로 학습문제를 가진 학생에게 쓰기를 가르치는 데 유용하다.

어떻게 컴퓨터가 교실에서 가장 잘 사용될 수 있을까에 대한 정보가 제한되어 있음에도 불구하고, 적절한 소프트웨어를 사용하는 것은 개별화 교수와 필요로 하는 학습의 문제를 가진 학생들이 학업 관련 연습에 대한 동기를 유발할 수 있다. Belson(2003)은 학습문제가 있는 학생들을 대상으로 테크놀로지를 사용했을 때 다음과 같은 이점을 갖는다고 하였다. 즉, 컴퓨터를 활용하면 개별적인 주의집중을 할 수 있게 하고, 학생에게 재미있는 과제를 제시하고 그에 참여할 수 있게 하며, 학생이 자신의 학습에 대해 좀 더 많은 통제력을 갖고 어려운 과제에 도전할 수 있게 한다.

학습문제를 가진 학생들을 가르치는 데 사용할 수 있는 소프트웨어를 평가하기 위하여 다음의 세 가지 준거를 사용할 수 있다. 우선 소프트웨어는 전통적인 방식보다 학습자료를 좀 더 잘 제시할 수 있는 컴퓨터의 기능을 활용해야 한다. 성공적인 CAI의 속성은 음성 통합, 상호작용, 애니메이션, 반응을 모니터링하는 것이다. 전통적인 기법을 넘어서 CAI 프로그램은 학생의 지식을 사용하고, 교사가 도움을 주는 연습이나 독립적인 연습 기회를 제공하고, 교정적 피드백을 제공하며, 학습을 촉진시킬 수 있는 자료를 제시하고, 수업의 목표와 개요를 명확하게 전달하며, 주기적으로 수행평가를 실시하고, 수업 요약과 요점 정리를 하며 수업을 마친다. 좋은 소프트웨어를 선택하는 두 번째 준거로, 교사는 개별 학습자에게 맞는 적절한 교수방법을 개발하기 위해 프로그램을 수정할 수 있어야 한다. 세 번째 준거로, CAI 프로그램은 학생 반응 자료를 수집할 수 있는 방법이 포함되어 있어 학생의 진보사항을 모니터링할 수 있어야 한다. 실제로 교사는 소프트웨어를 이용하여 학생의 진보사항을 그래픽으로 나타낼 수 있어야 하고 그것을 쉽게 프린트할 수 있어야 한다.

학습문제를 가진 학생들을 위하여 컴퓨터를 일반적으로 사용하는 것 외에도, 그들을 위해 특별한 용도로도 컴퓨터를 사용할 수 있다. 컴퓨터 프로그램은 과제 수행을 하면서 주의집중을 하기 어려운 학생들을 위해서 색을 이용한 단서 주기, 애니메이션, 밑줄 긋기, 다양한 글자 크기를 통해 학생의 주의집중을 촉진할 수 있다. 반응하는 데 너무 많은 시간을 필요로 하는 학생들(생각을 많이 하는 반응자)을 위해 추가 반응시간을 주도록 컴퓨터 프로그램을 수정할 수도 있다. 또한 이중언어 워드프로세서 프로그램은 다양한 언어 배경을 가진 학생들에게 도움을 줄 수 있으며, 상호작용적 컴퓨터 기술은 다양한 경제적 환경 출신의 학생들 사이의 의사소통을 촉진해 줄 수 있다.

Majsterek과 Wilson(1993)은 학습문제를 가진 학생들을 대상으로 기본 기술을 가르치는 데 초점을 맞춘 CAI 연구를 살펴보았다. 학습문제를 가진 학생들의 학습 요구에 적절하고 효과적인 교육 원리에 기초한 잘 디자인된 소프트웨어를 사용하는 CAI에서는 교사의 시간을 절약하면서 전통적인 교수와 비슷하거나 그보다 약간 부족한 수준의 학습이 이루어질 수 있다. CAI에 대한 다른 연구(Hasselbring, Goin, & Bransford, 1988; Woodward & Carnine, 1988)에서는 CAI가 교사 주도적 교수를 대치하는 것이 아니라 이를 보충할 때 학생의 성취가 일반적으로 더 높게 나타났다. 일반적으로 컴퓨터를 기반으로 한 수업에서는 단어 재인, 철자, 어휘, 수학 계산, 사고의 기술에 있어 학생 수행이 향상된다는 연구 결과가 많이 나타나고 있다(Okolo, Bahr, & Rieth, 1993; Okolo, Cavalier, Ferretti, & MacArthur, 2000).

테크놀로지 보조 교수가 미래에 성공하기 위해서는 교육자와 소프트웨어 제작자 간의 밀접한 작업관계가 중요하다. 언어, 읽기, 철자, 쓰기표현, 수학, 학습전략과 공부 기술 및 전환교육을 위한 다양한 소프트웨어 프로그램은 해당 장들에서 찾아볼 수 있다.

학생이 사용하는 자료: 숙제

숙제는 학교에서 매우 널리 사용되고 있는 활동 중 하나다. Olympia, Sheridan과 Jenson(1994)은 숙제란 교사에 의해 주어지는 학업과제로 학습기술의 연습을 다른 장소로까지 확대시키는 것이라 정의하였다. Cooper(2001)에 의하면 숙제란 학교에 있는 시간 이외의 시간 동안에 마치는 것을 함축하고 있지만, 실제로 대부분의 학생들은 독서실, 독서시간 혹은 해당 과목을 마친 다음 시간에 그 숙제를 할 수 있는 기회를 갖는다. 숙제의 중요한 특성은 그것이 다양한 환경에서 공부를 함으로써 학업기술의 일반화를 촉진할 수 있는 프로그램을 포함하고 있다는 것이다. 일반적으로 숙제가 되는 활동은 교사 주도적이어야 하고, 이전에 배운 기술만을 다루며, 학교과제의 연장으로 학생에게 적절한 교수목표를 기초로 평가되어야 하며, 학교시간 이외에 행해져야 한다.

Cooper와 Nye(1994)는 숙제를 수행하는 데 걸리는 시간은 일반적인 학생이 학업과제에 할당하는 전체 시간의 20%가 적당하다고 결론지었다. Bursuck 등(1999)은 1996년의 국가자료를 근거로 중학교 2학년과 고등학교 3학년 전 학생의 반 이상 및 4학년 학생의 거의 반 이상이 매일 밤 최소 한 시간 이상 숙제를 하고, 모든 학생의 $\frac{2}{3}$ 이상이 매일 밤 최소 30분을 숙제에 할애한다는 사실을 밝혀내었다. 또한 학습장애 학생들은 일반적으로 장애를 갖지 않은 학생들에 비해 숙제를 마치는 데 더 많은 시간을 소비하는 것으로 나타났다.

성취를 높이는 것은 학생이 학습과제에 적극적으로 임하는 시간의 양과 관련이 있다. 숙제는 학습문제를 가진 학생들이 학습과제에 참여하고 그들의 성취를 향상시키는 데 도움을 주는 실현 가능한 방법으로 인식된다. 학습문제를 가진 학생에게도 성취와 숙제 간의 긍정적인 관계가 잘 드러난다(Jenson, Sheridan, & Olympia, & Andrews, 1994). 최소한의 능력만 소유한 학생들도 가정에서 하는 공부의 양을 늘림으로써 자신의 낮은 능력을 보상할 수 있다. 자세히 말하자면, 가정에서의 학습은 학습의 습득, 유창성, 유지, 일반화 단계로 나아갈 수 있도록 도움을 주고(Mims, Harper, Armstrong, &

Savage, 1991), 교사에게 학습에 가장 효과적이라 할 수 있는 연습의 시간적 측면(즉, 시간차를 두고 하는 연습 대 한꺼번에 연습을 많이 제공하는 연습)을 조절할 수 있는 기회를 제공한다(Dempster, 1991).

일반교육에서 숙제와 관련된 실증연구를 살펴본 Cooper(2001)에 따르면, 숙제는 학생의 성취에 긍정적인 영향을 미치지만 그 효과는 학년수준에 따라 매우 다르게 나타난다. 본질적으로 숙제는 중등학생들에게 대단한 효과를 나타내지만 초등학생들에게는 그저 그렇다. 중학생들에게도 그 효과는 좋지만 고등학생에게 미치는 영향에 비하면 반에도 못 미친다. 또한 Cooper는 최적의 숙제 양은 학년수준에 따라 달라질 수 있음을 보고하였다.

숙제에 대한 연구가 제한적임에도 불구하고, Patton (1994)은 관련 연구나 문헌으로부터 서른다섯 가지의 사항을 추천하였다. Patton은 관리영역(예: 부모 참여와 숙제평가), 숙제 배당(예: 숙제를 마치고 성공을 경험할 만한 기회 보장), 학생능력(예: 학생에게 자기관리 기술의 교수)과 부모 참여(예: 부모훈련이나 숙제보조)에 있어서 할 수 있는 교수적 실제에 대해 논의하였다. 그중 열네 가지는 실증연구를 통해 그 효과성을 입증받은 것이고, 스물다섯 가지는 문헌에서 그 효과성에 대해 설명한 것이며, 다섯 가지는 앞으로 현장에서 그 효과를 확인할 것이다. 연구가 제한적이라는 것은 분명하지만, 효과적인 교수 실제에 대한 타당성은 점차 확인되고 있는 중이다.

학습장애 학생을 가르치는 88명의 교사들에게 숙제에 대해 설문을 한 연구에서, Salend와 Schliff(1989)는 대부분(80%)의 교사가 정기적으로 숙제를 부여하고 있기는 하지만 일관되게 질 높은 교수 실제를 구현하는 것은 아니라는 것을 밝혀내었다. 교사의 85%는 학생들이 숙제를 다 끝내도록 하는 데 어려움을 경험하였다고 한다. 학생들이 숙제에 대해 낮은 동기를 보이는 이유 중 일부는 교사가 숙제에 피드백을 주지 못했거나(43%가 숙제에 대해 이야기하거나 다시 살펴보지 않음), 숙제를 점수체계에 포함시키지 못하였거나(42%가 숙제를 채점하지 않음), 숙제를 하는 과정에 부모를 참여시키지 않은 것(단지 41%만이 부모에게서 피드백을 받음)과 관련 있다고 볼 수 있다. 학습장애 학생들에게 있어 숙제가 갖는 효과에 대한 연구가 제한적이지만, 질 높은 숙제를 사용하고 그와 관련된 효과적인 교수 실제를 구현하는 것이 학생의 긍정적인 성취와 관련이 있다는 것은 분명하다.

Cooper와 Nye(1994)는 학습장애 학생을 위한 숙제 관련 문헌의 분석에서 숙제는 간단하고 짧게 제시하고 세심하게 모니터링하며 숙제를 끝마친 것을 보상해야 한다는 것을 강조하였다. Bryan과 Sullivan-Burnstein (1998)은 학생이 숙제를 끝마치도록 하는 데 유용한 세 가지 전략으로, 학생에게 실생활과 연관된 과제(예: 가정 내 대소사와 관련된 숙제)를 주면서 강화를 제공하거나 숙제 기록장을 사용하거나 혹은 숙제를 끝마치고 나서 그것을 그래프화하는 전략을 제시하였다. 또한 Bursuck 등(1999)은 정부에서 실시한 특수교사 대상의 설문연구 결과를 바탕으로 숙제와 관련된 의사소통 문제를 해소하는 주제와 관련하여 다음과 같은 제언을 하였다. (1) 일반교사는 학생이 숙제 기록장의 사용을 의무화하도록 해야 한다. (2) 학부모는 자녀의 숙제를 매일 점검해야 한다. (3) 학교 행정가들은 정기적으로 학부모와 의사소통할 수 있는 별도의 시간을 제공해야 한다. (4) 학교 교직원들은 학부모가 숙제와 관련하여 궁금한 사항이 있거나 문제가 발생했을 때 전화 문의를 할 수 있는 핫라인을 마련해 주어야 한다. (5) 학생은 매일 숙제 기록장을 사용해야 한다. (6) 학교 교직원들은 방과후교실에 학생들이 숙제와 관련된 추가 도움을 얻을 수 있는 시간을 마련해 주어야 한다. (7) 특수교사는 일반교사에게 장애학생의 강점과 약점에 대한 정보를 제공해 주어야 한다. 이와 같은 제언은 일반교사를 대상으로 한 비슷한 설문연구에서도 찾아볼 수 있다(Epstein, Munk, Bursuck, Polloway, & Jayanthi, 1999). 다음에서 제시하는 추가 지침을 사용하면 숙제와 관련된 최상의 실제를 촉진할 수 있을 것이다.

- **적당한 양의 숙제를 내주어라.** Cooper(2001)는 숙제를 낼 때 그 빈도와 기간에 대한 일반적인 범위에 대해 설명하였다. 초등 1~3학년은 주당 10~30분짜리 숙제 3~4번, 초등 4~6학년은 주당 40~60분짜리 숙제 3~4번이 적당하고, 중학생은 모든 교과목을 통틀어 주당 70~90분짜리 숙제 4~5번, 고등학생은 모든 교과목을 통틀어 주당 100~120분짜리 숙제 4~5번이 적당하다. 이 지침을 대신해서 모든 숙제에 적용할 수 있는 것은 학생의 학년수준에 최대 10분을 곱하여 숙제를 하도록 하는 것이다〔예: 4학년은 40분, 중학교 2학년(8학년)은 80분, 고등학교 3학년(12학년)은 120분〕. 초등학교 수준에서 숙제를 제시하는 목적은 학생으로 하여금 좋은 공부 습관을 발달시키고, 새로 습득한 기술을 연습하며, 학교가 아닌 환경에서도 학습이 일어날 수 있다는 것을 깨닫도록 도와주는 것이다. 중등학생에게 숙제는 학업성취와 학교에서의 성공에 필수적이다. 학생이 숙제에 소모하는 시간의 양을 조절하기 위하여, 교사는 숙제를 마치는 데 얼마나 많은 시간이 걸리는지를 주기적으로 학생이나 학부모에게 확인해야 한다. 예를 들어, 학습장애 학생들은 학습장애를 가지고 있지 않은 학생들에 비하여 2배 정도의 시간이 걸리는 것이 일반적이라고 본다(Jenson et al., 1994). Weintraub과 Graham(1988)에 의하면 손으로 쓰기에 한하여 학습장애 학생은 학습장애를 지니지 않은 학생들이 30분 걸릴 숙제를 50분에 걸쳐 하게 된다. 그러므로 Cooper(2001)는 학습장애 학생을 대상으로 한 숙제는 짧게 해야 하고, 숙제에 관련된 기술을 확장(예: 이전에 배운 기술을 새로운 상황에 적용)하거나 통합(예: 과학과제나 창의적인 쓰기와 같은 과제를 해 내기 위해 별도로 배운 기술과 개념을 적용)하는 것보다는 기술과 교실수업을 강화하는 것에 초점을 맞추어야 한다고 제안하였다. 학습문제를 가진 학생들을 위해서는 수업을 수정해야 하는데, (1) 큰 규모의 과제는 작은 단위로 나누고, (2) 숙제를 마칠 수 있도록 좀 더 많은 시간을 제공하며, (3) 산만하고 과제 이탈행동을 보이거나 충동적일 경우는 숙제를 끝낼 수 있게 강화물을 제공하며, (4) 함께 공부할 수 있도록 학생 집단을 조직한다. 예를 들어 O'Melia와 Rosenberg(1994)는 협력적인 숙제 팀을 통해 숙제를 끝마치는 데 좋은 성과를 얻었다는 것을 밝혀내었다. 또한 팀 체제로 일하는 교사는 학생에게 숙제를 내기 위해서 함께 계획을 수립해야 한다. 학년이 올라가면 학생은 서로 다른 교사들이 가르치는 수업을 받기 때문에 적당한 양의 숙제를 맞추기 위해 그들이 협력적으로 일해야 한다.
- **숙제를 학습과정의 중요한 부분으로 만들어라.** Nicholls, McKenzie와 Shufro(1994)는 숙제의 관련성에 대한 문제에서 학습문제를 가진 학생들과 그렇지 않은 학생들의 관점을 비교하였다. 학습문제를 가진 학생들의 대부분은 숙제를 별로 여기거나 생활기술과는 동떨어진 것으로 생각하고 있는 반면, 학습문제를 갖지 않은 학생들은 숙제를 중요하고 생활기술과 관련이 깊은 것으로 바라보았다. 교사가 학생들에게 숙제를 하는 이유를 이야기해 주고 숙제가 가진 특정 목표(예: 기술의 완전습득)를 알려 줄 때, 학생은 숙제가 가진 가치를 제대로 평가할 수 있다. 교사가 학습문제를 가진 학생들과 함께 숙제에 대해 논의, 검토, 설명하고 평가할 때, 숙제는 비로소 효과적인 학습 활동이 된다. 학생은 숙제의 가치를 인정할 때 숙제에 대해 주인의식을 가질 수 있다. 숙제는 바삐 해치워야 할 일도 아니고 벌로서 사용되어서도 안 된다.
- **학생의 교수수준에서 숙제를 계획하라.** 교사는 적절한 수준에서 학생의 능력이나 기술수준 및 과제 난

이도 수준에 맞게 숙제를 내야 한다. 일반적으로는 교사가 학생이 배워 왔던 자료를 연습하거나 복습하도록 숙제를 낼 때 교수수준이 유지된다.

- 학생이 숙제를 이해하고 있는지 확인하라. 학생이 숙제의 목적과 지시사항을 이해하는 것은 매우 중요하다(Jenson et al., 1994). 숙제는 수업시간에 공부했던 과제와 비슷할 때 더욱 분명해진다. 숙제가 수업과제와 다르거나 새로울 때, 교사는 과제를 시험 보이거나 숙제의 일부분에 대해 지원을 제공하며 과제연습을 하도록 해야 한다. 또한 과제에 대한 지시사항이 분명하고 단순하며 학생이 과제를 설명할 수 있을 때는 과제에 대한 이해력이 촉진된다.
- 숙제를 평가하라. 교사는 모든 숙제를 평가하고 그 결과에 대한 기록을 모아 두어야 한다. 채점을 하는 것은 학생으로 하여금 숙제를 끝마치고 책임감을 발달시키게끔 한다. 또한 시험을 잘 보지 못하는 학생들에게는 숙제가 점수를 높이고 기술이나 지식을 보여 줄 수 있는 기회를 제공해 준다(Mims et al., 1991).
- 숙제를 마치는 것을 강화하라. 교사는 학생에게 숙제가 학습을 하고 책임감을 발달시키는 데 도움을 준다는 것을 알려야 한다. 학생은 숙제를 마쳤을 때 격려받아야 한다. 학생을 격려하는 것은 사적(언어적 칭찬, 가정 통신문 발송, 스티커나 높은 점수) 혹은 공적(게시판에 과제를 붙여 두거나 숙제 평가판에 이름을 올려둠)으로 제공될 수 있다. 또한 학생들이 개별적으로 숙제를 마치거나 혹은 숙제를 완료한 학생의 수가 늘어났을 때 전체 학급이나 팀으로 학생들을 격려할 수 있다.
- 학부모를 숙제에 관여시켜라. Kay, Fitzgerald, Paradee와 Mellencamp(1994)는 학습장애 학생들의 부모를 대상으로 한 연구에서 숙제에 대한 부모의 관점을 살펴보았다. 그들은 학부모들이 자녀의 숙제를 도와주는 것을 부적절하게 생각한다는 것을 밝혀내었다. 부모들은 어떻게 자녀가 숙제하는 것을 도와주어야 할 것인지에 대해 좀 더 많은 정보와 함께 자녀의 교수 팀에서 중요한 구성원이 될 수 있는 쌍방향 의사소통 체제를 원했다. 학기초에 교사는 숙제와 관련된 규칙과 실행 방안에 대하여 학부모에게 편지를 보내야 한다. 그러나 학부모에게 보내는 편지가 항상 가정과 의사소통을 하는 기능적인 수단이 되는 것은 아니다. 따라서 그 밖에도 이 학부모 회의, 학부모 협의회 모임, 학부모 초청일, 전화 등을 통하여 숙제에 대해 이야기해야 할 필요가 있다. 학부모에게 숙제의 목적, 예상되는 숙제 제공 횟수, 숙제를 마치는 데 걸리는 적절한 시간, 숙제평가 절차, 숙제를 채점함으로써 나타나는 결과, 자녀가 숙제를 하는 데 도움이 되는 학부모를 위한 제언 등의 정보를 제공한다. 부모 참여를 촉진하는 방법은 다음과 같다.

  - 숙제를 하는 시간과 장소를 정하라.
  - 개별 과제를 그냥 지나치기보다는 진보 상태를 결정하기 위하여 주기적으로 학생의 수행을 확인함으로써 숙제시간을 관리 감독하라.
  - 학습에 도움이 되는 환경을 제공하라. 학습환경은 산만한 자극이 없고 밝아야 한다.
  - 학생에게 적절한 과제를 제공하라.
  - 사인을 하고 숙제를 마친 시간을 기록하라.
  - 숙제를 하고 있는 학생을 격려하고 칭찬하라.
  - 공부의 양과 숙제 난이도와 관련하여 궁금한 점이 있으면 교사와 함께 이야기하라.

- 효과적인 지원체제를 통해 학생이 숙제를 할 수 있도록 도와라. 숙제 종결률과 숙제의 질을 향상시키기 위하여 Hughes, Ruhl, Schumaker와 Deshler(2002)는 독립적으로 숙제를 하고 기록하도록 하는 전반적인 숙제 종결전략을 제시하였다. 또한 Frith(1991)는 숙제를 점검하고 평가하고 교정적 피드백

을 주기 위하여 또래교수를 사용하고, 컴퓨터를 사용할 수 있는 학생들을 위해 컴퓨터 보조교수를 사용하고, 학부모의 행동과 언어 사용으로 숙제가 가진 가치를 지원해 줄 수 있도록 학부모를 격려하며, 숙제 모니터링 시스템(예: 그래프, 체크리스트)을 발달시킬 것을 제안하였다.

Frith(1991, p. 49)는 숙제에 대하여 다음과 같은 결론을 내렸다.

> 숙제를 최대한 효과적으로 사용하기 위해서는 교사, 또래뿐 아니라 학부모에게 도움을 받을 수 있는 강력한 지원체제가 필요하다. 그런 지원체제는 특히 학생이 숙제를 자유시간을 좀먹는 것으로 인식할 경우 숙제에 대한 긍정적인 인상을 심어 줄 수 있다. 어떠한 관점을 가지고 있건, 숙제는 일반교육과 특수교육 모두에서 매우 중요하고 교수 프로그램에서 매우 중요한 요소로 여겨져야 한다.

시간표 계획하기

시간표는 체계적인 방식으로 교수목표를 성취하는 데 있어 필수적이다. 시간표는 어떤 활동이 언제 일어나는지를 알려 준다. 학습문제를 가진 학생들의 대부분은 체계적인 시간표 계획에 일반적인 조직체계와 일과성 활동을 필요로 한다. 또한 시간표 계획은 교수 속도에 큰 영향을 미친다. 시간표 계획에서는 교육과정 중 주요 영역에 교수시간을 할애하고, 즐거운 활동은 학생에게 덜 흥미로운 활동 사이에 끼워넣어야 한다.

잘 짜인 일간 시간표를 통해 효과적인 교수를 제공하고 협력을 하려는 교사를 지원할 수 있다. 그러나 적절한 시간표를 짜는 것은 그리 쉬운 일이 아니다. 교사는 개별화 교육 프로그램(1장), 교수평가(3장), 교수 접근법과 기술(4장), 교실 관리(4, 5장)에 대한 지식과 기술을 가지고 있어야 한다. 이 장에서 제시하는 시간표 계획 기술에는 일반적인 시간표 계획 기법, 초등학교 수준, 중등학교 수준, 자료실에서 시간표 짜기가 포함되어 있다.

시간표 계획하기의 일반적인 기술

다음의 제언과 기법은 다양한 교육환경(자료실, 일반학급) 및 여러 학년수준에서 시간표 계획 활동을 향상시키는 데 사용될 수 있다.

- **최대 교수시간에 맞게 시간표를 짜기.** 교사는 학업과 관련된 시간을 계획하는 데 있어 시범-연습-피드백-완전 습득의 패러다임에서 새로운 기술을 연습할 시간을 계획하고, 정규 시간표 안에 수업 계획을 위한 시간을 따로 배치해야 하며, 활동 간의 전이나 수업 준비에 필요한 시간을 고려하며 학업에 필요한 수업 회기 동안 교수를 빨리 진행시켜야 한다.
- **짧은 학습과제에서 긴 과제로 발전시키기.** 일부 학생들은 처음에 오랜 시간(예: 30~40분 정도) 동안 앉아서 수행하지 못할 수도 있다. 교사는 학생이 독립적으로 관리할 수 있는 수준이나 양으로 과제를 부분으로 나눌 수 있다. 시간보다는 과제의 복잡성이 학생에게 문제가 될 때는 과제를 작은 단위로 나누는 것이 도움이 될 것이다. 결과적으로는 학생이 학업기술과 자기관리 기술을 발달시키게 되면서 시간과 과제 복잡성을 증가시킬 수 있다.
- **학생이 매우 선호하는 과제와 덜 선호하는 과제를 돌려가며 배치하기.** 시간표를 짜는 데 있어 학생이 조금 덜 선호하는 과제를 좀 더 선호하는 과제 앞에 배치하는 것은 도움이 될 수 있다. 예를 들어, 수학보다 읽기 과목을 더 좋아한다면 수학을 먼저 하고 읽기를 그 후에 배치한다. 교과목 중 선호하는 것이 하나도 없다면 선호 활동(예: 미술, 쉬는 시간, 음악,

체육)으로 비학업적 활동을 사용하는 것이 좋다.

- **개별 학생들에게 매일의 시간표를 제시하기.** 일일 시간표는 학습문제를 가진 학생들에게 학습을 하는 데 필요한 구조적 틀이 되어 준다. 또한 학생들에게 기대감을 불러일으켜 주고 미리 일어날 사건의 순서에 대해 알려 준다. 일일 시간표를 만드는 것은 학생이 매일 같은 시간에 특정 사건이 일어난다는 것을 이해할 수 있다면 훨씬 쉬워진다. 교사는 카드나 칠판에 그날에 맞는 사건의 시간을 알려 주는 시간표 양식을 기입하여 학생에게 전달한다. 진행 중인 과제(예: 교과서에 포함된 과제, 장기적으로 쓰는 작문과제, 그림작품, 과학 프로젝트)에 대해서는 학생이 시간표에 다음 날 어디서부터 시작해야 할지를 기록할 수 있다. 시간표상의 변화가 필요하면 교사는 새로운 과제나 숙제를 설명한다.
- **학교에 오는 평일 하루 안에 끝마칠 수 있는 과제를 계획하기.** 학생은 하루의 시작을 이전에 있었던 일 예를 들어 어제 끝내지 못했거나 틀리게 한 과제와 같은 것들을 걱정하지 않고 편안한 마음 상태에서 시작해야 한다. 학생이 그날의 과제를 제때 마치도록 하기 위해서는 교사가 학생의 교수수준에 맞는 과제를 제공해야 하며, 처음 제시하는 과제는 짧게 하고 점진적으로 그 양을 늘려 간다. 과제 수행을 위해서는 학생에게 자유재량권을 허용하며, 과제 수행행동을 강화하고, 답지와 자기 교정 자료를 제공해야 한다. 그리고 주단위로 지속적인 과제를 수행할 때는 일간목표와 과제 종료일을 명확하게 제시해야 한다.
- **시간과 관련된 단서를 제공하기.** 시간계획은 각 과제에 할당된 시간을 알려 주는 것을 그 목적으로 한다. 학습문제를 가진 많은 학생들은 시간을 관리하는 데 어려움을 보이고 시간과 관련된 것을 상기할 수 있는 단서를 필요로 한다. 시간을 알려 주는 단서로는 다음과 같은 전략들이 사용될 수 있다. 예를 들어, 교사는 교실에 걸린 시계와 같은 크기로 마분지를 오리고 시간단위를 나타낼 수 있게 동일한 크기의 조각으로 마분지를 잘라 낸다. 시계의 표면 위에 마분지 조각을 올려놓아 시간의 블록을 표시한다(예: 원의 $\frac{1}{4}$은 15분짜리 시간 블록을 나타낸다.). 학생은 시계 위에 표시된 시간 비율과 해당 부위에 시침의 위치를 보면서 시간 단서를 획득하게 된다. 교사는 또한 한 활동에 할애된 시간에 맞추기 위해 초시계를 사용할 수도 있다. 초시계는 학생 개인별로 사용할 수도 있고 주어진 활동에 한하여 사용해도 된다. 초시계에서 나는 소리와 바늘의 움직임 등은 학생들에게 계속해서 과제를 수행하라는 신호가 된다.
- **보충적인 방식으로 활동을 계획하기.** 개별화 프로그램에서 교사는 학생의 활동을 조직화하고 개별적인 보조를 제공하기 위한 시간을 계획해야 한다. 일부 과제의 경우 다른 과제에 비해 개별적인 보조를 더 많이 필요로 할 수 있기 때문에 가끔 학급 전체가 동시에 같은 과제를 하지 않는 것이 더 유리할 때가 있다. 일반적으로 수학, 철자하기, 필기하기는 읽기에 비해 교사의 도움을 좀 덜 필요로 한다. 그러므로 교사는 수업시간의 일부를 일군의 학생들이 읽기를 하는 동안 다른 학생들은 수학을 하도록 계획하여 좀 더 많은 개인적인 보조를 제공하게 할 수 있다.
- **다양한 활동을 계획하기.** 간혹 학업과 관련된 교수는 한 가지 활동이 과도하게 길지 않거나 여러 가지의 다양한 활동이 계획되었을 때 더 효과적일 수 있다. 많은 교사들은 45분짜리 수업시간을 15분짜리의 부분으로 나눈다. 수학수업의 활동계획의 예로는 교사의 직접교수, 녹음된 교수를 듣는 활동 혹은 자기 교정 자료를 이용한 활동이 있다. 이 계획에서는 학생을 세 집단으로 나누고 돌아가면서 세 가지 활동에 참여하게 한다. 여기에 과제를 일찍 마친 학

생들을 위하여 남은 시간 동안 흥미가 있는 활동을 추가할 수 있다.

- **대안적 시간표를 생각하기.** 수업이 중간에 끊어지거나 훈육문제, 학생 실패와 같은 상황을 감소시키기 위하여 몇몇 학교에서는 전통적으로 행해 오던 수업시간 배정을 고쳐서 시간 통합운영(block scheduling)을 실시하고 있다(Canady & Rettig, 1995). 예를 들어, 초등학교 수준에서는 100분짜리 평행적 시간 통합운영을, 중학교 수준에서는 90분짜리 수업 4개를 묶어 통합운영을 한다. 중학교 수준에서 실시할 수 있는 또 하나의 방법은 180일짜리 수업일수를 75-70-30일로 나누는 것인데, 학생들은 2회의 75일짜리 단기 학기 동안 정규수업을 마치고 마지막 6주 동안은 학년수준에 맞는 목표를 성취하기 위한 추가 학습시간으로 활용하거나 심화과정 등의 특별과정에 등록할 수 있다. 중등수준에서 시간 통합운영은 90일간 90분짜리 수업 4개를 듣는 4×4 학기제나 Day1/Day2 시간표를 사용하여 학생이 하루 동안에 좀 더 적은 수의 수업을 듣고 너무 자주 수업을 바꾸어 가지 않도록 해 줄 수 있다. 이 같은 시간운영 전략은 학습시간과 관련하여 다양한 학생의 요구를 충족시키고 학생이 학교에서 소비하는 시간의 질을 향상시키는 것을 그 목표로 삼는다.

초등수준에서 시간표 계획하기

초등 일반교사와 특수교사는 학교에서 보내는 시간의 대부분을 동일한 학생들을 가르치는 데 보낸다. 그리고 두 교사 집단은 통합학급에서 협동학습이나 팀티칭을 하는 상황에서도 함께 시간표를 짜야 한다. 여기에서는 수업 개시 활동(opening exercises), 읽기, 수학, 쉬는 시간, 미술 등 다양한 활동의 시간계획을 수립해야 한다. 다음은 학교에서 보내는 시간 전체의 계획을 세우는 데 사용될 수 있는 4단계다.

1. **일정 분석하기.** 일간계획을 수립하는 첫 단계에서는 행사계획이나 일상적인 활동을 비롯한 일정을 분석하고, 교사가 그것을 수행하는 데 필요한 시간이 얼마나 될 것인지를 결정한다. 이 시간은 학교에서 보내는 시간 중 비학업적 활동과 교수지원 서비스에 의해 영향을 받는다. 학생이 점심 먹는 시간, 자료실 교수, 체육, 미술 등을 하는 데 필요한 시간을 결정하면, 교사는 얼마 정도의 시간이 그에 할애되어야 하는지를 알게 된다. 아마도 학급교사는 학교에서 보내는 하루 6시간 중에서 4시간 반~5시간 정도를 필요로 한다. 일 년간 수업일수 180일 동안 매일 4시간 반~5시간의 계획을 하는 것은 그야말로 거대한 프로젝트가 된다.
2. **수업 개시활동 계획하기.** 보통 수업 개시활동에는 15~20분 정도가 소요되는데, 이때 라포를 형성하고 학생이 오늘의 활동을 준비하게끔 도와준다. 교사는 이 시간을 학생의 태도, 기분, 신체적인 모습을 관찰하는 데도 사용할 수 있다. 일반적인 수업 개시활동으로는 출석 확인하기, 점심값 모으기, 국기에 대한 경례, 생일, 공휴일과 같은 특별한 날에 대해 이야기 나누기, 그리고 오늘의 일정, 현안, 날씨, 요일 등에 대해 이야기하기가 있다. 글씨를 읽지 못하는 어린 학생들에게는 그림을 이용하여 위와 같은 활동을 할 수 있다.

그림	활동
	점심값 모으기
	국기에 대한 경례
	쉬는 시간
2 + 2 = 4	수학

3. **학업과 관련된 시간 계획하기.** 많은 학생들이 오후보다는 오전에 더 집중을 잘하고 학습 동기를 갖기

쉬우나, 학습문제를 가진 학생들의 일부는 오후에 집중을 더 잘한다. 그러므로 오후에 일부 학업교과를 집중적으로 실시할 수 있게 시간을 계획하는 것도 도움이 될 수 있다. 또한 학생이 각기 다른 학업 수준을 나타내기 때문에 학업을 위해 학생을 소집단으로 나누어 볼 수도 있다.

4. **수업 마감활동을 계획하기.** 일반적으로 수업 마감활동(closing exercises)에는 15~20분이 소요된다. 교사는 수업 마감 활동을 통해 즐거우면서도 정돈된 방식으로 하루를 정리하게 된다. 수업 마감 활동으로는 청소하기, 수업자료 반납하기, 숙제 결정하기, 오늘의 활동 정리하기, 내일의 일정 이야기 나누기 등이 포함된다. 교사는 각 학생들과 긍정적인 방식으로 하루를 마감할 수 있도록 노력해야 한다.

〈표 2-3〉에 제시된 시간표 예시는 오전에는 읽기와 수학에서 체계적인 소집단 활동을, 오후시간에는 집단 활동에 그 초점을 맞추었다. 또한 이 시간표에서는 학생

〈표 2-3〉 시간표 예시

시 간	활 동		
8:30	수업 시작 전 체조		
8:50	준비 및 공부 시작		
9:00	읽기(소집단)		
	집단 A	집단 B	집단 C
9:00	교사와의 수업	듣기 센터	지필과제
9:15	듣기 센터	지필과제	교육용 게임
9:30	지필과제	교육용 게임	교사와의 수업
9:45	교육용 게임	교사와의 수업	듣기 센터
10:00	휴식		
10:20	수학(소집단)		
	집단 1	집단 2	집단 3
10:20	지필과제	협동학습 그룹	교사와의 수업
10:35	협동학습 그룹	교사와의 수업	준거평가, 시간제 평가 혹은 수학 게임
10:50	교사와의 수업	준거평가, 시간제 평가 혹은 수학 게임	지필과제
11:05	준거평가, 시간제 평가 혹은 수학 게임	지필과제	협동학습 그룹
11:20	미리 계획되어 선정된 활동(개인별 자유선택 활동, 도서관 가기, 흥미 센터 이용하기, 끝내지 못한 과제 하기, 시간제로 과제 하기, 시험 보기, 교육용 게임이나 여가용 게임 하기). 교사는 이 시간에 결석했거나 일이 있어 교실을 이탈했던 학생과 함께 공부를 할 수도 있고 피드백을 제공하거나 개별 학생에게 관심을 기울이는데 활용할 수도 있다.		
11:45	이야기 시간, 쓰기, 내용교과(과학이나 사회)		
12:00	점심		
12:30	철자하기, 언어(화요일과 목요일에는 학급단위 또래교수 실시)		
1:00	체육, 음악, 미술 혹은 대소근육 발달		
1:30	휴식		
1:45	내용교과(과학, 사회, 지리, 진로교육, 도덕)		
2:05	미리 계획되어 선정된 활동		
2:20	정리 활동		
2:30	하교		

이 주어진 시간 동안에 마치지 못한 과제를 끝낼 수 있는 별도의 시간도 제공하고 있다. 이 시간은 천천히 과제를 수행하는 학생들에게는 과제를 마칠 수 있도록 하고, 다른 학생들에게는 다른 과제를 미리 하거나 흥미를 두고 있는 활동을 할 수 있도록 해 준다. 교사는 이 시간을 학생 개개인에게 관심을 표현하거나 평가를 실시하는 시간으로도 활용할 수 있다. 시간 관리의 융통성은 시간 활용에 대한 압박감을 줄여 주고 교사가 교수를 개별화할 수 있도록 도와준다. 일반적으로 읽기 착석과제보다 수학이나 철자하기 착석과제를 제공하는 것이 훨씬 더 쉽다. 그러므로 교사는 소집단으로 읽기교수를 받지 않는 학생들에게 수학이나 철자하기 과제를 주려고 하기도 한다.

중등수준에서 시간표 계획하기

중등학교의 전형적인 시간표에는 담임선생님에 의해 주재되는 조례 · 종례 시간, 5~6시간의 일반수업 시간과 점심시간이 포함되어 있다. 수업시간은 대개 50분으로 보통 교사 1인이 그 시간을 계획한다. 중등학교에서는 대체로 수업시간이 고정되어 있기 때문에 교사들이 일간 시간표 작성에 많은 노력을 들이지 않아도 되는 것처럼 생각된다. 그러나 수업을 50분짜리 시간 블록에 맞추어야 하기 때문에 계획에 있어 교수시간의 효율적인 운영이 필수적이다.

시간계획에서 수업 개시활동은 수업시간 중에 할 활동의 설명으로 제한될 수 있고 수업 마감 활동은 단순하게 수업자료를 치우는 시간으로 활용될 수도 있다. 일부 중등학급에서는 학생들이 교실에 들어오고 학습용 자료를 꺼내며 공부를 시작할 수 있게끔 수업을 구조화하기도 한다. 교사는 학생 집단이나 개별 학생 사이를 오가며 보조와 강화를 제공한다. 이러한 배치에서 수업 개시 활동은 생략되지만 학습용 자료를 돌려주는 시간은 계획에 포함된다.

한 시간의 수업을 계획하면서 학생을 집단으로 나누고 집단별로 적절한 활동을 계획하는 것은 도움이 된다. 이러한 수업 형식에서 교사는 학생 집단과 돌아가면서 활동을 하게 된다. 어떤 교수-학습 내용은 전체 집단을 대상으로 하는 것이 적절할 수도 있다. 하지만 이와 같은 배치에서는 교사가 모든 학생이 수업에 사용된 자료를 이해했는지를 반드시 확인해야 한다(예컨대, 학생에게 질문을 받음으로써). 교사는 학습문제를 가진 학생들이 착석과제를 하는 중에 누군가의 도움을 필요로 할 것이라는 점을 예상하고 있어야 한다. 그 도움은 또래, 특수한 교재, 보조원 혹은 교사에 의해 제공될 수 있다.

다음은 학습문제를 가진 청소년들을 대상으로 시간계획을 할 때 도움이 될 만한 일반적인 고려사항이다.

- 선택과목을 계획하는 데 있어 학생에게 융통성을 부여하게 되면 성공을 경험할 가능성이 높은 과목을 선택할 수 있다. 학업에 너무 큰 부담을 주는 시간표나 학생의 상황을 잘 이해해 주지 못하는 교사들은 학습문제를 가진 학생들에게 좀 심각한 문제를 안겨 주기도 한다.
- 교과목의 수는 학생의 요구를 반영해야 하는데 학생에게 어렵다고 여겨지는 과목과 좀 덜 부담스러운 과목이 균형을 이루어야 한다. 교과목을 대치하는 것 역시 사용될 수도 있다. 만약 학교에서 덜 부담이 되는 과목을 필수교과로 제공한다면, 학습문제를 가진 학생들은 실패할 것 같은 과목은 피해 갈 수도 있다.
- 일부 환경에서는 학습문제를 가진 학생들을 위한 교수수정을 위해 교과목을 확대 운영하는 것을 검토해 볼 수 있다. 특수교육 교원이 다른 환경에서 내용교과 중 일부를 따로 가르칠 수도 있다.

자료실에서 시간표 계획하기

자료실 교사의 경우 학생들이 최소한 하나 이상의 교수환경에서 둘 이상의 교사와 함께 수업을 받고 있기 때문에 시간표를 계획하기가 매우 힘들고 많은 시간이 필요하다. 다음에서는 자료실 내 시간표 계획을 복잡하게 만드는 이슈들을 정리해 보았다.

- 자료실에서 시행하는 교수의 최상의 시간계획을 위해서는 학생의 학업적, 정서적, 사회적 요구를 고려해야 한다. 만약 학생이 자료실에 가기 위하여 일반학급의 수업이 실시되는 중간에 이동해야 한다면 교수시간이 소실되는 것은 아닌가? 만약 학생이 (체육, 음악과 같은) 비학업 활동 중에 일반학급을 떠나는 것은 학생이 바라는 활동에 참여하지 못하게 하여 그들을 화나게 하는 것은 아닌가?
- 일반적으로 일반학급 교사는 학생을 자료실로 보내기 원하는 시간이 따로 있다.
- 특정 시간에 자료실에 오는 학생은 상이한 교수적 요구를 가지고 있을 수 있다. 예를 들어, 특정 수학 기술에 도움을 필요로 하는 학생이 있을 수도 있고 읽기 이해에 도움을 필요로 하는 학생이 있을 수도 있다.
- 어떠한 상황에서는 자료실 교사가 일반학급 환경에서 교수를 제공하는 것이 더 도움이 될 때가 있다.
- 학생들은 동일한 교수목표를 가지고 여러 교사가 시행하는 평행적이고 보충적인 교수 프로그램에 참여하기 때문에 자료실 교사는 일반교사와 함께 시간표를 계획해야 한다.

사실 시간표를 계획하는 데 여러 어려움이 존재함에도 불구하고 자료실 프로그램은 학습문제를 가진 학생들에게 서비스를 제공하는 중요한 교수 모델의 하나로 생각된다. 다음의 기법과 제언은 자료실에서 시간표를 계획하는 데 도움을 줄 수 있을 것이다.

- 요일에 따라 학생들을 자료실에 서로 다른 시간대에 오게 할 수 있다. 예를 들어, 일주일에 3일간 자료실에 오는 학생은 특정 시간대에만 오도록 하고, 주 2회 오는 학생들은 주 3일 오는 학생들과 다른 시간대에 자료실에 오도록 계획한다. 이러한 시간 배치는 학생이 계속적으로 일반학급의 특정 교과나 활동을 계속적으로 참여하지 못하는 일을 방지할 수 있도록 한다.
- 자료실 교사는 하루 중 고정된 시간 중에 다양한 학업영역의 교수를 제공할 수 있다. 이러한 시간 배치에서는 읽기, 수학, 쓰기, 철자하기 등을 특정 시간대에 가르치고 해당 영역에서 요구가 있는 학생들은 시간에 맞춰 자료실에 오면 된다. 그러므로 학생은 문제영역에서 도움을 받기 위하여 자료실로 매일 1회 이상 30분짜리 수업을 받을 수 있다.
- 시간 사용의 효율성을 극대화하기 위하여 자료실 교사는 학생이 제시간에 교실에 오고 과제 간 전이 시간을 짧게 하는 것을 격려하고 강화해야 한다.
- 학생들이 자료실에서 일반학급으로 돌아갔을 때 일반학급의 분위기를 흐트러트리지 않도록 하기 위하여, 자료실 교사는 일반학급 교사가 지속되는 활동에 학생을 참여시키기 전까지 학생이 수행할 수 있는 과제를 제공할 수 있다. 또한 자료실에서 돌아온 학생이 활동을 시작할 수 있도록 또래 친구 1명에게 그 학생을 도와주라고 부탁할 수 있다.

교실에서 사용되는 교구

교구는 학습문제를 가진 학생들의 특정 요구를 충족시키기 위해 사용될 수 있다. 예를 들어, 시청각 교구는 특정한 감각 양상에 선호를 나타내는 학생들을 교수할 때 사용될 수 있다. 또 조작할 수 있는 교구는 주로 산만한 학습자의 주의집중을 유지시키고자 할 때 도움을 줄 수 있다. 여기에서는 카세트 녹음기, OHP, 크기가 작은 자료의 활용에 대해 다루고자 한다. 컴퓨터와 컴퓨터 소프트웨어의 사용은 테크놀로지 도구 부분에서 논의하였다.

카세트 녹음기

카세트 녹음기는 여러 가지의 장점을 가지고 있다. 우선 작동하기 간편하고, 카세트 녹음기와 테이프 모두 그 크기가 작아 쉽게 보관 가능하며, 테이프는 상대적으로 저렴한 편이다. 헤드폰은 개별 학생이 학급 내 다른 친구들을 방해하지 않으면서 카세트 녹음기를 작동할 수 있게 해 준다. 카세트 녹음기는 다음과 같은 용도로 교실환경에서 활용될 수 있다.

- 테이프를 사용하여 읽기자료(예: 아동문학, 이야기, 잡지)를 만들 수 있다. 학생은 읽기연습을 위하여 테이프를 따라 읽을 수도 있다. 그러므로 테이프는 학생에게 피드백을 제공하고 읽기 속도를 높이며 어려운 단어를 변별하고 연습하도록 도와준다.
- 언어 활동에서 학생은 카세트 녹음기를 사용하여 이야기 테이프를 만들 수도 있다. 훗날 학생은 또래, 특수교육 보조원 혹은 교사와 함께 테이프로부터 들은 이야기를 쓸 수도 있다.
- 착석과제 활동을 하는 데 있어 구어로 된 지시사항을 테이프에 녹음하여 사용할 수도 있다. 구어 지시를 따르는 데 어려움을 갖는 학생의 경우 지시사항이 이해될 때까지 테이프를 들어 볼 수 있다.
- 철자 테이프는 연습과 시험을 보는 데 있어 유용하게 활용될 수 있다. 가장 일반적으로 사용되는 형식 중 하나는 철자할 단어를 불러 주고, 그 단어가 문장 안에서 사용된 것을 들려주고, 잠시 휴지기를 가진 후 철자를 옳게 불러 주는 것이다. 휴지기를 갖는 것 대신에 학생이 답을 쓰기 위해 잠시 카세트 녹음기를 멈추고 철자를 확인하기 위해 카세트를 다시 시작할 수 있다.
- 이야기, 사실 혹은 사건에 대한 안내기사도 녹음될 수 있다. 뉴스 프로그램, 광고, 전화 메시지, 일기예보, 교사가 제작한 내용 등이 사용될 수 있다. 학생은 테이프를 듣고 이해 확인 질문에 답한다. 예를 들어, 일기예보가 녹음되어 있다면 학생은 다음과 같은 질문에 답해야 한다. 최고 온도는 얼마인가? 최저 온도는? 비가 올 예정인가? 내일의 날씨는 어떤가? 어떤 계절이지?
- 악기를 이용한 1분짜리 음악 샘플이 녹음되어 있고, 학생은 시간 제한이 있는 지휘연습을 할 수도 있다. 일반적으로 테이프는 '시작' 이라는 단어와 함께 시작되고 '끝' 이라는 단어와 함께 끝이 난다. 교사는 음악은 생략하고 시작, 끝의 단어만을 사용하는 것을 선호할 수도 있다. 초시계를 대신하여 녹음기에 1분이 아닌 다른 시간 간격을 두어 시간 제한이 있는 활동을 할 때 사용할 수도 있다.
- 답을 맞추는 데 사용될 수 있는 교정용 녹음테이프는 수학 착석과제를 끝마친 학생들에게 피드백을 제공하는 데 사용될 수 있다.
- 과제를 모두 마친 학생들이 들을 수 있도록 테이프에 음악을 녹음해서 사용할 수도 있다. 또한 기분이 좋아지는 배경음악을 청소시간, 쉬는 시간 이후 자리 잡기, 자유선택활동, 착석과제 혹은 미술시간에 틀어 줌으로써 학생이 활동에 더 잘 참여하도록 할 수도 있다.
- 중등학급에서는 학급에서 시행되는 강의나 토론을 녹음할 수도 있다. 이러한 테이프는 학생들이 자료를 복습하거나 이해하는 데 도움을 줄 수도 있다.

오버헤드 프로젝터

오버헤드 프로젝터(overhead projector: OHP)는 이전

부터 학급교사들이 자주 사용해 왔으며 투명 필름의 내용을 스크린 위에 보여 주기 위해 사용된다. 투명 필름은 교사가 제작하거나 구입할 수 있는데, 그 내용을 이야기하면서 사용자가 그 위에 무언가를 쓰거나, 색칠하거나 특정 위치를 손으로 지적할 수 있다. OHP는 방을 어둡게 하지 않고도 밝은 색 벽에 이미지를 투사할 수 있다. OHP는 시각적 이미지를 강조할 수 있기 때문에 외부적 시각 자극에 의해 쉽게 산만해지는 학생에게 도움이 된다. 교사는 학생이 학습해야 하거나 끝내야 하는 자극을 모두 막을 수 있다.

OHP에 투명 필름을 효과적으로 사용하기 위한 지침은 다음과 같다.

- 미리 투명 필름을 준비하라.
- 아무것도 쓰여 있지 않은 종이 위에 명확하고 굵은 선이나 글씨나 쓰거나 타이핑하라. 복사기에 종이를 올려놓고 투명 필름으로 복사한다. 또한 레이저 프린터기를 이용하여 투명 필름 위에 직접 출력할 수 있다.
- 글자를 최고 $\frac{1}{4}$인치(0.64cm) 크게 하라. 타자기에서 조작기나 게시판형 글자가 적절하게 투영된다.
- 단순명료하게 하라. 장당 최대 6~7개의 줄만 들어가게 하고 줄당 6~7단어 정도만 들어가게 하면 좋다.
- 단순한 그림을 사용하라. 투명 필름 위에 복잡한 도식이나 그림을 그려 넣는 데 교수시간을 할애하지 말고 미리 도표나 그림을 준비해 두면 좋다.
- 대문자로 표시하거나 밑줄 긋기, 동그라미 치기, 상자 안에 집어넣기를 통해 핵심 사항을 강조하라.
- 명확성, 강조, 다양성을 나타내기 위해 색을 활용하라. 투명보다는 색이 있는 배경을 사용하는 것도 색을 사용하는 것이 될 수 있다. 또한 색이 있는 시트지를 이용하여 주요 개념 위에 붙일 수도 있고 투명 필름 위에 색깔이 있는 펜을 사용할 수도 있다.
- 학생의 주의집중을 조절하기 위하여 OHP 자체를 켰다 껐다 할 수 있다.
- 관련성 기법(종이로 필름의 일부를 가리고 한 번에 한 항목만 보여 주기)을 사용하여 학생의 주의가 흐트러지는 것을 막고 학생들의 흥미도를 유지시킬 수 있다. 노트 필기를 하는 학생들을 위하여 필름을 가리기 전에 개요를 먼저 잠깐 보여 주는 것도 좋다.
- 전체를 부분으로 나누기 위하여 겹치기나 가리기 기법을 사용한다.
- 방 안에 있는 모든 사람이 명확히 볼 수 있는 곳에 스크린을 배치한다. 가능한 한 높이 스크린을 걸고 상이 적절히 맺힐 수 있도록 OHP 쪽으로 약간 기울인다.
- 말하면서 필름 위에 글을 쓸 때, 주기적으로 스크린을 확인하여 학생들이 현재 논의되고 있는 것을 보고 있는지를 확인한다. 글자는 또박또박 쓴다.
- 손에는 여분의 마커펜이나 연필을 들고 있는다.
- 학생의 주의를 집중시키기 위하여 칠판 자리에 투명 필름을 놓고 사용한다. 그러면 그것을 다시 사용할 수 있기 때문에 시간과 공간을 절약할 수 있다. 또한 칠판보다 학생과의 눈맞춤이나 교실 통제에도 더 잘 사용될 수 있다.

OHP는 다음과 같이 사용될 수도 있다.

- 학급 시간표와 숙제를 OHP 위에 올려놓으면 학생과 교사가 사용할 칠판 위 공간이 절약된다. 시간표를 확인하거나 숙제가 무엇인지를 적기 위하여 학생은 OHP를 켜고 해야 할 일을 마칠 수 있다.
- OHP는 숫자 계산하기, 문장제 문제, 철자 쓰기, 빈칸 채우기, 다지선다형 문제와 같은 다양한 종류의 시험을 시행하는 데도 사용될 수 있다.
- OHP는 토의되고 있는 범주를 보여 주는 데도 사용될 수 있다. 단어, 구, 문장, 시, 밑그림, 사진과 같은 자극은 관련 상호작용을 촉진시키는 데 유용

하다.

- OHP는 읽기이해 및 철자하기와 관련된 교육용 게임을 진행하는 데도 사용될 수 있다. 교사는 단어의 글자, 단어, 문장 혹은 단락의 정의를 점진적으로 보여 준다. 학생은 가능한 한 단서가 적게 주어진 상태에서 정답을 이야기하도록 노력한다. 단어의 글자가 주어지면 학생이 단어의 철자를 맞추어 단어를 완성하도록 하고, 정의가 주어지면 그 정의에 맞는 단어를 찾도록 한다. 문장이 주어지는 과제에서는 학생이 문장을 정확하게 완성하는 데 초점을 맞추게 된다. 단락이 주어질 때는 학생에게 단락의 제목을 제시한다. 이는 학생을 팀으로 나누고는 각 팀에게 다른 단서를 제시하고 그들이 답을 맞힐 수 있도록 할 때도 사용될 수 있다.
- 투명 필름 위에 돌림판을 만들어 OHP 위에 올려놓으면 다양한 교수 활동 및 게임에 활용할 수 있다. 교사나 학생이 돌림판을 돌리고 돌림판이 글자, 숫자, 단어 혹은 수계산을 가리키게 할 수도 있다. 혹은 돌림판을 이용하여 특정 문제에 할당되는 점수의 양을 결정할 수 있게도 하며, 수학문제를 선정하거나 학생이 문장을 만들 때까지 한 번에 한 단어씩 제공할 수 있도록 선택하게도 하며, 소리 낼 글자나 단어의 철자를 완성하기 위하여 특정 글자 뒤에 올 글자를 선택하게도 한다. 이러한 게임은 학생-교사 짝이나 둘 이상의 학생 집단 혹은 대다수의 학생을 팀으로 나누는 데 있어 적합하다.
- OHP는 소집단을 이룬 학생들이 경험적인 이야기를 만드는 데도 사용될 수 있다. 이 활동에서 학생 집단은 교사가 투명 필름 위에 이야기를 쓸 때 이야기 구조나 줄거리를 만드는 데 기여하게 된다.
- 학생들은 OHP를 사용하여 언어 경험 활동에서 만들어지는 이야기를 보여 줄 수도 있다. 이야기는 학급 전체에게 읽게 하거나 선택된 일부 학생들에게 복사해서 나누어 줄 수 있다. 또한 전체 학급은 학생이 쓴 이야기의 제목을 결정하는 데 도움을 줄 수도 있다.
- 교사가 칠판을 이용하는 것보다 OHP를 이용하여 수업을 하는 것이 더 쉬울 때가 많다. 칠판 위에 글을 쓰는 것보다 OHP 위에 있는 자료를 지적하거나 가리는 것이 훨씬 쉽다. OHP를 사용하면 교사가 동시에 글을 쓰면서 말할 필요가 없거나 교사가 글을 쓰는 시간 동안 학생을 기다리게 할 필요도 없다.
- 많은 학생들은 투명 필름 위에 글씨를 쓰는 것과 스크린에 자신이 쓴 글씨가 비치는 것을 좋아한다. 이러한 활동은 특히 손으로 글쓰기를 연습하는 데 있어 유용하다.
- OHP는 칠판에 작은 사물, 사진, 글자, 수 등을 투사하는 데 사용될 수 있다. 학생은 필기를 연습하거나 소근육 기술을 개발하기 위하여 투영된 이미지를 따라 그릴 수 있다. 이런 활동은 강화로서 사용될 수도 있다.

기타 수업자료

학급에서 사용할 수 있는 저렴한 수업자료는 다음과 같다.

- **작은 칠판.** 작은 칠판의 한 면은 매끈하고 다른 한 면은 천(보통 부직포류)이 덧대어 있어 거칠다. 작은 칠판은 보통 학생이 책상에서 사용할 수 있도록 제작되는데, 하얀 칠판은 수성 마커와 지우개를 사용하므로 손쉽게 쓰기 활동에 사용될 수 있다.
- **부직포 게시판.** 크고 무거운 칠판이나 하드보드에 부직포를 덧씌웠다. 보드에 사용되는 그림이나 글씨에는 펠트나 뒷면이 스티로폼으로 이루어진 자료를 사용한다. 부직포 게시판은 다양한 크기의 것을 구매 가능하고 세울 수 있게 만들어진 것도 있다. 부직포 게시판을 어휘, 단어 철자를 제시하고, 중

요한 원칙을 열거하며, 개요의 일부, 그래프, 분수 등을 표시하고, 어려운 개념을 나타내는 그림, 지도 등을 보여 줄 때 사용할 수 있다.

- **게임 자료.** 일반적으로 게임판에 사용하는 자료는 가까운 곳에서 수집할 수 있으며 보관도 가능하다. 골프 티(golf tees), 플레이스쿨(Playskool)에 나오는 캐릭터, 오래된 게임에 사용되는 여러 아이템 등은 게임의 말로 사용되기 좋으며, 주사위나 돌림판 등은 숫자를 나타내는 좋은 도구가 된다. 마닐라 폴더는 시작-끝을 표시하는 게임판으로 사용하기에 좋고 보관이 용이하다.
- **자료 제작용 재료.** 그림(예: 소리를 나타내는 그림, 이야기 시작용 물건 등), 학용품, 담뱃갑, 시리얼 박스, 계란상자, 신발상자, 수성펜, 플라스틱 종이 홀더, 커피캔, 설압자, 카드 보관함, 포스터 보드, 나무 블록, 원형 디스크, 봉투, 시침핀 등 다양한 재료를 수집한다. 이러한 재료는 학습자료를 제작하는 데 사용하면 유용하다. 이 장에서 설명했던 교수용 게임과 자기 교정 자료뿐 아니라 교과영역에서 소개될 교수 활동을 제작·시행하는 데 위의 재료들이 필요하다.
- **타자기.** 타자기는 학생들의 학습을 자극할 뿐 아니라 사용하는 것 자체가 학생들에게 재미가 있다(예: 철자연습이나 이야기 타이핑). 또한 쓰기문제를 가진 학생들에게 유용하다.
- **초시계.** 많은 학습과제(예: 구어 읽기와 수계산)에서는 유창성을 측정하고 진보 정도를 모니터링하기 위해 시간을 재기도 한다. 학생들은 초시계를 이용하여 자신뿐 아니라 또래의 시간을 재고, 그 결과는 동기 향상을 위해 차트에 기록한다.
- **장기 보관용 커버.** 자주 사용되는 자료는 투명한 접착용 시트를 붙이거나 스프레이를 뿌려 내구성을 향상시킬 수 있다. 학생들은 자료 위에 직접 글을 쓰거나 표시를 할 수 있고, 젖은 수건을 이용하여 그것을 닦아 낼 수도 있다. 또한 한 번 쓰고 없어질 수 있는 학습지의 경우는 재사용을 위해 보호막을 씌울 수도 있다. 교사는 비닐 사이에 자료를 끼우고 테두리에 테이프를 붙여서 사용할 수 있다. 페이지마다 이러한 작업을 하게 되면 학생은 크레파스나 유성펜을 사용할 수도 있다. 이는 쉽게 지워져서 다른 학생이 학습지를 사용할 수 있다. 다른 방법으로는 마분지를 8×11인치의 조각으로 자르고 한 면이나 양면에 보호용 테이프를 붙이고 밑부분에는 학습지를 담아 둘 수 있는 포켓을 만든다.
- **자석판.** 자석판은 학생들이 교사의 질문이나 과제에 답을 쓸 수 있는 공간으로 활용될 수도 있고 과제를 제시하거나 보여 주기 위해 사용될 수도 있다. 자료 카드나 학습지 뒷면에 종이 클립을 테이프로 부착하여 쉽게 사용할 수 있다. 종이 클립은 자석판에 잘 붙고 자료가 부착될 수 있도록 도와준다.
- **따라쓰기 판.** 마분지 판 끝에 철사로 만든 망을 걸어 놓으면 학생들에게 매우 유용한 따라쓰기 판이 될 수 있다. 종이를 이 망의 위에 올려놓고 그 위에 크레파스로 글자를 쓰면 글자가 볼록하게 튀어나와 쉽게 따라 쓸 수 있게 된다.
- **거울.** 문에 걸어 두는 거울이나 전신형 거울은 몸단장하기와 자아개념 활동을 가르치는 데 있어 매우 훌륭한 자료가 될 수 있다. 거울은 학생의 외모에 대해 직접적인 피드백을 제공한다.

자료 보관 시스템

체계적이고 계속적인 방식으로 개별화 교수를 계획하고 시행하기 위해서는 상당한 수준의 조직화가 필요하다. 초임교사에게 이러한 시스템을 개발하는 것은 그리 쉬운 일이 아니다. 그러나 힘을 많이 들이거나 맘 고생을 하지 않고도 성과를 얻을 수 있기도 하다. 예를 들어,

초임교사에게 교수자료를 저장하고 필요할 때 꺼내 쓸 수 있도록 하는 교수자료 보관, 정리 시스템이 없이는 필요한 자료를 비치하는 데만 엄청난 시간을 소비할 수 있다. 그러므로 자료를 보관 · 정리하는 시스템을 만들고 이를 정교화하는 일은 초임교사가 해야 할 작업 중 하나이다.

학생을 가르치기 전, 교사는 게시판, 교수용 게임, 학습지, 학습용 센터, OHP 자료, 특별활동을 만들기 시작한다. 자료 보관 시스템은 교사가 이러한 자료를 조직화하고 정리하는 데 도움을 준다. 또한 이 시스템은 교사가 우선순위를 찾아가면서 더욱 정교화될 수 있다.

〈표 2-4〉는 일반적인 자료 보관 시스템의 예시다. 교수과목에 따라 그 범주는 달라질 수 있다. 시스템이 개발되면 이것이 좀 더 구체적이 된다. 예를 들어, 여러 자료와 활동(예: 개별 자음 소리, 혼성, 모음 소리, 이중자음)이 수집되고 개발되면 발음법(phonics) 아래 다양한 하위 범주가 목록으로 만들어진다. 학업영역에서는 영역과 기술계열 목록, 상업용 프로그램, 교육과정 지침서 등에서부터 매우 구체적인 자료 보관 시스템이 만들어질 수 있다. 교사는 필요한 범주를 계속해서 첨부함으로써 이러한 시스템을 개방적으로 만들 수 있다. 새로운 아이디어와 자료는 교사, 도서, 교사연수, 대학 강의 혹은 상업용 프로그램으로부터 수집될 수 있고, 필요에 따라 이제 만들어진 시스템에 포함되어 사용될 수 있다.

〈표 2-4〉 범주별로 분류한 파일정리 시스템 예시

I. 학업영역

R. 읽기
- R-1 음운론적 인식 자료 및 활동
- R-2 읽기 준비기술 자료 및 활동
- R-3 발음법 자료 및 활동
- R-4 읽기이해 자료 및 활동
- R-5 전체 단어 자료 및 활동
- R-6 총체적 언어법 자료 및 활동
- R-7 문학에 기초한 읽기교수 자료 및 활동

M. 수학
- M-1 수학 준비기술 자료 및 활동
- M-2 양 자료 및 활동
- M-3 자릿값 자료 및 활동
- M-4 덧셈 자료 및 활동
- M-5 뺄셈 자료 및 활동
- M-6 곱셈 자료 및 활동
- M-7 나눗셈 자료 및 활동
- M-8 분수 자료 및 활동
- M-9 백분율 자료 및 활동
- M-10 문장제 문제 자료 및 활동
- M-11 돈문제 자료 및 활동
- M-12 대수 자료 및 활동

다른 학업영역(언어, 철자, 사회) 역시 하위 영역과 특정 기술에 따라 시스템을 발달시킬 수 있다.

II. 관리 및 동기 영역
- B.B. 게시판
- I.C. 흥미 센터
- L.C. 학습 센터
- C.R. 교실 원칙
- S. 시간표 자료(예: 형식)
- E.C. 평가 센터 자료(예: 차트, 형식, 초시계, 일지 등)
- G. 게임
- A.V. 시청각 자료
- S.C. 자기 교정 자료
- R.M. 강화자료
- C.A. 교실정리 자료
- C.S. 컴퓨터 소프트웨어 및 CD-ROM
- C.M. 컴퓨터 사용설명서

·제·3·장·

교수를 위한 학생평가

Ysseldyke와 Algozzine(1985, p. 198)은 평가의 기본 목표를 다음과 같이 설명하였다.

> 평가의 궁극적인 목표는 교수와 관련하여 문제가 있는지를 판별하여 교수방법을 수정하는 것이다. 최근의 평가 활동에는 좀 더 많은 개입이 존재하고…… 우리는 평가자료를 교수를 향상시키기 위하여 사용해야 한다……. 교수의 효과성을 결정짓는 유일한 방법은 자료 수집이다.

평가는 교수 프로그램을 보조하기 위하여 두 가지 영역에 정보를 제공할 수 있다. 수집된 정보는 (1) 교사가 학생 개개인에게 무엇을 가르칠 것인가를 선택하게 하고, (2) 어떻게 학생을 가르칠 것인가에 대한 결정을 도와줄 수 있다. 교사는 학생을 어떤 최선의 방식으로 가르칠 것인가를 결정할 때, 교수 프로그램을 가장 효과적으로 만드는 강화전략과 다양한 물리적 배치에 대해 생각해야 한다.

무엇을 그리고 어떻게 교수할 것인가를 결정함에 있어 정보는 공식적 · 비공식적 평가절차에 의해 수집되어야 한다. 공식적인 평가는 시판된 표준화된 검사를 시행함으로써 가능하고, 비공식적인 평가는 일반적으로 표준화되지 않은 방법과 절차를 활용한다. 공식적 검사는 기본적으로 학생이 보이는 특정 문제와 적절한 장애명(예: 학습장애)을 찾아 기록하는 것이다. 비공식적 검사는 계속해서 교수 계획과 학생의 진보를 평가한다. 최근의 많은 교사들은 공식적인 평가보다는 비공식적 평가를 더 선호한다.이 장에서는 최근 가장 주목받고 있는 교육과정 중심 평가에 대해 다루고, 교육과정 영역에서 사용 가능한 공식적 · 비공식적 평가절차를 제시한다.

개별화 프로그램: 평가와 교수의 순환적인 과정

개별화 프로그램은 학생의 학습 동기를 유발하기에 적합한 과제나 내용으로 적절한 학습조건을 만들어 교수 프로그램을 제공하는 것이다. 1장에서 언급했듯이, 개별화 교수는 착석과제, 소집단, 또래교수, 대집단 등의 다양한 교수 배치 상황에서 이루어질 수 있다. 교사는 학습자와 과제, 학생의 궁극적인 성장을 확신할 만한 교수중재를 맞추어 나간다. 개별화된 교수 프로그램의 절차는 다양한 방식으로 나누어질 수 있다. 〈표 3-1〉에 제시된 4단계에는 그 필수 요소가 포함되어 있다.

1단계: 목표기술이나 내용 판별을 위한 평가

1단계의 목표는 학생에게 무엇을 가르칠 것인가를 판별하는 것이다. 성공적인 교수는 적합한 학습과제에서부터 시작된다. 교사가 교수 과제나 내용을 철저하게 이해한다면 효과적인 교수를 제공할 수 있다. 목표기술을

〈표 3-1〉 개별화 프로그램의 4단계

절차	예시
1단계: 목표기술이나 내용 판별을 위한 평가	다시 묶기가 2번있는 3자리 수에서 2자리 수 빼기
2단계: 학습 촉진에 유리한 요인의 결정	학생은 특히 많은 과제가 주어졌을 때 쉽게 낙담한다. 학생은 계속적으로 수행에 대한 피드백을 받기를 원하며 구두 지시를 수행하는 데 약간의 어려움이 있다.
3단계: 교수 계획	천천히 구두 지시를 제공하고 이를 학생에게 반복하게 한다. 몇 개의 문제가 포함된 착석과제를 시행한다. 착석과제에서는 자기 교정 자료를 사용하여, 또 교수를 할 때는 교사의 말을 통해 즉각적으로 피드백을 제공한다.
4단계: 3단계를 통하여 자료에 기초한 교수의 시작	
수업하기	
선행 조직자 사용하기	선행학습과 해당 기술을 연결하고 기술을 판별하며 기술이 선정된 근거와 학습자료를 소개하기 위하여 선행 조직자를 사용한다.
설명하고 모델 보여 주기	목표기술을 부분으로 나누고 각 단계를 잘 설명하면서 기술이나 하위 기술을 보여주거나 모델링한다.
연습하기	
교사의 지도하에 과제 실행하기	학생에게 선정된 과제(기술이나 하위 기술)를 수행하도록 하면서 교사는 지도(교수 단서, 촉진과 같은)를 제공한다. 이때 교정적 피드백과 강화를 제공한다.
숙달하기 위하여 통제된 과제 실행하기	특정한 준거에 맞도록 제작된 자료를 이용하여 학생이 선정된 과제(기술이나 하위 기술)를 실행하도록 한다. 교정적인 피드백과 강화를 제공한다.
독립적으로 연습하기	학생이 완전학습 기준에 도달하게끔 과제 전체를 수행하도록 한다. 교정적인 피드백과 강화를 제공한다.
일반화와 독립 학습	
일반화 훈련을 사용하기	일반화를 촉진하기 위하여 학생은 특정 준거에 맞는 다양한 자료들(예: 확인 학습지, 일반교육과정 자료집)과 환경(예: 자료실, 일반학급, 가정)에서 제시된 과제를 실행한다. 교정적인 피드백과 강화를 제공한다.
독립학습을 위한 훈련하기	독립적인 활동학습을 위하여 학생은 특별한 과제학습 전략(예: 이해 확인을 위한 자기 질문하기)을 실행한다. 학생이 스스로 학습을 조절할 수 있도록 초인지 전략(예: 시험전략을 기억하기 위하여 기억 사용하기)을 사용할 수 있도록 격려한다.

[그림 3-1] 교수내용 결정을 위한 평가 모델

1. 가르쳐야 할 기술이나 내용의 영역과 계열을 결정하라.
↓
2. 어떤 행동이 평가되어야 할지를 결정하라.
↓
3. 평가 활동을 선택하라.
↓
4. 평가도구를 실행하라.
↓
5. 학생의 수행을 기록하라.
↓
6. 장단기 교수목표를 결정하라.

판별하기 위하여 먼저 교사는 평가를 시행해야 한다. 평가용 검사는 기술영역 및 계열 목록과 같은 다양한 자료에 기초할 수 있으며(부록 A 참조) 규준참조검사나 교사가 제작한 검사를 활용할 수 있다. 교사는 학생이 숙달해야 할 특정 기술을 찾아내고 거기서 교수목표를 선택한다. 이 목표기술은 가능한 한 명확하고 구체적으로 설명되어야 한다. 예를 들어, 지리학에 대한 교수목표는 '학생은 이름이 써 있지 않은 세계지도를 보면서 2분 안에 정확하게(100%의 정확도로) 7개의 대륙을 명명할 수 있다.' 와 같이 제시될 수 있다. 일단 초기 교수목표가 선택되면, 매일 진행되는 평가로부터 하위 목표가 도출된다.

무엇을 가르칠 것인가에 대한 평가는 학년과 연령 수준의 요구에 맞아야 한다. [그림 3-1]에서는 무엇을 가르칠 것인가를 평가할 때 요구되는 지침을 나타내고 있다.

가르쳐야 할 기술이나 내용의 계열 판별

교사는 종종 광범위한 교육과정 영역(읽기, 수학, 과학, 어휘 등)에서 장단기 교수목표를 골라내어야 한다. 이를 효과적으로 하기 위하여 교사는 교육과정 영역의 기술 및 내용 계열을 이해하고 있어야 한다. 예를 들어, 6학년을 가르치는 교사는 학생들의 수학기술이 몇 학년 수준인지 파악해야 한다. 일부 학생들은 2자리 수 뺄셈문제에서 도움을 받아야 할 수 있고, 다른 학생들은 소수와 백분율 과제를 해야 할 수도 있다. 기술 계열성에 대한 지식은 교사가 학생의 현행기술과 숙달되지 않은 기술을 명확히 이해하는 데 도움이 된다.

과제분석(task analysis)은 교사가 가르칠 자료에 대한 적용과 수정을 도울 수 있다. 기술계열을 판별하는 것은 자료와 프로그램에 포함되어야 할 필수 요소다. 과제분석은 필요한 기술이 무엇인지 알아내기 위하여 관련기술을 부분으로 나누어 접근하는 방법이다. 기술 하나하나가 누적되어 종합적인 하나의 기술을 완전학습할 수 있도록 하는 것이 과제분석의 기본 원리다.

과제분석에서는 명확하게 서술된 교수목표가 사용되는데 교사가 과제분석을 통해 교수의 계열을 결정해야 하기 때문이다. 잘 작성된 과제목표는 조건(과제의 특성), 기준, 목표행동으로 구성된다. 준비행동(enabling behaviors)은 특정 행동을 수행하기 위해 필요한 선행기술로 보통 최종 행동으로부터 시작하여 수행을 거슬러 가면 준비행동이 무엇인지를 알 수 있다. 이러한 과정은 기술의 위계를 세울 수 있도록 해 준다. 과제는 난이도, 시간적인 순서, 발달적 계열성에 따라 살펴볼 수 있다(McLoughlin & Lewis, 2001). 난이도 수준은 어려운 자료를 가르치기에 앞서 좀 더 쉬운 자료를 가르치는 것을 강조한다. 다음 예시는 간단한 문장을 읽는 목표행동을 이루기 위해 선행되어야 할 기술을 설명하고 있다.

최종 행동(목표행동): 간단한 문장 읽기

선행기술

1. 왼쪽에서 오른쪽으로 눈 움직임이 가능하다.
2. 상징과 문자의 소리를 연합할 수 있다.
3. 소리를 혼합하여 단어로 표현할 수 있다.
4. 단어를 읽을 수 있다.

시간적인 순서는 논리적이고 시간적인 순서가 있는 과제의 계열을 의미한다. 예를 들어, 자릿값 개념의 이해는 올림이나 내림과 관련된 문제를 가르치기 위하여

반드시 선행되어야 한다. 좀 더 정확히 설명하자면 신발을 신기 전에 반드시 양말 신기가 먼저 이루어져야 하는 것과 같다. 발달적 계열성은 목표행동을 위해 하위 기술을 하나씩 쌓아가면서 점진적으로 진보해 가는 과정을 의미한다. 이는 수학을 배울 때 수 세기, 덧셈, 뺄셈, 곱셈, 나눗셈의 순서대로 학습하는 것과 같다.

과제분석에서 계열적 접근은 다음의 4단계를 포함한다. 즉, (1) 목표행동을 정확하게 설명하기, (2) 목표행동의 하위 기술을 판별하고, 간단한 것에서 복잡한 것으로 기술을 계열화하기, (3) 학생이 이미 수행할 수 있는 하위 기술이 무엇인지를 비공식적으로 평가하기, (4) 계열화된 순서대로 가르치기 시작하고, 학생이 배우지 못한 하위기술 중 가장 쉬운 기술에서 시작하기다.

상업화된 프로그램 및 규준참조검사는 계열화된 기술 목록으로서 좋은 자료가 될 수 있다. 계열화 기술 목록을 유용하게 사용하기 위해서는 요인영역별로 계열을 조직화하고, 각 영역에서 중요한 기술이나 내용을 보여줘야 한다. 이러한 목록 유형은 교사가 전체 내용이나 계열을 잡는 데 도움을 주고 그것을 단계적 · 논리적 특성으로 볼 수 있도록 한다. 교사는 기술계열에서 목록으로 제시된 개별 기술을 평가할 수 있는 도구나 검사를 개발할 수 있다. 예를 들면 다음과 같다.

기술: 학생은 축약형이 있는 단어의 기본형(2개의 단어)이 주어졌을 때 학생은 축약어를 쓸 수 있다.

간단한 평가방법

축약어 쓰기

1. can not ________
2. you are ________
3. they are ________
4. we are ________
5. I am ________
6. he is ________
7. do not ________

기준 7/7

평가 프로그램을 설계할 때 유용한 계열화 기술 목록(읽기, 철자 쓰기, 쓰기표현, 수학 목록)은 부록 A를 참조하면 된다. 영역과 기술 계열은 내용타당도를 가지고 논리적으로 전개되어 있으나, 그 내용이나 순서는 아직 연구를 통해 검증되지는 않았다. 따라서 기술을 선택하고 적용할 때는 교사 자신의 판단에 의존해야 한다.

평가할 행동의 결정

평가할 행동을 결정하는 것은 가장 포괄적인 수준에서 점차 특정한 수준으로 진화해야 한다. 평가의 포괄적인 수준(예: 철자 쓰기나 읽기)은 보통 의뢰 정보, 교사 관찰 혹은 표준화된 검사 결과에 기초하여 선택된다. 포괄적인 수준에서의 평가는 그 영역의 광범위한 범주 안에서 학생의 행동에 대한 정보를 수집해야 한다. 읽기에서는 단어 읽기(word attack), 단어 재인 및 이해, 문장 이해와 관련된 자료를 수집해야 한다. 다양한 영역에 걸친 기술을 평가하기 위한 검사를 개발할 때는 학년별 교육과정 자료, 영역별 계열화 기술의 목록, 표준화된 검사 점수가 자료로 사용될 수 있다. 평가를 위해 만들어진 문제는 교사가 평가하려는 특정 기술영역을 선택하는 데 도움을 줄 수 있어야 한다. 예를 들어, 학생은 읽기에서 단어 재인에 문제가 있을 수 있다. 이 경우 단어 재인은 읽기평가의 특정 기술을 검사하는 한 영역이 될 수 있다. 특정 기술의 평가는 직접적으로 교수목표(예: 학생이 단모음의 소리를 낼 수 있는지를 평가하기 위하여 관련 과제가 필요하다.)를 결정하기 위한 정보를 제공한다. 결과적으로 다음의 4단계를 통해 어떤 행동을 평가해야 할 것인지를 결정할 수 있다. 즉, (1) 포괄적인 영역을 선택하고, (2) 광범위한 기술군을 평가하고, (3) 문제영역을 기록하고, (4) 특정 기술의 평가를 결정한다.

평가 활동의 선택

교사는 평가 활동을 결정하려 할 때 여러 가지를 선택해야 한다. 상업용 검사도구, 교육과정 검사, 포트폴리오, 규준참조 기술검사와 체크리스트, 교사 제작 검사(예: 교육과정중심 평가나 비공식적인 읽기 검사)가 바로 그것이다. 결정을 내리려면 몇 가지 요인들, 즉 목적, 비용, 시간, 검사 활동의 신뢰성을 고려해야 한다.

교사는 특정 활동이 어떤 기술군을 조사하기 위한 것인지 혹은 특정 기술을 평가하기 위한 것인지를 생각해야 한다. 기술군의 평가라면 활동이 보통 간헐적(예: 연 2회)으로 이루어지는 반면, 특정 기술의 평가는 지속적으로(아마도 매일이나 매주) 이루어질 수 있다.

특정 기술을 평가하는 것은 교수목표를 결정하기 위해 초기 평가기간 동안에 이루어진다. 그리고 특정 기술과 관련하여 매일의 교수시간 중에 학생의 진보를 평가하기도 한다. 계속적으로 실행해야 한다는 어려움 때문에 교사는 시간이 많이 소요되지 않으면서 쉽게 사용 가능한 평가방법을 선택한다. 자주 시행되는 평가와 관련된 추가 정보는 학생 수행의 평가 부분에서 설명하하겠다.

평가의 시행

일반적으로 교사는 초기 평가에서 평가도구를 이용하여 평가를 실행한다. 앞서 언급했듯이, 초기 평가에서는 광범위한 기술군과 특정 기술 모두를 평가할 수도 있다. 이와 같은 평가도구는 다양한 의사결정(예: 문제영역의 판별, 오류 유형의 기록, 평가할 특정 기술의 선택)을 요하기 때문에 보통 교사나 진단 전문가에 의해 평가가 이루어진다. 초기 평가가 완료되고 교수목표가 결정된 후에는 수행을 점검하기 위한 평가계획이 수립된다. 보통 이와 같은 유형의 평가는 시행 및 채점 해석이 매우 쉽다. 교사들은 이 평가의 시행을 학생, 특수교육 보조원, 자원봉사자, 학급 내 다른 학생들에게 위탁할 수도 있다. 대개 많은 학생들은 자신의 진보 상황을 모니터링하는 것을 좋아한다.

평가자가 보고서를 작성하고 학생들의 태도를 기록하는 것은 매우 중요하다. 교사는 평가를 통해 학생이 숙달해야 할 기술을 결정하고자 하기 때문에 융통성을 가지고 평가를 수행해야 한다. 예를 들어, 교사는 학생이 노력하는 모습을 보여 주지 않을 경우, 잠시 활동을 중단하고 학생에게 이야기를 한 다음 활동을 재개할 수도 있다. 자기평가 활동이 진행되는 동안, 교사는 학생이 열심히 노력하고 있는지와 절차를 올바로 진행하는지를 확실하게 점검해야 한다. 평가 초기에 양적 점수를 얻기 위해 표준화 검사를 사용한다면 검사 실행과 직후에 채점절차가 따라야 한다.

학생 수행의 기록

교사는 학생 수행의 두 가지 유형, 즉 일상적인 과제 수행과 기술의 숙달을 기록해야 한다. 보통 매일 이루어지는 학생의 진보는 교사가 만든 활동(받아쓰기, 학습 결과 차트, 학습지 점수 등)을 통해 기록된다. 반면 기술의 숙달은 일반적으로 개인별 진보 차트에 기록된다. 기술 영역과 계열화 목록은 기술의 숙달을 기록할 수 있는 좋은 자료가 되기도 한다. 그리고 일부 상업용 자료에는 학생의 수행을 기록할 수 있는 개인별 진보 평가지가 포함되어 있다.

장단기 교수목표의 결정

평가를 집행한 후, 교사는 자료를 분석하고 교수목표를 개발한다. 훌륭한 목표는 관찰 가능한 용어로 목표행동을 명확히 정의하고 행동이 일어나는 상황을 설명하며 성공적인 수행을 판단할 수 있는 기준을 설명한다. 단기목표는 장기목표의 숙달과 직접 관련이 있다. 예를 들어, 다음의 장단기 목표는 서로 연관되어 있다.

- 장기목표: 학생은 44개 음소의 글자소(graphemes)가 주어지면 90%의 정확도로 음소를 올바르게 말할 수 있다.
- 단기목표: 학생은 복합자음과 관련된 글자소가 주어지면 90%의 정확도로 글자소를 말할 수 있다.

교수목표가 세워지면 개별화 프로그램에서 첫 번째 단계가 성취된 것이다.

2단계: 학습 촉진에 유리한 요인의 결정

2단계는 개별 학생을 어떻게 가르칠 것인가를 결정하는 데 초점을 맞춘다. 학생을 어떻게 가르칠 것인가를 아는 것은 교수의 효율성을 크게 증가시킨다. 예를 들어, 토니 선생님은 토니가 작은 크기의 문자나 숫자 쓰기 과제가 아니면 학습과제를 더 빨리 마친다는 사실을 알아내었다. 그 후 토니의 선생님은 토니에게 쓰기 공간이 넓은 학습지를 제공하였고, 토니의 성취도는 향상되었다. 이러한 유형의 정보는 자료와 직접관찰(예: 학부모 면담, 교사와의 면담, 읽기 누적 파일, 행동 체크리스트)을 통하여 획득되었다. 표준화 검사를 집행하지 않고도 이루어진 것이다. 어떻게 가르칠 것인가를 결정하기 위한 평가에 대한 내용은 이 장 후반부에 제시되어 있다.

3단계: 교수 계획

이 단계는 자료에 기초한 교수(data-based instruction)가 가진 철학적 기조에 바탕을 두고 있다. 즉, 학생이 교수목표를 향하여 적절한 진보를 보이게 하는 인본주의적 교수는 좋은 교수(good teaching)라고 할 수 있다. 이러한 기조는 교수방법을 정교화하기 위한 계획을 수립하는 데 소요되는 시간을 줄여 주는데, 좋은 교수란 것이 학생의 진보에 의해 이루어지는 것이기 때문이다. 따라서 교사는 기본적인 교수 원리를 사용하고 교수의 변화가 필요한지를 결정하기 위하여 학생이 보이는 진보 상황을 살핀다. 하지만 교수의 효율성은 교사가 학습자 행동에 민감할 때 비로소 향상된다. 따라서 3단계에서는 1단계에서 수집된 무엇을 가르칠 것인가에 대한 정보와 2단계의 어떻게 가르칠 것인가에 대한 정보를 혼합하여 교수 계획을 개발할 수 있다.

4단계: 자료 관리 교수의 시작

학습문제를 지닌 학생들을 가르치는 교사는 다양한 학생들이 만들어 낸 여러 형태의 수행에 직면하게 된다. 하지만 교사는 학생이 특정 교수목표를 제대로 수행하고 있는지를 알아야 그에 따라 교수절차를 수정할 수 있다. 교사는 자주 평가를 해야 하고 평가에 기초한 명확한 정보를 바탕으로 교수적 결정을 내려야 한다. 만약 학생이 과제를 숙달했다면 교사는 새로운 과제를 시작해야 하고, 교수-평가-교수의 절차를 반복해야 한다. 만약 학생이 과제를 숙달하지 못했다면 교사는 다음의 4개 항목을 점검해 볼 만하다. 즉, 같은 교수 반복하기, 교수절차 수정하기, 새로운 교수전략 소개하기 혹은 더 쉬운 과제로 바꾸기다. 교사가 이 항목들 중 하나를 선택하면 교수-평가-교수는 다시 반복될 것이다.

일반적으로 새로운 기술을 학습하는 것은 습득, 유지, 일반화의 3단계를 거친다. 하지만 어떤 교수전략은 일반화를 촉진한다. 따라서 일반화는 학습자가 단계적으로 획득해 나가면서 숙달하게 되는 발달적 계열이 아니라, 전체적인 교수의 틀 안에서 개념화될 수 있다. 내용제시(presentation), 교사의 지도가 제공되는 연습(guided practice), 독립 수행, 일반화 그리고 독립적으로 시행되는 적극적인 학습의 순서는 일반화를 촉진한다. 4장에서는 이러한 교수절차를 설명하고, 13장에서는 낮은 성취수준을 보이는 청소년들을 성공적으로 가르치기 위해 사용되는 교수계열의 자세한 예시를 제시한다.

상당수의 교사가 이상의 효과적인 교수 원리에 동의하기는 하지만, 엄밀하게 말하면 모든 교사가 똑같은 방식으로 가르치지는 않는다. 교사는 광범위한 이론과 전략 중에서 개인적으로 합당하다고 생각하는 것들을 선택하고 개인적인 교수 유형을 만들어 나간다. 개별화 교육 프로그램 접근법을 통해 교사는 학생 개개인이 최적의 성장을 할 수 있도록 노력해야 한다. 이를 이루기 위해 교수는 학생의 진보 정도에 따라 계획되는데, 교수적 결정은 학생의 성취 관련 자료에 근거해야 한다. 종종 자료에 근거하지 않은 학습자의 진보에 대한 교사의 생각은 부정확하기 때문에 교사가 어떠한 접근법이 효과적이라고 '느끼는 것' 은 적절하지 않다. 또한 평가의 결과는 어떠한 중재의 효과성을 기록하는 데도 사용되어야 한다. 이 책에서는 학생의 진보 상태를 모니터링할 수 있는 다양한 방법을 제시하고 있다. 이 장에서는 교육과정 중심 측정과 정밀교수가 포함된 자료에 기반을 둔 교수에 대해 설명한다. 이는 현재 교실에서 적용할 수 있는 가장 정확하며 효과적인 기법 중 하나다.

학습 단계

많은 연구자들이 효과적인 교수를 계획하고 실행하는 데 있어 기초가 되는 학습 단계를 제시하고 있다 (Alberto & Troutman, 2003; Idol, 1993; Smith, 1981). 자료원(database)은 어떤 기술을 가르치기 위하여 학생의 학습 단계에 교수방법을 연결시키는 과정에서 만들어진다. 따라서 학습계열의 각 단계에 걸맞는 교수 실제가 추천 평가된다.

교육자들의 상당수는 교수 활동을 계획하는 데 있어 어떤 학습 단계로 입문하는가가 매우 중요한 결정적 요인이 된다고 믿는다. Smith(1981)는 조직화된 학습의 단계를 제시하였다. [그림 3-2]의 설명처럼 학습 단계는 도입, 습득, 숙달, 유지, 일반화, 적용으로 구성된다. 여기서는 학습의 단계를 분명하게 설명하고 단계별 교수전략을 제안한다.

습득 단계

습득 단계에서 학습자 수행은 0%의 정확도(즉, 과제를 어떻게 수행해야 하는가에 대한 지식이 없음)에서 90~100%의 정확도 범위 내에 위치한다. 이 단계의 교수목

[그림 3-2] 학습 단계

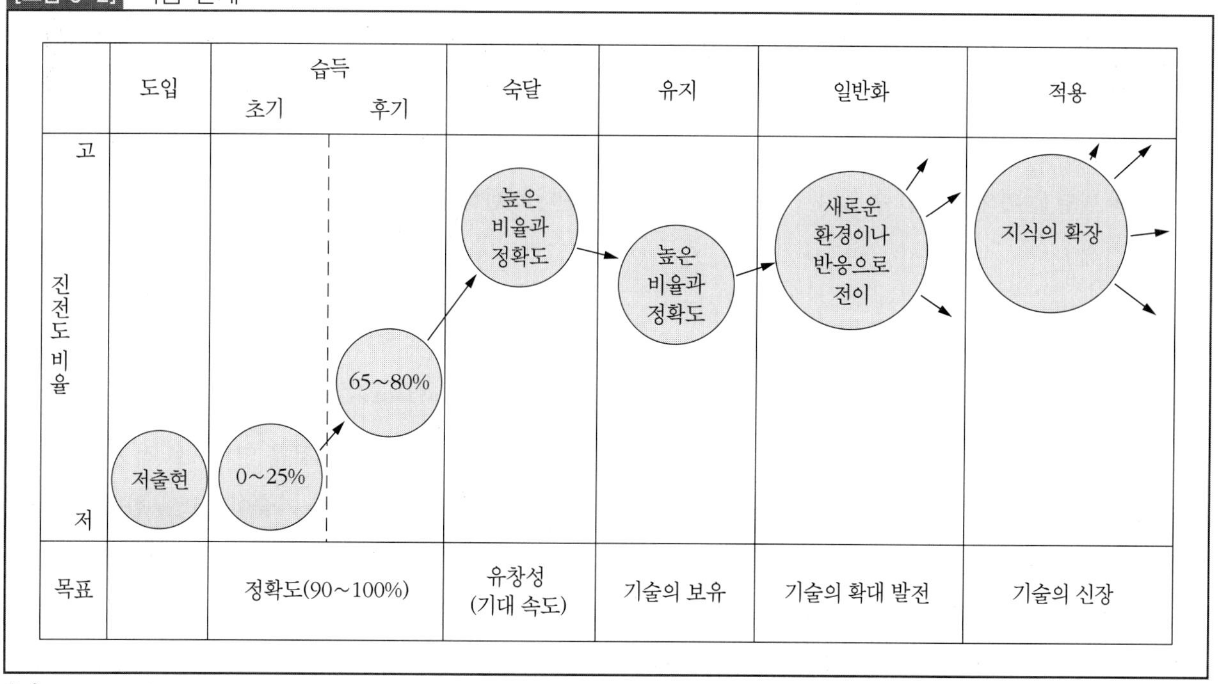

출처: D. D. Smith, 1981, *Teaching the Learning Disabled* (p. 68). Upper Saddle River, NJ: Prentice Hall. Copyright 1981 by Prentice Hall Publishing Company(허락하에 게재함).

표는 학생이 목표기술을 정확하게 수행하도록 돕는 것을 강조한다.

Smith(1981)는 습득 단계의 학생을 교수하는 데 사용할 수 있는 몇 가지 중요 전략을 제안하였다. 초기 습득기에는 기술을 학습하는 이유, 물리적/신체적 지도, 행동 형성(shaping), 시범, 모델링, 예시와 같이 문제 풀기, 단서와 촉진 주기와 같은 전략이 사용될 수 있다. 또한 초기 습득기에는 프로그래밍 기법이 사용되고 학습의 오류를 최소화하기 위해 기술을 전천후로 연습하는 것이 필요하다. 후기 습득기에는 피드백, 구체적인 지시, 오류수정, 정확도에 대한 강화, 준거에 기초한 평가를 특징으로 하는 기술심화 전략이 사용된다.

숙달 단계

숙달 단계에서 학습자는 기술을 거의 자동적인 수준으로 학습하고자 시도한다. 그 목표는 학생이 과제를 정확하고 빠르게 완수하도록 하는 것이다. 여기서 사용되는 기술은 습득 단계에서 사용된 기술과는 다른데 학습자의 수행 속도를 증가시키는 데 초점을 둔다.

숙달 단계에서의 학습은 목표 설정, 교사 기대, 수행 속도를 증가시켜야 하는 이유의 설명, 정적 강화, 진전도 모니터링을 통해 향상된다. 그리고 자기 관리가 사회성 기술의 발달을 위해 사용될 수 있다.

유지 단계

숙달 단계에서 높은 수준의 학습이 일어난 후, 학습자는 유지 단계로 들어선다. 유지 단계의 교수목표는 높은 수준의 수행을 유지하는 것이다. Idol(1993)에 의하면 유지 단계에서는 정보를 저장하고 기억하는 기술이 필요하기 때문에 학생들이 종종 큰 어려움에 직면하기도 한다. 이 단계에서 사용하는 전략은 높은 학습수준을 유지하는 것에 집중한다.

유지 단계의 학습을 위해서는 간헐적인 연습이 필요하다. 하지만 학습문제가 있는 학생들의 경우는 항상 그 연습이 충분하지 못하며 별도의 전략이 필요하다. 기술의 유지와 보존은 과잉학습(즉, 자동화된 재생을 위한 학습), 기억술, 간헐적 강화 계획, 사회적 강화 및 내재적 강화(자기 관리)를 통해 촉진될 수 있다.

일반화 단계

일반화 단계의 학습자는 배운 것과 다른 시간과 상황에서 해당 기술을 수행한다. 이는 학생이 다른 환경(예: 집, 교실, 일터)과 다른 사람들(예: 학습장애 전문교사, 일반학급 교사, 학부모, 고용주)에게 기술을 유창하게 보여주는 것을 의미한다. 일반화는 많은 수의 학습문제를 지닌 학생들에게 대단히 어려운 영역이고, 불행하게도 관련 연구 역시 제한적이다(Smith & Luckasson, 1992). 연구자들은 일반화가 학습문제를 지닌 학생들에게 자동적으로 일어나지 않는다는 사실을 밝혀내었다. 따라서 일반화는 체계적으로 가르쳐야 한다. Alberto와 Troutman(2003)은 반응 위계의 맥락에서 학습 단계를 설명했다. 그들은 학습이 습득 단계에서 유지 단계로 진행될 때 학습된 반응의 기능적 사용이 증가한다고 주장한다. 따라서 습득, 숙달, 유지는 일반화의 선행조건이 된다(일반화에 대해서는 4장에서 다시 다룬다.).

적용 단계

적용 단계에서 학습자는 직접적인 교수나 지도 없이도 앞서 학습된 기술을 새로운 영역으로 적용한다. 한마디로 이 기술은 문제해결 기술이라고도 한다. 예를 들면, 문제해결은 곱셈 원리를 숙달한 학생이 나눗셈은 곱셈의 반대라는 것을 '깨닫고' 독자적으로 나눗셈을 통해 정답을 얻어 내게 될 때 이루어진다. Smith(1981)는 학습문제를 가진 학생은 적용기술이 매우 중요한데도 적용수준의 기술을 거의 배우지 못한다고 주장하였다.

학습 단계에 대한 이해

불행하게도 일반화와 문제해결 기술을 발달시키는 데 성공적인 접근방법을 보여 주는 연구는 그리 많지 않다. 관련 연구의 대부분은 단지 단기적인 효과만을 보여 주고 있다. 하지만 일반화 기술과 관련된 일부 연구는 일반화 교수의 효과성에 대해 높은 기대를 갖게 해 준다. 예를 들어, Idol(1993)은 행동적인 전략을 사용하여 일반화가 일어난 여덟 가지 연구 프로젝트에 대해 보고하였다.

행동 접근과 다른 접근(예: 인지 접근)을 혼합하여 상위 기술을 가르치는 데 사용하기도 한다(Deshler & Lenz, 1989; Graham & Harris, 1994). (4장과 13장에서는 학생들이 독립적인 학습자이면서 문제해결자가 될 수 있도록 도와주는 교수기법을 소개하고 있다.).

교수내용 결정을 위한 학생 수행의 점검

교사는 교수를 제공하는 동안 어떠한 수준의 과제 난이도가 적합한지를 결정한다. 이는 학생이 지속된 실패나 좌절 없이 과제를 수행할 수 있도록 해 준다. 학생이 성공을 경험하도록 하기 위해 과제 난이도를 모니터링하는 것은 매우 중요하다. 학생이 과제를 끝마칠 때쯤에는 좀 어렵기는 하지만 그래도 성취감을 맛볼 수 있는 정도의 것으로 보아야 한다.

자료에 기초한 교수는 특정한 교수목표를 이루기 위하여 학생의 진보 상황을 직접적이고 계속적으로 측정하는 것에 초점을 맞춘다. 이는 매우 광범위하게 사용되는 교수 접근법으로 평가와 교수의 상호적 속성을 그 특징으로 하며 교수내용을 결정하고 모니터링하는 역동적이고 지속적인 과정을 나타낸다. 자료에 기초한 교수는 응용행동 분석, 정밀교수, 직접교수, 규준참조 교수에 그 뿌리를 두고 있다. 많은 교육자들(Alberto & Troutman, 2003; Howell & Nolet, 2000; Kerr & Nelson, 2002)은 자료에 기초한 교수가 현재 및 미래의 교수 실제에 있어 큰 가능성을 가지고 있다는 사실에 동의한다.

교육과정 중심 평가(curriculum-based assessment: CBA)의 연구 결과는 자료에 기초한 교수와 관련하여 새로운 추진력을 제공해 왔다. CBA는 교수적 결정을 내리기 위한 자료 획득의 기초로서 학교 교육과정에서 학생이 어떠한 수행을 하는지를 직접 관찰하고 기록하는 접근법이다(Deno, 1987). 이 모델에서 교육과정 중심 측정(curriculum-based measurement: CBM)은 학생의 교육과정으로부터 도출한 자료를 사용하여 반복적인 비율 표본을 통해 학생의 학업기술을 평가하는 특정한 평가방법을 사용하는 것을 말한다. CBM은 기본적으로 교육청 혹은 학급의 수행 기준을 수립하고 특별교수를 필요로 하는 학생들을 판별하고 장기목표를 향한 개별 학생의 진보 상황을 모니터링하기 위해 사용된다. Fewster와 MacMillan(2002)은 특수교육을 위한 선별이나 학생의 집단 배치 결정을 위하여 구두 읽기 유창성과 쓰기표현에서 CBM이 가진 타당성의 증거를 제시하고 있다.

수행 기준 수립을 위한 교육과정에 기초한 측정 사용

CBM이 수행 기준을 세우기 위하여 사용될 때, 측정 도구는 학교 교육과정에서 개발되고 대상 집단 내 모든 학생(예: 교육청 혹은 한 학교에 소속된 모든 4학년생)에게 실행된다. 측정 결과는 수행의 기준을 결정하기 위한 자료로 제공된다. 수행의 기준을 세우기 위하여 CBM을 사용하는 것은 (1) 자료 선택, (2) 시험의 시행, (3) 수행 제시 및 해석, (4) 의사결정 구조의 네 가지 요소를 포함한다(Tindal & Marston, 1990).

자료 선택

평가의 과정은 학교 교육과정에서 적합한 자료를 선택하면서부터 시작된다. 학년말쯤 학생이 숙달할 것으로 기대되는 수준이 바로 적절한 자료가 된다.

- 읽기: 시, 연습문제, 대화 형식이 아닌 4학년 수준의 200단어로 구성된 문단
- 받아쓰기: 4학년 철자 교육과정에서 나온 모든 단어를 일정 비율에 맞게 두 가지 형태의 시험 유형으로 나눔
- 수학: 4학년 수준의 수학 교육과정에서 무작위로 36개의 계산문제를 선택

목표는 개별 학업영역의 학교 교육과정에서 몇 가지 표본을 선정하여 모든 학생들을 대상으로 시행하는 것이다. 같은 시험을 치른 학생들 간의 비교는 교수 결정을 내리기 위한 규준참조 자료원이 되어 준다.

시험의 시행

시험 시행의 절차는 분당 정확도의 측면에서 표준화된 양식을 사용하고 점수를 채점하는 것이 해당된다. 그 예로 읽기평가는 다음의 단계에 따라 시행된다.

1. 목표수준의 자료에서 무작위로 문단 선택하기
2. 학생 앞에 자료를 놓고 마주 앉기
3. 검사자를 위한 평가지 준비하기
4. 시험 지시사항 읽기
5. 1분 동안 학생에게 소리 내어 자료를 읽게 하기
6. 바르게 읽은 단어의 수로 학생의 수행을 점수화하고, 앞으로의 교수를 위해 오류를 기록하기

2개 혹은 3개의 문단을 선택해서 검사를 시행하고 평균점수를 기록하면 도움이 된다.

수행 제시 및 해석

한 학년이나 교실에 속한 모든 학생들을 평가하고 개별 학생의 평균점수가 계산되면, 교사는 전체 그룹의 박스 좌표(box plot)를 그려 볼 수 있다. 박스 좌표 개발의 지침은 〈표 3-2〉에 있고, [그림 3-3]은 31명의 5학년 학생들의 박스 좌표 표본을 보여 주고 있다. 위와 아래 T는 90퍼센타일과 10퍼센타일을 보여 주고 있다. 박스는 표본의 중간 50퍼센타일을 포함하고, 밑에 그려진 선은 25퍼센타일, 위쪽 선은 75퍼센타일, 중간 선은 50퍼센타일을 나타내고 있다.

10퍼센타일과 90퍼센타일 밖에 있는 작은 원은 극값(extreme values)을 갖는 개인들을 의미한다. 이 표본자료에서 일부 학생들은 특수한 서비스(예: 타이틀 I, 특수교육)를 받아야 할 만큼 매우 낮은 읽기수준을 나타내지만 일부 학생들은 자료를 매우 유창하게 읽었다는 것을 알 수 있다. 두 개의 단락이 학년수준의 가독성(readability)에 따라 선정되었으나, 152개 단어를 바로 읽은 단락 A의 평균은 137개를 바로 읽은 단락 B의 평균보다 월등하게 높았다. 따라서 이 시스템을 사용할 때 중요하게 고려해야 할 점은 단락 간에 존재하는 난이도 수준의 차를 최소화할 수 있도록 다양한 단락을 표본으로 사용하는 것이다.

의사결정 구조

이 자료는 교사가 특수교육을 필요로 하는 저성취 학생을 판별하고, 학생을 교수를 위한 그룹으로 나누고, 교수 프로그램을 계획하며, 장기목표를 수립하도록 한다. 예를 들어, 이러한 유형의 평가는 3개의 읽기 집단(하위 집단: 16퍼센타일 이하, 중위 집단: 16~84퍼센타일, 상위 집단: 84퍼센타일 이상)을 결정하기 위하여 사용될 수 있다.

저성취자 및 특수교육 대상자를 가르치는 교사에게 이 평가체계를 활용하는 것의 실질적인 장점은 공식적인 평가체계를 세울 때 적용 가능하다는 것이다. 연속적으로 난이도가 낮거나 높은 학년자료를 가지고 평가를 시행하고 해당 학년의 규준과 수행을 비교함으로써 현

〈표 3-2〉 박스 좌표의 제작 지침

- 1단계: 높은 점수에서 낮은 점수로 순위를 매긴다.
- 2단계: 각 점수의 백분율 값을 정한다. 개별 점수의 가치를 계산하기 위해서 1을 전체 점수의 개수로 나누면 된다. 예를 들어, 31개 점수의 순위를 정하는 것에서 개별 점수는 약 3.2% 정도를 나타낸다(1/31=3.2).
- 3단계: 90%, 75%, 25%, 10%의 순위에 해당하는 지점을 결정한다. 31개 점수 각각의 순위가 약 3.2%를 나타내기 때문에 최상위 3개 점수는 최상위 10%에 해당된다. 90% 수준을 나타내는 세 번째 점수 바로 밑에 수직선을 긋는다. 같은 절차를 사용하여 여덟번째 점수(3.2×8=25.6%) 밑에도 수직선을 긋게 되면 그것이 75% 수준을 나타낸다.

예)

181
180
178 90% 수준
———————
164
161
159
153
150 75% 수준
———————
149
(149~62: 31개 점수 중 최하점이 62)

- 4단계: 중간 점수인 중앙값(50퍼센타일)을 찾는다. 이는 50% 수준에 해당되는 점수이고, 중앙값을 찾기 위해 다음의 3단계를 거쳐야 한다. (1) 점수의 순위를 정한다. (2) 점수의 전체 숫자를 센다. (3) 전체 점수의 숫자를 2로 나누어 중앙값을 찾는다. 점수의 수가 홀수이면 2로 나눈 수가 중앙값이고, 점수의 수가 짝수이면 중앙값은 2개 중간 점수의 평균을 구하면 된다.
- 5단계: 90%, 75%, 25%, 10% 수준과 평균을 박스 좌표를 그려 나타낸다. 90% 이상과 10% 미만의 점수 각각은 기호로 위치를 표시한다.

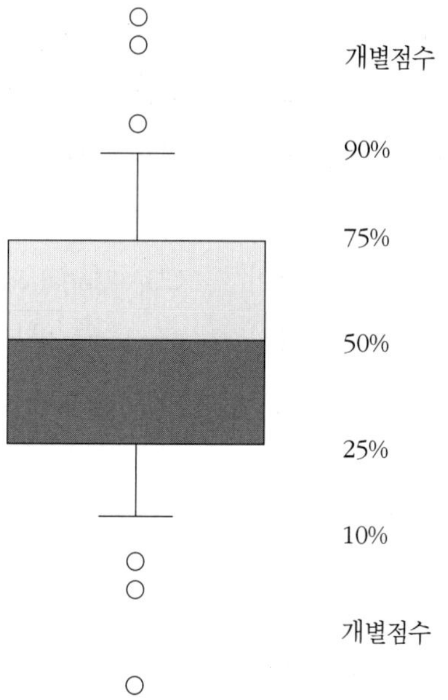

- 6단계: 박스 좌표는 학생 집단을 구성하고 장단기 목표를 수립하며 기준을 세우거나(예: 숙달 준거 수립) 특별한 도움을 필요로 하는 학생을 판별하는 데 사용할 수 있다.

[그림 3-3] 5학년 학급의 구어 읽기 유창성 박스 좌표

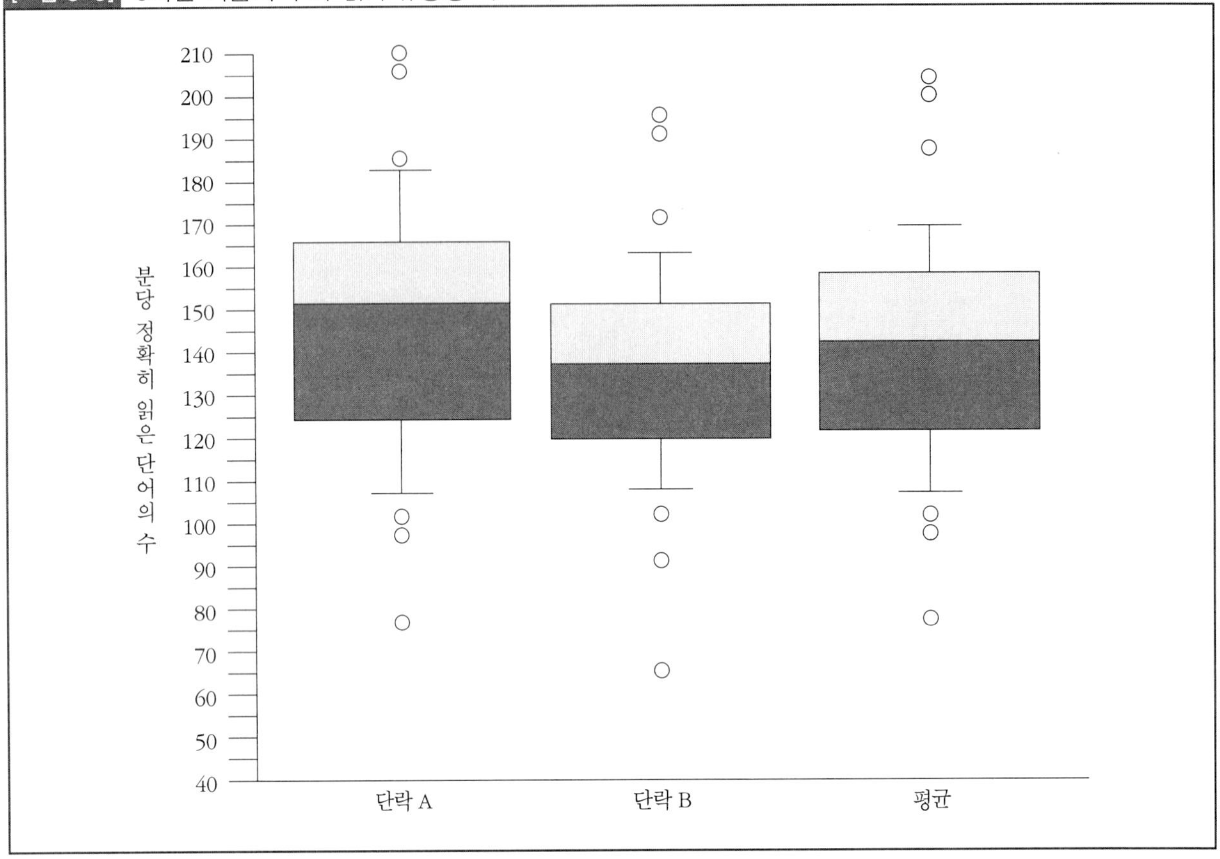

행 기능수준과 적절한 목표수준을 결정할 수 있게 된다. 비공식적 읽기평가를 마친 후 정확도에 따라 학생에게 교수자료를 제공하는 것보다는 해당 학생과 비교 가능한 이들과 수준을 맞추는 것이 실증연구 결과에 근거한 교수적 배치를 가능하게 한다. 예를 들어, 5학년 학생이 3학년 수준의 읽기자료를 사용하는 학생들과 가장 유사한 수행수준을 보인다면 이 자료에 근거한 배치가 정당화될 것이다. 또한 적절한 목표가 무엇인지도 판단할 수 있을 것이다(예: 학년말에 4학년 수준 자료에서 성공적인 수준을 보인다.).

개인별 참조자료 체계

Lindsley(1971)가 30년 전에 정밀교수(precision teaching)를 소개한 이래로, 많은 교육자들은 자료에 기초한 교수의 가치를 인식하고 있다. 응용행동 분석의 방법론을 채용하여 자료에 기초한 교수방법을 만들 수 있는 다른 시스템도 개발되어 왔다. 예를 들어, 개인참조 CBA(Tindal & Marston, 1990)는 직접측정(direct measurement), 반복측정(repeated measurement), 자료의 그래프화, 장기목표 수행 모니터링, 자료분석 및 교수 결정을 특징으로 한다.

직접측정

자료에 기초한 교수(개인참조 CBM)의 가장 중요한 특징 중 하나는 행동의 직접적이고 지속적이며 정확한 측정을 강조한다는 것이다. 직접측정은 관련 있는 교실행동(예: 구어 읽기 속도나 수학 계산 속도)에 초점을 둔다.

반복측정

반복측정을 사용하기 위해서는 행동이 셀 수 있어야 하고 일정 시간 동안 기록될 수 있어야 한다. 수행은 한 가지 상황에 있어 행동을 파악할 수 있는 하나의 측정치이지만, 학습은 시간의 경과에 따른 수행의 변화를 보여 준다. 하나 이상의 수행이 기록될 때, 교사는 학생이 똑같은 수준인지, 더 좋아졌는지, 혹은 더 나빠졌는지를 설명할 수 있다. 자료가 더 많이 수집될수록 학습에 대한 교사의 인식은 더욱 정확해질 것이다. 이러한 연속적인 자료는 교사가 매일의 교수 결정을 내리는 데 도움을 줄 것이다.

Kerr와 Nelson(2002)은 모니터링의 빈도를 조정하는 데 유용한 실제적인 지침을 제시하였다.

- 학생의 진보가 빠를 때는 계열을 작은 단계로 나누어 매 회기별 기록하기(하루에 한 번 이상)를 사용한다.
- 학생의 행동이 일정하지 않고 매일 진행되는 프로그램의 조정이 필요할 때는 일일 기록을 사용한다.
- 학생의 진보가 느릴 때는 2주 혹은 1주마다 확인 자료를 수집한다.
- 행동을 일반적으로 모니터링하고 잦은 프로그램 조정이 필요하지 않을 때는 2주 단위 혹은 주별 확인 자료수집을 한다.
- 이전에 숙달된 기술의 유지, 일반화를 평가할 때는 월별, 2주 단위 혹은 주별 확인자료 수집을 한다.

교수 결정을 내리는 데 있어 매일 시행되는 측정이 최상의 자료가 되어 주기는 하지만 학업 수행을 모니터링하는 것은 매일 하는 것보다는 주 2회 실시하는 것이 더 효과적이라는 연구 결과가 있다(Fuchs, 1986).

영구적인 성과물을 기록하는 가장 일반적인 방법과 함께 다양한 관찰 기록기법이 존재한다. 〈표 3-3〉에는 기록하기 기법이 소개되어 있는데, 여기에는 사례기록법, 등간기록법, 시간표집법, 지속시간 기록법, 지연시간 기록법, 일화 기록법, 영구적인 성과물 기록법이 있다. 관찰기법은 특히 학업 성공과 관련 있는 교실행동을 평가하는 데 유용하다〔기록기술의 보다 자세한 설명은 Alberto와 Troutman(2003), Howell과 Nolet(2000), Kerr와 Nelson(2002)를 보라.〕.

자료의 그래프화

자료를 유용하게 사용하기 위하여 수집된 정보는 읽기 쉬운 형식으로 나타내어야 하는데, 원자료를 분석할 수 있도록 시각적 제시기법의 개발이 필요하다. 자료에 기초한 교수에서 그래프로 표현하는 것은 자료 제시의 가장 흔한 방법이다. Kerr와 Nelson(2002)은 그래프가 다음의 세 가지 중요한 목적을 충족시킨다고 보고하였다. (1) 매일의 의사결정을 돕는 방식으로 자료를 요약한다. (2) 중재 효과를 말해 준다. (3) 학습자와 교사에게 피드백과 강화를 제공한다.

자료는 일관되게 그래프로 표현할 수 있는 양식으로 변화되어야 한다. 기본적으로 그래프는 세 가지 유형의 자료를 포함한다. 정답 수, 정답률(전체 반응 수를 정답 수로 나누고 100을 곱함), 속도(정답 수를 시간으로 나눔)다.

그래프의 기본적인 형식은 선그래프로서, 2개의 축으로 이루어져 있다. 수평축은 횡좌표 혹은 x축으로 불리고, 수직축은 종좌표 혹은 y축이라 불린다. [그림 3-4]에서 처럼 x축은 시간 요인(즉, 관찰기간)을, y축은 목표행동의 수행을 기록하는 데 사용된다. [그림 3-5]는 등간격 그래프 용지 위에 그려진 선그래프의 예시다.

막대그래프는 자료를 보여 주기 위하여 수직적인 막대를 사용한다(즉, 수직의 막대는 수행 수준을 보여 준다.). 막대그래프는 해석하기에 쉽고 교사와 학생에게 수행에 대한 그림을 제공한다. [그림 3-6]은 막대그래프의 예시다.

그래프의 또 다른 유형인 비율그래프는 비율을 나타내는 자료를 차트로 만드는 데 특히 유용하다. 비율그래프에 사용되는 자료는 분당 비율로 변환되고, 그래프 용지 위에 차트로 표시된다. 지정된 시간(보통 1분 정도) 동

〈표 3-3〉 관찰 기록기법

기 술	자료수집 방법	예시	설명	자료 요약
빈도기록법 • 초점: 행동의 빈도 • 목적: 행동 빈도의 증가 혹은 감소 • 장점 – 행동 발생을 정확하게 셀 수 있다 – 자료 수집이 용이하다(예: 카드에 횟수 표시하기). – 학업과 관련된 반응들을 기록하는 데 적합하다(예: 읽기 오류 수 기입하기)	행동의 발생을 관찰해서 기록한다.	학생이 5일 동안 교사에 의해 주어진 과제를 완수한 횟수를 기록한다.	과제 날 / 전체 과제 수 / 완수 1 / 5 / // 2 / 4 / // 3 / 5 / /// 4 / 6 / //// 5 / 7 / ///// 합계: 27 / 16	• 전체 수(빈도): 16 • 전체 과제 중 완수한 과제의 수: 16/27
등간기록법 • 초점: 행동의 빈도 • 목적: 행동 빈도의 증가 혹은 감소 • 장점 – 동시에 두세 가지의 행동이나 학생을 관찰할 수 있다. – 행동의 빈도가 매우 높을 때 좋다.	관찰하기를 원하는 특정 시간을 일정한 간격으로 나누는데 그 간격을 보통 30초나 그 이하로 한다. 개별 시간 간격에서 행동이 일어나면 (+), 일어나지 않으면 (–) 표시를 한다.	주어진 시간 간격 중에 학생이 착석과제 자료에 '주의'를 기울이는지의 여부를 기록한다.	1분 / 1분 + | – | + | + | – | – | + | +	• 학생이 행동을 보이는 시간의 백분율: $\frac{\text{주의를 기울인 간격의 수}}{\text{간격의 전체 수}}$ = 5/8 = 62.5%
시간표집법 • 초점: 행동의 빈도 • 목적: 행동 빈도의 증가 혹은 감소 • 장점 – 동시에 두세 가지의 행동이나 학생을 관찰할 수 있다. – 행동을 계속해서 관찰하지 않고도 목표행동을 기록할 수 있다.	관찰하기를 원하는 특정 시간을 일정한 간격으로 나누는데 그 간격을 2~3분 혹은 그 이상으로 한다. 개별 시간 간격에서 행동이 일어나면 (+), 일어나지 않으면 (–) 표시를 한다.	40분 동안에 5분마다 학생이 '과제를 수행' 하고 있는지의 여부를 기록한다.	40분 + | – | + | + | – | – | – | +	• 학생이 행동을 보이는 시간의 백분율: $\frac{\text{학생이 과제를 수행한 간격의 수}}{\text{전체 간격의 수}}$ = 4/8 = 50%
지속시간 기록법 • 초점: 행동의 지속시간 • 목적: 행동 지속시간의 증가 혹은 감소 • 장점 – 학생이 목표행동을 나타내는 시간의 양이나 백분율을 제공한다.	관찰기간 동안 학생이 목표행동을 보이는 시간의 양을 기록한다. 활동이 시작되면 초시계를 누르고, 활동이 끝나면 초시계를 멈춘다. 관찰기간 동안 이 과정을 반복한다.	학생이 수학과제를 수행한 시간의 양을 기록한다.	관찰시간: 10:00~10:30 시작 / 멈춤 / 지속시간 10:04 / 10:08 / 4 10:11 / 10:16 / 5 10:21 / 10:23 / 2 10:26 / 10:30 / 4 합계: 15	• 학생이 활동에 참여하는 시간의 백분율: $\frac{\text{참여한 시간}}{\text{전체 시간}}$ = 15/30 = 50%

〈계속〉

<table>
<tr>
<td>지연시간 기록법
• 초점: 행동의 지연시간
• 목적: 지연시간의 증가 혹은 감소
• 장점
– 쉽게 자료가 수집된다.
– 적절한 행동을 시작하기까지 얼마의 시간이 소요되는지에 대한 자료를 제공한다.
– 학생이 얼마나 오랫동안 반응(예: 화장실 가기)을 지연시키는가에 대한 자료를 제공한다.</td>
<td>일단 교사의 자극(신호)이 제공된 후에 학생이 어떠한 활동을 시작하는 데 걸리는 시간을 기록한다. 제공된 활동을 시작하라는 신호가 제시된 직후 초시계를 누르고, 학생이 활동을 시작하면 초시계를 멈춘다.</td>
<td>지시가 있은 후 학생이 읽을 책을 가져와서 읽기 그룹 활동에 참여하는 시간의 양을 기록한다.</td>
<td>신호 시작 지연시간
11:02 11:05 3
11:03 11:06 3
11:01 11:02 1
11:04 11:07 3
10:59 10:30 4
12</td>
<td>• 활동을 시작하라고 이야기한 때부터 실제 활동이 시작될 때까지의 경과시간의 평균
$\frac{\text{지연시간}}{\text{날의 수}}$
$= 12 \div 5$
$= 2.4$ 분</td>
</tr>
<tr>
<td>일화기록법
• 초점: 학생의 행동 묘사
• 목적: 중재를 계획하고 그것을 향상시킬 수 있는 전략을 결정하기 위해 중요한 행동이 무엇인지를 결정
• 장점:
– 교수적인 목표와 중재를 개발하는 데 도움을 주는 자료를 제공한다.</td>
<td>특정 시간 동안 학생의 모든 행동을 기록한다.</td>
<td>과학실험 시간 중에 보이는 행동들을 모두 기록한다.</td>
<td>• 시간: 1:05
• 선행사건: 교사는 실험실 자료를 건네주고 실험을 설명한다.
• 행동: 샐리는 창문 밖을 쳐다본다. 그녀 주변에 있는 친구들과 얘기를 나눈다.
• 후속결과: 교사는 샐리에게 실험에 관하여 이야기한다.</td>
<td>• 일화서술 보고서</td>
</tr>
<tr>
<td>영구적 성과물 기록법
• 초점: 영구적인 성과물(예: 과제를 작성하거나 녹음하기)을 만들어 내는 학생의 성과. 교사들에 의해 가장 흔히 사용되는 기록방법(예: 수학 보고서, 책 보고서, 프로젝트)
• 목적: 학생의 진전사항을 모니터링하고 정답과 오답에 대한 피드백을 제공
• 장점
– 수집하기에 쉽다.
– 교사가 학생을 직접적으로 관찰하지 않는다.
– 학생의 진전도에 대한 자료를 제공한다.
– 다각도에서 쓸모가 많다(예: 모든 내용교과 영역에 유용하다).
– 행동의 표본이 오랫동안 보관 가능한 영구적인 성과물이다.
– 교사의 편의에 맞게 기록될 수도 있다.</td>
<td>과제를 선택하고 정답과 오답에 대하여 피드백을 제공한다.</td>
<td>철자 쓰기 시험지를 모아서 정답률을 적어서 돌려준다.</td>
<td>60% 정답률
철자 쓰기
1. ________
2. ________
3. ________</td>
<td>• 정답 수(빈도)
• 정답 백분율:
$\frac{\text{정답 수}}{\text{전체 문제 수}} \times 100$
• 분당 정답률/오답률</td>
</tr>
</table>

[그림 3-4] x축과 y축 예시

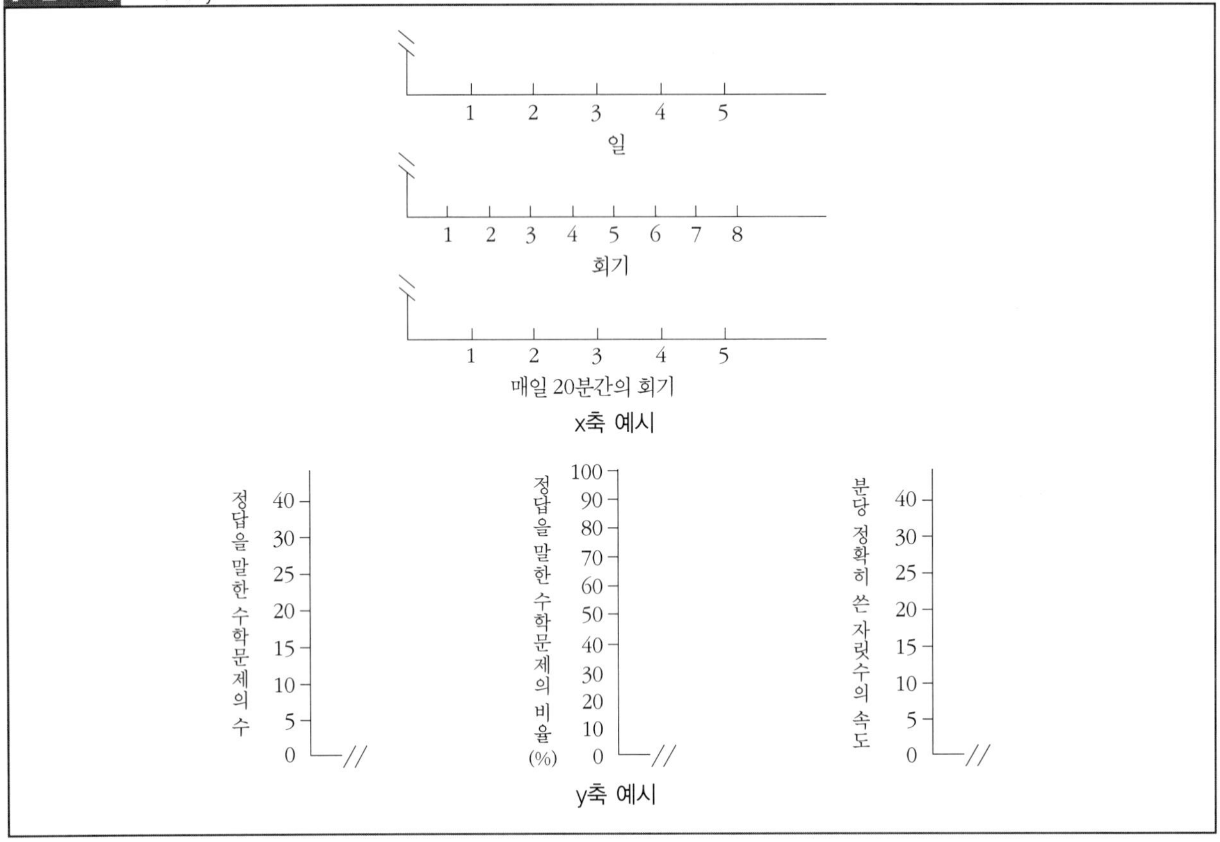

[그림 3-5] 선그래프 예시

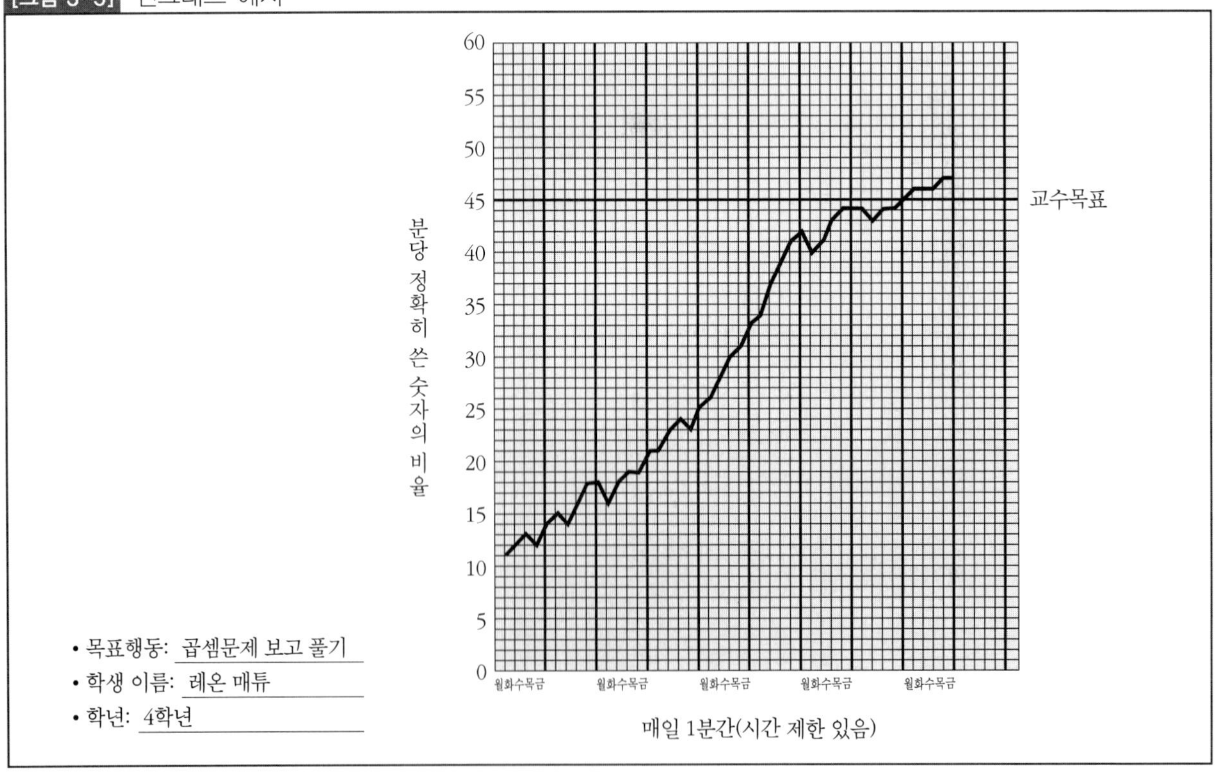

[그림 3-6] 막대그래프 예시

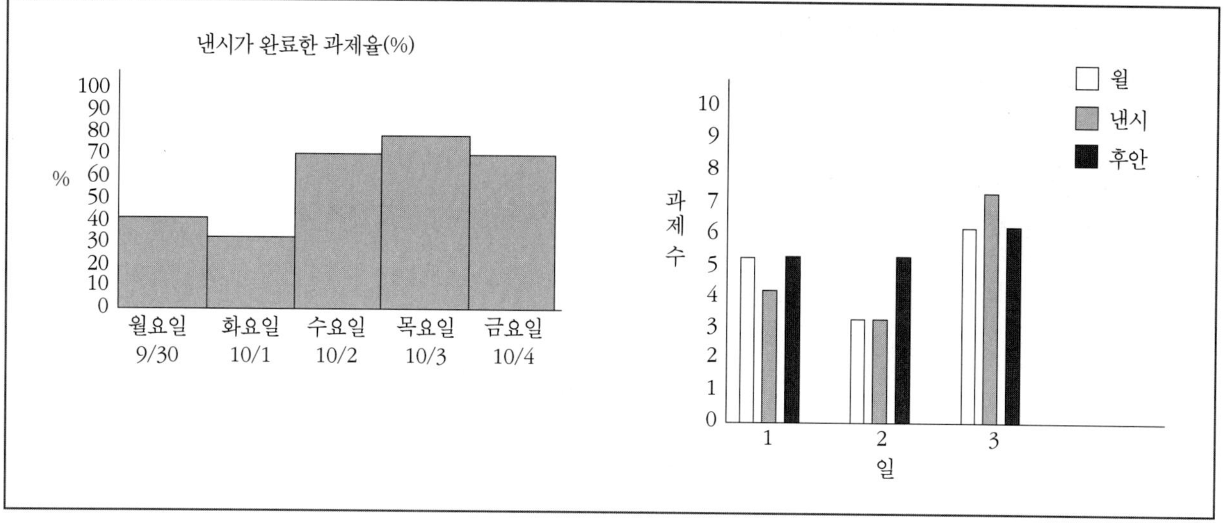

안 교수목표(예: 단어를 본다-단어를 말한다)에 대한 정답 수와 오답 수가 그래프의 자료가 된다. 이 그래프는 응용행동 분석이나 더 정확히는 정밀교수의 중요한 도구가 된다.

장기목표 수행 모니터링

일반적으로 개인참조 CBM 방법은 수행 모니터링 차트를 사용한다. 이 차트는 장기 교수목표를 향한 학생의 진보 상태를 보여 준다. 보통 측정은 일주일에 2번 같은 기술을 측정하는 데 사용될 수 있는 항목들 중에서 무작위로 선정된 표본을 가지고 시행된다. 평가 항목은 학기말 혹은 학년말에 학생이 이루고자 하는 목표수준을 보여 준다. [그림 3-7]은 CBM 장기목표 수행 모니터링 차트다. 학생의 기초선은 처음 3개의 자료점(data points)이다. 향상을 원하는 비율은 점선으로 나타내는데, 2주차 말에 기초선의 중간점에서 시작하고 20주차에 목표 숙달 기준으로 진행된다. 첫 수직 중재선 후에 나온 10개 점은 중재 A하에 이루어진 학생의 진보를 보여 준다. 경향선(trend line)은 학생의 향상률 추정치 위에 겹쳐 그려진다. 경향선이 목표선(goal line)과 비교될 때, 학생의 진보가 너무 느리고 교수수정이 필요하다는 것은 더욱 명확해진다. 두 번째 수직선은 새로 진행되는 중재를 나타낸다. 중재 B 이후 나타나는 자료점은 시간 내에 목표에 도달할 것으로 보이는 진보의 향상률을 나타낸다. 그러므로 교사는 중재 B를 유지하면 된다. 만약 경향선이 목표선보다 더 가파르다면 목표 숙달 기준은 올라간다.

단기목표 수행 모니터링

다른 유형의 차트인 숙달도 모니터링 차트(mastery monitoring chart)는 연속적인 단기목표에 대한 진보를 점검하는 데 사용된다. 학생이 단기목표를 숙달했을 때는 새로운 목표가 수립되고 일련의 단기목표가 계속해서 모니터링된다. 측정 항목은 학생이 하나의 목표를 숙달할 때마다 변화한다. 교사에게는 숙달도를 모니터링하는 것이 추가적인 업무가 되기는 하지만, 이 기법은 몇 가지의 장점이 있다. 차트 시스템은 전통적인 교육과정 기술의 위계를 반영하며 교수와 측정, 교수내용 사이에 존재하는 연계성을 더 강화한다.

특히 정밀교수에서 교사는 다음의 단계를 따른다.

1. 목표행동을 선택한다.
2. 매일 시간 제한이 있는 평가를 시행하는 데 사용될 수 있는 평가지를 개발한다.

[그림 3-7] 장기목표 수행 모니터링 차트

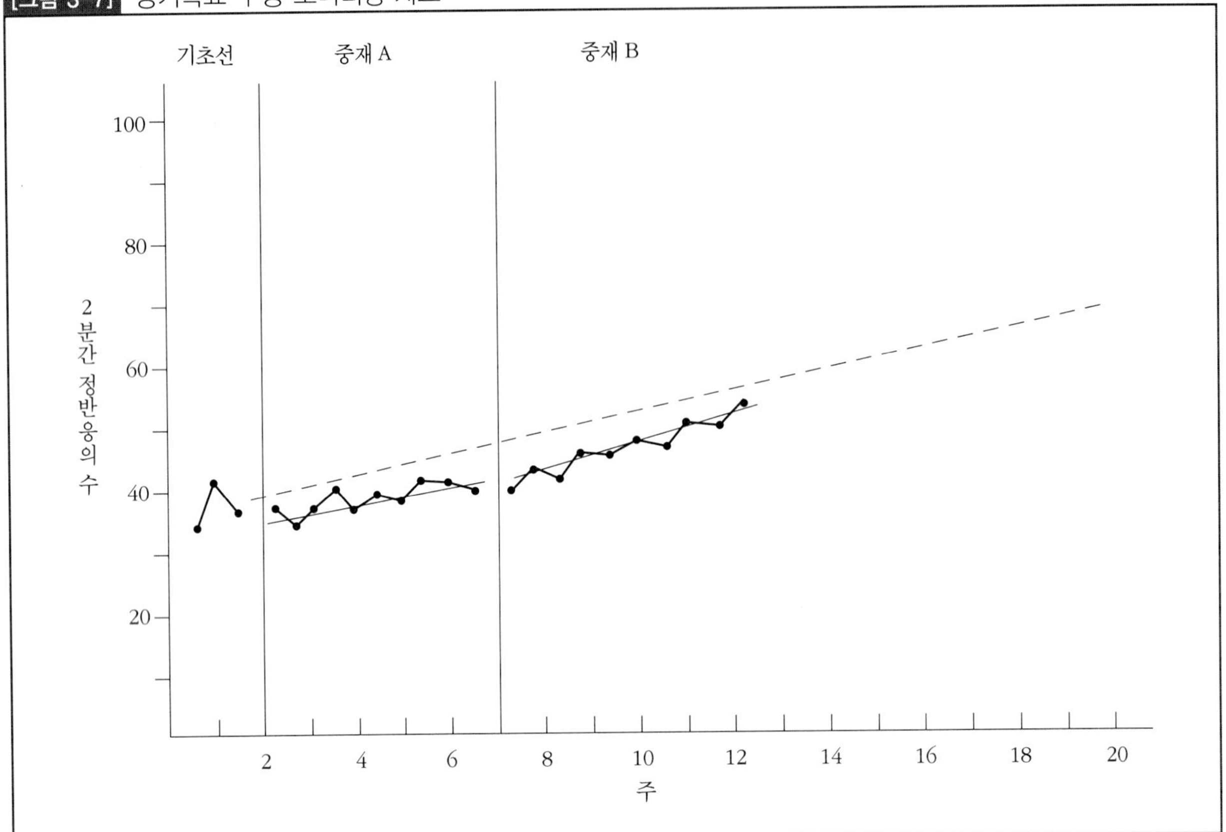

출처: C. D. Mercer & P. C. Pullen, 2005, *Students with Learning Disabilities* (p. 266), 6th ed. Upper Saddle River, NJ: Merrill/Prentice Hall. Copyright 2005 by Pearson Education(허락하에 게재함).

3. 일주일에 2~5번 정도 자료를 그래프로 나타내고 유창성의 기준에 부합하는 교수목표를 세운다.
4. 교수 프로그램을 설계한다.
5. 자료를 분석하고 교수 결정을 내린다.

보통 목표행동은 확인평가(probe)를 시행함으로써 결정된다. 확인평가는 학업과제를 포함하고 학생 행동의 표본을 얻기 위해 사용된다. 일반적으로 학생은 1분 동안 평가지를 풀고, 교사는 정답과 오답의 비율을 기록하고 어떠한 오류패턴이 있는지 메모한다. [그림 3-8]은 합이 9 이내의 수를 이용한 덧셈기술을 평가하기 위한 확인 평가지의 예다. 보통 교수목표는 학생이 확인평가에 2~3번 참여할 때까지 수립되지 않는다. 확인평가는 시험을 한 번 치르는 것보다 학생 수행에 대하여 더 신뢰성 있는 정보를 제공한다. 기존 확인 평가지가 사용될 수도 있고 새로운 확인 평가지가 특정 기술(예: 0을 포함한 덧셈)을 측정하기 위해 개발될 수 있다.

정확한 교사는 학생 수행을 기록하고 그 결과를 그래프로 그린다. [그림 3-9]의 차트는 여러 기술에서 보이는 수학적 진보 상황을 보여 주고 있는데 수행에서 변화가 나타난다. 이 방법에서 학습의 상대적인 속도는 학습의 절대적인 양보다 더 분명하게 드러난다. 예를 들어, 학생이 곱셈의 답을 쓰는 속도가 일주일에 분당 10에서 분당 20의 속도라면, 변화율(×2)은 같은 시기에 20에서 40으로 늘어난 어떤 학생의 속도만큼 대단한 것이다. 또한 차트는 원자료를 기록할 수 있는 공간을 제공하는데, 이는 차트를 점검할 때 도움을 주고 학생이 원자료의 기울기를 계산함으로써 진보를 기록할 수 있게 한다.

단순한 그래프를 선호하는 교사는 앞의 [그림 3-5]에

[그림 3-8] 9까지의 합을 나타내는 덧셈 확인 평가지

이름: ______________________ 정답: __________ 오류: __________

날짜: __________ 교사평: ______________________

6 + 2	5 + 3	4 + 4	9 + 0	8 + 1	2 + 7	5 + 0
8 + 0	4 + 3	1 + 1	3 + 2	5 + 2	3 + 6	5 + 4
7 + 1	4 + 2	3 + 3	8 + 1	7 + 0	2 + 5	4 + 0
1 + 0	3 + 1	2 + 2	6 + 1	5 + 4	1 + 6	0 + 0
3 + 4	2 + 4	2 + 1	3 + 1	3 + 0	4 + 5	5 + 1
6 + 3	7 + 2	1 + 2	1 + 3	1 + 4	1 + 5	1 + 8

제시된 등간 차트를 사용할 수 있다. 교사는 세로축을 따라 행동의 빈도를, 가로축을 따라 시간이나 회기의 수를 기록한다. 등간 차트의 예는 [그림 3-10]과 같다. 등간 차트의 두 가지 이점은 이해하기 쉽고 또 획득하기 쉽다는 것이다.

그래프를 사용하는 것은 다음과 같은 이유에서 가치가 있다.

- 그래프는 자료를 시각적으로 묘사하고 많은 양의 자료를 줄일 수 있다.
- 그래프는 간단하게 결과를 보여 주고 프로그램 결과와 학생의 학습에 대한 의사소통을 촉진한다.
- 그래프는 수행에 대한 중요한 특성을 반영한다.
- 그래프는 교수를 계획하고 수정하기 위하여 자료의 사용을 촉진한다.
- 그래프는 정보를 제공하고 동기를 줄 수 있는 피드백이 될 수 있다.

그리고 연구 결과에서 성취는 그래프로 나타난 학생의 수행과 관련있다고 알려졌다. Fuchs와 Fuchs(1986)는 자료를 간단히 기록하는 것보다 차트로 나타낼 때 성취가 거의 약 0.5 표준편차 정도 향상된다고 주장하였다.

자료분석과 교수 결정

교수 목적이나 목표는 학생과 교사에게 자료를 분석할 수 있고 학생 진보를 평가할 수 있는 틀을 제공해 준다. 교수목표가 정답률로 표현될 때는 일반적으로 숙달의 수준을 정답률 80%로 정한다. 비율로 교수목표를 표현할 수도 있다. 비율은 활동의 수를 관찰한 시간(분수)

[그림 3-9] 수학기술의 진보를 보여 주는 비율 차트

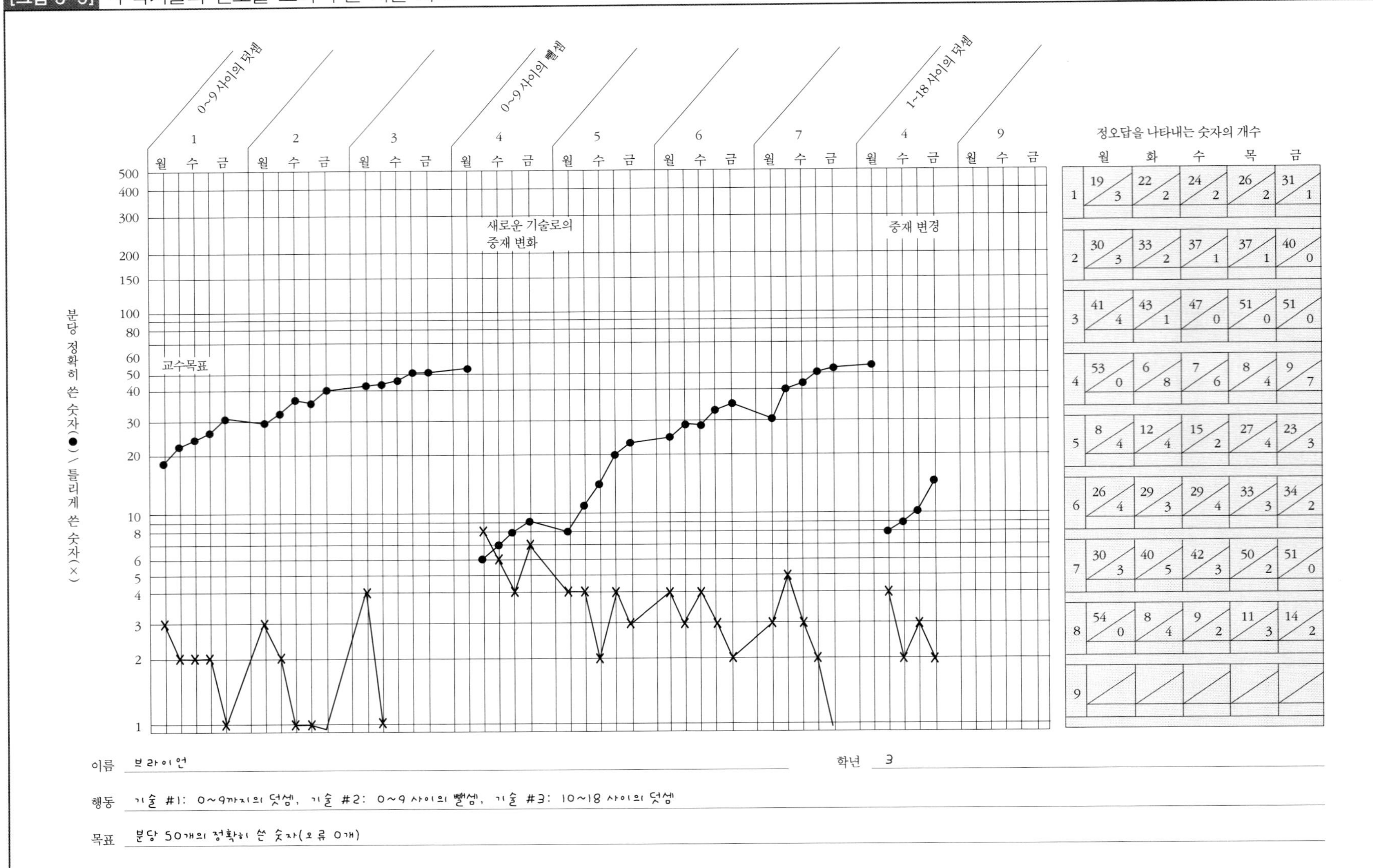

출처: C. D. Mercer, 1992, *Students with Learning Diasbilities* (p. 254), 4th ed. Upper Saddle River, NJ: Merrill/Prentice Hall. Copyright 1992 by Pearson Education(허락하에 게재함).

[그림 3-10] 등간 차트

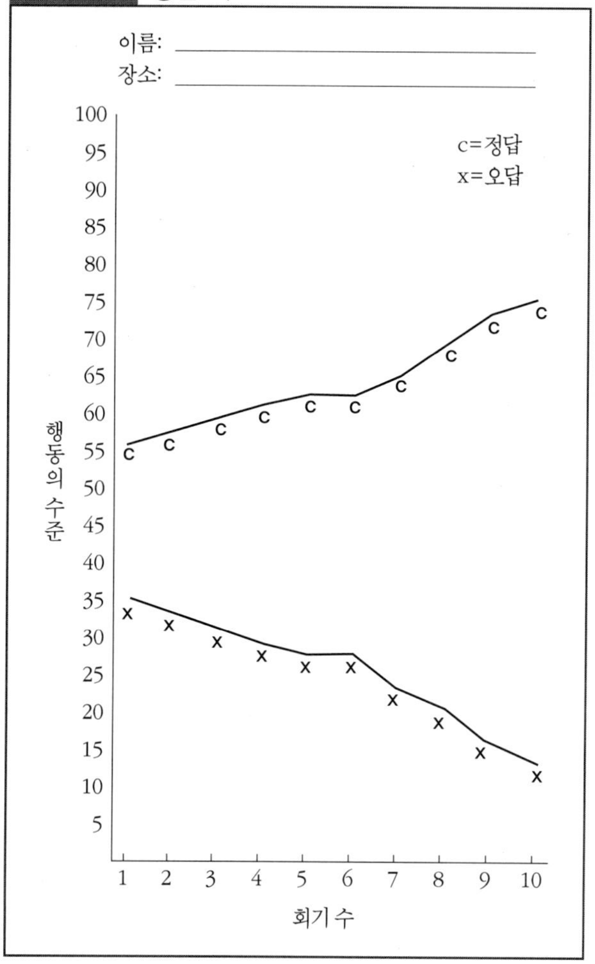

으로 나누는 것이다. 정밀교수에서 보통 교수목표는 분당 정답과 오답의 비율로 정의된다. CBM에서는 일반적으로 분당 정반응 비율만으로 교육목표를 정의한다. 비율은 교수중재의 효과성을 반영해 주는 아주 민감한 비율측정 도구다.

이상적으로 목표는 어떤 기술의 숙달수준을 나타낸다. 학업과제에서 숙달(즉, 유창성)을 나타내는 비율에 대한 자료는 부족한 편이다. 여전히 숙달수준을 나타내는 비율에 대해 합의를 이루지 못하였지만, 일부 학업과제의 경우는 숙달수준을 제시할 수 있을 만큼의 자료가 충분하다(Howell & Nolet, 2000; Mercer, Mercer, & Evans, 1982).

나이, 학년수준, 성취수준과 같은 학습자 특성은 적절한 성취목표를 수립하는 데 영향을 미친다. 아직 연구를 통해 학업과제에 대한 특정 목표가 결정되지 않았기 때문에 교사는 개별 학생들의 목표를 정할 때 교사 자신의 판단에 의존해야만 한다. 목표 선택을 촉진하는 한 방법으로는 만족스러운 수준의 성취를 보이는 학생들로부터 성취율 자료를 수집하고 그들의 수행을 목표로 사용하거나 (수행 기준 수립을 위한 CBM 활용 부분 참조) 혹은 교사가 과제를 수행하고 그 수행의 일부를 목표로 사용할 수 있다. 목표수준을 결정하는 또 다른 방법은 비슷한 학년수준의 자료에서 분당 55~75개의 단어를 옳게 읽을 수 있는 3개의 과제를 주고 그중 2개 혹은 3개에서의 점수를 얻은 후 이 점수로 기초선의 중간값을 잡는 것이다. 학생이 3학년 이상의 읽기수준을 보인다면 교수 시간이 있는 주(week)의 수에 2를 곱하고 이를 기초선 중간값에 더한다. 예를 들면 다음과 같다.

(주 수 × 2) + 기초선 중간값 = 목표

(30 ×2) + 60

60 + 60 = 120(분당 단어 수)

학생이 3학년 읽기수준 이하로 평가된다면 교수시간이 있는 주 수에 1.5를 한 후 기초선 중간값을 더한다. 예를 들면 다음과 같다.

(주 수 × 1.5) + 기초선 중간값 = 목표

(30 ×1.5) + 60

45 + 60 = 105(분당 단어 수)

교수목표를 세우기 위하여 수행 기준(교육과정 영역에서 제공) 또래평가 혹은 학생 기초선을 사용하는 것과 함께, 교사는 성인/아동 비율 공식을 사용할 수도 있다(Koorland, Keel, & Ueberhorst, 1990).

$$\frac{\text{(계산될) 학생목표}}{\text{학생도구 기술률}} = \frac{\text{성인과제 수행률}}{\text{성인도구 기술률}}$$

예를 들면 다음과 같다.

학생도구 기술률 =
분당 70개의 숫자를 정확히 보고 쓴다.

성인과제 수행률 =
분당 80개의 수학 계산을 한 숫자를 정확히 보고 쓴다.

성인도구 기술률 =
분당 130개의 숫자를 정확히 보고 쓴다.

$$\frac{x}{70} = \frac{80}{130}$$

$x = (70 \times 80) \div 130$; $x = 5{,}600 \div 130$; $x = 43.07$
학생 목표 = 43(분당 정확히 수학 계산을 한 숫자의 수)

차트화된 자료는 교사가 학생이 수용 가능한 진보를 보였는지를 결정하는 데 도움을 준다. 자료분석은 기초선(즉, 현재 수행수준)과 중재(즉, 중재하는 동안 수집된 자료)에서 얻어진 자료 모두를 차트로 나타날 때 더 유리해진다. 중재에 변화가 있을 때마다 그것을 나타내기 위하여 차트 위에 수직선을 긋는다. 자료를 차트로 만드는 목적은 교사가 교수전략에 대하여 정확한 결정을 내릴 수 있도록 하는 것이다(예: 어떤 방법을 계속할지 혹은 변화를 주어야 할지의 결정). 중요한 학습의 유형은 성공 혹은 실패가 일어나게 된 이유를 찾을 수 있게 하며, 자료를 기초로 의사결정을 내릴 수 있을 때 생겨나게 된다. 가장 바람직한 형태는 분명하게 드러난다. 적절한 답이나 정답률이 증가하거나 부적절한 답이나 오답률이 감소하는 것이다.

학생들은 종종 교수를 따라가는 것에 어려움을 나타내기 때문에 학습문제를 가진 것으로 판별된다. 이런 학생들은 수행이 훨씬 떨어지고 뒤처진다. 학생의 학습 유형을 분석하는 것은 학생의 학습문제를 판별할 수 있도록 도움을 주기 때문에 교사가 적절한 교수 결정을 내릴 수 있도록 해 준다.

시간이 지남에 따라 학생 수행에 있어 나타나는 변화는 다음의 몇몇 측정도구로 평가될 수 있다([그림 3-11] 참조).

- 수행수준: 중재가 소개될 때 일어나는 수행수준의 즉각적인 변화
- 기울기: 자료점의 값을 반영하는 경향선에서 변화의 비율
- 다양성: 수행의 불일치
- 교차: 여러 중재에서 공통적으로 나타나는 자료점

주간 비율의 수치화와 같은 추가적인 측정방법은 주간 비율을 결정하고 수행 목표율과 비교하는 데 도움을 준다. 예를 들어 주간 향상률에서 분당 바르게 읽은 단어의 수가 2.5개이고 목표가 2.0개라면 학생은 예상보다 더 나은 진전을 보이고 있는 중이다. 주간 향상률을 수치화하는 방법은 (1) 마지막 자료점 3개의 중앙값의 세로축 위에서 값을 찾고, (2) 처음 자료점 3개의 중앙값의 세로축 위에서 값을 찾으며, (3) 시작 값에서 종결 값을 뺀 후 교수가 시행된 주 수로 그 값을 나눈다.

실증연구에 의하면 자료를 분석할 때는 의사결정을 위한 규칙을 사용해야 한다. Fuchs와 Fuchs(1986)는 자료 활용 규칙을 포함하는 형성평가가 그 규칙을 사용하지 않은 형성 평가에 비해 학생 수행에서 표준편차가 평균 0.5 이상 높아졌음을 밝혀내었다. 규칙의 예로는 3일 법칙이 있는데, 이는 학생이 연속 3일 동안 불만족스러운 수행(즉, 목표 이하의 수행)을 보일 때 교사가 교수수정을 하는 것이다. Fuchs, Fuchs와 Hamlett(1989)은 CBM이 가장 효과적이려면 교사가 교수를 평가하고 교수를 수정하기 위하여 자료를 사용해야 한다고 주장하였다. 또한 Allinder, Bolling, Oats와 Gagnon(2000)에 따르면 CBM과 교사의 자기 모니터링 기법을 교사가 학생의 진보와 교수 계획을 분석하는 지침으로 함께 사용하는 것은 교사가 학생을 위한 교수적 변화와 관련된 의사결정을 향상시켜 준다. Tindal과 Marston(1990)은 자료분석 기법, 목표중심 의사결정과 처치중심 의사결정의 규칙에 대해 자세하게 논의하고 있다.

[그림 3-11] 시간 경과에 따른 학생 수행 변화를 평가하는 네 가지 측정도구

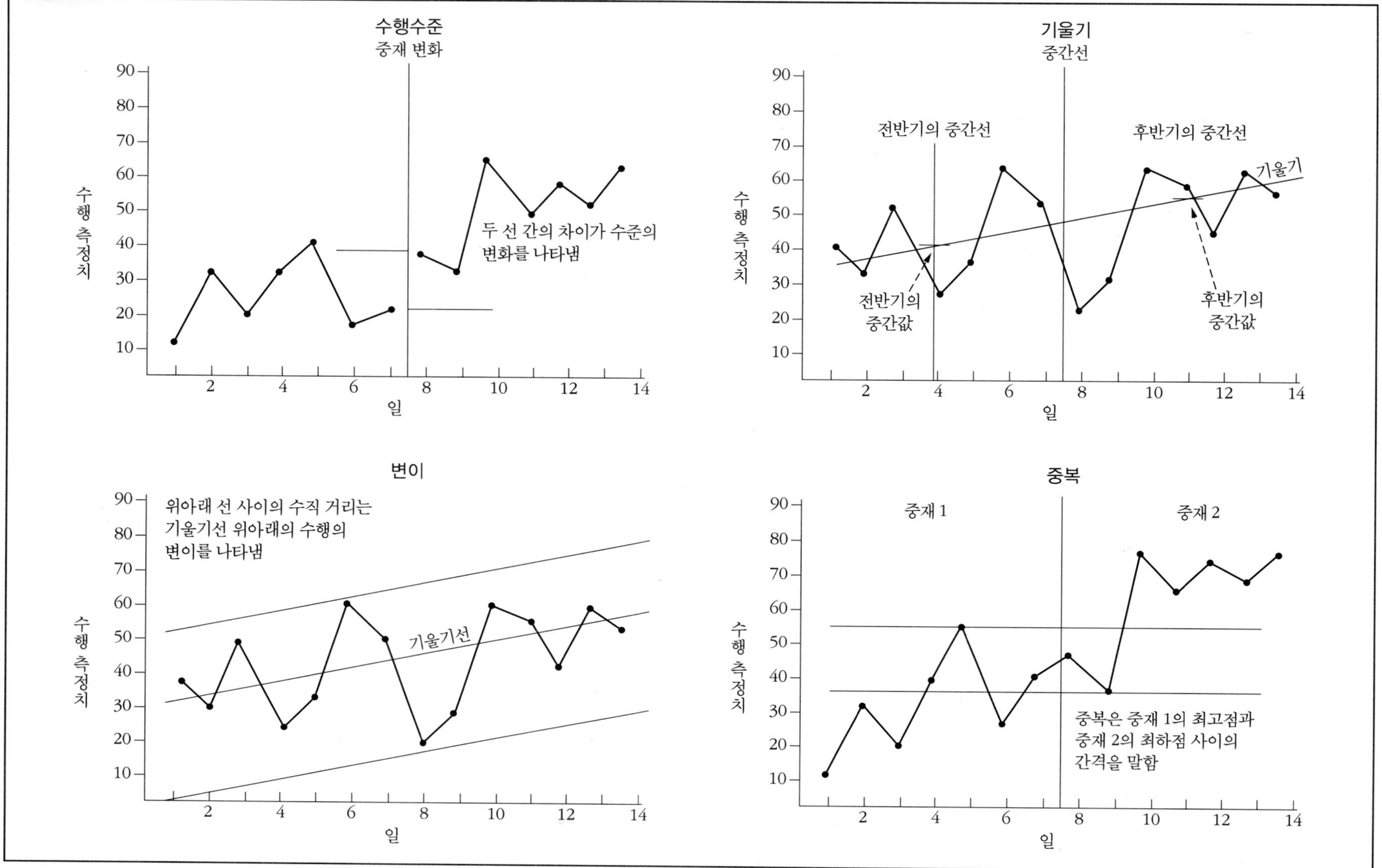

출처: C. D. Mercer & P. C. Pullen, 2005, *Students with Learning Diasbilities* (p. 270), 6th ed. Upper Saddle River, NJ: Merrill/Prentice Hall. Copyright 2005 by Pearson Education(허락하에 게재함).

학생 수행 점검을 위한 기본 지침

자료에 기초한 교수를 실행하기 위한 지침은 다음과 같은 조건에서 이 교수가 가장 성공적이라고 설명한다.

- 교사는 처음에 우선순위가 높은 행동에만 관심을 갖는다.
- 교사는 시간 기록과 행동 기록을 촉진할 수 있는 전략을 판별한다.
- 교사는 자주 기록된 자료를 평가한다.
- 교사는 확인평가나 교육과정 참조검사를 사용한다.
- 체제는 원인이라기보다는 교수도구로 남고, 학생에게 도움이 될 때까지만 사용한다.

아울러 다음의 전략은 시간 기록과 행동 기록을 촉진한다.

- 교사는 특히 글쓰기 활동에 있어 학생 집단을 대상으로 한 시간 측정하기를 할 수 있다. 예를 들어, 몇몇 교사들은 1분간 필기하기 과제, 1분간 수학문제 학습지, 1분간 철자하기 활동을 하기도 한다.
- 학생들은 시작한 시각과 멈춘 시각을 기록할 수 있다. 이는 학생이 푸는 학습지 위에 시계 모양의 고무인을 찍으면 쉽게 할 수 있다.
- 부엌에서 사용하는 초시계나 미리 녹음된 테이프를 시간 제한이 있는 회기 동안에 사용할 수 있다.
- 학생들끼리 서로 소요시간을 측정하고 기록할 수 있다. 이는 플래시카드 연습에서 유용하게 사용할 수 있다.
- 학생은 읽기를 녹음할 수 있다. 후에 교사는 특정 행동 혹은 전체 회기 동안 정오답률을 기록할 수 있다.
- 기계적인 수 세기 도구가 사용될 수 있다. 구슬이나 골프 점수 측정기, 빗금 긋기 등이 사용 가능하다.
- 매일 정해진 시간 동안 수 세기/시간 측정하기 활동이 이루어져야 한다. 측정 활동이 불규칙한 간격으로 이루어지면 자료 유형에 있어 혼란이 야기되며 참을성, 지루함, 반응 지연시간 등이 자료분석에 영향을 줄 수도 있다.
- 차트화하기에 쉽고 별도의 비율 좌표도 필요하지 않기 때문에 1분간 시간 측정하기가 사용된다.
- 특수교육 보조원, 또래, 대학생 예비교사, 자원봉사자들이 자료를 개발하고 행동을 기록하고 측정할 수 있도록 훈련할 수 있다.

자료에 기초한 교수에 대한 설명

자료에 기초한 교수를 정리하면 다음과 같다.

- 자료에 기초한 모니터링과 학생성취 사이에 긍정적인 관련성이 있음을 지지하는 증거가 많다(Fuchs, 1986; Fuchs & Fuchs, 1986; Rieth & Evertson, 1988; Tindal & Marston, 1990; White, 1986). 형성평가의 메타분석에서 Fuchs와 Fuchs는 학생 진보를 모니터링하고 교수를 체계적으로 평가하는 자료에 기초한 프로그램은 그렇지 않은 교수보다 표준편차 0.7이 더 높은 성취를 보이는 것으로 나타났다고 보고하였다. 이는 26% 더 나은 성과다. White(1986)는 정밀교수 프로그램에 참여했던 학생들의 점수가 현저하게 높다고 보고하고 있다.
- CBM 측정도구는 높은 신뢰도와 타당도를 가진다(Fuchs, 1986; Fuchs, Fuchs, & Maxwell, 1988; Howell & Nolet, 2000; Tindal & Marston, 1990).
- 자기가 선택한 목표는 남에 의해 주어진 목표를 수행하는 것보다 더 나은 수행수준을 나타낸다(Fuchs, Bahr, & Rieth, 1989).
- 교사들이 보통에서 약간 높은 수준의 도전적인 목표를 세우면 학생들은 더 나은 성취를 보인다(Fuchs, Fuchs, & Deno, 1985).
- 학급단위 또래교수와 함께 시행되는 CBM은 다양

한 학습자로 구성된 학급에서 효과적인 교수 실제가 될 수 있음이 증명되었다(Joint Committee on Teacher Planning for Students with Disabilities, 1995).

자료에 기초한 교수가 시간 소비적이라는 입장은 직접평가를 시행하는 사람들과 그렇지 않은 사람들 사이에서 자주 논의된다. 그러나 교사는 직접평가에 소비되는 시간을 줄이도록 훈련(예: 준비하기, 지시하기, 점수 주기, 그래프 작성하기)을 받을 수 있다. 일반적으로, 자주 직접평가를 실시한다고 해서 다른 평가 활동에 비해 더 많은 시간을 소비하는 것이 아니며 평가의 효율성을 향상시킬 수 있다. 게다가 Gunter, Miller, Venn, Thomas와 House(2002)는 경한 장애를 가지고 있는 학생들도 사용하기 쉬운 컴퓨터 기술과 소프트웨어를 이용하여 자신의 학업 수행과 사회적 행동을 기록하고 자료를 그래프로 나타내는 것을 배울 수 있다고 하였다.

교수방법 결정을 위한 평가

교사가 무엇을 가르칠 것인가를 평가함으로써 학생의 교수적 요구를 결정하면 어떻게 가르칠 것인가를 결정하는 중요한 과정이 시작된다. 이 과정은 학생의 성취에 영향을 미치는 환경적 변인에 초점을 둔다. 종종 학습결함이 학생 내부의 문제 때문에 유발되기도 하므로 학생이 학습문제의 주된 책임을 지는 것으로 보기도 한다. 현재 많은 교육자들은 환경적 요인(예: 부적절한 교수)으로 인해 낮은 성취와 부적절한 행동이 유발될 수도 있다는 것을 인지하고 있다. 따라서 학습문제를 가진 학생들을 위한 교수를 계획하는 데 있어 학생과 환경적 요인은 반드시 고려되어야 한다.

불행하게도 교사훈련과 자료 개발은 부적절한 방식으로 교수방법을 강조한다. 교수과정의 효율성은 교사나 진단자가 학생의 학습을 가장 잘 촉진할 수 있는 요소를 얼마나 잘 결정하고 조작하느냐에 따라 달려 있다. 예를 들어, 학급교사인 앨런 선생님은 로니가 철자과제를 하는 동안 계속해서 짝꿍에게 자기 답이 맞는지를 물어보기 때문에 시간을 현명하게 사용하지 못한다는 것을 관찰하였다. 이 상황을 변화·향상시키기 위하여 앨런 선생님은 로니가 공부하고 있는 단어를 사용하여 주간 단어 목록을 테이프에 녹음해 주었다. 만약 로니가 철자쓰기에 보내는 시간을 늘리지 않으면서 평균적으로 하루에 하나 이상의 단어를 배운다면 교수 프로그램의 효율성이 더 높아지는 것이다. 그렇게 되면 로니는 철자쓰기 과제 학습지를 하는 데 소요되는 시간을 증가시키지 않으면서 1년간 더 많은 단어의 철자 쓰기를 배울 수 있을 것이다. 어떻게 학생이 가장 잘 배우는가를 분석할 수 있는 능력은 중재 프로그램에 사용되는 교재, 방법, 수업 단계의 선택에 영향을 미친다. 이는 아마도 전문적으로 훈련된 교사와 다른 특수교육 보조원을 구분짓는 최선의 기술이 될 수 있을 것이다.

교수방법 결정의 형식

체계적인 관찰

한 학생을 체계적으로 관찰하는 것은 그 학생의 최적의 학습 상황에 대한 정보를 얻는 데 있어 교사가 사용할 수 있는 가장 유용한 방법 중의 하나다. 체계적인 관찰에서는 특정 행위 이상의 것을 기록할 수 있어 더 중요하다. 어떻게 가르칠 것인가를 결정하기 위한 정보는 선행사건과 후속결과—(1) 무엇이 행동을 유발했는가(교사는 조니에게 대집단 상황에서 읽기를 시켰다.), (2) 행동(조니가 울었다.), (3) 그다음에 일어난 행동은 무엇인가(교사가 조니를 달랬다.)—를 관찰하는 데서부터 나온다. 체계적인 관찰은 사용하기에 간단하고 다양한 환경에서 행해질 수 있다. 성공적인 관찰을 위한 지침은 다음과 같다.

- 관찰될 행동을 선택하라. 목표행동이 측정 가능한 정도에 따라 판별될 수 있는 것인지를 확인한다.
- 행동을 기록할 방법을 선택하고 그 빈도를 기록하라.
- 관찰이 이루어지는 조건/상황을 묘사하라. 그 조건에는 시간, 장소, 활동, 선행사건, 후속결과가 포함된다.

관찰은 관찰을 이끌어 줄 수 있는 특정한 이유가 있거나 의문점이 생겼을 때 더 효과적으로 진행된다. 더욱이 시간의 경과를 통해 수집된 관찰자료는 자료에 대한 교사의 신뢰도를 강화시킬 수 있다. 체계적인 관찰을 측정하기 위한 기술은 다음의 두 가지 핵심적인 요소를 강조한다. 즉, (1) 목표행동을 선택하고, (2) 그 행동의 빈도를 기록하는 것이다. 앞서 개별 참조자료 체제에서 소개된 〈표 3-3〉에서는 관찰 기록기법을 제시하고 있다 .

공식적인 평가

단 몇 가지의 공식적인 검사만이 어떻게 가르칠 것인가와 관련된 요소를 평가하는 데 중점을 두고 있는데, 그것은 교수 프로그램을 위한 증거로 사용하기에 불충분하다. 학습의 향상을 위해 조작 가능한 요소들은 보통 공식적인 검사로 쉽게 평가되지는 않는다. 대부분의 공식적인 검사는 보통 한 번 시행되는데, 행동에 영향을 미치는 다양한 요소들의 효과를 분석하기 위해서는 관찰을 반복 시행해야 한다.

규준검사

기본적으로 규준검사(Criterion test)는 무엇을 가르칠 것인가를 평가한다. 그러나 규준검사가 교수의 효과성을 평가하는 데 사용될 수 있기 때문에 이 또한 어떻게 가르칠 것인가를 결정할 때도 유용하게 사용될 수 있다. 예를 들어, 교사는 다감각적인 철자 활동과 플래시카드 연습 중 어느 것이 더 효과적인지를 결정하기 위하여 1개의 단어 철자 목록을 2개의 목록으로 나눌 수 있다. 교사는 단어 세트 각각에 대한 규준검사를 실행함으로써 학생의 수행을 비교할 수 있고, 두 처치법의 효과성에 대한 의사결정을 할 수 있다.

척도평가

척도평가(rating scales)는 각각의 서술문에서 묘사되는 행동이나 특성의 정도나 빈도에 대한 판단을 요하는 일련의 서술이나 질문을 말한다. 척도평가의 몇 가지 대표적인 형식은 다음에서 살펴볼 수 있다.

숫자 척도

한 개인을 가장 잘 설명하는 수를 선택하시오.

성인의 감독을 필요로 하는 빈도는 __________

1. 항상
2. 종종
3. 가끔
4. 거의 드물게
5. 거의 없음

그래픽 척도

한 개인을 가장 잘 설명하는 위치를 선택하시오.

성인의 감독을 필요로 하는 빈도:

항상	종종	가끔	거의 드물게	거의 없음

학생의 사회적, 정서적, 행동적 문제들을 평가하는 데 유용한 공식적인 평가척도는 5장에 제시되어 있다. 교사들은 종종 학부모들이 작성할 수 있는 평가척도를 만들거나 사용하는데, 이는 대개 자녀의 행동을 체계적으로 관찰 · 기록할 시간이 없는 부모들에게 유용하게 사용될 수 있다. 또한 교사는 학생이 선호하는 강화물, 흥미와 관심, 학교에 대한 태도 등과 같은 영역에 대한 정보를 얻기 위하여 학생들에게 평가척도를 제시할 수도 있다.

면담

학부모, 교사, 학생들과의 면담에서 얻은 정보는 어떻게 가르칠 것인가를 결정하는 데 유용하게 사용될 수 있다. 면담을 통하여 교사는 학생에게 사용 가능한 특정 기법에 대한 정보를 얻을 수 있다. 또한 학생의 흥미, 좋아하는 활동, 문제영역, 태도뿐 아니라 학생이 가정에서 어떻게 인지되고 있는지에 대한 정보도 얻을 수 있다.

차트

차트는 어떻게 가르칠 것인가를 결정하는 데 있어 매우 유망한 자료를 나타내 준다. 차트 만들기를 통해 학생의 확인 학습지에서의 수행수준이 매일 어떠한지를 그래프에 기록할 수 있다. 그래프는 시간이 지남에 따라 학생의 진보를 측정할 수 있는 도구가 되어 준다. 교사는 그래프 유형을 분석하고, 변화되거나 유지되어야 할 선행사건과 후속결과에 대한 교수 결정을 한다. 교사는 선행사건(예: 자리 배치)이나 후속결과(예: 과제에 대한 보상으로 제공하는 점수)를 조작할 수 있고, 수행이 향상되었는지, 저하되었는지, 혹은 이전과 같은 상태인지를 보기 위하여 차트를 분석한다. 차트는 주로 무엇을 가르칠 것인가를 결정하기 위하여 사용되어 왔지만, 현재 일부 교육자들은 학습 스타일을 평가하기 위하여 확인평가와 차트를 사용하기도 한다. 어떤 학생들에게는 차트 자체가 강화물이 되어 학생의 수행을 향상시키는 데 도움을 줄 수도 있다.

대안적 평가

1997년 IDEA 수정판은 장애가 있는 학생들이 주와 지역 교육청에서 주관하는 교육평가 및 책무성 측정에 참여하는 것을 보장하기 위하여 대안적 평가방법을 개발하고 시행할 것을 모든 주에 요구하였다. 대안적 평가 운동을 시작하게 된 주요한 두 가지 요인으로는 집단으로 시행되는 표준화된 성취검사와 전통적인 평가 문항의 내용에 대한 불만을 꼽는다. 이러한 운동을 묘사하기 위하여 사용되는 용어(예: 참평가(authentic assessment), 직접평가, 성과중심 평가, 포트폴리오 평가, 수행평가)는 전통적인 검사들의 인위적 특성에 대한 우려를 반영한다. Worthen(1993)은 이러한 접근을 대안적 평가라고 부르면서 다음의 두 가지 이유를 설명하였다. "첫째, 이 모두를 전통적인 선다형, 표준화된 성취검사에 대한 대안으로 본다. 둘째, 이 모두가 학교 밖에서의 생활과 관련된 의미 있는 과제들에서 학생의 수행을 직접적으로 조사한다." (p. 445) Elliott(1998)은 수행평가에서 학생은 그들의 지식이나 기술(예: 과학 실험하기, 이야기 쓰기, 수학 계산)을 보여 줄 수 있는 답이나 결과물을 만들어 낼 것을 요구받는다. 전통적인 평가는 규준을 참조한 비교를 하고, 옳고 그른 성과물에 초점을 맞추며, 점수와 전반적인 피드백을 산출하고, 지필고사의 형태로 표준화된 평가 상황에서 시행된다. 반면에 수행평가는 준거에 근거한 비교를 하며, 과정과 결과에 초점을 두고, 과정과 결과에 대하여 양적이면서 질적인 피드백을 제공하고, 광범위한 반응 양상이 포함된 개별화된 평가 상황에서 이루어진다.

따라서 대안적 평가에서는 평가되어야 할 것과 어떻게 평가가 이루어져야 하는지에 있어 몇 가지 변화가 나타나게 된다. 첫째, 실질적인 과제가 강조되고, 의미 있는 하위 기술을 나타내는 과제는 최소화된다. 예를 들어, 편지 쓰기는 실생활과 직접 관련된 과제이지만 맞춤법 과제를 끝내는 것은 그리 강조하지 않는다. 둘째, 학생 수행은 쓰기, 구두 설명, 포트폴리오, 시범과 같은 다양한 형식에 걸쳐 직접적으로 평가된다. 셋째, 교차적 사고는 학생들에게 그들의 사고과정을 설명하거나 시각적으로 표현하거나 문서화함으로써 강조할 수 있다. 이는 종종 대안적 평가로 가장 널리 사용되고 있는 포트폴리오 평가를 통하여 제시된다.

포트폴리오는 그것을 만들어 낸 사람에 대해 상당히 많은 것을 보여 줄 수 있고 교사에게는 학생 성장에 대한 통찰력을 제시해 준다. Paulson, Paulson과 Meyer

(1991)에 따르면, "포트폴리오는 하나 이상의 영역에서 학생의 노력, 진보, 성취를 보여 줄 수 있는 학생의 과제물을 특정 목적을 이루기 위해 모아 둔 것이다. 이 모둠에서는 내용을 선정하는 데 있어 학생을 참여시키고 선택의 준거, 판단의 기준, 학생의 자기 성찰과 반성의 증거를 포함해야 한다"(p. 60). 포트폴리오는 학생 노력을 보여 주고 학생성취를 증명하며, 다른 자원으로부터 평가 정보를 향상시키고, 교육 프로그램의 질을 증명하기 위하여 학업영역에도 적용할 수 있다. 포트폴리오 평가에서 학생은 특정 영역에서 자신의 과제를 대표할 만한 예시를 선택하고 그에 대해 성찰 · 반성한다. 예를 들어, 교실에서 시행된 시험 결과, 문학작품에 대한 학생의 생각(글로 표현), 체크리스트, 녹음테이프와 함께 읽기와 관련된 포트폴리오에는 학생 과제물 견본, 학생의 관찰 기록, 자기평가, 학생과 교사가 함께 작성한 진보 기록 노트 등이 포함되어야 한다(Valencia, 1990).

포트폴리오 관련 문헌을 검토한 Salvia와 Ysseldyke (2004)는 포트폴리오 평가가 다음의 여섯 가지 요소로 구성되어 있다고 주장하였다.

1. 가치 있는 성과가 평가의 목표가 된다.
2. 실제적인 과제가 평가에 사용된다.
3. 선택된 과제에는 학생들 간, 교사와 학생들 간의 협력적인 노력이 포함되어 있다.
4. 학습을 평가하는 데는 다양한 측면(예: 내용, 전략, 탐구방법, 과제 진행과정)이 고려되어야 한다.
5. 완성된 포트폴리오에는 성찰과 자기평가가 포함된다.
6. 평가와 교수가 통합된다.

포트폴리오는 또한 특정 목표를 이루기 위해 만들어져야 한다. 방향이 설정되어 있지 않다면 포트폴리오는 과제지나 학생이 만들어 낸 성과물의 모둠이 될 뿐이다. 버몬트 주의 포트폴리오 프로젝트에서는 포트폴리오를 작성하는 데 도움을 줄 지침을 개발하였다. Abruscato (1993, p. 475)는 다음에 제시된 것처럼 1년 동안 학생이 쓸 쓰기과제의 여섯 가지 견본뿐 아니라 각 학년 수준의 모든 학생에게 주어지는 공식적인/표준화된 쓰기평가에 대한 학생의 답도 포함되어야 한다고 하였다.

1. 내용의 목차
2. '최고의 과제'
3. 편지
4. 시, 단편 이야기, 연극, 개인적 담화
5. 문화 전시, 영화, 스포츠, 책, 최근 시사, 수학문제, 과학적인 현상에 대한 개인적 반응
6. (4학년은) 영어 혹은 언어 이외의 다른 교과영역에서 산문 한 편과 (8학년은) 영어나 언어 이외의 다른 교과영역에서 산문 세 편
7. 관련된 개요와 초고 및 단일 형태의 쓰기평가에 대한 답으로 쓰인 글 한 편

학생은 평가과정에 참여하고 이를 통해 목표를 수립하고 학습을 평가하는 것에 대해 배운다. 따라서 포트폴리오 평가는 학생이 문제를 풀고 학생 자신의 수행을 판단하는 맥락에서 그들의 수행을 관찰할 수 있는 기회를 제공한다. 교사는 교수를 계획하기 위하여 서로 다른 능력을 가진 학생들의 행동 및 태도에 관련된 정보를 사용할 수 있다. 또한 포트폴리오는 교사-학부모 협의회에서도 사용될 수 있다. 연말에 학생의 변화를 나타내기 좋은 몇몇 과제나 작품이 포트폴리오에서 선택되고, 그것은 해가 바뀜에 따라 학생의 진보 상황을 기록하는 최종적인 포트폴리오로 사용되기도 한다.

대안적 평가 프로그램에서 학생과 관련하여 교사들이 가장 자주 언급하는 걱정거리가 있다면 학생을 위한 평가 포트폴리오 완성에 소요되는 시간일 것이다(Kleinert, Kennedy, & Kearns, 1999). 그러므로 교사의 부담을 줄여 주고 학생에게 자신의 학습에 대한 주인의식(자율권)을 더 많이 주기 위하여 Kleinert, Green, Hurte, Clayton과 Oetinger(2002)는 포트폴리오를 구성하고

점검하며 평가하는 데 학생을 포함시키는 것이 중요하다고 주장하였다. 학생들이 대안적 평가에서 잘하도록 하기 위하여, 교사는 일상적인 일과나 교수의 맥락에 주 혹은 지역 교육청 평가에서 요구하는 사항을 가능한 한 많이 포함시켜야 한다.

Salvia와 Ysseldyke(2004)는 교육자들에게 포트폴리오 평가를 할 때 매우 조심스럽게 접근해야 한다고 주의를 주었다. 이 방법이 최선의 실제가 되도록 하기 위하여 반드시 충족되어야 할 여러 가지의 우려점이 포트폴리오 평가를 사용하는 데 존재한다고 한다. 그들은 다음 인용문에서 자신들이 찾아낸 바를 요약 · 정리하였다(p. 271).

> 포트폴리오의 사용에 대한 최초의 관심이 매우 많았음에도 불구하고, 아직도 여러 가지 우려점과 제한점이 체계적으로 해소되지는 못했다. 그러한 것으로는 학생의 포트폴리오에 포함될 과제의 선정 기준, 내용 선정에 있어 학생 참여의 특성 결정, 타당한 결정에 도달하기 위해 학생이 만든 내용이 충분한지의 확인, 포트폴리오 평가의 신뢰성을 확대시킬 수 있는 방법의 발견, 채점 및 학생 수행의 표집 범위 등이 있다. 더불어 편견이 개입된 채점, 교수적 유용성과 효율성에 대한 우려도 있다. 포트폴리오 평가는 여전히 이 대안적 방법을 사용하고자 하는 학교와 교사에게 어렵고 비용이 많이 드는 방법으로, 교사는 포트폴리오를 어떻게 조합하고 평가할 것인지에 대해 심오한 주의와 관심을 기울여야 한다. 이 대안이 포트폴리오를 어떻게 번역하고 평가해야 할지에 대한 심각한 주의를 제기하는 교육가와 학교 행정가들에게는 어려움을 남겨 두고 있다. 객관성, 복잡성의 감소, 비교 가능성 등이 최선의 실제를 이끄는 열쇠가 된다.

교수방법의 결정을 위한 평가영역

어떻게 가르칠 것인가를 결정하는 첫 번째 단계는 평가의 중요한 영역을 규명하는 것이다. [그림 3-12]는 교수방법을 결정하기 위한 평가를 할 때 기본이 되는 주요 영역, 즉 기대 요인, 자극사건, 반응 요인 및 후속결과를 제시한다. 그점의 목적은 교사들에게 교수방법 결정을 위한 주요 평가영역에 대해 알리는 것이다. 관련 교수 요소에 대한 일반적인 사항을 인식하는 것은 학생 모두를 가르치는 데 있어 유용하다. 예를 들어, 교사가 매일 시행하는 관찰에 있어 기대와 반응 요인, 자극과 후속사건에 민감하다면 거기서 발생하는 미묘한 차이만으로도 학생의 학습이 향상될 수 있을 것이다. 평가영역이 결정되면 영역별로 중요한 요인을 규명해야 한다.

기대 요인

기대(expectation)는 학습 상황에 대한 개인의 태도를 말한다. 일반화된 기대에는 다음의 두 가지 유형이 있다. 하나는 결과의 특정한 형태(예: 사회적 승인, 성취, 눈에 드러나는 보상, 실패, 벌칙)에 대한 기대로, 개인이 현재의 상황을 이전의 어떤 상황과 유사한 것으로 인지하는지의 여부와 관련이 있다. 다른 하나는 비슷한 문제해결 활동이 포함되기는 하지만 그 결과는 제2의 상황에서 일반화된다. 그러므로 다양한 상황에서 직면하게 되는 문제해결 활동은 그 결과가 어떠하건 다른 상황으로 일반화될 수 있다. 종종 동기(motivation)는 기대와 동

[그림 3-12] 교수방법 평가의 주요 요인

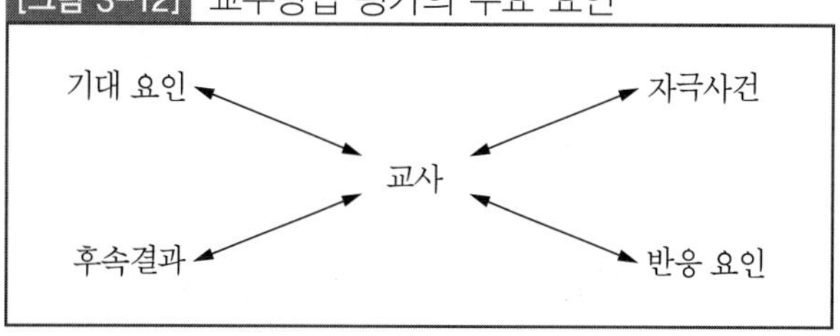

일시되기도 한다. 이는 기대가 학습과제에 접근하고 과제를 지속하거나 혹은 회피하는 데 있어 자극제(혹은 기피제)의 역할을 할 수 있기 때문이다. 단어의 철자 쓰기를 하면서 구어적 칭찬을 받은 학생에게는 단어를 쓸 때 몇 가지 바람직한 사건이 뒤따를 것이다. 반대로 학생이 철자 쓰기에서 낮은 점수를 받거나 활동에 대해 비난을 받으면, 학생의 기대는 기피제의 역할을 하여 학생의 그 학습과제를 피하게 된다. 따라서 성공이나 실패에 대한 기대는 학습과제에 대한 학생의 동기에 영향을 미칠 수 있다.

다양한 기대감은 학습의 성과와 학생의 행동에 심각한 영향을 미친다. 여기에서는 학습자 기대, 교사 기대, 또래 기대, 부모 기대의 네 가지 기대 영역에 대해 논의하고자 한다.

학습자 기대

체크리스트 척도를 사용하여 교사는 다음의 세 가지 주요 질문에 답할 수 있다.

1. 학생은 종종 부정적인 기대 반응을 보여 주는가?
2. 부정적인 반응은 누구 혹은 무엇을 향하는가?
3. 부정적인 반응에 대해 어떤 이유를 이야기하는가?

교사는 이러한 질문에 답함으로써 교수를 계획할 때 도움이 될 만한 정보를 얻는다. 예를 들어, 학생에게 다른 사람들이 있는 데서 소리 내어 읽도록 할 때 당황하게 되어 읽기를 싫어하게 된다면, 교사는 그 학생에게 테이프에 읽기를 녹음하게 하거나 교사나 친구와 함께 하는 일대일 상황에서 읽기를 하게 할 수 있다. 종종 사소한 교수수정이 학생의 동기를 높이고 학습의 효율성과 학생 기대를 증가시킬 수 있다.

자기 보고(self-report) 활동은 학생의 긍정적이고 부정적인 기대에 대한 정보를 획득하는 데 유용한 방법이 되기도 한다. 자기보고 활동 중 문장 완성하기는 자주 사용되는 것 중 하나다. 예를 들면 다음과 같다.

1. 나는 ______________할 때 가장 잘 배운다.
2. 나는 ______________할 때 정말 행복하다.
3. 내가 열심히 공부하면, 우리 선생님은 ________ 한다.
4. 내가 학교에서 최고로 좋아하는 것은 ________ 이다.
5. 내가 노력하지 않을 때, 우리 선생님은 ________ 한다.

평가척도 역시 자주 사용되는 자기보고의 유형이다. 예를 들면 다음과 같다.

(a) 나는 수학을 빨리 배운다.	1 2 3 4 5	나는 수학을 잘 이해하지 못하는 것 같다.
(b) 우리 반 친구들은 나를 정말로 좋아한다.	1 2 3 4 5	우리 반 친구들은 나를 많이 좋아하지 않는다.
(c) 나는 친구가 많다.	1 2 3 4 5	나는 친구가 별로 없다.

교사 기대

교사는 학생에 대하여 자기만의 지각을 발달시킨다. 다시 말하면, 교사는 학생에 대해 어떤 기대를 가지게 된다. 만약 교사가 학생이 줄 수 있는 것보다 학생에 대해 기대를 덜 하고 학생에 대해 조금 덜 수용적이 된다면 교사의 기대는 학습의 진보와 사회적 발달 모두를 방해하게 된다. 이러한 현상은 종종 **자기 충족적 예언**(Self-fulfilling Prophecy)이라고 한다. 교사의 기대가 자기 충족적 예언의 기능을 할 수 있다는 생각은 단순한 가설의 수준을 넘어 이미 사실로 받아들여지고 있다.

학생의 인종, 특수교육 수준, 성별, 외모 및 손위 형제의 성취수준은 교사 기대에 영향을 미칠 수 있다. 학생이 부적절한 행동이나 미약한 학업 진보를 보일 것이라는 교사의 기대는 거의 대부분 실제로 이루어진다. 다행스럽게도 이러한 현상을 반대로 생각한다면 우리는 좀 더 나은 상황을 기대해 볼 수 있다. 교사의 기대는 학생의 성공에 영향을 미치기 때문에 어떻게 가르칠 것인가에 대한 평가에 교사 기대에 대한 조사도 포함되어야 한다. 교사 기대를 분석할 때 주목해야 할 요소는 다음과 같다.

- 교사가 너무 어렵거나 너무 쉬운 과제를 제공한다.
- 교사는 학생이 잘못 행동할 것이라고 기대한다.
- 교사가 부정확한 반응에 대하여 학생에게 너무 빨리 말을 한다.
- 교사가 학생의 미래에 대해 부정적인 예언을 한다(예: "그 학생은 곧 학교를 자퇴할 거야.").
- 교사가 학생의 말을 듣는 데 어려움을 겪는다.

또래 기대

매일 급우들과의 상호작용을 통하여 학생들은 자기 자신을 지도자, 추종자, 집단 내 과격주의자 혹은 외톨이로 보는 것을 배운다. 또래의 수용은 학생으로 하여금 자신감과 자기 확신을 수립할 수 있도록 해 준다. 다시 말하면, 그것은 학업적 수행의 향상을 가능하게 한다. 반면 또래의 거부는 불안과 자기의심을 갖게 하기도 한다. 또래의 영향은 나이, 가정의 안정성, 사회경제적 수준을 포함한 다양한 요소의 기능이라고 본다. 초등학교에 다니는 어린 학생들은 청소년들보다 가정과 성인의 칭찬에 더 가치를 두기 때문에 청소년들에 비해 또래 영향이 그리 크지 않은 편이다. 따라서 교사는 한 학생이 어떤 또래들에 대해 부정적인 지각을 갖는 데 일조해서는 안 된다. 교사는 학급의 건강한 사회적 풍토를 촉진하기 위하여 학생 중에서 리더의 역할을 하는 이가 누구인지를 인지하고, 학급 내 협력관계를 이해해야 한다. 교사는 특히 학업 성취 및 사회적 행동과 관련해서 또래의 가치를 깨닫고 있어야 한다. 일단 사회적 분위기가 좋아지면 교사는 학생 개개인의 성장을 촉진할 수 있는 또래 기대를 향상시킬 수 있는 또래교수, 모델링, 역할놀이, 착석과제를 사용할 수 있다. 그리고 또래의 관심을 조절할 수 있다.

학급의 규준과 개인적 가치에 대한 질문지뿐 아니라 학생 행동을 관찰하는 것은 또래의 가치와 학급의 사회적 유형에 대한 유용한 정보를 얻는 데 도움을 준다. 또래 기대를 분석할 때 그 중요성을 약화시키는 요인은 다음과 같다.

- 그 학생은 외톨이다.
- 많은 또래들이 그 학생을 비난한다.
- 특정 집단이 그 학생을 좋아하거나 싫어한다.
- 또래들이 그 학생을 저성취자로 본다.
- 그 학생은 또래들이 가치 있다고 보는 특성을 명확하게 보여 주지 못한다.

부모 기대

부모의 기대는 학생의 학업적·사회적 성장에 영향을 미친다. 만약 부모가 학업에 높은 가치를 두고 강화를 한다면, 학생은 부모로부터 숙제를 잘하고 학교에서 공부를 잘하는 것에 대해 격려와 칭찬을 받게 될 것이다. 종종 부모의 지원은 학생이 가진 동기와 성취를 유지시키는 핵심 요인이 된다. 부모의 긍정적인 기대는 학생의 발달에 도움을 줄 수 있으나, 부모 기대가 부정적이거나 그 기대가 너무 높거나 너무 낮으면 자녀의 학업 및 사회적 발달에 해를 줄 수 있다. 지속적으로 부모의 비실제적인 기대를 받는 학생은 학교를 싫어하게 될 수 있으며, 결국 부모와 학교 모두에게 저항하기도 한다. 또한 학생은 부모의 관심을 받기 위하여 문제를 일으키기 시작하기도 한다. 만약 부모가 학업성취에 가치를 두지 않는다면, 학생은 학교 공부를 하는 데 있어 부모로부터 칭찬이나 격려를 받지 못할 것이다. 학교에서 싸움을 하거나 빈둥거리는 것이 가치 있다고 생각하는 가정환경에서는 학생이 학교에서 권하지 않는 행동을 하기를 고무받는다.

교사는 부모 기대의 이로운 점과 해로운 점 모두에 민감해야 한다. 이로운 부모 기대는 고무되어야 하고, 해로운 부모 기대는 문제해결의 방식으로 접근해야 한다. 종종 최적의 학생 성장이라는 일반적인 목표는 교사와 학부모가 함께 장애물을 극복하고 협력할 때 가능해진다. 부모 기대를 평가할 때 관심을 기울여야 할 요소는 다음과 같다.

- 부모가 학생에게 좋은 점수를 받지 못하는 것에 대해 걱정하지 말라고 말한다.
- 부모가 학생에게 숙제를 끝내라고 격려하지 않는다.
- 부모가 학생이 아프지도 않은데 학교에 가지 않고 집에 있겠다는 것을 허용한다.
- 부모가 학생의 관심이나 능력에 맞지 않는 직업목표를 선택한다.
- 부모가 종종 학생을 더 높은 수준의 읽기나 수학 집단에 배치해야 한다고 주장한다.
- 부모가 학생이 절대 성취할 수 없을 것이라고 말한다.
- 부모가 학생이 자기표현을 하는 것을 칭찬하지 않는다.

자극사건

자극사건(혹은 선행사건)은 학생이 반응을 하는 무대를 만들어 주는 일체의 자료, 교수방법 및 교수환경을 말한다. 교사가 학급 내의 여러 자극사건을 통제하거나 결정하기 때문에, 학생들이 어떨 때 가장 잘 배우는가를 이해하기 위해서는 반드시 자극사건을 살펴보아야 한다. 개인적인 선호도에 대한 정보를 수집하기 위하여, 교사는 학생을 관찰하거나 학생에게 직접적으로 물어보거나 혹은 질문지를 사용할 수 있다. 자극사건은 물리적 환경, 교수 배치, 학습 스타일 선호로 분류될 수 있다. [그림 3-13]은 학습에 영향을 주는 자극사건의 평가척도다.

물리적 환경

[그림 3-13]의 'I 부분'은 긍정적이든 부정적이든 학생의 수행에 영향을 미치는 환경적인 조건을 분석할 때 관심을 갖는 변인들이다. 물리적 속성(예: 소음, 온도, 조명, 공간적 요인)은 학생의 학습 선호도에 맞게 조작될 수 있다.

Dunn, Beaudry와 Klavas(1989)의 학습 스타일에 대한 연구에 따르면, 학생의 10~40%는 나이, 성별, 성취에 따라 시끄러운 것 대 조용한것, 비공식적인 혹은 공식적인 환경 설계, 밝은 혹은 은은한 조명, 따뜻한 혹은 시원한 실내 온도와 관련된 학습 선호도를 나타내었다. 선택을 하는 것이 가능하다면, 학생이나 교사는 활동과 개인적인 선호도에 맞는 환경을 선택할 수 있다. 예를 들어, 밝은 조명과 시원한 실내 온도를 선호하는 학생들은 교실 창가 쪽에 앉거나 히터에서 멀리 떨어진 곳에 앉으면 수행이 더 나아질 수 있다.

교수 배치, 기술 및 자료

이 영역은 학습에 극적인 영향을 미치는 광범위한 자극사건을 다루고 있다. 예를 들어, 교수 배치와 관련하여 Dunn 등(1989)은 3~8학년 학생들의 대다수가 혼자서 혹은 교사와 함께 하는 것보다 잘 조직된 소집단에서 더 잘 배운다는 것을 알아내었다. 반면에 8학년 이상의 학생들은 혼자 과제할 때 더 잘 배우는 경향이 있다. 또한 Dunn 등은 연구된 전 학급에서 혼자 배우기, 또래와 함께 배우기, 혹은 교사와 함께 배우기를 선호하는 각각의 학생 집단이 있다는 것도 밝혀내었다. 이러한 교수적 배치의 선호도를 파악하기 위해서 학생들에게 선택의 기회를 주고 각기 다른 조건에서 그들의 수행을 모니터링함으로써 결정하거나 관리할 수 있다. 저성취자, 자퇴자, 장애 위험성이 높은 학생들과 직업교육을 받는 학생들을 대상으로 한 연구에서 그들은 아

[그림 3-13] 학습에 영향을 미치는 자극사건의 평가척도

단서: 3-항상 일어난다 2-자주 일어난다 1-가끔 일어난다 0-전혀 일어나지 않는다

I. 물리적 특성

A. 소음

1. 학생은 조용한 곳에서 과제하기를 좋아한다. 3 2 1 0
2. 학생은 종종 교사에게 지시를 다시 한 번 말해 달라고 한다. 3 2 1 0

B. 기온

1. 학생은 방에서 더 따뜻한 곳을 선호한다. 3 2 1 0
2. 학생은 공기 질에 민감한 알레르기를 가지고 있다. 3 2 1 0

C. 조명

1. 학생은 방에서 빛이 잘 드는 곳을 선호한다(예: 창문 근처). 3 2 1 0
2. 학생은 칠판 보기에 어려움이 있다. 3 2 1 0

D. 일반적인 물리적 요인

1. 학생은 창문 근처, 연필깎이, 싱크 근처에서 산만해진다. 3 2 1 0
2. 학생은 교사와 거의 가까이에서 과제하기를 좋아한다. 3 2 1 0
3. 학생은 어지러져 있는 곳이나 더미가 있는 곳에서 산만해진다 . 3 2 1 0

II. 교수적 배치

1. 학생은 소그룹에서 더 잘한다. 3 2 1 0
2. 학생은 교사와 일대일 상황에서 더 잘한다. 3 2 1 0
3. 학생은 또래 중재 상황에서 더 잘한다. 3 2 1 0
4. 학생은 혼자 자리에 앉아 과제하기를 더 잘한다. 3 2 1 0
5. 학생은 협력적인 학습 그룹에서 더 잘한다. 3 2 1 0
6. 학생은 특수교육 보조원이나 자원봉사자와 함께 더 잘한다. 3 2 1 0

III. 교수기술

1. 학생은 기대행동을 많이 보여 줄 필요가 있다. 3 2 1 0
2. 학생은 교수에 관한 정보를 받기를 좋아한다. 3 2 1 0
3. 학생은 간단한 교수가 필요하다. 3 2 1 0
4. 학생은 또래들의 행동을 즉시 보고 배운다. 3 2 1 0
5. 학생은 교사의 행동을 즉시 보고 배운다. 3 2 1 0
6. 학생은 행동을 유지하기 위하여 촉진과 단서가 필요하다. 3 2 1 0
7. 학생은 장비(예: 녹음기, 컴퓨터, OHP)를 가지고 과제하기를 좋아한다. 3 2 1 0
8. 학생은 좌절에 대해 낮은 인내심을 가지고 있다. 3 2 1 0
9. 학생은 교사가 질문할 때 대답을 잘한다. 3 2 1 0
10. 학생은 과제를 완수하기 위하여 많은 시간이 필요하다. 3 2 1 0
11. 학생은 아침에(혹은 오후에) 과제를 가장 잘한다. 3 2 1 0
12. 학생은 과제를 천천히 부정확하게 한다. 3 2 1 0
13. 학생은 제한된 시간에서 과제를 잘 완수하지 못한다. 3 2 1 0
14. 학생은 타이머를 가지고 과제하기를 즐긴다. 3 2 1 0
15. 학생은 정답과 오답을 차트로 나타내기를 즐긴다 3 2 1 0
16. 새로운 과제에 접근할 때, 학생은 쉽게 좌절한다. 3 2 1 0
17. 새로운 과제에 접근할 때, 학생은 교사의 주의를 흩뜨린다. 3 2 1 0
18. 새로운 과제에 접근할 때, 학생은 그것을 시도하는 데 혼란스러워한다. 3 2 1 0
19. 학생은 다른 학업적 자료나 활동에 잘 반응한다(상세하게 쓰시오. __________). 3 2 1 0

IV. 자료

1. 학생은 자기 교정 자료를 좋아하거나 필요로 한다. 3 2 1 0
2. 학생은 게임판을 사용하는 교수용 게임을 좋아하거나 필요로 한다. 3 2 1 0
3. 학생은 카드를 사용하는 교수용 게임을 좋아하거나 필요로 한다 . 3 2 1 0
4. 학생은 단지 몇 개의 문항으로 된 과제 학습지가 필요다. 3 2 1 0
5. 학생은 과제 학습지에 많은 쓰기 공간이 필요하다. 3 2 1 0
6. 학생은 착석과제에 시각적 단서(예: 화살표, 시작을 표시하는 점, 답을 쓰는 곳을 표시하는 선)가 필요하다. 3 2 1 0
7. 학생은 칠판 활동을 즐긴다. 3 2 1 0
8. 학생은 조작적인 자료(예: 언어에서 손인형, 수학에서 입방체와 주판, 수학이나 쓰기에서 계산기)에 더 잘 반응한다. 3 2 1 0
9. 학생은 플래시카드로 과제하기를 즐긴다. 3 2 1 0
10. 학생은 자료(예: 플래시 카드, 게임판 카드

단서: 3-항상 일어난다 2-자주 일어난다
1-가끔 일어난다 0-전혀 일어나지 않는다

카드모둠판) 만들기를 즐긴다.	3 2 1 0
11. 학생은 컴퓨터로 과제하기를 즐긴다.	3 2 1 0
V. 학습 유형 선호	
A. 시각적 선호 척도	
1. 학생은 책 읽기를 즐긴다.	3 2 1 0
2. 학생은 영사 슬라이드 보기를 즐긴다.	3 2 1 0
3. 학생은 그림 보기를 즐긴다.	3 2 1 0
4. 학생은 영화 보기를 즐긴다.	3 2 1 0
5. 학생은 집중하기 게임을 즐긴다.	3 2 1 0
6. 학생은 OHP 자료를 기억한다.	3 2 1 0
B. 청각적 선호 척도	
1. 학생은 녹음 듣기를 즐긴다.	3 2 1 0
2. 학생은 테이프 듣기를 즐긴다.	3 2 1 0
3. 학생은 이야기 듣기를 즐긴다.	3 2 1 0
4. 학생은 청각적인 지시를 잘 따른다.	3 2 1 0
5. 학생은 교사가 말하는 것을 기억한다.	3 2 1 0
6. 학생은 사람들과 얘기하기를 좋아한다.	3 2 1 0
7. 학생은 다른 사람들의 말을 잘 경청한다.	3 2 1 0

단서: 3-항상 일어난다 2-자주 일어난다
1-가끔 일어난다 0-전혀 일어나지 않는다

C. 촉각적 선호 척도	
1. 학생은 그리기를 좋아한다.	3 2 1 0
2. 학생은 사물 조작하기를 좋아한다.	3 2 1 0
3. 학생은 사물 추적하기를 좋아한다.	3 2 1 0
4. 학생은 점토나 손가락 물감으로 작업하기를 좋아한다.	3 2 1 0
D. 근운동감각적 선호 척도	
1. 학생은 운동 활동에 의한 자료를 기억한다.	3 2 1 0
2. 학생은 자신이 쓴 것을 기억한다.	3 2 1 0
3. 학생은 운동 게임 놀이를 좋아한다.	3 2 1 0
4. 학생은 실험하기를 좋아한다.	3 2 1 0
5. 학생은 녹음기, 자판, 계산기, 기타 기계들을 조작하기를 좋아한다.	3 2 1 0

VI. 자극사건 요약하기

____
____
____

침형 인간이 아닌 것으로 드러났다(Griggs & Dunn, 1988; Tappenden, 1983). 이 집단에서는 주로 늦은 오전, 오후 혹은 저녁 시간에 학습이 이루어질 때 성취가 향상되었다. Dunn 등은 대부분의 학생들이 일반적으로 '일찍 일어나는 아침형 학생' 이라기보다는 늦은 오전시간이나 오후시간대의 학습을 선호한다고 보고하였다.

[그림 3-13]의 'II, III과 IV 부분' 은 교수 배치, 기술, 자료와 관련된 요인을 다루고 있다. 일단 교사가 선호하는 교수 요인을 판별하면, 일반적으로 무엇을 해야 하는가를 결정하는 과제는 더 분명해진다. 교사는 학생들에게 혼자 있기, 휴식과 고요함을 즐기기, 화 풀기, 자기 보상, 개인교수, 교사와 이야기 나누기, 혼자 혹은 집단으로 과제 수행하기를 할 수 있는 특별 공간을 제공할 수 있다. 만약 학생이 오후시간대에 혼자서 공부를 더 잘한다면 교사는 그 학생을 위해 선호에 맞는 배치를 계획할 수 있어야 한다. 만약 학생이 착석과제에서 쉽게 좌절하거나 항상 피드백을 받기를 원한다면 교사는 학생에게 자기 교정적 활동을 줄 수 있다. 만약 학생이 흥미가 부족하다면 교사는 학생에게 기술의 중요성을 상기시키거나 교수용 게임을 사용하도록 할 수도 있다. 그리고 만약 학생이 천천히 쓰고 운동성(신체적 활동)을 많이 필요로 한다면 교사는 학생의 문제지에 답 쓸 공간을 더 많이 제시하거나 칠판에 과제를 하도록 허용할 수 있다.

학습 스타일 선호도

학습 스타일(유형)을 결정하는 것은 그간 많은 관심을 받아 왔고, 감각 양상(modality, 감각 형태)의 선호도를 평가하는 것은 가장 중요하게 생각해 온 것 중 하나다. 진단가와 교사는 보통 학생의 학습 스타일 선호도를 결정하고 교수적 제언을 찾기 위해 다양한 검사(예: 디트로이트 학습적성검사 제4판)를 시행하고 있다. 예를 들어, 시각적 양상에서 더 잘 수행하는 학생이 있다면 시각적인 것에 기반을 둔 자료와 기법을 강조한 교수법이 추천

된다. 이 전략은 특수교육에서 수년간 실행되어 왔고, 지금은 일반교육에서도 큰 관심을 가지고 있다. 그러나 학습 스타일 접근법은 광범위하게 사용되고 직관적인 매력을 가지고 있음에도 불구하고 여전히 논쟁의 여지가 있다.

교육자들은 학습 스타일의 강점과 약점을 결정할 때 검사에 그리 많은 비중을 두지 않는 것으로 나타났다. 교사는 비공식적인 평가를 사용하여 학생의 학습 유형 선호도와 함께 선호도가 나타나는 조건이 무엇인지에 대해 알아낼 수 있다. 즉, 그것은 특정 과제에 의존할 수도 있다. 학급에서 사용되는 과제는 감각 양상의 강약점을 평가하는 데도 사용될 수 있다. 예를 들어, 세 가지 형태의 학습 통로를 혼합한 유형이 평가될 수 있다. 그 유형은 보기–쓰기(곱셈 계산문제 보기–답 쓰기), 듣기–쓰기(단어 듣기–단어 쓰기), 보기–말하기(단어 보기–단어 말하기)다. 교실과제를 사용하여 선호양식을 조사하는 것은 학생이 어떻게 배우는가를 결정하는 데 도움이 된다.

[그림 3–13]의 'V 부분' 은 학생이 선호하는 감각 양상에 중요한 요인 몇 가지를 제시하였다. 만약 어떤 감각 양상의 강점이나 약점이 의심스럽다면 교실 관찰은 그 의심을 확인해 줄 수도 있고 잘못됨을 알려 줄 수 있다. 하지만 학생에게 시각적인 학습문제가 있다 하더라도 청각적 강점이 반드시 존재하는 것은 아니다.

반응 요인

보통 과제는 학생에게 움직임이나 언어적으로 반응을 하도록 하거나 혹은 두 가지 모두를 하도록 요구한다. 교수 활동을 위한 반응 유형(가리키기, 제스처, 쓰기와 같은)의 선택은 활동을 고안하는 데에 있어 결정적인 요소가 될 수 있다. 어떤 학생들은 좀 크고 포괄적인 움직임을 요하는 반응(예: 숫자 쓰기, 점 연결하기, 단추 누르기, 녹음기, 색깔자료 조작하기, 판에 물건 정리하기)에서 더 나은 기능을 보여 주기도 하고, 다른 학생들은 간단한 구어적 반응(예: '예' '아니오')에서 더 나은 기능을 보이기도 한다. 반응시간 또한 주의를 기울여야 한다. 만약 학생이 숫자를 천천히 쓰거나 생각 없이 너무 빨리 말을 한다면 교수를 계획할 때 그런 성향이 고려되어야 한다. 과제가 제시된 후에 학생의 반응이 너무 늦게 나타나는 것은 여러 요인(예: 과제가 너무 어려움, 주의집중 부족, 과제에 대한 낮은 관심, 학생이 교사의 관심을 원하는 것)과 관련이 있을 수 있다. 정반응과 함께 나타나는 짧은 시간 지연은 학생이 과제를 숙달했다는 것이지만, 오반응과 함께 나타나는 짧은 시간 지연은 학생이 생각 없이, 노력하지 않고, 다른 사람들과 경쟁적으로 혹은 관심을 받으려고 답을 하는 것이라고 생각해 볼 수 있다.

반응의 논리적인 조직 역시 관심을 가질 필요가 있다. 일부 반응은 개념의 순서화(예: 문제해결에서 단계를 따르는 것이나 가장 작은 것에서부터 큰 것 순으로 개념을 이야기하는 것)가 필요하지만, 다른 반응의 경우는 언어의 순서화(예: 2~3개 아이디어들을 뒷받침해 줄 수 있는 진술과 함께 조직화하기)가 필요하다. 학습문제를 지닌 많은 학생들은 자신의 반응을 조직화할 때 도움을 필요로 한다. 일부 학생의 반응은 질문과 관련이 없거나 다른 문화적 경험에 기초한 질문의 해석과 관련이 있기도 하다. 종종 학생들에게 특이한 반응에 대해 설명하도록 하는 것은 학생 경험, 관심이나 흥미에 대하여 통찰력을 얻을 수 있게 해 준다.

정답을 모를 때 학생의 반응을 기록하는 것도 역시 도움이 될 수도 있다. 어떤 학생은 빨리 좌절하고 화나 분노를 표출할 수도 있고, 어떤 학생들은 자신을 비하하는 발언을 하거나 아예 시도하는 것을 멈춘다. 또한 학생은 교사의 지시를 따르지 않을 수도 있다. 따라서 학생이 던지는 질문과 설명을 경청하는 것은 도움이 된다. 학생이 선호하는 반응을 분석하는 데 있어 중요한 요인은 다음과 같다.

- 학생은 간단한 한 단어 답을 좋아한다.
- 학생은 간결한 토론을 좋아한다.
- 학생은 포괄적인 대화를 좋아한다.
- 학생은 말하기에 문제를 보인다.
- 학생은 물건을 만지면서 답 말하기를 좋아한다.
- 학생은 답을 쓰고 말하기를 좋아한다.
- 학생은 노래하면서 손뼉치기를 좋아한다.
- 학생은 답을 가리키면서 말하기를 좋아한다.
- 학생은 가까운 곳에서 과제를 따라 한다.
- 학생은 먼 위치에서 과제를 따라 한다.
- 학생은 연필 끼우개를 사용한다.
- 학생은 천천히 글씨를 쓴다.
- 학생은 빨리 깨끗하게 글씨를 쓴다.
- 학생은 허용된 공간에 비해 너무 크게 글씨를 쓴다.
- 학생은 쓰기나 말하기를 방해하는 신체 이상을 가지고 있다.

후속결과

후속결과는 행동에 크게 영향을 미치고 학생을 동기화하거나 그들의 행동을 관리하는 데 사용하기도 한다. 사회적 칭찬, 특별한 활동과 특권 부여, 평가 표시, 긍정적인 신체적 표현, 상, 토큰, 구체물은 종종 학생의 행동을 강화하는, 즉 학생 행동에 영향을 미치는 긍정적인 후속결과다. 교사는 무엇이 학생을 강화하는지를 결정하는 데 있어 다양한 방법을 사용하고 있다. 단순히 학생에게 물어볼 수도 있고, 자유시간 동안에 학생이 선호하는 활동이나 사물이 무엇인지를 기록할 수도 있다. 일부 교사는 학생이 좋아하는 물건이나 활동을 선택할 수 있도록 하는 강화(물) 메뉴를 사용하기도 한다.

가장 효과적으로 후속결과를 활용하기 위하여 교사는 언제, 얼마만큼, 어떤 비율로 강화물을 줄 것인지에 대해 생각해야 한다. 일부 학생의 경우 행동을 유지하기 위해 즉각적인 강화를 필요로 한다. 어떤 학생들은 행동 발생을 감소시키지 않으면서도 강화의 지연을 참아낼 수 있다. 예를 들어, 교사가 새로운 행동을 수립하고자 할 때 강화가 많이 필요할 수 있으며 학습이 진행됨에 따라 강화는 감소될 수 있다.

학생의 학습 프로파일 분석

교수를 계획할 때 교사는 기대 요인, 자극사건, 반응 요인, 후속결과의 상호관련성을 고려하며 신중하게 숙고해야 한다. 학습을 가장 잘 촉진할 수 있는 교수전략을 수립하기 위해서는 이 네 가지 요인이 모두 함께 고려되어야 할 것이다. 각각의 요인은 개별적으로 그리고 전체적으로 평가된 후 하나의 프로파일로 작성될 수 있다. 이런 프로파일은 다양한 패턴을 보여 줄 수 있고, 개별 프로그램을 설계할 때 '해야 할 것'과 '하지 말아야 할 것'에 대한 간단한 목록을 제공해 줄 수 있다. 〈표 3-4〉는 학생의 학습 프로파일과 중재 계획을 보여 준다.

학생의 학습 프로파일 분석은 기본적으로 다른 평가 영역에서 교사의 관찰을 이끄는 데 있어 유용하다. 교수방법을 결정하기 위하여 활용하는 평가에 기초한 교수계획은 어디까지나 추정치로 보아야 할 것이다. 적당한 변인을 적절하게 조작할 때 교수 계획의 효과성은 높아진다. 그러나 평가가 올바르지 않다면 계획은 조정되어야 한다. 모든 처치 계획은 그 효율성과 학생 진보를 확인하기 위하여 반드시 가까이서 세심하게 모니터링되어야 한다. 그러므로 교수방법을 결정하기 위한 평가는 지속적으로 이루어져야 하는 과정이라는 측면에서 보면 교수내용을 결정하는 평가와 유사하다.

어떻게 가르칠 것인가를 결정하기 위한 평가에 대한 전망

학습환경의 체계적인 평가를 제공하려는 노력은 필요하다. 학업행동의 기능적 평가(Functional Assessment

〈표 3-4〉 학생의 학습 프로파일과 중재 계획

평가 영역과 결과	중재
학습자 기대	
• 교사가 학생을 싫어한다고 생각한다. • 읽기에 있어 문제가 있다는 것을 감지한다.	• 하루에 한 번 호의를 요청하거나 개인적인 관심 질문을 한다(예: "너는 축구를 좋아하니?"). • 읽기를 할 때 노력에 대해 강화를 제공한다.
교사 기대	
• 읽기를 할 때 학생에게 너무 어려운 과제를 준다. • 학생을 괴롭히는 경향이 있다.	• 읽기에서 현실적인 성공을 할 수 있도록 한다. • 오답에 대해 예민하고 조심스럽게 대처한다.
또래 기대	
• 읽기를 가치 없다고 생각하는 또래와 함께 있다. • 또래가 좋아하고 존경해 준다.	• 읽기가 가치 있다고 하는 또래를 그 학생 주변에 앉힌다. • 학생을 튜터 혹은 튜티로 하여 또래교수를 시행한다.
부모 기대	
• 부모가 학생에게 열심히 공부하라고 압력을 행사한다. • 부모가 관심을 가지고 있고 협력적이다.	• 부모에게 학습이 즐거운 경험이 되도록 지도하라고 얘기한다. • 행동에 대한 교정뿐만 아니라 학생이 보인 노력을 칭찬하도록 부모를 격려한다.
물리적 특성	
• 먼지에 대한 알레르기가 있다. • 방의 시원한 장소를 선호한다. • 빛이 잘 드는 곳을 선호한다. • 다른 학생들 가까이에서 과제하기를 좋아한다.	• 학생을 분필떨이에서 멀리 앉게 한다. • 학생이 난로에서 멀리 떨어져 앉게 한다. • 창문 근처에 앉도록 한다. • 과제를 열심히 하는 학생과 함께 책상에 앉게 한다.
배치	
• 일대일 교수를 싫어한다. • 소그룹 활동을 좋아한다.	• 즐거운 일대일 교수를 만든다. • 소그룹 활동 교수를 사용한다.
교수기술	
• 똑같은 과제를 지루해한다. • 읽기에서 좌절을 경험할 때 이를 잘 참지 못한다. • 과제를 천천히 수행한다. • 행동을 유지하기 위하여 촉진과 단서가 필요하다.	• 녹음기, 교수용 게임, 자기 교정 자료, 컴퓨터 소프트웨어를 사용하여 학업적인 기술을 연습하게 한다. • 교사와 구두 읽기를 하기 전에 녹음기를 이용하여 읽기연습을 하도록 한다. • 타이머를 이용하여 과제 수행시간을 조절하도록 한다. • 다양한 활동들과 더불어 유관행동 계약(contingency contract)을 사용한다.
교수자료	
• 읽기 학습지를 싫어한다. • 게임을 좋아한다. • 단지 2~3개의 문제만 있는 과제 학습지를 좋아한다. • 과제 학습지나 자료를 묶음으로 주면 싫어한다.	• 읽기에서 언어경험 접근법을 사용한다. • 교수용 게임을 활용한다. • 부분적으로 완수해도 되는 학습지를 사용한다. • 녹음기나 컴퓨터 소프트웨어를 사용한다.
학습 유형 선호	
• 모든 감각 양상에 잘 반응한다.	• 다양한 감각 양상을 활용한 과제를 제시한다.
반응 요인	
• 천천히 쓰고 글씨가 단정하지 못하다. • 간단한 움직임 반응과 함께 제공되는 짧은 구어 반응을 선호한다. • 허용된 공간에 비해 너무 크게 쓴다.	• 플라스틱 연필 끼우기를 사용하도록 고무한다. • 무언가를 지적하면서 말을 한다. • 학습지 위에 쓸 공간을 많이 주거나 쓰기를 위해 칠판을 활용한다.

〈계속〉

후속결과	
• 한마디 칭찬에는 반응하지 않고 미소와 악수를 즐긴다. • 즉각적인 피드백을 요구한다. • 좋은 성적을 받는 것을 좋아한다. • 오답에 대한 피드백을 받아들이는 데 어려움이 있다.	• 학생이 행한 노력이 훌륭하다면 후에 미소를 띄우거나 살짝 만지거나, 격려하는 말을 해 준다. • 해답, 또래 피드백, 자기 교정 자료를 사용한다. • 훌륭하게 과제를 하면 그 위에 큰 글자로 성적을 적어 준다. • 부정확한 과제 수행에 대하여 여러 가지 형태의 반응을 조심스럽게 사용한다.

of Academic Behavior; Ysseldyke & Christenson, 2002)는 교육자들에게 개별 학생의 교수환경에 대한 정보를 사정하고 획득하기 위한 평가도구를 제공하였다. 학습환경은 학생의 학습 성과에 직접적인 관련이 있다고 여겨지는 열두 가지 교수환경 요인(예: 동기전략, 학생에게 관련 있는 교수 실제, 정보적 피드백)과 다섯 가지 가정의 학습지원 요소(예: 훈육 방침, 부모 참여)의 측면에서 조사되어야 한다. 교수환경의 요소와 관련 있는 학습 및 행동상 문제의 정도를 평가할 뿐 아니라 개별 학생을 위한 적절한 교수적 중재를 고안하기 위한 시작점으로는 9단계 과정을 사용할 수 있다. 이러한 평가의 유형은 교수방법의 계획을 촉진하는 요소를 조사하기 위한 체계적인 절차가 되기도 한다.

Mercer와 Corbett(1991)은 개별 학생을 가르치는 방법과 관련된 기대, 반응, 강화 요소를 평가하기 위하여 어떻게 교육자들이 관찰을 사용하는지에 대한 생생한 예시를 제공하였다. 한 교육진단가는 병원에서 소아과 진료를 받고 있는 13세 학생인 스테파니를 검사할 것을 요청받았다. 스테파니가 검사를 위해 그를 방문했을 때 그녀를 검사하는 데 필요한 기록이 모두 서류함에 들어 있지 않게 되었다는 것을 알았다. 할 수 없이 진단가는 배경 정보를 살펴보지 못한 상태로 스테파니를 검사하기 시작했다. 검사를 시작하자, 스테파니는 열심히 과제에 임했다. 하지만 검사가 계속되면서 그녀는 머리를 숙였고 오답을 중얼거렸다. 평가자가 스테파니에게 괜찮은지를 물었을 때, 그녀는 대답이 없었다. 스테파니와 이야기하려는 시도를 계속했음에도 불구하고, 검사 문항이 어려워지자 그녀는 더 이상 대답을 하려고 하지 않았다. 검사자는 스테파니에게 현재 실시하는 검사가 12학년까지를 다루고 있으므로 그녀가 문제 중 몇 개는 틀릴 것이라고 생각하고 있음을 설명하였다. 그는 스테파니에게 최선을 다해 줄 것을 부탁하였고, 평가를 하는 중간 중간에 주기적으로 잠깐의 휴식을 가질 것이라고 이야기했다. 스테파니는 휴식을 갖게될 것이라는 이야기를 듣고 좋아하며 최선을 다할 것을 약속하였다. 검사가 끝난 후 채점을 하였을 때, 스테파니는 읽기, 수학, 철자에서 평균 혹은 그 이상의 점수를 얻었다.

며칠 후 진단가는 사례회의에 검사 결과를 발표하러 갔다. 당황스럽게도 소아과 의사, 심리진단가, 언어치료사들은 스테파니가 매우 낮은 수준의 수행을 보였다고 보고하였다. 그들은 스테파니가 IQ가 37인 '훈련 가능급 정신지체(지적장애)'라는 사실에 동의하였고, 그녀가 8세 수준의 지적장애 학생들을 위한 특수학급에 배치되어 있었다고 보고했다. 하지만 교육진단가는 스테파니가 13세의 평균수준 혹은 그 이상의 점수를 보인다고 보고했다. 팀은 이 결과에 대해 의심을 품었으나 교사를 제외한 모든 구성원이 평가 도중 스테파니가 머리를 떨구고 부정확한 반응을 중얼거렸음에 대해 의견을 같이했다. 결국 평가 팀은 교육 진단을 통해 나온 학생의 점수가 가장 타당하다는 데 동의하였고, 스테파니를 일반학급에 배치하되 몇 가지의 일시적인 지원 서비스를 제공할 것을 제안하였다. 스테파니는 일반교육 환경에서 적절한 수준의 진보를 보이고 있다.

이 예시에서 관찰(학생이 머리를 낮게 숙인 것과 부정확한 답을 중얼거리는 것과 같은)은 검사자로 하여금 검사문항의 난이도가 증가함에 따라 스테파니가 시도하기를 멈춘다는 가설을 세울 수 있게 하였다. 그녀와 이야기를 하면서, 검사자는 자신의 가설이 옳다는 것을 확신하게 되었다. 학생-검사자 상호작용을 통해 학생이 모든 문항에서 최선을 다할 것을 동의하도록 유도하였다. 평가자료에 의하면 스테파니의 학업성취는 평균 혹은 그 이상이라는 것이 증명되었다. 검사자가 가진 양적·질적 정보를 획득하고 적용하는 능력으로 인해 스테파니의 수행과 삶은 극적으로 향상되었다. 이처럼 검사자는 참여자와의 상호작용을 통하여 그들의 교육적 삶을 의미 있게 변화시키도록 평가를 시행하면서 수정할 수 있어야 한다.

채점

학생의 점수를 매기는 것은 교육체계에 있어 근본적인 요소다. 채점은 학생에게 학습에 대한 피드백을 제공하고, 학부모에게는 자녀의 학습 진보에 대한 피드백을 주고, 진급과 졸업 및 상장 수여와 같은 의사결정을 도와주며, 교육과정 외 활동에 대한 적격성을 조사하고, 대학 입학의 결정을 도우며, 고용주에게 피드백을 제공하는 등의 중요한 기능을 수행하게 된다. 장애와 비장애 중등학생의 부모의 지각(인식)을 조사한 한 연구에서, Munk와 Bursuck(2001)은 두 학부모 집단 모두가 점수가 일반적인 성취, 노력과 학습 습관, 강점과 요구, 어떻게 향상시킬 것인가에 대한 피드백을 알려주는 의사소통의 목적을 가지고 있음을 중요하게 생각하고 있었다.

점수가 학생, 부모, 기관(대학과 고용주)에게 평가와 피드백을 제공하는 중요한 역할을 하고 있음에도 불구하고, 아직 채점의 가장 적절한 실제에 대해서는 합의를 충분히 이끌어 내지 못하고 있는 실정이다. 채점에 대한 논의는 학습문제가 있는 학생, 그중에서도 일반학급에 속한 학생들을 생각할 때 더 모호해진다. 같은 학급 안에 있는 학생을 평가하는 데 있어 서로 다른 기준을 사용하는 것은 평등에 관한 많은 우려를 낳게 한다. 특히 여러 교육자와 학부모는 학급의 수행 기준을 충족시키지 못한 학생들에게 그 기준을 충족시킨 학생들과 같은 점수를 주고 학점을 부여하는 것이 공정한가에 대해 의문을 제기한다. 반면에 개별화된 채점체계를 지지하는 사람들은 그렇지 않으면 또래들과의 경쟁에서 불이익을 당하는 학생들이 너무 큰 부담을 갖게 된다고 주장한다. 그리고 특수한 요구가 있는 학생들이 학습과 관련하여 상당한 수준의 노력을 보인다면 동기에 대한 점수를 받을 수 있는 기회를 부여받을 가치가 있다고 믿는다. 또한 Wood(2002)는 학습환경에서 적합한 수정(예: 내용 학습의 향상, 명시적 교수기법, 민감한 시험 상황)이 이루어진다면 많은 장애학생들을 위하여 채점과 관련된 수정이 필요치 않을 것이라고 주장하였다. 그러나 우리의 교육체계에서는 점수의 중요성과 교수가 직면하고 있는 수많은 문제가 있음에도 불구하고 채점과 관련된 이슈가 상대적으로 교육자들에게 그리 많은 관심을 받지 못하고 있다.

채점은 세 가지의 기본적인 관점, 즉 준거참조, 자기참조, 규준참조 관점에서 살펴볼 수 있다. 준거참조형 점수는 특정 목표의 학습이 숙달 기준까지 달성되었는지를 강조한다. 자기참조(self-referenced)형 점수는 학생 자신의 능력에 대한 지각과 비교했을 때의 학생 진보 상황에 기반을 둔다. 노력은 자기참조 관점에서 중요한 요소 중 하나다. 규준참조형 점수는 다른 사람들의 수행과 관련하여 학생의 강점과 약점을 평가한다. 이 관점은 비교집단 안에 능력과 관련하여 수준을 미리 정해 둔다.

점수는 학생이 공부한 양보다는 수행이나 성취의 질을 나타낼 수 있는 상징/기호(문자나 숫자로 표현되는)로 정의되어 왔다. 점수는 특정 시기 동안 교과목의 목적과 관련하여 학생성취의 질을 가치 판단한 것을 의미하기도 한다. 일반적으로 점수는 학생들 간의 수행을 비교하거나 이미 세워진 기준의 측면에서 성취수준을 반영하기 위하여 사용된다. 여러 점수체계가 있지만 가장 흔하게 사용되는 체계는 문자(A, B, C, D, F)나 숫자(1, 2, 3, 4, 5)로 나타내는 것이다. 문자나 숫자를 사용한 점수는 아주 우수한 것에서부터 실패에 이르기까지의 수행수준을 나타내 준다. 전형적으로 백분율 범위가 문자를 이용한 점수(예: 90~100%=A)를 주기 위한 기준을 결정하는 데 사용되어 왔다.

대안적인 채점 유형

장애 혹은 학습문제가 있는 많은 학생들은 대안적인 채점 준거 없이는 일반학급에서 성공할 수가 없다. 흔히 일반교사들이 모든 학생들에게 점수를 주도록 되어 있으나 장애학생들에게 채점과 관련해서는 특수교사와의 협력이 필요하다. 그리고 학기가 시작하기 전에 채점체계의 유형과 책임이 결정되어야 한다.

Munk와 Bursuck(1998)은 성적표에 사용될 수 있는 세 가지 유형의 수정에 대해 지적하였다. (1) 채점 기준의 변화(예: 다양한 점수 비중, 교육과정과 관련된 기대의 수정, 수업 계획안의 수정, 향상에 기초한 채점), (2) 문자와 숫자를 이용한 채점체계로의 변화(예: 교사의 의견 첨가, 학생용 활동 기록지로부터 정보 첨가, 포트폴리오나 수행 중심 평가에 정보 추가), (3) 문자와 숫자를 이용한 채점의 대안적 방식 사용(예: 점수를 통과/실패로 기록, 능력 점검표의 사용)이 그것이다. 학급에서 사용하는 채점과 관련하여 일반교사들을 대상으로 한 국가단위 설문연구에서는 교사들이 특정한 채점 수정방식(통과/실패 점수, 포트폴리오, 중복적인 점수, 노력에 대한 점수)이 장애와 비장애 학생 모두에게 도움이 된다는 사실을 알고 있다는 결론을 도출하였다(Bursuck et al., 1996). 다음의 대안적인 채점 유형은 통합교실에 있는 학생들의 특수한 요구를 조정하기 위하여 사용되어 왔다(DeBoer, 1994; Salend, 2001; Wood, 2002).

- **개별화된 교육 프로그램 채점 접근법.** 이 접근은 학생의 개별화 교육 프로그램(IEP)에서 명시된 목표와 목적에 대한 학생의 진보에 기초한 점수를 주는 것이다. IEP의 학습목표가 학생의 요구에 기초하고 준거 수행수준을 포함하기 때문에 그에 기초한 평가는 논리적으로 하자가 없다.
- **통과/실패 체계.** 통과/실패 체계는 통과 혹은 실패의 기준을 세우는 것이다. 교과목과 관련된 최소 능력을 성취하면 P점수를 받고, 실패하면 F점수를 받는다.
- **숙달수준/기준 체계.** 내용이나 기술이 하위 요소로 나뉘고, 학생이 특정 하위 요소에 있어 준거수준에 도달하게 되면 완전숙달이라고 한다. 완전숙달 수준체계는 일반적으로 사전검사, 교수 활동, 사후검사의 순서를 따른다. 이 순서는 학생이 하위 기술이나 내용을 숙달할 때 반복된다.
- **누적 점수체계.** 이 체계에서는 다양한 활동에서 점수를 받을 수 있다. 학생이 모은 전체 점수는 특정 점수(예: A, B, C, D)에 상응하고, 그 과목에 통과하기 위해서는 최소한의 점수를 얻어야 한다.
- **점수계약.** 수년 동안 특수학급에서는 점수계약을 성공적으로 사용해 왔다. 이는 일반학급에서도 쉽게 적용 가능하다. 교사와 학생은 완수되어야 할 과제와 어떻게 점수를 매길 것인가에 대해 계약을 하고 서명을 한 후 그 계약대로 완수한다.
- **복합적인 채점.** 복합적인 채점에서는 교사가 다양한 영역, 즉 일반적으로 능력, 노력, 성취에 있어 학생에게 점수를 준다. 능력 점수는 학생에게 기대되거나 예견된 진보에 기초한다. 노력 점수는 학생이 학습을 하는 데 들인 시간과 에너지를 바탕으로 한다. 성취 점수는 특정 기준에 근거하여 자료에 대한

학생의 숙달 정도를 나타낸다. 복합적인 점수에서는 학생이 각 영역에서 능력, 노력, 성취 점수를 받게 된다(Salend, 2001). [그림 3-14]에는 시험, 퀴즈, 프로젝트, 숙제, 참여 점수로 구성된 복합적인 채점방식을 채택하고 있다.

- **점수 나누기.** 두 명 이상의 교사가 한 명의 학생을 가르칠 때는 협력하여 채점을 한다. 점수는 수행평가에서 계획된 지침에 따라 각 교사가 학생의 진보를 관찰한 것에 근거한다. 보통 점수 나누기는 두 명 이상의 교사(예: 특수교사, 타이틀 I 교사, 일반교사)가 특정 내용교과에서 같은 학생을 교수할 때 일어난다.
- **학생의 자기 비교.** 교사와 학생은 교육과정 안에서 적합한 교수목표를 결정하기 위해 만난다. 그 목표를 향한 학생의 진보는 학생과 교사에 의해 점검되고 진보한 양에 따라 점수가 부여된다. 일부 자기 비교 체계에서는 학생이 자기 자신을 평가하고 스스로 점수를 결정하기도 한다.
- **수준 점수 매기기.** 점수 매기기는 학생 점수의 바탕이 될 난이도의 수준을 나타내 주는 첨자를 사용함으로써 개별화된다. 예를 들어, 점수 B는 학생이 B 수준으로 과제를 수행했다는 것인데, 여기에 1, 2, 3과 같은 숫자를 점수에 붙여 난이도 수준을 나타내 준다. 예를 들어, B1은 학년수준 이상의 자료에서 B수준의 과제를 수행했다는 것을 의미하고, B2는 학년수준의 자료에서 B수준의 과제를, 그리고 B3는 학년수준 이하의 과제에서 B수준의 과제를 수행한 것을 의미한다(DeBoer, 1994).
- **서술형 점수.** 교사는 개별 학생의 수행, 태도, 노력, 학습 선호도에 대하여 자세히 서술한다. 학생과제의 포트폴리오와 같은 학생수행의 예시가 이 학생의 성취와 노력을 설명하기 위하여 포함된다.

[그림 3-14] 학생 점수표

학생: ____________________

과목: ____________________

시험

1. 점수 ________ /100점
2. 점수 ________ /100점
3. 점수 ________ /100점
4. 점수 ________ /100점

총 ________ /400점

퀴즈

1. 점수 ________ /100점
2. 점수 ________ /100점
3. 점수 ________ /100점
4. 점수 ________ /100점

총 ________ /400점

프로젝트 혹은 소논문

1. 점수 ________ /120점

숙제

1. 점수 ________ /10점
2. 점수 ________ /10점
3. 점수 ________ /10점
4. 점수 ________ /10점
5. 점수 ________ /10점
6. 점수 ________ /10점
7. 점수 ________ /10점
8. 점수 ________ /10점
9. 점수 ________ /10점
10. 점수 ________ /10점

총 ________ /100점

주간 참여

1주 점수 ________ /20점
2주 점수 ________ /20점
3주 점수 ________ /20점
4주 점수 ________ /20점
5주 점수 ________ /20점
6주 점수 ________ /20점

총 ________ /120점

최종 점수 ________ /820점

효과적인 채점체계 개발의 지침

채점과 관련된 연구를 종합한 Rojewski, Pollard와 Meers(1990)는 채점과 관련된 문제점이 부각되어야 하기는 하지만 아직 성공적인 채점 관련 실제에 대한 정보가 제한적이라고 주장하였다. 채점과 관련하여 효과가 입증된 실제에 대한 연구가 제한적이지만, 일부 교육자들(Dempster, 1991; Rojewski et al., 1990; Sprick, 1985)은 학습문제가 있는 학생들에게 맞는 채점체계를 개발하는 데 도움이 될 만한 방향을 제시하고 있다.

- **교과목표에 기초하여 점수를 결정하라.** 최종 성적의 주요한 비율은 학생이 그 과목의 목표를 완전히 숙달했는지의 여부에 기초해야 한다(Rojewski et al., 1990; Sprick, 1985). 예를 들어, 실패 점수는 학생이 교과목표를 숙달하지 못했다는 것을 의미한다. 완전히 숙달한 학생은 평균점수(예: C)를 받고, 목표를 넘어선 학생은 더 높은 점수(예: B 혹은 A)를 받는다. 명확하게 정의된 교과목의 목표를 숙달한 것에 대한 점수는 개별 학생이 그 과목을 통과할 수 있는 기회를 제공한다. 학생들이 교과목표를 숙달했음을 기초로 하여 과목을 통과했을 때, 그들은 다른 학생들의 수행에 상관없이 자신들이 성공했다는 것을 깨달을 수 있다. 학생들의 점수는 다른 학생의 수행과 비교하여 결정되지 않는다. 따라서 학습문제가 있는 학생들은 성적 때문에 더 높은 수준의 수행을 보이는 다른 학생들과 경쟁할 필요가 없다. 이는 통합학급에서 교사가 다음의 세 가지 진행적 수준을 바탕으로 하여 교수 계획을 세울 때 도움이 된다. 즉, (1) 모든 학생이 배워야 할 정보, (2) 대부분의 학생이 배워야 할 정보, (3) 일부 학생이 배워야 할 정보다(Joint Committee on Teacher Planning for Students with Disabilities, 1995). 이 피라미드형 계획하기에 대해서는 4장에서 논의한다.
- **다양한 평가방법을 사용하라.** 최종 점수는 다양한 활동, 예를 들어 시험, 퀴즈, 프로젝트나 보고서, 숙제, 수업 참여 등에 기초해야 한다. 시험을 치는 데 어려움이 있는 학생들에게는 이러한 다양한 평가가 그들의 기술이나 지식을 보여 줄 기회를 제공한다. [그림 3-14]에서 제시된 점수체계는 다양한 영역의 평가가 포함되어 있다. Sprick(1985)은 수업 참여(예: 수업 태만, 방해, 결석을 다루는 시스템)를 평가하기 위한 포괄적 기준을 제공하였다.
- **학생이 점수체계를 이해할 수 있도록 가르쳐라.** 활동에 부여된 포인트를 이용하여 최종 점수를 받는 것을 아는 것은 학습문제가 있는 학생들이 점수체계를 이해하는 데 도움을 준다. Sprick(1985)은 낮은 성취를 보이는 학생들의 상당수가 점수체계를 이해하지 못하며, 학교를 다니는 1년 동안 현재 자신의 점수가 어떠한지를 거의 알지 못한다고 하였다. 학생들이 자신의 점수를 이해하도록 가르치고, 각 교과목이나 교실에서 자신이 받는 점수를 주간 기록하게 하는 것은 중요하다.
- **학생의 수행을 자주 점검하고 피드백을 주어라.** 학생들이 평가 활동에 자주 참여하고 그들의 수행에 피드백을 받는 것은 중요하다. Dempster(1991)는 시험을 자주 보는 것은 가끔 시험을 보는 것보다 성취수준을 높여 준다고 하였다. 또한 비교적 최근에 제시된 자료에 대한 시험을 볼 때 학습이 더 촉진된다는 것도 보고하였다. Emmer, Evertson과 Worsham(2003)에 따르면 수행 점검은 정보가 필요한 학생에게 규칙적으로 피드백을 제공하고, 오반응에 대한 피드백은 그들이 오류를 실행하는 시간을 감소시킨다. 교육과정 중심 평가절차는 앞에서 제시하였다.
- **효과적인 점수체계는 동기를 높여 주는 수단이라는 것을 기억하라.** Sprick(1985, P. 35)은 점수체계를 교사가 통제할 수 있는 도구라고 강조하였다.

효과적인 점수체계는 평가도구보다 더 낫다. 또한 교수도구이면서 동기도구다. 만약 점수체계가 잘 계획·실행된다면 학생들이 매일 최선을 다할 수 있도록 격려할 수 있다. 매일의 동기가 증가하는 것은 학생으로 하여금 과제를 잘할 기회와 교과목의 목표를 완전 숙달할 수 있는 방법을 배울 기회를 늘려 준다.

- **교육청 관내에서 통용되는 채점방법이 존재하는지를 결정하라.** 지역에서 통용되는 채점방법은 특히 교사가 장애학생을 위한 전통적인 채점방식의 대안과 표기법을 고안하고자 할 때 있어 중요하다. 지역에서 통용되는 방법에는 일반적으로 실패한 학생에 대한 의사결정 지침과 함께 학부모 및 학생과의 의사소통에 도움을 주는 성적표 양식을 결정하는 지침이 포함되어 있다. 만약 지역에서 통용되는 방법이 존재하지 않는다면 그것을 개발하기 위한 노력이 필요하다. 채점에서의 일관성은 지역에서 통용되는 채점방법이 존재할 때 더 나아질 수 있다.
- **학습문제를 지닌 학생들을 위한 대안적 점수체계를 사용하라.** 교사는 학습문제가 있는 학생들의 요구를 조정하기 위하여 대안적인 점수체계 목록에서 선택을 할 수 있다. 학생의 능력, 노력, 성취, 학습목표를 고려하면서 대안적인 체계를 계획한다.

더불어 Salend, Garrick과 Duhaney(2002)는 교수, 학습, 채점 과정을 지원해 줄 수 있는 다음의 효과적인 실제를 사용할 것을 권하고 있다.

- 학생과 그 가족에게 기대치와 채점 지침에 대해 의사소통한다.
- 정기적으로 학생과 그 가족에게 현행수준과 점수에 대한 정보를 제공한다.
- 학생과 함께 교실과제의 모범이 될 만한 모델을 살펴본다.
- 다양한 학습 요구, 강점, 스타일을 충족시키는 여러 과제를 사용하고 학업 기준 측면에서 기술의 중요성과 특성에 맞는 비중을 할당하여 과제를 채점한다.
- 전통적인 시험에 대한 대안으로 교실중심 평가(예: 수행평가, 포트폴리오 평가, 교육과정 중심 평가)를 사용한다.
- 학생이 과제를 학습하는 동안보다는 무언가를 완전히 학습한 후에 과제에 대한 피드백을 제공하고 점수를 준다.
- 학생들에게 자기관리 전략, 자기평가 체크리스트의 사용을 가르치고, 자신 및 다른 사람의 것을 채점할 기회를 주며, 과제와 시험을 채점하는 데 있어 학생들의 제안을 수용함으로써 채점 과정에 학생을 참여시킨다.
- 특정 학습 준거를 참고로 하고 이전 점수를 바탕으로 채점하여 경쟁을 피하도록 하며 학습과 평가를 구조화함으로써 학생들 간의 협력을 촉진하면 학생들이 함께 공부하고 협력적으로 채점할 수 있다.
- 내용과 스타일에 대한 점수를 따로 준다.
- 타당한 시험(예: 학습 기준과 관련 있는 내용 선택, 주제에 할애된 수업시간의 양, 시험 형식과 가독성 조사)을 계획하고 학생들에게 적절한 시험상의 조정을 제공한다.
- 학생에게 모든 유형의 시험 문항에 적응할 수 있도록 시험기술을 가르친다.
- 학생을 동기화하고 보조하기 위하여 특별학점을 사용한다.
- 평균화는 낮은 점수의 효과를 강조하는 경향이 있기 때문에 학생의 점수를 결정하기 위하여 중간점수(중앙치)를 사용한다.
- 인터넷을 이용하여 채점 기준과 지침, 현재 점수, 교수평가 규정 등을 게시하는 것은 학생 및 가족들과의 의사소통을 돕는다.

시험 조정

보통 교사는 교사 제작 시험을 사용하여 학생의 수행을 평가한다. 교사가 학생의 학습을 평가하기 위한 좀 더 나은 객관적인 시험 문항을 작성하는 데 도움을 주기 위하여, Conderman과 Koroghlanian(2002)은 진위형 질문(예: 문항당 하나의 아이디어만을 검사하고, 부정어의 사용 회피), 선다형 질문(예: 일단의 정보를 포함하고, 논리적 순서에 맞게 문항의 선택사항을 나열), 연결형 질문(예: 왼쪽 열에 좀 더 긴 구문을 배치하고, 연결을 위한 답 예시의 수를 더 많게 하고, 문제 수는 10개 미만으로 제한) 작성을 위한 지침을 제공하였다. 대부분의 교사 제작 검사가 성공하려면 학생의 주의집중이 잘 발달되어 있어야 하며 기억기술이 좋아야 한다(Salend, 2001). 따라서 교사 제작 시험은 장애로 인해 이러한 시험을 성공적으로 치르는 능력에 제한이 있는 학생들에게는 또 다른 장벽이 될 수도 있다. 학습에 어려움이 있는 학생들이 경험할 수 있는 문제를 최소화하기 위해서는 몇 가지 시험 조정(testing adaptations)이 제공된다. 〈표 3-5〉는 학습문제가 있는 학생들이 일반학급에서 성공을 거둘 수 있도록 도와주는 스물다섯 가지의 시험 조정안을 보여 주고 있다. Gajria, Salend와 Hemrick(1994)은 64명의 일반교사가 이와 같은 시험 조정안을 사용하고 있다는 것을 보고했다. 이 연구의 결과는 일반교사들이 학습문제를 보이는 학생들을 위하여 사용하는 시험 조정안을 순위대로 보여 준다. 〈표 3-5〉의 목록은 50% 이상의 교사들이 사용하는 조정안이다. 연구 결과는 또한 절반 이하의 교사들에 의해 사용되는 일곱 가지 조정안도 소개하고 있다.

1. 미리 시험 견본을 준다.
2. 시험 문항의 제시에 기술적인 장비의 사용을 허용한다.
3. 학생의 답(반응)을 얻기 위해 기술적인 장비의 사용을 허용한다.
4. 대안적인 채점방법을 사용한다.
5. 각각의 시험 지시사항에 따라 정반응의 모델을 제공한다.
6. 연결형 시험 문항에서 왼쪽에 더 긴 문항을 배치한다.
7. 서술형 시험 문항에서 기대되는 요소를 목록으로 만든 답 확인 용지를 제공한다.

연구 결과를 살펴본 후, Gajria 등은 교사들이 계획, 추가시간에 대한 요구, 자원의 측면에서 학업적 통일성을 유지하고 효과적이며 개별화를 최소화할 수 있다고 생각하는 시험 조정을 사용할 가능성이 높다는 결론을 내렸다. 본질적으로 교사들은 모든 학생들에게 적용된다고 믿는 시험 수정안을 사용한다.

주에서 시행하는 최소학력고사, 성취검사, 학업적성검사(SAT), 대학원 진학을 위한 시험(GRE)과 같은 표준화된 평가를 치를 때는 장애학생을 위해 시험 조정(testing accommodations, modifications, and adaptations)을 하는 것에도 많은 관심을 기울이고 있다. Thurlow, Ysseldyke와 Silverstein(1995)은 시험 조정을 다음의 네 가지 영역에서 나누었다.

- **제시 형식.** 점자 시험지, 확대경의 사용, 큰 글씨로 인쇄된 시험지, 지시사항을 소리 내어 읽어주기, 지시사항을 수화로 하기, 지시사항의 해석
- **시험환경.** 칸막이 책상에서 혼자 시험 보기, 소집단으로 시험 보기, 집에서 시험 보기, 특수학급에서 시험 보기
- **답안 형식.** 시험지에 답 표시하기, 답 쓰기 위한 틀(templates) 사용하기, 답을 손으로 가리키기, 구두로 답하기, 수화로 답하기, 타이핑으로 쳐서 답하기, 컴퓨터 사용하여 답하기, 도움 받고 답 해석하기

〈표 3-5〉 학습문제가 있는 학생들을 위한 시험 조정

시험 조정	교사의 사용 백분율
1. 시험지의 평가 문항에 대하여 학생들이 답을 쓸 공간을 충분히 제공한다.	96.9%
2. 평가 문항 간에 서로 방해가 되지 않도록 별도의 공간을 둔다.	95.3%
3. 시험지는 손으로 쓰기보다는 미리 타이핑하여 준비한다.	90.6%
4. 시험을 끝낼 수 있도록 시간을 더 많이 준다.	90.6%
5. 학생이 선을 긋도록 하는 것보다 시험 문항 옆에 빈칸을 두어 답을 쓰도록 한다.	90.6%
6. 시험 보는 동안 학생의 수행을 모니터링한다.	82.8%
7. 다지선다형 시험에서는 최대 4개로 선택의 수를 제한한다.	81.3%
8. 예견 가능하도록 평가 문항을 위계적인 순서로 제시한다.	79.7%
9. 가끔 치르는 총괄평가보다는 시험을 좀 더 자주, 짧게 치른다.	79.7%
10. 학생들에게 지시사항과 평가 문항을 읽어 준다.	79.7%
11. 중요한 요소들과 지시사항에 대해 이해하는 것을 도울 수 있도록 단서를 제공한다.	76.6%
12. 서술형 시험에서는 아주 짧은 답이나 개요만을 요구한다.	74.4%
13. 친숙하지 않거나 추상적인 단어들은 따로 정의해 준다.	71.9%
14. 연결하는 평가 문항은 10개까지만 낸다.	71.9%
15. 빈칸을 채우는 시험문제에 있어서는 선택할 수 있는 답을 제시한다.	70.3%
16. 학생이 시험 치르는 환경에 변화를 준다.	62.5%
17. 반드시 답해야 하는 질문의 수를 선택할 수 있도록 한다.	62.5%
18. 참-거짓을 찾는 문제에서 '결코 ~않는 것, 가끔, 항상'과 같은 단어의 사용을 피한다.	60.9%
19. 학생의 요구에 부합하여 시험의 읽기수준을 맞춘다.	59.4%
20. 시험 문항의 수를 줄인다.	57.8%
21. 선다형 시험 문항에서는 답을 세로로 배치한다.	57.8%
22. 연결형 시험 문항에서는 같은 수의 질문과 선택안을 제시한다.	57.8%
23. 선다형 시험 문항에서는 '위의 것 모두, 위에서 해당되는 것 없음'과 같은 애매모호한 선택안을 피한다.	54.7%
24. 개방형의 서술형 시험 문항은 부분으로 나누어 제공한다.	54.7%
25. 학생의 답을 받아쓰기 할 수 있게 한다.	50.0%

- **시험시간.** 추가시간 제공, 시험 보는 동안 휴식시간 더 많이 주기, 며칠에 걸쳐 시험시간 연장하기

Thurlow 등은 평가하고자 하는 구성개념을 바꾸지 않으면서 난이도와 상관없는 자원을 제거하거나 제한하는 시험 조정을 적용하는 것이 가장 핵심적인 사항이라고 보았다. 시험 조정에 대해서는 극소 수의 연구가 시행되었다. 하지만 일반적으로 학습장애 학생들의 수행을 향상시킬 수 있는 조정으로는 난이도의 측면에서 문항의 순서를 배치하고, 여백을 유지하기 위해 두 줄로 나눌 것을 한 줄에 완전한 문장이 쓰일 수 있도록 하며, 시험을 보는 학생이 문제가 전개되는 방향을 알아보기 쉽도록 화살표와 멈춤 표시를 사용하도록 하는 것 등이 있다.

장애로 인해 자신의 지식이나 기술을 나타내는 능력이 제한되는 학생들에게 시험 조정은 일반학급이나 사회에서 성공하는 데 있어 필수적이다. 적절한 형태의 시험 보기는 장애가 있는 학생들이 좋은 점수를 받고, 대학에 입학하고, 직업시장에 들어가는 것을 가능하게 한다.

기록하기

교수적인 목적의 기록하기(recordkeeping)는 학생 진보에 대한 자료를 수집하고 조직화하는 과정을 말한다. 학생의 진보를 기록하는 것은 교사로 하여금 시기적으로 적절한 교수 결정을 할 수 있도록 도와준다. 또한 기록하기는 IEP를 계획하고 실행하며 부모에게 학생 진보를 보고하는 데 있어서도 필요하다.

학생들이 매우 다양하고 복잡한 기술을 교수받고 있기 때문에, 학생 진보를 기록하는 과제는 그리 간단하지가 않다. 자료 수집은 매우 번거롭고 불편할 수 있어, 간혹 교사들은 이를 교수과정의 부정적 측면으로 바라보기도 한다. 그러나 기록하기는 교사들에게 필수적인 정보를 제공하므로 교수 프로그램의 긍정적인 요소다. 기록하기가 잘 개발 · 관리될 때는 다음과 같은 이점이 있다.

- 학생들은 종종 자신의 진보를 기록하는 것에 참여할 때 즐거워한다.
- 교사는 학생 진보를 기록하면서 만족감을 얻을 수 있다.
- 교사는 학습의 문제를 목표로 할 수 있고, 시기적으로 적절한 중재를 한다.
- 교사는 학부모, 교장 및 다른 학교 관계자들과 함께 학생의 진보 상황에 대한 의견을 나눌 수 있다.
- 자료는 프로그램과 배치 결정을 하는 데 도움을 줄 수 있다.

기록체계는 두 가지 기본적인 기능을 제공해야 한다. 첫째, 여러 교육과정 영역에 걸쳐 주요 목표에서 학생의 진보 상황을 기록하는 데 복합 기록양식이 있어야 한다. 초등학생을 위한 기록양식은 두세 가지 교육과정 영역을 포함해야 하고, 중등학교 교사를 위해서는 기록양식에 하나의 교과영역만 있으면 된다. 복합양식에 기록된 학생의 진보는 학생을 평가하는 기초가 되고, 다른 사람에게는 정보를 제공해 준다. 둘째, 일간 혹은 주간 교수목표에 있어 학생의 진보를 기록 · 평가할 수 있는 체계가 필요하다. 학생의 진보를 기록하기 위한 활동과 제언은 이 책의 교육과정 부분에서 살펴볼 수 있다.

종합 기록

복합 기록체계를 개발하기 위한 첫 번째 단계는 교수목표를 조직화하는 것이다. 목표는 구체적이어야 하며 측정 가능하고 단기 진보(일간, 주간)를 나타낼 수 있을 만큼 작은 단계로 구조화되어야 한다. 계열적인 교수목표는 위계적인 방식의 목록으로 작성되어야 한다. 순서가 없는 목표(예: 게임에서 교대하기, 손을 들어서 말하기와 같은 사회성 기술 목표)는 의미 있는 방식으로 묶을 수 있다. 복합양식에서 순차적인 목표는 일간 교수목표보다 더 큰 단계가 될 수도 있다.

학생 진보의 기록은 교사에게 교수를 위해 학생을 그룹화하는 데 유용한 정보를 제공한다. 특정 교과영역에서 같은 혹은 유사한 목표를 가지고 과제를 수행하는 학생들은 하나의 작은 집단으로 조직될 수 있다. 일단 초기 교수 집단이 만들어지면 교사는 학생 진보에 대한 일간 기록을 기초로 한 해 동안 학생 집단의 형태를 바꿀 수 있게 된다. 따라서 학생은 진보에 기초하여 다른 그룹으로 이동이 가능해진다. 그리고 복합 기록은 교사가 채점에서의 문제를 해결할 수 있도록 도와준다.

일부 상업용 자료들은 목표를 조직해 주고 교사들에게 기록을 위한 양식을 제공해 준다. 학교 교육과정 위원회에 의해 만들어진 교육과정 지침은 여러 학년수준에서 과목별로 교수목표를 제시하고 있다. 기술영역 및 계열적인 기술의 목록(부록 A 참조)은 목표를 조직화하는 틀을 제공한다.

복합 기록양식은 간단해야 한다. 이는 여러 사람들에게 오랜 시간 사용되어 왔기 때문에 자료를 견고하게

〈표 3-6〉 읽기에서의 학생 진보 기록

	교수목표: 교과서 내 페이지 수											
학생 이름	1~5	6~11	12~20	21~26	27~31	32~40	41~43	44~47	48~51	52~58	59~64	65~68
1. 아처, B	9/3	9/10	9/19	9/26	10/6	10/11	10/19	10/24	10/31			
2. 딜러드, W.	9/3	9/16	9/30	10/11	10/24	10/31						
3. 그럭스, G.	9/7	9/18	10/4	10/23								
4. 힐러, D.	9/8	9/20	10/7	10/20	10/27							
5. 헌트, T.	9/7	9/19	10/4	10/22								
25. 웨스트, R.	9/4	9/15	9/19	9/30	10/6	10/12	10/27					

주: 각 목표는 상업용 자료에서 학생이 완수한 페이지 수에 기초함(예: 학습지 혹은 읽기 책).

사용하는 데 도움을 준다. 〈표 3-6〉에 제시된 견본 양식은 교과영역별로 아주 간단하게 조직화되고, 견고함을 위해 마닐라 폴더로 만들 수 있다. 폴더가 사용되면 자료(예: 준거참조검사 결과)는 기록을 위해 그 안에 보관된다.

일간 기록

일간 기록(daily recordkeeping)체계를 세우기 위해서는 단기 교수목표를 규명해야 하며, 가능하다면 계열적인 순서로 정리해야 한다. 더불어 목표성취 준거를 수립해야 한다. 학생들은 가능한 한 많이 자신의 일간 수행을 평가하고 기록하도록 배워야 한다.

학생 진보를 적는 노트가 종종 사용되는데, 특히 많은 학생들에게 같은 과목을 가르치는 중등교사들에게 적합하다. 〈표 3-7〉은 사회과목에서의 일간 혹은 단기 목표에 대한 진보 기록이다. 그리고 〈표 3-8〉은 철자 쓰기 수행을 정오답의 수로 기록하는 양식이다.

사회성 기술과 관련된 일부 교수목표는 막대(tally) 기록표에 관찰내용을 기록할 수도 있다. 예를 들어, 수학 시간 동안 학생의 과제이탈 행동을 줄이고 싶은 교사는 막대 기록표를 사용하여 학생의 학습 반응을 기록할 수 있다. 교사는 학생이 문장에서 첫 글자를 대문자로 쓸 때마다 혹은 특정 질문에 정답을 맞힐 때마다 기록표에

〈표 3-7〉 사회과의 단기목표들에 대한 진보자료

학생 이름	사회과목 목표							
보이어, R.	79 9/20	80 9/21	81 9/22	82 9/24	87 9/25	88	89	90
체스넛, W.	91 9/14	92 9/17	93 9/18	101 9/19	102 9/20	103 9/22	104	105
마틴, A.	49 9/20	52 9/22	53 9/24	54 9/25	55	80	81	82
파커, D.	79 9/8	80 9/10	81 9/11	82 9/12	87 9/13	88 9/14	89 9/19	90
라이스, S.	91 9/17	92 9/19	93 9/20	101 9/22	102	103	104	105

주: 사회과의 목표는 항상 계열적이지 않으므로 이상의 수가 항상 연속적이지 않다.

〈표 3-8〉 단어 철자 쓰기에서의 수행 기록표

이름: 보비 리처드			
날 짜	철자 쓰기	정 답	오 답
10/2	1	14	6
10/3	1	16	4
10/4	1	17	3
10/5	1	20	0
10/6	2	15	5
10/9	2	16	4
10/10	2	19	1
10/11	3	11	9
10/12	3	16	4
10/13	3	17	3
10/16	3	19	1
10/17	4	17	3
10/18	4	20	0

막대를 하나씩 그릴 수 있다.

여기에서 제시된 기록양식은 교사가 일간 기록체계를 수립하는 데 도움이 될 만한 다양한 선택양식이 되어 준다. 어떠한 양식이 선택되건 자료 기록체계를 계획할 때는 다음의 단계를 따라야 한다.

- 1단계: 측정 가능한 단기목표를 쓴다.
- 2단계: 사용될 측정의 측면을 결정한다(예: 정확도, 정답률과 오답률, 빈도).
- 3단계: 얼마나 자주 행동을 평가할 것인지를 결정한다(예: 매일 1분 표집, 10분짜리 준거검사, 주간 단원 시험 보기, 수학 학습지를 하는 동안의 자리 이탈 횟수).
- 4단계: 행동을 평가하기 위한 일관적인 계획을 수립한다.
- 5단계: 기록하기 양식을 선택한다.

제 4 장

교수 관리

이 책의 1장 '반응적 학습환경의 조성' 에서는 학습자의 특성과 요구를 이해하는 것의 필요성에 대해 강조하고, 인적자원(예: 교사, 부모, 학생)을 최대한 활용하며, 연방법에 따라 경도장애 학생을 식별하고 그들을 위한 교육을 계획하는 것에 초점을 두었다. 그리고 학습문제를 가진 학습자들이 학교에서 성공할 수 있도록 도와주는 요소들에 대하여 설명하였다. 2장 '교수 계획과 조직' 에서는 교실의 물리적 배치, 교수 관련 배치(예: 대집단 교수, 또래교수, 교수자료 제공), 시간표 짜기, 숙제, 교실 기자재 사용과 같은 요인에 대해 자세히 살펴보았다. 3장 '교수를 위한 학생평가' 에서는 교수와 학습 상황에서 이루어지는 평가의 중요성을 논의하였다. 학생 수행 점검하기, 대안적 채점방식, 평가 수정하기와 같은 주제를 다루었다. 1장, 2장, 3장은 이 장의 핵심 영역인 상호작용적 교수와 이 접근법에 직접적으로 영향을 미치는 요인들을 다루었다.

상호작용적 교수는 학습을 촉진시키기 위해 교사와 학생이 서로 참여하는 것부터 시작된다. Goldberg (1990)는 일반적인 초등교사가 대개 매일 1천회 정도의 상호작용과 5천 가지의 일상적인 의사결정을 한다는 사실을 밝혔는데, 이는 상호작용적 교수가 얼마나 강도 높은지를 이해하는 데 도움을 준다. 상호작용적 교수는 교수과정의 중심이 되고, 세심하게 짜인 계획과 함께 그 전개와 실행이 숙련되게 진행되어야 한다.

교수 선택의 연속체

학습문제를 가진 학습자가 소속된 학급은 대개 성취수준이 상, 중, 하위권이며 문화적으로 그 배경이 다양한 학생들로 구성되어 있다. 이 학생들은 선행 지식, 개인적 요구, 문화적 경험의 측면에서 다양성을 나타낸다. 이러한 다양성 때문에 교사는 모든 학생들이 배울 수 있는 교수절차를 사용해야 한다. 그러나 불행하게도 교육자들은 너무나 자주 교수와 학습에 대한 단 하나의 견해에 편협하게 집중한다. 예를 들어, 사회구성주의자인 교사는 행동주의 접근을 아주 잊어버릴 수도 있고, 행동주의자인 교사는 구성주의적 접근 시도를 거부할 수 있다. 둘 중 어느 경우에서도 교수적 선택은 축소되고 학습자들이 요구하는 교수 선택이 사용되지 못한다.

Mather와 Roberts(1994)는 개별적인 차이를 조직화하고 학생성취를 도울 교수방법이나 그 방법들을 혼합할 필요가 있음을 강조하였다. 비록 하나의 교수방법이 학급 내 모든 학생에게 효과적이지 않더라도, 일부 교육자들은 그 방법이 정확히 실행되면 모든 학생의 성공을 보장할 수 있다고 주장하며 특정 방법에 매달린다. Mather와 Roberts는 과거에 성공적이지 못했던 교수방법을 사용하여 '더 열심히' 가르쳐야 한다고 생각하는 것은 "비영어권 사람에게 영어를 소리쳐 말하는 것"(p. 55)과 유사하다고 하였다. 하지만 그 어떤 것도 더 발전된 결과를 만들지 못한다. Dixon과 Carnine(1994)은 교육자들에게 교육의 이데올로기를 강조하기보다는 특정한 교수 실제가 가지는 가치에 집중할 것을 촉구하였다. "독단적인 주장(dogma)은…… 학습자에게 유용한 목적을 성취하기 어려운 방식으로 우리의 생각을 방해한다." (p. 357)

여기에서는 서로 배타적인 특성을 갖는 명시적 교수와 내재적 교수의 두 가지 교수 접근법에 초점을 맞춘다. 광범위한 특성을 갖지만 서로 별개인 이들 접근법은 보편적으로 사용된 여러 가지 교수 실제가 포함되어 있다(Mercer, Lane, Jordan, Allsopp, & Eisele, 1996). 실용주의적 견해에서는 이 두 가지 접근법이 서로 양립되는 것 같으면서도 둘 다 여러 학급에서 학생들의 요구를 충족시키는 데 필요하다.

명시적 교수(explicit teaching)는 교사가 지식 제공자의 역할을 하는 교수 접근법이다. 명시적 교수에서 교사는 학습자들에게 복잡하고 어려운 학습이 이루어질 때 전폭적인 지원을 제공하고 학생이 학습을 좀 더 쉽게 할 수 있도록 지식을 전달해야 한다는 신념에 기초하고 있다. 기술과 개념을 제시할 때는 학생들이 그것을 숙달할 수 있도록 명확하고 직접적인 방식을 사용한다. 명시적 교수를 사용하는 교사는 기술, 개념에 대한 설명이나 시범을 제공하고, 다양한 상황에서 기술과 개념 적용하기를 보여 줌으로써 학생을 지도 · 안내하고, 숙달과 일반화를 이룰 수 있도록 학생에게 독립적으로 기술을 적용해 볼 수 있는 기회를 많이 제공한다. 명시적 교수에서는 학생이 기술이나 개념을 완전히 숙달하는 것을 강조한다. 명시적 교수는 행동주의 이론, 직접교수, 과제분석, 성과 지향적인 효과적인 교수법 연구(product-oriented effective teaching research) 및 외생적 구성주의(exogenous constructivism)와 그 기반을 함께하고 있다.

내재적 교수(implicit teaching)는 학생들이 자연스럽게 선행 지식과 새로운 지식을 연결시켜 새롭게 지식을 개인적 의미에 맞게 구성하는 적극적인 학습자의 역할을 한다는 전제를 기초로 한다. 내재적 교수에서는 학생들이 교실 활동과 실생활의 문제해결을 연결시킬 때 그와 같은 지식의 발달이 향상된다고 보았다(Cobb, Yackei, & Wood, 1992; Englert, Tarrant, & Mariage, 1992). 내재적 교수에서 교사는 학생의 학습을 용이하게 도와주고 학생들이 새로운 지식을 발견하고 자신의 고유한 의미들을 구성할 수 있는 상황을 만들어 준다. 학생들은 의미 있는 맥락에 노출됨으로써 기술과 개념을 학습한다. 내재적 교수를 사용하는 교사는 학생이 자신의 이해를 수립하는 데 필요한 만큼 지도한다. 교사의 지원에는 비계교수(scaffolding), 질문하기, 설명하기 등이 포함되는데, 이는 필요한 경우에만 제공된다. 그리고 학생들은 문제해결과 새로운 지식을 구성하는 대안적인 방법을 찾기 위해 서로 협력하는 공동체를 만든다. 내재적 교수는 학습에 포함된 사고과정을 강조하는데, 이는 총체적 이론(holistic theory) 및 사회적 구성주의(social constructivism)와 일맥상통한다.

극단적인 명시적 교수와 내재적 교수 사이에는 상호작용적 교수(interactive teaching)가 있다. 상호작용적 교수는 지식은 협력적인 작업이고 교수는 명시적이며 내재적인 방법 모두를 포함하고 있다는 신념을 기반으로 한다. 이와 같은 협력적 상호작용에서 교사는 학생이 발견을 할 수 있도록 안내하는 데 필요할 때마다 교수를 제공한다(예: 초인지적 설명 제공하기, 인지과정 시범 보이기, 유도 질문 던지기, 격려하기). 이러한 지원적 교수의 특성은 교사-학생 대화를 통하여 학습자들이 목표를 효과적으로 성취하는 데 필요한 안내와 지원을 제공하는 것을 그 핵심으로 한다.

〈표 4-1〉은 명시적-내재적 교수의 연속체를 설명하고 있다. 이 연속체는 Moshman(1982)이 주장한 구성주의의 세 가지 수준인 외생적, 변증적, 내생적 수준을 포함한다. 이 세 수준은 명시적, 상호적, 내재적 교수와 유사하다.

여러 교육자들은 명시적 접근법과 내재적 접근법을 서로 모순되고 이분법적인 것으로 생각하고 있다. Heshusius(1989, 1991)과 Poplin(1988)은 수많은 특수교육자들이 사용하는 명시적 접근법이 너무 환원주의적이며 기계적이라고 비난하면서 내재적 교수법이 학습자가 지식을 구성하는 데 더 적합하다고 주장하였다. 반대로 Engelmann(1988), Liberman과 Liberman(1990)은 학습자가 많은 기초 개념들을 완전 습득하고 문제해결력과 고차원적인 사고능력을 개발하는 데 있어 명시적 교수의 필요성을 주장하였다. 그들은 내재적 교수가 대부분의 학습자들에게 비효과적이고 비능률적이라고 생각하였다.

학생들의 다양성이 증가하면서 교육자들은 학생들이 가진 학습적인 요구를 연속체상에서 바라보게 되었다. 연속체상에서 교수를 선택하고자 할 때는 학생 요인과 내용 요인이 그 적합성을 결정하는 데 영향을 미친다. 대부분의 교육자들은 경도에서 중등도의 장애를 가진 학생들을 대상으로 명시적 교수를 선호하는데, 이 학생들의 특성을 생각해 본다면 이러한 견해를 갖는 것을 이해할 수 있다. 자동성, 초인지 전략, 기억, 주의집중, 일반화, 적극적인 학습(proactive learning), 동기에서 문제를 가지고 있는 학생들은 효율적인 자기 발견 학습(즉, 내재적 교수)에 참여하기 어렵다.

Howell과 Nolet(2000)은 교수 접근법을 선정할 때 학생 요인과 관련된 지침에 대해 설명하였다. 그들은 내재적 접근법을 학생이 적응능력이나 융통적인 동기체계를 갖고 있을 때, 과제 혹은 개념과 관련된 중요한 선행 지식을 갖고 있을 때, 그리고 학생이 일관적인 성공을 보일 때 사용하라고 추천하였다. 반면 명시적 접근법은 학생이 융통성 없는 동기 유형을 가질 때, 학생에게 중요한 선행 지식이 부족할 때, 혹은 학생이 과제에서 반복하여 실패할 때 사용하라고 설명하였다.

학생 특성 외에도, 교수내용의 특성은 교육자들이 교수 접근법을 선정할 때 도움을 준다. Howell과 Nolet

〈표 4-1〉 명시적-내재적 교수 접근법의 연속체

명시적 교수	상호작용적 교수	내재적 교수
교사의 직접적 도움	직접적, 간접적 교사지원 간의 균형 이룸	교사의 간접적 도움
학습에 대한 교사 조정	학습에 대한 조정 공유	학습에 대한 학생 조정
직접적 발견	안내된 발견	자기발견
직접교수	전략적 교수	자기조절 교수
과제분석	부분-전체, 전체-부분 균형	통합 접근
행동주의적	인지적/초인지적	총체적
외생적 구성주의	변증적 구성주의	내생적 구성주의

은 교수 접근법 선정 시 교육과정이나 내용 요인을 어떻게 고려해야 할지에 대해 제안하였다. 내재적 접근법은 과제가 단순하거나 개념적이며 무엇을 해야 할지가 분명할 때, 그리고 일반적 문제해결 전략으로 해결될 수 있을 때 사용하라고 추천하였다. 반면에 과제가 복잡하고 그 정의가 충분치 않을 때, 과제 관련 정보가 부족할 때, 혹은 특정한 과제 수행전략이 필요할 때는 명시적 접근이 더 적절하다고 보았다. 추후 학습에 결정적인 내용이거나 좀 더 높은 수준의 능숙함을 요할 때는 명시적 접근이 필요하다. 시간의 제한이 있거나 기술 또는 개념의 습득이 우선시될 때는 명시적 접근이 가장 좋다. 결정적으로 학생에게 도전적인 과제는 명시적 교수를 실시하는 것이 좋다. 예를 들어, 중장비를 다루는 방법에 대한 학습에서는 자기 발견에 의한 것보다는 절차와 발생 가능한 위험에 대한 정확하고 구체적인 정보를 필요로 한다.

내재적 학습환경의 요구사항 설정

내재적 학습환경은 학습자에게 매우 큰 부담을 준다. 다음의 목록은 학생들에게 가장 두드러지게 부담이 되는 것과 학습문제를 가진 학생들의 학습 특성 간의 관련성을 강조하고 있다(Mercer, Jordan, & Miller, 1996).

- 학습자들은 기존의 지식과 새로운 정보의 관계를 이해하면서 새롭고 적합한 의미를 구성하기 위해 필요한 선행 지식을 충분히 가지고 있어야 한다. 학습문제를 가진 학생들의 상당수는 기초 학업영역에서 심각한 학습 격차를 보이는데, 그들의 대다수는 선행 지식의 양이 충분치 않다.
- 학습자들은 기초 학업영역에서 교사의 설명, 교사-학생 상호작용, 학생들 간의 상호작용에 주의를 기울여야 한다. 학습문제를 가진 학생의 상당수는 관련 있는 시각 및 청각 자극에 주의를 집중하는 데 어려움이 있다.
- 학습자들은 그들의 삶에 실질적인 방식으로 새로운 지식을 습득하고 기억하고 구성하기 위하여 인지와 초인지 과정을 활용해야 한다. 학습문제를 가진 학생들은 보통 정보처리 과정을 방해하는 인지, 초인지상의 결함을 나타낸다(Torgeson, 1990). 구체적으로 이 학생들 중 일부는 문제를 해결하고, 적절한 전략을 식별하며, 학습된 정보를 조직화하고, 문제해결 과정을 점검하며 문제의 정확성을 평가하고, 적절한 상황에 전략을 일반화하기 위해 자기 자신의 능력을 평가하는 데 문제를 갖는다.
- 학생들은 자신의 학습에 있어 적극적인 참여자가 되어야 한다. 학습문제를 가진 학생들의 상당수는 기초 학업영역에서의 실패 경험을 통해 학습된 무기력(learned helplessness)을 경험하고 있다. 보통 그들은 내용이나 개념에 대한 이해가 거의 없는 상태로 단어를 반복하여 읽거나 문제를 풀게 되면서 학습된 무기력이 생기게 되었다고 생각한다. 학생은 과제에 대한 이해가 부족함으로 인해 교사에 대한 높은 의존도를 나타내며, 단어를 읽거나 문제를 정확하게 풀기 위하여 외부의 도움이 필요하다는 생각을 갖게 된다. 이러한 사건의 반복은 학습된 무기력을 조성하고 강화시킨다.
- 학생들은 협동학습 집단에서 활동하기 위하여 집단 토론에 참여해야 한다. 이러한 협력 활동은 학습자 공동체가 형성되는 것을 돕는데, 이를 위해 학생은 구어기술(예: 조직화된 정보 발표하기, 설득적인 주장하기, 논쟁에 참여하기)과 적절한 사회성 기술(듣기, 교대하기, 상대방 의견 존중하기)을 갖추고 있어야 한다. 광범위한 상황에 언어가 사용되고 학년이 올라갈수록 협동학습에 요구되는 언어수준은 증가한다. 더군다나 학습문제를 가진 학생들이 보이는 사회성 기술의 결함 또한 학년이 올라가면서 심화된다.

- 자기 조절(self-regulation)을 잘할 수 있는 학습자가 되기 위해서는 학생이 자신의 학습 특성을 알고 초인지 전략을 개발하며 학습에 적극적인 태도를 유지해야 할 필요가 있다. 대개 학습문제를 가진 많은 학생들은 수동적인 학습자로 묘사되는데, 수동적 학습자란 학습에 적극적으로 참여하지 않거나 스스로 학습을 조정하지 않기 때문에 인지적으로 수동적인 모습을 보이는 학생을 뜻한다. 이 학생들의 대다수는 학습에서의 수동성에 기인한 학습 동기상의 결함을 가지고 있는 것으로 생각된다.

학습문제를 가진 학생들의 환경적 요구와 특성을 조사하는 것은 그들의 상당수가 내재적 환경에서 성공하는 데 필요한 태도와 기술, 지식이 부족하다는 것을 보여 준다. 이 학생들뿐 아니라 학업 실패의 가능성이 높은 학생들이 자기조절적인 평생학습자로 변화할 수 있도록, 교사는 학생들에게 지원을 제공하며 올바른 방향을 제시해 주어야 한다. 교수 선택의 연속체상에서 명시적 접근에서 사용할 수 있는 교수 실제로는 직접 시범, 숙달을 위한 교수, 비계교수, 소리 내어 생각 말하기, 기억술 사용 등이 있다. 이러한 교수 실제는 학생들이 더욱 적극적이고 성공적인 학습자가 될 수 있도록 돕는 디딤돌이 된다. 연속체에서 제시하고 있는 교수 실제의 범위는 다양한 학습자를 교육하는 데 사용될 수 있다. 명시적 교수나 교사 지시적인 학습은 아직 학습에 미숙한 학생들을 돕는 데 필요한 반면, 내재적 교수는 좀 더 성숙한 학습자(예: 선행 지식, 적극성, 사회적 통찰력이 풍부한 이들)가 계속하여 성장해 가는 과정에 도움을 준다.

교수 선택의 연속체에 관한 연구

교육과정의 영역에서 시행된 연구에 의하면 다양한 능력을 가진 학생들은 교수에 서로 다르게 반응한다는 것을 알 수 있다. 이러한 연구 결과는 교수 연속체의 근거가 된다.

언어

Warran과 Yoder(1994)는 언어와 의사소통 분야에서 교수적 선택이 필요하며 특정 발달 단계에 좀 더 효과적인 교수적 선택이 있다는 주장을 펼쳤다. 예를 들어, 직접적이고 명시적인 교수는 학생 주도적인 활동과 교사의 촉진이 결합된 환경교수(milieu teaching)와 비교하면 상위 언어기술을 교수할 때 더 효과적이라고 알려져 있다(Yoder, Kaiser, & Alpert, 1991). 하지만 초기 어휘 교수에서는 명시적 교수가 환경교수에 비해 효과적이지는 않았다.

읽기

Stanovich(1994)는 읽기교수에 적절한 교수적 접근법을 선택하는 것은 학습자와 기술에 좌우된다는 주장을 펼쳤다. 지각 투입체계와 밀접한 기술(즉, 음운관계와 어휘 같은 구체적인 정보)을 가르치는 경우에 명시적 교수를 사용해야 할 필요성은 더욱 커진다. 반면에 가르쳐야 할 기술의 유형이 지각 투입체계와 거리가 먼 경우(즉, 추론적 이해와 같은 덜 구체적인 정보)에는 내재적 교수 접근법이 좀 더 효과적이다.

Stanovich(1994)에 의하면 명시적 교수와 교사주도 전략훈련(teacher-directed strategy training)은 특히 장애를 가질 위험성이 높은 아동, 학습장애 아동, 특별한 요구를 가진 아동에게 단어 재인 기술을 가르칠 때 더 효과적이다. 수많은 연구 결과가 증명하듯이, 명시적 교수는 학습문제를 가질 위험성이 높은 학생들이 읽기와 철자기술을 습득하는 데 도움을 준다(Lyon, 1995a; Moats, 2000). 그리고 그들을 위한 프로그램에서는 명시적 교수를 사용하여 읽기기술을 향상시킨 바 있다(Slavin et al., 1994).

쓰기

Graham과 Harris(1994)는 평균적인 성취수준을 보이는 학생들은 초등 학년기가 끝날 무렵에 자기가 가진 생각을 자유롭게 표현할 정도로(즉, 내용을 계획하고 만들어 내기) 유창하게 쓰기가 가능해진다는 점에 주목하였다. 하지만 특별한 요구를 가진 학생들은 다른 학생들처럼 일찌감치 유창한 수준에는 도달하지 못한다(Graham, 1990). 학습 실패의 위험에 처한 학생들에게는 총체적 언어 접근법에서 우발적 방법(incidental method)과 과정 중심 접근법(process approaching)만으로는 충분하지 못할 수도 있다. 그리하여 Graham과 Harris는 특별한 요구를 가진 학생들이 쓰기기술을 잘 습득하도록 하기 위해서는 좀 더 자주 의미 있고 실제적인 쓰기를 해야 한다고 설명하였다. 그들은 명시적 교수와 함께 실제적인 쓰기 활동을 통합하는 쓰기 접근법을 사용하여 실험연구를 실시하였고, 그 결과는 매우 희망적이었다. 그러나 아직 좀 더 많은 보충연구가 시행되어야 할 것이다.

수학

수학의 연구 결과에 의하면 학생들은 명시적 방법과 내재적 방법을 모두 포함하는 교수를 통해서 혜택받을 수 있음을 확인해 볼 수 있다(Mercer, Jordan, & Miller, 1994). 명시적 방법은 수학의 절차를 설명하고, (교사가 '소리 내어 생각 말하기' 방법을 사용하는 중이나 문제를 해결하는 사고 과정을 설명하는 중에) 기술을 시범 보이며, 단서와 도움을 사용하며, 이해를 확실하게 하기 위해 학생들에게 직접적으로 질문하고, 숙달할 때까지 연습하게 하는 것과 같은 방법을 지지한다. 또한 학습하고자 하는 정보를 선행 지식과 연결시키고 깊이 생각하며, 수학개념에 대한 상호 담화, 발견학습과 같은 내재적 방법을 추천한다.

과학

Scruggs와 Mastropieri(1994)는 특수한 요구를 가진 학생들을 대상으로 한 내재적 과학교수의 효과를 살펴본 연구에서 학생들의 주의집중 문제를 지적하였다. 이 연구자들은 경도장애 학생들이 과학적 지식을 구성할 수 있지만 그 과정에서 지원이 많이 필요하다고 결론을 내렸다. 이때 교사는 고도로 구조화된 코칭과 행동관리 기술들을 제공해야 한다. Palincsar, Magnusson, Collins와 Cutter(2001)는 2년 동안 초등 고학년 통합학급에서 과학탐구 교수(guided inquiry)를 받은 특수아동의 경험과 성과를 조사하였다. 그들은 학생의 생각을 점검·촉진하며(예: 소규모 회의), 문해력을 기르고(예: 어휘집 제공), 소집단 활동의 향상(예: 집단 내 소속감의 조절)에 초점을 맞춘 진보적인 전략을 사용하였을 때 학급 내 모든 학생들이 학습에 있어 현저한 발전을 보여 주었다고 보고하였다.

교수 선택의 연속체에 관한 견해

대개 학계에서는 한 가지의 교수 패러다임을 발전시키려 많은 노력을 기울이지만, 다행스럽게도 실제 학급에서는 이러한 이데올로기의 극단성은 좀처럼 발견되지 않는다. 교육을 연구하는 학자들은 학생 개개인과 개별 교사가 가지고 있는 요구에 대해 주의를 기울여야 한다. 하나의 패러다임이 가진 순수성을 지키기 위하여 교수 선택의 범위를 제한하는 것은 그리 바람직하지 못하다. 교육분야에서의 연구는 개인의 교육적 요구를 충족시키는 데 있어 가장 적절하다고 생각되는 교수 실제를 실행하는 것을 지원해야 한다. 우리는 교수 실제에 있어 좀 더 폭넓은 견해를 수용하는 것에서부터 출발할 수 있다. 다음에 소개되는 이야기는 학생에게 반응적인 학습 환경을 구성하고자 할 때 여러 가지 관점을 고려해야 할 필요성에 대해 매우 흥미로운 견해를 제시하고 있다.

몇 년 전 앤과 나는 유타에서 스키 강습을 받았다. 우리의 스키 강사는 굉장했는데 여러 지체장애인에게 스키를 가르친 경험이 있다고 했다. 강습이 시작되자, 나는 두렵고 걱정도 되었지만 한편으로는 매우 흥분되기도 했다. 스키 장비, 비탈, 얼음, 스키 리프트와 중력 모두가 나에게는 위협적이었다. 강습이 진행되는 동안 나는 다음의 경험을 했다.

1. 교수가 시작되고 첫 10분 동안, 나는 우리가 있었던 작은 산에서 뒤로 떨어져서 일어날 수 없었다. 앤은 소리 내어 웃었고 스키 강사는 미소를 지었다.
2. 스키 리프트에 다가갈 때 나는 너무 서두르다 나머지 리프트 아래 통로로 떨어졌다. 이에 리프트 기사가 기계를 멈추고 다른 사람에게 나를 일으켜 세우라고 이야기했다. 앤은 내 앞을 지나가던 스키 리프트에서 소리 내어 웃었고 스키 강사는 미소 지었다.
3. 리프트 출구에서 앤과 스키 강사는 내가 땅에 몸을 쭉 펴고 누워 있는 것을 보았다. 나는 스키를 타기 위에 리프트를 빠져나와야 하는 것을 몰랐다. 그러나 나는 내 아내와 강사를 치지 않으려고 믿어지기 어려울 정도로 이리저리 움직였다. 불행히도 산에서 내려올 즈음에 나는 비탈 꼭대기에 서 있는 사람을 보지 못했고, 그 사람과 나는 슬로프 아래로 계속 굴러 떨어졌다. 앤은 걱정스럽게 보았고, 스키 강사는 기분 좋게 웃어 주었다.

스키 강사는 몇 시간 동안 앤과 나와 함께 활동했다. 그는 우리에게 확실하게 떨어지고, 스키를 잡고 일어나며, 방향을 바꾸고, 비탈을 가로지르고, 속도를 늦추며 눈을 가르는 방법을 가르쳤다. 그는 설명하고 시범을 보이고 교정적인 피드백을 제공하며 격려를 아끼지 않았다. 나는 천천히 자신감을 가지게 되었고 계속해서 열심히 스키를 탔다. 마침내 강사가 내게 말했다. "만일 제가 선생님이 오늘 배운 모든 기법을 계속해서 생각하게 했다면 선생님이 스키 타기가 얼마나 쉽고 재미난 것인지를 알게 하는 데 도움을 드린 겁니다." 그러고 나서 그는 나에게 스키를 보지 말고 계곡을 가로지르는 산을 바라보며 스키를 타고 내려오라고 말했다. 그는 내가 준비가 되었고 그렇게 할 수 있다고 덧붙였다. 나는 스키 강사가 일러준 대로 아래를 보지 않고 산에서 스키를 탔다. 정말 상쾌한 경험이었다. 강사가 가르쳐 준 기술이 자연스럽게 발전되는 것 같았다. 그는 정말 훌륭한 선생이었다.

나는 스키 강사의 교수를 생각하면서 그가 명시적–내재적 교수 연속체를 사용했음을 알았다. 처음에 그는 나에게 스키 타기의 기초에 대해 분명하게 가르쳤고 자신감을 키워 주었다. 그는 내가 기술을 학습함에 따라 더욱 내재적인 교수를 시행하였다. 그리고 강습이 끝날 무렵에는 내가 진일보한 스키 타기를 발견할 수 있도록 도와주었다.

내가 산에서 스키 타는 도전을 받았던 것처럼, 학생들은 그들의 능력수준이 어떠하건 이해하고 성취하기가 그리 쉽지 않은 학업개념을 학습하라는 도전을 자주 받게 된다. 하지만 명시적, 내재적 교수 요소 모두를 활용한다면 다양한 학습자들이 학업 내용과 기술을 습득하고 사용하는 것을 도울 수 있다. 교육자는 학생들이 넘어지고 일어서고 스스로 교정하면서 학습을 통해 얻을 수 있는 즐거움을 발견하는 방법을 가르쳐야 한다. 그들은 학생들에게 도구(예: 컴퓨터, 자, 계산기, 물건, 책)를 사용하고, 개념을 탐구하며, 실수를 고치고, 천천히 생각하며 생각을 정교화하고, 학습의 즐거움을 발견하는 방법을 가르쳐야 한다.

이 책의 다른 장들에서는 교육과정 영역별로 명시적–내재적 교수 연속체 맥락에서 사용할 수 있는 풍부한 활동, 전략, 기술을 제공할 것이다. 학습문제를 가진 학생들 대부분이 교사의 지원을 많이 필요로 하기 때문에 그들을 위해 명시적이며 상호적인 교수를 강조한다.

예를 들어, 오리건 대학교에서 개발한 직접교수 모델과 캔자스 대학교 학습연구센터에서 개발한 전략중재 모델은 각각 명시적이며 상호작용적인 교수를 대표하는 효과적인 교수 실제로서 학습문제를 가진 학생들을 위해 사용될 수 있는 교수 접근법이다.

체계적인 교수 단계

교사가 수업을 하는 방식은 개인적으로 만들어지는 것이지만 일시적 생각이나 편견 혹은 사적인 견해에 기초해서는 안 된다. 교사와 교사를 양성하는 사람들은 교사가 사용하는 교수 실제를 개발할 때에 기존의 연구를 검토한 것을 바탕으로 기존의 교수 실제를 발전시키면서 얻어진 결과를 적용해야 한다. Arreaga-Mayer와 Carta(1994)는 실증연구에 기반을 둔 상호작용적인 교수를 적용한 교사의 학생들이 다른 방법을 적용한 교사의 학생들보다 더 오랜 시간 동안 학업 활동에 참여하고 보다 높은 성적을 얻었다는 것을 알아내었다. 교사는 학습문제를 가진 학생들이 적절한 수준에서 학업적으로 발달하도록 하기 위해 그들을 위한 수업을 잘 계획해야 한다. 효과적인 교수의 연구 결과를 보면 장애학생을 위한 수업 계획의 요소는 (1) 수업 도입, (2) 상호적 설명의 수행, (3) 수업 종결, (4) 교수 요소의 지속적인 사용의 측면에서 논의 · 조직화된다. 이 절에서 제시한 표에 나타난 정보를 이용하게 되면 다양하고 체계적인 교수 활동이 가능해진다. 교사가 교수 활동 일과에 이 같은 교수 실제를 통합하게 되면 학생의 성취를 향상시킬 수 있는 가능성을 높일 수 있다.

수업의 도입

수업을 시작할 때 교사가 행하는 첫 번째 과제는 학생의 주의를 획득하는 것이다. 일반적으로 교사는 "자, 이제 수업(을) 시작하자." "나(교사)를 보세요." 혹은 "(수업) 시작할 시간이다."와 같은 언어적 단서를 제공하면서 학생의 주의를 얻는다. 이때 교사가 학생과 눈을 맞출 수 있는 '반응 지연시간'을 가지고 있다면 교사의 말은 더 효과적이 된다. 또한 학생들은 주의집중 활동(focusing activity)을 사용할 수 있다. 특히 수업을 처음 시작할 때 현재 사건과 관련된 흥미로운 질문을 학생들에게 던지는 것도 유용하다. 예를 들어, 교사가 "누가 어제 바닷가에서 일어난 놀라운 사건에 대해 알고 있니?" 하고 물어보면 학생들은 그 즉시 바닷가에 출몰한 고래에 관한 토론에 참여할 수 있다. 고래에 관한 짧고 간단한 토론이 있은 후, 교사는 학생의 주의를 수업으로 이끌 수 있다. 이 외에도 학생의 주의를 얻기 위해 비언어적 단서를 사용할 수 있다(예: 교사가 교실의 한 구역에 서서 학생을 훑어보기, '선생님을 바라보고 그 말씀에 귀 기울여 들어라.'라고 쓰인 포스터를 가리키기). 수업이 진행되는 동안 교사는 학생의 주의를 얻고 유지하는 데 노력하는데, 활동이 바뀌게 되면 학생의 주의집중을 다음 활동으로 돌릴 수 있도록 해야 한다. 교사는 학생들에게 활동의 전이를 명확하게 알려야 하며 교사가 어떠한 기대를 하고 있는지를 확실하게 전달해야 한다. 교사의 기대를 구체적이고 쉽게 기억할 수 있도록 학생들에게 기대된 행동에 대한 단서를 주는 기억술을 가르칠 수 있다(예: 이 장 후반부에 제시된 SLANT 기억술).

일단 학생들이 주의를 기울이기만 하면, 교사는 학생이 해당 수업을 선행 지식(예: 이전의 수업 혹은 관련 경험)과 연결시키도록 돕는다. 보통 교사가 학생들에게 "지난 시간에 우리는 구체물을 이용해서 곱셈문제를 푸는 것을 배웠어요." 혹은 "어제 우리는 단어 안에 숨어 있는 단어를 찾는 것을 연습했어요."와 같은 말이 그에 해당된다. 학생이 자신의 기술 혹은 지식 수준을 보일 수 있도록 질문하는 것도 도움이 될 수 있다. 예를 들어 "27×4의 곱셈문제에서 4를 어떻게 부르나요?" 또는 "단어 합성(word together)에서 여러분이 찾을 수 있는

〈표 4-2〉 수업 도입을 위한 능력

- 언어적 혹은 비언어적 단서를 사용하거나 매우 흥미로운 화제를 소개함으로써 학생의 주의를 끈다.
- 활동이 바뀌는 전이 때마다 교사의 기대에 대해 이야기하고 그 기대를 가르치는 기억술(예: SLANT)을 사용할 것을 고려한다.
- 수업의 내용을 선행 학습 혹은 지식에 연결시킨다.
- 학생의 선행 지식이 불충분하다면 다시 가르친다.
- 수업의 목표기술, 전략이나 내용이 무엇인지를 명확히 한다.
- 기술, 전략이나 내용을 왜 학습해야 하는지에 대한 근거를 제공한다.
- 실제적인 맥락이 실현될 수 있을 때까지 기술, 전략이나 내용과의 관련성을 토론한다. 실제성은 학교 활동, 지역사회 사건이나 미래 요구사항과 같은 맥락 안에서 이루어질 수 있다.
- 학생들 스스로 이미 알고 있는 것이 무엇인지를 파악하고 앞으로 학습할 것에 대한 목표를 설정하게 한다.

단어는 뭐죠?" 라고 질문할 수 있다.

이후 교사는 목표가 되는 기술, 전략, 수업에 관련된 지식을 소개하고 그것을 학습해야 하는 이유를 말한다. 여기서는 목표의 설정에 초점을 맞춘다〔예: "오늘 우리는 그림(반추상물)을 그리면서 곱셈 풀이법을 배울 겁니다. 문제를 그림으로 그리는 것은 여러분이 곱셈을 더 잘 이해할 수 있게 해 주고 실물(구체물)이 없이도 곱셈문제를 풀 수 있게 해 줄 것입니다."〕. 이러한 말은 학습을 해야 하는 이유를 제공해 줄 뿐만 아니라 수업의 기술과 목표를 소개해 준다. Hasselbring(1994)은 수업내용을 실생활의 상황과 연결시킬 수 있도록 하는 앵커링 활동(anchoring activities)을 사용할 것을 제안하였다. 앵커링 활동은 학급 전체가 실제 맥락에서 기술, 전략 혹은 내용의 관련성을 토의하는 것을 뜻한다. Mercer, Jordan과 Miller(1996)는 기술, 전략 혹은 학습내용을 학교 활동(예: 시험 통과하기), 지역사회 사건(예: 물건에 대한 가장 좋은 가격 계산하기), 미래 요구사항(예: 직장 구하기, 중등학교 졸업)의 맥락 안에서 토론함으로써 실제성이 성취될 수 있다고 하였다. 또한 이 단계에서는 현재 학습 상태를 평가하고 학습 성과를 예측하여 학생들 스스로 자신의 목표를 식별하는 것도 유익하다. 학생은 자신이 알고 있는 것, 배워야 할 것, 자신이 배운 것을 파악함으로써 자신의 학습과정에서 갈 길을 안내를 받을 수 있다. 〈표 4-2〉는 수업 도입을 위한 능력을 요약하여 제시하였다.

상호작용적 수업의 시행

상호작용적인 수업(interactive presentation)은 교수과정의 핵심이며 교사와 학생 간의 적극적인 상호작용이 포함된다. 여기서 교사는 새로운 교수 기술이나 자료를 분명하게 시범 보이고 교사의 지도하에 학생이 기술을 연습할 수 있도록 한다. 이 같은 절차는 대부분의 학습문제를 가진 학생들이 성공적인 학교생활을 할 수 있도록 하는 데 필수적이다.

명시적 모델링

명시적 모델링의 목적은 학습자의 이해를 확고히 하는 방식으로 학습자를 위하여 '그림을 색칠하는 것' 과 같다. 교사가 시범을 보이는 동안 학생들은 보고 듣고 생각하도록 교육한다. 교사는 '소리 내어 생각 말하기(think aloud)' 를 하고, 학습자들은 기술, 내용, 전략 학습에 사용된 초인지 과정을 관찰할 수 있다. 이때 두 가지 절차가 사용된다. 먼저 (1) 교사는 스스로에게 질문을 하고 답을 한다. 학생은 교사가 전략을 사용하는 과정을 소리 내어 말하는 것을 들으며 과제가 수행되는 과정을 지켜본다. 이후 (2) 교사는 학생에게 질문하고 학생이 답할 수 있도록 돕는다. 교사와 학생은 함께 전략을 사용하고, 교사는 계속해서 그 과정을 시범 보인다. 학생들이 교사의 사고과정을 관찰하고 경험하는 기회

〈표 4-3〉 명시적 모델링 능력

- 새로운 정보를 학습하거나 전략을 적용하는 것과 관련하여 내적 · 외적 절차를 단계적으로 시연해 보인다.
- 학습전략이나 문제해결에 사용되는 내적 과정을 시범 보이기 위해 '소리 내어 생각 말하기'를 사용한다(예: 교사는 내적 · 외적 과정을 묘사하면서 자신에게 큰 소리로 질문하고 큰 소리로 대답한다.).
- 개념적 특성을 명확히 나타내는 예시와 비예시(non-examples)를 제공한다.
- 모델링을 하면서 조금은 빠른 속도를 유지하지만 학생들이 개념이나 전략을 이해할 수 있도록 충분한 시간을 제공한다.
- 열정적으로 모델링을 한다.
- 과제에 따라 구체적인 학습 전략을 모델링하고(즉, 과제 수행), 학생들의 성취를 도울 수 있는 자기 교수법(예: 자기 점검이나 문제해결)을 사용한다.
- 질문을 통해 학생 참여를 촉진하고 모델링을 하면서도 학생의 이해 정도를 점검한다.
- 학생 반응을 교정하고 학생들이 반응을 확장시키도록 돕는다.
- 학습전략을 도출하는 새로운 교수자료에서 조직화, 관계, 단서에 주목한다.

는 학습자 자신의 사고과정을 활성화하는 데 도움이 된다. 이와 같이 명시적 모델링은 미숙한 학습자들(예: 제한된 선행 지식을 갖고 있거나 수동적인 학습자들)이 주요한 지식을 습득하고 사용하는 데 필수적이다. 예를 들어, Montague(1992)는 학습장애 학생들이 수학의 문장제 문제를 성공적으로 풀도록 하기 위하여 인지와 초인지 전략을 명시적 모델링을 사용하여 가르쳤다. 여기서 사용한 전략은 (1) 이해를 위한 읽기, (2) 자기 말로 바꾸기, (3) 그림이나 도표로 시각화하기, (4) 문제해결의 계획 만들기, (5) 답 추정하기, (6) 계산하기, (7) 모든 것이 맞게 되었는지 점검하기다. 〈표 4-3〉에는 명시적 모델링을 시행하는 데 요구되는 능력이 요약되어 있다. 교사가 보이는 모델링은 많은 학생들이 학업적으로 성공할 수 있도록 돕는 중요한 성공의 열쇠가 된다. 시도해 보라!

교사의 지도가 제공되는 연습

명시적 모델링이 끝나고 독립적 연습을 하기 전에, 교사는 학생들이 연습을 하는 동안 지도를 제공하면서 그들의 적극적인 참여를 유도한다. 교사지도 연습에서는 주로 교사가 학생을 촉진하고 그들의 활동을 점검한다. 학생이 초반에 시행하는 연습이 성공할 수 있도록 교사는 학생의 과제 수행을 돕기 위한 촉진을 제공한다. 촉진에는 유도 질문하기, 수업내용 반복하고 쉽게 말하기, 구체적인 단어나 숫자를 지적하기, 예시와 비예시 제공하기, 피드백 제공하기, 과제를 나누어 수행하게 하기, 학생과 함께 과제 수행하기, 안내 소책자 제공하기 등이 포함된다. 학생이 촉진을 받아서 과제를 수행하게 되면, 이후 교사는 학생들이 촉진 없이도 과제를 성공적으로 수행할 수 있는지의 여부를 점검한다. 교정적 피드백은 교사가 꾸준히 학생 진도를 점검하고 학생들이 독립적으로 공부할 수 있는 준비가 될 때까지 제공된다. 만약 학생들이 어려워한다면 교사가 모델링과 촉진을 반복하며 연속적으로 학생의 과제 수행절차를 점검할 수 있다.

교사는 학생들이 지원을 필요로 하는 정도와 그들에게 필요한 촉진과 단서가 어떠한 종류인지를 결정하기 위하여 교사지원 연속체(continuum of assistance)를 사용해야 한다. 예를 들어, 일부 학생의 경우 교사의 적절한 모델링이 있은 후에 과제 완성을 위해 교사로부터 약간의 도움과 최소한의 점검, 피드백이 필요할 수 있다. 또 다른 부류의 학생들은 과제의 특정 단계를 완료하는 데 도움이 되는 기억술을 필요로 할 수도 있고, 간혹 과제의 일부 측면에 대하여 추가적인 설명을 필요로 하기도 한다. 학생 개개인의 요구에 따라 교사의 지도가 제공되는 연습 중에 명시적 교수의 정도가 달리 제공되는

〈표 4-4〉 교사의 지도가 제공되는 연습의 수행능력

- 교사의 지도가 제공되는 연습 동안에 사용하는 과제에 대하여 지시나 설명을 분명하게 한다.
- 학생 성공을 확실하게 하는 촉진을 사용한다. 예를 들면 다음과 같다.
  - 유도 질문을 한다(예: "네가 공부한 것을 점검했니?").
  - 관련 부분을 손으로 지적하고 단서를 준다(예: 단어나 숫자를 지적하고 학생들에게 '소리 내어 생각 말하기' 전략을 사용하라는 단서를 준다.).
  - 예시와 비예시를 제공한다.
  - 과제를 시범 보인다.
  - 지시를 반복하거나 수업내용을 쉽게 말한다.
  - 반응 지연시간을 제공한다.
  - 학생들 스스로 자신의 공부를 점검하도록 가르친다.
  - 학생들과 함께 과제를 수행한다.
- 성공적인 학습을 안내하는 지시적 촉진을 사용한다.
- 학생이 성공적으로 과제를 수행할 때 지원을 줄이고, 학생들이 어려워할 때는 도움을 늘린다.
- 성공률을 높이기 위하여 계속해서 학생의 공부를 점검한다.
- 학생 실수에 기초한 교수를 제공한다(예: 어려움을 겪는 학생들을 위해 모델링과 촉진을 반복하고 순서를 점검한다.).
- 학생의 성취를 요약해 주고 학생들이 독립적 연습에 들어갈 수 있도록 격려한다.

데, 학생들이 사용하는 기술의 정확도가 높아짐에 따라 교사가 제공하는 도움의 양을 줄인다. 〈표 4-4〉에서는 교사의 지도가 제공되는 연습을 수행하는 능력을 요약하여 제시하였다.

수업의 정리

교사는 수업을 정리할 때 수업에서 다룬 기술이나 개념을 요약하고 이를 차후에 진행될 학습에 연결시킨다. 그리고 종결할 때 포함되는 전형적인 요소는 (1) 수업내용의 복습, (2) 다음 수업의 미리 보기, (3) 독립연습의 소개와 제공이다(Archer, Gleason, & Isaacson, 1995).

복습

복습을 통해 수업에서 제시되었던 중요한 정보가 요약된다. 교사는 또한 마지막 연습이나 질문을 통해 학생의 이해를 확인한다. 예를 들어, 교사는 학생들에게 그림을 그려서 수학문제를 풀도록 요구하고 나서 학생이 해당 기술을 이해했는지를 확인하기 위해 학생들의 과제를 점검한다. 그리고 학생에게 질문을 던져서 기술이나 지식을 이해했는지의 여부를 결정할 수 있다(예: "수학 문제를 풀 때 첫 단계는 무엇이지?").

미리 보기

미리 보기(예습)는 다음 수업을 소개하는 것으로 학생들에게 자신의 학습에 대한 의미 있고 일시적인 맥락을 제공해 준다(예: 자신이 현재 학습 · 수행하고 있는 것과 앞으로 학습 · 수행할 것). 더불어 학생들이 축적한 지식을 적용할 수 있는 방안에 관련된 기대사항도 논의된다.

독립연습

교사는 학생들이 수업을 통해 얼마나 많이 배웠는지를 보고 학생들에게 독립적인 연습을 할 준비가 되었음을 알려 줄 수 있다. 독립적인 연습은 학생들이 수업의 기술, 전략이나 내용의 숙달을 돕기 위해 계획된다. 독립연습의 활동은 수업의 목표와 관련되어야 하고 90~100%의 성공수준을 그 기준으로 추천한다. 독립연습은

〈표 4-5〉 독립연습의 수행능력

- 과제를 복습하고 과제 자체와 평가에 사용된 기준(예: 정결, 정확성, 신속)을 기술한다.
- 숙제의 근거와 중요성을 설명한다.
- 숙제와 이전에 시행한 과제에 대하여 질문하고 복습함으로써 학생들이 과제를 확실하게 이해하고 있는지를 점검한다.
- 독립연습 활동을 완결하기 위한 전략과 절차를 시연한다.
- 학생들의 수행 기록을 보관하고 학생들에게 평가 결과를 제공한다.
- 자습하는 동안 오류수정 활동을 제공한다.
- 독립적으로 공부하는 노력과 숙제 끝마치는 것에 대하여 학생들을 칭찬하거나 강화한다.
- 교사는 진도를 점검하고 학생들을 돕기 위해 학생들 사이를 돌아다닌다.
- 학생들이 공부하고 있는지를 보기 위해 학급을 자주 훑어본다.
- 자습을 하는 동안 학생들이 자주 성공을 경험하게 한다.
- 학생들이 독립적인 학습에 책임을 갖게 한다.
- 학생들이 빼놓은 숙제를 다할 수 있도록 하고 오류를 수정하게 한다.
- 독립학습이 학업목표와 관련될 수 있게 한다.
- 학생들이 적절하게 상호작용할 만큼 충분히 성숙해지도록 또래교수와 협동학습 집단을 제공한다.
- 다양한 독립연습 활동을 제공한다(예: 교수 게임, 자기 교정 자료, 컴퓨터 보조 교수, 테이프레코더 보조 교수, 양질의 숙제연습).
- 학생들이 장소와 상황에 걸쳐서 지식을 일반화하고 적용하도록 가르친다.

학급 내에서 완성될 수도 있고 숙제처럼 개별적으로 혹은 소그룹으로 이루어질 수도 있다. 〈표 4-5〉는 독립연습을 진행하는 데 사용되는 능력에 대해 다루고 있다. 상호작용적인 수업은 독립연습으로 절정에 이르게 되는데, (1) '내가 한다.'(교사 시범), (2) '우리가 한다.'(교사지도가 제공되는 연습), (3) '네가 한다.'(독립연습)의 3단계를 거친다. 학생이 어려움을 경험할 때는 위의 세 문구 중 어느 것이든 학생이 성공을 거둘 수 있도록 하는 데 도움이 될 수 있다.

교수 요소의 지속적인 사용

상호작용적 교수가 선형적인 교사 활동을 따라 시행되더라도(예: 독립연습을 위한 선행 조직자), 교사는 수업을 하면서 계속해서 다양한 행동을 하며 복잡하게 생각을 하게 된다. 예를 들어, 교사의 지도가 제공되는 연습을 수행하는 동안에도 교사는 수업을 향상시키는 방법을 기억하고, 학생 진도를 평가하며, 학생 개개인을 돕도록 지시를 수정하고, 피드백을 제공하고, 일반화를 촉진시키기 위하여 수업의 실제성을 강화할 수도 있다. 여기에서는 상호작용적 교수를 제시하는 동안 발생하는 교수 요소 몇 가지를 특징적으로 다룬다. 이런 구성 요소의 능숙한 사용을 통해 학습문제를 가진 학생들의 학업 성공의 가능성을 높인다.

진전도 점검과 피드백 제공

진전도 점검이란 교사가 학생 행동과 학업 활동을 자주 확인하고 적절한 교수방법이 유지될 수 있도록 교수를 수정하는 것을 뜻한다. 학생의 학습에서 교사가 적극적이고 빈번하게 점검을 행하는 것은 중요하다. 교사의 적극적인 점검이란 과제를 바르게 완수하는 데 필요한 과제 요구사항과 절차를 학생들이 이해하고 있는지를 점검하는 것을 포함한다. 교사는 이해를 점검하기 위하여 개별 학생에게 과제를 수행하는 방법을 보여 주도록 요구할 수 있다. 학생이 과제를 수행할 때, 교사는 학생의 오류를 기록하고 그것을 수정하도록 도움을 줄 수 있다. 이러한 절차를 통해 교사는 오류를 발견함으로써 학생의 과제 수행 성공률을 높일 수 있다. 또 적극적인 형태의 교사 점검(예: 신속히 교실을 돌아다니기, 학생 학습 점검하기, 학생과 의미 있는 상호작용하기)은 학습문제를 가진 학생들이 과제에 집중하는 학업 반응을 증가시킬 수 있다. 장애 위험성이 높은 학생을 위한 프로그램을 분석한 Slavin과 Madden(1989)은 이 학생들을 위해 가장 효과적인 프로그램은 학생의 진전도를 자주 평가함으로써 학생의 개별적인 요구에 맞게 수정할 수 있는 것이라고 보고한다. 기본적으로 유능한 교사들은 학생들을 지속적으로 정밀하게 조사하고 점검함으로써 학습 활동이 생산적이고 순환적일 수 있도록 한다(3장에서는 학생의 진전도를 모니터링하는 여러 가지 기법이 소개되어 있다.).

초임교사를 평가한 연구(Fisher et al., 1980)에서 발견한 중요한 사항은 학업 피드백이 학생의 학습과 긍정적인 상관관계를 갖는다는 것이다. 피드백은 (1) 학생이 올바른 반응과 틀린 반응을 식별할 수 있도록 하고, (2) 학생에게 자신의 진도를 알려 주는 주요한 기능을 한다. Rieth와 Everston(1988)은 효과적 교수를 다룬 주요 연구 결과가 긍정적인 학습성취를 촉진할 수 있는 교사 행위의 가장 필수적인 것으로 피드백을 제공하는 것에 주목한다. 고성취 학생과 저성취 학생 모두의 학습적 수행을 향상시키기 위하여 교사는 부정확하게 답하는 학생에게 자주 긍정적이고 지속적인 피드백과 함께 지지하는 반응을 제공해야 한다. 우수한 교수와 관련된 연구를 종합한 Porter와 Brophy(1988)는 우수한 교사들은 정기적이고 적절한 피드백을 통해 학생의 이해를 점검한다고 기록하였다. Wang(1987)은 피드백이 미래에 학습할 내용과 기술의 숙달, 독립적으로 학습하는 능력, 학습 활동을 계획하고 점검하는 능력, 지속적인 학습 동기, 학습자로서 자신의 능력에 대한 자신감을 강력하게 촉진한다고 설명하였다.

Fuchs(1986)는 학업 점검방법을 검토한 연구에서 학생들의 학업 프로그램이 체계적으로 점검되고 시간의 경과에 따라 수정·발전될 때, 체계적으로 점검되지 않은 학업 프로그램에 참여한 학생들에 비해 평균적으로 0.7 표준편차 이상(즉, 26%와 상응)의 성취를 보였다고 보고하였다. Baechle과 Lian(1990)은 은유법을 사용한 구문의 의미를 해석하고자 할 때 학습문제를 가진 학생들에게 직접적 피드백을 제공하면 그 수행이 현저히 향상된다는 것을 발견하였다. 더욱이 Collins, Carnine과 Gersten(1987)은 읽기기술을 사용하는 과제에서 기본적인 피드백과 정교한 피드백 모두 학생의 수행을 향상시킨다고 하였는데, 그중 정교한 피드백이 기술 습득에 더 유리한 결과를 가져온다는 것을 발견하였다. Kline, Schumaker와 Deshler(1991)는 학습문제를 가진 청소년들을 위한 학습전략 교수에서 학생들에게 정교한 학습전략을 사용하도록 했을 때 그 성과가 우수함을 보고하였다. 수학전략 프로그램에서 Mercer와 Miller(1991-1993)는 다음의 정교한 피드백 방법이 학습문제를 가진 학생들이 기초적인 수학적 사실을 습득, 유지, 적용하도록 가르치는 데 효과적이라고 설명하였다.

1. 학생의 과제 수행물에 점수를 준다.
2. 학생의 정반응을 칭찬한다.
3. 결과를 그래프에 나타내고 숙달 기준을 향한 진도에 대해 이야기한다.
4. 오반응을 기록한다.
5. 오류 유형을 지적하고 필요한 경우 오류 절차를 설명한다.
6. 수업에서 배운 규칙과 정보를 사용하여 학생이 오류를 교정하도록 가르친다.
7. 학생이 오류를 교정한 것에 대해 칭찬한다.

흥미롭게도 유치원생들은 자신의 능력에 대한 질문을 받을 때(예: "누가 그릴 수 있니?" "누가 노래할 수 있니?" "누가 춤 출 수 있니?") 대부분 열정적으로 "내가 할 수 있어요."라고 반응한다. 그러나 대학생들에게 똑같은 질문을 던지면 대다수는 그리 긍정적으로 반응하지 않고 소심하게 권한을 가진 사람에게 부드럽게 반응한다

(예: "나무를 그릴 수 있어요."). 학교교육을 받고 난 몇 년 후에도 대학생들은 유치원생들이 보이는 자신감과 열정을 나타내지 못하는 점이 매우 유감스럽다. 대학생들은 그들이 자신 없어 함에 대한 변명으로 오반응에 대한 벌을 듣고, 자신감을 잃고 위험을 감수해야 하는 것에 대한 강한 두려움을 갖게 된 것이라 설명한다.

학생이 제시한 답이 틀렸을 때의 교사의 반응은 학생의 성취와 자존감에 영향을 미친다. 대개 교사는 오답을 말한 학생에게 다른 학생들에게 도움을 구하도록 하기보다는 스스로 자신의 반응을 수정하게 한다. 교사는 올바른 반응을 촉진하거나(예: 멈추기, 질문 반복하기, 질문 바꾸어 말하기, 단서 제공하기) 정답을 이야기하고 학생이 다시 질문에 답할 수 있도록 요구할 수 있다. 학생이 항상 올바른 반응으로 마무리하면 학생이 교사의 말을 주의 깊게 들었다는 사실을 칭찬하다. 교사는 학생의 오류를 교수 기회로 생각하며, 학습자는 학습 기회로 간주해야 한다. 아마 이러한 형태의 교육은 학생들이 자신감 넘치는 성인 학습자로 성장할 수 있도록 도움을 줄 것이다.

많은 연구문헌에서 피드백의 중요성을 증명하고 있음에도 불구하고, 일반교사와 특수교사의 행위를 분석한 연구에서는 특수교육 대상 학생들이 피드백을 그리 자주 받지 못한다고 한다(Rieth & Evertson, 1988). 〈표 4-6〉에서는 진전도를 점검하고 피드백을 제공하는 교사의 능력에 대해 제시하고 있다. 교육과정 중심 측정(3장 참조)은 교사에게 학생 진전을 점검하고 체계적인 피드백을 제공하는 실용적인 방법을 제공한다.

일반화의 촉진

일반화는 학생들이 독립적으로 학습하는 적극적인 문제해결자가 되도록 가르치는 것을 강조하면서 효과적인 교수의 핵심이 되고 있다. 일반화란 행동이 훈련된 조건에서 제시된 같은 사건의 일정이 없는 즉, 주제, 장소,

〈표 4-6〉 진전도 점검과 피드백 제공 능력

진도점검 능력
- 교수과제와 학생의 능력, 기술, 현재 지식 간에 교수적 조화를 유지하도록 계속 진전도를 점검한다.
- 학생이 견본과제를 수행하도록 하여 과제 요구사항을 이해하고 있는지를 확인 · 점검한다.
- 학생이 과제를 성공할 가능성이 높은지를 모니터링한다.
- 진전도를 점검하는 데 도움이 되는 체계적 기록하기 시스템을 사용한다.
- 학생의 학습을 향상시키는 중재를 시작하기 위해 점검 결과를 사용한다.
- 숙제를 점검하고 채점해서 비평하고는 가능한 한 빨리 돌려준다.

피드백 제공 능력
- 학생의 성공에 대해 긍정적인 피드백을 자주 제공한다.
- 글이나 언어로 교정해 줄 때 학생들에게 정보를 제공해 주는 피드백을 제공한다(예: 오류 유형을 기록하고 긍정적 특징을 강조하기).
- 교수목표를 설정하는 데 있어 학생들을 참여시키고 목표에 따라서 수행이 이루어지는지를 토론한다.
- 오류를 교수 기회로 간주하고 학생 수행을 기초로 하여 다시 가르친다(예: 모델링 혹은 교사의 지도가 제공되는 연습 기회를 주기).
- 부주의한 오류는 즉시 수정한다.
- 학생들이 오류를 수정하고 비슷한 문제에 마주쳤을 때 기억해야 할 것들을 이야기한다.
- 오류를 수정한 것에 대해 칭찬한다.
- 교수와 관련된 의사결정(예: 수업의 반복, 다음 수업의 진행, 수업의 변경)을 위해 학생 수행자료를 사용한다.
- 반응 교정을 즉시 인정해 주고 수업을 계속하거나 다른 질문을 한다.
- 학생이 망설이지만 올바르게 대답할 때는 올바른 반응의 일부를 반복해 주면서 학생의 반응이 왜 옳은지를 설명한다.
- 지식이 부족하여 학생이 오답을 말했을 때는 다시 가르친다.

사람, 행동, 시간에 걸쳐서 다른 상황, 즉 훈련받지 않은 상황에서 나타나는 것을 뜻한다(Stokes & Baer, 1977). 예를 들어, 학생이 수학적 사실을 숙달하고 그 사실이 포함된 계산문제에서 계속해서 빠르고 정확하게 정반응을 할 때 새로운 상황으로의 일반화가 일어난다.

Ellis, Lenz와 Sabornie(1987a)는 교수과정 내내 다양한 형태의 일반화가 강조된다고 보고하고 구체적으로 네 가지 수준에 대해 언급하였다.

1. **선행적 일반화**(antecedent generalization)는 일반화 행동에 영향을 주는 학생의 부정적인 태도를 변화시키는 것을 뜻한다.
2. **동시적 일반화**(concurrent generalization)는 기술이 일반화될 수 있을 만큼 충분히 학습한 것을 뜻한다.
3. **후속적 일반화**(subsequent generalization)는 다양한 상황, 맥락, 장소로 기술을 적용하는 것을 뜻한다.
4. **독립적 일반화**(independent generalization)는 학생이 일반화를 중재하고자 자기 교수(예: 인지적 행동 수정)를 사용하는 것을 뜻한다.

이러한 수준은 학습하는 동안 학생이 나타내는 진전도를 나타내 준다. Ellis 등은 두 가지의 일반화 유형이 각 수준에서 발생할 수 있다고 보고하였다.

1. **자극 일반화**(stimulus generalization)는 학습된 기술이 훈련과정에서 마주친 조건과는 다른 상황에서 사용되는 것이다. 이것은 기술이 다른 장소로 전이되도록 한다.
2. **반응 일반화**(response generalization)는 새롭게 학습된 기술이 훈련받지 않은 다른 기술을 개발하기 위하여 이전에 학습된 기술과 결합되는 것이다. 다시말해, 원 기술이 다른 자극과 함께 사용되도록 조정하는 것이다. 예를 들어, 자릿값 개념을 학습한 학생은 덧셈에서 다시 모으기를 하려고 할 때 그 개념을 사용한다.

캔자스 대학교 학습연구센터에서 개발한 학습전략 교과과정은 교수 순서에 체계적으로 일반화 훈련을 통합시킨 교육과정 중의 하나다(13장에서는 학습전략 교육과정에서 사용된 교수 순서를 살펴볼 수 있다.).

귀인 재훈련(attribution retraining)은 학습문제를 가진 학생들에게 일반화를 가르치는 데 성공적으로 사용되는 기술이다(Borkowski, Weyhing, & Carr, 1988). 대개 학습문제를 가진 학생들은 학업적으로 성공하게 되면 과제가 쉽거나 운이 좋았다고 생각하고, 실패하게 되면 자신의 능력 부족으로 돌리는 경향이 있다(Ellis, 1986). 학습문제를 가진 학생들이 보이는 이러한 오해는 귀인 재훈련을 할 필요성을 부각시킨다. 일단 학생이 투입한 노력에 의해 성공하게 되었다고 학습하게 되면, 학생들은 자신의 학습에 자신감을 갖게 되고 보다 독립적인 학습행동을 개발할 가능성이 높다(5장에서 귀인 재훈련에 대해 찾아볼 수 있다.).

독립적 일반화는 자기 평가(self-evaluation), 자기 점검(self-monitoring), 자기 기록(self-recording), 자기 목표 설정(self-goal setting), 자기 강화(self-reinforcement)를 포함하는 아주 발달된 초인지 과정의 산물이다(Ellis et al., 1987a). 이러한 초인지 기술은 자기교수 훈련을 통해 습득된 사고과정을 반영한다(Borkowski, Estrada, Milstead, & Hale, 1989). 기술 습득 중에 '자신에 대해 생각하기' 개념이 교수 프로그램으로 통합되었다. 학습문제를 가진 학생이 초인지를 사용하도록 준비시키는 것은 자기 질문 체계를 개발하도록 한다. 예를 들어, 학생들은 학습과제를 시작하고 진행하면서 다음 질문을 스스로에게 할 수 있다.

1. 왜 내가 이것(학습과제)을 공부하고 있는가?
2. 내가 공부해야 할 것이 무엇인가?
3. 내가 학습과제와 관련하여 이전부터 알고 있었던

〈표 4-7〉 일반화를 촉진하는 능력

- 학생들이 내용, 전략을 사용해야 하는 근거에 대해 토론하게 한다.
- 학생들이 내용, 전략을 사용할 장소를 식별하게 한다.
- 학생들이 내용과 전략의 사용을 기억하도록 돕는 단서를 식별할 수 있게 한다.
- 다른 교사의 도움을 받아 내용, 전략의 일반화를 격려한다.
- 내용, 전략을 기억하고 적용하는 데 필요한 초인지 과정을 알려 준다.
- 다양한 맥락에서 내용, 전략을 사용하도록 목표를 설정한다.
- 내용이나 전략을 숙달하도록 가르친다.
- 내용이나 전략 사용을 학생의 실생활에 관련시킨다.
- 다양한 활동을 통해 교수 내용이나 전략을 사용하도록 한다(예: 다른 교사, 또래교수, 다양한 연습 활동).
- 부모의 도움을 얻어 내용이나 전략을 집에서 사용하는 것을 격려한다.
- 다양한 형태를 사용한다.

것은 무엇인가?

4. 어떠한 생각이 중요한가?
5. 어떻게 정보를 조직화하는가?
6. 내가 이것을 어떻게 학습할 것인가?
7. 내가 이것을 어떻게 기억할 것인가?
8. 내가 이것을 어디에 사용할 것인가?
9. 내가 이것을 언제 사용할 것인가?
10. 내가 이것을 어떻게 적용할 것인가?

학생들은 이러한 자기 질문을 사용할 때 자신의 학습과제에 적극적으로 참여하게 된다. 일반화 기술은 자신이 습득한 지식을 어떻게, 언제, 어디에 적용할 것인가를 생각함으로써 발전하게 된다.

Pressley와 Harris(1990)는 교사라면 학생들이 전략을 일반화하는 것이 학생 수행의 향상을 이끌 것이라는 것을 인식하도록 도와야 한다고 지적하였다. 교사는 학생이 언제, 어디에 학습된 전략을 유익하게 사용할 수 있는지를 알 수 있도록 도와주어야 한다. 〈표 4-7〉은 일반화를 촉진하는 능력을 보여 준다.

독립성의 촉진

학생에게 독립적인 학습자가 되도록 가르치는 교수 실제는 효과적 교수에 관한 연구에서 제시되는 실용적인 요소 중 하나로 알려져 있다(Porter & Brophy, 1988; Pressley & Harris, 1990; Wang, 1987). Wang은 학생들에게 학업과제가 사회에서 기능적인 역할을 하는 데 중요한 것으로 인식될 때, 숙달하는 데 충분한 시간이 주어질 때, 효과적인 공부기술이 사용될 때, 자신의 학습과 행동에 대한 자기 책임이 강화된다고 설명하였다. 교수 활동과 결정에서 학생 참여(예: 목표 설정, 연습 활동의 선택, 진도에 대한 자기 점검, 독립학습을 통하여 수업을 마침) 또한 독립적인 학습을 촉진한다고 보고하였다. Knapp, Turnbull과 Shields(1990)는 학생의 독립적인 학습을 촉진하기 위하여 교사 주도적 교육과 학습자 주도적 교육 간에 균형을 이루어야 한다고 주장하였다. "핵심은 교사 주도와 학생 책임 사이에 적절한 균형을 유지하는 것인데, 이는 학생들이 그들이 무엇을 왜 하고 있는지를 이해하고 시간이 경과함에 따라 자기조절 학습을 위한 역량이 향상될 수 있도록 하기 위함이다." (p. 6)

일반적으로 학습문제를 가진 학생들은 자기 관리에 어려움을 느낀다(Rooney & Hallahan, 1985). 그 결과, 대다수는 성공적인 학교생활과 가정생활을 위해 기본적인 자기통제 전략이 부족하다. 자기 관리는 학생 및 성인으로서 성공하는 데 필요한 독립적 행동의 필수 요소다. 학생이 독립적으로 공부할 때 교사는 중요한 교수 활동을 좀 더 자유롭게 수행할 수 있는데, 이는 본질적으로 학생들의 독립적 연습을 가능하게 한다.

자기 관리를 가르치는 데 사용될 수 있는 접근법은 많다. 그러나 일반적으로 자기 관리를 가르치는 데 유용한 세 가지 기술은 자기 기록, 자기 평가, 자기 강화다. 이 기술들의 교수 (1) 근거 제공하기, (2) 설명하고 시범 보이기, (3) 피드백을 받으면서 연습하기의 단계를 거친다 (Hughes, Ruhl, & Peterson, 1988). 개별 기술은 단독으로 혹은 관련 기술과 함께 사용될 수 있다.

자기 기록은 자신의 행동을 세고 기록하는 것을 뜻한다. 그것은 그런 행위가 학생 자신의 행동에 영향을 미친다는 가정을 전제로 한다. 예를 들어, 자기 몸무게를 매일 기록하는 것은 칼로리나 지방 함유량 섭취에 영향을 미칠 것이다. 사건 기록과 간격 기록은 대부분의 자기 기록 상황에 적합하다. 자기 기록을 가르치는 단계는 다음과 같다.

1. **근거 제공하기.** 이 단계에서는 변화시킬 필요(예: 좀 더 많은 착석과제를 완수할 필요)가 있는 행동을 선정하고, 자기 기록을 통해 그 행동을 어떻게 변화시킬 수 있는지를 논의한다.
2. **설명하고 시범 보이기.** 이 단계에서는 기록의 형식과 관찰방법이 선정된다. 교사는 관찰방법을 사용하고 기록지에 결과를 기록함으로써 자기 기록을 설명한다. 이후 학생이 자기 기록을 수행하고 절차에 대한 이해가 확실해질 때까지 피드백을 받는다.
3. **피드백을 받으며 연습하기.** 이 단계에서 학생은 지원과 교정적인 피드백을 받으면서 자기 기록을 실행한다. 학생이 자기 기록에 능숙해질 때, 교사는 도움, 칭찬, 피드백을 감소시킨다.

자기 평가는 학생에게 자신이 얼마나 잘하고 있는지를 판단하는 것을 가르치는 자기 관리의 구성 요소다. 자기 평가를 가르치기 위해서는 다음의 절차가 사용된다.

1. **근거 제공하기.** 자기 활동 평가의 중요성이 논의된다. 평가에서는 학생이 자신의 수행이 만족스러운가를 결정할 수 있어야 한다는 개념을 강조하고, 만족감을 높이기 위해 더 많은 노력을 필요로 한다는 것을 알 수 있도록 돕는다.
2. **설명하고 시범 보이기.** 이 단계에서는 자기 평가 형식이 선정된다. 일반적으로 학생이 점수(0, 1, 2)를 매긴다. 나쁜 발달 정도에는 0점, 보통의 발달 정도에는 1점, 좋은 발달 정도에는 2점을 준다. 교사는 기록양식 사용법을 설명하고 학생이 진도를 확실하게 이해할 수 있도록 돕는 행동을 시범 보인다.
3. **피드백을 받으며 연습하기.** 절차가 능숙해질 때까지 학생은 교사의 피드백을 받으며 자기 평가를 시행한다.

자기 강화는 학생이 강화를 받아야 할 것인지를 결정하기 위하여 자신의 진전도를 검토하도록 하는 자기 관리 기술이다. 자기 강화를 가르치는 단계는 다음과 같다.

1. **근거 제공하기.** 이 단계에서는 학생이 적절한 강화인자를 식별할 수 있도록 도움을 줌으로써 강화를 획득하는 것의 중요성을 가르치는 데 초점을 맞춘다. 강화를 얻을 수 있는 수행의 기준을 세우고 언제, 어떻게 학생이 보상받는가를 구체화한다.
2. **설명하고 시범 보이기.** 교사는 자기 강화를 설명하기 위하여 샘플용 데이터, 기록지, 강화 메뉴를 사용한다. 교사는 학생에게 언제가 강화 기준이 충족되고 보상을 선정할 수 있는지를 이야기한다. 이해가 분명해질 때까지 학생은 교사의 피드백을 받으면서 같은 행동을 수행한다.
3. **피드백을 받으며 연습하기.** 학생은 자기 기록과 자

기 평가를 사용하여 자기 강화를 연습한다. 학생들은 강화 인자를 선정하면서 거의 목소리를 내지 않으며 칭찬하는 것을 격려 받는다(예: "내가 열심히 해서 보상을 받는다."). 학생이 자기 강화를 통해 능숙해질 때까지 교사는 긍정적이며 교정적인 피드백을 제공한다.

Hughes 등(1988)은 경도장애 학습자들이 자습과제를 하는 동안 독립적인 학습행동을 향상시키기 위해 자기 기록, 자기 평가, 자기 강화를 함께 사용하였고, 다른 시간에도 학생들이 해당 기술을 일반화시켰음을 보고하였다.

학생들이 자신의 프로그램을 관리하는 데 참여하며 개별화된 교수가 조직화되고 실행되는 것이 훨씬 수월해진다. 학생들은 자기 관리를 뜻하는 다음의 활동에 참여할 수 있다.

- 학생이 목표를 성취할 수 있도록 계획된 목록에서 활동을 선정한다.
- 점검양식(check-off sheets)을 사용하여 학생 자신의 작업 시간표를 관리한다.
- 독립적으로 시청각적 기자재를 사용한다.
- 교수자료를 선정하고 그것을 알맞은 곳에 반납한다.
- 적당한 때에 서로를 개인지도한다.
- 필요할 때 성인의 도움을 청한다.
- 스스로 교정한다.
- 목표행동에 관한 시험을 알맞은 시기에 실시한다.
- 적절한 학습과 사회적 행동을 서로에게 시범 보인다.
- 자신의 행동을 수정하는 기술을 개발한다.
- 교사의 중재 없이 사회적 갈등을 해결할 수 있는 방법을 찾는다.

Deshler와 Lenz(1989, p. 205)에 의하면 전략교수를 통해 학생은 독립적인 학습자가 될 수 있다.

과제에 대한 개인의 접근방식을 전략이라고 한다. 학생이 자신이 해야 할 과제를 어떻게 생각하고 언제쯤 수행할 것인지를 계획, 실행, 평가하는 것을 포함한다. 그리고 그 결과는…… 다시 말해, 전략은 학습자가 주어진 문제의 요구사항을 분석하는 것을 촉진하고 문제를 해결할 가장 좋은 방법을 결정하도록 돕고 발달의 효과성을 세심하게 점검하도록 하는 것이 해당되며, 과제의 완성을 안내하는 것으로 사용될 수 있는 '도구'로 생각된다.

Pressley와 Harris(1990)는 전략을 학업과제를 달성하기 위한 방법이라고 말한다. 전략의 예로는 기억을 잘 하기 위하여 정보를 범주화하기, 읽기 이해를 강화하기 위한 자기 질문 사용하기, 정보의 기억을 돕기 위한 첫 글자 기억술 전략 사용하기[예: 나눗셈에서 나누기(devide), 곱하기(multiply), 내려 쓰기(bring down), 빼기(subtract) 단계를 기억하기 위해 아빠(Daddy), 엄마(Mother), 오빠(Brother)와 언니(Sister)를 사용하는 것] 등이 해당된다.

효과적인 전략교수의 기술과 절차는 학생의 능력과 요구를 교수를 위해 선정된 전략에 맞추는 것에서부터 시작된다. 일단 맞춤이 이루어지면 교사는 전략의 이점을 설명하고 학생들과 함께 전략을 사용하는 방법과 시기를 토론한다. 효과적인 전략교수의 핵심은 교사의 시범이다. 교사가 시범을 보이는 동안 의미 있는 학업과제에 전략을 적용할 수 있도록 자신이 가진 생각을 소리 내어 말한다. 그러고 나서 학생들은 점차 난이도 수준이 올라가는 과제 속에서 전략을 실행할 수 있는 기회를 충분히 얻게 된다. 마지막으로 학생은 전략을 사용하는 것을 다른 장소(예: 특수학급, 일반학급), 교과목(예: 읽기전략을 사회, 과학 과목에 사용하는 것)으로 전이시키도록 격려받는다. 전이기간 동안 학생은 전략을 사용하는 것의 이점을 인식하고 받아들여야 한다. 캔자스 대학교 학습연구센터에서 개발한 학습전략은 전 세계에 걸쳐 학습문제를 가진 청소년들에게 성공적으로 사용되고 있다. 〈표 4-8〉은 교사가 학생의 독립성을 촉진하는 데 요구

〈표 4-8〉 독립성을 촉진하는 능력

- 교수내용(예: 기술, 내용, 전략)의 중요성을 언급하고 해당 내용의 일상 기능 관련성을 강조한다.
- 숙달에 이를 수 있도록 충분히 시간을 제공한다.
- 일반화를 촉진한다.
- 효과적인 공부기술을 가르친다.
- 목표 설정에 학생을 참여시키고 학생의 오류가 목표성취와 어떤 관련성이 있는지를 설명한다.
- 학습의 긍정적, 부정적 성과를 학생 자신의 노력 정도와 연결시킬 수 있도록 돕는다.
- 학습과 관련하여 학생이 앞을 내다보고 행동하도록 격려한다(예: 목표 설정).
- 학생에게 독립적 학습을 촉진하는 전략을 제공한다(예: 기억술 사용하기, 기억하기 위해 정보 범주화하기, 이해를 확실히 하는 자기 질문 사용하기).
- 학생들이 자기 교수, 자기 강화, 자기 평가를 할 수 있도록 초인지 및 조정적 자기 진술을 시범 보인다.
- 학습자가 되어 시범을 보인다.

되는 능력을 설명하고 있다.

질문의 활용

질문하기와 사후 토론은 교수과정의 핵심이다. 교사의 질문은 다면적이고 종종 학습문제를 가진 학생들이 어떻게 성공할 수 있을지를 결정하기도 한다. 질문은 학생을 참여시키고, 학습을 촉진하며, 학생 진도를 점검하고, 교수를 조정하며, 수업의 흐름을 관리하는 데 사용된다. 질문은 학생의 주의를 끌고 관심과 호기심을 자극함으로써 학생이 참여하는 것을 돕는 데도 사용될 수 있다. 그리고 질문은 학생이 선행학습과 진전에 대한 자기 평가를 숙고하도록 유도할 수 있다. 그러므로 수업을 시작할 때나 토론을 할 때 질문을 사용하는 것은 유용하다. 또한 질문은 학습을 촉진하기 위해 사용될 수 있는데, 예를 들어 복습형 질문(review question)은 학생이 선행 지식을 기억하여 새로운 정보와 연결시키도록 도와준다. 회상형 질문(recall question)은 학생이 기본 정보를 암기하고 중요한 세부 사실을 기억하도록 돕는다. 이 질문은 특정 개념을 강화하고 학생이 정보를 회상하고 적용하도록 도와준다.

계열형 질문(sequential question)은 학생이 연관성을 발견하도록 유도할 수 있고, 확산형 질문(divergent question)은 고차원적인 사고를 촉진할 수 있다. 학생의 반응은 학생이 수업내용을 습득하고 이해하는지를 즉각적으로 나타내 주므로, 교사가 학생에게 질문을 던지는 것은 학생의 진전도를 확인 · 점검할 수 있게 한다. 또한 학생의 반응을 통해 교사는 교수수정과 추가적인 지원이 필요한 학생을 결정하는 데 도움을 얻을 수 있다. 마지막으로 질문은 교사가 수업의 흐름을 조정할 수 있게 한다. 만약 학생의 반응이 수업이 쉽다는 것을 나타낼 때는 교수를 좀 더 빨리 진행시키고, 학생의 반응이 수업이 어렵다는 것을 나타낼 때는 교수 속도를 줄인다.

수렴형 질문(convergent question)과 확산형 질문 모두는 교수과정에 사용된다. 수렴형 질문은 대답을 단일의 혹은 몇 가지의 반응으로 제한하는데, 대개 학습자가 이전에 읽거나 들은 내용과 관련시킨다(예: "북아메리카에서 가장 높은 산이 무엇이지?"). 수렴형 질문은 직접적이거나 종결형의 질문으로서 '정의하다, 기술하다, 식별하다, 요약하다, 바꾸어 말하다, 고쳐 말하다'와 같은 동사로 시작된다. 수렴형 질문은 사실, 규칙, 활동 순서의 습득과 관련된 반응을 이끌어 낸다. 교실 질문의 약 80%는 수렴형인데(Borich, 1992), 이런 낮은 수준의 인지적 질문은 학생의 참여를 고취시키고 사실적 지식을 활성화시킬 수 있다.

〈표 4-9〉 질문 활용능력

- 학생이 사전 내용을 알게 하는 복습형 질문을 활용한다.
- 통상적 질문보다는 구체적이고 특정한 예를 갖는 질문을 활용한다.
- 점차 복잡해지는 단계별 질문을 활용한다.
- 이전의 질문에 대한 답을 바꾸어 말하거나 깊은 생각을 요하는 질문을 활용한다.
- 질문을 한 후에 학생에게 3~5초간의 반응 지연시간을 제공한다.
- 학생을 적합한 방향으로 인도하기 위해 질문에 대해 1, 2개 정도의 가능한 답을 제공한다.
- 질문하기에서 게임 형식을 활용한다(예: 학생이 바르게 반응할 때 1점을 얻고, 교사가 정답을 말할 때 1점을 얻는다.).
- 교수를 개별화하는 질문을 활용한다(예: 학습부진 학생들에게는 확산형 질문보다 수렴형 질문을 더 많이 한다.).
- 수업의 명확성을 향상시키는 질문을 활용한다(예: "네가 이야기를 읽을 때 무엇을 하고 있지?").
- 이해를 점검하는 질문을 던진다.
- 짧고 사실적인 대답은 학습을 촉진할 수 있으며, 학생들이 빠르게 반응하는 기초 기술의 교수에서는 빠른 속도로 질문한다.
- 학생 집단의 주의집중을 유지하기 위하여 학생의 지명은 질문하기 전보다 그 후가 적당하다.
- 하나 이상의 정답이 있는 질문을 던짐으로써 고차원적 사고를 촉진한다.
- 적용(즉, 적용과 활용형 질문), 분석(즉, 관계를 맺고 구별하는 질문), 종합(즉, 조직적으로 말하고 창조하는 질문), 평가(즉, 정당화하고 감정하는 질문)를 장려하는 질문을 통해 고차원적인 사고를 촉진한다.
- 주어진 시간 중 약 75%는 정답을 유도하는 수렴형 질문을 활용한다.
- 틀린 대답에 대해서는 조심스럽게 반응한다.
- 주어진 시간 중 약 25%는 실질적인 답(틀린 대답, 미완성 대답, '모르겠어' 와 같은 대답을 포함)을 격려하는 확산형 질문을 활용한다.
- 학생들이 직접 질문을 만들어 보도록 가르친다.
- 토론하면서 질문에 바르게 답하는 사람을 주목한다.
- 지원하지 않은 학생을 지명하여 다른 학생이 말한 답을 더 정교화해 보도록 한다.
- 질문을 하고 나서는 학생이 실질적인 반응(예: 올바르거나 틀린 대답을 하는 것, 분명함을 요구하는 것, '모르겠어' 와 같이 말하는 것)을 하도록 학생을 지명한 후에 약 3초 정도를 기다리거나 잠시 멈춘다.

확산형 질문은 소수의 정반응을 기대하는 개방형 질문이다(예: "자기 훈련을 성취하는 데 있어 운동은 어떤 역할을 한다고 생각하니?"). 이러한 질문은 수렴형 질문보다는 좀 더 고차원의 인지적 반응을 요구하고 '관계시키다, 구별하다, 식별하다, 명확히 말하다, 구성하다, 야기하다, 정당화하다, 결정하다' 와 같은 동사로 시작된다. 확산형 질문은 개념, 유형, 추상적 개념 습득과 관련된 반응을 요구하며, 적절한 반응을 다양하게 이끌어 낼 수 있다. 교실에서 제공하는 질문의 약 20%는 확산형이다(Borich, 1990). 학습문제를 가진 학생들은 수렴형 질문보다 확산형 질문에 더 큰 어려움을 느낀다. 학습문제를 가진 학생들이 확산형 질문에 대답할 수 있도록 준비시키기 위해서는 명시적 교수를 통하여 개념과 지식을 형성하게 하는 것이 필요하다. 〈표 4-9〉는 학습문제를 가진 학생들을 교육할 때 질문을 활용하는 능력에 대해 설명하고 있다.

학급 경영

학생의 행동과 교수를 관리하는 것은 동시적으로 진행되는 활동이다. 교사가 학생의 능력에 맞는 교수를 계획하고 체계적이고 효과적으로 교수 단계를 진행시킨다면 관리문제의 대부분은 없어진다. 학급의 관리는 보통 학생들이 개별적으로 또는 소집단에서 과제를 수행하도록 하거나 교사 주도적 수업 및 토론에 참여하도록 하는 것을 의미한다. 학생들이 과제를 보람 있는 것으로 여기고 성공적으로 수행할 수 있는 것으로 생각한다면 주의를 기울이거나 활동에 참여하는 것이 좀 더 쉬워진다. 반면에 학생들 과제가 너무 어렵거나 자신과 관계가 없는 것으로 생각되면 학생들이 2~3분 이상 공부하는 것 자체가 거의 불가능하다. 이와 같이 성공적 학급 관리는 좋은 교수의 시작이 된다.

교실 분위기

교사는 학생을 학습이라는 활동에 재미나게 참여하도록 할 수도 있고 그렇지 않을 수도 있다. 교사의 태도, 주의력, 열정, 지원, 기대는 학생들이 자신을 학습자로서 어떻게 느끼는지에 크게 영향을 미친다. 이와 같이 교사는 교실을 학생들에게 매력적으로 만들어 학습 단계를 설정한다. 교사의 행동은 학생의 행동에 상당한 영향을 미친다. 교사가 미치는 영향의 긍정적 측면을 최대화하기 위해서는 교사가 학생에게 좋은 역할 모델이 되어야 한다. 다음의 질문은 교사가 학생들에게 긍정적인 방식으로 영향을 미치는 잠재력을 평가하는 데 도움이 된다.

- 나(교사)는 신체적 건강을 지키기 위해 노력하는가?
- 나는 정서적 건강을 지키기 위해 노력하는가?
- 나는 학생을 존중하는가?
- 나는 가르치는 것을 즐기는가?
- 나는 (가령 걷기, 말하기에서) 자신 있게 행동하는가?
- 나는 학생들과 동료들에게 긍정적인 태도를 가지는가?
- 나는 다양한 학습자를 교육하는 도전을 받아들이고 있는가?
- 나는 무언가를 해야 하는 강제적인 이유가 있을 때 나의 입장을 바꾸는가?
- 나는 행복한가?
- 나는 학생들의 학습을 돕는 데 있어 유능한가?
- 나는 학생들과 동료들의 이야기를 잘 듣는가?
- 나는 유머감각을 갖고 있는가?

학급 규칙

행동과 절차에 대한 지침 없이는 교사가 양질의 교수를 수행하거나 학생들이 생산적으로 공부하는 것이 거의 불가능하다. 따라서 효과적으로 관리되는 학급에는 항상 학급 운영에 사용되는 규칙과 절차가 있다. 이런 규칙과 절차는 교실 내외 복잡한 사회적 · 정서적 환경 안에서 학생들의 역할 수행에 도움을 준다. 학급 규칙은 교사가 학생에게 기대하는 행동을 알려 주는 데 필수적이다. 학급의 규칙은 학습환경을 조성하고, 학생이 따를 수 있는 지침이 되며, 교사에게는 학생의 행동을 강화하는 틀이 되어 준다.

학급 규칙 수립을 위한 지침

많은 교육자들(Emmer, Everston, & Worsham, 2003; Rademacher, Callahan, & Pederson-Seelye, 1998)은 학급 규칙을 계획하고 수립하는 데 필요한 지침을 제시하고 있다.

- **최소한의 규칙만을 선정한다.** 많은 수의 규칙을 기억하고 행하는 것은 그리 쉽지 않다. 보통 4~6개 정도의 규칙이면 학급을 능률적으로 운영하는 데 충분하다. 초등학생에게는 다음과 같은 규칙이 사용될 수 있다.

  - 항상 최선을 다한다.
  - 말을 하고 싶을 때는 손을 든다.
  - 친구들과 사이좋게 지낸다.
  - 조용하게 착석과제를 한다.
  - 교사나 다른 사람이 이야기할 때는 귀 기울여 듣는다.

좀 더 나이가 많은 학생들을 위한 규칙의 예는 다음과 같다.

- 교실에 올 때는 필요한 교재를 챙겨 온다.
- 종이 울리면 자리에 앉아서 준비한다.
- 다른 사람들을 존중하고 공손하게 대한다.
- 다른 사람이 이야기할 때는 조용히 하고 자리에 앉아 있는다.
- 다른 사람의 물건을 소중히 여긴다.
- 모든 학교 규칙을 준수한다.

• **규칙은 긍정적으로 진술한다.** 부정적으로 진술되었거나 '~하지 마시오' 와 같은 규칙은 교사가 학생이 못된 짓을 할 것이라고 예상한다는 것을 암시하고 있다. 그리고 긍정적으로 진술된 규칙은 자동적으로 일탈행동은 제외시키고 바람직한 행동을 포함하게 된다. 예를 들어, '다른 사람을 존중하고 공손하게 대한다.' 라는 규칙은 수많은 일탈행동(괴롭히기, 별명 부르기, 줄에서 벗어나기, 친구 때리기 등)을 배제하고 여러 가지의 적절한 행동(자료 나누기, '고맙다' 고 말하기, '해 주세요' 라고 공손하게 말하기, 조용하게 이야기하기 등)을 알려 준다. 학급 규칙을 긍정적으로 진술하게 되면, 교사는 위협적이지는 않으면서도 확실하게 학생이 했으면 하고 바라는 행동에 대한 기대를 제시하게 된다.

• **규칙 준수 혹은 위반에 상응하는 후속결과를 결정한다.** 예를 들어, 규칙을 준수한 학생은 자유시간을 얻고 규칙을 어긴 학생은 쉬는 시간을 잃게 된다. 학급에 속한 모든 학생은 규칙을 준수하거나 위반한 것의 후속결과를 이해해야 한다. 후속결과가 수반되지 않는 규칙은 행동에 거의 영향을 미치지 않으므로 교사의 일관성 있는 실행이 중요하다. 또한 규칙과 그 후속결과는 공정한 방식으로 적용되어야 한다. 일부 학생이나 특정 상황만을 위한 규칙이 되지 않도록 해야 한다.

• **개별 학급의 목표와 개별적인 교수 스타일에 따라 규칙을 조정한다.** 예를 들어, 학생이 독립적으로 공부할 수 있도록 격려하고, 착석과제를 하는 동안 어느 정도의 소음은 허용한다.

• **학교 규칙을 교실 규칙 안에 포함시킨다.** 이는 학생들에게 학교 규칙을 교실에서도 적용해야 한다는 것을 상기시켜 준다.

• **교사와 학생 모두가 쉽게 볼 수 있는 곳에 규칙을 전시한다.** 학급 규칙을 벽에 붙여 놓으면 학생들에게 적절하게 행동하는 것에 대한 시각적 단서가 되고, 교사가 학생에게 교실 내에서 기대된 행동이 무엇인지를 상기시킬 때도 그것을 지적하며 언급할 수 있다.

교사가 새로운 학생 집단을 책임지게 되면 가능한 한 빨리 규칙 제시가 이루어져야 한다. 보통 학생들에게 규칙에 대해 설명할 때는 그 필요성에 대해 학생 집단이 토론을 하는 것에서부터 시작한다. 토론을 통해 학생들이 규칙의 필요성을 이해하고, 규칙에 대한 주인의식과 더불어 행동에 대한 책임감을 가지도록 돕는다. 흔히 교사는 규칙을 가져야 하는 이유와 특정 규칙이 중요한 이유를 이야기함으로써 학생의 참여를 촉진한다. 학생들의 일반적인 반응은 개인과 집단의 권리를 보호하고 폭력을 예방하며 보통의 활동이 일어날 수 있는 학급 규칙을 나타낼 수도 있다. 일반적인 토론 후에는 이와 같은 규칙이 차례로 제시된다. 다음 단계는 특정 규칙을 제시하는 데 유용하다.

1. **각각의 규칙을 제시하고 그 규칙이 중요한 이유를 함께 이야기한다.** 교사는 학생들에게 각 규칙의 유용성과 중요성에 대한 토론을 권유할 수 있다.
2. **규칙과 개별 규칙에 연관되어 나타나게 되는 기대행동이 무엇인지를 명확하게 제시한다.** 교사는 각 규칙과 연관된 행동의 예시와 비예시를 제공해야 한다. 교사는 규칙과 연관된 행동의 모델이 될 수

도 있고 학생들에게 규칙을 기초로 한 적절한 행동을 시연하도록 요구할 수도 있다.

3. 일단 규칙이 제시되고 학생들과 함께 이야기되면, 즉시 그에 기초하여 적절한 행동을 보인 학생을 강화한다(예: "네가 말하고 싶은 것이 있을 때 손을 들어주어서 좋았단다.").
4. 규칙을 위반했을 때의 결과에 대해 토론한다. 예를 들어, 처음으로 규칙을 위반하였을 경우는 교사가 규칙이 준수될 때까지 이를 모르는 체 할 수 있다. 하지만 일탈행위가 계속되면 학생은 자신의 쉬는 시간을 잃어버릴 수도 있다.

규칙에 대한 행동 기대와 교실 활동 일과를 가르치기

교사가 학급에서 사용되는 규칙과 기대행동, 교실 내 일과에 대해 이야기하는 데는 보통 1~2주가 소요된다. 이 기간 동안 교사는 학생에게 출석 확인, 지각, 집단으로 혹은 혼자서 교실에서 나가기, 교실에 교재 갖고 오기, 연필깎기 사용하기, 집단 토론에 참여하기, 착석과제 하기, 활동 혹은 수업 간 전이(예: 한 과목에서 다른 과목으로 바꾸는 것, 소집단에서 개인학습으로 옮겨가기, 점심 준비), 또래교수 수행하기, 교실 기자재 사용하기, 착석과제와 숙제 제출, 수업을 방해하는 요소에 대응하기와 같은 교실 활동 일과를 수행하도록 가르쳐야 한다. 이러한 활동들은 자주 나타나는 것이므로 최대한 빨리 적절한 행동이 수립될 수 있도록 해야 한다. 교사와 학급은 각각 독특한 특성을 갖기 때문에 교사 개인은 다양한 상황에 대해 행동적 기대를 명확하게 해야 한다. 착석과제 동안 학생은 무엇을 해야 하는가? 이야기를 할 수 있는가? 전체 학급 토론 중에 학생에게 어떠한 것들이 기대되는가? 학생은 교사의 도움을 얻기 위해 무엇을 해야 하는가? 한 활동에서 다른 활동으로 전이하는(예: 점심시간에서 교과 공부로) 절차는 무엇인가? 이런 활동은 학교에서 자주 일어나는 일이기에 학생에게 명확하게 기대행동을 가르치는 것이 1년 내내 교정적인 피드백을 제공하는 많은 시간을 절약하게 되는 것이다.

교실 규칙과 활동 일과에 관하여 적절한 행동을 가르치기 위해서는 다음의 직접교수 형식을 활용하는 것이 유익하다.

1. 선행 조직자를 활용한다. 이 단계에서 교사는 수업을 규칙에 관한 사전 토론과 연결하여 학생들에게 학급의 규칙과 일과의 필요성에 대해 상기시킨다. 교사는 규칙과 일과를 통해 학생들이 그 권리와 학습이 유리한 생산적인 환경을 유지할 수 있게 될 것이라 설명한다. 다음에 교사는 특정한 기대행동(예: "말하고 싶으면 손을 드세요.") 혹은 일과와 연관된 기대행동의 유형(예: 읽기에서 수학 활동으로 전이하기)을 소개한다. 마지막으로 교사와 학생들은 수업에서 행동적 기대에 관한 근거를 간단히 이야기한다.
2. 행동적 기대를 설명한다. 이 단계에서 교사는 목표행동을 적절하게 수행하는 데 필요한 특정 행동을 명확하게 묘사한다. 예를 들어, 착석과제에서 소집단 읽기로 전이하는 방법을 제시할 때는 단계 자체를 묘사한다(예: 책상에서 읽기 교재 꺼내기, 일어서서 책상 밑에 의자를 조용히 밀어 넣기, 다른 친구를 방해하지 않고 읽기 집단으로 걸어가기, 읽기 책상에서 의자를 조용히 빼기, 앉아서 교사가 읽기를 시작할 때까지 느긋하게 기다리기). 혹은 어떤 교사는 기억술을 사용하여 학생들이 바람직한 행동을 기억하도록 돕기도 한다. 강의가 이루어질 때 기대되는 행동을 가르칠 때는 SLANT 기억술이 유용하다.

S(sit up): 허리를 쭉 펴고 앉기
L(lean): 책상 쪽으로 몸 기울이기
A(act): 흥미롭게 행동하게
N(nod): 이해하면 가끔 머리를 끄덕이는 신호 보내기
T(track): 눈으로 교사의 움직임 따라가기

3. 기대행동을 시연한다. 이 단계에서 교사는 행동을 시범 보인다. 예를 들어, 착석과제에서 소집단 읽기로 전이하는 일과를 가르칠 때는 행동을 적극적으로 수행하며 이를 큰 소리로 설명한다. 행동을 시연할 때는 교사가 자신에게 질문하고는 스스로 그 답을 한다. "읽기 집단에 준비하기 위해 내가 처음으로 해야 할 일이 뭐지? 아~ 알겠다, 내 읽기자료를 가져와야지." 그러고 나서는 "읽기 책, 연필, 종이가 있어야 해."라고 말하며 각각의 준비물을 가져온다.
4. 피드백과 함께 교사의 지도가 제공되는 연습을 수행한다. 이 단계에서 교사는 학생들에게 목표행동(예: 손들기, 조용히 말하기)이나 일상적으로 시행되는 행동(읽기 집단에 가기)을 시범 보인다. 학생이 목표행동을 보일 때는 긍정적이고 교정적인 피드백을 제공한다.
5. 피드백과 함께 독립연습을 수행한다. 이 단계에서 학생들은 시범, 단서, 도움 없이 교수에 따라 행동한다. 교사는 학생이 올바른 수행을 한 것에 대해서는 긍정적인 칭찬을, 부적절한 수행에 대해서는 상냥한 언어적 교정을 제공한다. 어떠한 사건에 앞서 학생들에게 활동이나 일과가 어떻게 진행되어야 하는지를 이야기하는 것은 유익하다. 일과나 활동을 끝맺을 때는 교사가 학생들에게 그들이 어떤 측면에서 잘했는지에 대해 이야기해 준다. "오늘 여러분이 읽기 활동으로 (조용히, 신속하게) 참 잘 옮겨 갔어요."
6. 행동적 기대를 유지한다. 일단 학생들에게 공식적으로 특정 행동이나 행동(일과)의 유형에 대하여 교수하고 나면, 교사는 일상적으로 일어나는 여러 사건이 행해지는 동안 행동적 기대를 계속하여 가르친다. 예를 들어, 교수 후 첫 2주 동안 교사는 올바른 행동에 대하여 묘사적인 칭찬(예: "여러분이 도움을 청하기 위해 손을 들고, 내가 여러분에게 갈 때까지 조용히 기다려 주었어요. 참 잘했어요.")을 하고, 부적절한 행동에 대해서는 언어적으로 매우 상냥하게 교정을 실시한다. 이때의 교정은 단순히 규칙을 다시 말하는 것을 말한다. "여러분, 도움이 필요하면 손을 들어야 하는 것을 기억하세요." 혹은 "소집단 읽기를 하기 위해 읽기 책과 연필을 가져오는 것을 잊지 마세요." 기술적 칭찬과 상냥하게 이루어지는 언어적 교정은 행동적 기대를 명확하게 하고 교사가 행동의 책임을 학생에게 위임했음을 암시한다. 일단 학생이 행동적 기대를 이해하고 대부분의 학생들이 적절하게 행동한다면(예: 2~3주 이내), 교사는 점차 행동교정을 위한 강화의 양을 줄여 가고, 계속 적절한 행동을 보이지 못하는 학생들에게는 그 후속결과를 실행한다.

학생 참여와 집중

학습문제를 가진 학생들은 과제에 주의를 기울이거나 유지하는 것을 어려워하는데 그들이 학업에 참여하는 데 도움을 줄 수 있는 기술이 있다. Fister와 Kemp(1995)는 학생의 참여를 집중을 촉진할 수 있는 활동 몇 가지를 소개하였다. 너-나 게임(You-Me Game)은 학생들이 주의집중하는 방법(예: SLANT)을 미리 정해 놓고 매 시간 너(학생)-나(교사) 차트 위에 학생들의 점수를 기록하는 것이다. 교사는 학생들이 주의집중 전략을 사용하지 못할 때 재빠르게 '나' 쪽에 점수를 표시하고 '잡았다' 라고 말한다. Fister와 Kemp가 제시한 기술 중에는 '친구와 참여하기(Participation Budding)' 라는 것이 있는데 교사의 질문에 대해 짝과 함께 답을 이야기하는 것이다. 짝의 선택은 학생 스스로 할 수도 있고 교사가 정해 줄 수도 있다. 교사가 질문을 던지면 학생은 우선 스스로 답을 생각하고 그 답을 자신의 짝에게 전달하고, 그 짝은 학급의 다른 친구들과 답을 공유한다.

1장에서 살펴보았던 학생의 동기를 유발하는 환경을

〈표 4-10〉 교수와 학생 행동을 관리 · 유지하는 능력

기대에 대한 의사소통

- 교사의 기대는 분명하고 긍정적이며 질서가 잡힌 교실환경을 만든다.
- 긍정적인 교실환경의 유지는 열정, 격려, 긍정적인 성향에 의해 이루어진다.
- 다른 사람을 존중하는 규칙을 세운다.
- 기대되는 행동과 허용되지 않는 행동이 무엇인지를 분명하게 제시한다.
- 규칙과 절차를 준수하고 이를 위반했을 때 수반되는 후속결과를 소개하고 토론한다.
- 규칙을 학급에 붙여 놓고, 그에 대해 토론하며 그 근거를 제시한다.
- 활동을 촉진하기 위해 교실에서 시행할 수 있는 일과와 절차를 만든다.
- 학생이 공부에 대한 책임을 갖게 하며 진도에 대한 기록을 보존한다.
- 기대에 대해 의사소통하고 학습을 위한 틀을 제공한다(예: 교수 집단 구성, 지시적 자습과제, 접근하기 쉬운 자료, 공부를 위한 지원).

상호작용 참여

- 과제에 따라 구체적이며 묘사적인 칭찬을 사용한다.
- 학생 성숙도에 맞추어 강화 인자를 위계적으로 사용한다(예: 음식, 물건, 토큰, 점수, 칭찬, 활동, 성취감).
- 긍정적인 학급사건 대 부정적인 학급사건에 대하여 교사의 주의를 3:1 비율로 유지한다.
- 적절한 행동이나 노력, 성공적인 과제 완수, 새롭거나 어려운 자료를 학습하는 것에 대하여 긍정적인 강화를 제공한다.
- 점진적으로 적절한 행동에서 학습 성과로 강화를 옮겨 간다.
- 규칙을 따를 수 있게 학생들에게 언어적인 조언을 제공한다.
- 학생들을 지도하면서 학급을 방해하지 않는 방식으로 비언어적 신호를 활용한다.
- 불시에 칭찬을 하고, 칭찬은 구체적으로 제시한다.
- 자주 긍정적이고 지지적인 상호작용을 한다.
- 학생의 성취를 강화한다.
- 자주 학급을 유심히 살펴본다.
- 활동 간 전이를 매끄럽게 하고 학생을 점검하기 유리하게 학급 배치를 계획한다.

학생의 수업 참여를 촉진하기 위한 교수

- 학생들이 목표가 되는 내용을 습득하기 위한 능력 혹은 기술을 학습하도록 하거나 이미 학습한 전략이나 절차를 수행하도록 한다.
- 상황에 적합한 행동을 이해할 수 있도록 학생 행동을 교정한다.
- 학생이 학급의 규칙을 이해하고 따를 수 있도록 규칙 시연하기, 시범 보이기, 예시와 비예시 제공하기, 규칙을 따르도록 강화하기, 규칙을 따르지 않은 학생 교정하기, 규칙 위반에 상응하는 후속결과 적용하기를 한다.
- 자기 점검, 자기 기록, 자기 평가를 통하여 학생들에게 자기 관리를 가르친다.
- 학급에서 시행되는 일과를 수행할 때 명시적 교수를 제공한다.
- 학생이 혼자 공부하는 것보다는 교사 주도적 교수를 더 많이 제공한다.
- 학생들이 새로 배우는 내용을 기존의 지식과 연결시킬 수 있도록 은유, 일화, 구체적인 예시들을 활용한다.
- 학생이 정확하게 학습하고 제대로 발달하고 있는지를 점검하기 위하여 교실 안을 순회한다.
- 학생들이 자신이 생각하는 과정에 대해 이야기하도록 한다.
- 문제해결 과제에서 학생들이 서로 상호작용하며 협력하도록 한다.

유지하는 방법은 교사가 학습문제를 가진 학생들의 수업 참여와 주의집중을 높이는 데 사용할 수 있는 훌륭한 기술을 제공해 준다. 〈표 4-10〉에는 학급에서 교수 및 학생 행동을 관리하는 데 필요한 능력—기대에 대한 의사소통, 상호작용 참여, 학생의 수업 참여를 촉진하기 위한 교수—이 열거되어 있다.

일반학급 내 학습문제를 가진 학생을 위한 교수수정

통합환경에서 학습문제를 가진 학생들을 가르치는 것은 도전적인 일이다(1장의 완전통합 부분 참조). 일반교사와 특수교사들은 이질적인 학습자들로 이루어진 학급의 학습 및 관리를 촉진해 주는 교수수정(accommodation)의 방법을 모색한다. Schumm과 Vaughn(1995)은 통합환경에서 교사들의 요구에 합당한 교수수정을 판별하는 것이 중요하다고 이야기한다. 이 절에서는 통합환경에서 사용할 수 있는 합리적인 교수수정의 특징을 다룬다. 그것은 교수자료 수정, 상호작용적 교수의 수정, 학생 수행의 수정으로 조직화되어 있다.

교수자료 수정

학생들은 수업시간의 대부분을 학습자료와 상호작용하며 보낸다. 하지만 대부분의 교수자료는 서로 다른 방식과 속도로 학습하는 학생들로 이루어진 대규모 학급을 가르치기 위한 활동이나 방법을 제공해 주지 못한다. 여기에서는 다양한 학생들의 학습을 강화해 줄 수 있는 교수자료의 수정방법에 대해 이야기하고자 한다. 종종 특수교육 보조원, 자원봉사자들이 학생들을 위하여 다양한 수정방법을 개발하고 실행하는 것을 도와줄 수 있다. 교수자료의 수정은 다음과 같다.

- **카세트 플레이어를 활용한다.** 교수자료와 관련된 문제의 상당수는 읽기장애와 연관된다. 녹음 가능한 카세트 플레이어는 이와 같은 문제를 극복하도록 돕는 훌륭한 도구가 될 수 있다. 교사는 지시사항, 이야기, 수업을 테이프에 녹음하고, 학생은 지시사항이나 개념의 이해를 명료히 하기 위하여 녹음된 테이프를 다시 듣는다. 또한 테이프를 들으면서 학생은 조용히 활자로 이루어진 단어를 따라 읽을 수도 있다.
- **활자로 제시된 지시문을 명료화하거나 단순화한다.** (과제나 활동에 대한) 어떤 지시사항은 단락의 형식으로 제시되고 그 안에 많은 정보를 담고 있다. 하지만 이 같은 지시문은 일부 학생들에게 압도적으로 느껴질 수 있다. 이 경우 교사는 지시문의 중요한 부분만 밑줄을 치거나 강조할 수 있고 지시문 자체를 고쳐 쓰는 것도 도움이 될 수 있다. 예를 들면 다음과 같다.
  - 원본에 제시된 지시문: "이 연습을 통해 여러분은 접속사를 잘 찾아낼 수 있는 방법을 배우게 될 것입니다. 개별 문장을 읽고 접속사를 찾아보세요. 각 문장 아래쪽에 제시된 항목에서 접속사를 찾아보고 정답을 나타내는 접속사에 동그라미를 치세요."
  - 재작성된 단순화된 지시문: "각 문장을 읽고 모든 접속사에 동그라미를 치세요."
- **공부 분량을 줄여 제시한다.** 공부해야 할 양이 너무 많다고 걱정하는 학생들을 위해 교사는 그들의 학습지와 교재를 찢어 분리해 줄 수 있다. 이는 학생들이 학습지(워크북) 전체, 본문, 교재를 검토하고 나서 해야 할 공부의 양이 너무 많아 낙심하는 것을 막아 줄 수 있다. 또한 학습해야 할 양이 과다한 경우에는 학습 분량을 줄여 줄 수 있다. 예를 들어, 교사는 학생이 성취할 수 없다고 느끼는 문제나 내용에 대해 홀수 번에 해당하는 문제나 내용만 완성하도록 요구할 수 있다. 또는 몇 개의 문제에 대하여 답을 주고 학생이 나머지를 완성하도록 할 수도 있다. 마지막으로 교사는 개별 학습지를 부분으로 나누고 특정 부분만 가르칠 수도 있다. 학습지의 한 부분에 선을 그리고 시작–끝을 써서 학생들이 학습해야 할 부분을 쉽게 구분할 수 있도록 한다.

- **직접 관계가 없는 자극은 보이지 않게 한다.** 학생이 학습지나 페이지에 있는 시각적 자극에 의해 쉽게 산만해진다면 백지를 활용하여 한 번에 공부하지 않아도 되는 부분을 감춘다. 또한 선 안내 표시는 학생이 읽기를 하는 데 도움을 줄 수 있고, 종이에 구멍을 뚫어 만든 창틀 모양은 수학문제를 한 개씩 보여 줄 때 사용할 수 있다.
- **중요한 정보를 강조한다.** 만약 학생이 교과서를 읽을 수 있으나 중요한 정보를 찾지 못한다면 교사가 형광펜으로 중요한 정보를 표시해 줄 수 있다.
- **한 번 쓰고 마는 자료는 표식을 남겨 둘 수 있다.** 학생들이 계속해서 사용하는 소모성 교재(예: 워크북)의 경우, 학생이 그 페이지를 다 마치면 오른쪽 하단의 일부분을 비스듬하게 절취할 수 있다. 학생이 완성한 페이지는 모두 잘려 있으므로 학생과 교사는 고쳐야 할 부분이나 마쳐야 할 페이지를 쉽게 찾을 수 있다.
- **보충적인 연습과제를 제공한다.** 일부 교재에서는 학습문제를 가진 학생들이 기술을 숙달하는 데 필요한 연습 활동을 충분히 제공하지 않아 교사가 별도의 연습과제를 보충해야 한다. 권장하는 연습과제는 교수 게임, 또래교수 활동, 자기 교정 자료, 컴퓨터 소프트웨어 프로그램, 보충 학습지를 포함한다.
- **내용교과에는 용어집을 제공한다.** 중등수준에서는 내용교과의 일부 언어 때문에 읽기를 할 때 주의해야 할 필요가 있다. 교과와 관련된 용어집은 학생들에게 유익하다.
- **읽기에 도움을 주는 지침을 개발한다.** 읽기 지침은 학생들에게 관련된 내용에 집중할 수 있도록 문서화된 로드맵과 함께 생각해 볼 질문을 제공한다. 독자가 중심 생각을 이해하고 그와 관련된 수많은 세부내용을 가려 내는 것을 도와준다. 읽기 지침은 단락 대 단락, 페이지 대 페이지, 단원 대 단원으로 전개될 수 있다.

상호작용적 교수의 수정

학생들의 주의집중과 수업 참여를 촉진하기 위해서는 여러 가지의 교수와 관리 기술이 필요하다. 교수적 상호작용은 개별 학생에게 성공적인 학습 경험을 제공한다. 성공적인 상호적 교수 활동을 강화하는 데 도움을 주는 수정 몇 가지를 소개하고자 한다.

- **명시적 교수절차를 활용한다.** 상당수의 상업용 교수자료는 교사들에게 명시적 교수방법을 활용하는 데 도움이 되는 단서를 제공해 주지 못한다. 따라서 교사가 사용하는 교수자료에 명시적 교수방법이 포함될 수 있도록 교수를 수정해야 한다. Simmons, Fuchs와 Fuchs(1991)는 교사가 수업에 명시적 교수를 포함시키는 데 도움을 주는 교수용 템플릿(instructional template)을 제시하였다(즉, 선행 조직자 제시하기, 기술 실연하기, 교사의 지도가 제공되는 연습 활용하기, 교정적 피드백 제공하기, 독립 연습 제공하기, 연습 점검하기, 복습하기). 이 템플릿은 교사가 교수 전, 중, 후에 사용할 수 있는 기법을 기억하는 데 도움을 줄 수 있다.

  〈교수 전〉
  - 교수에 할당된 시간(전체 교수시간과 교사 주도적 교수에 할당된 시간)을 생각한다.
  - 수업목표를 결정한다(학생은 ~을 할 수 있게 될 것이다).
  - 검토해야 할 선수기술의 항목을 만든다("수업을 시작하기 전에 ~를 살펴보자").

  〈교수 중〉
  - 수업의 틀을 짠다("오늘 우리가 학습할 것은 ~이고, 이는 ~때문에 중요합니다.").

- 목표기술을 제시한다("내가 여러분에게 보여 주는 것을 지켜보세요.").
- 학생의 연습을 지도해 준다("우리 과제를 함께 해 봐요.").
- 오류를 수정하고 피드백을 제공한다(정반응: "그거 맞아." 주저하는 반응: "좋아."라고 말하고 규칙이나 절차를 반복해서 말하기. 오반응이나 무반응: 학생이 보이는 오류를 줄이기 위해 학습과정에서 촉진하고, 실제 오류를 보일 경우 답을 고치는 시범을 보이기).
- 독립연습을 위해 준비한다("오늘 배운 것을 함께 해 보자.").

〈교수 후〉
- 독립연습을 점검한다(학급을 순회하며 간단한 상호작용을 통해 학생들에게 피드백을 제공한다.).
- 새로운 기술을 복습한다(수업이 끝날 때 그리고 자주 학습한 기술을 복습한다.).

- **지시를 반복한다.** 교사의 지시 따르기를 어려워하는 학생들은 자기의 말로 지시를 반복해서 설명해 보도록 하는 것이 유익하다. 교사가 없을 때는 또래에게 지시를 다시 말할 수 있게 한다. Lewis와 Doorlag (2003)은 학생들이 지시를 이해할 수 있도록 다음과 같은 제안을 하였다.

  - 만약 교사의 지시에 2단계 이상이 포함되어 있으면 그것을 부분으로 나눈다.
  - 지시는 한 번에 하나만 제시하고, 말로 설명하면서 칠판에 지시사항을 적어 학생이 쉽게 이해할 수 있도록 한다.
  - 지시문을 사용할 때는 학생들이 단어를 읽고 문장의 의미를 이해할 수 있어야 한다.

- **수업 중에 일정하게 진행되는 일과 활동을 만든다.** 학습문제를 가진 학생들이 일과 활동을 통해 수업 중에 시행될 것을 예상할 수 있는 구조화된 수업이 구성해야 한다.
- **강의 노트의 복사본을 제공한다.** 수업 중에 필기하는 것을 어려워하는 학생들을 위해서는 강의 노트의 복사본을 제공할 수 있다.
- **학생들에게 그래픽 조직자를 제공한다.** 수업 중에 그래프, 차트, 도식을 제공하여 학생들이 중요한 정보를 주의 깊게 듣고 개념과 관련 정보 간의 관계를 파악할 수 있도록 돕는다.
- **단계별 교수를 활용한다.** 새롭게 제시되거나 어려운 정보는 연속적 단계로 제시할 수 있다. 제한된 사전 지식을 가지고 있으며 명시적 교수, 혹은 부분에서 전체로 발전하는 교수를 필요로 하는 학습자들에게 도움을 줄 수 있다.
- **언어적 정보와 시각적 정보를 결합한다.** 언어적 정보는 시각적 프레젠테이션(예: 유인물 혹은 OHP 위에)과 함께 제공될 수 있다.
- **요점이나 핵심 단어는 칠판에 적는다.** 수업내용 제시에 앞서 교사가 새로운 단어와 요점은 칠판이나 OHP 필름 위에 적을 수 있다.
- **수업내용의 제시와 활동을 조화롭게 활용한다.** 시각적 정보와 함께 수업내용을 말로 설명하는 것과 학생이 참여할 수 있는 활동 간에 균형을 맞추기 위해 노력해야 한다(Farlow, 1996). 또한 대집단, 소집단, 개별 활동 간에도 균형을 이루어야 한다.
- **기억술 교수를 활용한다.** 기억술 장치는 학생들이 핵심 정보나 학습전략 단계를 기억하도록 도울 수 있다.
- **매일 복습을 강조한다.** 이전의 학습이나 수업을 매일 복습하는 것은 학생들이 새로운 정보와 선행 지식을 연결시키도록 도울 수 있다.

학생 수행의 수정

학생들은 다양한 방식으로 반응하는 능력에 있어 매우 큰 차이가 난다. 예를 들어, 학생들은 구두 발표를 하고, 토론에 참여하고, 글자와 숫자를 쓰고, 구문을 쓰고, 사물을 그리고, 철자를 적고, 시끄럽거나 어수선한 환경에서 공부하고, 빨리 읽고 쓰고 말하는 능력이 저마다 다르다. 또 학생들은 시각적 혹은 청각적 형태로 제시된 정보를 처리하는 능력이 다르다. 다음의 수정방식은 수용과 표현양식 등에서 학생들의 수행을 강화하는 데 사용될 수 있다.

- **반응양식을 바꾼다.** 소근육을 이용한 반응(예: 필기)에 어려움을 표시하는 학생들의 경우 반응양식에 밑줄 치기, 다양한 선택 문항 중 택하기, 분류하기, 표시하기 등으로 바꿀 수 있다. 소근육에 문제가 있는 학생들에게는 학습지에 답을 쓸 만한 공간을 충분히 제공하거나 개인용 칠판에 답을 쓰게 할 수 있다.
- **강의 요점을 제공한다.** 강의의 요점을 알려 줌으로써 학생 중 일부는 수업에 성공적으로 참여하고 적절히 필기할 수 있다. 또한 개요를 제공하는 것은 학생들로 하여금 자료의 조직을 볼 수 있도록 하며 적시에 질문을 할 수 있도록 해 준다.
- **그래픽 조직자를 사용하게 한다.** [그림 4-1]에 제시된 것처럼, 그래픽 조직자는 교재를 시각적 형태로 조직화한다. 그래픽 조직자를 개발하기 위해 학생은 다음 단계를 사용할 수 있다. (1) 첫째 줄에는 주제나 제목을 열거한다. (2) 정보를 수집하여 주요 표제(heading)로 구분한다. (3) 색인 카드에 주요 표제와 관련된 모든 정보를 열거한다. (4) 영역에 따라 정보를 조직한다. (5) 정보를 적절한 부제(subheading) 아래에 배치한다. (6) 정보를 조직도 안에 배열한다.
- **교사 가까이에 학생들을 앉힌다.** 주의집중 문제를 가진 학생들은 교사, 칠판, 학습 영역 가까이에 앉게 하고 학생을 산만하게 하는 소리, 교재, 사물로부터 떨어져 앉게 한다.
- **숙제 알림장이나 달력을 사용하게 한다.** 학생들은 달력을 사용하여 숙제 제출일, 학교 관련 활동과 시험일을 기록하고 숙제 일정표를 작성한다. 학생들

[그림 4-1] 그래픽 조직자의 예시

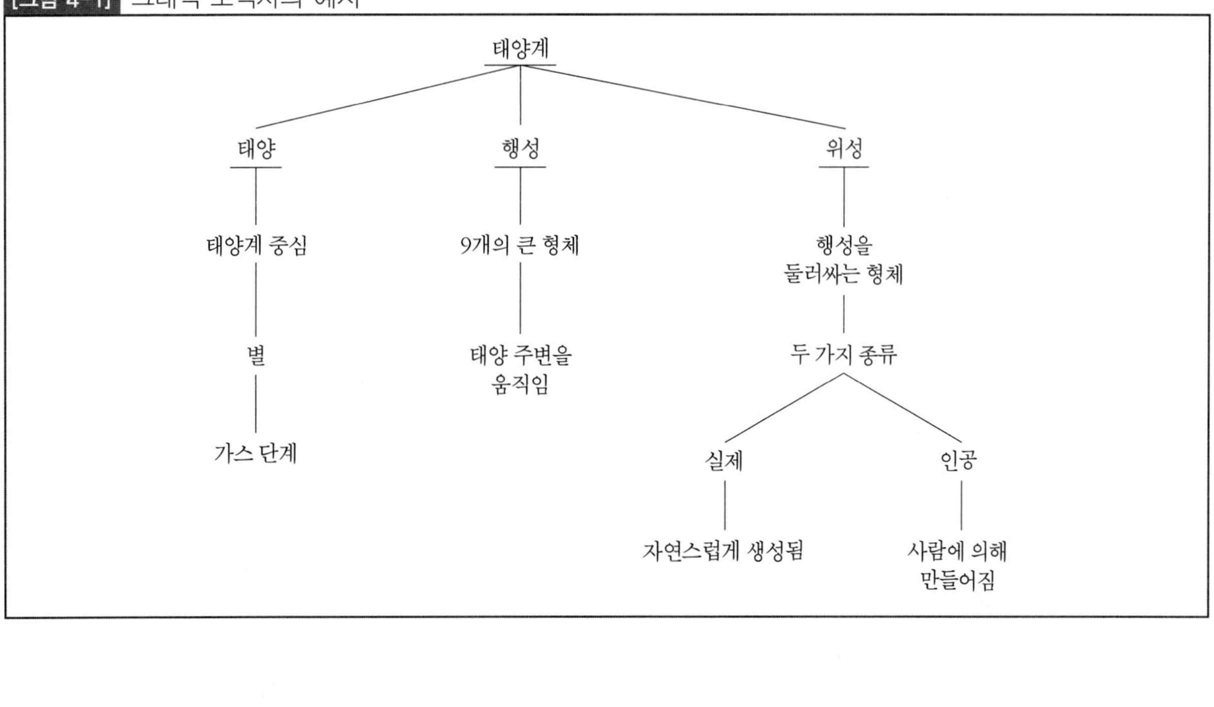

은 숙제를 기록하기 위해 숙제장이나 달력 안에 특정 부분을 비워 두어야 한다.

- **베껴 쓰기 활동을 줄인다.** 유인물이나 학습지에 정보나 활동을 포함함으로써 학생의 베껴 쓰기 활동(예: 칠판에 써 있는 정보를 옮겨 쓰기)을 최소한으로 줄인다.
- **수학문제를 풀 때 학생들이 줄 쳐진 종이를 수직으로 돌려 사용하게 한다.** 학생들이 수학문제를 계산할 때는 노트를 수직으로 돌려놓고 숫자를 줄에 맞춰 적게 한다.
- **중요한 항목을 표시하기 위해 단서를 사용한다.** 평가에서 아주 중요하게 생각하는 질문이나 활동에는 별표나 굵은 글머리표를 표시할 수 있다. 이것은 학생들이 시험이나 숙제에 필요한 시간을 적절하게 활용하도록 돕는다.
- **위계적인 학습지를 만든다.** 교사는 가장 쉬운 것에서부터 가장 어려운 것으로 문제를 배열한 학습지를 제작한다. 학습지에서 첫 문제를 맞추게 되면 학생은 좀 더 쉽게 공부에 임할 수 있다.
- **교수 보조도구를 사용할 수 있게 한다.** 학생들이 올바르게 쓰는 것을 돕는 글자와 숫자를 제공한다. 수에 밑줄 치기, 계수기, 계산기는 학생들이 수학 연산을 이해하여 계산하도록 돕는다.
- **과제 견본을 전시한다.** 학생들이 교사의 기대를 이해하고 그에 따라 계획하도록 하기 위해 완성된 숙제 견본을 전시한다.
- **또래중재 학습을 활용한다.** 교사는 공책을 검토하고 시험 공부를 하며 서로 큰 소리로 읽고, 이야기를 쓰거나 실험실습을 할 수 있도록 서로 다른 능력수준을 보이는 학생들을 짝 지어 준다. 짝은 읽기문제를 가진 학생이 문장제 문제를 해결할 수 있도록 수학문제를 읽어 줄 수 있다(Cegelka & Berdine, 1995).
- **노트 공유를 격려한다.** 노트 필기를 위해 학생이 복사지나 노트북 컴퓨터를 사용할 수 있고, 이를 결석한 학생과 학습문제를 가진 학생들과 공유할 수 있도록 한다. 이것은 노트 필기에 어려움이 있는 학생들이 수업내용 제시 중에 집중할 수 있도록 돕는다.
- **공부시간을 융통성 있게 활용한다.** 천천히 공부하는 학생들은 글로 제시된 숙제를 완성하기 위해 보충시간을 얻을 수 있다.
- **보충연습을 제공한다.** 학생들은 기술이나 내용을 숙달하기 위해 서로 다른 양의 연습을 필요로 한다. 학습문제를 가진 많은 학생들은 유창한 수준의 학습을 위해 보충연습을 필요로 한다.
- **숙제 대체물이나 수정을 허용한다.** 학생들에게 구술보고 대신에 프로젝트 과제를 완성하도록 하거나 혹은 그 반대를 할 수 있도록 한다. 또한 시험을 구술 혹은 문서 형태로 치를 수 있도록 한다. 예를 들어 학생이 쓰기문제를 가지고 있으면 교사가 학생에게 정보의 개요를 말하고 종이에 쓰는 대신 구두발표를 할 수 있게 한다(Ceglka & Berdine, 1995).

이러한 수정방법은 학습문제를 가진 학생들이 일반학급에서 성취하는 것을 도와줄 수 있는 구조를 제공한다. 이 책 곳곳에 이러한 수정을 보완하는 활동, 기술, 전략이 제시되어 있다. 구체적인 내용은 계획과 교수(1~3장), 교육과정 영역(6~14장) 부분에서 좀 더 자세히 살펴볼 수 있다.

교육과정의 선정

교육과정은 주로 학교에서 배우는 것을 의미하며, 그 구성은 사회에서 성공하는 데 필수 요소로 간주되는 학습의 결과로 이루어져 있다. 교육과정은 학생들이 학교에 들어가기 전에 이미 만들어지며, 사회에서 생산적인 시민이 되고 개개인의 성공을 위해 중요하다고 생각되는 것을 포함한다. 만약 교육과정이 무엇이 중요한지를 정확하게 나타내고 있다면, 학생이 그런 가치 있는 지식과 기술을 습득할 수 있는 기회를 가져야 하기에 교육과정이 변화될 필요가 없다. 가장 중요한 교육과정의 내용이 완전히 습득되도록 하기 위해서는 교육과정 내용의 우선순위를 결정하는 것이 필요한데, 이는 일부 학습문제를 가진 학생들을 위해 교수수정을 하는 데 있어 매우 중요하다. 이와 같은 견해는 '적게 할수록 더 많이 배울 수 있다(less is more).' 라는 신념을 통해 더욱 강화된다. 보다 명확하게 말하면, 학생들이 목표가 되는 내용을 이해하고 숙달할 수 있을 만큼 가치 있는 내용을 광범위하게 포함시키는 것이다. 학습문제를 가진 학생을 위한 수정의 다른 방식은 교육과정을 가르치는 방법에 초점을 맞추는 것이다. 비록 교수자료가 단순히 목표와 활동을 제시한다고 하지만, 교사가 사용하는 대부분의 교수자료는 조직, 순서, 활동을 가르치는 방법에 영향을 미친다. 일부 교수자료는 다양한 교수방법을 사용할 수 있도록 도움을 주기도 한다(예: 교사 스크립트). 이 장의 초반부에 제시되었던 상호작용적 교수 활동(예: 명시적 모델링, 교정적 피드백, 진전도 점검)이 이루어지면 학습문제를 가진 학생들은 학습을 더 잘하게 된다. 출판된 교육과정 중 일부 교수자료만이 판매 전에 현장 검증이 이루어지기 때문에 교사는 교수자료를 신중하게 선정해야만 한다. 이 절에서는 학습문제를 가진 학생들을 위하여 교육과정 교수자료를 선정하거나 교육과정을 설계할 때 고려해야 할 요소를 제시한다.

교수자료 선정 요소

아무리 상업용 교수자료가 많다 하더라도 적절한 것을 선정하는 것은 쉽지 않다. 교수자료의 선정을 결정하는 교육자들은 효과적인 교수자료의 계획과 실제를 고려해야 한다.

교수자료는 최상의 교수 실제를 촉진해야 한다

교수 실제에 대한 포괄적인 연구 결과(Englert et al., 1992)에 따르면 교수 실제는 교육과정 자료 안에 포함되어야 한다. 가령 교사가 효과적인 선행 조직자를 제공하고, 목표를 분명하게 하며, 명확하게 개념을 시범 보이고, 의미 있는 사례를 제공하며, 일반화를 가르치고, 유익한 피드백을 제공하고, 내용과 중요한 것을 연관시키고, 학습자의 다양성을 조정하도록 도울 수 있는 절차가 포함된다. 교수자료는 교사가 최상의 교수 실제를 사용할 수 있도록 돕고 안내해 주어야 한다. 교사들은 최상의 교수 실제를 활용하기 위하여 꾸준히 교수자료를 타당화하고 수정하거나 재구성해야 한다. 이와 같은 교사의 노력 여부는 학습문제를 가진 학생들의 성공 혹은 실패 결과를 가져오기도 한다.

교수자료는 학습자의 이해를 촉진해야 한다

많은 학생들은 정보(예: 날짜, 사실, 수학 공식)를 기억하기 어려운 과제에 직면한다. 특히 인지적으로 고립 과제(즉, 과제가 의미있게 연결되거나 관련성이 없을때)일 때 더욱 기억하기 힘들다. Baker, Simmons와 Kame'enui (1994)는 학습내용은 '큰 생각(big ideas)'과 관련하여 제시되어야 한다고 주장한다. 큰 생각은 사례 안에서 능률적인 학습을 용이하게 하는 개념이나 전략을 말한다. 큰 생각은 '작은 생각(small ideas)'과 연결될 수 있고 이해할 수 있는 근거가 된다. Baker 등에 따르면 큰 생각은 특히 내용영역을 가르치는 데 있어 유익하다. 예를 들어, 문제해결에 활용한 큰 생각은 역사를 가르치는 순서에 영향을 미칠 수 있다. 이 순서는 역사적 사건들 간의 상호관련성을 이해하는 일반화된 전략을 제공해 준다. 문제에 직면했을 때, 역사 속에서 사람들은 문제를 해결하기 위하여 움직이고, 발명하며, 지배하고, 적응하거나 인고의 시간을 가져 왔다. 하지만 문제해결을 위한 시도들은 흔히 또 다른 문제를 만드는 결과를 낳고, 이러한 상황은 순환적으로 계속된다. 이러한 순환적 접근은 학습자들이 역사를 이해하는 데 도움이 되는데, 그 의미가 더욱 명확해지고 역사적 사건과 현재 일어나고 있는 사건들 간의 관련성이 더욱 분명해지기 때문이다.

Prater(1993)는 학습장애 학생들에게 효과적으로 개념을 가르치는 것의 중요성을 지적하였다. 학습장애 학생들은 관찰과 경험만으로 개념을 학습하는 데 어려움이 있기 때문에 그들이 학교와 인생에서 성공할 수 있도록 명시적인 개념교수를 실시해야 한다고 주장하였다. Prater는 실증적 자료에 기반하여 학생들에게 개념을 가르치는 단계를 다음의 순서로 제시하였다.

1. 교수목표를 정의한다.
2. 개념 지식을 시연하기 위해 사용하는 과제를 분석한다.
3. 개념을 정의하고 명명한다.
4. 예시와 비예시의 개수와 순서를 선정한다.
5. 정의적 특성을 정교화한다.
6. 즉각적인 피드백을 제공한다.

이러한 단계를 나타내는 교수자료는 주목할 만하다. 은유, 다양한 사례, 시연, 소리 내어 생각 말하기, 내용을 관계된 것과 묶기 역시 학생의 이해를 촉진할 수 있다.

교수자료는 관련된 선행 지식을 평가하는 데 지침이 되어야 한다

교수자료에서는 새로운 것을 학습하는 데 필요한 선행 지식을 평가해야 한다. 평가를 통해 선행 지식을 검토할 수도 있고, 평가사항은 중요한 필수 내용을 교수하는 데 있어 지침이 될 수 있다. 또한 지속적으로 학생의 진전도를 점검하게 되면 내용을 다시 가르치거나 새로운 자료를 소개해야 할 때를 파악하는 데 도움이 된다. 이 책의 교육과정 영역을 다룬 장에서는 선행 지식과 학습 진전도를 평가하는 데 도움이 되는 평가 형식과 방법이 제시되어 있다.

교수자료는 완전학습이 될 수 있도록 안내해야 한다

학습문제를 가진 학생들의 대부분은 학습자가 본래의 교수자료를 잘 학습하는지의 여부를 고려하지 않은 채 그들에게 특정 내용을 제시하면서 새로운 주제로 이동시키는 나선형 교육과정적 접근(spiral curriculum approach)에서는 그리 성공적이지 못하다. 이렇게 그냥 보여 주고 나서 학생이 알아서 할 것이라고 기도만 하는 접근법은 학생에게 좌절감만 심어 주고 학습을 촉진하지는 못한다. 학생 개개인이 학업내용을 숙달했는지의 여부를 파악하기 위해서는 명시적으로 목표를 설정하고 습득 기준을 제시한 후 학생에게 의미 있고 중요하다고 여겨지는 과제가 되는 교수자료를 사용할 수 있다 〔완전학습(mastery learning)은 3장과 교육과정 영역을 다룬 장 참조〕.

교수자료는 일반화를 촉진해야 한다

일반화를 위한 교수가 지속적인 교수의 구성 요소를 활용하는 것과 관련된 부분에서 제시되었다 하더라도 교수자료가 일반화에 미치는 영향을 검토해야 한다. 다양한 사례, 큰 생각, 의미심장함, 완전학습, 특히 학습자가 일상생활에 새로 배운 지식을 연결시키는 데 도움이 되는 적용 활동과 같은 특징은 일반화를 촉진할 수 있다.

최근 교수의 내용을 보다 학생에게 의미 있게 만들기 위해 참학습(authentic learning)과 통합된 교수의 사용을 지지하는 문헌들이 많이 등장하고 있다. 이는 참학습이 학생에게 의미가 있고, 학습자들이 의미를 구성하기 위하여 선행 지식과 새로 배운 지식을 연결시킨다는 가정에 근거를 두고 있다(Newmann & Wehlage, 1993). 또한 참학습은 학습자가 학교에서 이루는 성공 이상의 가치를 지닌 담화, 결과물, 수행 등을 유도해 내는 의미를 구성하기 위한 체계적 혹은 훈련된 전략을 사용한다고 가정한다. Baker 등(1994)은 명백한 전략(즉, 학생이 문제해결을 위해 따르는 일반적인 단계)을 특징으로 하는 교수자료는 학습문제를 가진 학생들을 도울 수 있다고 말하였다. 특히 전략은 명시적이고 간결하며 일반화된 것일 때 도움이 된다. Newmann과 Wehlage(1993)는 참학습에 기초가 되는 5가지 기준을 제시하였다. (1) 고차원적 사고가 요구된다. (2) 깊이 있는 지식을 획득한다(완전 학습). (3) 학습은 교실을 넘어서 세상과 연결된다. (4) 의미 있는 대화가 이루어진다. (5) 학생의 성취를 위한 사회적 지원이 제공된다. 여러 교과에서 개념을 가르치는 통합된 혹은 단일 교수는 일반화를 촉진한다. 예를 들어, 수학과목에서 사람들 사이의 유사점과 차이점을 가르치기 위해서는 학생에게 사람들의 키와 체중을 측정하도록 할 수 있고, 읽기과목에서는 장애인에 대한 이야기를 읽도록 하며, 과학과목에서는 현미경을 가지고 사람 머리카락의 유사점과 차이점을 조사하게 한다. 참학습의 기준을 촉진하거나 여러 교과목에 걸쳐 등장하는 개념을 가르치는 교육과정의 구조는 일반화를 강화시켜 준다.

교수자료는 학습자의 차이를 고려할 수 있는 교수 지침을 제공해야 한다

서로 다른 속도로 학습하는 학생들을 교수하는 데 도움을 주는 실질적인 제안을 제공해 줄 수 있는 교수자료는 다양한 학습자 요구를 충족시키는 데 유용하다. 최상의 교수 실제를 포함하는 교수자료는 학생들이 겪을 수 있는 좌절을 크게 줄여 주고 학습자 간 차이를 최소화해 준다. 중개형 비계교수를 위해 제공하는 교수자료는 교사들이 다양한 범위의 학습자에게 반응하는 것을 도와준다. **중개형 비계교수**(mediated scaffolding)는 교사, 또래, 과제, 교수자료가 학습자에게 제공하는 개별화된 지도, 교수, 도움, 지원을 뜻하고, 학습자가 기술을 습득함에 따라 교사의 일시적인 지도가 점진적으로 제거되는 교수다. 중개형 비계교수는 교수용 스크립트 예시, 추가 예문, 은유와 일화, 의미 있는 연습 활동을 통해 교수자료에 포함될 수 있다. 마지막으로 협동학습, 컴퓨터 보조 교수, 또래중재 교수, 교수 게임, 집단 배치에 대한 교수자료 역시 교사가 다양한 학습자들에게 반응하도록 돕는다. 본질적으로 교수자료는 모든 학생들이 성취할 수 있도록 하고 상위권 학생들이 좀 더 고차원적인 사고과정에 도전할 수 있도록 설계되어야 한다. 상위권 학생들에게 집중하고 하위권 학생들이 좌절하도록 하는 것보다는 하위권과 중위권 학생을 잘 가르치고 상위권 학생에게 학습이 도전적이 되도록 하는 것이 더욱 현명할 것이다.

교육과정 설계를 위한 지침

Carnine(1989)은 교육과정과 수행 활동에 관한 연구를 검토한 결과로 수행의 정확성을 증진하고 숙달을 위

잘 계획된 교수는 학생 참여와 학습을 이끌어 낸다.

해 걸리는 교수시간을 줄이는 데 도움이 될 교육과정의 설계 지침을 제공하였다.

- **정보를 점진적으로 소개한다.** 이 방법은 한 번에 많은 새로운 정보를 소개할 때 생길 수 있는 기억상의 과부하를 피할 수 있게 해 준다. 새로운 정보는 선행 정보가 학습된 후에 제시된다. 예를 들어, 학생은 7개의 대륙 모두가 학습될 때까지 한 번에 한 대륙을 학습할 수 있다.
- **정보의 유지를 확보한다.** 기억을 증진하고 오류의 가능성을 줄이기 위해 첫 번째 학습을 한 후 며칠 이내에 다른 교수자료에 대한 검토가 필요하다. 또 학생들은 새롭게 학습된 개념을 비슷한 개념과 변별하는 연습을 필요로 한다. 이러한 연습의 초기 단계에는 교사의 감독이 필요하다. 분수의 곱셈과 나눗셈을 포함한 문제해결은 변별연습의 한 예가 된다.
- **혼란스럽게 하는 요소와 용어를 제거한다.** 비슷한 모양의 기호를 가르칠 때(예: 6과 9, +와 x, b와 d)는 교사가 한 번에 하나의 기호를 소개해야 한다. 일단 한 기호나 용어가 학습되면 비슷한 것을 소개할 수 있다.
- **관계를 강조하여 학생에게 학습을 더 의미 있게 만든다.** 첫째, 교사는 전체와 구성 요소의 관계를 강조해야 한다. 예를 들어, 교사는 글자 해독을 위해 학생의 소리-글자 상호관련성에 대한 지식을 활용하여 가르치거나 여러 교과의 교과서에서 이해전략이 사용될 수 있는 방법을 지적할 수 있다. 둘째, 교사는 알려진 정보를 알려지지 않은 정보에 적용시키는 것을 강조해야 한다. 예를 들어, 교사는 5를 여러 번 곱하는 것은 매번 5를 단위로 수를 세는 것이나 덧셈의 교환법칙(즉, a+b=c, b+a=c)을 곱셈에 적용하는 것을 의미한다고 설명할 수 있다.
- **정보처리의 부담을 줄인다.** 전략을 가르치거나 먼저 연산을 가르치고 점차 어려운 단계의 정보를 가르치는 것은 정보처리의 부담을 감소시킨다. 예를 들어, 먼저 소리-글자 상호관련성을 가르치게 되면 글자를 해독하는 데 요구되는 정보처리의 부담을 줄여 줄 수 있다. 그리고 곱셈에 앞서 덧셈(가장 쉬운 정보)을 가르치는 것은 곱셈학습을 위한 정보처리 부담이 감소된다.
- **가장 빠른 반응을 요구한다.** 학생의 반응 속도를 늘리는 것은 반응의 자동성을 높이는 데 도움을 준다.

단원과 차시 계획

학생의 주의집중과 수업 참여를 유지하며 수업을 중단, 탈선, 우회 없이 원활하게 진행하기 위해서는 그 계획이 매우 신중하게 수립되어야 한다. 효과적 교수와 학급 관리는 '그냥 저절로 생겨나지' 않는다. 교사가 학업적으로 다양한 능력을 나타내는 학급을 가르치기 위하여 학생 참여를 자극하고 격려하는 흥미 있는 활동을 개발하는 데 초점을 맞추어야 한다. 많은 교사들은 대부분의 생산적인 계획이 비구조화된 상황에서(예: 차를 운전할 때, 개를 데리고 산책할 때, 샤워할 때) 이루어진다고 보고하고 있다. 일반적으로 교사들은 학교생활을 하면서 세우기 쉬운 계획은 '표면적 구조 계획'(즉, 시간표 짜기, 교실 구조 결정하기, 단원 개발하기, 행정업무 처리하기)이라는 것에 동의하는 반면, '심층적 구조 계획'(예: 수업 내의 어려운 개념을 명료화하는 방법, 동기를 부여하는 활동을 개발하는 방법)은 주로 학교에서 벗어나 있을 때 이루어진다고 말한다.

단원과 차시 계획은 효과적 교수와 밀접한 관계가 있다. 단원과 차시는 단기 및 장기 학습 성과를 성취하도록 가르치는 구조적 틀을 제공한다. Lenz, Bulgren, Schumaker, Deshler와 Boudah(1994)는 교수의 단위는 **종결 활동이나 전이 활동**(예: 시험 혹은 프로젝트)**으로 이전의 내용과 구별된다고 정의하였다.**

Schumm, Vaughn과 Leavell(1994)은 이질적 특성을 지닌 학급을 위한 교수 계획에서 교사가 활용할 수 있는 계획의 틀을 제공한다. [그림 4-2]에 제시된 것처럼, 이 틀은 교사가 학생의 학습 특성에 따라 성과를 차별화할 수 있게 하는 구조를 뜻한다. 수준 1은 모든 학습자들이 숙달하기를 바라는 기본 개념, 내용, 기술을 나타낸다. 이 수준에서 정보는 단원의 내용을 이해하는 데 중요하고 보통 수준 2와 수준 3에서의 정보보다 더 일반적이다. 이 수준에서 교사가 던지는 기능적 질문은 '모든 학생들이 학습하기를 원하는 것은 무엇인가?'이다. 수준 2는 수준 1보다 좀 더 높은 수준의 정보를 나타낸다. 수준 2는 내용 혹은 기술을 이해하거나 적용하는 데 중요한 정보에 초점을 맞춘다. 이 수준에서 교사의 기능적 질문은 '대부분의 학생들이 학습하기를 원하는 것은 무엇인가?'이다. 수준 3은 좀 더 복잡하거나 상세하면서도 보충적 정보를 나타낸다. 이 수준에서 교사의 기능적 질문은 '학생들 중 일부가 학습할 수 있는 정보는 무엇인가?'이다. 이러한 각기 다른 수준에서 학생이 정보를 숙달하는 것은 그들의 능력에 의해 결정되는 것이 아니다. 학생의 선행 지식과 홍미가 주제에 걸쳐 다르기 때문에 학생의 학습은 주제에 따라 달라질 것이다. 모든 학생은 위의 모든 수준에서 제시되는 정보에 접근할 수 있어야 한다.

주제, 교사, 학생에 대한 사항을 포함한 다음의 질문은

[그림 4-2] 단원 계획의 양식

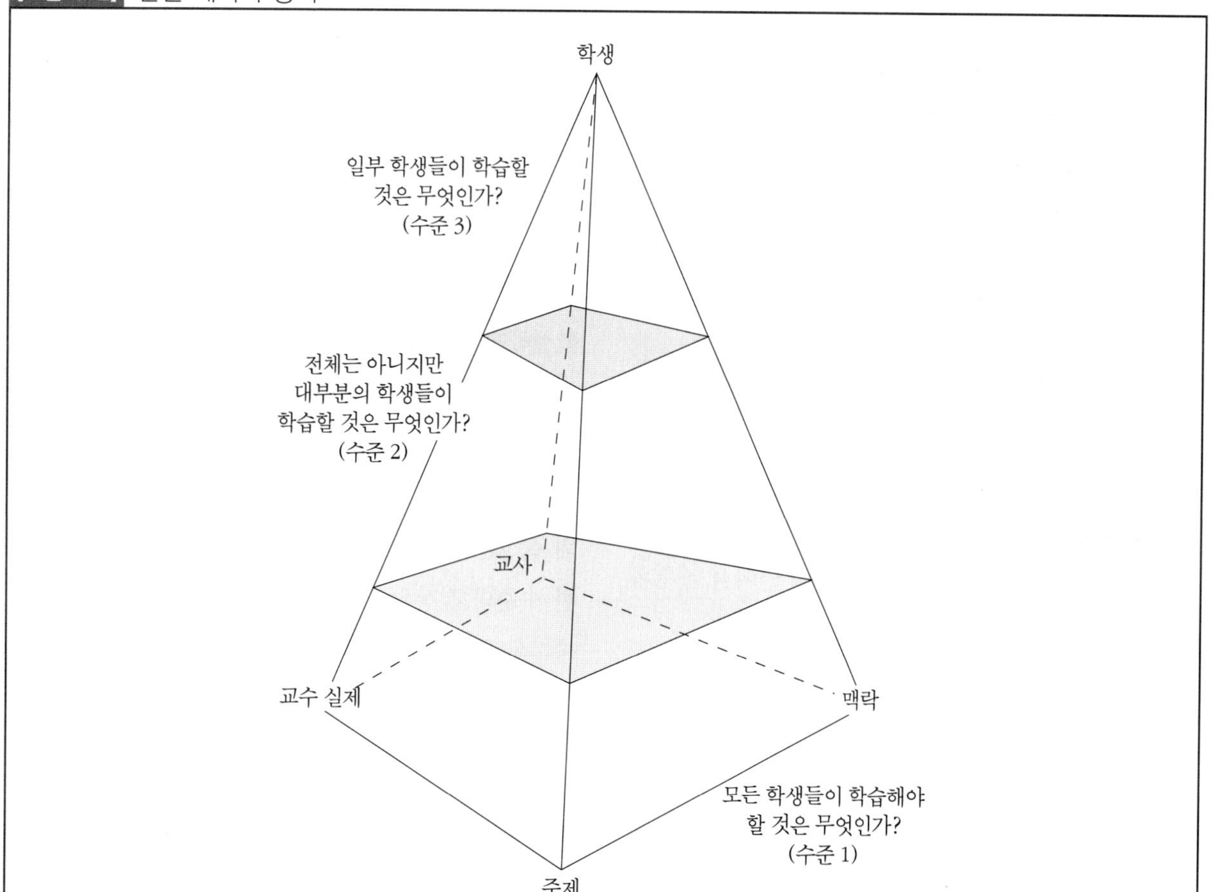

출처: Joint Committee on Teacher Planning for Students with Disabilities, 1995, Planning for Academic Diversity in America's Classrooms: Windows on Reality, Research, Change, and Practice, *Effective School Practices, 14*(2), 1-53. Copyright 1995 by the Association for Direct Instraction(허락하에 게재함).

교사가 단원을 계획하는 데 필요한 수준별 기준을 수립하는 데 도움을 줄 수 있는 지침이 된다(Joint Committee on Teacher Planning for Students with Disabilities, 1995).

- 이 주제에 대해 학생들과 내(교사)가 가진 선행 지식은 무엇인가?
- 주제가 개별 학생과 내게 있어 얼마나 흥미로운가?
- 얼마나 많은 새로운 개념이 소개되는가? 그리고 얼마나 복잡한가?
- 내가 이 자료를 이전의 교수와 어떻게 연관시킬 수 있는가?
- 내가 이 자료를 이전에 가르쳤는가?
- 이 단원을 가르치기 위해 내게 유용한 자원은 무엇인가?
- 학생들의 의사소통 기술이 특정 개념을 이해하는 것을 어렵게 할 수 있을 것인가?
- 읽기에 어려움을 가진 학생들이 본문의 개념을 배울 때 독립적으로 학습할 수 있을까?
- 행동 및 주의집중의 문제를 가진 학생들이 이 자료에 집중할 수 있는가?
- 나의 학생들은 개념을 이해하는 데 필요한 어휘를 갖고 있을까?
- 나의 학생들이 가진 어떤 경험이 해당 개념과 관련될 것인가?
- 이 개념이 나의 학생들의 문화적 · 언어적 배경과 어떤 방식으로 관계되는가?

단원 계획의 방법

다양한 학습자들의 요구에 반응적인 단원을 개발하기 위해 단원을 계획하는 수준의 틀은 단원 계획의 방법과 쉽게 연계될 수 있다. Lenz 등(1994)은 단원 계획을 일정한 순서와 양식에 의해 세우게 되면 교사가 학생의 학업 성과, 정보 간 관련성, 학습을 촉진하는 활동에 대해 분명하게 이해할 수 있다는 점에서 유용하다고 하였다. 이러한 단원 계획의 방법은 학습문제가 있는 학생들이 정보를 이해하고 오래 기억하는 데도 도움이 된다. 단원 계획은 단원의 내용, 성과 그리고 내용의 조직과 관계를 보여 주기 위한 선행 조직자의 개발을 포함하고 있다. [그림 4-3]의 단원 조직도는 곱셈을 가르치기 위한 단원 계획에서 이상의 방법을 사용하고 있다. 그림에서 제시된 것처럼, 단원 계획을 위한 순서는 현재 단원에 제목을 붙이고, 지난 단원의 제목을 제시하며, 다음 단원을 결정하고, 전체 그림을 보여 주며, 단원의 구성을 제시하고, 성과를 열거하며, 단원의 시간표를 결정하는 것이다. Lenz 등은 중학교 통합학급에서 내용교과에서 단원을 계획하는 데 도움이 되는 수업의 좋은 예시를 제공하였다(13장에서는 청소년들에게 내용교과를 교수할 때 사용 가능한 추가 정보를 제공한다.).

차시 계획의 틀

차시 계획의 틀은 단원 계획의 틀과 비슷한데 교사가 확실하게 가르쳐야 할 것과 가르칠 방법을 결정할 수 있도록 한다. 계획은 단원 내 교수에 필수적인 세부사항을 첨가한다. 차시 계획의 틀은 모든 학생들이 학습할 것, 대부분의 학생들이 학습할 것, 일부 학생들이 학습할 것의 결정을 그 특징으로 한다(Schumm et al., 1994). 이러한 수준의 결정은 단원 계획의 틀에서 [그림 4-3]에서 제시된 특징과 동일하다. Schumm 등(1994)은 차시 계획 틀의 개발을 안내하기 위해 다음 순서를 제시하였다.

1. 교수내용을 세 가지 수준으로 나눈다(즉, 모든 학생들이 배울 것, 대부분의 학생들이 배울 것, 일부 학생이 배울 것).
2. 교수의 '맥락'을 안내하기 위해 다음 질문을 활용한다.

[그림 4-3] 단원 조직도

단원 조직도

전체 그림

← 기초 계산기술의 습득, 유지 및 적용 →

지난 단원	현재 단원	후속 단원
다감각을 활용한 뺄셈	다감각을 활용한 곱셈	다감각을 활용한 나눗셈

단원 시간표

8/19	구체물을 이용한 수업 (pp.18-34)
8/23	상징물을 이용한 수업 (pp.35-53)
8/28	추상물을 이용한 수업과 복습 (pp.54-69)
9/4	습득 여부의 평가
9/6	유창성 확보와 문제 해결하기 수업 (pp.70-89)
9/11	유창성 점검과 숙달까지 문장제 문제 해결하기 (pp.90-94)

단원지도

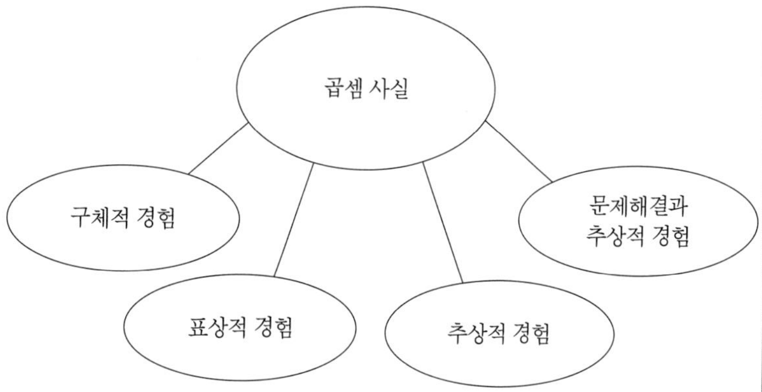

단원의 성과
- 학생들이 구체물을 통해 곱셈 이해를 실연할 수 있다.
- 학생들이 그리기를 통해 곱셈 이해를 실연할 수 있다.
- 학생들이 능숙하게 곱셈문제를 계산할 수 있다.
- 학생들이 외부 정보가 있거나 없는 곱셈 문장제 문제를 풀 수 있다.
- 학생들이 일상 경험에서 문장제 문제를 만들어 곱셈을 적용하고 일반화할 수 있다.

교수시간을 변경시킬 수 있는 방해 요인(예: 휴일, 특별한 사건)을 예정에 포함시켰는가?

학급의 규모가 교수에 어떠한 영향을 미칠 것인가?

학생들이 혼자서, 짝을 지어, 혹은 소집단으로 공부를 잘하는가? 어떤 학생들끼리 그룹으로 묶이는 것이 좋을까?

수업을 진행하기 위해 어떠한 자원을 사용 가능한가?

학생을 동기화하는 데 사용될 수 있는 방법은 무엇인가?

모든 학생의 학습을 촉진하는 데 어떠한 교수전략과 수정방법이 실행될 수 있는가?

수업에 적절한 자율학습과 숙제는 무엇인가?

어떻게 학생의 학습을 점검할 것인가? 수업의 종결과 단원의 종결 때 어떻게 학생의 학습을 평가할 것인가?

3. 수업의 목표 및 할 일의 목록을 개발한다.
4. 필요한 교수자료를 열거한다.
5. 자습과 숙제를 결정한다.
6. 학생 학습을 평가하는 방법을 결정한다.

〈표 4-11〉 다양한 학습자들을 가르치기 위한 수학수업 설계

1단계: 수업을 소개한다.

학생 주의를 집중시키는 활동을 활용한다. 본시 수업을 이전에 시행된 학습이나 수업과 연결시킨다. 목표가 되는 기술, 전략, 내용이 무엇인지를 분명히 제시한다. 기술, 전략, 내용을 학습해야 하는 근거를 제공한다. 학생에게 실질적인 맥락을 제공하기 위하여 기술, 전략, 내용의 관련성을 토론한다. 실질성은 학교 활동, 지역사회, 미래적 요구의 맥락 안에서 달성될 수 있다.

2단계: 기술이나 전략을 설명하고 시범 보인다.

교사가 기술이나 전략을 시연할 때 학생은 그에 주의집중을 해야 한다. 학생들의 시연 이해를 돕기 위해 다음의 두 가지 절차가 사용된다.

절차 1: 교사가 질문을 하고 답도 한다. 초인지 전략을 시범 보이는 동안 학생들은 교사의 소리 내어 생각 말하기를 듣고 관찰한다.

절차 2: 교사가 질문하고 학생들이 대답하도록 돕는다. 학생들은 교사의 질문에 답하고 문제를 해결하면서 참여한다. 교사와 학생들은 함께 전략을 수행하고 교사는 계속해서 시범을 제공한다.

3단계: 교사의 지도가 제공되는 연습을 위해 비계교수와 상호적 담화를 활용한다.

절차 1: 필요하지 않다면 시범을 보이지 않고 문제해결 전략을 통하여 학생들을 지도한다. 교사의 지도는 필요할 때만 제공하고 다음의 지지적인 기술이 사용한다

- 교사는 유도 질문을 하고 필요한 경우 시범을 보인다(예: "문제를 해결하기 위한 첫 단계가 뭐지?")
- 교사는 서술적 지식과 관련하여 촉진을 제공한다〔예: "문장제 문제에 직접 드러나지 않는 것을 나타내기 위하여 변수(글자)를 사용하세요."〕.
- 교사는 문제를 풀기 위한 절차적 지식에 대하여 단서를 제공한다(예: "등식을 풀 때는 변수를 분리시키는 것을 기억하세요.")

절차 2: 교사는 학생들에게 과제를 수행하는 과정과 결과에 대해 깊이 생각하도록 가르친다. 필요할 때마다 교사는 학생에게 기초적인 지원을 제공하고 약간의 촉진과 단서를 제시하고 학생들이 더욱 독립적으로 과제를 수행하도록 격려한다.

4단계: 숙달을 위해 독립연습을 수행한다.

학생들을 교사지원 없이 반영하고(즉, 추측하다, 예측하다, 검토하다, 창조하다) 공부하도록 격려한다. 활동으로는 집단 프로젝트와 같이 문제해결을 위해 복합적 방식(예: 사물, 그림, 스케치, 알고리즘)을 탐구하거나 실제적 맥락을 만들어 내는 것(예: 조사 수행과 결과를 제시하고 묘사하기 위한 수학 활용) 등이 해당된다. 협동학습, 또래교수, 교수 게임, 자기 교정 자료, 컴퓨터 보조 교수를 포함하는 다양한 연습이 배치 · 활용된다.

5단계: 피드백을 제공한다.

절차 1: 학생의 성공에 초점을 맞춘다. 사전에 결정된 학습목표에 따라 학생 수행이나 결과를 논의한다. 그리고 학생의 노력과 사고과정을 성공에 연결시킨다.

절차 2: 오류수정에 초점을 맞춘다. 오류를 이해할 때, 교사에게는 가르치는 기회로 그리고 학생들에게는 학습의 기회로 생각한다. 학생들에게는 오류를 주목하고 고치도록 가르친다. 필요할 때 질문, 은유, 시범을 통해 학생이 오류를 수정할 수 있도록 지도한다. 또한 오류수정을 위해 학생들이 함께 공부할 수 있도록 한다.

6단계: 일반화와 전이를 가르친다.

환경과 상황에 따라 새로운 지식을 적용하도록 한다. 학생들이 새로운 지식과 관련된 의미 있는 수학 문장제 문제를 만들도록 격려한다. 학생들이 더 어려운 문제를 공부할 수 있게 한다. 예를 들어, 0~81 범위의 곱셈 관련 사실에 대해 배웠다면 학습한 전략을 사용하여 12×6과 같은 문제를 풀어 보도록 한다. 문장제 문제를 통해 학생들이 한 가지 연산만 활용하는 것이 아니라 여러 연산을 포함한 문제를 풀어 보도록 한다. 도전적인 문제의 해결을 위해 학생들 간에 협력을 유도한다.

7단계: 교수 후 활동

유능한 교사가 교수를 한 후에 하는 활동에 얼마나, 어떻게 참여하고 있는지에 대한 정보는 그리 많지 않다. 그러나 다음의 교수 후 활동을 시행한다면 교수의 효과성이 향상될 것으로 생각된다. 즉, 교사 자신의 행동과 학생의 반응에 대해 반성하기; 학술지, 대학 교재, 전문학회 문헌 등을 읽으면서 교과목과 교육문제에 대한 최신 정보 공부하기; 심화교육 과정 이수하기; 교수 계획을 협의 · 조정하기 위해 동료들과 상호작용하기 등이다(Reynolds, 1992). 또한 교수 후 활동들은 교수 계획 활동과 긴밀하게 연합됨을 인식한다.

〈표 4-11〉의 체계적 교수 단계를 포함하는 수업계획을 설계하는 것은 차시 계획 양식 내용의 세 수준을 포함시키기 위해 쉽게 조정 가능하다. 차별화된 학습 성과(수준 1, 2, 3)는 시범, 교사의 지도가 제공되는 연습, 독립연습, 피드백, 일반화 단계에서 교수수정을 통해 수업에 통합될 수 있다. 앞선 학생들(즉, 수준 3의 내용에서 공부하는 학생)은 일상생활에서 곱셈문제를 다루는 소책자를 만들 수도 있고 그들이 배운 전략을 적용함으로써 더 복잡한 문제를 풀 수도 있다. 반면 곱셈학습에 어려움이 있는 학생들(즉, 수준 1의 내용에서 공부하는 학생들)에게는 별도의 시범이나 교사의 지도가 제공되는 연습, 컴퓨터를 이용한 독립연습 활동, 숙달을 성취하기 위하여 좀 더 많은 시간을 제공할 수 있다.

교수 후 활동

유능한 교사가 교수 후에 수행해야 하는 과제에 관여하는지에 대한 정보는 그리 많지 않다. 그러나 교수 후에 이루어지는 활동은 교사 자신의 행동과 학생의 반응을 성찰할 수 있으며, 학습지 · 교과서 · 전문학회의 논문 등을 읽으면서 최신의 교과내용을 접하며, 심화교육과정을 수강하며, 교수 계획을 조정하기 위해서 동료와 상호작용을 하는 등 교수의 효과성을 향상시킬 것이라고 생각해 볼 수 있다(Reynolds, 1992). 또한 교수 후 활동은 계획 활동과 함께 진행되는 것으로 인식되고 있다.

교사 성찰과 협력

가장 중요한 교수 후 활동 중 하나는 교수에 관한 성찰과정이다. Brandt(1991, p. 3)는 다음의 인용문에서 성찰(reflection)의 중요성을 강조하였다.

> 누구나 자기 재생의 기회를 필요로 하지만 다른 사람을 발전시키는 책임을 가진 사람들은 무엇보다도 그 기회를 더 필요로 한다. 우리가 하고 있는 것에 대해 깊이 생각해 보는 것은 우리로 하여금 좀 더 좋은 질문을 하도록 하고, 보람 없는 일과를 중단하며, 예기치 않은 연관성을 지으며, 신선한 발상을 실험할 수 있도록 한다.

Reynolds(1992)에 의하면 유능한 교사들은 교수행위가 학생들에게 성공적이었는지의 여부를 알고자 자기 자신의 교수에 대해 깊은 성찰의 과정을 거친다고 한다. 이 과정을 통해 교사는 자신의 교수 수행을 정교화할 수 있게 된다. Reynolds는 교사들이 학생들과의 상호작용 후 뿐만 아니라 상호작용 중에도 교사의 성찰이 이루어지고 있음에 대해 주목하였다. 교사는 학생과의 상호작용 중에 그들의 이해수준을 결정하기 위해 학생의 비평, 행동, 문서들로부터 정보를 수집한다. 이와 같은 다양한 형태의 평가는 교사가 교수 실제의 효과성 여부를 숙고해 볼 수 있도록 하고 자신의 교수를 향상시키는 데 도움을 줄 수 있는 정보를 제공한다. Reynolds는 교사의 경험이 쌓이고 자신의 일에 좀 더 유능해짐에 따라 교사 성찰의 내용이 학급 관리, 설명의 질, 질문에 반응하는 방법, 학생 참여에 관한 관심에서 학생 이해와 특히 중요한 교수사건으로 변화된다고 보고하였다. 교사는 경험이 쌓여 감에 따라 경험에서 얻은 여러 정보를 조직, 이해, 활용하는 체계를 개발하게 된다. 학생들 사이에 나타나는 학습의 차이 때문에 교사가 학생의 이해에 초점을 맞추는 것은 모든 학생들의 성공을 가능하게 하는 수정이 이루어지는 데 도움을 준다.

교사의 성찰을 촉진하는 데 도움을 주는 중요한 기술 중 하나는 업무일지를 쓰는 것이다. Smyth(1989)는 교사의 업무일지 작성을 돕는 질문을 다음과 같이 제안하였다.

- 내가 무엇을 하였는가? (교수 실제에 대한 해설을 도출한다.)

- 이것은 무엇을 의미하는가? (교수 원리를 도출한다.)
- 내가 어떻게 이러한 방식을 사용하게 되었는가? (학급을 초월하여 인식하고 광범위한 문화적 환경에서 실행하게 한다.)
- 어떻게 하면 이것을 변화시킬 수 있을까? (행동을 도출한다.)

비록 수업이 교사의 개인적 사건이라고 하더라도, 교사의 성찰은 협력 활동을 통해 쉬워질 수 있다. 동료 교사들과 함께 일하는 것을 통해 교사들이 서로의 의견을 모아서 공동적으로 해결 방안을 마련할 수 있도록 도움을 준다(협력에 대한 내용은 1장을 참조). 다음의 협력적 질문을 통해 교사의 성찰 활동을 촉진할 수 있을 것이다.

- 교육과정 중심 평가는 교사로 하여금 학생의 진전도를 효과적인 교수 활동과 학습자 차이에 대하여 통찰력을 제공하는 방식으로 평가할 수 있도록 하는가?
- 어떻게 교사들이 학교 활동에 좀 더 효과적으로 부모를 참여시킬 수 있는가?
- 어떻게 교사들이 읽기교수를 향상시키기 위하여 총체적 언어교수의 구성 요소들과 음운론적 인식 교수를 결합할 수 있는가?

이 외에 협력적이고 성찰적인 활동은 교사들이 주축이 되는 포럼을 개최하여 학교문제에 관심을 집중하는 것이다. Mohlman, Sparks-Langer와 Colton(1991)은 교육자들이 자기반성 일지 쓰기, 비디오와 오디오테이프로 자기 분석하기, 학생 학습과 교수에 관해 협력하기에 뒤따르는 마이크로티칭(microteaching)의 수행을 통해 전문성의 성장을 촉진할 수 있다고 보고하였다. 그들은 특정 맥락, 실행, 내용, 윤리적 · 도덕적 딜레마를 강조하는 교수와 학습 사건에 대한 사례연구를 통해 교사의 생각, 기술, 태도에 대한 귀중한 레퍼토리를 개발할 수 있게 해 준다는 것에 주목한다. 마지막으로 Mohlman과 그 동료들은 교사들이 연구, 이론 그리고 전문가로부터 주어지는 정보를 이해하고 해석하며 개인화하는 데 시간이 필요하다는 것을 지적하였다.

교수의 구성 요소에 대한 전망

교사들이 좋은 교수를 구성한다고 추천된 여러 교수 요소를 살펴보면서 약간은 압도되는 기분을 느끼게 되는것은 충분히 이해할 만하다. 긍정적인 학생 성과와 관련된 교수 요소를 일상적으로 시행되는 교수 실제에 통합하게 되면 그와 관련된 목록은 실로 방대해진다. 다행히도 효과적 교수에 관한 지식 기반을 갖추어 나가는 것은 교수자들에게 최상의 교수 실제에 대한 정보를 주는 것이 된다. 그러나 지식 기반을 조직하고 최상의 교수 실제의 적용에 도움이 되는 이론을 수립하고 구조를 통합하는 것은 거의 이루어지지 않고 있다. 교수 계획, 상호적 교수, 교수 후 활동의 측면에서 교수를 검토하는 것은 여러 교수 요소들이 교수 실제를 향상시키고 다루기 쉬운 구조로 조직화하는 데 도움을 준다. 많은 교수 실제가 상호 관련된다는 것을 생각한다면 효과적 교수의 과제는 더욱 정당화된다. 예를 들어, 학생의 진전도를 점검하는 능력은 몇 가지 교수 계획 활동(예: 학습에 필요한 시간을 제공한다. 성공을 보장한다. 동기부여를 위해 애쓴다.), 상호작용적 교수 활동(예: 진전도를 점검하고 피드백을 제공한다.), 교수 후 활동(예: 학생 학습과 활동이 효과적인지 혹은 비효과적인지를 반성한다.)에서 비롯된다.

좋은 교수의 전 측면을 살펴보면 학생들이 교수과정에 많은 즐거움을 준다는 것을 기억하는 것이 좋다. 만약 교사가 학생을 사랑하고 존중하며 그들의 신선함, 유머, 질문, 생각을 즐기려고 기대하고 있다면 교수의 즐거움은 더욱 커질 것이다.

아마도 좋은 교수를 실행함에 있어 필요한 지식의 가장 중요한 원천은 학생일 것이다. '요람에서 박사학위까지의 교육' 이란 주제하에 이루어진 한 학회에서 발표된 '좋은 교사' 에 관한 논문에서, Clark(1989)는 좋은 교사에 관한 학생들의 생각과 이야기 대부분은 일관되게 네 가지의 기본적인 인간적 요구와 관계가 있다고 언급한다. 즉, (1) 알려지는 것, (2) 격려받는 것, (3) 존중받는 것, (4) 안내받는 것이 그것이다. 또한 그는 좋은 교수에 관한 학생들의 목소리에 대해 논의하였다(pp. 18-19).

> 어린이들의 말로 한다면, 우리가 생각하는 좋은 교사는 어린이를 가능성이 무궁한 지적인 존재로 대해 주고, 우리가 누구인지 그리고 무엇을 사랑하는지를 배우도록 시간을 갖고, 우리를 서로 다르게 대하면서도 공정하게 대우하고, 학교 밖 선생님의 삶을 이야기해 주고, 우리의 이야기에 귀 기울여 주며, 우리가 아무 도움도 될 수 없다고 느끼는 나쁜 날을 보내도록 두면서 어린이를 키워 간다. 좋은 교사는 재미있으면서 진지하다. 우리가 함께 웃을 수 있다는 것은 우리에게 행복하고 친밀한 느낌을 준다. 선생님은 우리가 결코 잊어버릴 수 없는 방식으로 우리를 놀라게 한다. 그녀는 생각이 어떻게 연결되는지를 보여 주는 그림을 그린다. 우리는 우리가 교실에서 내쫓기거나 창피를 당하게 될 것이라는 상실감이나 두려움을 느끼지 않는다. 좋은 교사는 가르치는 것을 사랑하지만, 뽐내거나 우리와의 사이에 거리를 두지 않는다. 좋은 교사는 어린이들이 서로를 통해 배우는 방법을 학습할 수 있게 만든다. 그녀는 여전히 아이들에게 반응적인 어른이면서 친구가 되는 방법을 안다. 좋은 교사는 사람을 우선으로 생각하는 교사라고 어린이들은 말한다. 좋은 교사는 사랑과 친절로써 행동하고 그 답례로 사랑과 친절을 받는다.

제 5 장

사회, 정서 및 행동 발달의 촉진

학습문제를 보이는 학생들은 사회성 기술과 정서 발달 그리고 적절한 행동을 지속하는 데 있어 종종 어려움을 보인다. 사회성 기술과 관련된 문제는 다른 사람들과의 상호작용에 어려움을 초래하지만, 정서적 어려움은 일반적으로 내면적인 문제(예: 낮은 자아개념)와 연결된다. 행동문제를 지닌 학생들은 다른 사람들을 방해하거나 자기 자신의 학업적 진보에 부정적인 영향을 미치기도 한다. 종종 이 영역에서의 문제는 함께 나타나기도 한다. 예를 들어, 학습과 관련된 빈약한 자아개념을 보이는 학생은 학습 활동이 이루어지는 동안 사회적 상호작용 과정에서 움츠러들 수도 있고 학업시간 내내 과제이탈 행동(예: 공상에 잠기기)을 보일 수도 있다. 사회, 정서 및 행동 문제로 인해 학생이 학습상의 어려움을 경험할 수 있느냐에 대해 일관되고 명확하게 말할 수는 없지만, 이는 항상 학습을 방해해서 학업적인 성공을 방해하기도 한다. 한편 학생이 갖는 학습상의 어려움으로 인해 학업 실패와 좌절을 겪게 됨으로써 이차적으로 사회, 정서 및 행동상의 문제를 가지게 되기도 한다.

연구자들은 학업적 결함을 별도의 것으로 다루는 것만으로는 충분하지 않으며, 교육 계획을 수립할 때는 학습문제를 보이는 학생들의 사회, 정서 및 행동 특징과 요구도 함께 고려되어야 한다고 주장하였다(Bender, 1994). 교사는 학생에게 적절한 교수를 제공함으로써 학생들의 사회, 정서 및 행동 발달을 향상시킬 수 있다. 〈표 5-1〉에는 학생에 대한 소개와 함께 사회, 정서 및 행동 특성에 대한 관련된 중재가 포함되어 있다.

사회, 정서 및 행동 발달의 평가

사회, 정서 및 행동 발달에 대한 평가에서는 다양한 유형의 측정과 평가 도구를 사용할 수 있다. 사회, 정서 및 행동 요인을 철저하게 진단하면서 교실 내외의 학생 행동과 함께 자아개념과 태도까지 고려한다. 학생과 관

〈표 5-1〉 학생의 프로파일과 사회, 정서 및 행동 특성과 관련된 중재

사회적 기술 결함

베리는 흔하지 않은 경우다. 그는 종종 버릇이 없다거나 분별력이 없다는 소리를 듣는다. 예를 들어, 그의 급우 중 한 명이 당황해서 얼굴이 빨개져도 개의치 않고 계속 놀려댄다거나 혹은 생각 없이 두 명의 어른들 사이의 심각한 대화에 끼어들어서 방해하기도 한다. 하지만 베리는 듣는 사람들이 흥미를 잃어버리면 말할 수 없다. 베리가 결정적인 사회적 · 비구어적 단서들을 인지하도록 돕기 위하여, 교사는 그를 역할놀이와 제스처 게임에 참여시킨다. 또한 사회적 기술 교육과정이 사용된다.

미약한 자아개념

중등학생인 멜라니는 학교생활 내내 반복된 실패와 좌절감에 직면해 왔다. 그녀는 거의 친구가 없고 학교 활동들에 대해 좀처럼 사회적 상호작용을 먼저 시도하거나 참여하려고 하지 않는다. 학업과제가 주어졌을 때, 멜라니는 종종 "나에게는 너무 어려워요. 그래서 그것을 할 수 없어요."라고 반응한다. 그녀에 대해 개인적 관심을 보여 온 영어선생님은 과제에 대한 지원과 과제 성공기술을 사용하여 그녀의 실패에 대한 염려를 최소화시켜 보려고 했다. 선생님은 과제 수행의 정확도와는 상관없이 그녀의 노력에 대해 칭찬하고, 불충분한 노력으로 실패하지 않도록 도움을 주고 있다. 또한 자기 가치감을 고취시키기 위하여 멜라니를 또래 교수자로 삼기도 하였다.

의존성

어릴 때도 브래드는 엄마에게 매우 의존적이었다. 그녀는 브래드에게 많은 주의와 도움을 제공했다. 지금 그는 자주 선생님에게 "도와주세요." 또는 "어떻게 하는지 보여 주세요."와 같이 요구한다. 브래드의 선생님은 그에게 적합한 학습과제와 성공 경험을 제공하려고 하며, 그가 노력할 때마다 강화를 해 준다. 또한 브래드는 자기 교정 자료와 교사가 옆에 없어도 즉각적인 피드백을 제공하는 컴퓨터 프로그램을 가지고 독립적으로 과제를 수행한다.

고립

테사는 보통 혼자 공부하고 놀고 먹는다. 그녀는 토론시간에도 같이 참여하기보다는 공간을 응시하면서 조용히 앉아 있는다. 그녀는 좀처럼 의지적으로 그룹 활동에 참여하지도 않고 대화를 시작하지도 않는다. 그녀는 의견을 나누지 않고, 종종 상호작용 경향을 감소시키는 부정적인 의견을 제시하기도 한다(예: "너는 얼간이야. 너는 어떻게 해야 옳은 건지 알지 못하잖아?"). 테사의 선생님은 많은 지원과 칭찬을 제공하면서 점차적으로 다양한 상호적인 관계를 격려하였다. 또래교수와 테사를 유능하고 수용력 있는 학생과 짝 지어 하는 게임은 테사를 또래와 적합한 접촉을 하도록 돕는다. 교사는 체계적으로 그룹 참여나 긍정적인 사회적 상호작용을 강화해 나간다.

방해행동

래리는 종종 자리에서 일어나거나 방을 돌아다니며 소리를 지른다. 그는 발을 걸어 넘어뜨리거나 말참견과 같은 작은 사건을 통해 싸움을 시작한다. 래리의 교사는 이러한 방해행동을 감소시키기 위하여 사회적 기술훈련과 행동수정 기술을 사용한다. 그녀는 적합한 행동에 대해 강화와 칭찬을 제공하고 방해하는 행동을 할 때는 가능한 한 무시한다. 그리고 그를 징계해야 할 때는 가능한 한 다른 학생들이 듣지 못하도록 조용히 한다.

과잉행동

리처드의 엄마는 그가 어렸을 때부터 지각적인 활동의 상태에 대해 설명하였다. 그는 단지 몇 분 동안 가만히 앉아 있는 것조차 불가능하다. 식사시간에 그는 빠르게 밥을 먹고 다시 끊임없이 움직인다. 또한 교실에서 리처드의 활동수준은 종종 그로 하여금 사건(예: 자전거타기)을 유발하고, 운동장에서 너무 거칠게 놀아서 본의 아니게 급우를 다치게 한다. 리처드는 의사의 처방에 따라 매일 아침 리탈린을 복용하며, 학급담임 선생님은 리처드의 주의집중 정도에 따라 매일의 학업 일정을 구조화하고, 그가 덜 활동적일 때는 강화해 주고, 종종 방 주변에서 움직이면서 수행하는 과제를 할 수 있도록 허용해 준다.

산만함

선생님에 의하면 에이미는 아주 산만하고 짧은 주의집중 시간을 가지고 있다. 그녀는 짧은 시간 동안만 과제를 수행할 수 있다. 그러나 방 안의 어떠한 소리나 움직임에 의해서 빠르게 산만해진다. 그녀는 창문 밖을 멍하니 주시하거나 백일몽에 빠지며, 과제는 완성하지 못한다. 선생님은 에이미를 청각 및 시각 자극들로부터 고립시키는 방법을 사용한다. 또한 과제를 수행할 때는 구어적 중재(즉, 그녀가 무엇을 해야 할 것인지에 대해 자신에게 조용히 말해 보기)를 사용하도록 하고 과제집중 행동에 대해서는 칭찬을 해 준다.

〈계속〉

충동성

제인의 충동성은 교실 안에서 분명하게 보인다. 그녀는 종종 과제를 제일 먼저 완성하고 제출하는데, 항상 답이 맞는지에 대해서는 검토하지 않는다. 특히 제인의 수학 성적은 충동적으로 반응해 버리는 경향의 영향을 받고 있으며, 항상 기회가 주어졌을 때만 틀린 답을 고친다. 그녀는 경솔하게 말하며, 다른 사람의 감정에 상처를 줄 수 있는 것들도 생각 없이 말해 버린다. 제인의 선생님은 행동하기나 말하기 전에 일단 멈추도록 한다. 수학시간에 선생님은 제인이 답을 숙고하고 검토해 보도록 한다. 또한 유관계약에 근거하여 제인은 각 과제들에 대한 정확성 비율(정답률)에 의해 강화를 받는다.

출처: C. D. Mercer & P.C. Pullen, 2005, *Students with Disabilities* (p. 541), 6th ed. Upper Saddle River, NJ: Merrill/Prentice Hall.

련된 전반적이고 자연스러운 상황을 제시하기 위하여 생태학적인 진단은 학생이 생활하고 있는 다양한 환경 속에서 보이는 학생들의 행동과 상태에 대한 평가를 포함한다. 한 가지의 검사만으로 사회, 정서 및 행동 문제에 대해 전반적이고 실제적으로 타당하다거나 유용한 결과를 얻을 수 있을 것이라고 생각하지 않는다. 그러므로 여러 가지의 검사 도구 및 방법이 사회, 정서 및 행동 발달을 진단하기 위하여 사용되어야 한다. 사회, 발달, 교육력에 대한 기록과 아울러 교사, 부모, 학생 및 또래들로부터도 도움이 될 만한 정보를 얻어야 한다.

사회, 정서 및 행동 발달을 진단하는 동안에는 행동의 유형 및 빈도, 강도, 지속성을 고려해야 한다. 평가 상황에서 다양한 방법, 맥락, 자료 출처 모두가 고려될 때, 학생들의 사회, 정서 및 행동 문제는 적절히 판별될 수 있으며 적절한 교육중재로 이어질 수 있다.

1997년에 재정된 미국 장애인교육법(IDEA)에서는 학교에서 10번 이상 낙제한 장애학생들에 대해 행동기능사정(functional behavior assessment: FBA)과 행동중재계획(behavior interventon plan: BIP)을 하도록 하고 결정을 재검토하도록 했다(Hartwing & Ruesch, 2000). FBA는 선행사건, 행동, 후속결과로 나타나는 사건 간의 기능적 관계를 판별하기 위하여 사용하는데, 이는 미래에 나타날 수 있는 더 심각한 문제로 이어지는 행동문제 유형을 보이는 학생들을 다루는 데 효과적인 사정방법이다. FBA는 다음의 두 가지 절차로 구성된다. (1) 문제행동을 예견하고 설명하기 위하여 묘사적인 분석을 활용하고 다양한 자료(면담, 점검표, 행동평정척도 및 직접 관찰)를 사용한다. (2) 기능분석이 문제행동의 기능을 검사하고 가설을 확정 짓기 위하여 사용된다〔3장에서는 기대 요인(즉, 학습자 기대, 교사 기대, 또래 기대 및 부모 기대), 자극사건(즉, 물리적 환경, 교수 배치, 기술 및 자료, 학습 스타일 선호), 반응 요인 및 후속결과에 대해 기능적 진단기술들을 보여 준다.〕. FBA의 결과는 BIP의 발달을 이끌었는데, 이는 학생들의 낙제를 이끌었던 요인이 되는 행동을 설명할 수 있어야 한다. 또한 명시된 결과를 재검토하는 것은 학생의 장애와 학생이 징계받는 부적절한 품행 간에 인과관계가 있는지의 여부를 결정하기 위하여 이루어져야 한다.

이 절에서는 사회, 정서 및 행동 발달을 평가하기 위하여 사용 가능한 일부 기술과 특징에 대해 다루고, 상업용 관찰자-평가자 측정도구, 상업용 적응행동 측정도구, 자기 보고형 검사도구, 사회적 관계 측정기술 및 자연스러운 관찰 등이 포함된다.

상업용 관찰자-평가자 측정도구

상업용 도구를 이용하여 관찰자(예: 교사, 상담지도자, 사회사업가, 학교심리학자, 가족 구성원)는 체크리스트나 평정척도를 완성한다. 일반적으로 체크리스트는 특정한 속성이나 행동이 출현하는지의 여부를 기록하는 데 사용된다. 평가척도는 독특한 행동의 빈도나 특성의 발현 정도를 평가하기 위하여 만들어진다. 교사평정은 교

〈표 5-2〉 관찰자-평가자 도구

<table>
<tr><th>도구</th><th>연령</th><th>응답자</th></tr>
<tr><td>아동 행동진단체계(Reynolds & Kamphaus, 1992)</td><td>$2\frac{1}{2}$~18세</td><td>교사, 부모, 학생</td></tr>
<tr><td colspan="3">이 체계는 구조화된 발달력과 학생의 관찰된 교실행동에 대해 교사, 부모 및 자기 보고서를 제공한다. 교사평정척도는 학교환경 안에서 적응행동과 문제행동과 관련된 문항(예: "다른 사람들을 못살게 굴기"와 "새로운 선생님들에게 잘 적응하기")을 포함하고, 부모평정척도는 지역사회와 가정환경에서 보이는 행동을 포함한다. 개별적인 자기 보고 평가는 개인의 생각 및 감정과 관련하여 예-아니요로 짧게 답하도록 되어 있다. 교사와 부모 척도는 4점 척도를 사용하고, 문제행동에 대해 모두 3점 척도로 구성되어 있다. 사회적, 심리적, 발달적, 교육적 및 의학적 영역에서의 발달력 조사가 추가적인 학생 정보로 제공되고, 15분간 교실에서의 적응/부적응 행동이 관찰되고 기록된다. 쉽게 점수를 매길 수 있는 두 개의 컴퓨터화된 형식이 사용된다.</td></tr>
<tr><td>행동평가척도 제2판(McCarney & Leign, 1990)</td><td>유치원~12학년</td><td>교사</td></tr>
<tr><td colspan="3">이 척도는 5개의 하위영역 척도로 학생들에 대한 행동 정보를 산출한다. 학습문제, 대인관계의 어려움, 부적합한 행동, 불행/우울, 신체적 증상/공포심이 그것이다. 76개의 문항은 관찰 가능하고 측정 가능한 용어로 설명되고, 원점수는 관찰된 행동의 심각성과 빈도에 따라 가중치가 주어진다.</td></tr>
<tr><td>행동척도 프로파일 제2판(Brown & Hammil, 1990)</td><td>1~12학년</td><td>교사, 부모, 학생, 또래들</td></tr>
<tr><td colspan="3">행동에 대해 6개의 독립변인이 포함된다. 교사평정척도, 학생평정척도(학교), 부모평정척도, 학생평정척도(집), 소시오그램, 학생평정척도(또래). 3개의 학생평정척도는 예-아니요 형식으로 60문항을 질문하고, 부모와 교사 평정척도는 각각 4점 척도로 분류하여 응답하는 30문항을 포함한다. 소시오그램은 교실 안에서 학생의 사회측정학적 상태에 대한 정보를 제공한다. 프로파일의 결과는 사회 일탈적인 것으로 인식되는 학생의 행동을 명확히 하고, 문제행동이 두드러지게 나타나는 특별한 환경을 명확히 밝히는 데 사용될 수 있다. 또한 프로파일은 학생 행동에 대한 인식이 다른 응답자들의 인식과 다른 점들을 밝히는 데에도 유용하다.</td></tr>
<tr><td>전반적인 행동평정척도(Neeper, Lahey, & Frick, 1990)</td><td>6~14세</td><td>교사</td></tr>
<tr><td colspan="3">70문항 각각에서 학생이 어떻게 기술하는지 보여 주기 위하여 교사는 5점 척도를 사용한다. 부주의-혼란, 읽기문제, 인지적 결함, 반항성 행동장애, 운동 과잉성, 불안, 느린 속도, 백일몽, 사회적 능력 등 9개의 척도가 포함된다. 그래서 이 척도들은 정서 및 행동 측면뿐만 아니라 인지적인 측면에도 중점을 두고 있다.</td></tr>
<tr><td>코너스(Conners) 평정척도 개정판(Conners, 1996)</td><td>3~17세</td><td>교사, 부모, 청년기 학생</td></tr>
<tr><td colspan="3">3개의 규준참조 도구(즉, 부모, 교사 및 학생의 자기 보고)는 장기·단기적 측면에서 유용하다. 단기 평정척도는 반항적, 인지적 문제/부주의, 과잉행동성의 영역에서 점수를 산출하고, 장기 평정척도는 불안/부끄러움, 완전한 몰입, 사회적 문제, 정신신체적 측면의 영역에서 부가적인 점수를 준다. 평가에 컴퓨터 프로그램이 사용된다.</td></tr>
<tr><td>데버루(Devereux) 행동평정척도-학교분석(Naglieri, LeBuffe, & Pfeiffer, 1993)</td><td>5~18세</td><td>교사, 부모</td></tr>
<tr><td colspan="3">이 척도는 규준 범주에 있는 행동과 심각한 정서장애를 보이는 행동의 실제를 명확히 하기 위하여 고안된 선별도구로 효과적이다. 40의 두 가지 측면 중 하나는 5~12세 아동에 해당하고 다른 하나는 13~18세의 청소년기에 해당하며, 적합한 문항을 분리하여 제시한다. 4개의 하위검사는 상호작용과 관련된 문제, 부적합한 행동/감정, 우울 및 신체 증상/두려움에 초점을 두고 있다. 검사시간은 약 5분이며, 항목수준 점수는 특별한 문제행동을 판별하는 데 도움을 준다.</td></tr>
<tr><td>개정된 행동문제 점검표(Quay & Peterson, 1987)</td><td>유치원~8학년</td><td>교사, 부모, 학생과 친밀한 관계의 사람 누구나</td></tr>
<tr><td colspan="3">평정체계는 관찰되지 않은 행동, 관찰되었지만 경한 행동, 관찰되고 심각성을 보이는 행동을 구별하는 데 사용된다. 문제행동은 행동장애, 사회화된 공격성, 주의집중 문제 혹은 미성숙성, 불안 혹은 위축, 정신병적인 행동의 6개 영역으로 분류된다. .</td></tr>
<tr><td>정서장애 진단을 위한 척도(Gresham & Elliott, 1990)</td><td>5~18세</td><td>교사, 부모, 학생</td></tr>
<tr><td colspan="3">표준화된 규준참조척도는 정서장애 학생들을 판별하기 위한 연방정부의 용어에 기초를 두고 있다. 학생 기능은 학습 무능력, 관계문제, 부적합한 행동, 불행감 혹은 우울, 신체적 징후 혹은 공포감, 사회적 부적응, 전반적인 능력의 7개 영역에서 측정된다. 52문항의 척도는 10분 안에 완성되어야 한다. 이 척도에서 얻은 정보는 정서 및 행동장애를 이해하는 데 유용하다.</td></tr>
<tr><td>사회성 기술 평정척도(Gresham & Elliott, 1990)</td><td>3~18세</td><td>교사, 부모, 학생</td></tr>
<tr><td colspan="3">광범위한 행동 범위를 평가하기 위해 3개 평정(교사, 부모, 학생) 형식이 있다. 사회성 기술 척도(3개 형식 모두)는 긍정적인 사회적 행동(협력하기, 주장하기, 책임감, 감정이입, 자기 통제)을 평가한다. 문제행동척도(교사, 부모 형식)는 사회성 기술 산출을 방해하는 행동(공격성, 불안, 과잉행동)을 측정한다. 학습능력척도(교사 형식)는 학습적인 기능하기에 대한 목록이다. 각 척도에 대한 문항은 인식되는 빈도와 중요성에 따라 평정된다. SSRS ASSIST 프로그램이 중재 계획하기와 관련하여 행동목표와 제안뿐만 아니라 점수화와 보고하기에서 컴퓨터화하여 제공한다.</td></tr>
</table>

실 안에서 나타나는 행동문제를 진단하기 위하여 자주 사용된다. 이 평정 결과는 가장 일반적으로 사용되는 체크리스트, 평정척도 혹은 질문지를 통해 산출된다. 이와 같은 평가도구는 대부분 학생의 행동문제를 선별하거나 초기 확인 혹은 시간 경과에 따른 진행성을 평가하는 데도 유용하다. 〈표 5-2〉에서는 사회, 정서 및 행동 발달을 진단할 때 사용될 수 있는 9개의 검사도구를 소개하고 있다.

전통적으로 사회성 기술에 대한 교사평정에서는 비교적 정서 및 행동상의 문제에 대해 관심을 덜 가졌지만, 최근 들어 점차 그 관심이 증가하는 추세다. Gresham과 Elliott(1990)은 사회성 기술에 대한 교사평정을 포함한 도구를 개발하였다(〈표 5-2〉 참조). 사회성 기술 평정 체계(Social Skills Rating System; Gresham & Elliott, 1990)에서 교사 관점은 다양한 범주의 행동(예: 나누기, 칭찬해 주기, 규칙 준수하기와 같은 긍정적인 행동 및 공격성, 과잉행동, 사회적 위축과 같은 문제행동)을 나타내는 문항을 포괄하고 있다. 사회성 기술 평정체계에서는 교사가 학생이 보이는 개별적인 행동이 학급체계에서 있어 결정적 요인인지, 또 중요한지 혹은 덜 중요한지를 자세히 기록하도록 되어 있다. 이 평정은 행동이 사회성 기술 중재에 아주 중요하다고 이야기한다. 교사평정은 자연스러운 관찰을 통해 진단될 수 있는 학생과 문제행동을 판별하는 데 있어 가치 있다고 볼 수 있다.

부모평정 또한 아이들이 보이는 격식을 벗어난 행동과 적응행동을 평정하기 위하여 폭넓게 사용된다. 〈표 5-2〉에 제시된 7개의 행동평정 도구는 부모들이 사용하기에 적합하다. 상대적으로 사회성 기술에 대한 부모평정은 제한적인 관심을 받아 왔지만, 사회성 기술 평정체계(Gresham & Elliott, 1990)에서 부모는 자녀가 보이는 협력하기, 요구 주장하기, 자기 통제하기 및 책임지기와 관련된 사회성 기술을 평정한다. 이 도구의 중요한 특징은 평정된 사회성 기술 각각에 대한 빈도 차원과 중요성을 알 수 있다는 점이다.

상업용 적응행동 측정도구

적응행동은 개인이 물리적·사회적 환경의 요구와 변화에 대해 적응하는 방법을 말한다. 최근 면담법을 이용하여 부모에게 학생의 비학업적인 기능들에 대한 정보를 얻을 수 있지만, 일반적으로 교사가 학생의 사회·정서적 행동에 대한 질문지를 작성하는 방법을 통해 적응행동과 관련된 정보를 얻는다. 보통 적응행동 진단척도는 개개인의 자기 만족감, 지역사회에서의 독립성과 개인적·사회적 책임감을 측정하는 항목들이 포함되어 있다. 적응행동을 측정할 수 있는 4개 측정도구는 〈표 5-3〉에서 살펴볼 수 있다.

〈표 5-3〉 적응행동의 평가

도구	연령/학년	응답자
AAMR 적응행동척도 학교판 (Lamber, Nihira, Leland, 1993)	3~18세	교사, 부모, 학생과 친한 사람 누구나
학교판은 사회적, 일상생활 기술, 행동을 다룬다. I 부분은 일상생활(예: 독립적인 기능, 자기 지시, 책임감)에서 개인의 독립성을 평가한다. II 부분은 사회적 부적응 행동(예: 순응, 신뢰성, 자학행동)을 평가한다. 평가영역은 개인적인 자기 충족, 지역사회 자기 충족, 개인-사회적 책임, 개인의 적응, 사회적 적응의 5개 요인으로 분류된다. 응답자는 학생이 보이는 가장 높은 기능수준에 표시해야 하고, 일련의 주장에 대하여 "예-아니오"라고 대답을 하거나 결코, 가끔, 자주 일어날 때로 각 항목의 비율을 정한다. 척도는 각 영역에 대한 기준 점수와 백분율을 산출하고, 소프트웨어 채점과 보고체계가 가능하게 사용된다.		

〈계속〉

적응행동 평가체계 (Harris & Oakland, 2000)	5~89세	교사, 부모, 개인과 친한 사람 누구나
체크리스트는 의사소통, 지역사회 활용, 기능적 학업, 가정생활, 건강과 안전, 여가, 자기 돌보기, 자기 지시, 사회성, 직업의 적응기술 등 10개 영역에 대해 점수를 산출한다. 부모 작성지와 교사 작성지가 5~21세 연령에서 작성되고, 개인이나 그 보호자가 성인 작성지를 체크한다. 응답자는 약 15분 동안 체크리스트를 완성하고, 점수계산용(scoring assistant) 소프트웨어가 사용된다.		
독립행동척도 개정판 (Bruininks, Woodcock, Weatherman, & Hill, 1996)	유아~성인	교사, 부모, 학생과 친한 사람 누구나
도구는 사회적, 행동적, 적응적 영역에서 적응에 대한 비인지적 평가를 제공한다. 기능적인 독립성과 운동기술, 사회적 상호작용과 의사소통 기술, 개인의 생활기술, 지역사회 생활기술에서 적응행동을 평가한다. 또한 선택적인 문제행동척도는 일반적으로 객관화하고, 내면화하고, 비사교적인 부적응 행동에 초점을 둔다. 도구가 개념적 · 통계적으로 우드콕-존슨(Woodcock-Johnson) 심리검사 개정판과 연결되어 있기 때문에, 적응행동은 인지적인 능력에 기초하여 평가될 수 있다. 검사시간은 전체 문항 형식에서 45~60분이고, 몇 개의 문항이나 A항목만일 때는 15~20분 정도 소요된다. 컴퓨터로 채점하고 보고서를 작성할 수 있다.		
바인랜드(Vineland) 적응행동 평가척도 (Sparrow, Balla, & Cicchetti, 1984)	출생~18세; 3~12세(교실판)	교사, 부모, 학생과 친한 사람 누구나
3개의 형식이 가능하다. (1) 면담판, 설문지 형식: 진단할 때나 분류 결정 시 도움을 제공한다. (2) 면담판, 확장된 형식: 교육 프로그램에 사용될 수 있는 특별한 처방적인 정보를 제공한다. (3) 교실판: 학생의 적응행동을 직접 관찰하고 체크리스트 형식을 사용한다. 이 척도는 의사소통, 일상생활 기술, 사회성, 운동기술의 4개 영역에 대한 적응행동을 평가한다. 설문지와 확장된 형식은 또한 부적응 행동을 평가한다. 표준화된 점수와 백분율이 전체 적응행동뿐만 아니라 각 영역과 하위 영역에 사용 가능하고, 바인랜드 ASSIST 소프트웨어가 도움이 될 만한 점수 산출을 제공한다.		

자기 보고형 검사도구

자기 보고를 이용하여 학생 스스로 자신의 보이는 특별한 행동을 보고할 수 있다. 자기 보고형 도구는 학생들로부터 직접적인 정보를 얻는데, 보통 이러한 정보는 전체적으로 주관적이다. 이 정보의 타당성은 정보를 제공하고자 하는 학생의 의지와 과제를 이해하고 완성하는 능력에 따라 달라진다. 일부 상업용 자기 보고형 검사도구에서는 사회적으로 바람직한 것을 지키고 비진실성의 수준을 선별하기 위하여 일부러 거짓 진술을 끼워넣기도 한다. 다음에서는 상업용 자기 보고형 도구를 제시하는데 Q-분류 기술과 더불어 다양한 비공식적인 기술을 다룬 검사도구를 다룬다.

상업용 자기 보고형 검사도구

자기 보고형 평가는 학생들 스스로 자아(self)와 관련된 개념을 진단하도록 하여 불안감을 느끼거나 걱정거리를 유발하는 영역을 찾아내기 위한 기초적인 수단으로 이용될 수 있다. 학생들은 자신과 관련된 항목에 대해 직접 응답한다. 〈표 5-4〉에서는 자아개념을 진단하기 위하여 7개의 상업용 자기 보고형 도구를 제시하고 있다. 그러나 자기 보고형 검사도구는 본래적으로 응답자의 기분 상태, 사회적으로 바람직한 것 그리고 읽기 수준의 난이도와 관련된 문제점이 잠재되어 있다는 약점이 있다(Gresham & Elliott, 1989). 결과적으로 학생의 사회성 기술에 대한 자기 보고 평가는 사회적 관계 측정, 교사 척도 등 다른 평가들만큼 폭넓게 사용되지는 않는다. 그러나 사회성 기술 평정체계(Gresham & Elliott, 1990)에서 자기 보고를 포함시킨 것은 사회성 기술에 대한 사실적이고 타당한 평가를 개발하고자 하는 시도라는 점에서 의의가 있다. 이 체계의 자기 보고를 해석할 때는 3~6학년과 7~12학년을 분리하여 생각해 볼 수 있고, 척도에는 협력하기, 주장하기, 자기 통제 그리고 감정이입 영역이 포함되어 있다.

〈표 5-4〉 자기 보고형 검사도구

도구	연령/학년
쿠퍼스미스(Coopersmith) 자존감 조사(Coopersmith, 1981) 이 자기 보고형 질문지는 '나와 같음' 혹은 '나와 같지 않음'으로 대답할 수 있는 단문(예: "나는 실패한다." "나는 항상 나 자신을 잘 돌보고 있다.")으로 구성된다. 질문지는 사회성, 학업, 개인적 상황에서 자신에 대한 태도를 평가하도록 설계되었다. 학교판은 전체 점수, 사회적 자아/또래, 가정/부모, 학교/학원에서 태도점수를 산출하는 58항목이 포함된다.	8~15세
탈문화적 자존감 조사 3(Battle, 2002) 이 자기 보고형 조사지는 포괄적인 자존감 지수를 제공하는 3개의 연령 적합한 형식(기본, 보통, 청소년)을 포함한다. 보통과 청소년 형식은 4개의 영역(즉, 학업적인, 일반적인, 부모의/가정, 사회적인)에서 자존감 점수를 제공하고, 청소년 형식은 개인의 자존감에서 추가 점수를 제공한다. 예-아니요 반응이 구어보다는 문어로 가능하다. 검사는 15~20분 동안 개인적으로나 그룹으로 실시될 수 있다.	6~18세
복합적인 자아개념척도(Bracken, 1991) 이 도구는 사회적, 능력, 감정, 학업적, 가족, 신체적 영역에서 25항목을 포함한다. 각 영역은 독립적으로 평가된다. 검사는 표준점수를 산출하고 20분 동안 시행될 수 있다. 지침서는 자아개념을 향상시키기 위한 특별한 추천을 제공한다.	5학년~12학년
피어스-해리스(Piers-Harris) 아동 자아개념척도 중등판(Piers, Harris, & Herzberg, 2002) 이 척도는 신체적 외모와 속성, 인기, 불안감에서의 자유, 행동적인 적응, 인지, 학교 지위, 행복감과 만족감을 포함하여 자아개념의 6개 영역을 담고 있다. 학생은 설명적인 표현에 대해(예: "나는 바라보기를 좋아한다." "나의 급우는 나를 즐겁게 한다."), 예-아니요로 답한다. 실시시간은 10~15분이다.	7~18세
자아개념 색인(Brown & Alexander, 1991) 이 규준참조 평가는 개인이 어떻게 자신을 인지하고 가치를 둘 것인가에 관심을 둔다. 색인은 학업적인 능력, 가족 인식, 또래 인기, 개인적인 안심(신체적 외모와 개인적 속성)의 4개 척도를 포함한다. 학생은 각 항목을 '항상 사실이다'에서 '항상 거짓이다'의 범위에서 평정한다. 자존감 점수에 더하여, 4개의 평정이 표준점수와 백분위를 산출한다. 실시시간은 그룹이나 개인이나 약 30분 정도다.	7~18세
학생 자아개념척도(Gresham, Elliott, & Evans-Fernandez, 1992) 이 척도는 학생의 자아개념의 발달을 향상시키는 특별한 행동의 신뢰와 중요성을 지각하기와 관련된 72항목을 포함한다. 학생은 3개의 영역에서 자아개념을 평가할 수 있는 3개의 범위(자기 신뢰, 중요성, 결과 신뢰)에서 항목을 평정한다. 학업적(예: 읽기기술, 교사의 말 경청하기), 사회적(예: 다른 사람들과 함께 놀기와 나누기), 자기 이미지(예: 일반적인 자아개념, 포괄적인 자기 인식)가 그것이다. 척도는 개인 혹은 집단으로 실시되며 약 20~30분 정도 소요된다.	3~12학년
테네시 자아개념척도: 중등판(Fitts & Warren, 1996) 척도는 자아개념을 평가하고 15개의 영역—자기 동일성의 인식, 행동, 만족, 신체적 자아, 도덕적 자아, 개인 인성적 자아, 가족 자아, 사회적 자아, 학업적/작업적 자아—에서 점수를 제공하도록 구성되었다. 각 진술(예: "나는 건강한 신체를 가지고 있다." "나는 자기 통제를 잘하고 있다.")은 '완전히 거짓이다'에서 '완전히 사실이다'까지의 5점 평정척도로 대답한다. 2학년 읽기수준으로 제작된 아동 평가지는 7~14세 학생들에게 사용될 수 있고, 3학년 읽기수준으로 제작된 성인 평가지는 13세와 그 이상의 개인을 위해 설계되었다. 각 평가지는 약 10~20분 동안 완성하기를 요구한다.	7세 이상

Q분류 기술

Q분류(Q-sort) 기술은 행동수정이 필요한 영역을 판별하기 위하여 사용 가능한 자아 관련 개념을 알아보기 위한 방법이다. 이 기술은 '실제 모습'에 대한 자기 평가와 '이상적인' 자기 평가 간의 불일치 정도를 결정하는 데 중점을 두고 있다. 이 절차는 중재와 관련하여 특별한 사회, 정서 및 행동 문제들을 선정하는 하나의 방법을 제시한다.

학생은 주어진 일련의 카드를 피라미드 판 위에 분류해 놓는다. 〈표 5-5〉는 초등학생들에게 적합한 25개의 상황에 대한 목록의 예시를 제시하고 있으며, [그림 5-1]은 행동 모형판을 보여 주고 있다. 모형판에는 '가장 나와 비슷함'에서 '가장 나와 비슷하지 않음'으로 연속적인 형식을 갖춘 9개의 범주가 포함되어 있다. 학

〈표 5-5〉 초등학년 수준의 Q분류 행동 문항

1. 정각에 과제를 마친다.
2. 급우를 참견하거나 발로 찬다.
3. 허락 없이 자리에서 일어난다.
4. 철자를 쓸 때 높은 점수를 받는다.
5. 과제를 하는 동안 물건을 가지고 논다.
6. 읽기를 할 때 높은 점수를 받는다.
7. 시끄럽게 해서 주위를 방해한다.
8. 수업시간에 조용히 한다.
9. 종종 의자를 툭툭 친다.
10. 지시에 따른다.
11. 자주 웃는다.
12. 종종 발, 손가락 혹은 연필을 툭툭 친다.
13. 과제에 집중한다.
14. 천천히 과제를 수행한다.
15. 교실에서 물건을 던진다.
16. 구두로 잘 읽는다.
17. 종종 급우들과 얘기한다.
18. 국어에서 높은 점수를 받는다.
19. 허락 없이 소리 내어 말한다.
20. 의자에서 좌우로 흔들흔들 한다.
21. 수학에서 높은 점수를 받는다.
22. 교사에게 질문을 한다.
23. 읽거나 공부할 자유시간을 사용한다.
24. 작업이 끝날 때까지 일한다.
25. 공부시간 동안에 방 주변을 돌아다닌다.

출처: R. L. Kroth, 1975, *Communicating with Parents of Exceptional Children: Improving Parent-Teacher Relationships* (p. 46). Denver, CO: Love. Copyright 1975 by Love Publishing Company(허락하에 게재함)에서 수정.

생은 피라미드 안의 사각형과 같은 수의 상황 카드를 받는다. 문항을 분류할 때는 학생이 각각의 사각형이 비거나 두 번 겹치지 않도록 채워 넣는다. 우선 교실 내 학생 행동과 관련하여 그들 자신의 믿음이 가장 잘 반영될 수 있도록 '실제적인 분류'로 모형판을 채워 나가야 한다. 학생은 '실제(현실)'와 관련된 반응을 기록한 다음, 같은 항목에 대하여 일상적인 교실 활동에 대하여 그들이 '해 보고 싶은' '이상적인' 반응으로 모형판을 완성한다. 학생에게는 시간을 충분히 주어 카드를 재배치할 수 있게 한다. 교사는 실제적 분류의 응답과 이상적 분류의 응답을 비교하고, 둘 사이에 차이가 큰(즉 4점 이상) 문항에 대해서 기록한다. 이 항목들이 중재를 해야 할 목표행동이 될 수 있다.

또한 학생이 작성한 행동적인 Q분류를 부모나 다른 교사들에게 보여 줄 수 있다. 이를 통해 학생들의 학교 행동(실제와 이상 모두)에 대한 다른 사람들의 인식과 학생 자신의 인식을 비교해 볼 수 있다. 학생들의 행동에 대한 교사평정을 학생들의 자기평정과도 비교해 볼 수 있다. 특정 행동(예: '과제에 집중하기')에 대한 비교에 있어 인식이 크게 다를 때는 그 행동을 다시 살펴보거나 중재 대상으로 선택할 수 있다.

비공식적 자기 보고형 기술

비공식적 자기 보고형 기술을 통해서는 특정 문제에 대한 학생의 일반적인 생각을 알 수 있다. 이 활동에 참여하는 학생 개개인은 자신이 제공한 정보는 신뢰할 만하고 정직한 답으로 교사에게 도움을 줄 수 있다는 사실에 대해 확신할 수 있어야 한다. Wallace, Larsen과 Elksnin(1992)은 일반적으로 교사가 개발한 자아개념 측정도구도 기존에 광범위하게 사용되는 다른 연구도구들과 같이 신뢰성 있고 타당하다고 설명하고 있다. 체크리스트, 질문지, 면담지, 자서전 등은 빈번히 사용되는 비공식적인 자기 보고형 기법이라 할 수 있다.

교사가 만든 체크리스트에서 학생은 특정 항목에 대하여 그들이 믿고 있는 사항이나 행동("친구가 많다." "교실에서 수행해야 하는 과제를 끝마쳤다." "성급하게 화를 낸다." 등)과 관련하여 답하도록 요구받는다. 체크리스트는 실행이 용이하고 교사들에게 학생들이 자신을 어떻게 바라보는지에 대하여 여러 관점을 제공해 준다. 예를 들어, 학생들이 일련의 형용사를 보고 그들 자신을 묘사하는 단어 모두에 표시하게 할 수 있다. 다음은 학생들에게 사용할 수 있는 주요 형용사의 목록이다.

[그림 5-1] Q분류 행동 모형판

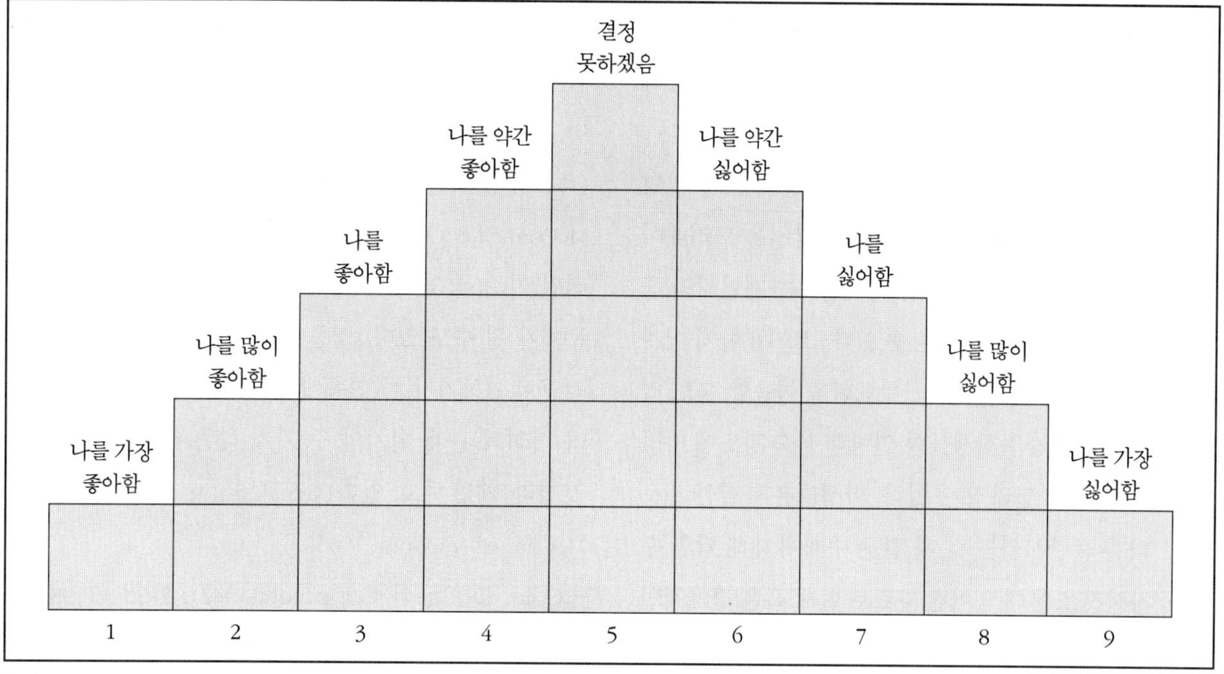

출처: R. L. Korth, 1975, *Communication with Parents of Exceptional Children: Improving-Teacher Relationship* (p. 44). Denver, CO: Love. Copyright 1975 by Love Publishing Company(허락하에 게재함).

_______ 멍해 있는	_______ 시끄러운
_______ 강건한	_______ 친절한
_______ 외로운	_______ 협력하는
_______ 지적인	_______ 조용한
_______ 인기 있는	_______ 행복한

학생의 개인적, 사회적 및 정서적 행동에 대한 정보를 얻기 위하여 두세 가지 종류의 질문지를 설계하였다. 예-아니요 혹은 참-거짓을 찾는 형식이 주고 사용되는데, 이는 설명하기에도 쉽다.

1. 당신은 항상 친절하나요? 예/아니요
2. 당신은 종종 화를 내나요? 예/아니요
3. 나는 항상 혼자 있기를 좋아합니다. 참/거짓

개방형 또는 문장 완성형 질문은 학생에게 특정 상황을 완성하도록 요구하며, 학생은 그들 자신의 용어로 자기 자신을 표현한다. 그런 형식은 다른 형식에 비해 더 많은 시간과 학생들이 수행하는 데 있어 일정 정도의 능력을 요하지만, 보통 예-아니요나 참-거짓을 찾는 형식보다 의미 있는 정보를 제공하기도 한다. 문장 완성형 질문을 사용한 질문지의 예시는 다음과 같다.

1. 나는 ____________ 때 과제를 가장 잘 수행한다.
2. 나는 ________________ 때 화가 난다.
3. 외롭다고 느낄 때 나는 ________________.

학생과의 면담을 통해서도 특별한 정보를 얻을 수 있다. 면담을 통해 학생들은 자신뿐 아니라 다른 사람에 대하여 자신의 의견이나 감정을 표현할 기회를 갖는다. 면담기술은 유연하고 지속적인 정보원이 되어 줄 수 있는 일상의 대화로 확장될 수도 있다. 교사는 면담에서 학생들이 어려움을 보이는 특정 영역과 토론의 질문을 연결시켜야 한다. 면담은 사적인 형태로, 학생이 가진 진정한 관심사를 반영하고 학생과 라포를 형성하며 시행될 때 가장 효과적이라고 한다. 면담에서는 가능한 한 최소한의 질문을 사용하고 학생들에게 하나의 주제나 의견을 표현·발전시킬 수 있도록 하는 것이 좋다. 면담은 교사가 적합한 동의를 받을 수 있다면 추후 검토를 위하여 가능한 한 녹음을 하는 것이 좋다. 만약 녹음이 불가능하다면 면담하는 동안 그 내용을 기록해야 한다.

자서전 쓰기는 학생들에게 그들의 생활에 대한 설명이나 자신과 다른 사람에 대한 자신의 감정을 드러내어 보이는 글을 쓰게 하는 것이다. 자서전에는 개인적인 경험, 야망 혹은 관심이 나타날 수 있다. 쓰기표현에 어려움이 있는 학생들의 경우는 구두표현을 녹음할 수도 있다. 자서전의 유형은 학생들의 연령과 성숙 정도에 따라 사용의 효과성이 달라질 수 있다. 학생들은 특별한 질문이나 '나를 혼란시키는 것' 과 같은 주제에 대해 답할 수 있다. 자서전을 통해 얻어진 자료로 현재 혹은 잠재적인 문제영역에 대한 분석을 할 수 있다.

사회적 관계 측정기술

사회적 관계 측정기술(sociometic techniques)은 흔히 사회성 기술과 관련된 문제를 평가하기 위하여 사용된다. 사회적 관계 측정기술은 일반적으로 또래 추천, 또래 평정 그리고 또래 평가의 세 범주로 나뉜다. 소시오그램은 또래 그룹이 가진 사회적 구조를 시각적으로 제시해 준다.

또래 추천

또래 추천(peer nomination)에서는 (파트너로 같이 과제하고 싶은 친구, 가장 좋아하는 친구 혹은 같이 놀고 싶은 친구처럼) 비행동적 기준에 따라 친구를 추천하도록 한다. 이런 기준은 비행동적인 것으로 보는데 그것이 특정한 행동(예: 다른 사람들에 대한 의견 묻기)이라기보다는 활동(예: 놀기) 혹은 속성(예: 가장 좋은 친구)을 나타내기 때문이다. 즉, 또래와 선택된 활동에 참여하는 것과 관련된 태도와 선호도를 평가하는 것이다. 또래 추천은 선택(즉, 학생이 제한된 수의 또래 추천하기) 혹은 무제한적 선택(즉, 가능한 한 많은 수의 또래 선택하기)으로 고정될 수 있다. 만약 모든 학급 구성원들의 이름이 제공된다면 학생들이 제공한 반응에 대해서는 비밀이 지켜져야 한다. 추천하기는 영향력의 여부에 따라 달라질 수도 있다(즉, 추천의 순서가 서열 순위의 방법으로 결정된다; McConnell & Odom, 1986). 또한 또래 추천에서는 부정적인 기준(예: 놀이 상대로 가장 덜 선호되는 것)이 중요한 문제가 될 수도 있다. 실증연구에서는 긍정적이고 부정적인 추천하기가 한 연속체의 양극단에 있는 것이 아니라 사회적 관계 위치의 두 가지 다른 측면을 측정하는 것이라 제안하고 있다(Gresham & Reschly, 1988; McConnell & Odom, 1986).

Coie, Dodge와 Coppotelli(1982), Dodge(1983)는 또래 추천 접근법에 대하여 경험주의적 지원을 이루었다. Coie 등은 또래 추천의 다섯 가지 사회관계의 측정학적 상태를 판별할 수 있는 분류체계를 제공하였는데, 그 체계는 인기 있는, 무심한, 거부하는, 물의를 일으키는 그리고 보통의 수준이다. 이들 그룹은 '가장 좋은/가장 싫은' 의 용어로 평가된다. 이 기술은 또래 그룹 내 학생의 사회적 상태에 대하여 자세한 설명을 제공하고, 각 사회측정학적 그룹에 대하여 서로 관련 있는 행동을 판별할 수 있게 해 준다. 예를 들어, 거부당한 학생들은 호전적이고 남에게 방해가 되는 행동에서 높은 점수를 보이지만 협력하기와 또래들을 강화하는 행동에서는 낮은 점수를 보인다. 무심한 학생들은 부끄러워하고, 움츠러들고 두려워하는 행동에서 높은 점수를 보이고 긍정적인 사회적 상호작용에서는 낮은 점수를 보인다(Dodge, 1983).

또래 평정

또래 평정(peer ratings)에서는 교실 내 모든 학생들을 대상으로 비행동적 기준에 따라 리커트(Likert)식 척도로 서로에 대해 점수를 매긴다. 이 기준에는 또래 추천과 유사하게 '함께 놀고 싶은 사람' '함께 과제를 하고 싶은 사람' 등의 선호도 등이 사용된다. 또래 평정에서 개별 학생의 점수는 또래들로부터 받은 점수의 평균이 된다. Gresham과 Elliott(1989)은 평정점수는 해당 학생이 또래 그룹 안에서 전반적으로 수용되는 수준을 보여 주는 경향이 있다고 하였다. 또래 평정은 또래 추천에 비해 몇 가지 장점을 가지고 있다. 첫째, 소수의 학생들만이 아니라 교실에 있는 모든 학생이 점수를 받는다. 둘째, 학생평정 점수는 다수의 평가자에 의해 이루어지기 때문에 매우 신뢰성 있다. 셋째, 또래 점수는 일반적으로 부정적인 기준을 사용하지 않기 때문에 사회적 관계 측정평가가 갖는 윤리적 거부감을 감소시키고 있다. 그러나 또래 평정의 단점으로는 평정이 진부할 수 있으며(즉, 많은 또래들이 같은 점수를 줄 수 있다.), 중앙치 오류(즉, 척도의 중간 지점의 점수를 선호하여 매기기)가 포함되기도 한다(McConnell & Odom, 1986).

또래 평가

또래 평가(peer assessment)는 학생들에게 한두 가지 행동적인 특성을 기준으로 하여 또래를 추천하거나 순위를 매기도록 한다. 학생들은 행동적인 설명을 듣거나 읽고 나서 그에 따라 친구를 추천하거나 그 순위를 매긴다. 가장 인기 있는 또래 평가 기술 중 하나는 '이 친구는 누구(Guess who)?' 기술이다(Kaufman, Agard, & Semmel, 1985). 이 기법에서 학생들은 방해행동, 세련됨, 둔감함, 조용한/훌륭한 행동 등 각 차원과 관련된 행동적인 설명을 듣고 그에 맞는 또래를 추천한다.

소시오그램

개별 학생이 선택된 횟수를 보여 주는 사회적 관계 측정 질문지의 응답은 투표 기입지에 기록되거나 소시오그램을 이용하여 학급 내 사회적 구조를 시각적으로 기록할 수 있다. [그림 5-2]는 10명의 4학년 학생을 대상으로 하여 그들이 소속된 학급에서 함께 놀고 싶은 친구 2명의 이름을 적도록 한 소시오그램이다. 이 예시에서 가장 중요한 점은 소녀는 소녀를 더 선호하고 소년은 소년들을 더 선호한다는 것이다. 소녀들 중 엘리스, 데비와 주디가 가장 가까운 관계를 맺고 있다. 그리고 소년들 가운데 어느 누구도 다른 급우를 선택하지 않았다. 조앤은 선택받지 못했으며, 킴은 유일하게 소년에게서 선택받은 소녀다. 소년들 중에는 밥과 스티브는 서로 선택을 받았고, 켄과 존 역시 그랬다. 아담은 선택받지 못하였으며, 존은 유일하게 소녀들에게서 선택받았다.

이 소시오그램을 통해 획득된 정보는 집단의 리더뿐만 아니라 고립된 학생을 판별하는 데 도움을 주고, 교사에게는 의도에 적합한 효과적인 집단 활동에 대한 기초가 되어 준다. 또한 소시오그램을 통해 밝혀진 사회적 선호도는 앞으로 변화되어야 할 사회적 패턴과 격려할 패턴에 대한 관점을 제공한다. 위의 예에서 아담, 켄이나 스티브를 참여시키는 활동은 일반적으로 고립된 아담에게는 긍정적일 수 있다. 소녀들 사이에서는 친구 무리 밖으로 관계를 촉진하도록 상황을 계획할 수 있다. 아마 다른 활동들이나 상황에서는 다른 패턴이 나타날 수 있다. 어떤 학생은 두세 명의 급우들에게 학습 파트너로 선택될 수 있으나 사회적 활동에서는 전혀 선택을 받지 못할 수도 있다.

그리고 또래 지명의 기술을 통하여 사회적 관계 이외의 정보를 얻을 수 있는데, 급우 이름을 거론함으로써(예: "누가 가장 인기가 있니?" 혹은 "어떤 학생들이 이기적이니?") 태도나 행동에 대한 진술에 답하는 것이다. 소시오그램은 긍정적이고 부정적인 또래 지명이 혼합되어 점수를 낼 수 있으며(그림으로 그려지기보다는), 학생의 사회적 지위는 인기있는(긍정적 지명도가 높고 부정적 지명도가 낮음), 거부되는(부정적 지명도가 높고 긍정적 지명도가 낮음), 논란의 여지가 있는(긍정적 · 부정적 지명도가 모두 높음), 무시됨(평가 없음)으로 나뉜다.

전반적으로 사회적 관계 측정평가는 학습문제를 보이는 학생들을 평가하는 데 있어 중요한 요인이 될 수 있다. Gresham과 Elliott(1989)은 Coie 등(1982)의 체계

[그림 5-2] 소시오그램

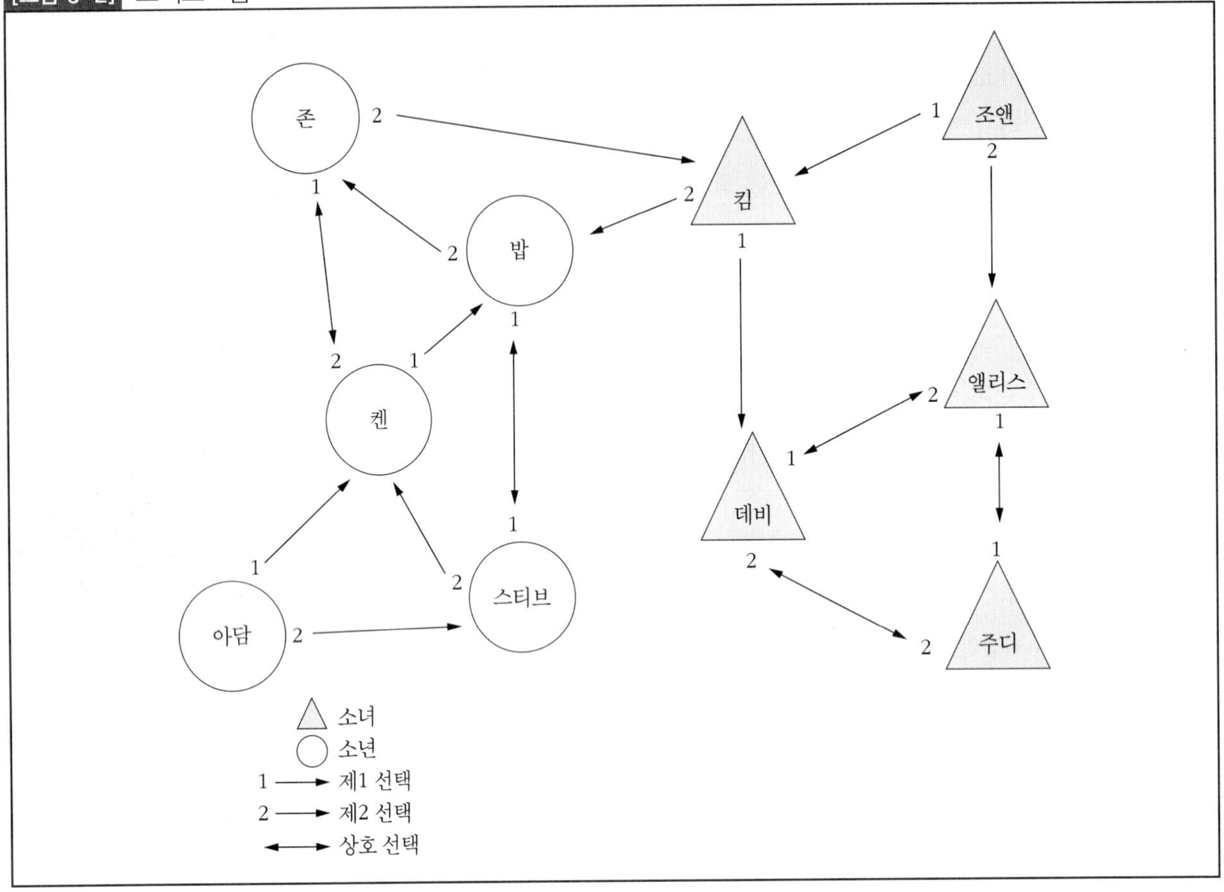

가 최선의 신뢰도와 타당도를 나타낸다고 주장한다.

자연스러운 관찰

직접관찰은 평정척도, 체크리스트, 면담에 의해 판별된 잠재적인 문제행동에 대하여 깊이 있는 탐구를 가능케 한다. 더욱이 문제행동을 정의하는 것, 자연스러운 환경 안에서 그 빈도를 관찰하고 기록하는 것, 그리고 자료를 분석하는 것은 학생들의 사회성 기술과 관련된 행동을 가장 직접적이며 생태학적으로 타당하게 평가하는 것이다(Elliott, Gresham, & Heffer, 1987). 자연스러운 평가는 선행사건, 행동의 결과 및 부적합한 사회적 행동에 영향을 주거나 사회적 행동을 감소시킬 수도 있는 결과에 대하여 기능적인 분석을 가능케 한다. 이 접근은 조작적으로 정의된 사회적 기술이나 행동의 사용과 목표행동을 측정하고 기록하는 체계를 발달시킨다. 빈도자료의 선택은 학생 행동에 있어 다양성들에 대해 민감한 지표가 되어 준다. 사회, 정서 및 행동 발달에 대한 직접관찰에서는 행동의 관찰, 교사-학생 상호작용, 환경에 대한 정보를 포함한다. 자연스러운 관찰을 하는 데 있어 어려운 점은 관찰이 이루어지고 있는 상황에서 학생이 자연스럽게 행동하지 않을 수도 있다는 것이다. 만약 관찰자가 보기에 학생이 자연스럽게 행동하지 않는다고 판단된다면 역할놀이 평가도 효과적일 수 있다.

행동 관찰

학생 행동에 대한 직접적이면서 체계적인 관찰은 학생의 사회·정서적 기술에 대한 정보와 관점을 제공한다. 많은 교사들이 인성 발달 훈련을 실시해 왔고 각기 다른 상황에서 여러 시간 동안 학생들과 함께 과제를 수행해 왔다. 그러므로 교사는 매우 양질의 수준으로 학생 행동을 관찰하고 평가해 왔다. 만약 행동을 교사의 해석이 반영된 것('과잉행동적' '방해되는' '충동적인' 등)이 아니라 외부에 보이거나 제공되는 반응('자리를 이탈한다.' '식당 대기줄에서 남을 방해한다.' '수학 자습시간 동안에 빌을 여자애 같다고 놀린다.' 등)으로 기술·보고된다면 교사관찰의 타당성은 증가하게 된다. 교사는 행동이 일어나는 상황을 관찰할 수 있고, 행동이 일어나는 빈도를 기록할 수 있다. 예를 들어, 세심한 관찰을 통해 단지 자리이탈 행동이 수학시간에만 나타나는지 혹은 교실에서 노래를 부르는 행동이 마리아 근처에 앉아 있는 동안에만 일어나는지를 보여 줄 수 있다. 또한 목표행동은 지속시간(즉, 학생은 얼마나 오랫동안 그 행동을 보여 주었는가)으로 혹은 시간 표집을 기준으로 측정될 수 있는데, 이때 학생은 특별히 정한 시간 동안 관찰된다.

교사는 행동뿐 아니라 행동 발생 직전에 일어나는 사건과 행동 후에 즉각적으로 발생하는 사건을 기록하고 그것을 강화한다. 주변 상황에 대한 정보는 교사가 행동관리 전략을 선택하는 데 있어 도움을 준다. 예를 들어, 학생의 욕하기는 또래들로부터 주의를 끄는 강화를 받을 수 있다. 이 경우 교사는 또래 강화를 제거하면서 그 학생이 보이는 바람직한 반응(행동)에 또래가 관심을 보이는 데 초점을 맞출 수 있다. 결국 일상적으로 행동을 측정하는 것은 행동문제를 해결하기 위하여 사용되는 전략이 성공했는지의 여부를 파악하는 데 도움이 된다.

교사-학생 상호작용의 관찰

Flanders(1970)는 수업시간 내내 교사와 학생 간 상호작용을 측정할 수 있는 '상호작용 분석체계'를 제시하였다. Flanders는 열 가지의 행동 범주를 고안하였는데 그중 일곱 가지는 교사의 구어적 행동(예: 학생들을 칭찬하거나 용기를 주는 것, 질문하기, 비난하기)과 관련되며, 나머지 두 가지는 학생들의 구어적 행동(예: 교사에게 반응하기)을 포함하고 있다. 마지막 한 가지는 침묵이나 혼란에 대한 것이다. 교사-학생 상호작용이 관찰되고 행동은 4초마다 기록된다. 자료 수집은 며칠간 짧은 관찰시기 안에 이루어진다. Flanders의 기법을 더욱 쉽게 활용할 것은 훈련된 관찰자를 대신하여 비디오테이프나 녹음테이프를 사용하는 것이다. 교사는 그날에 만들어진 기록들을 해석할 수 있고 Flanders의 열 가지 범주에 따라 구어적인 상호작용을 범주화할 수 있다. 이러한 평가를 사용함으로써 교사는 교실 내에서 교사-학생 상호작용의 구어적인 패턴이 무엇인지를 판별할 수 있다.

Sprick(1985)은 부정적인 사건과 긍정적인 사건에 대한 교사의 반응 빈도에 초점을 맞추어 교사-학생 상호작용을 조사하기 위한 시스템을 개발하였다. 그는 긍정-부정의 비율이 3:1일 때 효과적인 상호작용과 교실관리가 가능하다고 보았다. 언급된 다른 변인에는 다른 학생들(예: 저성취자 혹은 남학생)에 대한 편견과 부적절한 행동이 강화되는 빈도가 포함된다.

종종 교사는 교사-학생 상호작용 중에 일부 행동에 대해 과잉반응을 나타낼 수도 있다. 교사들은 부적합한 반응을 통제하기 위한 이해와 인식을 보여 주어야 한다.

환경 관찰

사회, 정서 및 행동 발달을 평가할 때는 다양한 환경에서 학생을 관찰해야 한다. 그런 다음 교사는 문제행동이 시작되거나 유지될 때 환경이 어떠한 영향을 미치는지를 고려할 수 있다. 관찰 중 일부는 학교환경 밖에서 이루어질 수도 있다. 그러나 교사는 주로 학교 안의 환경(예: 미술시간, 체육교육 시간, 점심시간, 놀이시간)에서 관찰해야 한다. 아마도 목표행동은 특정 상황이나 교수적인 상태에서만 일어날 수도 있다. 학생은 오랜 시간동안 의자에 앉아 있어야만 하거나 선생님의 설명을 듣는 중에 방해행동을 보일 수도 있다. 그러나 이 같은 행동은 움직여도 괜찮은 때나 토론수업에 참여할 때 허용될 수도 있다. 또한 앞에 나와서 소리 내어 읽기를 해야 하거나 수학문제를 정해진 시간 내에 풀어야 하는 경우 학생이 불안함이나 위축감을 나타낼 수도 있지만, 제한되지 않은 상황이나 혼자서 과제를 수행하거나 소그룹 활동을 할 때는 오히려 편안해 보일 수도 있다. 그러므로 다양한 환경에서 이루어지는 교사의 관찰은 학생을 위한 교수 프로그램을 향상시키기 위해 필요한 수정을 결정하는 데 도움을 줄 수 있다.

역할놀이 평가

이 접근에서는 위계적인 사회적 상호작용에 대한 반응(비난 받아들이기 등)에 있어 학생의 행동을 유도하고 학생의 수행을 기록한다. 역할놀이 방법론에서의 발전(Dodge, Pettit, McClaskey, & Brown, 1986)은 자연스러운 관찰로의 일반화를 향상시킨다. 더욱이 역할놀이 평가는 관찰자로 하여금 학생이 사회성 기술을 획득하는 데 문제가 있는 것은 아닌지(즉, 그 기술을 가지고 있지 않은지), 또는 사회성 기술을 수행하는 데 문제가 있는지(즉, 그 기술을 수행하는 것이 바람직하지 않은지)의 여부를 결정하는 데 도움을 줄 수 있다.

사회, 정서 및 행동 발달을 촉진하기 위한 일반적인 기술

정서적인 영역은 서로 의존적인 특성을 갖기 때문에 사회, 정서 및 행동 특성의 발달은 복잡한 양상을 띤다. 종종 하나의 영역에서 발달을 보이게 되면 그것이 다른 영역에도 긍정적인 영향을 미치게 된다. 예를 들어, 정적 강화는 청소년이 보다 적절한 행동을 하는 데 도움을 줄 수 있으며 다른 또래 학생이 긍정적으로 반응하고 그 청소년을 수용할 때 그들의 자아개념이 향상될 수도 있다. 운 좋게도 몇 가지의 기술을 습득하는 것은 사회, 정서 및 행동 영역에서 긍정적인 태도를 발달시키는 데 도움이 될 수 있다. '긍정적 행동지원(positive behavior support: PBS)' 은 기능적 평가에 의해서 문제의 근원이 될 수 있다고 보이는 문제 상황을 교정하는 것에 초점을 맞추는 전반적이며 복합적인 중재를 포함하고 있다. PBS는 문제행동을 관리하는 접근법으로, 부적절한 행동을 감소시키거나 제거하기 위하여 학생의 요구와 지원전략을 맞춘다. 예방적이고 순행적인(proactive) 교육적 행동중재 전략을 사용함으로써 교사는 학생이 책임있는 행동과 함께 학업적인 성공을 이끌어 낼 수 있는 긍정적인 반응을 배우도록 도와줄 수 있다. 이 절에서 다루는 일반적인 기술에는 성공을 위한 교수, 순행성의 촉진, 협력의 촉진, 자기 관리의 교수, 목표 행동과 태도의 시범, 그리고 행동수정을 통한 동기(motivation)에 초점 맞추기가 포함되어 있다. 더불어 과제에 대한 집중을 향상시키기 위한 활동들이 제시된다.

성공을 위한 교수

학습문제를 보이는 많은 학생들은 낮은 자아개념, 주의력 결핍, 사회성 기술 부족, 혹은 정서적인 문제를 가지고 있다. 이와 같은 정서적 문제의 유형은 호전적이거나 방해적이며 위축된 행동을 유발할 수 있기 때문에 교실 안에서 이런 학생들을 관리하는 것이 쉽지 않다. 더욱이 그들 중 일부는 전반적으로 자기 자신에 대해 부정적인 인식을 하고 있다. Sprick(1981)에 의하면 공격행동(acting out), 비난받게 될 부적절한 행동, 포기 혹은 위축된 행동은 빈약한 자아개념의 외현적 표현이다. 교육자들은 효과적인 행동 관리란 예방적인 기법에서부터 시작해야 하며, 이러한 기법은 우수한 교수에서 시작된다고 보았다. 학습에서 어려움을 보이는 학생들이 나타내는 가장 심각한 행동문제는 아마도 효과적인 교수를 받음으로써 예방될 수 있을 것이다. 교수를 통하여 긍정적인 사회, 정서 및 행동적인 태도가 발달하게 되는데, 이는 학생의 사회적 성공, 동기 및 미래 학습에 중요하다.

효과적인 교수

효과적인 교수는 학업에서 진보를 유도하는데, 이는 학습에서 문제를 갖는 학생이 학습에 관하여 긍정적인 자아개념을 발달시킬 수 있는가에 결정적인 역할을 한다. Sprick(1981)은 "학생이 그들이 배울 수 있고 성장할 수 있으며 성공할 수 있다고 믿는 것보다 더 중요한 것은 아무것도 없다. 아동의 자아개념을 향상시키기 위해 무엇을 해야 할지에 대해 의심이 들 때는 그냥 가르쳐라."(Book E, p. 9)라고 주장하였다. 이 책 1장에서 4장까지는 학생의 학습과 관련된 교수 변인을 다루고 있으며 교수적 결정을 하기 위한 구성을 보여 주고 있다. 모든 변인이 학습문제를 가진 학생들의 사회, 정서 및 행동 특성에서 향상을 이끌 수 있을 것이라고 여겨지기는 하지만 그중에서 학생의 성공률을 확보하고, 학생의 진보를 점검하며 피드백을 제공하고 긍정적이며 지원적인 학습환경을 제공하는 것 등이 중요하다. 〈표 5-6〉에서는 가르치기가 어려운 학생을 교수하는 데 있어 중요한 변인 몇 가지를 정리 · 요약하였다.

피드백 제공

성공에 대한 피드백을 제공하는 것의 중요성은 이미 잘 알려져 있다. 그러나 학생의 사회, 정서 및 행동 발달을 향상시키는 피드백의 유형에 대해서는 연구가 필요하다. 첫째, 긍정적인 피드백이나 강화는 학생의 수행을

〈표 5-6〉 학습문제를 가진 학생들에게 효과적인 교수의 관련 변인

교수적 변인	특별한 강조점
선행학습 변인	
교실 공간의 배치	• 자연스러운 전이를 촉진하고 학생 조사를 쉽게 하기 위해 교실을 배치한다.
규칙과 절차	• 기대에 대해 의사소통하고 학습을 위한 구조를 제공한다.
학생 학업과제의 평가 관리	• 과제에 대해 설명 가능하고 진행에 대한 기록을 계속하게 한다. • 준거참조검사를 사용하여 학생에게 알맞은 과제를 제시하고 교수목표에 의거하여 학생의 수행을 점검한다.
학습목표의 의사소통	• 학업적인 과제에 대한 원칙을 의사소통하고 학습목표를 분명하게 알려 준다.
천천히 결정하기	• 교수적인 속도를 맞춰 가면서 많은 실행에 대해 충분한 시간을 허용한다. 내용제시-시범-연습-피드백이 가장 효과적으로 나타난다.
시간 할당	• 학업적인 학습에 대해 가능한 한 많은 시간을 계획한다.
교수 전달 변인	
참여시간	• 학생과 실질적인 상호작용을 유지하고 피드백을 제공한다. 학생이 과제에 집중하고 과제를 완수한 것에 대해 강화한다.
성공률	• 성공이 학생성취 및 동기와 관련이 있기 때문에 높은 성공률을 유지한다.
학업적인 학습시간	• 학생이 높은 비율의 성취나 적합한 목표에 집중하는 시간 양을 촉진시킨다.
조사하기	• 정확도와 학생의 진보를 조사하기 위해 교실을 순회하며 조사한다.
추후학습 변인	
시험 보기	• 학생 진보를 평가하고 교수를 계획하기 위하여 비공식적인 준거참조검사(예: 교육과정 중심 평가)를 규칙적으로 실행한다.
학업적인 피드백	• 학습을 촉진하기 위하여 학업 과제에 즉각적인 피드백을 제공한다. 칭찬과 교정적인 피드백이 함께 사용될 때 가장 효과적이다.

출처: C. D. Mercer & P. C. Pullen, 2005, *Students with Learning Disabilities* (p. 566), 6th ed. Upper Saddle River, NJ: Merrill/Prentice Hall. Copyright 2005 by Pearson Education(허락하에 게재함).

유발할 수 있다(즉, 학생은 합당한 수준의 노력을 요하는 과제를 완수한 데 대해 칭찬을 받는다.). 둘째, 우발적이지 않은 피드백이나 칭찬을 하는 것은 학생들에게 교사가 학생들이 과제를 더 잘 수행할 수 없다고 생각한다고 여기게 할 수 있다. 따라서 학생들은 자신의 능력이 부족하다는 느낌을 받을 수 있고, 이는 그들 자신의 학습능력에 대한 그들의 의견을 약화시킨다. 셋째, 종종 높은 수준의 학업 성취자들은 비판이나 교정적 피드백을 받을 때 그것을 긍정적인 것으로 받아들인다(Weinstein, 1982). 이러한 피드백은 학생들이 더 잘 할 수 있다는 교사의 믿음을 보여 준다. 그러므로 그것은 학생의 잠재력에 대한 교사의 관점에 대하여 긍정적인 의견을 표현하는 것이기도 하다. 결론적으로 교정적인 피드백은 학습문제를 보이는 학생들의 자아개념의 향상에 도움을 줄 수 있다. 더욱이 교정적인 피드백은 교사가 학생에 대한 관심을 나타내는 의사표현일 수도 있다.

순행성의 촉진

학습문제를 보이는 많은 학생들은 대개 반응적인 실재로 외적 통제소를 가지고 있다. 본질적으로 그들은 자신들에게 일어나는 것을 통제할 수 없다고 믿는다. 그래서 운명, 나쁜 운 그리고 행운이 그들의 삶을 좌우한다고 본다. 반응적 실제는 그들의 삶에서 나타나는 상황을 자신의 통제 밖에 있다고 믿도록 하여 일상생활을 어렵게 만든다. 그러므로 학습문제를 경험하는 학생들은 그들의 삶에서 많은 사건이나 결과를 통제할 수 있다고 배워야 한다. 순행성(proactivity)은 다음과 같은 믿음에 기초를 두고 있다. 나는 나 자신의 노력(예: 나는 공부를 해서 좋은 점수를 얻는다. 나는 적절하게 행동하고 사람들은 나를 신뢰한다.)을 통하여 내 삶에서 일어나는 사건들을 통제할 수 있다. 순행적이거나 내적인 통제소는 반응적인(reactive) 실제보다는 학생이 권한을 더 많이 가질 가능성을 더 높여 준다. (1) 목표 수립, (2) 책임감 부여, (3) 자기 강화의 세 가지 기술은 순행성을 촉진한다.

목표 수립

학생은 상당한 노력을 요하는 목표에 도달할 때 자기 가치감이 향상된다. 개인은 그들에게 가치 있는 목표를 성취하기 위하여 힘겹게 노력할 때 자신에 대하여 좋은 감정을 가지게 된다. 야망이라는 목표는 학교에서의 성공과 긍정적인 관련성이 있다. 반면에 목표가 너무 쉬운 경우, 학생들은 교사가 자신들이 난이도가 더 높은 과제는 해 낼 수 없을 것이라고 생각한다는 믿음을 갖게 할 수 있다. 결론적으로 교사들의 낮은 기대는 종종 학생들의 학습 잠재력에 대한 믿음을 저하시킨다. 교사는 학생들의 노력이 목표한 바를 달성하는 데 필수적이라는 사실을 강조해야 한다. 교사는 그 결과가 긍정적이든 부정적이든 간에 노력에 대하여 공정해야 한다.

책임감 부여

미약한 정서적 특성을 가진 학생들은 남들에 의해 그들이 책임을 수용할 수 있다고 생각될 때 즐거움을 얻는다. 학생들에게 책임을 부여하는 것은 그들이 성숙한 행동을 할 것이라는 그들의 능력에 대한 신뢰감을 보여 주는 것과 같다. 학생들에게 부여할 수 있는 책임으로는 교실 애완동물 돌보기, 교무실이나 다른 교실에 메시지 전달하기, 점심값 계산하기, 다른 학생을 가르치기, 줄 정리하기, 게시판 만들기, 장비 사용하기, 숙제 채점하기 등이 있다.

자기 강화

자기 강화를 실시하면서 학생들은 자기 가치를 더 낮추는 경향이 있다. 전반적으로 자기 강화나 긍정적으로 자신에 대해 말하기는 학생이 자신의 가치를 향상시키는 데 도움을 줄 수 있다. 교사는 학생들이 자신에 대해 적절하며 긍정적인 생각을 할 수 있도록 강화해야 한다. 학생들은 그들이 가진 긍정적 태도의 목록을 만들 수 있고 그것을 말해 볼 수도 있다.

협력의 촉진

긍정적인 사회, 정서 및 행동적인 태도를 발달시키기 위하여 학생들은 협력적인 학습자와의 의사소통에 참여할 것이다. (1) 학생들 간 긍정적인 상호작용의 촉진, (2) 또래교수의 활용, (3) 협동학습의 사용 등 세 가지 기술은 협력을 향상시킨다.

학생들 간 긍정적인 상호작용의 촉진

학생들에게 서로 간에 긍정적으로 생각하고 행동하도록 가르치는 것은 학생들 개개인에게도 매우 유익하다. 만약 학생들이 긍정적인 상호작용을 하도록 배우게 되면 이를 통해 즐거움과 친근한 반응을 얻게 될 것이다. 교사는 사회적 집단 활동에서 인기 있는 학생들과 학습 문제를 보이는 학생들에게 공정해야 하고, 교수용 게임을 하면서 학생들이 팀을 이루고 그 안에서 긍정적이고 즐거운 경험을 나눌 수 있도록 하여야 한다. Sprick(1981)은 긍정적인 상호작용을 촉진하기 위하여 다음의 세 가지 기술을 권하였다. (1) 일상적인 교수에서 긍정적인 상호작용의 시범을 보여 주기, (2) 특정 상황을 역할놀이 하면서 긍정적인 상호작용 연습하기, (3) 학교생활을 통틀어 긍정적인 상호작용이 일어날 때마다 강화하기다.

또래교수의 활용

전형적으로 또래교수는 특정한 학습영역에서 어려움을 보이는 학생과 능력 있는 학생이 짝을 이루는 교수형태다. 성공적인 또래교수 프로그램은 학업기술을 향상시키기는 것 외에도 자아존중감을 향상시키고 적절한 행동을 격려하며 또래 간에 긍정적이고 협력적인 관계를 촉진해 줄 수 있다. 뿐만 아니라 또래교수는 학습에서 어려움을 보이는 학생들이 수업환경 안에서 성취를 높이는 데 도움을 줄 수 있다. 예를 들어, 한 학생이 친구가 없거나 또래들에게 수용되지 않는다는 평가를 받았다면 또래교수는 학생들 간의 긍정적인 상호작용을 향상시키는 전략으로 활용될 수 있다. 소시오그램과 같이 사회관계 측정학적 디자인에서 얻은 정보를 사용하면 선호되는 또래와 짝을 맺어 줄 수도 있다. 또래교수를 통해 학생은 적절한 행동을 모델링해 줄 수도 있다. 교사는 학생 교사에게 가르치는 것과 강화기법을 훈련시킨다. 또래교수 시간에는 학생들이 쉽게 사용할 수 있는 자료와 일정을 계획해 주어야 하는데 자기 교정 자료와 교수용 게임은 또래교수에서 사용 가능한 훌륭한 자료가 된다(2장의 또래교수 실행을 위한 지침 참조).

협동학습의 사용

협동학습은 소집단이나 개별 학생이 다른 사람들과 학습을 하면서 자기 자신의 학습과 관련된 책무성을 촉진하는 방법으로, 팀의 성공을 위하여 공동으로 과제를 수행하도록 하는 교수 배치다. 협동학습에서는 팀의 목표가 강조되고 팀의 성공은 팀원 개개인이 학습을 할 때만 이루어진다. 협동학습 관련 연구에서는, 협동학습은 여러 학년, 주제영역, 학교환경에 걸쳐 긍정적인 성취효과를 가져온다고 보고하고 있다(Slavin, 1991). 그 효과는 높은 수준, 평균수준, 낮은 수준의 성취자들에게 똑같이 긍정적이며, 긍정적인 효과는 정의적인 영역(예: 자아존중감, 집단 간 관계, 협력적인 과제 수행능력)에서도 보고되고 있다(2장의 협동학습 부분 참조).

자기 관리의 교수

전반적으로 학습에서 어려움을 보이는 많은 청소년들은 학교, 가정, 일터에서 과제 수행에 영향을 미치는 문제 해결하기와 결정하기를 효과적으로 하지 못한다. 문제해결, 대인간 상호작용, 일반화 학습과 관련된 이슈는 자기 관리 기술의 맥락 속에서 나타날 수 있다

(Shapiro, 1989). 자기 관리는 일반적으로 자기 점검, 자기 평가, 자기 강화의 세 가지 구성 요소로 나뉘고, 각 요인은 특별교수를 필요로 한다.

일부 연구자들은 경도장애 학생들이 자기 관리 훈련을 할 수 있다고 하였다(Hughes, Ruhl, & Peterson, 1988; Sander, 1991; Shapiro, 1989). Shapiro는 자기 관리 교수는 학습문제를 보이는 학생들이 보다 독립적인 학습자와 시민이 되도록 가르치는 접근법이라고 주장하였다. 더욱이 자기 관리 기술에 대한 연구에서 McDougall(1998)은 행동적 측면에서 자기 관리의 문제가 있는 학생들도 일반적인 교육환경 안에서 그들의 사회적이며 학업적인 수행을 향상시키는 데 자기 관리 교수가 성공적으로 사용될 수 있다고 지적하였다(4장의 자기 관리 교수를 위한 지침 참조).

목표 행동과 태도의 시범

교사나 부모가 학습문제를 가진 청소년들에게 "내가 하는 것을 따라 하지는 말고 내가 말하는 것을 해라."라고 이야기하는 것은 그들의 사회, 정서 및 행동적 태도의 발달에 적절한 도움을 주지 못한다. 교사나 부모는 이 청소년들이 사회성 기술(예: 듣기, 용기 주기, "아니요"라고 말하기), 정서적인 상태(예: 긍정적이고 순행적이기), 적절한 행동(예: 다른 사람 배려하기와 소유물 존중하기)을 모방하고 흉내 낼 수 있도록 그들에게 적절한 시범을 보여 주어야 한다. 인지행동수정(cognitive behavior modification: CBM)에는 종종 청소년들이 정의적인 행동과 관련하여 적절한 생각하기 과정을 내면화하도록 도울 수 있는 모델링이 포함된다.

인지행동수정 가르치기

인지행동수정(CBM)은 과제를 수행할 때 함께 이루어지는 생각하기 과정을 분석한다. Meichenbaum(1977)은 자기 교수 훈련에서 CBM을 적절한 반응을 격려하고 부적절한 반응은 감소시킬 수 있는 한 방법으로 거론하고 있다. CBM은 다음의 순서에 따라 이루어질 수 있다.

1. 다른 사람에 의한 교수(예: 교사와 같은 성인 모델이 큰 소리로 말하면서 과제를 수행한다.)
2. 명시적 자기 교수(예: 학생은 과제를 수행하는 동안 소리를 내거나 속삭이며 자기교수를 한다.)
3. 내재적 자기 교수(예: 학생은 내적인 언어로 과제 수행을 진행한다.)

그러므로 소리를 내지 않고 속으로 말하기는 생각하기 과정에서 하나의 양상으로 보고, 학생은 행동하기 전에 이를 말로 표현하도록 격려받는다. 말하기는 생각하기를 향상시키기 위한 한 방식이며 행동에도 영향을 미친다. 교실 내에서 학생은 자기 발화(self-verbalization)를 사용하도록 배운다. 과제에 대하여 질문하기('선생님은 내가 무엇을 하기를 원하실까?'), 질문에 답하기('나는 교실에서 소리 내어 말하지 않아야 해.'), 과제를 통하여 학생을 지도하는 자기 교수('우선 나는 손을 들고 선생님이 나를 지명할 때까지 기다린다.'), 그리고 자기 강화('이번에는 정말 잘했어!')를 실시한다.

교사는 인지적인 모델링에서 과제 수행의 전략을 시범 보이고 좌절과 실패를 적절히 다루는 행동과 언어도 보여 주어야 한다. 학생은 자기 교수와 더불어 이미지(예: 자리이탈 행동을 줄이는 데 도움을 주는 이미지로 쉬는 시간 동안 교실에 앉아 생각하기)를 사용하는 것을 배워야 한다.

교실 내 모델링

모델링을 통해 학생들은 다른 사람을 관찰하고 모방하면서 적절한 행동을 배우게 된다. 바람직한 행동으로 보상을 받은 또래 중 한 명을 관찰하게 될 때, 학생들은 긍정적인 결과를 이끄는 행동이 무엇인지를 배우게 된다. 또한 허용될 수 없는 행동은 다른 친구들이 그 행동으로 인해 벌을 받는 것을 보면서 억제될 수 있다. 교사는 학생들에게 앞으로 보일 행동에 주의를 기울이도록 할 수도 있다. "나는 지미가 말하지 않고 손을 드는 것을 좋아해. 그래서 제일 먼저 지미의 질문에 답할 거야."

특정 행동에 영향을 미치는 모델링을 사용할 때는 다음의 절차가 도움이 될 수 있다. (1) 행동을 선택하라. (2) 모델을 선택하라. (3) 모델과 관찰자에게 역할에 관한 지시를 제공하라. (4) 목표행동을 보여 주는 모델을 강화하라. (5) 관찰자가 그 행동을 모방하면 그것을 강화하라. 모델링의 절차는 학생들에게 세 가지 측면에서 효과적이다. (1) 모델로부터 새로운 행동을 학습할 수 있다. (2) 학생이 생각하기에 앞서 습득된 행동이 모델로부터 시연된 바람직한 행동들과 유사할 때는 그 행동은 더욱 강화될 수 있다. (3) 습득된 행동이 모델이 벌을 받는 행동들과 비슷한, 허용될 수 없는 것이라면 그 행동은 약화될 것이다.

행동수정을 통한 동기에 초점 맞추기

정보를 획득하는 데 어려움이 있거나 실패를 경험했을 때 학습문제를 보이는 많은 학생들이 학교에서 학습동기가 그리 높지 않을 것이라는 것은 이해할 만하다. 일반적으로 많은 학생들은 내재적인 요인들(예: 숙달, 과제 완성, 새로운 정보를 학습하는 데 참여하기)로 동기화되는 반면, 학습문제를 보이는 학생들은 종종 과제를 수행하거나 행동하도록 동기화하는 데 외부에서 제공되는 강화물이 필요하다. 심지어 학습문제를 보이는 일부 학생들에게는 간혹 과제 이탈과 방해행동을 감소시키기 위하여 벌이나 부정적인 후속결과를 사용해야 할 경우도 있다. 일부 학생들의 경우 과제 수행과 행동을 위하여 외부 강화물과 부정적 후속결과를 필요로 하기도 하지만, 효과적인 교사는 이 학생들이 성숙하거나 내재적으로 동기화될 수 있도록 도움을 주는 것을 목표로 삼는다. 이 절에서는 학습문제를 보이는 학생들을 동기화하고 관리하는 데 도움을 줄 수 있는 행동수정 기술에 대해 다루고자 한다.

행동수정의 기본 전제는 행동은 학습되고 행동의 결과는 기능을 갖는다는 것이다. Wallace와 Kauffman(1986)에 의하면, "행동수정은 관찰 가능한 행동 안에서 특별한 변화를 일으킬 수 있는 환경적인 사건의 체계적 배치다" (p. 21). 그러므로 행동수정은 행동을 강화, 약화 혹은 유지시키는 아주 구조화되고 체계적인 접근법이라 할 수 있다.

교사는 목표행동의 기초 자료를 정의 · 선택한 후에 학생의 행동 직전에 일어나는 사건(선행사건)과 그 행동 바로 직후에 일어나는 사건(후속결과)을 관찰해야 한다. 이런 사건들은 조심스럽게 다루어져야 하며, 이때 다양한 강화물이나 보상이 행동의 변화를 유도하기 위하여 사용될 수 있다. 강화물은 행동의 발생 가능성 혹은 발생 비율을 유지하거나 증가시킬 수 있는 어떠한 사건을 말한다. 정적 강화는 즐거움이나 긍정적인 환경을 조성하는 반면(즉, 행동이 다시 일어날 가능성을 증가시킨다.), 부적 강화는 환경으로부터 불쾌함이나 부정적인 것들을 받음으로써 목표행동의 발생을 감소 · 제거시킨다(즉, 행동을 수행함으로써 초래되는 부정적인 결과를 피하게 한다.). 결국 강화는 목표행동을 강화, 증가 혹은 감소시키고자 한다.

다양한 사회적 혹은 유형적(tangible) 강화물(예: 칭찬하기, 안아 주기, 작은 선물, 자유시간 주기)이 사용된다. 강화물의 위계적 순서에 따르면 외적 강화물(과제 수행 이외에 주어지는 강화물)에서 내적 강화물(과제 수행과 직접 관련된 강화물)로 진화한다.

외적 강화물

1. 기본 강화물(예: 잠자기, 먹기, 마시기 등 생존에 필요한 것)
2. 유형적 강화물(예: 음식, 연필과 증서)
3. 토큰 강화물이나 대체할 물건으로 바꾸어 주는 점수제나 활동(예: 일정 양만큼 모였을 때 선호하는 물건

이나 활동으로 교환할 수 있는 칩/토큰)
4. 사회적 승인(예: 제스처, 접촉, 구어적 표현)
5. 프로젝트나 활동(예: 심부름하기, 맨 앞에 서기, 자유 시간 갖기, 게임하기)

내적 강화물
6. 과제 완성
7. 피드백 혹은 최종 결과
8. 지식이나 기술의 획득
9. 숙달이나 성취의 감각

외적 강화물은 초기에 학생이 적절한 행동을 보이게 하거나 과제를 완수하도록 격려하기 위하여 사용된다. 교사는 점진적으로 강화물이 되는 자료를 철회하고 활동과 사건을 강조한다. 과제에 대한 학생의 능력이 증가함에 따라 외적 강화의 요구는 점차 감소하고 내적 강화물이 동기를 제공해 줄 것이다.

칭찬은 사회적 강화물로서 가장 효과적이고 지속적이며 긍정적인 강화물 중 하나다. 교사는 학생 행동을 관리하는 데 칭찬을 사용할 수 있다. Paine, Radicchi, Rosellini, Deutchman과 Darch(1983)는 효과적인 칭찬이 다음의 중요한 특성을 가지고 있다고 보았다.

- 좋은 칭찬은 '만약-하면-해줄게(if-then)' 규칙을 지원하는데, 학생이 바람직한 방식으로 행동한다면 교사는 이후에(혹 그럴 때만) 학생을 칭찬한다.
- 좋은 칭찬에서는 종종 학생의 이름이 함께 불린다.
- 좋은 칭찬은 묘사적이다.
- 좋은 칭찬은 교사가 진심으로 말하고자 하는 의미를 전달한다.
- 좋은 칭찬은 다양한 형태로 제공된다.
- 좋은 칭찬은 개인이나 교실 활동의 흐름을 방해하지 않는다.

또한 Witzel과 Mercer(2003)는 우연히 제공하는 구어적 칭찬이 학생의 내재적 동기를 수립하기 위한 보상이 될 수 있도록 교사는 과제가 가진 가치와 적절성에 초점을 두어야 한다고 주장하였다. 예를 들어, 수학숙제를 마친 학생을 칭찬할 때는 교사는 숙제가 앞으로 볼 수학시험에서 더 나은 수준의 성취를 이끌어 내는 데 도움을 줄 것이라고 말한다.

교사는 강화기술을 사용할 때 특정 행동이 일어난 직후에 제공되는 즉각적인 강화가 가장 효과적이라는 사실을 기억해야 한다. 그리고 간혹 교사의 관심은 부적절한 강화물이 될 수도 있음을 알아야 한다. 예를 들어, 교사가 눈살을 찌푸리거나 날카로운 목소리로 말하는 것이 학생에게는 교사의 관심으로 해석·강화될 수도 있다. 따라서 교사는 부적절한 행동에 대한 관심 자체가 해당 행동에 대한 강화가 되지 않도록 주의해야 한다. 교사는 매일 일어나는 적절한 행동을 강화하는 데서 가능한 한 빨리 학생의 학업적 노력을 강화하는 쪽으로 옮겨 가야 한다. 발표를 위하여 먼저 손을 드는 것이나 점심시간에 줄을 잘 서는 것과 같은 행동은 교사가 제공하는 과도한 칭찬이 없이도 일상화되고 유지되어야 한다. 또한 학업과 관련하여 우연하게 제공되는 강화는 더 높은 수준의 기능을 촉진하고 성취를 향상시킬 수 있다.

강화 스케줄(schedule of reinforcement: 강화가 일어나는 상황에 대한 계획)은 지속적일 수도 있고 간헐적일 수도 있다. 지속적인 스케줄에서 바람직한 행동은 그것이 일어날 때마다 매번 강화를 받는다. 간헐적인 스케줄에서의 강화는 간헐적(주어진 일정 순간에서만 강화하는 것)이거나 비율적(특정 횟수의 반응이 일어난 후에 강화하는 것)으로 주어진다.

행동형성(shaping)은 목표행동의 단계를 강화하는 것을 말한다. 목표는 단계나 과제가 일련적인 순서에 따라 이루어지고, 강화는 바람직한 행동과 근접한 행동이 이루어질 때 주어지게 된다. 목표행동이 획득될 때까지 강화에 대한 요구를 증가시키면서 바람직한 행동이 점진적으로 형성된다.

벌(punishment)은 강화의 반대적 의미로, 특정 행동

다음에 부정적인 무언가(즉, 결과)를 보여 주거나 행동에 긍정적으로 따랐던 무언가를 철회하는 것을 말한다. 이를 통해 바람직하지 못한 반응을 감소시킬 수 있다. Kame'enui, Darch와 Colvin(1995)은 행동 관리에 있어 벌이 중요한 부분일 뿐 아니라 전이적인 도구라고 주장한다. 따라서 벌은 학생이 생산적인 행동을 보일 때까지 교사가 비생산적인 행동을 다룰 수 있도록 하는 임시적이고 과도기적인 중재기법이 된다. 다양한 벌의 전략은 교사나 급우에 대한 '괴롭힘'의 정도와 관련이 있다. 하나의 벌만을 사용하는 것은 많은 학생들에게 비효과적이며 근본적으로 행동을 관리하기 위한 효율적인 전략으로 사용되기 어렵다. 그리고 벌의 효과는 부정적인 측면(예: 낮은 도덕성, 복수, 부정적인 감정)에서도 드러나므로 교실에서 벌이 많이 사용될수록 그 효과는 점차 약화된다(Sprick, 1981). 그러므로 벌은 가능한 한 드물게 사용되어야 하며 학급 활동에 방해가 최소화될 수 있는 전략을 선택해야 한다. 경미한 벌로는 무시하기, 온화한 구어적 징계, 침묵의 시간, 의무를 행하는 시간, 비배타적인 타임아웃 등이 포함된다. 일단 벌 종류를 선택하게 되면 다음의 지침을 고려해야 한다(Sprick, 1981).

- 벌은 바람직한 방향으로 행동을 변화시켜야 한다.
- 벌은 항상 강화 스케줄과 연결하여 사용되어야 한다.
- 벌은 항상 조용히 실행되어야 한다.
- 일단 벌을 받을 만한 행동이 목표가 된다면 충분하게 벌을 주어야 한다.

Paine 등(1983)은 정적 강화, 경고기술 그리고 반응대가(즉, 부적절한 행동의 결과로 강화물을 빼앗기는 것)를 혼합한 단계적인 관리체계를 제시하였다. 그 단계는 다음과 같다.

1. 학생이 잘못된 행동을 했을 때는 올바른 행동을 보이는 학생을 칭찬한다. 일단 칭찬이 몇몇 학생들에게 주어진 후, 잘못된 행동을 한 학생이 어떻게 반응하는지를 잠깐 동안(30초간) 기다리며 살펴본다. 만약 그 학생이 올바른 행동으로 반응하면 그를 칭찬한다.
2. 학생이 긍정적으로 반응하기에 실패하면 그들에게 감정을 배제한 채(사무적으로) 말한다. 학생이 경고를 받고 있음을 알려 주고 다시 과제를 시작하도록 지시한다. 경고는 학생 가까이에서 전달될 때 가장 효과적이고, 이때 학생과의 눈맞춤이 이루어져야 한다. 교사가 경고를 주는 동안에는 그 학생과의 대화는 피한다. 짧은 시간이 지난 후 학생이 올바른 행동을 보이기 시작하면 칭찬을 한다.
3. 학생이 경고에 반응하지 않으면 조용히 그에게 경고를 깨닫게 하고, 그 후 칠판에 학생의 이름을 적고 그 옆에 표시를 한다.
4. 학생이 동의하지 않으면 그의 이름 옆에 다른 표시를 해 두는데, 이는 말없이 이루어져야 한다. 계속해서 적절한 행동을 한 다른 학생들을 칭찬한다.
5. 이 시점에서 학생이 동의하지 않으면 4단계를 반복한다.
6. 비허용적인 행동에 대해 예상되는 후속결과를 활용한다. 학기초에 어떠한 행동이 허용되지 않는지와 그 후속결과가 무엇인지를 설명해 준다.
7. 학생의 이름 옆에 특정 표시가 되어 있는 것은 그가 갖는 특권이 손실됨을 의미한다. 예를 들어, 표시 하나가 있으며 휴식시간에 5분간 서 있어야 하며, 표시가 두 개이면 10분간 서 있어야 한다. 후속결과는 모든 학생들에게 비슷하게 하거나 학생마다 다르게 할 수 있다. 표시체계는 학생들이 가치 있다고 여기는 특권을 빼앗길 때에만 효과적이다.
8. 마지막으로 학생을 방과 후에 남게 하거나 휴식시간을 빼앗을 때는 그들에게 절대 특별한 관심을 주어서는 안 된다. 이 표시체계의 결과는 어떠한 방식으로든 강화되어서는 안 된다.

벌은 전이적인 전략이기 때문에 생산적인 학습환경을 안정화하고 유지하는 데 초점을 맞추는 관리 계획의 맥락에서 연구·사용되어야 한다. 학업적 성공, 훌륭한 교수, 동기, 비생산적인 행동의 예방과 같은 변인은 효과적인 교실 관리에 있어 고려되어야 한다.

청소년들에 대한 후속결과 적용

중등 연령의 학생들을 다룰 때는 구조와 일관성이 필수 요소다. 청소년기에는 권력 다툼과 권위에 대한 도전이 나타날 가능성이 매우 커진다. 그러므로 교사와 학생은 둘 다 기대(규칙), 결과 그리고 활동 일과가 명확하게 수립될 수 있는 구조화된 환경 안에서 기능해야 한다. 중등학생을 위한 효과적인 기술에는 토큰 경제, 유관계약, 구어 피드백, 상호적 목표 수립 그리고 자기통제 훈련이 포함된다. 또한 연구 전반에 걸쳐 청소년들이 교육과정 및 의사결정에 참여하는 것의 중요성이 강조되고 있다.

청소년들과 관련된 후속결과를 관리하기 위하여 다음과 같은 제안을 할 수 있다.

- 행동에 뒤따르는 자연적인 결과를 강조한다. 예를 들어, 절도의 자연적 결과는 감옥에 갇히는 것이다. 그래서 규칙이 깨지면 이미 정해진 결과가 적용된다. 이러한 상황은 학생과 교사 간의 힘겨루기나 갈등관계를 감소시키는데, 이 시기의 학생들은 교사를 규칙을 따르는 사람이라기보다는 부당하게 벌을 적용시키는 권위 대상으로 보는 경향이 있기 때문이다.
- 청소년들에게 조건화된 강화물(예: 점수제)을 사용한다. 이는 교사의 최소한의 말만으로도 쉽게 실행될 수 있다.
- 청소년들을 위한 강화물로 또래 상호작용을 고려한다.
- 부적절한 행동을 관리하기 위하여 후속결과의 연속체를 개발한다. 징계를 공개화하는 것은 더 많은 갈등이 발생할 가능성을 증가시키기에 가능한 한 피해야 한다. 부정적인 결과를 수행할 때는 구어적인 상호작용과 눈맞춤은 거의 하지 말아야 한다. 반응대가는 부적절한 행동을 다루는 데 유용한 출발점이 된다. 타임아웃은 청소년들에게 효과적인 후속결과가 되기도 한다.

과제 수행 행동을 증가시키기 위한 활동

몇 가지 사회, 정서 및 행동 문제는 더 낮은 학업성취를 초래한다. 하지만 낮은 수준의 좌절감과 인내심을 가진 학생들은 많은 노력이 필요한 학업과제를 완수해야 할 때 쉽게 당황해 버리게 된다. 과제 회피와 과제 방해 등의 행동문제는 또한 학업과제를 마치는 데 도움이 되지 못한다. 좀처럼 학생 자신의 능력으로 시간 내 과제를 완수하지 못하는 학생은 과제 수행 속도가 느리다는 문제를 가질 수도 있다. 다음의 활동은 주의집중 행동을 증가시키기 위한 제안이다.

- 학업과제를 회피하는 학생에게는 비슷한 기술을 사용할 수 있는 다양한 활동 중 하나를 선택할 수 있게 한다. 대개 교사가 선택한 것을 하는 것보다 학생이 스스로 선택한 과제를 하는 것이 더 낫다고 생각하게 하는 것이다. 그리고 학생들에게 빨간 펜을 사용하거나 교실의 다른 곳에서 공부할 수 있도록 하는 등 다양한 방식으로 학업과제를 마치는 것을 허용한다. 자극의 다양성(예: 녹음기, 컴퓨터, 복잡한 자료)은 학생이 과제에 대한 집중을 유지하도록 할 수 있다.
- 학습과제를 작게 나누고 나서 학생이 과제를 시작하고, 두세 문제를 풀고 나면 보상을 제공한다. 이것이 과제를 회피하려는 학생을 과제에 참여하게 한다. 또한 학생이 과제를 끝마치고자 지속적으로 과제를 수행하는 것을 격려하기 위하여 과제가 끝날 때 강화로 상을 줄 수 있다.

- 학습과제 완수 시에는 그 속도를 증가시키기 위하여 학생이 타이머와 진보 차트를 이용하여 공부하게 한다. 예를 들어, 많은 수의 추가 문제를 정해진 시간 내에 정확하게 끝마치게 되면 그것을 그래프에 표시한다. 학생의 학습 속도에 향상이 있으면 과제의 난이도를 높일 수 있다.
- 과제를 느리게 하는 것을 막기 위하여 유관계약(contingency contract)을 맺는다. 만약 정해진 시간 안에 학업과제의 특정 부분을 완수하면 교사와 학생 간에 학생이 과제의 나머지 부분은 하지 않아도 된다는 것에 동의할 수 있다. 또한 이 계약은 특정 수준의 정확도(응답 중 85%나 그 이상)가 수립 · 유지될 수 있도록 함으로써 학생이 과제를 대충 마무리하는 것을 견제해야 한다. 따라서 합리적인 시간 안에 과제를 정확히 수행하면 보상을 제공한다.
- 학생이 창밖을 쳐다보는 것과 같은 과제방해 행동을 보일 때는 학생이 자신의 행동을 지각할 수 있도록 교사가 학생에게 가까이 다가간다. 또한 잘하는 학습자와 짝을 맺거나 혹은 적절한 행동을 유도하는 모델링을 사용하게 한다.
- 난이도가 서로 다른 일련의 문제들을 준비한다. 낮은 수준의 좌절감과 인내심을 보이는 학생은 우선 자신의 수준에 맞는 과제를 수행한다. 점진적으로 시간 제한을 두도록 한다. 학생의 진보사항을 기록하고 진도 단계를 보상한다. 학생이 다양한 시간 간격에서 과제를 완수한 후에는 보다 어려운 과제로 이 같은 절차를 반복한다.
- 과제를 회피하는 학생이 과제를 시작하면 격려해 준다. 이 학생에게는 처음 두세 문제가 이미 풀어져 있는 학습지를 준다.
- 출발-도착 경주 게임이나 카드 놀이처럼 게임 형식으로 학업과제를 제시한다.
- 자기 교정 자료를 사용하여 즉각적인 보상을 제공하고 실수를 감소시킨다. 학업과제를 회피하는 학생은 실패를 회피하려고 할 수도 있다. 그러나 자기 교정 자료를 활용하면 실패가 친구들에게 알려지지 않으면서 학생이 즉각적으로 답을 교정받을 수 있다.
- 학생이 학업과제를 완수한 후에 제공되는 강화를 선택하기 위하여 돌림판을 사용한다. 돌림판은 두세 개의 서로 다른 크기의 파이 모양으로 된 여러 부분으로 나누어질 수 있고, 작은 부분에는 선호하는 강화물을 걸고 크기가 좀 더 큰 부분에는 좀 덜 선호한다고 생각되는 강화물을 걸어 둔다. 학생은 돌림판을 돌려 돌림판이 멈춘 곳에 표기된 목록대로 강화물을 받는다. 이는 예측 불가능한 요인이 될 뿐 아니라 다양한 강화물로 인해 '무엇이 걸릴지 알 수 없는 동기부여자'의 역할을 톡톡히 한다.
- 학생이 타인으로부터의 보조를 원할 때는 도움요청 카드를 사용한다(Paine et al., 1983). 9×12인치 종이를 세울 수 있게 삼각형 모양으로 접어 붙이고 한 쪽에 '공부를 계속합니다.'를, 다른 쪽에는 '도와주세요'를 쓴다. 도움이 필요할 때, 교실의 앞쪽을 향하여 '도와주세요'가 쓰인 쪽을 놓으면 학생은 '공부를 계속 합니다' 쪽을 바라보게 된다. 개별 학생에게는 교사가 도움을 줄 수 있을 때까지 사용될 수 있는 과제용 폴더를 제공한다. 만약 과제용 폴더가 자기 교정 자료를 포함하고 있다면, 학생이 느끼게 될 좌절은 감소하게 되고 성공은 증가하게 된다. 작업용 폴더는 학생의 교수적 요구(예: 특별한 기술 연습하기)와 관련된 과제를 포함한다. 도움요청 카드는 학생이 손을 들지 않고 혹은 진행 중인 수업을 방해하지 않고 도움을 요청할 수 있도록 해 준다. 추가 작업용 폴더는 학생이 즉각적인 교사의 보조 없이도 다른 학업과제를 생산적으로 지속할 수 있도록 한다. 또한 도움요청 카드는 학생이 과제를 지속하는 것을 상기시키기도 한다.

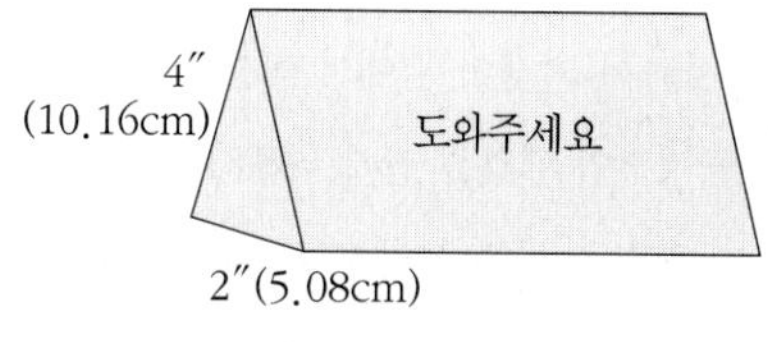

- 학생의 행동을 유지하기 위하여 피드백 차트를 사용

한다. Paine 등(1983)은 피드백 차트가 학생에게 진보사항을 시각적으로 보여 줄 수 있고 교육적인 결정을 하는 데 있어 도움을 줄 수 있다고 하였다. 차트는 모든 학생이 볼 수 있는 곳에 부착하고, 다음의 네 영역으로 나누는 것이 좋다.

즉시 과제를 시작하세요.	지시사항을 따라 주세요.
주어진 시간 동안 과제를 끝마치세요.	선생님에게 2개 이하의 경고를 받습니다.

• 학생 각각은 4개의 사각형으로 나누어진 빈 카드를 받는다. 그날 교사는 학생이 바람직한 행동을 할 때 각 빈칸에 (+) 표시를 해 준다. 일정 시간이 지난 후, 학생은 표시된 수만큼 자유시간, 게임하기, 기타 치기 등의 활동과 교환할 수 있다. 교사는 다른 학업시간에도 사각형 카드를 사용할 수 있다. 또한 그룹별 차트를 만들어 반복적으로 사용할 수도 있다.

	수학		읽기		언어	
앨런	+			+	+	
				+		
엘리스	+	+		+		+
	+		+			
클레이턴		+		+	+	+
		+		+	+	+

• 과제를 끝마치지 않은 학생은 집에서 숙제를 하는 특권을 가질 수 있도록 한다(Lieberman, 1983). 학생은 교사의 지도하에 방과 후 5일 동안 남게 되며, 정해진 시간 안에 할당된 과제를 완성하게 된다. 그 후 학생은 5일 동안 학교와 집에서 번갈아 가며 숙제를 한다. 마지막으로 학생은 집에서만 숙제를 하도록 허용된다. 그러나 학생이 집에서 숙제를 다 해 오지 않는다면 다시 5일 동안 교사의 보호관찰하에 놓이게 된다. 따라서 학생이 집에서 숙제를 해 오는 특권을 얻는 긍정적인 결과를 얻기 위해서는 숙제를 해 오지 않아서 학교에 남아야 하는 부정적인 결과에 반대로 하면 된다.

사회성 발달을 위한 중재

정의적인 영역에서 사회성 발달은 교육 관련 연구에서 큰 관심을 받아 왔다. 사회적 능력은 인성 발달 변인과 사회적 상호작용 요인 간의 상호작용을 포함하는 포괄적인 구성개념이라 할 수 있다(Bender, 1995). 사회적으로 능력이 있는 개인은 사회성 기술이 사용될 수 있는 상황을 지각할 수 있고, 주어진 상황에 적절한 사회적 기술을 구분할 수 있으며, 긍정적인 결과를 높여 주는 방식으로 적절한 사회성 기술을 수행할 수 있다. 학습문제를 가진 많은 사람들은 빈약한 사회적 능력을 가질 높은 가능성과 성인 생활에 필요한 광범위한 사회적 요구 때문에 왜 우리가 그들의 사회적 능력에 대해 관심을 많이 기울여야 하는지를 쉽게 이해할 수 있을 것이다. 사회적 능력의 한 요소인 사회성 기술은 상호작용의 상황에서 학습되고 실현되는 분명한 행동이며, 학습문제를 보이는 학생들이 포함된 여러 중재연구의 주제가 되어 왔다.

사회성 기술 훈련

몇 가지 방법이 학습문제가 있는 학생들의 사회성 기술을 향상시키기 위하여 사용되어 왔다(Elksnin & Elksnin, 1998; Schumaker & Hazel, 1984). 하나의 기법은 사회적 목표행동과 관련 있는 선행사건과 후속결과를 조작하는 것이다. 예를 들어, 환경적인 사건은 부적절한 사회적 행동의 출현 가능성을 감소시키면서 앞으로 적절한 사회적 행동이 발생할 가능성을 증가시키는 노력으로 변화될 수 있다. 이 기술을 훈련하는 접근법으로는 협력적인 목표의 활용, 사회적 반응의 발생을 유도하는 특정 후속결과의 억제, 집단적 결과의 활용, 가정을 기반으로 한 결과 관리체계의 활용이 있다. 부적절한 사회적 행동의 비율을 감소시키기 위하여 사용되어 온

기술 중 하나는 개인 행동(예: 행동에 대한 자기 기록과 자기 평가)의 자기 통제에 목표를 둔 인지적 훈련이다.

또한 개인 간의 사회성 기술은 직접교수를 통하여 향상된다. Schumaker와 Hazel(1984)은 그간 사회성 기술의 획득을 촉진하기 위하여 사용된 네 가지 교수 중재 유형을 소개하고 있다.

1. **묘사**는 교사가 기술을 어떻게 적절하게 수행해야 하는가를 설명해 주는 기본적인 구어기술을 포함한다.
2. **모델링**은 사회적 기술을 살아 있는 모델이나 필름, 오디오테이프 혹은 그림 모델로 설명하는 것을 포함한다.
3. **시연**은 학생이 순서대로 단계를 기억할 수 있도록 하기 위해 기술의 단계를 언어적으로 반복한다. 학생들이 기술을 수행하려 할 때 다음에 무엇을 해야 할지와 구조화된 연습에서(예: 역할극 활동) 자기 교수를 할 수 있다.
4. **피드백**은 학생들에게 그들이 각 단계를 얼마나 잘 수행해야 하는가와 어느 정도 성취가 이루어져야 하는가에 대한 정보를 제공하고 시연한 것에 따라 구어적으로 강화를 주는 것을 포함한다.

종종 이러한 절차는 종종 사회성 기술훈련 중재에 포함되기도 하고 사회성 기술 교육과정에 사용하기도 한다. 사회성 기술 교수의 기본적 원리는 교수를 위해 선택된 행동이 학습자의 환경에 속한 사람들에 의해 가치 있다고 여겨져야 한다는 것이다. Pray, Hall과 Markley(1992)의 개별화 교육 프로그램에 선택된 사회적 행동을 분석한 연구에서는 학업과 관련된 사회성 기술(예: 지시 따르기나 과제에 집중하기와 같은 과제 관련 기술)이 사람들 간의 기술(예: 대화 나누기나 전문성 수용하기)보다 더욱 두드러졌다. 비슷하게 Mellard와 Hazel(1992)은 학습문제를 가진 개인의 고용에 있어서 비학업적인 속성이 학업적인 속성보다 더 효과적이 될 수 있다고 주장한다. 따라서 Pray 등, Mellard와 Hazel은 이 학생들이 대인기술에 더 많은 관심을 가질 것을 권고하였다. 그들의 또래 상호작용을 촉진하기 위해서는 비공식적인 대화와 놀이기술과 같은 영역에 관심을 가져야 한다. 다음의 사회성 기술 교육과정은 4개의 주요 영역으로 구성된다.

1. **대화기술**에는 신체언어, 다른 사람에게 인사하기, 자기소개, 긍정적인 듣기, 질문에 대답하기, 올바르게 대화에 끼어들기, 질문하기, 작별인사 하기, 담화 나누기가 포함된다.
2. **우정기술**에는 친구 만들기, 고맙다고 전하기, 칭찬해 주기, 감사 받아들이기, 칭찬 받아들이기, 그룹 활동에 참여하기, 다른 사람과 활동 시작하기, 도와주기가 포함된다.
3. **어려운 상황 관련 기술**에는 비난하기, '안 돼'라는 말 받아들이기, 비난 받아들이기, 교수 따르기, 괴롭히는 것에 반응하기, 또래 압력에 저항하기, 사과하기가 포함된다.
4. **문제해결 기술**에는 협상하기, 합리적인 것 제시하기, 설득하기, 문제해결하기, 도움 얻기, 피드백 요구하기가 포함된다.

Sugai와 Fuller(1991)는 사회성 기술 교육과정을 연구하는 데 매우 뛰어난 의사결정 모델을 제시하였다. 그들의 모델은 배경, 평가, 교수와 각 영역에서 통찰력 있는 질문을 하기 위한 특성을 소개한다. Bender와 Wall(1994)은 사회성 기술 훈련이 학습문제를 지닌 학생을 돕는 데 성공적일 수 있다고 주장한다. 그러나 이 연구의 대부분은 단기적인 결과에 초점을 맞추고 있다. 따라서 사회성 기술 훈련이 고용의 일상적인 환경, 중요한 사람들과의 상호작용 혹은 여가로 일반화되는지에 대한 추후 연구가 필요하다(Bender & Wall, 1994; Mellard & Hazel, 1992). 사회성 기술 훈련에 관한 53개 연구논문의 분석에서, Forness와 Kavale(1996)은 사회성 기술 훈련이 평균 30시간 혹은 그 이하(즉, 10주 이하로 일주일에 3시간 미만)로 진행되는 경향이 있고 상대적으로 중간수준의 효과를 내고 있다는 것을 알아내었다. 연구자들은 오래 지속된 문제일수록 중재기간이 더 길어지는 것이 좋은데 이것이 일반화와 장기적인 효과를 이끌어 낼 수 있을 것이라고 제안하였다. 또한 보다 효과적인 사회성 기술 훈련의 중재를 설계하고 고안하기 위하여 Gresham, Sugai와 Horner(2001)는 사회성 기술 훈련은 10~12주에 걸쳐 30시간 이상 더 자주 이루어져야 하며, 중재는 개인의 사회성 기술 결함과 직접적으로 연결되어야 한다고 하였다.

사회성 발달 활동

사회적으로 미성숙한 학생은 또래들과 잘 어울리는 능력이 부족하고 또래 집단에서 흔히 나타나는 사회성 기술이 부족하다. 학생은 반사회적 행동에 참여할 수도 있고 그들 자신의 책임과 다른 사람들에 대한 권리를 인식하는 데 실패할 수도 있다. 사회적으로 위축되면 학습에서 성공의 부족을 초래하기도 한다. 다음은 사회적으로 미성숙한 학생들을 도와줄 수 있는 활동이다.

- 다양한 활동에서 위축된 학생을 능력 있고 사회적으로 성숙한 또래들과 짝 지운다. 그들은 학습과제를 완수하기 위해 협력하거나 게임을 하는 동안에도 한 팀을 이루어야 한다. 따라서 이 상황에서 성공 혹은 실패 여부는 두 학생에게 달려 있다.
- 만약 한 학생이 다른 학생을 괴롭힌다면 괴롭힘을 당한 학생에게 괴롭히는 행위를 무시하도록 하고, 다른 괴롭힘을 이끌어 내는 반응이 전혀 없을 때 그 학생을 보상한다. 따라서 괴롭히는 학생은 교사나 또래에게서 부적절한 행동에 대해 어떠한 관심도 받아서는 안 된다. 또한 괴롭히는 행위를 줄이기 위하여 자기 기록하기가 사용될 수 있다. 학생에게 이름, 날짜를 쓸 선이 그어진 종이를 한 장 주고, 학생이 괴롭히는 행위를 보일 때마다 칸에 표시하게 하고 그 수를 조사한다. 부적절한 행동에 대한 자기 기록하기는 학생이 괴롭힘 행동을 감소시키도록 도와줄 수 있다.
- 사회적으로 위축되거나 거부당하는 학생에게는 또래교수의 튜터와 튜티 관계를 활용한다. 소시오그램을 통해 적절한 짝을 찾을 수 있다. 또래교수는 비밀스럽지만 구조화된 활동 안에서 적절한 또래 접촉을 고무시킬 수 있다.
- 다양한 사회성 기술을 가르치기 위하여 모델링 기술을 사용한다. 사회적으로 미성숙한 학생이 있을 때는 적합한 사회적 행동 모델을 칭찬한다.
- 위축된 학생은 그들이 말하고자 할 때 녹음기를 사용하도록 격려한다. 만약 그들의 감정을 나누고자 한다면 교사는 듣는 것이 매우 기쁜 것이라는 사실을 알려준다. 교사는 학생이 원한다면 녹음테이프로 응답할 수도 있다. 이때 위축된 학생에게 생각을 말하고 서로 감정을 나누도록 격려하는 것이 첫 단계가 된다.
- 일어날 수 있는 사회적 상황의 다양성을 보여 주기 위하여 역할놀이를 활용한다. 특별한 문제에 대하여 몇 가지 성숙한 반응에 대해 토론한다. 학생이 비슷한 사회적 사건을 따라 할 때 적용할 수 있는 해결책 하나를 보여 주어야 한다.
- 종종 또래들에게 호전적인 학생이 있을 때 그 학생을 무시하고 비난에 관심을 둔다. 호전적인 학생에게서 협력적이고 평온한 행동이 나타나면 그것을 강화하고 적절한 행동은 보상한다.
- 학생이 감정을 표현하는 어휘를 발달시킬 수 있도록 격려한다. 크고 두꺼운 종이 위에 주머니를 붙이고, 각 주머니 안에 서로 다른 표정(예: 웃기, 찌푸리기, 심각함)을 나타내는 얼굴을 넣어 둔다. 그림 카드 위에 감정(슬픈, 기쁜, 근심스러운, 놀라운, 즐거운, 괴로운, 신경질적인)을 표현하는 단어를 쓴다. 학생에게 각 단어와 단어가 나타내는 감정을 표현하는 그림을 짝 짓도록 가르친다. 카드의 뒤에는 감정에 맞는 올바른 얼굴을 그릴 수 있는데, 이를 통해 학생은 답을 점

검해 볼 수 있다. 감정 단어를 가지고 하는 다른 놀이로는 일련의 단어를 제공하고 학생에게 감정을 나타내는 방식으로 단어를 써 보게 하는 것이 있다.

두려워하는	afraid
부끄러운	shy
흥미진진한	EXCITED
흥분하기 쉬운	jumpy

중등 연령의 학생들은 불쾌한/유쾌한의 범주로 나뉠 수 있는 감정을 표현하는 단어를 포함하여 어휘를 증가시킬 수 있다.

불쾌한	유쾌한
부동(浮動)적인	성취하는
배반하는	자신감 있는
구제할 수 없는	희열의
마음이 산란한	황홀한
의심스러운	만족스러운
성나게 하는	열중하는

- 학생 개개인이 각기 다른 상황에서 그들의 기분이나 감정을 표현하도록 한다. 카드 목록에 사건을 쓴다(예: '학교 갈 시간이다.' '무엇을 해야 할지 모르겠다.' '나는 돈이 없다.' '우리 선생님이 나를 보고 웃으신다.' '내 생일이다.'). 다양한 분위기의 범주를 구분할 수 있는 주머니가 달린 두꺼운 종이를 사용한다. 각 학생은 카드 한 장을 선택하고 큰 소리로 읽고 나서 그들에게 감정을 느끼게 했던 사건을 설명하고는 그 감정에 해당하는 주머니에 넣는다. 그리고 교실 상황에서 다양한 감정을 보이는 학생들의 사진 찍는다. 학생은 그 사진을 보며 그 때의 감정과 상황을 설명할 수 있다. "케빈은 매우 자랑스러워해요. 그는 안전순찰대의 대장 배지를 달고 있지요." 학생들은 사진을 관찰함으로써 그 상황에 사용되는 표현에 더욱 민감해진다.
- 교실 모임을 만들어 학생들이 어떤 상황이나 학생과 관련된 것들에 대한 질문에 대해 토론하도록 한다. 중등학생들에게는 개별 학생이 참여할 수 있도록 기회를 제공하는 것이 좋다. 교사는 교실을 돌아다니면서 학생이 토론을 계속할 수 있도록 하고 가능한 한 모든 사람이 참여할 기회를 갖는지 확인해야 한다.

사회성 발달영역의 교수용 게임

많은 활동이 학생의 관심과 참여를 자극하기 위하여 게임 형식으로 제시될 수 있다. 또한 게임은 긍정적인 또래 상호작용을 촉진하고 교사가 특별한 사회적 행동(예: 협력하기, 순서 나누기, 감정 표현하기)에 몰입할 수 있게 한다. 다음의 게임은 적절한 사회적 행동을 촉진하기 위하여 설계되었다.

최선과 최악 게임

자료: 종이와 연필

방법: 교사는 사회적 상황을 설명하고 개별 학생들에게 해당 상황에 대한 반응 중에서 최선의 것과 최악의 것을 받아 적게 한다. 각 학생은 그들의 응답을 읽고 제시된 선택들을 토론한다. 최선의 답을 한 학생(문제 제출자에 의해 결정됨)은 다음 사회적 상황을 설명하고 토론을 이끈다.

사회화 게임

자료: 출발-도착 게임판, 개인적인 질문을 포함하는 카드 세트, 사인펜

방법: 게임판은 경기자들에게 감정, 관계, 활동에 대하여 자유롭게 이야기할 기회를 줌으로써 사회성 기술을 향상시키는 데 사용될 수 있다. 게임자는 주사위를 굴리고 나온 수만큼 게임판 위에서 말을 움직인다. 그런 다음 게임자는 카드 한 장을 뽑고 다른 게임자는 답을 함으로써 질문에 응답해야 한다. 먼저 도착점에 도착한 사람이 우승한다.

질문의 예: "너 혼자 있기 좋아해? 그때가 언제인데?" "만약 네가 이 세상 어느 누구라도 될 수 있다면 누가 되

고 싶어? 왜 그런데?" "너의 인생에서 가장 행복한 날에는 어떤 일이 일어났니?" "만약 네가 학교에 가지 않는다면 어떤 일을 하고 싶니?"

의사결정 게임

자료: 바닥에 5개의 평행선을 테이프로 표시한다.

방법: 교사는 학생들에게 5개의 선이 (오른쪽에서 왼쪽 순으로) 매우 맞음, 다소 맞음, 결정하지 못함, 다소 틀림, 전혀 틀림을 나타낸다고 설명한다. 교사는 이야기를 하거나 상황을 설명하고 나서 학생들에게 그 이야기나 상황에 대한 자신의 의사결정에 맞는 선 쪽으로 이동하도록 지시한다. 그리고 각 학생은 왜 해당 선에 섰는지를 설명한다.

이야기나 상황의 예: 존은 윌리엄이 선생님의 책상에서 25센트 동전 두 개를 가져가 주머니에 넣는 것을 보았다. 존은 윌리엄에게 그 돈을 돌려드리라고 했지만 윌리엄은 거절했다. 그러자 존은 선생님에게 가서 윌리엄이 돈을 가져갔다고 말했다. 존이 선생님에게 말한 것은 잘한 결정일까, 아니면 잘못한 결정일까?

상업용 사회성 발달 프로그램

다양한 상업용 프로그램은 학생들이 다른 사람들과 서로 잘 지낼 수 있도록 도와 주기 위하여 설계되었다. 다음의 프로그램은 학습문제를 지닌 학생들의 사회성 발달을 촉진하기 위하여 사용될 수 있다.

초등학생용 스킬스트림, 청소년용 스킬스트림

이 두 가지 매뉴얼은 모델링(특별한 기술로 구성된 행동 단계를 시연하기), 학생 역할놀이(검토하기, 시연하기, 기술의 개별 단계 완수하기), 수행 피드백(역할놀이 평가하기) 그리고 훈련의 전이(실제적인 상황에서 기술을 사용할 수 있도록 하기)가 포함된 구조화된 학습방법에 기초하여 전문적인 사회성 기술을 가르치기 위한 프로그램을 제공한다. 초등학생용 스킬스트림(Skillstreaming the Elementary School Child; McGinnis & Goldstein, 1997)에서는 60개의 특정한 전문 사회성 기술(예: 도움 요청하기, 집단 내 압력 다루기, 결과 수용하기)이 감정 다루기, 교실 생존기술, 공격성의 전환, 친구 만들기 기술, 호전성을 바꾸기, 스트레스 조절하기의 내용영역으로 제시된다. 청소년용 스킬스트림(Skillsreaming the Adolescent; Goldstein & McGinnis, 1997)은 기초와 심화된 사회성 기술, 감정 다루기, 호전성 바꾸기, 스트레스 다루기 그리고 계획 수립하기의 내용영역 안에서 50개의 친사회성 기술(예: 대화 시작하기, 목표 세우기, 친구를 위하여 의견 말하기)이 제시된다. 비디오 프로그램을 활용하면 이 매뉴얼에 있는 개념들과 훈련절차를 이해하는 데 도움을 얻을 수 있다.

청소년을 위한 왁스먼 사회성 기술 교육과정

청소년을 위한 왁스먼 사회성 기술 교육과정(The Waksman Social Skills Curriculum for Adolescents; Waksman & Waksman, 1998)은 사회성 기술의 결함, 행동장애, 과잉행동, 정서적인 문제를 보이는 10~15세의 학생들에게 적합한 행동기술을 가르치는 것을 목적으로 한다. 이 프로그램은 학습지를 사용하여 9주 동안 총 18회기를 진행한다. 또래, 교사, 가족들과 잘 지내기; 감정을 적합하게 표현하기; 비난과 칭찬을 수용하기; 사회성 문제 해결하기; 또래 압력/거절 기술, 긴장과 분노 관리하기; 효과적으로 의사소통하기; 주장하기와 자아개념 향상시키기 등이 포함되어 있다. 이 프로그램은 개인이나 집단 모두에게 사용될 수 있으며 특정 목표와 목적, 자료용 워크북, 숙제 그리고 교수법이 포함되어 있다.

워커 사회성 기술 교육과정

ACCEPTS 프로그램(Walker et al. 1983)은 유치원에서 초등 6학년에 해당하는 학생들을 대상으로 또래 간 사회성 기술을 가르치는 사회성 기술 교육과정이다. 28개의 교실 관련 능력과 다음 5개 영역이 제시된다. (1) 교실기술(예: 교사의 말에 귀 기울이고 교실 규칙 다루기), (2) 기본적인 상호작용 기술(예: 눈맞춤, 경청하기, 순서 지키기), (3) 서로 잘 지내기 기술(예: 조용하게 단어 말하기, 나누기, 다른 사람 도와주기), (4) 친구 만들기 기술(예: 훌륭한 차림새, 웃기, 격려하기), (5) 대처하기 기술(예: 분노를 표현할 때, 괴롭힘을 당할 때, 옳은 것을 하지 않을 때)이다. ACCESS 프로그램(Walker, Todis, Holmes, & Horton, 1988)에서는 중등학교 학생들에게 또래 대 또래 기술, 성인 관련 기술, 자기 관리기술을 가르친다. 30개 사회성 기술을 다음의 3개 영역으로 나누었다. (1) 또래 관련(예: 이성과 상호작용하기, 소외, 집단 내 알력 조절하기), (2) 성인 관련(예: 성인의 의견과 다를 때, 독립적으로 과제를 할 때, 좋은 공부 습관을 개발할 때), (3) 자기 관련(예: 조직화하기, 자기 통제 사용하기, 자신에 대해 좋은 감정 가지기)이다. 교육과정은 일반교육 교사와 특수교육 교사 모두 사용할 수 있도록 설계되었고, 일대일이나, 소그룹 혹은 대그룹 교수의 형태로 가르칠 수 있다.

정서 발달을 위한 중재

학습문제가 있는 개인의 정서 발달은 관련 중재의 개발과 연구의 한 영역으로 인식되어 왔다. 여기에서는 정서 발달을 촉진하기 위하여 사용될 수 있는 몇 가지 중재를 소개하고자 하는데, 독서요법, 귀인 재훈련, 라이프 스페이스 상담, 현실요법, 기분 상태를 향상시키기 위한 기술, 투사기술 등이다.

독서요법

독서요법(bibliotherapy)은 학생들이 자기 자신과 그들의 문제를 더 잘 이해할 수 있도록 읽기자료를 사용하는 교수기술이다. 책 속 등장인물은 학생이 직면한 문제와 유사한 문제와 상황에 대처하도록 학습한다. 학생은 등장인물을 판별하면서 정서적 긴장을 늦추고 자기 자신과 직면한 문제를 더 잘 이해하게 된다. 또한 읽기를 선택할 때 등장인물, 태도, 가치 그리고 상황이 학생에게는 모델로 제공될 수 있다.

Hoagland(1972)는 독서요법이 효과적이기 위해서는 학생이 책을 읽은 직후에 다음의 세 가지 과정을 실시해야 한다고 주장하였다. (1) 정의하기: 학생은 문제와 개인적 연관성이 있어야 하고, 자기 자신의 상황과 유사한 무언가가 있다는 것을 볼 수 있거나 스스로 그것을 판단할 수 있어야 한다. (2) 정화(catharsis): 문제와 관련하여 학생들은 정서적인 긴장을 이완시켜야 한다. (3) 관점: 등장인물 혹은 줄거리를 강조함으로써 학생이 자신의 정서적인 상태를 더 잘 이해하도록 한다.

Forgan(2002)은 독서요법과 읽기 전 · 중 · 후의 토론하기, 문제해결 및 강화 활동의 네 가지 요소가 포함된 문제해결을 가르치는 구조에 기반을 둔 교수 계획을 제시하였다. 학생과 책을 토론하기 위하여 Cianciolo (1965)는 다음의 단계를 제안하고 있다.

1. 되풀이해서 말하고 사건, 감정, 관계 그리고 행동을 강조한다.
2. 감정, 관계 그리고 행동의 변화에 대해 토론한다.
3. 학생의 삶, 생활과 유사한 사건이나 다른 도서문집을 찾는다.
4. 일어났던 결과를 탐구한다.
5. 대안적 행동의 결과나 유용함에 대하여 일반화시킨다.

학생은 똑같은 문제를 경험했던 다른 사람들의 방법에서부터 시작할 수도 있고, 문제를 해결하기 위하여 한 가지 이상의 방법을 시도해 볼 수도 있다.

독서요법의 프로그램을 위하여 선택된 책은 특정 요구에 초점을 맞추어야 하며 학생의 수준에 맞게 쓰인 것이어야 한다. 또한 그것은 실질적인 접근방법을 묘사해야 하고 실제 세계에서 만날 것 같은 인물이 등장해야 한다. Sridhar와 Vaughn(2000), Forgan(2002), McCarty와 Chalmers(1997)는 독서요법에 사용하기 적합한 주제를 다룬 책을 소개하였다. 그리고 주제와 연령 수준을 참조 표시한 다양한 독서요법으로부터 적절한 책을 선택한다. 독서요법은 창의적인 활동(예: 미술, 드라마, 쓰기, 역할놀이)과 함께 사용될 수 있다. Sridhar와 Vaughn은 독서요법이 읽기이해를 향상시키고 자아존중감을 높이며 학습 및 행동 문제를 지닌 학생의 행동을 향상시킬 수 있다고 주장하였다. 또한 독서요법은 주장하기의 발달, 태도 변화, 자기 발달을 위해 효과적이라고 보고하고 있다. 비록 독서요법 연구가 그리 많이 이루어지지 않았지만, 학습문제를 지닌 일부 학생들에게는 그들의 사회·정서적 요구와 관련 있는 도서자료를 제공하는 것이 도움을 줄 수 있을 것이다.

귀인 재훈련

귀인(attribution)은 사건의 원인에 대하여 개인이 가지고 있는 믿음을 의미한다. 학생들은 그들이 왜 성공 혹은 실패했는가에 대하여 서로 다른 생각을 갖는다. 내적인 통제소를 믿는 학생들은 어떤 행위의 결과가 자신의 능력이나 노력에 기초한다고 설명한다. 반면 외적인 통제소를 가진 사람들은 행운이나 과제 난이도와 같이 그들의 통제 밖의 요인이 자신의 운명을 결정한다고 믿는다.

학습장애가 있는 학생들은 전형적인 성취를 보이는 학생들에 비해 그들의 성공이 외부 요인에 의해 이루어진다는 믿음이 강한 편이다(Chapman & Boersma, 1979; Pearl, Bryan, & Donahue, 1980). Bryan(1986)은 학생들에게 학업적 성공에 대해 더욱 긍정적이고 자기 최면적인 기대를 가질 수 있도록 유도하는 것이 유리할 것이라고 주장하였다. 학습문제가 있는 학생들은 학업 실패를 많이 경험했기 때문에 그들의 지적 능력에 대한 믿음이 부족하고 그들이 어려움을 극복하기 위하여 할 수 있는 그 어떤 것도 잘 하려고 하지 않는다. 따라서 이 학생들은 성취를 위한 노력을 많이 하지 않는데, 특히 어려운 자료가 제시되었을 때는 더욱 그러하다. 다시 말하면, 반복된 실패가 학생들이 어려움을 극복할 수 없다고 믿어 버리게 할 수 있으며 자신의 능력에 대한 믿음은 그들의 성취 노력과 과제 수행에 영향을 미친다는 것이다.

귀인 재훈련(attribution retraining; Schunk, 1981; Shelton, Anastopoulos, & Linden, 1985)에서는 학생들에게 실패의 원인이 노력을 충분히 기울이지 않은 것 때문이라고 가르쳤을 때 학생이 곤란에 직면해도 계속해서 과제를 수행하여 결국 학생의 수행을 향상시킬 수 있다는 연구결과가 나왔다. 관련 연구에서 학생들은 학습 과제에 참여하고 노력의 중요성을 강조하는 피드백을 받는다. 귀인 재훈련 연구를 종합·분석한 Bryan(1986)은 어쨌든 귀인 재훈련이 귀인을 변화시키게 되면 행동의 지속성을 성취하는 데 있어 성공적이라고 보고하였다. Fowler와 Peterson(1981)은 학생들이 적절한 노력 귀인을 말로 표현하도록 촉진하고 칭찬하는 것이 학생들이 실패했을 때 그냥 간단하게 말로 좀 더 노력하라고 하는 것보다 더 효과적일 수 있다고 주장하였다. 학생이 실패를 경험하게 되는 이유로 노력이 강조되기도 하지만, 그 외에도 비효과적인 과제전략을 실패 요인으로 지적해 주는 것도 도움이 될 수 있다(Licht, 1984). Bryan(1986)은 교사가 학습문제를 지닌 학생들에게 새로운 기술을 배우고 그것을 적용하는 것이 그들이 어려움을 극복하는 데 도움이 될 것이라는 사실을 전달해야 한다고 하였다.

Ellis, Lenz와 Sabornie(1987b)는 귀인 재훈련과 관련하여 다음의 교수절차를 제안하고 있다.

1. 학생들에게 노력을 반영하는 진술을 하도록 가르친다.
2. 학생들에게 비효과적인 전략을 사용하면 어려움에

직면할 수 있다고 가르친다.

3. 학생들에게 새롭게 배운 전략들을 가지고 성공할 수 있게 한다.

라이프 스페이스 상담

라이프 스페이스 상담(life-space interviewing)은 위기나 일상생활의 문제를 관리하기 위하여 교실에서 사용할 수 있는 구어전략이다. 이 기술은 학생이 독립적으로 문제를 해결하도록 상황을 구조화하게 한다. 그리고 이 상담은 판단으로부터 자유로울 수 있도록 한다. 교사는 단순히 청취자가 되고, 학생이 문제를 어떻게 조절해야 할지를 결정하는 데 도움을 주는 조력자의 역할을 하게 된다.

Morse(1971)는 라이프 스페이스 상담의 단계를 다음과 같이 제시하였다.

1. 특정 사건에 참여한 모든 학생은 방해 없이 사건에 대한 자신의 의견을 말할 수 있도록 한다.
2. 교사는 학생의 판단에 관여하지 않고 학생의 의견을 듣고 각 학생이 정확히 인식하고 있는지를 결정하기 위하여 질문을 던진다.
3. 만약 학생이 동의할 수 있는 수준으로 문제를 해결할 수 없다면 교사는 이를 다루기 위한 수용 가능한 계획을 제안할 수도 있다.
4. 학생과 교사는 미래에 발생할 수 있는 비슷한 문제를 해결할 계획을 개발하기 위하여 함께 작업한다.

학급교사는 때때로 일상적이지 않은 스트레스 상황에서 일시적으로 감정적인 상처를 덮어 줄 수 있는 방편으로 라이프 스페이스 상담을 사용할 수도 있다. 따라서 이 기법은 정서적인 상황에서 지원을 제공함으로써 그들의 좌절과 불안을 감소시키는 데 사용될 수 있다. 행동을 변화시키고 행동적인 것과 사회적 규칙을 강화하는 것, 자아존중감을 고취하는 것, 그리고 학생이 자신과 다른 사람들의 행동과 감정에 대한 이해와 관점을 확장시킴으로써 일상의 문제를 해결하도록 돕는 것이다. 예를 들어, 운동장에서 친구와 싸운 후에 학생들은 좌절과 분노를 풀 수 있도록 하기 위하여 라이프 스페이스 상담에 참여할 수도 있다. 교사는 학생이 상황에 대하여 다양한 측면에서 볼 수 있으며 타인의 권리를 이해할 수 있도록 지원과 보조를 제공한다.

Wood와 Long(1991)은 위기는 항상 구어적인 개입을 필요로 한다는 의미에서 라이프 스페이스 상담이라는 용어를 사용하였다. 연구자들은 치료적 성과를 내는 데 성공과 실패를 결정짓는 핵심은 성인 구어 중재의 질이라고 주장하였다. 상담자로서 교사의 태도와 행동은 라이프 스페이스 상담 효과에 영향을 미친다. 교사는 학생에게 친절해야 하고 눈맞춤을 유지해야 한다. 상담자는 왜 그랬는가에 대한 질문은 회피해야 하고 어떠한 죄의식의 감정도 줄이려고 노력해야 한다. 그리고 교사는 학생이 의사소통을 할 수 있도록 용기를 북돋아 주고, 현재 혹은 미래에 사용될 수 있는 행동 계획을 함께 개발하고 있는가를 질문해 보아야 한다. 라이프 스페이스 상담기술은 시간 소모가 많고 교사가 민감해야 정서적 자극을 통제할 수 있어야 한다. 이는 학생의 행동이 가진 결과를 바라볼 수 있도록 돕고 문제를 다룰 수 있는 방법을 찾을 수 있도록 도와준다.

현실요법

현실요법(reality therapy)은 Glasser(1965)에 의해 개발되었는데 학생들에게 책임감 있게 행동하고 현실에 직면할 수 있도록 가르침으로써 자신의 행동을 관리하도록 한다. 라이프 스페이스 상담과 비슷한 면담하기 기술은 학생들이 문제에 직면했을 때 결정을 내리도록 돕는 중에 사용된다. 현실요법에서는 모든 학생은 자신의 행동에 책임을 지고 부적절한 행동은 무의식적인 동기로 인해 변명의 여지가 없다고 본다. 면담을 하는 중 학생은 정서적 지원을 받고 현재의 행동에 대하여 어떠한 판단도 내리지 않는다. 교사와 학생은 학생의 책임 있는 행동을 증가시키기 위한 계획을 개발하고 학생이 그 계획을 계속해서 실행에 옮길 수 있도록 격려한다. 학생은 무책임한 행동의 결과를 실감할 수 있도록 기대되며 어떠한 예외도 허용되지 않는다. 따라서 행동의 도덕성이 강조되고, 학생은 문제를 다루기 위하여 사회적으로 수용 가능한 방법을 배운다.

Glasser(1965)는 현실요법을 적용하기 위한 3단계를 제시하였다. 첫 번째 단계는 학생이 문제를 정의하도록 돕는 것이다. 이때 학생에게 "무슨 일이 일어났니?" "어디 가니?"와 같은 질문을 던진다. 두 번째 단계는 학생이 가치판단을 할 수 있도록 돕고, "그 행동이 네게 도움이 되니?" "그 행동이 규칙에 맞지 않는 것은 아니니?"와 같은 질문을 한다. 세 번째 단계는 학생이 부적절한 행동을 교정하기 위한 계획을 수립하는 데 참여하도록 한다(예: "너는 그 행동을 고치기 위해 무엇을 할 수 있니?"). 현실요법의 적용은 다음의 시나리오에서 그 예를 찾아 볼 수 있다.

교 사: 마이클, 무슨 일 있니?
마이클: 아무 일도 없었어요.
교 사: 나는 네가 수잔을 미는 것을 본 것 같은데.
마이클: 예, 아마 그랬을 거예요.
교 사: 그럼 어떤 일이 있었는지 말해 줄래?
마이클: 내가 줄을 서려고 달려가고 있었는데 수잔이 끼어들었어요.
교 사: 그래, 나는 네가 수잔을 고의로 민 것은 아니라고 보는데, 그래도 친구를 미는 것은 규칙에 어긋나지?
마이클: 예.
교 사: 그럼 어떻게 해야 할까?
마이클: 모르겠어요.
교 사: 그럼 한 몇 분 동안 저기 읽기 책상에 앉아서 생각해 보는 것이 어떨까? 그 문제를 해결하기 위하여 네가 무엇을 할 수 있을지 생각해 볼래?
마이클: 좋아요.
(5분 후에)
교 사: 생각해 봤니?
마이클: 예. 이번 주에는 다른 사람 뒤에 줄을 서야 할 것 같아요.
교 사: 그렇게 하면 수잔에게 도움이 될까?
마이클: 아니요.
교 사: 그렇다면 수잔을 위해 무엇을 할 수 있겠니?
마이클: 수잔에게 미안하다고 말하고 내일 내 앞에 수잔이 설 수 있게 할게요.
교 사: 그렇게 할 수 있겠니?
마이클: 네.
교 사: 좋아, 아주 좋은 계획 같아.

기분 상태를 향상시키기 위한 기술

경한 장애를 보이는 학생들 중 일부는 외로움이나 우울감에 민감하게 반응할 수 있다(Maag, 2002; Pavri & Monda-Amaya, 2000). Pavri와 Monda-Amaya(2000)는 학생들이 외로움을 다루는 데 가장 도움이 되는 전략으로 자기 주도적 전략(예: 고립된 활동에 참여하는 것 혹은 교우관계를 찾는 것)이 있다고 보고하였다. 학생의 우울감을 다루기 위하여 사회성 기술 훈련, 자기 통제 훈련 그리고 귀인 재훈련과 같은 중재기술을 사용한다. 하지만 Maag(2002)는 우울감을 다루는 데 있어 맥락에 근거한 접근법을 소개하였는데, 학생들에게 특별한 행동이나 우울의 징후를 직접 시범 보여 주고 그러한 감정이나 행동이 일어나는 환경이나 상황을 바꿀 수 있는 열 가지 특별 전략(예: 과장된 무력함, 계획적인 실수 저지르기, 완벽주의)을 제안하였다. 또한 Bender(1995)는 예민한 기질, 자살 그리고 일반적인 인성 변인을 다룰 수 있는 몇 가지의 실험적인 제안을 제시하였다.

민감한 기질

학습문제를 지닌 학생들 중 일부는 과제를 계속하는 것을 방해하거나 사회적 융통성을 보이는 데 있어 어려움을 나타내게 하는 민감한 기질적 성향을 보인다. 그래서 교육자들은 이 학생들의 민감한 기질이 보일 수 있는 부정적 효과를 줄이는 중재를 개발하기 위하여 노력해야 한다. 이 영역과 관련된 중재연구가 그리 많지 않기 때문에 이하의 제안은 실험적인 것으로 간주될 수 있다.

- 과제집중 행동을 보상하고 과제를 완수했을 때의 긍정적인 결과를 토론한다.
- 학생들에게 과제집중과 과제 이탈의 행동에 대해 자기평가를 하도록 가르친다.
- 해야 할 과제를 선택할 때 학생을 참여시킨다.
- 학생들이 활동 중에 전이를 할 수 있도록 도움을 줌으로써(예: 사건이 일어나기 전에 학생들에게 전이에 대한 단서를 시기에 맞게 제공하는 것) 사회적인 경직성을 감소시킨다.
- 자연스러운 전이를 보상하고 그 긍정적인 결과에 대해 토론한다.
- 역할놀이 게임이나 학생이 교대로 해야 하는 상황에 학생을 참여시킨다.

자살

자살에 대한 관심을 다루기 위하여 다음과 같은 제안을 할 수 있다.

- 자살 관련 그림을 가져가서 심각하게 (예: "나, 죽고 싶어.") 말하고 학생들의 의견을 기록한다.
- 학생이 자살과 관련된 신호(예: "너는 간혹 너 자신을 다치게 하는 것에 대하여 어떻게 생각하니?")에 대하여 확인을 유도한다.
- 학생들의 걱정거리에 응답할 때는 삶에 대한 확신이나 책임을 갖도록 한다(예: "나는 어떻게 그것이 너를 해치게 될지 알고 있어. 하지만 네가 함께 즐겁게 생활할 수 있는 친구를 가르치는 것이 더 좋은 것 같지 않니?").
- 만약 학생들의 생각이나 행동이 심각하게 보인다면 누군가와 함께 머물 수 있도록 한다.
- 학생의 문제를 다룰 때 전문가의 도움을 구한다.

인성 변인

다음은 인성 변인을 다루는 데 초점을 둔 중재를 제시한 것이다.

- 학생들의 문제를 인성과 분리시키고 학생을 인간적으로 비난하지 않는다.
- 학생에게 뽐낼 수 있는 기회를 준다(예: 특별한 관심을 나눌 수 있도록 하거나 내용 또는 상황이 적절할 때 그 능력을 격려해 준다.).
- 학생들에게 노력과 결과 간의 관계에 대해 지속적으로 이야기해 주고 학생이 학습목표를 세우도록 격려한다. 이 활동은 학생이 내적 통제소를 개발하는 데 도움을 준다.
- 학생의 과제를 게시판에 공고하고 외부인(예: 교장이나 다른 교사들)이 그 학생을 격려하거나 칭찬할 수 있는 상황을 만든다.

투사기술

교사는 학생이 그들의 감정이나 느낌을 투사하거나 표현할 수 있도록 고무하는 다양한 투사기술을 사용할 수 있다. 역할놀이와 손인형 놀이와 같은 창의적인 활동은 학생에게 감정을 표현할 수 있는 기회를 제공하고 강제성이 없이도 그들이 느낄 수 있는 좌절감을 감소시킬 수 있다.

역할놀이

역할놀이에서 학생들은 등장인물의 역할을 맡고 문제와 관련된 에피소드를 연기한다. 역할놀이 과정은 다음의 4단계로 구성되어 있다.

1. 명확한 문제가 정의된다(즉, 교실문제나 갈등 혹은 다른 관련 상황).
2. 문제가 설명된 후에 역할이 결정되고 다양한 학생들이 그 역할을 맡게 된다. 참여는 자발적이면 좋다. 학생들이 역할을 하도록 강요되어서는 안 된다.
3. 실제적인 역할놀이가 행해져야 하고 간략해야 한다. 한 가지 문제에 대하여 다양한 해결책이 제시될 수 있도록 같은 상황을 여러 학생들과 반복하여 연습할 수 있다.
4. 학생의 연기보다는 행동이나 역할에 초점을 두며 토론이 이루어진다.

따라서 역할놀이를 통해 학생은 다른 사람의 반응과 비슷한 상황 대처방법을 배우게 된다.

손인형 놀이

작은 인형을 사용하여 학생들이 다른 사건을 경험하고 느낌과 감정을 표현하도록 도와줄 수 있다. 동화 속 등장인물(예: 왕, 마녀, 거인, 동물)이 인간의 정서적인 경험을 표현하는 데 사용될 수 있다. 학생들은 손인형과 무대를 만들 수 있다. 인형극장을 사용하는 것은 학생들이 문제해결을 하면서 자유롭게 그들의 감정을 표현할 수 있는 위협적이지 않은 환경을 제공한다. 인형극을 공연한 후에는, 해당 문제에 대한 다른 해결책이 논의될 수도 있다.

정서 발달 활동

권위 있는 대상에 대한 반응을 향상시키는 활동

몇몇 학생들은 학교 관계자나 권위 있는 사람들에 대해 부적절하게 반응하기도 한다. 학생은 학교에 나오기를 거부하기도 하고 종종 학교 규칙을 어기는 행동으로 교사와 교장의 권위에 도전하기도 한다. 이러한 부정적인 반응이 학교와 권위 있는 대상에 대한 건강한 태도로 변화될 수 있도록 도와줄 필요가 있다. 다음의 활동은 권위 있는 대상에 대한 학생의 반응을 향상시킬 수 있을 것이라고 제안된 것이다.

- 학교 출석하기에 대해 긍정적인 강화를 제공한다. 예를 들어, 학생이 시간에 맞춰 학교에 도착하면 그 학생에게 특별대우를 하거나 보상적인 활동을 제공한다. 특권, 과자류, 보상 활동은 계속해서 학교에 출석하게 만들 수도 있다.
- 자주 결석을 하는 학생은 출석도 잘하고 잘 어울릴 수 있는 학생과 짝을 지어 준다(목표를 모델링하기에 좋은 짝은 소시오그램을 사용하여 선정할 수 있다.). 교사의 지시에 따라 또래 모델은 다양한 활동을 통하여 학교에서 학생과 만날 수 있도록 계획할 수 있고, 따라서 출석을 고무할 수 있다.
- 급우들이 규칙을 어기는 행동에 대한 후속결과와 자신의 행동 규칙 몇 가지를 세울 수 있도록 한다. 규칙이 필요한 이유와 그 규칙이 중요한 이유를 토론하게 한다. 규칙 중 일부가 또래들에 의해 세워지면 학생들이 교사의 권위에 대해 도전할 가능성은 감소될 수도 있다.
- 반복적으로 규칙과 지시사항을 어기는 학생들에게는 선택의 여지가 있는 몇 가지 행동을 제시한다. 가능하다면 갈등을 피하고 학생이 그것을 따를 수밖에 없도록 분위기를 조성한다. 가끔 성인 권위에 저항하는 학생에게 또래가 숙제나 규칙을 설명할 수 있고, 학생은 그에 동의하게 한다.
- 학생이 주장하거나 교수에 불복종할 때마다 무시하거나 학생과 거리를 둔다. 또한 고립시키는 것도 논쟁을 원하는 학생을 다루는 데 효과적일 수 있다. 순응하는 행동과 긍정적인 언어에 대한 칭찬이나 태도를 강화한다.

- 지역사회에서 다양한 권위 있는 인물들을 교실로 초대해서 그들이 학창시절에 고민했던 문제나 경험에 대해 서로 이야기를 나누는 시간을 갖는다. 이러한 나눔은 부정적인 태도를 보이는 학생들에게 긍정적인 감정을 심어 줄 수 있다.
- 교실에 '감정상자'를 사용한다. 급우들에게 이름, 날짜, 감정, 반응을 묻는 몇 가지 양식을 제공한다. 학생들에게 교실에서 심한 사건이 일어날 때마다 그것을 작성해서 상자 안에 넣도록 한다. 이 방법을 통하여 교사는 바람직하지 않고 부정적인 행동에 대한 개별 학생의 반응을 이해할 수 있다.
- 권위 있는 대상에 대한 긍정적인 태도를 강화하기 위하여 학생에게 매일 '계획된 관심'을 나타내는 질문(예: "어젯밤 뭐했니?" "공놀이에서 너네 팀이 이겼니?")을 던진다. 교사가 학생에게 개인적으로 관심을 보이는 것은 학생의 출석뿐 아니라 권위에 대한 긍정적인 감정을 이끌 수 있다.

자아개념을 향상시키는 활동

자아개념은 자신의 능력에 대한 자기 자신의 인식과 자신에 대한 개인적인 감정을 다른 사람들이 얼마나 중요하게 여기느냐에 대한 것이다. 빈약한 자아개념을 가진 사람은 열등의식과 부족함의 감정을 가지고 이러한 마음을 표현할 수도 있다(예: "나는 그것을 할 수 없어." "나는 별로 똑똑하지 않아."). 이런 학생은 자기 신뢰성이 부족할 수도 있고 다른 사람들과의 상호작용을 꺼리기도 한다. 혹은 실패에 대한 두려움 때문에 학업 과제를 거부하기도 한다. 다음의 활동은 자아개념을 향상시키는 데 사용될 수 있다.

- 학생이 자신을 특별하고 중요하다고 느끼게 할 수 있도록 '이 주의 학생'으로 뽑힐 수 있게 한다. 학생이 특별한 의자에 앉고 배지도 달게 한다. 그날 급우들에게 해당 학생에 대한 특별한 무언가를 쓰도록 하는데 그 학생의 능력이나 개인적인 태도와 관련하여 긍정적인 것들을 쓰게 한다. 또한 급우들은 그 학생을 위하여 할 수 있는 여러 다른 특별 활동(예: 그 학생에 대하여 이야기를 만들거나 그 학생이 가장 좋아하는 게임을 할 수 있다.)을 할 것을 결정할 수도 있다.
- 자기 보상을 개발하고, 학생들이 원하는 것(예: 잡지 그림, 작은 물건, 사진)에 대하여 말하고 선택하게 한다. 각 학생은 두꺼운 종이 위에 그 물건을 놓는다. 중앙에 학생의 사진을 놓고 주변에 물건의 사진을 배치한다. 학생은 다른 사람들과 그 물건이 무엇을 의미하는지를, 왜 선택하였는지를 말한다.
- 학생에게 용기를 주는 개인적인 메모를 짧게 쓰게 하고 교사인 당신이 학생들에게 관심이 있음을 알게 한다. 또한 학생과 대화를 하고 그들이 새로운 과제를 시도할 때나 실망을 하게 될 때 특별하게 관심을 기울이고 격려해 준다.
- 또래교수 상황에 학생을 튜터로 사용한다. 이는 자존감을 고취시키고 또 교사가 과제를 관리하는 데 있어 학생의 능력을 신뢰한다는 것을 보여 준다.
- 학업 과제 중 일부는 실제 문제의 수준보다도 언뜻 보기에 어렵게 보일 수 있도록 만든다. 학생은 매우 어려워 보이는 것을 성공적으로 수행했을 때 자기 신뢰감을 획득할 수 있을 것이다. 예를 들어, 매우 어려운 문제가 포함되어 있는 것처럼 보이지만 실제로는 같은 수준이면서 간단한 기본 기술만을 필요로 하는 수학 학습지를 제시하는 것이다. 예를 들어 아래의 문제는

$$\begin{array}{r} 394876 \\ -\ 173472 \\ \hline \end{array}$$

다음과 같은 동일한 기본 기술을 요구하는 것이다.

$$\begin{array}{r} 3 \\ -\ 1 \\ \hline \end{array} \quad \begin{array}{r} 9 \\ -\ 7 \\ \hline \end{array} \quad \begin{array}{r} 4 \\ -\ 3 \\ \hline \end{array} \quad \begin{array}{r} 8 \\ -\ 4 \\ \hline \end{array} \quad \begin{array}{r} 7 \\ -\ 7 \\ \hline \end{array} \quad \begin{array}{r} 6 \\ -\ 2 \\ \hline \end{array}$$

- 성공할 수 있는 활동을 제공하고 가능한 한 실패는 줄인다. 예를 들어 학생에게 소리 내어 읽기를 하도록 요구하기 전에 어려운 단어를 검토해 보게 하거나 녹음테이프로 줄거리를 듣게 한다. 또한 학생 스스로 오답이 있는지를 직접 확인하도록 하고 학생에게 답을 수

정할 기회를 즉각 제공한다. 언어적 칭찬을 주고 학생의 감정을 다치지 않게 하면서 오답을 고치도록 한다(예: "거의 다 맞혔네!" "그것을 함께 해 보자." "잘했어.")

- 학생이 개인적으로 스크랩북을 만들 수 있도록 한다. 가족, 친구, 애완동물 그림이나 다른 그림을 포함한다. 가능하면 교실 내부 사진을 포함시킨다. 스크랩북은 여행, 흥미, 좋아하는 활동에 대하여 쓴 것들도 포함된다.
- 선택된 과제에서 학생들이 실제적인 목표를 세울 수 있도록 한다. 목표와 관련하여 학생이 나타내는 진보 상황을 매일 기록한다. 목표가 성취되면 학생이 성취와 관련된 자랑스러운 감정을 느낄 수 있도록 그 과정을 격려해 준다.
- 학습과제에 대하여 학생 노력이 중요함을 강조하고, 학생에게 노력의 정도에 따라 성공과 실패에 관련된 태도를 가르친다. 이것은 어려운 자료가 있어도 그것을 지속적으로 수행하려고 하는 태도를 고무시키며 인지능력과 관련된 걱정거리를 조금은 줄여 줄 수 있다.

정서 발달 영역의 교수용 게임

다음은 학생의 정서 발달을 향상시키기 위한 활동을 게임의 형태로 소개하고 있다. 게임은 종종 관심과 동기를 자극하고 종종 정서적인 문제를 가진 학생들을 참여시킨다. 다음의 게임은 정서 발달을 향상시킨다고 볼 수 있다.

인성 게임

자료: 출발-도착 게임판, 인성 특성 카드, 말

방법: 카드를 게임판 위에 놓는다([그림 5-3] 참조). 첫 번째 사람이 맨 위의 카드를 들고 큰 소리로 읽는다. 만약 게임자가 그 카드가 자신을 나타낸다고 생각한다면 게임자의 말을 5칸 앞으로 움직인다. 그러나 게임자의 카드가 자신의 특성을 나타낸 것이 아니라고 생각하고 게임 참여자의 다수가 그에 동의한다면 그 말을 3칸 뒤로 움직인다. 만약 게임자나 다른 사람들이 그 카드가 아니라고 할 수 없다면 그 말을 움직이지 않는다. 게임자는 카드가 왜 자신의 인성적 특성인지 혹은 아닌지를 말할

[그림 5-3] 인성 게임판

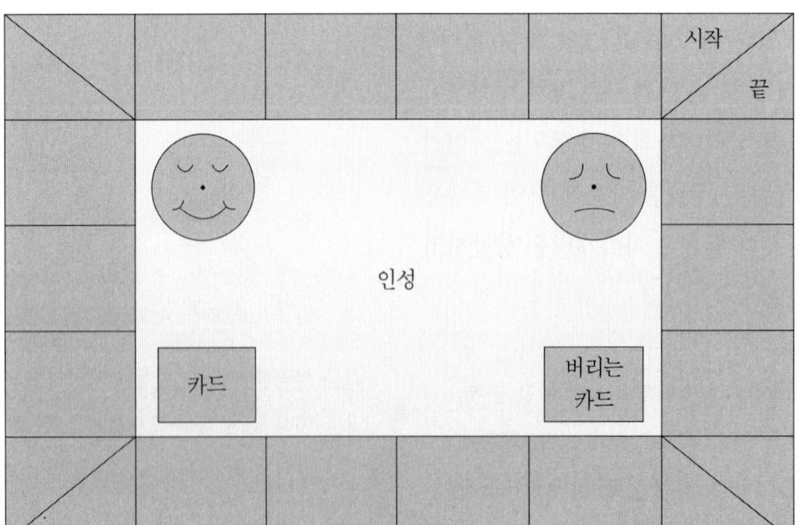

수 있다. 매 순서에 카드는 뒤집어서 버리는 카드 묶음 위에 내려놓는다. 만약 빈 카드가 뽑히면 게임자는 특성을 완성해야 한다. 게임자는 원래의 카드 묶음이나 버려진 카드 더미에서 맨 위에 올려진 카드를 선택할 수도 있다. 게임의 목적은 학생이 자신을 더 잘 이해할 수 있도록 하는 것이다. 마지막 도착점에 처음 도착한 게임자가 승리한다.

카드의 예: '나는 잘 참지 못한다.' '나는 농담을 잘한다.' '나는 동물에게 친절하다.' '나는 학교 가기를 별로 좋아하지 않는다.'

상업용 정서 발달 프로그램

다양한 프로그램과 자료가 정서문제를 가지고 있는 학생을 돕는 데 사용될 수 있다. 다음 프로그램은 학생들의 정서 발달에 대한 이해를 돕고 개인적인 문제를 처리하는 데 적합한 전략을 개발하기 위한 것이다.

여권 프로그램

여권 프로그램: 정서, 사회, 인지, 자기 발달을 통한 여행(The Passport Program: A Journey Through Emotional, Social, Cognitive, and Self-Development)은 A. Vernon에 의해 개발되었으며 학생들의 자기 수용, 대인관계 기술, 문제해결 및 의사결정 전략을 발달시킴으로써 긍정적인 정신건강 개념을 학습하는 것을 돕는다. 세 수준(즉, 1~5학년, 6~8학년, 9~12학년) 각각에서 정서 발달, 사회성 발달, 인지 발달을 다루는 학습 활동과 자기 발달이 포함된다. 활동은 교실 안이나 소그룹 환경에서 사용될 수 있도록 고안되었으며, 게임, 이야기, 역할놀이, 읽기와 쓰기 활동이 포함된다. 프로그램은 발달이론에 근거하고 합리적 정서행동치료의 원리에 기반하고 있다.

생각하기, 느끼기, 행동하기

생각하기, 느끼기, 행동하기(Thinking, Feeling, Behaving)는 A. Vernon에 의해 고안되었으며, 합리적 정서행동치료의 원리에 기반을 둔 정서교육 교육과정이다. 이 교육과정은 1~6학년의 아동을 위한 부분과 7~12학년의 청소년을 위한 부분으로 구성되어 있다. 각각은 학년수준에 의한 90개 평가 항목을 포함하고 있으며 자기 수용, 감정, 신뢰와 행동, 문제해결/결정하기, 대인관계의 범주로 나누어져 있다. 활동은 주로 소그룹 환경에서 사용되도록 설계되었으며, 시뮬레이션 게임, 이야기, 역할놀이, 활동 작성하기, 창의적으로 사고하기, 예술 활동 등이 포함된다. 교육과정은 학생들이 비합리적인 믿음, 부정적인 감정과 태도를 극복하기 위하여 긍정적이고 건강한 개념을 사용할 수 있도록 하는 예방적이거나 치료적인 프로그램으로 적합하다고 할 수 있다.

행동 발달을 위한 중재

훈육문제는 교사, 부모, 학생들에게 가장 심각한 영역으로 생각되어 왔다(Whelan, 1996). 해마다 거의 3백만 건의 범죄가 학교 안이나 그 주변에서 발생하였다. 1994년 조사에서는 학교훈육이 부모의 최상의 관심사로 기록되었고, 읽기와 수학, 쓰기 교수가 그다음을 이었다. Whelan(1996)은 깨어진 사회적 관계, 과도한 스트레스와 갈등, 극단적인 상호관계적 행동의 관찰, 약물남용이 학교에서 직면하게 되는 여러 갈등의 기본적인 원인이 된다고 주장하였다. 파괴행동을 나타내는 원인의 상당수가 교육 시스템의 매개변수 이외의 것임에도 불구하고, 위의 조건은 규율문제를 개정하기 위하여 교육자가 짊어져야 할 책임을 줄이지는 못한다.

이 장의 중재(즉, 사회, 정서 및 행동 발달을 촉진하는 일반적인 기술; 사회성 발달 중재; 정서 발달 중재) 부분에 나온 기법을 적용한다면 방해행동의 출현을 줄일 수 있을 것이다. 교실 상황에서 가치 있는 협력, 감정, 소유의 개념을 적용한다면 방해행동을 줄이거나 감소시킬 수 있을 것이다. 가장 기본이 되는 기술은 훌륭한 교수를 통한 학업적 성공, 동기기술의 사용, 경미한 후속결과의 간헐적 활용, 사회성 기술 교수, 자기 조절 교수, 개인 변인에 대한 민감성 등이다. Kame'enui 등(1995)은 심각한 행동문제를 조절하기 위하여 중재를 세 가지 수준으로 나누는 것이 필요하다고 하였다. 중재의 첫 번째 수준은 경한 행동문제를 다루며, 학생들의 80%가 이 수준에서 일관성 있는 교수적 조정을 제공했을 때 반응한다고 하였다. 중재의 두 번째 수준은 지속적인 문제를 보이는 15%의 학생이 포함되며, 계속적인 관심과 전략적인 중재계획을 필요로 한다고 하였다. 중재의 세 번째 수준에는 나머지 5%의 학생들이 해당되며, 심각하고 고질적인 행동문제를 보여 준다고 하였다.

관리 접근법은 학생들에게 적절한 행동, 책임감을 가르칠 때 이루어지며 거의 모든 학생들에게서 자기조절은 성공적이었다. 이 절에서는 강화와 벌이 포함되어 있으며 전략적인 조절계획을 요하는 학생들을 돕는 방법을 소개한다.

정적 강화 계획

강화 원리의 지식과 적용은 교실수업을 조절하는 데 큰 도움을 준다. 많은 교사들은 목표행동, 후속결과, 강화 계획 등 별도의 행동수정 계획을 작성하는 데 시간을 보내는 것 없이도 자연스럽게 이 원리를 적용하고 있다. 그러나 학생들 중 일부가 나타내는 행동은 매우 체계적인 행동수정 계획이 개발되고 적용되지 않는다면 변화되지 않는다.

[그림 5-4]는 자리에 앉아 있는 시간을 증가시키기 위한 행동수정 계획에 대한 기록을 보여 주고 있다. 교사는 학생이 착석과제를 수행하는 동안 의자에 앉아 있는지를 파악하기 위하여 일정 시간마다 자료를 기록하였다. 관찰은 30분 동안 이루어졌고, 교사는 3분마다 학생을 관찰하여 앉아 있으면 '+' 그리고 앉아 있지 않으면 '–'로 표시하였다. [그림 5-4]는 학생이 보이는 착석행동의 비율이 기초선으로 표시되었다. 하지만 교사가 학생에게 적절한 착석행동에 대해 주의와 칭찬을 주기 시작하자(11~20회기), 바람직한 행동이 훨씬 증가하였다. 칭찬과 관심이 기초선 수준으로 떨어졌을 때(21~25회기), 학생의 착석행동은 예민하게 감소하였다. 그러나 칭찬과 관심이 다시 제공되자(26~35회기), 적절

학생들은 창의적인 방식으로 적절한 행동에 대한 보상을 받을 수 있다.

[그림 5-4] 착석행동을 증가시키기 위한 행동수정 계획의 기록

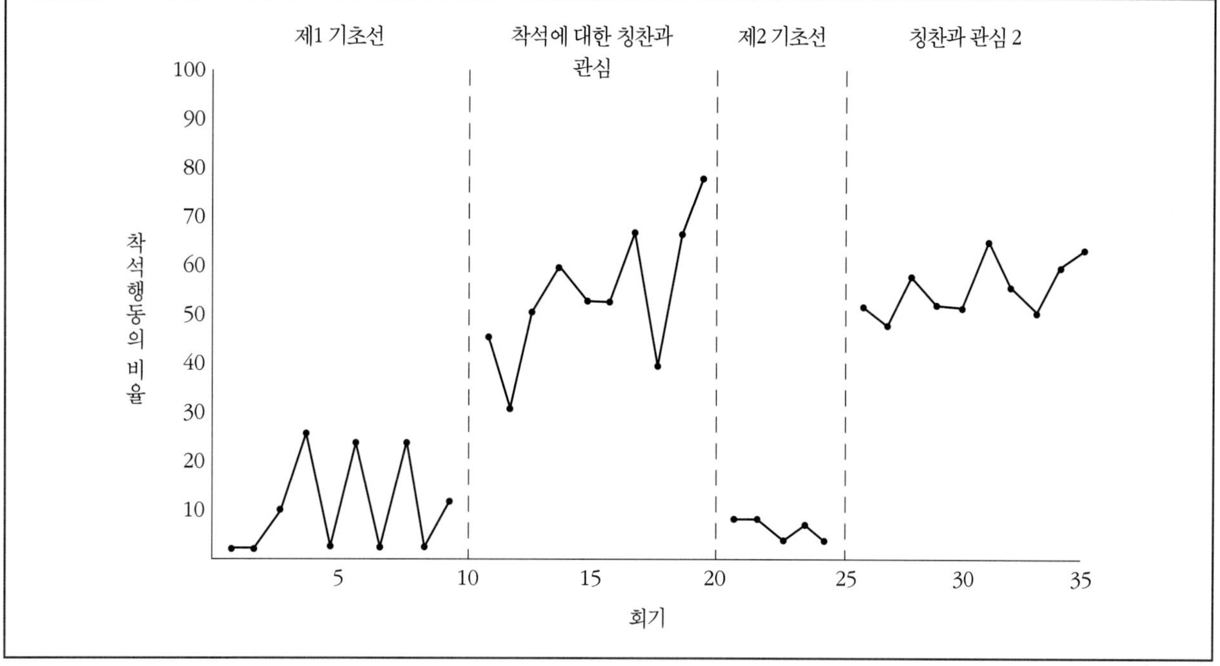

한 행동은 빨리 증가하였다. 결론적으로 교사가 보여 준 관심은 학생의 자리이탈 행동을 수정할 수 있었다.

유관계약

학생과 교사 간 계약하기는 학생의 행동이 바람직한 방향으로 변화할 수 있도록 동기화시킬 수 있다. 계약은 구두나 문서를 통하여 두 사람 간에 동의를 하는 것이다. 우발적 상황이란 하나의 사건이 일어난 것과 결과 간의 관계다. 행동수정에서 유관계약은 프리맥(Premack)의 원리에 기초하는데, 그것은 좋아하는 행동에 참여하는 기회를 통하여 그다지 좋아하지 않은 행동의 빈도를 높일 수 있도록 하는 것이다. 예를 들어, 학생이 밖에서 노는 것보다 교실에서 조용히 노는 것을 더 좋아한다면 유관계약에서는 밖에서 노는 것 다음에 교실에서 조용히 앉아 있기를 허용하는 것이다.

다음의 단계는 유관계약에 포함되는 것들이다.

1. 교사는 학생에게 특별히 바라는 행동을 적는다.
2. 교사는 학생이 해당 행동을 보일 때 줄 강화를 결정한다. 이 강화는 학생이 특정 행동을 수행했을 시에만 제공된다. 요구되는 행동이나 결과로 제공될 강화는 학생-교사 대화를 통해 결정될 수 있다.
3. 교사는 계약의 용어를 정의하는 데 필요한 행동의 양과 유형, 보상(강화)의 형태를 포함시킨다.
4. 교사는 정의된 행동이 일어나는지 지켜보고 학생이 계약을 잘 따르면 보상한다.

유관계약은 교사와 학생 간에 서로 동의한 것을 긍정적인 방식으로 명확하게 제시하고, 학생과 교사 모두에게 공정하게 이루어진다. 교사와 학생은 모두 계약서에 사인을 한 후 자주 진보 사항에 대한 평가를 해야 한다. 그리고 계약의 모든 부분은 체계적으로 준수되어야 하고, 학생은 계약이 시행됨과 동시에 적절한 행동을 보이면 강화를 받아야 한다.

계약에는 다양한 유형이 사용된다. 목표행동이 수행될 때 계약과 관련하여 시간 제한을 둘 수도 있고 그렇지 않을 수도 있다. 간헐적인 강화물이 장기 계약에 사

[그림 5-5] 유관계약 예시

계약서

시작일: 10/21

종료일: 10/25

학 생: 나는 월요일, 화요일, 수요일, 목요일 수학시간에 내 수학 과제를 끝마칠 것을 동의합니다.

사인: 티미

교 사: 나는 티미에게 금요일 수학시간 동안에 자유시간을 줄 것을 동의합니다.

사인: 잭슨 선생님

용될 수도 있고, 바람직한 행동의 단계에서 보상될 수도 있다. 또한 계약은 학생과 학교의 다른 관계자나 부모와도 이루어질 수 있다. 집단 계약에서는 전체 학생이 특정한 방법으로 행동하기로 동의할 수 있고, 계획된 시간에 어떠한 과제를 수행할 수 있으며, 교사는 이에 동의하는 학생들을 보상할 수도 있다. 따라서 유관계약은 학생들이 자신의 행동을 조정하도록 하여 바람직한 행동을 촉진할 수 있다.

토큰 체제

토큰 강화체제는 행동수정에서 광범위하게 사용되고 있다. 이 체제는 다음의 세 가지 기본적인 특징을 가진다. (1) 강화되어야 할 행동이 명확하게 설명되고, (2) 목표행동이 일어날 때 강화하는 자극(토큰)을 주는 절차가 고안되어야 하며, (3) 강화하는 대상이나 사건에 대해 토큰 교환과 관련된 일련의 규칙을 설명해야 한다.

토큰은 목표행동이 일어난 후 즉각적으로 학생에게 주어져야 한다. 보통 토큰은 본래 그 자체로는 어떤 가치도 가지고 있지 않고, 바람직한 행동이나 어떤 사물과 교환될 수 있을 때 비로소 가치를 갖게 된다. 토큰으로는 장난감 돈이나 도장, 포커 칩, 별이나 기타 사물이 사용된다. 토큰은 계산 가능하며 사물이나 행동으로 교환될 수 있다. 교실 상점에서는 정해진 시간에 한해서 학생 개개인이 모아 둔 토큰으로 여러 강화물을 구입할 수 있다. 물건(풍선, 보석, 스포츠 카드, 색칠공책, 잡지 등)과 활동(게임하기, 음악 듣기, 색칠하기 등)이 이 가게에서 판매된다. 보상 메뉴에는 자료와 비용(예: 10분 동안 음악 듣기=토큰 10개; 야구 카드=토큰 15개)이 적혀 있다.

토큰은 몇 가지 장점이 있다. 첫째, 토큰은 다양한 강화물이나 사건을 구매할 수 있기 때문에 지루함을 피할 수 있다. 둘째, 토큰은 일반적으로 사회적 강화가 통하지 않는 학생들에게 유용하게 쓰일 수 있다. 셋째, 토큰은 목표행동이 수행되는 데 필요한 시간과 에너지를 반영하여 그 수량이 조정될 수 있다. 넷째, 토큰은 학생이 바람직한 행동과 강화 간의 관계를 판단할 수 있도록 도와준다. 학생들은 행동이 일어남으로써 발생하는 결과를 배움으로써 자기통제 능력을 향상시킬 수 있다.

Blackham과 Silberman(1980)은 토큰 제도를 잘 개발해야 하고 세심한 계획하에 적용해야 한다고 강조하였다. 또한 처음으로 토큰 체제에 대해 문제를 제기하며 교사들의 주의를 부탁했다. 그들은 다음과 같은 지침을 제안하였다.

- 토큰을 받을 수 있는 목표행동은 정확하게 명시되어야 한다. 예를 들어, 학생의 책상 위에 개인의 행동을 적은 종이를 부착해야 한다. 집단 행동의 결과와 관련된 규칙도 자주 검토할 수 있도록 해야 한다.
- 토큰으로 교환할 수 있는 강화물은 매력적이어야 하고 오직 토큰만을 사용하여 얻을 수 있어야 한다.
- 모아야 하는 토큰의 수는 목표행동을 수행하는 데 필요한 노력의 양과 잘 맞아야 한다. 만약 학생이 수학과제를 하는 동안 과제에 집중하기가 너무 어렵다면 과제에 집중한 것에 대한 보상이 과제집중 행동을 발생하게끔 하는 데 충분한 수준의 것이어야 한다.
- 가능하다면 교사는 개별 학생과 집단이 모은 토큰의 수를 기록해야 한다. 이러한 형태의 기록방법은 종종 학생들에게 별도의 인센티브가 될 수도 있다.
- 반응 대가를 사용한다면 토큰을 얻을 때와 잃을 때에 대한 조건이 명확히 제시되어야 한다. 토큰의 보상과 수거는 항상 학생의 행동과 관련 있어야 하고 토큰과 관련하여 논쟁의 여지가 있어서는 안 된다.
- 토큰 교환은 당일에 이루어져야 한다.
- 이 제도는 다른 사람과의 경쟁이 아니라 자신과의 경쟁이 되도록 계획되어야 한다.
- 잘 계획된 토큰 제도에서는 점진적으로 강화물을 줄이면서 활동이나 사건에 대한 강화를 강조해 나간다. 또한 토큰과 함께 칭찬이 제공되어야 하고, 점진적으로 바람직한 행동에 대하여 사회적 보상만이 제공되도록 해야 한다.
- 토큰 제도는 간단하고 기능적으로 사용하고 학습과정을 복잡하게 만들어서는 안 된다. 학교에서는 카드 등에 체크 표시를 하는 토큰이 가장 쉽게 사용된다. 학생은 카드를 받고, 교사는 목표행동이 일어날 때 학생의 카드에 체크를 한다. 체크를 위해 색다른 펜이 사용되기도 한다. 카드를 사용할 수 없다면 만질 수 있는 물체가 토큰으로 거래되어야 한다.

외적 강화

방해행동이나 호전적인 모습을 보이는 많은 학생들이 적절한 행동 습관을 수립하기 위해서는 눈에 보이는 강화물을 필요로 한다. 양육적인 환경에서 이러한 행동이 만들어지게 된다면 그때부터는 학생들이 내적으로 동기화될 수 있도록 돕는 노력이 필요하다. 〈표 5-7〉은 눈에 보이는 강화물 중 몇 가지에 대한 장점과 약점을 보여 주고 있다.

Sprick(1981)은 자연스러운 중재가 일어나는 동안 행동을 변화시키기 위한 지침을 다음과 같이 제시하였다.

- 적절한 방식으로 행동하는 학생들을 강화한다.
- 부적절한 행동을 하는 학생이 바람직한 행동을 시작할 때 강화한다.
- 전체 수업에서 재미있는 활동을 제시한다.
- 행동에서 향상을 보이거나 학업 수행을 하는 학생들에게 재미있는 활동을 제공한다.

또한 Sprick은 행동이 향상될 때 다음과 같은 수정이 필요하다고 제안하였다.

- 같은 양의 강화를 받기 위해서는 이전보다 더 바람직한 행동을 요구한다.
- 행동이 바람직한 성공수준에 도달할 때 점점 강화의 빈도를 줄이고 강화를 제공하는 시기도 늦춘다.
- 지연된 강화가 바람직한 행동을 성공적으로 유지시킬 때, 좀 덜 강력한 강화물이나 내적 강화를 독려할 수 있는 강화기법으로 수정하기 시작한다.
- 덜 강력한 강화물로도 행동이 성공적으로 유지될

〈표 5-7〉 외적 강화물의 장점과 단점

강화물의 유형과 정의	장점	단점
만져지는 것: 물질적 사물이 적합한 행동에 대해 주어진다. 예: 팝콘, 크래커, 스티커, 연필, 책, 쿠폰, 잡지	• 매우 바람직하다. • 높은 강화력이 있다.	• 구입되어야 한다. • 잘못된 연결을 가르칠 수 있다. • 칭찬과 짝 지어져야 한다. • 최근에 가능한 한 사회적 칭찬으로 바꾸려고 한다.
토큰: 적합한 행동에 주는 품목으로서, 나중에 보상(예: 장난감, 음식, 게임)으로 교환 가능하고, 교실 가게에서 전시될 수 있다. 예: 포인트 점수, 포커 클립, 별, 도장, 장난감 돈	• 즉각적인 강화에 구체적인 수단이다. • 수행 기록을 제공한다. • 교실 일과를 방해하지 않는다.	• 많은 조직화를 요구한다. • 계획하기, 시간, 사용하는 데서의 에너지를 요구한다. • 대비 항목을 저장해 놓아야 한다. • 조직화되지 않을 수 있다. • 구체적인 강화에 의존감을 만들 수 있다.
사회적: 사회적 행동이 적합한 행동을 야기한다. 예: 제스처(미소, 윙크, 엄지손가락 들기, 눈맞춤), 구어적인 승인(칭찬과 고무), 접촉(껴안기, 어깨 두드리기, 악수, 하이파이브)	• 사용하기 쉽다. • 교사의 노력이 거의 필요없다. • 항상 사용 가능하다. • 비난을 거의 유발하지 않는다. • 강력한 강화제다.	• 가끔 충분히 강력하지 못하다.
활동: 학생들이 적합한 행동을 위하여 보상으로서 할 수 있는 활동 예: 교사와 점심 먹기, 심부름 보내기, 자유시간 주기, 줄 앞에 세우기, 책 주기, 컴퓨터 사용하게 하기	• 쉽게 사용 가능하다. • 사회적 강화와 결합될 수 있다. • 교실 일과 안에서 시행될 수 있다.	• 만족감을 지연시킬 수 있다. • 다른 활동들을 방해할 수 있다.

때는 지속적인 강화에서 간헐적인 강화로 바꾸어 나간다.

벌

불행하게도 징계의 훈육은 있어야 한다. 그러나 효과적인 교실관리 계획은 징계의 사용을 최소화하고 문제 행동을 예방하는 전략에 기초한다. Sprick(1981), Whelan(1996)은 벌과 같은 징계가 다음과 같은 몇 가지 이유로 인해 교실 관리에서 사용하기에 부적절하다고 강조하였다.

- 벌은 적절한 행동을 교수하기보다는 부적절한 행동을 감소시키는 데 초점을 둔다.
- 벌은 자기를 좌절시킬 수 있고 빈약한 자아상이나 보복을 초래할 수 있다.
- 학생들이 벌을 공포스러워하고 거짓말과 속임수를 배울 수 있으며 벌을 피하기 위한 것들을 할 수 있다. 또한 학습을 방해할 수도 있다.
- 벌은 위협이 보일 때만 효과적이고, 나쁜 행동에 개입하도록 잘못된 유도를 할 수도 있다.

전반적으로 효과적인 교실 관리에서는 잘못된 행동의 징계보다는 그 행동의 교정이 강조된다. 잘못된 행동이 일어날 때, 교사는 학생이 그것을 해결할 수 있도록 해야 한다.

비록 벌이 선호되지는 않지만, 어느 시점에서는 잘못된 행동을 자주 보이는 학생들에 대한 전이전략으로서 벌이 필요하다. Kame'enui 등(1995)은 벌이 안전하고 생산적인 학습환경을 이루기 위한 전이전략으로 사용될 수 있다고 하였다. 벌의 장점은 전이전략으로서 유용하다는 것이다. Sprick(1981)은 벌의 장점을 다음과 같이 이야기하고 있다.

- 벌은 그것이 효과적으로 사용될 때 유용하다
- 비록 행동의 변화가 즉각 이루어지지 않는다 하더라도, 벌은 빠르게 파괴적인 행동을 감소시킬 수 있다.
- 벌은 잘못된 행동을 하는 학생과 다른 학생들에게 허용될 수 있는 행동과 허용될 수 없는 행동에 대한 정보를 제공한다.

벌 예방전략

여기서는 몇 가지 일반적인 예방전략이 논의된다. 이 전략의 대부분은 훌륭한 교수와 효과적인 중재기술에 초점을 두고 있다. 여기서는 벌의 사용을 미연에 방지할 수 있으며 노력이 그리 필요로 하지 않은 몇 가지 전략을 소개하고자 한다. 벌 예방전략은 다음과 같다.

1. **과제가 적합한지 확신할 수 있어야 한다.** 과제는 학생이 노력하면 수행할 수 있을 만큼으로 학생의 능력 범위 안에 있어야 한다.
2. **부적절한 행동보다 적절한 행동에 더 많은 관심을 보여 준다.** 교사는 긍정적인 사건들과 부정적인 사건들에 대해 3:1의 비율로 관심을 유지해야 한다.
3. **규칙을 지키는 학생들을 강화한다.** 이것은 모든 학생들에게 허용될 수 있는 행동에 대한 예시를 제공해 줄 수 있다.
4. **학생의 마음이 다치지 않게 구어적인 조언을 사용한다.** 학생에게 부드러운 구어적 조언을 제공하는 것은 학생들이 따르지 못하는 규칙을 기억하는 데 도움을 준다. 조언은 교수적인 방법으로 전달되어야 한다. 이때 학생과의 눈맞춤은 제한되고, 신체언어는 편안하며, 조용한 목소리로 말하며, 가능한 한 빨리 사실만을 이야기한다. 부드러운 구어적 조언을 전달할 때, 교사는 "만약 이야기하고 싶으면 손들고 말하자."라고 이야기한다. 부드러운 구어적 조언에서는 모든 학생들에게 허용될 수 없는 행동의 예를 함께 제공한다.
5. **근거리 통제(proximity control)를 사용한다.** 교사는 잘못된 행동을 하거나 잘못된 행동을 할 것 같은 학생 가까이에 다가간다. 또한 잘못된 행동을 하는 학생들은 교사가 대부분의 시간을 보내는 장소 가까이에 앉도록 한다.
6. **학생과 함께 문제에 대하여 대화한다.** 교사는 학생과 잘못된 행동에 대하여 대화해야 한다. 대화는 너무도 간단하게 학생이 잘못된 행동을 멈추게 할 수도 있다. 보통 적절한 대안적 행동이나 상황에 대한 창의적인 계획에 대하여 대화를 하는 문제해결 접근법에 초점을 맞추도록 한다.
7. **적절한 행동을 교수하기 위해 사전교정(precorrection) 전략을 사용한다.** Colvin, Sugai와 Patching(1993)에 의하면 교정은 반작용적이고 결과에 초점을 두며 잘못된 행동을 강조하고 사건을 즉각적으로 다루는 반면, 사전교정은 순향적이고 적절한 행동에 초점을 맞추고 선행사건을 강조하며 미래의 사건을 다룬다. 또 교정은 종종 더 많은 잘못된 행동을 유발하지만, 사전교정은 적절한 행동을 강화한다. 7단계의 사전교정 계획의 특징이 〈표 5-8〉에 제시되어 있다.
8. **잘못된 행동 중 미미한 것은 무시한다.** 교사는 만약 해당 행동이 자주 일어나지 않는다면 경한 방해행동(예를 들어 다른 사람에게 말하는 것)은 무시할 수 있어야 한다. 잘못된 행동을 무시할 때의 지침은 다음과 같다.

- 교사가 생각하기에 무시하는 것이 편안하다고 생각될 때만 무시한다.
- 교사 관심을 끌기 위해 보이는 행동은 무시한다.
- 학생이 하지 않는 척 하는 것을 무시한다.
- 무시하기에 앞서 학생들과 학급 전체에 무시하기를 사용하겠다고 미리 말한다.
- 효과적인 무시하기는 잘못된 행동을 감소시키기에 앞서 잘못된 행동을 증가시킬 수도 있음을 인지하고 있어야 한다.

벌전략

벌전략은 최소한의 개입(즉, 최소한의 에너지를 사용하는 것)에서 최대한의 개입(즉, 가장 많은 에너지를 사용하는 것)의 연속체상에 나타난다. Kame'enui 등(1995)은 구어적 징계, 침묵의 시간, 비배타적인 타임아웃, 배타적인 타임아웃, 제3자 구속과 같이 계열이 낮은 수준의 에너지에서 높은 수준의 에너지로의 연속체를 제공한다고 하였다. [그림 5-6]은 예방전략과 벌전략의 연속체를 보여 주고 있다.

벌전략은 다음의 사항을 포함한다.

1. **구어적인 징계.** 조용히 그리고 명확하게 이루어지는 징계는 효과적이지만 비강요적일 수 있다. 구어적 징계를 이행하기 위한 지침은 다음과 같다.

- 징계를 하는 동안 부적절한 행동을 명확하게 제시한다.
- 결과에 대해 징계를 한다.
- 징계를 할 때는 학생을 가까이에 서게 하거나 다른 사람들은 듣지 못하게 하고 이야기한다.
- 징계에는 강화를 수반한다.

2. **침묵의 시간.** 침묵하기는 학생이 잘못된 행동과 그 결과에 대해 생각하고 다른 적절한 대안적인 행동에 대해 생각하는 것이다. 침묵의 시간을 위해서는 다음의 절차가 사용된다.

- 학생에게 부적절한 행동을 멈추도록 즉각적으로 교수한다.
- 학생에게 조용히 생각하는 시간을 갖도록 교수한다.
- 1~2분 동안 조용히 생각하도록 한다.

〈표 5-8〉 7단계 사전교정 계획

사전교정 단계	예시
1. 예측 가능한 행동에 대한 상황 판별하기	학생은 점심식사 후에 즉각적으로 교실로 들어간다. (예측 가능한 행동: 학생이 큰 소리고 말하기, 웃기, 교사가 지시하기 전에 주위를 돌아다니기)
2. 기대행동 명확히 하기	학생은 조용히 방으로 들어갈 것이고, 책상으로 빨리 가서 특별한 과제를 시작한다
3. 상황 수정하기	교사는 교실 문에서 학생을 만나 그들이 조용해질 때까지 기다리고, 그런 다음 그들이 과제를 시작하기 위하여 책상으로 가도록 허락한다.
4. 행동 시연해 보기	교사는 점심에 수반되는 기대행동을 점심시간 전에 학생에게 상기시킨다. 기대행동을 설명하기 위하여 학생을 나와서 해 보게 한다.
5. 기대행동에 대해 강력한 강화 제공하기	교사는 학생에게 그들이 교사의 요구를 따르면 특별히 5분 휴식이나 추가적인 간식을 주기로 한다.
6. 기대행동 촉진하기	교사는 문 앞에서 조용히 해야 한다고 신호를 보내고 칠판에 활동을 지적한다. 교사는 과제를 시작한 학생을 칭찬한다.
7. 계획 평가하기	모든 학생이 과제를 시작하는 데 얼마나 오래 걸렸는지와 얼마나 많은 학생이 10초 안에 과제를 시작했는지를 점검한다.

[그림 5-6] 예방전략과 벌전략의 연속체

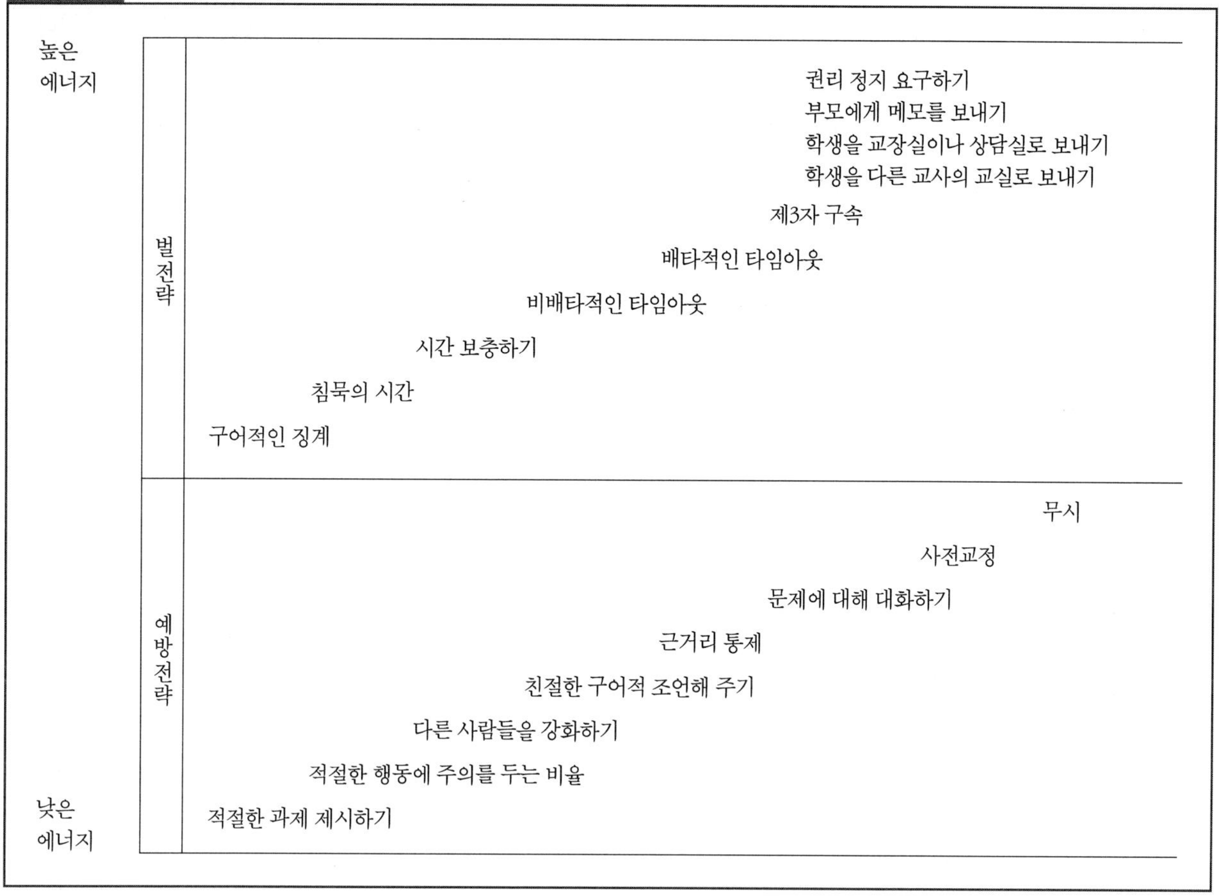

- 학생에게 과제를 수행하도록 교수한다.
- 적절한 행동을 강화한다.

3. **시간 보충하기.** 이 전략은 잘못된 행동으로 인해 배움의 시간이 소비되었으므로 교수시간을 보충해야 한다는 원리에 기초한다. 시간 보충하기를 위한 지침은 다음과 같다.

   - 시간을 들여야 하는 행동을 명확하게 정의한다.
   - 시간 보충하기를 이행하기에 앞서 이 전략의 원리에 대해 충분히 토론하고 어떻게 수행할 것인가에 대해 이야기한다.
   - 학생이 보충해야 할 시간의 양을 결정한다. 잘못된 행동에 해당한다고 여겨지는 시간의 양을 학생에게 보충하게 한다.
   - 학생이 시간을 보충할 때를 명확히 한다.
   - 시간을 보충하는 동안 학생이 어떤 행동에 참여할 것인지를 결정한다.

4. **비배타적인 타임아웃.** 타임아웃은 강화의 자원과 접근할 수 없도록 하는 절차다. 비배타적인 타임아웃(nonexclusionary time out)의 몇 가지 예로는 책상 위에 학생이 머리를 숙이도록 하는 것, 불을 끄는 것, 학생에게서 자료를 빼앗는 것, 학생을 집단에서 격리하여 지켜보게만 하는 것 등이다
5. **배타적인 타임아웃.** 이 절차는 비배타적인 타임아웃보다는 개입이 더 많고 학생을 새로운 장소로 이동하게 한다. 배타적인 타임아웃(exclusionary time out)의 예로는 학생을 다른 방으로 이동시키기, 교

실의 다른 한쪽에 준비된 의자에 앉아 있게 하기 학생이 교실 밖 의자에 앉아 있게 하기 등이 해당된다. 결국 타임아웃은 학생이 특별히 마련된 고립된 공간에서 짧은 시간 동안 혼자 있는 것이다. 배타적인 타임아웃에 대한 지침은 다음과 같다.

- 항상 조용히 타임아웃을 이행한다.
- 벌을 받을 만한 행동이 무엇인지를 명확히 한다.
- 배타적이고 고립되는 타임아웃의 절차와 장소를 계획한다.
- 부적절한 행동을 설명하고 바로 학생이 타임아웃에 임하도록 한다.
- 어린 아동의 경우는 타임아웃 공간으로 직접 데리고 간다.
- 배타적이고 고립되는 타임아웃의 시간을 정한다. 권장시간은 약 3분 이하로 한다.

6. 제3자 구속. 제3자 구속은 에너지와 시간이 많이 필요한 전략이고 학교의 관계자들이나 부모님들이 참여한다. 제3자 구속은 다음의 사항을 포함한다.

   - 학생을 다른 교사의 교실로 보내기. 이 전략은 사용하기에 앞서 다른 교사를 참여시킨다. 학생은 다른 교실로 들어가고 준비된 의자에 앉는다. 교실에 있는 다른 학생들은 항상 그 학생을 무시하도록 지시를 받고, 그 학생은 정해진 시간이 흐른 다음 다른 사람을 방해하지 않고 원래의 학급으로 돌아간다.
   - 학생을 교장실이나 상담실로 보내기. 이 전략은 학생을 교실에서 격리하는 것이다. 하지만 교사의 통제가 미치지 않는 곳에서 학생(그리고 그 행동)이 강화될 수도 있고 다른 사람과 이야기를 할 수도 있다.
   - 부모에게 메모를 보내기. 이 전략의 장점은 학부모에게 정보를 제공한다는 것이다. 그러나 부모에 의해 더 심각한 벌을 받을 수도 있고 오히려 학생이 관심을 받는 것처럼 강화될 수도 있다.
   - 권리 정지를 요구하기. 교사는 학교경찰의 도움을 받고 권리 정지를 수행한다. 권리 정지의 단점은 그것이 강화로 작용될 수 있고 학생의 자기 이미지에 부정적인 영향을 미칠 수 있다는 것이다. 그리고 그것이 적절한 행동을 가르치는 것은 아니라는 것이다.

벌에 대한 일반적인 지침

Sprick(1981)은 효과적으로 벌을 사용하기 위한 지침을 다음과 같이 제공하였다.

- 허용될 수 있는 행동과 그렇지 않은 행동을 분명히 한다.
- 벌칙을 이행할 때는 가능한 한 일관성을 갖는다.
- 항상 벌을 줄 때는 정적 강화를 계획한다.
- 벌을 줄 때는 조용히 그리고 빨리 수행한다(예: 3초나 그 이하의 결과로 제한하기).
- 가능한 한 적은 수의 행동에 대해 벌칙을 세운다.
- 항상 학생을 존중하는 태도로 다룬다.
- 벌이 목표한 부적응 행동을 감소시키고 있다는 것이 확실한지 평가한다.

표면적 행동관리 기술

Long과 Newman(1971)은 외현적(관찰 가능한) 행동을 관리하고 문제행동의 강화가 이루어지지 않도록 돕는 열두 가지 기술에 대해 설명하였다.

1. 계획된 무시하기. 만약 특정 행동이 교사의 관심을 받기보다 무시된다면 많은 문제행동이 멈출 것이다.
2. 멈추라는 신호 보내기. 손가락 튕기기와 같은 신호를 사용하면 학생이 특정 행동을 멈출 수 있게 해

준다.

3. 근접 통제하기. 잠재적인 위험 가능성이 있는 구역에 교사가 출현함으로써 몇 가지 방해행동이 예방될 수 있다.
4. 흥미 촉발하기. 교사가 개인적으로 학생이 보이는 흥미에 관심을 보일 때 몇 가지 행동이 관리될 수 있다.
5. 유머를 통해 긴장감을 제거하기. 교사가 정서적인 상황에서 유머를 사용함으로써 긴장감을 완화시킬 수 있다.
6. 장애물 감소시키기. 교사는 개별적으로 학습적인 보조를 제공함으로써 좌절감을 감소시킬 수 있다.
7. 교실 프로그램을 재구조화하기. 교실 프로그램의 변화는 행동문제를 감소시킬 수 있다.
8. 일상적인 규칙 지원하기. 친숙한 규칙은 학생에게 지원을 제공할 수 있다.
9. 가치 있는 영역에 대해 직접적으로 호소하기. 교사는 학생들에게 개인적으로 가치 있는 것을 호소할 수 있음을 지각할 필요가 있다.
10. 유혹적인 사물 제거하기. 방해행동의 발생을 피하기 위하여 학생을 유혹하는 사물을 교실에서 제거한다.
11. 대체 활동 제시하기. 벌칙 없이 학생을 교실에서 잠깐 나가게 할 수 있다(예: 학생에게 심부름 시키기).
12. 신체적 제한하기. 교사는 자기 통제력을 상실하고 상해를 입히는 학생을 신체적으로 제한할 수 있다.

행동 발달 활동

교실에서의 방해행동은 개인이나 집단의 교육이나 활동을 방해하는 행동을 포함한다. 부적절하게 떠들고 자리를 자주 벗어나는 행동은 교실에서 문제를 일으킨다. 더욱이 빈정대기와 욕하기의 사용, 신경질적으로 화내기는 교정될 필요가 있는 방해행동이다. 다음의 활동은 방해행동을 관리하는 데 초점을 맞추고 있다.

- 가능한 한 방해행동은 무시하고 학생의 적절한 행동을 보상한다. 예를 들어, 학생이 수업 중에 떠들 때 그 학생을 완전히 무시하고 말한 것에 대해 반응해 주지 않는다. 그러나 학생이 수업 중에 손을 들어 말하면 즉각적으로 관심을 주고 그 행동을 칭찬해 준다. 이것은 강화물로서 교사 관심을 사용한 것으로 그 효과가 매우 강력하다. 그리고 부적절한 행동에 대한 또래 관심을 통제하는 것이 필수적이다.
- 자리이탈 행동을 무시하고 자리에 앉아 있는 학생들을 칭찬한다. 과제 수행 중에 자리에 앉아 있는 학생은 게임 활동에 참여하도록 허락해 주는 보상도 효과적이다.
- 학생이 얼마나 오래 자리에 머물 수 있는지를 관찰하기 위하여 타이머를 사용한다. 하루 동안에 간격을 두고 학생이 자리에 앉아 있는 시간을 측정한다. 학생이 행동을 보이는 상황에 대해 기록하고 그래프에 표시해 본다. 학생이 진보함에 따라 점진적으로 머물러 있는 시간의 간격을 증가시킨다.
- 학생이 긍정적으로 자리를 벗어날 수 있는 시간을 허용한다. 학생이 자리를 벗어나거나 교실을 돌아다닐 때 학생에게 심부름을 시킬 수도 있다.
- 학생이 자리에 머물러 있는 시간에 대한 동의를 구하고 유관계약을 계획한다. 만약 학생이 그렇게 한다면, 교사는 자유롭게 자리를 벗어날 수 있는 시간(예: 특별포상 휴식시간)을 보상으로 제공할 수도 있다. 그렇지 않으면 학생은 자유롭게 떠들 수 있는 시간을 보상으로 받기 위하여 수업 중에 떠들지 않기와 같은 계약에 동의할 수 있다.
- 학생의 사진 밑에 커다란 주머니를 달아서 벽에 붙인 다음 학생이 적절하게 행동할 때마다 주머니 안에 칩이나 토큰을 넣는다. 학생이 부적절한 행동(예: 자리에서 벗어나기, 떠들기, 욕하기 등)을 보일 때는 주머니에서 칩을 빼어 간다. 정해진 기간에 모아진 칩은 강

화 활동(예: 자유시간 주기, 게임하기, 영화 보기)으로 교환될 수 있다.

- 욕하는 행동을 감소시키기 위하여 학생에게 사용될 수 있는 다른 말(예: 젠장, 제기랄, 체!)을 제안한다. 학생이 욕을 사용하지 않고 다른 말들을 사용할 때마다 강화를 제공한다.
- 정해진 시간 동안 학생이 욕을 하거나 신경질적으로 화내는 행동을 보일 때 행동 빈도를 기록하고 그래프를 그린다. 이것은 부적합한 주목에 관심을 둘 수도 있다. 향상을 위하여 좋아진 행동을 강화한다.
- 학생이 신경질적으로 화를 낼 때는 즉각적으로 학생을 타임아웃 장소로 이동시키고 학생을 교사와 또래들로부터 고립시킨다. 학생이 조용히 있을 때는 다시 돌아가도록 한다. 이 방법으로 학생은 부적절한 행동에 대해서 거의 관심을 받지 않는다. 또한 학생이 화내도록 만드는 행동의 연결고리에 대해 지각해야 한다.
- 하루를 시작하면서 칠판 위에 숫자 15를 표시한다. 그리고 학생들에게 그날 마지막 시간에 15분간 휴식할 수 있는 기회를 가질 수 있음을 설명한다. 그러나 방해행동마다 하나씩 칠판에 표시될 것이다. 마지막 시간에는 특별한 휴식시간 중 몇 분을 빼버린다. 휴식시간 대신에 몇 분만 특별한 게임, 이야기 시간 등으로 사용될 수 있다.

행동 발달 영역의 교수용 게임

게임 양식은 교사와 학생이 적합한 행동(예: 과제에 집중하기, 말하기 위하여 손들기, 자리에 착석하기)에 집중하도록 사용할 수 있다. 다음의 게임은 행동 발달을 촉진하기 위하여 설계된 것이다.

그림퍼즐 게임

자료: 학생이 관심 있거나 원하는 무언가의 그림 한 장을 준비하고 그것을 조각으로 자른다.

방법: 학생이 요구하는 사물이나 활동을 보상으로 제공함으로써 정해진 시간 동안 적절한 행동을 하도록 격려한다. 학생과 교사는 강화될 바람직한 행동에 서로 동의하고 보상의 유형을 정한다. 학생이 바람직한 행동을 보여 줄 때마다 교사가 그림퍼즐 조각 하나씩을 준다. 부적절한 행동이 관찰될 때에는 그림퍼즐 한 조각씩을 뺏는다. 그림퍼즐이 완성되었을 때, 학생은 보상을 받음으로써 강화를 받는다.

원 주변을 돌면서 과제 수행하기

자료: 둥글게 배치한 교실 의자, 타이머

방법: 1~4분 간격으로 다양하게 타이머를 설정한다. 타이머가 울리면 과제에 참여하고 있던 학생은 옆 의자로 옮겨 갈 수 있다. 타이머가 울릴 때 과제를 하고 있지 않던 학생은 자기 의자에 남아 있어야 한다. 따라서 적절하게 과제를 수행하고 있는 학생만 계속 원을 따라 다음 의자로 이동하여 돈다. 학생이 원 전체를 이동하면, 교사는 학생의 과제를 확인하고 모든 학생이 과제를 끝마치고 자기 자리에 돌아올 때까지 자유시간을 제공한다.

교장 게임

(Paine et al., 1983)

자료: 타이머, 기록할 수 있는 칠판

방법: 교실에서 방해행동을 보이는 학생의 행동을 향상시키기 위해 이 게임을 사용한다. 교사는 학생들에게 열심히 공부해야 함에 대해 이야기하고 이 게임이 그것을 도와줄 것이라고 이야기한다. 먼저 모둠의 자리나 분단 줄에 따라 팀을 정한다(즉, 줄이나 모둠별로 한 팀이 된다.). 수업 한 시간 혹은 하루 동안 타이머가 6번 울리도록 맞추어 놓는다. 벨이 울릴 때마다 교사는 어느 팀이 학급 규칙을 잘 지켰고 과제를 잘했는지 평가한다. 모든 팀원들이 과제를 하고 있다면 전체 팀이 점수를 받는다. 그러나 한 사람 이상의 팀원이 과제를 수행하고 있지 않으면 점수를 받을 수 없다. 게임에서 이기기 위하여 팀은 최소한 5점을 받아야 하고, 모든 팀이 이기는 것도 가능

하다. 수업의 마무리 시간이나 종례시간에 교장선생님을 이긴 팀을 발표하고 포상하도록 한다. 교장선생님뿐 아니라 다른 의미 있는 사람(예: 상담선생님, 다른 학급 교사, 지역의 운동선수, 부모)들이 초대되어 이긴 팀을 칭찬해 준다.

행동 모노폴리

자료: 모노폴리(역자 주: 우리나라에서는 브루마블 게임으로 소개되어 있다.)판과 유사한 게임, 다양한 강화제(여러 가지 상장 포함), 주사위, 게임말

방법: 몇 가지 유형의 강화를 학생에게 제공하기 위한 게임판([그림 5-7] 참조)을 사용한다. 무작위로 학생이 보이는 적합한 행동을 구별한다. 학생에게 주사위를 굴리게 하고 게임판에서 말을 움직인다. 학생은 게임 말이 도착한 지점에서 지시하는 대로 강화제를 받는다. 말이 움직일 수 있는 지점에 머물고 학생은 다시 게임을 진행한다.

찬스 카드의 예: '선생님과 팔씨름하기' '5초 동안 한 발 들고 뛰기' '친구에게 메모 보내기' '선생님 껴안아 주기' '쓰레기 줍기'

속도 경기

자료: 속도계 눈금이 그려진 커다란 보드판, 학생의 이름이 각각 쓰인 마분지로 만든 화살표, 다양한 작은 상품

방법: 학생들에게 그날 대부분의 수업과제를 정확하게 끝마친 사람이 있는지를 확인해 보도록 한다. 교사가 과제를 검사한 후, 학생 개개인은 정확하게 수행한 문항 수를 나타내는 속도계에 자신의 화살표를 붙인다. 속도계의 속도는 학생이 과제마다 정확히 답한 문항의 수에 따라 올라간다. 종례시간에 가장 높은 속도를 낸 사람이 승자가 되고 상품을 선택한다.

수정: 하루에 모든 과목에서 완수한 수를 계산하기보다는 한 교과를 선택해서 여러 날 동안 수행한 속도를 기록하게 한다. 또한 속도계는 자리에 앉아 있거나 소리치는 대신에 손을 들어 말하기와 같은 특정 행동을 기록하는 데 사용될 수도 있다. 같은 행동을 바꿔야 하는 두 명의 학생이 경쟁할 수도 있다. 학생이 적합한 행동을 보일 때마다 교사는 속도계 위의 학생 화살을 위로 움직일 수 있다. 화살은 부적합한 행동으로 인해 '뒤로' 움직이기도 한다. 그날 가장 높은 속도점수를 받은 학생은 속도 경기에서 이긴다.

복권

(Paine et al., 1983)

자료: 무작위로 '삑' 소리를 미리 녹음해 놓은 테이프, 카세트, 학생의 이름별로 기록할 수 있는 칠판

방법: 무작위로 이름을 뽑을 수 있는 기회를 주는 일간 복권을 학생이 갖는다. 하루 동안 녹음기를 통해 '삑' 소리가 6번 무작위로 들리게 된다. 삑 소리가 들릴 때 학생이 학급 규칙(예: 과제에 집중하기, 자리에 앉기, 조용히 하기)을 잘 지킨 학생은 칠판 위 자신의 이름 밑에 체크

[그림 5-7] 행동 모노폴리

찬스 카드 뽑기	정수기까지 다녀오기	녹음한 것 듣기	선생님의 도우미 되기	잡지 읽기
간식 2개 갖기				아무거나 뽑기
도서관 다녀오기		행동 모노폴리		10초간 박수
상품 뽑기				목표물에 다트 던지기
5칸 뒤로 가기	사진 찍기	녹음한 것 듣기	줄반장 하기	5분간 자유시간

표시를 한다. 하루에 5~6개의 체크 표시를 받은 학생이 그날의 복권 뽑기를 할 수 있다. 종례시간에 뽑기를 할 수 있는 학생들 가운데 2명의 학생이 선택된다. 교장이나 교사는 이 학생들의 부모에게 전화를 걸어 그들의 좋은 행동에 대해 정해 준다.

좋은 행동 게임

자료: 막대 차트

방법: 학생들을 두 팀으로 나누고 큰 소리로 떠들거나 의자에서 일어나는 행동이 기록될 것이라고 설명한다. 학생이 둘 중 하나의 행동을 보일 때마다 학생이 속한 팀의 투표 용지에 표시를 한다. 종례시간에 더 적은 수의 표시를 받은 팀이 우승한다. 그러나 두 팀 모두 6개의 표시보다 더 적은 표시를 받으면 두 팀 모두 우승이다. 이긴 팀의 팀원들은 먼저 보상을 받는다. 만약 두 팀이 모두 이기면 교실 학생 전체가 30분 동안 특별한 시간을 가질 수 있다.

타이머 게임

자료: 타이머, 점수 차트, 상장

방법: 타이머를 1분에서 40분 동안 최소한 한 번 이상 울리게 설정한다. 타이머가 울릴 때 자리에 앉아 있는 각 학생은 5점을 받는다. 각 학생이 받은 점수가 점수판에 기록된다. 정해진 시간 동안의 점수는 간식이나 물건과 같은 상으로 교환될 수 있다.

상업용 행동 발달 프로그램

다양한 상업용 자료는 교사가 학생의 방해행동을 관리하는 데 도움을 준다. 다음의 상업화된 프로그램은 행동 발달을 촉진하도록 설계된 것이다.

협력훈련

L. Albert에 의해 개발된 협력훈련(Cooperative Discipline; American Guidance Service 출판)은 훈육 및 교실 관리에 대해 실제적이고 긍정적인 접근방법을 제시한다. 이 체계는 학생들에게 그들의 행동에 대해 책임을 나누어야 한다는 확신을 준다. 프로그램은 호전적이고 어려운 학생들을 다루는 데 있어 효과적인 전략을 제공하고, 교사와 학생 간 그리고 학생들 간의 문제를 다루는 갈등 해결의 과정을 특징으로 한다. 협력훈련은 초등이나 중등 과정에 유용하면서 배려, 명확한 한계, 일관성, 존중을 바탕으로 하는 학급 분위기를 조성한다. 자료에는 교사용 지도서, 3개의 비디오테이프, 실행 지침서, 10개의 포스터가 있다.

교사행동 백서; CHAMPs

교사행동 백서(The Teacher's Encyclopedia of Behavior Management; Sprick & Howard, 1995)는 유치원에서 9학년까지 흔하게 일어나는 교실문제에 대한 실제적이고 긍정적인 해결책을 제공한다. 장기 결석, 다른 사람을 향한 비난, 부주의한 과제 수행, 싸움, 속임수와 같은 100개 이상의 특정 문제행동이 포함된다. 각각의 부적응 행동에 대해 교사들이 원래 행동을 수정하는 것에서부터 지속시간에 적합하게 맞추는 것에 이르기까지 선택 가능한 효과적인 중재를 6단계로 제공한다.

편람인 CHAMPs(Sprick, Garrison & Howard, 1998)는 교사들이 학생들을 책임감 있게 행동하도록 가르치는 교실 관리 계획을 세울 때 도움을 제공한다. 8개의 모듈(조직화, 기대, 동기, 교정절차 등)은 교실 조직화와 행동 관리의 양상을 다양화하는 데 초점을 두고 있다. 실행 단계와 절차들은 교실 및 행동 관리와 관련 있는 학교 효과성 연구문헌에 의해 지지되고 있다.

사회, 정서 및 행동 발달에 대한 전망

학업적인 어려움은 좌절, 불안, 낮은 자아개념 그리고 기분의 혼란을 유발한다. 학업적인 문제가 사회, 정서 및 행동적인 문제를 어느 정도로 유발하느냐는 확인하기 어렵다. 학업적이고 사회, 정서 및 행동 문제에 대한 이해는 이러한 문제가 학업을 방해할 수 있다는 추측으로만 연결되고 있을 뿐이다. 어떤 교육자들은 학업적인 결함과 행동장애에 대해 계속적으로 논쟁하였다. 어떤 것이 먼저 나타나는가? 어떤 것이 다른 것을 유발하는가? 일차적인 문제가 학습문제인가 혹은 정서문제인가? 그리고 몇몇 학생들은 우수한 학업수준을 지속하면서도 사회적 혹은 정서적 장애를 보이기도 한다. 이러한 조건과 관련된 문제는 매우 복잡하며 정확한 원인과 타당한 진단절차가 개발될 때까지 계속해서 논쟁거리가 될 것이다. 어쨌든 가장 좋은 전략은 목표행동과 성공, 바람직한 구조, 민감한 지원을 해 줄 수 있는 환경에서 더 어린 시기의 학생들이 배치 · 교육받아야 한다는 것이다. 여기서는 정보(즉, 평가절차와 중재절차)와 사회, 정서 혹은 행동 문제를 보이는 학생에게 적합한 교육을 촉진하기 위한 목표를 제공하였다.

가족과 지원적인 구조의 분리는 범죄, 폭행, 아동 학대, 약물남용을 증가시킨다. Whelan(1996, p. 309)은 학생들이 사회적으로 다른 사람들과 잘 어울릴 수 있도록 도와줄 수 있는 중재와 처우의 필요성에 대해 주장하였다.

> 학교는 그 자체로 아무것도 할 수 없다. 학교는 사회적 서비스를 염두에 둔 통합적 접근을 사용하고 문제에 긍정적으로 반응하도록 하며 학생의 삶에 있어 매일 도움을 제공할 수 있어야 한다. 학교는 예방과 중재 프로그램에 대한 책임을 지지 못하는가? 보통의 비기능적인 행동은 똑같은 뿌리에서 성장하기 때문에 우리는 발달적 요구에 직면함으로써 학생의 행동문제를 예방하고 치료한다. Brendtro와 Long(1995)은 학교 윤리를 되찾기 위한 4개의 'A's' 를 다음과 같이 제시하였다.
>
> - 유대(attachment): 사회적으로 긍정적인 유대는 바람직한 사회적 행동의 전제 조건이다.
> - 성취(achievement): 실패를 수용하고 높은 성공 기대를 가지고 노력한다.
> - 자율성(autonomy): 복종보다는 책임감을 요구하는 것이 진실된 교육이라고 할 수 있다.
> - 이타심(altruism): 청년들은 다른 사람들을 도움으로써 자기 자신의 가치에 대한 증거를 찾을 수 있다.

제 2 부

학업기술의 교수

· 제 · 6 · 장 ·

언어영역의 평가와 교수

구어(oral language)란 사람들이 자신의 생각이나 문화를 한 세대에서 다음 세대로 전달하는 것을 가능케 하는 학습된 행동이다. 아마 언어를 통해 의사소통하는 능력은 인간이 가진 가장 중요하고 복잡한 특성 중 하나일 것이다. 사람은 말과 언어를 통해 환경을 이해하고 또 환경에 반응한다. 그러므로 의사소통에 어려움이 있으면 매우 심각한 문제로 연결될 수 있는데, 생각이나 사실, 감정 또는 욕구를 전달하려는 시도가 이루어질 때마다 당사자뿐 아니라 가까운 환경에 있는 다른 사람들에게까지 직접적인 영향을 미치기 때문이다. 또한 언어는 학생의 학교에서의 성취와 적응에 직접적인 연관이 있는데, 언어가 질문을 만들어 내고 정보를 이해하며 새로운 상황에서 이해를 촉진하는 기초가 된다. 언어는 정보를 배우고 습득하는 데 쓰이는 매개체의 역할을 수행할 뿐 아니라 학업 관련 교육과정의 하나로 포함되기도 한다.

언어(language)는 "임의적인 기호와 법칙에 의해 지배되는 기호를 결합하여 개념을 표현하는 사회적으로 공유된 코드 혹은 체제(conventional system)" (Owens, 1994, p. 45)라고 정의된다. 반대로 말(speech)은 언어 표현의 동작이나 실제 기제(mechanics)와 연관되어 있다. 그러므로 말은 의미를 내포하는 소리로 표현되고, 언어는 말을 기본으로 언어적 개념과 관련이 있는 지식을 포함한다. 그리고 언어는 수용기술(즉, 이해)과 표현기술(즉, 사용)로 구성되어 있으며, 그 형태는 글로 표현되는 것과 말로 표현되는 것의 두 가지로 나뉜다.

정상적인 속도로 언어 습득이 이루어지지 않는 아동이나 청소년에게 적용되는 용어는 매우 다양하다. 예를 들어, 특정 언어손상(specific language impairment), 언어지체(language delay), 언어장애(language disorder)와 같은 용어들은 일반적으로 인지적, 감각적 혹은 정서적 문제로 인해 언어학습에 어려움을 갖는 학생들에게 사용된다. 미국 말-언어-청각 협회(American Speech-Language-Hearing Association, 1992, p. 949)는 언어장애에 대해 다음과 같이 정의하고 있다.

> 언어장애란 말, 글 혹은 다른 상징체제의 사용이나 이해에 있어 비정상적인 발달을 보이거나 문제를 보이는 것을 말한다. 언어장애에는 어떠한 상징의 조합이든 (1) 언어의 형식(음운론, 형태론, 통사론), (2) 언어의 내용(의미론), (3) 의사소통에서 언어의 기능(화용론)과 관련이 있다.

언어장애라는 용어는 보통 아동이 언어를 학습하는 데 어려움을 보이거나 비전형적인 순서로 언어를 학습할 때 사용한다. 그러나 일반적으로 언어장애가 있을 경우 처음으로 드러나는 증상은 언어 발달의 지체다. 그래서 실질적으로 언어장애와 언어지체를 보이는 아동이 나타내는 언어 특성을 구분하는 것이 분명하지 않기 때문에 두 가지를 혼용하기도 한다. Lahey(1988)는 "발달의 특정한 시점에서 한 아동의 언어체제가 언어장애를 갖지 않은 아동의 그것과 질적으로 다른가의 여부를 결정하는 것은 그리 쉽지 않다."(p. 21)라고 전한다.

심한 언어손상을 지닌 학생들은 일찍 감치 판별되고 유아원이나 다른 발달지원 프로그램에서 제공되는 말/언어치료를 받는다. 좀 더 미묘한 형태의 언어문제를 많이 가질수록 언어 측면에서 나타나는 문제는 나이가 들면서 드러나기 시작한다. 초등학교 3~4학년이 되어 교육 관련 요구가 점차 커지게 되면서, 언어문제를 가진 학생들은 학업기술을 수립하는 데 필수적인 언어적 기초가 부족하게 된다. 간혹 교사들은 이 학생들이 주의집중을 하는 데 문제가 있다고 보거나 지시 따르기를 잘 하지 못하고 말할 때 적절한 어휘를 구사하지 못한다고 지적하기도 한다. 어떤 학생들은 읽기, 쓰기와 같은 교과목을 학습하면서 언어적 문제를 경험하게 되고 비로소 언어장애로 판별된다. 이 학생들은 그들이 가진 언어문제를 판별하고 이해하며 적절한 교육적 중재를 제공해 줄 수 있는 교사를 필요로 한다.

이 장에서는 학습문제를 가진 학생들의 언어문제를 이해하는 데 필요한 기본적인 사항과 언어 습득 및 주요 구성 요소에 대해 다루고자 한다. 여기서는 전 생애에 걸쳐 다양한 단계에 속해 있는 학생들의 언어문제뿐 아니라 다문화 혹은 다언어 환경을 기반으로 하는 학생들의 언어기술에 대한 정보도 포함한다. 그리고 사정기술, 교육서비스 모델, 교수전략도 논의한다. 마지막으로 언어영역과 관련된 활동, 교수용 게임, 자기 교정 자료, 상업용 자료 그리고 컴퓨터 소프트웨어도 소개한다.

이 책의 특성상 언어기술이 개별적으로 서술되어 있기는 하지만, 언어기술은 학생의 학업과 학교에서의 성공과 깊은 상호연관성을 가지고 있으며 그에 큰 영향을 미치는 중요한 개념으로 이해해야 한다. 언어는 다른 인지적 구성개념(cognitive construct)과 상호작용하며, 개별적인 언어기술보다는 사회적 의사소통의 맥락 안에서 총체적인 것으로 평가되고 교정될 때가 가장 좋다고 한다. 언어문제를 가진 학생의 학업성취를 보장하기 위하여 교사와 언어 관련 전문가는 서로 자문을 제공하고 협력관계를 돈독히 해야 한다.

언어습득이론

크게 3개의 학파가 언어습득이론을 발전시켜 왔다. 행동주의적 언어이론, 생득적(nativistic, 혹은 심리-언어적) 언어이론, 상호작용적(interactionistic, 혹은 인지주의) 언어이론이 그것이다. 행동주의적(behavioristic) 언어습득이론(Skinner, 1957)에서는 언어 습득을 설명하기 위하여 학습 원리에 의존한다. 행동주의 입장을 취한 학자로는 Braine(1971), Jenkins와 Palermo(1964), Staats(1971) 등이 있는데, 아동의 언어 습득은 언어에 대한 지식이 전혀 없는 상태에서 시작하지만 아동은 언어를 학습할 수 있는 능력을 소유하고 있다는 믿음을 바탕으로 한다. 아동은 모방의 강화를 통해 학습을 하게 된다. (부모의 관심과 기뻐함을 포함해서) 아동의 옹알이를 강화하고 소리 내기 행동을 만들어 내는 것이 학습의 첫 단계라고 설명한다. 행동주의자들은 환경적 영향과 학습의 보편적인 법칙, 즉 조작적 조건화의 원리를 강조한다.

Chomsky(1965), Lenneberg(1967), McNeil(1970)은 생득적 언어이론의 입장을 취한다. Chomsky는 아동이 언어적 보편성을 다룰 수 있는 내재적인 능력을 가지고 있다고 주장했다. 아동은 셀 수 없을 만큼 많은 수의 문장을 이해하고 만들어 낼 문법적 이론을 수립한다고 한다. Lenneberg는 두뇌가 성숙하게 되면서 아동은 생물학적으로 언어를 학습할 수 있는 경향을 가지고 있다고 보았다. 생득주의자들은 인간을 이미 언어 발달에 연결되어 있는 존재로 보고, 환경은 단순하게 언어의 출현을 자극해 주는 역할을 할 뿐이라고 믿는다. 문장을 형성하는 데 사용되는 법칙을 가르치는 언어 프로그램은 이러한 생득주의적 이론을 대표한다.

상호작용적 언어이론의 주요 지지자 중 하나인 Piaget(1960)는 아동의 언어 습득은 지각, 인지 능력 및 경험의 상호작용을 통해 이루어진다는 이론을 펼쳤다. 이 이론에서는 아동의 환경과 신경학적 성숙이 학습을 결정한다고 보았다. Piaget는 인지적 조직에서 점점 더 복잡한 전략을 요하는 일련의 고정된 발달 단계를 거쳐 오면서 아동의 언어와 사고가 동시에 발달한다고 주장하였다. 상호주의자들은 언어와 관련된 능력이 타고난 것이라고 보기는 하지만 생득주의자들과는 달리 아동이 반드시 환경으로부터 언어 구조를 내면화해야 하고 의사소통의 사회적 기능을 인식해야만 한다고 믿는다. 그러므로 상호작용적 모델의 언어 프로그램은 다음의 두 가지 사항을 기초로 한다. (1) 환경과의 의사소통을 통하여 아동의 언어가 가진 의미가 유출된다. (2) 아동은 환경을 통제하기 위해 말을 사용한다. 이 모델을 바탕으로 한 중재 접근법은 구조화된 연습이나 반복연습보다는 자연스러운 언어교수를 강조한다.

생물학자(Lenneberg, 1967)와 언어학자(Chomsky, 1965)들은 아동을 성숙이라는 과정의 산물이라고 보았다. 그들은 신체적 혹은 정신적 문제가 발생하지 않는다면 아동의 발달은 이미 정해진 순서대로 진행된다고 믿었다. 이러한 관점은 생물학적으로 미리 준비되어 있거나 혹은 언어학적으로 정상적인 언어 발달을 이룰 수 있을 것이라고 생각되는 아동에게 큰 관심을 둔다. 한편으로 행동주의자들은 환경의 영향을 강조한다. 그들의 주장에 의하면 대체로 아동의 발달은 환경 내에서 아동의 행동에 반응해 주는 사람들에 의해 달라질 수 있다. 상호작용적 관점은 아동이 말을 배우면서 환경과 적극적으로 상호작용을 한다는 점을 강조한다.

근본적으로 언어중재는 언어의 구성 요소(예: 통사론)와 그와 관련된 법칙에 근거하여 이해와 수행을 분석함으로써 언어의 기능에 직접적인 관심을 갖는 언어학적 모델(linguistic model)에 초점을 맞춘다. 언어학적 모델은 많은 언어 프로그램의 개발에 근간이 되었고 이들 프로그램은 주로 학생들이 가지고 있어야 할 특정 언어기술에 초점을 맞춘다. 프로그램들 간의 내용이 비슷하다 할지라도(형태소, 음소), 몇몇은 행동주의 이론에, 몇몇은 생득주의에, 그리고 다른 몇 몇은 상호작용주의에 근거하고 있다.

언어의 구성 요소

언어란 "의사소통을 위한 임의적인 신호체제를 통해 표현되는 세상에 대한 생각을 나타내는 코드"(Lahey, 1988, p. 2)를 의미한다. 구어에는 화자와 청자 모두가 관련되는데, 이는 언어가 들릴 뿐만 아니라 말로 표현되기 때문이다. 화자가 임의적인 소리체계를 사용하여 청자에게 아이디어나 사고를 전달하는 것을 표현언어(expressive language) 혹은 산출(production)이라고 한다. 이 과정에서 청자는 수용언어(receptive language)

〈표 6-1〉 언어의 구성 요소

구성 요소	정의	수용언어 수준	표현언어 수준
음운론	언어의 소리체계와 소리 조합을 관장하는 언어학적 법칙	말소리의 변별	말소리의 조음
형태론	단어의 구조를 관장하는 언어학적 법칙체계와 의미의 기본 요소로부터 만들어진 단어 형태의 구성	단어의 문법적 구조 이해	단어에서 문법의 활용
통사론	문장을 형성하기 위하여 단어의 순서와 조합뿐 아니라 한 문장 안에 포함된 요소 간의 관계를 관장하는 언어학적 법칙체계	구와 문장의 이해	구와 문장에서 문법의 활용
의미론	발화의 내용, 말과 문장의 의도, 내용을 패턴화하는 심리언어학적 체계	단어의 의미와 단어의 관계 이해	단어의 의미와 단어의 관계 사용
화용론	음성적으로, 언어적으로 혹은 운동적으로 표현할 수 있는 의사소통에서의 언어 사용을 패턴화하는 사회언어적 체계	맥락적 언어 단서의 이해	맥락에서 언어의 사용

출처: C. D. Mercer & P. C. Pullen, 2005, *Students with Learning Disabilities* (p. 362), 6th ed. Upper Saddle River, NJ: Merrill/Prentice Hall. Copyright 2005 by Pearson Education(허락하에 게재함).

혹은 이해(comprehension)를 사용한다. 표현언어에 어려움을 보이는 학생들은 아마 언어적 활동에 참여하는 것을 꺼릴 가능성이 있고, 수용언어에 문제를 보이는 학생들은 지시 따르기나 구두로 제시되는 내용을 이해하는 데 어려움을 보일 가능성이 있다.

교사는 언어문제를 위한 교수를 평가 · 계획하기 위하여 언어의 구성 요소에 관하여 익숙해야 한다(〈표 6-1〉 참조). Bloom과 Lahey(1978)는 언어의 구성 요소를 형태〔음운론(phonology), 형태론(morphology), 통사론(syntax)〕, 내용〔의미론(semantics)〕, 사용〔화용론(pragmatics)〕에 따라 분류하였다. 이러한 언어 구성 요소들은 개별적으로 독특한 특성을 갖지만 서로 깊은 관련이 있고 상호작용적이다.

형태: 음운론

음운론은 소리와 소리의 연합체를 관장하는 법칙체계다. 음소(phoneme)는 단어를 형성하기 위하여 다른 소리와 연합할 수 있는 소리의 기본 단위다. 음소는 언어의 최소 단위로 /s/ 혹은 /b/와 같이 음소 단독으로는 의미를 포함하고 있지 않기 때문에 다른 언어의 구성 요소들과 명확히 구분이 된다. 그러나 단어 안에서 바뀌어 사용될 경우, 음소는 단어의 의미를 전혀 다른 것으로 변화시킨다(예: sat이 bat으로 변화). 음소를 관장하는 법칙은 어떻게 소리가 각기 다른 단어의 위치 안에서 사용될 수 있으며, 어떤 소리가 서로 결합될 수 있는지에 초점을 맞춘다. 예를 들면, 표준 영어에서는 /zt/의 연합을 대변할 소리가 없다.

영어라는 언어는 약 44개의 음소로 구성되어 있고 자음 혹은 모음으로 분류된다. 모음은 소리가 입의 어떤 부위에서 만들어지는가에 따라 분류되는데, 혀가 모음을 만들어 내기 위해 위, 아래, 앞, 뒤로 움직일 수 있다. 서로 다른 혀의 위치는 모음을 고 · 중 · 저모음으로(즉, 혀의 가장 높은 부위의 위치), 그리고 전설 · 중설음 · 후설 모음으로 나누는 데 쓰인다(Owens, 1994). 예를 들어, 장음 /e/는 고모음이면서 전설음인데, 이는 혓날이 입 앞쪽의 위에 위치하기 때문이다. 모든 모음에서 혀의 끝부분은 아래에 위치한다. 자음은 조음의 위치나 방법에 따라 분류한다. 예를 들어, /f/ 음소는 순음(입술 위치)이면서 무성자음이며 폐쇄음(방식)이다.

Jacobson과 Hall(1956)은 음소 습득의 순서에 영향을 미치는 다음의 세 가지 원칙을 제안했다.

1. 일반적으로 아동은 경구개-비음(/p/, /m/), 순-치조음(/p/, /t/), 무성-마찰음(/p/, /f/)과 같이 특성이 별로 다르지 않은 소리를 구분하는 것부터 배운다.
2. /p/, /m/와 같은 전설자음의 발달은 /k/, /g/와 같은 후설자음의 발달에 선행한다.
3. 세상에 존재하는 언어 중에서 자주 나타나지 않는 음소(예: 영어의 bat이라는 단어에서 단모음 a)는 설사 아동의 모국어에서 자주 나타난다 하더라도 가장 나중에 습득된다.

Owens(1994)는 모음이 3세경에 습득되지만 자음결합이나 자음군은 7세 혹은 8세가 될 때까지 습득되지 않는다고 했다. 그러나 언어 발달에는 개인차가 존재하고, 특정 소리의 습득 연령은 3년가량 차이가 날 수 있다.

음운론적 결함

음운론적 문제는 조음장애의 형태로 자주 나타나고 주로 모음을 습득함에 있어 발달지체가 있는 아동에게서 자주 나타난다. 아동은 자음 하나를 생략하거나〔예: you에서 '우(oo)' 소리를 생략〕, 다른 자음으로 대치하거나(예: rabbit을 'wabbit' 으로 발음) 왜곡할 수 있다. 자음 왜곡의 예로 소리를 혀의 양옆으로 새어 나가게 하여 /s/ 소리를 낼 때 소리가 옆으로 빠져나가는 현상이 나타나는데 결과적으로 눈에 띄게 좋지 않은 소리를 만들어 내게 된다.

표현상의 문제뿐 아니라 변별에서 어려움을 갖는 것과 같은 언어 수용상의 문제도 발생할 수 있다. 예를 들어, 아동에게 "가서 편지(mail) 가져와."라고 말했을 때, 아동은 그것을 "가서 못(nail) 가져와."라고 들을 수 있다. 이때 이 아동은 /n/과 /m/ 사이의 차이를 구별할 수 없기 때문에 적절한 반응을 할 수 없다. 음소 변별에서 실수를 하는 것은 자음(/p/를 /b/로, /t/를 /d/로), 자음군(/pr/, /fr/, /kl/), 모음(pit, pet, pat과 같은 전방위에서 혀를 가지고 산출해 내는 모음의 혼동 이해) 부분에서 일어난다(Wiig & Semel, 1976).

연구자들은 음운장애와 읽기 수행 사이의 관계에 대해 연구하기 시작했다(읽기 전 기술이면서 중요한 언어 구성 요소인 음운인식 훈련에 대해서는 8장에서 다룬다.). Ackerman, Dykman과 Gardner(1990)에 의하면 읽기장애를 가진 학생은 장애를 갖지 않은 학생들에 비해 계열적으로 배치된 소리를 낼 때 좀 더 천천히 발음하는 경향을 가진다. Ackerman은 천천히 말을 하는 학생들은 음절이 여럿인 단어를 섞고 소리 내는 것뿐 아니라 무엇을 읽었는지 이해하는 데 어려움을 보인다고 주장했다. 또한 Pehrsson과 Denner(1988)는 많은 언어장애 학생들이 언어 조직 능력에 문제를 보인다고 덧붙였는데, 이 능력은 무엇을 읽었는지를 기억할 수 있는 능력을 방해한다. 제한적인 음운론적 레퍼토리(즉, 알아들을 수 없는 소리)를 갖는 학생들은 읽기, 철자하기, 쓰기에서 어려움을 경험하는데, 교사들이 이 학생들에게 적절한 중재의 우선순위가 무엇이고 무엇을 가르칠 것인가에 대한 해결책을 찾기는 그리 쉬워 보이지 않는다.

형태: 형태론

형태소(morpheme)란 의미를 전달하는 언어의 최소 단위로 어근과 접사의 두 종류로 나뉜다. 어근은 그 자체로 사용될 수 있는 자유형태소가 되는 반면(예: teach, car, tall), 접사는 접두사와 접미사와 같은 의존형태소로 어근에 붙어서 단어의 의미를 변화시킨다(예: cars, teacher, tallest). 파생접미사는 단어의 급(class)을 변화시킨다. 예를 들어, 동사 walk는 접미사 -er이 붙어서 명사인 walker로 바뀐다. 굴절접미사는 단어의 의미를 변화시킨다. 예를 들어, boy라는 단어에 파생어 -s를 첨가함으로써 '한 명 이상의 소년' 이라는 의미로 변화된다.

언어에 있어 단어의 급 간의 차이는 내용어와 기능어

로 설명될 수 있다(Lahey, 1988). 내용어는 어근과 유사하게 독립적으로도 의미를 전달하고 보통 문장 안에서 의미를 포함하는 단어다. 기능어 혹은 연결어는 구나 문장을 연결하는 역할을 한다(예: 대명사, 관사, 전치사, 접속사). 연결어의 의미는 연결되는 단어나 문맥에 따라 달라진다.

형태론적 결함

형태론 발달에 지체가 있는 학생은 말을 함에 있어 적절한 굴절어미를 사용하지 않을 수 있다. 초등학생의 경우 동사에 3인칭을 나타내는 –s를 사용하지 않거나(예: 'He walk.'), 명사의 소유격을 나타내기 위한 –s나 소유대명사를 사용하지 않을 수도 있으며(예: 'Mommy coat'), 형용사에 –er를 붙이지 않기도 한다(예: 'Her dog is small than mine.'). 반면에 형태론에서 지체를 보이는 초등 고학년이나 중학생들은 불규칙 과거형 시제나 불규칙 복수형과 같은 좀 발전된 형태의 형태소를 사용하는 데 어려움을 나타내기도 한다(예: drove를 drived 혹은 men을 mans로 사용). 그런 학생은 불규칙적으로 형태소를 사용한다(예: bringed, brang, brought의 사용을 주저함).

형태론에 문제를 갖는 학생들은 정상적인 언어 발달을 보이는 또래들과 같은 속도로 말하고 언어 구조가 복잡하기는 하지만 단어형성 법칙을 습득하지 못하거나 아예 이해하지 못할 수도 있다. 또한 형태론에서의 문제를 갖는 것은 언어 코드를 학습하여 환경 내에서 이미 알고 있는 것들과 연결시키는 능력의 제약으로 연결된다. Wiig와 Semel(1984, p. 303)은 언어문제를 갖는 많은 학생들에게서 자주 나타내는 형태소상의 결함을 목록으로 나타내었다.

1. 명사 복수형, 특히 불규칙한 형태(–s, –z, 모음의 변화, –ren 등)
2. 단·복수 모두를 포함하여 명사 소유격(–'s, –s')
3. 현재 시제에서 3인칭 단수형(–s)
4. 규칙·불규칙 동사의 과거형(–t,–d,–ed, 모음 변화)
5. 형용사의 비교급과 최상급(–er, –est)
6. 활용어미의 탈범주적 사용(–s, –'s, –s')
7. 동사 파생(–er)
8. 형용사 파생(–ly)
9. 전치사의 이해와 사용(pre–, post–, pro–, anti–, di–, de–)

흑인 영어를 사용하는 학생들은 활용어미에서 표준 영어를 사용하는 또래들과 미묘한 차이를 나타낸다(Baratz, 1969; Bartel, Grill, & Bryen, 1973). 교사들은 이러한 차이점을 발달지체가 아니라 학생이 갖는 문화적 차이를 반영하는 것임을 이해하고 있어야 한다. 흑인 영어에서 활용어미의 차이를 나타내는 예로는 'John's cousin'이 아니라 'John cousin', 'fifty cents'가 아니라 'fifty cent', 'She works here.' 대신 'She work here.' 등이 있다.

형태: 통사론

통사론이란 문법적으로 맞는 문장을 만들기 위해 어떻게 단어나 형태소가 합성되는가를 관장하는 법칙의 체계다. 통사론의 법칙은 단어의 순서, 문장의 구조, 단어와 단어군 혹은 형태소 사이의 관계 그리고 그 외의 문장 구성 요소를 자세히 설명하고 있다(Owens, 1994). 그리고 통사론은 어떤 단어 조합이 수용 가능한지 혹은 문법적으로 맞는지, 어떤 단어군이 명사구와 동사구(예: 부사는 동사를 수식한다.)에 나타나는지를 설명한다. 따라서 통사론은 **문법**이란 용어로 대치되기도 한다.

문법의 법칙은 아이가 두 단어 문장을 만들어 내는 생후 18~24개월에 나타난다. 아이는 한 단어로 이루어진 말을 갑작스럽게 문법적으로 적절한 두 단어 문장으로 바꾸지는 않는다. 이때를 두 단어 발화와 문법적으로 올바른 두 단어 문장으로의 전이 시기라 한다. Braine(1976)의 주장에 의하면 아동은 전이 시기 동안 이후에 사용할 올바른 문법의 형태로 대체될 패턴을 만들어 낸다.

Wood(1976)는 구문 습득의 6단계를 제안하였다. 처음 두 단계(단계 1, 2)는 문법이 가진 의미론적 법칙으로 설명될 수 있는 반면, 나머지 네 단계는 통사론적 구조를 가진다고 한다. 단계 3은 대개 아동이 2~3세 정도가 되었을 때 시작한다. 이때 아동의 문장은 하나의 주어와 하나의 술어로 구성된다. 예를 들어, 단계 2에서 아동은 "놀이 아냐(No play)."라고 말하지만, 단계 3에서는 "나 놀이 안 해(I won't play)."라 말한다. 단계 4는 2세 6개월 정도에서 약 4세 정도까지 지속된다. 단계 4에서 아동은 접속사를 사용하는 과정을 통해 기본 문장에 한 가지 요소를 첨부하는 것과 같은 형태로 문장을 조작하기 시작한다. 예를 들어, '아빠 가(Daddy go).'와 같은 간단한 문장에 '어디(where)'를 첨가하여 '아빠 어디 가(Where daddy go)?'의 문장을 만든다. 또한 아동은 문장 안에 단어를 끼워넣을 수(즉, 기본 문장 안에 단어 배치)도 있다. 예를 들어, '유리 안 깨(No glass break).'란 문장을 '유리 안 깨졌어(The glass didn't break).'로 바꿀 수 있다. 단계 4에서는 의문문을 만들기 위해 단어의 순서가 바뀐다. 예를 들어 '그 사람 여기 있다(Man is here)?'라는 문장이 '그 사람 여기 있어(Is man here)?'로 바뀌는 것이다. 여전히 이 단계에서도 단순한 문장의 구조가 나타난다. 2세와 3세 사이의 아동은 간단한 2개의 문장을 조합할 수는 없지만 나란히 배치하여 말할 수는 있다(예: 'John bounced the ball; John hit the lamp'). 3세와 4세 사이에는 접속사 and를 이용하여 간단한 문장을 조합할 수 있다(예: 'John bounced the ball and hit the lamp.').

단계 5는 대개 3세 6개월에서 7세 사이에 시작된다. 이 단계에서 아동은 일반적으로 성인의 언어에서 나타나는 단어군(명사, 대명사, 부사, 형용사)을 이용하여 완벽한 문장을 구사할 수 있다. 또한 아동은 동일한 문법군 안에서 나타나는 차이를 인식할 수 있게 된다. 이와 같은 인식은 아동이 명사의 단수형, 복수형과 함께 다른 한정사와 동사를 사용할 때 더욱 분명하게 드러난다. 예를 들어, '이 의자들은 무거워(This chairs are heavy).'라는 문장에서 이(this)는 부적절한 한정사다. 이 문장을 올바로 고치려면 적절한 한정사(단수 혹은 복수)와 복수를 표현하는 데 맞는 동사가 사용되어야 한다. 이와 같은 원칙은 전치사구에도 그대로 적용된다. 예를 들어, '우리는 영화에 울었다(We cried to the movie).'라는 문장은 부적절한 전치사구가 사용되었기에 문법적으로 옳지 않다. 본질적으로 단계 5에서 아동은 단어가 가진 적절한 의미론적 기능을 학습하고 그 단어들을 적절한 문법군에 배치한다.

Wood가 제안한 단계 6은 5세 전후에서 10세까지 확장된다. 아동은 이 단계부터 복잡한 문장 구조를 사용하기 시작하며 명령("장난감 줘."), 요구("소금 좀 주세요."), 약속("그만한다고 약속해.")을 암시하는 문장을 이해하고 말할 수 있다. 이 중 가장 습득하기 쉬운 것은 명령이며, 요구는 아동이 자주 헛갈리는 기능이다. 약속은 아동이 이해하기 어려워 이러한 형태의 동사는 주로 10세가 되어서야 습득된다(Wood, 1976).

통사론적 결함

통사론에 있어 지체를 보이는 아동은 해당 연령에서 기대되는 문장의 길이보다 짧은 문장을 쓰거나 통사론적 복잡성을 띤 문장을 사용하는 데 어려움을 나타낸다. 예를 들어, 평균 발화 길이가 세 단어인 6세 아동은 "아빠 어디 갔어(Where did Daddy go)?" 대신에 "아빠 어디 가(Where Daddy go)?"라고 말할 수 있다. 통사론을 처리하는 데 있어 나타나는 추가적인 결함은 문장(예: 질문이나 직접·간접 목적어 간의 관계를 표현하는 문장), 부정, 법(예: must, have to, ought와 같은 조동사에 의해 나타나는 의무의 추론), 수동태를 이해할 때 나타나기도 한다(Wiig & Semel, 1976, 1984).

언어에 문제를 갖는 학생들은 간접문, wh-질문, 의문부사, 부정문과 같은 복잡한 통사론적 구조를 처리하는 데 어려움을 보일 수 있다. Wiig와 Semel(1984)은 이 학생들이 기억 및 회상을 하는 데 결함을 보이고, 기억술 전략을 활용하는 데 문제를 나타내며, 구어 메시지를 기억할 때 있어 선택적 주의집중이 잘 이루어지지 않는다고 지적한다. 또한 언어문제를 갖는 학생들은 주로 기본적인 문장 구조에 의지하는 경향을 보일 수 있으며, 문장 구조를 만드는 데 창의성이 별로 나타나지 않고, 새롭고 재미있는 문장을 사용할 경우도 많지 않다.

내용: 의미론

의미론은 언어의 의미를 다루는 분야로 개별 단어뿐 아니라 단어의 조합에 의해 만들어지는 의미와 관련된다. 예를 들어, 컵이란 단어는 '마실 수 있는 무언가를 담는 용기' 이고 아동의 세계에서는 물체를 의미한다. 단어 조합과 관련된 예는 '아빠의 컵' 과 같은 구인데 단어 조합을 통해 두 단어 간의 관계에 소유의 의미를 첨가시킨다(즉, 아빠가 소유하고 있는 컵). 수용적인 의미론은 언어의 이해와 관련되어 있고, 표현적 의미론은 의미 있는 담화를 만들어 내는 것을 말한다.

Lahey(1988)에 의하면 언어의 내용(의미론)은 세 가지 범주를 갖는다. 첫 번째 범주는 일반적이고 전형적인 사물(예: 차, 공, 엄마, 주스), 두 번째 범주는 일반적인 행위(예: 던지기, 치기, 발로 차기)와 관련되어 있다. 그리고 세 번째 범주는 사물 간의 관계(예: 마이클과 그의 컴퓨터, 나와 내 강아지, 데비와 그녀의 차) 및 사건 간의 관계(예: 수영하기와 몸이 젖음 간의 인과관계)와 관련되어 있다. 언어의 주제와 언어의 내용 간의 차이를 설명하면, 주제(topic)는 특정한 메시지(예: 파워레인저)를 의미하고 내용(content)은 보다 일반적인 메시지의 범주(예: 장난감)가 된다. 따라서 서로 다른 문화적 배경을 가진 청소년들은 상이한 주제에 대해 이야기하며 설사 내용이 같다 하더라도 동일한 어휘를 사용하지 않는다.

Wood(1976)는 의미론 습득의 단계를 설명하였는데, 단계 1에 해당되는 아동은 첫 단어군을 배우게 되고 의미를 발달시킨다. Wood는 이 단계를 한 단어 문장이라고 표현하였다. 여기서는 단어가 사용되는 맥락에 따라 그 의미가 결정된다. 18개월 된 아동이 멍멍이라는 단어를 매우 자주 사용할 수 있지만 아동이 단어를 사용하는 맥락은 다르며 각기 서로 다른 의미를 암시한다(예: "멍멍이 있다." "저게 멍멍이야." "멍멍이가 짖는다." "멍멍이가 야옹이를 쫓아간다.").

약 2세가 되면 아동은 구체적인 행위와 관련된 두 단어 발화를 하기 시작한다(예: "멍멍이가 짖는다." "내 멍멍이."). 단계 2에서는 언어적으로 더욱 구체적인 정보를 전달하고 어휘와 발화 길이를 계속해서 확장한다. 그러나 약 7세까지는 단어를 눈에 보이는 행위의 측면에서 단순하게 정의한다. 6세 아동에게 물고기는 '호수에서 헤엄치는 것' 이고, 접시는 '음식을 놓아 저녁을 먹을 수 있게 하는 것' 이다. 또한 이 시기 동안에는 일반적으로 문장 안에서 '관련 단어(a prompt word)' (예: 예쁜)를 뒤따라오는 단어(예: 꽃)에 반응한다. 약 8세 정도의 아동은 언어적으로 반대가 되는 것(예: 미운)에 더 잘 반응한다(Brown & Berko, 1960).

단계 3에서 약 8세 정도의 아동이 쓰는 단어의 의미는 경험, 작동, 과정과 직접 연관이 있다. 만약 이웃이 말을 가지고 있다면 아동은 말이라는 단어의 의미를 말할 때 '동물' '네 다리를 가진' 그리고 '탈 수 있는 것' 이라는 특성을 포함시킬 수 있다. 어디에 말이 사는지를 물으면 아동은 "(이웃에 사는) 칸 씨 아저씨네."라고 답할 수 있다. 어른이 내리는 정의에 의하면 이 답은 옳지 않다. 아동의 어휘는 어른의 경험이 아닌 아동의 경험에 의해 정의된다. 12세가 되면서 아동은 사전에서 나오는 정의와 같은 뜻을 이야기하기 시작한다(Wood, 1976).

곰의 정의를 이야기해 보라고 할 때, 아동은 '겨울잠을 자는 크고 따뜻한 피가 흐르는 동물'로 말할 수 있다. 이때 아동의 정의는 어른이 가진 의미론적 수준에 근접해 있다.

의미론적 결함

단어의 의미(의미론)에서 발달적 결함을 가진 학생들은 제한된 수의 단어를 이해하거나 사용한다. 예를 들어, 형용사, 부사, 전치사, 대명사와 같은 특정 영역에서 어휘상의 제한이 나타날 수 있다. 단어를 선택하고자 할 때 반응시간이 좀 길 수 있으며 특정한 단어를 생각해 내거나 회상하는 데 있어 어려움을 보인다(명칭실어증, dysnomia). 단어를 유출하는 데 어려움을 나타내는 학생은 자주 교실 토론에 참여하려는 시도를 하기는 하지만 답을 말해야 할 때는 분명히 대답하지 않는다. 어휘의 문제로 사물이나 사건을 묘사할 때 특정 단어를 사용하지 못할 수도 있다(예: '저기 있는 저것' '네가 쓰고 있는 것').

또한 아동이 개별 단어에 대해 매우 편협한 수준으로 특성을 말하고 의미를 제한적으로 표현하면 의미론적인 부분에서 지체가 있다는 것이 더욱 분명해진다. 의미론적 결함이 있는 학생은 문맥이 변화할 때 나타나는 미묘한 의미상의 변화를 감지하지 못하고 자주 사용하는 단어가 다양한 의미를 가진다는 것을 인지하지 못할 수 있다(Wiig & Secord, 1994). 이는 앞으로 듣게 될 것이나 읽은 것에 대해 불완전한 이해나 오해를 이끌어 낸다. 또한 비유적인 언어를 이해하지 못할 수도 있으며 숙어, 은유, 속담을 말 그대로 이해하는 경향이 있다(Wiig & Semel, 1984). Lazar, Warr-Lepper, Nicholson과 Johnson(1989)의 연구 결과를 고려했을 때, 이 같은 문제는 우리의 학급에 있어 매우 중요한 시사점을 제공해 준다. 유치원에서 중학교 3학년 수학과 국어 교사들을 대상으로 한 연구에서 보면 교사 발화의 36%가 다양한 의미를 나타내는 표현을 최소한 하나 이상 사용한다는 사실이 알려졌다. 이 중 간접적인 요구는 27%로 교사들에 의해 가장 자주 사용되었다. 교사 발화 중 최소 12%가 하나 이상의 관용어를 포함하고 있으며, 게다가 학년이 올라갈수록 관용적 표현이 증가하였다. 그러므로 언어문제를 가지고 있는 나이 든 학생들은 점차적으로 교사의 지시 따르기 혹은 교실 담화를 이해하는 데 어려움을 경험할 수 있다. 다음은 중학교의 한 교실에서 시행된 토론시간의 일부로 위의 문제의 예가 된다. 교사는 학생들에게 "내 아버지가 지붕을 쳤다(My father hit the roof)."라고 말하고 이 표현이 문자 그대로 아버지가 지붕을 친 것인지를 물었다. 비언어적 상황 단서를 해석한 한 학생이 답했다. "아니요, 그것은 아버지가 정말 지붕을 쳤다는 것을 의미하지 않아요. 아버지가 막대 빗자루나 긴 무언가로 지붕을 쳤다는 뜻이에요!"

이 외에도 언어문제를 가진 학생은 언어적 개념(예: 전/후, 만약/그때, 많은/약간 적은)을 이해하거나, 단어 간의 논리적 관계(예: 비교, 소유, 공간적 · 시간적 관계)를 인식하거나, 언어적 유추관계(예: 샌드위치는 먹고, 우유는 마신다.)를 이해하는 데 있어 의미론적 문제를 경험한다(Wiig & Semel, 1984). 그리고 전환어(transition words, 즉 '비록 ~한다 하더라도, 만약에 ~하면, ~와 더불어'와 같은 접속사)를 잘못 사용할 수 있고, 복합한 문장을 만들고 문장이나 문장 계열에서 두 논쟁 사이의 논리적 관계를 표시하는 것을 하려고 하지 않는다(Wiig & Secord, 1994).

사용: 화용론

Bruner(1974/1975)는 **화용론**을 "화자가 그들의 의도를 수행하고자 하는 노력의 일환으로 다른 사람의 행동에 영향을 미치는 언어의 지시적 기능"(p. 283)이라고 정의하였다. McLean과 Synder-McLean(1978)은 이 정의를 논의하면서 청자의 의도라는 광의의 기능을 두 가지로 구분했다. 그 기능으로는 청자의 행위를 통제하거나 영향을 미치는 것("인형 줘.")과 태도에 영향을 미치는 것("내 생각에 제인은 좋은 반장이 될 수 있을 거야.")이 있다. Bates(1976)는 화용론에서 의미를 파악하는 것을 어떻게 인간의 의사소통 의도가 언어적 형태로 변화되는가를 아는 것이라 했다. 그리고 이러한 법칙은 언어를 통하여 사회적 맥락 안에서 요구하기, 주장하기, 질문하기와 같은 다양한 의도가 어떻게 전달되고 있는가와 연관되어 있다. 의사소통 능력이란 한 개인이 사회적 상호작용 속에서 어떻게 언어가 작용하는가를 이해하고 그것을 바탕으로 언어를 사용하는 것을 말하는데, Wilcox(1986)는 의사소통 능력을 "의도한 메시지를 청자에게 효과적이고 효율적으로 전달하는 능력이고…… 이는 전형적인 의사소통 코드에 대한 지식뿐 아니라 사회적으로 적절한 의사소통 행동과 관련된 지식을 가지고 있어야 한다."(p. 644)고 설명하였다.

화용론적 기능 중 3세 이후에 나타나는 것 하나는 우리가 자주 사용하는 간접적인 요구(예: "우리 엄마는 점심 전에 과자를 먹게 해 줘.")나 힌트다(Ervin-Tripp & Mitchell-Kernan, 1977; Leonard, Wilcox, Fulmer, & Davis, 1978). Leonard 등은 4, 5, 6세 아동에게 자주 나타나는 세 가지 형태의 간접적 요구에 대해 연구했다. 그것은 확실한 주장하기("문 좀 닫아 줄 수 있어?"), 부정적 요소에 대해 반응하기("전화 좀 받지 않을래?") 그리고 부정적 의도를 포함하는 확실한 주장하기("피아노를 꼭 쳐야 하니?")다. 4~5세 아동의 경우, 앞의 두 가지 형태의 요구는 이해하지만 세 번째 형태는 이해하지 못한다. 6세가 되면 비로소 세 번째 유형을 이해하기는 하지만 실수가 많은 편인데, Leonard 등은 이러한 실수가 아직 아동이 그 유형과 의미를 명확히 이해하지 못하기 때문이라 해석하였다.

Bloom과 Lahey(1978)는 화용론적 측면에서 언어가 사용되는 상황은 메시지의 형태에 영향을 미친다고 설명하였다. 청자에게 수용되거나 이해될 가능성이 높은 메시지를 **화용론적 가정**(pragmatic presuppositions)이라 한다. 성인의 말에서 살펴보면 화용론적 가정은 주로 요구의 기능을 매우 정중하고 간접적인 형태로 활용할 때 나타나는 경향이 있다. 4~5세 아동은 요구하기를 할 때 비교적 정중하게 말하며 화용론적 가정을 선보인다. 아동은 성숙하면서 화용론적 가정이 발달하게 되고 화자를 방해하거나 적합하지 않은 상황에서 이야기하거나 너무 크게 말하지 않아야 한다는 것을 배우게 된다.

화용론적 결함

화용론적 측면에서 지체는 아동이 해당 발달 연령에서 기대되는 기능을 수행하지 못할 때 드러나게 된다. 예를 들어, 8세 이상의 아동에게 "피아노를 꼭 쳐야만 하니?"라고 질문을 했을 때 (피아노 치기를 멈추는 대신) "예."라고 심각하게 대답하는 경우는 발달론적으로 보았을 때 간접적인 요구를 이해하는 데 지체되었다고 할 수 있다. 그리고 언어의 화용론에서 지체를 보이는 아동은 청자가 화자인 자신의 말을 이해하지 못하는 상황을 인식하지 못할 수 있으므로 청자의 요구에 맞게 자신의 말을 수정하지 못하고 말하는 방식에 변화를 주지 못한다. 뿐만 아니라 사회적으로 수용되지 않는 형식으로 대화에 끼어들거나 대화 중에 청자와 화자 사이에 말의 순서를 주고받는 데도 어려움을 드러낼 수 있다. 이 학생들은 대화를 독점하려고 하거나 혹은 자신이 거의 피드백을 주지 않아도 상대방이 자신보다 말을 더 많이 해 주는, 즉 자신은 듣기만 할 것을 기대한다. 언어의 활용과 관련하여 나타날 수 있는 문제의 다른 예로는 대화 도중에 주제를 유지하는 데 어려움이 있거나 적절하지 못한 얼굴표정이나 자세, 성숙하지 못한 말씨 그리고 언어적·비언어적 단서를 해석하지 못하는 것이다(Simon, 1985; Wiig & Semel, 1984). 마지막으로 화용론적 결함을 가진 학생은 언어의 내용을 올바르게 선택하고(즉, 청자에 따라 언어의 복잡성을 조정하기와 같이), 질문전략을 활용하며, 집단 내부에서 언어적 상호작용을 하는 데 어려움을 가질 수 있다(Wiig & Semel, 1984). 특히 의사소통 능력의 문제는 성인이 되어서도 지속되고 학생의 학업적, 직업적, 사회적 수행에도 영향을 미친다는 점에서 매우 심각하다 할 수 있다(Schumaker & Deshler, 1984).

언어문제

학생들이 가진 언어문제가 초반에는 그리 분명하게 드러나지 않는 미묘한 결함이라 하더라도 그들이 겪게 될 문제의 형태는 매우 다양하다. 그러므로 교사는 학생이 가질 수 있는 잠재적 언어문제에 대해 인식하고 있어야 하는데, 이러한 인식은 학생들이 가능한 한 빨리 판별되고 적절한 서비스를 받을 수 있도록 도와준다. 조기중재가 있음에도 불구하고 대부분의 언어문제는 장기적으로 지속되므로, 언어중재는 학생의 다양한 요구에 맞게 변화되어야 한다. 여기에서는 영유아기, 초등학년기, 청소년기의 세 시기에서 가장 일반적으로 나타나는 언어문제를 다루고자 한다. 한 가지 명심해 두어야 할 것은 언어란 상호작용적이고 언어문제는 단독으로 나타나는 것이 아닐 수 있다는 것이다. 게다가 언어문제는 중재 없이는 사라지는 것이 아니므로 여러 시기를 거쳐 같은 결함이 지속될 수 있다.

영유아기

언어문제를 보이는 어린 아동은 매우 다양한 특성을 나타내기 때문에 그들을 정상 발달을 보이는 또래들과 구별하는 것이 그리 쉽지 않다. 하지만 많은 연구자들(Bernstein, 1993; Wiig & Semel, 1984)은 영유아기에 해당하는 아동 집단 간에 나타나는 일반적인 차이를 설명했다. 또래들에 비해 언어문제를 갖는 아동은 자주 수 세기, 색 이름과 요일 이름 대기, 가위질과 같은 준비기술에서 지체를 보이고, 간단한 지시 따르기나 책 또는 영화의 줄거리 따라가기, 이야기 듣기와 같은 활동을 따라가는 데 어려움을 경험할 수 있다. 게다가 조음이나 말소리 발달에 있어 지체를 보일 수도 있으므로 성숙하지 않은 말소리를 낼 수 있다. 평균 발화 길이나 단어에 있어서도 자신의 연령보다 낮은 아동의 그것과 유사한 수준을 보인다. 단어를 찾아내는 데 어려움을 보이고 일반 사물의 이름을 이야기하는 데도 문제를 보인다고 알려져 있다. 결과적으로 '스파게티'를 '버즈게티'로 말하는 소리의 대치를 보이기도 하고 기능적으로 적절하고 정확한 반응을 거의 하지 않으며, '어, 있잖아(you know)' '거기에 저거 있잖아(that things over there)' 같은 어구를 자주 사용하고, 직접 사물의 이름을 말하기보다는 사물을 묘사하는 경향을 보인다. 그리고 글자와 소리의 일대일 대응을 잘 하지 못하고 소리들 사이에 나타나는 차이를 구분하지 못한다.

뿐만 아니라 특정 형태의 질문에 정확한 답을 하는 데 문제를 나타내기도 한다. Parnell, Amerman과 Harting(1986)에 의하면 어린 아동에게는 관찰할 수 없는 사람이나 행위, 물건에 대한 질문이 가장 어렵다고 한다. 아홉 가지의 wh-형 질문을 평가할 때는 왜(why), 언제(when), 무슨 일이 일어났는가(what happened)에 대해 답하는 것이 가장 어렵다.

언어문제를 갖는 어린 아동들은 언어적으로 수준이 비슷한 또래에 비해 상징적이고 적응적이며 통합적인 놀이를 하는 데 심각한 어려움을 나타낼 수 있다. 또래에 비해 자주 혼자 놀거나 놀이 같지 않은 활동 또는 상호작용 없이 단순히 옆에서 놀기를 하는 모습이 자주 관찰된다(Roth & Clark, 1987). 행동적으로 언어문제를 갖는 아동은 주의력 결핍을 보이고, 정보를 이해하거나 생각을 표현하고자 할 때 추가 시간이 필요하며, 좌절에 대해 열악한 수준의 인내심을 보인다.

초등학년기

언어문제를 보이는 학생은 1학년부터 소리를 구분하고 말소리의 순서를 분석 · 종합하며 단어를 문법단위로 나누는 데 어려움을 보이는 등의 다양한 문제를 나타낸다. 특히 시공간 개념과 '전-후, 약간, 전혀 ~하지 않은, 만약/그러고 나서, 거의 ~없는' 과 같은 추상적인 개념을 이해하는 데 문제를 보인다(Snyder, 1986; Wiig & Semel, 1984). 이러한 개념은 문장이 복잡하고 그 길이가 길 때 주로 나타나며, 특히 언어 처리 과정에서 미묘한 문제를 갖는 학생들에게는 더 큰 어려움으로 다가온다. 실제로 학생들이 그들에게 주어진 지시사항을 잘 못 이해했을 때는 다른 사람에게 불복종적이거나 고집이 센 아동으로 비칠 수 있다.

초등 저학년에 들어서면서 학생들은 조작물의 사용을 줄이기 시작하고 점진적으로 교사의 언어적 표현에 의존하여 정보를 수집해야 한다. 학생들은 학년이 올라가 언어의 복잡성이 커지면서 교수적 언어가 가진 요구를 충족시켜야 할 뿐 아니라 교육과정의 내용을 잘 이해해야만 한다. 4학년 때쯤 교육과정 내용은 대부분 문자로 제공되며, 언어문제를 가지고 있는 학생들의 경우는 이야기식의 글에서 설명문으로 전환되는 상황에서 어려움을 경험할 수 있다(Wallach, 1989).

이 시기에 해당되는 학생들에게는 필요한 단어를 찾아내는 문제가 지속될 수도 있으나 애매한 표현(둘러 표현하기), 언어 충전기제(역자 주: 어, 있잖아 등), 묘사하는 말 등을 사용하는 대체전략을 사용함으로써 생각만큼 그 문제가 많이 드러나지 않을 수도 있다(Bos & Vaughn, 2002). 단어 찾기에서 곤란을 경험하는 학생들은 대개 반응시간, 오류지표(error index)나 단어 선택 과정 그리고 대치 형태의 세 가지 지표에 문제를 보인다. 일반적으로 그들은 그 세 영역의 수행에 있어서 격차를 나타내며, 결과적으로 옳은 단어가 재생되었다 하더라도 단어를 재생하는 속도에 있어 현격한 차이를 드러낸다.

또한 초등학교 시기에 읽기성취에서 문제가 발생하기 시작하는데, 이는 음운론적 장애로부터 기인한다. 읽기 문제를 보이는 학생들은 그렇지 않은 또래에 비해 글자의 연결(즉, 단어)을 더욱 천천히 소리 낸다. 결과적으로 천천히 조음하는 학생들은 다음절 단어를 소리 내어 말하거나 음절을 붙여서 말하고, 자신이 읽은 단어를 이해하는 데 어려움을 보인다(Ackerman et al., 1990). 그리고 이 시기에는 드디어 한 단어가 여러 개의 뜻을 가진 다의미 단어가 출현하게 되고, 학생들은 맥락에 맞게 의미를 파악하는 추론을 해야 하므로 이전에 비해 이해하기에 필요한 조건에도 변화가 나타나게 된다. 구문을 이해하면서 나타나는 결함으로 인해 학생은 독립적으로 읽기를 하는 것과 교과내용을 포함한 학습자료를 익히는 데 문제를 갖게 된다. 따라서 언어문제가 있는 학생들은 집단 토의에 참여하고 주제에 대한 자신의 생각을 공유하며 초기 학습에 연결되는 개념이나 생각을 발달시키는 데 어려움을 갖는다.

또한 초등학생들은 표현언어 혹은 구어에도 문제를 보일 수 있다. 아동의 이야기하기 능력이나 담화 자체를 분석한 한 연구(Merritt & Liles, 1987)에서 보면, 언어문제를 가진 학생에 의해 묘사된 이야기는 언어문제를 가지고 있지 않은 또래들의 이야기에 비해 사건이나 에피소드의 수가 더 적고 핵심 어구나 이를 부연하는 종속어구의 사용이 적었다. 그리고 언어문제를 가지고 있는 학생들은 이야기의 주요 부분을 통합하는 데 문제를 보이고 있었으며, 이러한 문제는 아동이 나이를 먹거나 중재를 지속한 후에도 계속되었다. Merritt와 Liles는 언어문제를 가진 학생이 언어적 추상성을 형성하고 복잡한 개념을 해석 · 이해하기 위해 필요한 논리적인 조작을 수행하는 데 결함을 나타낼 수 있다고 결론 내렸다. 그리고 이 학생들은 구어를 만들어 내고 표현하는 데 문제를 보이는데 이것이 주로 학업적인 문제로 연결된다.

마지막으로 언어문제를 갖는 초등학생들은 언어 사용

(화용) 측면에서도 어려움을 보인다. 언어 사용의 문제는 학습환경에서 아동의 사회적 기술로 표출된다. 그들의 행동은 가령 청자의 요구를 맞춰 주지 못한다거나 대화가 지속되는 와중에 끼어들기를 잘 하지 못하는 행동과 같이 자신보다 나이 어린 아동이 보이는 행동과 많이 유사하다. 게다가 사회적 단서를 잘못 해석하기도 하고, 다른 사람의 감정이나 생각을 고려하지 못하며, 다른 사람의 행동의 후속결과나 행위를 예측하지 못한다. 이 수준에 해당하는 학생들은 대개 질문을 만들어 내기는 하지만 새로운 정보를 획득하기 위하여 요구하기를 기능적으로 적절하게 사용하는 데 어려움을 보이기도 한다(Schwabe, Olswang, & Kriegsmann, 1986).

청소년기(중등학년)

언어문제를 가진 청소년들은 초등학생들에 비해 더욱 미묘하며 다양한 문제를 경험한다. 대개 그들은 학습에 수동적이며 종종 복잡한 학업과제를 수행하기 위해 필요한 초인지 전략을 사용하는 데 제한을 갖는다. 중 · 고등학교에 다니게 되면서 학교생활에 적응하기 위해 필요한 요구가 많아지게 되면서, 교사들은 학생들의 언어장애를 극복하거나 보완할 수 있는 중재를 계획하는 데 있어 난관에 봉착하기도 한다.

많은 언어문제를 지닌 청소년들은 언어 산출 및 처리에서 좀 더 높은 수준에 해당하는 통사론, 의미론, 화용론을 사용하고 이해하는 데 있어 제한된 능력을 보여 준다(Ehren & Lenz, 1989). 일반적으로 중 · 고등학생들은 스스로 시간을 조정하고 과제를 완수할 수 있을 것이라 기대하므로 반드시 이 나이대에는 구어나 문어로 된 지시사항을 따를 수 있어야 한다. 그러나 그들이 갖는 수용언어와 표현언어상의 제약은 그들이 효과적으로 학습할 수 있는 능력에 영향을 미친다. 이 같은 문제는 교실수업이나 교재로부터 정보를 수집하고, 숙제를 끝내고, 학급 규칙을 따르며, 시험을 통해 자신이 쌓은 지식을 보여 주고, 작문을 통해 자신의 생각을 표현하며, 최소학력 자격시험에 통과하고, 교실에서 행해지는 토론에 참여하는 데 있어 여러 문제를 만들어 낸다(Schumaker & Deshler, 1984). 일부 청소년들은 언어문제를 보완하기 위한 전략을 배우기도 하지만, 일부 청소년들은 부가적인 서비스나 지원을 필요로 한다. 교사는 학생이 성숙해지면서 그들을 위해 교육과정과 관련된 요구를 수정해야 한다는 것을 인식해야만 한다. 예를 들어, 기존에 시행하던 내용 중심 접근법(content-oriented approach)에서 학생이 일상생활 상황을 다루는 데 필요한 전략을 배울 수 있는 기능적 접근법으로 변경해야 한다.

역시 청각적 언어를 이해하는 것과 관련된 어려움은 청소년기에도 지속되며, 이는 결과적으로 단기기억 문제와 언어적 관계를 이해하는 문제로 연결된다(Riedlinger-Ryan & Shewan, 1984). 언어문제를 갖는 청소년들은 자주 정보를 조직화하고 추후에 있을 정보를 인출하기 위해 필요한 연합화와 범주화를 올바르게 시행하는 데 어려움을 보인다. 이러한 이유로 복잡한 정보를 유지하거나 종합하는 데 있어 자주 문제를 경험한다. 미숙한 조직화와 범주화는 노트 정리하기, 시험 보기, 공부기술과 같은 영역뿐 아니라 정보를 통합하는 데도 문제를 만들어 낸다.

또한 언어 사용과 관련된 문제들 역시 청소년기까지 지속되어 학생들은 사회적 단서를 인식하고 다른 사람들의 동기와 감정을 해석하며 적절한 언어를 구사하는 데 어려움을 갖는다. 청소년들의 경우 자신의 문제를 인식하고 있기 때문에 공격성, 좌절감, 동기 결여, 위축, 주의력 결핍과 같은 행동들이 발생할 수 있다(Hazel & Schumaker, 1988; Seidenberg, 1988; Wiig & Semel, 1984).

다언어와 다양한 문화를 배경으로 하는 학생

다언어 학생이란 하나 이상의 언어를 알고 사용하는 집단을 말한다. 많은 다언어 학생(주로 남아메리카계)들은 스페인어를 모국어로 쓰고 있으며 영어를 제2국어로 배운다. 영어를 말하고 이해하는 데 있어 제한된 기술을 갖는 학생들은 영어를 사용하는 데 능숙하지 못하다. 불행하게도 제한된 영어 능숙도를 보이는 학생들의 일부는 학업 수행에 있어 열등함을 보이거나 표준화 검사를 수행하는 데 있어 어려움을 나타내기 때문에 학습장애나 언어장애를 가진 것으로 잘못 진단되기도 한다(Cardoza & Rueda, 1986; Mercer, 1983). 미국에 다언어 인구 집단이 증가하게 되면서 교사는 주류의 언어와 문화에 익숙하지 못한 학생들과 진정한 언어문제를 가진 학생들 간의 차이를 구별할 수 있어야 한다. 언어문제를 가지고 다언어를 사용하는 학생들은 모국어가 영어이면서 언어문제를 경험하는 학생들과는 다소 다른 형태의 서비스가 필요할 수 있다. Salend와 Fradd(1986)는 다언어 학생들이 다음과 같은 요구를 갖는다고 이야기하고 있다.

- 영어뿐 아니라 그 학생의 모국어도 능숙한 교사와 함께 학습할 수 있어야 한다.
- 적절한 개별화 교육계획을 수립하기 위해 편견이 배제된 평가와 교수를 사용해야 한다.
- 학생은 학업과 교수의 사회적 관련성을 촉진하는 교육과정과 대안적으로 활용될 수 있는 교수전략에 노출되어야 한다.

다언어 학생들을 평가할 때는 다음의 요인들이 고려되어야 한다. 학생이 제한된 언어 능숙도를 나타내거나 언어문제를 가지고 있는지의 여부를 결정하기 위하여 학생의 읽기, 쓰기, 듣기, 말하기 기술은 해당 학생의 모국어로 평가되어야 한다. 언어평가는 양적인 특성을 가진 측정도구(즉, 공식적인 검사)와 질적인 특성을 가진 측정도구(예: 관찰, 수정된 검사 교수, 언어 표본)가 모두 사용되어야 한다. 또한 학생의 효과적인 모국어 의사소통 능력을 평가하기 위하여 동일한 문화 배경을 가지고 있으며 학생의 생활에서 중요하다고 여겨지는 인물을 면담하는 것도 도움이 된다. 면담을 통해 집에서 사용되는 언어 및 관련 정보나 다언어와 다문화에 대한 학생의 태도, 부모의 교육수준, 학생이 살고 있는 지역사회 정보를 파악하는 데 유용하다(Kayser, 1989).

Salend와 Salinas(2003)는 제2국어 학습자를 위한 평가계획은 표준화 검사와 비공식적인 검사, 언어 표본, 관찰, 질문지, 면담을 통해 학생의 모국어와 제2국어 수행 모두와 관련 자료의 수집을 포함해야 한다고 제안했다. 각 언어에서 학생의 수행을 비교하는 것은 언어 능숙도, 주력 언어, 선호 언어, 코드 전환(즉, 한 언어를 말하면서 다른 언어에서의 단어, 구, 표현, 문장의 사용)에 대한 정보를 획득할 수 있게 해 준다. 학생이 가지고 있는 어려움이 언어상의 문제인지, 학습장애인지, 혹은 효과적인 교수를 받지 못하여 생기게 된 것인지를 평가하기 위하여, Salend(2001)는 제2국어 학습자를 평가하는 데 있어 다음과 같은 요소를 고려해야 한다고 주장했다.

1. 미국 거주기간
2. 학교 출석 패턴
3. 학교에서의 교수 관련 경험(예: 모국에서 학교를 다닐 때 사용했던 언어)
4. 문화적 배경
5. 또래와 비교했을 때의 수행수준(예: 언어기술, 학습속도, 유사한 경험, 문화, 언어적 배경을 가진 학생들과의 학습 스타일 비교)
6. 가정생활(예: 집에서 사용되는 언어나 방언)
7. 건강이나 발달력

Gersten과 Woodward(1994)는 다언어 학생들을 위

한 두 가지 형태의 주요한 교수적 접근법에 대해 논의했다. 모국어를 강조하는 접근법에서는 학생이 제1언어로 학업 관련 수업을 받지만, 구조화된 언어통합 프로그램(sheltered English or structured immersion programs)에서는 하루 중 대부분의 시간 동안 영어를 사용하도록 한다. 대부분의 연구에서는 위의 두 가지 접근법을 배운 학생들 간 성취도에 큰 차이가 없는 것으로 나타나 있다. 두 가지 접근법에서 보면 제2국어 접근법은 단순히 문법과 언어 사용을 연습하는 것 이상의 것이 되어야 한다. Gersten과 Woodward는 많은 제2국어 프로그램이 영어의 이해와 사용을 촉진하는 자연스러운 언어의 활용 측면으로 발전해 나가야 한다고 이야기하고 있다.

표준화되지 않은 영어를 사용하지 않는 문화적으로 다양한 배경을 가진 학생 집단 중 하나는 지역적 위치, 인종, 민족과 관련된 방언을 사용하는 경우다. 방언으로 인해 생기는 차이는 학생의 발음이나 형태론이나 통사론의 변형에서 분명하게 드러난다. 예를 들어, 흑인 영어에서 동사 to be의 사용('he be running' 에서처럼)은 표준 영어에서의 그것과는 사뭇 다르다. 다언어를 사용하는 학생들처럼 문화적으로 다양한 배경을 가진 학생들을 평가할 때는 자연스러운 환경에서 학생의 말 표본을 수집하거나 그 방언을 사용하는 다른 학생과의 면담을 사용할 수 있다. 이 과정을 통해 대상 학생의 문화적 배경을 고려할 수 있으며 같은 언어와 배경을 가진 다른 학생과의 비교를 통해 그 학생이 정말 언어문제를 가지고 있는지를 판단할 수 있게 된다.

자신의 모국어나 방언으로 정상적인 언어를 산출하는 학생을 언어장애를 가진 것으로 판별해서는 안 된다. 이 학생들은 단순히 주류 언어를 사용하는 사람들이 수용가능한 형태로 언어 변형을 이루어 내지 못할 뿐이다. 하지만 영어에 능숙하지 못하거나 방언을 사용하는 많은 학생들은 주로 음성학적 결함과 같은 언어문제를 가진 것으로 판별된다. 예를 들어, 스페인어를 사용하는 청소년이 'chip' (역자 주: 단모음 /–i/로 발음)을 'cheap' (역자 주: 장모음 /–i:/로 발음)으로 말하거나 흑인 영어를 배우는 학생이 'birthday' 를 'birfday' 로 발음하는 경우다. Owens(1991)는 표준 미국 영어와 흑인 영어, 스페인계 영어, 아시아계 영어 사이에 음운론, 통사론, 형태론, 화용론, 비언어적 특성에 있어 주요한 차이가 있음을 지적하고 있다. 이 학생들과 관련하여 Adler(1988)는 다음의 세 가지 질문을 던진다. 그들에게 반드시 표준 영어만 가르쳐야 할 것인가? 만약 방언이 표준 이하의 것이기보다는 법칙에 근거하지만 비표준적이라 보고, 학생들이 사용하는 방언이 그 지역사회에서 말하는 것과 일관된다면, 학생에게 (표준 영어로) '올바르게' 말하는 것을 가르쳐야만 하는가? 마지막으로 비표준적인 말을 사용하는 어린 학생들에게 영어만 가르쳐야 할 것인가, 아니면 그들이 집에 가서 부모나 같은 문화적 배경을 가진 또래들과 사용하는 사회적 방언을 지속하게 할 것인가? Adler는 언어 사용을 가르치는 것에는 학교(표준 영어)뿐 아니라 일상생활(비표준 영어)에서의 언어 사용과 관련된 지원의 제공이 포함되어야 한다고 이야기한다. 하지만 현 체제의 변화와 영어 및 언어 관련 교과목(language arts, 역자 주: 듣기, 말하기, 쓰기를 포함하는 과목)을 가르치는 교사와 학부모 간의 협력적 상호작용이 선행되어야 하므로 실제 이를 성취하기는 어렵다고 본다.

학습과 언어 습득을 촉진하기 위하여 Salend와 Salinas(2003)는 제2국어로 영어를 배우는 학생들을 위한 교수를 차별화시키기 위한 다양한 전략을 제안했다. 이 전략 중 일부는 다음과 같다.

- 간단한 어휘나 짧은 문장을 사용하고 관용구, 속어, 대명사의 사용을 제한한다.
- 새로운 용어나 개념의 의미를 설명 · 전달하기 위해 제스처, 얼굴표현, 목소리의 변화, 팬터마임(무언극)의 이용, 시범, 쉬운 말로 설명하기, 시각자료 소품, 조작물, 기타 단서를 활용한다.

- 새로운 어휘, 구문, 숙어, 구조, 개념들을 미리 보여 주고 그것을 가르치기 위하여 모델링이나 학생의 직접적인 경험을 사용한다.
- 그림, 차트, 지도, 그래프, 그래픽 조직자 등과 같은 시각자료를 활용하여 주로 구어로 전달되는 교수나 묘사를 보완한다.
- 정기적으로 중요한 개념을 요약하고 자주 학생의 이해 정도를 확인한다.
- 학생들의 정확하지 못한 의견을 올바른 형태로 다시 이야기해 주면서 간접적으로 학생의 오류를 수정한다.

다언어와 다양한 문화를 근간으로 하는 학생들에게 적절한 교육 프로그램을 제공하기 위해서는 언어적·문화적 차이를 학습문제와 다른 것으로 인식해야 한다. 요즘 그들을 위한 교육 서비스 전달체제에 변화가 이루어지기 시작한다 하더라도, 교사는 다언어/다문화를 기반으로 한 학생들의 제한된 영어 능숙도와 그로 인해 발생하는 교수 관련 문제를 예방할 수 있도록 양질의 평가와 중재를 제공할 책임을 가져야 한다.

언어기술 평가

언어장애나 언어문제를 가진 학생들이 가진 이질성으로 인해 그들을 평가하는 것은 그리 간단하지 않다. 말-언어 평가자들은 어떤 영역을 평가할 것인지 뿐 아니라 그 결과를 어떻게 해석할 것인지에 대해 알고 있어야 하며 교육과정을 수행하는 데 필수적인 교수수정을 할 수 있어야 한다. 교사는 설사 학생의 언어기술을 심층적으로 평가한 적이 없다 하더라도 언어능력이 교육과정에 고루 영향을 미친다는 것을 이해하고 언어평가의 함축성을 이해할 수 있어야 한다. 과거에는 말-언어 평가가 교육과정과 별도의 것으로 인식되었으며 언어치료사만의 책임으로 생각되었다. 그러나 최근 이러한 생각에도 변화가 일어나 교사와 말-언어 전문가는 학생의 수용 및 표현 언어 기술의 향상을 위해 함께 문제를 진단하고 중재 프로그램을 계획하는 데 있어 책임을 공유해야 한다는 것을 강조한다(Nelson, 1989). 언어 발달의 기본 원리에 익숙해지고 나면, 교사는 교실에서 언어문제를 보이는 수많은 학생들을 판별할 수 있게 되고 체계적인 언어평가 및 교수로 인해 말-언어 사용에 혜택을 누릴 수 있게 된다.

언어평가는 학생의 교육을 통틀어 하나의 독립적인 사건이라고 보기보다는 지속적인 과정의 하나로 보아야 한다. 언어평가를 실시하는 주된 이유 다섯 가지는 다음과 같다.

1. 잠재적으로 언어문제를 가진 학생들의 판별
2. 학생의 언어 발달수준 결정
3. 교육목표의 수립과 적절한 중재 프로그램의 고안
4. 학생의 진보 상태 점검
5. 언어중재 프로그램의 평가

평가 기능 중 마지막 세 가지는 일상적인 교수의 계획과 관련이 깊다. 이 세 가지 기능 중 첫 번째는 **목표의 수립**인데, 평가를 통해 학생의 언어를 기술하고 평가된 기술은 학생이 가진 문제와 직접적으로 연관된 목표를 수립하는 데 사용된다. 예를 들자면, 형태론적 장애의 평가는 구체적이어야 한다. '학생들은 복수형을 나타내기 위해 규칙명사에 -s를 사용하지 않는다.' 이후 교사는 교수목표를 수립할 수 있다. '학생은 복수형의 일반명사의 그림을 이야기할 때 90%의 정확도로 규칙명사의 복수형에 -s를 사용할 것이다.' **학생의 진보 상태를 점검하는** 것은 학생이 단기 교수목표의 기준에 도달했는지의 여부를 매일 혹은 주별로 결정하는 것을 의미한다. 복수형의 규칙명사를 명명할 때 복수형 -s를 90%의 정확도로 사용하는 것의 표본목표는 학생의 반응을 세는 평가절차를 필요로 한다. 마지막으로 **프로그램의**

평가는 프로그램에 사용된 교재 및 전략과 관련하여 학생의 진보를 평가하는 것이다. 이러한 정보는 교사로 하여금 교수목표를 성취하기 위해 교재나 전략을 수정해야 할 필요가 있는지의 여부를 결정하게 해 준다.

그러므로 학령기 아동의 언어평가는 교육과 연계되어야 하고 진단적 정보뿐 아니라 중재전략을 제공할 수 있어야 한다. 이러한 목표를 성취하기 위하여 평가에는 내용과 과정의 두 가지 수준의 정보가 포함되어야 한다. 내용에 기초한 수준은 학생이 배운 실제 내용을 파악하고 중재가 필요한 영역(예: 현재진행형에 사용되는 문법적 결함)이 무엇인지를 판별한다. 과정에 기초한 수준은 기술이 어떻게 학습 혹은 습득되는지를 조사한다(예: 전화번호를 기억하기 위해 수를 모아서 기억하는 전략과 같은 것을 사용).

언어 발달의 평가에서는 수용언어와 표현언어 영역의 기술을 사정하는데, 음운론, 형태론, 통사론, 의미론, 화용론이 그 요소가 된다. 교사는 언어 요소 모두를 평가할 것인가 혹은 한두 가지의 특정 언어 요소만을 평가할 것인지를 결정하여야 한다. 경험이 있는 평가자는 무엇을 평가할 것인가를 결정하기 전에 학생을 관찰하거나 관련 정보를 수집하는데, 정보의 수집은 주로 관찰을 통해 이루어지는 것이 보통이다(예: 학생이 이해하기 어렵거나, 다른 사람의 말을 알아듣지 못하거나, 단문장을 사용하거나, 토론 주제를 시작하거나 유지하지 못한다.).

음운론에 문제를 보이는 학생들은 다른 사람이 하는 말을 이해하지 못하거나 단어가 많고 긴 문장을 이해하는 데 어려움을 나타낼 수 있다. 그러므로 이 학생의 언어능력을 평가하기 위해서는 음운론에서부터 시작하여야 한다. 단어의 수가 제한적인 학생들은 의미론적 측면을, 그리고 단문장을 사용하는 학생들은 의미론적 관계와 통사론을 평가해야 한다.

언어평가에는 공식적인 평가방식과 비공식적인 평가방식이 사용된다. 양적(공식적) 평가는 관찰 가능한 행동을 보고 점수나 분류 결과를 얻음으로써 학생의 발달 수준을 결정하고 표준화된 점수를 얻거나 학생을 분류하고자 할 때 활용된다. 반면에 비공식적인 평가는 교수목표를 설정하기 위하여 사용된다. 비공식적인 평가는 환경에 따라 행동이 다르게 나타날 수 있다는 가정을 근거로, 검사하고자 하는 환경에서 특정 행동이나 기술이 분명하게 드러나는가를 파악하기 위해 질적 혹은 자연적 측정도구를 사용한다. 언어 발달의 수준과 교수목표를 결정하기 위해서는 위의 두 가지 평가 형태 모두를 포함해야 한다. 말-언어 치료사는 공식적·비공식적인 평가를 시행·해석하는 데 있어 전문성을 가지고 있으므로, 언어검사에 익숙하지 않은 교사들은 말-언어 치료사와의 협력을 고려해야 한다.

공식적인 언어평가

공식적인 언어평가에서는 학생이 말이나 언어와 관련된 문제를 가지고 있는지를 결정하기 위하여 학생의 수행을 미리 만들어진 준거와 비교하기 위하여 표준화된 검사를 사용한다. 공식적 검사에서 학생이 받은 원점수는 표준화 점수, 언어 연령, 정신 연령, 연령 동치(age equivalent) 혹은 학년 동치로 전환된다. 학생이 동 연령대의 다른 학생들의 점수보다 상당히 낮은 점수를 얻으면 보통 추가 검사에 의뢰되거나 말-언어 치료 프로그램에 배치된다.

다양한 공식적 언어검사가 존재하지만 일부는 전체 언어 기능—수용언어와 표현언어—을 측정할 수 있는 도구를 포함한다. 예를 들어, 언어 기초기능 임상평가 제4판(Clinical Evaluation of Language Fundamentals-4; Semel, Wiig, & Secord, 2003)은 형태론, 통사론, 의미론, 화용론을 평가한다. 언어검사 중에는 특정 요소에 초점을 맞추어 고안된 것들이 있는데, 예를 들어 아동 언어검사(Test of Children's Language; Barenbaum & Newcomer, 1996)는 통사론과 의미론에 있어 수용언어와 표현언어 기술을 평가한다. 그리고 일부 언어검사는 한 가지 영역에서 표현언어 혹은 수용언어만을 매우 구체적으로 측정한다. 예를 들어, 피바디 그림어휘검사(Peabody Picture Vocabulary Test, 역자 주: 우리나라에서는 그림어휘력 검사라는 이름으로 번역 · 표준화되어 있다; Dunn & Dunn, 1997)는 의미론적 측면에서 수용언어를 평가한다.

선별검사

여러 교육청에서 유아원이나 유치원 아동을 대상으로 그들이 입학할 즈음에 말-언어 선별검사를 실시한다. 선별검사는 특정 영역에서 대상 아동이 보인 수행을 동일 연령이나 학년에서 정상 발달을 하는 학생들의 수행과 비교할 수 있는 개략적인 정보를 제공한다. 대개 표준화된 혹은 공식적인 선별검사를 사용하기도 하지만, 일부 교육청에서는 잠재적인 언어문제를 가진 유아를 판별하기 위하여 비공식적인 평가를 개발하기도 한다. 〈표 6-2〉에서는 언어 구성 요소 중에서 수용언어와 표현언어를 평가하는 데 사용할 수 있는 2개의 선별검사를 제시하고 있다.

선별검사의 한 가지 장점은 실시시간이 그리 많이 소요되지 않아 많은 수의 아동도 손쉽게 평가할 수 있다는 것이다. 학생 전체가 공식적으로 교육을 시작할 무렵 선별검사를 받게 되는데, 이때 학생의 수가 많아 검사 시행 속도가 평가의 관건이 된다. 하지만 손쉽고 빠르게 시행되는 선별검사는 미묘하게 나타나는 어린 아동의 언어문제를 제대로 감지하기가 어렵다. 사회성 및 정서 발달이나 유아원 프로그램의 참여 정도, 가족환경, 문화적 영향력과 같은 요인의 영향으로 인해 만 4~5세 아동은 오직 아주 적은 수의 언어기술만을 습득할 것으로 기대된다. 다시 말하면, 초등 1학년 때 실시한 언어 선별검사에서 언어 처리와 산출 모두에서 높은 점수(80~90퍼센타일)를 받은 학생이 있다 하더라도, 학령기 초기에 실시한 선별검사는 언어 발달에서 나타나는 미묘한 차이를 감지하기 어렵고 중재 또한 이루어지지 않아서 훗날 아동이 추상적이고 복잡한 4학년 교육과정을 접했을 때 간혹 학업문제를 경험할 수도 있다. 이러한 이유로 인해 이상적으로는 말-언어 선별검사가 다양한 시기(예: 유치원, 3학년, 6학년, 중학교 3학년)에 이루어져야 한다. 하지만 시간적 제약으로 인해 공립학교에서 실시되는 선별검사는 대개 1회로 제한된다. 이로 인해 언어문제를 가진 학생들의 상당수가 조기에 판별되지 못한다.

진단평가

진단평가에서 수용언어 그리고/혹은 표현언어 영역에서 아동의 언어능력을 측정한다. 〈표 6-3〉에 제시되었듯이, 다양한 언어기술 능력을 측정하는 전반적인 언어능력 평가와 특정 말-언어 요소만을 측정하는 평

〈표 6-2〉 언어 선별검사 도구

검사	측정할 구성 요소	수용언어/표현언어	언어 규준
청소년 언어선별검사(Morgan & Guilford, 1984)	음운론, 형태론, 통사론, 의미론, 화용론	수용언어 표현언어	11~17세
7개 하위검사를 통해 언어 사용, 내용, 형식 측면의 문제가 선별된다. 화용론, 수용적 어휘, 개념, 표현적 어휘, 문장 만들기, 형태론과 음운론. 검사 실시시간은 15분 미만이다.			
언어 기초의 임상적 평가 제3판: 선별검사 (Semel, Wiig, & Secord, 1996)	음운론, 형태론, 통사론, 의미론	수용언어 표현언어	6~21세
언어영역에서 집중적인 진단이 필요한지의 여부를 결정하는 데 사용된다. 이 검사는 CELF-3의 검사 문항에 대응하는 문항을 포함하고, 내용은 실제 생활 상황을 반영한다. 약 10~15분 동안 음운론, 형태론, 통사론, 의미론에서 수용언어와 표현언어를 검사한다.			

가가 있다. 대체적으로 언어능력 전반을 측정하는 진단 평가에서는 언어의 이해와 사용에 관한 전체적이고 개략적인 정보를 제공할 수 있는 검사를 시행한다. 특정 언어능력을 다루고자 하는 검사를 선택하는 것은 학생의 연령이나 기능수준에 의해 결정된다. 만약 학생이 단어나 문장을 조합하여 말하는 것을 어려워하는 것처럼 보이면 단어를 이해하고 사용하는 능력(예: 단어지식 검사)이나 통사론적 기술을 적용할 수 있는 능력(예: 초기 언어발달검사 제3판)을 측정할 수 있는 추가 검사를 시행해야 한다. 만약 학생의 말을 알아듣기가 어렵다면 음운론적 검사를 실시해야 한다. 평가를 통해 학생의 언어능력에 대한 전반적인 정보를 얻을 수 있을 뿐 아니라 문제가 관찰 · 보고된 영역과 관련된 추가 정보도 수집할 수 있다.

표준화된 언어검사는 주로 학생이 가진 언어적 강약점에 초점을 맞추므로 학업이나 교정적 중재에 대한 구체적인 정보를 제공하지는 못한다. 그러므로 평가자는 평가로부터 얻어진 결과를 해석하고 그것을 학업과 관련 있는 기술의 교수나 중재로 전환시키는 역할을 한다.

비공식적인 언어평가

일반적으로 비공식적인 언어평가는 표준화 검사와 함께 학생들의 언어능력과 관련된 기술적 정보를 획득하

〈표 6-3〉 선별된 언어진단척도

검사	측정 요소	수용언어/표현언어	연령 규준
전반적인 언어진단척도			
벵크슨 언어검사 제2판 (Bankson, 1990)	형태론, 통사론, 의미론, 화용론	수용언어 표현언어	3~6세
이 검사도구는 3개 일반적인 범주로 구성되어 있다. 의미론적 지식은 구조, 동사, 명사, 기능어, 전치사, 반대말과 범주로 이루어져 있다. 형태론과 통사론적 법칙은 대명사, 동사 활용 및 시제, 비교급과 최상급, 질문과 부정어를 포함한다. 화용론은 통제하기, 형식화하기(ritualizing), 정보 제공하기, 상상하기로 구성되어 있다. 언어문제를 가진 아동을 선별하기 위해 20개의 짧은 검사 항목으로 구성된 형태도 있다.			
언어적 기초의 임상적 평가 제4판 (Semel, Wiig, & Secord, 2003)	형태론, 통사론, 의미론, 화용론	수용언어 표현언어	5~21세
이 검사는 학생의 언어 수행과 언어능력을 평가하기 위해 고안된 다영역 평가과정을 특징으로 한다. 4개 핵심 하위검사를 통해 문제가 있는지와 서비스 대상자인지의 여부를 결정한다. 다음 단계의 평가는 수용, 표현 양식의 검사를 통해 장애의 특성에 초점을 맞춘다. 여기서는 언어적 강약점을 결정하고, 언어적 구조와 내용, 기억력 등을 평가한다. 부가적인 하위검사〔즉, 음운론적 인식, 글자 이름 빠르게 말하기(Rapid Automatic Naming), 자릿수 기억하기(Digit Span), 계열성, 단어 연관성과 기억력 조합(Memory Composites)〕에서는 장애에 기반이 되는 중요한 임상적 기술이나 행동이 무엇인지를 찾아낸다. 최종적으로 관찰에 기초한 척도와 화용론적 프로파일을 통해 학교와 가정에서 학생의 언어 수행을 기술적으로 평가한다. 평가 실시시간은 30~60분이고, 평가점수를 계산하는 데 도움이 되는 소프트웨어도 있다.			
구어포괄검사 (Carrow-Woolfolk, 1999a)	형태론, 통사론, 의미론, 화용론	수용언어 표현언어	3~21세
이 검사는 연구 결과에 기초한 언어평가 도구로 개별 학생에게 구두로 검사가 가능하다. 15개 하위검사를 통해 네 가지 언어적 구조 범주에서 언어처리 기술(이해, 표현, 재생)을 평가한다. 네 가지 언어적 구조 범주에는 어휘/의미론(단어와 단어 조합과 관련된 지식과 활용), 통사론(문법적 지식과 활용), 초언어론(supralinguistic, 비문어적 언어, 추론, 불분명한 문장과 같은 복잡한 언어의 이해) 및 화용론(상황적 맥락에서 적절한 언어에 대한 인식)이 포함된다. 검사 항목에 답하기 위해서는 읽기나 쓰기 기술이 필요하지 않으며, 단지 구어적 반응이나 지적하기만으로 검사에 답할 수 있다. 15개 하위검사 각각은 개별적으로 활용될 수 있으며, 핵심 검사의 실시시간은 30~45분 정도 소요된다. 부수적인 검사를 통해 추가적인 진단자료를 제공받을 수 있다.			

〈계속〉

<table>
<tr><td>구어와 문어 평가척도: 청해와 구어표현
(Carrow-Woolfolk, 1995a)</td><td>통사론, 의미론,
화용론</td><td>수용언어
표현언어</td><td>3~21세</td></tr>
<tr><td colspan="4">이 검사는 개별적으로 시행하며 학생들은 읽기를 할 필요가 없다. 청해검사에서는 검사자가 언어적 자극을 크게 읽으며, 학생은 4개의 그림 중 하나를 선택하면 된다. 구어표현 검사에서는 검사자가 언어적 자극을 읽는 동안에 학생이 그림 1장을 보게 되고, 질문에 답하거나 문장을 완성하거나 혹은 하나 이상의 문장을 만들어 냄으로써 구어적으로 검사 항목에 반응한다. 이 검사는 표준점수, 백분위, 연령 규준점수를 제공한다.</td></tr>
<tr><td>청소년 및 성인 언어평가 제3판
(Hammill, Brown, Larsen, & Wiederholt, 1994)</td><td>통사론, 의미론</td><td>수용언어
표현언어</td><td>12~24세</td></tr>
<tr><td colspan="4">이 검사는 구어와 문어적 어휘 및 문법의 수용-표현적 측면을 평가하기 위한 8개의 하위검사로 구성되어 있다. 10개 영역에서 점수를 얻어 총점을 얻는데, 10개 영역에는 듣기, 말하기, 읽기, 쓰기, 구어, 문어, 어휘, 문법, 수용언어, 표현언어가 포함된다. 검사시간은 1~3시간이 소용되며 점수 계산에 도움이 되는 소프트웨어가 사용될 수 있다.</td></tr>
<tr><td>언어발달검사 초급 제3판
(Newcomer & Hammill, 1997)</td><td>음운론, 통사론,
의미론</td><td>수용언어
표현언어</td><td>4~8세</td></tr>
<tr><td>언어발달검사 중급 제3판
(Newcomer & Hammill, 1997)</td><td>통사론, 의미론</td><td>수용언어
표현언어</td><td>8~12세</td></tr>
<tr><td colspan="4">언어발달검사 초급 제3판(The TOLD-Primary: 3)은 9개의 하위검사로 구성된다. 구어의 이해와 의미 있는 사용을 평가하는 (1) 그림어휘, (2) 관계어휘, (3) 구어어휘가 있고, 문법의 다른 측면을 평가하는 (4) 문법적 이해, (5) 문장 모방, (6) 문법 완성이 포함되며, 단어를 적절히 말하고 소리가 비슷한 단어의 차이를 말할 수 있는 능력을 평가하기 위하여 (7) 단어 조음, (8) 음운론적 분석, (9) 단어 변별이 포함된다. 언어발달검사 중급 제3판(The TOLD-Intermediate: 3)은 6개의 하위검사로 구성되어 있다. 다양한 측면의 문법을 평가하는 (1) 문장 조합, (2) 단어 순서, (3) 문법적 이해가 있고, 단어 간의 관계를 이해하고 사용하며 추상적 관계에 대한 지식과 이상한 문장을 고칠 수 있는지를 평가하는 (4) 그림어휘, (5) 일반적 언어, (6) 말의 오용이 있다.</td></tr>
<tr><td colspan="4">언어의 특정 요소를 평가하는 진단척도</td></tr>
<tr><td>보엠 기본개념검사 제3판
(Boehm, 2000)</td><td>의미론</td><td>수용언어</td><td>5~7세</td></tr>
<tr><td colspan="4">50개의 그림검사 항목이 다지선다형으로 제공되어 있으며 난이도는 적정한 순서에 맞춰 점진적으로 증가한다. 이 검사는 2개의 소책자로 나뉘어 있다. 검사는 교사가 읽으며, 학생은 답지에 답을 표기한다. 공간, 양, 시간과 관련된 25개 기본 개념을 이해하는지를 측정하며, 개인 혹은 집단으로 검사의 실시가 가능하다. 검사 소요시간은 30~45분 정도이며, 검사 지침은 영어판과 스페인어판이 있다.</td></tr>
<tr><td>포괄적인 수용 · 표현어휘 검사 제2판
(Wallace & Hammill, 2002)</td><td>의미론</td><td>수용언어
표현언어</td><td>4~89세</td></tr>
<tr><td colspan="4">표현어휘 하위검사는 학생이 특정 자극 단어에 대해 자세히 이야기할 것을 격려 · 요구하는 25개 항목으로 구성되어 있다. 수용어휘 하위검사에는 학생이 검사자가 이야기한 자극 단어의 그림을 지적하는 61개 항목이 포함된다. 이 하위검사는 10개의 접시 각각에 6개의 그림이 놓여 있고, 일반적인 주제와 관련된 각 접시와 관련 단어가 제시되며, 모든 학년수준에 따라 동일한 간격으로 배치된다. 두가지 형식이 존재하며, 검사는 20~30분 동안 개인적으로 시행된다.</td></tr>
<tr><td>골드먼-프리스토 조음검사 제2판
(Goldman &Fristoe, 2001)</td><td>음운론</td><td>표현언어</td><td>2~21세</td></tr>
<tr><td colspan="4">첫 번째 하위검사인 '단어에서 소리 찾기'는 학생이 초성, 중성, 종성에 위치한 주요 말소리의 소리를 내는 것이다. 두 번째 하위검사인 '문장에서 소리 찾기'는 그림 단서에 기초하여 짧은 이야기를 다시 말해 보도록 하는 것이다. 세 번째 하위검사인 '자극 가능성'은 학생에게 최대 자극이 주어졌을 때 학생이 잘못 발음된 음소를 바르게 발음할 수 있는지의 여부를 결정한다. 학생은 음절, 단어 혹은 문장에서 사용된 소리를 발음하는 동안 매우 주의 깊게 보고 들어야 한다.</td></tr>
</table>

〈계속〉

검사	영역	양식	연령
피바디 그림어휘검사 제3판 (Dunn & Dunn, 1997)	의미론	수용언어	2~90세 이상

검사자가 자극 단어를 말하면 학생은 네 가지 자극 그림 중에서 자극 단어에 상응하는 그림을 선택한다. 204개 항목 각각에 두 가지 형태가 제공되며, 검사 항목은 난이도가 낮은 순에서 높은 순으로 배치된다.

검사	영역	양식	연령
언어의 청각이해력 검사 제3판 (Carrow-Woolfolk, 1999b)	형태론, 통사론, 의미론	수용언어	3~9세

이 검사는 개별 검사의 형태로 실시되며 단어군과 관계, 문법적 형태론, 정교화된 구문과 문장 구성의 청각적 이해수준을 평가한다. 3개 그림 모둠 중에서 검사자가 말한 단어, 구문 혹은 문장의 의미를 가장 잘 나타내는 그림 하나를 선정하게 하는 142개 항목으로 구성되어 있다. 구어 반응은 필요치 않으며, 검사 소요시간은 약 25분 정도다. 채점과 자료 저장을 위한 컴퓨터 프로그램이 있다.

검사	영역	양식	연령
아동 언어검사 (Barenbaum & Newcomer, 1996)	통사론, 의미론	수용언어 표현언어	5~8세

이 검사는 아동의 언어 구성 요소상의 강약점을 파악하고 읽기와 쓰기에서 실패할 위험성이 있는 아동을 선별하는 데 그 목적이 있다. 검사의 첫 번째 단위에서는 아동의 구어와 읽기 능력을 확인하기 위해 이야기책 형식을 활용한다. 특정 기술에는 의미론, 통사론, 청해뿐 아니라 프린트에 대한 지식, 음운론적 인식, 글자 지식 등이 포함되어 있다. 부가적인 평가 항목을 통해 단어 재인과 읽기이해를 평가한다. 검사의 두 번째 단위에서는 쓰기과제 시리즈를 포함하는데, 이 시리즈는 (1) 복사하기, 받아쓰기, 철자, 단어 쓰기, (2) 이전에 읽은 이야기 쓰기, (3) 이야기책에 등장한 동물과 관련하여 독창적인 이야기 쓰기의 3개 영역으로 나뉜다. 이 검사는 개별 검사로 고안되었으며 검사시간은 약 30~40분이 소요된다.

검사	영역	양식	연령
초기 언어발달검사 제3판 (Hresko, Reid, & Hammill, 1999)	통사론, 의미론	수용언어 표현언어	2~7세

개별 검사의 형태로 의미론(내용)과 통사론(형식)과 직접적으로 관련된 정보를 제공받을 수 있다. 검사는 약 20분 내에 실시되며, 다양한 의미론과 통사론 과제를 사용하여 수용언어와 표현언어를 평가한다.

검사	영역	양식	연령
화용언어검사 (Phelps-Terasaki & Phelps-Gunn, 1992)	화용론	표현언어	5~13세

이 검사는 44개 항목으로 이루어져 있고 각 항목은 사회적 맥락을 수립하며 화용언어의 6개 요소에 대한 정보를 제공한다. 6개 요소에는 물리적 환경, 청자, 주제, 목적(말하는 행동), 시각-제스처적 단서와 추상성이 포함된다. 검사자가 언어적 자극 촉진을 제공한 후에 그림을 보여 주고, 학생은 제시된 딜레마에 대해 반응한다.

검사	영역	양식	연령
단어찾기검사 제2판 (German, 2000)	의미론	표현언어	4~12세
청소년/성인 대상 단어찾기검사 (German, 1990)	의미론	표현언어	12~80세

이 두 검사는 그림-이름대기 명사, 그림-이름대기 동사, 문장 완성 이름대기, 그림-이름대기 범주의 이름대기 부분을 포함한다. 청소년 검사는 묘사형 이름대기를 추가된다. 각 검사는 단어 찾기의 문제나 열악한 단어 이해력 때문에 실수를 하는지를 평가하기 위해 이해영역이 포함된다. 청소년검사에는 또한 단어 찾기 능력을 평가하기 위한 10분짜리 검사가 포함되어 있다.

검사	영역	양식	연령
단어지식검사 (Wiig & Secord, 1992)	의미론	수용언어 표현언어	5~17세

이 검사는 학생이 어휘를 이해하고 사용하는 능력을 평가한다. 5~8세 아동을 위한 수준 1에서는 표현어휘, 단어 정의, 수용어휘, 단어 반의어, 유의어(선택사항)에 관련된 하위검사를 포함한다. 8~17세 아동을 위한 수준 2에서는 단어 정의, 다맥락, 유의어, 비유어에서 핵심 하위검사들이 시행되며, 단어 반의어, 수용어휘, 표현어휘, 접두사, 연결어에서 추가 검사가 행해진다. 학생의 낮은 읽기기술과 청각적 기억력 문제를 보완하기 위해 모든 자극은 시각적 양식과 청각적 양식 모두를 사용한다. 표준점수, 연령 규준점수, 백분위 및 수용언어와 표현언어 점수가 제공된다.

기 위하여 사용된다. 주로 표준화 검사가 서비스의 적격성 여부와 관련된 사항이나 요구를 결정하는 데 사용되고 있으나, 교실 내에서 학생의 학업성취를 파악하는 데 필요한 기초선 자료나 의사소통 기술을 평가하기에는 그리 민감하지 못하다(Hughes, 1989). 대부분의 공식적인 평가는 하나의 기술을 평가하기 위하여 많은 수의 평가 항목을 사용할 수 없으므로 학생의 기술수준에 대해 부정확한 결론을 이끌 수 있다. 따라서 비공식적인 언어평가는 주로 공식적인 평가를 통해 얻어진 결과를 확인하거나 혹은 반박하기 위해 사용된다. 또한 공식적인 평가도구는 대개 교육목표를 수립하는 데 필요한 정보를 충분하게 제공해 주지 못한다는 단점이 있다. 그러므로 구체적인 교수목표를 결정할 때는 주로 비공식적인 언어평가를 사용한다. 이 외에도 비공식적인 언어평가는 학생의 일간 혹은 주간 진보 정도를 점검할 때도 사용된다. 장기적으로 학생의 수행 변화를 파악하기 위해 만들어진 공식적인 언어평가 도구와는 달리 비공식적 검사는 그 자체로 일간 혹은 주간 평가도구가 된다.

교사는 비공식적인 평가의 한 형태로 개별 학생에 대한 정보를 얻기 위하여 학부모 면담을 실시할 수 있다. 교사는 면담을 통해 학생의 언어 발달사와 관련된 통찰을 얻을 수 있을 뿐더러 학교 이외의 환경에서 학생의 의사소통 기능과 관련된 정보와 적절한 평가 및 중재 방법에 대한 아이디어를 얻을 수 있다. Larson과 McKinley(1995)는 학생 사례연구에 사용될 수 있는 사례 정보 양식과 더불어 청소년을 대상으로 사용될 수 있는 전환교육과 학습 스타일과 관련된 질문지를 제안하였다.

현재 언어평가에서는 학생의 언어 사용 맥락에서 비공식적으로 언어평가를 실시할 것을 강조하고 있다. 기능적 관점에서 비공식적인 평가는 학생이 다양한 환경에서 어떻게 의사소통하는가에 대한 통찰력을 가질 수 있도록 도와준다. 비공식적인 평가에서 검사하고자 하는 영역은 언어의 의도나 목적 그리고 의사소통의 사회적 맥락과 물리적 환경이다. 원하는 정보의 형태에 따라 비공식적인 평가기법에서는 우발적이고 의성적이며(imitative) 평가자에 의해 유도된 언어가 사용될 수 있다.

음운론의 비공식적인 평가

비공식적으로 음운론을 평가할 때는 단일 단어에서 나타나는 음소 산출을 분석한다. 평가자는 자음 음소의 목록을 작성하고 각 음소가 포함된 단어를 표현하는 그림을 수집하는데, 해당 자음이 단어의 처음과 끝에 위치한 단어의 그림을 함께 모아야 한다. 예를 들어, 주전자(pot)의 그림은 첫 자음 /p/를 이끌어 낼 것이고, 지도(map)의 그림은 마지막 자음 /p/를 이끌어 낼 것이다. 평가자는 학생에게 그림을 보여 주고는 "자, 그림의 이름을 말해 보세요."라고 이야기한다. 만약 학생이 단어의 이름을 부정확하게 말했을 때는 표시하고 그 결과를 체크리스트에 기록해 둔다. 음운론의 평가에서는 소리를 정확히 듣고 기록하는 평가자의 능력과 경험이 중요하다. 정확한 평가를 위해서는 오로지 학생이 실수한 소리만을 기록해야 한다. 예를 들어, 학생이 'pot'을 'bot'으로 발음했을 때만 /b/ 소리를 기록한다. 또 학생이 /p/를 /b/로 대체한 것을 소리 내기상의 오류로 기록해야 한다. 평가자는 음운론적 오류 모두를 목록화하고 오류가 발달 연령상 습득해야만 하는 것이었는지의 여부를 결정하는데, 오류 음소는 그 학생의 교육목표가 될 수 있다.

학생의 음소 프로파일을 분석하고 목표 음소를 결정한 후, 학생의 우발적인 발화에서 목표 음소에 대한 기초선 자료를 수집해야 한다. 그리고 교정적 교수가 시작된 후는 학생의 말에서 변화가 일어나고 있는지를 점검해야 한다. 이때 비공식적인 평가는 목표 음소에 관한 기초선 자료를 수집할 수 있도록 하고 학생 발화의 변화를 모니터링하는 기초 자료를 제공한다.

음소 산출을 직접 관찰하는 것도 기초선 자료를 수집하고 학생의 진보를 모니터하는 데 사용될 수 있다. 평가자는 학생에게 그림이나 장난감 같은 자극을 제공하며 우발적인 발화에 참여할 수 있도록 유도한다. 그리 어리지 않은 학생들에게는 "주말에 뭐했니?" 같은 질문에 답할 수 있도록 유도할 수도 있다. 가능한 한 평가자는 말하는 것을 최소화하여 학생이 이야기를 할 수 있도록 해야 한다. 평가자는 3분간의 언어 표집 동안에 학생이 몇 개의 목표 음소를 정확히 발음하고 부정확하게 발음한 것은 몇 번인지를 세어 본다. 정반응과 오반응을 차트로 만들어 봄으로써 목표 음소가 출현하는 빈도를 파악할 수 있다(3장의 자료 기록에 관한 논의 참조). 정확도는 학생이 목표 음소를 정확하게 말한 수를 목표 음소의 전체 수(옳게 말한 음소와 그렇지 않은 음소의 합)로 나누어 계산한다.

청각적 변별은 비공식적 평가도구에 의해 평가될 수 있는 수용적 음운론의 한 분야다. 평가자는 공식적 검사에서 학생이 혼동했던 두 가지의 소리를 구별할 수 있는지를 평가한다. 예를 들어, 공식적 검사에서 학생이 /p/와 /b/를 혼동할 수 있는데 준거도구를 활용하여 이 소리와 관련된 학생의 능력수준을 좀 더 자세히 평가할 수 있다. 측정도구는 오로지 한 음소가 다른 단어(자음-모음-자음으로 구성) 목록을 활용한다(예: pin-bin 혹은 cup-cub). 평가자는 두 단어를 함께 말하고 학생에게 두 단어가 같은지 다른지를 결정해서 이야기하도록 지시한다. 평가자는 체크리스트에 결과를 기록하고 정확도를 점수로 매긴다. 정확도 수준을 근거로 학생이 소리 변별을 위한 학습에 도움을 받아야 할 필요가 있는지를 결정한다. 학생이 90% 이상의 정확도를 보이면 이미 해당 소리를 변별할 수 있다는 것을 나타내는 훌륭한 지표가 된다.

형태론의 비공식적인 평가

형태론의 비공식적인 평가는 형태소 발달 위계 순서에 근거하여 개별 형태소에 대한 학생의 습득수준을 결정하는 데 사용된다. 평가자는 Brown(1973)이 개발한 형태소 습득 순서에 의거하여 개별 형태소를 평가하는 문장을 만들 수 있다. 이때 학생이 개별 형태소를 사용하는 것을 평가할 때 문장과 더불어 그림을 제시한다. 만약 현재진행형을 나타내는 형태소 -ing의 사용을 파악하고자 하는 것이 목적이라면 평가자는 여자 아이들의 놀고 있는 그림을 보여 주며, "여자애들은 놀이하는 것을 좋아해. 여기에서 여자애들은 ———" 이라고 말한다. 이때 학생은 빈칸에 들어갈 말로 "놀이를 하고 있다(playing)." 라고 말한다. 형태소 in의 사용을 평가할 때, 평가자는 아이가 잠자고 있는 그림을 보여 줄 수 있고, "아가 어디 있어? 아기는 ———" 라고 말한다. 이때 학생은 빈칸에 들어갈 말로 "침대에 있어요(in bed)." 라고 말한다.

이후 평가자는 체크리스트에 학생이 옳게 답한 것과 그렇지 않은 답을 표시한다. 이 같은 결과를 분석하는 것은 교사에게 어떤 형태소가 습득되었는지와 어떤 형태소가 학습되어야 하는가를 결정하는 데 도움을 준다. 또한 발달 위계를 근거로 형태소를 평가하는 것은 어떤 형태소가 최우선적으로 가르쳐져야 하는가에 대한 정보를 제공한다.

형태론의 비공식적인 평가 중 또 하나 대화 중에 특정 형태소가 정확하게 나타나는지를 측정하는 것이다. 형태소가 습득되었다고 보는 기준은 발화에서 해당 형태소가 90%의 정확도로 나타나는가의 여부다(Brown, 1973). 평가를 위해서는 특정 형태소의 습득 여부를 결정할 수 있을 만큼 충분한 대화를 수집해야 하는데, 이를 위해 일간 혹은 주간 발화 표본을 얻는 데 많은 시간을 할애해야 한다는 단점이 있다. 이러한 단점이 문제가 된다면 비공식적 검사 중에서 좀 더 적은 시간을 필요로 하는 방법으로 학생에게 그림을 보여 주고 "이 그림에 대해 이야기해 줄래?" 라는 촉진에 반응하게 하는 것이 있다. 첫째, 평가자는 학생에게 사람이 위로 뛰어 오르는 그림을 보여 주고는 "이 사람 지금 뭐하니?" 라고 묻는다. 만약 학생이 그림에서 나타난 행동을 묘사("뛰기." 혹은 "뛰어요." 라고 말하는 것)하지 않는다면, 평가자는 학생에게 "뛰어요라고 말해 봐."라는 촉진을 제공한다. 학생이 두 가지의 서로 다른 그림을 보고 "이 사람 뭐하니?"라는 질문에 옳은 답(행동의 묘사)을 모두 말하면, 평가자는 학생에게 "이 그림에 대해 이야기해 봐."라고 물어볼 수 있다. 평가자는 일련의 20개 그림을 보여 주는데, 이 그림들은 −ing의 현재진행형을 나타내는 단어를 이끌어 낼 수 있다. 각 그림을 보여 줄 때마다 평가자는 "이 그림에 대해 이야기해 봐."라고 말하고 체크리스트에 옳은 답과 틀린 답을 표시한다. 정확도의 비율은 정답을 전체 그림의 수로 나누면 된다. 목표 형태소에 대해 90% 이상의 정확도를 보인다면 그 형태소가 습득되었다고 보고 교수를 할 필요가 없다. 90% 이하의 정확도를 보이는 형태소는 습득되지 않은 것으로 보며 교수적 지원을 필요로 할 수 있다. 평가를 할 때는 학생의 발달 연령을 고려해야 하고 연령에 따라 어떠한 형태소를 습득해야 하는지를 알고 있어야 한다.

수용 형태소(receptive morphology)를 측정하는 비공식적인 평가는 형태소를 듣고 이해하는 것에 초점을 맞추므로 학생으로 하여금 형태소가 묘사된 그림을 지적하도록 한다. 평가자는 특정 형태소가 포함된 문장을 말해 주고 나서 학생이 그에 맞는 그림을 지적하게 한다. 예를 들어, 동사 eat의 불규칙 과거형을 평가하고자 할 때는 한 아이가 먹기를 끝마친 그림과 무언가를 먹고 있는 그림 두 가지를 보여 줄 수 있다. 이때 평가자는 "아이가 (음식을) 먹었다(ate)."라고 말하고, 학생은 아이가 먹기를 마친 그림을 선택해야 한다. 이 과제에는 (SRA에서 출판된 것과 같은) 일련의 연속적인 그림 카드가 사용될 수 있다. 평가자는 체크리스트를 이용하여 학생이 각 불규칙 과거 동사에 대해 옳은 답을 했는지 혹은 그렇지 않은지를 기록한다. 결과의 분석은 언어 수용의 측면에서 어떤 형태소가 습득되었는지를 결정하는 데 사용된다. 수용 형태소의 평가를 통해 학생이 언어 표현적 측면에서 형태소를 학습하기 전에 해당 형태소가 이해되었는지의 여부를 설명할 수 있다.

통사론의 비공식적 평가

표현적 통사론(expressive syntax)의 비공식적 평가에서는 우발적인 발화에서 학생이 문법적 형태를 어떻게 사용하는가를 분석한다. 우발적 발화/언어란 실제 생활 환경이나 상황에서 학생이 따로 연습하지 않은 자연스러운 언어표현을 의미한다. 평가자는 아동의 우발적인 발화 표본을 획득하고 기록할 수 있는데, 이때 앞으로 논의하게 될 의미론의 비공식적인 평가에서 제공하는 지침을 참고할 수 있다. 만약 언어 표본을 문법분석을 위해서만 수집한다면 발화가 이루어진 맥락을 기록하지 않아도 아동의 발화를 녹음만 해도 된다. 발화를 녹음·기록한 후에는 언어 표본을 전사하고, [그림 6−1]에서 제시된 대로 체크리스트에 각 발화를 목록으로 만들어 두면 된다. 발화에 사용된 문법적 형태를 보기 위해 표본을 분석하고 사용되지 않은 문법적 형태는 목록으로 작성한다. 그리고 아동이 사용한 문법적 형태는 해당 아동의 발달 연령에 적합한 규준과 비교한다. 발달 연령에 비추어 학생이 특정한 문법적 형태를 사용해야 한다면 그 학생을 위한 교수목표는 해당 형태를 가르치는 것으로 계획된다.

이 외에도 비공식적으로 통사론을 평가할 수 있는 방법으로는 학생으로 하여금 문장을 반복하게 하는 것이 있다. 평가자는 문장을 말하고 학생은 그것을 따라 한다. 학생이 기억하기에 좀 부담스럽게 여겨지는 긴 모방 과제의 경우에는 성인이 말해 준 문장을 학생 자신의 언어로 해석한 것을 근거로 문장을 반복한다(Salvia & Yesseldyke, 2004). 따라서 모방과제에서는 보통 학생이 우발적 발화에서 시도하지 않았던 언어 형태를 유도해 낼 수 있다. 평가의 정확도를 향상시키기 위해서 평가 회기를 녹음하여 학생의 반응을 체크하고, 체크된 학생 반응은 중요한 통사론적 특성을 파악하기 위해 분석한다. 분석된 통사론적 특성은 학생의 교육목표에 포함되어야 한다.

[그림 6-1] 발화의 통사론적 분석

학생명 마이클 조던

날 짜 3/15

발화	현재진행형(-ing)	-is	규칙형 복수(s, es)	소유격(s)	I, me, mine, my, you, your	불규칙 과거형	he, him, his, she, her, hers	am, are, was, were	not	can't, don't	and	but	because	위치 역전	who, what	where
1. 이게 뭐야(What this is)?		X													X	
2. 그게 다야(That all of it)?																
3. 이거는 벽이야(This a wall).																
4. 나 너한테 말할 거야(I gonna tell you).					X											
5. 응, 그런데 오늘 그녀 아냐 (Yeah, but her not in today).							X		X			X				
6. 차 위로 가고, 아래로 가고 (Car go up and car go down).																
7. 차 옆으로 가(Car go sideway).																

의미론의 비공식적인 평가

논리적 관계, 인과관계, 언어적 문제해결과 같이 의미론적 측면을 측정하는 것은 매우 복잡하므로 의미론을 평가하는 비공식적인 평가를 만들어 내는 것은 그리 쉬운 일이 아니다. 하지만 반대말, 단어의 범주화 및 분류와 같은 과제를 비공식적 평가에 활용하는 것은 유용하다.

반대말을 평가하기 위하여 SRA는 반대말 40쌍을 담은 그림 카드를 제작하였다. 그림의 짝이 정확히 맞을 때, 두 장의 카드는 반대말을 나타낸다(예: 가까운–먼). 평가자는 전체 카드를 뒤섞고 학생에게 서로 반대가 되는 단어 카드의 짝을 찾아보라고 말한다. 학생이 짝을 찾을 때는 관찰하고 결과를 체크리스트에 기록한다. 제대로 맞추어지지 않은 짝을 분석하는 것은 어떤 반대말이 교수 목표가 될 수 있을 것인가를 결정할 때 도움이 된다.

비공식적으로 실시하는 단어 범주화 평가는 같은 범주에 포함되는 단어를 찾아 이야기하도록 한다. 학생에게 한 단어를 말해 주고 난 후 같은 범주에 포함되는 단어를 가능한 한 많이 이야기하도록 한다. 겉모양이 비슷하거나 물리적 특성이 같아도 동일 범주 안에 포함될 수 있다. 평가자는 학생이 단어를 이야기할 때 체크리스트에 단어를 기록한다. 검사 결과를 활용하여 한 범주 안에 해당되는 여러 단어를 이야기했는지의 여부를 분석하거나 학생이 반대가 되는 단어를 말했는지, 돌림이 되는 단어(a rhyming word)를 말했는지, 혹은 자극 단어(역자 주: 평가자가 처음에 알려 준 단어)를 반복하는 경향이 있는지의 여부를 살펴볼 수 있다.

단어 범주화를 측정하기 위해서는 단어의 관련성(word association)을 파악하는 과제를 사용할 수 있다. 나이가 어린 아동은 통사론 법칙에 의거하여 자극 단어에 선행하거나 후속하는 단어와 함께 자극 단어에 반응하는 경향이 있다. 이를 **통어적**(統語的) **관계**를 나타내는 반응이라고 한다. 예를 들어, '사과' 라는 자극 단어에 대해 어린 학생은 '먹다' 혹은 '빨간' 이란 단어와 함께 반응할 수 있다. 6~8세경에는 동일한 문법적 범주 안에서 그 반응을 전환하는데 이러한 형태의 반응을 어형 변화(paradigmatic)라 한다. 예를 들어, 자극 단어가 '사과' 일 때, 나이 든 학생들은 '오렌지' '바나나' 혹은 다른 종류의 과일로 답할 수 있다. 평가자는 자극 단어를 말하고 체크리스트에 학생의 답을 적고, 그 답의 특성이 통어적 관계 반응인지 혹은 어형 변화 반응인지를 기록한다. 체크리스트의 결과를 통해 평가에 참여한 학생이 보통 통어적 반응을 보이는 어린 학생으로 분류될 것인지 혹은 어형 변화적 반응을 보이는 나이 든 학생으로 분류될 것인지를 보여 준다. 학생이 두 가지 범주 모두에 해당하는 반응을 보일 수도 있으나 주로 한 가지 범주에 대부분의 반응을 하게 된다.

이 외에도 의미론적 관계 역시 비공식적 측정도구로 평가할 수 있는 의미론 영역 중 하나다. 이 영역은 학생의 발화가 3~4단어 수준일 때 평가 가능하다. 만약 그보다 많은 단어를 사용할 경우는 통사론적 분석을 하는 것이 더 적절하다. 의미론적 관계는 학생의 우발적 발화를 분석함으로써 평가한다. 평가자는 학생이 누군가와 놀이를 하거나 상호작용하는 것을 관찰하고, 대화를 코딩하거나 전사하고, 오류 패턴에 따라 분석한다. 아동이 의사소통을 시작하게 하기 위해 점토, 장난감, 게임과 같은 다양한 물체가 사용될 수 있다.

McLean과 Snyder-McLean(1978)은 말-언어 표본을 얻기 위하여 다음과 같은 단계를 사용할 것을 조언하고 있다.

1. 학생이 친숙한 성인과 상호작용할 수 있도록 부분적으로 구조화된 놀이 상황을 만든다.
2. 친숙한 장난감을 사용하여 학생의 다양한 반응을 이끌 수 있도록 한다.
3. 비디오테이프에 학생의 발화를 녹화한다. 50~100개의 판독 가능한 발화를 얻을 때까지 표집을 지속한다. 만약 비디오 장비가 구비되지 않은 경우, 녹음기에 언어 표본을 기록하고 관찰자가 발화의 맥락을 기록한다.
4. 과도하게 말을 많이 하거나 "이거 뭐야?" 혹은 "인형 옷 색깔은 뭐야?"와 같은 질문을 하여 아동의 언어 발화를 구조화하는 것을 피해야 한다.
5. 가능한 한 빨리 테이프를 전사한다.
6. 개별 발화(즉, 아동이 발화를 잠시 멈춘 전후로 나타나는 의미 있는 말의 분절)를 목록으로 만든다. 의미론적 형태를 파악하기 위해 아동 발화에 출현한 개별 단어를 분석하고 단어를 적절한 범주로 나누어 목록화한다. [그림 6-2]에서는 여러 가지 형태의 2~3단어 발화 분석을 보여 주고 있다. 두 단어 발화인 '저 공(that ball)' 에서 저(that)라는 단어는 명사와 함께 사용되어 사물이나 사람을 지적하는 데 사용되기 때문에 지시사로 분류된다. '과자 더(More cookies)' 에서 더(more)는 명사를 수식하기 때문에 한정사로 분류되고, '아빠 담배(Daddy pipe)' 는 아빠의 담배 소유권에 대해 이야기하는 것이므로 소유격으로 분류된다. '우유 과자(Milk cookies)' 는 우유와 과자를 의미하므로 연결로 분류될 수 있다. 세 단어 발화인 '엄마가 우유 먹어(Mommy drink milk)' 는 행위 범주(행위자: 엄마, 행위: 먹어, 물체: 우유) 안에 배치된다.
7. 각 발화를 적절한 범주로 분류한 후에 학생이 어떠한 의미론적 관계를 사용하는지 그렇지 않은지를 결정하기 위하여 체크리스트를 분석한다. 학생이 사용하지 않는 형태는 의미론적 관계를 가르치는 데 있어 교수목표가 될 수 있다. 예를 들어, 학생이 세 단어 발화를 하지만 행위-사물-위치의 형태를 사용하지 않는다면 이것이 바로 그 학생을 위한 적절한 교수목표가 될 수 있다.

의미론적 문법을 위한 언어 표본 분석이 시행된 후에 평균 형태소 발화 길이(mean length of utterance in morphemes)를 계산한다. Brown(1973)이 제안한 절차는 다음과 같다.

[그림 6-2] 의미론적 분석 형식

학생명 리사 워커　　　　수집 일시 4/3

전체 발화 수 11

관계 요소	지시사		속성			소유	연결사
	지적하기	알리기	재발생	비존재	묘사		
두 단어 문법적	그 공	안녕 엄마	더 많은 쿠키	쿠키 없음	큰 공 담배	아빠	우유 쿠키
세 단어 문법적							
비문법적 한 단어 발화							

관계 요소	행위			위치			
	대상	행위	사물	대상	행위	사물	위치
두 단어 문법적							
세 단어 문법적	엄마	마셔요	우유	아빠 엄마	앉아요 놓다	차 인형	여기 여기 침대
비문법적 한 단어 발화							

1. 언어 표본을 전사한다.
2. 전사한 것의 두 번째 문장부터 분석을 시작하고 첫 100개의 발화를 센다. 발화 반복을 포함하여 반드시 완전히 전사된 발화만 센다.
3. 100개 발화 중에서 개별 형태소의 수를 센다. 언어 충전기제('음' '어')나 반복은 세지 않지만 '아니' '엉' '안녕'과 같은 형태소의 수는 세어야 한다. 합성어와 고유명사, 이중 관용어(예: night-night, choo-choo, see-saw), 불규칙 과거동사(예: got, did, went, saw), 지소사(역자 주: 원래 이름을 짧고 귀엽게 부르거나 뒤에 작은 것을 칭하는 접미사를 붙이는 것으로 우리나라 말에서는 송아지나 강아지의 '~아지'가 해당된다.), 연쇄사(예: gonna, wanna, hafta)는 단일 형태소로 계산한다. 모든 조동사(is, will, have, can, want, would)와 굴절/어형 변화(예: 소유격 -'s, 복수형 -s, 3인칭 단수 -s, 규칙 과거형 -ed, 진행형 -ing)도 독립적인 형태소로 계산한다.
4. 전체 형태소의 수를 100으로 나누면 평균 형태소 발화 길이가 산출된다.

평균 형태소 발화 길이는 아주 빠르고 손쉽게 일정 기간 동안 학생의 언어적 성장을 파악할 수 있는 양적인 정보를 제공해 준다. 대부분의 실험연구에서 보면 학생의 의미론적 발달은 생활 연령보다는 평균 형태소 발화 길이를 이용하여 평가한다. 예를 들어, 행위자-행동-사물(역자 주: 우리 말의 경우 행위자-사물-행동)의 의미론적 형태는 특정 연령대의 학생에게서 기대되기보다는 평균 세 단어 형태소 발화 길이를 가진 학생들에게서 발생한다고 보고되곤 한다.

화용론의 비공식적인 평가

화용론에서 비공식적인 평가는 우발적 발화를 분석함으로써 어떠한 화용론적 기능이 사용되고 있는지를 살펴보는 데 사용될 수 있다. 첫 번째 단계는 비디오로 녹화된 언어 표본을 얻는 것이다(이 장의 의미론 부분에서 제시된 언어 표본 수집 지침 참조). 만약 비디오 기자재가 구비되지 않은 경우에는 관찰자가 각 발화 직전 및 직후의 상황을 기록할 수 있다. 두 번째 단계는 테이프를 전사하고 [그림 6-3]처럼 체크리스트에 각 발화를 목록으로

[그림 6-3] 화용론 기능 체크리스트

학생명 줄리 베이츠

날 짜 2/12

발화	도구적	항의	요구	정보 획득	초언어적	정보 제공	명명하기	모방	대답	사회적 관계 시작/종결	오락	기타
1. 우유 먹어(Drink milk)	X											
2. 우유 없어(No milk)		X										
3. 신발 신어(Shoes on)			X									
4. 차(Car)							X					
질문: 공 어디 있어? 5. 공 의자(Ball chair)									X			
6. 아빠 와(Daddy come)?				X								

만들어 둔다. 평가자는 발화 전후 사건을 분석함으로써 화용론적 기능을 분석할 수 있다. 예를 들어, 학생은 "공 던져."라고 말할 수 있다. 발화 전 평가자는 공을 들고 있고 학생은 공을 잡기 위해 팔을 뻗고 있었다는 것을 기록하고, 학생이 발화를 한 후에 학생에게 공을 던져 준다. 이때 발화는 요구의 기능을 가지고 있고, 평가자는 요구란에 막대 표시를 한다. 체크리스트를 이용하여 학생이 사용하지나 사용하지 않는 각 기능을 분석하고 사용하지 않는 기능을 목록으로 만든다. 체크리스트를 통해 가령 '신발 안 신어.'의 의미를 지닌 '신발 아냐.'라는 저항 기능을 학생이 사용하지 않는다는 것을 알아챌 수 있다. 이때 교사는 학생이 사용하지 않는 화용론적 기능들 중에서 적절한 교수목표를 설정할 수 있다.

좀 더 나이 든 학생을 위한 화용론의 비공식적인 평가에는 부적절한 소리 크기, 적절하지 못한 시기에 이야기하기, 화자의 대화 방해하기, 간접적으로 요구하기를 포함시킨다. 이러한 행동을 평가하기 위해서는 여러 날에 걸쳐 여러 다양한 상황에서 해당 행동이 나타난 횟수나 상황을 기록한다. 또한 화용론에 있어 지체를 보이지 않는 또래들과의 대화 상황에서 위와 같은 행동이 나타나는 횟수를 세거나 상황을 기록할 수 있다. 화용론 평가를 위해 교사는 조용히 있거나 거의 말을 하지 않는 학생을 선택하기보다는 다른 학생과 대화 중이거나 집단 활동에 참여하고 있는 학생을 선정할 수 있다. 세 가지 상황, 예컨대 집단교수 시간, 독립학습 혹은 점심시간이나 자유놀이 시간이 평가 맥락으로 선택되면, 교사는 다른 화자의 대화를 방해하거나 큰 소리로 이야기를 하거나 듣기, 읽기, 과제 중에 불필요한 이야기를 하는 횟수를 센다. 그리고 그 결과를 차트에 표시하고는 다른 두 학생의 결과와 비교한다. 두 학생이 보이는 행동에서 나타나는 주요한 차이점은 교수목표가 될 수 있다. 화용론에서 적절한 교수목표는 화자가 말을 끝낼 때가 언제인지를 파악하는 기술을 향상시킴으로써 대화를 방해하는 횟수를 감소시키는 것이 될 수 있다.

비공식적으로 학생이 간접적인 요청을 사용하는지 평가하는 방법은 8세 이상의 발달 연령을 갖는 아동에게 직접 요구를 간접적으로 바꾸어 보도록 하는 것이다. 예를 들어, 평가자가 "내가 '문 좀 닫아 줄래요'라고 말할 때 너는 어떤 행동을 할 것인지 말해 줄래?"라고 하면 학생은 "선생님은 내가 문을 닫아 주길 바라는데요."라고 답한다. 그러고 나서 평가자는 학생에게 "다음의 문장을 듣고 네가 무엇을 하기는 원하는지를 말해 봐."라고 설명한다. 평가자는 체크리스트에 쓰인 간접 요구를 읽어 주고 학생이 옳은 답을 했는지를 표시한다. 결과는 학생이 실수한 개수와 수행을 했다 하더라도 가장 어려워했던 형식(예: 긍정: '~할 수 있습니까?' 부정: '~할 수 없지 않나요?' ; 혹은 부정적인 의도를 가지고 긍정적으로 표현: '~해야 하지 않니?')을 파악하기 위해 분석된다. 이와 같은 형태의 간접 요구는 학생을 위한 교수목표가 될 수 있다.

교육과정 중심 측정

교육과정 중심 측정(curriculum-based measurement)에서는 학생이 보다 효과적인 의사소통 기술을 발달시키는 데 도움을 줄 수 있는 활동과 기술을 찾고, 적절한 언어 중재를 찾기 위해 교육과정과 관련된 맥락과 내용을 사용한다. 교육과정 중심 측정은 학업환경에서 학생의 의사소통적 요구와 관련 있는 기능을 변화시키는 것을 목표로 한다. Nelson(1989)은 언어적 맥락과 언어기술을 표집할 때는 설명적인 시험을 이해하고 구어 지시사항을 수행하는 능력, 수학문제에 연관이 있는 언어를 사용하는 것을 포함해야 한다고 제안하였다. 그리고 추가적인 활동으로는 쓰기표현, 묵독 및 음독(silent and oral reading), 쓰기, 언어를 듣고 이해하기 등이 포함될 수 있다. Nelson(1994)은 교육과정에 기초한 언어중재의 철학과 방법 그리고 언어문제를 가진 학생들을 위한 중재에 대해 논의하였다.

언어 서비스 전달 모델

분리치료 모델

대표적인 언어 서비스 전달 모델은 언어 전문가가 학생을 교실로부터 분리시켜 비슷한 어려움을 보이는 아동을 모아 놓고 가르치는 분리치료 모델(pullout therapy model)이다. 많은 교사들은 이 모델이 여러 가지 문제점을 가지고 있으며 간혹 비효과적이고 비효율적인 서비스가 된다는 것을 인정한다. Ehren과 Lenz(1989)는 통상적으로 학생들이 분리치료 모델을 별로 좋아하지 않는다고 지적하고, 그 이유로는 남들과는 다르다는 것 때문에 이 학생들이 차출되는 것을 선호하지 않는다고 설명하였다. 이러한 이유는 특히 청소년기 동안에 또래로부터 받는 사회적 압력이 증가할 때 더욱 중요하게 고려해야 한다. 또한 청소년기에 해당되는 많은 학생들은 초등학교 때 배운 말-언어 교수 방법 및 활동이 중등학교의 언어치료에서도 동일하게 사용되는 것을 원하지 않으며, 정규 시간표 안에 언어치료가 포함되지 않기 때문에 그에 참여하고 싶은 동기도 보이지 않는다.

분리치료 모델을 사용했을 때, 학생들은 교실에서 나와 있게 되므로 그 시간 동안에 진행되는 교과를 제대로 학습할 수 없게 된다. 이러한 상황은 특히 교실수업을 가장 절실하게 필요로 하는 학습문제를 가진 학생들에게는 더욱 치명적이다. 분리 프로그램을 시행하려는 노력을 하면 할수록 언어 전문가들은 어떤 과목에서 얼마만큼의 시간 동안 학생을 분리시킬 것인지, 시험이나 특별 활동, 결석을 어떻게 다룰 것인지와 같은 시간 조정과 관련된 여러 문제에 봉착하게 된다. 시간표와 관련된 문제는 서비스를 필요로 하는 학생의 수 및 특정 학생에게 필요한 집중적인 서비스를 제공할 수 없다는 것과 연관되면 좀 더 복잡해질 수 있다.

분리치료 모델과 관련된 문제 중 또 하나는 서비스의 분절성과 관련이 있다. 언어 서비스는 일반적으로 분리된 학급에서 치료를 받는 것으로 보이기 때문에 자주 일반교실의 교과내용과 별개의 것이 될 수 있으므로 교실에서의 교수목표와 기대에 일관되지 않을 수 있다. 언어 서비스가 일반학급에서의 요구 및 기능과 연관이 없는 것으로 보일 때, 혹은 목표가 교육과정 내용과 전혀 관련이 없을 때, 언어 서비스의 내용과 교수 형태에 대한 책무성은 잘 맞지 않게 된다. 분절적인 서비스는 일반교사에게는 언어 서비스에 대해 부적절한 감정(분노, 화)을 갖게 하고, 학업성취를 이루기 위해 교수-학습적 일관성을 요하는 학생들에게는 방해 요소로 작용한다.

교실수업에 기초한 언어 모델

교실수업에 기초한 모델(classroom-based language model)은 전통적인 서비스에 대한 대안적인 형태로 사용될 수 있으며, 일부 학교체제에서는 언어문제를 가진 학생들을 위한 서비스 향상과 더불어 학생의 학업적 요구와 치료목표를 통합하기 위한 의도로서 사용하고 있다. 이러한 차이에도 불구하고 교실수업에 기초한 모델은 학급교사와 언어 전문가 간의 협력적 자문의 필요성을 강조하여 중재가 교실 내에서 자연스럽고 의미 있는 방식으로 진행되도록 한다. 미국 말-언어-청각 협회(1991) 내 언어-학습장애 위원회는 언어-학습장애 학생들을 위한 협력적 서비스 전달 모델을 제시하고 있다. 협력적 서비스 전달 모델에서는 모든 팀원(언어 전문가, 교사, 부모, 학생)이 개별 학생의 교육 프로그램을 계획하고 시행하기 위해 협력적으로 일을 진행한다. 팀은 학업환경에서 학생의 학업적, 사회적 기능을 향상시키기 위해서 모든 처치목표, 평가방법, 중재절차, 문서체제를 고안하고, 팀원은 교육목표에 대한 책임을 공유하고, 모든 서비스와 중재는 교실에서 이루어진다. 이 모델의 다섯 가지 주요 형태에는 팀체제 교수, 자료실 교수, 일대일 중재, 전문인력, 교육과정 또는 프로그램 개발 그리고 자문이 있다(Miller, 1989).

팀체제 교수

교실수업에 기초한 모델에서 언어 전문가는 일반 혹은 특수 교사와 함께 수업을 진행하는데, 여기서는 특히 언어 전문가가 실제 교육과정의 일부를 가르친다는 점이 중요하다. 교육과정의 목표와 목적, 교수방법 및 교수자료는 전문가로 구성된 팀에 의해 협력적으로 수립되고, 언어 전문가가 일반교사와 함께 일반교실에서 그리고 특수교사와 함께 자료실이나 특수학급에서 서비스를 제공하는 등 다양한 환경에서 수행할 수 있다.

자료실 교수

자료실 서비스 모델에서는 언어 전문가가 독립적으로 언어수업을 진행한다. 일반적으로 어린 아동을 대상으로 하고, 언어 전문가는 언어의 처리와 산출에 있어 중재를 필요로 하는 아동에게 읽기, 수학, 과학, 사회와 같은 내용영역을 가르칠 책임도 있다. 일부 언어 전문가들의 경우 중·고등학교 수준에서 언어문제를 가진 학생들이 어렵게 여기는 일반교육과정의 쓰기, 읽기 및 다른 언어 관련 영역에서 개별교수를 제공하기도 한다.

일대일 중재

언어 전문가들은 학급 학생을 대상으로 일대일 중재를 제공할 수 있다. 이 접근법에서 언어 전문가는 적절한 중재를 제공하기 위하여 내용영역, 공부기술, 쓰기, 어휘와 관련하여 원적학급 교사와 밀접하게 접촉하고 협력을 유지해야 한다. 원적학급에서 사용하는 교과서와 자료를 사용함으로써 학생이 지속적으로 교실 활동을 할 수 있도록 도와준다.

전문인력, 교육과정 또는 프로그램 개발

또한 언어 전문가들은 학교나 교육청에 필요한 전문인력, 교육과정 혹은 프로그램을 제공함으로써 간접적으로나마 학생들에게 지원을 제공하기도 한다. 예를 들어, 언어 전문가들은 학교에서 언어와 관련된 목표와 학생, 학부모들의 인식을 향상시키기 위한 지역사회 프로그램을 계획할 수 있다. 뿐만 아니라 언어 전문가들은 교육과정 개발과 평가, 학생이 학업적으로 성공하는 데 있어 언어의 역할이나 효과에 초점을 맞춘 현직교사나 부모들을 위한 워크숍에 참여할 수 있다. 이와 같은 서비스 전달 형식에서는 언어 전문가의 주된 관심이 학생에게 직접적인 서비스를 제공하는 것에서 학생들을 가르치는 책임을 가진 이들을 교육하는 것으로 근본적인 변화를 이루어야 할 필요가 있다.

자문

언어 전문가는 일반 혹은 특수교사, 심리학자, 의사, 간호사, 사회사업가, 상담가와 같이 학생과 직접 접촉하는 여러 전문가에게 필요한 조언을 제공해 주는 자문가로서의 역할을 할 수 있다. 이 모델에서 언어 전문가는 학생에게 언어중재를 제공하는 사람을 자문하고 학생의 의사소통을 향상시키기 위한 방법을 결정하는 데 노력을 기울여야 한다. 언어 전문가가 자문을 제공함으로써 그들의 제언을 통해 질 높은 직접 서비스를 제공받지 못하는 학생들이 간접적으로나마 교육적 · 사회적 혜택을 누릴 수 있게 된다.

전략 중심 모델

전략 중심 서비스 전달 모델은 학생에게 특정 학습전략을 가르치는 것에 초점을 맞추고 있어 중 · 고등학생들과 함께 일하는 언어 전문가에게 특히 매력적이다. 전략을 사용하는 것은 학생의 이해도를 향상시키고 초인지나 초언어 기술을 사용하도록 도와주는데, 이러한 기술은 학습에 도움이 되는 학생의 인식을 향상시키고 전략의 사용을 촉진하는 데 그 초점을 맞춘다. 요컨대, 학생에게 학습내용을 가르치는 것에서 학습방법을 가르치는 것으로 변화가 이루어지는 것이다.

Wiig(1990)는 언어문제를 가진 학생이 초언어적 성숙이나 전략적 언어 사용에서 지체를 보인다는 관점을 바탕으로 언어중재에서 서로 다른 추론전략을 강조할 필요성에 대해 논의하였다. 이 접근법은 언어 산출에 초점을 맞추기보다는 과정에 초점을 맞추고, 언어 전문가와 학급교사 간의 협력을 지향한다. 비슷한 관점에서 Buttrill, Niizawa, Biemer, Takahashi와 Hearn(1989)은 언어문제를 가진 학생들의 학습 특성뿐 아니라 중등학교의 환경적 요구에 적합한 전략 중심 모델을 제안했다.

학습전략과 관련하여 가장 널리 연구 · 개발된 접근법으로는 캔자스 대학교 학습연구센터의 Don Deshler와 그의 동료들에 의해 개발된 전략중재 모델(Strategies Intervention Model)이 있다. 이 모델은 자체로 특수성을 가지고 있으나, 일반적으로는 전략훈련에 적용되는 원칙을 그 기초로 삼고 있다. Deshler와 Schumaker(1986)는 학습전략의 궁극적인 목표가 학생으로 하여금 학업적 환경 뿐 아니라 비학업적 환경에서 새로운 문제를 분석하고 해결할 수 있게 하는 것이라고 보고, 다음의 세 가지 이론적 근거를 바탕으로 청소년 대상의 학습전략 교수법을 설명하였다.

1. 학습전략이나 초인지 기술을 개발하고 적용하는 것은 이러한 기술을 사용하는 데 좀 더 능숙한, 상대적으로 나이가 많은 학생들에게 적합하다.
2. 학습방법을 배우는 청소년들은 미래에 새로운 기술을 배우는 데 있어 더 좋은 위치를 선점할 수 있다.
3. 학생은 자신의 학습과 진보에 책임감을 가져야 한다.

관련 교수를 고안하기 위하여 언어 전문가들은 학생들이 어떠한 교육과정적 요구를 충족시키기 어려운지를 살펴보아야 한다. 학생와 교사 간에 서로 협의된 목표를 설정하는 것 역시 학생들의 학습 동기와 참여를 최대화해 주고, 학습 동기는 학생의 기술에 대한 이해를 확대시켜 주고 다양한 환경에 적용하게 함으로써 향상될 수 있다. 교수 활동은 기술의 일반화를 촉진하기 위하여 고안되어야 하는데, 일반화를 위해 학습전략 모델에서는 협력적인 계획 수립과 언어 전문가, 일반교사와 특수교사, 다른 지원 서비스 전문가와의 협력을 강조한다.

언어기술의 교수

많은 교사들에 의해 직접적인 교수방법은 읽기와 수학문제를 교정하기 위해 사용될 뿐 아니라 언어문제를 다루는 데도 선택된다. 교사는 학습을 주도하고 수업의 내용, 속도, 계열을 결정·관리하지만, 이와 같이 고도로 구조화된 기술 접근법에서 학생들은 우발적인 대화에 끼어들 기회를 거의 갖지 못한다. 이러한 문제 때문에 일부 교사는 학생 중심 학습을 강조하고 학생이 수업의 내용, 속도 등의 영역에 결정적인 역할을 해야 한다고 주장한다. 교사는 통제를 최소화하고 사회적 상호작용을 강조하며 정상적인 대화 상황을 따라 의사소통이 발생할 수 있도록 한다. 새로운 개념을 가르치기 위해 사용되는 반응적이고 상호작용적인 접근법은 성인의 표현이나 젊은 사람들의 발화를 강조하는 반면, 자연스러운 환경언어 교수(milieu teaching)는 언어 촉진의 유발을 활용한다. Warren과 Yoder(1994)는 학습자 특성, 교수 맥락, 학습될 기술에 기초하여 여러 접근법을 통합하여 사용하는 것의 장점을 피력하였다. 예를 들어, 자연스러운 환경언어 교수는 초기 어휘를 교수하는 데 효과적일 수 있는 반면, 직접교수는 보다 추상적인 언어기술을 가르치는 데 사용될 수 있다.

적절한 언어중재를 고안하고자 할 때는 음운론적, 구문론적, 의미론적, 화용론적 측면뿐 아니라 학생의 인지기술과 사회적 환경이 고려되어야 한다. Wallach(1989), Ehren과 Lenz(1989)는 학생의 언어적 요구를 충족시킬 수 있는 일반적인 원칙을 제시하였다.

- 언어 전문가는 언어장애를 가지고 있으나 언어 서비스를 받지 못하는 어린 학생들에 대해 이해하고 있어야 하는데, 훗날 그들이 가지는 언어체계의 결함이 확대되고 학교에서 교육과정적 요구가 증가되면 언어문제가 학업문제로 표면화될 수 있기 때문이다.
- 언어 선별은 하나 이상의 검사로 구성되어야 하며 언어장애를 나타내는 미묘한 형태에 민감해야 한다.
- 학습문제를 가진 것으로 의심되는 학생은 언어와 청각적 작용을 강조하는 일상적인 언어 사용의 평가를 받아야 한다.
- 학교를 관리하는 행정가들은 전통적인 분리 모델에 기초한 서비스 전달 모델의 대안적 형태를 고려하고 있어야 하고, 언어 전문가는 언어의 맥락적 측면과 비맥락적 측면 모두에 초점을 맞추어야 한다.
- 전문가들은 언어문제를 가진 학생들을 위하여 다양한 형태의 독립적인 프로그램을 시행하는 것이 아니라 여러 프로그램이 서로 조율된 형태의 교육을 계획하기 위해 협력해야 한다.
- 학습전략의 교수를 행할 때는 언어에 민감해야 한다.
- 언어중재 교육과정은 일반교육과정과 관련이 있으며, 환경적 요구에 반응하며, 학업문제가 있는 영역을 반영하며, 구어와 문어 모두를 통합하며, 일반화에 초점을 맞추어야 한다.
- 언어문제를 가진 학생이 갖는 전략의 개별적인 선호가 고려되어야 하고, 학생은 주어진 상황에서 어떤 전략이 성공적인가를 결정할 수 있어야 한다.
- 중재는 학생의 책무성과 책임감을 동시에 강조해야 한다.
- 다른 분야에서 효과적이라고 알려진 중재법이 적용되어야 한다.

또한 어린 아동을 위한 언어교수가 이루어질 때는 다음의 특정 전략이 효과적일 수 있다.

- 언어가 사용되는 맥락 안에서 언어를 교수하라.
- 정상적인 언어 발달의 순서를 따라라.
- 새로운 개념을 소개할 때는 효과적인 교수전략을 사용하라.
- 생각을 말로 표현하거나 행위로 묘사하라.

- 이야기를 하면서 다른 사람의 행동을 묘사하라.
- 특정 언어기술에 대해 연습을 제공하기 위해 모델링을 활용하라.
- 어떻게 생각이 표현되는지를 보여 주기 위하여 좀 더 복잡한 방식으로 언어적 확장을 사용하라.
- 어떻게 추가적인 정보가 제공되는지를 보여 주기 위해 상술하라.
- 학생의 수행과 관련된 적절한 연습과 피드백을 제공하기 위하여 구조화된 프로그램을 사용하라.
- 일상적인 활동을 사용하여 언어가 사용되는 맥락 내에서 기술을 연습할 수 있게 하라.
- 일반화를 체계적으로 계획하고 교수하라.

언어는 상호적이어서 특정 기술에 초점을 맞추고자 만들어진 활동이라 하더라도 다른 영역에서도 유용하게 사용할 수 있다. 따라서 교사는 교수방법을 창조적으로 시행해야 한다. 다음에서는 언어이해를 증진시키는 전략, 언어 산출 증진전략, 모방과 모델링 전략을 제시하고 있다. 또한 언어중재에서의 부모 참여에 대해서도 논의된다.

언어이해를 증진시키기 위한 전략

다음의 전략은 듣기기술을 향상시킬 수 있을 뿐 아니라 언어문제를 가진 학생의 이해기술을 증진시킬 수 있다.

- 학생이 지시를 따르거나 복잡한 정보를 이해하는 데 있어 자주 어려움을 토로한다면 정보를 제공하기 전에 눈맞춤을 하고 주의를 집중하게 한다. 교사가 잠시 조용하게 있다가 교사를 쳐다보게 하거나 혹은 교사의 말을 잘 들으라고 이야기함으로써 학생이 듣기를 할 수 있는 단서를 제공한다. 이는 듣기를 시작하기 전에 정신적으로 준비할 수 있게 해 준다.
- 학생에게 또래 혹은 교사가 말한 지시사항이나 교수내용을 반복하도록 하거나 다시 한 번 이야기하도록 함으로써 내용을 이해했는지를 확인한다.
- 학생의 듣기능력을 촉진하기 위해 교실에서의 자리배치를 조정하여 문이나 복도, 창문으로부터 주의가 흐트러지는 것을 제한하고 시각적 보조도구의 사용을 최대화한다.
- 새로운 개념이나 기술을 소개할 때는 학생에게 친숙한 어휘를 사용하고, 친숙한 용어를 사용하여 새로운 어휘를 설명한다.
- 새로운 개념을 소개할 때는 가능한 한 다양한 감각 양상(예: 청각, 시각, 운동감각)을 사용하고 언어적 제시를 보충 · 강화하기 위해 제스처를 쓴다(Bos & Vaughn, 2002).
- 단어의 어순과 그 의미론적 역할 사이에 존재하는 관계를 이해시키기 위하여 어린 학생에게는 문장(예: '엄마가 아가에게 뽀뽀한다.')을 행동으로 나타내 보게 하거나 사물을 조작하고 움직임에 대해 이야기 하게 한다.
- 듣기를 위해서는 학생이 행동을 특정 방식으로 해야 하는 과정이 있음을 설명하고, 듣기를 잘하는 것과 관련된 특정 행동을 판별하는 것을 가르친다(예: 보고, 무엇을 들었는지를 생각하고, 자신에게 반복한다.). 학생에게 집중함으로써 효과적인 듣기기술을 모델링한다.
- 소개문(예: '이것은 매우 중요한 것입니다.' 혹은 '우리가 시작하기 전에')을 사용하여 과제가 어떻게 조직되어 있고 어떠한 틀을 가지고 있는지를 알리고, 학생이 과제에 대한 준비를 할 수 있도록 한다.
- 학생 언어에서 드러나는 정교한 부분에 민감해야 하고, 교수자가 사용하는 언어의 속도와 복잡성은 학생의 언어수준에 맞게 조정한다. 5~10개 단어 미만으로 구조적으로 간단하고 상대적으로 짧은 문장을 사용하며, 개별교수의 경우에는 새롭고 친숙

하지 않은 어휘의 수를 5개 이하로 제한하는 것이 좋다(Wiig & Semel, 1984).

- 훗날 학생이 정보를 재생하고자 할 때 도움을 주기 위하여 학생이 정보를 조직화·범주화하고 저장할 수 있도록 기억전략(예: 시각적 이미지 형성, 정보의 조직화와 군집화, 관련성의 형성)을 가르친다.
- 새로운 어휘를 기억하고 회상하는 능력을 향상시키기 위하여 핵심어 기법(keyword method)을 사용할 수 있는데, 이 기법은 새로운 개념이나 단어와 관련된 친숙한 용어를 포함시켜 기억을 용이하게 해 준다.
- 상징으로 생각하거나 비상징적 상황에서의 추론이 어려운 학생들을 판별하기 위하여 청소년들을 구체적인 문제를 해결하는 활동에 참여시킨다(Moses, Klein, & Altman, 1990).

언어 산출을 증진시키기 위한 전략

다음의 전략은 언어문제를 가진 학생들의 산출 혹은 표현 관련 기술을 향상시키는 데 초점을 맞춘다.

- 일반적으로 대화 중에 불완전한 문장을 말하는 것은 자연스럽기 때문에 때때로 학생이 불완전한 문장을 말할 수 있다는 것을 예상한다.
- 학생이 어느 수준의 의사소통 효율성을 보이든 간에 중요한 메시지를 전달하게 한다. 메시지의 내용이 의사소통 과정에서는 가장 중요하기 때문에 그에 제일 먼저 반응하고 이후에 통사론적인 오류를 고쳐 준다.
- 어린 아동의 발화를 확장시켜 주고자 할 때는 따라하기 어려운 어른의 말 구조에 아동이 집중하도록 하기보다는 아동의 우발적인 발화에 한두 단어만 추가하여 아동이 쉽게 모방할 수 있도록 한다. 발화를 확장하는 것은 아동의 말을 고쳐 주기 위한 것이 아니라 좀 더 복잡하게 생각을 표현할 수 있는 방법 하나를 더 알려 주기 위한 것이라고 설명한다.
- 언어는 고립되어 있는 집단보다는 자연스러운 여러 환경(예: 교실, 식당과 매점, 운동장)에서 교수한다. 그리고 다른 교육과정 내용과 연계하여 언어기술을 교수한다(Wiig & Semel, 1984).
- 교사는 좋은 언어 모델로서 행동하고 학생에게는 그들이 들은 것을 모방하라고 이야기한다. 모방은 언어기술을 측정하는 데 있어 좋은 도구가 되는데, 학생들은 대개 자신이 알고 있는 형태만 모방하고 남으로부터 들은 말은 항상 모방하지는 않기 때문이다.
- 새로운 기술을 연습하고 관련 맥락 안에서 그 기술을 적용할 수 있는 활동에 참여할 기회를 적절하게 제공해 줄 수 있는 구조화된 언어 프로그램을 사용한다(Bos & Vaughn, 2002).
- 학생에게 자신의 생각을 이야기하거나 정교화하여 말해 보게 함으로써 정보가 얼마만큼 더 많이 표현될 수 있으며 어떻게 개념이 연합될 수 있는지를 보여 줄 수 있다.
- 역할극이나 제스처 게임(charades)과 같은 활동을 통하여 다른 맥락에서 언어를 사용할 수 있는 능력을 향상시키고, 눈맞춤, 얼굴표현, 제스처와 같은 비언어적 기술의 중요성을 인식할 수 있는 능력을 향상시킨다. 또한 대화에서 적절한 교대(turn-taking) 기술을 모델링해 주고 강화한다.
- 학생이 단어를 생각해 내는 데 문제를 보일 때(단어 선택과정에서)는 반응시간이나 오류 지표와 대치 형태와 같은 지표를 조사한다(German, 1984).
- 단어를 생각해 내는 기술을 향상시키기 위해서는 학생을 위하여 의미론적 훈련을 시키고, 단어를 범주화하거나 분류하고 관련 단서를 사용하는 전략을 가르친다(McGregor & Leonard, 1989).
- 언어표현을 향상시키기 위하여 학생이 모든 사물이

의사소통과 관련된 장난감을 사용하는 놀이 활동은 구어표현을 촉진시킬 수 있다.

나 그림의 이름을 말하게 하거나 무슨 일이 일어났는지를 설명하고 결말을 만들어 보게 하는 이야기 나누기 활동을 활용한다.

- 언어기술의 일반화를 다음의 3단계를 통해 교수한다. 즉, 적용 가능한 다른 맥락이 있다는 것을 인식하도록 하는 오리엔테이션 단계, 다양한 상황에서 연습을 제공하는 활동화 단계, 기술 숙달도가 유지되는 것을 확인하기 위하여 주기적으로 확인평가(probe)하는 유지 단계를 거친다(Deshler & Schumaker, 1986).

모방과 모델링 전략

언어기술을 가르치는 전략 중 가장 빈번히 사용되는 두 가지는 모방과 모델링이다. 이 전략에서는 학생이 모델이 되는 사람의 반응과 유사하게 반응하면 된다. Courtright와 Courtright(1976)는 모델링과 모방을 구분하고, 모방(imitative mimicry)을 개별적인 자극 진술에 대하여 일대일의, 언어적으로 대응이 되는 반응으로 정의하였다. 대조적으로 모델링은 자극에 대한 즉각적인 반응 없이 추상적인 언어 법칙을 습득하는 것을 포함한다(Bandura, 1971). 예를 들어, 학생은 교사가 한 가지 법칙을 여러 번 모델링해 주는 것을 관찰하고 나서야 비로소 법칙 하나를 사용하는 것을 배우게 된다. 이러한 전략은 단수동사에 -s를 붙이는 것을 가르치는 다음의 방법에서 분명하게 드러난다. 먼저 교사가 그림을 묘사하는 주어-동사 문장 20개를 모델링한다〔예: '개가 달린다(Dog runs).' '아이가 걸어간다(Boy walks).' '고양이가 논다(Cat plays).'〕. 교사가 문장을 모델링한 후에 학생은 그림을 묘사할 것을 요청받는다.

Leonard(1975)는 문제해결 세트와 모델링의 방법을 함께 사용할 것을 추천한다. 교사는 손인형을 모델로 사용하고 장난감이나 사물의 그림 혹은 사람과 같은 시각적 자극을 모델(즉, 손인형) 앞에 놓는다. 그러고 나서 교사는 학생에게 말을 잘 들어보라고 이야기한 후 어떤 문장이 모델에게 강화물을 줄 수 있는지를 결정해 보라고 한다. 모델은 시각적 자극을 묘사하는 10~20개의 발화를 산출하는데 그 반응 중 25%는 틀린 것이어야 한다. 그런 다음 교사는 학생에게 동일한 시각 자극을 제시하고 모델이 강화물을 받을 수 있는 답을 찾아보라고 한다. 학생이 전에 모델에 의해 제시되었던 적절한 반응 3개를 연속해서 말할 때까지 학생과 모델이 교대로 답을 이야기한다. 학생에게 새로운 시각 자극이 제시될 시점에서 모델링이 되지 않은 발화가 이루어져야 한다.

교사는 일정 시점에서 모방을 사용할 수 있어야 하고 점진적으로 좀 더 우발적인 반응으로 옮겨 갈 수 있어야 한다. 이 전략을 사용할 때 교사는 학생의 반응 직전의 사건(즉, 선행사건)을 구조화할 필요가 있다. 선행사건에서는 단서를 주는 정도가 달라질 수 있다. 교사는 선행사건에서 대답 전체를 단서로 사용할 수 있다("뭐 가지고 싶니? '나 사과 가지고 싶어요' 라고 말해 봐."). 부분적인 단서 역시 사용될 수 있는데, 학생이 옳은 답을 말할 수 있도록 도와주기 위하여 목표가 되는 물건을 지적하거나 쳐다보는 행위를 할 수 있다. 최소한의 단서는 법칙을 일반화할 준비가 되어 있는 학생의 경우에 사용될 수 있다. 예를 들어, 교사는 "무슨 일이야? 친구가 뭐하는 데?" 라고 물을 수 있다.

언어중재를 위하여 부모가 자주 사용하는 모델링 기법 중에는 확장 모델(expansion model)이 있다. 이 기법에서는 부모나 교사가 아동의 반응을 확장시킨다. 예를 들어, 아동이 "자동차 가." 라고 말하면, 교사나 부모는 즉각적으로 확장 모델을 제공하여 "자동차가 가고 있네." 라고 말한다.

부모 참여

언어문제를 가진 학생의 부모는 언어 중재에 있어 중요한 역할을 담당한다. Tiegerman과 Siperstein(1984)은 언어장애 아동에 대한 어머니 발화의 약 60% 정도가 의미론적으로 아동의 소리나 구어 혹은 비구어 행동과 관련이 없다는 사실을 지적했다. 그러나 Girolametto(1988)는 유아의 사회적 대화기술에 대한 연구에서 부모가 다음의 세 영역에서 훈련을 받았을 때 아동의 언어 사용이 유의한 수준으로 향상됨을 밝혀냈다. 그 영역들은 활동에 대해 아동과 같은 초점에 관심을 두려면(joint focus) 아동의 리드를 따르기, 아동의 의사소통적 시도에 즉각적으로 반응하기 그리고 의사소통 교대를 통해 대화 촉진하기다. 이와 같은 훈련은 부모가 좀 덜 통제적이고 아동의 반응에 보다 적극적으로 대응하는 결과를 이끌었다. Girolametto는 아동이 더 많은 주제를 시도할 수 있도록 하는 부모훈련이 대화에서 아이의 어머니가 먼저 말하기를 하는 것보다 더욱 반응을 잘 이끌어 낼 수 있으며, 대화를 할 때 좀 더 자주 언어적 교환이 이루어지고 더 다양한 어휘가 사용됨을 밝혀냈다.

언어 활동

언어 프로그램을 신중하게 선택한 후에 교사는 한 학생의 특정한 요구를 충족시키기 위하여 보충해야 할 것들을 결정해야 한다. 교사들 중 일부는 주변에서 쉽게 찾을 수 있는 상업용 프로그램을 사용하는 것보다 완벽한 형태의 개별화 프로그램을 계획하는 것을 선호한다. 교사는 개별화 프로그램을 보충하거나 고안하기 위하여 반드시 교수 활동을 계획해야 한다. 활동을 계획하는 것의 한 가지 장점은 교사가 개별 학생의 요구에 맞는 교수 방법과 자료를 선택하여 다양화할 수 있다는 것이다.

직접적인 교수 활동은 교육목표를 충족시키기 위해 계획되지만, 이러한 활동은 독립학습과 활동을 강화하기 위하여 보충적으로 사용되어야 한다. 자기 교정 자료는 학생이 기술을 독립적으로 하도록 하는 데 있어 적절한 선택이 될 수 있으며, 교수에 활용되는 게임은 학생이 새로이 습득한 기술을 강화하기 위해 자주 사용된다. 여기에서는 다양한 교수 활동들이 소개되어 있으며, 추가적인 언어 활동들은 별도로 제공하는 파일에 담겨 있고, 교수용 게임들과 자기 교정 언어자료들은 다음에 설명되어 있다. 중등학생들을 위한 활동, 게임, 자기 교정적 자료는 각 절 마지막에 제시되어 있다.

1. 소유격(그녀의, 그의, 그들의) 교수하기. 한 명의 소년, 소녀 그리고 여러 명의 아이들 그림이 그려진 작

은 카드를 준비한다. 사물 그림이 그려진 개별 카드를 준비한다. 한쪽에는 사람 카드를, 다른 한쪽에는 사물 카드를 모아서 각각을 링으로 연결한다. 두꺼운 종이로 삼각형 대를 만들어 링으로 각각의 카드 세트를 고정한다. 학생이나 교사가 각 카드를 개별적으로 넘기면서 구문(그녀의 모자, 그의 공, 그들의 집 등)을 만들어 본다. 색칠하기 책은 그림을 얻을 수 있는 좋은 자료가 될 수 있다.

변형 및 수정: 색이 다른 카드를 준비하여 세 번째 카드 세트를 활용할 수 있다. 이때 아동은 "그 여자애의 옷은 빨간색이야." "그 남자애 모자는 노랑이네." "그 남자애 공은 파랑색이야."와 같은 구문을 말해야 한다.

2. **연관성 있는 단어의 분류 가르치기.** 다음의 절차를 통해 학생이 여러 가지 연관성이 있는 그림을 분류하도록 한다([그림 6-4] 참조).

- 일반적으로 연관성 있는 각각의 사물을 나타내는 그림을 모은다. 읽기 준비 학습지와 같은 자료에서 공-방망이, 컵-잔, 양말-신발 같이 연관성 있는 그림을 선택한다.
- 탈부착이 가능한 커다랗고 두꺼운 종이에 길게 자른 두꺼운 종이를 붙여서 카드를 끼울 수 있게끔 2~3개의 홀더를 만든다.
- 카드 홀더 각각의 왼쪽에 그림 하나씩을 끼워넣는다.
- 학생이 남은 그림을 채우도록 하고 두 그림 사이에 어떤 관계가 있는지 이야기하게 한다.

변형 및 수정: 서로 반대가 되는 그림 맞추기를 할 수 있다. 또한 연관성을 나타내는 그림의 뒷면에 짝이 되는 도형을 그려 넣음으로써 학생 스스로 정답을 맞추어 보게 할 수도 있다. 그림 분류 후에는 학생이 카드 뒷면의 도형을 살펴봄으로써 자신의 수행을 점검할 수 있다.

3. **'안, 위, 아래, 밖으로, 앞에, 뒤에, 옆에'와 같은 전치사 가르치기.** 훌라후프나 신체 활동을 통해

[그림 6-4] 카드 홀더에 끼워놓은 연관성 있는 그림

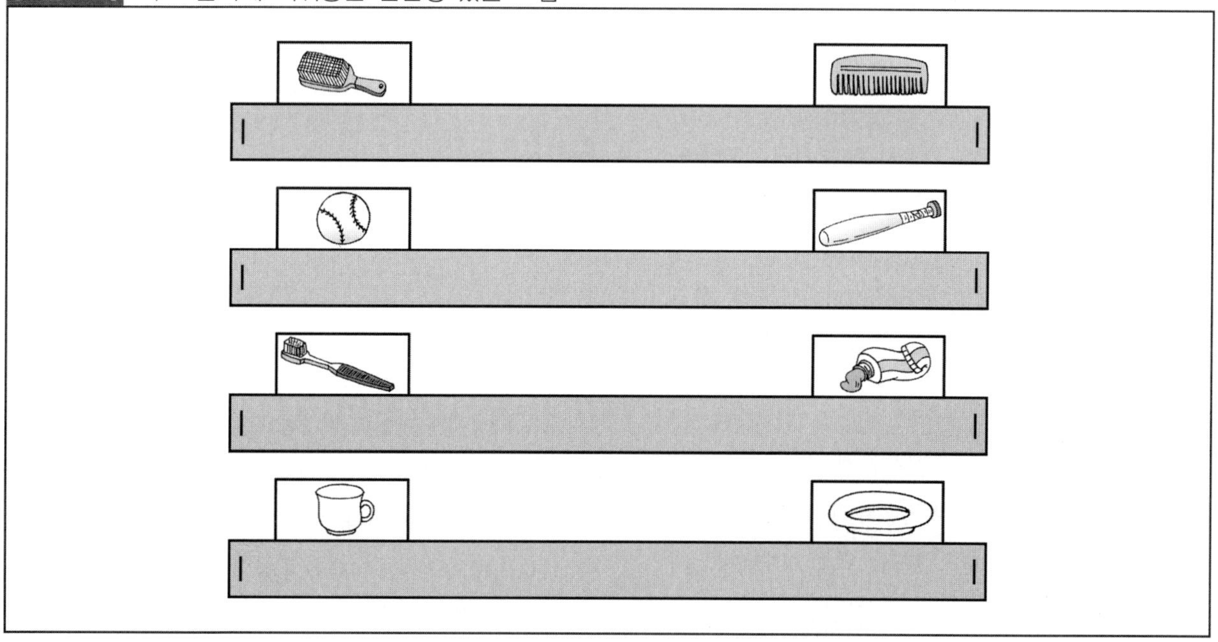

전치사를 가르친다. 학생들에게 훌라후프를 이용하여 움직임을 연습하라고 말한다("훌라후프 안에 서 봐."). 처음에 교사는 활동을 설명하고 학생과 함께 활동을 수행하고 난 후 점차 활동을 설명하기만 한다. 마지막으로 교사는 활동을 하면서 학생이 스스로 자기 자신에게 이야기하도록 한다. 예를 들어, 훌라후프를 자기 옆으로 옮기면서 "내 옆에 훌라후프가 있어."라고 말한다.

변형 및 수정: 교사는 훌라후프와 관련하여 여러 가지 움직임을 하도록 한 후에(예: 훌라후프 안에) "내가 어디 있지?"라고 묻는다. 이 때 학생은 "선생님은 훌라후프 안에 있어요"라고 답한다. 학생 각각을 훌라후프와 관련하여 교대로 움직여 보게 하고, "내가 어디 있지?"라고 묻는다.

4. 부분/전체 관계의 분류를 가르치기. 트럭과 같은 온전한 사물 그림을 조각으로 잘라 낸다. 활동 시작 전에 보드 한쪽에 트럭 1개를 구성하는 조각을 모아 놓는다. 학생에게 두 번째 트럭을 완성하라고 이야기하면서 "트럭 조각 중에서 바퀴라는 것을 놓아 보세요." "트럭의 문을 놓아 보세요."와 같이 이야기한다.

변형 및 수정: 이 활동은 기능적 관계를 가르치기 위해서도 사용될 수 있다. 예를 들어, 학생에게 사람이 탈 수 있도록 열려 있는 트럭의 조각이나 트럭의 방향을 전환할 수 있는 조각을 찾아보도록 할 수 있다.

5. 기능을 통한 분류 가르치기. 한 가지 기능을 수행하는 데 사용하는 여러 사물의 그림을 수집한다. 예를 들어, 목욕하기를 보여 주기 위하여 욕조, 비누, 목욕용 수건, 타월과 같은 물건의 그림을 모은다. 학생으로 하여금 기능에 맞게 그림을 분류하도록 한다. 예를 들면 다음과 같다.

- 샌드위치: 빵, 칼, 땅콩버터, 잼
- 목욕: 욕조나 샤워, 목욕용 수건, 타월, 비누
- 설거지: 그릇, 비누, 싱크대, 스펀지(수세미), 개수대, 수건
- 건물: 목재, 못, 망치, 사포, 페인트, 드라이버, 공구

변형 및 수정: 이 과제는 기능적 관계를 좀 더 복잡하게 함으로써 나이 든 학생들에게도 활용될 수 있다(예: 파티에 맞는 옷차림, 샴푸하기, 손톱 정리하기, 머리 빗기, 이 닦기). 뿐만 아니라 분류를 가르치기 위해 기능용품(SRA사에서 개발한 것과 같은)이라 부르는 그림 카드 묶음을 사용할 수도 있다. 이 묶음에는 세트당 5개의 카드로 구성된 14개 카드 세트(예: 우표, 종이, 펜, 봉투, 우편함)가 있어 기능에 따라 학생이 사물을 찾아볼 수 있다.

6. 같은 군(동물, 음식, 집, 교통기관)에 해당하는 사물 분류하는 것 가르치기. 네 영역으로 나눠진 큰 카드 하나를 준비한다. 한 부분에는 집 그림을 놓고, 두 번째는 동물 그림, 세 번째는 교통수단 그림, 네 번째는 음식 그림을 놓는다. 동물, 음식, 집, 교통수단 그림을 모아서 쌓아 놓는다. 학생으로 하여금 네 영역의 그림을 분류하도록 한다. 영역을 색깔로 나누거나 모양으로 만들어 학생이 그 특성에 따라 사물이나 그림을 분류할 수 있게 한다.

7. 비슷한 말 가르치기. 학생에게 알고 있는 비슷한 말을 최소한 하나 이상 크게 말하도록 한다. 그런 다음 학생에게 단어의 비슷한 말을 맞춰 보도록 한다. 이때 옳은 답을 말한 학생에게 1점을 주는 게임의 형식을 활용한다. 만약 비슷한 말을 생각할 수 없다면 첫 번째 학생에게 마음속에 있던 비슷한 말을 이야기해 보도록 도전할 수 있다. 이 과제에서 실패하면 1점

을 차감한다. 비슷한 말을 생각할 수 없었거나 첫 번째 학생이 제안한 단어와 비슷한 말을 하지 못한 경우 점수를 얻는 데 실패한다. 이 활동의 목적은 원 단어로부터 가능한 한 많은 비슷한 말을 끄집어내는데 있다. 만약 학생이 한 두 개의 비슷한 말을 생각해 낼 수 있다면 반대편 팀 학생들은 몇 가지 다른 비슷한 말을 이야기함으로써 점수를 얻을 수 있다. 주어진 단어에 대한 비슷한 말을 더 이상 찾아낼 수 없다면 새로운 단어를 활용할 수 있다.

변형 및 수정: 이 활동은 반의어로도 사용할 수 있다. 예를 들어 '크다'가 주어졌다면 적절한 반응은 '작다'가 될 것이다. 그리고 다음 학생은 원 단어인 '크다'를 제외하고 '작다'의 반대말(예: 거대하다)을 이야기해야 한다. 반대말을 옳게 이야기한 경우에만 점수를 얻을 수 있다.

8. 부정어 가르치기. 부정어가 없는 문장을 모델링하고 나서 즉시 부정어를 포함한 문장을 모델링한다. 예를 들어, 교사가 "존에게는 2~3개 줘라. 존에게는 주지 마."라고 말한다. 학생은 두 문장을 모방한다. 만약 학생이 부정어를 포함한 문장 몇 가지를 정확하게 모델링할 수 있다면 교사는 부정어가 없는 문장만을 이야기해 준다. 이때 학생은 부정어가 포함된 문장을 대답해야 한다.
부정적인 일련의 표현은 다음과 같다.

- 아니다(no)
- 결코 ~않다(none)
- 단지 ~일 뿐이다(noting else)
- 더 이상 ~아니다(no more)
- 충분하지 않다(not enough)
- ~하지 않다(don't)
- ~하지 말자(let's not)
- ~하지 않겠다(we'll not)
- ~해서는 안 된다(do not)
- 하지 말아라(don't)
- 더 이상 ~이 아니다(is no more)
- ~하지 않는다(does not)
- ~이 아니다(is not)
- ~하지 않았다(did not)
- 아무것도 ~아니다(noting is)
- ~하지 않을 것이다(will not)
- ~이 아니었다(was not)

변형 및 수정: 이 기법은 형태론을 가르칠 때도 사용될 수 있다. 예를 들어, 규칙명사의 복수형 -s를 가르칠 때는 교사가 두 가지 그림 세트를 보여 주고 연 한 개(one kite)-연 두 개(two kites), 고양이 한 마리(one cat)-고양이 두 마리(two cats)와 같은 대답을 모델링한다. 학생이 모델링한 반응을 정확하게 여러 번 반복할 수 있게 되면, 교사는 고양이 한 마리가 있는 그림을 보여 주며 "고양이 한 마리." 하고 말한다. 그리고 교사가 고양이가 두 마리 있는 그림을 보여 주면 학생이 "고양이 두 마리." 하고 말한다.

9. 다른 환경으로 언어 형식을 사용하는 것 확장하기. 2명의 학생에게 연설가와 청자의 역할 각각을 맡도록 하고 한 학생으로 하여금 청자에게 사물 하나를 묘사하는 연설가의 역할을 하게 하거나, 청자가 앞에 제시된 여러 사물 중 묘사된 특성과 비슷한 사물 하나를 선택하도록 한다. 연설자와 청자는 앞뒤로 앉는다. 청자 앞에 3개의 사물(예: 열쇠, 빗, 공)을 놓고, 연설자 앞에는 비슷한 사물 하나(예: 빗)를 놓는다. 연설자는 자기 앞에 놓인 물건을 묘사하고, 청자는 옳은 물건을 선택할 때까지 질문을 할 수 있다.

변형 및 수정: 두 명의 학생이 앞뒤로 앉아 블록 쌓기 활동을 진행할 수 있다. 연설자와 청자는 각각 모양, 색, 크기가 다양한 6개로 구성된 동일한 블록 세트를 가지고 있다. 연설자는 모든 블록을 이용하여 모형을 만들고 청자가 그것을 그대로 만들어 낼 수 있도록 충분한 정보를 제공한다.

10. 어휘 유사성을 가르치기. 칠판에 다음의 동사와 사물을 쓴다.

발로 차다	그네
밀다	집
바느질하다	공
짓다	드레스

학생에게 동작을 나타내는 단어와 사물을 짝 짓는 방법에 대해 말하도록 한다. 그러고 나서 학생에게 어떻게 공을 발로 차는지와 어떻게 그네를 미는지를 설명하도록 한다(학생이 공을 찰 때는 공이 나로부터 멀어지는 것이고, 그네를 미는 것은 그네가 나로부터 멀어지는 것임을 설명할 수 있도록 돕는다.). 학생에게 드레스를 바느질하는 것이 어떻게 집을 짓는 것과 같은지를 이야기하게 한다. 그러고 나서 학생에게 완성되지 않은 문장이 쓰인 학습지를 주고 최선을 다해 각 문장을 완성해 보도록 한다. 예를 들면 다음과 같다.

- 빗자루로 쓰는 것은 ＿＿＿＿＿으로 치는 것과 같다. (야구방망이, 공, 잡다)
- 침대에서 자는 것은 ＿＿＿＿＿에 앉는 것과 같다. (탁자, 의자, 책상)
- 행복해서 웃는 것은 ＿＿＿＿＿ 때문에 우는 것과 같다. (화, 눈물, 슬픔)
- 음식을 먹는 것은 ＿＿＿＿＿을 마시는 것과 같다. (갈증, 물, 컵)
- 연필로 글을 쓰는 것은 ＿＿＿＿＿로 그림을 그리는 것과 같다. (종이, 캔버스, 붓)

변형 및 수정: 유사성 비교와 관련된 어휘과제는 부분과 전체 관계에 기초한 아이템을 포함시켜 수정할 수 있다(예: 손에서 손가락은 발에서 발가락과 같다.).

11. 관계구의 사용을 가르치기. 칠판에 관계구를 포함한 문장 2~3개를 쓴다. 그리고 학생에게 두 문장으로 구성된 세트 여러 개가 제시된 연습지를 제공한다. 학생에게 관계대명사를 사용하여 두 개의 문장을 합쳐 한 문장으로 만들어 보라고 한다. 예를 들면 다음과 같다.

- 소년은 유리창을 깼다. 소년은 도망갔다(who).

→ 유리창을 깬 소년은 도망갔다.

- 책을 읽어라. 이 책은 개에 관한 이야기다(that).

→ 개에 관한 책을 읽어라.

변형 및 수정: '-하고, -하지만, -해서'와 같은 연결사를 포함한 문장을 사용할 수 있다. 예를 들어, 다음의 문장은 '-(하지)만'을 사용하였다.

- 밥은 매일 아침을 먹는다. 밥은 항상 점심에 배가 고프다.

→ 밥은 매일 아침을 먹지만 항상 점심에는 배가 고프다.

- 강아지는 밖에서 놀이를 한다. 강아지는 집 안에서 잠자는 것을 좋아한다.

→ 강아지는 밖에서 놀지만 집 안에서 잠자는 것을 좋아한다.

12. 중등학생에게 취업과 관련된 어휘 가르치기. 신문에서 구인 광고를 잘라 내고 직업 지원서를 수집한다. 광고와 지원서를 읽고 어떤 단어와 구문을 알아야 하는지를 결정한다(예: 경험요, 최소임금, 웨이터, 업무환경, 직접 방문 접수). 이 중 학생이 이해하지 못하는 단어를 정의한다. 각 학생에게 면접하기를 상황극으로 연습하게 하고 지원서에 사용되는 단어를 사용하게 한다.

변형 및 수정: 신용카드와 통장개설 신청서, 중고물건 팔기 광고, 운전면허 시험 응시원서 등에서 사용되는 어휘를 선택할 수 있다.

언어영역의 교수용 게임

그의, 그녀의, 그들의

목적: 소유대명사인 '그의, 그녀의, 그들의'의 사용을 가르치기 위함

자료: 출발-도착 게임판(2장에서 제시됨), 사물을 표

현한 그림 카드 한 세트(최소한 소년, 소녀, 몇 명의 아이들 그림이 한 장씩은 있어야 함), 돌림판, 말

방법: 게임판 위에 사물 그림 묶음과 사람 그림 묶음을 뒤집어 올려놓고, 게임에 참여하는 각 주자는 자신을 나타내는 말을 골라 출발선에 올려놓는다. 각 주자는 교대로 돌림판을 돌리고 돌림판이 멎은 곳의 숫자를 기록하고, 카드 묶음에서 돌림판에 나온 수만큼 카드를 골라낸다. 카드를 뒤집어 보고 가능한 한 많은 수의 대명사–사물 조합을 만들어 낸다(예: 그녀의 모자, 그의 모자, 그들의 모자, 그들의 공, 그녀의 집, 그의 신발). 주자는 만들어 낸 조합의 수만큼 말을 앞으로 옮기고, 사용한 카드는 카드 묶음의 맨 아래 끼워둔다. 게임 순서는 교대로 진행하고 게임판의 마지막에 처음으로 도착한 사람이 승자가 된다.

무엇과 짝이 될까?

목적: 관련성에 따라 분류하는 것을 가르치기 위함

자료: 관련성을 나타내는 그림으로 구성된 40장의 카드 세트(예: 신발 그림이 있는 카드, 양말 그림이 있는 카드)

방법: 게임자마다 6장의 카드를 가지고 나머지 카드는 뒤집어서 게임하는 곳의 가운데에 놓는다. 게임자 각각은 손에 들고 있는 카드 중에서 관련을 맺을 수 있는 그림의 조합을 만들고는 탁자 위에 그림을 위로 보이게 하여 올려놓는다. 그리고 교대로 가운데 놓아둔 카드 묶음에서 카드 한 장씩을 꺼내고, 손에 들고 있던 카드 한 장을 골라 카드 묶음 옆에 그림을 위로 가게 놓아둔다. 첫 번째 버림이 있고 나면, 각 게임자들이 카드 묶음이나 다른 게임자들이 버린 카드 중에서 한 장을 고른다. 관련성을 가진 카드 세 세트를 먼저 만든 사람이 승자가 된다(학생과 상황에 맞게 승리 기준이 변화될 수 있다.).

카드 한 벌

목적: 반대말을 가르치기 위함

자료: 반대말을 표현하는 그림으로 구성된 카드 세트(예: 위를 나타내는 그림, 아래를 나타내는 그림)

방법: 모든 카드가 없어질 때까지 게임에 참여한 모든 사람이 동일한 수의 카드를 받아 든다. 게임자 각각은 손에 있는 카드 중에서 서로 반대말이 되는 카드 세트를 만들고는 그림이 보이게 하여 탁자 위에 올려놓는다. 이후 게임자는 교대로 다른 사람의 손에 있는 카드를 한 장씩 뽑는다. 그리고 반대말이 되는 카드 세트가 완성되면 탁자 위에 올려놓는다. 가장 빨리 손에 들고 있던 모든 카드의 짝을 찾는 사람이 승자가 된다.

이건 누구 것?

목적: 소유대명사인 'mine(내 것)'과 소유격을 나타내는 –'s의 사용을 가르치기 위함

자료: 12장의 그림으로 이루어진 2개의 매칭 카드 세트

방법: 게임 진행자는 4명의 게임 참여자 각각의 앞쪽에 뒤집혀 있는 첫 번째 카드 세트 중에서 3개 그림을 펼쳐놓는다. 그러고는 두 번째 세트의 카드를 뒤집어서 탁자 위에 펼쳐놓는다. 게임 진행자는 카드 묶음에서 첫 번째 카드를 펼쳐 보이며 "이건 누구 거지?"라고 묻는다. 첫 번째 게임 참여자는 "내 거." "존 거." 혹은 "메리 거." 라고 말하면서 매칭 카드의 단어 모음이 누구의 것인지를 추측한다. 게임자는 반드시 소유격 –'s나 소유대명사 'mine(내 것)'을 사용해야 한다. 추측을 한 게임자가 누구건 그가 들고 있던 카드를 돌려 보여야 한 다. 즉, 게임자가 '존 거.'라고 말했을 때, 존은 모든 사람이 자기가 들고 있던 카드를 볼 수 있도록 카드를 뒤집어 보여야 한다. 만약 존의 카드 중에서 서로 맞추어 볼 수 있는 카드가 하나 들어 있다면 존을 선택한 게임자는 칩을 하나 받게 된다. 그렇지 못하면 카드는 뒤집어서 테이블 위에 있는 카드 묶음 맨 밑에 넣어두고, 존은 그가 가지고 있던 카드를 뒤집어서 탁자 위에 올려놓는다. 게임 진행자는 다음 카드를 탁자 위에 놓인 카드 묶음에서 골라내고 다음 사람에게 "이건 누구 거지?"라고 묻는다. 가장 정확하게 추측한 사람이 가장 많은 칩을 가질 수 있고 게임에서 승리한다.

문장 전체를 말하라

목적: 문장 구성을 가르치기 위함

자료: 독특한 특성을 가진 짝 여러 개를 포함한 매칭 카드 세트(크리스마스트리 3쌍: 한 쌍은 파란 불이, 한 쌍은 붉은 불이, 마지막 한 쌍은 초록 불이 켜져 있음)

방법: 게임 참여자 각각은 6장의 카드를 가지고 있고 나머지 카드는 뒤집어서 테이블 위에 쌓아 놓는다. 게임자 각각은 손에 있는 카드 중에서 짝이 될 만한 것을 골라 두고는 탁자 위에 그림이 보이게 펼쳐놓는다. 게임자는 교대로 다른 사람으로부터 카드를 한 장씩 달라고 하면서 속성에 대해 질문할 수 있다(예: "네가 가진 크리스마스트리에 초록 불이 켜 있니?"). 만약 다른 사람이 질문 속성에 부합하는 카드를 가졌다면 첫 번째 게임자에게 내준다. 만약 요구한 카드를 가지고 있지 않다면, 첫 번째 게임자는 탁자 위에 놓인 카드 묶음으로부터 카드 한 장을 가지고 온다. 손에 가지고 있는 카드 모두의 짝을 가장 먼저 찾은 사람이 게임의 승자가 된다.

음운론 빙고 게임

목적: 음운 판별을 가르치기 위함

자료: 각 열마다 5개의 낱글자가 쓰여 있는 5까지 숫자가 적힌 칸을 가진 카드.

방법: 게임 참여자들은 글자가 쓰인 빙고 카드를 받는다. 게임 진행자는 2/p와 같이 열의 번호와 음운을 불러준다. 진행자가 부른 음운이 카드의 해당 위치에 있을 때 게임자는 그 글자를 지운다. 처음으로 다섯 글자가 한 줄에 나란히 나타나는 카드를 가진 사람이 승리한다. 진행자가 부른 낱글자의 목록은 후에 승자 확인을 위해 보관할 수 있다.

1	2	3	4	5
p	d	g	t	v
g	v	p	v	t
b	t	d	g	p
t	g	b	p	b
d	p	t	d	g

소리혼합 낚시 게임

목적: /s/의 소리 혼합을 가르치기 위함

자료: /s/ 소리 혼합을 나타내는 물고기 모양의 카드, st, sk, sw, sl

방법: 학생들의 모여 앉은 가운데에 카드의 그림을 위로 보이게 하여 올려놓는다. 게임 진행자는 skate와 같이 /s/ 혼합이 들어간 단어를 크게 불러 준다. 게임자는 교대로 물고기 모양의 단어 모음에서 올바른 소리혼합을 찾는다. 올바른 카드를 찾은 게임자가 카드를 갖는다. 중앙에 놓인 카드가 모두 없어지면 가장 많은 물고기 카드를 가지고 있는 학생이 승자가 된다.

쌍방향 단어

목적: 동음이의어 사용을 향상시키기 위함

자료: 한 장당 두 개의 동음이의어가 쓰인 색인 카드 20장 1세트, 각 동음이의어의 정의가 적힌 답지

방법: 두 쌍의 파트너가 서로 마주 보고 앉아 있고, 게임 진행자는 4명의 게임 참여자에게 각각 5장씩 카드를 전달한다. 첫 번째 게임 참여자는 자신이 가진 카드 중 하나를 선택하고, 카드에 쓰인 동음이의어 중 하나를 포함한 문장을 말하고는 동음이의어가 무엇이었는지를 다시 한 번 반복한다〔예: "그 여자는 단순한(plain) 드레스를 입었다. 단순한"〕. 그러고 나서 자신의 파트너에게 카드에 적힌 다른 동음이의어를 이용하여 문장을 만들어 보게 하는데, 이때 추가적인 단서는 제공하지 않는다. 파트너가 문장을 만들었을 때〔예: "우리는 비행기(plane) 안에 있었다."〕, 게임 진행자는 답을 확인해 준다. 만약 답이 애매할 경우 게임 진행자는 그 동음이의어의 의미를 보충할 수 있는 추가적인 정보를 제공할 다른 문장을 말해 보라고 할 수 있다〔예: "우리는 비행기 안에서 구름 위로 날아갔다."〕. 만약 파트너의 대답이 옳을 때는 첫 번째 게임 참여자가 탁자 가운데에 자신이 가지고 있던 카드를 올려놓는다. 오답을 말했을 경우는 첫 번째 게임 참여자가 다음 순서를 위해 그 카드를 보관한다. 같은 방식으로 다음 게임 참여자는 자신의 파트너에게 도전하고,

게임은 교대로 진행한다. 게임 참여자는 자신의 파트너에게만 도전할 수 있고 자신이 가지고 있는 카드만을 사용해야 한다. 가지고 있던 카드 전부를 먼저 탁자 가운데에 올려놓는 쌍이 승리하게 된다.

문장 게임

목적: 문장 구성을 가르치기 위함

자료: 출발-도착 게임판(2장에서 제시됨), 자극이 될 그림이 그려진 카드 한 세트, 돌림판, 말

방법: 게임자 모두는 출발선에 자신의 말을 놓고 그림카드는 그림이 보이지 않게 뒤집어 놓는다. 첫 게임자가 돌림판을 돌리고 나온 수만큼 말을 움직인다. 그러고 나서 카드 묶음에서 카드 한 장을 선택하고 그림으로 제시된 단어를 사용한 문장을 만들어야 한다. 만약 완전하고 옳은 문장이 만들어졌을 경우, 게임자는 말을 놓인 자리에 그대로 둘 수 있다. 만약 단어가 적절히 사용되지 않았을 때는 말을 한 번에 한 자리씩 뒤로 옮겨 놓고 옳은 문장을 만들 수 있을 때까지 다른 카드를 한 장씩 뽑아야 한다. 도착점에 가장 먼저 도달하는 사람이 승자가 된다.

질문에 답할 수 있니?

목적: '누구, 무엇, 어디에' 질문을 사용하는 것을 가르치기 위함

자료: 여러 범주와 점수가 있는 게임판〔제퍼디(Jeopardy), 역자 주: 미국의 TV 게임쇼로 항목별로 점수가 다른 문제가 제시됨〕, 게임과 유사한 게임판 범주와 점수에 상응하는 질문이 쓰인 카드(점수와 맞는 난이도 수준을 갖는 단어를 포함하고 각 카드의 뒷면에는 정답이 쓰여 있음)

방법: 첫 번째 게임 참여자는 게임판에서 범주와 점수를 선택한다. 선택한 범주에서 나온 단어를 듣고 질문과 함께 해당 단어를 정의해야 한다. 예를 들어, 범주는 의류이고 카드에 쓰인 단어는 신발이다. 카드 뒤에 쓰인 정답은 '발에 신는 것은 무엇입니까?'이다. 대상 범주는 '무엇'을 사용한 질문이어야 한다. 게임 참여자가 장소 범주를 선택했을 때, 답은 반드시 '어디에'를 포함하는 질문이어야 한다. 예를 들어, 범주가 '지역사회 장소'이고 단어가 '도서관' 일 때 답은 '우리가 책을 구할 수 있는 곳은 어디인가요?'이다. 만약 '사람' 범주를 선택하면 답은 반드시 '누구'가 포함되어야 한다. 예를 들어, '지역사회 봉사자'가 범주이고 단어가 '경찰관' 일 때 답은 '누가 범인을 잡나요?'가 된다.

추천 범주: (1) 무엇: 의류(모자, 신발, 드레스), 동물(개, 고양이, 새), 운동용품(공, 야구방망이, 야구장갑), (2) 어디에: 지역사회 기관(은행, 우체국, 학교), 재미난 곳(식당, 동물원, 극장), 여행 거점(버스 정류장, 공항, 기차역), (3) 누구: 지역사회 봉사자(소방관, 경찰관, 우체부), 가족(엄마, 아빠, 누나), 학교 직원(교장선생님, 선생님, 사서)

문장 만들기

목적: 접속사를 사용하여 독립적인 구를 합치는 것을 가르치고자 함

자료: 뒷면에 벨크로를 부착한 카드의 앞면에 독립구가 쓰인 30장의 카드, 뒷면에 벨크로를 부착한 카드의 앞면에 접속사가 쓰인 13장의 카드, 부직포 판

방법: 부직포 판을 탁자 가운데에 놓고, 카드는 게임 참여자가 가지고 있는다. 첫 번째 게임자는 '그 여자는 늦었다.'와 같은 독립구가 쓰인 카드를 내려놓는다. 두 번째 게임자는 '왜냐하면'과 같은 접속사를 포함한 카드를 내려놓는다. 세 번째 게임자는 '그녀는 버스를 놓쳤다.'와 같은 독립구를 내려놓으면서 완전한 문장을 완성한다. 그러고 나서 다음 게임자는 새로운 문장을 만든다. 게임 참여자 중 적절한 카드를 내놓지 못하는 경우 해당 순서에서 실패하게 된다. 처음으로 자신이 들고 있는 카드를 모두 사용한 사람이 게임의 승자가 된다.

추천 구문: 그녀는 침대로 갔다. 그녀는 피곤했다. 메리는 집에 있었다. 그는 좋은 성적을 받았다. 존은 가게에 갔다. 그녀는 TV를 보았다. 그는 아이스크림을 가지고 왔다. 그는 설거지를 했다. 그는 표를 들고 왔다. 엄마는 저녁을 짓고 있었다.

추천 접속사: 왜냐하면, -이래로

접두사 빙고 게임

목적: 접두사 in-, re-, un-과 non-을 가르치기 위함

자료: 접두사 in-, re-, un-과 non-을 함께 사용할 수 있는 다양한 어근형 단어가 쓰인 빙고 게임 카드, 4개의 귀퉁이에 접두사 하나씩을 써 놓은 돌림판, 접두사 하나씩을 써 놓은 말([그림 6-5] 참조)

방법: 첫 번째 게임 주자가 돌림판을 돌려서 나온 접두사를 보고는 그 접두사가 쓰인 말을 고른다. 그리고 함께 사용할 수 있는 어근형 단어에 접두사가 쓰인 말을 함께 놓는다. 게임자가 들고 있는 카드의 어근형 단어와 돌림판에서 나온 접두사가 함께 쓰일 수 없는 경우는 해당 순서에서 실패하게 된다. 한 줄(세로, 가로 혹은 사선)로 말을 놓는 게임 주자가 게임의 승자가 된다. 짝을 제대로 이룬 카드는 접두사와 어근형 단어가 잘 맞추어졌는지를 다시 한 번 확인한다.

변형 및 수정: 예를 들어, -ful, -less, -ly와 같은 접미사를 사용하는 것으로 수정할 수 있다.

문장 다루기 게임

목적: 문장 구성을 가르치기 위함

자료: 다음의 문법적 요소를 포함하는 55개의 단어 카드: 명사(9), 대명사(9), 동사(15), 형용사(12), 관사(3), 접속사(3), 전치사(3)와 부사(1)

방법: 게임 주자별로 5장의 카드를 받고, 남은 카드는 게임 주자의 가운데에 글자가 보이지 않게 뒤집어 놓는다. 게임 주자 각각은 자신이 가지고 있는 카드로 문장을 만들 수 있는지 확인하기 위하여 손에 들고 있는 카드를 정리한다. 그러고 나서는 카드 묶음에서 한 장의 카드를 선택하고 카드 한 장을 글씨가 보이게 하여 가운데에 내려놓는다. 문장을 가장 먼저 만드는 사람이 그 패에서 승리한다. 게임에 사용되는 패의 수는 시간이 허락하는 수준에 따라 달라질 수 있으며 일정 시간 동안에 가장 많은 점수를 얻는 사람이 게임의 승자가 된다. 점수 배점은 평서문이 1점, '-이 아닌(not)'을 사용한 문장의 경우 2점, 접속사를 사용한 문장은 3점, 그리고 의문문은 4점이다.

추천 단어: (1) 명사: 공, 드레스, 소년, 소녀, 책, 집, 인형, 자전거, 개, (2) 대명사: 나, 너, 그녀, 그, 그를, 그들은, 그들의, 이것, 우리, (3) 동사: -이다, -있다, -있었다, -이었다, 만들었다, 할 수 있다, 가다, -해야 한다, -일 수도 있다, 하다, 보다, 타다, 걷다, 뛰다, (4) 형용사: 크다, 둥글다, 예쁘다, 작다, 슬프다, 행복하다, 적다, 빨갛다, 빠르다, 느리다, 뚱뚱하다, 웃기다, (5) 관사: a, an, the, (6) 접속사: 그리고, 그러나, 혹은, (7) 전치사: -에게, -에, -와, (8) 부사: -이 아닌

접속사 바둑판 게임

목적: 접속사를 사용하여 문장을 만드는 것을 가르치기 위함

자료: 한 네모 칸에 접속사 하나가 쓰인 바둑판 모양의 체커 게임판, 개별 카드에 한 문장씩 쓰인 카드 세트, 말

[그림 6-5] 접두사 빙고 게임 카드와 돌림판

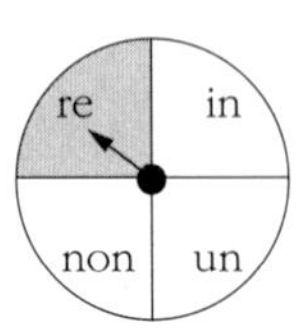

side	build	do	tire	seen
turn	tell	fill	use	sense
sent	claim	call	stick	tend
skid	happy	move	cover	born
to	tie	come	paid	fuel

방법: (서양장기인 체커 게임의 법칙대로) 게임 주자가 말을 움직이고 문장 카드 두 장을 뽑는다. 말이 놓인 곳에 쓰여 있는 접속사를 이용하여 카드에 적힌 문장 두 개를 연결한다. 말의 다음 움직임을 위해서 게임 주자는 반드시 옳은 문장을 만들어야 한다. 만약 문장을 만들 수 없을 경우에는 이전 위치로 말을 되돌려 놓아야 한다. 교대로 게임을 진행하고, 한 명의 게임 주자가 체커 게임에서 승리할 때까지 문장을 만든다.

자기 교정 언어자료

반대말

목적: 반대말을 가르치기 위함

피드백 제공 장치: 서로 반대되는 그림이나 단어를 나타낼 수 있는 상징의 짝이 보일 수 있는 돌림판

자료: 돌림판(2장에서 기술함), 왼쪽 칸에 그림이 하나 있고 오른쪽 칸에 2개의 그림이 있는 학습지—돌림판의 그림과 상응하는 반대 그림이 왼쪽에 있음, 그림 위에 덮을 수 있는 반투명 필름([그림 6-6] 참조)

방법: 학습지 위에 반투명 필름을 얹고 왼쪽 칸에 있는 반대되는 그림 하나를 선택한 후 X 표시를 한다. 학습지를 다 끝내면 학생은 돌림판을 통해 자신의 답을 확인한다. 학생이 돌림판을 돌릴 때마다 그림이 나오고 돌림판의 뒷면에는 반대되는 그림이 나온다.

변형 및 수정: 돌림판의 그림이나 품목을 바꿈으로써 같은 말, 다른 말, 관련되는 말을 가르칠 수 있다.

시간 게임

목적: 시간 관련 동사를 사용하는 기술을 향상시키기 위함

피드백 제공 장치: 동사 카드의 뒷면에 기호나 선이 있어 적절한 동사의 형태가 들어 있는 봉투 위에 선/기호를 맞추어 볼 수 있게 함

자료: 각각 현재형, 과거형, 미래형 동사가 들어 있는, 서로 다른 형태의 선이나 기호가 그려진 3개의 봉투; 다양한 동사 시제와 관련 있는 시간을 나타내는 그림이 그려진 카드 세트([그림 6-7] 참조)

방법: 그림이 나타내는 동사 시제를 파악하기 위해 각 카드를 유심히 살핀다. 학생은 답이 쓰인 봉투에 카드를 집어넣는다. 모든 카드를 다 분류하고 난 후, 봉투 안에서 카드를 꺼내고 봉투 앞면에 그려진 상징과 각 카드 뒷면에 그려진 상징이 같은지를 확인한다.

변형 및 수정: 진행형(are+동사+-ing)이나 완료형

[그림 6-6] 반대말 게임에 사용되는 과제용 학습지

[그림 6-7] 시간 게임에 사용되는 봉투와 카드

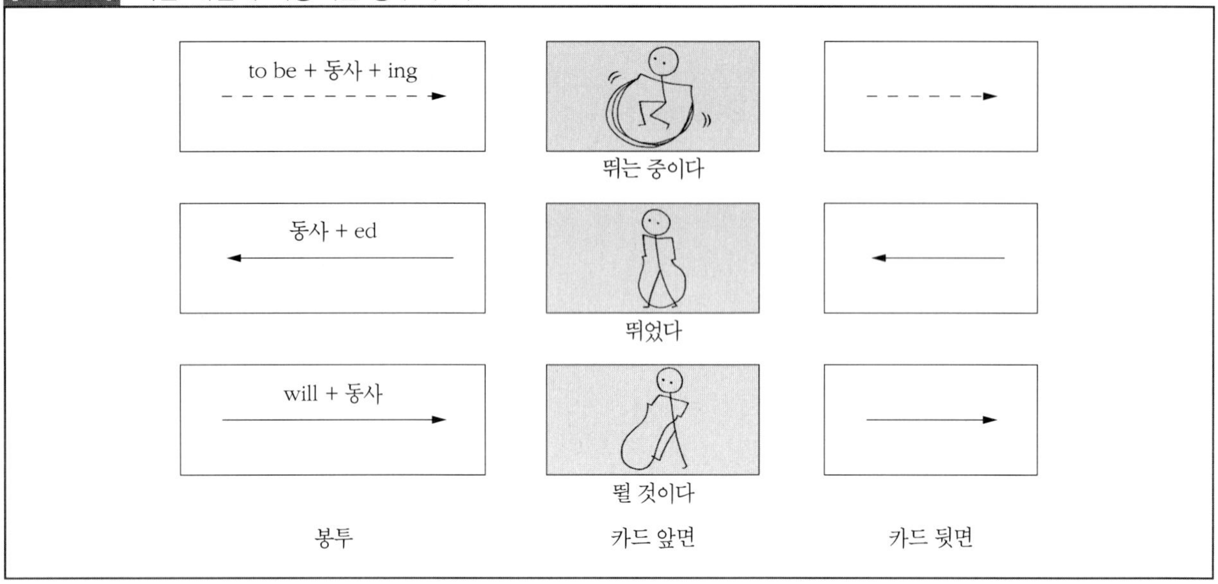

(has+동사+-ed)과 같은 여러 가지의 문법 구문을 가르치는 데 사용할 수 있다. 여러 형태의 선이나 상징이 각 문법 형태에 할당되어야 한다. 또한 그림 대신 단어를 사용할 수 있고, 봉투에 동사 시제의 이름을 적어 넣을 수도 있다.

뒤집어 맞추기

목적: 관련성을 가르치기 위함

피드백 제공 장치: 서로 관련된 그림의 뒷면에 서로 짝이 될 수 있는 색이나 상징을 사용함

자료: 관련 단어의 그림(예: 양말-신발)이 그려져 있고 뒷면에는 짝이 되는 상징이나 색이 제시된 카드(2장에서 기술함)

방법: 학생은 개별 그림을 확인하고 그와 관련 있는 그림을 찾는다. 그림 두 개를 함께 놓고 뒤를 돌려 본다. 그림이 서로 연관이 있다면 뒷면에 같은 색이거나 같은 모양의 상징이 있다.

변형 및 수정: 이 게임은 반대말, 동사의 시제, 음소를 변별하는 데도 사용될 수 있다. 중등 대상의 학생에게는 인과관계를 나타내는 관련 그림을 찾도록 하는 것으로 수정될 수 있다(예: 학생이 공부하는 그림과 좋은 성적이 적힌 성적표, 사고 모습과 구급차).

질문 만들기

목적: 평서문을 의문문으로 바꾸는 것을 가르치기 위함

피드백 제공 장치: 문장이 의문문의 형태일 때 모양이 완성되는 퍼즐

자료: 평서문이 쓰인 학습지, 의문문으로 바뀌었을 때 모양이 완성되는 퍼즐 세트

방법: 질문을 하기 위해 평서문을 의문문으로 전환하여 학습지에 문장을 다시 쓴다. 답을 다 쓴 후에는 답을 확인하기 위하여 답이 적힌 퍼즐을 완성해 본다.

- 소녀들은 집에 있다(The girls are at home).

- 그녀는 매우 크다(She is very tall).

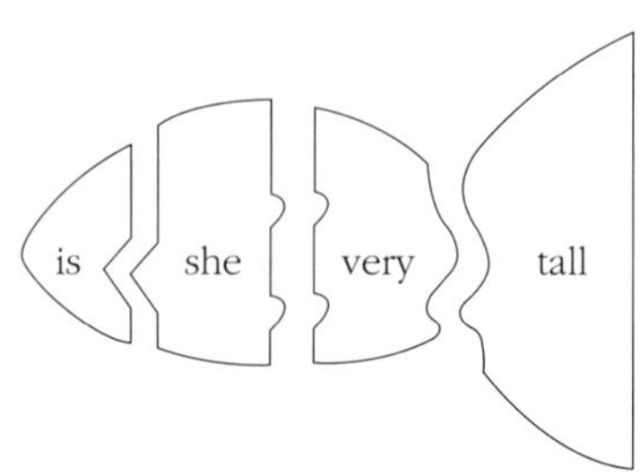

[그림 6-8] '언제 일어난 일이니?' 게임에 사용되는 카드와 탭

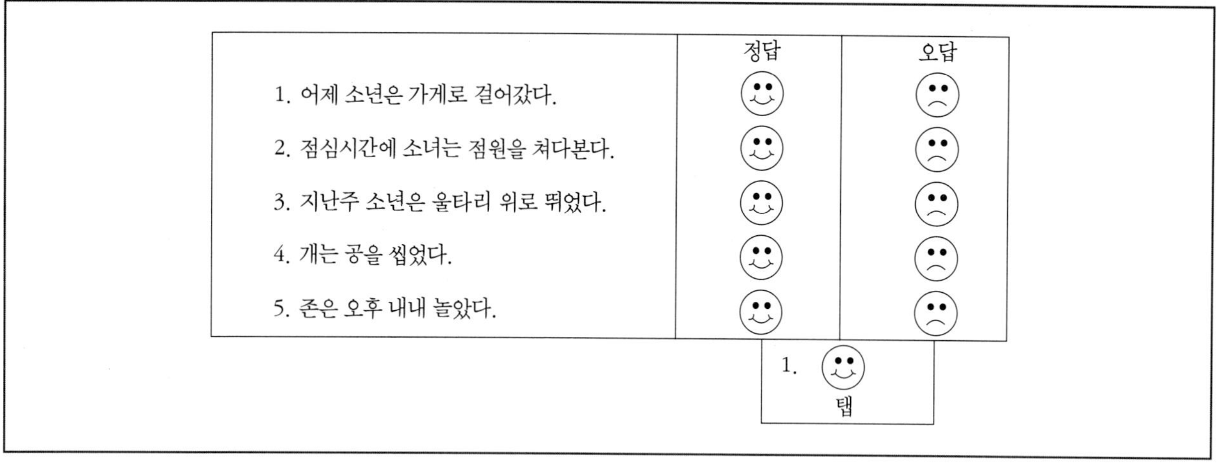

언제 일어난 일이니?

목적: 과거 시제를 나타내는 형태소 –ed를 가르치기 위함

피드백 제공 장치: 정답을 확인시켜 줄 수 있게 포켓형 카드에 줄이나 탭을 잡아당길 수 있게 함

자료: 형태소–ed가 포함된 문장을 녹음한 테이프, –ed를 옳게 사용했을 때 사용될 미소 짓는 얼굴이 그려진 카드와 오답에 사용될 찡그린 얼굴이 그려진 카드, 카드 뒷면에 달린 작은 포켓에 답을 꺼낼 수 있도록 만들어진 작은 줄이나 탭, 반투명 필름([그림 6–8] 참조)

방법: 카드 위에 반투명 필름을 덮고 테이프에서 틀리는 문장을 잘 듣고 –ed가 올바르게 사용되었는지 그렇지 않은지를 생각하고 적절한 얼굴 모습이 그려진 카드에 동그라미를 표시한다. 각 문장이 끝난 후에 약간의 시간이 주어지고, 학생은 답을 표시한 후 자신의 답이 맞는지를 확인하기 위해서 주머니에서 탭을 꺼내본다. 탭의 얼굴 옆에 쓰인 번호는 문장의 번호와 일치한다.

변형 및 수정: –is와 –ing를 가르치기 위해 이를 포함한 문장을 녹음하여 활동을 수정할 수 있다. 나이 든 학생들을 위해서는 문장이 문법적으로 옳은지 그른지를 파악할 수 있도록 문장 자체를 제시할 수도 있다.

의미를 가진 접미사

목적: 접미사 –ful, –less를 가르치기 위함

피드백 제공 장치: 서로 관련된 그림의 뒷면에 서로 짝이 될 수 있는 색이나 상징을 사용함

자료: 어근형 단어와 접미사 –less나 –ful이 들어가는 미완성된 문장이 쓰인 코팅된 카드, 아래쪽에 뿌리가 그려 있고 위쪽에는 가지가 뻗어 있는 나무 그림이 그려진 코팅된 카드(나무의 위쪽에는 같은 수의 가지가 뻗어 있음), (1) 각 나뭇가지에는 2개의 번호가 표기된 나뭇잎이 잘려 있고 각 잎은 반으로 접혀 있고 그 아래 답이 적혀 있음, (2) 카드의 각 구석에는 작은 구멍이 뚫려 있고 철심이 들어 있는 끈으로 카드의 뒷면과 연결함, (3) 번호가 표기된 나뭇잎 아래에는 각 문장에 적합한 접미사가 적혀 있음, (4) 어근형 단어는 나무 뿌리 쪽에 유성펜으로 적어 놓음([그림 6–9] 참조).

방법: 학생에게 어근형 동사와 접미사가 필요한 불완전 문장이 쓰인 코팅된 카드를 제공한다. 학생은 유성펜으로 적절한 접미사에 동그라미 표시를 한다. 문장을 완성한 후 나무 카드에서 정답을 확인하기 위해 나뭇잎을 들춰 본다.

변형 및 수정: 나무 카드 뒷면에 다른 접두사와 접미사가 적힌 종이를 붙일 수 있고, 그에 상응하는 학습지를 제공할 수 있다.

문장을 만들어 이야기해 보세요

목적: 문장 구성 순서를 가르치기 위함

[그림 6-9] 의미를 가진 접미사의 자료로 사용되는 카드

1. 망가진 자동차는 고칠 때까지 쓸모가 (있다/없다). 〔use(ful/less)〕
2. 바구니는 식료품을 담을 때 쓸모가 (있다/없다). 〔use(ful/less)〕
3. 나는 의미 (있는/없는) 연설에서 많은 것을 배웠다. 〔meaning(ful/less)〕
4. 어설픈 지시사항은 의미 (있다/없다). 〔meaning(ful/less)〕
5. 이 학생은 매우 조심(스러워서/스럽지 않아) 깨끗하게 글씨를 쓴다. 〔care(ful/less)〕
6. 이 학생은 매우 조심(스러워서/스럽지 않아) 드레스에 물감을 엎질렀다. 〔care(ful/less)〕
7. 그녀의 차에 시동을 걸 수 없을 때, 희망을 (느꼈다/느끼지 못했다). 〔help(ful/less)〕
8. 나에게 전화를 빌려갈 때 그녀는 이웃은 도움이 (된다/되지 않는다)고 말했다. 〔help(ful/less)〕
9. 꽃꽂이는 보기 좋고 세련(되다/되지 않다). 〔taste(ful/less)〕
10. 이 음식은 나에게는 너무 맹하고 맛이 (있다/없다). 〔taste(ful/less)〕

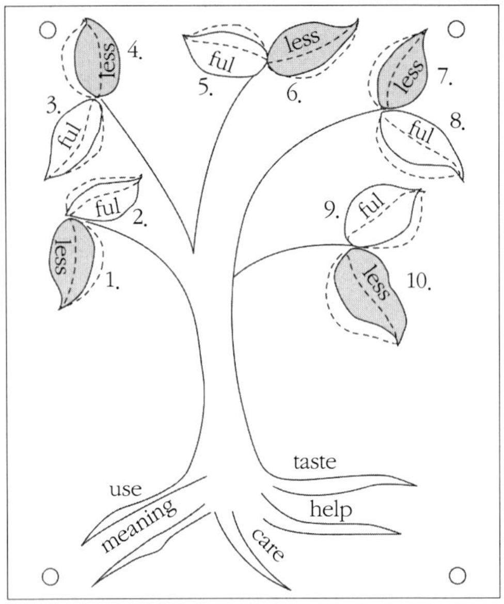

피드백 제공 장치: 카드 뒷면에 부착된 봉투 안에 정답 제시

자료: 접속사를 포함하고 어구의 순서가 뒤죽박죽된 문장이 쓰인 카드, 카드 뒷면에 부착될 봉투, 답지, 종이

방법: 카드에 쓰인 뒤죽박죽된 문장을 읽고 어구를 제대로 맞추어 본다. 학생은 종이 위에 제대로 된 문장을 쓰고 카드 뒷면에 부착된 봉투 속의 답을 보아 자신의 답을 확인한다.

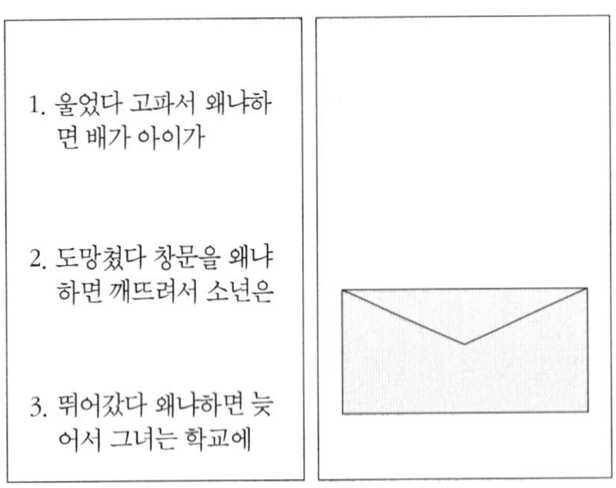

카드 앞면 카드 뒷면

변형 및 수정: 문법적으로 적절한 문장인지를 판단하고, 평서문을 의문문으로 변형하며, 접속사를 사용하는 것과 같은 다양한 과제에 사용될 수 있다. 카드에 봉투를 붙여 정답을 제공하는 방식은 접속사를 사용하여 완전한 문장을 만드는 빈칸 채우기(cloze procedure)에서도 응용될 수 있다. 예를 들면 다음과 같다.

- 그녀는 식료품이 필요 ________________ 가게에 갔다. (-했기 때문에, -하고)
- 그녀는 빵 ________________ 우유를 살 것이다. (-때문에, -과/와)

이거 같은 뜻인 거야?

목적: 두 문장 간 심층 구조의 유사성을 가르치기 위함

피드백 제공 장치: 카드 뒷면에 정답을 제시함

자료: 동일한 의미(심층 구조)를 지닌 문장 1쌍과 다른 의미를 지닌 문장 1쌍이 쓰인 카드, 반투명 필름, 카드의 뒷면에 제시된 정답

방법: 학생은 각 쌍의 문장을 읽고 두 문장의 의미가 같은지 혹은 다른지를 결정한다. 카드에 답을 적는 칸 위에 반투명 필름을 놓고 '같다' 혹은 '다르다' 중에 답을 선택한다. 과제를 마친 후에 카드를 뒤집고 답안 위에 반투명 필름을 올린다. 반투명 필름 위에 쓰인 답과 답지의 답이 일치하는지를 확인한다.

변형 및 수정: 반투명 필름에 쓰인 답과 답지의 답이 일치하는지를 확인하는 것은 선다형 빈칸 채우기에서도 활용될 수 있다. 예를 들면 다음과 같다.

- 그는 물을 데우/데워 ______________ 커피를 만들었다. (-때문에, -고)

이 절차 역시 문법적으로 옳게 쓰였는지를 판단하는 데도 사용될 수 있다. 예를 들면 다음과 같다.

- 어제 그는 걸어서 학교에 갔다(Yesterday he walk to school).
- 옳은 사용 ________ 잘못된 사용 ________

묘사어

목적: 효과적인 의사소통 기술을 가르치기 위함

피드백 제공 장치: 제시되는 자극 카드의 뒷면에 정답을 제공함

자료: 앞면에 작은 크기의 사물이 그려져 있고 뒷면에 사물과 관련된 6개의 묘사적 범주 목록이 제시된 카드 세트, 녹음기

방법: 학생은 카드의 사물을 살피고 녹음기에 그것을 묘사하는 6개의 문장을 녹음한다. 6개의 문장을 녹음한 후에는 자극 카드를 뒤집어 놓고 녹음된 각각의 문장을 듣고 나서 카드 뒷면에 사용된 묘사적 범주에 표시한다.

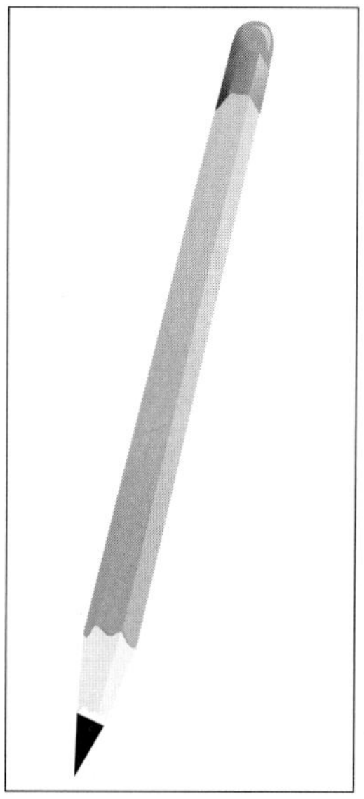

- ☐ 이름(연필)
- ☐ 색(파랑)
- ☐ 기능(쓰기, 그리기)
- ☐ 크기(길다, 얇다)
- ☐ 재료(나무, 흑연)
- ☐ 특성(뾰족하다, 지우개)

변형 및 수정: 이 자료는 어린 학생들에게는 두 개의 속성(예: 작은, 빨간 차)을 가진 사물의 그림을 사용함으로써 활용 가능하다. 학생이 녹음기에 묘사적인 문장을 녹음하고 나면 그림 카드를 답지 쪽으로 뒤집는다. 녹음한 내용을 듣고 언급된 특성을 표시한다. 아직 글을 읽지 못하는 학생들을 위해서 답은 코드로 표시될 수 있다. 또 색을 사용하여 색을 나타내는 범주를 표시하거나 크기가 작은 물체로 크기 범주를 나타낼 수도 있다.

간접 요구

목적: 간접적으로 요구하기를 가르치기 위함

피드백 제공 장치: 학생이 사용하는 답을 기입하는 카드 뒷면에 정답을 제시함

자료: 다양한 형태의 간접 요구 구문이나 질문을 녹음한 테이프, 뒷면에 정답을 써 놓은 답안지 카드, 반투명 필름

방법: 학생은 답안지 카드 위에 반투명 필름을 올려놓고 테이프를 듣는다. 그리고 각 문장이 질문인지 혹은 간접 요구문인지를 결정하고 필름 위에 답을 표시한다. 과제를 모두 마친 후에는 답안지를 돌려서 반투명 필름 위의 답과 정답을 맞추어 본다.

녹음된 문장의 예:

1. 몇 시입니까?
2. 문 좀 닫아 줄래요?
3. 그거 그만 할래?
4. 숙제를 다 마칠 수 없을까?
5. 언제 버스가 출발한대?
6. 수돗물이 흐르고 있니?
7. 거기 앉아 있어야만 하니?
8. 우유를 소리 내어 마셔야 하니?
9. 똑바로 앉아 있을 수 없니?
10. 강아지가 도망갔어?

변형 및 수정: 녹음된 문장은 의문문이나 평서문의 형태로 변형될 수 있다. 학생은 그것이 평서문인지 혹은 의문문인지를 찾아낸다.

[그림 6-10] 간접 요구의 자료로 사용되는 답안지 카드

	간접 요구	질문
1.	______	______
2.	______	______
3.	______	______
4.	______	______
5.	______	______
6.	______	______
7.	______	______
8.	______	______
9.	______	______
10.	______	______

답안지 카드의 앞면

	간접 요구	질문
1.		×
2.	×	
3.	×	
4.	×	
5.		×
6.		×
7.	×	
8.	×	
9.	×	
10.		×

답안지 카드의 뒷면

상업용 언어 프로그램

수많은 상업용 언어 프로그램 및 교재가 언어문제를 가진 학생들을 돕는 데 활용되고 있다. 중재 프로그램의 선정은 프로그램이 활용될 수 있는 대상자와 프로그램의 바탕이 되고 있는 이론적 모델에 영향을 받는다. 이론적 모델은 정상적인 언어습득이론을 설명하고 학생이 학습할 내용과 기술의 계열 그리고 학생이 학습할 방법을 포함한다. 언어는 상호작용적이기 때문에 단 하나의 프로그램만을 사용하는 것이 적절하다 말할 수 없고, 교사는 개별 학생의 언어적 요구에 맞게 프로그램을 선정해야 한다. 그러므로 교실에서 사용할 프로그램과 교재의 선정은 프로그램을 학습할 학생들의 발달 연령과 중재목적을 반영해야 한다. 다음에 제시된 상업용 언어 프로그램은 언어문제를 가진 학생들에게 언어기술을 가르치는 데 유용할 수 있다.

임상적 언어중재 프로그램

임상적 언어중재 프로그램(The Clinical Language Intervention Program; Semel & Wiig, 1982)은 유치원에서 중학교 3학년에 해당하는 학생들에게 의미론, 형태론, 통사론, 화용론, 기억술을 가르치는 데 초점을 맞춘다. 언어의 형태와 내용의 각 영역에서 교재와 과제가 명확히 정의된 중재의 목적을 이끌어 내는 것을 목적으로 한다. 이 프로그램은 2,000개의 그림 자극과 그에 맞는 언어 자극, 추천 훈련 방법과 전략, 특정 언어기술이나 기능을 습득하고 사용하는 것을 촉진하는 데 필요한 그림형 지침서, 기술의 유지와 일반화 활동에 필요한 언어 활동 지침서, 시간의 흐름에 따라 학생의 진보를 기록할 수 있는 체크리스트를 포함하고 있다.

Fast ForWord

Fast ForWord(Scientific Learning Corporation 출판)는 유치원에서 고등학교 3학년에 해당하는 학생들의 음성학적 인식, 청각적 자극 처리 속도, 음운론적 인식, 작동기억, 통사론, 문법, 계열화와 같은 구어 언어 이해 기술을 수립하기 위해 만들어진 테크놀로지를 기반으로 한 언어 프로그램이다. 훈련은 과학적으로 증명된 최적의 학습환경이라고 여겨지는 조건에서 수용언어와 표현언어 기술을 향상시키기 위해 음성적으로 수정된 소리와 크로스트레이닝(cross-training) 기법을 활용한

다. 훈련은 게임과 같은 형식으로 제공되며 동기를 향상시킬 수 있는 보상물을 제공한다. 사소하고 미세한 말소리를 구분하게 하기 위하여 이러한 소리를 확장·강조한 컴퓨터에서 주로 사용되는 연습 기회를 제공하는데, 이때 인공적인 말소리, 디지털화된 인간의 목소리, 디지털 톤이 사용된다. Fast ForWord에 사용되는 방법은 신경과학과 신경심리학 연구를 기반으로 하고 있다. 이 프로그램의 훈련 일정은 4~8주간 주 5일, 하루 100분씩 실시되고, 프로그램을 교육받은 사람에 의해 진행된다.

학습을 위한 언어교육; 사고를 위한 언어교육; 다이스타 언어 프로그램 제3판

S. Engelman과 J. Osborn이 개발한 학습을 위한 언어교육; 사고를 위한 언어교육; 다이스타 언어 프로그램 제3판(Language for Learning; Language for Thinking; Distar Language III; SRA 출판)은 언어중재를 하는 데 있어 매우 구조화된 접근법을 활용한다. 이 프로그램은 유치원~4학년 학생을 대상으로 고안되었으며 수용언어, 표현언어 및 인지 발달에 초점을 맞추고 있다. '학습을 위한 언어교육' 에서는 완전한 문장을 사용하고 질문에 답하며 구어로 제공된 지시사항을 잘 따르는 데 필요한 가장 일반적인 어휘를 학습하고 말연습을 하게 된다. '사고를 위한 언어교육' 에서는 추론, 계열화, 다시 말하기, 문장의 의미 결정하기와 같은 새로운 내용을 포함한다. 구어식 문장과 문어식 문장의 구조는 '다이스타 언어 프로그램 제3판' 에서 분석되고, 학생은 정보와 생각을 효과적으로 의사 전달하는 데 필요한 문법의 법칙을 따르는 것을 학습하게 된다. 이 프로그램은 언어개념을 학습하는 데 있어 반복과 함께 집단으로 시행하는 지속적인 연습으로 교수적인 접근법을 사용한다. 스크립트를 따라 하고, 교사가 모델링하며, 빠른 속도로 집단과 학생 개개인의 반응을 유추해 주고, 옳은 답을 강화하거나 틀린 답을 고쳐 준다.

읽기, 철자, 말을 위한 린다무드 음소계열화 프로그램

읽기, 철자, 말을 위한 린다무드 음소계열화 프로그램(Lindamood Phoneme Sequencing Program for Reading, Spelling, and Speech; Lindamood & Lindamood, 1998)은 개별 소리와 단어를 구성하고 있는 소리의 순서를 판별하고 계열화하는 능력을 개발하기 위해 만들어진 단계별 감각 인지 프로그램이다. 이 프로그램에 사용되는 활동은 말소리를 만들어 내는 입술, 혀, 입의 움직임에 초점을 맞춘다. 음운론적 인식은 학생이 인식할 수 있는 수준으로 단음소에서 다음소로 확장되는 활동을 포함한다. 학생은 느끼고 듣고 보는 것을 통해 감각 정보를 사용하는 것을 학습하는데, 이는 말하기, 읽기, 철자하기에서 자기 교정적 기능을 촉진하는 피드백 체제를 발달시킨다. 교실용 프로그램과 임상용 프로그램이 있으며, 여기에 조작물, 부착용 글자, 입 그림, 비디오테이프, 오디오테이프가 포함된다. CD-ROM이 보충자료로 제공되는데, 음소와 단어 내 음소의 순서와 관련하여 감각처리 과정과 사고 과정을 자극하는 데 활용할 수 있다, 이 프로그램은 유치원 대상 아동부터 성인에 이르기까지 사용 가능하다.

피바디 언어발달 키트

L. M. Dunn, J. O. Smith, L. N. Dunn과 K. B. Horton이 개발한 피바디 언어발달 키트(Peabody Language Development Kits; American Guidance Service 출판)는 어린 아동의 구어와 인지기술을 발달시키기 위한 다수준 언어 프로그램이다. 4~5세 아동을 위한 준비 단계(Level P)는 언어 명명하기, 문장 만들기, 논리적으로 생각하기에 대한 연습 프로그램을 제공한다. 5~6세 아동을 위한 1단계는 다양한 사고방식과 구어표현을 촉진하기 위해 브레인스토밍과 문제해결에

초점을 맞춘다. 이 프로그램은 특정한 심리언어적 과정에 초점을 맞추기보다는 구어 발달에 주력한다. 각 수준에서 활동은 보기, 듣기, 만지기를 통한 수용기술을, 말과 움직임을 통한 표현기술을, 그리고 발산적, 수렴적, 연합적 사고를 통한 개념화를 강조한다. 키트 안에 그림카드 세트, 손인형, 소리나는 책, 이야기 포스터, 교사 지침서가 포함되어 있다. 교사 지침서에는 매일의 수업에 대한 설명이 제시되어 있고, 교사용 스크립트와 적절한 교재와 활동에 대한 설명이 포함되어 있다.

발달론적으로 형태론 가르치기

K. G. Shipley와 C. J. Banis가 개발한 발달론적으로 형태론 가르치기는 언어 연령이 $2\frac{1}{2}$~10세인 아동을 대상으로 하여 단어가 형성되는 과정을 가르치는 발달론적 프로그램이다. 522개의 색깔 자극 카드가 1,000여 개가 넘는 자유 형태소와 700개의 의존 형태소를 가르치는 데 사용된다. 특정 형태소에는 현재진행형, 복수형, 소유격, 과거 시제, 3인칭 단수형, 파생 형용사(비교급, 최상급, 불규칙형)가 포함된다. 교수 지침서에는 교육과정 및 사전검사와 사후검사 형태의 목록과 행동목표 수립에 유용한 추천사항이 포함되어 있다.

언어영역의 컴퓨터 소프트웨어 프로그램

컴퓨터 보조 교수는 학생의 말과 언어 기술을 향상시키기 위해 사용될 수 있다. 컴퓨터는 동기를 향상시킬 수 있을 뿐 아니라 사회적 · 인지적 상호작용도 촉진시킬 수 있다(Clements, 1987). 또한 컴퓨터의 사용은 사회적 사용을 자극할 수 있으며(Lipinski, Nida, Shade, & Watson, 1986), 보다 긍정적이고 다양한 얼굴표정과 미소를 이끌어 낼 수 있으며(Hyson, 1985), 블록 놀이나 예술 활동, 게임과 같은 전통적인 활동에 비해 분당 발화 단어 수를 증가시킨다(Muhlstein & Croft, 1986). 또한 음성 합성기(speech synthesizers)는 '말하기' 프로그램을 위한 말을 만들어 내고, 헤드폰은 개인적으로 프로그램을 활용하는 것을 돕는다. 다음의 소프트웨어 프로그램은 언어기술에 초점을 맞추고 있다.

말의 부분

말의 부분(Parts of Speech; Optimum Resource 제작)은 초등학교 3학년에서 중학교 3학년에 해당하는 학생들의 문법과 어휘 기술을 향상시키는 데 도움을 주고자 개발되었다. 문장, 구절 내에 사용된 단어나 단어 목록에서 명사, 대명사, 형용사, 동사, 부사, 접속사, 전치사, 감탄사를 판별하도록 한다. 32단계의 수업에는 다양한 형태의 활동이 전개되는데, 시간 제한이 있는 활동과 그렇지 않은 활동이 포함되며 1,000개의 학년별 단어가 제공된다. 교사는 새로운 단어와 활동을 첨부시킴으로써 프로그램을 개별적으로 활용할 수 있다. 학생의 진보수준을 나타내는 보고서가 제공되며, 학습지는 추후에 활용할 수 있도록 출력 가능하다.

그림 모음

그림 모음(Picture Gallery; Psychological Corporation 제작)은 교육환경에서 시각 자극을 사용하는 언어전문가에 의해 활용되는 CD-ROM 제품 시리즈다. 이 제품은 개별 학생의 요구에 맞는 그림들을 만들기 위하여 사용할 수 있는 디지털화된 컬러 사진 1,000여 장이 탑재되어 있다. 5장의 CD-ROM은 조음과 음운론, 주제별 학습, 초기 개념, 고급 어휘, 형태론의 영역으로 구성되어 있다. 이는 말이나 언어 기술의 습득이나 교정을 촉진하기 위해 사용될 수 있다.

언어학습을 위한 소프트웨어 시리즈

언어학습을 위한 소프트웨어 시리즈(Software for

Language Series; Academic Communication Association 제작)는 초등학교 2학년 이상의 읽기수준을 보이는 학생들을 대상으로 만들어졌으며 5개 프로그램으로 구성되어 있다. 유사성 완성하기에서 1개 집단으로부터 적절한 단어를 선정하여 문장을 완성하고, 비슷한 말과 반대말 찾기에서는 각 자극 단어와 같은 의미나 반대 의미를 갖는 단어를 고른다. 결론 내리기는 해당 문장에서 논리적으로 유추할 수 있는 결론을 선택함으로써 추론적 사고를 연습한다. 질문에 '예-아니요' 로 답하기에서는 사실이나 의견을 표현하는 질문에 '예' 혹은 '아니요' 로 답을 하고, 유사한 구문 완성하기에서는 미완성된 구문을 끝내거나 구문의 초반부를 만들어 보는 과제를 수행한다. 이 프로그램의 대부분은 200여 항목으로 구성되어 있고, 각 항목의 순서는 학습 회기마다 달라진다. 정답률(%)은 자동으로 계산되고, 과제에 사용되는 문제들은 숙제로 출력하여 활용할 수 있다.

어휘 발달

어휘 발달(Vocabulary Development; Optimum Resource 제작)은 초등학교 3학년에서 중학교 3학년까지의 학생들에게 동의어, 반의어, 동음이의어, 다의미어, 접두사, 접미사, 문맥적 단서를 인식하게 함으로써 그들의 포괄적인 어휘 발달을 돕는 프로그램이다. 이 프로그램에는 6단계의 난이도 수준에 맞게 44개의 다수준 수업 회기 내에 400여 개의 단어가 사용된다. 학생은 한 단계를 숙달하게 되면 자동적으로 다음 단계로 이동한다. 교사는 프로그램의 사용을 확대시키기 위해 연습훈련을 개발하고 난이도 수준을 정할 수 있다. 훈련용 학습지와 시험자료는 출력 가능하며, 프로그램 내 학생의 진전도가 자동 기록된다. 부가적인 프로그램인 어휘발달 제2판(Vocabulary Development-2)은 보다 복잡한 구조로 이루어져 있는데, 학생이 익숙지 않은 단어에서 의미를 이끌어 내고 기존에 알고 있는 단어는 보다 정확하게 정의할 수 있도록 하기 위해 자신의 경험과 문맥을 적용할 수 있도록 한다.

단어와 개념 시리즈

단어와 개념 시리즈(Words and Concepts Series; Laureate Systems 제작)는 어휘력을 향상시키고, 언어 이해를 강화하며, 단어 간 관계의 이해를 향상시키고 개념 발달을 촉진하기 위해 고안되었다. 이 시리즈는 3개의 프로그램으로 구성되는데, 6개의 관련 언어단위—어휘, 단어 관련성, 범주화, 기능에 의한 단어 변별, 동의/유사 개념, 반대 개념—에서 40개의 명사로 이루어진 핵심 어휘를 사용한다. 활동의 대부분은 3단계 난이도 수준으로 이루어져 있고, 컴퓨터는 1단계에서 시작하도록 맞추거나 학생의 진보에 따라 3단계 중 적절한 단계에 맞추도록 조정할 수 있다. 또한 3개의 집중(CONCENTRATE!) 프로그램은 단어와 개념 시리즈에서 훈련된 기술을 강화하는 데 사용될 수 있는 전통적인 카드 게임이다. 집중 프로그램은 학생이 개별적으로나 짝을 이루어 활용할 수 있다. 이 프로그램은 단어 관련 지식을 향상시키거나, 놀잇감으로서 즐거움을 제공하거나, 협력놀이를 촉진하거나, 혹은 단기 기억기술을 수립하기 위해 사용될 수 있다.

·제·7·장·

읽기평가

미국 내에는 읽기문제를 가진 학생들의 수가 가히 놀랄 만큼 많다. 잘 계획된 종단연구들에서는 초등 4학년에 이르기까지 전체 학생들의 약 20%가 읽기에 문제를 갖는다고 추정한다(Shaywitz, Fletcher, & Shaywitz, 1996). 전국단위로 실시된 읽기 진전도 평가 보고서에 따르면 4학년의 약 40%가 읽기에 있어 기본 성취수준 이하(즉, 학년수준에서 과제를 수행하는 데 필요한 읽기 지식과 기술을 거의 혹은 전혀 숙달하지 못함)를 나타낸다(Manzo & Sack, 1997; Orton Dyslexia Society, 1997). 미국의 국가교육목표위원회(National Education Goals Panel, 1995)는 초등 4학년 학생의 25%, 중학생의 28%, 고등학교 3학년 학생의 34%만이 읽기에서 우수한 성과를 보였다고 보고하였다. 많은 읽기장애 학생들이 고등학교 3학년에 올라가기 전에 이미 낙제한다는 사실을 미루어 볼 때, 고3학생들의 낮은 읽기 수행수준은 매우 실망스럽다고 할 수 있다. 기본적으로 초등학교 이후에는 기초 학업기술을 가르치기보다는 내용교과에 초점을 맞추기 때문에 읽기문제를 가진 청소년들의 요구가 자주 간과되고 있다. 초등학교 3학년 때 읽기를 잘 못하는 학생들의 약 75%는 중학교 3학년이 되어서도 계속적으로 읽기에 문제를 보인다고 하는데(Lyon, 1995), 불행하게도 읽기장애의 경우는 그 문제가 성인기에도 지속된다고 한다(Lyon, Alexander, & Yaffe, 1997).

그뿐 아니라 Moats(2000)는 소수민족 혹은 도시 빈민가정 출신 아동이 읽기에 실패할 가능성이 높다는 사실을 지적하였다. 1994년 전국 교육진전도 평가에 의하면 아프리카계와 라틴계 그리고 영어를 모국어로 하지 않는 학생들의 60~70% 정도가 읽기에 실패를 한다.

읽기문제의 개인적 · 사회적 비용은 실로 거대하며, 문맹은 실업, 저임금, 가난, 범죄, 낮은 자존감과 정적인 상관관계를 갖는다(Brunner, 1993; Kirsch, Jungeblut, Jenkins, & Kolstad, 1993; National Institute for Literacy, 1997).

미국 연방정부는 2002년 1월 8일 부시 대통령이 사인한 아동낙오방지법〔No Child Left Behind(NCLB) Act, 2001〕의 일환으로 '읽기를 우선으로(Reading First)!' 와 '초기 읽기를 우선으로(Early Reading First)!' 와 같은 프로그램을 시행하는 주와 지방 교육기관에 꾸준하게 재정적 지원을 하고 있다. 이 프로그램에서는 읽기평가 및 중재, 교사훈련 프로그램을 보조하는 연구비도 지원한다. 프로그램 '읽기를 우선으로!' 는 6년(2002~2007년) 동안 주와 지방 교육기관에 연간 900만 달러를 지원하고, 과학적으로 입증된 연구 결과를 바탕으로 유치원에서 초등학교 3학년까지의 전체 학생들에게 유효한 읽기 프로그램을 만들고자 하였다. 프로그램은 대상 연령 중 학년수준 이하의 읽기능력을 보이는 학생의 비율이 높은 빈곤지역에 그 우선순위를 두고 있다. 6년간(2002~2007년) 매년 75만 달러를 지원하는 프로그램 '초기 읽기를 우선으로!' 에서 시행된 연구방법은 학년수준의 자료를 읽지 못하는 아동 비율이 높은 빈곤지역을 주 대상으로 하고, 3~5세 아동의 읽기 준비도를 향상시키는 것을 그 목적으로 한다. 그리고 NCLB의 목적은 초등학교 3학년 말까지 모든 학생이 읽기에서 실패하지 않고 성공할 수 있도록 조기 판별 및 읽기중재를 조기에 제공하는 것이다.

읽기과정

읽기 발달의 이론적 기초를 이해하는 것은 효과적으로 읽기기술을 평가 · 교수하는 데 매우 유용하다. Adams(1990)의 평행분포 읽기과정 모델, Chall(1996)의 읽기 발달 단계, Ehri(1995)의 일견단어 발달 단계는 읽기의 이론적 기초와 관련이 있다. 이를 통해 알려진 내용은 교사에게 아동의 읽기 발달과 기술을 평가하는 데 있어 유용하고 다양한 정보를 제공한다. 또한 이러한 지식은 읽기문제를 가진 학생들을 위하여 교수를 하고자 할 때 도움이 될 제언을 찾아내는 데에 필수적이다. 원래 Adams, Chall, Ehri에 의해 묘사된 읽기과정은 활자개념, 음운론적 인식, 발음법, 유창성, 읽기이해, 어휘 발달과 철자하기 영역에서 읽기기술을 평가하고, 앞으로 어떠한 교수가 필요한지를 파악하는 데 있어 매우 유리한 상황을 만들어 준다. 이 장에서 논의될 읽기평가 검사와 도구는 읽기가 어떻게 학습되는가의 맥락 안에서 검토될 때 더욱 유용할 것이다.

Adams의 읽기과정 모형

Adams(1990)는 읽기과정을 설명하기 위해 평행분포 읽기과정 모델(a parallel distributed processing model)을 개발하였다. 이 모델은 읽기라는 시스템이 적절하게 작동되는 데 있어 필수적인 4개의 처리단위로 구성되어 있는데, 그것은 활자 처리자, 음운 처리자, 의미 처리자와 맥락 처리자다. 각각의 처리자는 저마다 고유 기능을 가지고 있으면서 읽기 시스템이 효과적으로 작동될 수 있도록 다른 처리자와 함께 동시에 작용한다. 처리자들

[그림 7-1] Adams의 읽기과정 모형

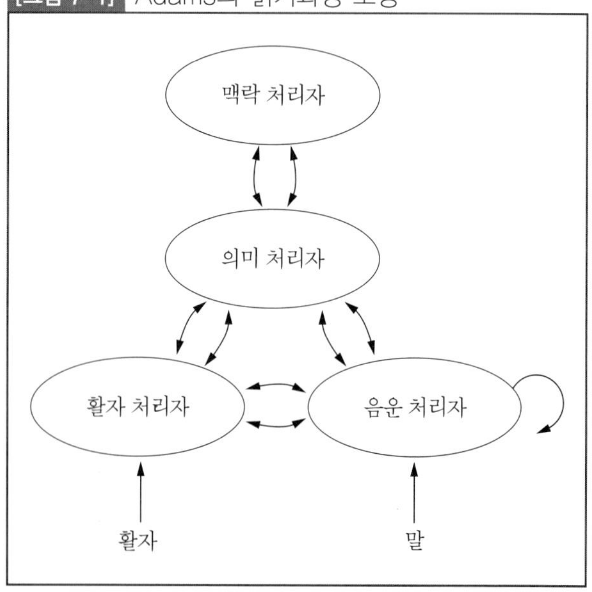

출처: M. J. Adams, 1990, *Beginning to Read: Thinking and Learning About Print* (p. 158). Cambridge, MA: The MIT Press. Copyright 1990 by Massachusetts Institute of Technology(허락하에 게재함).

은 서로 연결되어 있는데(즉, 서로 정보를 주고받음), 이 같은 집단적인 연결과 상호작용은 처리자로 하여금 읽기라는 행위를 발생 · 유지하게 한다.

[그림 7-1]에 나타난 것처럼 의미 처리자는 읽기 시스템의 중심이고 나머지 처리자가 이를 둘러싸고 있다. 읽기 시스템은 활자로부터 시각적인 정보를 받아들이는 활자 처리자에서 의미 처리자로 정보를 보낸다. 읽기를 하는 독자는 친숙한 단어를 읽을 때 낱글자가 서로 강력하게 연결되어 있거나 독자가 가진 활자와 관련된 기억 속에 '함께 걸쳐 있게' 된다. 이것이 바로 순간적으로 단어가 재인되는 이유다. 독자의 기억 속에 활자 처리자가 마주치게 될 단어가 저장되지 않았다면 음운 처리자는 활자화된 단어의 발음에, 의미 처리자는 그 단어의 의미에 붙게 된다. 음운 처리자는 청각 처리자로서 말로부터 정보를 획득한다. 활자 처리자는 이미지나 글자를 이루는 반면, 음운 처리자는 글자가 발음이 가능한지의 여부를 결정한다. 그러므로 이 두 가지 처리자는 소리-상징 관계를 해독하기 위해 협력적인 역할을 한다. 사실상 음운, 활자 및 의미 처리자는 순환적인 연결 관계를 갖는데, 활자 처리자를 통해 단어가 인지되고 나면 의미 처리자가 음운 처리자를 도와 발음을 다룰 수 있게 한다. 이와 유사한 방식으로 발음은 음운 처리자를 통해 만들어진다. 이와 같이 강력한 순환적 연결성은 읽기가 이루어지는 과정에서 매우 중요한 역할을 한다. 맥락 처리자는 읽기를 해야 할 구문이 개연성을 가지고 해석될 수 있도록 계속해서 작용하고 다른 처리자가 빠르게 기능할 수 있도록 도와준다. 또한 맥락 처리자는 다른 처리자의 기능을 확인시켜 주고, 단어에 있어 대체 가능한 의미를 선택하며, 전체적으로 구문을 이해하는 데 도움이 될 단어의 의미를 강조해 준다. 이 모두를 통틀어 활자로부터 얻은 정보를 이해하기 위해 의미 처리자와 맥락 처리자는 음운 처리자와 함께 작동한다. 유창하게 읽기 위하여 각각의 처리자는 정보를 보내고 받을 준비를 해야 하며 동시에 네 가지 처리자 모두가 작용해야 한다.

네 가지 처리자(즉, 일반적인 철자 패턴, 단어를 구어로 말할 때의 형태, 단어의 의미, 그리고 맥락에 관한 지식)는 읽기라는 활동을 수행하기 위하여 함께 작동한다. 만약 한 처리자에서 받은 정보가 빈약할 때는 다른 처리자로부터 받은 정보가 이를 보상해 준다. 네 가지 처리자의 처리량 혹은 발달 정도는 학습자마다 다를 수 있다. 그러므로 교사는 다양한 학습자의 요구를 충족시킬 수 있도록 각기 다른 처리자를 강조한 다각적인 읽기 접근법을 사용해야 할 것이다.

Adams의 읽기과정 모형은 우리에게 읽기의 평가과정과 관련된 매우 중요한 통찰력을 제공한다. Adams 모형에 의하면 읽기를 평가할 때는 읽기 처리자와 관련된 기술을 살펴보는 것이 매우 중요하다는 사실을 알 수 있다. 하나 혹은 그 이상의 처리자에게 약점이 있으면 유창하게 읽을 수 있는 능력은 방해를 받게 된다. 그러므로 네 가지 처리자 각각에 대한 평가는 읽기가 가진 약점이 무엇인지를 결정하는 데 있어 중요한 역할을 할 수 있다. 예를 들어, 글자 혹은 단어에 맞는 소리를 찾는 기술과 음운론적 인식을 평가하고, 학생이 활자를 얼마나 잘 인식하는지를 보는 활자검사(예: 빠르게 글자 이름 말하기)를 실시하며, 학생이 일견단어를 얼마나 잘 발달시키고 해독을 잘하는지 의미 처리자를 평가한다. 그리고 학생이 구문을 이해하기 위하여 사고 관련 전략을 얼마나 잘 사용하는가 등을 평가한다. 또한 이 모형은 중재를 위한 제언을 수립하는 데 있어서도 중요한 뼈대를 제공한다. 예를 들어, 읽기에 어려움을 나타내는 청소년의 대부분이 음운론적 인식에 문제를 가지고 있다는 것은 이미 잘 알려져 있는 사실이다(Lyon, 1999). 그러므로 이 학생들은 활자 처리자와 의미 처리자가 글자에 상응하는 소리를 받아들일 수 있도록 음운론적 인식을 훈련해야 할 필요가 있다. 또한 일견단어 어휘를 그리 많이 보유하지 않은 학생들의 경우는 활자 및 음운 처리과정에서 제약을 보일 수도 있고, 소리, 글자 혹은 단어를 잘 기억하지 못할 수도 있다.

Chall의 읽기 단계

Chall과 Stahl(1982)은 읽기 구문과 의미의 연결에 있어 차이를 만드는 세 가지 모형에 대하여 논의하였다. **상향식 모형**(bottom-up model)은 읽기가 구문에서 의미로 발전되는 것 즉, 글자와 단어가 인지 · 해독되고 나서 구문의 의미가 이해되는 것을 말한다. 반대로 **하향식 모형**(top-down model)에서는 독자가 단어 재인과 개별적으로 구문의 요소를 해독하기보다는 사전 지식과 구문의 의미를 이해하는 데 의존한다. 이 두 모형의 핵심은 상향식 모형은 독자가 지닌 소리-상징 연합과 단어재인 기술에 초점을 맞추는 반면에 하향식 모형은 개별 구문 요소의 해독보다는 질문하고 가정을 수집하며 이해하는 능력에 집중한다는 것이다. **상호작용 모형**(interactive model)은 독자가 구문(즉, 특정 글자와 단어)과 자신의 마음속에 있는 무언가(즉, 예견하기 혹은 가정하기)를 서로 변환할 수 있다는 가정하에 구문과 의미 모두를 강조한다. 예를 들어, 친숙한 자료를 읽을 때는 하향식 모형을, 익숙하지 않은 구문을 읽을 때는 상향식 모형을 사용할 수 있다.

학생은 처음에 글자소와 음운과 같은 간단한 관계를 구조화하고 나면 비판적 읽기(critical reading)와 같은 좀 더 복잡한 과제로 발전할 수 있는 읽기 구조를 가지고 있다고 본다. 따라서 상호작용 모형이 가장 적절하게 읽기과정을 묘사한다고 볼 수 있을 것 같다. 유창하게 읽을 수 있게 되면서, 독자는 읽기이해에 좀 더 많이 집중할 수 있게 되는 반면에 개별 글자와 단어를 인식하는 데 집중하는 노력은 좀 줄어들게 된다. Chall(1996)은 읽기기술이 단계적으로 발달한다고 보았다. 교사가 읽기의 단계를 아는 것은 평가용 과제를 선정하고 교수목표를 개발하며 교수 접근법을 선택하는 데 도움을 주며, 학생의 진보사항을 면밀히 점검하는 것 또한 학생이 한 수준에서 다음 수준으로 옮기는 시기를 결정하는 데 도움을 준다. Chall은 읽기 발달을 읽기 전 단계부터 고급 읽기 단계까지 6단계(0~5수준)로 나누었다. 읽기 단계는 0단계는 읽기 전 단계, 1단계는 초기 읽기 혹은 해독, 2단계는 확정, 유창성 및 활자로부터의 탈피, 3단계는 새로운 것을 학습하기 위한 읽기, 4단계는 다각적인 읽기, 5단계는 읽기를 통한 지식의 구조화와 재구조화다.

0단계: 읽기 전 단계

읽기 전 단계(출생~만 6세)에 해당하는 아동은 점진적으로 읽기에 대한 이해를 쌓아 간다. 이 시기 동안 대부분의 아이들은 책을 구성하는 부분(예: 위, 아래, 앞, 뒤)에 대해 배우고 낱글자, 흔한 부호, 단어 몇 가지를 재인할 수 있다. 그리고 이 시기의 아동은 읽기에 대한 통찰력을 갖기 시작하고, 음운론적 인식 중 일부를 학습하게 되며, 활자가 언어를 나타내고 메시지를 포함한다는 사실을 인식하기 시작한다. 많은 아이들이 자신의 이름을 쓸 수 있으며 자주 들었던 이야기는 마치 자신이 그 이야기를 읽을 수 있는 것처럼 흉내 내기도 한다. 읽기 전 활동에는 부모가 아이에게 책을 읽어 주는 것, 특히 아이가 책, 그림, 글자, 단어, 이야기와 관련된 토의에 참여하는 것 등이 포함된다. 그 밖의 활동으로는 주변 환경에서 접할 수 있는 활자(예: 식품 봉지, 메뉴, 가게 이름, 교통 표지판, 장난감과 놀이 활동 관련 활자)와 연결된 경험이 포함된다.

이 시기 후반에 들어서면서는 읽기 전 활동과 읽기 활동 사이의 구분이 매우 모호해진다. 일부 유치원에서 시행하는 읽기준비 활동(예: 단어와 음절의 음운론적 인식을 입 모양으로 보여 주기)은 후에 읽기로 발전되는 특정한 개념과 기술을 가르치는 것으로 간주된다.

1단계: 초기 읽기 또는 해독

초등 1~2학년에 해당하는 초기 읽기 단계에서는 활자로 표현된 단어를 즉각적으로 재인할 수 없을 때 이를 해독하기 위해 글자와 소리 사이의 관계를 활용할 수 있도록 학습한다. 아동은 단어를 재인하고 책에 나온 자료를 배운다. 그러나 이 시기에 아동이 읽을 수 있는 것은 그들이 말을 듣고 이해하는 바에 비하면 턱없이 낮은 수준이다. 간혹 학생들은 상세하고 복잡한 코드를 해독하기 위하여 천천히 읽거나 단어를 단위로 띄엄띄엄 읽기도 한다. 일부 학생은 언어의 음운론적 측면에 문제를 보이기 때문에 해독/재인 기술을 습득하는 데 어려움을 겪기도 한다. 읽기를 잘 하지 못하는 학생들이 음운론의 기초를 잘 이해하지 못하거나 사용하지 못하는 것은 단어가 음소, 음절, 형태소와 같은 부분으로 이루어져 있다는 사실에 대한 인식이 부족하기 때문이다. Lyon(1995a)은 유치원생과 초등학교 1학년 학생들이 가진 읽기능력을 감지할 수 있는 최상의 지표로 음운론적 인식의 한 분야인 음소 분리능력을 꼽는다. 단어를 만들어내기 위해 소리를 순서대로 배열하고 적절하게 섞어서 소리를 내는 발음법(phonics) 교수는 기초적인 해독기술 습득에 있어 필수적이다. 그러나 발음법을 분석하는 데 문제를 갖는 학생들은 단어 변별에 도움이 되는 문맥의 분석과 음절화(syllabication) 혹은 구조분석을 사용할 수도 있다. Kuhn과 Stahl(2000)은 이 단계에서 시행되어야 할 교수는 학생에게 해독능력을 수립할 기회를 제공하여 소리-상징의 대응관계를 인식할 수 있도록 하는 것이라고 주장했다.

2단계: 확정, 유창성 및 활자로부터의 탈피

초등 2, 3학년 학생들은 간단하고 친숙한 구문을 이해하는 데 도움이 될 단어 재인과 해독 기술을 사용하면서 그들이 이미 가지고 있던 기술을 더욱 공고히 하게 된다. 이 시기에 학생들은 자신이 이미 단어 재인에 대해 알고 있던 것들을 확실히 하게 되면서(Kuhn & Stahl, 2000) 읽기를 유창하게 할 수 있게 되고, 두 개 미만의 오류를 보이는 수준에서 학년수준의 읽기자료를 분당 100~140단어의 속도로 읽을 수 있다. 학생은 언어와 이야기 속에서 해독기술을 활용하고 이를 반복하면서 맥락을 활용하는 데 자신감을 갖게 되고, 결과적으로 유창성과 읽기 속도를 향상시키게 된다. 해독과정이 자동화되었을 때(즉, 정확하고 빠르게 읽을 수 있을 때), 학생은 읽기해독에 집중했던 에너지를 읽기이해 기술에 집중할 수 있게 된다. 대부분의 학생들은 지속적인 연습을 통해 얻어진 친숙함의 결과로 단어 재인을 빨리 할 수 있게 된다. 하지만 읽기문제를 가진 학생들은 자동화를 이루기 위하여 반복 연습을 추가적으로 실시해야 한다. 읽기 초기 단계에서 유창성 단계로 옮겨가는 것은 처음에 아기가 걷기에 온갖 신경을 집중하다가 훗날 별 생각 없이도 자연스럽게 걸을 수 있게 되는 경험과 유사하다. 초기 단계에 있는 학생들은 이미 아는 단어는 자동적으로 읽지만 잘 모르는 단어를 접한 후에는 단어를 해독하는 데 필요한 다양한 접근법을 채용한다. 이 단계의 후반부에는 친숙한 단어는 빨리 재인하고 재인하지 못하는 단어는 소리 내어 말하며, 글의 맥락을 이용하여 단어의 의미를 추측할 수 있으며, 운율을 넣어(즉, 끊어 읽기, 강약을 두어 읽기, 억양 넣어 읽기) 읽기 시작한다. 이 단계의 읽기평가에는 읽기 속도와 정확도가 포함되어야 하는데, 이는 학생이 다음 단계로 넘어갈 준비가 되어 있는지의 여부를 결정짓기 위해 필요하다.

3단계: 새로운 것을 학습하기 위한 읽기

초등학교 4학년에서 중학교 2학년에 해당되는 3단계는 읽기 자체를 학습하던 이전 단계와는 달리 학습을 하기 위한 읽기가 시작되는 시기라 할 수 있다. 여기서부터 읽기는 새로운 지식을 습득하고 새로운 감정을 경험하며 새로운 생각이나 태도를 학습하는 데 사용된다. 학생은 다양한 자료를 읽음으로써 풍부한 정보와 어휘개념을 습득한다. 이 단계에서 묵독(silent reading)은 좀 더 큰 단위(예: 이야기 전체 혹은 이야기 모음)에서 시행되고, 단어의 학습은 글자의 재인이나 해독보다는 의미에 더 초점을 맞추어 진행되게 된다. 왜냐하면 학생에게는 그리 친숙하지 않은 추상적이고 기술적이며 문학적인 단어들이 읽기자료에 포함되어 있기 때문이다. 만약 해독을 하는 속도가 느리고 그 기술 또한 정확하지 않다면, 학생은 문맥을 통해 의미를 유추하고 이전 지식을 통해 유사성을 이끌어 내야 하므로 이 시기에 습득해야 할 많은 개념을 습득하는 데 문제를 경험할 수도 있다. 다시 말하면, 읽기문제를 가진 학생들은 읽기해독 기술이 그리 뛰어나지 않음으로 인해 지식을 습득하는 과정에서 장벽에 부딪히게 되고, 결국은 읽기를 통해 학습을 해야 하는 영역에서 문제에 직면하게 된다. 그리고 이 학생들이 가진 빈약한 지식 기반은 그들이 좀 더 복잡한 읽기자료를 이해하는 데 있어도 제약이 될 수 있다. 그러므로 특히 이 시기 동안 읽기문제를 나타내는 학생들은 이전 시기부터 나타난 결함이 축적되어 영향을 미치기 때문에 좀 더 효과적이고 효율적인 교수를 필요로 하게 된다.

4단계: 다양한 관점의 습득

중·고등학교 수준의 읽기에서는 학생들이 다양한 관점이나 견해를 다룰 수 있어야 하며 여러 정보 출처에서 얻은 정보를 비교·평가할 수 있어야 한다. 중등학생들은 내용교과에서 복잡한 자료를 읽게 된다. 다양한 형태, 내용, 스타일을 가진 학습자료를 읽고 공부하면서 어려운 개념을 습득하고 새로운 개념과 관점을 학습하는 것을 연습한다. 이 수준에서는 초인지 과정이 매우 중요한 역할을 하는데, 그에는 읽기 도중에 구문을 어떻게 이해하는지를 모니터링하고 평가하는 것이 포함된다. 읽기의 점검을 가르치는 것은 공부하기 기술과 참고자료 사용하기를 교수한 후에 이루어져야 한다. 학생들이 자신이 구문을 이해하는 정도를 잘 점검하지 못하는 이유는 아마도 빠르고 효과적으로 모니터링하는 데 무능력하거나 혹은 글의 주제를 이해하는 데 필요한 정보가 제대로 갖추어지지 않아서일 것이다. 읽기에 문제가 있는 학생들이 교과서를 잘 사용하게 하기 위해서는 그들이 어휘와 일견단어의 양을 증가시킬 수 있도록 도와주는 것이 매우 중요하다. 또한 내용교과의 교과서와 함께 어휘와 배경 지식이 강조된 추가 자료를 개발하는 것은 학습문제를 가진 학생들이 내용교과에서 더 나은 성과를 얻는 데 도움이 될 것이다.

5단계: 읽기를 통한 지식의 구조화와 재구조화

고등교육을 받고 있는 학생들은 자신이 가진 목적과 필요에 따라 책과 신문 기사를 자세히 그리고 깊이 읽는다. 타인이 쓴 글을 읽음으로써 자신의 필요에 맞는 지식을 구조화하게 된다. 일반적으로 이 단계에서 독자는 정보를 종합하고 좀 더 상위수준에 있는 특정한 연구영역에만 제한되는 가정을 수립한다. 그러므로 이 단계에서의 읽기는 매우 전문적인 영역에서의 광범위한 배경지식을 필요로 하게 된다. 독자는 자신의 견해가 옳다는 것을 확인하기 위하여 읽기 구문에서 드러나는 수많은 관점을 종합한다. 이러한 기술은 비판적 읽기를 가능하게 하는 데 도움이 되며 그 근본이 된다(Kuhn & Stahl, 2000). 이 단계에서 고도로 전문화된 지식을 습득하는 것은 3, 4단계에서 습득한 정보의 양에 따라 좌우되는데, 이는 곧 1, 2단계에 발달되는 정확한 해독기술 및 유창성 기술에 따라 달라지게 된다.

Ehri의 일견단어 발달 단계

Chall(1996)이 주장한 확정, 유창성, 활자로부터의 탈피 단계 동안, 독자는 **일견단어**(sight words)의 어휘에 있어 자동성을 발달시키기 시작한다. Ehri(1995)는 일견단어를 독자가 다양한 읽기 상황에서 정확하면서도 즉각적으로 재인하는 단어라고 정의하였다. 그러므로 일견단어란 빨리 재인하고 읽을 수 있게 독자의 장기기억 속에 포함된 단어라고 할 수 있다.

Ehri(1995)는 단어가 그것을 구성하는 활자 모양의 구조를 분석함으로써 일견단어가 된다고 주장하였다. 학습자는 활자를 분석함으로써 단어의 정신적 형상을 만들어 내고, 그 형상을 통해 단어를 보고 좀 더 빠르고 자동적으로 접근할 수 있게 된다. 그리고 단어를 접할 때마다 해당 단어에 대한 기억이 더 강화된다고 하였다. 이와 같은 단어의 변별은 단어의 철자, 의미, 발음에 대한 정보를 포함하게 된다. Ehri(1995)는 일견단어 어휘를 수립하는 것은 4단계—알파벳 전, 부분적 알파벳, 알파벳 그리고 통합 알파벳 단계—를 거쳐 이루어진다고 주장했다.

알파벳 전 단계

Ehri(1995)가 설명한 알파벳 전 단계는 Chall(1996)의 읽기 전 단계와 유사하다. 이 시기의 아동은 글자의 시각적 속성으로부터 일견단어를 기억하게 된다. 예를 들어, 개(dog)라는 단어는 g라는 글자에 꼬리가 달려 있어 기억하고, 맥도날드 레스토랑은 그 금색 아치를 보며 맥도날드라고 이야기한다. 이 시기에 해당하는 학생들은 단어를 판별하기 위해 글자의 모양, 크기 혹은 색에 초점을 맞춘다. Moats(2000)는 어린 학습자는 활자가 소리로 나타나는 메시지를 나타내고 있다는 사실을 알고 있으며, 시각적 패턴을 기계적으로 기억하거나 단어를 읽기 위하여 물리적 혹은 의미적 맥락을 고려하며 단어를 재인한다고 주장하였다. 시각적 전략은 아동이 가진 어휘가 그리 많지 않기 때문에 사용되지만, 어휘의 수가 증가하면 전략 활용의 효과는 그리 크지 않다. 이 시기의 학습자는 단어를 구성하는 글자가 소리를 대변한다는 사실을 알지 못한다. 그러므로 소리-상징의 대응관계를 모른다. 글자를 함께 모을 수는 있으나, 다른 상황에서는 이 글자 조합에 다른 의미를 부여하기도 한다. 아이스크림이란 단어는 한 번은 '얌얌'으로, 다른 상황에서는 '차가워'라는 의미로 쓰일 수도 있다. 이 시기에 적당한 평가와 교수를 위해 선정된 활동에는 음운론적 인식, 알파벳 맞추기, 글자 이름 말하기, 활자개념 관련 활동, 학년수준에 맞는 책을 접하고 읽는 것들이 포함된다. 또한 교사는 큰 소리를 내어 읽기를 하는 중에 학생이 손가락으로 활자 모양을 따라 그려 보도록 하거나, 학생에게 이야기를 읽어 주고 어휘와 내용에 대해 토의할 수도 있다.

부분적 알파벳 단계

Ehri(1995)의 부분적 알파벳 단계에서는 아동이 글자가 구어를 나타내는 소리와 대응한다는 매우 중요한 사실을 알게 됨으로써 단어를 읽는 접근법에 있어 질적으로 큰 변화를 경험하게 된다. 본질적으로 알파벳 원리는 글자와 소리가 서로 관련 있다는 것을 알게 되는 것이다. 독자는 단어 안에 글자와 소리 간 어떠한 연결성이 있다는 사실을 알게 되면서 비로소 일견단어를 읽기 시작한다. 이 단계에서 독자는 기본적으로 처음 혹은 마지막 글자-소리 대응관계에 초점을 맞춘다. Kuhn과 Stahl(2000)은 이 시기에 처음으로 독자가 단어 재인에 있어 알파벳 체제를 사용하기 시작한다고 말한다. 몇 개의 글자 이름과 음운론적 인식도 알게 된다. Moats(2000)는 몇 가지 자음과 관련된 지식〔예: kr은 자동차(car)를 의미함〕을 활용하여 단어의 일부를 소리 냄으로써 읽기와 철자하기를 시작하게 된다고 하였다. 부분적인 알파벳 단계에 해당되는 학생들은 제한적인 소리-상징 대응관계에 대한 지식을 가지고 있다. 여전히 철자체계에 대한 지식〔예: ILTP는 나는 놀기를 좋아해 (I like to play)를 의미함〕이 부족하고 음소와 글자소를 분절하고 대응시키는 방법에 대해 잘 알지 못한다. 따라서 읽기 재인은 아직 완벽하지 못하다. 이 시기에는 단어, 음절, 온셋-라임(onset-rime, 역자 주: 온셋은 우리말의 초성과 같고, 라임은 모음인 중성 이후의 소리를 모두 포함한다.) 그리고 음소수준에서 음운론적 인식훈련을 시행하는 것이 적절하다. 이 외의 활동으로는 대문자와 소문자, 일반적인 일견단어(예: the, I, am, you, is, are)를 빠르게 재인하기, 친구 이름 말하기 등이 포함된다. 또한 학생들은 구어로 표현한 단어의 일부를 활자 단어로 전환하는 연습을 하고 학년수준에 해당하는 책을 읽으면서 읽기를 계속해서 연습한다.

알파벳 단계

알파벳 단계는 Chall(1996)의 초기 읽기나 해독 단계에 상응한다. Kuhn과 Stahl(2000)은 이 시기에 독자가 어떻게 대화 속에서 대부분의 글자소가 음소를 나타내는지를 재인하게 된다고 이야기한다. Moats(2000)는 단어를 소리 내고 음성학적으로 그 단어의 철자를 말하는 과정이 출현하게 된다고 하였다. 그러므로 아동은 단어가 갖는 말소리 모두가 글자와 대응될 필요가 있다는 사실을 구분하기 시작한다. 이 시기에는 아직 단어를 소리 내는 기술은 잘 발달되지 않는데, 그 이유는 소리와 상징을 차례로 대응시키는 데 너무나 많은 에너지가 소모되기 때문이다(Moats, 2000). 독자는 유사한 철자를 가진 다른 소리가 있다는 것을 빠르게 인지하기 시작한다. 연습한 규칙적인 단어와 불규칙적인 단어에 있어 일견단어 어휘가 빠르게 발달한다. 이에 아동은 단어의 일부뿐 아니라 음소분절을 나누어 보고 혼합하며 음소를 단어로 합치는 연습을 해야 한다. 교사는 학생이 '글자 묶음' (예: ing, est, ed, all, old, pre)과 여러 단어 중에 이 묶음이 나타나는 것을 인지하도록 도울 수 있다. 또한 학생은 모르는 단어를 소리 내기 위해 문장을 쓰고 글자-소리 대응 지식을 사용하는 것을 연습할 수 있다. 학생은 계속해서 일견단어 어휘를 확장해야 하며 교사는 학년수준보다 약간 높은 수준의 읽기자료를 학생들에게 읽어 줄 수 있다.

통합 알파벳 단계

Ehri(1995)의 통합 알파벳 단계는 Chall(1996)의 확정, 유창성 및 활자로부터의 탈피 단계와 유사하다. 이 시기 동안 아동은 많은 단어의 소리-상징 관계를 학습하는 데 있어 상당한 진보를 보이게 된다. 서로 다른 단어를 통해 나타나는 비슷한 글자 패턴에 대한 지식은 지속적으로 발전한다. 활자체제에 대한 기억 하중은 점차 감소하게 되는데, 이는 학습자가 글자가 다양한 단어의 철자와 함께 동시에 나타나는 방법에 대해 인식하기 때문이다. 학습자는 단어의 부분을 음소, 음절, 형태소 수준에서 더 잘 인식할 수 있다. 그러므로 철자하기 패턴으로 자주 나타나는 단어의 의미 있는 '묶음' (예: -s, -ed, -ing, -pre, -ab, -ad와 같은 형태소)으로 인식하기 시작한다. 본질적으로 이 시기의 독자는 단어에서 나타나는 철자하기 패턴을 일반화하기 시작한다. 또한 새로운 단어를 해독하기 위해서 유사성을 사용한다(즉, 만약 ball이 /b/a/l/이라면 tall은 /t/a/l/일 것이다.). 최종적으로 이 시기의 학생들은 단어 재인을 보다 정확하고 자동적으로 하게 되고 일견단어도 매우 빠른 속도로 확장되기 시작한다. 이 시기에 학생들은 유창성이 수립될 때까지 이야기를 소리 내어 읽는 연습을 해야 하고 자기의 읽기수준에서 책과 읽기자료를 읽고 이해하는 기회를 가져야 한다. 교사는 새로운 어휘를 강조하고 단어의 활자소와 음운론적인 특성을 지적해 줄 수 있다. 또한 교사는 학생에게 설명문을 소개함으로써 학생이 새로운 정보를 습득하기 위해 읽기를 할 수 있도록 준비시키고 읽기이해 전략을 몇 가지 소개해 줄 수 있다.

초기 문해력

광범위하게 시행된 연구문헌에 의하면 아동기 초기의 활자 및 언어 관련 경험은 훗날 읽기학습의 성공과 크게 관련이 있다. 예를 들어, 글자에 관련된 지식, 음소 변별과 단어가 별개의 단위로 구성되어 있다는 사실에 대한 이해가 훗날 읽기학습 성공을 가름할 수 있는 지표가 된다는 것이다(Adams, 1990; Lyon, 1995a; Snow, Burns, & Griffin, 1998). 지난 10년 동안, 음운론적 인식의 개념은 언어 초기에 발달되고 이후의 읽기 및 철자하기에서 성공하는 데 필요한 것으로 알려져 있다. 음운론적 인식

(phonological awareness)은 구어가 일련의 개별적인 소리로 구성되어 있다는 것을 인식하는 능력으로 정의한다. 근본적으로 음운론적 인식은 말로 나타난 단어에서 개별 소리를 인지하고 생각하고 조작할 수 있는 능력이다(*Put Reading First*, 2001). 음운론적 인식기술을 평가하기에 앞서 아동이 가진 활자에 대한 기본 개념(즉, 페이지 위에 쓰인 기호와 구부러진 선 등이 단어라는 것을 이해하고 단어가 의미를 가지고 있다는 사실을 이해하는 것)이 반드시 먼저 평가되어야 한다. 또한 아동은 단어가 무엇이라는 것을 알고 또 단어를 기호의 지시 대상물(예: 사자라는 단어를 보고 짖는다가 아닌 으르렁거린다는 것을 인식하는 것)과 구별할 수 있어야 한다. 초기 문해력 평가에는 활자에 대한 기초 개념과 음운론적 인식이 포함된다. 만약 아동이 유치원에서 공식적으로 읽기학습을 시작하기 전에 위의 초기 문해력 기술을 학습하지 못했다면 읽기학습에서 실패할 가능성이 매우 높다(Moats, 2000).

Uhry(1999)는 난독증이나 읽기문제를 가진 학생들은 알파벳 원리를 이해하는 데 문제를 경험한다고 주장했다. 음운론적 인식의 결함 때문에 읽기에 문제를 가진 많은 학생들은 단어를 구성하는 소리를 일반화하는 데 실패한다. 예를 들어, hat이라는 단어를 읽는 학생은 단어 hat의 /h/ 소리가 hop이란 단어의 /h/ 소리와, 혹은 단어 cat의 /c/ 소리가 cup의 /c/ 소리와 같다는 사실을 인지하지 못할 수도 있다. 이 학생들이 알파벳 원리를 이해하는 데 어려움을 보이는 두 번째 이유는 그들이 갖는 해독(decoding)의 문제가 암호화(encoding)로 전이되는 데 어려움을 경험하기 때문이다(Wagner & Torgesen, 1987). 해독은 단어를 보고 단어를 구성하는 글자의 소리를 결정하는 것이다. 암호화는 단어를 듣고 나서 단어가 나타내는 글자를 만들어 내는 것이다. 그러므로 해독이 기본적으로 단어 재인을 포함한다면, 암호화는 철자와 관련이 있다. 학습자가 알파벳 원칙을 학습하는 데 어려움을 겪는 세 번째 이유는 제한된 단기기억력 때문이다. 그들은 단기 혹은 작동 기억으로부터 글자-소리의 연결을 평가하는 데 문제를 경험한다(Levin, 2002). 학습자가 문제를 경험하는 네 번째 이유는 활자와 소리를 너무 천천히 처리하기 때문이다. 이러한 네 가지 음운론적 과정 결함 각각은 효과적인 처치방법을 통해 향상될 수 있다(Torgesen & Wagner, 1998). 그러므로 빠른 처치를 시작하기 위해서는 이러한 영역의 결합을 가능한 한 빨리 판별하는 것이 매우 중요하다. 음운론적 인식기술의 평가와 글자, 단어, 소리 처리의 과정을 평가하는 것은 이 장 전체를 통해 다루어진다.

3,959명의 중등 고학년 학생들을 대상으로 한 국가단위의 종단연구에서, Hanson과 Farrell(1995)은 유치원에서 공식적인 읽기 프로그램을 배운 학생들이 그 프로그램을 배우지 못한 다른 학생들과 비교하여 더 나은 수행을 보인다는 것을 밝혀냈다. 연구자들은 다음과 같은 결론을 내리고 있다(p. 929).

> 이 연구의 주요한 결과를 간단히 말하면, 유치원에서 읽기를 배운 학생은 고등학교 고학년 때 측정한 읽기기술(현재 읽기능력과 읽기 태도 및 행동)과 다른 교육지표(교정, 성적과 출석, 학업 트랙)에 있어 우월함을 나타낸다. 그리고 이러한 결과는 학교구, 학교뿐 아니라 인종, 성, 사회계급에도 적용된다. 또한 유치원에서 읽기를 배운 것의 부정적인 효과에 대한 증거는 어디에서도 찾을 수 없다. 종합하면, 이 결과는 유치원에서 읽기를 가르치는 정책에 대하여 전적인 지원을 제시한다.

공식적인 읽기교수가 시작되기를 기다리는 것은 여러 가지 부정적인 함의를 갖는다. 연구에서 보면 3학년까지 읽기를 배우지 않은 74%의 아동은 성인이 되어서도 읽기를 잘 하지 못한다(Lyon, 1995a). Juel(1988) 또한 1학년 말에 읽기를 잘 못하는 아동의 88%는 4학년 말에도 여전히 읽기를 잘 하지 못한다고 하였다. 그리고 신경학적 연구에서 보면 일부 아동이 나타내는 단어 재인 기술의 결함은 왼쪽 측두엽 부분의 두뇌 활동이 평균 이하의 수준으로 나타나기 때문이다(Lyon, 1995a). 이 아동들은 초기 음운론적 인식훈련을 받았을 때 비로소 성공적인 독자가 될 수 있다.

3세 이전의 초기 문해력 기술 발달의 연구에서는 언어-읽기 기술은 공식적인 읽기교수를 받기 훨씬 전부터 발달된다는 사실을 강조하였다. Dickinson과 McCabe(2001)는 초기에 발달하는 기술이 아동의 언어와 문해력에 있어 중요한 요소로서 주목할 만한 안정성을 가진다는 것을 연구를 통해 알 수 있다고 하였다. McCardle, Cooper, Houle, Karp와 Paul-Brown (2001)은 초기 문해 발달의 중요성을 강조하였다. "발달적 경험, 특히 어휘, 언어 그리고 일반적인 의사소통 기술을 향상시키는 경험은 문해력을 수립할 수 있는 확실한 기반을 마련하는 데 도움을 줄 수 있다. 여기에는 책을 읽거나 글쓰기, 그리기와 색칠하기 같은 소근육 활동이 해당된다."(p. 253) 교육자, 학부모, 양육자는 모든 학생의 읽기능력을 향상시키기 위하여 이러한 주요 기술에 초점을 맞추어야 한다. Snow 등(1998)은 이런 기술에는 책 표지를 보고 어떤 책인지를 알아보는 것, 책을 읽는 시늉을 하는 것, 양육자와 책을 함께 보는 것, 책과 적절한 상호작용을 하는 것, 그리고 책에 나온 사물에 이름을 붙이는 것과 이야기를 듣는 것이 포함된다고 하였다.

초기 문해력을 촉진하기 위하여 Pullen과 Justice (2003)는 음운론적 인식(예: 운율 찾기, 음운 바꾸기, 혼성하기, 분절하기), 활자 인식(예: 성인-아동 이야기책 함께 읽기, 활자가 풍부한 연극)과 구어(예: 상황극과 상호적인 읽기)의 영역에서 활동을 제공하였다. 또한 Allor와 McCathren(2003)은 초기 문해기술의 발달을 촉진하기 위하여 유목적이고 발달론적으로 적합한 이야기책 읽기 활동을 제시하였다.

활자개념

나이가 비슷한 아동이라 할지라도 활자와 관련된 능력과 경험이 다양하기 때문에 활자와 관련된 개념 역시 아동마다 상당히 다른 모습을 보일 수 있다. 그러므로 아동의 나이에 적절한 책을 사용하여 아동의 활자개념에 대해 평가할 수 있다. 아동은 다음의 과제를 수행할 수 있다.

- 책의 앞면과 뒷면을 가리키기
- 활자가 메시지를 나타낸다는 인식이 있음을 보여주기
- 책의 페이지를 펼치면 어디에서 읽기를 시작하는지 보여 주기
- 한 단어를 가리키고 나서 두 단어 가리키기
- 단어를 읽는 방향(즉, 왼쪽에서 오른쪽)을 알기
- 한 줄을 끝까지 읽고 나서 다음 줄로 내려가 읽어야 함을 알기
- 처음과 마지막의 개념을 이해하는 것을 보여 주기
- 왼쪽 페이지에서부터 오른쪽 페이지로 읽어 가는 것을 알기
- 마침표에서 읽기를 멈추는 것을 알기
- 쉼표에서 읽기를 잠시 멈추는 것을 알기
- 한 줄을 구성하는 단어의 수 세기
- 한 글자만 가리키기
- 대문자 가리키기
- 페이지의 위와 아래를 구분하기
- 그림의 위와 아래를 구분하기

음운론적 인식

언어의 구성 요소

읽기를 하기 위해서는 아동이 말의 흐름이 음소로 나누어질 수 있으며 음소는 단어를 만드는 데 사용되는 최

소 단위라는 것을 알고 있어야 한다. 음운론적 인식은 단어, 음절, 온셋-라임, 그리고 음소로 구성된 4단계의 언어 위계와 관련이 있다. 이 중 단어인식이 가장 쉽고 음소인식이 가장 어렵다.

1. **단어.** 매우 어린 아동도 말의 흐름이 단어로 구성되어 있다는 것을 쉽게 인지한다. 아동이 여러 단어의 조합 속에서 한 단어만을 말할 때는 이미 단어 수준의 음운론적 인식이 이루어졌다고 볼 수 있다. 단어인식을 평가하고 향상시키는 활동으로는 문장 안에서 단어의 수를 세어 보는 것이 있다.
2. **음절.** 음절은 단어 안에서 가장 구별이 쉬운 단위다. 대부분의 아동은 최소한의 교수만으로도 단어를 분절하는 능력을 습득한다. 단어를 소리로 듣고 음절의 수를 세어 보는 것은 음절수준의 인식을 평가하고 교수하는 데 사용될 수 있는 활동 중 하나다.
3. **온셋과 라임.** 음절은 온셋(onset)과 라임(rime)으로 나뉘는데 음소 사이의 분석을 하는 중간 단계로 사용될 수 있다. 온셋은 음절에서 모음 전에 나타나는 부분(예: pink에서 p, split에서 spl)을, 라임은 음절의 나머지 부분(예: cup에서 up, brown에서 own)을 말한다. 모든 음절은 반드시 하나의 라임을 가지고 있지만 온셋이 반드시 포함되어 있을 필요는 없다(예: and, off, up). 학생에게 음절을 온셋과 라임으로 나누도록 하는 것은 이들 요소를 평가하고 교수하기 위한 활동이 된다.
4. **음소.** 음소는 소리의 최소 단위다. 음소인식은 음소(소리)와 글자소(활자) 간의 관계에 적용될 수 있는 음운론적 인식과는 다르다. 음소인식 기술은 음소를 감지하고 분절하며 혼합할 수 있고 단어에서 그 순서를 조작할 수 있는 능력이다(Adams, 1990). 말의 흐름에서 음소는 인접한 다른 음소의 발음에 영향을 미치기 때문에 순수한 의미에서 음소는 분절이 불가능하다. 음소인식은 음절이나 음절 내 분석에 비해 훨씬 더 복잡하고 어렵다. 음절 혹은 단어에서 음소를 판별하도록 하는 것은 음소인식을 평가하고 가르치는 과제가 된다.

음운론적 인식과제

단어, 음절, 온셋과 라임, 음소의 음운론적 인식 요소가 위계를 가지고 발달되어야 한다는 사실을 이해했다면 음운론적 인식을 평가하는 데 사용하는 과제의 수준을 잘 고려해야 한다. 음운론적 인식을 평가하는 과제는 일반적으로 3~7세의 아동에게 사용된다. 과제의 난이도는 다음과 같다.

처음 4개의 과제는 유아원을 다니거나 이제 막 유치원에 입학한 학생들을 대상으로 하는데, 이상한 단어 찾기, 단어로 문장 나누기, 음절로 단어 나누기, 단어의 첫소리와 끝소리가 같은 소리 찾기 등이 포함된다.

1. **이상한 단어 찾기**에서 아동은 언어의 단위가 단어라는 것을 인식하고, 말로 표현된 3~4개 단어의 유사성과 차이점을 비교할 수 있어야 한다. 예를 들어, 아동에게 3~4개 단어를 말해 주고 어떠한 단어가 관련이 없는지를 말하도록 한다. 이들 단어는 첫소리(예: pig, hill, pal), 중간소리(예: pin, gun, bun), 혹은 끝소리(예: doll, hop, rap)가 다를 수 있다. 일반적으로 첫소리에서 이상한 점 찾기의 과제는 앞소리를 바꾸는 것에, 그리고 중간소리와 끝소리에 이상한 점을 찾고자 할 때는 운율을 감지하도록 하는 것에 초점을 맞춘다. 이 과제는 음절을 세분화하는 능력을 요하지 않는다.
2. **단어로 문장 나누기**는 아동이 문장을 듣고 들은 단어의 수를 세도록 한다(예: 글자 수에 맞게 가볍게 발을 구르게 하거나 박수 치기, 걸음 걷게 하기 등의 방법으로). 예를 들어, 아동은 'Jiggles jumped over the hole.' 이란 문장을 들으면서 아동이 5번 발을

가볍게 구르거나 혹은 문장 전체를 반복하여 말하면서 단어 하나하나를 말할 때마다 손벽을 친다. 이 과제는 단순하게 아동이 단어를 인식하고 몇 개의 단어를 들었는지에 맞게 수를 세어 보도록 한다.

3. **음절로 단어 나누기**는 소리로 표현된 한 단어에서 음절을 인식하는 것으로 단어에서 음절의 수를 세도록 한다(가볍게 발 구르기, 박수 치기, 걷기 등의 방법으로). 예를 들어, cat이란 단어가 주어졌을 때 아동은 발을 한 번 굴러야 하고, candy라는 단어가 주어졌을 때는 두 번 굴러야 한다. 이 과제는 단어 안에서 음절을 분석하는 것이 포함되어 있기 때문에 앞의 이상한 단어 찾기보다는 좀 더 복잡하다. 만 4세 및 유치원 아동의 약 50% 정도, 초등 1학년 학생의 90% 정도가 단어를 음절로 나눌 수 있다(Smith, 1995).
4. **소리 맞추기**는 말로 표현된 단어에서 비슷한 소리를 찾아내는 것이다. 아동은 4개의 단어를 먼저 듣고 난 후에 처음 들은 단어의 첫소리, 중간소리, 끝소리를 기초로 하여 이와 같은 단어를 찾도록 한다. 예를 들어, 첫소리를 맞추는 과제에서는 교사가 'card–farm, had, cake'라는 단어를 불러주면 아동이 cake을 card와 연결시키면 된다. 또한 이 과제는 아동으로 하여금 소리에 맞게 그림을 맞추는 것으로 변형시킬 수도 있다. 유치원생의 약 50%가 단어가 두 개 있을 때 같은 소리로 시작하는지 혹은 끝나는지에 대해 말할 수 있다(Smith, 1995).

다음의 세 가지 음운론적 인식과제는 유치원 아동에게 적절하다. 그것을 소리 혼합하기, 단어 조작하기 그리고 음절 나누기다.

5. **소리 혼합하기**는 아동이 단어를 구성하는 2~4개의 소리를 합치는 것을 말한다. 예를 들어, 교사가 '/l/……/a/……/m/……/p/'로 말하면 아동이 모두를 합쳐 lamp라고 소리 내는 것이다. 이 과제를 수행하기 위해서는 개별적인 소리를 함께 합쳐서 하나의 단어로 만드는 지식이 필요하다(Adams, 1990). 설사 아동이 단어를 구성하는 개별 소리를 안다 하더라도 그것을 혼합하는 것은 단순히 소리를 빠르게 말하는 것보다 훨씬 더 추상적이다. 유치원생의 65%가 이 과제를 정확히 수행한다고 한다(Smith, 1995).
6. **단어 조작하기**는 단어의 일부를 떼어내어 그 부분을 제외하고 말하는 능력을 요한다. 과제의 난이도가 조절되었을 때, 이 과제는 유치원생과 초등학교 1학년 초기에 쓰는 것이 적절하다. 합성어, 짧은 단어, 소리 분절이 쉽게 될 수 있는 단어는 만 5~6세 아동에게 적당하다. 예를 들어, 교사가 "football을 foot 없이 말해 봐."라고 하면 아동은 football을 ball로 말해야 한다. 또는 교사가 "tall에서 /t/ 없이 말해 봐." 하면 아동은 /t/ 없이 all이라고 말한다. 대부분의 유치원생들에게 "/v/ 소리 없이 driver를 말해 보렴."(drier)이란 과제는 너무 어렵다.
7. **음절 나누기**는 단어나 음절의 첫 음소를 떼어내어 첫 음소 혹은 나머지 부분을 이야기하도록 하는 것이다. 예를 들어, 교사가 아동에게 첫 음소를 말하라고 하면 아동은 bear라는 단어에서 /b/를 말해야 한다. 혹은 교사가 아동에게 단어 feel에서 첫 음소 이외의 나머지 부분에 대해 말하라고 하면, 아동은 feel이라 하고 곧이어 eel이라고 한다. 이 과제는 아동에게 단어를 음소의 연결체로 생각하지 않고 단지 음절의 소리에 주의를 기울이고 첫 음소를 분리해 내는 기술을 필요로 한다. 그러므로 아동은 음소보다는 온셋과 라임의 관점에서 생각하면 된다.

대부분의 아동은 음소 분절과 음소 조작의 과제를 수행하기 전에 약간이기는 해도 공식적으로 읽기교수를 받아야 할 필요가 있다. 그러므로 초등 1학년의 후반부에서나 이 과제를 수행할 수 있을 것이다. 음소 분절 및 조작은 초기 읽기기술의 습득 여부를 추측할 수 있는 강력한 요소가 된다 (Adams, 1990).

8. **음소 분절하기**는 음절을 듣고 그것을 구성하는 음소로 나누는 것을 의미한다. 예를 들어, 교사가 mat이라고 하면 아동은 가볍게 발을 구르거나 박수를 치거나 걷기를 3회〔1회당 음소 한 개를 나타냄 (/m/, /a/, /t/)〕 실시한다. 대부분의 단어에서 개별 음소가 잘 구분되지 않기 때문에 이 과제는 어렵다. 각 음소의 특성은 인접한 소리 요소와 연결되기 때문이다. 일반적으로 만 4세 아동은 이 과제를 수행하지 못하고 5세 아동은 아주 소수만이, 그리고 6세 아동은 대부분이 이 과제를 성공적으로 수행한다.
9. **음소 조작하기**는 아동이 특정한 음소를 첨가, 이동, 삭제하고 단어 혹은 비단어를 다시 만들어 내는 것을 말한다. 예를 들어, 아동은 첫소리, 중간소리 혹은 끝소리 없이 단어를 발음할 수 있다(예: /h/ 없이 hill, /k/ 없이 monkey, /k/ 없이 pink). 또한 음절을 구성하는 음소의 순서를 바꿀 수도 있다 (예: tap을 거꾸로 이야기하여 pat).

음운론적 인식을 발달시키는 것은 아동이 앞으로 읽기와 철자하기에서 성공하게끔 도와준다. 게다가 글자의 이름과 소리를 학습할 뿐 아니라 발음법 교수에도 도움이 된다. 글자 관련 기술을 평가하는 좋은 방법은 아동으로 하여금 개별 글자를 말하도록 하고 그 소리를 발음하며 해당 글자로 시작하는 단어를 말하게 하는 것이다. 음운론적 인식을 가르치는 활동은 8장에서 살펴볼 수 있다.

읽기기술의 평가

평가는 학생들의 현재 읽기수준을 나타내 줌과 동시에 학생이 가진 강약점을 지적하고 교수 계획을 수립하는 데 도움을 줄 수 있다. 상업용 측정도구와 비공식적인 측정도구 모두를 유용하게 사용할 수 있다. 학생의 읽기능력과 관련하여 유효한 정보를 얻기 위해서는 교사가 다양한 평가도구—표준화 검사, 관찰, 비공식적인 검사—를 사용해야 한다. 교사가 얻고자 하는 정보는 사용할 평가도구의 형태를 결정하는 데 도움을 준다. 예를 들어, 집단으로 실시하는 언어성취 검사는 전체 학급의 읽기수준에 대한 정보를 제공하는 반면, 비공식적인 평가를 통해 개별적으로 시행하는 평가는 한 학생이 보이는 특정 기술과 그 능력에 대한 정보를 알려 준다. 이 장의 후반부에서는 다양한 공식, 비공식 검사의 기법과 도구에 대해 소개한다.

공식적인 읽기평가

상업용 검사의 상당수는 표준화되어 있어 많은 수의 학생들에게 사용할 수 있다. 이러한 규준참조검사는 교사로 하여금 개별 학생이 보이는 수행을 표준화된 집단의 수행과 비교할 수 있게 해 준다. 표준화 읽기검사로부터 도출된 점수는 읽기 학년수준, 읽기 연령점수, 백분위, 스테나인 점수(Stanine scores, 역자 주: 평균 5, 표준편차 2인 단일점수 체계)와 같이 여러 형태로 보고될 수 있다. 그러나 규준참조검사는 그 시행과 점수 산출, 해석 절차를 엄격하게 지켜야 한다. 규준참조검사 외에 일부 상업용 검사는 준거참조검사의 형태를 띠기도 한다. 이 검사는 수행을 비교하기보다는 묘사하고 학생이 특정 교수목표를 성취했는지의 여부를 결정할 때 사용할 수 있다. 다음은 진단 · 성취도 검사와 규준참조검사에 대한 설명이다.

진단 및 성취도 검사

일반적인 성취도 검사는 다양한 교과영역에서 학생의 능력을 평가하는 데 사용된다. 읽기 하위검사를 포함하고 있는 성취도 검사는 학생의 읽기성취의 전반적인 사항을 파악하기 위한 측정도구로 활용되기도 한다. 주로 이러한 검사는 규준참조검사이고 표준화된 표본의 규준과 비교할 수 있는 객관적인 결과를 산출한다. 읽기 설문지 검사는 성취도 검사처럼 읽기기술만을 측정하고, 한 학생이 보이는 일반적인 읽기능력의 범위를 나타낼 수 있다. 성취도 검사와 읽기 설문지 검사가 선별검사 도구로 사용되면 현재 읽기문제를 경험하거나 앞으로 추가적인 도움을 필요로 하는 학생들을 골라낼 수 있다. 읽기 하위검사를 포함한 읽기 설문지 검사와 성취도 검사는 다음과 같다.

- 게이츠-맥지니티 읽기평가 제4판(MacGinitie, MacGinitie, Maria, & Dreyer, 2000): 단어 해독, 어휘, 독해의 평가
- 아이오와 읽기 기본기술 평가(Hoover, Dunbar, & Frisbie, 2001): 단어분석, 어휘, 독해의 평가
- 카우프만(Kaufman) 교육성취검사 제2판(Kaufman & Kauffman, 2004): 읽기해독 및 독해의 평가
- 메트로폴리탄 성취검사 제8판(2000): 초기 문해력, 읽기어휘, 독해의 평가
- 우드콕-존슨(Woodcock-Johnson) 성취검사-3(Woodcock, McGrew, & Mather, 2001): 단어 글자의 판별, 단어 읽기(word attack), 읽기 유창성, 읽기어휘, 구문 해독의 평가

개략적인 정보를 제공하는 성취도와 일반적인 읽기 설문지 검사와 달리, 읽기 진단검사는 읽기능력과 장애에 대하여 좀 더 자세하면서도 전반적인 분석내용을 알려 준다. 일반적으로 진단검사는 더 많은 하위검사를 포함하고 특정한 읽기기술과 관련된 검사 항목이 있다는 점에서 성취도 검사와는 좀 다르다. 여기서는 학생이 어떻게 읽는지를 밝혀낸다. 진단검사는 읽기 하위검사를 통해 학생의 강약점을 밝혀냄으로써 적절한 개별화 교육 프로그램을 계획하는 데 유용하고 자세한 정보를 제공한다.

읽기 진단검사의 도구는 다양한 읽기의 하위 기술을 측정하기 위해 개발되었다. 여러 하위검사를 통해 단어 분석, 단어 재인, 독해 및 다양한 읽기 관련 기술에서 학생의 수행을 표집할 수 있다. 일부 읽기 진단검사를 통해서는 특정 읽기영역에서 학생의 능력을 측정할 수 있다. 〈표 7-1〉에서는 주요 표준화 읽기 진단검사 도구와 특정 기술을 측정하는 평가도구를 목록으로 제시하

학생의 읽기를 들음으로써 교수 계획에 필요한 정보를 얻을 수 있다.

〈표 7-1〉 표준화된 읽기 진단검사

검사	학년수준	평가영역
종합검사 도구		
스탠퍼드 읽기진단검사 제4판(Karlsen & Gardner, 1995)	1~13	음성분석, 어휘, 이해, 훑어 읽기
이 검사는 집단으로 시행하는데 규준참조검사와 준거참조검사 모두 가능하다. 색으로 변별되는 6개 수준이 있으며 이 수준에는 4개 기술영역의 하위검사는 포함되지 않는다. 예를 들어, 음운분석은 첫 3개 수준에만 포함되어 있으며 훑어 읽기(scanning)는 마지막 3개 수준에서 평가된다. 마지막 3개 수준에서는 2개 양식이 사용된다. 백분위, 스테나인, 학년 동치값, 척도 점수가 산출됨과 동시에 평가 결과로 특정 읽기 기술에서의 강약점을 판별할 수 있다.		
우드콕 읽기숙달평가 개정판(Woodcock, 1998)	유치원~대학생 및 성인	시각-청각 학습, 글자 재인, 단어 재인, 단어 읽기, 단어 이해, 단락 이해
이 검사도구는 (읽기 준비도, 기본기술, 이해에서) 종합점수, 읽기 총점과 파생점수(학년 동치, 연령 동치, 백분위, 표준점수 등)를 낼 수 있다. 이 검사는 2개 양식으로 구성되어 있으며(그 하나는 시청각 학습과 글자 판별이 생략됨), 컴퓨터 채점 프로그램이 점수를 계산하고 점수 결과를 출력하는 데 사용된다.		
특정 기술 평가		
음운론적 처리 종합검사(Wagner, Torgesen, & Rashotte, 1999)	유치원~대학생	음운론적 인식, 음운론적 기억, 빨리 이름 말하기
이 검사는 음운론적 능력이 또래에 비해 현저하게 낮은 학생을 판별하고 그들의 강약점을 결정하는 데 사용된다. 2개 수준이 있다. 낮은 수준에서는 5~6세 아동을 위한 7개 핵심 하위검사와 1개의 보충검사가 있고, 좀 더 높은 수준에서는 7세 이상의 아동을 위한 6개 핵심 하위검사와 8개의 보충검사가 있다. 핵심 하위검사는 음운론적 처리능력을 평가하고 보충검사는 특정 음운론적 강약점에 대한 추가 정보를 제공한다. 하위검사는 음운론적 인식(즉, 발음 생략, 단어 합성, 소리 연결, 비단어 합성, 비단어 분절), 음운론적 기억(즉, 자릿수의 기억, 비단어 반복), 빨리 이름 말하기(즉, 빨리 색 이름 말하기, 사물 이름 말하기, 숫자 말하기, 글자 이름 말하기) 그리고 추가적인 진단 하위검사(즉, 음소 반전과 단어 분절)에 따라 분류된다. 핵심 하위검사는 약 30분간 개별적으로 실시되며 백분위, 표준점수, 연령 동치와 학년 동치값이 제시된다.		
DIBELS: 초기 문해 기초기술의 역동적 지표(Good & Kaminski, 2002)	유치원~3	음운론적 인식, 알파벳 원칙, 읽기 유창성
DIBELS는 초기 문해력 발달을 측정하는 표준화된 개별 검사다. 1분짜리 유창성 측정도구는 읽기 전이나 초기 읽기기술의 발달을 정기적으로 점검하기 위해 고안되었고, 문제를 가진 학생을 판별하는 데 사용할 수 있는 선별검사도 될 수 있다. DIBELS는 훗날 읽기 능숙도를 예견할 수 있는 초기 문해의 3개 영역, 즉 음운론적 인식(즉, 첫소리 유창성, 음운론적 분절 유창성), 알파벳 원칙(즉, 의미 없는 단어 유창성), 구문 읽기에서의 유창성(즉, 구어 읽기 유창성)을 평가한다. 한 학년 동안 다양한 양식을 사용하여 반복 측정 가능하다.		
그레이 구어읽기평가(GORT) 제4판(Wiederholt & Bryant, 2001)	1~12	읽기 오류, 읽기 속도, 이해
이 검사는 2개의 양식으로 구성되어 있는데, 각각은 발달적으로 계열적인 14개 단락으로 구성되어 있다. 각 단락에는 5개의 읽기이해 질문이 포함되어 있다. 학생이 큰 소리로 읽으면 교사는 학생이 각 단락을 읽는 데 걸린 소요시간, 읽기의 특성, 오류를 기록한다. 각 단락을 읽은 후에는 이해 확인 질문을 한다. 오류분석을 수행하는 체제는 의미 유사성, 기능 유사성, 글자소/음소 유사성과 자기 교정의 4개 영역에서 정보를 만들어 낸다. 표준점수, 백분위, 학년 동치값이 제시된다. GORT 제4판과 함께 사용되는 그레이 진단 읽기평가 제2판(Bryant, Wiederholt, & Bryant, 2004)은 연결된 활자를 읽는 데 어려움이 있는 학생을 평가한다. 4개 핵심 하위검사는 글자-단어 판별, 음운론적 분석, 읽기어휘, 의미 있는 읽기의 영역을 평가하고 3개 보충 하위검사는 듣기어휘, 빨리 이름 말하기, 음운론적 인식에서의 기술을 측정한다.		
초기 읽기능력 검사 제3판(Reid, Hresko, & Hammill, 2001)	유아기~3	알파벳, 양식(conventions), 의미
이 검사는 아동의 초기에 발달되는 읽기기술의 숙달 여부를 평가한다. 3개의 하위검사로는 알파벳과 그 사용 관련 지식(예: 글자 이름 말하기)을 측정하는 '알파벳', 활자양식의 지식을 측정하는 '양식'(예: 책 읽기), 활자로부터 의미를 구성하는 것을 측정하는 '의미'가 포함된다. 2개의 대안적 양식이 존재하고 실시시간은 약 30분 정도 소요된다.		
음운론적 인식검사(Torgesen & Bryant, 1994)	유치원~2	음운론적 인식
이 검사는 어린 아동의 단어 내 개별 소리 인식을 평가한다. 그리고 읽기교수를 위하여 음운론적 인식을 향상시킬 수 있는 교수 활동으로부터 아동이 혜택을 볼 수 있을지를 알아보기 위해서도 사용될 수 있다. 유치원 학생을 대상을 하는 평가판과 초등학교 저학년생을 대상으로 하는 평가판이 있으며, 개별 혹은 집단으로 실시가능하다. 검사 소요시간은 20분이다.		

〈계속〉

음운론적 인식기술검사(Newcomer & Barenbaum, 2003)	유치원~5	음운론적 인식
개별 검사로 음운론적 인식에 문제가 있는 학생을 판별하는 데 유용하다. 4개 하위검사(즉, 운율, 불완전한 단어 채우기, 소리 연결하기, 소리 삭제하기)가 소리 비교, 음소 합성, 음소 분절의 3개 음운론적 인식영역을 측정한다. 이 검사는 15~30분이 소요되며 백분위, 연령동치값, 표준점수를 산출할 수 있다.		
읽기이해검사 3판(Brown, Hammill, & Wiederholt, 1995)	2~12	일반 어휘, 구문론적 유사성, 단락 읽기, 문장 순서
이 검사는 8개의 하위검사가 포함되어 있으며 집단 혹은 개별로 실시가능하다. 4개의 일반 이해 핵심 하위검사에 덧붙여 수학어휘, 사회과 어휘, 과학어휘 및 학교과제의 지시사항을 읽는 것과 관련된 4개의 보충 하위검사로 구성되어 있다. 표준점수, 학년 및 연령 동치값, 읽기이해 지수를 산출할 수 있다.		
단어 음독 유창성 검사(Mather, Hammill, Allen, & Roberts, 2003)	1~12	단어 음독 유창성
이 검사는 2개의 동일 양식이 존재하며, 활자화된 글자를 정확하고 효과적으로 재인하는 학생의 능력을 측정한다. 단어가 열의 형태로 난이도 수준에 맞게 여유 공간 없이 제시되었을 때, 학생은 3분간 가능한 한 많은 단어를 찾아 단어 사이에 경계선을 그어야 한다. 학생의 현행 읽기수준은 3분 내에 학생이 판별할 수 있는 활자화된 단어의 수를 세는 것으로 이루어진다. 개별 혹은 집단으로 실시될 수 있는 이 검사는 표준점수, 백분위, 연령 및 학년 동치값을 산출한다.		
단어 읽기 효율성 검사(Torgesen, Wagner, & Rashotte, 1999)	1~대학생	단어 읽기 정확도, 유창성
이 검사는 전반적인 읽기능력의 발달에 결정적인 두 단어 읽기기술의 성장을 빠르게 점검하기 위하여 시행될 수 있는 2개의 하위검사(익숙한 단어를 한 단위로 정확하게 재인하는 능력, 단어를 빨리 소리 내어 읽는 능력)로 구성된다. 일견단어 효율성 하위검사는 45초 이내에 정확하게 재인할 수 있는 활자화된 글자(일견단어)의 수를 평가하고, 음운론적 해독 효율성 하위검사는 45초 이내에 정확히 해독할 수 있는 발음 가능한 활자화된 비단어의 수를 계산한다. 각 하위검사는 동일한 난이도로 제시된다.		

고 있다.

준거참조검사

규준참조검사가 한 학생의 수행을 다른 학생들의 점수와 비교했던 것과는 달리, 준거참조검사는 미리 결정된 기준에 따라 학생의 수행을 기술한다. 준거참조검사를 통해 학생이 이미 어떤 기술을 학습했고, 현재 배우고 있는 기술은 무엇이며, 앞으로 어떤 기술을 반드시 배워야 할 것인지를 찾아낸다. 준거참조검사는 학생이 단어가 -ed로 끝나는 것을 재인하거나 ch의 이중자음을 사용할 수 있는가와 같은 특정 목표가 성취되었는지를 평가하고자 할 때도 사용할 수 있다. 검사 항목은 읽기기술의 계열을 평가하는 위계에 따라 제시된다. 개별 기술을 수행한 것이 이미 수립되어 있는 성취 여부를 결정하는 준거(예: 95%의 숙달 정도)에 미치지 못할 때 학생에게 해당 기술에 대한 교수를 제공하면 된다. 만약 학생이 준거에 도달했으면 다음 단계의 기술을 가르친다. 그러므로 준거참조검사는 특정 기술을 완전 습득할 수 있는 기술과 교육과정의 내용 및 교수 목표에 관련된 평가에 초점을 맞춘다. 현재 학생이 보이는 수행을 이전 수행과 비교함으로써 학생의 수행 진전도를 결정한다. 〈표 7-2〉에 3개 준거참조검사에 대한 설명이 제시되어 있다.

비공식적인 읽기평가

비공식적인 평가는 학생의 일상적인 수행을 평가하거나 혹은 측정할 수 있는 읽기기술을 평가하기 위해 교사가 제작한 검사를 시행하는 것이다. 그리고 학생이 보인 읽기 오류를 분석함으로써 학생의 강약점을 결정할 수도 있다. 일반적으로 비공식적인 평가는 두 가지 장점을 갖는다. (1) 공식적인 검사에 비해 시행시간이 짧고, (2) 평가를 위하여 일반적으로 수업시간 중에 사용하는 자료를 사용할 수 있다.

경력교사들은 매일의 학생 수행을 세심히 관찰함으로

〈표 7-2〉 정선된 준거참조 읽기검사

검 사	학년수준	평가영역
브리건스 기초기술 진단평가 개정판(Brigance, 1999)	유치원~중3	단어 재인, 음독, 단어분석, 읽기이해
이 진단도구는 본래 교육목표를 수집하고 목표를 향한 진보 정도를 점검하는 데 사용한다. 각 검사 시점에서 학생용 평가 기록집은 학생의 진보수준을 보여 준다. 또한 학급용 평가 기록집은 교사가 개별 학생의 진보 상황을 계속해서 기록할 수 있도록 한다. 학년 배치검사를 위해 일부 기술이 포함되어 있는데, 몇 가지 읽기검사(즉, 읽기재인 학년 배치검사, 읽기이해 어휘력 학년 배치검사와 단어분석 평가)는 규준화되어 있고 표준점수, 백분위, 학년수준 환산점수가 포함되어 있다.		
캘리포니아 읽기진단검사(1992)	초1~고3	단어분석, 어휘, 읽기이해, 응용
이 검사는 기본적인 읽기기술을 평가하는데, 준거참조 및 규준참조 점수 모두를 산출할 수 있다. 이 검사는 6단계로 나뉘어 있으며, 주요 영역만 골라 대충 읽기(skimming), 훑어 읽기, 읽기 속도를 측정하는 응용영역의 일부를 제외하고는 검사에 시간 제한이 없다. 이 검사는 본래 기본 읽기기술을 습득하는 데 도움이 필요한 학생들을 위하여 효과적인 교정 프로그램을 계획하는 데 필요한 정보를 제공하기 위하여 고안되었다. 교사용 지침서에는 장애 위험성이 높은 아동을 돕는 데 사용될 수 있는 교수 기법과 방법 등이 포함되어 있다.		
표준화 읽기검사도구 제2판	유치원~중2	음·묵독, 단어 재인, 읽기이해
이 평가도구는 비공식적 읽기평가와 비슷하게 읽기 전 단계에서 중학교 2학년 수준까지 학년별로 10개의 읽기 구문으로 구성되어 있다(형식은 두 가지). 읽기 구문은 5개의 저명한 읽기 교재에서 볼 수 있는 일반적인 단어로 구성되어 있다. 학생은 구문을 큰 소리로 읽고, 검사자는 음독 중에 발생한 오류를 기록한다. 그러고 나서 학생은 소리를 내지 않고 같은 구문을 읽고 나서 읽기이해 문제에 답한다. 이 검사의 점수는 학생의 단어 재인과 독해 기술이 독립수준, 교수수준, 좌절수준 중 어디에 있는지 보여 준다. 준거참조검사 혹은 규준참조검사로 모두 이용 가능하다.		

써 진단적 정보를 얻기도 한다. 그들은 학생을 관찰하는 기회를 자주 가지며, 비공식적으로 학생의 읽기기술을 평가하며, 학생이 읽기에 대해 보이는 흥미나 태도에 대한 정보를 획득한다. 또한 구어 읽기나 숙제, 수업 및 시험 상황, 개인적인 독서시간 등을 관찰함으로써 학생의 단어 분석과 독해 기술을 파악한다. 관찰은 아주 짧은 시간 중에도 이루어질 수 있으며 이를 통해 공식적인 검사의 평가 결과를 확인하거나 보충하기도 한다.

다양한 읽기과제에서 학생의 수행을 관찰할 때, 교사는 다음의 질문에 주의해야 한다.

- 학생의 읽기 태도는 어떠한가?
- 학생이 어떠한 부분에 읽기와 관련된 흥미를 보이는가?
- 읽기에서 진보를 보이는가?
- 읽기에서 학생이 보이는 강약점은 무엇인가?
- 구어 읽기 중에 학생은 단어를 더듬더듬 읽는가, 아니면 유창하게 읽는가?
- 학생이 어떠한 오류를 일관되게 보이는가?
- 학생이 어떠한 단어분석 기술을 사용하는가?
- 단어를 재인하기 위하여 맥락 단서를 사용하는가?
- 학생은 괜찮은 수준의 일견단어 능력을 가지고 있는가?
- 학생이 읽기를 하는 도중에 읽기자료의 의미에 주의를 기울이는 것처럼 보이는가?

교사는 관찰한 바를 읽기기술과 행동 체크리스트에 기록할 수도 있다. [그림 7-2]는 Shanker와 Ekwall(2003)에 의해 고안된 24개의 읽기 관련 능력을 진단할 수 있는 체크리스트다. 교사는 개개의 읽기능력을 3번씩 점검하고 강약점을 기록하며 학생의 진보 정도를 차트로 표시한다.

교사의 관찰은 지속적으로 진행되고, 모든 형태의 비공식적인 검사에서 활용된다. 여기서부터는 학년수준 단어 목록, 비공식적 읽기검사, 교육과정 중심 측정, 포트폴리오 평가, 빈칸 채우기 평가, 교사 제작 평가와 같

[그림 7-2] 읽기 진단용 체크리스트

이름: ____________________ 교사: ____________________

학년: ____________________ 학교: ____________________

	1차 점검	2차 점검	3차 점검	D-어려움이 감지됨 P-현재 처리 중 N-더 이상 어려움으로 생각 안 됨	
1				음운론적 인식과 알파벳 지식의 부족	읽기 전
2				단어단위로 읽기	구어 읽기
3				잘못된 구	
4				발음문제	
5				생략	
6				반복	
7				반전	
8				삽입	
9				대치	
10				단어 추측	
11				입술 움직임 어색, 손가락으로 단어 가리키며 읽기, 머리 움직임	
12				기본 일견단어를 잘 알지 못함	해독
13				학년수준에서 나오는 기본 일견단어를 알지 못함	
14				발음법적 문제: 자음	
15				발음법적 문제: 모음	
16				발음법적 문제: 혼성, 이중자음, 이중모음	
17				구조분석상의 어려움	
18				축약어를 잘 알지 못함	
19				문맥 단서를 사용하는 데 부적절한 능력	
20				어휘의 부적절성	이해
21				읽기이해의 부적절성	
22				읽기 속도가 느림	공부기술
23				읽기 속도를 조절하는 데 무능력함	
24				너무 빨리 읽어서 읽기 정확성이 떨어짐	
25				훑어 읽기나 빨리 읽기에 어려움	
26				정보의 위치를 찾는 데 어려움	
27				사전 찾기 기술이 발달 안 됨	기타
28				철자능력의 제한으로 인해 문어 회상 어려움	

*이상의 항목은 학생들이 읽기 프로그램에서 직면하는 가장 일반적인 어려움을 나타낸다. 각 항목은 특정 문제를 표시해 주는 영역이 된다. 일정 간격 동안(즉, 여러 달에 걸쳐) 평가를 시행할 수 있다. D, P, N의 약자를 사용하여 학생의 상태를 표시할 수 있다.

출처: J. L. Shanker & E. E. Ekwall, 1998, *Locating and Correcting Reading Difficulties* (p. xix), 7th ed. Upper Saddle River, NJ: Merrill/Prentice Hall. Copyright 1998 by Prentice-Hall Publishing Company(허락하에 게재함).

은 비공식적인 평가기법에 대해 설명하겠다.

학년 수준 단어 목록

학년 수준 단어 목록은 학생의 단어 재인 기술을 평가하기 위해 사용한다. 단어 목록은 학생이 읽을 수 있는 일견단어를 나타내고, 단어 읽기에 어려움을 갖지 않으면서 유창하게 읽을 수 있는 수준을 추정하며, 잘 모르는 단어에 직면했을 때는 기본적인 단어 읽기 기술의 약점을 찾아내기 위한 비공식적인 진단평가의 도구로 사용할 수 있다.

교사는 각 학년의 국어(읽기) 교과서에 수록된 단어 중에서 각 학년수준에 맞는 단어 20~25개를 무작위로 선정하여 단어 목록을 만들 수 있다. 각 수준에서 25개 단어를 무작위로 표집하기 위하여 각 수준에 해당하는 단어의 총수를 25로 나눈다. 예를 들어, 전체 250개의 단어가 있고 이를 25로 나누면 매번 열 번째 단어가 목록에 포함게 된다. 교사는 이 단어들이 다양한 발음법 기술(예: 다양한 위치에서 자음과 모음의 소리, 이중자음, 이중음자)을 사용하여 해독할 수 있는 것인지를 확인해야 한다. 또한 접두사, 접미사, 합성어가 포함되었는지도 확인해야 한다. 읽기입문 단계부터 초등 6학년에 이르는 단어 목록의 예시는 〈표 7-3〉에서 살펴볼 수 있다. 각 학년수준에 해당하는 단어는 학생이 읽을 수 있도록 개별 카드에 적어 보여 주지만 교사는 전체 단어가 포함된 목록을 소지하고 있어야 한다. 단어 목록을 활용할 수 있는 방법 중 또 하나는 단어 목록 전체를 학생에게 제시하여 읽기를 평가하는 것이다. 목록 전체를 가릴 수 있는 좀 두꺼운 종이에 단어 하나 정도가 보일 수 있는 구멍을 뚫어 그것을 목록 위에 덮어 한 번에 한 단어씩 학생이 읽어 볼 수 있게 한다.

단어 목록은 두 가지 방식으로 제시할 수 있다. 첫째, 제한된 시간 동안(약 1초 정도) 단어를 빨리 보여 줌으로써 학생이 일견단어를 읽고 빨리 단어 재인을 할 수 있는지의 여부를 평가할 수 있다. 둘째, 학생이 한 번에 재인할 수 없는 단어를 시간 제한 없이 보여 주고는 학생이 단어 읽기 기술을 모르는 단어에 적용할 수 있는지를 평가할 수 있다. 또한 교사는 단어의 첫소리를 알려 주거나 단어의 일부를 가리는 것과 같은 촉진을 통해 부가

〈표 7-3〉 학년수준 단어 목록

읽기 입문	1학년	2학년	3학년	4학년	5학년	6학년
not	kind	mile	beginning	worm	abandon	seventeen
funny	rocket	fair	thankful	afford	zigzag	annoy
book	behind	ago	written	player	terrific	dwindle
thank	our	need	reason	scientific	terrify	rival
good	men	fourth	bent	meek	plantation	hesitation
into	met	lazy	patient	rodeo	loaf	navigator
know	wish	field	manage	festival	hike	gorge
your	told	taken	arithmetic	hillside	relative	burglar
come	after	everything	burst	coward	available	construction
help	ready	part	bush	boom	grief	exploration
man	barn	save	gingerbread	booth	physical	technical
now	next	hide	tremble	freeze	commander	spice
show	cat	instead	planet	protest	error	spike
want	hold	bad	struggle	nervous	woodcutter	prevail
did	story	love	museum	sparrow	submarine	memorial
have	turtle	breakfast	grin	level	ignore	initiation
little	give	reach	ill	underground	disappointed	undergrowth
cake	cry	song	alarm	oxen	wrestle	ladle
home	fight	cupcake	cool	eighty	vehicle	walnut
soon	please	trunk	engine	shouldn't	international	tributary

출처: M. L. Woods & A. J. Moe, 2003, *Analytical Reading Inventory* (pp. 98-99), 7th ed. Upper Saddle River, NJ: Merrill/Prentice Hall. Copyright 2003 by Pearson Education(허락하에 게재함).

적인 정보를 습득할 수 있다.

학생에게 시간 제한 없이 단어 목록을 제시하면 학생의 단어 판별 능력을 나타내는 단어 재인의 학년수준 점수를 결정할 수 있다. 일반적으로 학생이 하나 이하의 단어를 잘 읽지 못하는 정도는 독립수준이고, 2개의 단어를 부정확하게 판별하는 정도는 교수수준이며, 3개 이상의 단어를 읽지 못하는 정도는 좌절수준이라고 할 수 있다. 단어 목록을 사용하여 단어 재인의 학년수준을 결정할 수 있는데, 교사는 이때 학생이 단어 읽기를 하면서 나타내는 오류를 반드시 기록해야 한다. 학생이 단어를 잘못 발음할 때, 교사는 학생이 사용하는 단어 읽기 방법을 분석하고 오류 패턴을 살펴보기 위해 오발음(mispronunciation)을 적어 두어야 한다. 예를 들어, 학생은 단지 첫 자음 소리만 재인하고 그 외 부분은 추측할 수도 있고, 개별 소리를 전체 단어로 묶어 소리 내지 못할 수도 있다. month란 단어를 mouth으로 발음하거나 large를 long으로 읽는 학생은 단어의 외형 단서에 반응하는 것일 수도 있고 field를 after로 읽는 것과 같이 전혀 비슷하게 생기지 않은 단어를 읽는 데 문제가 있는 아동은 아마 음성학적 측면에서 단어 읽기 기술이 부족해서 그럴 수 있다. 뿐만 아니라 교사는 학생의 구조분석 기술(즉, 접두사, 어근, 어미에 관한 지식)에 대한 정보도 적어 두어야 한다.

교사가 만든 학년수준 단어 목록뿐 아니라 출판사에서 나온 상업용 단어 목록도 사용할 수 있다. 가장 널리 사용되고 있는 돌치 단어 목록(Dolch list, 1955)은 200여 개의 일견단어로 구성되어 있는데, 이 단어들은 초등학생이 읽을 수 있는 수준의 구문에서 학생들이 접할 수 있는 단어의 50~65% 정도에 해당한다. D. D. Johnson(1971)은 돌치 단어 목록을 현재 단어가 가지고 있는 의미 측면에서 점검하였는데, 이 중 82개 단어가 쿠세라-프랜시스 단어 목록—현 미국 영어에서 빈번히 사용되는 단어 220개 포함—과 겹치지 않는다고 보고하였다. 〈표 7-4〉는 220개 단어로 구성된 쿠세라-프랜시스 단어 목록이다. 단어 재인 기술을 결정하기 위해 학년수준 단어 목록을 사용하는 것은 비공식적인 읽기평가를 시행하는 첫 단계가 된다.

비공식적 읽기검사 도구

비공식적인 읽기검사 도구는 학생의 일반적인 읽기수준에 대한 정보를 제공한다. 이 검사에서는 여러 학년의 읽기자료에 실린 구문을 사용하여 난이도가 점진적으로 상승한다. 일반적으로 구문은 약 50단어(읽기입문 전 단계)~200단어(2학년 수준)로 구성된다. 검사는 학생이 단어해독과 읽기이해가 쉽게 될 수 있는 수준에서 구문을 크게 읽는 것부터 시작한다. 이후 계속해서 난이도를 높여 학생이 읽기 어렵다고 생각할 때까지 구문을 읽어 내려간다. 학생이 큰 소리로 읽을 때, 교사는 학생이 보이는 오류를 기록하고 각 구문마다 3~5개의 질문을 한다. 사실의 회상(누구, 무엇, 어디에), 추론(왜), 어휘(일반적 혹은 특수한 의미)와 같이 다양한 종류의 질문을 던질 수 있다. 사실의 이해를 평가하기 위하여 교사는 학생에게 단락의 주제를 묻고, 제목을 만들어 보게 하며, 구체적인 사항을 회상하고, 사건 혹은 생각의 흐름을 말하게 하고, 단어의 의미를 설명해 보게 한다. 추론적 이해는 학생으로 하여금 구문에서 제공된 정보 이상의 것을 생각하여 질문에 답하게 함으로써 평가된다. 예를 들어, 결론 도출하기, 추측하기, 행동이나 생각 평가하기, 대안적 결말 만들어 보기 등을 하게 된다. 이러한 사항이 아니라면 읽기검사는 학생의 이해력보다는 기억력을 평가하는 것이 된다. 구문마다 정확하게 읽은 단어의 백분율은 구문에 포함된 전체 단어의 수를 옳게 읽은 단어의 수로 나누어 계산한다. 정확히 답한 읽기이해 문제의 백분율은 전체 질문의 수를 옳게 대답한 질문의 수로 나누어 계산한다.

이러한 방법을 통해 교사는 독립수준, 교수수준 및 좌절수준의 세 수준으로 학생의 능력을 추정할 수 있다(M. S. Johnson, Kress, & Pikulski, 1987). **독립수준**에서

〈표 7-4〉 쿠세라-프랜시스 기본 일견단어 목록

1. the	45. when	89. many	133. know	177. don't
2. of	46. who	90. before	134. while	178. does
3. and	47. will	91. must	135. last	179. got
4. to	48. more	92. through	136. might	180. united
5. a	49. no	93. back	137. us	181. left
6. in	50. if	94. years	138. great	182. number
7. that	51. out	95. where	139. old	183. course
8. is	52. so	96. much	140. year	184. war
9. was	53. said	97. your	141. off	185. until
10. he	54. what	98. may	142. come	186. always
11. for	55. up	99. well	143. since	187. away
12. it	56. its	100. down	144. against	188. something
13. with	57. about	101. should	145. go	189. fact
14. as	58. into	102. because	146. came	190. through
15. his	59. than	103. each	147. right	191. water
16. on	60. them	104. just	148. used	192. less
17. be	61. can	105. those	149. take	193. public
18. at	62. only	106. people	150. three	194. put
19. by	63. other	107. Mr.	151. states	195. thing
20. I	64. new	108. how	152. himself	196. almost
21. this	65. some	109. too	153. few	197. hand
22. had	66. could	110. little	154. house	198. enough
23. not	67. time	111. state	155. use	199. far
24. are	68. these	112. good	156. during	200. took
25. but	69. two	113. very	157. without	201. head
26. from	70. may	114. make	158. again	202. yet
27. or	71.then	115. would	159. place	203. government
28. have	72. do	116. still	160. American	204. system
29. an	73. first	117. own	161. around	205. better
30. they	74. any	118. see	162. however	206. set
31. which	75. my	119. men	163. home	207. told
32. one	76. now	120. work	164. small	208. nothing
33. you	77. such	121. long	165. found	209. night
34. were	78. like	122. get	166. Mrs.	210. end
35. her	79. our	123. here	167. thought	211. why
36. all	80. over	124. between	168. went	212. called
37. she	81. man	125. both	169. say	213. didn't
38. there	82. me	126. life	170. part	214. eyes
39. would	83. even	127. being	171. once	215. find
40. their	84. most	128. under	172. general	216. going
41. we	85. made	129. never	173. high	217. look
42. him	86. after	130. day	174. upon	218. asked
43. been	87. also	131. same	175. school	219. later
44. has	88. did	132. another	176. every	220. knew

출처: D. D. Johnson, 1971, "The Dolch List Reexamined" (pp. 455-456). *The Reading Teacher, 24*, 449-457. Copyright 1971 by the International Reading Association(허락하에 게재함).

학생은 학년수준의 구문을 높은 수준의 정확도로 읽을 수 있고, 98~100% 수준에서 단어를 재인할 수 있으며, 읽기이해 문제도 90~100% 정확하게 답을 말할 수 있다. 읽기는 유창하고 자연스러우며 손가락을 짚어 가며 읽지 않고 더듬거리는 것도 없다. 이 수준에서 교사는 독립적인 읽기나 즐기기 위한 읽기를 촉진하기 위해 보충적인 자료를 제공할 수 있다. **교수수준**은 약간의 보조를 필요로 하는 수준을 말한다. 95% 수준에서 읽기 재인을 할 수 있고 읽기자료의 75%를 이해할 수 있다. 읽기자료는 도전적이지만 너무 어렵지 않은 수준이 적절하고, 학생은 일반적으로 편안하게 책 읽기를 한다. 교사는 이 수준에서 읽기교수를 제공한다. **좌절수준**은 학생이 읽기에 상당한 어려움을 보이는 경우라고 볼 수 있다. 단어 재인은 90% 미만으로 이루어지고, 읽기이해는 70% 미만으로 가능하다. 학생은 읽기에서 매우 긴장된 모습과 함께 오류를 많이 보이거나 반전을 한다. 이 수준에 해당하는 읽기자료는 교수에는 적합하지 않다.

구어 읽기 재인과 읽기이해를 기록하기 위하여 읽기평가 도구를 사용하는 것과 함께, 교사는 단어 혹은 그 일부를 생략하고 단어를 삽입하거나 대치하며 단어 혹은 글자를 반전시키고 단어를 반복하는 것과 같은 다양한 형태의 읽기 오류를 기록해야 한다. 이를 위해 구어 읽기 오류 표기법 체제를 개발하는 것이 도움이 된다. 〈표 7-5〉에서는 구어 읽기 오류와 이를 나타내는 적절한 표기법을 제시하고 있다. 읽기 오류의 형태는 특별한 의미를 갖는다. **생략**은 학생이 잘 모르는 단어를 건너뛰거나 주의를 기울이지 않은 상태로 단어를 너무 빨리 읽어서 나타날 수 있다. 구문에 나타나지 않은 단어의 **삽입**은 학생이 피상적으로 읽고 있거나 문맥에 너무 의존하고 있거나 혹은 정확하게 읽기에 별로 관심을 갖지 않아서 나타날 수 있다. 생략이나 삽입이 고학년 학생들에게서 자주 보이는 특징이라면, **반전**은 저학년이나 영어를 제 2외국어로 하는 학생들에게 일반적으로 나타난다. **반복**은 학생이 긴장하거나 너무 불안해하거나 다음에 나오는 잘 모르는 단어를 해독하기 위해 시간을 벌기 위해 사용할 수 있다. **오발음**은 음운론적 법칙의 예외를 잘 모르는 학생들이 단어를 소리 내어 말할 때 일반적으로 나타난다. 또한 오발음은 듣기어휘가 그리 풍부하지 못하고 문맥 단서를 사용하지 못하는 학생들에게서 나타날 수도 있다. **자기 교정**을 하는 학생은 더 정확하게 읽으려 하고 문맥으로부터 정보를 얻어 그에 의존하려 하는 반면, 의존적인 독자의 경우 해독에 별로 노력을 기울이지 않고 교사가 잘 모르는 단어를 말해 주어야 한다.

또한 묵독을 평가할 때도 비공식적인 읽기검사를 사용할 수 있다. 구어 읽기는 단어 읽기 기술에 초점을 맞추는 반면에 묵독은 읽기이해를 강조한다. 학생은 구문을 소리 내지 않은 채 조용히 읽고 나서 읽기이해 문제에 답을 한다. 옳은 답의 백분율은 학생의 묵독수준을 나타낸다. 그 수준은 독립수준(90~100%), 교수수준(75%), 좌절수준(50%)으로 나뉜다. 학생이 조용히 읽기를 하는 동안, 교사는 학생의 속삭이며 읽기, 입술 움직임, 손가락으로 짚어 가며 읽기, 얼굴표정, 안절부절못함과 같은 행동을 기록할 수 있다. 또한 학생들은 속도가 느리거나 조직화하여 회상하는 데 어려움을 보이거나 부정확한 회상을 할 수도 있다. 사실과 관련된 세부사항을 기억하기, 중심 생각을 이해하고 요약하기, 계열 이해하기, 추론하기, 비판적 읽기와 평가와 같은 기술에 따라 읽기이해 오류를 분류할 수 있다. 교사는 학생의 음독과 묵독에서 수행을 비교하여 두 가지 사이에 차이가 큰지를 살펴볼 수 있다.

비공식적인 읽기평가 도구에서 사용하는 자료는 학생의 듣기능력을 결정하기 위해서도 사용될 수 있다. 여기서 그 듣기능력은 학생이 내용의 75%를 이해했을 때를 그 최고 수준으로 본다. 이는 학생이 가진 읽기 관련 잠재력에 대한 추정치가 될 수도 있고 읽기의 기계적인 측면에서 문제가 없다면 나타날 수 있는 학생의 읽기수준이 될 수도 있다.

〈표 7-5〉 구어 읽기 오류 및 표기법

오류 형태	표기법	예 시
생략	생략된 단어나 그 일부를 동그라미로 표시	The boy went into the burning building.
삽입	삽입된 곳을 표시하기 위해 꺾은 표를 사용하고 첨가된 단어를 써 넣음	The children sat at the table to eat lunch. (down, es)
대치	단어에 밑줄을 긋고 그 위에 대치된 단어를 써 넣음	Now I recognize your name. (realize)
반전	단어에 반전된 글자를 표기하기 위해 단어에 줄을 긋고 그 위에 반전된 단어를 써 넣음	The top is lost. (pot)
	반전된 단어를 표기하기 위해 반전된 단어의 위, 사이, 아래에 곡선을 그려 넣음	Mary looked often at the clock.
반복	반복된 단어 밑에 물결무늬를 그려 넣음	Everyone was cheering for me because I was a baseball hero.
오발음	단어 위에 학생이 잘못 발음한 단어를 써 넣음	It was an octopus. (oc-top-us)
주저함	사선을 사용하여 부적절하게 주저한 부분을 표시함	The/judge asked the jury/to leave the courtroom.
보조 제공	학생을 위해 읽어 준 단어에 밑줄을 그음	The scared cat began to tremble.
관찰 불가능한 문장 부호	학생이 계속하여 읽은 문장 부호를 지움	Puppy saw the man. He barked and barked.
자기 교정 오류	오류를 나타내기 위해 단어 위에 sc를 씀	This month is November. (sc mouth)

표기한 구문의 예시

The three boys were very tired from their long/journey. Now they had to swim across a river. John plunged into the icy water and started to swim. He swam slowly but managed to reach the other side of the wide river. (cold, swimming, may-naged, wet)

비공식적인 읽기평가 도구는 개별 학생을 대상으로 하는 검사라 시간이 많이 소요되기는 하지만 널리 쓰이고 있다. 검사 결과를 기초로, 교사는 학생에게 필요한 교정적 교수를 계획하고 학생의 능력에 적합한 읽기자료를 제공한다. 비공식적인 읽기평가 도구는 학생의 읽기 진전도를 평가하기 위해서 주기적으로 사용될 수 있다. 비공식적인 읽기평가 도구에도 상업용으로 제작된 것이 있는데 학년수준 단어 목록과 학년수준 읽기 구문이 포함되어 있다. 가장 많이 사용되는 세 가지 비공식적 읽기검사 도구로는 분석적 읽기평가 도구(Analytical Reading Inventories; Woods & Moe, 2003), 비공식적인 읽기검사(Informal Reading Inventory; Burns & Roe, 2002) 그리고 교실읽기검사(Classroom Reading Inventory; Silvaroli & Wheelock, 2001)가 있다. [그림 7-3]은 2학년 수준에서

[그림 7-3] 비공식적인 읽기평가의 예

수준 2(118단어)

학생 이름: ____________
평가 일시: ____________

읽기 구문

Whiz! The baseball went right by me, and I struck at the air!
"Strike one," called the man. I could feel my legs begin to shake!
Whiz! The ball went by me again, and I began to feel bad. "Strike two," screamed the man.
I held the bat back because this time I would smack the ball! I would hit it right out of the park! I was so scared that I bit down on my lip. My knees shook and my hands grew wet.
Swish! The ball came right over the plate. Crack! I hit it a good one! Then I ran like the wind. Everyone was yelling for me because I was now a baseball star.

읽기이해 질문 및 답

1. 이 이야기의 주인공은 누구입니까? (타자)
2. 첫 번째 스트라이크 이후 타자는 어떤 느낌이었을 것 같나요? (떨려요)
   왜 그렇게 생각했지요? (이야기에서 타자의 다리가 흔들리기 시작했다고 나왔어요.)
3. 두 번째 스트라이크 이후에 타자는 어떠한 계획을 세웠나요? (공을 소리 나게 친다는 계획)
4. 타자가 "공을 소리 나게 쳐야지."라고 말한 것은 무슨 뜻인가요? (공을 아주 세게 쳐서 홈런을 날리려고 한다.)
5. 투수가 던진 마지막 공은 왜 좋았나요? (홈플레이트 가운데로 바로 들어왔기 때문에)
6. 야구장 밖으로 공을 치는 것은 좋다고 생각하나요, 나쁘다고 생각하나요? 그 이유는 무엇이지요? (좋아요……. 홈런이기 때문에 좋아요. 타자가 경기장 전체를 도는 중에 어느 누구도 타자를 잡을 수 없으니까요. 나빠요……. 홈런이긴 한데 공이 하나밖에 없으면 주울 수 없잖아요.)
7. 타자가 마지막 공을 친 후에 그 기분이 어땠을 것 같아요? (너무 좋아요, 자신감이 생겨요 등) 왜 그렇게 생각하지요? (이야기에서 보면 모든 사람이 소리를 쳤다고 했어요. 왜냐하면 타자가 정말 야구 스타이기 때문이래요.)

오류의 수

생략 __________ 도움 주어 읽은 단어 __________
삽입 __________ 반복 __________
대치 __________ 반전 __________

점수 지침

단어 재인 오류 읽기		이해 오류	
독립수준	1	독립수준	0
교수수순	5~6	교수수준	1~2
좌절수준	11~12 이상	좌절수준	3 이상

출처: M. L. Woods & A. J. Moe, 2003, *Analytical Reading Inventory* (pp. 106-108), 7th ed. Upper Saddle River, NJ: Merrill/Prentice Hall. Copyright 1990 by Pearson Education(허락하에 게재함).

사용할 수 있는 한 비공식적인 읽기검사 도구의 예시다.

교육과정 중심 측정

교육과정 중심 평가는 교수와 관련된 의사결정을 내리기 위하여 학교 교육과정을 배우는 학생의 수행을 직접 관찰·기록하여 정보를 획득하는 접근방법 모두가 포함되어 있다. 이러한 모델 중에는 **교육과정 중심 측정**(curriculum-based measurement: CBM)이 대표적이다. 이는 학생 수행률의 일부를 표본으로 잡아 학생의 학업 기술과 관련된 성취를 평가할 수 있는 표준화된 평가 세트다(Deno, 1987, 1989). 일반적으로 CBM을 포함한 평가도구는 지방 교육청 혹은 한 학급의 수행수준을 수립하기 위해 사용되기도 하고, 장기목표를 이루기 위하여 개별 학생이 나타내는 진보 정도를 모니터링하기 위해 사용되기도 한다. 하지만 장기목표뿐 아니라 단기목표를 향한 학생의 진보 상태를 점검하기 위해서도 사용할 수 있다. 보통 교육과정 중심 측정에서 읽기기술을 평가할 때는 기초수준의 읽기 구문을 통해 구어 읽기 유창성을 측정하기도 한다. 시간 제한이 있는 상황에서 학생은 구문을 읽고, 검사자는 학생이 읽은 전체 단어의 수와 옳게 읽은 단어의 수를 계산하여 옳게 읽은 단어의 비율로 학생의 수행을 요약한다. 다음의 이유로 읽기 진전도를 모니터링하는 데 CBM을 활용하는 것이 적절하다고 추천된다.

1. CBM 읽기평가는 아주 뛰어난 신뢰도와 타당도를 보인다(Fewster & MacMillan, 2002; Fuchs & Fuchs, 1986; Rasinski, 1990; Shinn, 1989; Shinn, Good, Knutson, Tilly, & Collins, 1992; Tindal & Marston, 1990).
2. CBM 측정은 장애학생과 관련된 연구에서 광범위하게 사용되었다(Espin & Deno, 1993; Fewster & MacMillan, 2002; Fuchs, Fuchs, Hamlett, Walz, & Germann, 1993; Neely, 1995; Parmar, Deluca, & Janczak, 1994; Sindelar, Monda, & O'Shea, 1990; Weinstein & Cooke, 1992).
3. CBM은 읽기 전반, 읽기이해와 단어 재인의 표준화 검사와 높은 상관관계를 갖는다(Deno, Mirkin, & Chiang, 1982; Fuchs, Fuchs, & Maxwell, 1998; Shinn, 1989; Shinn et al., 1992).

CBM을 읽기에서 수행의 기준을 수립하는 데 사용하였다면 해당 학교의 읽기 교육과정으로부터 측정도구를 개발해야 하고 목표 집단에 해당하는 학생 모두(예: 한 학교나 교육청 관내 4학년 전원)를 대상으로 시행하여야 한다. 이러한 조건하에서 시행된 평가 결과는 학생 수행의 기준을 결정하는 데 필요한 자료를 제공한다. CBM을 사용하여 수행 기준을 결정할 때는 네 가지 요소—자료 선정, 검사 시행, 수행 나타내기와 해석, 의사결정—를 고려해야 한다(Tindal & Martson, 1990). 우선 평가를 위하여 학교 교육과정에서 적절한 자료를 선정하는 것이 그 시작이 된다. 적절한 난이도란 교사가 학생이 학기말이나 학년말에 성취할 것으로 기대하는 수준이다. 읽기 교육과정 중에서 시, 연습문제, 좀 긴 대화와 같이 약 200단어로 구성된 읽기 구문을 선정하고 이를 학생평가에 사용하는데, 동일한 측정도구를 가지고 모든 학생을 평가하는 것은 교수적 의사결정을 하는 데 있어 규준참조적 관점의 자료를 제공해 준다. 교사는 4~6개의 읽기 구문의 표본을 선정하고 이를 이용하여 평가를 여러 번 시행할 수 있다. 이때 구문의 난이도(가독성에 기초하여야 함)는 비슷해야 한다. 교육과정으로부터 자료를 선정하고 나면 학생용 평가지로 활용하기 위하여 삽화와 같이 학생의 주의를 흩뜨릴 수 있는 것들은 제거하면서 다른 곳에 옮겨 적고, 교사용 자료에는 오른쪽 여백에 각 줄마다 첫 줄부터 누적된 단어가 모두 몇 개인지를 써 둔다. 교사는 다음의 절차에 따라 평가를 실시한다.

1. 학년수준에 맞게 50~200단어로 구성된 짧은 구문을 2~3개 선정한다.
2. 1분 동안 학생에게 구문을 읽게 한다.
3. 각 구문마다 학생이 읽은 전체 단어의 수, 오류의 수를 세고, 전체 단어의 수에서 오류 단어의 수를 뺀다. 오류에는 단어의 생략, 오발음, 3초 이내에 단어를 읽지 않은 것 등이 포함된다. 발음이 틀리지 않게 읽은 단어를 옳게 읽은 단어로 보고 자기 교정도 그에 포함된다.
4. 모든 구문에서 분당 옳게 읽은 단어 수의 평균을 계산한다. 분당 옳게 읽은 단어의 전체 수를 전체

구문의 단어 수로 나누면 된다(*Put Reading First*, 2001).

학년 혹은 학급 소속의 모든 학생을 평가하고 학생들의 평균점수를 계산하고 나면 교사는 전체 집단의 수행 기준 좌표를 정하게 된다(3장에 학생 집단의 박스 좌표의 수립 지침 참조). 교사는 자료를 기초로 하여 특별한 교수를 필요로 하는 낮은 수준의 수행을 보이는 학생들을 찾아내고 그들을 위한 교수 프로그램을 계획하고 장기목표를 수립한다. 여기에서는 비공식적인 평가에서처럼 학생이 옳게 반응한 비율에 따라 읽기자료를 제공하는 것보다는 다른 이들과 비교 가능한 읽기능력 수준에 맞게 학생을 배치하는 것이 더욱 적절하다고 한다.

CBM 활용방법 중 또 하나는 장기목표와 관련하여 개별 학생의 진보 상황을 모니터링하는 것이다. [그림 7-4]는 읽기 단락의 평가 시행 및 채점, 장단기 목표 수립 및 자료 그래프화하기의 방법이 소개되어 있다.

[그림 7-5]는 그래프로 CBM 자료를 나타낸 것으로

[그림 7-4] 읽기 단락의 평가 시행 및 채점, 장단기 목표 수립 및 자료 그래프화하기

- 1단계: 학생이 분당 55~75개의 단어를 정확하게 큰 소리로 읽을 수 있는 읽기 단락을 선정한다. 이와 같은 수행의 기준은 목표수준 자료에서 도입수준을 의미한다.
- 2단계: 단락별로 2부를 준비한다. 학생 앞에 학생용 자료를 뒤집어 놓고 교사의 자료는 교사 앞에 올려놓는다.
- 3단계: 평가 시행의 첫 단계로 평가 안내지에 나와 있는 대로 지시사항을 학생에게 읽어 준다.
  "이 이야기는 __________에 대한 것입니다. (빈칸에는 구문에 등장한 일반적이지 않은 형용사와 명사를 찾아 넣는다.) 내가 '시작' 이라고 하면 이 장의 첫 줄부터 읽기 시작합니다. 너무 오랫동안 한 단어를 읽지 못한다고 생각하면 내가 단어를 이야기해 주겠습니다. (학생이 3초간 단어를 말하지 못하면 단어를 이야기해 준다.) 만약 단어를 읽을 수 없으면 '통과' 라고 말하고 다음 단어로 넘어가세요. 일부러 빨리 읽으려고 할 필요는 없습니다. 빨리 읽기 시험이 아니니까요. 편안한 속도로 읽으세요. 읽기 시작해서 1분이 지나면 '그만' 이라고 이야기할 거예요."
- 4단계: '시작' 이라고 말하고 초시계를 시작한다.
- 5단계: 교사용 자료를 사용하여 학생의 읽기를 따라가며 부정확하게 읽은 단어의 경우 × 표시를 한다.
  - house를 horse로, hug를 huge로, house를 home, huge를 big으로 읽으면 잘못 읽은 것임
  - 3초 이내에 단어를 읽지 못함
  - 읽지 않은 단어(생략); 줄을 빼고 읽으면 그 줄의 모든 단어를 오류로 계산
  - 단어 내 글자(예: say를 was로)나 단어의 쌍(예: the big, red dog을 the red, big dog으로)을 반전

다음과 같이 잘못 읽은 것은 오류로 간주하지 않는다. 즉, (1) 한 번 이상 잘못 읽은 대명사, (2) 자기 교정, (3) 학생에 의해 삽입된 단어(삽입 혹은 첨가)가 그것이다.

- 6단계: 1분이 지나면 '그만' 이라고 말한다. 학생이 읽은 마지막 단어에 괄호 표시[(   )]를 하고 재빠르게 다음 읽기과제로 넘어간다. 이전에 읽은 자료를 옆에 두고 새로운 과제를 앞에 둔 후 같은 방식으로 읽기를 할 것을 이야기한다. 이 과정은 모든 읽기과제가 끝날 때까지 반복된다.
- 7단계: 정확히 읽은 단어의 수와 틀리게 읽은 단어의 수를 세어 전체 읽은 단어의 수에서 오류의 수를 뺀다. 기초 읽기 구문에서는 마지막 줄의 오른쪽 구석에 누적 단어의 수를 그냥 쓰기만 하면 된다. 정확히 읽은 단어의 수는 전체 읽은 단어의 수에서 잘못 읽은 단어의 수를 빼기만 하면 된다. 만약 학생의 수행수준이 분당 55~75개의 단어를 정확하게 읽어야 하는 기준보다 떨어지게 되면 이 수준에서 2번의 평가를 더 해야 한다.
- 8단계: 3번 중 2번 이상 학생이 분당 정확히 읽은 단어의 수(wpm)가 55~75의 기준에 가깝거나 이 수준이 도달할 때까지 평가를 지속한다. 점수가 55~57wpm보다 높으면 더 높은 수준에서 확인평가를 사용하여 평가하고, 점수가 55~75wpm보다 낮으면 더 낮은 수준의 구문을 가지고 평가를 실시한다. 최적의 측정수준을 찾도록 노력한다.
- 9단계: 측정수준이 결정되면 목표를 적는다.
  - 목표: ____주 안에 학생은 스콧-포스먼 리더[Scott-Foresman Reader(역자 주: 읽기 교육과정 시리즈의 이름) __________ 에서 분당 정확히 읽은 단어의 수가 ________가 되도록 읽기를 한다.

- 전략: 독자에 의해 무작위로 선택된 자료로 주당 2회의 확인평가를 사용한다.
- 준거: 연속 3회 목표선보다 떨어지면 교수를 바꾸고 교수 계획에 표시한다.
- 달력을 활용하여 한 학기 혹은 1년에서 남은 주의 수를 계산한다. 첫 빈칸에 그 수를 적는다. 두 번째 빈칸에는 기초선 자료-3번의 확인평가 결과로 55~75wpm이나 그에 가까운 숫자를 계산하여 넣는다. 이 세 점수의 중간값(즉, 점수 순위를 정해 중간에 위치한 값)을 결정한다.

  만약 학생이 3학년 혹은 그 이상의 읽기수준을 보인다면 (교수 가능한) 주 수에 2(성장률)를 곱한 후 기초선 자료를 더한다.

  (주 수×2)+기초선 중간점수=목표

  예시: (30×2)+66=126wpm

  만약 3학년 이하의 읽기수준일 때는 (교수 가능한) 주 수에 1.5(성장률)를 곱한 후 기초선 자료를 더한다.

  (주 수×1.5)+기초선 중간점수=목표

  예시: (30×1.5)+66=111wpm

- 10단계: 기초선 지점과 목표점을 연결하여 그래프에 목표선을 그린다([그림 7-5] 참조).
- 11단계: CBM 그래프의 반대편에 교수 계획을 써 넣는다.
- 12단계: 수립된 계획을 시행하고 주 2회 CBM 자료를 수집한다. 자료 수집을 위하여 각 읽기 교육과정 시리즈에서 미리 준비된 확인평가를 사용한다. 확인평가 자체가 이미 무작위로 선정된 것이므로 그 순서에 맞게 사용하면 된다. 가능한 한 학생을 같은 장소, 동일한 시간, 동일한 상황에서 측정하도록 하는 것이 좋다. 평가가 시행될 때마다 학생에게 지시사항을 읽어 주어 학생이 이야기에서 나오는 일반적이지 않은 단어에 대한 단서를 일관되게 얻을 수 있게 한다. 수행을 점수화한 후 적절한 위치에 점수를 기록한다.
- 13단계: 점수마다 그래프로 그리는 것이 아니라 현 점수와 이전 점수 2개의 중간값을 그래프에 나타낸다. 이 그래프 시스템은 유동적인 중간값을 의미하고 의사결정을 위해 값을 활용해야 하므로 그래프로 표현된 자료의 변이성을 감소시키기 위해서 사용된다. 예를 들어, 오늘 받은 점수는 66이고 지난 목요일 점수는 70, 화요일 점수는 59일 때는 중앙값인 66을 그래프에 표시한다. 기초선 수집 후 3개의 점수가 나올 때까지 그래프 그리는 것을 기다린다. 이전에 수집된 점수가 중간값이라고 하더라도 평가를 시행한 날의 유동적 중간값을 좌표로 그린다. 앞의 예시에서 네 번째 확인평가(다음 목요일 시행)가 71점이면 이전에 시행된 3번의 평가결과는 70, 66, 71이고 중앙값은 70이다. 그러므로 목요일에서 70점이 지난 3번의 확인평가의 중앙값이 그래프에 표기된다.

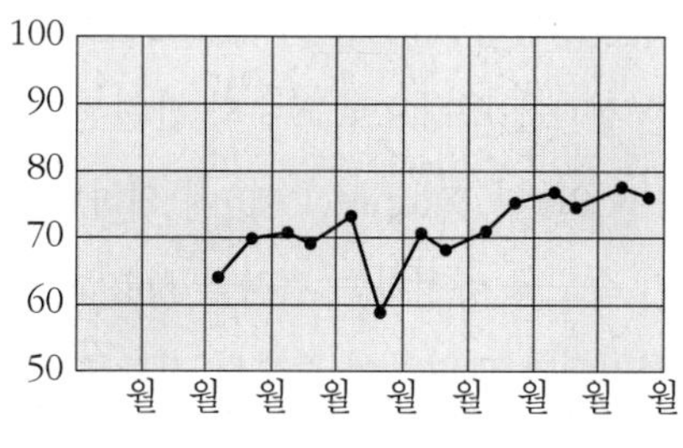

월								
화	59	66	75	80	72	78	79	82
수								
목	70	71	59	60	70	76	71	78
금								

- 14단계: 교수의 효과성을 평가하기 위하여 자료를 세심하게 살펴야 한다. 학생이 3회 연속 목표선보다 매우 낮은 점수(즉, 목표선보다 10 이하의 점수)를 얻었다면 교수의 변화가 있어야 한다. 3회 연속 학생의 점수가 목표선보다 심각하게 떨어질 때마다 세 번째 점수 후에 그래프에 수직선을 그리고 교수 계획의 변화를 기록한다. 만약 학생이 6회 연속 목표선보다 매우 높은 점수를 보이면(6점 이상의 점수), 학생이 3번의 확인평가 중 2번 이상 다음 수준의 읽기자료를 가지고 55~75wpm의 수행을 보일 수 있는지를 확인한다. 만약 이러한 결과가 나온다면 학생을 위한 새로운 목표 수립이 필요한 것이고, 그것을 기존의 그래프에 나타내어야 한다.
- 15단계: 교수를 수정한다. 무엇을 수정할 것인가에 대한 아이디어를 얻기 위해 다음의 전략을 사용할 수 있다. 즉, 다른 교사와 이야기 나누기, 책 · 논문 등에서 제시한 제언 살펴보기, 학생에게 의견 묻기, 학생 수행의 오류 분석하기다.
- 16단계: 단어를 말하는 것은 잘하나 그 의미를 이해하지 못하는 학생들에게는 다른 측정도구를 사용한다. 그들에게는 조용히 읽은 이야기를 다시 말해 보도록 하고, 다시 말하기에서 사용된 단어의 수를 계산하고 그래프로 표시할 수 있다. 또한 그들에게 3~5개의 읽기이해 문제를 내고 정답을 말한 문제의 수를 계산하여 그래프로 나타낼 수 있다. 정답 수는 그래프 차트의 밑부분에 0~10단위 범위에서 그래프로 표시될 수 있다. 읽기이해 문제의 예시는 다음과 같다. 이 이야기의 주요 등장인물은 누구인가? 이 이야기는 어디서 일어났는가? 다음에 어떤 일이 일어날 것이라고 생각하는가?
- 17단계: 학생이 3개의 확인평가에서 분당 100개 이상의 단어를 읽거나 6학년 이상의 읽기수준을 보인다면 CBM을 그만둔다. 마지막으로 학생의 그래프에 수행에 대한 자료를 기록한다.

[그림 7-5] 목표선과 중재의 변화를 나타내 주는 CBM 그래프

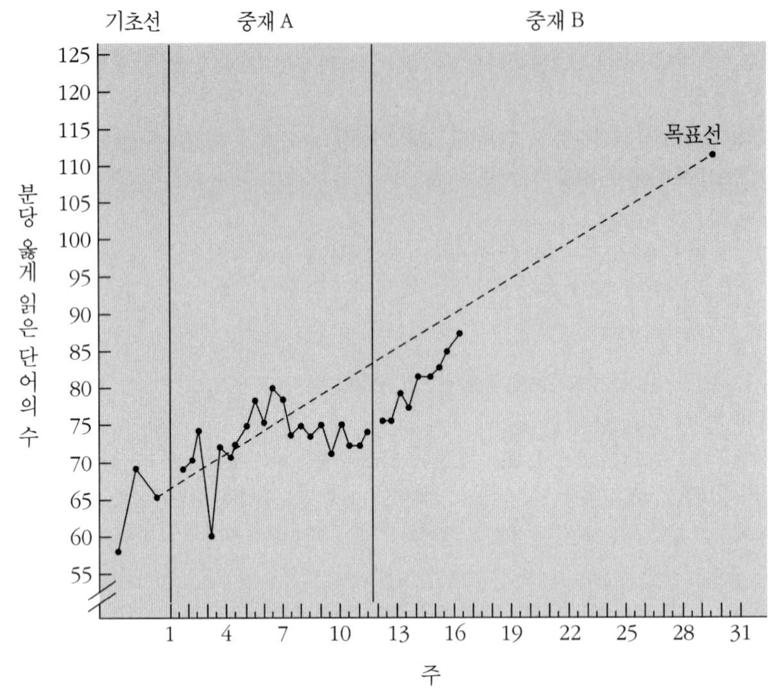

장기목표나 목표선 그리고 중재로 인한 변화가 드러난다. 『읽기를 우선으로(put Reading First)』(2001)에서는 읽기 유창성의 기준으로 분당 옳게 읽은 단어의 수를 제시하고 있다. 초등학교 1학년 말에는 분당 60개 단어를 옳게 읽고, 2학년 말에는 분당 90~110개, 그리고 3학년 말에는 분당 114개의 단어를 정확히 읽어야 한다.

장기적인 교수목표를 이루기 위한 학생의 진보 상황을 모니터링하고자 할 때 오류 패턴을 살펴보는 것이 교정을 할 영역을 파악할 수 있도록 도와준다. 대개는 이 영역이 단기목표(예: 일견단어, 글자 소리의 판별, 이야기에서 사실 확인하기)의 핵심이 된다. 단기목표에 대한 진보 상황의 점검은 정밀교수(precision teaching)에서 사용하는 차트와 유사하다. 학생이 단기목표를 완전 습득했을 때 비로소 새로운 목표가 설정된다. 모니터링은 일련의 단기목표를 학습하는 동안 계속해서 진행되고 측정 항목은 학생이 목표 하나를 완성해 갈 때마다 변화된다. 확인용 학습지나 과제용 학습지는 학생의 진보 상황을 평가하기 위해 일주일에 두세 번 정도 제공한다. 교사는 정반응(정답)을 그래프로 표시하고 이 자료를 분석한 결과를 바탕으로 교수와 관련된 의사결정을 내린다.

Potter와 Wamre(1990)에 의하면 CBM에서 구어 읽기 속도를 측정하는 검사를 사용하는 것은 일반적인 읽기기술과 관련하여 중요한 정보를 얻을 수 있도록 도와준다. 이는 Chall의 읽기 발달 단계(1996)와 같은 읽기 발달 모형에서의 주장과 일치한다. 또한 Fewster와 MacMillan(2002)은 구어 읽기 유창성이 선별과 배치 결정에 적절한 검사 항목이 된다고 하였다.

앞의 〈표 7-1〉에 소개된 DIBEL: 초기 문해 기초기술의 역동적 지표(Dynamic Indicators of Basic Early Literacy Skills: DIBEL; Good & Kaminski, 2002)는 유치원생에서 초등학교 3학년까지의 학생을 대상으로 선별검사를 실시하기 위해 사용되는 표준화된 1분짜리 구어 읽기 유창성 검사다.

또한 CBM에서는 컴퓨터를 사용할 수도 있다. 기초

기술의 진전도 점검: 읽기의 기초(Monitoring Basic Skills Progress: Basic Reading; Fuchs, Hamlett, & Fuchs, 1997)는 읽기교과에서 자동적으로 교육과정 중심 측정을 수행할 수 있도록 하는 컴퓨터 프로그램이면서 학생의 진전도를 모니터링할 수 있도록 해 준다. 컴퓨터를 활용하여 검사를 실시하고 채점하며 학생에게 즉각적인 피드백을 제공한다. 이 검사에서는 초등 1학년에서 중학교 2학년까지의 학생들을 대상으로 400자짜리 읽기 구문에서 매 일곱 번째 단어를 생략하여 빈칸을 만들어 놓는다. 검사에 참여한 학생은 구문을 조용하게 읽고 빈칸 위에 마우스를 놓아 3개의 답안 중에서 답이 될 만한 것을 골라 클릭한다. 읽기는 2.5분 동안 혹은 학생이 구문을 모두 읽을 때까지 지속된다. 프로그램은 자동적으로 옳게 읽은 단어의 수를 보여 주고, 시간이 지남에 따라 학생의 진보 정도를 보여 주는 그래프를 제공하고, 교수와 관련된 의사결정(예: 목표를 상향 조정하거나 교수적 변화를 이룸)을 위해 학생의 수행을 분석해 준다.

포트폴리오 평가

읽기 포트폴리오는 학생 개인의 읽기 관련 경험과 독자로서의 성취 정도를 나타내 줄 수 있는 자료로 구성된다. 포트폴리오를 구성하기 위해 사용할 자료를 선정 · 평가하는 과정에는 학생을 참여시켜야 한다. 포트폴리오 평가는 그 기능에 따라 자료를 다양하게 사용할 수 있다. 학생성취를 평가하는 데 도움이 되는 자료뿐 아니라 교수와 관련된 의사결정을 내리며, 학생 진보 상황을 기록하며, 부모에게 학생의 성취를 보여 줄 수 있는 정보가 포함되기도 한다. 자료의 예로는 학생이 읽은 책의 수나 종류를 나타낼 수 있는 독서 기록장, 학생 관찰을 통해 얻은 체크리스트, 학생이 직접 작성한 자신의 독서 관련 흥미와 태도에 대한 정보 등이 해당된다. 또한 정기적으로 학생이 소리 내어 읽기를 했을 때를 녹음할 수도 있다. 학생의 포트폴리오를 살펴보는 것은 읽기 수행의 과정을 평가하고 읽기성취를 향상시키기 위한 미래 활동을 계획하는 데 있어 교사에게뿐 아니라 학생에게도 자기 평가의 중요한 정보를 제공해 줄 수 있다.

빈칸 채우기 평가

빈칸 채우기 평가를 사용하여 비공식적으로 읽기수준과 이해 정도를 측정할 수 있다. 빈칸 채우기 평가는 학생이 특정 자료를 읽으면서 맞닥뜨릴 수 있는 어려움을 추정할 수 있도록 하여 해당 교재/자료가 학생에게 적절할 것인지에 대한 의사결정을 하도록 도와준다. 학생은 250여 단어로 구성된 그리 친숙하지 않은 구문을 읽을 것을 부탁받는다. 구문의 첫 문장은 빈칸 없이 온전하게 제시되지만 그 이후부터는 매 다섯 번째 단어가 빈칸으로 제시된다. 빈칸은 동일한 형태로 제공되고, 그 외의 부분은 책에 나온 그대로 타이핑하여 제시된다. 학생은 구문을 읽고 빈칸을 채울 단어나 동의어를 찾거나 써 넣는다. 학생은 의미 있는 답을 찾기 위해 문맥 단서에 의존해야 한다.

이상의 빈칸 채우기를 변형하여 예시에서 답을 골라 빈칸을 채워 넣는 과제를 할 수 있는데, 학생이 생략된 부분에 해당되는 단어를 좀 더 수월하게 찾을 수 있도록 일련의 단어 묶음을 제시하는 것이다. 이러한 형태의 과제는 빈칸을 채워 넣도록 하는 것에서 단어를 재인하거나 선택하도록 변형시킨 것이다. 다른 변형된 과제로는 학생들로 하여금 답 예시 중에서 단어를 고르도록 하는 것이 있다. 이 외에도 구문의 매 열 번째 단어를 생략하도록 할 수도 있고, 관사나 이름과 같은 단어가 반복적으로 생략되는 것을 피하기 위하여 다른 적절한 단어를 생략할 수도 있다. 빈칸 채우기의 예시는 [그림 7-6]에 제시되어 있다.

빈칸 채우기를 사용한 구문읽기 평가는 개인 혹은 집단으로 시행 가능하다. 읽기의 수준은 정답의 수를 퍼센트로 변환함으로써 계산이 가능하다. Bormuth(1986)는 빈칸 채우기의 채점 기준을 다음과 같이 제안하고 있다. 정답률이 56%이면 읽기 독립수준, 44~57%이면

[그림 7-6] 빈칸 채우기 기법을 활용한 읽기 구문의 예시

James Cornish lay wounded on the saloon floor! "He's been stabbed in __1__ chest!" shouted one horrified __2__ . "Someone get him to __3__ hospital!" another shouted.

It __4__ a hot and humid __5__ in Chicago in 1893. __6__ arrived at the hospital __7__ a one-inch knife __8__ in his chest, dangerously __9__ his heart. Dr. Daniel __10__ Williams was called in __11__ operate.

In those days, __12__ blood transfusions and antibiotics __13__ unknown, chest surgery was __14__ attempted since it meant __15__ high risk of death. __16__ Dr. Williams began to __17__, he hound that the __18__ wound had cut the __19__ and the sac around __20__ heart. Dr. Williams then __21__ history by becoming __22__ first surgeon to successfully __23__ on the human heart.

__24__ Williams did not release __25__ information for three and __26__ half years. When he __27__ , the newspaper headline read, "__28__ Up His Heart," and __29__ news became known to __30__ entire world.

Not only __31__ Cornish been discharged from __32__ hospital a well man, __33__ he lived fifty years __34__ his surgery. Cornich even __35__ the surgeon who had __36__ his life.

정답

1. the	7. with	13. were	19. heart	25. this	31. had
2. bystander	8. wound	14. rarely	20. the	26. a	32. the
3. a	9. near	15. a	21. made	27. did	33. but
4. was	10. Hale	16. As	22. the	28. Sewed	34. after
5. day	11. to	17. operate	23. operate	29. the	35. outlived
6. Cornish	12. when	18. stab	24. Dr.	30. the	36. saved

출처: M. L. Woods & A. J. Moe, 1995, *Analytical Reading Inventory* (p. 162), 5th ed. Upper Saddle River, NJ: Merrill/Prentice Hall. Copyright 1995 by Pearson Education(허락하에 게재함).

읽기 교수수준, 44% 이하이면 읽기 좌절수준이다. 정확한 단어를 찾아내는 것은 정답을 직접 쓰는 것보다 더 쉽기 때문에, 답 예시에서 찾은 단어로 빈칸을 채우는 평가에서는 그 준거가 좀 더 높은 편이다(예: 60~85%의 정답률을 보일 때는 교수수준으로 볼 수 있다.). 학생이 왜 특정 오류를 보이는지를 분석함으로써 추가 정보를 얻을 수도 있다. 빈칸 채우기에서의 오류는 대개 언어적인 요소와 추론기술에 의거하여 살펴볼 수 있다.

교사 제작 평가

비공식적인 평가를 통하여 교사는 학생이 가진 특정 읽기기술에 대한 능력을 신속하게 측정해 볼 수 있다. 확인 평가지(probe sheets)는 자음 소리, 모음 소리, 소리의 혼합, 혹은 합성어와 같은 읽기목표를 평가하기 위해 개발되기도 한다. [그림 7-7]은 자음-모음-자음 소리를 혼합할 수 있는 능력을 평가하는 데 사용할 수 있는 확인 평가지의 예시다. 확인평가는 1분간 시행되며, 그 후 정답과 오답의 수를 센다. 구문의 종류에 따라 학생이 유창하게 읽는 속도가 달라질 수 있지만, 개별 소리를 읽는 데 적정하다고 보는 읽기 속도의 평균값(분당 옳게 읽은 단어의 수)은 70이고 목록에서 단어를 읽는 속도는 80이다. Howell과 Nolet(2000)은 구문을 읽을 때 단어를 유창하게 말하는 속도를 초등 1학년 초기에는 분당 35단어, 1학년 말에는 분당 50단어, 2학년 초에는 70단어, 2학년 말에는 100단어, 3학년 초에는 120단어, 3학년 말 이후에는 140단어라고 제안하고 있다. [그림 7-8]은 다양한 읽기기술을 평가할 때 사용할 수 있는 기록지의 견본이다.

표준화 검사에 사용된 검사 항목과 학습지의 문제 등은 교사 제작 검사에 활용될 수 있다. 특정 기술을 측정

[그림 7-7] 자음-모음-자음 소리의 혼합능력을 살펴보기 위한 확인 평가지

luv	had	mok	hob	cuz
lit	def	cak	met	roc
nom	vig	pit	tik	fam
cum	zot	wet	bag	pod
fif	lid	hat	get	won
pik	soc	jox	vic	sut
sas	far	kah	par	gan
teg	tem	mez	zix	zec
pub	hun	nod	wol	wap
sel	top	nip	ris	dit

이름: ____________________

평가 일시: ____________________

옳게 읽은 단어 수: ____________________

틀리게 읽은 단어 수: ____________________

평가자 의견: ____________________

[그림 7-8] 확인평가 기록지

이름 그렉 학년 4

읽기영역	1회기 옳게 읽은 단어의 수/오류의 수	2회기 옳게 읽은 단어의 수/오류의 수	3회기 옳게 읽은 단어의 수/오류의 수	4회기 옳게 읽은 단어의 수/오류의 수	유창하게 읽는 속도 옳게 읽은 단어의 수/	오류의 수
자음 소리(1분)	18/0	25/0	18/0	35/0	60~80	2 이하
모음 소리(1분)	28/0	24/4	28/1	30/3	60~80	2 이하
일견단어(1분)	28/3	35/3	41/3	44/9	70~90	2 이하
초등 4학년 수준 단어(1분)	32/8	38/4	41/5	43/4	70~90	2 이하
소리 내어 읽기(1분)	59/7	68/4	76/6	78/11	100~140	2 이하

하기 위한 다양한 검사 항목(예: 사지선다, OX 문제, 답 채워넣기, 답 연결하기)이 사용될 수 있다. 교사는 목표기술을 적절하게 평가할 수 있도록 충분한 수의 검사 항목을 포함시켜야 한다. Heilman(1985)은 교사가 비공식적 평가를 제작할 때 활용할 수 있는 비공식적인 단어 재인 기술검사의 훌륭한 예시를 제공하고 있다([그림 7-9] 참고). 이 검사는 발음법 기술과 구조분석 기술을 동시에 평가할 수 있다. 또한 짧은 형태의 단어분석 검사는 특정한 읽기기술을 평가할 때 사용할 수 있다는 장점이 있다. 그리고 중심 생각을 말하고 세부사항을 찾으며 인과관계를 이해하는 등 특정 읽기이해 기술을 측정할 수 있는 검사 항목 또한 개발 가능하다. [그림 7-10]에는 단모음 a를 평가하기 위하여 사용할 수 있는 검사 항목들이 제시되어 있다. 비공식적인 검사에서 학생이 수행을

[그림 7-9] 비공식적인 단어 재인 기술검사

하위검사 A (발음)
(초성자음과 종성자음 소리; 단모음 소리)

dad	self	but	ten	lift
fuss	yell	hog	sand	muff
lamp	him	jug	get	nap
puff	web	miss	pond	kill
rag	gum	pill	rob	cob
van	top	big	held	fond

하위검사 B (발음)
(초성 자음 혼합형; 장모음-단모음 소리)

bring	split	blue	smoke	scream
throat	clay	club	string	trip
please	twist	float	trade	glass
sky	prize	grass	flag	snail
crop	drill	blow	scene	sweet
spray	free	sled	spoon	stay

하위검사 C (발음)
〔이중자음(ch, sh, th, wh, qu, ng, ck), 자음 혼성〕

quite	thank	check	shrink	crash
church	block	length	queen	shake
shake	quick	shove	choose	think
splash	strong	thing	truck	deck
whale	chose	which	sprung	hung
fresh	wheat	quench	tenth	quack

[그림 7-10] 단모음 a를 평가하기 위한 교사 제작 검사

I. 단어의 중간에 단모음 a가 오는 경우를 읽는다.

am	ant	at
an	as	act
and	ask	add

준거: 7/9

II. 단어의 중간에 단모음 a가 오는 경우를 읽는다.

han	pant	bat
can	gas	fact
hand	task	mad

준거: 7/9

III. 단모음 a가 포함된 단어의 짝을 선택하도록 한다.

hat-hate	plan-plane
say-sad	past-play
ran-ray	stay-sand
tale-land	dad-pale

준거: 7/8

IV. 문장을 완성하기 위하여 단모음 a가 포함된 단어를 선택하게 한다.

The boy had a ______on his head. (cap, cape)
The ________ was blowing. (sail, flag)
His mother was cooking at the ______. (male, map)
There was a _________ in the sidewalk. (crack, nail)
The father did not _______ his son. (blame, spank)
준거 4/5

잘했을 때는 특정 목표를 달성했다고 보고 다음 기술로 넘어갈 준비가 되어 있다고 가정할 수 있다. 그리고 교사가 제작한 검사는 주로 학생이 매일 사용해야 하는 읽기기술을 다루고, 일정 시간이 지남에 따라 학생의 진보 상태를 측정하는 도구가 되기도 한다. 읽기영역과 기술계열 목록은 읽기기술의 평가와 교수의 순서를 결정하는 데 도움을 줄 수 있다. 읽기 전문가들은 계열에 따라 읽기기술을 가르치는 것을 반대하고, 그에 대한 연구 결과 역시 아직 확정된 결론을 내지 못하고 있다. 그러므로 교사는 읽기영역과 기술계열의 목록을 사용할 때는 융통성을 가져야 하고, 논리와 경험에 기초하여 읽기기술의 교수, 평가에 계열을 적절히 맞추어 사용할 필요가 있다.

· 제 · 8 · 장 ·

읽기교수

읽기교수는 오랜 기간 동안 교육 분야에서 논쟁의 여지가 가장 많은 주제 중 하나다. 지난 100여 년간 읽기 분야의 학자들은 코드를 강조한 읽기 접근법과 의미를 강조하는 읽기 접근법에 대하여 격렬한 논쟁을 벌여 왔다. 결론적으로 교사는 읽기 프로그램을 계획하는 데 사용되는 수많은 교재와 기술 중 필요한 것을 자체적으로 선택해야 한다. 교사는 읽기 관련 연구를 살펴봄으로써 다양한 학습자의 요구에 가장 적절하다고 생각되는 교수적 결정을 내리고, 읽기문제를 경험할 가능성이 높거나 이미 읽기에서 좌절이나 실패를 경험하고 있는 학생들을 가장 효과적으로 가르칠 수 있는 읽기의 중재방법을 결정할 수 있다. 읽기학습은 학생이 학교 및 일상생활에 있어 성공할 수 있을 것인지의 여부를 예측하는 가장 강력한 지표가 된다. 읽기를 연구하는 학자들은 전체 학생의 95% 정도가 성공적인 학교생활에 꼭 필요한 수준으로 읽기를 학습할 수 있다고 추정하고 있다(Lyon, 1998). Moats(2000)는 1990년대에 시행된 수많은 읽기 관련 연구 결과를 종합하였는데, 오랜 기간 읽기에서 자주 실패를 경험한 학생 집단(예: 가난한 가정환경의 아프리카계 미국인과 히스패닉계 학생들, 읽기장애 학생들)도 잘 훈련된 교사와 강한 리더십을 가진 학교장이 효과적인 읽기 프로그램을 채택한 학교에 배치되었을 때는 읽기를 배우고 학교에서 높은 성취를 보일 수 있었다.

읽기연구 결과의 확대

1997년 미국 의회의 요청으로 국가 아동건강 및 인적자원개발 연구소(National Institute of Child Health and Human Development: NICHD)와 교육부는 함께 국가 차원에서 읽기 전문가들을 모아 읽기 관련 연구 결과를 평가하도록 주선하였다. 이를 위해 읽기 전문가 14명으로 이루어진 국가읽기위원회(National Reading Panel: NRP)가 출범되었고, 1966년 이후 출간된 약 10만 개의 읽기 관련 연구논문을 조사하였다. 이들 연구논문을 분석하여 나온 정보는 1999년 의회에 제출되었고, NRP의 『읽기 가르치기(*Teaching Children to Read*)』(National Reading Panel, 2000)로 정리되었다. 훗날 국책연구소인 국가 문해력 연구소(National Institute for Literacy)가 『읽기를 우선으로(*Put Reading First*)』(2001)라는 58페이지짜리 책을 출간하여 NRP의 보고서에서 밝혀낸 것 중 가장 유용한 정보를 종합하고 정리하였다.

NRP의 보고서(2000)와 『읽기를 우선으로』(2001)는 장기간 NICHD에 의해 시행된 읽기연구 과정이 있은 후에야 비로소 완성되었다. 미국의 국가건강 연구소(National Institutes of Health: NIH)의 아동발달 및 행동부서의 책임자인 Reid Lyon은 정기적으로 읽기장애를 가진 아동과 그렇지 않은 아동의 읽기 발달과 관련된 연구 결과를 보고하였다. 이 연구는 뛰어난 과학적 연구방법론을 채택하여 30여 년에 걸쳐 실시되고 있으며, 4만 명 이상의 학생을 그 대상으로 한다. 이 연구의 결과는 우리에게 읽기장애를 가진 아동에 대해 알고 있어야 하는 것과 어떻게 그들을 가르쳐야 할지에 대한 통찰력을 제공해 준다. Lyon(1999)은 미 하원 과학위원회에 제출한 1999년 보고서에서 NIH의 연구 결과 중 다음의 몇 가지 사항을 강조하고 있다.

- 필수적인 읽기기술의 발달을 위해 음운론적 기술, 발음법 기술, 유창한 구문 읽기와 읽기전략을 사용하는 것을 가르쳐야 한다.
- 초기 문해력과 언어 경험은 기본적인 읽기기술을 촉진하는 데 있어 매우 중요하다.
- 읽기문제를 경험할 가능성이 높은 유치원생과 초등학교 1학년 학생들을 판별하기 위해 비용이 저렴한 선별검사와 평가방법이 개발되고 있다.
- 소녀들이 보이는 읽기문제는 소년들이 보이는 읽기문제만큼 판별되고 있지 않다.
- 몇 가지 교수적 접근법, 방법 및 철학은 일부 학생들에게는 부적합하다(예: 읽기문제를 가진 학생들에게 총체적 읽기 접근법을 사용하는 것에 대한 연구가 부족하다.).
- 명시적이고 체계적인 교수 접근법은 읽기를 학습하는 데 어려움을 가진 학생들에게 잘 맞는 것으로 알려져 있다.

과학적 증거에 기초한 읽기교수의 요소

1990년대에 시행된 많은 수의 읽기연구는 학습문제를 가진 아동을 어떻게 판별하고 그들이 성공적으로 읽을 수 있도록 어떻게 교수해야 하는지에 대해 많은 것을 알려 주고 있다. 새천년을 맞이하면서 교사들은 기존의 읽기교수와 관련된 지식보다 더 많은 양의 그리고 과학적으로 입증된 정보에 기초한 지식으로 중무장하였다. 교사는 최선의 읽기교수 실제를 구현하기 위해서 읽기교수와 관련된 연구 결과를 광범위하고 포괄적으로 사용하는 것이 바람직하다. 이 장에서 제시되는 읽기 관련 지식은 과학적 증거에 기초하고 있으며, 학습문제를 가진 학생들에게 효과적인 교수를 제공하는 데 도움이 된다. 다음에서는 실증연구를 통해 그 효과가 입증된 읽기교수의 다섯 가지 기본 요소, 즉 음운론적 인식훈련, 발음법 교수, 유창성 교수, 어휘교수 그리고 읽기이해(혹은 독해) 교수에 대해 설명하고자 한다([그림 8-1] 참조).

음운론적 인식훈련

음운론적 인식(phonological awareness)은 매우 광범위한 개념을 포함하고 있는 용어로 구어(말)의 일부인 단어, 어절, 온셋과 라임, 음소를 판별하고 조작하는 것을 의미한다. 음운론적 인식의 하위 범주인 음성론적 인식(phonemic awareness)은 의식적으로 개별 소리를 구성하는 구어를 인식하는 것을 말한다. 음성

[그림 8-1] 연구 결과에 기반을 둔 효과적인 읽기교수의 5요소

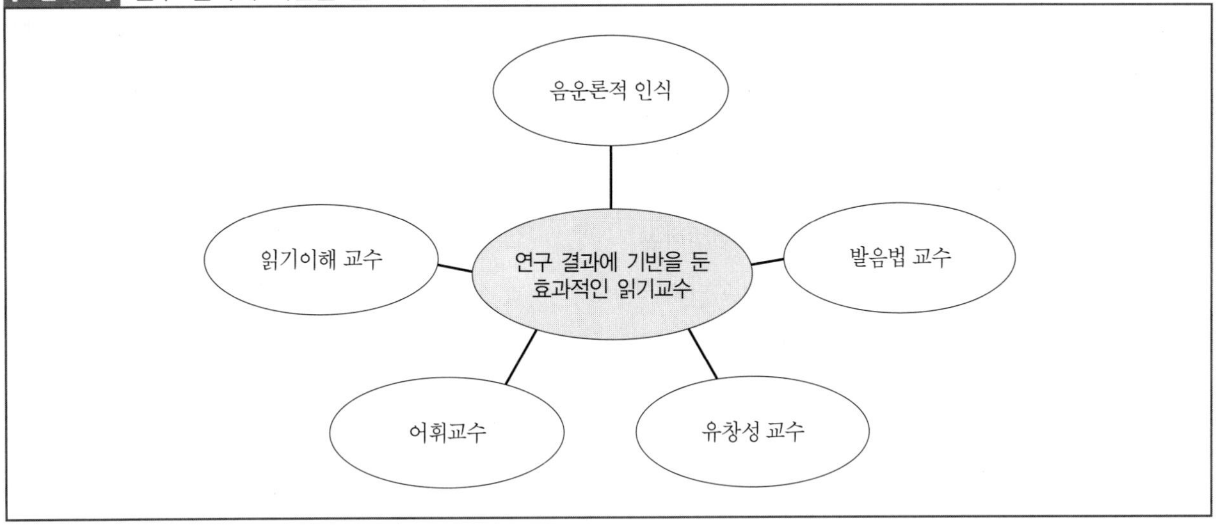

론적 인식은 소리로 표현된 단어의 개별적인 소리를 듣고 판별하고 조작하는 능력을 학습자가 보일 때 드러난다. Lyon(1998, pp. 8-9)은 음성론적 인식, 조기 중재, 읽기를 잘 못하는 학생들과 관련하여 다음의 결과를 논의하고 있다.

> 읽기를 잘하는 아동은 말이 작게 나뉠 수 있고 분절된 부분은 글자 및 글자 패턴과 연결될 수 있다는 것을 이해하고 있다. 반면 읽기를 잘 하지 못하는 아동은 '알파벳 원칙' 을 발달시키는 데 문제를 보인다. 또한 음운론적 인식—단어가 음소라 불리는 소리 부분으로 구성되어 있음을 이해하는 것—에서의 결함을 나타낸다. 읽기를 잘 못하는 학생들이 음운론적 인식을 발달시키는 데 어려움을 보이는 것은 유전적이거나 신경생물학적인 원인을 가진 것으로 볼 수도 있고, 유아기 동안 충분한 언어 패턴에 노출되지 못하였거나 언어를 적절히 활용하지 못한 것에 기인한다고 할 수 있다. 그러나 그 원인이 무엇인건 간에 최종적인 결과는 동일하다. 음운론적 인식이 부족한 아동은 말소리와 글자를 연결하는 데 어려움을 가지며 이를 습득하기 위해 많은 시간과 노력을 필요로 하며 해독기술조차 좋은 편은 아니어서 결과적으로 매우 천천히 읽는다.

결론적으로 연구자들은 읽기를 배우는 데 있어 음운론적 인식훈련이 필수적이기는 하지만 충분조건은 아니라는 것을 밝혀냈다.

읽기와 이해 능력은 개별 단어의 빠르고 자동적인 재인과 해독에 따라 달라지는데, 이는 단어나 어절을 음소로 나누는 능력에 의존한다. 앞에서 언급한 것처럼, 음성론적 인식은 단어를 더 작은 단위로 나누는 것에 대한 통찰력을 나타내고 음운론적 문제는 읽기장애를 가진 학생이 보이는 결함의 핵심이다(Lyon, 1995a). 음운론적 인식은 둘 간의 관계가 상호적이라 하더라도 숙련된 해독기술 이전에 나타난다. 음운론적 인식은 글자와 소리를 연결하는 능력(letter-sound correspondence)이나 (발음법에서처럼) 단어를 소리로 바꾸어 말하는 능력이라기보다, 이러한 능력 이전에 직관적으로 출현하게 되는 인식이다. 음운론적 인식의 구성 요소 중 청각적 혼합과 분리(auditory blending and segmenting)는 읽기 습득과 강력한 상관관계를 가지며(*Put Reading First*, 2001) 읽기 전 단계를 가르치는 데 있어 매우 중요한 측면 중 하나다.

일부 읽기 전문가(M. J. Adams, 1990; Stahl, Osborn, & Lehr, 1990)는 취학 아동의 음운론적 인식이 읽기의 성공이나 실패를 가름할 수 있는 결정 요소 중 가장 강력

한 단일 요소가 될 수 있다고 보았다. 초등학교 입학 전에 나타나는 음운론적 인식의 개인차는 1학년 때의 읽기학습 능력을 예견하는 것과 상당한 관련이 있다(Mather, 1992).

Simmon, Gunn, Smith와 Kame'enui(1994)는 음운론적 인식이 부족한 아동은 단어에서 소리를 변별하고, 단어가 개별 소리를 나타내며, 단어 안에서 소리를 감지 · 조작하며, 소리의 계열로서 단어를 인식하고, 초성 · 중성 · 종성 소리를 변별할 수 있는 능력을 가지고 있지 않다고 보았다. 일반화된 단어 읽기 기술에 알파벳 원칙이 필수적이란 사실을 유추해 낼 수 없기 때문에, 이 아동들은 음운론적 해독에 있어 명시적 교수를 제공하지 않는 읽기 프로그램에서 읽기를 하게 되면 상당한 어려움을 경험하게 된다. 그러므로 일찍부터 구어기술과 독립적인 단어 읽기 기술을 발달시키는 데 도움이 되는 알파벳 원칙을 명시적으로 교수해야 한다(M. J. Adams, 1990).

다행히도 어린 아동의 음운론적 인식은 발달 가능하고 음운론적 인식을 훈련하면 읽기 수행이 향상된다. 음운론적 기술이 정상적으로 발달되지 않거나 제한된 언어적 배경을 가진 상태에서 취학하게 되면, 아동은 읽기를 위해 체계적인 교수를 받아야 한다. 읽기교수 이전에 음운론적 인식훈련을 실시하게 되면 나이 어린 아동들에게서 나타날 수 있는 읽기장애 출현율을 현저히 감소시킬 수 있다. 더불어 읽기장애로 판별되거나 판별될 위험성이 높은 아동을 위한 예방이나 교정 프로그램을 준비해야 한다. Bhat, Griffin과 Sindelar(2003)는 학습장애를 가진 중학생들도 음운론적 인식교수를 통해 혜택을 누릴 수 있고, 시간이 지나도 학습된 음운론적 인식이 유지된다는 사실을 보고하고 있다.

Simmon, Gunn 등(1994)은 음운론적 인식교수의 효과성을 높일 수 있는 다섯 가지 방안을 제시하였다.

1. **처음에 단어의 청각적 특성에 초점을 맞춰라.** 학생에게 소리를 합쳐서 한 단어를 말해 보도록 하거나 단어에서 개별 소리를 변별하도록 할 때, 처음에는 알파벳 상징을 보여 주지 않고 청각적 특성에 초점을 맞추어 가르쳐야 한다.
2. **언어의 직접적이고 자연스러운 부분에서 좀 더 간접적이고 복잡한 부분으로 전환시켜라.** 소리 분절을 가르칠 때 처음에는 문장을 단어로, 단어를 음절로, 음절은 음소로 나누는 방향으로 진행시켜야 한다.
3. **수행을 향상시키기 위해 단어의 음운론적 특성과 측면을 활용하라.** 초기에는 적은 수의 음소로 이루어진 단어와 자음 및 모음의 형성을 쉽게 구분할 수 있는 단어(예: 모음-자음형이나 자음-모음-자음형 패턴)를 선택함으로써 과제의 복잡성을 통제할 수 있다. 또한 음소의 구분이 분명한 단어(예: rug)는 혼성자음의 초성과 종성으로 이루어진 단어로 더 쉽게 분절할 수 있고, 유성음(예: sun, mat)으로 시작하는 단어들은 소리를 섞는 혼성을 연습할 수 있도록 해 준다.
4. **명확한 모델링을 통해 소리 분절하기와 혼합하기를 비계 교수하라.** 오랜 시간에 걸쳐 교사가 모델링하고 학생이 분절하기와 혼합하기 과정을 명확하고 분명하게 하기 위해 연습을 제공한다.
5. **학습자가 청각적인 과제에 능숙하게 되었을 때는 글자-소리 대응을 통합하라.** 혼합하기와 분절하기 기술은 실질적인 읽기, 쓰기, 철자하기 상황에 적용되어야 한다.

Torgesen, Wagner와 Rashotte(1994)에 의하면 일반적으로 어린 아동을 대상으로 한 음운론적 인식훈련 프로그램은 성공적인 결과를 이끈다. 그러나 심한 읽기장애를 가진 학생들이 음운론적 인식을 습득하려면 반드시 명시적이고 집중적인 훈련절차가 필요할 수 있다. 게다가 여러 연구를 통해 음운론적 인식과제 중 일부에서는 읽기장애 학생들이 다른 집단에 비해 더 많은 혜택을 보았다는 사실을 알 수 있었다(*Put Reading First*, 2001). 그중 가장 영향력 있는 과제는 단어를 만들기 위하기 음소를 혼합하고 단어에서 음소를 분절하는 것이다. 이 과제는 학생이 글자 모양의 구체물(예: 글자 모형, 플라스틱 글자, 자석글자)을 이용하여 음소를 조작할 수 있을 때 더 효과적이 된다. 음운론적 인식을 교수하기 위해서는 그다지 많은 시간을 필요로 하지 않는다. NRP의 종합보고서(2000)에 의하면 대부분의 학생들은 1년(방학기간 제외) 정도 음운론적 인식을 교수받으면 충분하고, 개별교수나 대집단 교수에 비해 소집단 교수가 더 효과적이라고 한다. 음운론적 인식을 발달시키기 위한 활동과 '읽기를 위한 음운론적 인식 훈련'(Torgesen & Bryant, 1994)에 대해서는 이 장의 후반부에서 설명한다.

발음법 교수

발음법(phonics) 교수는 문자(즉, 글자와 단어)와 그에 상응하는 소리를 함께 제시하면서 시작한다. 따라서 발음법 교수의 핵심은 학생들이 문자소와 음소 간의 관계를 학습하도록 하는 것이다. 문자소(graphemes)란 개별 단어의 철자에 있어서 음소를 나타내는 문어의 최소 단위다(*Put Reading First*, 2001). 문자소는 한 글자(예: d, f, s)가 될 수도 있고, 여러 글자(예: sh, th, oa나 igh)로 이루어질 수도 있다. 기본적으로 발음법 교수에서는 학생에게 글자와 구어의 소리 간 예측 가능하고 체계적인 관계를 표시하는 알파벳 원칙을 가르치고, 학생은 알파벳 원칙을 학습함으로써 읽기와 철자하기 기술을 향상시킬 수 있다. 발음법 교수에 대해 비평하는 사람들은 영어라는 언어의 철자는 발음법을 교수하기에 너무 불규칙하여 전형적인 글자-소리 법칙을 따르지 않는 예외적인 단어를 읽도록 하는 데는 그리 도움이 되지 못한다고 주장한다. 또한 불규칙 단어도 나름대로 어떻게 읽을지를 인식하도록 돕는 규칙적인 글자-소리 패턴을 가지고 있다고 한다. 핵심적으로 알파벳 원칙을 학습하는 것은 학생으로 하여금 특정 단어를 기억하는 데 유리한 전략이 된다. NRP의 종합보고서에서는 발음법 교수와 관련된 38개 연구를 메타분석한 결과 중 일부를 다음과 같이 소개하고 있다.

- 명시적인 발음법 교수는 내재적이거나 발견학습 교수에 비해 좀 더 나은 성과를 이끌었다. 명시적인 발음법 교수는 교사 모델링 및 교사의 지도가 제공되는 연습(guided practice), 교정적 피드백을 포함하는 직접교수와 관련이 있다.
- 체계적으로 발음법 교수를 하게 되면 체계적이지 못한 교수나 전혀 발음법 교수를 실시하지 않는 것에 비하여 읽기에서 훨씬 더 나은 성과를 가져올 수 있었다. 체계적인 발음법 교수는 명확하게 정의된 교수의 계열성을 토대로 하는데, 점진적으로 기본적인 글자-소리 연합(예: cat, fit)에서 보다 미묘하고 복잡한 형태의 글자-소리 연합(예: their, church, boat, coat)으로 발전시킨다. 체계적이고 명시적인 발음법 교수는 조직적인 특성을 갖는데, 글자와 글자 묶음에서 글자와 소리의 대응을 직접교수하고 혼합하며 학생이 그것을 단어, 단어 목록, 그리고 단어군에서 연습하도록 한다. 그리고 발음법 교수의 초기 단계에서는 수업과 관련 깊고 학생이 쉽게 해독할 수 있는 단어를 다수 포함한 구문을 통하여 기술을 연습할 수 있도록 한다.
- 체계적이고 명시적인 발음법 교수에서는 어린 아동에게 학습 중인 글자와 소리 간의 연합관계를 알고 이를 이용하여 단어를 해독/재인하는 연습 기회를 많이 제공한다. 연습 중에는 아동이 해독 가능한 단어가 포함된 이야기와 책을 읽는다. 더불어 발음법 기술을 적용할 수 있는 쓰기와 철자하기 활동도 강조한다.

NRP의 종합보고서(2000)와 『읽기를 우선으로』(2001)에서는 발음법을 가르치는 데 사용되는 여섯 가지 접근법을 설명하고 있다.

1. **유사성에 기초한 발음법**은 잘 모르는 단어를 읽고자 할 때 학생이 이미 알고 있는 단어군과 유사성을 파악하여 해독하도록 가르친다(예: stump를 jump와 유사한 것으로 인식하여 읽기).
2. **분석적 발음법**은 학생에게 익숙하지 않은 단어를 해독할 수 있도록 이미 알고 있는 단어에서 글자-소리 관계를 분석하도록 가르친다(예: guild를 해독하기 위해 단어 build를 생각하기). 이 과정에서는 소리를 독립적으로 말하는 것을 피해야 한다.
3. **내재적 발음법**은 구문을 읽으면서 글자-소리 관계를 가르치는 것을 의미한다. 일반적으로 구문을 읽는 중에 무작위로 등장하는 글자-소리관계를 접하게 되므로 이 접근법에서는 교수가 체계적이거나 명시적이지는 않다.
4. **철자를 통한 발음법**에서는 단어를 음소로 분절하고 이를 글자로 쓰는 것을 가르친다.
5. **온셋-라임 발음법 교수**는 한 단어에서 첫 모음 직전의 글자 소리(즉, 온셋)와 그 이후 부분에서의 모음 소리(즉, 라임)를 변별하도록 가르친다.
6. **종합적 발음법**은 글자를 소리(즉, 음소)로 전환하는 것을 명시적으로 가르치고, 이후 그 소리를 혼합하여 재인 가능한 단어로 말하도록 한다.

『읽기를 우선으로』(2001)에서는 체계적이고 종합적인 발음법 교수를 통하여 읽기에서 매우 뛰어난 성취를 이끌어 낼 수 있다고 명시하고 있다(즉, 읽기능력과 나이 수준을 통틀어 읽기 재인, 철자, 읽기이해에서의 향상). 예를 들어, 종합적 발음법은 읽기장애 뿐 아니라 읽기장애는 아니어도 읽기에서 낮은 성취수준을 보이는 학생과 낮은 사회경제적 지위를 갖는 학생들에게 그 효과가 긍정적이고 수준 또한 상당하다. 종합적 발음법을 체계적으로 사용하면 학년에 상관없이 읽기를 잘하는 학생들의 철자능력도 향상된다. 또한 체계적인 종합적 발음법 교수는 유치원생이나 초등학교 1학년 학생들에게서 가장 뛰어난 효과를 볼 수 있다. 이 장에서는 발음법 접근법과 더불어 발음법 교수를 단어 읽기 활동에서 적용하는 것과 관련된 자세한 정보가 제시되어 있다.

유창성 교수

유창성(fluency)이란 빠르고 정확하게 읽을 수 있는 능력을 말한다. NRP의 종합보고서(2000)에 의하면 여러 실험연구들은 유창성 교수의 효과를 전폭적으로 지지하고 있다. 예를 들어, 유창성 교수는 음운론적 인식, 글자 이름 말하기, 소리-글자의 연합, 일견단어와 연계된 구문(connected text)을 소리 내어 읽기 등에서 사용된다. 유창성 교수에서는 유창성의 향상을 돕는 하위 기술을 가르침으로써 이후에 행할 좀 더 복잡한 과제를 수행하는 데 필요한 다른 기술들과 함께 사용할 수 있도록 한다(Chard, Simmons, & Kame'enui, 1995; Johnson & Layng, 1992). Goldiamond(1984)는 개개의 유창성 기술이 좀 복잡하거나 혹은 상위 기술을 발휘하는 데 함께 쓰일 수 있다는 이유로 유창성을 일반적이고 비선형적이라고 주장하였다. 유창성 훈련의 특성 중 일반성은 글자 이름 빨리 말하기가 초기 읽기 성공을 가름하는 가장 강력한 지표가 된다는 사실을 통해서도 드러난다(M. J. Adams, 1990; Torgesen, Wagner, Rashotte, Alexander, & Conway, 1997). 예를 들어, 한 학생이 글자를 유창하게 재인하는 것을 학습하게 되면 이 기술을 통해 글자의 소리를 유창하게 배우는 것이 촉진된다. 즉, 읽기이해를 향상시키는 단어 재인의 유창성이 향상된다.

Carreker(2002)에 의하면 읽기에 어려움을 갖는 많은 학생들은 설사 해독기술의 향상을 보았다 하더라도 유창성 기술이 부족하다. 그리고 읽기장애 학생의 상당수가 유창성에 어려움을 갖는다는 것은 이미 잘 알려진 사실이다(Lyon, 1995a; Mercer, Campbell, Miller, Mercer, & Lane, 2000). Meyer, Wood, Har와 Felton(1998)은 읽기장애의 원인에 상관없이 유창성 훈련은 현재 진행되고 있는 많은 실험연구의 지지를 받고 있다고 보고하였다. 국가 교육진전도 평가(NAEP) 결과, 4학년 학생 집단의 44%는 낮은 유창성 점수를 받았다(*Put Reading First*, 2001). 그러나 다행스럽게도 유창성 교수는 학생이 읽기장애를 가지고 있는지의 여부에 상관없이 그 효과가 매우 유망한 중재방법이다.

유창성 교수의 근거

유창성은 기억과 응용력(즉, 일반화)을 촉진한다. Binder(1988)는 유창성을 해당 기술이 일상적인 활동에 적용되고 주요 연습시기 이후에도 기억될 수 있도록 하는 수행률이라고 정의하였다. 실험연구를 통해 살펴보면 구문 읽기에서의 유창성은 읽기이해와 매우 높은 상관관계를 갖는다. 예를 들어, 초등 4학년 학생을 대상으로 한 NAEP 연구에서는 유창성과 읽기이해가 서로 매우 밀접한 관계가 있음이 밝혀졌다(즉, 낮은 수준의 유창성을 갖는 학생은 읽기이해에 어려움을 보인다; *Put Reading First*, 2001). 또한 28개의 실증연구를 종합한 Shinn, Good, Knutson, Tilly와 Collins(1992)도 구어 유창성과 이해는 robust 82의 중간수준의 상관관계를 보인다는 것을 밝혀내었다. 그리고 유창성과 읽기이해 사이의 관계를 설명하는 논리는 매우 설득력이 있다(즉, 읽기 재인이 자동화되면 읽기를 수행하는 사람은 구문이 가진 의미를 이해하는 데 집중할 수 있는 기회를 갖게 된다.). 마지막으로 읽기를 유창하게 하는 사람은 자신이 편안한 시간에 독립적으로 읽기를 할 가능성이 더 높다. Kame'enui (2000)는 더 높은 수준으로 읽기를 하는 사람(즉, 유창한 독자)은 낮은 수준으로 읽기를 하는 사람(즉, 유창하지 못한 독자)에 비해 좀 더 독립적인 읽기를 많이 한다는 것을 보고하였다.

유창성과 이론

다양한 읽기 관련 이론은 읽기를 위한 학습(learning to read)과 학습을 위한 읽기(reading to learn)에 있어서 유창성이 어떠한 역할을 하는지를 이해하는 데 도움이 된다. 다음에서는 네 가지 이론을 간단히 소개한다.

1. **자동성 이론.** Howell과 Lorson-Howell(1990)에 의하면 높은 수준의 유창성을 나타내는 학생은 읽기에서 자동성을 발달시킨다. 자동성이 수립되면 읽기과제를 매우 빨리 수행할 수 있게 되어 노력을 많이 기울이거나 주의를 집중하지 않아도 된다(Howell & Lorson-Howell, 1990; Laberge & Samuels, 1974). 그러므로 읽기에서의 자동성은 독자를 자유롭게 하여 구문의 의미에 집중하게끔 한다.
2. **일견단어 효율성 이론.** 여러 연구자들(Ehri, 1995; Torgesen, Rashotte, & Alexander, 2001)은 일견단어 어휘가 유창한 읽기를 이루는 데 있어 핵심이 된다고 주장한다. 일견단어 어휘에는 학습자의 장기기억 속에 저장된 단어가 포함되어 있어, 독자가 언제든지 단어의 발음과 의미를 사용할 수 있도록 준비되어 있다. 읽기를 유창하게 하기 위해서는 독자가 개별 단어를 빠르고 정확하게 재인할 수 있어야 한다. 이를 뒷받침하듯, Torgesen 등(2001)은 일견단어 효율성이 유창한 읽기를 가름하는 강력한 예견적 요소라는 사실을 밝혀내었다.
3. **결함축적의 이론.** 훌륭한 독자들은 초등학교 3학년 전반기 즈음에 일견단어 어휘의 수가 급속하게 증가한다. Nagy와 Anderson(1984)은 초등학교 3학년에서 고등학교 3학년까지의 일반적인 학생들이 매년 약 3,000개 정도의 새로운 단어를 학습한다고 보고하였다. 하지만 불행하게도 읽기를 잘 하지 못하는 학생들은 제한된 어휘 때문에 유창한 읽기를 하는 데 방해를 받게 된다. 달리 말하면, 이 학

생들의 독서량은 제한되고 결국 그들의 읽기 어휘와 유창성은 계속해서 뒤처지게 되는 결과가 이어지게 된다.

4. 처리속도 이론연구. 자동화된 이름 빨리 말하기 평가(Rapid Automatized Naming Tests; Denckla & Rudel, 1974)의 특징은 장기적인 측면에서 단어 읽기와 이해를 예측할 수 있다고 잘 알려진 과제를 포함하고 있다는 것이다. Neuhaus와 Swank(2002)는 글자 이름을 말하는 속도가 기본 읽기평가(즉, 글자읽기 평가)를, 글자 읽기의 유창성은 단어 읽기의 정확성을 예측한다는 사실을 밝혀내었다.

유창성과 읽기 발달의 단계

Chall(1996)의 읽기발달 단계는 읽기 발달과 유창성 발달의 관련성을 이해하는 데 있어 훌륭한 맥락적 단서를 제공한다. 여기서 알려진 관련성은 언제, 어떻게 유창성을 평가하고 중재를 실시할 것인지에 대한 통찰력을 제공한다.

1. 읽기 전 단계(문해력의 출현): 유치원기(읽기를 위한 학습에 초점). 이 시기의 아동은 초기에 활자화된 자료나 아이콘(예: 금색 아치형 글자를 보고 맥도날드라고 말함)의 이름을 결정하는 데 있어 그림, 색, 모양에 초점을 맞춘다. 이후에는 글자를 함께 나열하고 글자에 다른 소리나 메시지를 부여하게 된다. 예를 들어, 피자라는 단어는 아동에게 '뜨거워' 혹은 '맛있어'의 의미일 수 있다. 이 시기에는 음운론적 인식에서 유창성을 수립하는 데 초점을 맞추는 것이 의미가 있다. 음운론적 인식과 관련된 활동은 선생님이 읽어 주는 문장 안에서 귀에 들린 단어의 수 혹은 어절의 수를 세거나, 선생님이 읽어 준 단어에서 초성, 중성, 종성의 소리를 찾아보도록 하는 것이다. 또한 글자 이름을 빠르게 말하도록 하는 것은 이 단계에서 유창성을 평가하고 가르치기 위한 기술 중 하나다.
2. 해독: 초등 1~2학년(읽기를 위한 학습에 초점). 이 단계에서는 단어를 소리 내어 말하기 시작한다. 학생들은 자음과 모음을 배우고, 단어를 나누고 합치기 시작한다. 알파벳 원칙을 이해하고 단어를 읽을 때 기본적으로 학생이 이미 아는 단어와 유사성을 찾아 해독한다. 이 단계에서 행해지는 유창성 학습은 글자와 소리 간의 관계를 판별하는 속도를 높이는 것에 주력한다. 그러므로 유창성 교수는 글자가 나타내는 음소 자체의 소리나 단어에서 음소의 소리를 빠르게 판별하는 데 초점을 맞추며, 유창성 평가와 교수에는 일견단어의 평가와 확장이 포함된다.
3. 확정과 유창성: 초등 3학년(학습을 위한 읽기에 초점). 이 시기에는 독자가 알파벳 코드를 해체할 수 있으며 읽기 속도가 매우 급격하게 증가된다. 또한 일견단어도 상당한 수준으로 증가된다. 기본적으로 학생은 읽기이해를 하기 위한 읽기를 시작한다.
4. 학습을 위한 읽기: 초등 4학년~중학교 2학년. 독자는 새로운 일견단어를 추가하고 단어를 통해 생각을 하고 지식을 구성한다. 유창성에는 어휘를 가르치고 유창성을 평가할 때는 음독과 묵독이 포함된다.
5. 다양한 관점의 습득을 위한 읽기: 중학교 3학년~고등학교 3학년. 독자는 새로운 일견단어를 추가하고 단어를 통해 생각하고 지식을 구성한다. 유창성에는 어휘를 가르치고 평가에는 음독와 묵독 유창성이 포함된다.
6. 새로운 지식을 구성하기 위한 읽기. 독자는 새로운 일견단어를 추가하고 단어를 통해 생각하고 지식을 구성한다. 유창성에는 어휘를 가르치고 음독과 묵독 유창성을 평가하는 것이 포함된다.

그러므로 1, 2단계의 평가는 주로 읽기의 하위 기술

에 초점을 맞추고 유창성 교수는 읽기의 하위 기술의 속도를 향상시키는 것에 중점을 둔다. 3~6단계는 유창성 평가에서 읽기이해와 더불어 음독과 묵독 속도를 확인하는 것이 기본 목표가 되고, 중재는 어휘의 난이도를 높이면서 음독 속도를 수립하는 데 주력한다.

3단계, 즉 확정과 유창성은 초등 4학년에서 고등학교 3학년 학생의 학습 진보 가능성을 이해하는 데 매우 중요한 단계다. 읽기에서 어려움을 보이는 초등 고학년 이상의 상당수는 이 단계에서 정체를 보일 수 있으나, 읽기교수에서 음독 유창성 훈련과 진전도 모니터링을 실시하는 경우 빠른 진보를 보일 수 있는 가능성이 있다(Mercer et al., 2001). 이 학생들은 학교생활을 하면서 처음으로 읽기를 유창하게 할 수 있다는 느낌을 갖게 되었을 때 비로소 읽기에서 상당한 수준의 진보를 경험할 수 있게 된다. 초등 고학년 이상의 학생들에게 자신의 학년보다 낮은 학년수준의 읽기 구문을 유창한 수준으로 반복해서 읽도록 하고, 반복적인 읽기에 사용되는 후속 구문의 읽기 난이도를 점진적으로 높임으로써 유창하게 읽을 수 있는 경험을 만들어 줄 수 있다.

유창성 속도

적절한 읽기 유창성 속도는 학생에 따라 그리고 다양한 요인들의 기능에 따라 달라진다. 읽기 구문의 장르, 학생의 성숙도, 읽기의 목적, 학년수준이 고려해야 할 4요소다. 장르는 관심영역과 관련이 있어, 학생이 자신의 관심영역(예: 취미)에 관한 읽기를 할 때는 이미 알고 있는 일견단어가 더 많기 때문에 더 빨리 읽을 수 있게 된다. 학생의 성숙도는 읽기의 3단계(확정과 유창성)에 도달한 학생이 더 낮은 단계에 해당되는 학생들에 비해 더 유창하게 읽을 수 있기 때문에 읽기 유창성 속도에서 고려되어야 한다. 읽기목적은 읽기 속도에 영향을 미치고(예: 시험 공부를 할 목적으로 읽기를 할 경우 읽기 속도는 감소된다.), 읽기자료의 학년수준은 단어의 난이도가 학년별 구문에 따라 천차만별이기 때문에 유창성에 영향을 미친다고 본다.

7장에서 제시된 것처럼, 『읽기를 우선으로』(2001)에서는 분당 정확하게 읽은 단어의 수에 대해 다음과 같이 논의하고 있다. 초등 1학년 말에는 분당 60개의 단어를 정확히 읽어야 하고, 초등 2학년 말에는 분당 90~110개의 단어를, 초등 3학년 말에는 분당 114개의 단어를 정확히 읽어야 한다. 그리고 구어 말하기의 평균 속도는 분당 약 140단어인데, Hook와 Jones(2002)는 음독 유창성이 구어 말하기 유창성을 반영한다고 주장하였다. 이미 7장에서 논의되었듯이, 초기 문해 기초기술의 역동적 평가 지표(DIBELS)와 교육과정 중심 측정(CBM)은 유창성 평가에 많이 사용되는 평가도구다(*Just Read, Florida!*, 2002). DIBELS는 선별도구로 많이 추천되고 있으며, 초등 1~2학년 학생들의 읽기 진전도를 점검하는 데 많이 사용된다. CBM은 선별도구이면서 초등 2학년에서 고등학교 3학년까지의 학생들의 읽기 진전도를 평가하는 데 주로 사용된다. 유창성 문제는 초등 4~5학년 정도에서 나타나는 경향이 있다. 그리고 중재가 제공되지 않으면 그 문제는 점점 심해지는데, 이는 결함의 축적현상 때문이라고 본다. 이 장 뒤의 유창성 관련 활동 부분에서는 읽기 유창성을 가르치는 데 활용할 수 있는 명시적인 교수 활동이 제공된다.

어휘교수

어휘란 개인이 효과적으로 의사소통하기 위해 학습하고 사용하는 단어를 지칭한다. 어휘는 일반적으로 구어어휘(oral vocabulary: 말로 표현된 단어의 청각적 처리)와 읽기어휘(reading vocabulary: 활자화된 단어의 시각적 처리)로 나뉜다. 구어어휘는 듣기와 말하기에 사용되는 어휘를 포함하는데, 듣기에 사용되는 어휘(listening vocabulary)는 구어로 이루어진 의사소통에 참여하는 데 필수적이며 개인이 이를 들었을 때 단어를 알고 이해할 수 있는 말로 표현된 단어를 말한다. 이에 반하여 말하기에 사용되는 어휘(speaking vocabulary)는 말을 통해 의사소통할 때 개인이 사용하는 단어를 칭한다. 읽기어휘란 활자를 이해하는 데 초점을 맞추고 사람이 읽고 이해하는 단어를 포함한다. 쓰기어휘(writing vocabulary)란 쓰기에 사용되는 단어를 말한다. 종합하면, 청각적인 것(즉, 듣기와 말하기)을 기초로 하는 어휘 두 가지와 시각적인 것(읽기와 쓰기)을 기초로 하는 어휘 두 가지를 모아 총 네 가지 형태의 어휘가 존재한다.

학생들은 문어와 구어로 이루어진 일상 경험을 통해 대부분의 단어를 간접적으로 학습한다. 예를 들어, 어른이 아이에게 책을 읽어 줄 때 아동이 단어를 학습한다. 특히 독자가 새로운 단어뿐 아니라 그 의미를 토의하기 위하여 큰 소리로 읽기를 하다가 잠시 멈출 때 더욱 유리하다. 또한 책이나 이야기에 대하여 대화하는 것은 아동이 개념과 단어를 학습하는 데 있어 도움이 된다. 아이들은 다른 사람과의 대화를 통하여 간접적으로 단어를 학습하기도 한다. 아동은 어른이 반복적으로 단어를 말하고 환경 속에서 발견되는 재미난 것들을 묘사하기 위하여 사용하는 단어(예: 과자, 개, 물, 차, 찬 것)를 듣는다. 훗날 아동이 책을 읽으면서 그전에 자주 들었던 단어 중 하나를 접하게 될 때는 그 단어를 발음하거나 누군가가 발음하는 것을 듣게 되자마자 그 의미를 알게 된다. 그러므로 듣기에 사용되는 어휘는 읽기이해와 어휘에 매우 큰 관련이 있다고 할 수 있다. 뿐만 아니라 아동은 독립적인 읽기를 통해서도 새로운 단어를 학습한다. 독립적인 읽기에 관한 연구(National Reading Panel, 2000)에 따르면, 큰 소리로 읽기를 할 때 어른이 아동이 보이는 오류와 구문에서 나타나는 새로운 단어와 단어 의미에 대해 피드백을 제공해 주면 아동의 어휘가 가장 많이 향상된다.

대부분의 어휘가 간접적으로 학습됨에도 불구하고, 어휘 중 일부는 반드시 직접적으로 교수되어야 한다. 복잡한 개념을 나타내는 어려운 단어는 직접적으로 교수해야 하는데, 대개 이런 단어는 학생의 일상생활과 관련되어 있지 않다. 특히 설명문을 읽을 때 어휘의 직접교수는 더욱 중요하다. 직접교수를 실시할 때는 특정 단어를 가르치는 것과 함께 단어학습의 전략을 다루고, 교사가 모델링을 실시하며, 교사의 지도를 제공하는 연습을 하도록 하면서 교수적 피드백도 제공된다. 특정 단어교수에는 구문을 읽기 전 새롭게 출현하거나 학생이 잘 모르는 단어를 예습하고 계속해서 특정 단어에 대한 교수를 진행시킨다. 또한 학생이 단어가 다른 맥락에서도 활용되는 것을 학습할 수 있도록 하고, 상이한 환경에서도 학습한 단어를 일반화할 수 있도록 하며, 학생에게 목표 단어에 반복적으로 노출될 수 있는 기회를 제공한다(*Put Reading First*, 2000). 단어학습 전략에는 단어 해독을 위해 접두사, 접미사, 어근, 기본 단어와 같은 단어의 부분에 대한 정보(예: rupt–erupt, corrupt, disrupt)를 이용하게 하고, 단어의 의미를 파악하기 위해 문맥적 단서를 활용하며, 단어의 의미를 학습하기 위해 사전을 사용하는 것 등이 포함된다. 학습장애 학생을 위한 어휘 중재에 관한 연구를 종합한 자료에서 Bryant, Goodwin, Bryant와 Higgins(2003)는 학생의 기억력을 향상시키는 도구(즉, 기억술)와 그래픽(예: 의미관계도)을 사용하고, 이를 직접교수와 짝 지었을 때 가장 효과적으로 어휘학습을 촉진할 수 있다고 보고하고 있다. 또한 이해를 촉진하기 위해 오랜 시간에 걸쳐 학생들에게 목표 단어를 자주 노출시키고, 학생들을 소집단이나 2인 1조의 형태로 어휘 관련 활동에 자주 참여하도록 하는 것이 유익하다고 보았다.

읽기장애를 가지고 있지 않은 학생들은 통상적으로 초등학교 3학년 이후 매해 3,000개의 새로운 단어를 학습한다. 이러한 수준의 성장은 학생에게 어휘를 여러 번의 기회를 통해 반복적으로 제공했을 때 비로소 이루어진다. NRP 보고서(2000)는 독립적인 묵독과 관련하여 묵독과 어휘 발달에 대한 통찰력을 제공한다. 그것은 독립적인 읽기의 양과 유창성, 어휘, 읽기이해 간에 긍정적인 상관관계가 존재한다고 보고하고 있다. 뿐만 아니라 독립적인 읽기와 읽기성취나 유창성의 향상 사이에 인과관계를 드러내는 자료가 부족하다고 보았다. 읽기에 어려움을 보이는 학생은 묵독을 하면서 스스로 인식하지 못한 채 읽기에서 실수를 하는 경향이 있어 단어를 옳지 못하게 읽는 연습을 할 수 있다. 이 학생들이 구어 읽기를 학습할 때는 누군가가 그들에게 교정적이고 지지적인 피드백을 제공해 줄 경우 가장 잘 배울 수 있다. 그리고 묵독에 사용되는 자료는 최소한 학생들의 독립적인 읽기수준(즉, 95% 정확도)에 맞아야 한다. 앞으로 독립적인 묵독에 대해서는 추가적인 연구가 필요하다. NRP 보고서는 모든 학년수준의 학생들에게 큰 소리로 읽게 하고 읽기 전 · 중 · 후에 대화에 참여하게 하는 것이 도움이 될 것이라 추천한다.

교사가 학생이 잘 모르는 모든 단어를 직접 가르칠 수 있는 가능성이 희박하기 때문에, 직접교수의 대상이 될 단어는 우선적으로 다음의 세 가지 범주로 나누어야 할 필요가 있다. 그 범주들은 중요한 단어, 어려운 단어 그리고 유용한 단어다. 구문을 읽기 전에 교사는 학생이 구문을 이해하는 데 중요하다고 생각되는 단어 몇 가지를 미리 가르쳐야 한다. 그것은 또한 다양한 의미를 가지고 있는 단어(예: mail or bow), 철자는 같지만 다른 단어(예: read, read), 철자는 다르지만 같은 발음이 나는 단어(예: read, read), 숙어적 표현(예: bite your tongue, mark my word)과 같은 어려운 단어를 가르칠 때도 유용하다. 마지막으로 자주 출현하는 유용한 단어(예: 고빈도 출현 단어는 7장과 이 장의 뒤에서 제시)나 여러 단어에서 글자 패턴을 보이는 단어(예: eat, beat, heat, meat, seat, peat, neat)를 가르쳐야 한다.

『읽기를 우선으로』(2001)에서는 단어학습의 심화형 몇 가지를 논하고 있다. 첫 번째 유형은 이미 알고 있는 단어에서 새로운 의미를 학습하는 것이다. 구어어휘 혹은 읽기어휘 중에서 이미 한 가지 의미를 알고 있지만, 학생은 그 단어의 새로운 의미를 학습한다. 예를 들어, 학생이 '서다(stand)'를 직립자세에서 두 발로 자기 자신을 지탱한다는 의미로 알고 있지만, 해당 단어가 가진 다른 의미, 즉 어떤 이슈에 대하여 특정 위치나 입장을 취하거나 유지한다는 뜻을 새로이 발견한다. 두 번째 형태는 이미 알고 있는 단어의 의미를 명확히 하거나 더 풍부하게 발전시키는 것이다. 예를 들어, 학생이 단어 improve(향상하다)를 알고, 비슷한 의미를 가진 다른 단어를 학습하는 것이다(예: 학생이 improve와 유사한 것으로 단어 enhance, facilitate, increase를 인식함). 어휘를 향상시키는 데 유용한 방법 중 또 하나는 학생으로 하여금 단어에 대한 인식과 관심을 증가시킴으로써 단어에 대한 단어 인식도(word consciousness)를 수립하도록 돕는 것이다.

읽기이해 교수

읽기이해는 학습자가 읽은 단어를 이해할 수 있게 하는 적극적인 과정이다. 읽기이해는 읽기를 하는 주된 이유가 되고, 읽기 구문과의 사고력을 요하는 유목적적인 상호작용을 필요로 한다. NRP 보고서(2000)에서는 특정 인지전략을 명시적으로 교수하는 것(즉, 학생이 읽기를 하는 중 이해에 문제가 생겼을 때 전략적으로 생각하도록 가르치는 것)과 학생의 독립적인 전략 활용을 위해 교사가 전략 시범을 보여 주는 것을 통해 읽기이해가 향상될 수 있다고 보고하고 있다.

NRP 보고서(2000)는 구문의 이해와 관련된 48개 연구를 검토하여 읽기장애가 없는 학생들을 대상으로 과학적으로 명백한 증거를 갖는 일곱 가지 교수전략을 밝혀내었다.

1. 읽기이해 점검. 읽기이해를 점검하는 것은 읽기 활동을 하는 중에 현재 학생이 읽고 있는 것을 이해하고 있는지 혹은 그렇지 않은지를 명확하게 인식하도록 하는 것이다. 여기에는 학생이 읽고 있는 구문을 이해하지 못할 때 그 문제를 해결하기 위하

여 전략을 사용하는 것까지도 포함된다. 특히 읽기를 하는 동시에 구문을 이해하도록 하기 위하여 초인지(즉, 생각하기를 위한 사고)를 사용한다. 일반적으로 읽기를 하기 이전에 사용되는 초인지 전략은 장르, 주제, 어휘에 대한 통찰력을 가지고 읽기 구문을 먼저 살펴보는 것이다. 읽기를 하는 중에는 쉽고 어려운 부분에 따라 읽기 속도를 조절하는 초인지 전략이 사용된다. 구문을 다 읽은 후에 독자는 자신이 읽은 부분에 대하여 내용을 이해하고 있는지에 대해 생각해 본다. NRP 보고서는 읽기이해에 있어 초인지가 매우 중요한 요소라고 강조하고 있다.

2. 협동학습. 협동학습은 학생이 소집단이나 2인 1조를 이루어 함께 명확하게 정의가 내려진 읽기과제를 하는 것을 말한다. 협동학습은 읽기이해 전략을 함께 학습함으로써 읽기이해 부분에서 긍정적인 성과를 도출해 내고 있다. 협동학습의 추가적인 활동은 이 장의 후반부와 2장에서 논의하고 있다.
3. 그래픽 및 의미 조직자의 활용(이야기지도 포함). 그래픽 조직자(혹은 선행 조직자)는 다이어그램이나 도식적인 표현을 사용하여 구문에서 내포된 개념과 개념 간의 상호관계를 나타낸다. 예를 들어, 4장의 [그림 4-1]은 태양계를 그래픽 조직자로 표현한 예다. 그래픽 조직자는 지도, 망(network), 그래픽, 차트, 클러스터(clusters), 틀과 같은 다양한 이름으로 불리기도 한다. 의미조직자는 의미관계 지도(sematic map) 혹은 의미론적 망상(sematic web)으로 불리기도 하는데, 일반적으로 핵심 개념과 관련된 생각 및 사건 일체를 연결하는 거미줄과 같은 모양이다.
4. 질문에 대답하기. 이 전략에서는 학생이 교사가 제시한 질문에 답하고, 교사는 그에 대해 즉각적인 피드백을 제공한다. 읽기이해를 향상시키기 위해 질문을 사용하는 것은 효과적인 전략 중 하나로 알려져 있다. 질문은 학생으로 하여금 무엇을 배웠는지에 대해 집중할 수 있게 하고 읽기의 목적을 제공하며, 학생이 모니터링을 하도록 격려하고 초인지를 촉진하는 것을 돕는다.
5. 질문 만들기. 이 전략은 학생으로 하여금 읽기를 하기 전에 구문을 간단히 훑어본 후 스스로에게 질문을 던지도록 하고 이후 구문을 정독하고 나서 본인이 만들었던 질문에 답하도록 가르친다. 이 과정을 통해 학생은 읽기의 목적을 알게 되고, 구문 읽기에 적극적으로 관여하며, 구문에 대한 자신의 이해수준을 결정하는 데 도움을 준다.
6. 이야기 시작자를 인식하기. 이야기 구조(story structure)는 이야기의 구성을 일컫는다. 일반적으로 이야기의 내용과 사건은 줄거리로 정리될 수 있다. 이야기 구조는 학생이 내용을 회상하는 데 도움이 되는 수단으로 사용될 수 있으므로 자신이 읽은 것과 관련된 질문에 답할 수 있게 된다. 학생들은 내용을 나누는 범주(예: 배경, 초기 사건, 내적 반응, 목표, 시도, 결과)와 어떻게 그 내용 정보가 줄거리로 조직화되는지를 학습하게 된다. 간혹 이야기지도(story map, 즉 그래픽 조직자)가 이야기에서 사건이 진행되는 순서를 보여 주는 데 사용될 수 있다.
7. 요약하기. 요약하기는 구문에서 중요한 생각이나 개념을 종합하는 활동으로, 학생은 자신이 읽은 것에서 무엇이 중요한지를 결정하고 간략하게 그 내용을 자신의 말로 표현한다. 요약하기에 유용한 단계는 중요하다고 생각되는 아이디어를 찾고 중심주제의 맥락 안에서 그들 간의 관계를 설명하는 것이다.

읽기이해 전략의 체계적이고 명시적인 교수

읽기이해를 발달시키기 위하여 교사는 학생에게 읽기 전략을 체계적이고 명시적으로 교수하고, 심도 깊은 토의를 할 기회를 제공하며, 의미 있는 읽기와 쓰기 활동을 할 수 있도록 격려해야 한다. 바람직한 읽기이해 교수란 (학생이 기술을 연습하고 어휘를 쌓으며 새로운 지식을 습득하도록 하기 위하여) 구문 읽기에 충분한 시간을 제공하고, 요약하기와 같은 전략과 모델링을 사용하면서 교사 주도적인 교수를 실시하는 것이다. 읽기이해 교수의 4단계는 다음과 같다.

1. 초인지 전략의 교사 모델링과 설명
2. 학생이 과제를 마치는 것에 대한 책임감을 갖도록 '도와주는' 교사의 지도가 제공되는 연습. 교사 및 급우들과 함께 읽은 것에 대하여 토의를 하면서 교사의 지도가 제공되는 수업이 시행될 수 있다.
3. 독립적인 연습 기회를 가지는 학생과 그 연습에 대한 교사의 피드백 제공
4. 전략의 적용(예: 실제 읽기 상황에서 예측하기와 요약하기). 읽기이해 교수는 학습지를 통해 개별적으로 진행되기보다는 구문을 배우면서 자연스럽게 삽입되어야 한다.

NRP(2000)는 읽기이해 교수 관련 연구의 전반적인 검토 작업을 통하여 두 가지의 의미 있는 결과를 밝혀내었다.

1. 다양한 학습자로 구성된 학급을 가르칠 때, 교사는 한 가지의 읽기이해 전략에만 의존해서는 안 된다. 연구 결과에 의하면 교수에 다양한 전략을 활용하는 것이 가장 효과적인데 그것이 학생이 회상하기, 질문하기, 질문 만들기, 요약하기에 도움을 주기 때문이다. 뿐만 아니라 교사는 다양한 전략의 활용을 통해 표준화된 읽기이해 검사에서 좋은 성과를 이끌어 내었다.
2. 특정 학업영역(예: 사회과)에서 읽기이해를 가르치는 것은 학생이 적절한 언어와 읽기기술을 가지고 있을 때만 효과적일 수 있다.

교사는 읽기 발달 단계 중 읽기를 위한 학습의 시기(즉, 유치원~초등학교 2학년) 동안에 읽기이해를 강조해야 한다. 왜냐하면 일반적으로 읽기를 위한 학습시기 동안 배운 기술을 유창하게 사용하는 데 2~3년 정도가 소요된다고 가정한다 하더라도 그 시기를 지난 이후에도 학생들이 내용교과를 배우는 데 있어 자동적으로 읽기 기술을 잘 활용할 것이라고 장담할 수 없기 때문이다. 그러므로 교사는 읽기교수의 초창기부터 읽기이해를 강조해야 할 필요가 있다. 모든 학년수준에서 읽기이해의 교수는 학생으로 하여금 읽기가 구문으로부터 의미를 이끌어 내는 과정이란 것을 학습하도록 도와준다.

읽기이해의 교수가 여러 학년을 걸쳐 이루어질 때는 서사문(이야기글)과 설명문 간에 난이도 차이가 있다는 것을 인식하는 것이 중요하다. 설명문에 비해 서사문의 내용이 더 친숙하기 때문에, 서사문은 학생이 그 내용을 이해하고 기억하는 데 더 용이하다. 또한 서사문의 구조는 설명문의 구조에 비하여 비교적 간단하다. 그리고 이야기 구조의 형식(즉, 배경, 등장인물, 목표나 문제, 행동 일체, 등장인물의 반응, 해결책이나 결과)은 학생이 서사문을 이해하는 데 도움을 준다(Gersten, Fuchs, Williams, & Baker, 2001).

『읽기를 우선으로』(2001)에서는 교사가 학생이 읽기 구문과 상호작용을 하는 데 있어서 의미를 강조하기 위하여 다음과 같은 전략을 사용할 수 있다고 한다.

> 학생에게 글을 큰 소리로 읽어 주건 혹은 학생 스스로 읽도록 지도하건, 교사인 당신은 구문의 내용에 대해 이야기한다. 당신은 읽기를 하면서 생각하기와 글 이해하기를 모델링할 수도 있고 '소리 내어 생각 말하기'를 실시할 수도 있다. 그리고 학생 자신이 읽은 것이 무엇을 의미하는지를 토의할 수 있도록 이끈다. 학생이 자신의 경험과 기존에 읽었던 이야기에 현재 읽은 내용을 연결할 수 있도록 도와준다. 그리고 학생이 읽기 구문에 대해 질문할 수 있도록 격려한다.

읽기장애를 가진 학생들을 위한 읽기이해 교수

Mastropieri와 Scruggs(1997)는 1976년과 1996년 사이에 시행된 학습장애 학생을 위한 읽기이해 교수 관련 연구를 종합적으로 검토하였다. 이 보고서는 기술 훈련 및 강화, 구문심화(text enhancement) 전략, 질문전략, 총체적 언어 접근법(whole language approach)과 같은 중재 형태에 따라 연구내용을 조직화하였다. 두 학자는 중재 형식 중에서 스물한 가지의 읽기이해 중재법을 찾아내었고, 학습장애 학생에게 읽기이해를 가르치는 데 있어 알아두어야 할 사항에 대해 다음과 같이 설명하고 있다.

- 가장 효과적인 읽기이해 중재는 학습장애가 기본적으로 언어영역에서 부적절함으로부터 기인한다고 보는 관점을 지지한다. 예를 들어, 학습장애 학생은 의미론적 기억력, 초인지, 언어적 정보 처리, 읽기의 하향식(즉, 의미를 강조한) 접근법에서 문제를 경험한다. 학습장애 학생들은 상향식(즉, 코드 중심) 접근법에서 음운론적 인식, 소리-상징의 연결, 읽기 유창성에 어려움을 보이는 경향이 있다. 일반적으로 읽기이해 교수는 이 중 한두 가지 영역을 목표로 삼아 읽기이해를 향상시킬 수 있다.
- 전반적으로 가장 훌륭하다고 일컬어지는 읽기이해 프로그램은 기초 읽기기술의 교수, 읽기 유창성 교수, 자기 질문하기 전략, 읽기이해 점검하기를 종합하고, 학생이 노력의 결과로 학업적으로 성공하게 되었다고 생각하도록 격려한다.
- 읽기이해에 있어 어휘 습득과 유창성 훈련은 필수적이지만 충분 요소는 아니다. Cunningham과 Stanovich(1998)는 읽기 유창성과 읽기이해 간의 상호관계에 대해 다음과 같이 설명하였다. "단어 재인의 속도가 느리고 그에 학생이 가진 능력을 모두 다 쏟아야 하면 읽기이해를 위해 별도의 인지적 자원을 할당해야만 한다. 그러므로 의미를 찾기 위한 읽기는 방해를 받고, 학생은 읽기에서 보상을 받기 어렵고, 실질적으로 읽기연습에 인지적으로 몰두하지 못하거나 단순히 연습과정을 참아내게 된다." (p. 8)
- 강조(형광펜 등을 이용), 밑줄 치기, 질문 삽입하기, 의미론적 특성 관계표, 공부에 도움을 주는 지침서, 그림으로 표현하는 기억술과 같은 보조기법을 활용하여 읽기이해를 향상시킨다. 그러나 모든 읽기 구문에서 향상을 보이는 것이 아니라 보조기법을 사용한 특정 구문에서만 향상이 나타날 수 있다. 그리고 학습의 전이를 촉진하기 위해서는 반드시 일반화 교수가 명시적으로 제공되어야 한다.
- 자기 질문하기 훈련(self-questioning training)은 학생 스스로 구문의 목적과 구조에 대해 질문하고, 사전 지식을 활성화하며, 중요한 정보에 집중하고, 읽기 이해의 흐름을 점검하도록 해야 한다. 학생이 구문을 읽는 데 필요한 핵심적인 사전 기술을 가지고 있을 때 읽기이해는 향상될 가능성이 높다.
- 자기 질문하기 전략과 특정 구문에 적용되는 학습 심화 전략을 조합하면 읽기 이해를 향상시키는 데 있어 효과가 매우 클 것이라 기대한다.
- 읽기이해를 향상시킬 수 있는 실험연구에 기초한 전략에서는 교사가 교수를 세심하게 고안하고, 모델링과 지원, 교사의 지도, 확장된 적용훈련, 전략적 피드백, 귀인과 관련된 적절한 피드백을 제공하며, 학생의 진보를 모니터링하는 것이 필수적이라 한다.
- 직접교수(예: Reading Mastery와 Corrective Reading; 역자 주: 상업용 읽기 프로그램으로 읽기기술을 계열에 따라 교수함)는 읽기이해에서 긍정적인 성과를 이끌어 낸다.
- 총체적 언어 접근법은 최소한의 긍정적인 성과를 이끌어 낸다.

또한 Gertsten 등(2001)은 학습장애 학생을 위한 읽기이해 교수에 관한 연구를 검토한 한 논문에서 서사문에서 이야기 문법(story grammar)의 요소를 가르치는 것이 가장 효과적인 연습의 하나라는 결론을 내렸다. 설명문에서는 읽기이해의 성과를 향상시키는 데 사용될 수 있는 읽기이해 전략(예: 읽기 전 예습하기, 질문하기, 모니터링하기, 핵심 생각을 명확하게 하기, 핵심 생각 만들어 보기, 요약하기)을 명시적으로 가르쳐야 한다.

핵심 읽기교수 프로그램

대부분의 교육청은 개별 학급의 읽기교수를 지원하기 위하여 하나의 '핵심 교육과정'을 채택한다. 일반적으로 핵심 교육과정은 유치원생에서부터 중학교 3학년생에게 발달론적 읽기교수를 제공하는 기초 읽기 프로그램(basal reading program)이다. 역사적으로 기초 읽기 프로그램은 그 효과성에 대한 과학적인 검증이 부족하였다. 2002년 1월 8일 부시 대통령이 사인한 아동낙오방지법(NCLB) 아래에서는 학습 실패의 위험성이 큰 학생들에게 효과적이라는 과학적 증거가 있는 읽기 프로그램을 채택하지 않으면 읽기 프로그램에 대한 국가의 재정적 지원이 삭감되거나 철회된다. 그러므로 교육청에서는 과학적으로 그 효과가 입증된 읽기 프로그램을 채택하거나 교육청에서 선정한 읽기 프로그램이 학생들의 읽기에서 성공을 이끄는 데 효과적이라는 사실을 입증해야만 한다. 하지만 수많은 상업용 읽기 프로그램이 있고, 이를 판매하고자 하는 출판사들 간의 극심한 경쟁, 읽기와 관련된 패러다임의 차이로 인해 나타나는 갈등(예: 코드 대 의미) 때문에 교과서를 채택하는 과정은 쉽지 않다. 그 예로 주 전체에서 사용되고 있는 읽기 프로그램의 목록을 작성한 플로리다 주 교육부는 이를 통해 1,600개가 넘는 읽기 프로그램과 전략이 사용되고 있다는 사실을 밝혀냈다(*Just Read, Florida!*, 2002).

최근에 시행된 전반적인 실험연구(National Reading Panel, 2000; *Put Reading First*, 2001)의 결과를 통해 과학적인 증거에 기초한 효과적인 읽기 프로그램을 구성하는 핵심적인 요소가 확인되었다. 모범적인 읽기 프로그램은 교수 계획을 수립하는 데 있어 읽기교수의 다섯 가지 필수 요소—음운론적 인식, 발음법, 유창성, 어휘 발달과 읽기이해—를 응집력 있게 통합시켜 교수내용에 포함시키고 있다. 응집력이 있는 교수에는 명시적인 교수전략, 읽기과정의 모니터링, 교수계열의 조율, 충분한 연습 기회와 학습자료의 배치 등이 포함된다. 실험연구 결과를 바탕으로 한 최상의 실제가 포함되었고, 의회에서 인준된 예산을 충분하게 제공받는 읽기 프로그램과 관련 자료의 출현은 다양한 요구를 가진 학생을 위한 읽기교수의 기준을 한 단계 높일 수 있는 계기를 마련해 주었다.

이 장에서는 교육자들이 읽기문제를 가진 아동과 청소년을 가르치는 데 필요한 읽기 관련 정보를 충분히 제시한다. 여기에는 핵심적인 발달적 읽기 접근법과 교정 읽기 프로그램 및 방법에 대한 개관이 포함되어 있다. 더불어 효과적인 읽기 프로그램을 고안하기 위한 개념 틀을 제공하고, 읽기에서 사용되는 교수전략을 제시하며 청소년들을 위한 읽기와 공부기술을 소개한다. 마지막으로 음운론적 인식, 발음법, 유창성, 어휘와 읽기이해를 가르치는 데 사용될 수 있는 전략과 활동들을 제시한다.

읽기의 발달론적 접근법

핵심 읽기 프로그램은 대개 읽기의 발달론적 접근법을 그 특징으로 하는데, 대부분의 프로그램은 읽기 발달의 정상적인 패턴에 따라 구성된다. 교수와 관련된 기본적인 자료는 무엇을 가르치고 언제 가르쳐야 하는지를 나타내 주는 일련의 책〔기초 읽기(basal readers)와 같은〕

들로 이루어져 있다. 학습문제를 가진 학생들을 가르치기 위해서는 계열을 바꾸고 추가적인 연습 활동을 제공하거나 선택된 과제의 투입-산출 과정과 그 배열을 조정함으로써 발달론적 프로그램을 수정할 필요가 생기게 된다. 또한 몇 가지 프로그램을 조합하는 것은 한 가지 접근법(즉, 어떤 종류의 읽기 프로그램에 언어 경험을 첨가하거나 보충적인 발음법)을 그대로 활용하는 것보다 더 효과적이다. 여기에서는 발달론적인 핵심 읽기 접근법, 즉 기초 읽기 접근법, 문학에 기초한 접근법, 총체적 언어 접근법, 언어경험 접근법, 발음법 교수, 언어학적 접근법이 논의된다.

기초 읽기 접근법

많은 교사들은 그들이 사용하는 읽기 프로그램의 핵심적인 특성으로 기초 읽기 시리즈(a basal reading series)를 사용한다. 대부분의 시리즈에는 계열이 분명하게 드러나는 읽기 구문 세트와 학습지, 글자 카드, 기술 팩, 벽에 부착하는 차트, 관련 활동집, 초기 배치 및 성취 파악을 위한 평가지, 컴퓨터 소프트웨어 같은 보충적인 교수자료가 포함되어 있다. 교사용 지침서에는 프로그램의 목적이 설명되어 있으며 기술 연습용 활동을 위하여 정확한 교수 계획과 제언이 제공된다. 일반적으로 교사용 지침서는 고도로 구조화되어 있고 그 안에는 개별 수업의 개요가 완벽하게 제시되어 있는데, 기술과 관련 목표, 새로 배우는 어휘, 학습 동기를 향상시키기 위한 활동과 각 페이지마다 이해 정도를 확인할 수 있는 질문도 포함되어 있다.

일반적으로 읽기는 초기 준비 단계(preprimers)에서 시작되고 학생이 중학교 3학년에 이르게 될 때까지 점진적으로 난이도를 높여 간다. 일부 기초 읽기 프로그램은 학년수준에 기초하여 진전도를 결정하고 읽기 발달 단계에 상응하는 형태로 구성되어 있다. 프로그램의 내용은 학생의 일반적인 경험과 선호도를 기초로 한다. 다인종이나 사회경제적으로 혜택을 받지 못하는 학생들을 위해 고안된 프로그램에 사용된 자료는 다양한 환경이나 인종 집단에서 나타날 수 있는 배경과 내용을 반영한다. 기초 읽기 프로그램은 의미 혹은 코드 중심의 접근법 어느 것이건 사용될 수 있다. 기초 프로그램 중 일부는 총체적 언어 접근법을 기반으로 하여 단어 재인과 아동문학의 읽기를 통한 읽기이해에 초점을 맞춘다. 다른 형태의 기초 읽기 프로그램에서는 발음법과 같은 단어해독 전략에 초점을 맞춘다. 기초 읽기 프로그램 시리즈는 음운론적 인식, 단어 판별, 유창성, 어휘, 읽기 이해에서 체계적인 교수를 제공하고, 읽기수준은 학년별로 제시된다. 독자용 교재, 교사용 지침서, 학생용 학습지는 (발음법을 포함한) 단어 읽기(word attack) 기술을 가르치고 읽기이해를 발달시키며 읽기 속도를 안정적으로 증가시키는 데 도움이 되는 활동을 제공한다.

대부분의 기초 읽기 프로그램은 지시적이고 직접적인 읽기 활동을 이용하여 읽기수업을 진행하라고 추천하고 있다. 그 단계는 다음과 같다.

1. 읽기자료를 학습하기 위해 학생들의 동기를 향상시킨다.
2. 새로 나온 개념과 어휘를 소개함으로써 학생들을 준비시킨다.
3. 읽기의 목적이나 목표를 제시해 줄 수 있는 질문을 던짐으로써 학생을 지도한다.
4. 반복연습이나 학습지 활동을 통해 읽기자료와 관련된 기술을 발달 · 강화시킨다.
5. 수업시간 중에 배운 기술을 적용할 수 있는 활동과 과제를 제공한다.
6. 수업의 효과성을 평가한다.

이와 같이 교사의 지도하에 이루어지는 읽기 접근법은 읽기이해 기술을 향상시키는 데 사용될 수 있다. 기초 읽기 프로그램은 다양한 세부사항으로 구성된 이야기를 포함하고 있으며, 대개 2~3개의 작은 부분으로 나뉘어 있다. 그러므로 내용을 파악하는 데 도움이 되는 활동(location exercises)은 이야기의 주제나 주인공, 특정 단어와 구문, 문장, 단락을 찾아볼 수 있도록 한다.

기초 읽기 접근법은 미국 내 대부분의 읽기 프로그램에 사용되고 있다. 그러나 Schumm, Vaughn, Haager와 Klinger(1994)는 많은 교사들이 자주 그리고 폭넓게 사용하고 있는 기초 읽기 프로그램은 통합환경에 배치된 읽기장애 학생을 위한 교수를 계획하고 시행하는 데 있어 교수적인 제언을 거의 제공하지 못하고 있다고 지적하였다. 교사는 읽기문제를 가진 학생의 개별적 요구를 충족시키기 위하여 반드시 교수자료를 수정하거나 보충해야 한다. 기초가 되는 수업을 향상시키기 위한 수정으로는 교사의 모델링, 부수적인 예시의 제공, 학습환경의 통제, 추가적인 음운론적 인식 활동(예: 단어분절 연습) 등이 포함된다(Simmons, Chard, & Ka'meenui, 1994). 또한 읽기를 추가적으로 시행하고자 할 때 학생에게 높은 수준의 흥미를 제공하면서도 어휘는 그다지 어렵지 않은 책을 선정하는 것은 좀 더 나이 든 청소년들에게 적절하다.

아동문학에 기초한 읽기 접근법

아동이 훌륭한 문학작품과 친숙하게 되고 작품을 읽고 싶은 동기를 불러일으키기 위한 노력의 일환으로 일부 교사는 읽기교수의 초기 단계에서 아동문학에 기초한 접근법(literature-based approach)을 활용한다. 이 접근법에서는 특정 기준에 따라 문고판 도서와 아동용 문학서적의 수준을 결정한다. 도서의 수준 정하기는 학년 수준 혹은 읽기 단계〔초기/읽기시작자(유치원), 발달 중인 독자(초등 1학년), 초기 독립적인 독자(2학년), 독립적인 독자(3학년)〕에 따라 달라진다. 초등 1학년 초반에 사용되는 책은 2~3문장 패턴으로 간단한 문장형 패턴이 반복되고, 주로 구어적 표현이 우세하게 사용되며, 친숙한 사물과 행위가 많이 등장하며, 독자에게 일정 수준 이상의 도움을 줄 수 있는 그림 등이 제시된 것이 특징적이다. 초등 2학년 말에 해당하는 학생들을 위한 책은 설명이 좀 더 상세하고, 정교한 사건과 줄거리가 제시되며, 보다 포괄적이고 확장된 묘사가 제공되며, 문어적 표현이 등장하고, 자주 접하지 못하거나 도전적인 어휘 그리고 힌트를 많이 포함하지 않은 그림이 주로 사용된다.

다음 활동은 아동문학에 기초한 읽기 프로그램에서 자주 사용되는 것들이다.

- **교사가 아동에게 큰 소리로 읽어 주기.** 저학년에서는 아동에게 이야기를 큰 소리로 읽어 주는 것이 일반적인 활동이다. 이 활동의 장점은 아동의 읽기 동기를 불러일으켜 주고, 성인이 읽기를 모델링해 주며, 아동이 이야기에 대한 감각을 발달시키고, 책과 친숙해지며, 어휘와 음운론적 인식(예: 단어의 음운)을 향상시키는 데 도움을 준다.
- **구어 읽기의 변형.** 아동이 구어 읽기를 준비할 수 있도록 처음으로 조용히 이야기나 구문을 읽도록 한다. 구어 읽기의 변형에는 짝 지어 함께 읽기, 교사가 도움을 제공하면서 함께 읽기, 학생 집단 전체가 함께 읽기(함께 읽다가 교사의 신호에 맞추어 읽기를 멈출 수 있도록 한다.)가 포함된다. 모방적 읽기에서 교사는 아동에게 한두 개의 문장을 큰 소리로 읽어 주고, 아동은 그것을 되받아서 읽기를 진행한다. 함께 읽기는 읽기에 어려움을 보이는 학생들에게는 실패를 공개적으로 드러낼 위험성을 줄여 준다.
- **함께 읽기.** 함께 읽기(shared reading)를 하기 위하여 교사는 친숙한 노래, 시, 이야기가 쓰인 확대된 책(큰 책)을 사용한다. 교사는 학생 집단에게 큰 소리로 구문을 읽어 주고, 아동은 교사가 단어 하나하나를 지적할 때마다 함께 큰 책에 쓰인 단어를 읽는다.
- **지속적인 묵독.** 수업에 참여하는 학생 모두는 조용히 이야기를 읽는다. 이때 교사도 소리를 내지 않고

읽는다.

- **단어 재인 전략.** 단어 재인 기술과 발음법은 단어의 의미에 초점을 맞추면서 독립적으로 교수하지 않고 책을 읽거나 쓰기 활동을 하는 중에 가르친다.
- **읽기이해 전략.** 읽기이해 전략은 독서 활동(예: 독서 시간, 독서 모임, 독후감 쓰기) 중에 교수하고, 구문으로부터 의미를 찾아내는 데 초점을 맞춘다. 쓰기는 읽기와 상호작용적인 관련을 맺고 있으므로 학생이 독자와 저자의 역할을 경험하게 해 준다.

읽기에서 어려움을 경험하는 학생들은 크고 작은 집단 활동에 참여하기 때문에 실제로 읽기를 한다기보다는 읽기를 '하는 척' 할 가능성이 많다. 그러므로 교사는 주기적으로 아동이 정말 읽기를 하고 있는지를 들어봐야 하고 개별 학생의 진전도를 점검해야 한다. 학습문제를 가진 학생들을 대상으로 한 이 접근법의 성공 여부는 음운론적 인식과 함께 글자-소리 연합에 대한 체계적인 교수가 얼마나 제공되느냐에 따라 달라진다. 문학에 기초한 읽기과 같은 총체적 언어 접근법에서는 글자-소리 연합 교수의 대부분이 쓰기 활동 중에 이루어진다. 여태까지는 학습문제를 가진 학생들에게 이와 같은 접근법을 사용하는 것을 지지하는 연구가 거의 진행되지 않았지만, 그들에게 알파벳 원칙을 가르치는 체계적이며 명시적인 접근법의 활용을 지지하는 연구는 상당수 존재한다.

총체적 언어 접근법

총체적 언어개념(whole language concept; Goodman, 1986)은 학생들의 읽기와 쓰기 능력을 증가키시기 위하여 학생의 언어와 경험을 활용하는 것이다. 여기서 읽기는 전체적이고 의미에 기초한 활동으로서 교수되고, 개별 기술의 종합체라기보다는 하나의 통합된 행동으로 본다. 그러므로 읽기에서 강조해야 할 점은 해독기술보다는 의미이며, 학생은 의미 있는 내용의 맥락에서 읽기에 사용되는 코드를 해독하는 것을 배워야 한다. 총체적 언어 접근법에 기초한 학급에서 사용되는 교육과정은 언어와 읽기 기술을 향상시키는 주제와 단위로 조직되어 있다. 그리고 읽기자료에는 아동문학 서적 혹은 학생이 읽고 싶어 하거나 읽을 필요가 있는 자료와 같이 관련성이 높고 기능적인 것들이 포함된다. 총체적 언어 접근법은 적절한 목적에 맞게 사용되는 문학서적이나 인쇄물(예: 단모음을 찾기 위한 것보다는 디저트 요리법)과 다양한 목적을 위해 쓰인 자료에 상당히 의존한다. 이 접근법에서 읽기는 전체 언어 관련 프로그램에 포함되어 있고, 교사는 본질적인 문제나 아이디어와 관련된 교수 경험을 제공하기 위해 교육과정을 개발한다. 모든 언어 프로그램은 서로 관련되어 있으므로 독립적인 교과로 따로 교수해서는 안 된다는 생각을 기초로 하고 있다. 이는 학생이 자연스럽게 언어에 노출되고 이를 통해 언어를 학습한다는 전제를 바탕으로 하고 있다.

총체적 언어 접근법을 찬성하는 사람들은 어떤 구조적이고 체계적인 방법으로 발음법을 가르치는 것에 대해 반대하고, 학생이 읽기와 쓰기 활동을 하면서 문자에 자연스럽게 노출되고 자신만의 음성학적 원칙을 발달시킨다고 믿는다. 처음에는 의미 있고 예견 가능한 전체 단어를 읽기 시작하고 새로운 단어나 구문을 학습하는 것을 시작하기 위해서 학생에게 친숙한 단어를 사용한다. 읽기이해 기술의 발달과 읽기를 통한 의미 찾기는 학생에게 친숙하고 예견 가능한 자료가 주어졌을 때 의미가 있는 전체에서부터 시작된다고 믿는다. 학생들이 익숙하지 않은 쓰기자료에서 익숙한 부분을 인식하는 데 의미 구성과정을 사용하고, 학생들은 그 의미가 맞는지를 확인하기 위해 읽기를 점검한다. 읽기를 학습하는 동안에 동시에 쓰기를 학습하게 되고, 교사는 학생들에게 자신의 경험을 써 보도록 격려한다. Goodman (1986)은 교실에서 총체적 언어 접근법을 사용할 것을 권유하였고, 교사가 학생에게 읽기와 쓰기를 위한 센터를 만들어 주고 학생이 이야기를 받아쓰기 하고 읽어 보거나 테이프로 제작된 이야기책을 들으면서 따라해 보도록 하는 활동에 참여하도록 해야 한다고 하였다. 뿐만 아니라 교사는 학생에게 책이나 이야기를 읽어 주고 이야기 속에 일어나는 사건을 예견해 볼 수 있는 기회를 제공할 수 있다. 그리고 지속적으로 묵독을 실시하고, 학생이 독립적으로 책을 읽고 읽기 모임에서 지원을 제공받을 수 있는 활동에 참여하도록 계획할 수 있다.

총체적 언어 접근법에서 그 효과를 인정받는 것 중 하나는 특히 쓰기에 있어서 언어 관련 프로그램을 통합하는 것이다. 이 접근법은 분절적인 교육과정을 최소화해 주고 학생이 쓰기를 읽기의 한 구성 요소로 볼 수 있도록 해 준다. Chiang과 Ford(1990)에 의하면, "총체적 언어교수 전략과 다른 효과적인 방법을 통합하는 것은…… 읽기에 대한 학생의 긍정적인 태도를…… 고취하고 동등한 수준에서 활자화된 자료의 좀 더 기능적이고 유목적적인 활용을 촉진하는 것에 초점을 맞추는 보다 좀 균형 잡힌 관점을 가져올 수 있다"(p. 34). 연구자들은 학습문제를 가진 학생들에게 전체 언어 프로그램을 시행하는 데 있어 지침이 될 만한 사항을 다음과 같이 제시하고 있다.

- 정기적으로 학생에게 큰 소리로 읽어 주어라.
- 학생에게 패턴이 있고, 예측 가능한 이야기가 있는 책을 소개하라.
- 교사가 쓰기 활동을 활용하여 쓰기 전략과 기술을 모델링할 기회를 제공하라.
- 일기 쓰기를 포함시켜라.
- 교수환경에서 의미 있는 인쇄된 자료를 제공하라 (예: 단순화시킨 사전과 단어 목록을 범주로 나누어 제공하기).

총체적 언어와 아동문학에 기초한 교수의 효과성에 관한 사례연구로 구성된 실험연구는 함축적인 접근법이 행동 및 학습 문제를 가진 학생들의 읽기 성과와 읽기에 대한 긍정적인 태도를 촉진할 수 있다는 증거를 보여 주고 있다(Mills, O'Keefe, & Stephens, 1992; Morrow, 1992; Stires, 1991). 하지만 학습 및 행동 문제를 가진 학생들, 사회경제적 지위가 낮은 가정 출신의 학생들, 읽기 실패를 경험할 가능성이 높은 학생들, 그리고 문화적으로나 언어적으로 다양한 요구를 가진 학생들은 총체적 언어 교수법에서 제공되는 것보다 기본적인 읽기기술에서 좀 더 명시적이고 체계적인 교수를 필요로 한다는 결과를 지지하는 연구가 상당수 있다(National Reading Panel, 2000; Pressley & Rankin, 1994; Snow, Burns, & Griffin, 1998; Stahl & Miller, 1989; Swanson, 1996b). 그러므로 총체적 언어와 다른 함축적인 코드 접근법이 읽기를 배우는 데 어려움을 갖는 수많은 학생들(즉, 약 30%: Lyon, 1998)에게 효과적이라는 결과가 나올 때까지 이 접근법을 활용하려면, 특히 교사가 직접교수를 사용했을 때 더 인상적인 성과를 이끌어 낸다는 측면에서 관심을 가져야 한다. 총체적 언어 접근법과 관련된 문헌과 읽기를 쉽게 배우는 학생들을 위한 읽기 활동의 일부를 사용할 수도 있다. Lyon(1995a)은 사용하는 읽기 접근법이 무엇이냐에 상관없이 약 30%의 학생이 읽기를 배운다고 한다. 그들은 심화수준에 있는 독자로 함축적인 읽기교수에서도 읽기를 잘 수행한다. 처음에 읽기를 배우는 데 어려움을 보이는 학생들도 유창성이 수립되고 상당한 수준의 일견단어를 갖게 되면 다양한 총체적 언어 접근법의 활동에서 혜택을 얻을 수 있다.

Rankin-Erickson과 Pressley(2000)는 문해를 효과적으로 가르치는 교사라고 추천받은 31명의 특수교사를 대상으로 그들의 교수적 실제에 대해 국가수준의 설문지 연구를 시행하였다. 연구 결과, 특수교사들은 총체적 언어 접근법과 직접교수 접근법을 혼합한 교수 실제를 사용하였으며 개별 학생의 요구에 따라 교수의 강도를 증가시키는 것으로 나타났다. 총체적 언어 접근법과 직접교수 접근법 모두 읽기교수의 한 부분을 차지하고 있다. 그리고 각 접근법의 활용과 응용은 학생의 요구에 맞게 이루어지는 것이지, 하나의 접근법으로 모든 학생에게 적합한 교수를 제공한다고 하는 읽기의 패러다임을 독단적으로 견지하지는 않는다.

언어경험 접근법

언어경험 접근법(language experience approach)은 듣기, 말하기, 쓰기기술과 읽기기술의 발달을 통합한다. 이 접근법에 사용되는 자료들은 학생의 사고와 어휘를 바탕으로 구성된다. Lee와 Allen(1963)에 의하면 언어경험 접근법은 다음의 사고과정을 다룬다. 학생이 생각하고 있는 것, 학생이 말할 수 있는 것, 학생이 말하고 쓸 수 있는(혹은 다른 누군가가 학생을 위해 대신 써 줄 수 있는) 것, 그리고 학생이 쓴 것(혹은 누군가가 대신 써 준 것)을 학생이 읽을 수 있다. 언어경험 접근법은 학생의 구어표현과 문어표현에 기초를 두고 있다. 학생의 경험은 읽기자료를 결정하는 데 있어 중요한 역할을 한다. 학생은 교사에게 자신의 이야기를 말한다. 학생의 이야기는 처음에 학생의 미술작품에서부터 시작될 수 있다. 교사는 학생의 읽기 경험의 기초가 될 이야기를 받아 적고, 학생은 자신이 말했던 생각이 글로 표현된 것을 가지고 읽기를 배운다. 이 접근법에서는 읽기자료의 언어적 패턴이 학생의 말에 기초하고 내용은 경험에 의해 결정된다. 교사는 학생이 생각하고 말하고 읽을 수 있는 경험의 범위를 확장시키고 풍부하게 하는 데 노력을 아끼지 말아야 한다. 이러한 도움을 바탕으로, 결국 학생은 이야기 쓰기가 가능해진다. 그러므로 이 접근법에서는 읽기자료를 학생의 언어로 표현하고 읽기가 학생의 경험을 기반으로 할 때 가장 의미가 있다고 본다.

처음에 교사는 학생들에게 자신의 경험을 적은 차트를 작성하도록 지도한다. 학생들은 그룹 토의의 과정을 통해 다른 학생 혹은 교사와 정보를 나누면서 자신의 경험에서 유래한 이야기를 만들어 낸다. 학생의 경험 차트는 여러 주제로 나뉠 수 있는데, 그에는 경험의 서술적 묘사, 실험이나 뉴스 이벤트의 보고, 학생이 만들어 낸 허구적 이야기 등이 포함된다. 교사는 칠판 위에 초안에 사용될 아이디어를 적고, 학생이 제언이나 수정을 하도록 지도하며, 단어 선택, 문장 구조, 글자와 단어의 소리에 대해 논의한다. 경험 차트를 편집하고 수정하는 과정에서 대문자 적절하게 사용하기, 문장 부호 쓰기, 철자하기, 문법, 정확한 문장 구조 등을 가르친다. 그러므로 교사는 읽기기술을 훈련하기 위하여 미리 결정된 순서를 따르는 대신 적절한 시간에 기술이 발달될 수 있도록 한다. 이 접근법에서는 학생이 내용을 만들어 내기 때문에 일반적으로 높은 수준으로 동기와 흥미가 유지된다.

언어경험 접근법은 학생이 보이는 진전 속도에 맞게 읽기교수를 진행할 것을 권한다. 진전도는 학생 개개인이 구어와 문어 형태로 자신의 생각을 표현하고 또래가 쓴 글을 이해하는 능력의 측면에서 평가된다. 쓰기의 기술적인 측면이나 철자하기, 어휘, 문장 구조, 사고의 깊이에 있어서 학생의 진전도나 성장을 파악하는 것은 학생의 글쓰기 작품을 통해 분명히 드러난다. 학생이 작문한 이야기는 그림으로 표현되거나 학생에게 매력적인 폴더에 보관될 수 있으며, 학생은 이야기를 쓴 공책을 교환할 수도 있다.

언어경험 접근법은 문학작품의 중요성을 강조하고 읽기를 개인적인 행위로 보며(즉, 개별 학생의 언어적 다양성을 수용함) 학생들이 경험하는 개인 생활을 다룬 책들을 선호하는 총체적 언어 접근법과 유사하다. 그러나 언어경험 접근법은 문어를 구어에서 유추된 이차적인 체제로 보지만, 총체적 언어 접근법에서는 구어와 문어가 구조적으로 관련되고 그중 하나가 없으면 다른 하나도 제 역할을 할 수 없다고 본다. 언어경험 접근법에서 교사는 학생에게 구술하기를 시킬 수 있으나, 전체 언어를 바탕으로 한 교육과정은 학생이 쓰기 활동을 통해 의미를 만들어 내는 것을 강조하므로 구술하기를 그리 자주 하지는 않는다. 또한 언어경험 접근법에서 받아쓰기는 자주 단어 읽기나 발음법 기술을 가르치는 데 사용되지만, 총체적 언어 이론에서는 언어에 대한 전반적인 지식을 이끌어 낼 수 있다는 분절적인 훈련에 대해 이의를 제기한다.

언어경험 접근법은 주로 초기 수준의 읽기를 가르치는 데 사용되는 방법 중 하나다. 그러나 이 접근법은 교정적 교수와 학습 동기의 측면에서 모든 연령대에 사용될 수 있는 효과적인 방법이기도 하다. 언어경험 접근법에서 교사가 제공하는 단어 읽기와 읽기이해 기술에 필요한 교수와 조직은 학습문제를 가진 학생들을 가르치는 데 효과적으로 사용될 수 있다. 또한 이 접근법은 이미 기본적인 해독기술을 가지고 있거나 흥미와 동기를 유지하고 있는 초등 고학년 이상 학생들의 읽기이해 기술을 향상시키는 데 사용될 수 있다. 그러나 연구 결과를 통해 살펴보면 언어경험 접근법은 특히 사회 소외계층으로 명명된 학생 집단에는 효과가 그리 강력하지 못할 수 있다고 한다(Stahl & Miller, 1989).

Bos와 Vaughn(2002)은 제한된 일견단어를 가진 학생과 읽기에 어려움을 경험하는 학생들을 위해 Stauffer(1970)가 고안한 언어경험 접근법의 수정판을 제시하고 있다. 수정판은 전통적인 언어경험 접근법에 구조적인 교수와 훈련을 첨가하였다. 학생이 이야기를 구술할 수 있고 그것을 교사가 받아 적은 후, 학생의 구어, 일견단어, 쓰기 기술을 발달시키는 데 도움을 줄 수 있는 일련의 일상적인 활동이 이어진다. 학생은 매일 다음의 활동을 수행한다.

1. 구술된 이야기를 읽는 연습을 한다. 학생은 다같이 읽기, 독립적으로 읽기와 서로에게 읽어 주기 활동에 참여한다. 교사는 학생이 잘 모르는 단어가 무엇인지를 결정하기 위해 문맥적 단서를 활용하도록 격려해 준다. 만약 학생이 단어를 회상하는 데 어려움을 겪으면 교사는 이를 말해 준다.
2. 개별 단어와 문장에 집중한다. 학생은 개별 문장의 위치를 찾고 맞추며 읽고 나서 어떤 표식(문장부호)이 문장에서 나타나는지에 대해 토의한다. 마지막으로 학생은 이야기를 읽고 아는 단어에 밑줄을 친다.
3. 아는 단어를 확인한다. 학생은 이야기를 읽고, 교사는 학생이 아는 단어를 기록한다. 교사는 한 장의 카드에 이야기 중 학생이 알고 있는 단어를 적는다.

며칠 동안 학생은 위의 활동을 연습하고, 좀 더 많은 단어를 학습하게 되면 아는 단어를 색인 카드에 적어 두거나 타이핑한 후 단어 카드를 단어은행(단어 카드 정리함)에 보관한다. 그리고 단어은행에 모아 둔 단어를 무작위로 읽는 연습을 한다. 단어은행에 15~20개의 단어가 모이면, 학생은 그 단어를 활용하여 문장을 만들고, 단어 간에 비슷한 글자 패턴을 인식하며, 영역(예: 행위어, 색을 나타내는 단어, 초성이 유사한 단어)에 따라 단어를 나누어 본다. 어휘의 수가 많아지게 되면 학생은 자기 자신만의 이야기를 쓰기 위해 학습한 단어를 사용할 수 있다.

Robertson(1999)은 수정된 언어경험 접근법이 학생의 구어, 기억, 경험, 단어의 시각적 윤곽과 문맥적 단서를 사용한다고 하였다. 학생의 어휘 수가 30~100개에 이르면 다른 책과 이야기를 읽고 그 진전도를 점검하기 위해 읽기의 일부를 테이프에 녹음하도록 한다. Duling(1999)은 이 접근법이 특히 워드프로세싱이나 탁상출판(desktop publishing)과 같은 컴퓨터 기반의 기술을 사용하는 데 있어 효과적이라고 하였다. 현재까지는 수정된 언어경험 접근법에 대한 연구가 그리 많지 않다.

발음법 교수

발음법 교수(phonics approach)는 문자소와 음소의 관계를 학습함으로써 단어 인지를 가르치는 것이다. M. J. Adams(1990)에 의해 작성된 읽기연구에 대한 포괄적인 정리 보고서에 따르면 의미 있는 관련 구문의 읽기와 연결시킨 체계적인 발음법 교수는 높은 읽기수준뿐 아니라 낮은 읽기수준을 보이는 학생 모두에게서 읽기 성취의 향상을 가져온다. 발음법 교수는 학생이 단어를 해독하는 것뿐 아니라 철자하기에도 도움을 준다. 모음, 자음, 자음군을 학습한 후에 소리를 혼합하고 이를 단어로 혼성시키는 것을 통하여 학생은 단어를 소리 내어 말하는 것을 학습하게 된다. 그러므로 학생은 말소리와 글자 혹은 글자군을 연합하여 익숙하지 않은 단어를 재인하는 것을 학습한다. 〈표 8-1〉은 발음법 프로그램에서 강조하는 소리를 제시한 것이다. 초등 저학년에서 발음법(혹은 해독하기)에 강조를 두는 것은 초기 수준의 읽기 프로그램에 있어 거의 공통적인 특성이다(총체적 언어 접근법의 경우는 예외).

교사들은 발음법을 교수하기 위해 종합적인 방법이나 분석적 방법을 사용하라는 이야기를 듣는다. 종합적 방법에서는 학생이 글자가 특정한 소리를 낸다는 것을 학습하고 나서 단어를 만들기 위해 어떻게 소리가 혼성 혹은 종합되는지를 파악한다. 이 방법에서는 학생이 단어수준으로 발전하기 전까지는 글자 소리를 개별적으로 학습하는 것을 강조한다. 분석적 방법에서는 단어로부터 글자-소리의 대응을 찾아낸다. 예를 들어, 이전에 학습한 단어에서 글자 소리를 연상함으로써(예: 단어 doing은 단어 saying을 판별하는 데 도움이 됨) 잘 모르는 단어의 글자-소리 관계를 분석하는 것을 학습한다. NRP(2000)는 읽기에 문제를 보일 가능성이 있는 학생의 읽기 초기 단계에서는 종합적 발음법이 분석적 발음법에 비해 더 나은 결과를 가져온다고 보고하고 있다. 발음법의 방법과 자료는 세부적인 사항에서 차이를 보이기는 하지만 그 주된 목적은 학생이 독립적으로 단어를 읽어 낼 수 있도록 가르치는 데 있다.

발음법 교수는 음운론적 인식을 기초로 하고 총체적 언어 프로그램 안에 통합할 수 있다. 발음법은 아동이 기초적인 일견단어를 습득한 후에 더 효과적이고, 아동문학을 기초로 한 접근법, 총체적 언어 접근법, 혹은 언어경험 접근법에 추가적으로 사용할 수 있다. 발음법은 발달론적 프로그램의 초기 읽기 단계에 속한 학생들에게 도움이 될 수도 있고, 일견단어를 많이 알고 있지만 익숙하지 않은 단어를 분석하지 못하는 학생들을 위한 교정적 기법의 하나로서도 유익하다.

말에서 활자로의 전환 교수

Moats(2000)는 글자 이름이 그것을 나타내는 소리와 차이가 나기 때문에 글자 이름과 그에 상응하는 소리를 가르치는 것이 쉽지 않다고 말한다. 그러므로 아동은 w의 글자 이름이 소리 /y/와 비슷하기 때문에 단어 yell을 will과 혼동할 수 있다. 또한 한 글자가 다양한 소리를 나타내기도 한다. 각 모음의 소리를 학습할 때, 아동은 글자 o의 소리를 나타내는 다음의 단어를 사용할 때 혼동할 수 있다. orange, of, on, once, open, off, out이 그 예다. 그러므로 Moats는 상징-소리 연결의 교수를 시작할 때는 단순하고 간단한 자음과 모음 단위를 사용하고 점진적으로 더 복잡한 글자소로 옮겨 갈 것을 제언하고 있다. 예를 들어, 교수의 시작은 b, d, f, k, l, m, n과 같은 한 가지 소리로 이루어진 자음에서 부터 이루어진다. 그리고 말(소리)이 활자로 전환되는 계열을 따라 가르치면 글자-소리 연결을 가르치는 과정이 더욱 발전된다. 예를 들어, 교사가 학생에게 문장 내에 포함된 단어 cup을 말하라고 할 수 있다. 그리고 나서 다시 학생에게 단어 cup의 첫소리를 말하고, 글자의 이름을 말하며 그에 맞는 자석으로 된 글자를 골라 보도록 시킨다. 이 과정은 단어 cup의 중성과 종성에 대해서도 반복될 수 있다. 소리에서 글자로의 전환을 이끄는 교수

〈표 8-1〉 발음법 프로그램에서 강조하는 소리

단자음

b	bear	*l*	lake	*t*	turtle
d	dog	*m*	monkey	*v*	vase
f	face	*n*	nose	*w*	wagon
h	hen	*p*	pear	*y*	yellow
j	jug	*q*	queen	*z*	zebra
k	king	*r*	rat		

다음 자음은 두 가지 이상의 소리를 갖는다

c	cat	*g*	goat	*s*	six	*x*	xylophone
c	city	*g*	germ	*s*	is	*x*	exist
				s	sure	*x*	box

- g 뒤에 e, i나 y가 오면 대개 gentle, giant와 같은 부드러운 j 소리가 난다. 이 소리 이외의 소리가 뒤따라오면 got, game과 같은 딱딱한 소리가 난다.
- c 뒤에 e, i나 y가 오면 대개 cent와 같은 부드러운 소리가 난다. 이 소리 이외의 소리가 뒤따라오면 come과 같은 딱딱한 소리가 난다.
- gu는 kw 소리를 낸다. 그러나 bouquet와 같은 몇몇 단어에서는 k 소리가 난다.

자음 합성

초성

bl	blue	*pr*	pretty	*tw*	twin
br	brown	*sc*	score	*wr*	wrench
cl	clown	*sk*	skill	*sch*	school
cr	crown	*sl*	slow	*scr*	screen
dr	dress	*sm*	small	*shr*	shrink
dw	dwell	*sn*	snail	*spl*	splash
fl	flower	*sp*	spin	*spr*	spring
fr	from	*st*	story	*squ*	squash
gl	glue	*sw*	swan	*str*	string
gr	grape	*tr*	tree	*thr*	throw
pl	plate				

종성

ld	wild
mp	lamp
nd	wind
nt	went
rk	work
sk	risk

자음으로 구성된 이중음자

ch	chute	*sh*	ship
ch	choral	*th*	three
ch	church	*th*	that
gh	cough	*wh*	which
ph	photograph	*wh*	who

〈계속〉

모음

짧은 소리		긴 소리	
a	bat	*a*	rake
e	bed	*e*	jeep
i	pig	*i*	kite
o	lock	*o*	rope
u	duck	*u*	mule

- w는 간혹 aw, ew, ow의 이중모음에서처럼 모음으로 사용되기도 한다(다음 목록 참조). w는 일반적으로 단어의 끝에 오는 모음이나 단어 처음에 오는 자음으로 사용된다.
- y는 일반적으로 단어의 처음에 올 때는 자음으로 오고 그 외의 위치에서는 모음이 된다.

다음의 세 가지 자음(r, w, l; 때때로 Really Weird Letters로 알려짐)은 음절 내 이와 같은 모음이 따라올 때 모음의 일부 혹은 전체 소리에 영향을 미치거나 통제를 하게 된다.

r	*w*	*l*
car	law	all
her	few	bell
dirt	now	
word		
fur		

모음으로 된 이중음자(가장 일반적인 음소만)

ai	pain
ay	hay
ea	each나 weather(ea에는 다른 음소가 일반적)
ee	meet
ei	weight나 either(ei에는 다른 음소가 일반적)
ie	piece(ie에는 다른 음소가 일반적)
oa	oats
oo	book이나 moon
ou	tough(이중음자)나 house(이중모음)
ow	low(이중음자)나 cow(이중모음)

다른 자음으로 된 이중음자 중에서 여기에 밑줄친 것들이 발음상 가장 규칙적이고 다음 구절로 표현된다. "Maid may eat oak trees." 안타깝게도 ea는 너무 많은 예외가 존재한다.

이중모음

au	haul	*oi*	soil
aw	haw	*ou*	trout
ew	few	*ow*	cow
ey	they	*oy*	boy

이중모음에서 모음 글자 두 개 모두가 들리고 cow나 boy 같은 단어에서 가장 손쉽게 들을 수 있는 소리인 활음(gliding sound)을 만든다. 일부 사람들은 au, aw, ey를 이중모음이라기보다는 이중음자의 예로 들기도 한다.

출처: J. L. Shanker & E. E. Ekwall, 2003, *Locating and Correcting Reading Difficulties* (pp. 355-357), 8th ed. Upper Saddle River, NJ: Merrill/Prentice Hall. Copyright 2003 by Pearson Education(허락하에 게재함).

과정은 아동이 구어로 사용하는 단어들을 포함하고, 학생으로 하여금 이 단어들의 개별 글자 혹은 글자 조합으로부터 중요한 단어를 만들어 내는 데 역할을 한다(예: /k/cup, deck, kettle, /g/go, ghost, /z/zoo, jazz, rose, /r/run, rose, wrist).

발음법 교수의 지침

Stewart와 Cegelka(1995)는 발음법 교수를 위해 다음과 같은 지침을 제안하고 있다.

1. **초기 교수를 위해서는 소문자를 활용하라.** 영유아의 글자와 관련된 경험은 주로 대문자에 노출되는 것이 대부분이다. 그러나 환경에서 접하게 되는 활자(예: 간판과 이름)를 보면 읽기는 기본적으로 소문자 읽기와 관련이 있다. 그러므로 초기 발음법 교수에는 소문자를 사용할 것을 권유하고 있다(M. J. Adams, 1990).
2. **가장 유용한 기술을 먼저 소개하라.** /m/, /s/, /t/, /a/, /i/와 같이 자주 사용되는 글자 소리를 /j/, /v/, /x/, /z/와 같이 비교적 덜 등장하는 소리보다 먼저 가르쳐라. 일반적으로 이러한 사항은 초기에 b, c, d, f, h, m, n, p, r, s, t와 같은 자음의 소리와 함께 모음을 가르치는 것과 관련이 있다.
3. **쉬운 소리와 글자를 먼저 소개하라.** 쉬운 소리에는 /m/, /s/가 있고, 반면에 /l/, /x/, /y/와 같은 소리는 배우기에 좀 더 어렵다. 시각적으로 비슷하게 생긴 글자(예: b, p와 d, m과 n, p와 q, v와 w)는 교수를 하는 중에 시간적으로 좀 차이를 두어 제시하고 가르쳐야 한다. 또한 비슷한 소리(/b/, /d/와 /p/; /e/와 /i/; /f/와 /v/; /m/과 /n/)를 나타내는 글자들은 교수 중에 분리하여 가르쳐야 한다.
4. **합리적인 속도로 새로운 글자-소리 연합을 소개하라.** Carnine, Silbert, Ka'meenui와 Tarver(2004)는 매일 연습을 한다는 가정하에 제한된 사전 경험을 가진 학생에게 2~3일에 한 번씩 새로운 글자-소리 연합을 소개할 것을 추천하고 있다. 초성에 쓰이는 5개 이상의 소리가 습득되었을 때, 설사 학생이 이전에 배운 것 중 하나 정도의 연합에 어려움을 보인다 하더라도 새로운 글자-소리 연합 한 가지를 소개한다. 그리고 새로운 연합은 학생이 어려움을 보이는 이전의 것과 달라야 한다는 것이 매우 중요한 점이라 할 수 있다(예: 만약 아동이 모음을 익히는 데 어려움을 보이면 자음을 소개해야 한다.).
5. **일찍 모음을 소개하지만 처음에는 자음을 가르쳐라.** 모음이 가장 유용한 소리이고 단어를 해독하는 데 기본적이기 때문에 초기에 소개되어야 할 필요가 있다. 하지만 모음의 경우는 명확하게 글자-소리 연합을 나타내지 않기 때문에 어렵기도 하다. 그러므로 명확한 글자-소리 연합을 나타내는 자음부터 소개하는 것이 유용하다. cat에서의 c/[k/]와 ice의 c(/s/), goat의 g(/g/)와 germ의 g(/dz/), sure의 s(/s/)와 six s(/s/)와 같은 불규칙적인 자음 연합은 알파벳 원리를 학생이 다 익힌 후에 가르쳐야 한다.
6. **글자의 일반적인 소리를 먼저 강조하라.** 모음은 대부분의 1음절 단어에서 나타나는 짧은 소리가 가장 일반적이다. 대부분의 자음에서 가장 일반적으로 자주 나타나는 소리를 찾는 것은 그리 어렵지 않지만(예: bump에서 /b/, dig에서 /d/, mitt에서 /m/, top에서 /t/), 일부 다른 자음에서는 어떤 소리가 가장 빈번하게 나타나는지를 확인하는 것이 쉽지 않을 수도 있다(예: can에서 /c/, rat에서 /r/, sat에서 /s/, wet에서 /w/, zoo에서 /z/).
7. **폐쇄음을 가르치기 전에 유성음을 가르쳐라.** 유성음은 소리의 왜곡 없이 몇 초간 연속해서 소리를 낼 수 있다. 모든 모음과 몇 개의 자음(즉, f, l, m, n, r, s, v, w, y와 z)은 유성음이다. 폐쇄음은 원칙적으로 공기의 흐름이 한 번 있고 순간적으로 소리

를 내는 것이다. 폐쇄음을 갖는 글자는 b, c, d, g, h, j, k, p, q, t와 x이다. 유성음은 듣고 발음하기가 쉽기 때문에 가장 먼저 가르친다. Carnine 등(2004)은 소문자를 소개할 때 다음의 교수계열을 따르라고 충고하였다. 즉, a, m, t, s, i, f, d, r, o, g, l, h, u, c, b, n, k, v, e, w, j, p, y, x, q와 z의 순으로 가르친다.

8. 소리의 혼합을 초반에 가르쳐라. 학생이 4~5개 소리를 습득하게 되었을 때, 혼성(blending)을 가르치는 교수를 시작하는 것이 적절하다. 초기 글자-소리 연합은 자음-모음-자음의 삼자명(trigram)을 해독하는 데 사용할 수 있다. 학생이 단순한 자음-모음-자음과 모음-자음 글자 소리를 단어로 혼성할 수 있으면 그때 다른 단어의 형태를 소개한다. Carnine 등(2004)은 난이도 수준에 따른 규칙 단어 형태를 다음과 같이 목록화하였다.

- 모음-자음과 유성음으로 시작하는 자음-모음-자음 단어(예: at, man)
- 유성음으로 시작하는 자음-모음-자음-자음 단어(예: lamp, fish)
- 폐쇄음으로 시작하는 자음-모음-자음 단어(예: dog, cap)
- 폐쇄음으로 시작하는 자음-모음-자음-자음 단어(예: slap, frog)
- 첫소리 중 하나가 폐쇄음으로 시작하는 자음-자음-모음-자음 단어(예: crib, stop)
- 자음-자음-모음-자음-자음 단어(예: cramp)
- 자음-자음-자음-모음-자음 단어(예: split)와 자음-자음-자음-모음-자음-자음 단어(예: scrimp)

이러한 순서는 혼성교수를 계열화하는 틀을 제공한다.

9. 자음 혼성을 소개하라. 학생이 유성음으로 시작하는 자음-모음-자음 단어(예: fat)와 무성음으로 시작하는 자음-모음-자음 단어(예: dig)를 혼성할 수 있는 능력을 습득했을 때, 자음 혼성으로 시작되는 단어(예: spot)를 소개하라. 그러고 나서 자음 혼성으로 끝나는 단어(예: sick)를 가르쳐라.

10. 자음의 이중음자를 소개하라. 각 자음의 소리는 다른 소리(대개 모음)와 합쳐져 함께 들린다. 그러나 이중음자(digraphs)에서 서로 인접한 자음은 한 가지 소리를 만들어 낸다(예: ship). 자음이 혼성되면 단어의 첫 위치와 끝 위치 모두에서 이중음자가 나타난다.

11. 불규칙 단어 이전에 규칙 단어를 소개하라. 초기 발음법 교수는 가장 일반적인 소리에 따라 발음이 되는, 즉 발음법 법칙에 일관적인 단어에 초점을 맞춘다. 일반적인 글자-소리 규칙을 특징으로 하는 단어와 더불어, 발음법 법칙은 다양한 소리를 나타내는 글자나 혼성 혹은 이중음자를 만들어 내는 단어와 혼합하는 글자의 패턴을 파악하는 데 도움을 준다(〈표 8-2〉 참조). 대부분의 학생들은 구문에 포함된 단어와 개별적인 발음법 법칙을 많이 연습해야 한다. M. J. Adams(1990)는 학생이 중요한 글자의 결합과 그에 상응하는 소리를 습득하게 되면 발음법 법칙과 일반화는 이미 무용지물이 된다고 하였다. 중요한 글자 결합체와 소리가 습득되고 나면 읽기가 기본적으로 어휘를 확장시키는 것이 되기 때문이다. 하지만 상당수의 영어 단어는 발음법 법칙의 전형을 따르지 않아 불규칙적이다. 그러므로 발음법 교수에서는 대부분의 단어를 규칙 단어를 공부한 후에 제시하게 된다. 불규칙 단어는 자주 일견단어와 같은 형태로 기억되도록 가르치는데, 일견단어의 대부분이 자주 등장하는 단어이기 때문에 여러 번 보고 읽는 것을 통해 습득하는 것이 좋다(앞의 〈표 7-4〉의 일견단어 목록 참조).

〈표 8-2〉 발음법 원칙

자 음
1. c 뒤에 자주 e, i나 y가 올 때 race, city, fancy와 같은 s 소리가 난다.
2. 그 외에 c는 come, attic과 같이 k 소리가 난다.
3. g 뒤에 e, i나 y가 올 때는 gem과 같은 j 소리가 난다.
4. 그 외에 g는 gone과 같은 딱딱한 소리가 난다.
5. c 와 h가 나란히 올 때 한 소리로 합쳐져 소리가 난다.
6. 일반적으로 ch는 (machine에서의) sh 소리가 아니라 kitchen에서 나는 소리가 난다.
7. 단어가 ck로 끝이 나면 look에서의 마지막 소리와 같은 소리가 난다.
8. 같은 자음 두 개가 나란히 있으면 butter처럼 하나의 소리만 들린다.
9. 때때로 s가 raisin, music에서처럼 z 소리가 난다.
10. 글자 x는 box, taxi에서처럼 ks나 k, s 소리가 난다.
모 음
11. 1음절어에서 자음+y로 끝이 날 때, y는 cry, by와 같이 장음의 i 소리가 나고, 그보다 좀 긴 단어에서 y는 baby에서처럼 장음의 e 소리가 난다.
12. r 앞에는 car, far, fur, fir에서처럼 길든 짧든 모음 a 소리가 온다. 글자 l과 w도 같은 효과를 갖는다.
모음 이중음자와 이중모음
13. 첫 번째 모음은 일반적으로 길게 발음되고, boat, say, gain, feed에서처럼 oa, ay, ee의 두 번째 모음은 묵음이 된다.
14. ea에서 첫 번째 글자는 길게 발음될 수 있고, 두 번째는 묵음이거나 bread에서처럼 짧은 e 소리를 낼 수 있다.
15. ou는 두 가지 소리가 난다. 하나는 장음의 o 소리이고, 다른 하나는 own, cow에서처럼 ou 소리가 난다. ou 결합은 vigorous에서처럼 슈와음(schwa, 역자 주: 악센트가 없는 모음)이 된다.
16. 이중모음은 하나의 소리로 섞인다. auto, awful, coin, boy와 같이 au, aw, oi, oy가 된다.
17. oo 결합체는 moon과 wood에서처럼 두 가지 소리를 갖는다.

출처: G. D. Spache & E. B. Spache, 1986, *Reading in the Elementary School* (p. 480), 5th ed. Boston: Allyn & Bacon. Copyright 1986 by Allyn & Bacon(허락하에 게재함).

12. 발음법 법칙을 강화하는 관련 구문을 읽어라. M. J. Adams(1990)는 학생이 발음법에서 글자-소리 연합을 학습한 후 즉각적으로 이를 강화해 줄 수 있는 관련 구문을 읽을 때 보다 효과적이라고 이야기한다. 예를 들어, 짧은 a 소리를 학습할 그 때는 소리가 포함된 단어를 강조하는 구문이나 이야기를 읽는다면 훨씬 도움이 된다. 〈표 8-3〉은 발음법 요소를 반복해 주는 책의 목록을 제시하고 있다. 발음법 교수 동안에 재미나고 즐거운 문학 작품을 읽는 것은 소리-상징 대응을 강화하고 읽기의 즐거움을 촉진해 준다.

학습문제를 가진 학생들을 위하여 만들어진 상업용 발음법 프로그램에는 SRA 오픈 코트 발음법(SRA Open Court Phonics: SRA), 메릴 발음법 시리즈(Merrill Phonics Skilltext Series: SRA)와 발음법의 교정적 읽기 수업(Phonic Remedial Reading Lessons; Kirk, Kirk, & Minskoff, 1985)이 있다.

언어학적 접근법: 단어군과 온셋-라임

Bloomfield와 Barnhart(1961)는 읽기의 기초 접근법에서 성공하지 못한 학생들을 위한 읽기 접근법으로 언어학적 접근법을 소개했다. 단어는 라임(rime)과 온셋(onset)을 따라 조직된 단어군에서 학습된다. 예를 들어, 유치원 수업에서는 /a/가 포함된 단어 라임(예: at)과 온셋(예: /c/, /b/와 /h/)을 포함시키고, 점진적으로 단어군

〈표 8-3〉 발음법 요소를 반복하는 데 유익한 책

단모음 a	*The Cat in the Hat*, by Dr. Seuss (Random House, 1957) *The Fat Cat*, by Jack Kent (Scholastic, 1971) *The Gingerbread Man*, by Karen Schmidt (Scholastic, 1985)
장모음 a	*The Pain and the Great One*, by Judy Blume (Bradbury, 1974) *The Paper Crane*, by Molly Bang (Greenwillow, 1985) *Taste the Raindrops*, by Anna G. Hines (Greenwillow, 1983)
단모음 e	*Elephant in a Well*, by Marie Hall Ets (Viking, 1972) *Hester the Jester*, by Ben Shecter (Harper & Row, 1977) *The Little Red Hen*, by Paul Galdone (Scholastic, 1973)
장모음 e	*Brown Bear, Brown Bear, What Do You See?* by Bill Martin (Scholastic, 1983) *Little Bo-Peep*, by Paul Galdone (Clarion/Ticknor & Fields, 1986) *Never Tease a Weasel*, by Jean C. Soule (Magazine Press, 1964)
단모음 i	*Fix-It*, by David McPhail (E. P. Dutton, 1984) *My Brother Will*, by Joan Robins (Greenwillow, 1986) *Willy the Wimp*, by Anthony Browne (Alfred A. Knopf, 1984)
장모음 i	*The Bike Lesson*, by Stan and Jan Berenstain (Random House, 1964) *If Mice Could Fly*, by John Cameron (Atheneum, 1979) *Why Can't I Fly?* by Rita Gelman (Scholastic, 1976)
단모음 o	*Fossie & the Fox*, by Patricia McKissack (Dial, 1986) *Fox in Socks*, by Dr. Seuss (Random House, 1965) *Oscar Otter*, by Nathaniel Benchley (Harper & Row, 1968)
장모음 o	*The Adventures of Mole and Troll*, by Tony Johnston (G. P. Putnam's Sons, 1977) *The Giant's Toe*, by Brock Cole (Farrar, Straus, & Giroux, 1986) *White Snow, Bright Snow*, by Alvin Tresselt (Lothrop, Lee, & Shepard, 1947)
단모음 u	*Big Gus and Little Gus*,, by Lee Lorenz (Prentie Hall, 1982) *The Cut-Ups*, by James Marshall (Viking Kestrel, 1984) *Thump and Plunk*, by Janice May Udry (Harper & Row, 1981)
장모음 u	*"Excuse Me—Certainly!"*, by Louis Slobodkin (Vanguard Press, 1959) *Tell Me a Trudy*, by Lore Segal (Farrar, Straus, & Girous, 1977) *The Troll Music*, by Anita Lobel (Harper & Row, 1966)

(예: cat, bat과 hat)을 만든다. 1학년 수업은 일견단어를 수립하기 위하여 계속적으로 더 많은 온셋과 라임을 첨가시킨다(예: /i/라는 라임을 기초로 단어군을 만들기 위해 /it/를 라임으로 사용하고, 여기에 /b/, /f/, /h/와 /s/의 온셋을 더한다.). 독자가 진보하면서 단어군은 점점 커지게 된다. 단어 변별은 유추에 기초한 발음법(analogy phonics)를 사용함으로써 나타난다. 예를 들어, 잘 모르는 단어인 zip이 출현했을 때, 독자는 ip이라는 라임(예: lip)을 생각하게 된다. 학생이 l-i-p를 lip으로 소리 낼 수 있다면 z-i-p를 zip으로 소리 낼 수 있다. 단어군과 유사성을 지닌 발음법을 학습함과 동시에 각 책에 나온 일견단어의 목록을 학습한다. 결과적으로 다양한 형태의 라임(묶음을 나타내는 라임 포함)을 혼합자음 온셋과 r 통제 모음과 다른 여러 조합을 학습하면서 배우게 된다.

최근의 연구(Ehri, 1998; Goswami, 1998)는 특히 읽기문제를 경험하는 학생들에게 온셋-라임을 가르치는 것이 효과적이라는 결과를 지지하고 있다. 단어를 음소보다는 온셋-라임 수준에서 혼성하고 분절하며 단어군의 맥락 안에서 학습하기 때문에, 언어적 접근법은 음소 수준에서의 분절과 혼성에 더 큰 어려움을 겪는 학생들에게 실용적인 대안이 될 수 있다. 해독 시 유추에 기초한 접근법을 사용하여 한 단어군에 포함된 단어를 판별하는 데 어려움이 있다면 학생이 온셋-라임 수준에서 단어를 분절하고 혼성하도록 할 수 있다(예: 학생이 단어 space를 판별하는 것을 도와주기 위하여 교사는 sp를 종이로 가리고 학생으로 하여금 ace를 읽어 보게 한 후 ace와 /sp/를 혼성하게 한다.). 교사가 꼼꼼하게 어휘의 선정을 통제한 경우 상당수의 학생들이 단어군을 학습할 때 즉각적인 성공을 경험할 수 있게 하는데, 이러한 경험은 덜 구조화된 방식으로 전체 단어를 학습하는 것보다 학생들에게 더 큰 도움이 된다. 확실하게 코드를 강조하기 때문에 언어적 접근법은 서사문과 설명문 그리고 명시적인 읽기이해 전략과 활동에 함께 사용하면 유익하다. 언어적 접근법에 기초한 상업용 자료로는 기본 읽기(Basic Reading; SRA), 함께 읽기(Let's Read; Educators Publishing Service)와 메릴 읽기 프로그램(SRA) 등이 있다.

교정적 읽기 프로그램과 방법

교정적 프로그램은 일반학급 내에서 읽기학습에 어려움을 나타내거나 혹은 어려움을 보일 가능성이 있는 학생들에게 읽기를 가르치기 위하여 만들어졌다. 일부 교정적 프로그램의 경우는 매우 심각한 수준의 읽기문제를 가진 학생(예: 읽기를 전혀 못하는 학생이나 일반적인 읽기성취 수준에서 1년 이상 지체된 학생)들을 대상으로 하여 고안된 것도 있다. 여기에서 논의될 교정적 프로그램과 방법에는 Reading Mastery, 교정적 읽기, Success for All, Reading Recovery, 다감각적 읽기방법, 신경학적 각인법, 구어 읽기 유창성 방법, 또래 보조에 기초한 읽기방법, 고흥미-저수준 어휘 활용방법과 기능적 읽기가 있다.

Reading Mastery와 교정적 읽기

Reading Mastery는 집중적이고 고도로 구조화된 교수체제다. 이 프로그램의 초판(Englemann & Brunner, 2002)은 음운론적 인식과 해독, 읽기이해를 위한 단계별 교수를 그 특징으로 하고 있다. 수준 1과 2, 속성 단계는 초등 3학년까지 평균 이하의 읽기기술을 가진 학생을 교정하는 것을 목적으로 하는데, 학생의 현행 읽기 수준에 따라 그룹을 나누며 그룹당 5명 이하의 학생으로 구성한다. 매일 30분의 읽기 수업이 진행되는 동안 학생들은 교사 주변에 부채꼴형으로 둘러앉는다. 교사 지침서에는 교사가 내용을 제시하는 방법과 말, 손 움직임의 순서까지 상세히 나타나 있다. 교사는 학생이 옳은 답을 이야기하면 정적 강화(칭찬이나 토큰)를 제공한다. 그리고 학생이 목표기술을 습득하면(이는 평가용 시험에서 학생 수행의 결과를 통해 드러난다.) 그룹을 변경한다.

이 프로그램은 종합적 발음법을 사용하고 기본적인 해독기술, 즉 소리-상징의 변별, 왼쪽에서 오른쪽으로 책을 읽는 순서, 단어를 만들기 위해 소리를 구어적으로 혼성하는 것 등을 강조한다. 여기에는 서열화 기술, 왼쪽-오른쪽의 방향성, 소리를 통해 단어의 철자하기를 가르치는 혼성과제("천천히 말해 봐."), 빨리 혼성하기 과제("빨리 말해 보자.")와 어떻게 소리와 단어가 서로 연관되는지를 가르치기 위한 압운과제가 게임의 형태로 포함되어 있다. 학생이 기술을 연습할 수 있도록 학습지를 집으로 가져가게 하기도 한다. 이 프로그램은 학생에게 중요하게 생각되는 소리 혼합과 단어 변별에 집중하도록 가르치고, 다양한 단어 읽기 기술을 사용하도록 교수한다. 수준 1에서는 단어, 문장, 이야기를 큰 소리로 읽을 뿐 아니라 묵독하는 것을 가르치고, 읽은 것에 대해 사실의 확인을 목적으로 하는 읽기 이해 질문에 답하도록 한다. 수준 2에서는 기본적인 읽기기술을 확장시키고, 어려운 단어를 해독하고 해석적 이해를 묻는 질문에 답할 수 있도록 전략을 가르친다. 더불어 법칙을 적용하고 귀납적 사고를 수행하는 것과 같은 기본적인 사고기술도 가르친다. 속성 단계는 수준 1과 2를 빠르게 진행시키는 과정으로 1년 이내에 170차시의 일간 수업내용을 포함하고 있으며, 기본적인 읽기 해독기술을 습득하지 못한 나이 든 학생이나 좀 더 심화과정에 있는 학생들에게 적당하다.

두 번째 버전인 Reading Mastery Plus(Englemann et al., 2001)는 Reading Mastery 초판에 비해 교수 소요시간이 더 짧아지고 유치원에서 초등학교 6학년까지의 학생을 대상으로 한다. 어휘, 단어 관련 지식과 이야기 문법의 이해를 발달시키는 언어수업과 더불어 쓰기와 읽기 관련 언어기술, 읽기이해 능력을 수립하고, 읽기가 갖는 즐거움을 느끼게 하기 위한 도서 모음, 읽기 프로그램의 내용을 다른 교과목과 접목시키는 교육과정 간 협력 프로그램을 포함한다. 유치원 수준에서는 읽기와 쓰기의 기초를 제시하고, 수준 1과 2에서는 읽는 것을 배우는 것에 초점을 둔다. 그리고 수준 3과 4는 학습을 위한 읽기, 수준 5와 6은 문학작품을 통한 학습을 제공한다.

Reading Mastery에서 사용하는 직접교수의 접근은 학생이 특정 기술을 학습하는 것에 주력하고, 교사는 모델링하거나 중요한 기술을 직접 시연하는 교수방법을 사용한다. 그리고 학생은 학습에 반응적이며, 학생에게 (오류의 수정과 더불어) 적절하고 직접적인 피드백과 적정 수준의 연습 기회를 제공하여, 학생이 기술을 완전학습할 수 있도록 하는 것을 그 특징으로 한다. Reading Mastery는 매우 빠른 속도로 진행되며, 학생이 보이는 다양한 오류에 대해 즉각적인 피드백과 교정을 제공한다. 프로그램 내에 이미 기술의 반복연습이 내재되어 있고, 문학작품을 활용하여 프로그램에서 발달시키고자 하는 기술을 강화하며 독립적인 읽기의 기회를 제공한다.

읽기 프로그램의 하나인, 교정적 읽기(Corrective Reading; Englemann, Hanner, & Johnson, 1999)은 읽기 해독과 읽기이해를 완전히 습득하지 못한 초등학교 4학년에서 고등학교 3학년까지의 학생들을 대상으로 한 보다 심화된 교정적 읽기 프로그램이다. 이 프로그램은 해독과 이해의 두 부분으로 나누어지는데, 각 부분이 4개의 수준으로 구성되어 있다. 개별 수업은 35~45분이 소요되고 교사 주도적 훈련, 학생이 독립적으로 수행하는 응용 부분과 학생 수행평가로 구성되어 있다. 해독 부분에서는 Reading Mastery의 형식을 따르고 있으며, 단어 읽기의 기초, 해독전략과 기술의 적용으로 구성되어 있다. 읽기이해 부분은 실생활에서 볼 수 있는 상황을 제시하고 사고하기의 기초, 읽기이해 기술과 개념의 적용으로 구성된다. 교사를 위한 과제 제시용 책자는 각 수업에서 교사의 역할을 상세히 묘사한다. 이 프로그램에서는 학생에게 즉각적인 피드백을 제공하고 프로그램 내에 잘 짜인 강화체제를 이용한다.

여태까지 진행된 상당수의 실험연구 결과를 통해 살펴보면 교정적 프로그램은 학습문제를 가진 학생들에게 읽기를 가르치는 데 있어 매우 효과적이라고 한다(G. L. Adams & Englemann, 1996; Carnine et al., 2004; Grossen, 1999; Swanson, 1999a). 하지만 Reading Mastery와 교정적 읽기(Corrective Reading)를 통해 여러 학생들이 읽기에서 긍정적인 성과를 얻게 되고 프로그램에 사용된 교수절차가 과학적 증거를 기반으로 하였다 하더라도, 수많은 교육자들은 이들 프로그램에 대해 비판적이다. 이들 프로그램은 교사들에게 교사 지침서의 내용을 그대로 따라 하도록 하는 스크립트식 특성 때문에 교사의 창의성과 교수수정을 감소시키며, 교사가 구두로 수업내용을 설명하고 학생이 그에 구두로 답하는 것에 심하게 의존함으로써 너무 수업을 구조화하고 통제하려고 한다는 것이다. 이와 같은 비판사항은 주로 함축적인 읽기교수 접근법을 선호하는 교육자들에 의해 제기되고 있다.

Success For All

Success For All은 읽기와 관련하여 학습 초기에 학생들에게 성공적인 경험을 제공하고 초등학교 시기 동안 이러한 성공 경험을 지속하게 하려는 것을 목적으로 고안된 학교단위의 재구조화 프로그램이다(Herman & Stringfield, 1995). 이 프로그램은 실증연구의 지지를 받는 교수방법과 읽기 접근법을 종합하고 있는데 그 내용은 다음과 같다.

- 전일제 유치원
- 하루에 90분간 읽기 프로그램 시행
- 발음법과 총체적 언어 접근법의 종합
- 읽기 집단은 동질적이고 8주마다 재평가되어 재그룹화
- 읽기에 문제를 경험하는 초등 1~3학년 학생에게 일대일 개인교수의 실시
- 협동학습
- 부모 참여를 증진하기 위한 가족지원 서비스의 제공
- 프로그램을 조율하고 기술적 도움을 제공하기 위하여 전일제 혹은 시간제 프로그램 촉진자의 활용

이 프로그램은 각 학년수준에서 학생의 읽기 수행을 유지시키는 것을 목표로 유급을 줄이고 장기적인 특수교육 서비스에 대한 의존도를 낮추고자 한다.

수준을 맞춘 통제 학교와 학생 집단을 둔 종단연구에서 살펴보면 Success For All은 학생성취에서 향상을 가져왔다. 실험 전 예비평가에서 가장 낮은 점수를 받은 학생이 점수가 가장 많이 올랐고, Success For All을 운영한 학교에서는 초등 학령기 동안 5년 이상 계속해서 이와 같은 성취수준이 유지되었다(Madden, Slavin, Karweit, Dolan, & Wasik, 1993; Slavin et al., 1994; Slavin, Madden, Karweit, Dolan, & Wasik, 1992). King(1992)은 Success For All을 시행하는 데 필요한 비용은 26만 1,060달러에서 64만 6,500달러가 소요된다는 것을 밝혀내었다.

Reading Recovery

뉴질랜드에서 읽기에 어려움을 경험하는 어린 아동들을 대상으로 개발된 조기 중재 프로그램 중 하나인 Reading Recovery(Clay, 1985; Pinnell, DeFord, & Lyons, 1988)는 쓰기와 읽기를 종합하고 학생들이 의미 있는 쓰기 맥락에서 발음법을 학습하는 것을 돕기 위한 프로그램이다. 총체적 언어 접근법과 더불어 특정 기술을 가르치는 데 있어 개인교수를 시행하는 중재 프로그램으로, 저성취를 보이는 1학년 학생들에게 교실에서 시행하는 읽기수업 이외에도 매일 30분간 일대일 개인교수를 제공한다.

교수를 시작하고 첫 열흘 동안은 교수수준을 수립하기 위해 학생들에게 익숙한 책(roaming around the known)을 읽는다. 매일 30분 동안 진행되는 개인교수는 다음과 같은 체계적인 절차를 따른다.

1. 학생에게 두 권의 쉬운 책을 다시 읽게 한다.
2. 학생은 지난 수업에서 소개했던 책을 읽는다. 학생이 책을 읽는 도중, 교사는 학생의 오류와 읽기전략을 기록하는 진단적 절차(혹은 기록하기)를 실시한다. 도서는 20개로 분류된 난이도에 따른 약 700권의 도서 목록 중에서 선택한다.
3. 학생은 글자학습을 위해 자석판에서 플라스틱 글자를 조작한다.
4. 학생은 받아쓰기를 하고 글쓰기를 연습한다. 학생이 어려운 글자를 쓰기 전에 학생과 교사는 해당 단어의 철자 쓰기를 함께 한다. 철자 쓰기에서 드러난 오류는 그 위에 흰 테이프를 붙이고 수정한다. 그리고 문장 내에서 옳게 쓴 단어는 아동에게 읽게 한다.
5. 교사는 종이 위에 한 줄로 문장을 쓰고 이를 잘라

내어 학생에게 문장을 다시 만들어 보라고 시킨다. 이 활동은 가정에서도 연습 가능하다.

6. 학생은 익숙하지 않은 책 한 권을 골라 읽을 준비를 한다.

학급에서 학생이 학년수준의 읽기 수행을 보이고 Reading Recovery 평가도구에서 높은 점수를 받을 때는 이 프로그램을 끝낼 수 있다. 학생들 중 일부는 적정한 읽기 수행 준거에 도달하지 않고도 60개 단위의 수업을 받으면 프로그램을 마칠 수 있다.

교사들은 학교 시작 전 30시간의 연수과정과 함께 일년 동안 한 주에 2시간 30분가량 소요되는 모임에 참석해야 한다. 교사훈련에는 일방경이 있는 방에서 개인 교수과정을 관찰하는 것이 포함되어 있다. 교사훈련에 참가한 교사들은 엄격한 훈련을 받은 훈련 지도자에게 지속적으로 지침을 전달받게 된다. 교사훈련과 프로그램의 시행은 연계적으로 진행된다.

Reading Recovery와 같이 고도로 구조화된 모델에서는 초인지 전략을 직접 교수하고, 읽는 법을 통해 읽기를 학습하며, 작문하기 과정과 더불어 발음법을 교수하고, 읽기와 쓰기의 통합을 강조한다. Reading Recovery 프로그램을 제대로 시행하는 것이 쉽지 않고 교사훈련과 일대일로 진행되는 개인교수로 인해 많은 시간이 소요된다 하더라도, 이 프로그램은 저성취 학생이 읽기와 쓰기를 배우는 데 있어 즉각적이면서도 장기적인 효과를 이끌어 내었다(Pinnell, 1990). Reading Recovery는 읽기에 실패할 위험성이 높은 아동을 성공적으로 가르칠 수 있지만 심한 읽기문제를 가지고 있는 학생의 경우에는 그리 성공적이지 못하다. 예를 들어 DeFord, Pinnell, Lyons와 Young(1988)은 연구에 참여한 학생의 2%는 Reading Recovery를 통해서도 적정 수준의 성취를 이루어 내지 못하였고 급우들에 비해 계속해서 지체되어 있음을 밝혀내었다. Herman과 Stringfield(1995)에 의하면 Reading Recovery의 효과를 밝힌 대부분의 연구에서는 60단위 이하의 수업을 받고 프로그램을 마감한 학생들과 특수교육 대상자로 판별되어 학년수준의 읽기 수행을 할 수 없다고 평가받은 학생들이 연구분석 자료에서 빠져 있었다. 따라서 Reading Recovery의 결과는 다소 부풀려져 있다고 볼 수 있다.

다감각적 읽기방법

다감각적 읽기방법은 어떤 학생들은 여러 가지의 감각양식으로 제시된 내용을 가장 잘 배운다는 전제를 기초로 하고 있다. 운동성(움직임)과 촉각 자극이 시청각 자극과 함께 사용되는 것을 자주 볼 수 있다. 추적하기, 듣기, 쓰기, 보기를 특징으로 하는 다감각적 방법은 VAKT(visual-auditory-Kinesthetic-tactile, 시각-청각-운동성-촉각)으로 불린다. 촉각과 운동 자극을 향상시키기 위해서는 사포로 만든 글자, 손가락 그림, 모래상자, 양각 글자, 음각 글자 등이 사용된다. 퍼널드(Fernald) 방법과 단어 각인법(word imprinting) 역시 VAKT 방법을 강조하고 있다. 퍼널드 방법과 단어 각인법은 전체 단어를 학습하는 방법에 초점을 맞추는 반면에 길링엄(Gillingham) 방법은 소리 혼성을 그 특징으로 한다.

대부분의 구조화된 다감각적 언어 프로그램은 다음의 영역에서 교수를 제공한다. 즉, 음성학적 인식을 비롯한 음운론적 인식, 해독(활자에서 말로의 전환)과 부호화(말에서 활자로의 전환)를 포함하는 발음법, 음절교수, 형태론, 구문론과 의미론이다. McIntyre와 Pickering(1995)은 다감각적 프로그램이 다음의 교수적 특성을 내포하고 있다고 하였다.

1. 시각, 청각, 운동성, 촉각 양상에서 동시에 사용되는 다감각적 활동은 기억력과 학습을 향상시키기 위해 사용된다.

2. 쉬운 것에서 어려운 것으로 옮겨 가는 논리적인 언어학습의 체계성은 주기적으로 복습을 필요로 한다.
3. 직접교수는 모든 전략과 기술, 개념을 명시적으로 가르치는 것을 의미한다.
4. 단어, 문장, 구문 수준에서 단어 재인과 철자하기 기술을 체계적으로 연습하는 것이 필요하고, 이때는 해독 가능한 구문을 사용한다.
5. 진단적 교수는 지속적인 모니터링과 함께 개별화된 교수를 그 특징으로 한다.
6. 종합적 해독전략뿐 아니라 분석전략 모두를 사용하는 것에 교수의 초점을 맞춘다.

다감각적 프로그램은 기본적으로 난독증을 가진 학생이나 읽기를 학습하는 데 문제를 보이는 학생들을 대상으로 개발되었다. 수년간 사립학교에 다니는 읽기문제가 있는 학생들을 대상으로 이 프로그램을 실시한 결과는 성공적이었다. 공립학교에서는 핵심 읽기 프로그램이나 교정적 프로그램에서 별 성과를 얻지 못한 학생들이 읽기를 더 잘 배울 수 있도록 하기 위해 구조화된 다감각적 언어 프로그램을 함께 사용하고 있다.

퍼널드 방법

퍼널드 방법(Fernald, 1943~1988)에서는 학생이 받아쓰기를 한 이야기 중에서 어휘가 선택되고 개별 단어를 전체로 가르친다. 발음법 기술은 전혀 가르치지 않는다. 교사는 읽기 재인을 발달시키기 위해서 학생이 쓴 것 중 잘 모르는 단어를 골라내고 개별 단어를 한 단위로 학습시키며, 즉시 단어를 학생에게 의미 있는 맥락 안에 배치한다. 이때 이 방법이 성공할지의 여부는 학생의 동기 수준을 높게 유지하는 데 있다.

이 방법은 모두 4단계로 구성된다. 1단계에서는 교사가 학생이 학습할 단어를 선정하고 크레파스로 그것을 큼직하게 쓴다. 학생은 종이 위에 손가락을 대고(촉각-운동성) 단어를 따라 쓴다(tracing). 단어를 따라 쓰는 동안 단어의 부분을 큰 소리로 말한다(청각). 또한 단어를 따라 쓰면서 목표 단어를 보며(시각), 단어를 말하면서 듣는다(청각). 이러한 과정은 학생이 단어 예시를 보지 않고 정확히 쓸 수 있을 때까지 반복된다. 따라 쓰기 혹은 단어 쓰기를 할 때 학생이 실수를 하게 되면 반드시 처음부터 다시 써야만 단어가 하나의 단위로 쓰일 수 있다. 학생이 단어를 정확히 쓸 수 있으면 단어보관함에 단어 카드를 알파벳 순서에 맞게 넣어 둔다. 학생은 학습한 단어를 사용하여 이야기를 쓸 수 있고, 교사는 학생이 활자화된 상태로 이야기를 읽을 수 있게 타이핑한다.

2단계에 도달하여 더 이상 글자를 따라 쓸 필요는 없지만, 학생은 교사가 쓴 단어를 보고 말하고 쓰면서 개별 단어를 학습하게 된다. 학생은 계속해서 이야기를 쓰고 이를 워드파일로 보관한다.

3단계에서는 직접 단어를 써 보기 전에 활자화된 단어를 보고 말하면서 학습하게 되므로 활자화된 단어를 직접적으로 배우게 된다. 이때 교사는 단어를 쓸 필요가 없다. 학생들은 이 단계에서 독서를 시작할 수 있고 교사는 학생이 학습한 단어를 기억하고 있는지를 지속적으로 확인해야 한다.

마지막으로 4단계에 속한 학생들은 새로운 단어를 활자화된 단어나 이전에 배운 단어의 일부분과 유사한지 비교하면서 재인을 할 수 있게 된다. 이를 통해 읽기기술을 적용할 수 있고 읽기에 대한 흥미를 확대시킬 수 있다.

퍼널드 접근법은 언어 경험과 따라 쓰기(운동성) 기법을 사용한다. 학생이 보이는 진전도는 느리지만, 학생이 선택한 자료에 대한 흥미는 지속된다. 그러므로 이 프로그램의 성공 여부는 학생이 높은 학습 동기를 유지하는 것을 도와주는 데 달려 있다. 퍼널드 접근법에서는 학생에게 단어의 일부분을 큰 소리로 읽도록 하거나 따라 쓰기를 했던 단어를 베껴 쓰라고 하지 않는다. 개별 단어는 하나의 단위로서 학습되며 학생에게 의미 있는 맥락 안에 배치되어 교수된다. 4단계는 수정 단계 없이 순서에 따라 습득되어야 한다. 이 접근법은 교정적인 목적을 가지고 있으며 일반적으로 심한 읽기문제를 가진 학생들에게 적용한다(Ekwall & Shanker, 1988). 또한 학생이 어려움을 보이는 단어를 가르치고자 할 때 퍼널드 접근법의 따라하기 방법을 효과적으로 사용할 수 있다. 퍼널드 접근법은 매우 집중적인 과정을 통해 이루어지지만, 몇 가지 실증연구 결과에 의하면 중중도에서 중도 읽기장애를 가진 학생들에게도, 효과성이 입증되고 있다.

길링엄 방법

길링엄 방법(Gillingham & Stillman, 1970)은 S. T. Orton(1937)의 이론적 업적을 기초로 한 음성학을 기반으로 한 구조화된 접근법으로, 최소 2년간 주 5회 수업을 실시하는 것으로 한다. 개별 낱글자 소리는 다감각적 접근법을 사용하여 학습시킨다. 단음으로 된 자음과 모음은 연습 카드를 이용하여 제시하는데, 자음은 흰색 카드 그리고 모음은 연한 살구색 카드를 사용한다. 낱글자는 핵심 단어를 통해 소개한다(예: fun을 통해 f를 소개). 초기에 활자로 표현된 상징을 보면서 글자의 이름과 소리를 연합하도록 하는 결합과정을 사용한다. 이러한 결합과정은 다음의 절차에 따라 시행된다.

1. 한 개의 낱글자가 쓰인 연습 카드를 학생에게 보여준다. 교사는 낱글자의 이름을 말하고 학생이 그것을 따라 한다. 이 과정이 완성되면 교사가 낱글자의 소리를 말하고 학생은 소리를 따라 한다. 그러고 나서 교사는 카드를 보여 주면서 "이 글자는 어떻게 말하지요(소리 내지요)?"라 묻고, 학생은 소리를 말한다.
2. 연습 카드를 보여 주는 것 없이, 교사는 낱글자가 나타내는 소리를 내고 학생에게 "지금 소리를 내는 글자 이름을 말해 보세요."라고 말한다. 이 전략은 기본적으로 철자 말하기다.
3. 교사는 조심스럽게 낱글자를 쓰고 그 형태에 대해 설명한 후 필기체를 가르친다. 학생은 교사가 쓴 낱글자의 선 위로 글자를 따라 그대로 베껴 쓰고, 기억을 더듬어 글자를 쓰고나면 보지 않은 채로 글자 쓰기를 한다. 최종적으로 교사가 소리를 내면서 "소리를 내는 낱글자를 써 보세요."라고 말한다.

10개 낱글자로 구성된 첫 글자 세트(a, b, f, h, i, j, k, m, p, t)를 습득한 후, 학생은 그것을 단어로 합치는 것을 배우게 된다. 낱글자는 간단한 자음-모음-자음 형태의 단어로 조합된다. 조합을 마친 후에는 철자가 소개된다. 교사가 단어를 말할 때 학생은 반복하고 그 글자의 이름을 말하며 글자를 쓴다(구어 철자하기를 동시에 실시). 학생이 음성학적으로 변이가 없는 세 글자 단어를 어느 하나라도 쓸 수 있을 때는 문장과 이야기 쓰기를 시작한다. 음성학적 규칙에서 벗어난 단어는 연습을 통해 학습한다. 자음 혼성은 학생이 짧은 이야기에서 단어를 읽고 쓰고 철자하기를 할 수 있게 된 후에 학습한다. 이때 어절화(syllabication), 사전 이용하기 기술, 철자하기의 부가적인 법칙들도 소개한다. 따라서 길링엄 방법은 반복과 연습을 강조하고 철자하기와 쓰기기술은 읽기기술과 연계하여 교수한다.

길링엄 방법을 활용하기 위해 만들어진 교수자료에는 음성학적 단어 카드나 발음법 훈련 카드, 어절 개념 카드, 이중모음 카드와 짧은 이야기가 포함된다. 이런 자료를 이용한 교수나 수업은 다양한 기술을 가르치기 위해 사용될 수 있다(Gillingham & Stillman, 1970; J. L. Orton, 1976). 그 절차는 구조화되어 있고 엄격하며 다른 읽기나 철자하기 자료는 사용하지 않는다. 결과적으로 여러 연구자들에 의하면(Henry & Rome, 1995; Maskel & Felton, 1995) 오튼-길링엄(Orton-Gillingham) 접근법은 심한 읽기문제를 경험해 온 학생들을 대상으로 한 교수환경에서 단어 재인과 읽기이해에서 뛰어난 성과를 이루었음을 알 수 있다. 길링엄 방법의 두 가지 변형으로는 읽기비법(Recipe for Reading)과 특정 언어장애 학생을 위한 국어의 다감각적 접근법(A Multi-Sensory Approach to Language Arts for Specific Language Disability Children; Educators Publishing Service 출판)이 있다. 윌슨 읽기체제(Wilson Reading System; Wilson Language Training 제작, PRO-ED에서 구입 가능) 역시 오튼-길링엄 원칙뿐 아니라 최근의 음운론적 코딩 연구 결과를 기반으로 하고 있다. 또한 교정적 발음법 읽기교수(Phonic Remedial Reading Lessons; Kirk et al., 1985; 뒤의 상업용 교재 부분에서 소개됨)는 VAKT 발음 접근법을 사용하고 있다.

단어 각인법

Carbo(1978)는 시각기억 능력에 어려움을 가지고 있는 학생이 단어를 각인하는 데 도움을 주기 위한 다감각적 절차를 소개하였다. 단어 각인법은 다음의 여섯 가지 교수 단계를 사용한다.

1. 단어를 보고 교사의 모델링이 있은 후 따라 한다.
2. 단어의 의미를 결정한다.
3. 글자의 형태에 대한 인식을 촉진하기 위해 글자 주변을 따라 쓴다.
4. 촉각적 자극을 위해 단어 자체를 따라 쓴다.
5. 따라 쓰면서 동시에 단어를 말한다.
6. 단어를 보면서 그림으로 형상화하고, 눈을 감고서 시각적 이미지를 만들어 본다. 그러고 나서 공중에 단어를 써 본다.

Polloway와 Smith(1992)는 Carbo가 제시한 절차의 여러 단계가 학생이 단어를 학습하는 데 도움이 될 수 있다고 이야기하였다.

구어 읽기 유창성 방법

읽기문제의 위험성을 가진 학생을 위한 대부분의 읽기 유창성 중재법은 학생에게 큰 소리로 읽게 하는 것이다. 유창성의 향상을 위하여 Bos와 Vaughn(2002)은 학생에게 큰 소리로 읽게 하기 위해 교사 주도적으로 책을 미리 살펴보는 방법에 대해 다음과 같은 지침을 제안하였다.

1. 학생의 읽기교수 수준(예: 90% 정확도 수준)에 가까운 책이나 이야기를 선정한다.
2. 학생에게 이야기나 책을 소개하고 교사가 생각하기에 학생이 어렵다고 느낄 것 같은 단어를 확인해 준다.
3. 일상적인 대화 속도(즉, 분당 120~140단어)나 학생의 나 또는 성숙도에 근거한 유창성 준거에 맞는 속도('유창성 교수' 부분 참조)로 학생에게 이야기를 읽어 준다.
4. 교사가 읽고 그다음에 학생이 읽는 순서로 파트너 읽기를 하면서 이야기를 여러 번 반복하여 읽는다.
5. 학생과 다른 학생 한 명을 짝으로 하여 번갈아 읽기를 시키는데, 이때 읽기를 더 잘하는 학생이 먼저 읽도록 한다. 학생으로 하여금 어려운 단어를 확인하도록 한다.
6. 자주 개별 학생의 진전도를 모니터링하기 위해 유창성 측정도구를 사용한다('유창성 교수' 부분 참조).

신경학적 각인법, 반복적 읽기, 반복적 읽기의 녹음은 큰 소리로 읽기를 시키는 것에 초점을 맞춘 유창성 중재 방법이다.

신경학적 각인법

신경학적 각인법(neurological impress method)(Heckelman, 1969; Langford, Slade, & Barnett, 1974)은 심한 읽기장애를 가진 학생에게 읽기를 가르치기 위해

개발되었다. 이 방법에서는 교사와 학생이 함께 빠른 속도로 구어 읽기를 하는데, 학생이 동일한 읽기자료를 함께 읽고 자기 자신의 목소리와 더불어 남의 목소리를 들음으로써 학습할 수 있다는 전제를 근거로 한다. 학생은 교사의 약간 앞 쪽에 앉아 교사의 목소리를 직접적으로 가까이 들을 수 있게 한다. 함께 읽기를 하기 전에 읽기자료와 관련하여 특별하게 준비해야 할 것은 따로 없다. 이 활동의 목적은 단순히 학생이 피로함을 느끼지 않으면서 제한된 시간 내에 가능한 한 많은 페이지를 읽도록 하는 데 있다. 처음에 교사는 학생보다 약간 큰 소리로 약간 빠르게 읽는데, 학생에게는 실수하는 것에 신경 쓰지 않고 속도를 유지하도록 권한다. 글을 읽으면서 교사는 손가락을 이용하여 단어의 위치를 부드럽게 따라간다. 학생이 구어 읽기를 주도할 수 있게 되면, 교사는 좀 더 부드럽고 천천히 읽게 하며 학생이 손가락을 이용하여 단어를 지적할 수 있다. 이를 통해 교사와 학생 간 읽기의 주도권이 바뀐다.

읽기교수는 학생이 성공적으로 읽기를 할 수 있는 수준보다 약간 낮은 곳에서부터 출발한다. 어떠한 형태든 발음법 기술이나 단어 재인을 가르치려는 시도는 이루어지지 않으며 읽기자료를 이해하는 데에 주의를 기울이지 않는다. 여기서의 기본적인 목표는 학생이 자동적으로 유창한 읽기를 할 수 있도록 하는 데 있다. 신경학적 각인법은 빠른 해독을 강조하고, 주로 단어를 소리 내어 말하는 데 많은 시간을 소비하고 읽기를 유창하게 하지 못하는 학생들에게 사용된다. 개별적으로 제시된 단어를 읽는 것이라기보다 구문을 읽는 것은 학생이 진보를 보였다는 것을 의미하고, 과거에는 무시되었던 구두점에서 잠시 쉰다는 것의 학습 역시 학생의 진보를 의미한다.

반복적인 읽기

신경학적 각인법의 여러 변형기법 중 하나로 반복적인 읽기(repeated readings) 방법이 있다(Samuels, 1997). 대부분의 어린 아동들은 반복적으로 같은 책을 읽는 것에서 매우 큰 재미를 느낀다. 유사하게 어린 아동들은 같은 이야기를 여러 번 읽는 것을 즐긴다. 이야기를 반복적으로 읽는 것을 통해 학생들은 구문을 보다 친숙하게 느끼게 되고, 학생의 기억력은 학생이 읽은 것에 대해 매우 큰 도움을 준다. 학생은 이야기를 유창하고 자신감 있게 읽게 되기까지 충분히 읽어야 한다. 반복적인 읽기는 학생으로 하여금 자신의 기억력과 이야기 흐름의 도움을 받아 잘 모르는 단어의 일부를 판별할 수 있게 해 준다.

반복적인 읽기방법은 학생으로 하여금 유창성이 만족스러운 수준에 도달할 때까지 짧지만 의미 있는 읽기 구문을 반복적으로 여러 번 읽도록 한다(즉, 3학년 수준 이하의 학생들은 분당 2개의 오류와 더불어 100개의 단어를 정확히 읽을 수 있다.). 그 이후에는 새로운 구문을 반복하여 읽는다. 그러므로 반복적인 읽기는 단일 단어보다는 단일 구문에서의 읽기 속도를 강조하고, 문맥 내에서 단어의 판별이 빠르고 정확해야 한다. 학생이 교사의 도움을 받으면 읽기를 할 때 교사가 학생이 알지 못하는 단어를 발음해 주고 읽기이해를 촉진하기 위해 이야기를 학생과 함께 토의한다.

반복적인 읽기와 관련된 연구 결과를 종합해 보면, 반복적인 읽기는 읽기에 문제를 보이는 학생들의 읽기 유창성과 독해에 있어 긍정적인 성과를 일관되게 가져온다(M. J. Adams, 1990; Dowhower, 1994; Mastropieri, Leinart, & Scruggs, 1999; Mercer et al., 2000; Meyer & Felton, 1999; National Reading Panel, 2000). 실험연구 및 실증연구의 결과를 분석 · 종합한 결과, 반복적인 읽기를 수행하면서 따라야 할 제언 몇 가지가 있다.

1. 읽기를 학습하는 데 어려움을 경험하는 학생들의 읽기수준, 유창성, 읽기이해를 향상시키기 위하여 반복적인 읽기를 일관되게(예: 주당 4~5회) 사용하라.

2. 학생의 교수수준 범위(즉, 90% 정확도) 안에서 읽기 자료를 사용하라.
3. 목표로 잡은 유창성 속도에 도달할 때까지 학생이 구문을 읽도록 하라(예: 3~5회).
4. 유창성 향상을 위해 읽기시간을 측정하기 전에는 학생으로 하여금 여러 번 읽도록 하거나 읽기연습을 하도록 하라.
5. 읽기 도중에는 어른이 피드백을 제공하거나 지도를 하라.
6. 가능한 한 해독 가능하거나 예견 가능한 구문을 많이 사용하라.
7. 읽기시간을 측정하기 전에 어려운 단어를 점검하라.
8. 유창한 읽기가 무엇인지를 모델링하라.
9. 목표를 수립하고 학생의 진보를 그래프에 표시하며 그 정보를 학생과 공유하라.

M. J. Adams(1990)가 수행한 광범위한 수준의 읽기 중재 문헌분석을 보면 반복적인 읽기는 학생의 읽기 재인, 유창성과 읽기이해를 향상시키는 데 탁월한 것으로 알려져 있다. Weinstein과 Cooke(1992)는 반복적인 읽기가 학생이 유창하게 읽을 수 있도록 도와주는 데 매우 효과적이라는 사실을 밝혀내었다. 또한 이 방법은 함께 소리 내어 읽기를 하는 소집단 교수, 짝과 함께 읽는 또래교수, 녹음기를 사용하는 학습 센터형 교수와 같이 다양한 학습환경에서 사용 가능하다. 읽기이해 훈련도 빈칸 채워넣기나 빈칸에 알맞은 단어 찾아넣기와 같은 활동(즉, 읽기 구문을 읽고 구나 문장을 정확하게 완성시킬 수 있는 단어를 가지고 단어가 생략된 부분을 채워 넣는 활동)을 통해 제공할 수 있다.

반복적으로 읽기 녹음하기

오디오북(audio-book; 역자 주: 테이프에 책의 내용을 녹음한 것)을 사용하여 반복적인 읽기를 다른 형태로 진행할 수 있다. 학생은 이야기를 들음과 동시에 읽기 구문을 소리 내어 읽거나 혹은 테이프를 들으면서 활자화된 구문을 단순히 눈으로 따라 읽는다. 이와 같은 따라 읽기 방법은 학생이 혼자서 구문을 읽을 수 있을 때까지 반복된다. Bos와 Vaughn(2002)은 녹음된 이야기를 사용할 때의 유의점을 다음과 같이 정리하고 있다.

1. 학생의 교수수준 범위(예: 약 90% 정확도)에서 재미있는 책이나 구문을 선택한다.
2. 양질의 녹음기를 사용하여 보통 대화하는 속도로 적절한 표현을 사용하며 이야기를 녹음한다. 테이프에 단서를 기록하여 학생이 자리를 찾을 수 있도록 돕는다. 예를 들어, 테이프의 첫 10초 정도는 아무런 소리를 넣지 않기, 학생에게 전략 사용을 상기시켜 주기, 페이지를 넘길 때 신호를 넣어 주기, 각 페이지의 번호를 알려 주기, 읽기 시작 전에 페이지의 첫 글자 위에 손가락을 얹어 놓을 것을 가르치기 등이다.
3. 테이프의 각 면마다 약 10분 정도 분량의 녹음을 하고 테이프의 각 면에 책의 제목과 페이지 수를 적어 붙인다.
4. 비닐 백 하나에 테이프 1개와 해당 책을 넣어 보관한다.
5. 성인이나 학생에게 이야기를 녹음하는 것을 훈련할 것인지를 생각해 본다.
6. 반복적인 읽기를 위한 다른 방법 중 하나로 컴퓨터 소프트웨어를 사용할 것인지에 대해 고려한다. 예를 들어, 위글웍스(Wiggleworks, Scholatic 출간)는 학생들에게 녹음된 이야기를 듣고 듣기와 함께 따라 읽을 기회를 제공하며, 학생으로 하여금 자기 자신의 읽은 것을 녹음할 수 있게도 한다.

여러 연구자들(Dowhower, 1987; Shany & Biemiller, 1995)은 반복적으로 읽기 녹음하기와 교사가 보조하는 반복적인 읽기, 독립적인 반복적 읽기를 서로 비교하였다. 전반적으로 반복적인 읽기의 세 가지 방법은 긍정적인 읽기성취를 이루었다는 사실이 밝혀졌으나, 그중 반복적으로 읽기 녹음하기가 최상의 결과를 가져왔다.

또래 보조에 기초한 읽기방법

오늘날 학생들이 나타내는 다양성이 우리가 가진 문화를 풍요롭게 했다 할지라도, 학생의 다양성은 교사들에게 모든 학생의 성공적 읽기를 이루는 데 있어 여러 가지 형태의 도전과제를 만들어 내고 있다. 영어를 제2언어로 배우는 학생, 낮은 사회경제적 배경 출신의 학생, 학습장애, 정서장애와 정신지체를 가진 학생 등, 25명이 넘는 학급에서 읽기를 가르치는 교사들에게 학생의 다양성은 정말 풀기 어려운 문제가 된다. 게다가 초등 3학년이 되면서 성적이 좋은 학생들의 경우 읽기에서 매우 높은 수준의 성과를 내기 시작하고 읽기를 자주 접하며 그에 빠져들기 시작한다. 이 같은 읽기의 성과는 고성취 학생들이 일견단어를 급속도로 확장시키기 때문이다. 반면에 이때부터 읽기에 어려움을 경험하는 학생들은 또래들에 비해 현격하게 뒤처지게 된다. Fuchs, Fuchs와 Burish(2000)는 다양한 요구를 가진 학생들로 구성된 학급에서 학생이 서로를 돕는다는 개념은 교수를 향상시킬 수 있는 실현 가능한 대안이 될 수 있다고 주장하였다. 예를 들어, 또래교수는 많은 수의 학생들에게 학업에 적극적으로 참여할 수 있는 기회를 제공해 준다. 그리고 또래 보조 학습에 대한 연구는 상당히 매력적이다(Delquadri, Greenwood, Whorton, Carta, & Hall, 1986; Fuchs et al., 2000; Fuchs, Fuchs, Mathes, & Simmons, 1997). 학생이 학생을 가르치는 것과 관련된 연구는 2장에서 제시한 바 있다.

다음은 또래 보조 읽기 프로그램을 수립하는 데 있어 유용한 지침이다.

- 뜻이 잘 맞고 함께 재미나게 공부할 수 있는 학생끼리 짝을 이루도록 하는데, 짝에서 한 명은 저성취 학생이고 한 명은 고성취 학생이어야 한다. 학생들을 짝 짓기 위해서는 학급에서 읽기를 잘하는 학생들과 그렇지 못한 학생들의 순위를 정하는 것이 도움이 될 수 있다. 학급 순위에 따라 읽기를 잘하는 학생과 그렇지 못한 학생들을 골라 짝 짓는다〔2장에서는 튜터(공부를 가르치는 학생)와 튜티(공부를 배우는 학생)를 가르치는 데 도움이 되는 자세한 방법에 대해 제시하고 있다.〕.
- 읽기자료는 낮은 읽기성취를 보이는 학생의 읽기교수 수준에 맞추어야 한다(즉, 약 90% 정확도). 그러므로 읽기자료는 여러 학년수준에 걸쳐 제공되는 것이 중요하고, 교사는 각 짝들이 한 주당 이야기 2개 정도는 읽을 수 있도록 충분한 수의 이야기를 준비하고 있어야 한다. 고흥미-저수준 어휘를 포함한 책은 또래 보조 읽기에 있어 훌륭한 읽기자료가 될 수 있다.
- 또래 보조 읽기의 절차는 높은 읽기수준을 보이는 학생들이 먼저 읽고 낮은 읽기수준을 보이는 학생이 나중에 읽으며, 한 학생은 질문하고 다른 학생은 그 질문에 답하는 형식으로 이야기에 대해 토론한다. 그리고 이와 같은 절차는 이야기가 완전히 끝날 때까지 반복적으로 시행된다. 읽은 내용을 토론할 때는 단락 줄이기와 예측하기 릴레이(2장 참조)와 같은 읽기이해 활동을 포함할 수 있다. 또한 독자가 단어를 빼고 읽었을 때는 피드백을 제공한다. 놓친 단어가 무엇인지 파악되면 독자는 해당 단어를 포함시켜 다시 그 문장을 읽는다.
- 또래 개인교수의 법칙은 짝에게만 이야기하고 짝의 읽기에 대해서만 말하며 협력적이어야 한다.
- 또래 보조를 기초로 한 짝 읽기에서 인정하는 실수는 단어를 부정확하게 말하기, 단어 생략, 단어 삽입, 4초 이상 멈추고 나서 읽기가 해당된다. 실수에 대해서는 피드백을 제공한다(예: "너 이 단어를 빼먹

었네. 너 이게 뭔지 알겠어? 단어는 _______야. 단어를 말하자. 잘했어. 그럼 문장을 다시 읽어보자.").

- 각 짝은 일주일에 3~4회 함께 읽기를 해야 한다.

고흥미-저수준 어휘 활용방법

읽기문제를 가진 나이 든 학생들에게는 그들의 흥미수준에 맞는 책들이 많이 있지만 정작 그것을 읽으려고 하면 그들의 읽기능력이 그에 미치지 못하는 것 때문에 자주 좌절하곤 한다. 고흥미-저수준 어휘를 가진 책들은 상대적으로 쉬운 단어들로 되어 있으면서 좀 성숙한 읽기자들에게 적절한 흥미수준을 유지한다. 〈표 8-4〉에서 제시된 대로, 여러 출판사들은 다양한 주제(예: 스포츠, 추리, 과학, 모험 등)를 포괄하는 이와 같은 읽기자료를 제작하고 있다.

교사는 [그림 8-2]에서 살펴보는 것과 같이 Fry(1977)가 제시한 읽기능력을 계산하는 공식을 사용하여 어떤 읽기자료건 그 구문의 수준을 추정할 수 있다. Micro Power and Light Company에서 제작한 컴퓨터 소프트웨어인 읽기 구문 수준 계산하기(Readability Calculations)는 아홉 가지 읽기 구문 수준 계산 공식을 적용하여 학생의 읽기 수준을 결정하면서 읽기 구문을 선택할 수 있게 한다(예: Fry, SMOG, Dale-Chall과 Spache).

기능적 읽기

1장에서 언급한 것처럼, 학습문제를 가진 학생들이 나타내는 학습 특성은 매우 다양하다. 그들 중 일부는 고등교육을 받을 수 있을 만큼의 읽기수준을 보이나, 좀 더 심한 읽기문제를 경험하는 학생이라면 활자로 이루어진 세상에서 독립적으로 기능하는 데 필요한 읽기기술을 발달시키는 데 초점을 맞추어 교육하여야 한다. 기능적인 접근법은 심한 읽기문제를 가진 학생이 개별적인 환경에서 생활하고 직업을 가지며 독립적으로 여가생활을 하도록 도와 주기 위해 고안되었다. Langone(1990)은 생태학적 구조를 통해 학생이 앞으로 기능하는 데 필수적인 환경 안에서 기대되는 요구에 초점을 맞추었다(예: 쇼핑하기, 직업, 여가, 가정).

Polloway와 Polloway(1981)는 기능적 읽기 프로그램에서 교사가 학생에게 가장 적합한 단어를 선정하는 것을 돕기 위하여 생존에 가장 필수적인 단어와 구절을 순위별로 정리하였다(〈표 8-5〉 참조).

Folk와 Campbell(1978)은 학생이 생존과 기능적 읽기기술을 습득할 수 있도록 교수하는 6단계 프로그램을 만들었다. 다음에 제시하는 단계를 통해 학생은 몇 가지 해독기술(예: 초성자음과 단모음 소리)을 학습하여 일견단어와 간단한 문장을 읽는 일견 읽기(sight reading)을 향상시키는 데 도움을 받을 수 있다.

1. 학생에게 2장의 작은 카드를 주는데, 한 장에는 학생의 이름이 쓰여 있고 다른 한 장에는 다른 학생의 이름이 쓰여 있다. 이때 교사는 학생에게 "이게 네 이름이야. __________라고 말해 봐."라고 말한다. 두 번째 이름에도 이 절차를 반복한다. 그러고 나서 탁자 위에 카드를 올려놓고 학생에게 자신의 이름의 찾아보라고 한 다음 다른 학생의 이름을 찾아보라고 한다. 옳은 답을 이야기할 때는 강화제가 제공된다. 이와 같은 방법을 학생이 모든 학생의 이름을 100%의 정확도로 읽을 수 있을 때까지 계속한다.
2. 1단계의 방법을 사용하여 단어, 남자와 여자를 소개한다. 학생의 이름과 단어, 남자 혹은 여자로 연결선이 있는 학습지를 제공한다.
3. 다양한 단어를 이용하여 이상의 절차를 반복한다. 이 단계에서 학생이 어느 정도 숙달되면 좀 더 정교하고 세련된 활동이나 학습지를 사용한다.
4. 이상의 활동을 명사에서부터 시작하여 점차 형용

〈표 8-4〉 고흥미-저수준 어휘를 가진 읽기자료 목록

책 제목	출판사	학년별 읽기수준	학년별 흥미수준
American Adventure Series	Harper & Row	3~6	4~8
Basic Vocabulary Books	Garrard	2	1~6
Bestsellers	Globe Fearon	2~4	6~12
Breakthrough Series	Allyn & Bacon	2~6	6~12
Checkered Flag Series	Field Educational Publications	2~4	7~12
Childhood of Famous Americans Series	Bobbs-Merrill	4~5	7~9
Cowboy Sam Series	Benefic Press	PP~3	1~6
Dan Frontier Series	Benefic Press	PP~4	1~7
Deep Sea Adventures	Field Educational Publications	2~5	3~11
Everyreader Series	McGraw-Hill	6~8	5~12
Fastback Collection	Globe Fearon	4~5	6~12
First Reading Books	Garrard	1	1~4
Focus on Reading	SRA	1~6	3~12
Folklore of the World Books	Garrard	2	2~8
Interesting Reading Series	Follett	2~3	7~12
Jim Forest Readers	Field Educational Publications	1~3	1~7
Junior Science Books	Garrard	4~5	6~9
Morgan Bay Mysteries	Field Educational Publications	2~4	4~11
Morrow's High Interest/Easy Reading Books	William Morrow	1~8	4~10
Mystery, Adventure, and Science Fiction Collections	Steck-Vaughn	2~4	5~12
Pacemaker Classics	Benefic Press	2~6	4~9
Pacemaker Story Books	Globe Fearon	3~4	5~12
Pal Paperback Kits	Xerox Education Publications	2	7~12
Perspectives Set	Xerox Education Publications	1~5	5~12
Phoenix Everyreaders	High Noon Books	3~4	6~12
Pleasure Reading Books	Phoenix Learning Resources	4	4~12
Power Up! Series	Garrard	4	3~7
Racing Wheels Series	Steck-Vaughn	2~5	6~8
Readng For Concepts Series	Benefic Press	2~4	4~9
Reading Reinforcement Skilltext Series	McGraw-Hill	3~8	5~12
Reading Skill Builders	SRA	1~5	1~8
Sailor Jack Series	Reader's Digest Services	1~4	2~5
Scoreboard Series	Benefic Press	PP~3	1~6
Space Science Fiction Series	High Noon Books	2	6~11
Sports Mystery Stories	Benefic Press	2~6	4~9
Spotlight on Literature	Benefic Press	2~4	4~9
Sprint Libraries	SRA	3~6	6~12
Super Kits	Scholastic	1~3	3~6
Teen-Age Tales	Warner Educational Servies	2~5	4~12
Tom & Ricky Mystery Series	D. D. Health	4~6	6~11
Top Picks	High Noon Books	1	4~9
Trailblazers Series	Reader's Digest Services	5~7	5~12
True Tales	High Noon Books	2	4~9
Turning Tales	Steck-Vaughn	3	4~12
Turning Point	Phoenix Learning Resources	1~4	7~12
What Is It Series	Benefic Press	1~4	1~8

[그림 8-2] 책의 가독성을 평가하기 위한 Fry의 도표

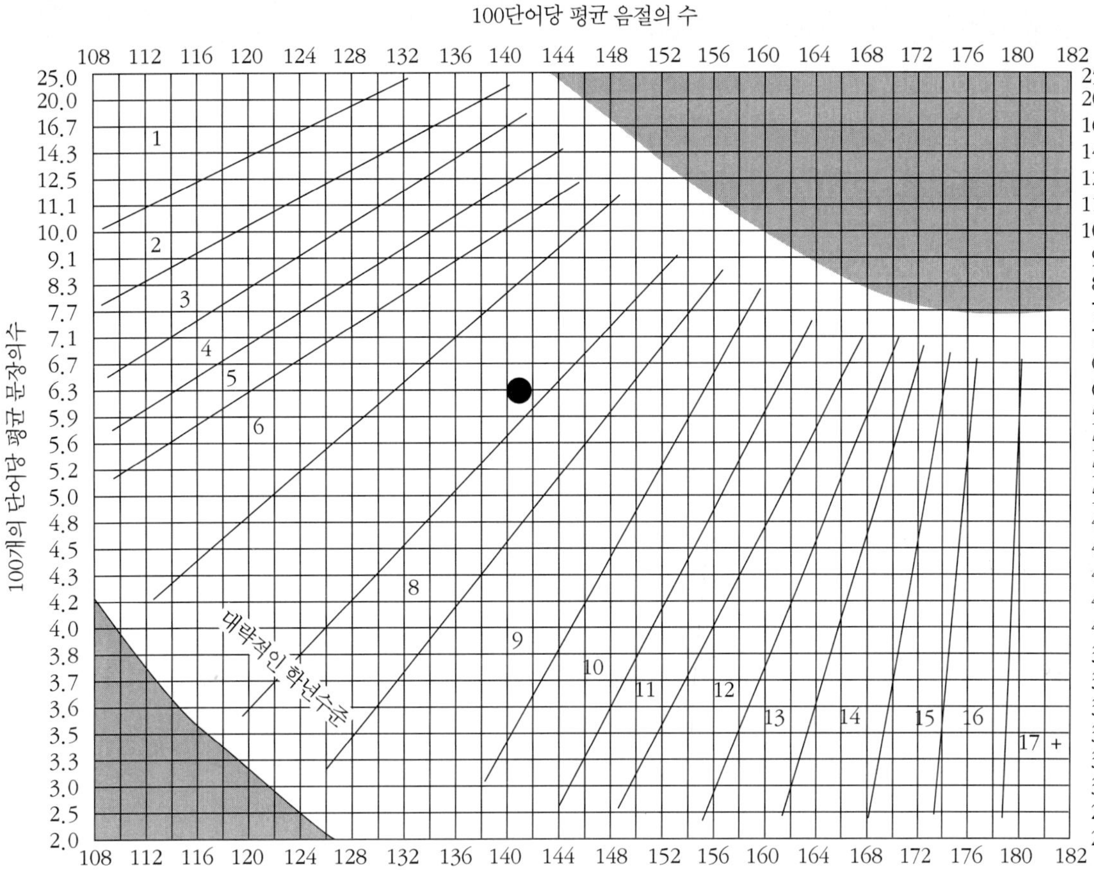

방법: 책 또는 잡지에서 각각 100개의 단어가 있는 세 개의 구절을 무작위로 선택한다. 읽기자료의 학년수준을 결정하기 위해서 도표에 100개의 단어당 평균 음절의 수와 평균 문장의 수를 표시한다. 만약 높은 타당도가 관찰된다면 권당 더 많은 구절을 선택하고, 그 책이 고르지 않은 가독성을 갖고 있는지를 결정한다. 회색 부분에 해당되는 책들은 거의 없을 것이다. 그러나 만약 그렇다면 학년 수준 점수가 타당하지 않다.

단어로서 고유명사, 숫자, 영어의 머리글자로 된 약어의 수를 세어라. 각 상징에 대한 음절의 수를 세어라. 예를 들면, '1945'는 1개의 단어이고 4음절이며, 'IRA'는 1개의 단어이고 3음절이다.

예)	음절	문장
첫 번째 100단어	124	6.6
두 번째 100단어	141	5.5
세 번째 100단어	158	6.8
평균	141	6.3

가독성 7학년(도표에 표시된 점을 보라.)

가독성 도표를 이용하기 위한 추가된 지침

1. 3개의 샘플 구절을 무작위로 선택하고 한 문장의 처음부터 정확하게 100개의 단어를 센다. 고유명사, 약어, 숫자의 수를 센다.
2. 100개의 단어가 있는 문장의 수를 센다.
3. 100개의 단어가 있는 구절에서 음절의 총수를 센다. 손으로 세는 것이 힘들다면 각 단어의 모든 음절 위에 점 표시를 한다. 구절의 끝에 도달하면 점의 수를 세고 100을 더한다. 계산기를 사용할 수도 있다.
4. 평균 문장 길이와 평균 음절의 수를 도표에 표시한다. 두 선이 교차하는 지점에 점을 표시한다. 점이 표시된 영역이 학년수준의 근사치를 알려 준다.
5. 음절 세기나 문장 세기에서 많은 변동이 보이면 평균을 얻기 위해 더 많은 샘플을 구하는 것이 바람직하다.
6. 하나의 단어는 지면에 있는 한 무리의 상징으로 정의할 수 있다. 따라서 Joe, IRA, 1945 그리고 &는 각각 하나의 단어다.
7. 한 음절은 음성적 음절로 정의할 수 있다. 일반적으로는 모음 소리만큼의 음절이 있다. 예를 들면, 'stopped'는 한 음절, 'wanted'는 두 음절이라고 한다. 숫자나 약어에 대한 음절을 셀 때는 각각의 상징을 하나의 음절로 센다. 예를 들면, '1945'는 4음절, 'IRA'는 3음절, 그리고 '&'은 1음절로 이루어져 있다.

〈표 8-5〉 가장 기본적인 생존형 어휘 단어와 구절

단어		구절	
1. 독	26. 구급차	1. 걷지 마시요	26. 길 없음
2. 위험	27. 소녀	2. 소방구	27. 화기 사용 금지
3. 경찰	28. 열림	3. 소화기	28. 수영 금지
4. 응급실	29. 나가시오	4. 들어가지 마시오	29. 발 조심
5. 멈춤(신호등)	30. 가연성	5. 구급상자	30. 아동을 보살피시오
6. 뜨거움	31. 닫힘	6. 물이 깊음	31. 다이빙 금지
7. 걷기	32. 유죄	7. 피부에만 사용	32. 보행자 위해 멈춤
8. 주의	33. 위로	8. 고압전류	33. 우체국
9. 출구	34. 폭발	9. 무단침입 금지	34. 바닥이 젖어 미끄럽습니다
10. 남자	35. 신사	10. 철도 건널목	35. 사람 구함
11. 여자	36. 당기시오	11. 화장실	36. 천천히 가시오
12. 경고	37. 아래로	12. 만지지 마시오	37. 흡연 금지
13. 입구	38. 우회하시오	13. 화기 옆 사용 금지	38. 입장 금지
14. 도움	39. 휘발유	14. 가스를 들이마시지 마시오	39. 모든 책임은 본인에게 있습니다
15. 꺼짐	40. 인화성	15. 일방통행	40. 내려가시오
16. 켜짐	41. 안으로	16. 건너지 마시오	41. 주차 금지
17. 폭발물	42. 미시오	17. 불 근처 사용 금지	42. 문 닫았음
18. 화염 가능	43. 간호사	18. 출입 금지	43. 회전 금지
19. 의사	44. 정보(안내)	19. 접근 금지	44. 개 조심
20. 가시오(신호등)	45. 인명구조원	20. 출구로만 사용	45. 학생보호 구역
21. 전화	46. 잘 들으시오	21. 우회전 금지	46. 커브 주의
22. 소년	47. 사유지	22. 접근 불가	47. 병원 구역
23. 오염 지역	48. 조용히	23. 살얼음	48. 고장
24. 숙녀(화장실)	49. 보시오	24. 버스 정류장	49. 금연
25. 폭약	50. 수배	25. 지나가지 마시오	50. 천천히 가시오

출처: E. A. Polloway & C. H. Polloway, 1981, Survival Words for Disabled Readers (pp. 446-447). *Academic Therapy, 16*, 443-448. Copyright 1981 by Academic Therapy Publications(허락하에 게재함)에서 수정.

역자 주: 영어 단어와 구절을 번역하는 과정에서 우리말에 맞게 의미를 전달하려고 단어가 구절로 혹은 구절이 단어로 표현되는 경우가 있음을 알려둠.

사-명사구, 동사, 최종적으로는 완전한 문장의 순으로 확대시킨다. 형용사-명사구의 이해를 돕기 위하여 학생이 사물의 그림을 정확히 지적하게 하고, 동사의 경우는 행동으로 반응하게 한다(혹은 동사 is는 정확하게 발음하게 한다.). 문장 이해 정도를 파악하기 위해서는 학생으로 하여금 세 가지 예시 중에서 문장의 의미를 정확하게 묘사한 그림을 찾도록 한다.

5. 돌치(Dolch) 단어 목록으로부터 단어를 선정하고, 단어가 가진 정의를 간단하게 제시하면서 기본 단어 읽기기술을 소개한다. 학생이 단어의 의미를 명확히 이해했는지를 파악하기 위해서 학생이 구문이나 문장 안에서 단어를 명확하게 사용하는지를 확인해 볼 수 있다. 또한 학생이 새로운 소리를 학습하기 전에 반드시 개별 자음 소리를 배우고 숙달해야 한다. 학생이 그것을 완전 습득했는지 확인하기 위해서는 학생이 주어진 소리를 정확하게 소리 낼 수 있어야 하며 같은 소리로 시작하는 다른 단

어도 정확하게 읽을 수 있어야 한다. 이와 같은 방법과 더불어 부수적으로 학습지, 그림 분류하기, 특정 소리로 시작하는 그림 찾기, 테이프 듣기 등을 활용할 수 있다.

6. 5단계와 같은 방법으로 모음 소리를 소개한다.

Folk와 Campbell(1978)은 이상의 절차를 통해 학생이 가진 기존의 어휘에 100개 이상의 새로운 일견단어를 추가할 수 있다고 하였다. 그들은 "여기서의 문제는 학생이 기본적인 읽기기술을 습득할 만큼 능력이 있는가의 여부가 아니라 우리가 그 기술을 가르칠 만한 능력이 있는지의 여부다." (p. 323)라고 주장하였다.

Browder와 Snell(1993)은 중도나 중중도의 학습문제를 가진 학생들에게 적합한 학업목표가 무엇인지를 결정하는 데 있어 고려해야 할 다섯 가지 요소로 (1) 현재 및 미래의 학업기술적 요구, (2) 기타 기술 관련 요구, (3) 생활연령, (4) 학업과 관련하여 이전에 보여 준 학습 속도, (5) 학생과 부모의 선호도를 제시한다. 이들을 위한 교수적 결정은 읽기와 관련된 요구를 약화시키는 학업적 수정을 사용할 것인가의 여부(예: 단어 대신 그림 사용), 특정하지만 제한적인 학업기술을 가르치는가의 여부(예: 기능적 생존 단어), 혹은 일반화된 학업기술을 가르치는 것의 여부를 결정하는 것과 관련이 있다.

상업용 자료 부분에서 제시될 Edmark 읽기 프로그램(The Edmark Reading Program)은 읽기를 못하는 모든 연령대의 학생들이 기본적인 읽기기술을 습득하고 읽기환경에서 좀 더 편안하게 기능할 수 있도록 도와주는 것을 목적으로 개발되었다.

읽기 프로그램의 고안

교사는 읽기 프로그램을 고안하면서 수많은 상업용 프로그램, 전략과 기술을 다양한 학생의 학업적 요구에 맞추는 매우 어려운 과제에 직면해 있다. 여기에서는 학습자의 다양성에 부합하는 읽기 프로그램을 고안하는 데 도움이 될 만한 지침 몇 가지를 제공하고자 한다.

효과적인 교수 원칙의 활용

읽기문제를 가진 학생들에게 읽기를 가르치는 것과 관련된 연구 결과는 교육자들에게 읽기교수를 계획하고 시행하는 데 있어 여러 원칙을 제공한다. 명시적이고 체계적인 읽기교수는 읽기에 어려움을 가진 학생들을 성공적으로 가르치는 데 필수적이란 사실을 상당수의 연구 결과에서도 살펴볼 수 있다(이와 같은 교수방법은 4장에서 심도 깊게 다룬 바 있다.). 또한 Moats(2000)에 의하면 다음의 교수 원칙은 상당한 수준의 연구 결과에 기초해서도 읽기를 배우는 데 어려움을 경험하는 학생을 가르치는 데 있어 효과적이라는 것을 지지하고 있다.

1. 초기 읽기교수에 있어 발음법, 단어 재인, 읽기이해, 아동문학의 평가 및 감상은 아동이 유창하게 읽고 쓸 수 있을 때까지 필수적이다.
2. 체계적인 해독과 철자하기 교수를 음운론적 인식 교수와 함께 제공하면 두 영역에서 사전 준비기술이 부족한 학생이라 하더라도 읽기에서 실패할 가능성은 줄어든다.
3. 영어의 문어 측면에서 코드 중심 체제를 명시적이고 체계적으로 교수하는 것은 함축적이고 간접적 혹은 무작위로 이루어지는 교수에 비해 더 낫다. 교수의 단위(예: 소리, 어절, 형태소, 단어)는 학생의 읽기와 쓰기 기술 수준과 맞아야 한다.
4. 구문 반복해서 읽기, 변형된 파트너 읽기, 쉬운 읽기자료를 함께 소리 내어 읽기와 같이 읽기 유창성을 수립하는 데 도움이 되는 활동은 가장 효과적인 읽기 프로그램에 포함된다. 기본적으로 학생들은 매일 다양한 읽기 구문에 노출되어야 하고 독립적

인 읽기 및 남과 함께 읽기에 있어 열의를 가지고 있어야 한다.

5. 단어의 구조, 기원, 의미와 관련된 단어관계를 탐색하기 위하여 만들어진 다양한 상보적 방법을 활용하면 최상의 읽기 성과를 이끌어 낼 수 있다.
6. 요약하기, 명료화하기, 질문하기, 시각화하기는 핵심적인 읽기이해 기술로 교사의 명시적인 모델링을 통해 교수되어야 한다. 특히 읽기에 있어 그리 많은 진보를 보이지 못하는 학생들은 이러한 기술을 자주 공공연하게 연습해야 한다.

Vaughn, Gersten과 Chard(2000)는 the Office of Special Education Programs과 the National Center for Learning Disabilities의 지원을 받아 최근에 실시된 문헌연구를 종합하였다. 이 연구자들은 학습장애 학생을 대상으로 실시된 30년간의 중재연구를 분석 · 종합한 결과, 교수를 이끌어 가는 지침으로서 실증연구의 결과에 기초한 원칙들이 사용될 수 있다는 사실은 매우 고무적이라 보고하고 있다. 또한 교수에서 이러한 원칙을 활용하는 것은 학습장애를 가진 학생들뿐 아니라 고성취 학생들에게도 효과적인 성과를 얻어 낼 수 있다는 사실을 밝혀내었다. 이 같은 결과(즉, 고성취 및 저성취 학생들이 같은 형태의 교수에서 도움을 얻을 수 있다는 사실)는 다양한 학습자로 구성된 교육환경(예: 통합교육 교실)에 상당히 고무적인 교수적 함의를 내포한다고 보았다. Vaughn과 동료들은 다음의 교수 접근법이 효과적이라 보고하고 있다.

- 학생들에게 전략(예: 일부 전략들은 본 장의 뒷 부분에서 제시)을 제공하는 것은 학생 스스로 학습을 이끄는 행동 계획을 수립하는 데 도움을 준다.
- 교수적 파트너십 관계 속에서 학생을 바라봄으로써 읽기와 쓰기에 있어 긍정적인 성과를 촉진한다.
- 학생과 능력 있는 또래 혹은 교사와 학생 간에 상호 대화를 하게 함으로써 효과적인 읽기와 쓰기 환경을 조성한다.
- 긍정적인 학업성취에 필수적이라 할 수 있는 학생 변인인 학습 동기, 과제 난이도, 과제 수행 지속성에 초점을 맞춘다.
- 읽기와 쓰기를 교수하기 위해 상향식 접근법(즉, 코드 중심 접근법)과 하향식 접근법(즉, 의미 중심 접근법)을 모두 제공한다(즉, 직접교수와 총체적 언어 접근법 모두를 사용하는 균형 잡힌 접근법의 제공).
- 모든 학습자에게 도움이 된다고 알려진 내용학습 향상 기법(content enhancements), 학급단위 또래교수, 또래 보조 학습전략과 상보적 교수훈련을 사용한다.

또한 그룹화 방법과 읽기성취 간의 관련성에 초점을 맞춘 문헌연구를 메타분석한 Elbaum, Vaughn, Hughes와 Moody(1999)는 교실 내 전체 학생을 대상으로 하는 수업에 비해 대안적인 그룹핑 형태가 읽기에 있어서 더 나은 성과를 가져온다는 사실을 밝혀내었다. 특히 학생이 학생을 가르치는 형태가 강력한 결과를 이끌어 내는 것으로 밝혀졌다. 그룹과 배치와 또래 대 또래 교수는 2장에서 논의된 바 있다.

읽기 전 경험의 제공

학생은 학교에 들어가면서 기존에 하지 못했던 활자와 관련된 경험을 내포한 읽기 프로그램에 참여하게 된다. 하지만 가족 구성원이나 성인들이 책을 읽어 준 경험이 없거나 그들과 단어 및 책에 관한 이야기에 참여해 본 적이 없는 아이들은 읽기교수를 받기 위해 읽기 전 준비 활동에 참여해야 한다. 활자개념과 음운론적 인식 훈련은 읽기 전 경험에 속한다. 이 영역에 대해서는 7장과 이 장에서 논의된다.

읽기 발달의 속성 고려

7장에서 살펴본 바와 같이, 문해 및 읽기 발달은 여러 단계를 거쳐 이루어진다(Chall, 1996; Ehri, 1995). 초기 문해와 초기 읽기와 관련된 정보가 많아지면서 교육자들은 읽기 발달에 대해 더 많은 것을 알게 되었다. 교육자들은 이를 초기 읽기 단계라고 한다. 유치원 시기는 문해력 출현기라 하고, 초등 1학년은 발달기상의 읽기, 초등 2학년은 초기 독립적 읽기, 그리고 초등 3학년경은 독립적인 읽기 기간이라고 한다. 초기 읽기 전 그리고 읽기 단계에서 시행되는 광범위한 교수에는 음운론적 인식이 포함되는데 읽기문제를 가진 학생들이 읽기와 학교생활에서 성공을 거두는 데 있어 필수적이다. 학생이 단어 조합을 유창하게 해독하는 데 중요한 글자-소리 대응관계를 습득하기 위해 필요한 글자-소리 연합관계를 학습하는 것은 읽기에서 성공할 가능성을 높인다. Stewart와 Cegelka(1995)는 "초등 2학년이나 3학년에 이르기까지 대부분의 학생들은 전체적인 읽기 접근법으로 어느 정도 수준의 해독이 가능해지면 해독의 자동성으로 이동하거나 시각적이고 음운론적인 기억 수준에서 유창성을 습득하게 된다."(p. 273)고 하였다. 이 단계의 읽기에서는 단어 해독에 사용되는 노력은 줄어들고 읽기이해에 보다 많은 노력을 기울이게 되면서 이전에 비해 읽기 자동화가 이루어지게 된다. 학생의 단어 재인이 더 유창해지면 읽기는 음독에서 묵독으로 그 강조점이 전환된다. 그러므로 학생의 읽기발달 수준을 아는 것은 그들을 위한 명시적이고 함축적인 교수를 시행하는 데 있어 중요한 정보가 된다.

명시적이고 함축적인 읽기교수의 제공

명시적인 교수에서 함축적인 교수로 이어지는 교수 연속체에 대해서는 4장에서 이미 논의되었다. 여기에서는 교수 연속체가 어떻게 읽기와 연관이 있는지를 살펴보겠다. 기본적으로 명시적인 교수법은 코드 중심 읽기 접근법과 그 토대를 나란히 하고, 함축적인 접근법은 의미 중심 읽기 접근법과 연계되어 있다.

초기 읽기교수의 방법은 크게 두 가지의 주요한 접근법으로 나뉜다. 상향식 혹은 코드 중심 접근법과 하향식 혹은 의미 중심 접근법이 그것이다. 두 접근법 간의 기본적인 차이는 해독을 배우는 방법에 있다. 이는 구문의 상대적 중요성과 의미 간의 논쟁, 해독 대 읽기이해에 대한 논쟁으로부터 출발한다. 상향식의 계열적 접근법에서는 해독기술을 먼저 배우고 읽기이해에 대한 교수가 뒤따른다. 글자-소리의 규칙성을 강조하는 초기 읽기 프로그램은 코드 중심 프로그램이다. 하향식 모델은 읽기교수의 우발성에 기초하고 의미를 위한 읽기가 교수의 첫 단계에서 강조된다. 일반적으로 사용되는 단어를 강조하는 프로그램은 의미 중심 프로그램이다.

코드 중심 프로그램은 서로 다른 단어 안에서 같은 소리를 갖는 낱말과 단어 조합으로 구성된 낱말을 다룬다. 독자는 글자-소리 관계의 일관성을 이용하여 소리를 혼성함으로써 잘 모르는 단어를 읽을 수 있게 된다. 예를 들어, 단어 sit은 'sss-ii-tt'으로 소리 나고 'sit'으로 발음한다. 단어 ring은 'rrr-ii-nng'으로 소리 나며 'ring'으로 발음한다. 글자 i는 두 단어 모두에서 같은 소리를 낸다. 그리고 글자-소리 관계가 완전히 숙달될 때까지 새로운 단어를 소개하지 않는다. 코드 중심 프로그램에는 발음법, 언어학적·음운론적 인식훈련 프로그램이 포함된다.

의미 중심 프로그램은 일반적으로 단어를 보여 주는 것에서부터 시작하는데, 제시하는 단어가 독자에게 친숙하여 그것을 배우는데 더 쉬울 것이라는 전제하에 이루어진다. 학생은 문맥에서 단어의 의미와 위치를 점검함으로써 단어를 판별하고 그림, 이야기 맥락, 첫 글자, 단어 형태와 같은 다양한 해독기술을 사용할 것을 듣게 된다. 다른 단어이나 같은 소리가 포함된 단어의 사용을 통제하지 않는다. 예를 들어, 개별 단어 내 다른 소리가 포함되어 있음에도 단어 at, many, far가 나올 수 있다. 일반적으로 총체적 단어 접근법과 언어경험 접근법이 의미 중심 프로그램에 속한다.

코드 중심 프로그램은 학생에게 단어를 해독하고 구별하는 것을 가르치는 데 좀 더 효과적이고, 이와 같은 단어 재인의 발달은 읽기이해의 발달에 바탕이 된다(M. J. Adams & Bruck, 1995; Beck & Juel, 1995; Chall, 1989; Lyon, 1998; Moats, 2000; National Reading Panel, 2000; *Put Reading First*, 2001). 의미 중심 프로그램을 지지하는 사람들은 코드 중심 프로그램이 해독하기를 가르치는 데 유리하다는 것을 인정하기는 하지만 의미 중심 프로그램이 읽기이해를 가르치는 데 더 낫다고 주장한다. 현재 초기 읽기에서는 의미 중심 접근법인 총체적 언어 교수법이 자연스럽고, 자기 주도적이거나 혹은 발달론적이고 개방적인 견해와 관련이 있다고 본다. 일부 총체적 언어 프로그램 지지자들은 읽기기술(발음법 포함)이 직접적으로 교수되기보다 자연스러운 읽기와 쓰기 활동을 통해 습득되어야 한다는 점을 강조하였다. Carbo(1987)는 가장 초보적인 수준에 속한 학생들의 경우 자기 자신이 선택한 책을 읽고, 함께 소리 내어 읽기에 참여하며, 이야기를 쓰고, 재미나고 잘 쓰인 책을 녹음한 테이프를 듣는 것과 같은 읽기 활동을 통하여 읽기를 배울 필요가 있다고 강조하였다.

의미 중심 접근법 지지자와 코드 중심 접근법 지지자 간의 논쟁이 계속되고 있으나, 많은 연구자들(M. J. Adams, 1990; Carnine et al., 2004, Lyon, 1998; Moats, 2000; National Reading Panel, 2000; *Put Reading First*, 2001; Snow et al., 1998)은 코드 중심 프로그램이 특히 학습문제를 가진 학생들에게 더 낫다고 강력하게 추천하고 있다. 초기 읽기와 관련된 40년간의 연구 결과를 통해 보면 발음법 프로그램은 의미 중심 접근법에 비해 초등 저학년 학생들에게 월등한 효과를 나타낸다. 해독에 있어 정확하고 자동적인 습관을 갖는 것은 읽기 유창성을 이룰 수 있도록 하는데, 이는 독자로 하여금 좀 더 높은 수준의 읽기이해를 이끌 수 있도록 주의집중을 하게 한다. Lyon(1995a)은 속도가 느리며 부정확한 해독은 읽기이해의 결함을 예견할 수 있는 최고의 지표라고 하였다. 성공적인 읽기가 이루어지려면 단어를 판별하는 것뿐 아니라 이해하는 것에도 능숙해야 하기 때문에 두 영역 모두에서의 능력을 갖는 것은 필수적이다. 그러므로 체계적인 해독교수와 읽기이해 발달에 적절한 균형을 이룰 필요가 있다.

Mather(1992), Gersten과 Dimino(1993)는 전체 언어교수와 기술에 기초한 교수 모두가 강점을 가지고 있기 때문에 교사가 반드시 두 가지 접근법을 혼합하여 가르쳐야 한다고 제안한다. 읽기를 교수할 때는 총체적 언어 접근법과 직접교수가 시행되어야 한다. 이는 그것이 학습에 문제를 가지고 있거나 학습문제를 가질 위험성이 있는 학생을 비롯하여 모든 학생이 성공할 수 있도록 하기 때문이다. Chall(1987)은 어린 아동이 체계적이고 직접적으로 읽기기술을 배우고 그 기술을 읽기에서 활용할 수 있을 때 더 나은 성과를 얻어 낼 수 있다고 이야기한다. 뿐만 아니라 다수의 연구 결과는 학생들에게 읽어 주는 것, 새로 습득한 기술이 적용될 수 있는 이야기의 선택과 이야기를 읽고 쓰는 것 역시 읽기 발달에 기여할 수 있다는 사실을 보여 주고 있다.

총체적 언어 접근법과 직접교수, 정밀교수를 통합한 모델 프로그램의 한 예는 플로리다 주 올랜도에서 개발된 B.A.L.A.N.C.E.: Blending All Learning Activities Nurtures Classroom Excellence(Hefferan & Parker, 1991)(FDLRS/Action, 1600 Silver Star Road, Orlando, FL 32804)다. B.A.L.A.N.C.E.는 직접교수를 강조하지만 쓰기, 양질의 아동문학 활용을 장려하고 기술의 활용을 향상시키기 위해 여러 교과목을 통합한다. 또한 정밀교수를 사용하여 학생의 학습과 관련된 교사의 의사결정을 돕고 학생의 유창성 향상을 돕는다.

Heliman, Blair와 Rupley(1998)는 "문해(즉, 읽기를 배우기 위한 학습과 학습을 위한 읽기)를 가르치는 데 있어

한 가지 접근법을 사용하는 것으로는 모든 학생들에게 최선이 될 수 없다……. 효과적인 읽기교사는 서로 다른 철학적 기조와 자료라 하더라도 학생들의 요구에 맞는 특성을 통합한다." (p. 302)라고 밝혔다. 또한 Stanovich (1994, p. 259)는 단어 재인과 이해를 위해 다른 접근법을 사용하는 것의 장점에 대해 이야기하였다.

> 자기 발견은 가장 효율적인 학습양식이고, 대부분의 학습은 '자연스럽게' 이루어진다는 생각과 사고 및 인지적 요소는 학습과정 중에 절대 분리되거나 분절될 수 없다고 보는 생각은 읽기이해에 관련된 원칙과 같이 매우 유용하다. 하지만 읽기 재인 기술을 발달시키기 위한 최선의 방법에 대해서는 알려진 바가 별로 없다는 점에서 변수가 존재한다. 연구 결과에 따르면 명시적인 교수와 교사 주도적 전략훈련이 보다 효율적인데, 이와 같은 사실은 특히 학습문제를 가질 가능성이 높은 위험 아동, 학습장애 아동…… 그리고 특수한 요구를 지닌 아동에게 더욱 주목할 만하다.

교사는 반드시 어떤 읽기기술이 교정적 교수를 필요로 하는지를 결정하고, 어떤 기법이 가장 효과적일지를 결정하는 데 있어서 개별 학생의 상황을 살펴야 한다.

많은 교육자들은 명시적 교수(코드 중심)와 함축적 교수(의미 중심) 간의 지속적인 논쟁으로 인해 괴로워하지만, 한편으로는 두 사상 간의 통합에 긍정적이다. 아마 두 접근법의 지지자들이 서로 힘을 합쳐 일한다면 각 접근법의 최상의 장점을 통합할 수 있고, 모든 아동의 요구를 충족시킬 수 있는 종합적 모델을 개발하기 위해 협력할 수도 있을 것이다. 읽기 관련 연구에서 명백히 드러나는 것은 발음법 교수가 많은 학생들, 특히 학습문제를 경험하는 학생들에게 읽기를 가르치는 데 필수적이라는 것이다. 한편 의미 중심 접근법이 의미를 파악하고 읽기의 즐거움을 만끽하려는 학생들이 읽기를 배우는 데 도움을 줄 것이라는 점도 명백하다. 따라서 다양성을 가진 학습자에게 읽기를 가르치기 위하여 명시적 접근법과 함축적 읽기교수 모두를 전 학년을 가르치는 데 제공해야 한다. 두 접근법의 균형을 이룬 교수법은 미성숙한 독자뿐 아니라 성숙한 독자 모두가 성공하는 데 도움을 준다. 〈표 8-6〉에는 명시적 교수와 함축적 교수에

〈표 8-6〉 명시적 교수에서 함축적 교수로의 연속체에 따라 구성된 읽기 개념과 접근법

명시적	상호작용적	함축적
	읽기개념	
• 상향식 읽기(코드 중심) • 부분에서 전체로의 학습 • 교사 주도적 교수 • 기술중심 • 읽기를 교사의 보조가 많이 필요한 학습된 행동으로 간주	• 혼합 • 혼합 • 혼합 • 혼합	• 하향식 읽기(의미 중심) • 전체에서 부분으로의 학습 • 학생 주도적 교수 • 집중교수 중심 • 읽기를 읽기 구문에 노출시킴으로써 자연스럽게 습득되는 것으로 간주
	읽기 접근법과 프로그램	
• 체계적인 발음법을 병행하는 아동문학에 기초한 접근법 • 발음법 • 음운론적 인식 훈련 • Reading Mastery와 교정적 읽기 • 언어학적 접근법 • 다감각적 읽기방법(패닐드, 길링엄, 단어 각인)	• Success for All • Reading Recovery • 반복적인 읽기 • 또래 보조에 기초한 읽기방법 • B.A.L.A.N.C.E. • 상보적 교수 • 학습전략	• 발음법을 활용하지 않는 아동문학에 기초한 읽기 접근법 • 총체적 언어 접근법 • 언어경험 접근법 • 신경학적 각인법 • 고흥미-저수준 어휘활용 방법

걸쳐 정리한 다양한 읽기 개념과 접근법이 제시되어 있다. 결과적으로 교사들은 학생과의 상호작용, 교수 행동과 자원을 통해 프로그램의 함축적 혹은 명시적 속성에 영향을 미친다는 사실을 기억하는 것이 매우 중요하다. 교사 중 특히 일부라도 전적으로 명시적 혹은 함축적 교수만을 활용한 교수를 하지는 않는다.

읽기의 전략교수

많은 읽기 접근법과 교수기술이 학습문제를 가진 학생을 가르치는 데 사용되고 있다. 학습문제를 가진 개별 학생은 매우 독특하기 때문에 읽기 접근법과 다양한 교수전략의 조합을 통해 그들이 가진 요구를 충족시켜야 한다. 핵심어 전략, 상보적 교수, 이야기 구조 전략이 효과적인 교수전략이다.

핵심어 전략

새로운 어휘와 초기 학습 및 사실의 유지를 가르치기 위하여 Mastropieri(1988)는 시각적 이미지(visual imagery)에 의존적인 '핵심어 전략(keyword method)'을 제안했다. 이 방법은 다음의 3단계를 따른다. (1) **기록하기**(recording): 목표 단어를 해당 어휘의 일부와 소리가 비슷하고 그림으로 떠올리기 쉬운 단어(핵심어)로 전환한다(예: ape를 apex의 핵심어로 바꿈), (2) **관련성 맺기**(relating): 핵심어 그림과 그 정의를 행동의 이미지로 만들어 핵심어와 그 정의를 통합한다〔예: ape가 바위의 정점(즉, apex) 위에 앉아 있는 그림〕, (3) **회상해 내기**(retrieving): 핵심어와 핵심어 그림 혹은 상호적 이미지를 생각하면서 그 의미를 떠올린다.

학습문제를 가진 학생에게 추상적이고 구체적인 단어를 가르치는 데 있어 Mastropieri, Scruggs와 Fulk (1990)는 핵심어 전략교수가 단순히 단어를 시연하는 것보다 회상과 읽기이해에 있어 좀 더 높은 수준을 이끌어 낸다는 사실을 밝혀냈다. 학생들에게 핵심어와 그 의미가 상호작용하는 것을 선으로 이루어진 그림이나 의미가 가진 상황을 나타낸 그림/사진을 보여 줌으로써 새로운 단어 각각에 대한 기억을 하는 것을 돕는다. 예를 들어, 클로버와 비슷한 식물이라는 의미를 가진 단어 oxalis를 가르칠 때 ox(oxalis의 핵심어)는 클로버와 비슷한 식물을 먹는 것을 그림으로 표현하고, 헐렁한 옷 및 가운(garment)을 의미하는 chiton을 가르칠 때 핵심어 kite는 헐렁한 옷을 입은 사람들이 연을 만들고 있는 그림으로 표현한다. 또한 교사는 핵심어 방법을 사용할 때 학생이 문장과 구어를 이용한 의사소통에서 새로 배운 단어를 사용해야 하는 연습문제와 훈련을 제공함으로써 유창성과 기술의 적용을 향상시킬 수 있다.

상보적 교수

읽기이해를 향상시키기 위한 상보적 교수(reciprocal teaching)는 구문과 관련된 토론에 적극적으로 참여함으로써 구문 이해와 이해 모니터링 모두를 촉진할 수 있는 상호작용적인 교수전략이다(Palinscar & Brown, 1986, 1988). 교사와 학생은 네 가지 전략을 사용하여 구조화된 대화방법을 통해 읽기 구문의 이해를 함께 한다.

1. **예견하기.** 학생은 구문에 나와 있는 단서나 주제에 대한 사전 지식을 통해 앞으로 나올 내용을 예견하도록 배운다. 이야기의 저자가 논의하고자 하는 바를 가정하기 위하여 제목과 구문에 내재된 질문과 같은 구문 구조를 사용할 수 있다. 이 전략은 학생에게 읽기의 목적을 제공한다(즉, 가정의 확인 혹은 부정).
2. **질문 만들기.** 구문에 대한 주제와 질문을 만들어 내는 데 있어 교사는 모델링과 연습을 사용하는데, 이는 학생으로 하여금 좋은 질문을 이끌어 내는 실

질적인 정보를 판별하는 것을 학습시킨다. 교사의 질문이나 구문에서 제시되는 질문에 답하는 것보다는 학생 스스로 질문을 만들고 그 질문에 대답할 때 읽기 구문에 좀 더 깊숙이 관여할 수 있게 된다.

3. **요약하기.** 교사는 학생이 구문에 제시된 정보를 통합하도록 지도한다. 예를 들어, 학생이 주제문을 찾아내거나 만들어 낼 수 있고, 적절한 이름을 붙여 목록을 만들 수 있으며, 별로 중요하지 않거나 반복된 정보를 빼낼 수 있다. 이러한 활동은 학생에게 그들의 구문 이해 정도를 모니터링할 기회가 된다.
4. **명료화하기.** 학생이 구문을 이해하는 것이 왜 어려울 수 있는가에 대한 이유(예: 익숙하지 않은 어휘, 불분명한 참조어, 정리되지 않은 구문)를 생각하게끔 한다. 그들은 의미를 찾아내기 위해 읽기를 다시 하거나 도움을 요청하는 것을 학습한다.

상보적 교수를 실시하는 초창기에는 교사가 학생과의 대화를 주도하고 읽기를 하면서 위의 네 가지 전략을 모델링한다. 교사의 지도가 제공되는 연습을 하면서 대화를 시작하고 유지하는 것의 주도권이 교사에서 학생으로 넘어가게 된다. 그러므로 교사–학생 상호작용이 이루어지고, 교사는 학생이 독립적으로 전략을 활용하고 구문을 통해 학습할 수 있도록 도와주기 위해 교사의 지도가 제공되는 연습을 시행하면서 설명하고 교수하며 모델링을 하게 된다. 학생은 전략이나 사고기술을 사용하면서 읽기자료에 집중하고 동시에 이해 정도를 모니터링할 수 있도록 지도한다.

Englert와 Mariage(1991)는 설명문에서 학생의 정보회상능력을 향상시키기 위해 상보적 교수의 형식에 의미론 관계를 나타내는 그림표(의미관계표)를 포함하는 읽기이해 방법을 제시했다. 다음은 POSSE에서 사용되는 전략들이다.

- P(predict): 배경 지식에 기초하여 구문에서 나타내고자 하는 생각을 예견한다.
- O(organize): 구문의 구조에 기초하여 예견된 구문 관련 생각과 배경 지식을 의미관계표로 정리한다.
- S(search): 기를 통해 설명문의 구문 구조를 찾아본다.
- S(summarize): 주요 생각이나 주제를 요약하고 의미관계표에 정보를 기록한다.
- E(evaluate): 의미관계표를 비교함으로써 읽기 이해 정도를 평가하고, 질문에 답함으로써 정보를 명료화하며, 다음에 올 구문에서 어떠한 정보가 나오게 될지에 대해 예견한다.

학생은 이와 같은 절차에서 교대로 읽기 이해와 관련된 대화를 주도해 나간다. 집단 내 상호작용은 읽기전략을 내면화하는 것을 도와준다. 또한 교사는 구문 구조와 사고의 조직을 시각적으로 나타내기 위하여 학생의 생각을 의미관계표로 만들어 준다. 그러므로 읽기과정 중 구문의 구조를 그림으로 표현하는 것과 상보적 교수가 함께 사용된다. Englert, Tarrant, Mariage와 Oxer(1994)는 이 중재방법의 효과성에 대한 연구에서 POSSE가 학습장애를 가진 학생들의 읽기능력에 강력한 영향력을 미치며 학생의 연령에 상관없이 매우 효과적인 읽기이해 교수방법이라는 사실을 밝혀내었다.

이야기 구조 전략

이야기 구조(story-mapping)의 방법은 도식을 수립하는 전략을 통해 학생의 읽기이해를 향상시키는 데 사용할 수 있다(Idol & Croll, 1987). 이야기 구조를 표현한 그림은 독자에게 내용을 이해하는 데 도움을 주는 조직자로서 제시되며, 학생이 읽기를 하면서 이야기 구조의 구성 요소를 채워 넣을 수 있도록 한다. 서사문에 있어 이야기 구조의 구성 요소에는 배경(등장인물, 시간, 장소), 문제점, 목표, 행위와 성과가 포함된다. 읽기 초기에 교사는 이야기 구조의 구성 요소와 관련된 정보를 지적하고, 학생으로 하여금 이야기 구조의 개요에 맞는 정답을 적게 함으로써 이야기 구조의 절차를 모델링한다. 그리고 필요하다면 교사의 촉진을 제공하면서 학생이 스스로 이야기 구조를 완성하게 한다. 학생은 서사문에서 적용될 수 있는 구조적 도식(이야기 구조의 구성 요소)을 만들게 되면서 읽기이해에서의 향상을 이루게 된다. 이야기 구조는 독자로 하여금 이야기에서 중요하고 상호 관련이 있는 부분에 대해 주의를 기울이게 하고, 이야기 속 사건을 이해하고 개념화하며 기억하도록 하는 데 있어 틀이 되어 준다.

Idol(1987)은 설명문에 사용될 수 있도록 만들어진 이야기 구조 전략 역시 읽기이해를 향상시킬 수 있다고 주장하였다. 핵심사고 구조도(A critical thinking map)는 읽기 구문에 있어 (1) 주제를 이끄는 주요 사건, 시점이나 단계, (2) 핵심 주제 자체, (3) 독자의 기타 관점과 의견, (4) 구문을 읽고 난 후 독자가 내린 결론, (5) 현재 상황과 관련하여 독자가 인지한 관련성과 같은 주요 측면을 강조하였다. 독자는 구문을 읽는 도중이나 후에 이야기 구조의 구성 요소를 완성한다. (13장에서는 내용교과의 이해를 향상시키는 그래픽 조직자에 대한 추가 정보를 다룬다.)

청소년을 위한 읽기와 공부하기 기술

일반적으로 중등수준에서의 읽기교수는 학생의 강점에서 시작됨과 동시에 약점을 감소시키는 방향으로 나아간다. 읽기자료는 반드시 재미있어야 하고 학생의 교수수준에 맞아야 한다. 기본적으로 학습문제가 있는 청소년에게는 직접적이고 기능적인 읽기 접근법이 사용된다. 직접교수는 기술의 위계성에 초점을 맞추고, 기능적 교수에서는 읽기를 독립적으로 가르치기보다는 실제 읽기가 이루어지는 맥락 안에서 교수한다. 기능적 교수가 주요 핵심 사항이 되고 실생활 과제에서 읽기기술을 사용하는 것에 초점을 맞춘다. 또한 중등학교 교사는 내용교수와 내용 습득에 필수적인 읽기기술을 가르치는 것도 함께 해야 한다(Gartland, 1995).

Dixon, Carnine과 Kame'enui(1992)는 청소년에게 읽기를 가르치는 데 있어 도움이 될 다음의 지침을 제안하였다.

- 교수시간은 효율적으로 사용하라.
- 학생의 문제는 빨리, 전략적으로, 자주 교정하라.
- 조금 덜 가르치되 좀 더 철저하게 하라.
- 읽기전략은 명시적으로 가르쳐라.
- 교사 주도적인 활동과 학생 주도적인 활동의 균형을 맞춰라.
- 교수의 효과성을 결정하기 위하여 학생의 진보 수준과 정도를 자주 평가하라.

중등학교에서 배우는 대부분의 교과목들은 교과서와 참고서적이 주요 정보원이 되기 때문에 상대적으로 읽어야 할 것들이 많다. 대개 설명문은 서사문에 비하여 해독과 발음하기가 좀 더 어려운 것이 사실이다. 그리고 내용의 측면에서도 일반적으로 독자의 경험수준을 뛰어넘는다. Roe, Stoodt-Hill과 Burns(2004)에 의하면, "내용교과를 가르치는 교사는 특정 학문영역에서의 자료를 성공적으로 읽는 데 필수적인 읽기기술이 무엇인지를 알아야 한다……. 대부분의 경우, 예를 들면 기술적인 어휘를 가르치는 데 있어서 읽기교수와 내용교수는 동일하다" (p. 11).

또한 중등교사들은 나이 든 학생들이 해독기술과 읽기이해 기술을 향상시키는 것 외에도 공부기술을 발달시키고 읽기 속도를 향상시킬 필요가 있다는 사실을 인지해야 한다. 읽기 속도를 증가시키고 목적에 맞게 읽기 속도를 조절하는 것은 청소년으로 하여금 내용교과에서 좀 더 효율적으로 읽기를 하도록 도와줄 수 있다. 또한 학습 지침이나 SQ3R 방법의 사용을 통해 읽기의 목표를 수립하는 것도 읽기이해를 향상시킬 수 있는 방법이 된다. 결과적으로 학습전략은 청소년의 단어 변별과 읽기이해를 향상시키는 데 도움이 된다.

읽기 속도

청소년들은 숙제를 제시간에 끝내고 다른 급우들과의 학습 속도를 맞추기 위해 읽기 속도를 향상시켜야 할 필요가 있다. Roe 등(2004)에 의하면 중등학생은 읽기 속도를 저하시킬 수 있는 낮은 수준의 읽기 습관(개별 글자를 읽으면서 각 단어를 만들어 내고, 익숙하든 않든 모든 단어를 소리 내어 읽고, 읽기자료를 다시 읽으며, 집게손가락으로 단어 하나하나를 지적하는 것 등)을 인식해야 한다. 읽기를 가르치는 실험실 환경에서 자주 사용되는 방법으로 읽기 속도를 높이는 기법 중 하나는 단어와 구절을 매우 짧은 시간 동안 제시하고 점진적으로 제시하는 시간을 감소시켜 학생의 반응 속도를 향상시키는 것이다. 교사는 학생이 읽기를 하는 데 있어 초시계로 시간을 측정하는 연습을 할 수 있도록 한다. 학생의 진보 정도는 지속적으로 강화하고, 차트로 나타내며, 시간 재어 읽기는 읽기 이해의 점검과 함께 제공되어야 한다.

Rupley와 Blair(1989)는 내용교과에서 성공적인 읽기를 수행하는 것은 학생의 읽기 속도를 읽기자료의 형태에 맞추는 개인의 능력에 따라 달라진다고 이야기하고 있다. 여기에 대충 읽기(skimming), 훑어 읽기(scanning), 연구하기(studying)의 세 가지 형태의 읽기가 필요하다. **대충 읽기**는 핵심 생각을 알아내기 위해 선정된 읽기자료를 읽고 세부 내용에 주의를 기울이지 않고 자료의 일반적인 개요만을 다루는 것을 의미한다. 대충 읽기에서 학생은 첫 단락을 한 줄씩 읽어야 하고, 굵은 글씨가 나오면 읽고, 그림과 차트 및 지도를 살펴보며, 마지막 단락을 읽는다. 대충 읽기 연습으로는 학생에게 내용을 대충 읽을 만큼의 아주 짧은 시간만 주고 핵심 생각을 쓰게 하거나, 신문기사를 대충 읽게 하고 신문 제목과 기사를 맞추어 보도록 하는 것 등을 사용할 수 있다. **훑어 읽기**는 특정 정보를 찾아내기 위하여 선택된 읽기자료를 읽게 하는 것을 말한다. 훑어 읽기를 할 때는 특정 정보를 훑어보고 페이지의 위치를 찾기 위해 제목을 이용해야 하고, 지그재그식이나 S자형 패턴을 따라서 페이지를 빨리 읽어 내려가며, 이름을 찾거나 날짜를 나타내는 숫자와 어휘를 나타내는 이탤릭체 단어를 찾고, 목표를 검증하기 위해 필요한 정보만을 읽어야 한다. 훑어 읽기 활동에서는 학생으로 하여금 역사와 관련된 장을 훑어보면서 특정 사건의 시기를 찾도록 하거나, 전화번호부에서 특정 개인의 전화번호 위치를 찾는 것 등을 할 수 있다. **연구하기** 형태 읽기의 목표는 전반적인 읽기이해다. 이때의 읽기는 목적이 있고 잘 계획되어 있다. 교사는 학생에게 이상의 세 가지 형태의 읽기를 설명해야 하고, 교사의 지도하에 학생이 읽기방법을 연습할 수 있도록 하고, 독립적인 읽기연습의 기회를 제공해야 한다.

공부기술

다양한 내용교과를 공부하면서 학생은 효과적인 공부기술(Study skills)을 발달시켜야 한다. Robinson(1961)에 의해 고안된 SQ3R 방법은 특히 사회과나 과학과에서 널리 사용되고 있다. 이 방법은 학습문제를 가진 학생들에게 더 나은 공부기술에 대한 체계적인 접근법을 제공하고 다음의 단계를 따른다.

1. 조사하기(Survey). 읽기자료의 개요를 얻기 위해 학생은 전체 과제물을 훑어본다. 이때 앞으로 등장하게 될 주요 사항을 살펴보기 위하여 제목을 보고 도입부나 요약을 읽는다. 또한 지도나 표, 그래프, 그림과 같은 시각적 자료를 조사해야 한다. 이러한 조사하기 방법은 읽기를 통하여 학생이 발전하고 사실을 조직화하는 틀을 제공한다.

2. 질문하기(Question). 주의 깊게 책을 읽게 하기 위하여 학생으로 하여금 대답할 수 있을 만한 문제를 만들어 보게 한다. 질문은 책에 나온 대제목과 소제목을 바꾸어 말하게 할 수 있다.
3. 읽기(Read). 질문에 대한 답을 찾을 의도로 책 읽기를 한다. 학생은 책을 찬찬히 읽으면서 메모를 할 수 있다.
4. 다시 말하기(Recite). 읽기자료와 정리 노트를 멀리 놓고 짧고 간단하게 질문에 대한 답을 말한다. 이는 학생이 학습한 것에 대해 확인하게 하고 정보를 기억하도록 도와준다.
5. 복습하기(Review). 학생이 읽기자료를 복습하고 전 단계에서 찾아낸 질문의 답을 확인하기 위하여 자료의 일부나 자신이 작성한 노트를 다시 읽어 내용을 기억하고 있는지를 점검한다. 또한 각 제목하의 핵심 사항에 대해 정리할 수 있다. 이러한 복습과정은 학생이 학습한 것에 대한 강화가 되어 읽기자료의 내용을 보다 잘 기억하게 하는 데 도움을 준다.

학생의 읽기이해 능력을 향상시키는 전략 중 하나는 내용교과를 가르치는 교사가 교재의 내용에 대한 질문이나 설명이 포함된 읽기 지침서나 공부하기에 도움이 될 조직자를 제공하는 것이다. 학생은 읽기를 하기 전에 지침서나 조직자를 받고, 읽기를 하는 도중에 그것을 완성해야 한다. 공부 조직자는 자료가 나타내고자 하는 중심 생각과 중요 개념을 사실을 설명하는 형태로 요약해 주거나 순서도, 다이어그램, 혹은 표와 같은 도식형으로 정리해 준다.

학습전략

Lenz와 Hughes(1990)는 DISSECT라는 단어 재인 전략을 제안하였다. 이 전략은 학습문제를 가진 청소년들이 자주 보이는 오발음, 대치, 생략과 같은 구어 읽기에서의 일반적인 오류를 감소시키는 데 효과적이다. 이 전략은 다음의 7단계를 따른다.

- D(discover)–내용 발견하기: 어려운 단어는 다 건너뛰고 문장의 의미를 통해 단어의 의미를 추측해 가면서 문장의 나머지 부분을 읽는다.
- I(isolate)–접두사 따로 보기: 소리가 날 수 있는 음소를 찾기 위해 처음에 나오는 글자 몇 개를 따로 떼어 볼 수 있는지 확인하기 위해 단어의 처음 부분을 살펴본다.
- S(separate)–접미사 분리하기: 접미사를 만드는 단어의 끝부분을 따로 떼어낼 수 있는지를 확인하기 위해 단어의 끝부분을 살펴본다.
- S(say)–어간 말하기: 어간(접두사를 분리시키고 접미사를 떼어낸 후에 왼쪽에 남는 것)을 인식할 수 있다면 접두사, 어간, 접미사를 함께 말한다.
- E(examine)–어간 살펴보기: 어간의 이름을 말할 수 없으면 다음의 두 가지 원칙 중 하나를 적용한다. 첫째, 어간 혹은 어간의 일부가 모음으로 시작하면 어간의 처음 두 글자를 따로 떼어 발음해 보라. 만약 어간이나 그 일부가 자음으로 시작하면 처음 세 글자를 어간에서 떼어내고 발음하라. 이 법칙을 어간의 끝에 도달할 때까지 적용하고 떼어낸 부분을 말하면서 어간을 발음하라. 접두사와 접미사를 붙이고 전체 단어를 다시 읽는다. 둘째, 첫 번째 제시한 법칙이 적용되지 않는다면 어간의 첫 글자를 떼어내고 다시 한 번 첫 번째 법칙을 적용하라. 단어에 모음이 함께 나올 때 두 개의 모음 모두를 발음하고 나서 한 번에 소리를 정확히 낼 때까지 하나의 모음 소리로 만들어 본다.
- C(check)–다른사람과 함께 확인하기: 이상의 다섯 가지 단계를 적용한 후에도 단어를 발음할 수 없다면 적절한 방법으로 다른 사람(예: 교사, 부모, 혹은

읽기를 좀 더 잘하는 사람)의 도움을 얻는다.

- T(try)–사전 찾아보기: 만약 다른 사람에게 도움을 받는 것이 어렵다면 사전에서 단어를 찾아보고 발음 기호를 보면서 발음하고 단어의 정의를 읽어 본다.

학습문제를 가진 학생들 역시 읽기이해 능력을 향상시키기 위해 고안된 학습전략을 사용하는 것을 배울 수 있다. 예를 들어, 시각적 이미지 전략은 학생으로 하여금 구문을 읽고 그것을 대표할 만한 시각적 이미지를 만들어 내도록 한다. 자기 질문하기 전략은 학생에게 자신이 읽은 구문의 내용에 대해 질문을 만들어 내도록 가르침으로써 학생의 흥미를 유지하고 내용의 회상을 향상시킨다. 학습전략은 학생이 읽기과정에 좀 더 적극적으로 참여할 수 있도록 한다. 독자에게 질문을 만들고, 내용에 대해 노트 정리를 하거나 중요한 정보를 언어적으로 다시 말하도록 한다. 그러므로 학생은 중요한 정보를 되뇌거나 정리하면서 다시 말하고 연습하는 과정에 적극적으로 참여하게 된다.

Grant(1993)는 내용교과와 관련된 교재 읽기를 더 잘하게 하기 위하여 학생이 교재의 제목을 활용하는 것을 도와주는 SCROL이라는 기억술 전략을 제안하였다.

- S(survey): 어떠한 내용이 나올지를 결정하기 위해 교재의 대제목과 소제목을 찾는다.
- C(connect): 제목이 어떻게 서로 관련되는지를 보여 주기 위하여 제목에서 핵심 단어를 찾아 써 봄으로써 부분과 연결한다.
- R(read): 제목에서 따온 부분을 읽고 제목에 대한 정보를 표현하는 단어와 구절에 관심을 갖는다.
- O(outline): 교재를 자세히 살펴보지 않고서 제목의 일부분에서 중심 생각과 이를 뒷받침하는 세부사항의 개요를 잡는다.
- L(look): 개요가 정확한지를 확인하기 위해 제목의 일부분을 자세히 보고 잘못된 부분은 수정한다.

13장에서는 내용교과와 관련된 읽기에 대한 추가 정보를 찾아볼 수 있다.

읽기 활동

수많은 읽기 활동과 자료는 읽기기술을 발달시키는 데 도움이 된다. 보충 자료와 활동은 짧지만 집중적인 연습훈련이나 혹은 새로 배운 기술을 강화하기 위해 학생의 동기와 흥미를 향상시키는것에 유효하다. 활동, 교수용 게임, 자기 교정 자료와 컴퓨터 소프트웨어 프로그램은 특정한 요구나 기술에 맞는 교수를 개별화하기 위해서도 사용될 수 있다. 이 절에서는 활자에 대한 개념, 음운론적 인식, 단어 읽기, 유창성과 읽기이해에 관련된 활동을 소개하고자 한다. 청소년을 위한 활동은 13장에서 소개한다.

읽기 전 활동: 활자개념

초기 읽기 전 활동은 학습자가 아동 문학과 환경에서 제시되는 활자에 익숙해지게 한다. 이는 활자개념을 발달시키는 데 도움이 된다.

- 아동이 활자개념을 배우고 읽기 동기를 갖도록 하기 위하여 그들이 좋아하는 읽기자료를 반복해서 큰 소리로 읽어 준다. 이 활동을 하면서 책의 위, 아래, 앞 및 뒤, 페이지와 어떻게 페이지를 넘기는지, 그림, 단어와 글자를 왼쪽에서 오른쪽으로 읽는 순서 등을 인식하고 이야기한다. 큰 소리로 읽고 이야기에 대해 토의하는 것은 어른이 아동에게 제공하는 읽기 모델이 되고 책, 이야기, 단어, 소리에 대한 감각을 발달시키는 데 도움이 된다. 이는 어린 아동이 있는 가정에서 사용 가능한 아주 훌륭한 활동이다.
- 어린아이에게 동요의 운율을 가르쳐 주고 운율을

말하게 연습시킨다. 또한 알파벳 노래를 가르친다.

- 아동이 이야기를 읽고 듣고 생각하는 것을 촉진하기 위하여 이야기를 다시 말해 보도록 하거나 이야기에 관련된 그림을 그려 보도록 한다. 이는 아동이 이야기에 대한 감각을 발달시키는 데 도움을 줄 뿐 아니라 사건을 예견할 수 있는 능력도 키워 준다.
- 책에 나온 활자에 관심을 집중시키기 위해서는 아동으로 하여금 다음 사항을 해 보도록 한다. 책의 앞, 뒤, 책의 어떤 부분이 이야기를 전달하는지, 한 페이지에서 읽기를 어디서부터 시작해야 하는지, 즉 읽기의 방향, 한 줄, 페이지의 위, 아래, 그림의 위와 아래를 다 읽었을 때 계속해서 어디를 읽어야 하는지를 지적하게 한다. 또한 활자 관련 규칙에 초점을 맞추기 위해서는 아동으로 하여금 마침표, 물음표, 느낌표, 따옴표, 대문자와 소문자를 지적하고 구별할 수 있게 한다(Pullen, Lane, & Hayes, 1999).

읽기 전 활동: 음운론적 인식

음운론적 인식 활동은 구어 경험과 관련이 있고 언어의 단위로서 단어, 음절, 온셋, 라임, 음운에 대한 인식을 촉진하는 데 도움을 준다. 대부분의 경우, 다음의 음운론적 인식 활동들은 계열적 순서에 맞게 제시된다. 그러므로 단어가 처음이고 이후에 음절, 온셋-라임, 음운의 순으로 활동이 진행된다.

1. 3개의 단어를 이야기하고 아동으로 하여금 이상한 단어(즉, 어떤 특성에 속하지 않는 단어)를 고르도록 한다(예: tall, mall, <u>dog</u>).
2. 한 어절이나 문장을 이야기하고 아동으로 하여금 막대, 분필 혹은 마커를 가지고 몇 개의 단어로 이루어져 있는지를 표시하게 한다.
3. 두 단어를 말하고 아동에게 둘이가 비슷한 소리가 나는지의 여부를 지적하게 한다.
4. 두 음절을 말하고 아동으로 하여금 그것을 합쳐 한 단어로 혼성하게 한다(예: /pen/ /cil/ [pencil], /num/ /ber/ [number]).
5. 한 단어를 이야기하고 아동에게 그 단어에 나온 음절 수를 표시하거나 세어 보도록 한다
6. 2음절어 하나를 이야기하고 아동이 그 단어를 음절로 나누어 보도록 한다. 급우들의 이름을 사용하여 이 과제를 다양하게 변형시킬 수 있다.
7. 단어 4개를 말하고 아동으로 하여금 3개의 단어와 운율이 다른 것을 선택하게 한다(예: meat, beat, <u>head</u>, seat).
8. 아동에게 운율이 있는 단어를 주거나 운율을 가진 이름을 나타내는 그림을 찾아보도록 하는 운율 활동에 참여시킨다. 또한 한 단어군에 속한 단어 하나를 제공하였을 때 아동에게 같은 단어군에 속한 다른 단어를 이야기해 보게 하고 운율이 있는 부분에 동그라미를 치게 한다.
9. 단어를 구성하는 부분을 말하고 아동으로 하여금 전체 단어를 만들기 위해 부분을 합쳐 보게(혼성) 한다(예: /d/ /og/ [dog], /c/ /at/ [cat]). 손인형을 활용하면 이 활동이 좀 더 재미날 수 있다. 손인형으로 이야기를 전달하는데, 때로는 단어를 음소로 분절함으로써 잘못 발음하기도 한다. 이에 당황한 손인형은 단어가 적절하게 혼성되어 제대로 단어를 발음할 때까지 아동에게서 등을 돌려 멀리 떨어져 있게 한다.
10. 목표 단어 1개와 그외의 다른 단어 2개를 제시한다. 아동으로 하여금 목표 단어와 같은 운율을 갖는 단어를 선택하게 한다(예: get-<u>met</u>, hand).
11. 스크랩용 공책에 소리 사전을 만들게 한다. 각 페이지에 특정 소리로 시작하는 단어를 나타내는 사물이나 행위 그림을 붙인다. 예를 들어, 탁자(table), 텐트(tent), 위(top)의 그림을 T가 쓰인 페이지에 붙일 수 있다. 또 Ch 소리로 시작하는 단어의 페이지에는 교회(church), 치즈(cheese), 아이들(children)의 그림을 붙일 수 있다.
12. 목표 단어와 다른 단어 2개를 말한다. 아동에게

초성자음 소리가 같은 단어(예: tent-race, tall), 초성자음 소리가 다른 단어(예: bag-fine, beach), 종성자음 소리가 같은 단어(예: boat-read, hat), 그리고 종성자음 소리가 다른 단어(예: sat-time, coat)를 선택하게 한다.

13. 합성어 하나를 말하고 아동에게 따라 하게 한다. 그러고 나서 단어의 일부분을 말하지 않은 채 단어를 말해 보라고 한다〔예: "컵케이크라고 해 봐. 이번에는 컵케이크에서 컵을 빼고 말해 봐."(케이크)〕. 다른 단어를 말하고 반복하게 한다. 그리고 첫소리, 끝소리 또는 중간소리를 빼고 단어를 말하게 한다〔예: mat에서 /m/를 빼고 (at), card에서 /d/를 빼고 (car), tiger에서 /g/를 빼고 (tire)〕.
14. 단어 하나를 이야기하고 아동에게 이 단어의 첫소리(jam-/j/), 중간소리(heat-/ea/), 또는 끝소리(look-/k/)를 말하게 한다.
15. 단어 하나를 말하고 아동에게 음소의 수를 나누어 보게 한다(예: cat-3개[/c/ /a/ /t/]).
16. 단어의 개별 음소에 네모 칸 하나씩을 그린다(예: boat에 네모 칸 3개를 그림). 단어와 음소 하나를 말하고 아동에게 목표 음소의 위치를 나타내는 네모 칸에 X 표시를 하게 한다(예: boat, /t/-마지막 네모 칸).
17. 단음절어를 말하고 아동으로 하여금 음소로 나누어 보게 한다(예: bun-/b/ /u/ /n/).
18. 단어 하나를 이야기하고 아동으로 하여금 첫소리를 따로 떼어내고 새로운 소리로 대체하게 한다(예: man, /m/, can). 끝소리를 강조하여 이 활동을 반복하고, 나중에는 중간소리를 대체하게 한다. "나는 철길에서 일했네"라는 동요에 "누군가가 부엌에 다이나와 함께 있네." 라는 가사가 있는데, 여기에 쉽게 소리 대치를 할 수 있다. 'Fe-Fi-Fiddly-i-o'가 'Pe-Pi-Piddy-i-o'나 'Se-Si-Siddly-i-o'로 바뀔 수 있다. 학급 전체가 이 노래를 부르고, 주어진 자음이나 소리의 혼합(예: /w/, /th/)으로 각 구절의 첫음을 대치한다.
19. '단어를 말하고 움직여 보기' 활동에 아동을 참여시킴으로써 단어의 소리를 분절하게 한다. 아동에게 디스크, 타일, 단추나 블록 몇 개를 주고 왼쪽에서 오른쪽으로 가는 화살표가 보이는 코팅된 종이를 준다. 단어를 말하거나 단어의 그림을 보여 주고 아동에게 단어의 소리를 분절하게 한다. 이 활동이 진행되는 중에 개별 소리를 나타내는 물체를 왼쪽에서 오른쪽으로 이동하는 화살표를 따라 이동시킨다. 분절 활동에서 과제 제시 순서는 1개 소리(/e/), 2음소 단어(up, it, or), 첫 글자가 유성음으로 된 3음소 단어(map, fat) 그리고 첫 글자가 무성음으로 된 3음소 단어(bet, pig)로 이루어진다. 이 활동은 음소 하나당 한 칸씩 움직일 수 있게 하여 출발점과 도착점이 있는 게임판을 사용하여 변형할 수 있다.
20. 단어 하나를 천천히 말하고 아동에게 손가락으로 개별 음소를 가리키게 할 수 있다.

단어 읽기 활동

정확한 단어 재인은 주의 깊은 해독과 오랜 기간에 걸친 연습을 통해 이루어진다. 단어 읽기 활동에서 글자-소리 연합에 노출시키는 것은 학생으로 하여금 글자 묶음을 유창하게 해독하는 데 필요한 글자-소리 연합의 중요한 기술을 습득하는 것을 가능케 한다.

- 첫 자음 소리 연습을 위해 작은 카드에 단순한 사물의 그림을 풀로 붙인다. 그리고 그 사물의 첫소리에 상응하는 자음 글자를 나타내는 정사각형이나 주머니를 만든다. 단어의 첫소리를 나타내기 위해, 학생은 개별 그림 카드를 적절한 단어 옆에 둔다. 자음 혼성, 중간에 놓이는 모음 소리, 마지막에 위치한 자음 소리는 같은 방식으로 연습된다.

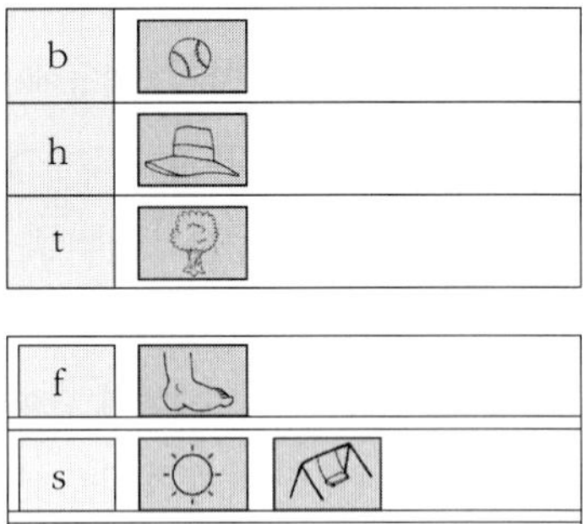

포켓 차트

• 학생에게 알파벳으로 구분된 스크랩 공책으로 그림 사전을 만들게 한다. 학생은 그림을 직접 그리거나 낡은 잡지에서 사진을 오려 낸다. 그림이 나타내는 단어를 학습한 후, 학생은 첫 자음 소리를 나타내는 페이지에 그림을 붙인다. 예를 들어, 개 그림은 D로 시작하는 페이지에 붙인다. 학생이 만든 사전은 학생이 직접 만들고 학생이 사용하는 단어만이 포함되어 있기 때문에 학생의 흥미를 불러일으킨다. 가능하다면 완성된 사전을 교환하여 다른 학생의 사전을 읽어 볼 수 있는 기회를 제공한다.
• 첫 자음 소리와 단어군을 연습하기 위해 돌림판을 제작한다. 포스터 종이에 학생들이 좋아할 만한 그림으로 돌림판을 오려 내고 단어군을 가르치는 데 사용할 바람직한 글자를 적어 넣는다. 글자의 앞부분에 작은 사각형을 오린다. 그리고 나서 포스터용 종이에 작은 원을 만들어 뚫어 놓고 그 위에 적절한 첫 자음 글자를 써 넣는다. 돌림판을 더 큰 포스터판에 붙여 돌림판을 돌릴 때마다 사각형 부분이 열려 개별 글자가 잘 드러나게 한다.

• 합성단어의 판별을 돕기 위해 단어 목록 두 개를 제공하고, 아동으로 하여금 합성어를 만들기 위해 두 단어를 선으로 연결하라고 한다. 또한 아동은 합성어를 두 개의 단어로 분리해 볼 것도 주문받는다. 합성어와 관련된 활동은 전체 단어에 초점을 맞추는 데 도움이 된다. 이러한 활동은 첫소리만 보고 단어의 뒷부분을 추측하여 단어를 읽는 경향이 있는 학생들에게 도움이 될 수 있다.
• 칠판에 접미사나 접두사가 들어간 단어를 포함한 문장을 쓴다. 학생에게 어근을 찾고 접두사나 접미사를 고르게 하고, 어근에 접미사나 접두사를 붙이면서 단어의 의미가 어떻게 변화하는지를 설명하게 한다.
• 학생이 잘 모르는 단어를 추측하거나 단어를 대치하는 것 대신에 문맥적 단서를 이용하도록 한다. 학생이 문맥을 이용한 읽기를 연습하도록 문장을 완성하게 한다. 예를 들면 다음과 같다.

캠프 중에 아이들은 ___________에서 잠을 잔다.
(램프, 텐트, 덫)
비가 와서 그녀는 ___________를 가지고 왔다.
(우산, 시계, 안내원).

구문 읽기에서 어려운 단어가 있을 때 처음에 나오는 몇 개의 소리를 크게 읽어 보게 한다. 그러고 나서 단어의 의미와 관련하여 다음 단어가 단서가 되는지의 여부를 확인하게 하기 위해 그 뒤까지 읽게 한다. 문맥적 단서와 첫소리는 학생이 어려운 단어를 판별하게 하는 데 도움을 준다.

유창성 활동

학생이 매우 자주 출현하는 글자-소리 연합과 단어 묶음 소리에 많이 노출되면 유창성을 키우는 활동에 초점을 맞추어야 한다. 단어 재인 유창성은 아동이 읽기 이해에 주력할 수 있게 한다.

- 제한된 단어 재인 기술을 갖는 학생들의 유창성을 향상시키기 위해 학생이 분당 약 47개(즉, 유치원 시기의 말미에 해당하는 학생들에게 적절한 속도)의 글자 이름을 말할 수 있을 때까지 글자의 이름을 말하는 연습을 시킨다. 또 분당 35~47개의 음소를 읽을 수 있을 때까지 글자 소리를 변별하게 연습시키고 분당 40개(즉, 초등 1학년 중반에 해당하는 학생들에게 적절한 속도)의 의미가 없는 단어(nonsense words)를 읽을 수 있을 때까지 의미가 없는 단어를 읽는 것을 연습시킬 수 있다(Kaminski & Good, 1996).
- 학생에게 자주 출현하는 일견단어를 읽는 연습을 하게 한다(〈표 7-4〉 참조). 학생으로 하여금 일견단어를 포함한 구문을 반복해서 읽도록 하는 것이 가장 좋은 방법 중 하나다. 이는 단어수준의 띄엄띄엄 읽기를 하는 학생들이 단어 묶음을 읽는 연습을 하게 한다.
- 학생에게 1분간 단어, 어절 혹은 구문을 읽게 하고 분당 정확하게 단어를 읽는 속도를 향상시키도록 노력하게 한다. 학생이 분당 읽기 속도의 목표치를 정하고, 이를 향해 열심히 노력하도록 하고, 매번 읽기를 할 때마다 그래프에 결과를 기록하게 한다.
- 목표한 유창성 속도가 성취될 때까지 학생에게 반복적으로 구문을 읽게 한다. 이는 학생으로 하여금 읽기 유창성에 대한 신경학적, 인지적, 정서적 경험을 하도록 돕는다(반복적인 읽기에 대해서는 구어 읽기 유창성 방법 부분에서 논의되었다.).
- 유창한 구어 읽기를 모델링한다(2개 이하의 오류를 보이면서 분당 약 150단어를 읽음). 구어 읽기를 모델링하는 동안 학생은 소리를 내지 않고 구문을 따라 읽도록 한다. 읽기 모델링은 교사의 읽기, 또래 읽기, 수업 보조원의 읽기, 테이프를 이용한 읽기로 진행될 수 있다.
- 다른 학생에게 큰 소리로 읽어 주기를 하게 한다.
- 읽기를 통해 연극을 하게 한다. 학생이 이야기나 연극 대본에서 자기가 맡은 부분을 읽게 한다.
- 이야기나 구문을 읽기 전에 새로 등장한 어휘를 살펴본다.

어휘 활동

학생은 일상생활에서의 구어와 문어 경험(예: 성인과의 대화, 남이 책 읽어 주기, 독립적으로 읽기)을 통해 간접적으로 상당수의 어휘를 학습한다. 그러나 일부 어휘의 경우 개별 단어의 직접적인 교수나 단어학습 전략을 통해 직접적으로 학습해야 한다. 직접적인 어휘교수는 읽기이해에 도움이 된다(*Put Reading First*, 2001). 청소년을 위한 추가적인 어휘개발 활동은 13장에서 제시한다.

- 다감각적 방법(예: 퍼널드나 길링엄 방법)을 이용하여 새로운 단어를 가르친다. 학생에게 다양한 감각(즉, 시각, 청각, 운동감각, 촉각) 양상을 통해 잘 모르는 단어를 제시한다.
- 읽기 전, 개별 단어를 가르침으로써 특정 단어의 교수에 초점을 맞춘다. 이때 어휘에 대해 학생이 적극적으로 개입할 수 있는 확장된 교수를 제공하고 여러 맥락에서 어휘에 반복적으로 노출될 수 있는 기회를 제공한다.
- 어휘를 개발하고 단어의 의미를 강조하기 위하여 학생에게 다양한 단어를 범주화시키도록 한다. 예를 들어, 야구나 요리와 같이 학생이 흥미를 보일 수 있는 특정 영역에 해당되는 단어를 모아 보도록 한다. 또한 단어를 '살아 있는 것' 혹은 '동물들이 하는 일' 혹은 '먹는 것'과 같은 범주로 나누어 볼 수도 있다.
- 학생으로 하여금 단어의 의미를 기억하게 하는 데 도움이 되는 어휘 그림 카드를 만들도록 한다. 학생에게 색인 카드의 한 면에 단어와 문맥에서 단어가 사용된 문장을 적어 보게 하고, 뒷면에는 그 문장의

의미를 나타내는 그림을 그리게 한다. 학생은 이 카드를 단어의 의미를 공부하는 데 사용할 수 있다.

- 어휘 발달과 단어 의미의 이해를 향상시키기 위해, 단어의 정의가 단서로 제공되는 단어 맞추기 퍼즐(크로스워드 퍼즐)을 만든다. 어린 아동에게는 각 답의 첫 글자를 알려 주는 퍼즐을 만들어 줄 수 있다.
- 학생에게 사전 찾기, 다른 참고도서 이용하기, 단어의 부분(예: 접두사, 접미사, 어간, 어미 단어)에 대한 정보 이용하기, 단어의 의미 발견을 위해 문맥단서 활용하기와 같은 효과적인 단어학습 전략을 사용하도록 한다.
- 다음의 형식에 맞게 어휘의 의미를 교수한다(Carnine et al., 2004). 먼저 단어의 정의를 말하고 학생에게 반복하게 한다. 같은 군의 단어를 사용하는 긍정적 예시와 다른 군의 단어를 사용하는 부정적인 예시에 대해 가르치고 평가한다〔예: 단어 exit(출구)의 의미를 가르치면서 긍정적 예시로 극장 밖으로 나가는 문의 그림을 보여 주고, 부정적 예시로 옷장 문의 그림을 보여 준다.〕. 각 예시를 제시하고 설명한다(예: 문 그림을 지적하며 "이게 출구니? 어떻게 알았어?"라고 질문한다.). 그러고 나서 새로운 단어와 이전에 배운 단어에 대해 복습한다.

학생으로 하여금 학습할 단어를 고르게 하거나 단어를 이용하여 글을 쓰게 하거나 토의하는 상황에서 그 단어를 쓰게 함으로써 이 활동을 변형시킬 수 있다.

읽기이해 활동

읽기의 목적은 단어로부터 의미를 획득하는 데 있다. 그러므로 읽기이해는 읽기의 전 과정이 모인 것이라 할 수 있다. 읽기 유창성과 읽기이해는 매우 밀접하게 연결되어 있다(Shinn et al., 1992). 그러므로 앞에서 제시한 읽기 유창성을 향상시키는 활동은 읽기이해를 발달시키는 데 있어 중요하다고 하겠다. 부가적인 읽기이해 활동은 이 장(예: 핵심어 전략과 POSSE 전략), 7장(예: 읽기이해 교수에 쉽게 수정 · 사용될 수 있는 빈칸 채우기 기법), 13장(예: 청소년을 위한 읽기이해 활동)의 전략의 교수 부분에 제시되어 있다.

- 읽은 것에 대한 학생의 기억을 촉진하기 위해 구문의 조직과 사건의 계열을 보여 주는 핵심어를 지적한다. 학생은 '~로 시작하는, 다음에, ~후에, 마지막으로'와 같은 단어와 구절을 인식해야 한다.
- 읽기 전에 이야기의 배경을 살펴봄으로써 시각적 이미지를 발달시킨다. 읽기 도중에는 학생에게 구문으로부터 나타나는 이미지를 묘사하라고 할 수 있다(예: "네 생각에 러프가 큰 개일 것 같니?"). 또한 읽기 후에는 학생이 이야기의 배경과 사건을 나타내는 그림을 그릴 수도 있다.
- 특정 문장의 억양을 모델링하고 학생은 그 억양을 모방한다. 감정을 실어 읽는 것은 학생들의 읽기이해를 향상시킨다.
- 소리 내어 생각 말하기 기법을 사용하여 읽기이해 전략을 모델링한다. 학생은 교사가 큰 소리로 구문을 읽고 다음의 전략을 사용하는 동안에 소리를 내지 않고 따라 한다.
  - 예견하기. 어떻게 가설이 만들어지는지를 보여 준다(예: "다음 부분에서 우리는 왜 개가 짖는지에 대해 알아낼 수 있을 거라 생각해.").
  - 정보를 통해 만들어진 정신적 이미지 묘사하기. 읽기 중에 어떻게 이미지가 만들어지는지를 보여 준다(예: "나는 한 남자가 옷장 속에 숨어 있는 그림을 가지고 있어.").
  - 유추한 것에 대해 함께 이야기하기. 이전 지식과 구문에서 등장한 새로운 정보를 어떻게 연결시키는지를 보여 준다(예: "이것은 이웃집에 강도가 든 것과 비슷해.").
  - 혼동이 되는 부분을 말로 표현하기. 지속적으로 이해를 모니터링하는 방법을 보여 준다(예: "이것은 내가 기대했던 바와는 다른데.").

- 수정전략 보여 주기. 이해되지 않았던 부분을 수정하는 방법을 보여 준다(예: "다음에 일어날 사건을 내가 이해했는지 보기 위해서 다음 부분을 읽을 거야.").

- 학생에게 이야기를 읽도록 하고 적절한 제목을 붙이게 한다. 교사는 학생에게 여러 제목을 주고 최선의 것이 무엇인지를 선택하게 한 후 왜 그렇게 생각했는지를 말해 보게 할 수 있다.
- 학생에게 번호가 매겨진 문장이 들어간 이야기를 읽게 한다. 이야기에 대해 세부 질문 몇 가지를 묻고 답이 나온 문장의 번호를 이야기하게 한다.
- 책이나 이야기를 읽은 후에 학생에게 중심 생각을 가장 잘 표현한 문장에 밑줄을 쳐 보도록 한다. 그러고 나서 중심 생각과 관련하여 중요한 세부사항을 써 보거나 이야기하도록 한다. 종이에 '누가' '무엇을' '어디서' '언제' '왜'와 같은 제목을 써 주어 각 제목에 대한 세부사항을 적절한 위치에 써 넣게 할 수 있다. 또 학생은 세부사항을 표현하는 그림을 그릴 수도 있으며 중요한 세부사항에 대한 지식을 요하는 질문에 답할 수도 있다.
- 잡지나 카탈로그에서 그림을 오리고 그에 대한 묘사적 진술을 쓴다. 학생으로 하여금 각 그림과 그림에 맞는 묘사구를 선택하게 한다.
- 신문에서 기사를 오리고 제목은 잘라 낸다. 학생들에게 기사를 읽고 그에 맞는 제목을 찾게 한다.
- 읽기 구문의 특정 세부사항에 주의를 기울이게 하기 위해 학생에게 활동을 수행하는 데 필요한 지시사항을 읽게 한다. 그러고 나서 순서에 맞게 활동을 수행하게 한다. 또 학생에게 게임을 하는 방법을 기술하라고 한다. 다음 다른 학생에게 게임방법을 읽게 하여 그것을 읽고 게임을 할 수 있는지의 여부를 보게 한다.
- 학생에게 단어 하나 혹은 문장 하나가 전체 단락의 의미와 맞지 않는 문장이 포함된 일련의 단락을 준다. 학생으로 하여금 관련이 없는 단어나 문장을 지우고 더 적절한 것을 써 넣게 한다.
- 짧은 이야기를 읽고 난 후 학생에게 구문의 주요 사건을 나타낼 수 있는 전보를 쓰도록 가르친다. 전보에는 글자 수 제한이 있다. 학생 편의를 위하여 전보 형식을 제공할 수도 있다. 이 활동을 변형하는 방법은 소재 목록을 제공하고 학생이 주어진 소재에 대해 10자 이내의 전보를 쓰게 하는 것이다.
- 중심 생각과 이를 지지하는 세부사항에 대한 구분을 명확하게 하기 위해 학생에게 어절의 문장을 도표로 표현하게 한다. 예를 들면 다음과 같다.

매일 노인과 그의 개는 아침 산책을 했다.

그들은 항상 네 블럭을 걸었다.

개는 노인의 바로 오른쪽에 있었다.

많은 사람들이 노인과 개 모두에게 말을 걸었다.

- 원인과 결과를 구분하기 위한 연습을 제공하기 위해 학생 한 명이 사건을 묘사하게 한다(예: "개가 짖었어요."). 두 번째 학생은 그 사건에 대한 이유를 제시해야 한다(예: "고양이가 마당으로 뛰어들었기 때문이에요."). 세 번째 학생에게는 가능성이 있는 결과를 제시하도록 한다(예: "고양이가 집으로 달려갔어요.").
- 읽기이해에 초점을 맞추면서 읽기 속도를 증가시키는 것을 돕기 위해 학생에게 제한된 시간 동안 짧은 이야기를 읽도록 한다. 그러고 나서 읽기와 관련된 일련의 질문을 주고 학생으로 하여금 가능한 한 많은 질문에 답하게 한다. 또한 교사는 학생이 읽기를 하기 전에 질문을 먼저 줄 수도 있다. 학생에게는 답을 찾는 데 필요한 약간의 시간만 제공한다. 사실에 대한 기억을 높이는 다른 방법으로는 학생에게 특정 시간 동안 소리 내어 읽기를 하도록 하고 기억나는 모든 사실을 써 보도록 한다. 정답과 오답은 차트에 기록되어 진보 정도를 나타낸다.
- 이야기의 반은 큰 소리로 읽게 하고, 학생에게 이야기가 어떻게 끝나게 될지를 추측하게 한다. 또한 교사는 학생이 책을 구성하는 각 장의 제목을 읽거

나 책에 나온 그림을 보도록 한 후 이야기가 무엇에 관한 것인지를 말하게 하거나 써 보게 할 수 있다.

- 잘못된 순서로 쓰인 문장이 포함된 짧은 이야기를 학생에게 준다. 이야기가 말이 될 수 있도록 논리적 순서에 맞게 문장을 정리하여 다시 이야기를 써 보도록 한다. 이와 비슷한 다른 활동은 학생이 읽은 이야기에 제시된 사건의 목록을 제공하고 이야기가 일어난 순서대로 사건의 번호를 매겨 보게 하는 것이다. 또한 순서대로 행동을 나타내거나 이야기를 하기 위해 그림을 정리해 보고 각 그림에 대한 문장이나 어절을 쓸 수 있다.
- 학생이 자기 질문하기(예: "이 구문의 주요 소재는 무엇이지?" "소재와 관련하여 내가 알고 있는 것은 뭐지?")와 예견하기, 평가를 위한 읽기와 같은 초인지 전략을 사용할 수 있게 격려한다.
- 학생이 읽기를 통해 배운 정보를 보고하고 조직화하는 것을 돕기 위해 읽기이해의 답을 나타내는 형식을 사용한다. 학생은 (1) 같은 책이나 이야기를 읽고, (2) 읽기 중이나 후에 관련 정보에 대한 토론에 참여하고, (3) 읽기이해의 답 형식에 답을 써 넣고, (4) 형식과 관련하여 읽기와 쓰기를 할 때 독립적이 되도록 하며, (5) 자신의 답을 남과 함께 이야기하거나 맞춰 본다. [그림 8-3]은 읽기이해의 정답양식의 예시다.
- 추론과 관련된 읽기이해 기술을 발달시키기 위하여 학생에게 인과관계와 관련된 여러 질문에 답하게 한다(예: "만약~되면 어떤 일이 일어날까?"). 이야기의 일부를 큰 소리로 읽고 중요한 지점에서 멈춘 후, 다음에 어떤 일이 일어날지에 대해 예견해 보도록 한다. 또한 학생은 이야기가 실화인지 혹은 꾸며낸 이야기 같은지를 판단해 볼 수도 있다.
- 공부기술을 발달시키기 위하여 읽기이해 활동을 제시하는 데 일간신문을 활용한다. 학생은 사설로 중심 생각과 이를 지지하는 세부사항의 위치를 찾는 것을 연습할 수도 있고 사설에서 제시된 시각의 찬반 양론에 대해 토의할 수도 있다. 또한 구인 광고를 보고 관련 직업에 대한 다양한 질문에 답할 수 있다. 식품점 광고는 학생들에게 비교 쇼핑에 대해 읽을 기회를 제공한다. 스포츠 관련 기사는 누구에게 사건이 일어났으며, 어떤 사건이며, 사건이 언

[그림 8-3] 읽기이해 정답양식의 예

일반적인 정답양식

나는 이 부분을 읽고 ____________________ 에 대한 몇 가지 재미난 사실을 배웠다.
첫째, ____________________
둘째, ____________________
셋째, ____________________
그러나 내가 배운 것 중에서 가장 재미난 것은 ____________________
____

대조 형식

곤충은 거미와 몇가지 점에서 차이가 난다. 첫째, 곤충은 ____________________
____________________ 반면에 거미는 ____________________
____
둘째, 곤충은 ____________________
반면에 거미는 ____________________
내 생각에 곤충을 거미와 구분짓는 가장 손쉬운 방법은 ____________________
____

제, 어디서, 왜 일어났는지에 대한 답을 찾을 수 있게 해 줄 수 있다. 그리고 주유소 등에 비치된 고속도로 지도는 지도 읽기의 중요한 기술을 연습하는 데 있어 매우 훌륭한 자료다.

- 이야기지도를 활용하는 것은 학생이 의미를 만들어 내는 데 도움을 줄 수 있다. 이야기지도는 이야기 구조를 그래픽으로 표현한 것으로 다음의 주요 요소로 구성되어 있다. 즉, 배경(장소, 시간, 주요 등장인물 포함), 문제(대부분의 이야기에서는 등장인물이 문제를 해결하려는 시도를 보인다.), 목표(대부분 문제를 경감시키는 것을 목적으로 한다.), 목표를 수립하기 위한 시도(대부분 이야기의 주요 사건), 그리고 해결책(일반적으로 목표를 성취하고 문제를 없앤다.)이다.
- K−W−L 방법을 사용하여 읽기이해를 향상시킨다(Ogle, 1986). 이 3단계의 인지적 방법은 학생이 사전 지식을 인지하고 읽기를 통해 얻게 된 새로운 형태의 정보를 예견하며 읽기를 통해 배운 것을 복습하는 것을 돕는다.
  - −K(what I know): 내가 아는 것. 학생은 소재와 관련하여 자신의 사전 지식을 적는다.
  - −W(what I want to learn): 내가 배우고 싶은 것. 학생은 소재에 관하여 배울 것을 예상하거나 예견하고 적는다.
  - −L(what I learned): 내가 배운 것. 학생은 읽기를 통해 배운 것을 적는다.
- 내용교과의 자료를 읽을 때는 읽기이해 모니터링을 사용할 수 있게 한다. 내용교과의 읽기를 할 때는 코드—B(boring)=지루하다, C(clarify)=명확한 설명이 필요하다, D(detail)=세부사항, I(interesting)=재미있다, M(main idea)=중심 생각—를 사용한다. 읽기를 하는 동안에 학생은 종이 조각에 적당한 코드를 써서 페이지 옆쪽에 붙이면서 자신의 답을 모니터링한다. 읽기 후 토론과정에서는 학생이 자신의 생각을 명확히 하고 읽기 도중에 느꼈던 감정에 대해 이야기한다.

읽기영역의 교수용 게임

모음 돌림판

자료: 5개로 나뉜 부분에 각각 모음을 써 놓은 마분지로 만든 돌림판, 모음이 생략된 3·4·5개 글자로 이루어진 단어를 적은 코팅된 마분지 카드, 쉽게 지워지는 마커펜

방법: 첫 번째 학생은 돌림판을 돌리고 반드시 게임 참여자가 가진 카드에 쓰인 단어 한 개를 완성할 수 있는 모음에 바늘이 멈추도록 노력해야 한다. 그 학생은 마커펜을 가지고 선택된 장소에 해당 모음을 써 넣는데, 그 단어는 의미 있는 단어여야 한다. 해당 모음을 사용할 수 없을 때는 게임 참여자가 자신의 순서를 놓치게 된다. 다음에 두 번째 학생이 돌림판을 돌리고, 지적된 모음을 사용할 수 있도록 노력해야 한다. 게임 참여자들은 순서를 바꿔 가며 게임을 진행하고, 적절한 모음을 써서 가지고 있던 단어를 모두 완성한 게임 참여자 중 첫 번째 사람이 승자가 된다.

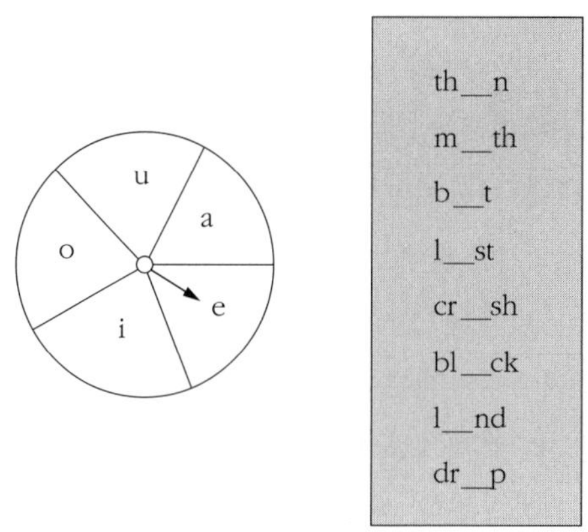

소리 섞기 게임

자료: 출발점과 도착점이 있는 게임판, 첫소리의 혼성이 포함된 단어를 나타내는 그림이 그려진 카드, 숫자가 쓰인 돌림판, 말, 정답표

방법: 첫 번째 학생이 카드를 쌓아 놓은 곳에서 첫 번째 카드를 뽑고 그림(예: 꽃−flower)이 무엇인지를 확인

한 후 첫 혼성 부분(fl)을 말한다. 두 번째 학생은 정답을 이야기해 주면서 첫 번째 학생의 답이 맞는지를 확인한다. 만약 정답이라면 첫 번째 학생은 돌림판을 돌리고 그 수만큼 자신의 말을 게임판 위에서 이동한다. 게임 참여자 간에 교대로 게임을 진행한다. 만약 오답이라면 게임 참여자는 돌림판을 돌려 자신의 말을 움직일 기회를 놓치게 된다. 게임판의 도착점에 먼저 도달하는 학생이 승자가 된다.

변형 및 수정: 이중음자, 이중모음, 중모음(역자 주: 입을 보통으로 열어 혀의 위치를 중간에 놓고 발음하는 모음으로 'ㅔ' 'ㅚ' 'ㅓ' 'ㅗ' 등이 있다.), 초성자음을 포함하는 단어를 나타내는 그림 카드를 사용할 수 있다. 또한 학생의 흥미를 유발하기 위해 게임판에 다양한 지시어(예: 한 칸 뒤로 가시오, 판을 다시 돌려주세요, 한 판 쉬세요.)를 삽입할 수 있다.

발음법 카드놀이

자료: 카드 위쪽에 발음법 요소가 쓰여 있고 그 아래 4개의 예시 단어가 쓰인 카드 4장으로 구성된 발음법 카드 세트(4장의 카드 각각에 하나의 다른 단어에 밑줄이 쳐져 있음) (2명의 학생이 즐기는 카드놀이에 36장의 카드이면 충분하고, 게임 참여자가 더 있을 때는 추가로 카드 세트를 늘릴 수 있다.)

방법: 게임 참여자 각각에게 8장의 카드를 뒤집어서 주고 나머지 카드는 중앙에 뒤집은 상태로 올려놓는다. 첫 번째 주자가 다른 학생에게 3 혹은 4장의 카드를 얻기 위한 시도로 특정한 발음법 요소를 사용한 단어를 이야기해 달라고 한다. 예를 들어, "마이크, 나한테 a 그룹에 있는 'bat' 를 줘"(참여자는 짧은 a 소리를 발음한다.)라고 이야기한다. 만약 마이크가 해당 카드를 가지고 있으면 반드시 상대방에게 그 카드를 전해 주어야 한다. 그리고 그 카드를 받은 학생은 다른 게임 참여자에게 계속해서 카드를 달라고 요구할 수 있다. 만약 가지고 있지 않은 카드를 달라고 할 때는 카드를 달라고 요구했던 사람이 가운데 놓여 있는 카드 묶음에서 한 장을 가져가게 된다. 게임 참여자 간에 교대로 게임을 진행하고, 한 게임 참여자가 특정 발음법 요소 세트에 해당되는 카드 3장을 갖게 되면 바닥에 내려놓는다. 그 세트를 완성하는 네 번째 카드가 이미 뽑혀 있는 경우 이 카드 역시 바닥에 내려놓을 수 있다. 게임자 중에서 제일 먼저 자신이 들고 있던 카드 모두를 다 내려놓은 사람이 승자가 된다.

변형 및 수정: 발음법 요소를 대신해서 특정 단어에 대한 4개의 동의어(혹은 4개의 반의어)가 포함된 카드를 사용할 수 있다.

ă	dr	mad
<u>bat</u>	drink	angry
flat	<u>dress</u>	<u>furious</u>
sat	drop	unhappy
task	drape	insane

물고기

자료: 개별 단어 하나당 3장의 카드로 이루어진 단어 카드(세트 단어는 반드시 오른쪽 코너 위쪽에, 뒤집은 채로는 왼쪽 코너 아래쪽에 쓰여 있어야 한다. 단어를 나타내는 그림은 카드에 중앙에 위치한다.)

방법: 게임 참여자 각각에게 9장의 카드를 주고 나머지 카드는 중앙에 뒤집은 상태로 올려놓는다. 첫 번째 주자는 다른 학생에게 손에 들고 있는 단어에 대응할 수 있는 것을 달라고 한다. 만약 요청받은 학생이 그 단어 카드를 가지고 있다면 반드시 청한 학생에게 주어야 한다. 만약 요청받은 학생이 해당 카드 세트에서 2장의 카드를 가지고 있다면 2장 모두를 주어야 한다. 상대방에게 카드를 받은 학생은 다른 게임 참여자에게 계속해서 카드를 요구할 수 있는데, 상대방이 요구한 카드를 가지고 있지 않고 "물고기 잡으러 가자."라는 이야기를 할 때까지 자신의 순서를 계속한다. "물고기 잡으러 가자."라는 말을 들으면 가운데 놓인 카드 묶음에서 제일 위의 카드 한 장을 받아간다. 만약 직전에 요구했던 카드가 나오면 순서를 계속한다. 교대로 게임을 진행하고, 단어 카드 한 세트(같은 단어가 쓰인 3장의 카드)를 완성한 게임자는 그것을 바닥에 내려놓는다. 첫 번째로 자신이 가진 카드를 모두 내려놓은 사람이 승자가 된다.

단어 게임판

자료: 도착점과 출발점이 그려져 있고, 칸에 글자나 구문이 쓰여 있고, 일부 칸에는 '세 칸 뒤로 가시오.' '한 번 더 하세요.' '시작점으로 돌아가세요.'와 같은 지시어가 쓰인 코팅된 게임판, 주사위, 말

방법: 첫 번째 주자가 주사위를 던지고 나온 수만큼 자신의 말을 움직인다. 이때 자신의 말이 놓인 칸에 쓰인 단어나 구문을 정확히 읽어야 한다. 만약 정확히 읽기가 안 될 경우, 그 학생의 말은 이전에 있던 위치로 돌아가게 된다. 말이 특정 지시어가 쓰인 칸에 도달하게 되면 지시어를 꼭 따라야 한다. 교대로 게임을 진행하고, 도착점에 먼저 도달하는 사람이 승자가 된다.

변형 및 수정: 게임판이 코팅되어 있거나 비닐로 싸여 있어야 마커펜으로 칸에 단어나 구문을 쓸 수 있으며, 필요하다면 수정도 가능하다. 또한 주사위의 한 면에 스티커를 붙여 위험이 있는 게임으로 전환하여 사용할 수 있다. 스티커가 부착된 면이 나오면 게임 참여자가 자신의 기회를 한 번 잃는다. 만약 주사위를 2개 굴려 둘 다 스티커 면이 나오게 되면 출발선으로 돌아간다.

단어로 하는 야구 게임

자료: 플래시카드에 쓰인 단어, 답

방법: 교사가 학생을 두 팀으로 나누고 바닥에 1루, 2루, 3루, 홈베이스를 표시한다. 첫 번째 팀의 멤버 한 명이 홈베이스로 간다. 상대 팀 투수는 자기가 들고 있는 플래시 카드 세트에서 한 장을 들고 있다. 타자는 단어를 정확히 발음하고, 정의하며, 문장 안에서 그것을 사용해야한다. 만약 정답이면(답을 들고 있는 점수 기록자에 의해 정답 여부가 결정된다.) 타자는 1루로 진출하게 된다. 공격하는 팀의 다른 멤버는 공을 칠 때마다(즉, 정답을 말할 때마다) 1루씩 진출하게 된다. 홈베이스를 밟아야 1점을 얻게 되고 타자가 오답을 말할 때마다 아웃이 된다. 각 팀이 아웃을 3개 얻으면 공수를 교체한다. 두 팀 모두 최소 3회 공격을 한 후에 높은 점수를 얻은 팀이 승리하게 된다.

변형 및 수정: 단어 카드에는 1루타, 2루타, 3루타 혹은 홈런과 같은 안타의 값어치를 표시해 넣을 수 있다. 또한 단어 카드는 1, 2, 3, 4 혹은 다음절어와 같이 음절 수에 따라 분류할 수도 있다. 음절의 수는 정답이 갖는 베이스의 수를 칭하게 된다. 그러나 단어 읽기와 함께 학생은 정확하게 단어가 가진 음절 수를 말할 수 있어야 하는데, 그렇게 못할 경우 아웃을 당한다. 또한 투수는 타자가 누구냐에 따라 공(즉, 단어 카드)을 선택할 수도 있다. 한 번 사용된 단어 카드는 그 경기에서 더 이상 사용할 수 없다.

위험 주사위 읽기 게임

자료: 두 개의 위험 주사위(5면은 숫자가 쓰여 있고 마지막 한 면에 스티커를 붙여 놓은 주사위), 각 게임 참여자에게 적합한 동일한 수의 문제가 제시된 학습지(예: 그림이나 정의가 맞는 단어 목록, 짧은 이야기와 관련된 읽기이해 질문, 단어에 맞는 동의어나 반의어), 학습지 정답

방법: 게임 참여자 각각은 자신의 읽기수준에 맞는 학습지를 받는다. 첫 번째 게임 참여자가 위험 주사위 2개를 던진다. 스티커가 없는 면이 나오면 학습지에 나온 문제 하나의 답을 쓰고, 답지를 가진 학생은 답을 확인해 준다. 답이 맞으면 문항 번호에 표시해 둔다. 오답이어서 문항 번호에 표시되지 않으면 다음 기회에 그 문제를 다시 풀어야 한다. 위험 주사위 1개에서 스티커가 붙은 면이 나오면 게임자는 그 기회를 놓치게 된다. 만약 스티커 2개가 나오면(각 주사위에서 하나씩) 학습지에서 2개의 문제를 풀 수 있는 기회를 얻게 된다. 이러한 절차는 한 학생이 학습지에 나온 모든 문제를 정확히 풀 때까지 진행된다.

읽기이해 게임

자료: (각 칸에 하양, 빨강 혹은 파랑으로 색이 칠해져 있는) 출발-도착 게임판 한 가지 이야기의 복사본 여러 장, 이야기 내용과 관련된 읽기이해 문제(누구, 무엇, 언제, 왜, 어떻게, 어디를 묻는 질문)가 쓰인 빨간색 카드, 이야기에 사용된 어휘가 포함된 파란색 카드, 동의어와 밑줄 친 단어가 포함된 문장이 쓰인 흰색 카드, 말, 돌림판

방법: 게임 참여자 각각은 개별적으로 이야기를 읽는다. 게임을 시작하기 위해 첫 번째 학생은 전체 카드 세트에서 제일 위에 놓인 카드 한 장을 집는다. 빨간 카드를 선택하면 읽기이해 문제에 정확하게 답해야 한다. 파란 카드를 선택하면 어휘를 정확히 정의해야 한다. 흰 카드를 선택하면 밑줄 친 단어의 동의어를 이야기해야 한다. 정답을 말하면 돌림판을 돌리고, 나온 수만큼 자신의 말을 이동한다. 다음 순서에서 말이 놓인 칸의 색과 동일한 카드 세트의 맨 윗장 카드를 골라야 한다. 카드에 제시된 질문에 대해 오답을 말하면 돌림판을 돌릴 수 없고 다음번에 같은 색의 다른 카드를 써야 한다. 다른 게임 참여자들은 각 과제의 답이 정답인지를 결정해야 하는데 답을 확인하기 위해 이야기에서 답에 해당하는 부분을 지적해야 한다. 도착점에 제일 먼저 도착한 사람이 승자가 된다.

자기 교정 읽기자료

뒤집어 맞추기

피드백 제공 장치: 피드백을 제공하는 카드 앞면에 단어를 판별할 수 있도록 하는 그림 단서

자료: 앞면에는 프린트한 단어가 쓰여있고 뒷면에는 단어를 묘사한 그림이 제시된 색인 카드

방법: 학생이 단어를 보고 읽는다. 그러고 나서 단어를 묘사한 그림을 봄으로써 답이 맞는지 확인하기 위해 카드를 돌려본다.

변형 및 수정: 발음법을 복습하기 위해 학생은 그림을 보고 파일 안에서 첫소리가 같은 모든 그림을 골라낼 수 있다(예: cat, cake, can, crack). 그리고 학생은 활자로 표기된 단어와 그 첫 글자를 보기 위해 개별 카드를 뒤집어 본다. 여기서 약간 변형시킨 형태로 각 카드의 앞면에 단어를 써 놓고 뒷면에는 어절의 수나 단어가 어떻게 어절로 나뉘는지를 써 놓을 수 있다. 학생은 단어를 읽고 어절의 수를 세며, 답을 확인하기 위해 카드를 뒤집어 본다. 또한 어휘 개발을 위한 연습으로 카드 세트를 단어 하나씩이 쓰인 일반 카드 한 장과 그 정의가 쓰인 또 다른 카드로 구성한다. 이 두 장의 카드 뒷면에는 연결되는 사물, 숫자 혹은 색을 적어 둔다. 그림을 완성하기 위해서는 두 가지를 함께 사용해야 한다. 카드가 그 단어의 의미와 짝을 이루게 되면 학생은 두 카드가 서로 함께 할 수 있는지를 확인하기 위해 카드를 뒤집는다.

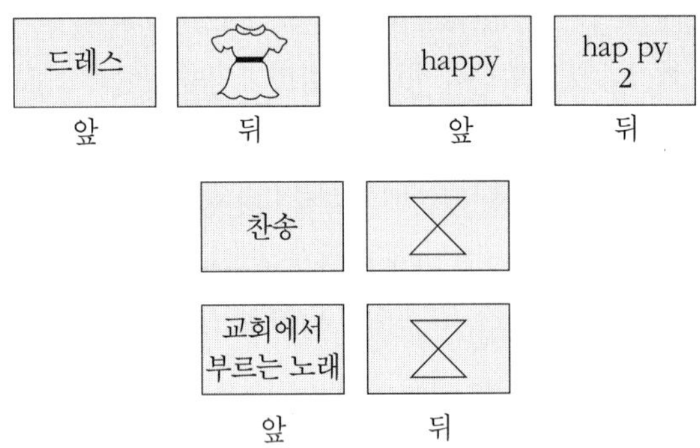

구멍 뚫린 카드

피드백 제공 장치: 카드 반대편에 구멍이 있고 정답이 쓰인 구멍에 색깔로 원을 그려 놓음

자료: 그림이 그려져 있고, 그 밑에는 첫 자음이나 끝 자음 혹은 이 두 가지 모두가 생략되어 있다는 표시로 해당 위치에 밑줄이 그어진 단어가 적혀 있고, 그 아래 3개의 예상 답이 적혀 있고 그 바로 옆에는 구멍이 뚫려 있는 색인 카드(뒷면에는 정답이 되는 구멍 주위에 색깔 펜으로 원을 그려 놓음), 연필(혹은 골프 티)

방법: 학생은 그림을 보고 단어에서 어떤 글자가 생략되었는지를 결정한다. 답을 나타내는 구멍에 연필을 집어넣고 카드를 돌려본다. 연필이 색깔 펜으로 표시된 구

멍 안에 들어 있는 경우 정답이 된다.

변형 및 수정: 세 가지 가능한 정의를 가진 단어를 카드에 써 두거나 학생이 단어에 맞는 동의어나 반의어를 찾을 수 있게 할 수 있다. 또한 짧은 읽기 구문에 대한 읽기문제를 주고 3개 예상 답안 중 선택하게 할 수 있다.

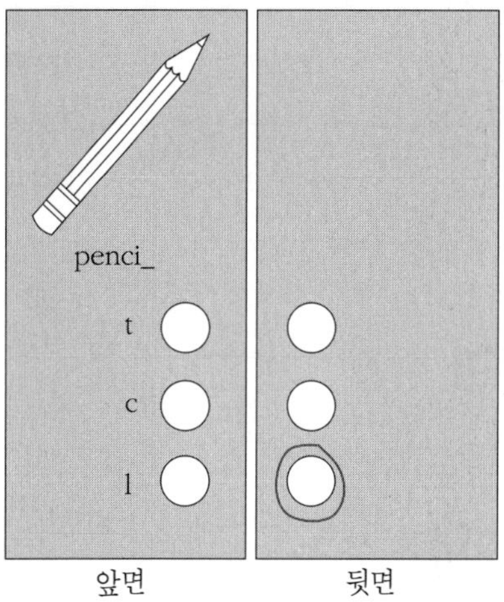

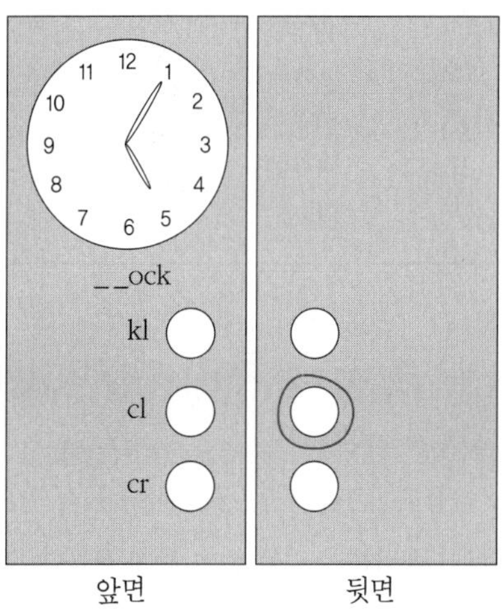

집게 이용한 원판 돌리기

피드백 제공 장치: 판 앞쪽의 상징이나 숫자가 뒤쪽 정답 부분의 수와 표식에 맞도록 제작된 원판

자료: 8개로 나눈 부분 위에 정의가 쓰여 있고, 그 뒷면에는 상징이나 숫자가 쓰여 있는 마분지로 만든 원형판(10인치), 나무 빨래집게에 원판 앞면에 쓰인 정의에 상응하는 단어가 쓰여 있거나 붙어 있고, 그 뒷면에는 그에 맞는 표식이나 숫자가 있는 나무 집게.

방법: 학생은 단어의 정의를 읽고 정답을 찾기 위해 나무 집게 위에 쓰인 단어를 찾는다. 답이 쓰인 빨래집게를 원판의 해당 부위에 꽂고 원판을 돌려본다. 정답이면 원판의 뒷면에 있는 표식이나 번호가 집게에 쓰인 표식이나 번호에 일치한다.

변형 및 수정: 학생은 원판의 특정 부분에 맞는 동의어, 반의어, 축약형 등을 맞추어 볼 수 있다. 이 활동의 또 다른 변형은 앞면의 단어와 뒷면의 그림을 맞추는 것이다. 학생은 단어를 읽고 그 부분에 집게를 꽂고 원판을 뒤집어 그림을 보면서 답이 맞는지를 확인할 수 있다.

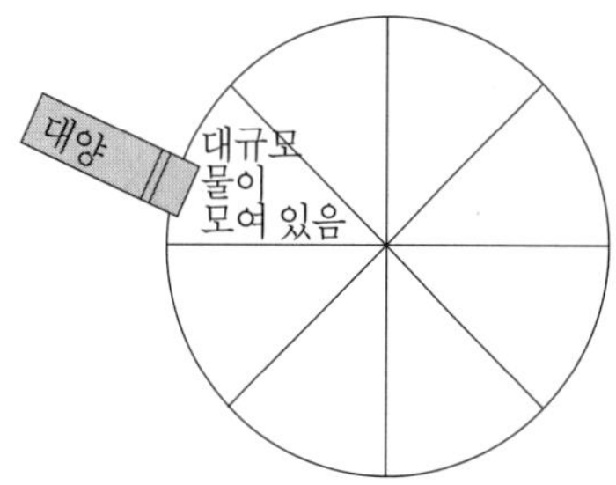

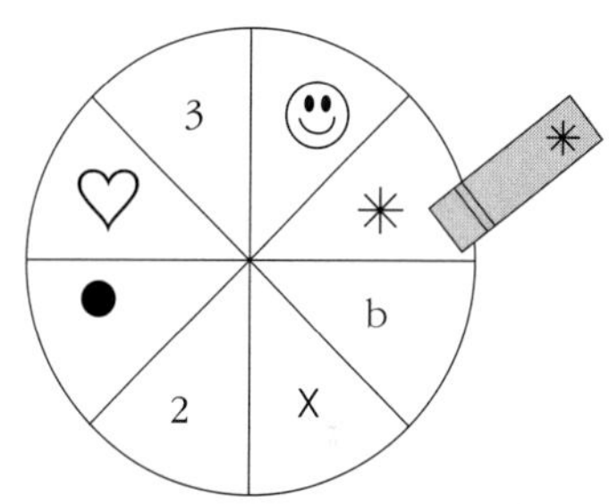

포크박스

피드백 제공 장치: 학생은 자신이 고른 답을 나타내는 포크박스의 구멍에 바늘을 꽂는다. 답이 맞으면 포크박스에서 과제를 적은 카드가 제거되는데, 정답이 적힌 부분 바로 밑이 잘려 나가고 바늘도 떨어지게 된다.

자료, 방법, 변형 및 수정, 예시: 2장에서 자세히 설명한 포크박스가 동의어, 반의어, 어휘의 정의, 읽기이해 질문 등 다양한 읽기과제를 제시하는 데 사용될 수 있다.

동의어 복권

피드백 제공 장치: 각 카드의 뒷면에 정답이 쓰여 있음

자료: 가로 6개와 세로 6개로 나뉜 큰 사각형 마분지

[그림 8-4] 동의어 복권 활동에 사용되는 게임판

LITTLE	ENDED	SMILED	CENT	WOMAN	TRAIL
GLAD	PRESENT	CRY	REPLY	PRETTY	SCARED
MAD	LARGE	BAG	CORRECT	DISTANT	FAST
NEARLY	GRANDMA	CHIEF	STONE	SPEAK	BEACH
HARD	BEGAN	FLAT	TRIP	SHOUT	ODD
WOODS	HURRY	WEARY	NEAR	HUNGRY	AUTO

카드에는 다음의 단어들이 쓰여 있는데 각각 큰 사각형 뒷면에 쓰인 적절한 동의어와 짝을 맞춘다.

small	finished	grinned	penny	lady	path
happy	gift	weep	answer	beautiful	afraid
angry	big	pouch	right	fareway	quick
almost	Grandmother	leader	rock	talk	shore
difficult	started	level	journey	yell	strange
forest	rush	tired	close	starved	car

판(마분지 판 36칸 각각에는 단어가 하나씩 쓰여 있음), 큰 마분지 판에 쓰인 단어들의 동의어와 뒷면에는 정답이 제시된 단어 카드([그림 8-4] 참조)

방법: 학생은 1장의 단어 카드를 뽑고 마분지 판에서 그 단어의 동의어를 찾는다. 학생은 선택을 한 후에 단어 카드를 뒤집어 답이 맞는지를 확인한다. 마분지 판에 쓰인 단어를 모두 찾을 때까지 활동은 계속된다.

변형 및 수정: 학생은 단어와 반의어, 단어와 그림, 축약형과 축약된 단어, 혹은 단어와 그 정의를 맞추어 볼 수 있다.

녹음기를 이용한 읽기

피드백 제공 장치: 정답은 테이프를 통해 제공됨

자료: 25개의 단어를 번호 순서대로 녹음하고 개별 단어 사이에 잠깐의 휴지 부분을 넣어 구별하게 한 테이프(끝부분에는 정답이 쓰인 목록이 제시되어 있음), 1부터 25까지 번호가 쓰인 종이

방법: 녹음테이프를 듣는 동안 학생은 각 단어의 처음(혹은 끝에) 들리는 소리를 종이 위에 적는다. 25개의 단어가 모두 끝나면, 학생은 테이프를 계속해서 들으면서 자신의 답이 맞는지를 확인한다.

변형 및 수정: 학생이 모음, 혼성 혹은 이중음자를 받아 적도록 할 수 있다. 또 다른 형태의 변형으로는 테이프에 짧은 읽기 구문을 제공하는 것이 있다. 읽기 구문을 듣고 난 후에 학생은 카세트 플레이어를 끄고 중심 생각을 적을 수 있다. 그러고 나서 카세트 플레이어를 다시 틀어 중심 생각을 요약한 것을 들음으로써 자신의 답을 확인할 수 있다. 또한 테이프에 녹음된 읽기 구문을 듣고 난 후에 읽기이해 문제를 풀어 볼 수 있다. 답은 미리 테이프에 녹음한 후 학생이 확인할 수 있게 한다. 구어적

피드백을 제공하기 위해 사용될 수 있는 또 다른 형태의 도구로는 언어 마스터(Language Master)가 있다. 학생은 언어 마스터 카드에 쓰인 단어를 읽고는 단어가 어떻게 읽히는지를 확인하기 위해 기계에 카드를 긁는다.

연재만화

피드백 제공 장치: 개별 부분의 뒷면에 정확한 순서를 적어 놓은 숫자

자료: 코팅한 신문이나 잡지에 연재된 만화나 글(그림이나 글을 컷에 맞게 자르고, 그 뒷면에는 순서에 맞는 숫자를 써 놓음)

방법: 연재만화나 글의 여러 컷을 순서를 뒤섞어 학생에게 준다. 학생은 각 컷을 읽고 나서 순서에 맞게 컷을 정리해 본다. 이는 학생으로 하여금 사건의 순서를 인식하고 따르는 능력과 상황의 결과를 예측할 수 있는 능력을 길러 준다. 순서에 맞게 그림의 컷을 맞춘 후, 학생은 그 순서가 맞는지를 확인하기 위해 그림 뒷면의 숫자를 확인한다.

읽기이해 꾸러미

피드백 제공 장치: 폴더의 뒷면에 부착된 봉투 안에 정답이 제공됨

자료: 앞면에 라벨이나 상표가 붙은 포장지(예: 과자 봉지)가 붙어 있고, 그 포장지에 관한 읽기이해 관련 질문(예: 어떤 회사가 만든 제품인가? 이 제품의 무게는 얼마인가?)이 그 안에 쓰여 있는 마닐라 폴더, 폴더의 뒷면에 부착된 봉투 안에 들어 있는 답

방법: 학생은 폴더 앞면에 있는 라벨이나 상표가 붙은 포장지를 읽고 나서 읽기이해 문제를 풀기 위해 폴더를 열어 본다. 그 포장지를 다시 읽지 않고서 종이 위에 각 문제에 대한 답을 써 본다. 답을 다 쓴 후에는 정답을 확인한다.

변형 및 수정: 포장지 대신에 짧은 구문이나 이야기를 폴더의 앞면에 부착할 수 있다. 읽기이해에 관련된 문제를 폴더 안쪽에 적어 둔다.

상업용 읽기 프로그램

많은 상업용 읽기 프로그램과 자료들은 학습문제를 가지고 있는 학생들에게 사용할 수 있다. 이 자료는 단어 읽기나 읽기이해와 같은 특정 기술을 발달시키거나 향상시키고자 하는 기본적인 읽기 접근법 중 하나를 보충하는 데 사용할 수 있다. 여기에서는 잘 알려진 상업용 읽기자료 중 몇 가지에 대해 살펴보겠다.

이야기책을 즐기는 것은 읽기에 대한 동기를 불러일으킨다.

에드마크 읽기 프로그램

에드마크 읽기 프로그램(Edmark Reading Program; PRO-ED 출판)은 극도로 제한적인 읽기기술을 가진 학생들에게 단어 끝에 오는 –ing, –s와 같은 것을 포함하여 말의 다양한 부분과 관련된 150개의 일견단어를 가르치기 위해 개발되었다. 학생은 교사가 말한 단어를 반복하고 답을 지적할 수만 있으면 된다. 227개의 수업 단원으로 구성되어 있으며 5개 형식으로 이루어져 있다. (1) 학생에게 샘플과 맞추어 보는 형식을 훈련하고자 하는 읽기 전 수업, (2) 수업당 1~2개 단어의 재인을 가르치는 수업, (3) 학생이 활자화된 지시사항을 따르도록 가르치는 지침서의 교수, (4) 그림과 구절을 맞추어 보는 수업, (5) 학생이 16개의 이야기를 소리 내어 읽게 하는 이야기책을 가지고 수업하는 것이다. 모든 수업은 작게 계열성 있는 단계로 나누어져 있고, 강화가 제공된다. 프로그램 전체를 통해 수업 전 평가와 수업 후 평가가 포함되어 있으며 학생의 진보를 기록할 수 있는 차트가 제공된다. 에드마크 읽기 프로그램의 1단계를 마친 후에 학생은 추가 200단어를 소개받고 기존에 배운 150단어를 복습할 수 있는 2단계로 넘어갈 수 있다. 복합어가 소개되며 읽기이해를 위한 질문은 2페이지 이내로 이루어진 이야기에서 학생이 의미에 집중할 수 있게 한다. 1단계와 2단계를 위한 컴퓨터 소프트웨어가 있다. 보충자료로는 철자하기 활동집, 학습지, 단어 빙고게임과 숙제 활동집이 있다. 또한 에드마크 기능적 단어 시리즈(Edmark Functional Word Series)는 식료품점, 메뉴, 직업 상황과 거리, 건물 간판 등에서 볼 수 있는 400여 가지의 기능적인 단어를 가르치기 위해 위에 설명한 것과 같은 교수방식을 사용한다.

그레이트 립 읽기 프로그램

K. U. Campbell이 개발한 그레이트 립 읽기 프로그램(Great Leap Reading Program; Diarmuid 출판)은 읽기문제를 효과적으로 교정하기 위해 강력한 행동적 동기제와 연구 결과를 기초로 한 과학적인 교수 실제를 통합하였다. 학생 개개인은 교사, 수업 보조원 혹은 부모와 발음법, 기본 어휘를 포함시킨 일견구절 등 하루 10분 미만으로 재미나고 나이에 적합한 이야기를 읽는 것을 함께 한다. 유치원에서 초등 2학년까지의 지침서는(Mercer & Campbell, 1997) 소리 변별과 글자 인지 활동을 포함한다. 학생 수행은 그래프로 차트화하여 표시한다. 개별 학생은 목표를 수립하고 성취하면 읽기 위계의 다음 단계로 이동한다. 이 프로그램은 5개의 수준(유치원~2학년, 3~5학년, 6학년~중학교 2학년, 중학교 3학년~고등학교 3학년, 성인)으로 이루어져 있고 매우 재미난 이야기들로 구성되어 있다. 학습문제를 가진 학생을 대상으로 한 현장연구 결과 모든 연령수준에서 이 프로그램이 성공을 거두었다는 사실이 알려져 있다. 3년간의 연구를 통해 Mercer 등(2000)은 그레이트 립 읽기 프로그램을 학습문제를 가진 중학생의 읽기교수에 보충적으로 활용했을 때 읽기수준과 읽기 속도에 있어서 상당한 향상을 보였다고 보고하고 있다.

학습전략 교육과정

캔자스 대학교 학습연구 센터(1122 West Campus Road, Room 517, Lawrence, KS 66046)의 학습전략 교육과정(Learning Strategies Curriculum)은 학생이 특정 교과에서 요구하는 사항에 적응하고 독립적으로 과제를 수행하도록 하기 위해 개발되었다. 습득과정에서 학습전략은 학생으로 하여금 활자화된 자료로부터 정보를 얻는 것을 가능케 한다. 단어 판별 전략은 다어절 단어를 빨리 해독하는 것을 목적으로 한다. 이 전략은 대부분의 단어가 접두사, 접미사, 어간을 변별하고 짧지만 세 가지의 어절화 법칙을 따름으로써 발음될 수 있다는 전제를 기초로 하고 있다. 시각적 이미지 전략은 학생이 읽기 구문에 묘사된 사건을 머릿속에서 이미지화시킴으로써 읽기이해를 향상시킬 수 있다. 자기 질문하기 전략은 학생이 읽기 구문의 주요 정보에 대한 질문을 만들고 그 답을 찾기 위해 읽기를 한다. 마지막으로 바꿔 말하기 전략은 구문의 주요 정보에 주의를 집중함으로써 읽기이해를 향상시키기 위해 개발되었다. 이는 학생으로 하여금 읽기자료의 제한된 부분을 읽고 그들 자신에게 중심 생각과 세부사항에 대해 묻도록 하며, 자기 자신의 말로 해당 정보를 바꾸어 말하게 한다.

문학작품을 통한 학습

문학작품을 통한 학습(Learning Through Literature; Dodds & Goodfellow, 1990/1991)은 이야기와 시(유치원~초등 3학년), 소설(초등 3학년~중학교 2학년)과 같은 문학작품을 가르치기 위한 12개의 자료집으로 구성되어 있다. 학습 활동에는 브레인스토밍, 이야기 문법을 탐색하기, 단어은행, 쓰기과정 연습 활동, 연구하기, 통합적인 교육과정 활동 등이 포함되어 있다. 4개의 이야기-공부 자료집 각각은 이야기 문법의 이해를 발달시키는 토론과 지속적인 활동이 포함된 22개로 이루어진 주제별 단위 2세트로 구성되어 있다. 8개의 소설-공부 자료집 각각은 하나의 특정 소설을 집중적으로 학습하기 위해 15~20개로 이루어진 수업단위 한 세트로 이루어져 있다. 학생들은 어휘연습 활동과 이야기와 관련된 배경에 대한 토론, 교사의 지도하에 이루어지는 질문하기와 읽기 이해 연습, 이야기 확장 활동 등에 참여한다. 교사용 자료는 수업에 대한 자세한 지침과 배경 정보, 어휘, 쓰기와 연구에 사용될 수 있는 자극, 참고문헌 등을 제공한다.

발음법의 교정적 읽기수업

발음법의 교정적 읽기수업(Phonics Remedial Reading Lessons; Kirk et al., 1985)은 3학년 수준 이하의 읽기능력을 보이고 교정적인 도움이 필요한 학생에게 음성학적 읽기와 단어 읽기 기술을 가르치기 위해 고안된 프로그램이다. 77개의 수업은 6개의 부분으로 나뉘어 있고 일관된 음성학적 패턴으로 된 단어들로 구성되어 있다. 파트 1에서는 단모음과 단자음 소리로 이루어진 가장 자주 볼 수 있는 단어들이 소개된다. 파트 2는 단일 소리가 나는 2개 혹은 3개 글자 계열을 포함한다. 파트 3은 잘 알려진 상징을 자음 혼성과 일반적인 어절에 통합시키는 것을 주로 다룬다. 파트 4는 소리-상징 연합의 새로운 형태를 다룬다. 파트 5는 전에 배운 소리의 예외가 되는 형태를 다룬다. 그리고 파트 6은 복수형, 소유격, 과거 시제와 같은 문법적 개념을 다룬다. 이 프로그램은 글자의 소리를 학습하고 글자를 함께 섞고 개별 음소가 소개될 때마다 학생이 동시에 그 소리를 시각화하고 쓰고 말하고 듣도록 가르친다.

읽기를 위한 음운론적 인식훈련

읽기를 위한 음운론적 인식훈련(Phonological Awareness Training for Reading; Torgesen & Bryant, 1994)은 어린 학생들의 음운론적 인식수준을 높이고 학습문제의 위험성이 있는 유치원생들과 읽기를 배우는 데 어려움을 느끼는 초등 1~2학년생들이 1학년에서의 읽기를 준비하는 데 사용하도록 도와줄 수 있다. 학생이 1주에 짧은 훈련을 3~4회 정도 받으면서 12~14주가 지나면 프로그램을 마치게 된다. 전체 단어에서 개별적인 소리를 들을 수 있게 할 뿐 아니라 개별 소리를 단어로 혼성하는 것을 배우게 된다. 이 프로그램에서 사용되는 모든 단어는 그림 카드에 제시되고, 학습한 단어를 다시 연습할 수 있도록 게임보드가 사용된다. 첫 번째 단계에서 학생은 간단한 단어를 읽고 철자하기를 하기 위해 이미 습득한 음운론적 인식기술을 일반화하도록 배운다. 훈련 매뉴얼은 프로그램의 모든 단계에 대한 교수방법을 소개하고 있으며, 특정 개념을 교수하는 데 사용할 수 있는 교사용 샘플 스크립트를 제공한다.

특정 기술 시리즈

특정 기술 시리즈(Specific Skills Series; Boning, 1998)는 유아원에서 중학교 2학년에 해당하는 읽기수준을 보이는 학생들을 위해 읽기이해를 연습시키기 위해 연습용 소책자를 사용한다. 이 시리즈에서는 9개의 개별적인 기술을 다루는데, 추론 판별하기, 사실 찾아내기, 문맥 활용하기, 결론 내리기, 중심 생각 찾기, 계열 찾아내기, 지시사항 따르기와 답 찾기가 해당된다. 이 기술들은 통합된 언어 활동을 특징으로 하고 중요한 읽기와 사고 기술을 강조한다. 학생들은 자신의 과제 수행 속도대로 활동을 진행시킬 수 있고, 기술은 계열에 맞게 배운다. 읽기이해의 9개 영역 각각에 대한 배치고사가 있다.

읽기영역의 컴퓨터 소프트웨어 프로그램

컴퓨터 프로그램은 다양한 훈련 기회와 추가 연습 기회를 제공함으로써 읽기의 기본 기술을 발달시키는 데 효과적으로 사용할 수 있다. 단어 판별 기술뿐 아니라 읽기이해 기술 역시 강화할 수 있다. 수많은 소프트웨어 프로그램은 일견단어를 강화하고, 어휘를 확장하며, 발음법에서의 연습 기회를 제공하며, 단어 구조의 분석에 따라 단어를 분석하고 읽기이해를 평가하는 데 사용할 수 있다. 또한 교사가 컴퓨터를 사용하여 언어경험 수업을 개발할 수 있고 개별적인 읽기어휘 검사를 저장하며 괄호 채우기 평가를 제작할 수도 있다.

최근 컴퓨터 기술의 발달로 일부 프로그램의 경우 말로 피드백을 제공할 수 있고 독자로 하여금 스크린에 제시된 단어를 선택하게 하여 합성된 소리로 발음을 해 주기도 한다. CD-ROM 장비는 그래픽 이미지와 디지털화된 말소리를 제공하는 '말하는 책'의 역할을 한다. 또한 컴퓨터를 매개로 한 하이퍼미디어 자료는 익숙지 않은 단어의 정의와 발음, 애니메이션, 줌인, 움직임 전체를 다 볼 수 있는 그래픽이나 비디오를 제공하고, 관련 정보의 데이터베이스와의 연결을 가능케 한다(Boone, Higgins, Falba, & Langley, 1993). MacArthur와 Haynes(1995)는 학생의 읽기장애를 보상할 수 있도록 도와주는 하이퍼미디어 형태의 교과서 제작 소프트웨어 시스템을 제안했다. 읽기이해를 향상시키는 기술적 지원에는 음성 합성기, 용어집으로의 직접 접근, 중심 생각 강조하기, 적절한 장소에 문제 심어두기, 중요한 내용의 요약과 같은 것들이 해당된다.

Torgesen과 Barker(1995)는 읽기에서 컴퓨터 보조 교수와 훈련은 학습문제를 가진 학생들에게 보다 정확하고 유창한 단어 판별 기술을 습득하는 것을 도와줌으로써 보다 효과적으로 읽기를 학습할 수 있게 한다고 하였다. 그리고 그들은 음운론적 인식훈련을 제공하고 특정한 문맥과 상관없는 단어 판별, 학습한 단어와 관련이 있는 구문읽기를 포함한 컴퓨터 프로그램을 서술하였다. 다음의 프로그램은 읽기기술에 초점을 맞춘 소프트웨어의 예시 몇 가지다.

읽기이해의 연결

읽기이해의 연결(Comprehension Connection; Milliken 제작)은 읽기과정에 관련 활동과 함께 생각을 유발하는 이야기를 사용함으로써 기본 기술을 강조하여 읽기이해를 향상시키는 데 초점을 맞추고 있다. 이 프로그램은 6개 수준(즉, 4학년~중학교 3학년)의 120개 이야기를 사용한다. 구문은 150~300개의 단어로 이루어져 있으며 그 난이도는 점점 증가한다. 학생은 세 가지 각기 다른 관점—중심 생각형, 재구성된 간략형, 그림을 통해 표현된 요약형—에서 이야기를 연구한다. 또한 이야기에 사용된 어휘의 정의, 말의 일부, 발음, 문맥 안에서 단어가 어떻게 사용되는지를 보여 주는 문장 등을 포함하는 온라인 용어표도 제공한다. 개별 구문을 읽고 난 후에 학생은 읽기이해 관련 선다형 문제 5개에 답해야 한다. 문제 중 2개는 추론형 질문이고, 나머지는 각각 어휘, 중심 생각, 사실 관련 사항에 대한 질문이다. 읽기에는 시간을 측정하지 않고 학생 수행 결과는 출력 가능하다.

렛츠 고 읽기

렛츠 고 읽기(Let's Go Read; Riverdeep 제작) 시리즈는 학생이 읽기 준비를 위해 필요한 기술을 익히고 수백 개의 단어를 해독하며 상상에 기초한 이야기를 이해하는 데 필요한 기술을 학습하고 연습하고 적용할 수 있도록 돕기 위해 발음법과 전체 언어 방법론의 두 가지를 함께 사용하였다. 수준 1의 섬 탐험하기는 유아원과 유치원 아동을 대상으로 하여 글자와 소리, 단어 재인, 단어 내 소리, 문장 만들기에 초점을 맞춘 175개 이상의 계열화된 읽기수업이다. 학생은 여기서 그림과 문장의 맥락 안에서 새로운 단어를 학습하면서 어휘를 확장시킨다. 수준 2의 해양 탐험하기는 유치원에서 초등 1학년에 해당하는 학생들이 단어의 처음과 끝을 혼성하고, 자음으로 이루어진 이중음자, 장모음, 글자가 갖는 두 번째 소리(역자 주: 자주 사용하는 소리가 아님)과 묵음 e 법칙을 판별하고 사용하는 것을 학습하도록 125개가 넘는 수업이 진행된다. 두 수준 모두는 어휘를 개발하고 읽기 이해 기술을 발달시키기 위해 상호작용적인 책자를 직접적으로 사용한다.

읽기 블래스터

읽기 블래스터(Reading Blaster; Knowledge Adventure/Great Source Education Group 제작) 시리즈는 학생이 문제해결 활동을 통해 나이에 적합한 읽기기술을 학습하는 것을 돕는다. 읽기 블래스터 4~6세 프로그램에서는 단계별 접근을 실시하는데 학생이 읽기를 하고, 문장 구조를 학습하며, 단어를 재인하고, 전치사를 사용하며, 운율 패턴을 판별하는 것을 가르친다. 읽기 블래스터 6~9세 프로그램에서는 학생이 2,000개가 넘는 어휘와 소리가 나지 않은 글자와 모음의 결함, 합성어와 운율이 있는 단어와 말의 부분을 학습할 수 있도록 7개의 게임과 9단계의 난이도 수준을 제시하고 있다. 75개 이상의 추리소설을 포함하는 읽기 블래스터 9~12세 프로그램에서는 학생이 세부사항을 읽고, 중심 생각을 찾으며 추론하고, 결론을 찾아내며, 어휘를 수립하는 것을 학습하도록 하며 연습 활동을 제공한다. 최종적으로 읽기 블래스터 9~12세 프로그램에서는 문맥 단서, 접두사, 접미사, 어근 단어를 통해 2,000개가 넘는 단어의 의미와 발음을 어떻게 찾는지를 학습하게 하는 6개 활동을 활용한다.

읽기 해결책

읽기 해결책(Reading Solution; Knowledge Adventure/Great Source Education Group 제작) 시리즈는 4학년에서 고등학교 3학년 학생을 대상으로 하여 개별 학생의 학년수준에 맞는 72개의 읽기자료(위인전, 전설, 짧은 이야기, 논픽션 기사)를 제시한다. 읽기 수준에 맞는 어휘가 포함된 읽기자료이기에, 이 프로그램은 낮은 읽기수준을 보이는 성숙한 독자들에게 적절하다. 읽기자료는 읽기 속도를 향상시키기 위해 행별 혹은 단락별로 제시되어 있고, 주제는 시간을 측정해서 해야 하는 형태와 그렇지 않은 형태의 두 가지로 제공될 수 있다. 특별히 읽기이해를 향상시키기 위해 개발된 질문이 각 부분의 말미에 제공된다. 각 수준에서 사실의 이해, 해석, 분석, 평가, 심미적 평가의 영역에서 25개의 특정 읽기이해 기술을 평가할 수 있다. 그러므로 이 프로그램은 주요한 읽기이해 기술을 연습하고 동시에 읽기 속도를 향상시킬 수 있는 기회를 제공한다.

발음법 공부하기

발음법 공부하기(Working Phonics; Curriculum Associates 제작)는 900개 이상의 기본 읽기 단어와 400개의 일견단어를 포함하는 84개의 진보적 기술에 기초한 발음법 활동으로 구성되어 있다. 이 프로그램은 읽기를 전혀 못하는 수준에서 초등 3학년 읽기수준에 이르는 유치원에서 중학교 2학년 학생을 대상으로 한다. 학생은 고빈도 단어와 일반적인 표음문자(phonogram)로 끝나는 단어를 학습하는데, 단어 만들기, 짝 맞추기, 빈칸 채우기와 같은 활동을 통해 이루어진다. 또한 그림, 글자, 단어, 문장 단서는 학생이 빠져 있는 첫 자음이나 마지막 자음뿐 아니라 자음 혼성과 이중음자를 판별하는 데 도움을 준다. 화면에 단어가 빨리 제시되면, 학생은 단어를 빨리 보고 읽기 활동을 통해 제시된 2개의 단어 중 옳은 단어를 선택한다. 또 다른 활동으로는 학생에게 문장 단서를 주어 문장을 완성하는 데 최적의 단어를 선택하도록 돕는다. 이 프로그램은 자동 기록 저장장치를 포함하고 있고, 교사는 개별 학생에 맞게 수업을 조정할 수 있다.

· 제 · 9 · 장 ·

철자의 평가 및 교수

철자(spelling)란 문자를 관습적인 방식으로 나열하여 단어를 구성하는 것이다. 발달론적 측면에서 어린 아동은 창의적으로 철자를 표현하다가 관습적인 철자 단계로 옮겨 가는 철자 형성의 발달 단계에 따라 여러 유형의 철자전략을 사용한다. 철자 발달의 5단계(Gentry, 1982; Motas, 1995)의 특성은 다음과 같다.

- **1단계: 의사소통 이전 단계의 철자.** 아동은 낙서를 즐기고, 글자뿐 아니라 글자와 비슷한 형태를 선호하고 알파벳에서도 대문자를 선호한다. 아직까지 음소와 글자의 대응에 대한 이해가 없고, 쓰기에서 단어 간 띄어쓰기나 왼쪽에서 오른쪽으로 쓰기를 진행하는 것과 같은 활자의 관습적인 측면에 대한 이해가 부족함을 알 수 있다. 보통 학령 전 3~5세 아동이 보이는 특성이다.
- **2단계: 반표음식 철자.** 아동은 문자가 소리를 대표한다는 것에 대하여 약간은 인식을 하고 있으며 전체 단어를 나타내면서 한 글자 혹은 두세 글자로 줄여서 쓰기도 한다(예: day를 DA, laugh를 LF으로). 이때 아동은 불완전하기는 하지만 음성적으로 적당한 단어 표기를 할 수 있다. 그리고 아동은 왼쪽에서 오른쪽으로의 쓰기가 진행되는 것에 대해 인식하기는 하지만 아직 단어를 서로 떨어뜨려 놓아야 한다는 것에 대한 인식이 없어 단어를 함께 붙여 쓰기도 한다(예: Are you deaf?를 RUDF로). 5~6세 아동이 보이는 특성이다.
- **3단계: 표음식 철자.** 아동은 한 단어의 철자를 쓸 때 소리와 관련된 모든 필수적인 특성을 나타낼 수 있으며 소리에 기초하여 글자를 선택한다(예: peeked를 PEKT, come을 KOM으로). 아동은 소리뿐만 아니라 소리를 만들기 위한 입모양도 인식하고 있다(예: /w/를 쓸 때 y를 쓸 수도 있는데, 글자 y를 말하는 입의 모양이 /w/를 말하는 모양과 같기 때문이다.). 보통 6

세 아동이 해당된다.

- **4단계: 전이적 철자.** 아동은 소리를 표현하는 관습적인 대안을 사용하고 모든 음절에 모음을 포함시키기 시작한다(예: afternoon 대신 AFTERNEWN, trouble 대신 TRUBAL). 따라서 아동은 단어의 글자 유형을 더 잘 인식하게 된다. 상당히 많은 수의 단어를 정확하게 쓰기는 하지만 불규칙 변화를 하는 철자에서는 계속해서 실수를 많이 한다. 아동은 단어의 음성적인 요소와 두드러지게 나타나는 시각적 특성을 결합하여 철자를 쓴다. 일반적으로 7~8세 경에 전이적 철자가 나타난다.
- **5단계: 정확한 철자.** 아동은 많은 단어의 철자를 정확하게 알고 쓰며 영어 철자법의 기본 규칙을 따른다. 아동은 부정확하게 철자가 쓰인 단어를 찾아내며 대안적 철자를 생각할 수 있다. 이 단계는 보통 8~9세쯤 도달한다.

학생이 철자 발달의 연속선상에서 어느 지점에 있는가를 아는 것은 교사가 학생의 관점에서 철자를 잘못 쓰는 이유를 이해할 수 있도록 도와준다. 보통 공식적인 철자수업은 2학년 초에 시작되고 철자 발달의 5단계에서 학생의 수행을 촉진한다. 학생은 단어의 구조에 대한 지식을 확장하고 불규칙한 철자 유형을 학습한다. 일반적으로 9~11세 아동은 단어를 음절로 나누고 어미를 변화시키며(예:-es, -ed와-ing), 동음이의어(예: your와 you're)를 구별하는 것을 학습한다. 11~14세 아동은 형태소에 집중하고, 그리스어와 라틴어 계열의 어근과 접사를 배우고, 설사 모음과 자음 소리의 변화가 있더라도 철자가 비슷한 단어는 의미도 관련되어 있다는 것을 학습한다(예: medicine/medical, insane/insanity; Tompkins, 2002). 철자하기 능력은 매우 중요한데, 이는 글로 표현된 단어를 정확하게 읽을 수 있도록 하기 때문이다. 또한 잘못 쓰인 철자는 흔히 비호감의 인상을 줄 수 있으며 철자를 잘 틀리는 사람은 교육받지 못했거나 부주의한 사람으로 인식될 수 있다.

영어에서 음소(말소리)와 글자소(상징) 간의 관계는 항상 일관되지는 않다. 알파벳은 26개의 문자로 구성되어 있으나 영어로 된 말은 약 44개의 음소를 사용한다. 그리고 44개의 음소를 나타내는 철자가 500개 이상이 된다(Tompkins, 2002). Carreker(1999)는 24개의 말소리는 단지 하나의 철자만을 가지고 있는 경우(예:/a/-apple, /b/-bat, /p/-pig)와 철자 하나가 다른 철자에 비해 훨씬 더 자주 쓰이는 경우(예: /e/는 head의 ea보다 echo의 e를 철자로 훨씬 더 자주 사용하고, /f/는 cough의 gh나 photo의 ph보다 feel의 f를 훨씬 더 많이 사용한다.)가 있다고 보고했다. 반면에 20개의 음소는 빈도뿐만 아니라 단어에서 소리의 위치, 단어의 길이, 음절의 강세 혹은 주변음의 영향에 따라 철자의 선택이 달라진다(예: /z/-zoo 그리고 /t/-teacher, jumped). 따라서 다양한 단어의 철자와 단어가 발음되는 방식 간에는 차이점이 존재한다. 학습문제를 가진 많은 학생들은 규칙적인 철자체계 습득에 어려움을 가질 뿐 아니라 불규칙적인 철자 패턴 때문에 철자 쓰기를 배우는 것이 더 어렵고 복잡해진다.

보통 읽기에서 단어를 재인하는 데 어려움을 갖는 학생들은 철자를 쓸 때도 어려움을 겪는다(Carreker, 1999; Shanker & Ekwall, 2003). 그러나 일부 학생들의 경우 단어를 읽을 수는 있어도 철자를 잘 쓰지 못하기도 한다. 읽기와 철자하기 모두를 잘 못하는 학생은 철자 습득을 방해하는 음운 처리 과정에 결함을 갖는다. 반면에 읽기는 잘하지만 철자 쓰기를 못하는 학생들은 글자의 순서와 복잡한 철자 패턴과 언어 구조의 측면에 있어 미묘한 차이를 정확하게 회상해 내지 못한다(Moats, 1995). 따라서 한 단어의 철자를 쓰는 것은 한 단어를 읽는 것보다 더 어려울 수도 있다. 읽기는 독자가 단어 재인을 위한 단서(예: 문맥-문장의 전후관계)를 통해 해독(decoding)을 하는 과정이지만, 철자는 완벽한 시각 자극의 도움 없이 반응을 해야만 하는 부호화(encoding)의 과정이다. 철자는 모든 단어의 개별 글자에 대한 집중을 요하지만 읽기를 할 때는 단어의 철자를 정확하게 알거나 모든 철자에 대해 주의를 기울일 필요는 없다. 어떤 학생들은 읽기나 쓰기 모두에서 똑같은 유형의 실수를 하기도 한다. 예를 들면, 음성적으로 단어 읽기 기술이 부족한 학생들은 음성적 기술의 부족으로 인해 철자 쓰기도 잘 하지 못할 수 있다. 일반적으로 정상 범주의 학생들은 학년수준에서 70~100%의 정확도로 철자를 쓰고, 정상범주의 독자들은 단어를 받아 쓰면서 읽을 수 있는, 즉 음운론적으로 문제가 없는 철자 오류를 범한다.

단어의 정확한 철자 쓰기를 위해서 학생은 다음과 같은 다양한 능력을 사용해야 한다. 즉, 단어를 읽을 수 있고, 음운과 구조분석 간의 관계에 대한 지식과 기술을 가지고 있으며, 음성학적 일반화가 가능하며, 단어의 외형을 시각화하며, 기억으로부터 단어를 인출하고, 해당 단어를 쓰기 위해 운동능력을 사용할 수 있어야 한다. 철자 오류는 철자 규칙을 회상하는 데 혼동이 오거나(taking을 takeing으로), 불필요한 글자의 삽입(umbrella를 umbererlla로), 필요한 글자의 생략(family를 famly로), 철자의 대치(come을 kome으로), 불규칙한 단어의 음성적 철자(laugh를 laf로), 방향 혼란(saw를 was로), 강세 없는 음절의 모음 혼동(cotton을 cottin으로), 통제된 r 모음 소리(dirt를 dert로) 그리고 글자 순서의 도치(animals를 aminals로)로 인해 생겨난다. 따라서 철자에서의 어려움은 시각적 기억, 청각적 기억, 청각적 및 시각적 분별력, 주의력 결핍이나 운동기술의 문제에서 기인할 수 있다.

철자기술의 평가

학생의 철자수행 능력을 평가하기 위해서는 다양한 방법을 활용할 수 있으며 이를 통해 학생이 보이는 철자 오류의 특정 유형을 알 수도 있다. 철자평가에서는 표준화 검사나 준거참조검사 및 비공식적인 평가도구를 사용한다. 교사는 철자평가 도구를 선택하는 데 있어 평가도구가 무엇을 측정하는지, 그 제한점은 무엇인지, 검사를 보완할 수 있는 다른 검사도구로는 무엇이 있는지 뿐 아니라 치료 프로그램을 계획하는 데 필요한 구체적인 정보를 얻기 위한 비공식적인 평가기법을 사용해야 한다.

공식적인 철자평가

표준화된 철자검사(성취도 및 진단검사)는 규준참조검사이지만, 대다수의 공식적인 철자평가 도구는 준거참조검사다. 이 장에서는 철자기술을 평가하기 위한 성취검사, 진단검사 및 준거참조검사를 다루고자 한다.

성취도 검사와 진단검사

성취도 검사에는 철자 하위검사가 포함되며, 일반적인 철자능력에 대한 추정치를 제공한다. 성취도 검사는 두 가지 절차, 즉 철자의 회상과 재인을 통해 철자를 평가하는 검사다. 회상을 위한 검사에서는 문제가 구두로 제시되고 학생은 문장에서 사용하는 단어를 써야 한다. 반면에 재인을 위한 검사에서는 여러 개의 단어 중 정확하게 쓰인 단어를 선택해야 한다. 회상용 문항은 글쓰기 과정의 쓰기(writing) 단계와 관련이 깊은 반면, 재인용 문항은 특성상 교정(editing)의 단계이며 편집 단계와 관련이 깊다(McLoughlin & Lewis, 2001). 성취도 검사는 표준화된 기준과 비교할 수 있는 단일 점수를 산출해 내며 이를 학년 동치 점수로 환산할 수 있다. 따라서 성취도 검사에서는 일반적인 설문검사를 제공하고 그 결과를 바탕으로 교정적 수업과 진단이 필요한 학생들을 선별할 수 있다. 철자 하위검사가 포함된 성취도 검사 중 주로 사용되고 있는 검사는 다음과 같다.

- 아이오와 기초기술 평가(Hoover, Dunbar, & Frisbie,

〈표 9-1〉 진단검사 및 준거참조검사

검사	나이/학년 수준
진단검사	
철자쓰기검사 제4판(Larsen, Hammil, & Moats, 1999)	1~12학년
이 받아쓰기 시험은 10개의 기본 철자 시리즈에서 선정된 100개의 단어로 이루어져 있다. 시험은 소리-문자의 형태로 된 단어를 쓰는 아주 간단한 능력뿐만 아니라 철자를 예측하기 어려운 단어를 쓰는 능력도 평가한다. 검사는 개인 및 소집단으로 시행 가능하고, 시간은 약 20분 정도 소요된다. 표준점수, 백분율, 철자의 연령수준과 학년수준을 알 수 있다.	
준거참조검사	
브리건스 기초기술 진단평가 개정판(Brigance, 1999)	유치원~9학년
이 검사에는 발달적 및 연속적 위계로 배열된 철자기술을 평가하는 부분이 포함되어 있다. 검사는 철자 받아쓰기의 학년 배치평가, 첫 자음, 첫 자음 결합, 접미사 및 접두사를 포함한다. 또한 참조기술 부분은 사전 사용기술에 대한 검사를 포함한다. 각 검사와 관련된 교수목표가 명확하게 결정된다. 또한 결과는 학생의 성취수준을 결정하는 것뿐만 아니라 교사가 개별화된 프로그램을 개발하도록 돕는다.	

2001): 4개의 단어 중에서 정확하게 철자가 쓰인 단어를 선택하는 능력 또는 '실수가 없는 것'을 표시하는 능력을 평가한다.

- 카우프먼 교육성취검사 제2판(Kaufman & Kaufman, 2004): 점차적으로 난이도가 높아지는 50개 단어의 철자를 쓰는 능력을 평가한다. 검사자는 각각의 단어를 불러 주고 문장 안에서 사용된 예를 읽어 준다.
- 피바디 개인성취검사 개정판(Markwardt, 1998): 단어가 발음되는 것을 들은 후에 단어를 구성하는 철자를 정확하게 찾아내는 능력을 평가한다.
- 광역성취평가 제3판(Wilkinson, 1994): 종이 위의 철자 흔적을 따라 쓰는 기술, 자신의 이름 쓰기 및 받아쓰기로 단어 쓰기를 평가한다.

진단검사는 다양한 철자기술에서의 학생 수행에 대한 상세한 정보를 제공한다. 이러한 검사의 목적은 학생의 강약점을 결정하는 것이다. 진단적 철자검사는 〈표 9-1〉에 제시되어 있다.

준거참조검사

표준화된 규준참조검사(성취 및 진단)가 해당 학생의 수행을 표준집단에 속한 학생들의 점수와 비교한다면, 준거참조검사는 정해진 기준에 따라 수행을 기술하는 것이다. 따라서 준거참조검사는 주로 학년수준의 검사나 백분위 등급을 결정하는 것을 목표로 하기보다 구체적인 교수 계획의 수립을 목표로 한다. 교사는 학생이 특정 철자를 가르치기 위한 교수목표〔예: wh- 철자, 생략(축약) 또는 직업 관련 단어〕를 성취했는지를 결정하기 위해 준거참조형 철자검사를 사용한다. 이를 통해 교사는 학생이 학습한 기술이 무엇이고 어떤 기술을 가르쳐야 할지를 결정하게 된다. 또한 학생이 한 과제에서 다른 과제로 이동할 때마다 진전에 대한 객관적 측정 결과를 제공하고 현재의 수행과 이전의 수행을 비교한다. 준거참조형 철자검사는 〈표 9-1〉에 제시되어 있다.

비공식적인 철자평가

교사는 구조화된 관찰, 학생의 태도, 쓰기 결과물, 구어 반응에 대한 평가를 통하여 진단적 정보를 얻을 수 있다. 철자에 대한 태도 및 사전을 사용하는 자발성뿐만 아니라 학생이 학습과 관련된 습관과 좌절감을 어떻게 다루는가에 대해서도 살펴보아야 한다. 또 쓰기 결과물을 분석하여 오류를 일으키는 쓰기문제(문자 형태나 띄어쓰기), 특정한 유형의 오류, 학생의 어휘력 그리고 철자 규칙에 관한 지식과 관련된 정보를 알 수 있다. 또한 교사는 학생의 구어 반응을 관찰하고 그들이 가진 발음, 조음 및 방언 관련 문제에 주목해야 한다. 그리고 철자를 말로 하는 것으로는 음성능력과 단어의 철자를 말로 나타내는 방법(예: 단위, 문자, 이중자음, 혹은 음절로)에 대해 알 수 있다.

부록에 제시된 철자영역과 기술계열의 목록은 비공식적인 평가의 측정도구를 고안할 때 사용할 수 있으며, 학생이 철자에서 진보를 보임에 따라 적절한 교육목표를 설정하고자 할 때도 사용할 수 있다. 다음에서는 철자 받아쓰기 검사, 비공식적인 철자평가 도구, 교육과정 중심 측정, 철자 오류 분석, 빈칸 채우기, 확인평가 그리고 감각양상검사와 같은 비공식적인 평가 기법들을 소개한다.

철자 받아쓰기 검사

철자 받아쓰기 검사는 철자의 다양한 기술을 평가하고 철자의 학년수준을 결정하기 위해 주로 사용되는 방법이다. 모든 학년의 단어 목록에서 검사에 사용될 단어를 선택할 수 있으며, 학생의 수행은 철자의 학년수준을 나타낸다. 난이도가 증가하는 받아쓰기 단어 목록을 사용하여 학생의 수행이 70~90%의 정확도를 나타낼 때 교수수준이 결정된다. 받아쓰기 단어 목록을 사용하여 음소-글자 연합(like, bike, hike), 철자 일반화(stories, cries, tries), 동음이의어(pain, pane; pear, pair), 기능어(menu, restaurant, cashier)와 같은 영역에서 기술을 평가할 수 있다. 〈표 9-2〉에 제시된 받아쓰기 검사는 2학년과 3학년 학생들을 위한 철자목표를 평가할 수 있다. 교사는 오류분석을 통하여 손쉽게 학생의 약점이 무엇인지를 파악할 수 있다.

또한 자주 사용되는 글자와 종종 철자를 잘못 쓰는 단어에서의 학생 숙달 정도를 결정할 수 있다. Shanker와 Ekwall(2003)은 100개의 최고빈도 단어가 쓰기 초기 단계에 사용되는 단어의 60%에 해당한다는 것을 밝혀내었다. 또한 the, of, and, a, to, is, in과 you의 8개 단어는 글쓰기에 사용되는 모든 단어의 18%를 차지한다고 하였다. 더욱이 Kuska, Webster와 Elford(1964)는 언어학적으로 불규칙하고 철자 규칙을 따르지 않으면서 주로 표기가 잘못 이루어지는 단어의 목록(예: ache, fasten, nickel, scratch, double)을 제시하였다.

비공식적인 철자평가 도구

비공식적인 철자평가 도구(informal spelling inventory: ISI)는 철자와 관련된 학업성취에서 해당 학생이 근접한 학년수준을 결정하는 데 사용할 수 있다. 이러한 도구는 기본 철자 시리즈 책에서 단어 샘플을 선택하여 만들 수 있는데(Mann, Suiter, & McClung, 1992), 1학년 책에서는 약 15개의 단어를, 2~8학년 책에서는 각각 20개의 단어를 선택한다. 그리고 각 단계별 단어 총수를 20으로 나누어 무작위로 선택한다. 예를 들면, 단계별로 300개의 단어를 20으로 나누면 15개가 된다. 따라서 각 단계마다 15개의 단어가 선정되어 ISI에 포함된다. 4학년 이하의 학생들에 대한 평가는 1학년 수준의 단어에서부터 시작하고, 5학년 이상의 학생들에 대한 평가는 3학년 수준의 단어에서부터 시작한다. 검사는 받아쓰기 형태로 실시되는데, 교사가 검사를 위한 단어를 말하고 그것을 문장에서 사용하며 다시 단어만 반복해서 말한다. 학생들 중에는 문장 없이 단어만 제시하는 것을 선호하기도 한다. Shinn, Tindal과 Stein(1988)은 학생에게 단어를 말해 줄 때 7초 간격이 적절하다고 제안하였다. 학생이 6개의 단어를 연속해서 부정확하게 반응하면 검사를 마친다.

교육과정 중심 측정

철자기술에 대한 교육과정 중심 측정을 이용하여 학생의 철자기술을 평가하기 위해서는 철자 교육과정에 사용된 단어에 대한 비율표본(rate sample)을 사용한다. 평가과정은 적절한 단어 목록을 선택하면서부터 시작한다. Tindal과 Marston(1990)에 의하면 단어 목록은

〈표 9-2〉 철자 받아쓰기 검사와 목표

철자단어	철자목표	문장에 사용된 철자단어
1. man		The man is big.
2. pit		The pit in the fruit was hard.
3. dug	단모음과 선택된 자음	We dug a hole
4. web		She saw the spider's web.
5. dot		Don't forget to dot the i.
6. mask	자음으로 시작하거나 끝나는 단어	On Halloween the child wore a mask.
7. drum		He beat the drum in the parade.
8. line	자음-모음-자음	Get in line for lunch.
9. cake	묵음 e	We had a birthday cake.
10. coat	이중모음	Put on your winter coat.
11. rain		Take an umbrella in the rain.
12. ice	c와 g가 나타내는 다양한 자음 소리	Ice is frozen water.
13. large		This is a large room.
14. mouth	이중모음을 포함하는 단어	Open your mouth to brush your teeth.
15. town		We went to town to shop.
16. boy		The boy and girl went to school.
17. bikes	복수	The children got new bikes for their birthdays.
18. glasses		Get some glasses for the drinks.
19. happy	y를 짧은 i로 발음	John is very happy now.
20. monkey		We saw a monkey at the zoo.
21. war	모음의 영향을 받는 r 소리	Bombs were used in the war.
22. dirt		The pigs were in the dirt.
23. foot	oo가 2개의 소리가 남	Put the shoe on your foot.
24. moon		Three men walked on the moon.
25. light	소리가 나지 않는 글자를 가진 단어	Turn on the light so we can see.
26. knife		Get a fork and knife.
27. pill	마지막에 쓰인 자음을 다시 한 번 더 씀	The doctor gave me a pill.
28. bat	접미어를 붙이기 전 마지막 자음이 겹치는 자음-모음-자음 패턴	The baseball player got a new bat.
29. batter		The batter hit a homerun
30. didn't	줄임말	They didn't want to come.
31. isn't		It isn't raining today.
32. take	접미사 붙기 전 마지막 e 없어짐	Please take off your coat.
33. taking		He is taking me to the show.
34. any	발음과 일치하지 않는 철자	I did not have any lunch.
35. could		Maybe you could go on a trip.
36. ate	동음이의어	Mary ate breakfast at home.
37. eight		There are eight children in the family.
38. blue	동음이의어	The sky is blue.
39. blew		The wind blew away the hat.
40. baseball	합성어	They played baseball outside.

음운론적인 규칙성(예: 일관성을 가진 단어들 혹은 문자-음소 관계의 일반성) 또는 빈도(예: 쓰기에서 자주 사용되는 단어)와 같은 특성을 반영할 수 있다. 또한 철자 교육과정의 수준이나 특정 읽기 시리즈의 새로운 단어 목록에서 단어를 선정할 수도 있다. 단어는 무작위로 선택하는데, 색인 카드에 검사 문항의 모든 단어를 쓴 후 매 검사 실시 전 카드를 섞어서 검사에 사용할 카드를 무작위로 뽑는다.

철자과제에 대한 답으로는 학생에게 선택형으로 여러 개 중 답을 고르게 하거나 답을 채워 넣는 완성형을 사용할 수 있다(Tindal & Marston, 1990). 단어나 문장을 수정하게 할 때는 부정확하게 쓴 단어에 밑줄을 긋게 하거나 또는 구에 제시된 특정 단어를 나타내는 빈칸을 제시하고 학생이 밑줄 친 단어를 대체하거나 빈칸을 채울 단어를 몇 가지 답 중에서 선택할 수 있도록 한다. 예를 들면 다음과 같다.

1. Her dress had a stane on it.
   a) staed b) stain c) stan d) stene
2. The wind _____ his hat away.
   a) bled b) blew c) bliew d) blued

교사가 목록에 포함된 단어를 구두로 제시할 때, 학생은 단어의 철자를 받아쓰기로 완성해야 한다. 교사는 2분 동안에 단어 각각을 두 번씩 불러 주고 문장 안에서 동음이의어를 사용한다. 4~8학년 학생들은 7초 간격을 두고 더 어린 학생이나 소근육 사용에 어려움이 있는 학생들은 10초 간격을 둔다. 학생이 쓴 답에 대한 점수는 정확하게 철자를 쓴 단어의 수나 정확하게 배열한 글자의 수로 정할 수 있다. 후자는 글자를 정확하게 연속적으로 배열하는 것을 강조하며, 첫 번째 글자 앞과 마지막 글자에 뒤따르는 여백도 문자 배열을 셀 때 포함시킨다. 따라서 학생이 정확하게 쓴 단어에 대한 정확한 글자 배열의 수는 단어의 글자 수보다 하나 이상이 더 많게 된다.

1. 정확한 철자: l a z y (5개의 정확한 글자 배열)
2. 부정확한 철자: l a s ŷ (3개의 정확한 글자 배열과 2개의 부정확한 글자 배열)

Deno, Mirkin과 Wesson(1984)은 1~2학년 학생들을 대상으로 한 수업목표는 20~39개의 글자를 정확하게 배열하는 것이며, 3~6학년 학생들의 경우는 40~59개의 글자를 정확히 배열하는 것이 수업목표가 된다고 제안하였다. 이들 연구자들은 장기목표로 1~2학년은 60~80개, 3~6학년은 80~140개의 문자를 정확히 배열할 것을 제안하였다. 개별화된 오류분석은 적절한 수업을 계획하는 데 도움이 된다.

교사는 한 학년 혹은 학급을 구성하는 모든 학생을 대상으로 검사할 수 있으며 전체 집단에 대한 기록표를 개발할 수 있다(3장 참조). 〈표 9-3〉은 철자단어 목록을 사용하고 점수화하기 위한 교육과정에 기초한 평가절차를 나타낸 것이다. 철자에 어려움을 경험하는 학생(예: 전체 평균의 1 표준편차 이하인 학생)을 선별할 수 있으며 교육 계획을 결정할 수 있다. 수업을 평가하기 위해서는 학생이 주별로 나타내는 철자 관련 수행을 보여주는 그래프를 사용한다([그림 9-1] 참조).

철자 오류 분석

철자 오류 분석표는 학생의 철자 관련 강점과 약점에 대한 특징을 제공한다. 학생이 매번 특정 오류를 보일 때마다 그것을 그래프에 기록한다. 작문뿐만 아니라 받아쓰기 검사를 통해서도 철자 오류를 분석할 수 있다. Taylor와 Kidder(1988)는 1~8학년 학생들의 잘못된 철자를 분석하여 가장 빈번하게 나타나는 철자 오류가 단어에서의 글자를 생략(예: hopping을 hoping으로, suppose를 spose로)하는 것이라는 것을 밝혀내었다. 철자 오류에는 단어를 소리 나는 대로 쓰거나(daughter를 doter로), 문자를 생략하거나(across를 aross로), 이중모음을 잘못 쓰거나(speech를 speach로), 단어에서 글자를

〈표 9-3〉 철자 목록의 적용과 점수화를 위한 교육과정 중심 측정

- 1단계: 목표수준의 철자 교육과정 교재에서 20개의 단어를 무작위로 선정한다.
- 2단계: 각 학생에게 줄이 쳐 있고 번호가 쓰인 종이를 제시한다.
- 3단계: 지시사항을 준 후에 목록에 있는 단어를 그 자체로, 문장이나 구에서, 독립적으로 다시 읽어 줌으로써 철자시험을 치른다. 7~10초에 한 단어 정도를 받아 쓸 수 있는 속도로 하며, 모든 학생이 끝냈으면 바로 다음을 읽어 준다. 힌트가 될 질문도 하지 말고 요구(예: "천천히 해 주세요.")도 무시한다. 2분 후에 시험을 끝낸다.
- 4단계: 단어와 철자의 순서가 옳은지 살펴본 수행의 결과를 점수화한다
- 5단계: 정확히 철자를 한 단어와 글자의 수에 따라 전체 집단의 박스 좌표를 작성한다
- 6단계: 바른 철자 순서에 근거한 점수가 적힌 평가지(protocol) 각각을 분석한다. 학생을 적절하게 지도하기 위해 적절한 학생 집단에 배치시킨다.
- 7단계: 학생의 오류 패턴에 근거한 지도를 시작한다.
- 8단계: 교육과정 절차와 일치하는 새로운 단어를 매주 소개한다. 이전에 배운 단어의 숙달 정도에 따라 다양한 수의 새로운 단어가 소개된다. 교수를 평가하기 위하여 지속적으로 평가 결과를 그래프로 나타낸다([그림 9-1] 참조). 학생 그룹 배치는 학습된 단어의 정도에 따라 이루어지므로 진보 정도에 따라 학생은 그룹 간 이동을 할 수 있다.

[그림 9-1] 학생의 주간 철자점수 그래프

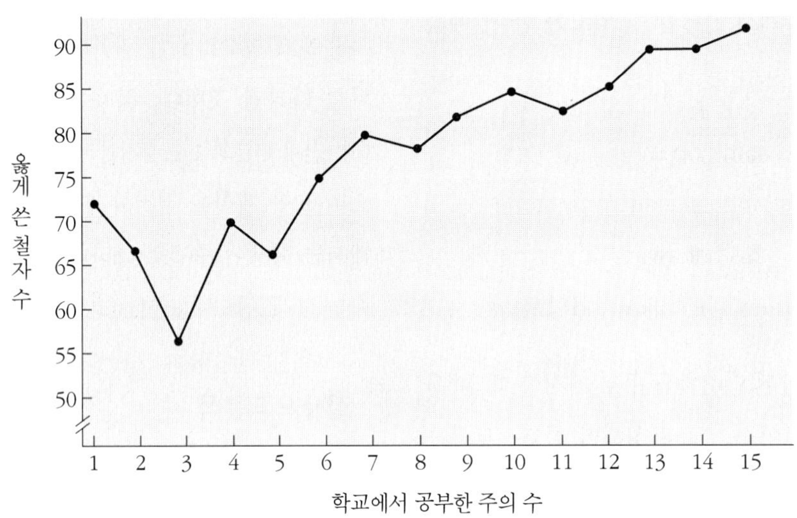

도치하거나(corner를 croner로), 부정확한 모음을 쓰거나(job을 jab, animals를 anemals로), 의미가 다른 동음이의어를 쓰거나(piece를 peace로), 불필요한 문자를 삽입하거나(ugly를 ulgly로), 필요 없는 자음을 중복하거나(until을 untill로), 묵음을 생략하는(bomb을 bome으로) 것이 포함된다(Hitchcock, 1989). 따라서 다음의 특정한 오류 유형은 철자오류 분석표에 기록한다. 즉, 필요 없는 글자의 첨가, 글자의 생략, 전체 단어, 자음 순서, 음절의 도치, 학생의 잘못된 발음이나 방언에서 비롯된 오류 그리고 비음성적 단어에 대한 음성적 철자다. 또한 잘못된 철자는 음성적이거나 비음성적인 것으로 나눌 수 있다. 음성적인 오류는 단어의 철자를 쓸 때 음성적 규칙을 사용하기는 하지만 학생이 그 규칙을 정확하게 적용하지 못하거나 해당 단어가 규칙에 적용되지 않는 경우에 발생한다. 반면에 비음성적인 철자는 음성적 규칙을 토대로 하지 않는다. Burns(1980)에 의하면 대부

분의 오류는 단어의 음절 중간에 있는 모음에서 발생한다. 또 오류의 67%는 글자의 대치나 생략에서 비롯되고, 20%는 글자의 첨가, 삽입 또는 전환에 기인한다. 교사는 철자 오류를 세밀히 분석함으로써 오류가 가진 일관적인 패턴에 주목하고 적절한 수업을 계획할 수 있다.

빈칸 채우기

빈칸 채우기는 철자를 검사하는 시각적인 방법이다. 학생은 빈칸에 정확한 답을 씀으로써 문장을 완성한다. 예를 들면, 'The opposite of down is ____' (up). 또한 다음과 같이 학생에게 단어를 쓰거나 빠진 문자를 보충하도록 한다. 'The clouds are in the ____s' (sky). 또는 'Please give me a glass of w ____t ____r' (water). 빈칸 채우기는 특히 철자 일반화에 대한 학생의 지식을 평가할 때 유용하다. 'The man was run ____ to catch the bus' (ning)의 예처럼 학생은 빈 칸 채우기에서 ing를 덧붙이기 전에 마지막 자음을 중복해야 하는 규칙을 알고 있어야 한다. 또한 선다형 양식을 사용할 수 있다. 예를 들면, 'Mary needed ______ to pay for her lunch' (munny, mony, money, monie). 시각적인 빈칸 채우기는 청각적인 받아쓰기와 함께 사용하면 더욱 효과적이다.

확인평가

여러 번의 확인평가(예: 그림 보기-단어 쓰기, 단어 보기-생략어 쓰기, 단어 듣기-단어 쓰기, 또는 부분 단어 보기-빠진 문자 쓰기)를 통해 교사는 학생이 얼마나 잘 수행하는가에 대한 신뢰성 있는 지표를 얻을 수 있다. Starlin과 Starlin(1973b)은 유치원생에서 2학년 학생들의 숙달 비율을 독립수준에서는 2개 이하의 오류 및 분당 30~50개의 정확한 글자로, 그리고 교수수준에서는 3~7개의 오류 및 분당 15~29개의 정확한 글자로 제안하였다. 3학년에서 성인은 분당 50~70개의 정확히 쓴 글자의 수와 2개 이하의 오류를 독립수준으로 보았으며, 25~49개의 정확히 쓴 글자의 수와 3~7개의 오류를 교수수준으로 보았다. 혹은 만족스러운 수준의 성취를 보이는 학생들로부터 정보를 수집하여 철자에 어려움을 겪는 학생들의 평가할 수 있는 비교 가능한 비율을 얻을 수도 있다. 철자 생략에 대한 확인 평가지 견본은 [그림 9-2]에 제시되어 있다.

[그림 9-2] 철자 생략에 대한 확인 평가지 견본

과제: 단어를 보고 축약 형태를 쓰시오.

do not ______________
I will ______________
can not ______________
have not ______________
we are ______________
I am ______________
could not ______________
is not ______________
it is ______________
you are ______________
she is ______________
are not ______________
would not ______________
I have ______________
did not ______________
they would ______________
has not ______________
was not ______________
they are ______________
he will ______________

이름: ______________
시간: 1분
정확하게 쓴 단어의 수: ______________
부정확하게 쓴 단어의 수: ______________

감각양상검사

감각양상(modality) 선호검사는 Westerman(1971)이 기술한 것으로 다섯 가지 입력/출력 통로의 결합을 통해 학생의 수행을 평가한다.

1. 청각-음성적: 교사는 단어를 크게 읽고, 학생은 그

단어의 철자를 말한다.

2. 청각-운동적: 교사는 단어를 크게 읽고, 학생은 종이에 그 단어를 적는다.
3. 시각-음성적: 교사는 플래시카드로 단어를 보여 주고, 학생은 그 단어의 철자를 크게 말한다.
4. 시각-운동적: 교사는 플래시카드로 단어를 보여 주고, 학생은 종이에 그 단어를 적는다.
5. 다감각적인 결합방법: 교사는 플래시카드로 단어를 보여 주고 철자를 크게 말하며, 학생은 그 단어의 철자를 크게 말하고 종이에 단어를 적는다.

감각양상검사에서는 40개의 새로운 단어를 8개씩 5세트로 나눈다. 4일 연속해서 학생은 다섯 가지 양상 각각을 통해 단어를 2개씩 학습하고 매일 종료시간에 받아쓰기 시험을 본다. 5일째 되는 날, 학생은 40개의 단어 모두에 대해 시험을 본다. 감각 양상별로 정답의 수는 학생이 어떤 양상을 선호하는지를 보여 준다. 이러한 종류의 평가 정보는 개별화 교육을 계획하는 데 유용하게 사용할 수 있다. 예를 들면, 청각-운동적 선호도를 가진 학생들은 녹음기를 사용하여 단어를 듣고 각 단어를 적으면서 새로운 단어를 학습한다. 이와 유사하게 시각적 학습자들은 단어를 볼 수 있는 많은 기회를 제공받아야 한다.

철자기술의 교수

아홉 가지의 철자 관련 능력은 학생이 효과적으로 철자를 쓸 수 있도록 돕는다. 이 아홉 가지 기술과 그에 상응하는 하위 영역은 〈표 9-4〉에 제시되어 있다. Carreker(1999)에 의하면 교사는 철자지도에서 적극적인 역할을 해야 하고, 학생은 철자와 관련된 언어 구조(예: 말소리, 가장 빈번히 사용되고 유용한 문자 유형, 구어를 문어로 표현하는 방법 등)에 대해 명확하게 배워야 한다. 또한 Simonsen과 Gunter(2001)는 철자교수의 최상의 실제에 대한 논문을 종합 분석하였는데, 매우 효과적인 철자 프로그램은 철자를 음소적으로, 전체 단어 및 형태소적 접근법을 통하여 가르치고, 계열적 교수, 복습의 축적, 분산된 연습, 체계적인 오류수정과 같은 요소를 직접 교수하는 것이라고 하였다. Hauerwas와 Walker(2003)는 철자 결함이 있는 일부 학생들이 단어의 형태보다는 문장 받아쓰기에서 철자를 쓰는 데 더 큰 어려움을 보인다는 것을 발견하였다. 어형 변화와 관련된 철자 결함을 가진 학생들을 위한 지도 프로그램은 구어적 형태론(oral morphology)과 작문형 형태론(written morphology) 간의 관련성에 대해 직접교수를 해야 하

〈표 9-4〉 철자 관련 능력

능력	하위 영역
청각적 변별	자음과 모음 소리를 구별하고 단어를 정확하게 발음하는 능력
자음	단어의 처음, 가운데, 마지막에 있는 자음과 자음 혼성어에 대한 지식
표음문자	단어의 처음, 가운데, 마지막에 있는 표음문자를 구분하고 단어 표음문자를 구분하는 능력
복수	복수형을 만들기 위하여 -s, -es 붙이기, f를 v로 바꾸고 복수형 만들기, 예외 알기
분절법	단어를 음절로 나누는 능력
구조적 요소	어근, 접두어, 접미어에 대한 지식
어미 변화	마지막 y, e 그리고 마지막 자음을 가진 단어의 어미를 변화시키는 능력
이중자와 이중모음	2개의 철자로 하나의 소리를 내는 이중자(ai, ea, ay, ei, ie) 혹은 이중모음(oe, ou, ow) 형태를 가진 단어의 철자를 아는 능력
묵음 e	단음절 단어가 묵음 e로 끝날 경우에 대한 지식

고 학생들이 문장과 구문에서 배운 것을 일반화시킬 기회를 제공해야 한다고 하였다.

공부해야 할 단어를 선택하기 위하여 Graham(1999)은 단어 선택의 네 가지의 접근방법에 대해 논의했다. 학생이 쓰기, 읽기 혹은 내용 교과에서 단어를 선택하게 한다. 가르칠 단어는 학생이 자주 틀리게 쓰는 것으로 한다. 쓰기를 할 때 자주 사용하는 단어를 가르친다. 철자를 쓰는 것은 다르지만 관련성이 있는 유형(장모음 e를 발음하면 ee, ea 등)의 단어를 구별하게 한다.

Shanker와 Ekwall(2003)은 음성 규칙에서 예외가 되는 단어에서는 거의 모든 학생들이 철자 오류를 매우 자주 보인다고 하였다. 그들은 쓰기를 할 때 가장 빈번히 나타내는 단어의 철자 오류를 학생들이 수정할 수 있도록 하는 것이 좋다고 하였다. 또한 철자는 모든 교과목에서 강조되어야 하고, 학생이 더욱 효과적으로 쓰기를 할 수 있도록 해 주는 기술로 간주되어야 한다.

학습문제를 가진 학생들을 위한 철자지도에 관한 연구에서 McNaughton, Hughes와 Clark(1994)는 다음의 전략들이 철자기술의 학습을 강화할 수 있다고 하였다. 즉, 날마다 제시하는 새로운 어휘의 수를 제한하기, 자기 주도적 학습 및 또래교수를 위한 기회 제공하기, 학생이 연습하면서 문자의 이름을 크게 말하도록 지도하기, 형태학적 분석 가르치기, 즉각적인 오류의 모방 및 교정, 동기를 유발하는 강화제의 제공 및 정기적인 재검사와 복습하기를 제안하였다. Graham(1999) 또한 철자교수의 효과적인 다양한 방법, 즉 시험-학습-시험 방법, 교정된 검사법(학생이 철자시험 후에 즉시 오류를 수정하는 것 등), 체계적인 학습전략(철자를 씀과 동시에 말하기 등), 나누어 연습하기(단어 추가하기 프로그램 등), 숙달해야 할 단어의 수 줄이기, 협동학습(또래교수 등), 과제 수행 및 결과물에 대한 자기 모니터링과 목표 설정, 강화 그리고 수행의 결과물에 대해 논의하였다. 다음의 교수방법과 전략은 철자에 어려움을 가진 학생들에게 철자기술을 교수할 때 사용할 수 있는 대안이다.

규칙에 기초한 교수

철자교수는 규칙학습과 일반화에 기초한다. 학생은 일반적인 철자 규칙을 학습한 후 친숙하지 않은 단어에 그 규칙을 적용할 수 있다. 이러한 규칙은 언어 및 발음 모두를 지도하는 데도 사용될 수 있다.

철자를 가르치기 위한 언어적 접근은 음운과 철자가 대응되는 규칙성이 있다는 것에 근거한다. 이 방법은 철자 유형의 체계적 특성을 강조하고 철자 규칙, 일반화, 일견단어에 적용되는 유형을 지도한다. 철자는 특정 언어 유형을 따라서 선택된다(예: cool, fool, pool; hitting, running, batting).

철자를 교수하기 위한 음운론적 접근은 단어 요소 내의 음소와 활자소 간의 관계를 강조한다. 학생은 소리와 특정 철자 혹은 철자 조합 간의 연관성을 배운다. 따라서 음운학적 규칙은 학생이 소리가 어떻게 철자가 되는지를 알 수 있게 한다. 발음지도를 통하여 학생은 음절에 따른 철자를 배울 수 있다. 학생은 단어를 가능한 한 작은 소리단위로 나누기, 각 음절에 따른 발음 및 철자 혹은 개별 소리를 의미하는 철자를 쓰는 것을 배울 수 있다.

(언어적, 음성적) 규칙을 지도할 때는 가능한 한 많은 단어에 적용되고 예외가 거의 없는 철자 규칙과 일반화를 가르쳐야 한다. 일반 규칙은 75% 이상의 단어에서 적용 가능하다. Carreker(1999)는 학생으로 하여금 시각적 특성에 집중하도록 하여(기본 단어에서 한 글자를 겹쳐 쓰거나 생략 혹은 변화시키기 등) 단어 암기에 도움이 되는 규칙을 가르치는 것에 주목했다. 철자 규칙은 학생이 스스로 규칙을 발견하고 일반화할 수 있도록 유도함으로써 가르칠 수 있다. 공통된 언어 특성을 가진 단어를 분석한 후, 학생은 익숙하지 않은 단어에 그 규칙을 적용한다. 일반화가 가능해지면 규칙의 예외에 대해 이야기한다. 학생은 규칙이 변화될 수도 있고, 일부 단어의 경우 철자 규칙이 적용되지 않을 수도 있음을 배워야

한다.

Hanna, Hodges와 Hanna(1971)는 철자를 가르치는 데 음성학적 접근이 자주 사용되고 있기는 하지만 철자의 약 50%만이 정규적인 발음 규칙을 따른다는 것에 주목했다. Dixon(1991)은 철자를 지도할 때 형태분석을 함께 하는 것이 음운의 불규칙으로 인해 생기는 철자의 오류를 줄여 줄 것이라고 제안하였다. 따라서 음운론적이며 형태론적인 일반화 모두에 주목하는 것은 학생의 문제해결에 도움을 줄 것이라고 보았다. 예를 들면, 형태소적 지식은 학생에게 /jumpt/가 두 개의 형태소(기본 단어 /jump/와 과거 시제를 의미하는 접미어/t/)로 구성되어 있다는 것을 알려 준다. 따라서 학생은 /t/를 ed(t가 아닌)로, jumped(jumpt가 아닌)로 쓴다는 것을 알 것이다.

다감각적 접근법

철자는 시각적, 청각적, 운동감각적 형태의 기술을 포함한다. 학생은 시각적, 청각적 인식과 알파벳 철자를 변별해야 하고 쓰기를 위한 운동조절을 할 수 있어야 한다. 따라서 청각, 시각 및 촉각을 사용하여 단어 쓰기를 학습한 학생은 단어를 쓰기 위한 단어의 회상을 좀 더 쉽게 할 수 있는데, 감각 양상이 기억을 이끌어 낼 수 있기 때문이다.

Fernald(1943, 1988)의 다감각적 접근은 4개의 감각 양식—시각적, 청각적, 운동적, 촉각적(VAKT) 양식—을 포함한다. 이 접근에서 Fernald는 철자학습에 중요한 영역, 즉 단어 형태에 대한 명확한 인식, 단어의 분명한 시각적 이미지의 개발, 그리고 운동 형식이 자동화될 때까지 반복적인 쓰기 습관을 형성하는 것이 중요하다고 강조하였다. 다음은 새로운 단어의 쓰기를 배우는 단계다.

1. 교사는 단어를 쓰고 말할 때 학생이 지켜보고 듣도록 한다.
2. 학생은 단어를 말하면서 손가락으로 단어를 따라 쓴다(tracing). 단어의 각 음절을 강조해서 조심히 발음하면서 천천히 따라 쓰기 혹은 쓰기를 한다.
3. 단어를 기억해서 쓴다. 만일 정확하게 쓰지 못하면 위의 2단계를 반복해야 한다. 단어를 정확하게 쓰면 파일박스에 넣는다. 이후에 파일박스 안의 단어는 이야기 만들기에 사용한다.
4. 이후 단계에서 학습을 위한 따라 쓰기 방법이 항상 필요한 것은 아니다. 학생은 교사가 말하고 쓰는 것을 관찰하면서 단어를 배울 수 있고, 이후 혼자서 말하고 쓸 수 있다. 진전을 보이면 학생은 인쇄물의 단어를 보고 쓰면서 배우게 되고, 마침내 단어를 보는 것만으로 배울 수 있게 된다.

길링엄 방법(Gillingham & Stillman, 1970)은 반복 및 훈련을 통해 알파벳 체계를 사용하는 것이다. 글자-소리의 대응을 다감각적 접근법—시각적, 청각적, 운동감각적 방법—을 사용하여 가르친다. 처음에는 소리-상징이 일관성 있게 일치되는 단어를 선택하여 소개한다. 학생은 단음절 단어를 읽고 쓰는 경험을 하고, 또 분리되었지만 규칙적인 음절도 읽고 쓴다. 한 음절 이상의 단어는 음절에 따라(예: Sep tem ber) 배운다. 철자가 일관적이지 못한 단어는 구조적 특성에 따라 조심스럽게 연결하며, 특정 규칙을 따르는 단어들끼리 함께 묶는다. 단어의 철자를 학습할 때 사용하는 전략은 **동시적 구어 철자능력**(simultaneous oral spelling)이라고 한다. 교사가 한 단어의 철자를 말하면 학생은 그 단어를 반복하며 철자의 이름을 크게 말하며 쓴다. 그러고 나서 자신이 쓴 단어를 읽는다. 이 연습에서는 소리보다는 철자의 이름을 사용하여 말한다. 그러므로 이 전략은 비음성적 단어에도 적용할 수 있다. 학생이 세 글자 이상이면서 음성적으로 불규칙이지 않은 단어를 쓸 수 있게 되면 학생에게 문장과 이야기 쓰기를 소개한다. 비음성적 단어는 반복연습을 통해 가르친다. 그러므로 길링엄 방법은 두 가지 관점에서 Fernald(1943, 1988)의 접근법과 다르다. 즉, 가르칠 단어가 학생 자신에 의해 선택되기보다는 쓰기의 필요성에 따라 순차적으로 세심하게 선택되어야 하며, 일견단어보다는 개별 철자와 소리에 초점을 맞춰 지도해야 한다. *How To Teach Spelling*(Educators Publishing Service에서 구입 가능)은 읽기와 철자에 있어 길링엄 접근법을 기초로한 포괄적 지침서다.

Kearney와 Drabman(1993)은 학습문제를 가진 학생의 시각-청각적 양식에 즉각적인 피드백을 주기 위해 만들어진 수정된 쓰기-말하기 철자 중재법을 사용하였다. 다음 절차를 따름으로써 학생이 쓴 철자의 정확성은 상당 수준 높아졌다.

- 첫째 날: 학생은 단어 목록을 받고 스스로 공부한다.
- 둘째 날: 단어 목록의 시험을 보고 수행 결과에 대해 교사로부터 언어적 피드백을 받는다. 학생은 틀린 단어를 5번 크게 읽으면서 정확히 적는다(철자를 하나하나씩).
- 셋째 날: 잘못 쓴 단어를 10번 연속해서 바르게 다시 쓰면서 절차를 반복한다. 그러나 잘못 썼던 단어를 동시에 다시 쓰고 말할 수 있는 학생은 제외한다.
- 넷째 날: 잘못 쓴 단어를 15번 연속해서 바르게 다시 쓰면서 절차를 반복한다. 그러나 잘못 썼던 단어를 동시에 다시 쓰고 말할 수 있는 학생은 제외한다.
- 다섯째 날: 철자의 정확성을 평가하기 위하여 학생은 교사가 목록에서 불러 주는 단어를 쓴다.

반복의 특성을 가진 또 다른 다감각적 접근법은 가리고 쓰는 방법이다. 학생은 다음 단계에 따라 철자 쓰기를 배운다.

1. 학생은 단어를 보고 말한다.
2. 학생은 단어를 보면서 2번 쓴다.
3. 학생은 단어를 가리고 다시 쓴다.
4. 학생은 단어를 보면서 철자를 확인한다.

학생은 단어를 보면서 최대 3번까지 쓰고는 단어를 덮고, 쓰고, 철자를 확인하는 단계를 반복한다.

시험-학습-시험 방법

철자를 가르치기 위한 시험-학습-시험 방법은 자주 사용되었다. 학생은 각 단원 공부를 시작할 때 먼저 사전 시험을 본다. 사전 시험에서 학생이 틀린 단어는 학습을 위한 목록에 포함된다. 수업 후에는 숙달 정도를 알아보기 위한 또 다른 시험을 본다. 차트에 진전을 기록하고 두 번째 시험에서 잘못 쓴 단어는 다음 단원의 단어 목록에 추가한다.

학습-시험 방법은 사전 시험이 없다는 것을 제외하면 시험-학습-시험 방법과 유사하다. 학생의 단어 목록은 학습할 단원을 구성하는 전체 단어로 구성된다. 학생은 다양한 철자 활동을 마친 후에 시험을 본다. 시험-학습-시험 방법은 학습-시험 방법보다 철자시험의 결과가 더 좋게 나올 가능성이 높은데, 이는 학생이 사전 시험을 통해 이미 철자를 알고 있는 단어가 무엇인지를 알고 그것을 제외한 잘 모르는 단어에 초점을 맞추어 공부하기 때문이다.

또한 일부 연구결과에서 의하면 부가적인 강화방법을 사용하면 학생들이 보다 높은 시험점수를 받기 위해 열심히 공부하도록 할 수 있다고 하였다. 예를 들어, Lovitt, Guppy와 Blattner(1969)는 주 4회(화요일~금요일) 시험을 보면서 그 주의 단어 목록을 100% 맞히면 그 주에 봐야 할 나머지 철자시험을 면제해 주고 자유시간을 주었더니 만점을 받는 학생 수가 지속적으로 증가하는 것을 발견하였다. 또한 Sidman(1979)은 중학생들에게 개별 혹은 집단으로 우연적 강화를 제공하였는데 점수의 향상에 대한 보상으로 자유시간을 주었을 때 정확도가 증가하였다. 집단에서의 우연적 강화는 학생 수행에 있어 더 많은 진전을 가져왔다.

Graham과 Voth(1990)는 철자 단원마다 새로운 단어 및 이전에 소개된 단어에 대해 매일 시험을 보거나 혹은 숙달 정도를 확인하거나 다시 확인 학습해야 할 단어를 점검하기 위하여 일정 기간마다 시험을 볼 것을 추천하였다. 그리고 시험의 결과는 교사의 지도하에 학생 자신이 수정해야 한다. 이를 통해 학생은 철자를 배우기 위한 자신의 노력에 대해 즉각적인 피드백을 받을 수 있다. 학생들 중 일부는 시험에서는 철자를 잘 쓰지만 실제 글쓰기에서는 오류를 보이기도 한다. 따라서 교사는 학생들이 철자수업에서 배운 것을 글쓰기에서 적절히 활용하고 있는지를 판단하기 위해 정기적으로 쓰기 샘플을 수집해야 한다. 정확성과 유창성을 증진시키기 위하여 잘못 쓴 단어에 대한 연습은 여러 가지의 재미난 활동 및 게임과 함께 이루어져야 한다. 또한 또래교수 및 협동학습은 학생의 철자능력을 증진시킬 수 있다.

학습전략

학습전략은 단어를 혼자서 학습할 수 있도록 구조화된 틀을 제공하며 학습문제를 가진 학생이 자신의 철자학습을 구조화할 수 있도록 도와준다. Graham과 Freeman(1986)은 학습문제를 가진 학생들이 효과적인 학습전략을 사용하도록 훈련받았을 때 잘 모르는 단어를 학습하더라도 자기 나름의 방식으로 공부하는 다른 학생들에 비하여 즉각적으로 더 많은 단어를 정확하게 회상해 낼 수 있음을 발견하였다. 학습전략은 다음의 단계를 따른다.

1. 단어 말하기
2. 단어 쓰고 말하기
3. 모델과 비교해서 단어 점검하기
4. 단어 따라 쓰기 및 말하기
5. 기억한 단어 쓰기
6. 위의 다섯 단계 반복하기

자기 수정은 철자학습을 하는 학생들에게 긍정적인 효과를 미칠 수 있다. Wirtz, Gardner, Weber와 Bullara(1996)는 자기 수정 전략을 사용하였는데, 학생은 녹음기에서부터 개별 철자단어를 듣고 쓴 후 답안의 단어와 비교하여 교정용 펜으로 틀린 단어를 수정하고 단어 바르게 쓰기를 반복하였다. 연구자들은 이러한 자기 수정 방법을 사용한 효과와 전통적인 방법, 즉 단어를 3번 쓰고 단어를 알파벳순으로 정리하며 문장 혹은 이야기 안에서 단어를 사용하는 방법의 효과를 서로 비교하였다. 그 결과, 자기 수정 전략은 매주 치른 철자시험에서도 향상된 결과를 가져왔다. 그뿐 아니라 학생이 이전에 학습한 단어를 정확하게 쓰는 능력을 유지하는 데도 전통적인 방법보다 더욱 효과적인 것으로 나타났다.

시각적 기억법 역시 학습문제를 가진 학생이 철자를 기억하는 데 도움을 줄 수 있다. Greene(1994)은 학생의 철자 목록에 시각적 기억 자극을 넣을 수 있으며, 플래시카드의 한쪽 면에는 연상을 도와줄 수 있는 형태로 단어를 적고 뒷면에는 비연상적 형태로 단어를 적을 것을 제안했다. 예를 들어, look이라는 단어는 두 개의 눈이 그려진 것(LK)으로 표현하고, great는 e에 동그라미를 그리고 사선을 그어(g r ⓔ a t) e가 묵음임을 표시할 수 있다. 학생은 눈을 감고 단어를 떠올리면서 단어에 표시되어 있는 기억 보조법을 보려고 노력하며 단어를 기억해서 쓴다. 또한 학생은 정확한 철자를 회상해 내기 위하여 연관성을 생각해 낼 수 있다〔예: 교장선생님–너의 친구(princi*pal*–*your pal*), 디저트는 뭔가 달콤한 것(des*s*ert–*s*omething *s*weet)〕.

구조적인 단어분석, 음절 규칙, 철자 패턴을 가르칠 때, Wong(1986)은 학생이 다음의 자기 질문하기 전략을 사용할 것을 제안하였다.

1. 나는 이 단어를 알고 있는가?
2. 나는 이 단어에서 얼마나 많은 음절을 들었는가?

주제영역에서 뽑은 단어의 철자를 배우는 것은 어휘 및 의미의 향상을 촉진한다.

(음절수를 쓰시오)

3. 내가 생각한 대로 철자를 쓴다.
4. 나는 음절수를 정확하게 알고 있는가?
5. 나는 단어의 어떤 부분에서 철자 쓰는 법을 확실하게 알지 못하는가? (만일 그렇다면 그 부분에 밑줄을 긋고 철자를 다시 써라.)
6. 내가 보기에 단어를 옳게 썼는가? (만일 그렇지 않다면 단어의 모호한 곳에 밑줄을 긋고 다시 써라. 단어에서 빠진 음절을 찾기 위해 주의를 기울여야 한다.)
7. 철자 쓰기가 끝났으면 나는 나 자신에게 열심히 했다고 말할 것이다.

개별 및 학급단위 또래교수는 철자를 배울 때 집중적인 일대일 훈련을 제공할 수 있는 실제적인 교수적 대안이 될 수 있다. 교수의 회기가 구조화되어 있을 때, 또래는 직접적이고 개별적인 교수를 제공할 수 있다. 예를 들면, Keller(2002)는 교실단위의 또래교수 시 SPELLER라는 철자기억 전략을 사용할 것을 제안하였다. SPELLER의 7단계 전략은 시각적 이미지, 체계적 평가 및 청각적 강화를 사용한다.

- S(spot): 단어를 고르고 말한다.
- P(picture): 단어를 그림으로 표현한다.
- E(eyes): 눈을 감는다.
- L(look): 시각적 그림을 수정하기 위해 본다.
- L(look): 멀리서 보고 단어를 쓴다.
- E(examine): 단어의 철자를 확인 · 조사한다.
- R(Repeat): 단어 철자가 틀렸으면 순서를 반복하고 철자가 정확하면 보상을 준다.

또래교수는 20분 간격으로 하고, 처음 10분 동안 한 학생이 교사가 되고 다른 한 명은 학생이 된다. 이후에는 학생들이 서로의 역할을 바꿔 나머지 10분을 수업한다.

고정적 단어 목록과 유동적 단어 목록

흔히 단어는 이미 정해진 고정적인 단어 목록에서 제시하고 가르치며, 보통 주별로 새로운 단어로 구성된 목록을 통해 제공된다. 단어는 다소 친숙하지 않거나 처음 보는 새로운 것일 수 있다. 일반적으로 시험은 목록별로 금요일에 본다. 그러나 이 방법은 학생들이 시험에서 잘못 쓴 단어들을 간과하거나 학생 혼자서 연습을 해야 하기 때문에 모든 학생들의 철자 숙달을 돕지는 않는다. 고정된 단어 목록을 사용하는 방법 중 또 하나는 학생이 시험에서 나오는 어떤 단어건 정확하게 쓸 수 있도록 학생 자신의 속도대로 단어를 연습하게 하는 것이다.

유동적인 단어 목록을 사용할 때는 학생 개개인이 단어에 숙달되었을 경우(예: 2~3회 연속적으로 철자를 정확하게 씀) 그 단어는 빼고 새로운(연습이 안 된) 단어를 추가한다. 따라서 목록은 개별화되고, 학생은 알고 있는 단어를 연습하는 데 시간을 보내지 않는다. McGuigan(1975)은 단어 추가하기 프로그램(Add-a-Word Program)이라는 교육과정을 개발했는데 여기서 유동적인 단어 목록을 사용한다. McGuigan은 7~13세의 학생과 성인은 고정적인 단어 목록보다 단어를 새로 추가해 가는 방법을 통해 단어를 더 빠르게 배우며 학습한 단어의 유지에서도 비슷하거나 더 효과적이라고 하였다.

Graham와 Voth(1990)는 학습문제를 가진 학생들에게 처음으로 가르칠 철자단어는 사람들에 의해 많이 사용되고 쓰기에서 있어 자주 틀리는 단어로 한정해야 한다고 강조했다. 연구자들은 주간 철자 목록을 6~12개 단어(가능하다면 공통적인 구조적 요소를 강조하는)로 한정하고, 매일 목록에서 2~3단어만 소개하고 목록에 속한 모든 단어가 숙달될 때까지 연습을 해야 한다고 주장하였다. Bruns와 Broman(1983) 역시 철자에 어려움을 느끼는 학습자에게 한 주에 5~10개의 단어(일반 학생들에게는 주당 20개의 단어)만을 제시할 것을 권장하였다. 학습문제를 가진 학생의 철자 수행 관련 연구에서 Bryant, Drabin과 Gettinger(1981)는 매일 3개 이상의 새로운 단어를 제시하는 것은 실패의 가능성을 높이고 수행에서의 큰 변동을 보이게 한다고 하였다. 그들은 일주일에 7~8개의 새로운 단어를 제시하는 것이 이 학생들에게 적절하다고 제안하였다. 이것은 일반적으로 주별로 제시할 새로운 단어의 적정수를 정하는 대략적인 지침이 되고, 이는 학생 개인의 능력과 동기에 따라 적용되어야 한다.

MacArthur와 Graham(1987)은 학습문제를 가진 학생들이 단어의 10~20%를 부정확하게 쓴다고 하였다. 따라서 Graham, Harris와 Loynachan(1994)은 335개 단어를 1~3수준으로 구성한 철자 및 쓰기 목록을 고안하였다. 목록은 쓰기를 할 때 학생들이 가장 자주 사용하는 단어를 포함하는데, 그중 많은 단어가 '어려운 철자' 이고 공통적으로 많이 틀리는 단어들이다.

모방법

Stowitschek와 Jobes(1977)는 모방법(imitation methods)이라는 철자 교수법을 제안하였다. 이는 철자 배우기에 실패해 온 학생을 위해 고안된 전통적인 방법이다. 교사는 단어의 철자를 말하고 쓰면서 모델을 제공하고, 학생은 단어의 철자를 크게 말하고 쓰면서 모방한다. 학생은 즉각적인 피드백을 받고 정확한 반응을 하면 칭찬을 받는다. 부정확한 반응을 하면 다시 훈련한다. 학생이 모델이나 촉진 없이 단어를 쓸 수 있을 때까지 이 절차는 반복된다. 철자시험은 숙달된 단어가 무엇인지를 결정하고 학습된 단어를 잘 알고 있는지 점검하기 위하여 각 훈련기간 후에 실시한다.

Kauffman, Hallahan, Haas, Brame과 Boren(1978)은 학생에게 정확한 철자 모델을 보여 주는 것과 처음에 학생의 철자 실수를 쓰면서 모방하고 다시 정확하게 쓰는 모델을 보여 주는 것의 효과성을 대조 실험해 보았다. 그 결과 학생들의 실수를 모방하는 것이 더 효과적이었는데, 특히 발음과 철자가 일치하지 않는 단어의 경우 그렇게 나타났다. Kauffman 등에 의하면 모방은 규칙적인 음성 규칙을 따르지 않는 단어(예: 학생이 시각적 기억력을 사용해야만 하는 단어)를 가르칠 때 특히 유용하다. 그러나 Brown(1988)은 일련의 실험시도에서 부정확한 철자에 노출시키는 것이 다음에 연결될 철자의 정확성을 방해할 수 있다고 하였다.

기타 고려할 점

철자 오류에 따라 여러 가지 유형의 수정절차를 사용해야 한다. 묵음 철자를 생략하거나 발음상 불규칙한 단어를 잘못 쓰는 학생들에게는 시각적 이미지를 강조하는 반면, 동음이의어 철자를 잘못 쓰는 경우는 단어의 의미를 강조할 필요가 있다. 또한 글쓰기에서 단어를 틀리게 쓰는 학생은 그에 맞는 철자 프로그램을 학습해야 한다. 이는 철자를 정확하게 배우려는 욕구가 명확하기 때문에 동기부여가 될 수 있다.

또한 철자는 언어 교육과정을 통해서 교수 · 강화될 수 있다. 철자를 증진시키는 방법은 읽기에서 단어를 철저하게 학습하는 것이다(Templeton, 1986). 구두 읽기에서 학생은 전체 단어의 소리에 집중하고 읽기는 학생에게 단어의 의미를 알려 줌으로써 흥미를 높여 준다. 학생은 문장에서 단어의 정확한 사용법을 익히고 단어를 바르게 썼는지를 결정할 수 있다. 따라서 철자를 학습하면서 읽기학습을 동반할 수 있으므로, 두 기술 모두를 강조하는 프로그램은 효과적이면서 학생의 동기를 유발할 수 있다. 8장에서 언급한 것처럼, 언어경험 접근법 및 총체적 언어 접근법은 읽기와 철자를 통합한다. 학생이 읽지 못하거나 이해할 수 없는 단어를 쓰는 학습에 초점을 맞추면 학생은 실제로 아직 보유되지 않은 의미 없는 일련의 철자를 기억한다. 더욱이 유지 및 일반화를 위해서 학생은 쓰기에서 학습된 철자단어를 자주 사용하도록 격려되어야 한다.

사전의 사용은 철자 프로그램에 포함되어야 한다. 사전은 학생이 혼자서 철자를 찾을 수 있도록 하며 음절, 의미, 발음, 유사어, 동의어와 같은 정보를 얻을 수 있도록 돕는다. 초급 단계에는 그림사전이 사용될 수 있다. 보통 4학년 교육과정 초반에 사전을 사용하는 특별 연습을 포함시키는데 쓰기를 하면서 사전의 사용을 격려한다. 단어의 정확한 철자를 잘 모를 때, 학생은 어근 및 접두어, 생각해 볼 만한 관련 단어, 단어의 소리 등을 통해 가능한 철자를 예상할 수 있어야 한다. 『기본 영어사전(*The Dictionary of Basic English*)』(American Guidance Service에서 구입 가능)은 5,000개의 자주 사용되는 필수 단어를 포함하며 적절한 단어 사용을 보여 주는 구와 문장의 사례와 함께 짧고 명확한 정의를 제시한다.

중등학교에서의 철자기술을 가르칠 때, 교사는 청소년들이 철자를 바르게 쓰는 것이 사회적이고 실제적으로 중요한 것임을 이해할 수 있도록 도와주어야 한다. 예를 들어, 고용주는 입사지원서에 사용된 단어의 철자가 정확한지에 가치를 둔다. 교사는 학생이 가지고 있는 흥미와 다양한 연구 영역을 통해 새로운 단어를 찾을 수 있다. 또한 직업 관련 단어도 강조된다. 중등수준에서 철자지도는 수업시간에만 사용되는 철자보다는 다른 활동과 관련된 철자를 가르치는 것이 바람직하다. 읽기 훈련과 다른 학습 활동은 청소년이 철자를 학습하는 것을 돕는다. 철자 쓰기에서의 성공은 그 중요성이 증가하고 있으며 학생이 철자를 쓰는 학습자로서 느끼는 자기효용감은 철자 수행뿐만 아니라 쓰기에도 영향을 미친다는 연구 결과가 있다(Rankin, Bruning, Timme & Katkanant, 1993). 마지막으로 철자문제가 학업 성적에 영향을 미치는 학생들에게는 철자에서의 미진한 수행을 보상하기 위한 전략을 가르친다. 예를 들면, 교사는 이 학생들에게 자주 사용하는 단어와 자주 틀리는 단어가 적힌 철자 점검표를 제공할 수 있다. 말하는 숙제도움마법사(Speaking Homework Wiz; Franklin Electric Publishers 제작)는 5만여 단어의 철자를 자동적으로 수정할 수 있으며 4만여 단어에 대해 이해하기 쉬운 정의를 제공한다.

철자 활동

철자 프로그램을 위하여 많은 활동과 도구를 사용할 수 있다. 게임과 활동은 흥미를 자극하고 연습을 제공하며 교수방법에 다양성을 더해 준다. 또한 특정 개인이나 소집단을 위한 게임과 활동을 개발함으로써 철자교수를 개별화할 수 있다. 여기에서 소개되는 활동과 다음에서 제시될 교수용 게임 및 자기 교정 자료는 철자기술 발달을 돕기 위한 것이다. 부록에는 더 많은 철자 교수용 게임이 수록되어 있다.

- 학생은 생략된 철자를 채워 넣어 문장 안의 단어를 완성하도록 한다. 기본 읽기용 교재 혹은 철자용 교재에 속한 이야기에서 선정한 단어 목록을 학습지로 사용할 수 있다. 예를 들면 다음과 같다.

  The bo_ and _irl were bak_ a cak_

• 다양한 단어와 단어 형태를 보여 주는 학습지를 제공한다. 학생은 개별 단어를 단어의 형태에 맞게 대응시켜야 한다. 특정 단어(예: 읽기용 단어 목록 혹은 주간 철자 목록)용 학습지는 자습 활동을 위해 만들고 재사용할 수 있다.

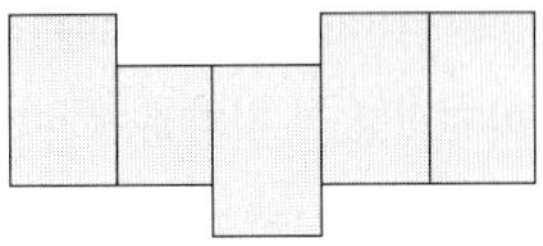

copy

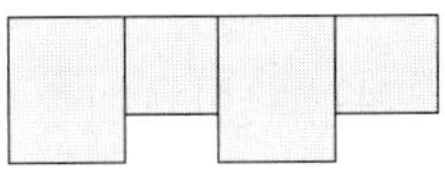

light

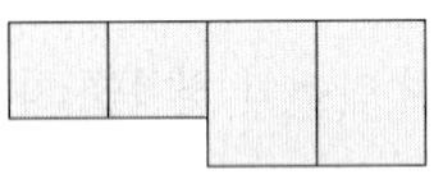

page

• 숨겨진 단어 찾기로 단어의 철자 순서를 연습할 수 있다. 일련의 단어와 퍼즐을 제공한다. 학생은 숨겨진 철자단어를 찾아 동그라미를 표시한다.

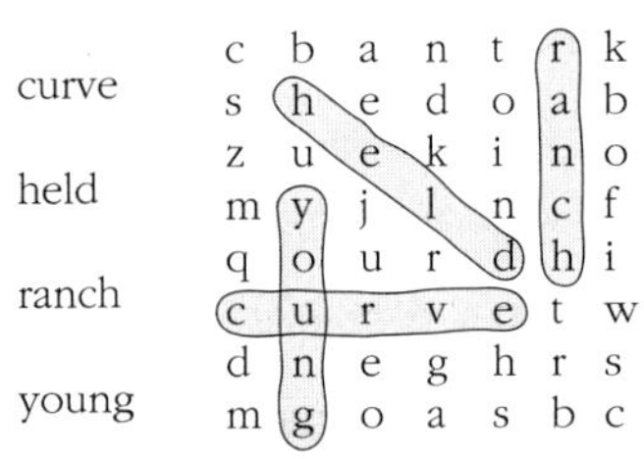

• 학생이 어려움을 보이는 단어를 모아 두는 상자를 마련한다. 단어는 알파벳순으로 정리하고 카드에는 단어의 뜻이나 그림이 들어가야 한다. 학생은 카드를 공부하고 단어를 기억하여 쓰는 연습을 하도록 한다. 학생이 진전을 보이면 새로운 단어를 추가하고 잘 아는 단어는 제외시켜 나간다.

• 주간 단어 목록을 수집할 때 학생들에게 쓰기가 어렵거나 읽기가 힘든 단어가 있으면 알려 달라고 부탁한다. 교사는 학생들이 쓰기에서 자주 사용하는 단어를 목록에 포함시킬 수도 있다. 월요일에 단어에 대한 사전평가를 하고 금요일에는 두 번째 시험을 본다. 10점 척도의 전체 학급에 대한 점수판을 만든다. 학생 개개인은 월요일에 본 시험보다 금요일에 단어를 정확히 더 많이 씀으로써 '10점에 도달하기'를 위해 진보해야 한다. 따라서 학생은 자신의 이전 점수와 경쟁해야 한다. 만점을 받는 잘하는 학생과 좀 덜 잘하기는 하지만 10개 단어의 향상을 보이는 학생 모두 그래프에서 '10점에 도달하기' 표시를 받는다.

• 음운론적으로 어떤 단어의 철자하기를 묘사한다. 예를 들면 move는 '자음으로 시작해서 모음으로 끝나는 한 음절 단어'로 기술될 수 있다. 학생에게 철자 목록에서 해당 단어를 찾도록 요구하고, 그다음 다른 학급친구와 번갈아 가며 단어를 기술하고 찾는 것을 연습한다.

• 특정 철자 유형에 초점을 맞추기 위하여 학생은 한 벌의 단어 카드를 분류하거나 혹은 주간 단어 목록은 두 가지 범주 이상(예: 모음 유형, 접두사 혹은 접미사, 어근 등)으로 나누어 볼 수 있다. 교사가 매주 2~3개의 공통적인 철자 유형에 맞는 철자 목록을 만들면 학생은 단어를 범주별로 분류하고 그 유형에 맞는 다른 단어들을 추가한다. Carreker (1999)는 학생이 단어를 일반 단어, 규칙 단어 및 불규칙 단어의 범주로 분석 및 분류할 수 있다고 하였다. 일반 단어는 소리 나는 대로 쓰는 단어다. 규칙 단어는 소리 나는 대로 쓰기는 하지만 철자가 중복되거나 생략되거나 순서가 바뀌는 경우다. 그리고 불규칙 단어는 소리 나는 대로 쓸 수 없고 기억해야 하는 것들이다. 학생은 범주별 단어를 학습할 최선의 방법(예: 모음으로 시작하는 접미사가 첨가되는 경우, 혹은 불규칙 단어의 철자를 기억하기 위한 연상 부호 사용하기 등)을 결정하여 단어를 연습하도록 격려받는다.

• 학생은 철자 바꾸기 활동을 하는데, 단어를 제시받으면 철자 순서를 바꾸어 새로운 단어를 만든다. 예를 들면, smile은 miles로, sister은 resist로 철자를 바꿀 수 있다. 특정한 어려움을 보이는 학생을 위하여 낙서 타일을 사용하거나 혹은 학생이 단어를 베

껴서 쓰고 그것을 따로 잘라 단어 만들기를 할 수 있다. 또한 학생은 철자 바꾸기 퍼즐을 할 때 제일 위의 단어가 가장 밑의 단어로 바뀔 때까지 매번 철자 한 개씩을 바꾼다. 이때 단어의 정의나 단서가 제공될 수 있다. 예를 들면 다음과 같다.

POND	작은 호수
______	어린 말(pony)
______	앤서니의 애칭(Tony)
______	다이얼 ______ (tone)
BONE	개가 좋아하는 간식

- 학생들이 한 줄로 서서 철자 시합을 한다. 한 학생이 단어의 철자를 정확하게 말하면 줄의 끝 쪽으로 두 사람을 건너뛴다. 학생이 맨 끝에 도달하면 자리에 앉을 수 있다. 따라서 연습이 필요한 학생들은 줄에 남아 서 있고 단어를 아는 학생들은 독립적인 과제를 받아서 한다.
- 철자를 추가하는 활동은 1~2개의 철자로 된 단어(예: to)로 시작한다. 학생은 철자 하나를 추가함으로써 다른 단어를 만든다(예: top). 철자를 다시 정렬하며, 매번 한 번에 한 개의 철자만 추가한다(예: spot). 이 과정을 계속할 수 없으면 새로운 단어를 시작한다. 이것은 자습 활동이 될 수 있는데, 각 학생은 철자를 추가하고 새로운 단어를 만드는 연습지를 혼자서 할 수 있다.
- 학생에게 철자가 쓰인 40개의 나무 블록(철자 블록 혹은 Spill 및 Spell 큐브와 유사한)이 들어 있는 항아리를 제공한다. 항아리에서 철자를 꺼내고 주어진 철자로 5분 안에 얼마나 많은 단어를 만들 수 있는지를 본다. 철자 연결(단어 형성하기에 서로 잘 어울리는 철자) 활동도 할 수 있다.
- 철자단어 카드(단어당 2장)를 제공하고 학생은 집중력 게임을 한다. 카드를 섞고 줄을 맞춰 뒤집어 놓는다. 학생은 한 번에 2장의 카드를 뒤집고, 단어를 맞추기 위해 카드의 위치를 기억해야 한다. 학생이 똑같은 2장의 카드를 집으면 카드를 뺀다. 두 명의 학생이 같은 카드를 누가 가장 많이 찾는지 게임을 할 수 있다.
- 학급 학생들에게 단어 차트 혹은 교실에 걸 큰 종이에 쓸 단어를 선택하도록 한다. 차트에 학생들이 현재 틀리거나 혹은 쓰기 숙제에서 잘 사용하는 어려운 단어들을 정확하게 써서 열거한다. 학생들은 단어학습 활동 및 쓰기를 할 때 단어 차트를 참고할 수 있다.
- 학생에게 철자단어 목록을 사용하여 이야기나 작문을 쓰도록 한다. 작문의 주제와 길이는 자유롭게 하나 단어 목록의 모든 단어를 쓰기에 사용하도록 한다. 학생이 작문을 교정하고 철자에 주의를 기울이며 단어를 정확하게 쓰도록 격려한다.
- 학생에게 어려운 단어 및 소리 나는 대로 쓰지 않는 단어의 철자를 잘 기억하기 위한 기억장치를 개발하게 한다. 예를 들면 다음과 같다.

  Station<u>er</u>y is writing pap<u>er</u>.

  The princip<u>al</u> is your <u>pal</u>.

- 크로스워드 퍼즐을 이용하여 단어 쓰기와 의미 학습을 하게 한다. 또한 학생은 새로운 단어, 단어 복습, 매일의 단어를 쓸 수 있는 크로스워드 퍼즐을 만들어 본다.

1 k	i	t	t	e	2 n
i					a
3 t	a	4 m	5 e		p
c		6 e	a	r	s
7 h	i	n	t		
e			8 s	o	9 n
10 n	e	w			o

가로	세로
1. 작은 고양이	1. 요리하는 방
3. 야생이 아닌	2. 짧게 자는 잠
6. 듣는 데 필요한 것	4. 한 명 이상의 사람
7. 작은 실마리	5. 입속에 넣고 씹는 것
10. 오래되지 않은 것	9. yes의 반대말

- 사전 사용을 위한 단어 목록(예: overcoat, tongue-tied, well-known)을 제공한다. 학생이 사전에서 단어의 위치를 찾아 하이픈(−)으로 연결되어 있으면 yes, 아니면 no라고 쓴다. 또한 익숙하지 않은 단어를 포함한 문장을 제공하고 학생에게 각 문장에 있는 4개의 동의어를 찾게 한다. 예를 들면 다음과 같다.

The clandestine meeting was interrupted by incorrigible bandits who came incognito.

- 학생 한 명이 이 주의 단어 목록 중 한 단어에 대해 각운, 의미 또는 단서를 사용하여 설명한다. 학급의 나머지 학생들은 단어를 1분 동안 추측한다. 정확한 단어를 말한 첫 번째 학생은 칠판으로 가서 단어를 적는다. 철자가 정확하면 그 학생이 다른 단어에 대해 설명한다.
- 동기유발을 위하여 학생이 타자기나 컴퓨터 자판으로 철자를 연습하도록 한다. 학생은 타이핑하면서 철자를 말함으로써 보고 듣고 만지기를 통합적으로 하게 된다.
- 한 학생이 사전에서 단어를 선택하고 사전에 나온 단어의 정확한 발음을 칠판에 적는다. 철자에 발음기호와 강세를 모두 표시해야 한다. 학생은 학급 친구들에게 발음을 하고 철자를 정확하게 말할 것을 요구한다.

철자영역의 교수용 게임

탐정

자료: 칠판에 적힌 여러 철자가 생략된 단어 .

방법: 교사는 각 단어의 정의를 알려 주고 학생에게 빠진 철자를 쓰도록 한다. 학생은 칠판으로 나와서 빠진 철자를 쓴다. 각 철자 혹은 단어당 1점을 준다. 게임이 끝날 때 최고점을 가진 학생이 승자가 된다. 예를 들면 다음과 같다.

n__ghb__	옆집에 사는 사람
stor__s	단편 글 모음
ni__t	낮의 반대

조스

자료: 각 카드에 자음 하나씩 쓰인 21장의 색인 카드, 각 자음의 소리에 맞는 그림이 그려져 있고, 1장의 카드에는 상어 '조스'가 그려져 있는 21장의 색인 카드

방법: 세 명 혹은 그 이상이 카드 게임을 한다. 참가자들은 카드(자음 카드와 같은 자음 소리로 시작하는 그림 카드)의 짝이 맞는지 확인하고 카드를 테이블 위에 엎어 놓는다. 첫 번째 사람이 카드를 뒤집고 또 다른 카드를 한 장 집어 든다. 만일 선택한 카드가 뒤집어 놓은 카드와 일치하면 짝 맞춰 뺀다. 게임은 카드를 모두 맞출 때까지 계속하고 '조스' 카드를 집은 한 학생만 남게 된다.

변형 및 수정: 참가자들은 한 쌍의 카드에서 그림 카드에 이름을 쓴다. 가장 많은 쌍의 철자를 정확하게 쓴 사람이 이긴다.

철자 빙고

자료: 가로로 4장씩, 세로로 6장씩 놓아 네모 모양으로 만든 24장의 카드(각 카드에는 서로 다른 단어가 적혀 있음), 원반이나 표시물

방법: 각 학생은 카드 한 장과 여러 개의 원반(혹은 표시물)을 받는다. 교사가 단어의 철자를 큰 소리로 불러 주면 각 학생은 원반으로 그 단어가 적힌 카드를 가린다. 원반으로 가로줄과 세로줄, 그리고 대각선을 처음으로 완성한 사람이 '빙고'를 외치면 게임에서 이긴다.

변형 및 수정: 학생들은 종이를 24조각으로 나누어 자신의 카드를 만든다. 칠판 위에 단어들을 쓰면 각 학생은 종이 카드에 단어들을 적는다. 한 명씩 뽑아 학생을 칠판 앞에 서 있게 하고, 교사는 학생이 철자를 쓰도록 단어를 불러 준다. 학생이 정확하게 철자를 쓴 단어에 대해 다른 학생들은 일치하는 카드 위에 원반을 놓는다. 게임은 누군가가 '빙고'를 외칠 때까지 계속한다. 교사는 단어 목록을 보며 승자의 카드를 다시 확인한다. 또한 더 어린 학생들의 경우에는 카드에 자음, 단모음, 장모음을 적고, 교사가 단어를 불러 주면 학생들이 카드의 적절한 철자 위에 원반을 놓는다.

골프 게임판

자료: 두꺼운 종이 혹은 얇은 포스터 판으로 만든 큰 게임판, 득점 기록용으로 쓸 여러 색의 골프 티(tee), 가장 어려운 단어들에 별이 그려져 있는 단어 카드([그림 9-3] 참조).

방법: 두 명은 각각 다른 색의 골프 티를 고르고 공을 치는 자리에 둔다. 첫 번째 사람이 제일 위의 카드를 집어 상대방이 철자를 받아 쓸 수 있도록 읽어 준다. 단어를 맞게 썼으면 그 사람은 한 칸 앞으로 나간다. 만일 틀렸으면 뒤로 한 칸 간다. 카드에 별이 있는 단어를 정확하게 쓰면 두 칸 앞으로 전진한다. 골프 홀에 먼저 도착하는 사람이 이긴다.

변형 및 수정:

- 게임판은 달리기 코스, 로켓 경로, 등산 경로, 동물원, 혹은 그 외의 다른 출발-도착 경로가 있는 다양한 주제의 코스로 만들 수 있다.
- 철자 카드 중 일부는 바르게, 일부는 틀리게 써서 만든다. 한 학생이 카드에 단어를 바르게 적을 것인지를 결정한다. 두 번째 학생이 틀리게 적은 단어를 알아채고 바르게 고치면 한 칸 앞으로 나간다. 세 번째 학생은 답지를 보며 답을 확인한다.
- 단어 카드는 난이도에 따라 색깔이나 별의 개수를 다르게 한다. 학생은 자신의 능력에 따라 두 가지 종류의 카드로 게임을 할 수 있다. 게임자가 단어 카드의 철자를 정확하게 맞히면 주사위를 굴려 나온 수만큼 보드판 위를 이동한다.
- 주사위의 한 면을 스티커로 가리고 사용한다. 주사위를 굴려 가린 면이 나오면 그 사람은 순서를 잃는다. 주사위 두 개를 사용할 경우 둘 다 스티커 붙인 면이 나오면 처음 시작으로 되돌아간다.
- 고학년인 경우 단어의 난이도에 따라 야드의 수(10야드의 배수)를 정해 카드에 표시한다. 보드 판의 각 칸을 10야드로 정한다. 단어를 바르게 쓰면 카드에 쓰인 수만큼의 거리를 이동한다. 단어의 철자가 틀리면 제자리에 있어야 한다.

점 연결하기

자료: 칠판에 그린 25개의 점(가로 5줄, 세로 5줄), 단어 카드

방법: 학생을 두 팀으로 나눈다. 첫 번째 팀의 한 학생

[그림 9-3] 골프 게임판

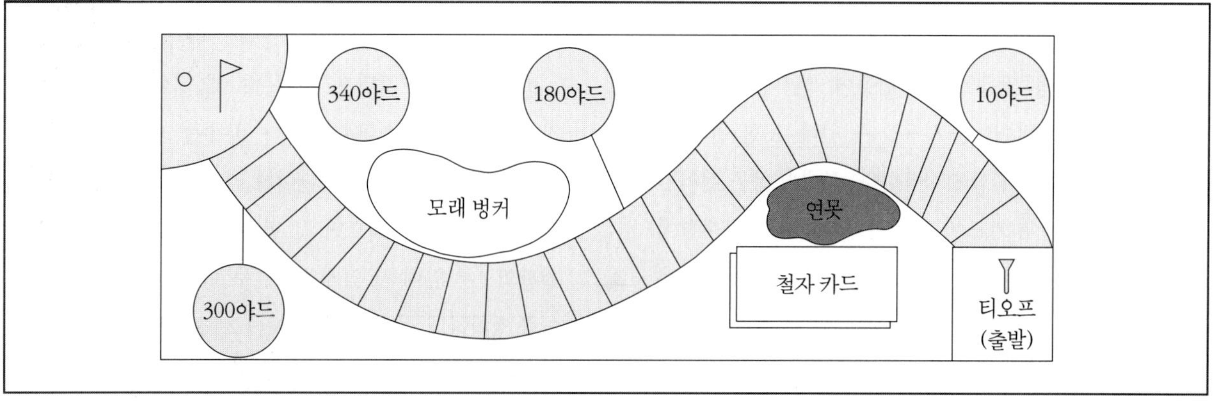

이 맨 위의 단어 카드를 집은 후 상대 팀의 한 학생이 철자를 쓰거나 큰 소리로 다시 말할 수 있도록 카드를 읽어 준다. 단어를 바르게 답하면 학생은 두 점 사이에 선을 그리고, 그 팀은 계속해서 단어의 철자를 말하거나 쓰는 기회를 갖는다. 만일 단어를 틀리게 말하거나 썼다면 상대 팀에게 순서가 돌아간다. 4개의 선으로 사각형이 생기면 팀 번호를 사각형 안에 쓴다. 가장 많은 사각형을 획득한 팀이 승자가 된다.

변형 및 수정: 두 명의 참여자는 유성펜으로 썼다가 지울 수 있는 아세테이트로 덮힌 두꺼운 게임판을 사용한다. 사각형이 만들어지면 그 안에 자기 이름의 첫 글자를 쓴다.

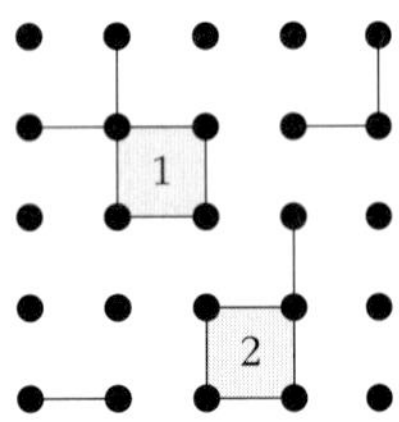

체커 게임

자료: 두꺼운 종이로 만든 장기판, 두꺼운 종이로 만든 24개의 말(12개씩 같은 색으로 되어 있고 바닥에는 단어가 쓰여 있음)

방법: 두 명은 말을 장기판 위에 놓고 번갈아 가면서 움직인다. 만일 한 명이 상대편 말을 뛰어넘으려면 상대편 말의 바닥에 쓰인 단어를 보고 크게 소리 내어 읽어야 한다. 만일 점프하는 사람이 정확하게 철자를 말하면 뛰어넘기를 하고 상대편의 말도 잡을 수 있다. 그러나 단어의 철자가 틀렸다면 움직일 수 없다. 게임은 뛰어넘기를 해서 상대방의 말을 다 잡을 때까지 계속된다.

변형 및 수정: 말을 추가로 만들어 게임이 진행될 때마다 매번 다른 단어들을 사용할 수 있다. 또한 원래 있던 말은 철자 카드와 함께 사용한다. 상대편 말을 뛰어넘기 위하여 제일 위 카드에 쓰인 단어의 철자를 상대편에게 정확하게 말해야 한다.

TV 탤런트

자료: 장식된 3개의 신발상자, 난이도가 다른 단어 카드

방법: 한 명의 학생이 TV의 MC처럼 쇼를 진행한다. 단어는 3개의 상자 안에 넣고 방청객으로 두 명을 선택한다. 첫 번째 사람이 상자에서 단어를 골라 단어를 보지 않은 채로 MC에게 전달한다. MC가 단어를 발음하면 첫 번째 학생은 단어를 칠판에 적는다. 단어를 맞게 적었으면 5점을 얻는다. 한 사람이 50점을 먼저 얻을 때까지 번갈아 가며 계속 진행한다.

변형 및 수정: 철자를 난이도에 따라 3단계로 분류한다. 가장 쉬운 단어는 상자에 넣은 후 1점, 다음 수준의 단어는 상자에 넣고 3점, 그리고 가장 어려운 단어는 상자에 넣고 5점으로 표시한다. 학생은 자신의 순서가 되었을 때 얻고 싶은 점수의 상자에서 카드를 선택한다.

사전 찾기 놀이

자료: 참여자 수만큼의 사전, 참여자에게 익숙지 않은 명사(예: cockatiel, metronome, colander)가 쓰인 카드 묶음

방법: 각자 5개의 카드를 무작위로 선택한다. 시작과 동시에 사전에서 단어를 찾기 시작한다. 조용히 단어의 뜻을 읽고 각 품목을 파는 가게 종류를 적는다. 찾기를 먼저 끝낸 사람이 승자다. 다른 학생들은 가게 이름을 보며 사전에서 답을 확인한다.

야구 철자 게임

자료: 3루와 홈이 있는 야구장을 그린 칠판, 단어 카드

방법: 학급을 두 팀으로 나눈다. 각 팀에서 철자를 가장 잘 아는 학생이 투수가 된다. 투수는 카드를 뽑아 상대편의 첫 번째 타자에게 단어를 읽어 준다. 만일 타자가 단어를 정확하게 적으면 첫 번째 타자에게 1루를 주고 칠판의 1루 앞에 서 있게 한다. 두 번째 타자가 다음 단어를 정확하게 적으면 1루 주자는 2루로 가고 타자는 1루로 간다. 단어를 틀리면 타자는 아웃이 되며 각 팀의 공

격 타임에서 쓰리아웃이 적용된다. 모든 타자가 단어를 듣기 전에 '홈런'을 외치고 단어의 철자를 정확하게 맞히면 1, 2, 3루를 비우고 득점을 하게 된다. 그러나 주자가 단어를 틀리면 공격 타임의 아웃의 실제 수에 상관없이 자동적으로 쓰리아웃이 된다. 득점을 많이 한 팀이 경기를 이긴다.

변형 및 수정: 단어 카드는 난이도에 따라 '1루타' '2루타' '3루타' 그리고 '홈런'을 표시한다. 타자가 단어의 철자를 바르게 쓰면 투수는 카드에 적인 안타 수 또는 홈런을 말해 준다. 타자는 그에 따라 베이스로 이동한다. 또한 야구장을 교실에 만들 수 있는데, 의자를 이용하여 베이스를 표시하고 안타인 경우 주자를 의자에 앉게 한다.

미식축구 철자 게임

자료: 칠판에 그린 축구장, 단어 카드

방법: 학급을 두 팀으로 나누고 심판에 의해 50야드 선에 공을 놓는다. 심판은 첫 번째 팀의 한 명에게 단어를 읽어 준다. 학생이 단어를 정확하게 쓰면 공을 상대편 쪽으로 10야드 이동시킨다. 그러나 단어를 틀리면 자기 팀의 10야드를 빼긴다. 팀마다 한 번에 4개의 단어를 제시받은 후 순서를 바꾼다. 상대편의 골라인을 넘을 때마다 6점을 획득한다. 득점을 많이 한 팀이 이긴다.

변형 및 수정:

- 두꺼운 종이로 축구장을 만든 후 두 명이 종이로 만든 작은 축구공을 사용하여 위치를 표시한다. 한 명이 카드를 집어 상대방이 철자를 쓰도록 단어를 읽어 준다. 단어가 정확하면 공을 골라인 쪽으로 5야드 이동한다. 한 단어마다 순서를 바꾸고 골라인에 먼저 도착한 사람이 이긴다.
- 단어 카드에 1에서 10야드까지 야드의 수를 표시하고 공을 그에 따라 이동시킨다.
- 단어 카드뿐만 아니라 '득점' 카드와 '실점' 카드를 준비한다. 단어 카드의 철자를 정확하게 쓰면 득점 카드를 집고, 단어를 틀리면 실점 카드를 집는다. 득점 카드는 획득한 야드의 수를 표시한다(예: 30야드 통과, 20야드 뛰기). 실점 카드는 잃은 야드의 수를 표시한다(예: 쿼터백 점령, 10야드 손실; 태클, 5야드 손실); 표시에 따라 공을 이동시킨다.
- 게임을 하면서 공을 그리고 지우고 다시 그리고 하는 것보다는 칠판 지우개를 공으로 사용하면 쉽게 보고 움직일 수 있다.

님(Nym) 게임

자료: 3개씩 장식된 커피 캔 두 세트(각각 3개의 커피 캔에 반의어, 동음이의어, 동의어라는 이름을 씀) 모두 반의어, 동음이의어, 동의어 짝이 있는 단어가 쓰여 있는 카드

방법: 첫 번째 학생은 맨 위의 카드를 집어 카드의 단어를 상대편에게 읽어 주고 철자를 말해 준다. 상대편은 단어의 철자를 말하고 문장에서 단어를 사용한 후 단어의 반의어, 동음이의어, 동의어 짝을 찾아야 한다. 정확하게 맞히면 단어 카드를 자신의 캔에 넣는다. 틀리면 카드를 첫 번째 학생의 캔에 넣는다. 게임은 번갈아 가며 하며 모든 카드를 사용하면 점수를 계산한다. 동음이의어 캔에 들어 있는 카드는 3점, 반의어 카드는 2점 그리고 동의어 카드는 1점으로 계산한다. 가장 높은 점수를 획득한 학생이 게임에서 이긴다.

병뚜껑 단어 만들기 놀이

자료: 형광펜으로 안에 알파벳 문자를 쓰고 바깥에는 점수를 써 놓은 150개의 병뚜껑(많이 사용하는 철자 수를 많게 하고 점수는 뚜껑의 수를 합함)

방법: 각 학생은 보지 않고 10개의 병뚜껑을 선택한다. 첫 번째 학생은 가능한 한 많은 철자를 사용하여 단어를 말하고 사용한 철자의 점수를 더한다. 그다음 다시 10개의 병뚜껑을 선택하여 더 많은 병뚜껑을 모은다. 학생은 퍼즐에서처럼 이전 단어와 연결하여 단어를 만들 수 있다. 가능한 한 모든 병뚜껑을 사용한 후에 가장 높은 점수를 얻은 학생이 이긴다.

변형 및 수정: 고학년 학생들은 각 단어에 대한 철자

최소 수(예: 4개 또는 그 이상)를 정한다. 또한 병뚜껑의 수를 늘릴 수 있다.

자기 교정 철자자료

단어 퍼즐 맞추기

피드백 제공 장치: 퍼즐 조각이 서로 딱 맞으면 바르게 선택한 것이다.

자료: 단어를 쓰고 두 조각 혹은 여러 조각으로 나눈 마분지

방법: 학생은 퍼즐 조각 중 철자가 맞는 조각을 맞춘다.

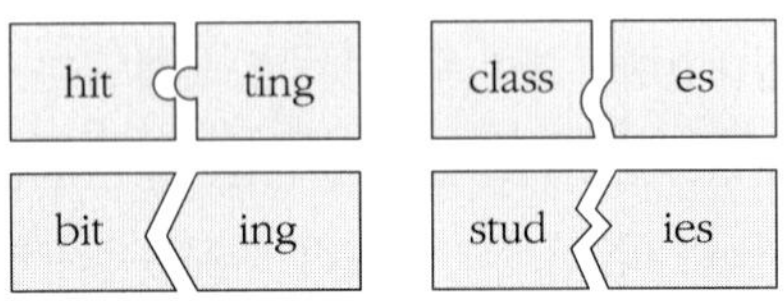

단어 카드 뒤집어 맞추기

피드백 제공 장치: 그림을 완성하거나 숫자, 물건, 색깔을 맞출 수 있다.

자료: 각각 단어를 적은 카드와 그 정의를 적거나 뜻을 묘사하는 그림을 그린 카드(뒷면은 같은 사물, 숫자 혹은 색깔을 같게 하거나 그린 그림이 하나로 완성되게 만듦)

방법: 학생은 카드의 단어를 본 후 맞는 뜻이나 그림이 그려져 있는 카드를 찾는다. 선택된 카드 두 장을 뒤집었을 때 정답이면 뒷면의 사물, 숫자 혹은 색깔이 같거나 그림이 하나로 완성된다.

변형 및 수정: 카드의 앞면에 단어가 생략된 문장을 적는다. 문장은 생략한 단어의 정의일 수도 있으며 빈칸에 생략된 단어를 의미하는 그림을 그려 넣을 수도 있다. 빈칸에 들어갈 단어는 카드 뒷면에 쓴다. 학생은 문장을 읽고 빠진 단어를 적은 후 카드를 뒤집어 정답을 확인한다.

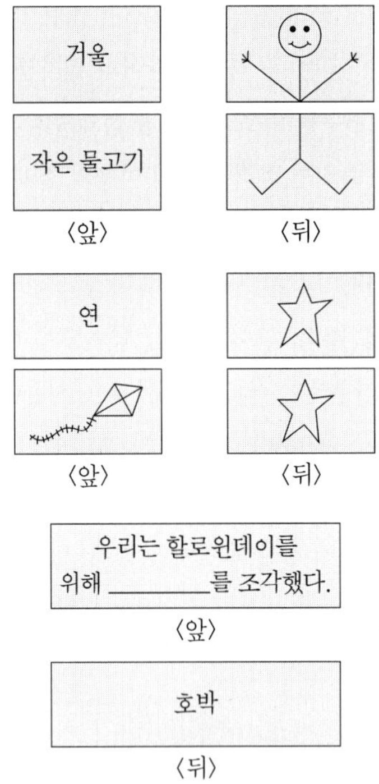

단어판 돌리기

피드백 제공 장치: 메모지를 포스터판에 붙인다. 메모지를 들추면 답이 나온다.

자료: 일곱 칸으로 나눈 둥근판(각 칸의 위쪽에는 단어가, 아래쪽에는 그림 혹은 정의가 제공됨), 뒤쪽에 둥근판이 돌아갈 수 있도록 핀으로 고정시킨 후, 위쪽에는 단어가 보이도록 작은 창을 만들고 아래쪽에는 그림이나 정의가 보이게 큰 창을 만듦), 포스트잇 같은 메모지(네모 판의 위쪽 창에 붙임)

방법: 학생은 단어판을 돌려 창에서 그림이나 단어의 정의를 본다. 학생은 그림이나 단어의 정의에 맞는 단어를 쓴 다음 답을 확인하기 위해서 메모지를 들어올린다.

변형 및 수정: 단어판의 단어는 읽기 혹은 철자 목록에서 선택하여 만든다. 판은 번호를 매기거나 모아 두면 교사가 개별 학생에게 맞는 판을 선택할 수 있다.

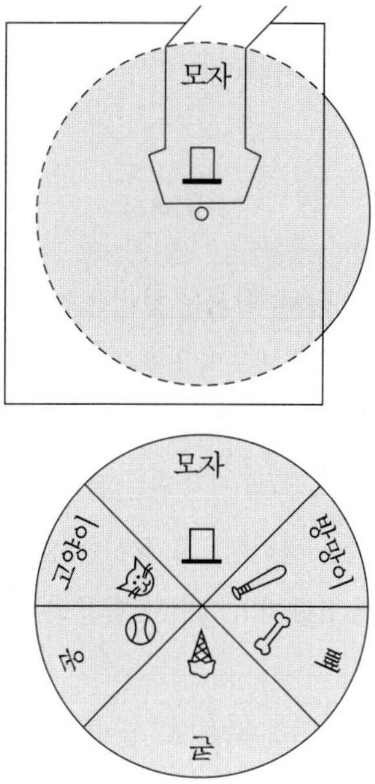

녹음기

피드백 제공 장치: 테이프에서 나오는 철자 관련 활동을 하고 정답을 테이프에 녹음한다.

자료: 철자 관련 활동이 녹음된 테이프와 카세트(예: 받아쓰기 시험, "집에 굴뚝을 그리고 굴뚝이라는 단어를 쓰세요."와 같은 지시 따르기).

방법: 학생은 테이프의 지시에 따라 특정 단어를 쓴다. 계속해서 테이프에서 나오는 정답을 귀 기울여 듣고 정답을 확인한다.

답상자

피드백 제공 장치: 메모지를 네모 상자 그림 위에 붙인다. 메모지를 들어올리면 정답을 볼 수 있다.

자료: 답상자(2장의 [그림 2-7] 참조), 철자연습을 위한 한 벌의 카드

방법: 학생은 철자문제에 대한 정답을 쓰고 그 다음 정답을 보기 위해 메모지를 들어올린다.

변형 및 수정: 빠진 단어의 정의를 제시하거나 혹은 문장을 제시하여 빈칸 채우기를 할 수 있게 긴 문장을 사용한다.

답상자에 사용하기 위한 줄임말 카드

can not can't	they are they're

수정된 정답상자에 사용하기 위한 정의 카드

not right wrong	12월 25일은 ________이다. 크리스마스

한 해의 두 번째 달은 ________이다. 2월

철자 채우기

피드백 제공 장치: 정확한 철자를 모두 채우면 그 페이지의 밑부분에서 메시지가 완성된다. 따라서 암호를 풀면 피드백이 제공된다.

자료: 학생이 철자를 지우거나 맞는 철자를 써 넣어서 정확한 단어를 만들게 되어 있는 학습지, 위쪽에서 지운 철자와 더 채워야 하는 철자를 써 넣으면 의미가 전달될 수 있는 페이지 하단의 빈칸

방법: 학생은 표시된 단어들의 철자 하나를 지우거나 철자를 덧붙여 학습지를 완성한다. 각 철자는 페이지 하단의 빈칸에 번호에 맞게 쓴다. 정확한 철자를 적으면 학생이 메시지를 읽을 수 있다.

여러 가지 색 관련 단어가 있는 학습지

1. rsed	5. whirte
2. bl e	6. yeljlow
3. orpange	7. br wn
4. belack	8. greben

1	2	3	4	5		6	7	8

철자 크로스워드 퍼즐

피드백 제공 장치: 칸에 정답을 써야만 다음 단어를 계속해서 맞힐 수 있다.

자료: 크로스워드 퍼즐(예: 앞의 철자 활동 부분에 나온 크로스워드 퍼즐).

방법: 학생은 크로스워드 퍼즐을 완성하고 네모 칸 안을 채우면 피드백을 받는다.

순서가 뒤섞인 철자

피드백 제공 장치: 철자 카드의 뒷부분은 단어의 바른 철자 순서에 따라 번호를 매긴다.

자료: 단어를 암시하는 그림이 있거나 정의가 적혀 있는 봉투, 단어 구성에 필요한 각 철자가 적혀 있는 봉투 안의 네모 카드(뒷면에 단어를 구성하는 철자의 바른 순서대로 번호를 적음)

방법: 학생은 봉투에 적혀 있는 정의를 읽거나 그림을 보고 난 후 봉투에서 철자를 꺼내 그것을 위로 오게 놓는다. 학생은 철자를 순서대로 정리하여 올바른 단어가 되도록 배열한 다음 거꾸로 뒤집는다. 카드 뒷면의 번호를 보면 단어의 철자가 정확하게 맞았는지의 여부를 알 수 있다.

포크박스

피드백 제공 장치: 학생은 답을 표시하기 위해 구멍 안에 철필을 넣는다. 만일 정답이면 포크박스(2장 참조)에서 카드를 쉽게 잡아당길 수 있다.

자료: 포크박스와 철자연습에 필요한 한 벌의 인색인 카드(예: 한 단어와 세 개의 생략어 또는 정의, 혹은 그림과 세 단어)

포크박스에서 사용되는 생략어와 그림카드

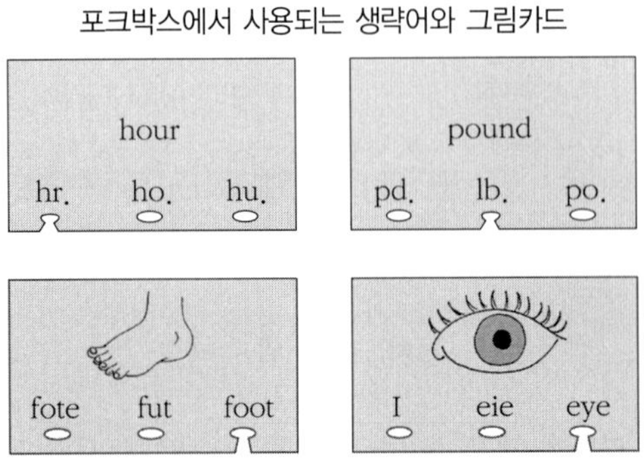

방법: 학생은 단어 밑에 있는 구멍에 철필을 넣어 제시된 철자문제의 답을 선택한다. 카드를 잡아당겼을 때 정답이면 카드가 쉽게 빠진다.

컬러 매직

피드백 제공 장치: 학생은 컬러펜으로 쓴 정답을 보기 위해 폴더를 열어서 피드백을 받는다.

자료: 안쪽에 철자 학습지를 넣은 컬러 플라스틱 폴더(과제 제출용으로 흔히 사용되는 폴더), 학습지 위에 폴더의 색깔과 같은 컬러펜으로 표시한 정답(예: 만일 폴더가 빨간색이면 학습지의 정답도 빨간색이어야 답이 비치지 않는다.).

방법: 학생은 컬러 플라스틱 폴더에 비친 학습지 내용을 읽고 답을 쓴다. 학생은 학습지에 모든 답을 쓰고 활동을 끝낸 후에 답을 확인하기 위해서 폴더를 연다.

상업용 철자 프로그램

철자지도를 위한 다음의 기본적인 발달 프로그램과 교정자료는 철자에 어려움을 겪는 학생들에게 도움을 줄 수 있다. 추가적인 상업적 자료에는 철자 계산기(예: Speaking Spelling & Handwriting Ace; Franklin Electronic 제작), 철자 게임(예: Scrabble; Milton Bradley 제작) 그리고 철자 참고도서(예: *Spellex Word Finder;* Curriculum Associates 출판) 등이 있다.

쓰기를 위한 즉석 철자단어

R. G. Forest와 R. A. Sitton이 개발한 쓰기를 위한 즉석 철자단어(Instant Spelling Words for Writing; Curriculun and Asssociates 출판)는 철자 및 교정의 어려움을 겪는 모든 연령(초등 1학년~성인까지)의 쓰기 학습자들을 위하여 8단계의 시리즈로 구성되었다. 이 시리즈는 1,500개의 자주 사용되는 단어에 초점을 맞춘 것으로 쓰기에 사용되는 모든 단어의 90% 정도를 다룬다.

모든 단어는 목록 형태로 단어 전체를 소개하고 학생은 매우 다양한 흥미 있는 훈련을 하면서 적어도 10번씩 각 단어를 쓰는 것을 연습한다. 단어 형태와 시각적 변별 활동을 통하여 시각적 이미지를 강조한다. 이 프로그램은 다감각적 방식의 단어학습 절차를 가르치고 자기 교정적인 시험-학습-시험 방법을 사용한다. 모든 수업에서 최종 훈련은 구조화된 쓰기 활동이다. 복습과 선택적 확장 활동이 가능한 총체적 언어 접근법은 철자학습과 듣기, 말하기, 읽기, 쓰기, 생각하기를 통합하는 언어적 활동을 제공한다.

철자 마스터

철자 마스터(Spelling Mastery; Dixon, Engelmann, Bauer, Steely, & Wells, 1998)는 초등 1~6학년의 학생들에게 철자전략을 가르치기 위해 고안된 6단계의 기본 철자 시리즈다. 시리즈는 음성(소리-상징)과 통글자 전략으로 시작한 다음 형태소(의미-상징) 전략으로 바꾼다. 프로그램은 기억보다는 일반화에 의해 철자를 학습하는 것을 강조한다. 또한 전체 학급이나 소집단에 매일 20분간의 학습을 사용할 수 있다.

형태소를 통한 철자하기

형태소를 통한 철자하기(Spelling Through Morphographs; Dixon & Engelmann, 2002)는 초등 4학년생부터 성인을 위한 집중적인 교정 프로그램이다. 이 프로그램에서는 빠르게 배울 수 있는 500개 이상의 형태소(접두사, 접미사, 기본 단어)와 일련의 규칙을 빠르게 배울 수 있도록 하며, 프로그램을 마칠 즈음에 이르러는 학생들이 문제 단어를 포함하여 12,000개 단어들을 쓸 수 있도록 한다. 수업은 문어의 의미를 나타내는 기본 단위(즉, 형태소)이면서 항상 특정 규칙에 따라 철자를 쓰는 부분에 초점을 맞추기 때문에 학생은 분석적인 기술과 일반화가 가능한 법칙을 이 프로그램에 포함되어 있지 않은 단어라 하더라도 적용하게 된다. 교사용 지침서는 각 수업차시에 대한 단계별 활동을 제공하고 각 수업에 사용된 단어와 관련된 숙달용 평가와 크로스워드 퍼즐이 포함되어 있다.

철자 쓰기

철자 쓰기(Spellography; Moats & Rosow, 2003)는 4~7학년 학생을 위해 설계된 구조화된 프로그램으로, 27차시의 수업 및 재미있는 게임과 활동으로 구성되어 있다. 3권의 책으로 구성된 이 프로그램은 철자 쓰기의 효과적인 교수에 대한 연구 결과를 활용하고, 어근 단어를 이용한 어휘를 가르치며, 다어절 단어의 재인을 강화하고, 읽기 유창성을 개발하며, 철자의 유지 및 기억을 강화한다. 철자개념은 명시적이고 체계적이며 누적적으로 가르치고, 학생은 음소-활자소의 연합, 흔히 사용되는 불규칙 단어, 음절의 철자 패턴과 조합, 접두사-어근-접미사의 형성, 축약, 문장 구조, 말의 일부분, 숙어 및 비유적 표현을 배운다.

일주일 이상이 걸릴 수 있는 대부분의 수업에서는 난이도 수준, 음성적 인식의 연습, 주요 철자 유형의 소개, 단어 사용과 의미에 관련된 연습, 음절 구조를 복습하기 위한 연습, 알파벳 순서에 따른 연습, 형태론을 공부하기 위한 연습, 받아쓰기 연습, 읽기 유창성을 향상시키기 위한 시간제 연습에 따라 24개의 공부할 단어를 4개의 단위로 나누어 가르친다. 또한 활동에는 사전검사, 자기 점검, 파트너와 짝짓기, 철자 기록장이 포함된다. 프로그램은 소그룹뿐 아니라 전체 학급을 대상으로도 효과적이고, 연습은 학생의 교수적 요구에 맞추어 수정될 수 있다.

스텟슨 철자 프로그램

스텟슨 철자 프로그램(Stetson Spelling Program; Stetson & Stetson, 2001)은 쓰기에서 가장 자주 사용되는 3,000개의 단어를 소개하는데, 이 단어는 평균적인 아동과 성인에 의해 쓰이는 단어의 97%를 차지한다. 프로그램에서는 사전검사, 즉각적인 피드백과 자기 교정, 전체 단어의 시각적 표상, 철자단위, 기억술, 시각적 기억을 포함하는 효과적인 교수 및 학습 전략을 사용한다. 30개의 단원 각각은 10개의 단어로 이루어진 10회기의 차시로 구성되어 있으며, 교수 지침에는 학급단위 교수와 또래교수에 프로그램을 사용하는 방법이 제시되어 있다.

목표 철자

목표 철자(Target Spelling)는 2~10학년에 있는 학습장애 학생들에게 철자를 가르치기 위해 고안된 6권의 책 시리즈(Steck-Vaughn 출판)다. 체계적이고 매우 위계적인 교수적 접근을 사용하는데, 1, 260개의 단어를 순서적으로 제시하며 6권의 책을 통해 계속적인 강화를 준다. 학생들에게 주당 6~8개의 새 단어를 학습하도록 한다. 단어 형태, 단어 탐색, 시각적 변별력, 문맥 인지, 단어와 그림 연결하기, 소리 합성, 압운, 빈칸 채우기 등과 같은 활동을 통해 숙달을 위한 학습 경험을 제공한다.

철자영역의 컴퓨터 소프트웨어 프로그램

컴퓨터 소프트웨어는 학생들의 철자기술을 향상시키기 위하여 부가적인 학습 활동을 할 때 매우 효과적이다. 학습문제를 가진 많은 학생들은 컴퓨터로 철자를 연습하는 것을 선호하며, 적절한 소프트웨어의 사용은 학생이 새로운 단어를 학습할 때 체계적인 지원을 할 수 있다. 예를 들면, MacArthur, Haynes, Malouf, Harris와 Owings(1990)는 컴퓨터 프로그램이 학생이 연습을 하는 동안 즉각적인 교정적 피드백을 제공하며, 철자 오류가 계속되고 반복되기 전에 단어의 정확한 철자를 입력할 것을 요구하며, 학습장애 학생들의 주간 철자 수행을 증진시켰다고 했다. 더욱이 Gordon, Vaughn과 Schumm(1993)은 컴퓨터 보조 교수를 통해 철자연습에 대한 긍정적인 태도를 발달시키고 철자 오류를 줄이며 개별화된 학습전략을 촉진하는 것과 더불어 시간 지연 절차와 함께 사용될 때 철자 수행을 향상시킬 수 있다고 보고했다. 소프트웨어 프로그램은 단어 구조와 철자전략에 대한 인식을 강조할 뿐만 아니라 시간 지연, 음성 시뮬레이션 및 소리 효과를 함께 사용할 수 있다. 철자영역의 소프트웨어는 주로 다음의 네 가지 기법을 사용한다. (1) 화면에 한 단어를 순간적으로 재빨리 보여 준 후 사라지게 하면 학생이 단어를 기억하여 철자를 입력한다. (2) 철자의 순서를 마구 뒤섞어 단어를 제시하면 학생이 철자를 바른 순서로 고친다. (3) 단어 한 개를 생략하고 문장을 제시하면 학생이 상황적인 단서를 이용하여 단어를 알아내고 철자를 쓴다. (4) 한 단어와 비슷한 3~4개의 단어를 제시하면 학생이 그중 정확한 단어를 선택한다. 또한 쓰기 활동을 돕기 위하여 몇 가지 소프트웨어 프로그램은 미리 정해진 단어 파일에 따라 잘못 입력한 단어를 체크하는 철자 스캐너를 제공한다. Hasselbring과 Goin(1989)은 철자영역의 컴퓨터 프로그램은 장기기억의 사용을 요구하고 단어연습의 양을 제한해야 한다고 했다. 뿐만 아니라 여러 번에 걸친 연습을 요구해야 하며 속도와 정확성도 강조해야 한다고 제언했다. 철자기술을 증진시키기 위해 유용하게 사용할 수 있는 소프트웨어 프로그램의 예로는 6~9세용 철자법 블래스터, 철자규칙, 스티키베어철자, 단어 집어 올리기 등을 들 수 있다.

6~9세용 철자법 블래스터

6~9세용 철자법 블래스터(Spelling Blaster Ages 6~9; Knowledge Adventure 제작, Great Source Education Group 배포)는 1,700개 이상의 단어에서 뽑아낸 철자 법칙과 패턴을 소개하는 발음법에 기초한 활동을 특징으로 한다. 학생은 발음법의 규칙에 따라 단어를 만들고, 철자 패턴과 단어군을 인식하며, 발음법과 각운을 사용하며, 잘못 쓰인 단어의 철자를 고치는 것을 배운다. 다양한 난이도 수준별로 일곱 가지의 철자 활동이 제공되는데, 학생이 읽기를 하면서 기본 철자기술을 완

성하기 위한 다양한 단어 읽기 전략을 사용하도록 한다. 교사는 단어 편집기를 이용하여 철자 목록을 개별화할 수 있으며 철자 확인 기능을 이용하여 잘못 쓰인 철자 오류 유형을 점검한다. 단어 찾기는 출력이 가능하고 크로스워드 퍼즐과 25개의 이야기책은 컴퓨터가 아니어도 재미나게 공부할 수 있게 해 준다.

철자 규칙

철자 규칙(Spelling Rules; Optimum Resource 제작)은 3~9학년에 해당하는 학생들에게 진행적인 학습수준과 함께 수백 개의 학년별 철자 관련 질문을 제시한다. 이 교육과정에 기초한 프로그램은 21개의 규칙을 다루고 있는데, 여기에 복수형과 합성어 형성 규칙, 대문자 법칙, 'e 앞에 i' 규칙 등이 포함되어 있다. 규칙을 예문과 함께 소개한 후, 해당 유형을 가진 질문이 주어지고, 도움화면에는 추가 예문이 제공된다. 난이도 수준은 자동적으로 진보를 결정하도록 할 수도 있고 추가 연습이나 심화학습을 위해 주어진 수준에 맞게 유지할 수도 있다. 프로그램은 새로운 연습을 추가하기 위해 개별화할 수 있으며 진도 보고서와 연습은 인쇄 가능하다.

스티키베어 철자

스티키베어 철자(Stickybear Spelling; Optimum Resource 제작)는 2학년 이상의 학생들이 세 가지 활동 패키지를 가지고 학습할 수 있게 하는데, 각 활동 패키지는 학년별로 4단계 난이도 수준을 가진다. 스티키베어 왕(Stickybear)는 최고 4명까지 활동에 참여 가능하다. 가장 높은 점수를 받은 사람이 진정한 철자 왕(bee)이 된다. 스티키베어 버쉬게임(Stickybear Bash)에서는 말로 제시된 단어의 철자가 올바른 순서로 이루어진 것을 선택하기 위하여 물고기를 움직이기 위해 자신의 순서를 기다려야 한다. 학생들은 스티키베어 점볼게임(Stickybear Jumb)에서 정리하기 기술을 사용하여 단어 해결 활동을 한다.

스티키베어 철자는 2,000개 이상의 단어가 포함되어 있지만 프로그램에서 단어 사용의 제한이 없으므로 교사가 학생에 맞게 단어 목록을 재구성할 수 있다. 또한 효과적으로 게임을 시행하기 위해 다양한 연령이나 능력을 가진 아동이 참여할 수 있다.

단어 집어 올리기

단어 집어 올리기(Word Zapper; Micrograms Softwaer 제작)는 2~6학년까지의 학생들이 오류단어 철자를 판별하고 철자능력을 향상시킬 수 있도록 만들어졌다. 단어는 컨베이어 벨트를 따라 움직이고, 학생은 벨트를 따라 움직이는 단어 중에서 오류 철자를 가진 단어를 없애고 철자가 맞는 단어가 지나가도록 하기 위하여 단어 집어 올리기 도구를 사용한다. 학생이 10개의 오류를 저지르거나 1,000점(즉, 옳게 철자한 50개의 단어)을 얻으면 철자 오류 모두를 다시 점검한다. 학생은 옳게 단어의 철자를 써 본다. 이 프로그램에서는 1,300개의 단어를 6개의 난이도 수준에 따라 나누었다. 학생은 적절한 수준의 도전이 될 단어를 선정하여 목록을 만들고, 화면에 컨베이어 벨트가 단어를 이동하는 속도를 통제할 수도 있다. 또한 교사나 학생은 개별화된 단어 목록은 만들거나 편집, 저장, 탑재할 수 있다. 철자 차트를 통해 점수를 보여 주고, 오류가 거의 없는 학생은 칭찬해 준다.

· 제 · 10 · 장 ·

필기하기와 쓰기표현의 평가 및 교수

쓰기(writing)는 매우 복잡한 의사소통의 한 형태로 자기 표현의 기술이며 수단이다. 쓰기는 시각적이며 운동성 및 개념적 능력을 통합하는 과정이고, 학생이 앞서 학습한 주제에 대한 지식을 보여 주는 중요한 수단이 되기도 한다.

공교육에서 필기하기(handwriting)의 지도는 일반적으로 유치원 혹은 1학년 때부터 시작된다. 처음에는 선 따라 그리기, 색칠하기, 똑같이 그리기 등과 같은 준비 활동이 중요하다. 철자, 숫자, 단어의 형태는 3학년 정도까지 강조된다. 3학년 이후의 필기하기는 중요한 자기 표현의 형태로서 문법을 사용하고 생각을 표현하는 좀 더 나은 방법을 배우는 데 초점이 맞춰진다.

필기하기 및 쓰기표현/작문/글쓰기(written expression) 과제는 지속적인 주의집중을 필요로 한다. 따라서 학습문제를 가진 일부 학생은 필기하기 및 쓰기표현을 배우는 데 어려움을 보인다. 그들이 필기하기를 통해 의사소통 능력을 향상시키기 위해서는 직접적이고 집중적인 지도가 필요하다. 이 장에서는 쓰기기술의 영역인 두 가지 중요한 필기하기 및 쓰기표현에 대한 평가 및 교수에 관해 다룬다.

필기 관련 문제

필기하기를 지도하는 데 있어 중요한 목표는 글을 알아보기 쉽게 하는 것(legibility)과 유창하게 쓰는 것(fluency)인데, 철자를 정확하고 빠르게 쓰는 능력을 보면 작문을 잘 할지 예견할 수 있다. 필기하기를 통해 효과적으로 의사소통하기 위하여 우선 학생은 읽기 쉽고 유창하게 쓰도록 배워야 한다. 따라서 필기구를 잘 잡는 법에서부터 시작하여 인쇄체 및 필기체 정확하게 쓰기, 적절한 띄어쓰기와 비율을 맞춰 쓰는 것에 주안점을 두고 지도한다. 필기하기가 어려워지는 데는 운동성의 문제, 활자 및 단어의 시지각적 오류, 시각적 기억의 어려움, 잘못된 교수방법, 동기 부족 등 다양한 요인들이 있다.

소근육 문제 또한 필기하기를 방해하는데, 이는 학교에서의 과제 수행을 어렵게 한다. 예를 들어, 학생은 단어를 쓰는 방법은 알지만 교사를 따라갈 만큼 쉽고 빠르게 쓰지 못할 수 있다. 이런 경우 철자를 잘 쓸 수 없다. 칠판을 보고 베껴 쓰거나 과제물을 할 때도 같은 상황이 나타날 수 있다. 불행히도 많은 학부모와 교사는 학생의 학습 속도가 느리기 때문이라고 생각하지만 사실 실제 문제는 필기하기에 있다.

학생들은 필기하기에서 다양한 문제를 보인다. 천천히 쓰기, 철자 및 숫자 쓰기의 부정확한 방향, 너무 많이 혹은 적게 기울어진 경사도, 여유 공간의 부적절함, 뒤죽박죽 섞임, 선에 맞추지 못함, 읽을 수 없는 철자, 글 쓸 때 부적절하게 힘 주기, 반대 방향으로 철자 필기하기 등의 문제가 해당된다. 1, 2, 3학년의 필기하기에 관한 연구에서 6개의 소문자(즉, q, j, z, u, n, k)는 생략, 실수 및 읽기 어려움(판독 불가)의 48%를 차지했고, 판독 불가의 한 가지만을 고려했을 때는 5개 철자(즉, q, z, u, a, j)가 오류의 54%를 차지했다(Graham, 1999). 또한 Newland(1932)는 2,381명의 필기를 조사하였는데, a, e, r, t 철자가 포함된 단어의 약 50%는 읽기가 어려웠다. 일반적으로 사람들은 (a, b와 같은 글자에서) 글자를 닫지 못하고, 윗부분에 고리를 만들거나(e를 i같이 쓰기), 고리를 만들면 안 되는 획에 고리를 만들거나(i를 e같이 쓰기), 둥근 획보다 일직선을 사용하거나(n을 u같이 쓰기), 마지막 획에서 문제를 나타낸다. 6학년생 필기내용의 가독성에 대한 연구에서 Horton(1970)은 모든 오류의 12%는 철자 r을 잘못 사용하기 때문이라고 보고하였다. 따라서 필기하기 오류의 대부분은 일부 철자의 잘못된 쓰기가 포함된다. 숫자 쓰기에서 나타나는 흔한 오류로는 5를 3처럼 쓰는 것(**5**), 6을 0처럼 쓰는 것(**6**), 7을 9처럼 쓰는 것(**9**), 9를 4처럼 쓰는 것(**4**) 등이 있다.

필기기술의 평가

교사가 어린 학생(8~9세 혹은 그 이하)을 평가할 때 종종 관찰한 것과 달리, 쓰기와 글자의 생략 및 부적절한 글자 배치는 정상적인 것임을 기억해야 한다. 그러나 이러한 오류가 오랫동안 지속되어 왔거나 매우 간단한 쓰기과제에서도 별로 진전을 보이지 않는다면 쓰기의 문제가 존재한다고 본다. 다른 학업기술과는 달리, 쓰기의 경우 측정할 수 있는 표준화된 검사가 거의 없어 주로 비공식적인 평가절차를 광범위하게 사용한다. 필기하기에서는 최소한의 기준조차 정하기 힘든데, 이는 필기 활동 시 쓰기 속도, 판독성 및 글자체의 특성 등 강조점이 다르기 때문이다.

공식적인 필기평가

필기하기에서는 단지 몇 개의 규준참조검사만이 존재하기 때문에 학생의 필기능력을 평가하기 위해서 평정척도(rating scale)와 평가도구(inventories)가 자주 사용되었다. 〈표 10-1〉에서는 시판된 필기 평가도구 및 2개의 표준화된 측정도구, 규준참조검사 및 척도를 제시하고 있다. 판독성 정도를 보는 상업용 척도는 개인의 일반적인 쓰기능력을 평가한다. 그러나 이러한 종류의 척도가 가진 객관성은 의심되어 왔고, 필기하기에서 나타나는 특정 오류와 읽기가 어려운 형태는 주목하지 않았다. 따라서 필기하기 척도는 선별을 위해 쓰기 표본을 점수화하여 보조자료로 사용하는 것이 가장 좋다. 교수를 위한 정보를 얻는 데는 다양한 비공식적인 평가기술이 도움이 될 수 있다.

비공식적인 필기평가

교사는 학생이 작성한 과제를 시각적으로 조사하여

〈표 10-1〉 시판된 필기평가 도구

검사	연령/학년수준
학교 기본검사 평가 제3판(Hammill, Leigh, Pearson, & Maddox, 1998)	4~6세
이 검사의 필기하기 부분은 다양한 과제를 통해 학생의 손으로 필기하기 능력을 평가한다. 왼쪽에서 오른쪽으로 필기하기, 연필 잡기, 이름 쓰기, 적절한 필기하기 자세 유지하기, 불러 주는 철자 쓰기, 단어 베껴 쓰기, 칠판에서 종이로 베껴 쓰기, 줄 위에 머물기, 성(性) 쓰기 등. 이 규준참조검사는 같은 연령의 다른 학생들과 비교하여 필기하기의 준비도가 낮은 학생을 확인하는 데 사용될 수 있다.	
브리건스 기초기술 진단평가 개정판(Brigance, 1999)	유치원~9학년
이 규준참조검사는 몇 가지의 손으로 쓰기 검사를 제공한다. 인쇄체는 검사의 준비 부분에서 평가된다. 학생은 대문자, 소문자 순서대로 쓰기, 소문자, 대문자, 소문자 받아쓰기, 개인 자료 쓰기, 숫자 쓰기를 한다. 필기체 쓰기는 검사의 쓰기 부분에서 평가된다. 학생은 차례로 소문자 쓰기, 차례로 대문자 쓰기, 개인자료를 쓰기를 하도록 요구된다. 또한 쓰기의 질이 평가되고 인쇄체와 필기체 기준 및 샘플이 제공된다.	
필기기술검사(Gardner, 1998)	5~10세
이 표준화 검사는 인쇄체(5~8세) 또는 필기체(8~10세)에서 대문자와 소문자 형태 쓰기에 대한 학생의 손으로 쓰기 기술을 검사한다. 열 개의 하위검사들은 기억에서 차례로 대문자와 소문자 쓰기, 받아쓰기에서 차례에 맞지 않게 철자 쓰기, 받아쓰기에서 숫자 순서에 맞지 않게 8개의 숫자 쓰기, 차례에 맞지 않게 12개의 대문자 베껴 쓰기, 차례에 맞지 않게 10개의 소문자 베껴 쓰기, 6개 단어(21개 철자) 베껴 쓰기, 두 문장(6개 단어, 29철자) 베껴 쓰기, 6개 단어(21개 철자) 받아쓰기와 같은 능력에 초점을 맞춘다. 학생의 손으로 쓰기 속도는 다른 기술영역에서 부분적으로 평가된다. 검사는 개별이나 그룹으로 30~40분 동안 실시될 수 있고, 점수는 표준점수, 척도화된 점수, 백분위, 스테나인 점수로 보고된다.	
재너-블로저 평가척도	1~6학년
이 척도(Zaner-Bloser 출판)는 학생들의 필기하기에 대한 전국적 표집에 기초하여 있고 인쇄체와 필기체를 평가하기 위하여 자주 사용된다. 인쇄체 스타일 1학년과 2학년의 척도가 있고, 필기체 스타일 2~6학년의 척도가 있다. 5개의 인쇄체 표본—매우 잘함, 잘함, 보통, 못함, 부족—이 각 학년의 수준별로 제공된다. 각 척도는 교사가 칠판에 쓴 문장이나 단락이 포함된다. 학생들은 표본 쓰기를 연습하고 나서 용지 위에 그들의 가장 훌륭한 손글씨로 문장을 베껴 쓴다. 교사는 각 용지를 학년수준에 맞는 5개의 표본 문장들과 비교하고, 철자 구성, 인쇄체에서 수직적 질과 필기체에서 비뚤어짐, 공간, 정렬, 양, 줄의 질의 5개 요소를 평가한다. 각 학생의 쓰기는 충족 요소들의 수에 따라 점수화된다. 이 방법을 통해 학생의 필기하기는 같은 학년수준의 학생들과 비교될 수 있다. 그러나 철저한 오류분석이 지도 프로그램을 계획하기 전에 필요하다.	

비공식적인 진단 정보를 얻을 수 있다. 필기 샘플은 판독성에서의 문제 범위를 결정하는 데 사용할 수 있다. Mann, Suiter와 McClung(1992)은 학생으로부터 세 가지(일상적인, 가장 잘한, 빨리 쓴) 필기 샘플을 얻을 것을 제안하였다. 일상적으로 쓴 필기 샘플은 학생이 평소의 피곤하지 않은 상황에서 쓴 과제가 된다. 가장 잘 쓴 샘플은 학생이 시간을 들여 최선을 다해 문장을 쓰도록 요구한 후 얻을 수 있다. 이후 정해진 시간(3분) 안에 주어진 문장을 몇 번 쓸 수 있는지를 본다. 학생의 세 가지 필기 샘플을 비교함으로써 교사는 속도와 판독성을 고려한 학생의 필기능력을 알 수 있다.

학생이 필기 활동을 하는 동안 관찰하면서, 교사는 다음의 질문에 대답해 봄으로써 학생에게서 나타날 수 있는 문제에 주의를 기울일 수 있다.

- 학생이 연필을 바르고 편안하며 유연한 방법으로 잡는가?
- 학생의 노트는 책상 위 적당한 위치에 있는가?
- 학생이 글씨를 쓸 때 바르게 앉아 있는가, 머리가 종이에서 너무 가깝거나 멀지는 않은가?
- 학생은 계속해서 같은 쪽 손으로 쓰는가?
- 학생이 글씨를 쓸 때 상당히 긴장되어 있거나 신경질적이거나 혹은 감정적인가?

- 학생이 필기하기에 부정적인 태도를 보이고 지루하고 벗어난 행동을 하는가?

교수를 위한 추가 정보는 다음의 다양한 측면에서 학생 필기 샘플의 오류 패턴을 분석함으로써 얻을 수 있다.

- 글자 형태. 글자 형태는 개별 글자의 모양을 만들어 가는 것이다. 인쇄체에서 글자는 세로, 가로 및 사선으로 이루어지고, 이에 원 혹은 반원이 더해진다. 반면에 필기체는 사선, 고리, 곡선으로 이루어진다. 교사는 가운데에 글자 하나 크기보다 약간 큰 구멍이 있는 색인 카드를 사용하여 판독성을 확인할 수 있다. 활자를 한 번에 하나만 보이게 함으로써 글자를 읽기 가능한지 혹은 형태가 잘못되었는지를 보다 쉽게 알 수 있다.

- 글자 크기, 비율 및 정렬. 활자의 크기 및 비율은 서로 간의 높이관계에서 드러난다. 정렬은 기본선을 따르는 글자의 균등함으로 같은 크기, 같은 높이로 쓰였는지를 말한다. 이러한 판독성의 요소는 가능한 글자의 위와 아래에 선이 닿을 수 있도록 자를 사용하여 선을 그려서 측정할 수 있다.

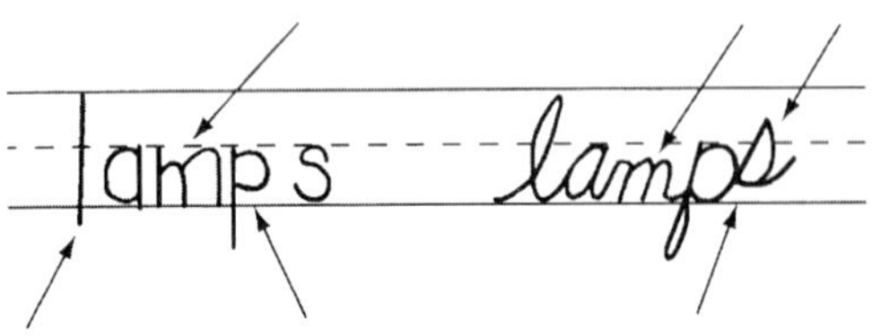

- 공간. 공간은 한 단어 안에서는 글자 간에 그리고 단어 간에, 문장 간에 일관성이 있어야 한다.

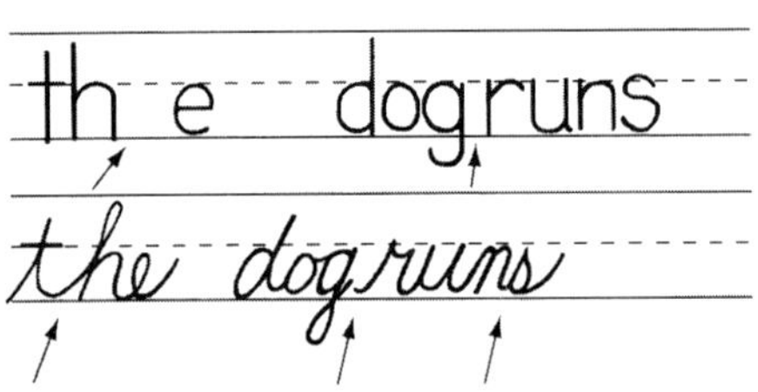

- 선의 질. 글자 쓰기에 사용된 선의 두께와 연속성은 일관성이 있어야 한다. 교사는 흔들리거나 너무 두껍거나 혹은 아주 잘된 선에 표시를 해야 한다. 잘못된 손 혹은 몸의 한 부분, 꽉 조인 손가락은 결과적으로 선의 질적 일관성을 떨어뜨린다.

- 경사도. 글자의 경사도는 일정해야 한다. 일반적으로 인쇄체는 기본선에서 수직이면서 위아래로 똑바로 올라가거나 내려가는 모습이다. 인쇄체를 쓸 때는 종이가 약간 경사지고 몸 쪽으로 당겨진다. 곧은 선 혹은 일정한 경사를 가진 선을 글자 위에 그어 봄으로써 어떤 글자가 일정한 경사에서 벗어나는지를 알 수 있다.

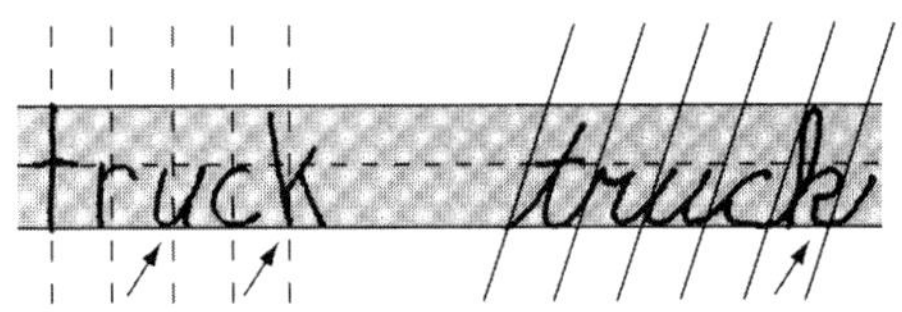

- 속도. 필기 속도는 필기 샘플을 작성할 때 학생에게 가능한 한 빨리 쓰도록 한 후 평가할 수 있다. 필기 속도—분당 쓴 글자 수(letters per minute: lpm)—는 허용된 시간(분)에 쓴 총 글자 수를 나눔으로써 정해진다. 필기 숙달 정도는 다음의 기준을 따른다.

제너-블로저(Zaner-Bloser) 척도

1학년: 25 lpm
2학년: 30 lpm
3학년: 38 lpm
4학년: 45 lpm
5학년: 60 lpm
6학년: 67 lpm

Graham, Berninger, Weintraub과 Shafer(1998)는 다음과 같이 평균 쓰기 속도를 제안하였다.

	여자	남자
1학년	21 lpm	17 lpm
2학년	36 lpm	32 lpm
3학년	50 lpm	45 lpm
4학년	66 lpm	61 lpm
5학년	75 lpm	71 lpm
6학년	91 lpm	78 lpm
7학년	109 lpm	91 lpm
8학년	118 lpm	112 lpm
9학년	121 lpm	114 lpm

〈표 10-2〉는 인쇄체 및 필기체 쓰기 시 많이 나타나는 오류, 원인 그리고 교정방법에 관한 진단 차트다.

쓰기검사는 특정 쓰기기술을 평가하고 교수목표를 결정하기 위하여 사용될 수 있다. 확인 평가지는 반복적으로 같은 글자 쓰기, 이름 쓰기, 대문자 쓰기, 소문자 쓰기, 단어 쓰기와 같은 과제를 포함한다. 학생에게 1분의 시간을 주고 확인 평가지에 매일의 수행 결과를 기록하

[그림 10-1] 인쇄체 대문자 쓰기 확인 평가지

이름: ________ 날짜: ________
시간: ________
속도(분당 글자의 수) ________ 옳게 쓴 글자 수
________ 틀리게 쓴 글자 수

교사 의견: ________

B
G
K
M
R
S
Y

여 나아지는지를 모니터한다. [그림 10-1]은 인쇄체 대문자 쓰기의 확인 평가지다.

쓰기상의 어려움을 평가할 때, 교사는 학생 스스로가 자신을 평가하도록 격려할 수 있다. 진단 차트 및 평가 지침은 학생 자신이 필기의 부정확성을 인식할 수 있도록 도와준다. 인쇄체 쓰기 용지를 통하여 저학년 학생들은 특정 철자의 형태를 바르게 썼는지, 둥근 철자의 끝부분이 서로 잘 만났는지, 경사선이 잘 겹쳐졌는지를 확인할 수 있다. 고학년생들은 자신이 쓴 필기체의 철자가 일정하게 평행한지, 기준선을 잘 지켜 이어서 썼는지 확인할 수 있다. 학생들 스스로 자신의 필기하기를 모니터할 때 필기내용을 빠르고 쉽게 바꿀 수 있게 된다. 또한 학생은 자신의 필기 학습과 진전에 대한 책임감을 느껴 긍정적인 태도가 증가하게 된다.

필기기술 교수

평가 후에 교사는 학생의 전반적인 필기기술 발달과 고쳐야 할 오류를 토대로 하여 교육목표를 수립할 수 있다. 필기기술은 학생에게 의미 있고 동기화시킬 수 있는 실질적인 필기 활동을 통해 가르쳐야 한다. 지도감독 없이 행해지는 반복적인 훈련과 엄청난 양의 연습은 피해야 하며, 학생들은 즉각적인 피드백을 받아야 한다. 학생들에게 잘한 것과 잘못한 것에 대한 모델을 제시하여 결과적으로 그들이 자신에게 필요한 변화를 대조하여 결정할 수 있도록 해야 한다.

Tompkins(2002)는 일주일 동안 간단한 필기교수 수업과 여러 번의 연습시간을 갖는 것이 일주일 또는 한 달에 한 번 긴 수업과 연습을 하는 것보다 더 효과적이라고 지적하였다. 직접교수의 개별 기간과 교사의 지도감독하에 이루어지는 연습을 통해 더 빠른 속도로 필기를 해야 할 때 나타날 수 있는 글자 모양에서의 나쁜 습관과 실수를 피할 수 있게 된다. 교사는 글자를 쓰는 정

〈표 10-2〉 인쇄체와 필기체 진단 차트

요소	문제	가능한 원인	교정
			인쇄체
모양	철자 비뚤어짐	종이 비뚤어짐	종이를 똑바로 놓고 일직선으로 배열된 철자 획을 몸의 중앙을 향해 당긴다.
	표준에서 벗어남	철자에 대한 부적절한 심상	학생에게 문제 철자를 칠판에 쓰도록 한다.
크기	너무 큼	쓰기 줄에 대한 이해 부족	필기용지의 각 줄의 목적을 지적함으로써 크기개념을 재교육한다.
		과도한 팔 움직임	특히 동그라미와 부분 동그라미가 들어가는 철자들에서 팔 움직임을 감소시킨다.
		철자에 대한 부적절한 심상	학생에게 문제 철자들을 칠판에 쓰도록 한다.
	너무 작음	쓰기 줄에 대한 이해 부족	필기용지의 각 줄의 목적을 지적함으로써 크기개념을 재교육한다.
		손가락 움직임의 지나친 강조	팔 움직임을 강조한다. 확실한 팔 움직임이 가능한 손-연필, 팔-책상 자세를 점검한다.
		철자에 대한 부적절한 심상	학생에게 문제 철자들을 칠판에 쓰도록 한다.
	균일하지 않음	각 철자 후에 글 쓰는 손을 조정	팔 움직임을 강조한다. 글씨 쓰지 않는 손으로 종이를 움직여서 글씨 쓰는 손이 적절한 필기 자세를 유지할 수 있도록 한다.
		손가락 움직임의 지나친 강조	팔 움직임을 강조한다. 팔-책상, 손-연필 자세를 점검한다.
공간	단어 내 철자들이 겹침	공간개념의 이해 부족	철자들 간의 균일한 공간을 재교육한다(손가락이나 연필 너비).
	철자들 간 너무 넓은 공간	부적절한 소문자 크기 및 형태	크기와 형태 개념을 재검토한다. 크기와 형태에 대해 적절히 수정한다.
정렬	철자들이 기초선에 놓여 있지 않음	부적절한 철자 구성	철자 형태에 대한 작업을 평가한다. 일직선으로 배열된 철자 획들이 기초선 아래 모든 통로에 오도록 강조한다.
		기초선 개념의 이해 부족	필기용지에서 기초선의 목적을 재검토한다.
		부적절한 손-연필, 종이-공책 자세	확실히 학생이 기초선에 쉽게 닿을 수 있도록 자세를 점검한다.
	높이가 들쑥날쑥한 철자	크기개념의 이해 부족	필기용지에 제공된 선들의 관계에서 철자 크기의 개념을 재검토한다.
선의 질	너무 진하거나 너무 흐림	부적절한 필기 압력	손-연필 자세를 재검토한다. 글쓰는 힘을 이완시키기 위해 작게 뭉친 종이 조각을 글 쓰는 손바닥에 놓는다. 적절한 선의 질을 보여 준다.
			필기체
형태	너무 타원형인 철자	팔 움직임의 과도한 강조와 철자 이미지의 부족	팔-책상 자세를 점검한다. 철자 크기와 형태를 재검토한다.
	너무 가까운 철자	손가락 필기	팔 움직임이 허락되도록 자세를 점검한다.
		일직선으로 배열된 획의 과도한 강조	l, b, t와 같은 철자들에서는 일직선으로 배열된 획이 기초선 아래 모든 통로에 오지 않는 것을 확인시킨다.
		철자 형태의 심상 부족	형태에 대한 학생의 개별평가를 위해 투명지를 사용한다.
			철자 형태의 모든 문제들에서 기본 획들의 측면에서 철자들을 재검토한다.
크기	너무 큰 철자	과도한 팔 움직임	팔뚝의 과한 움직임에 대해 팔-책상 자세를 점검한다.
		철자 크기의 심상 부족	$\frac{1}{4}$ 공간, $\frac{1}{2}$ 공간, $\frac{3}{4}$ 공간과 관계된 아래와 위줄을 재검토한다. 철자 크기에 대한 학생의 개별평가를 위해 투명지를 사용한다.

〈계속〉

크기	너무 작거나 균일하지 않은 철자	손가락 움직임	팔-책상, 손-연필 자세를 점검한다. 팔 움직임을 강조한다.
		철자 크기의 심상 부족	맨 아래와 위줄에 관련 있는 철자 크기의 개념($\frac{1}{4}$ 공간, $\frac{1}{2}$ 공간, $\frac{3}{4}$ 공간)을 재검토한다. 철자 크기에 대한 학생의 개별평가를 위해 투명지를 사용한다.
공간	단어들 안에 철자가 몰려 있거나 철자들 사이의 불규칙한 공간	손가락 움직임	팔-책상, 손-연필 자세를 점검한다. 팔 움직임을 강조한다.
		획 결합의 이해 부족	어떻게 철자들이 결합되는지 재검토한다. 한 철자의 마지막 획이 다음 철자의 시작 획과 결합되는 것을 보여 준다. 5개 그룹 안에서 철자들 쓰는 것을 연습한다.
	철자들과 단어들 사이의 너무 넓은 공간	과도한 팔 움직임	팔뚝의 과한 움직임에 대한 팔-책상 자세를 점검한다.
		획 결합의 이해 부족	획 결합을 재검토한다. 규칙적인 세기를 통해 철자들의 그룹 필기하기를 연습한다.
	단어들 사이의 불규칙한 공간	단어 사이 공간의 이해 부족	단어들 사이의 공간개념을 재검토한다. 앞선 단어의 마지막 획 아래 두 번째 단어의 시작 획을 보여 준다.
정렬	기초선에 맞춘 철자 정렬의 부족	잘못된 필기하기 자세, 손가락 움직임, 과도한 팔 움직임	모든 필기하기 자세를 점검한다. 규칙적인 필기하기 움직임을 강조한다.
		기초선 개념의 이해 부족	쓴 단어에서 기초선의 관계를 강조하면서 반복 훈련한다.
		획 결합의 잘못된 사용	획 결합을 재검토한다.
	크기와 관련하여 단어들 내 불규칙한 철자 정렬	크기개념의 이해 부족	소문자와 대문자 간, 소문자의 $\frac{1}{2}$ 공간, $\frac{1}{4}$ 공간, $\frac{3}{4}$ 공간 간의 크기개념을 보여 준다. 소문자의 균일한 높이를 강조하면서 반복 훈련한다.
속도와 편이	급하고 속도가 붙은 상황에서 글이 읽기 어려워짐(4, 5, 6학년)	손으로 필기하기 기술 정도가 속도 요구를 맞추기에 부족함	필기하기 자세를 향상시킨다. 팔 움직임을 더욱 발달시키고 손가락 움직임을 줄인다.
	필기하기 활동이 매우 길면 글 읽기가 어려워짐	손으로 필기하기 자세가 손으로 필기하기가 편할 만큼 완벽하지 않음	모든 필기하기 자세, 특히 손-연필 자세를 향상시킨다. 팔 움직임을 강조한다.
비뚤어짐	뒤가 비뚤어짐	왼손잡이	손-연필, 종이-책상 자세를 교정한다.
	수직	자세 부족	손-연필, 종이-책상 자세를 교정한다.
	정상에서 너무 떨어져 있음	손가락 움직임의 과도한 강조	오른손잡이라면 몸 중앙으로, 왼손잡이라면 왼손 팔꿈치 쪽으로 비뚤어진 획들을 확실히 당긴다.
			비뚤어짐 교수를 돕기 위해 비뚤어진 줄 지도용지를 사용한다. 학생의 개별평가를 위해 투명지를 사용한다.
			비뚤어진 줄에서 그들의 형태를 가져와 모든 소문자들을 재검토한다.
			칠판에 소문자 알파벳을 쓴다. 색분필로 모든 비뚤어진 획들을 되짚어 본다.

확한 방법을 시범 보이고 학생의 쓰기를 주의 깊게 지도 감독해야 한다. 어떤 학생들에게는 모델을 관찰(예: 교사가 쓰는 것 보기)하는 것이 이미 쓰인 것을 베껴 쓰는 것 보다 더 효과적이다. 따라서 교사는 학생 개개인을 돕고 학생들이 필기과제를 수행하는 동안에 기술을 시범 보이기 위해 교실을 순회해야 한다. 게다가 교사는 다음과 같은 필기와 관련된 교수적 실수를 해서는 안 된다. 기술이 습득되지 않은 상태에서 교사나 성인의 지도

감독이 없는 상태의 필기연습, 실수에 대한 즉각적 피드백의 부족, 학생의 실수를 분석하고 중요한 사항을 강조하는 것의 부족, 가까운 곳에서 정확한 글자 모양 형성의 모델 제시 부족, 그리고 정확하고 부정확한 글자 산출의 반복된 연습이 그것이다.

Graham(1999)은 필기를 숙달시키기 위한 가장 보편적인 방법으로 학생에게 텍스트를 자주 쓰도록 하는 것을 권장하고 있다고 보고하였다. 필기 속도를 증가시키기 위한 부가적인 방법으로는 시간이 정해진 필기연습에서 자기 경쟁과 동기부여를 위한 강화물을 사용하는 것이다. 또한 교사는 학생의 진전을 격려하고, 기술의 중요성을 강조하며, 학생이 필기하기에 대하여 긍정적인 태도를 갖도록 도와주어야 한다. 초등학교 고학년과 중등학교에서는 학생이 매일 하는 필기과제에서 나타난 구체적인 결함을 규명하고 수정하는 것을 더 많이 강조해야 한다. 학생은 필기문제를 진단하고 교정할 필요가 있다. 왜냐하면 필기하기의 문제는 과제를 효율적으로 완성하는 것을 방해하고 교사의 평가나 성적에 영향을 끼칠 수 있기 때문이다. 많은 교사들은 내용의 질에 관계없이 필기하기가 엉망인 과제물보다 글씨를 잘 쓴 과제물에 지속적으로 더 높은 점수를 준다고 한다(Graham, 1992). 또한 읽기 쉽고 숙달된 필기는 학급에서의 노트 및 보고서 작성, 공부환경에서의 성공 등을 더 잘하게 해 준다.

학년별 필기기술에 대한 영역과 계열 도표는 부록 A에 제시되어 있다. 필기하기 기술과 교수전략의 개발은 준비기술, 인쇄체 쓰기, 전이적인 쓰기 그리고 필기체 쓰기 영역에서 제시된다. 타이핑과 키보딩 또한 대안으로서 고려된다.

준비기술

유치원에서 필기준비 활동은 보통 필기하기에 대한 아동의 흥미 유발시키기, 필기구 잡는 능력 발달시키기, 소근육 조절 발달시키기 등이다. 필기하기는 근육 조절, 눈-손 협응과 시각적 변별을 요구한다. 교사는 각 학생이 필기하기를 시작할 준비가 되기 전에 이러한 기술을 발달시키도록 해야 한다. 아동의 근육 협응은 조작적인 경험(예: 가위로 자르기, 손으로 그리기, 선 따라 그리기, 색칠하기)을 통해 발달한다. 눈-손 협응은 원 그리기, 도형 따라 그리기와 관련이 있다. 또한 크기, 형태, 세부적인 것에 대한 시각적 변별력을 개발하는 것도 학생이 문자와 그 형태를 시각적으로 인식하는 것을 돕는다. 판서 활동은 연습을 제공하고 학생이 어깨, 팔 , 손, 손가락의 근육 움직임을 사용할 기회를 제공한다. 필기하기 교수를 시작하기 전에 학생은 다음의 것들을 할 수 있어야 한다.

- 위아래, 좌우, 앞뒤로 손 움직이기
- 기하학적 모양과 점으로 된 선 추적하기
- 종이 위의 점 연결하기
- 왼쪽에서 오른쪽으로 수평선 긋기
- 위에서 아래로, 아래에서 위로 수직선 긋기
- 앞뒤 방향으로 원, 곡선 그리기
- 경사진 선 수직으로 그리기
- 단순한 디자인과 모양 그리기
- 글자에 이름을 붙이고 글자 형태의 유사점과 차이점 구분하기

또한 학생이 사용하는 손의 선호도를 결정하는 것이 중요하다. 교사는 학생이 먹기 또는 공 던지기와 같이 자연적 상황에서 어느 쪽 손을 자주 사용하는지를 살펴본다. 또한 학생에게 필통에서 한 손으로 연필을 꺼내게 하거나 한 손으로 한쪽 눈 가리기, 혹은 칠판 위에 한 손으로 쓰기를 시킨다. 왼손 사용을 강하게 선호하는 학생은 필기하기에서도 왼손 사용을 허용한다. 양손을 잘 사용하는 학생에게 선택권을 주고 필기하기를 할 때 한 손(오른손 선호)을 일관적으로 사용하도록 격려한다.

또한 종이와 연필의 적절한 위치도 전반적인 필기교

수 시작 전에 가르쳐야 한다. 쓰기를 하는 동안에 학생은 편안한 의자에 앉아 아래쪽 등을 의자에 붙이고 두 발은 바닥에 닿게 한다. 책상은 학생이 글씨를 쓰는 데 불편함 없이 책상 표면에 팔꿈치 아랫부분을 둘 수 있는 높이여야 한다. 필기하기에 사용하지 않는 팔은 종이를 잡게 한다. 팔꿈치 부딪침을 막기 위해서 왼손 사용자는 왼손 사용 책걸상에 앉거나 테이블의 바깥쪽을 따라 앉아야 한다. 연필은 엄지와 다음 두 손가락으로 삼각형 모양으로 가볍게 잡고, 손은 바깥쪽 가장자리로 가볍게 지탱해야 한다. 오른손잡이는 연필심에서 약 1인치(2.54cm) 위로 잡고 연필 끝부분은 오른쪽 어깨를 향해야 한다. 왼손잡이는 쓰는 지점에서 약 1 $\frac{1}{4}$ 인치(3.175cm) 위로 연필을 잡고 연필 끝은 왼쪽 팔꿈치를 향해야 한다. 연필에 상업용 연필 그립(Zaner-Bloser에서 구입 가능)이나 매스킹 테이프를 이용해서 연필 잡기를 쉽게 할 수도 있다. 학생들이 긴 시간 동안 쓰기를 할 때는 손의 마비나 불편함을 막기 위하여 편안하게 연필을 잡아야 한다. Graham과 Weintraub(1996)은 처음에 연필 잡기를 어떻게 배우느냐에 상관없이 대부분의 학생들은 시간이 지남에 따라 필기도구를 잡는 방법을 수정해 간다고 보고하였다.

인쇄체 쓰기에서 종이는 눈앞 책상 위에 바로 놓아야 한다. 왼손을 사용하는 학생들 중 일부는 종이를 약간 비스듬히 놓고 종이의 오른쪽 아래 모서리가 신체 중심의 왼쪽으로 향하도록 한다. 필기체 쓰기에서는 종이가 약 45° 회전되어야 한다. 왼손을 사용하는 학생에게는 종이가 북-북-동으로 경사져야 한다. 오른쪽 아래 모서리가 신체의 중심을 향하고 글자 쓰기의 한 획이 왼쪽 팔꿈치를 향해 당겨져야 한다. 오른손을 사용하는 학생은 쓰면서 자기 몸을 향해 팔을 당기는 반면, 왼손 사용 학생들은 밖으로 뻗는다. 왼손 사용 학생들 중 일부는 손을 끌어당기거나 손목을 움직이는데, 이는 그들이 쓴 것을 보고 필기를 하는 동안의 얼룩을 피하기 위해서다. 하지만 이러한 연습은 가능한 한 피해야 하고, 종이의 오른쪽 경사를 찾거나 더욱 자연스러운 방식으로 쓰기를 발달시키기 위하여 칠판에서 쓰기를 연습하게 하여 통제할 수 있다.

인쇄체 쓰기

보통 인쇄체로 쓰는 것은 유치원이나 초등 1학년 때 가르치는데 전적으로 원과 직선의 기본 형태를 기초로 한다. 손으로 쓰기에서 기본 선은 위에서 아래로 선 긋기(⇊), 왼쪽에서 오른쪽으로 선긋기(⇉), 왼쪽으로 동그라미 그리기(↺), 오른쪽으로 동그라미 그리기(↻), 그리고 사선 그리기(↙ ↖)다(Milone & Wasylyk, 1981). [그림 10-2]는 획의 방향과 순서를 화살표와 숫자로 표시하며 손으로 대문자, 소문자, 숫자 쓰는 법을 제시한다. 유치원에서의 쓰기교수는 보통 아동이 대문자와 소문자를 인식하고 자신의 이름뿐 아니라 그 외 일반적인 낱말을 쓰는 것을 강조한다. 초등 1학년에서는 문자 사이의 간격, 읽기와 관련된 기술을 개발시키는 데 집중한다.

교사는 학생의 시야를 가리지 않도록 주의하면서 칠판에 글자 쓰기를 시범 보인다. 학생들은 쓰기의 과정뿐만 아니라 완성된 결과도 볼 수 있어야 한다. 칠판 위에 쓰기를 할 때, 학생들은 자신의 눈높이에서 팔의 길이만큼 칠판에 떨어져 똑바로 선 상태에서 글을 써야 한다.

다감각적 접근은 흔히 문자 형태를 가르칠 때 사용된다. 학생들은 문자 모델을 보고 듣고 따라 쓰는 데 다음의 단계를 따른다.

1. 교사는 학생에게 활자(혹은 단어)를 보여 준다.
2. 교사는 글자 이름과 선의 방향을 크게 말한다(예: "먼저 위쪽으로 올라가고, 그다음 아래쪽으로 내려.").
3. 학생은 손가락으로 모델을 따라서 쓰고 따라 쓰기를 하는 동안 큰 소리로 움직임을 말한다.
4. 학생은 연필을 가지고 글자 모델을 따라 쓴다.

[그림 10-2] 인쇄체 대문자, 소문자 및 숫자 형태

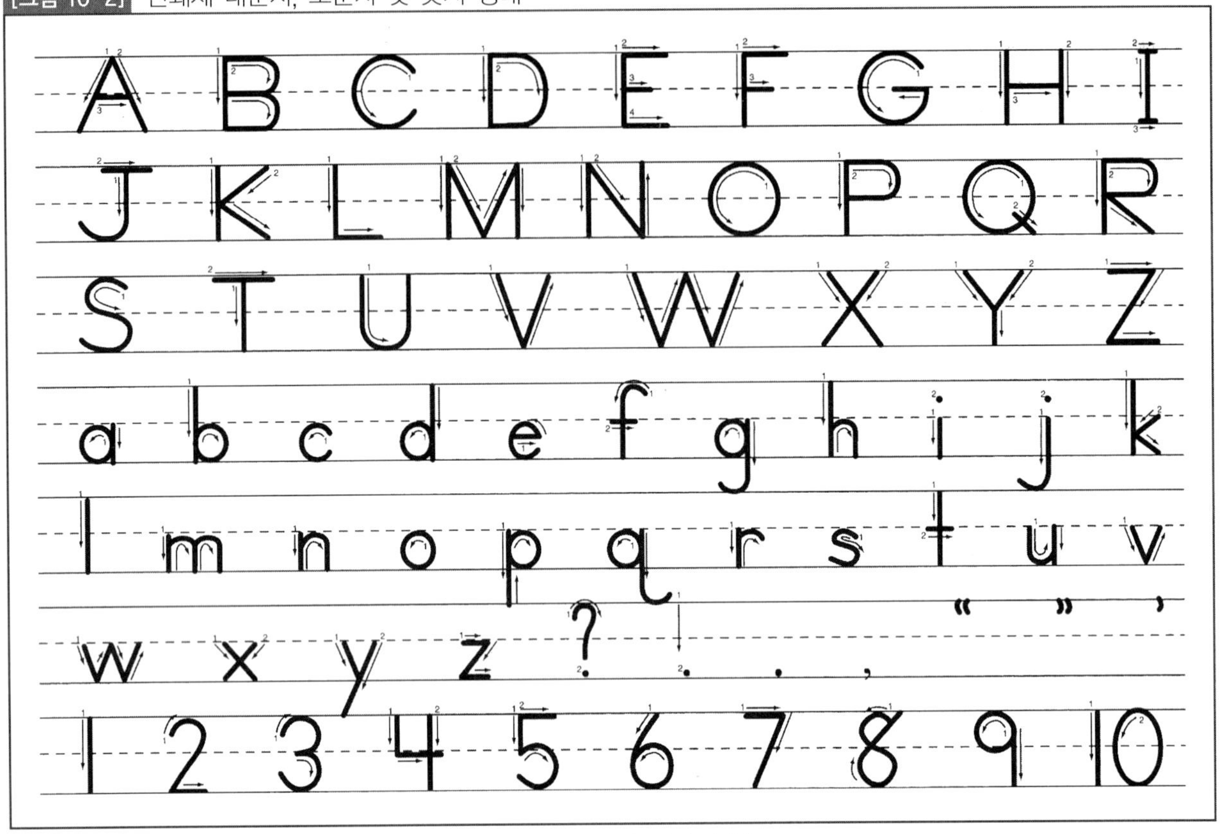

출처: *Zaner-Bloser Handwriting*, 2003. Columbus, OH: Zaner-Blouser(허락하에 게재함).

5. 학생은 모델을 보면서 종이 위에 글자를 베껴서 쓴다.
6. 학생은 철자 이름을 말하면서 기억하여 철자 쓰기를 한다. 또한 필기를 가르칠 때 소거 모델을 사용할 수 있다. 문자 모델은 먼저 두껍고 진한 선으로 제시하고, 학생은 손가락이나 연필 끝으로 모델을 따라 쓰고 모델링의 비율을 점차 줄인 후에 모델 없이도 문자를 쓰게 된다.

가능한 한 빨리 단어를 사용하고 필기하기가 무엇인지를 말하는 활동을 제시해야 한다. 의미 없는 문자를 따라 쓰는 것은 필기하기에 대하여 지루함과 부정적인 태도를 갖게 한다. 또한 따라 쓰는 연습에서 철자나 단어 모델은 처음에는 학생이 사용하는 종이 위에 제시되어야 하고 학생의 책상 위에 놓여야 한다. 어떤 학생들의 경우 모델이 가까이 있을 때보다 멀리 있을 때(예: 칠판에 쓰인 철자나 단어) 따라 쓰기가 더 어렵다고 한다. 왜냐하면 멀리 있는 모델의 상(像)은 공간과 다른 평면을 통해 전이되기 때문이다.

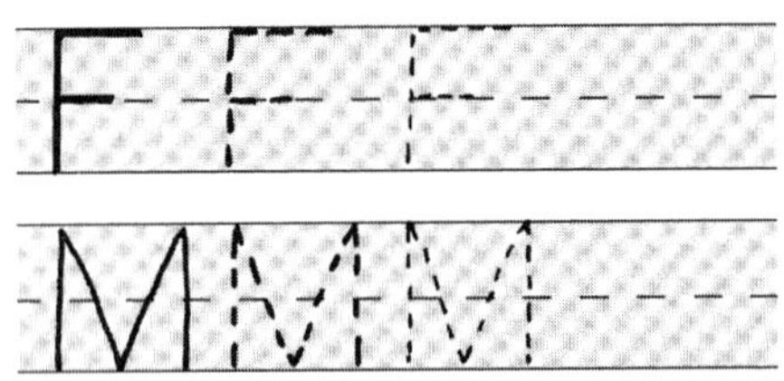

전적으로 수평선과 수직선으로 이루어진 글자(E, F, H, I, L, T, i, t 등)는 직선과 곡선이 결합된 글자(b, f, h, p 등)보다 더 배우기 쉽다. 글자를 처음 배울 때는 쉬운 획으로 이루어진 글자를 먼저 배운다. 어려운 글자를 가르칠 때는 더 많은 주의를 요한다. Stempel-Mathey와 Wolf(1999)는 필기체 쓰기로 자연스러운 전이를 이루기 위해서 가능한 한 연속적인 선을 사용하는 인쇄체로

쓸 것을 권장했다. 연속적인 선으로 이루어진 글자를 쓸 때는 가능한 한 선을 거슬러 올라가 필요할 때만 연필을 든다(i에서 점 또는 t에서 횡선 긋기). 초등 1학년들의 인쇄체 쓰기 오류에 대한 연구에서 Lewis와 Lewis(1965)는 다음의 사항을 관찰하였다.

- 가장 보편적인 오류 유형은 크기가 부정확한 것이었고, 이 오류는 기선에서 밑으로 뻗는 철자(p, q, y, g, j)에서 가장 흔하게 볼 수 있었다.
- 도치가 가장 빈번하게 나타나는 철자는 N, d, q와 y였다.
- 부분적 생략이 가장 자주 나타나는 것은 k, R, M과 m이다.
- m, U, I에서 가장 빈번하게 발생하는 오류는 부분적 생략이다.
- q, c, k, m, y에서 흔히 발생하는 오류는 첨가다.
- 가장 자주 틀리게 쓰는 철자는 j, G와 J다.

흔히 b, d, p, q, s, y, N과 같은 수많은 철자가 도치된다. 교사는 이러한 글자를 가르치는 데 있어 정확한 시작점과 방향을 강조해야 한다. 7세나 8세 후에 글자와 숫자를 계속해서 역으로 쓰는 학생들은 직접적인 중재가 필요하다. 글자를 그대로 따라 쓰고 또 글자를 쓰면서 글자 이름을 말하는 연습을 통해 학생에게 즉각적인 교정 피드백을 제공할 수 있으며, 문제가 있는 철자를 혼동이 일어나지 않는 다른 글자와 연관시켜 가르칠 수 있다(예: d 안의 c). 쓰기문제에 더하여, 일부 학생들은 띄어쓰기와 일렬로 글자를 쓰는 데 어려움을 보인다. 일반적으로 직선 글자에서 간격이 가장 넓게 생기고, 둥근 글자에서 간격이 가장 적게 나타난다. 단어 사이의 간격은 손가락 하나 또는 소문자 o의 크기만 하거나 문장 사이에는 두 배만큼의 간격이 생긴다. 학생에게 그들이 나타내는 글자 모양과 배열의 문제를 알려 주어야 한다. 그러나 만약 학생이 글자 모양을 바로 쓰거나 종이 위에 그려진 선을 따라 가는 데 있어 심각한 문제를 보인다면 교사가 학생이 진전을 보일 때까지 상업용 교육자료를 사용할 수 있다. Perceptual motor(Talking) Pen(Stoelting Company에서 구입 가능)은 끝부분에 작은 적외선 빔이 있는 전자 펜이다. 적외선 센서는 빛을 내보내고 버저 소리를 낸다. 이 펜은 배터리로 작동하고 어떠한 형태의 빛과 어둠에도 반응한다. 펜의 끝이 어두운 곳에 있으면 버저 소리가 나지 않지만 불빛이 있는 곳으로 옮겨 가면 큰 소리가 난다. 이 소리는 펜의 끝부분이 어두운 곳으로 향하면 조용해질 수 있다. 따라서 밝은 배경에 어두운 글자 패턴을 제공하면 펜은 패턴을 부정확하게 따라 그릴 때만 '소리를 낸다'. 펜이 즉각적인 청각적 피드백을 제공하기 때문에 자기 교정적이며 직접적인 감독 없이도 사용될 수 있다. 펜은 기본 헤드폰과 함께 사용되어 학생이 실수를 할 때만 안다. 또한 Right-Line Paper(PRO-ED에서 구입 가능)는 종이의 크기에 상관없이 사용 가능하며, 활자 위에 밝은 선이 겹쳐져 쓰는 사람이 기본선을 볼 뿐 아니라 느낄 수 있다.

필기 전이 단계

일반적으로 인쇄체 쓰기에서 필기체로의 전이는 학생이 인쇄체로 철자 쓰는 것을 습득한 후인 초등 2학년이나 3학년쯤에 나타난다. 그러나 운동기술과 필기체에 대한 흥미수준의 개인차로 인해 일부 학생들에게는 1학년이나 2학년 때쯤 필기체를 소개하기도 한다. 반면 인쇄체를 세련되게 쓰는 데 더 많은 시간을 필요로 하는 학생들은 3학년이나 4학년 때쯤 필기체를 학습한다. 그리고 인쇄체 혹은 필기체 중 무엇부터 가르쳐야 할지에 대한 논쟁이 있다. 인쇄체 쓰기를 선호하는 사람들(Anderson, 1966; Barbe, Milone, & Wasylyk, 1983; Herrick, 1960)은 인쇄체가 필기체보다 움직임이 덜 복잡하며 다른 사람이 글을 읽을 때 좀 더 쉽다고 주장하였다. 왜냐하면 대부분의 활자화된 문서가 인쇄체로 되어 있기 때문이다. 게다가 인쇄체 쓰기는 더 알아보기가 쉽고 사업 및 상업적 맥락에서 수용도가 높다. 필기체 옹호자들(Early, 1973; Strauss & Lehtinen, 1947)은 필기체가 리듬감 있는 흐름이 있으며 전체 단어를 지각하는 데 도움을 주기 때문에 필기에 있어 도치가 좀 덜 일어난다고 주장한다. 또한 쓰기를 필기체에서 시작하면 전이문제를 없앨 수 있다고 말한다. 그러나 일부 교육자들(Hildreth, 1963; Templin, 1960; Western, 1977)은 결국 필기체의 교수에 대하여 의문을 제기하고 인쇄체가 속도와 읽기에 관련된 성인기의 요구를 충족시킨다고 믿는다.

인쇄체 대 필기체와 관련된 연구자료를 검토한 후에 Graham과 Weintraub(1996)은 어떤 필기법이 더 선호된다는 명백한 증거를 찾지 못하였다고 보고하였다. 그리고 Graham, Berninger와 Weintraub(1990)은 필기체를 쓰는 학생 대 인쇄체를 쓰는 학생의 필기 속도나 판독성에 있어 어떠한 차이도 나타나지 않는다는 것을 발견하였다. 그러나 Graham(1999)은 학습장애 학생들에게 필기하기 교수는 다음의 세 가지 이유로 전통적인 인쇄체로부터 시작되어야 한다고 권하였다. (1) 대부분의 아동들은 유치원이나 초등 1학년이 되면 이미 몇 가지 인쇄체 단어를 쓰는 법을 알고 있다. (2) 인쇄체는 필기체보다 학습하기가 더 쉽다. (3) 인쇄체가 습득되면 필기체보다 더 빨리 쓸 수 있고 더 알아보기 쉽다. 바람직한 논쟁에서는 찬반의 모든 측면에 대한 논의가 이루어지기 때문에 교사는 개별 상황을 평가해야 한다. 학생들에게는 또래들이 사용하는 필기 형태를 가르치는 것이 최선이다. 그리고 많은 아동들이 필기체를 배우고자 하는데 보통 나이 많은 아동이나 성인들이 필기체를 사용하기 때문이다. 필기하기 교수의 유형에 상관없이 대부분의 학생들은 자신의 필기 효율성을 향상시키기 위하여 불가피하게 그들만의 쓰기 스타일을 개발한다(예: 더 많은 곡선 사용하기, 여러 형태의 쓰기법에서 글자를 따와 결합하기, 몇 가지 연결되는 획을 제거하거나 수정하기). 따라서 학생은 시험이나 작문을 위해 선호하는 양식의 필기하기를 선택해야 한다.

Mann 등(1992)은 전이적인 쓰기를 위해 다음의 방법을 제안하였다.

1. 단어를 인쇄체로 출력한다.
2. 색연필로 점선으로 연결된 글자를 쓴다.
3. 인쇄체나 필기체를 쓰기 위하여 연결된 점선을 따라 쓰기를 한다.

교사는 쉬운 철자로 전이적 쓰기를 가르치기를 시작하고, 한 번에 하나씩 좀 더 어려운 글자를 가르친다. 특히 b, e, f, k, r, s 및 Z는 구체적으로 가르친다. 더불어 글자의 필기체 모양 이해에 필요한 부가적인 곡선을 쓸 수 있도록 충분한 공간을 제공한다.

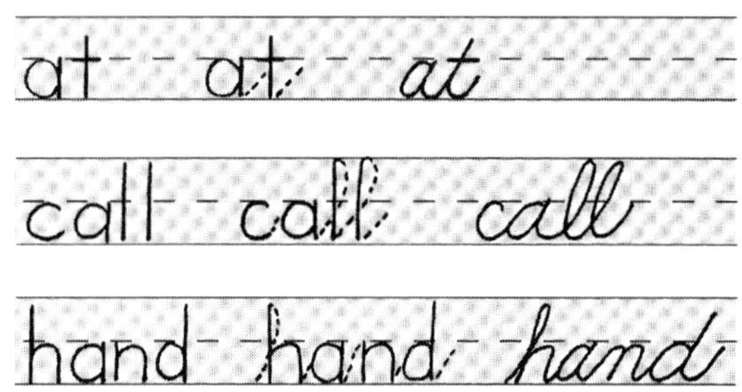

Hagin(1983)은 필기체를 쓰기 위해 사선보다는 수직선 내려긋기에 기초한 단순화된 쓰기방법을 권장했다. 인쇄체는 자연스러운 움직임에 의해 만들어진 글자 사이의 연결이 다음에 오는 수직선과 연결되어 단순화된 쓰기 스타일로 넘어가는 다리 역할을 한다. 따라서 인쇄체의 단순성은 필기체의 속도와 결합된다. 이러한 접근에서 글자의 형태는 소문자를 기초로 작용하는 네 가지의 단순한 모티브(웨이브, 작고 둥근 것, 회전, 화살)를 통해 가르친다. 칠판에서 연습한 후에 학생은 책상에 앉아서 활자화된 글자 모델을 위에 놓고 투명 인쇄용지 위에 문자를 따라 쓴다. 모델 없이 투명 용지 위에 문자를 쓰게 하고, 학생이 연습을 더 많이 해야 하는지를 결정하기 위하여 모델에 쓰인 문자를 연결시키고, 이 수업에서 쓴 문자의 영구 기록을 제공하며, 자기 평가 동안에 이전의 필기 샘플을 비교할 수 있다. 이러한 접근법은 전통적인 필기체 패턴을 배우는 데 어려움을 겪는 학생들에게도 사용 가능하다.

필기체 쓰기

필기체 교수는 개별 학생의 발달수준에 따라 달라지기는 하지만 일반적으로 2학년이나 3학년쯤 시작된다. 필기체는 획이 연결되어 있기 때문에 정확한 손놀림에 있어 소근육의 협응이 필수적이다. 필기체에서 기본 필법은 사선( ), 아래에서 휘어져서 위로 긋는 사선( ), 밑으로 내려긋는 선( ), 위쪽으로 둥글게 긋는 선( )으로 구성되어 있다(Milone & Wasylyk, 1981). [그림 10-3]은 필법의 순서와 방향을 나타내 주는 화살표와 숫자가 함께 쓰인 필기체의 대문자, 소문자, 숫자를 제시하고 있다. 보통 글자를 먼저 개별적으로 가르치고 나서 연결된 필법은 나중에 소개한다. 필기체 소문자를 먼저 소개하고 대문자를 나중에 소개하는데, 보통 쓰기에 있어 대문자가 덜 쓰이며 그 모양도 익히기 어렵기 때문이다.

다감각적 접근법이나 소거 모델과 같이 인쇄체를 가르칠 때 사용되는 교수기법의 상당수가 필기체 교수법에서도 사용된다. 예를 들어, Stempel-Mathey와 Wolf(1999)는 다감각적 접근법의 틀을 사용하여 필기체를 가르치는 수업의 예시를 제시하였다. 필기체에 적절한 사선은 준비기술에서 이미 언급했던 것처럼 종이를 접고 몸 쪽으로 획을 당기는 방법을 통해 완성될 수 있다.

Stempel-Mathey와 Wolf(1999)는 네 가지 기본 필법 접근에 의거하여 필기체 단어를 모아서 가르칠 것을 제안하였다. 기본 필법 접근은 항상 기본선에서 시작하여 왼쪽에서 오른쪽으로 움직여 간다(즉, '위로 올리고 멈

[그림 10-3] 필기체 대문자, 소문자 및 숫자 형태

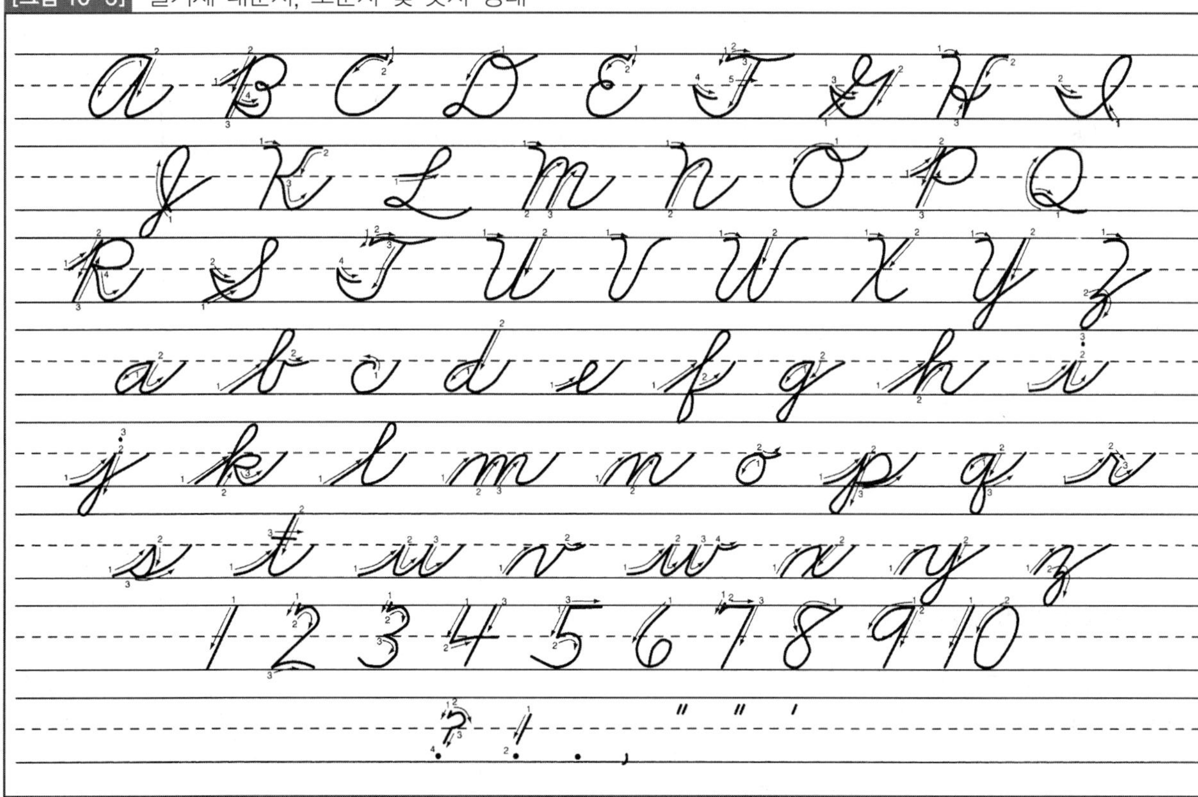

출처: *Zaner-Bloser Handwriting*, 2003. Columbus, OH: Zaner-Blouser(허락하에 게재함).

〈표 10-3〉 필기에서 판독 불가능한 오류

오류	예	오류	예
a를 u처럼	u	m을 n처럼	n
a를 o처럼	o	n을 u처럼	u
a를 ce처럼	ce	o를 a처럼	a
b를 li처럼	li	o를 v처럼	v
be를 l처럼	bl	p를 js처럼	js
b를 k처럼	k	r을 n처럼	n
c를 e처럼	e	r을 v처럼	v
c를 a처럼	a	r을 i처럼	i
d를 cl처럼	cl	t를 i처럼	i
e를 I처럼	i	t를 l처럼	l
g를 y처럼	y	u를 ee처럼	ee
g를 q처럼	q	u를 ei처럼	ei
i를 e처럼	e	w를 n처럼	n
h를 li처럼	li	w를 ue처럼	ue
h를 k처럼	k	w를 eu처럼	eu
k를 ls처럼	ls	x를 v처럼	v
m을 w처럼	w	y를 ij처럼	ij

춤' –i, p, w, r, t, u, j, s, '아래에서 위로 올렸다 넘김' –m, v, y, n, x, z, '아래로 곡선을 그리고 위로 올려서 멈춤' –a, d, o, c, g, q, '멀리 위로 곡선을 그렸다가 왼쪽으로 원을 그림' –b, h, l, f, k, e). 또한 Hanover(1993)는 비슷한 필법을 가진 글자들끼리 그룹화하여 필기체를 가르치라고 제안하였다. 글자군은 다음과 같다.

- e 글자군(가장 처음 교수): e, l, h, f, b, k
- 다음 올 글자에서 a를 함께 할 단어군: b, o, v, w
- 혹 모양의 글자를 정확하게 써야 하는 글자군: n, s, y
- c 글자군: c, a, d, o, q, g
- 혹 모양 글자군: n, m, v, y, x
- 뒤에 꼬리를 달고 있는 글자군: f, q
- 앞에 꼬리를 달고 있는 글자군: g, p. y, z

Tompkins(2002)는 가장 문제가 많은 필기체 글자로 소문자 r을 꼽았고, 학생들이 자주 틀리게 쓰는 필기체 소문자로는 k, p, z를 꼽았다. 또한 Newland(1932)는 4개의 글자—a, e, r, t—가 필기체에 있어서 실수를 많이 유발한다고 지적하였다. 교사는 이 글자들의 모양이 적절하게 쓰일 수 있도록 세심하고 특별한 주의를 기울이는 것이 필요하며, 일반적으로 판독을 어렵게 하는 오류 유형에 초점을 맞추어야 한다. 〈표 10-3〉은 필기체를 쓰는 데 있어 가장 일반적으로 나타나는 판독 오류가 무엇인지를 제시하고 있다. 학생이 필기체를 정확하게 쓸 수 있게 되면 글자를 연결하는 것과 간단한 단어를 쓰는 것도 배워야 한다.

타자와 키보딩

타자 또는 컴퓨터는 심각한 소근육 문제를 가지거나 쓰기 속도가 매우 늦은 학생들에게 실용적인 대안이 될 수 있다. 단순화된 운동 근육 움직임에 더하여, 타이핑의 이점은 속도가 더 빠르고 가장 쉽게 알아볼 수 있으며 그 자체로 학생에게 동기부여의 기능을 가지고 있다. 또한 타자로 치는 능력은 컴퓨터와 워드프로세싱 프로그램 사용을 용이하게 한다. 워드프로세싱은 쓰기의 표준방법이기 때문에 키보딩은 기본적인 읽고 쓰는 능력이 될 수 있다. 터치 타이핑과 키보딩을 교육하는 데 유용한 컴퓨터 프로그램에는 JumpStart Typing(Knowledge Adventure), Mavis Beacon Teaches Typing(Broderbund), PAWS in Typing Town!(SRA), Stickybear Typing(Optimum Resource), Type to Learn(Sunburst) 등이 있다. 그리고 알파스마트(AlphaSmart; AlphaSmart 제작)는 무게가 2파운드(0.91kg) 이하인 키보드로 학생이 기록을 하고, 키보딩을 연습하고, 컴퓨터를 사용하지 않고도 에세이나 이메일을 저장할 수 있다. 그리고 이후에 텍스트를 컴퓨터로 옮겨 직접 프린트를 할 수도 있다.

필기 활동

필기기술의 발달을 향상시키는 데는 수많은 활동과 자료가 사용된다. 이 장은 세 가지 영역, 즉 준비기술, 인쇄체 쓰기 및 필기체 쓰기에서의 필기 관련 활동들을 제시한다. 부가적인 쓰기 활동에 대해서는 본문의 그림을 참조하라.

준비기술 관련 활동

- 위아래, 좌우, 앞뒤와 같은 움직임을 연습하기 위해 신체를 움직이게 한다. 예를 들면, 학생에게 다음과 같은 지시를 한다. "네가 글씨 쓰기를 할 손을 위에 올려 봐 봐." "손을 위에서 아래로 움직이게 하면서 긴 직선을 만들어 보자." "손으로 몸의 앞쪽에 원을 만들어 보자." "왼쪽에서 오른손으로 긴 선을 그어 보자."
- 학생에게 가위를 사용해서 도형이나 큰 문자 모형을 자르게 한다. 색칠하기 활동은 학생이 근육을 통제하는 것을 돕고 필기구를 사용하는 법과 선 안에 머무르는 것을 알게 한다. 학생은 가위로 자르기 전에 도형이나 사물을 색칠한다.
- 판서 활동에서 따라 그리기, 점에서 점으로 연결하기 그리고 미완성 그림 완성하기를 한다. 칠판에서 만들어지는 크고 자유로운 움직임은 어깨, 팔, 손과 손가락의 근육을 발달시킨다. 또한 학습기술은 판서를 통해 연습할 수 있다. 학생의 쓰기 발달의 문제가 학업과제의 완성을 방해하게 해서는 안 된다.
- 모래, 소금, 옥수수 가루로 채워진 쟁반 위에서 쓰기의 움직임을 연습하게 한다.
- 진한 선으로 이루어진 모양, 문자, 숫자, 사물을 흰 종이나 학생이 따라 그릴 수 있는 얇은 반투명지 위에 따라 그리게 한다. 또한 학생은 매직펜이나 유성펜으로 아세테이트나 플라스틱 위에 따라 그릴 수 있다. 따라 그리는 종이를 고정시키기 위해 종이 끼우개 판을 사용하거나 종이를 학생의 책상 위에 고정시킨다.
- 플라스틱, 스티로폼, 보드지 위의 도형, 숫자, 문자의 스텐실이나 템플릿을 만든다. 종이 조각 스텐실을 오려 학생이 형태를 쓰거나 따라 그리게 한다. 때 학생은 스텐실이나 템플릿이 제거될 그림을 볼 수 있다. 레이크쇼어 학습자료(Lakeshore Learning Materials)는 손으로 쓰기연습을 제공하기 위해 투명한 알파벳 스텐실을 제공한다.

인쇄체 쓰기 활동

- 학생에게 알파벳과 숫자 0~9가 포함된 용지를 주어 책상에서 사용하도록 한다. 재너-블로저(Zaner-Bloser) 척도는 (인쇄체와 필기체 둘 다) 접착력 있는 알파벳 띠 줄을 만들어서 화살표를 이용하여 정확한 획의 방향과 순서를 알려 준다. 학생이 쓰기연습을 하는 동안에 학습 모델에 주목하도록 격려한다.
- 학생이 외곽선이 있는 문자의 두 선 사이에서 그림으로써 인쇄체와 숫자의 모양을 완성하게 한다.

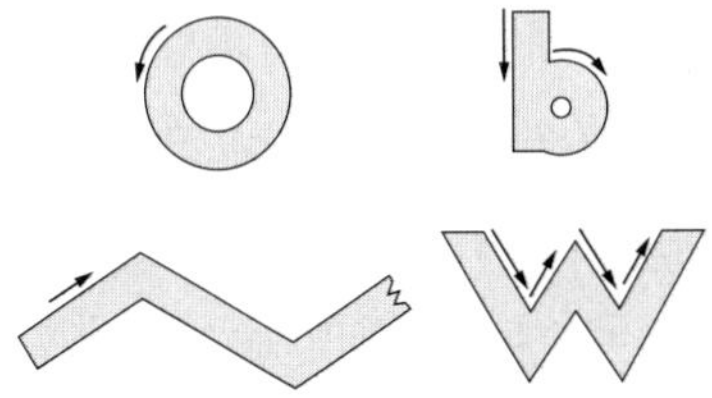

- 학생이 정확한 크기와 비율을 유지하도록 종이에 사각형을 사용한다.

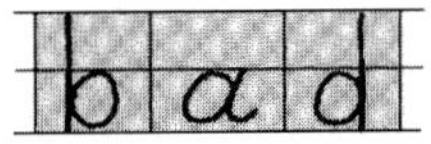

- 짧은 선 연결하기와 점과 점 잇기 활동을 완성하게 함으로써 인쇄체와 숫자를 쓰게 한다.

짧은 선에서 짧은 선으로

점에서 점으로

- 나무판 조각 위에 대문자와 그에 일치하는 소문자를 인쇄하고 그 짝이 퍼즐 조각이 되도록 자른다. 학생에게 대문자와 소문자 인쇄체 쌍을 맞추도록 한다. 이러한 활동은 자기 교정적 특성을 갖는다. 퍼즐 조각은 문자 조각이 서로 일치할 때만 맞출 수 있기 때문이다. 이러한 활동의 변형으로는 인쇄체와 필기체를 연결하는 것이 있다.

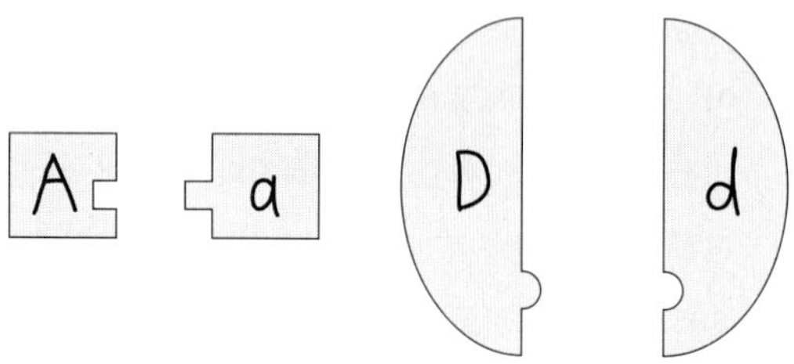

- (b와 d같이) 글자를 도치하는 학생들이 글자의 방향에 대한 기억을 촉진하도록 하기 위하여 연합을 형성할 수 있다. 예를 들면, 학생들은 소문자 b와 대문자 B를 연합하는 것을 배우거나 왼손으로 b의 기둥을 확인하게 한다. 또 다른 방법은 학생에게 몸 앞쪽으로 왼손을 들거나 오른손으로 왼쪽 팔꿈치를 잡게 하는 것이다. 내려다볼 때 학생은 문자 b를 볼 것이다. 모든 도치 문제에서는 학생에게 글자를 쓰기 전에 책상 위에 테이프로 붙인 알파벳에 주목하게 한다.
- 글자 크기와 기초선에 머무르는 것에 어려움을 가지는 학생을 위해서는 종이판 위에 직사각형 선을 긋도록 한다. 학생은 창(직사각형) 영역 안에 쓰고 따라서 아래쪽으로 긋는 움직임을 멈추는 경계벽을 갖는다. 틀은 1~3개 선으로 만들 수 있다. 테이프 또한 기초선이나 가장자리를 표시하기 위해 종이 위에 붙여 사용할 수 있다.

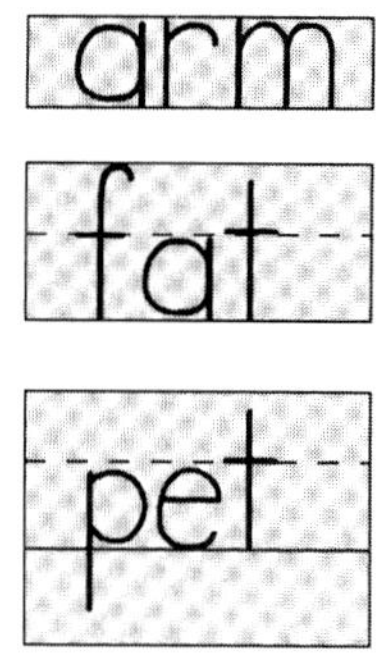

- 한 단어 안에서 그리기와 단어 간의 띄어쓰기에 어려움을 가지는 학생들을 위해서는 공책 면 밑에 끼우는 종이를 만든다. 유성펜으로 노트 위의 선을 따라 그린다. 그다음 종이 위에 수직선으로 그어 한 글자 거리가 떨어지게 한다. 이것은 글자의 적절한 크기에 맞는 네모를 만든다. 학생은 공책의 종이 밑면에 띄어쓰기를 위해 사용할 밑종이를 깔고 공책 면 위쪽으로 비치는 유성펜 선을 보고 적절한 띄어쓰기 단서로 사용할 수 있다. 하나의 글자는 각 네모 안에 쓰고, 한 네모는 단어 사이의 간격으로 생각해서 건너뛴다. 단어 사이의 간격 띄기를 기억하는 데 어려움을 갖는 학생들이 사용할 수 있는 부차적인 방법은 학생에게 한쪽 끝은 빨강, 다른 쪽 끝은 파랑의 두 가지 색을 가진 연필을 주는 것이다. 학생은 새로운 단어를 쓸 때마다 색깔을 바꾼다(예: 처음 파랑, 다음 빨강, 그다음 파랑색 등). 연필의 색을 바꾸기 위해 멈추는 것은 학생이 적절한 곳에서 멈추고 띄어쓰기를 하는 것을 도와준다. 글씨 쓰기에 사용하지 않는 손의 집게손가락을 각 단어의 끝에 두고 다음 단어에 대한 띄어쓰기를 하게 한다.

필기체 쓰기 활동

- 점으로 이루어진 필기체 글자를 완성하고 학생으로 하여금 점을 연결하여 글자를 만들게 한다. 점은 점진적으로 소거되어 학생이 글자를 완성할 수 있도록 한다.
- 학생이 여러 번에 걸쳐 필기체 글자를 따라 그리도

록 한다. 점진적으로 단서를 줄여서 첫 획만 제시하고 학생이 단어를 완성하게 한다.

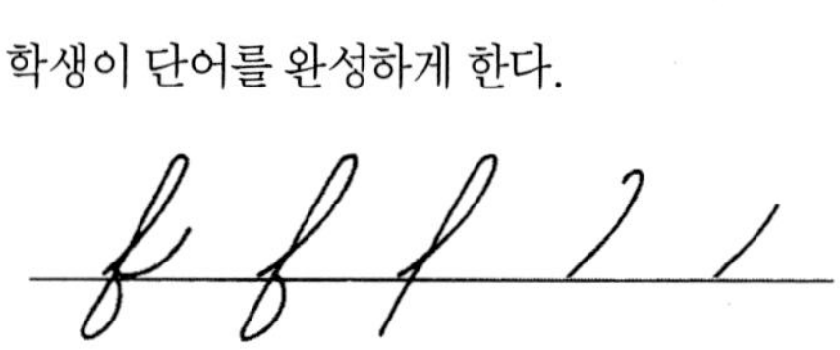

- 첫 획과 마지막 점, 필순의 방향을 알려 주기 위하여 화살표와 색이 다른 점을 이용한다.

- 학생으로 하여금 동시에 비슷한 움직임으로 이루어진 글자를 연습하게 한다(예: b, h, l, f, k, e의 필기체 소문자는 첫 필법이 멀리 위로 곡선을 그렸다가 왼쪽으로 원을 그리는 것이다.). 또한 학생에게 글자를 쓰면서 글자의 필법을 말로 하게 한다(예: "c는 동그랗게 위로 올려서 넘어가게 하고 멈춘다. 뒤로 다시 가서 아래로 내려오고 돌려서 밖으로 나오게 한다.").
- 학생이 필기체의 정확한 글자 형태를 학습하고 나면 의미 있는 글쓰기를 할 수 있는 연습용 활동을 제공한다. 예를 들어, 칠판 위에 학부모에게 전달하고자 하는 가정통신글을 적어 학생이 따라 쓰게 한다. 그리고 학생의 필기가 어떠한지에 대하여 특별한 관심을 갖는다.

상업용 필기 프로그램

많은 상업용 프로그램과 자료가 필기기술을 발달시키거나 향상시키기 위해 사용될 수 있다. 다음의 일부 프로그램과 자료는 필기에 문제를 가지고 있는 학생들에게 도움이 될 수 있을 것이다.

필기체 쓰기 프로그램

S. Miller와 S. Englemann에 의해 개발된 필기체 쓰기 프로그램(Cursive Writing Program; SRA 출판)은 이미 인쇄체를 습득한 학생들을 대상으로 필기체를 가르치기 위한 140개의 계열적인 수업안으로 구성되어 있다. 이 프로그램은 글자의 모양을 만들고, 단어를 창조하며, 문장을 쓰고, 쓰기 속도와 정확도를 향상시키는 방법을 가르친다. 20분 단위의 수업은 불필요한 곡선이나 사선 화살표를 줄인 단순화된 정자법을 그 특징으로 한다. 여기서는 종이를 정확하게 기울여 놓고, 적절한 공간 배치를 위해 사선용 막대를 사용하며, 오류를 수정하는 연습을 하고, 고빈도 단어와 글자 조합을 강조한다. 일련의 연습과정을 성공적으로 마치게 되면 점수를 받게 된다. 자료에는 교사용 지도서와 학생용 워크북이 있다.

디닐리안식 필기

디닐리안식 필기 프로그램(D'Nealian Handwriting; Thurber, 1999)은 유치원생에서 초등학교 6학년생까지의 학생들을 대상으로 필기하기를 단순화시키고자 개발되었다. 대부분의 인쇄체 소문자의 형식은 각기 상응하는 필기체 글자의 기본 형식이 된다(즉, 디닐리안 소문자의 87%는 필기체 형식과 같다.). 각각의 인쇄체 글자는 연결된 필선으로 이어져 있는데, 점이 들어가 있는 i, j와 횡선이 글어간 f, t, x는 예외다. 필기체로의 전환은 5개 글자(f, r, s, v, z)를 제외한 모든 글자에서 필요로 하는 간단한 합체 필획의 추가 때문에 단순화된다. 필기를 가르치는 데 다감각적 접근을 사용하는 이 프로그램은 학년마다 학생용 워크북, 교사용 지도서, 알파벳 카드와 알파벳 스티커로 구성되어 있다.

쉽게 필기하기

J. Olsen에 의해 개발된 쉽게 필기하기(Handwriting without Tears; PCI Educational Publishing 출판)는 발달론에 근거한 학습계열을 특성으로 하는 다감각적 필기 프로그램이다. 이 프로그램에서 사용하는 방법은 글자 모양, 반전, 간결함, 문장 간격, 필기체 연결과 관련된 문제를 줄이기 위해 매우 독특하게 고안된 것들이다. 유

치원생들을 위한 준비기술 자료는 대소근육의 발달과 모양과 글자 재인에 초점을 맞추고 있다. 학생은 26개 단어 조각 세트를 사용하는데, 이를 통해 글자 쓰기를 연습하기 전에 푹신한 매트 위에 대문자를 놓아 볼 수 있다. 칠판 역시 연습을 위해 사용할 수 있다. 이 프로그램은 5권의 학생용 워크북, 즉 정확한 글자와 숫자의 모양에 초점을 맞춘 '나를 위한' 글자와 숫자(유치원 수준), 이중선을 사용하고 모양에 따라 글자를 모아 제시하는 '내 활자 책' (보통 초등 1학년 수준에서 사용), 좀 더 작은 활자를 사용하고 학생을 단어, 문장이나 간단한 구절을 써 보도록 하는 '활자의 힘' (보통 2학년 수준에서 사용), 단계별 제시를 통하여 필기체 쓰기의 쉬운 연결성을 가진 단순한 수직형 스타일을 특징으로 하는 '필기체 쓰기' (보통 초등 3학년 수준에서 사용), 그리고 더 작은 글자, 더 큰 단어, 보다 수준 높은 문장을 쓰는 성공적인 필기체 쓰기(보통 4학년 이상 사용)로 구성되어 있다. 활자 제시 카드와 필기체 제시 카드는 모든 글자의 대소문자 형태가 포함되어 있다. 학습용 공책은 학생 그림, 따라 쓰기 혹은 창조적인 쓰기를 위해 사용될 수 있다.

쓰기표현 기술

의사소통에 있어 가장 높은 수준의 하나인 쓰기표현/작문/글쓰기(written expression)는 개인이 가진 이해수준, 개념 발달 그리고 추상력을 나타내 준다. 이는 개인이 메시지를 전달하기 위해 개념을 어떻게 조직하는가와 관련이 있다. 필기가 주로 그대로 베끼기, 따라 쓰기 그리고 받아쓰기를 포함하는 시각-운동 과제라면, 쓰기표현은 복잡한 사고과정을 요구한다.

쓰기표현 기술은 보통 개인이 읽기, 철자와 언어적 표현에 광범위한 경험을 가져야만 습득된다. 쓰기표현에서의 어려움은 작문과 관련된 다양한 언어적 요소를 사용하고 세련된 쓰기기술을 강조하는 초등학교 고학년이 되어서 발견되기도 한다. Hochman(1999)은 학습장애 학생들이 철자, 단어 회상 그리고 구문에서의 어려움을 겪을 뿐 아니라, 제한된 어휘력과 미약한 초기 기술을 가지며, 중요한 정보와 그렇지 않은 정보를 구별하지 못하고, 논리적 개념이나 사실을 논리적 순서로 배열하지 못한다고 했다. 작문은 가장 복잡한 언어기술이며 듣기, 말하기, 필기하기, 읽기, 철자를 토대로 한다. 따라서 교사들은 경도장애 학생들의 교수 프로그램에서 쓰기표현을 강조하지 않고 대신 그에 선행하는 기술에 중점을 두었다. 그러나 학생이 선행기술을 습득함에 따라 쓰기표현의 교수를 보장해야 한다.

4, 5, 11학년의 학습장애 학생과 일반 또래 학생들의 쓰기 결과물을 비교한 연구에서 Houck와 Billingsley (1989)는 학습장애 학생들이 글짓기에 사용하는 단어와 문장의 수가 적고, 문장당 단어를 더 많이 쓰며, 7개 글자 미만의 단어를 쓰거나 문장이 분절적이며, 대문자 및 철자 오류 발생 빈도가 더 높다고 밝혔다. 연구에 의하면 학습장애 학생들은 기본 텍스트를 산출하는 기술과 쓰기와 관련된 지식이 부족하며, 텍스트를 계획하고 수정하는 데 어려움을 보인다고 한다(Graham, Harris, MacArthur, & Schwartz, 1991). 이 외에도 문제를 나타내는 영역으로는 아이디어 산출, 주제의 완성, 조직, 문법, 주제 발달이 있다(Smith, 1998). 따라서 학습장애 학생들의 쓰기문제는 쓰기의 기술적인 측면(예: 맞춤법, 문법, 구두점, 대문자)에서부터 내용적인 측면(예: 개념 산출, 조직력, 논리정연함)에 이르기까지 다양하다.

일반적으로 경도장애 학생들을 위한 쓰기표현 교육은 교수시간을 늘리고 통합적 과정으로 쓰기를 가르치며 쓰기 활동을 다른 교과와 연계시킴으로써 향상될 수 있다. 학습문제를 가진 학생들은 다양한 쓰기문제를 경험하며, 이와 같은 어려움에 대처하기 위해서 교사는 쓰기를 위한 별도의 교수시간을 할당하고 쓰기 결과물에 대한 검토와 편집을 도와주는 체계적인 프로그램이 필요하다.

쓰기표현 기술의 평가

쓰기표현의 평가는 학생의 기술수준에 대한 정보와 함께 교수 계획을 수립하는 데 있어 교사지원과 관련된 정보를 제공해 준다. 교사는 학생이 가지고 있는 결함이 무엇인지를 결정하기 위하여 쓰기표현의 다양한 요소를 평가할 수 있다. 쓰기표현 영역과 기술계열 목록은 부록 A에서 제공한다. 쓰기표현 영역과 기술 목록은 대문자, 구두점, 쓰기 구성 그리고 창의적 표현을 영역에 따라 가르칠 때 필요한 기술을 평가하기 위해 학년별로 습득하거나 필요한 기술상의 위계를 제공해 준다. 기술 평가는 두 가지 광범위한 범주 내에서 제시된다. 공식적이고 표준화된 규준참조검사와 교수계획에 구체적으로 관련된 비공식적인 평가가 그것이다.

공식적인 쓰기표현 평가

학업성취와 관련된 많은 표준화 검사는 쓰기에 대한 몇 가지 측정방법이 포함된다. 가장 흔히 평가되는 영역은 단어 사용법, 쓰기의 기술적 측면 그리고 문법이다. 그러나 쓰기 결과물보다는 쓰기과정이 더욱 강조되면서 새로워진 검사에는 작문에 대한 측정방법이 포함된다. 작문기술을 평가하는 표준화 성취검사는 다음과 같다.

- 메트로폴리탄 성취검사 제8판–쓰기검사(2000): 내용 발달, 조직적 전략, 단어 선택, 문장 형성, 사용법, 그리고 쓰기의 기술적 측면을 평가한다.
- 피바디 개인성취검사 개정판(Markwardt, 1998): 유치원과 1학년 학생들의 쓰기 이전 기술과 2학년부터 12학년 학생들의 쓰기기술을 평가한다.
- 스탠퍼드 쓰기평가 프로그램 제3판(1996): 개념과 발달, 조직력, 통일성 및 논리정연함, 단어 선택, 문장과 구, 문법과 사용법, 그리고 쓰기의 네 가지 형식(예: 평서문, 서사문, 설명문, 논설문)에서의 기술적 측면을 평가한다.
- 테라노바(Terra Nova) 제2판(California Achievement Tests Plus, 2000): 문장형성 기술, 쓰기, 편집을 포함한 언어의 기술적 측면을 평가한다.

쓰기표현의 표준화된 진단검사와 쓰기기술에 대한 규준참조검사는 교수를 계획하는 데 유용한 추가적인 기본 정보를 제공한다. 쓰기기술에 대한 측정은 조직력, 어휘력, 양식, 생각의 독창성 같은 작문기술뿐만 아니라 구문, 용법, 대문자, 구두점, 철자 그리고 필기를 포함하는 기술적인 측면을 강조한다. 〈표 10–4〉는 쓰기표현의 진단검사 및 규준참조검사를 소개한다.

비공식적인 쓰기표현 평가

교사는 학생이 가진 약점을 구체적으로 파악하기 위하여 학생의 대표적인 쓰기 샘플을 분석함으로써 쓰기표현에 대한 비공식적 평가를 시작한다. 분석 가능한 쓰기표현의 다섯 가지 주요 요소는 유창성, 구문, 어휘, 구조 그리고 내용이다. 또한 교육과정 중심 평가는 쓰기 기술을 평가하기 위하여 표준화된 절차를 사용하는 비공식적인 평가기술이다. 마지막으로 포트폴리오 평가는 학생의 향상에 대한 통찰력을 제공한다. 쓰기 결과물의 내용과 형식을 강조하는 비공식적인 평가에 덧붙여, 교사는 관찰과 인터뷰를 통하여 학생이 쓰기 결과물을 산출하는 과정에 대하여 알아볼 수 있다.

유창성

쓰기표현에서 유창성(fluency)은 언어적 산출의 양으로 정의되며 글쓰기에 사용된 단어의 수와 관련이 있다. Isaacson(1988)은 유창성과 쓰기기술의 다른 측정치와 강력한 상관관계가 있음을 밝혀내었다. 예를 들면, 더 많은 단어를 쓸 수 있는 학생은 생각을 산출하는 데도

〈표 10-4〉 쓰기표현의 진단검사 및 규준참조검사

검사	연령/학년수준
진단검사	
마더-우드콕 집단쓰기검사(Mather & Woodcock, 1997)	2학년~대학생
쓰기기술을 평가하기 위한 집단검사로 세 가지 수준(예: 2~3학년 학생을 위한 초급, 4~7학년 학생을 위한 중급, 8~16학년 학생을 위한 고급)으로 나뉜다. 각 수준은 4개의 하위검사로 나누어져 있다. 철자 받아쓰기는 철자능력을 측정한다. 쓰기 표본은 쓰기에서 생각을 표현하는 능력을 결정한다. 편집은 본문 쓰기에서의 구두점, 대문자, 사용법, 철자 오류를 탐지하고 교정하는 능력을 말한다. 쓰기 유창성은 단문을 정확하고 바르게 쓰는 능력을 측정한다. 각 유형의 검사시간은 60분 이하이며 연령과 학년 등가점수는 손으로 작성한다. 컴퓨터 점수화나 기록 프로그램이 사용될 수 있다.	
구어 및 문어 검사: 쓰기표현(Carrow-Woolfolk, 1995b)	5~21세
이 검사는 관습(필기하기, 철자, 구두점)의 사용, 구문론의 사용(수식어, 구, 문장 구조), 그리고 의미적으로 의사소통하는 능력(관련성, 논리정연함, 조직력)을 포함하는 글쓰기 기술을 측정한다. 검사자는 구두, 그림 또는 유인물로 다양하고 발달적으로 적절한 쓰기 촉진을 제시한다. 검사는 약 15~25분 동안 개별적 또는 소집단으로 실시하고 표준점수를 학년, 연령 등가나 %로 산출한다. ASSIST 시스템을 가진 컴퓨터 점수화는 점수 프로파일, 점수 해석, 연습 제안, 기본적인 분석을 제공한다.	
초기 문어검사 제2판(Hresko, Herron, & Peak, 1996)	3~10세
이 검사는 두 가지 유형이다. 즉, 기초 쓰기와 문맥적 쓰기 하위검사다. 기초 쓰기 하위검사는 철자, 대문자, 구두점, 문장 구조 및 초인지적 지식과 같은 영역에서의 아동 능력을 측정한다. 문맥적 쓰기 하위검사는 이야기 형태, 논리정연함, 주제의 완성도, 표상능력 및 이야기 구성과 같은 영역에 중점을 둔다. 검사시간은 30~45분이며, 검사는 표준점수 지수, 백분위, 연령등가를 제시한다.	
쓰기표현검사(McGhee, Bryant, Larsen, & Rivera, 1995)	6~14세
이 검사는 쓰기와 연관된 여러 기술을 평가하는 일련의 항목으로 구성된다. 또한 학생은 준비된 이야기의 첫 시작을 읽거나 듣고 에세이를 쓰기 위한 매개로 사용한다. 에세이는 표상능력, 어휘, 문법, 대문자, 구두점 및 철자에 대한 수행을 평가하여 채점한다. 검사는 개별이나 집단으로 실시되고 표준화 점수나 백분위가 산출된다.	
문어검사 제3판(Hammill & Larsen, 1996)	7~17세
이 검사는 학생이 그림을 보고 그림을 토대로 완성된 이야기를 씀으로써 인지적, 언어적 및 기술적 요소를 평가한다. 자발적인 형식(에세이 분석)에 대한 하위검사는 문맥적 기술(대문자, 구두점 및 철자 측정), 문맥적 언어(어휘, 구문 및 문법 측정), 그리고 이야기 구조(줄거리, 인물 및 일반적 작문)를 포함한다. 인위적 형식을 가진 하위검사는 어휘(단어 사용법 측정), 철자(철자로 낱말을 형성하는 능력 측정), 양식(구두점과 대문자 측정), 논리적 문장(개념적으로 충분한 문장을 쓰는 능력 측정), 문장 결합(구문 측정)을 포함한다. 두 가지 등가 유형이 유용하며 백분위나 표준점수가 제공된다. 검사는 약 90분 동안 개별이나 집단으로 실시되며 PRO-SCORE시스템이 컴퓨터 점수화를 가능하게 한다.	
쓰기과정검사(Warden & Hutchinson, 1992)	8~19세
쓰기에 대한 직접적 검사로 학생이 계획하고, 글을 쓰고, 최초로 작성된 글을 수정하도록 하여 쓰기의 전 과정과 결과물 모두를 평가한다. 6개의 발달도구는 목적, 초점, 청중, 어휘, 양식, 톤, 지원과 발달, 조직력 그리고 논리정연함을 평가한다. 4개의 유창성 도구는 문장 구조, 다양성, 문법, 사용법, 대문자, 구두점 그리고 철자를 평가한다. 검사는 약 45분 동안 개인 또는 집단으로 실시되고, 분석적 점수는 진단적 정보를 제공한다.	
규준참조검사	
브리건스 기초기술 진단평가 개정판(Brigance, 1999)	유치원~9학년
이 규준참조검사는 학년 배치검사로 문장 쓰기를 통해 학생이 문장을 쓰는 능력과 몇몇 단어가 조화를 이루도록 문장을 수정하는 능력을 평가한다. 쓰기 부분은 또한 다음의 영역에 대한 학생의 강약점을 평가한다. 즉, 문장에서 필기체 소문자와 대문자 쓰기, 인쇄체와 필기체 쓰기의 질, 개인적 자료 쓰기, 대문자, 구두점, 봉투에 주소 쓰기, 사적인 편지 쓰기, 정보를 요청하는 편지 쓰기, 소비자 불만을 나타내는 편지 쓰기 등이다. 학생 기록서를 통해 실시된 평가, 정확하고 부정확한 반응, 마지막 검사 이후의 진전 그리고 교육목표를 알아볼 수 있다. 학급 기록서 또한 유용하다.	

더욱 유창하다. 유창성은 연령과 관계되며 문장의 길이와 복잡성을 포함한다(McCarthy, 1954; Meckel, 1963). 글쓰기에서 평균 문장 길이는 글에서 단어의 수와 문장의 수를 세고 단어의 수를 문장 수로 나누어 결정한다. 일반적으로 문장이 길수록 더욱 완성된 쓰기 스타일을 보여 준다. Carwright(1968)은 8세의 평균 문장 길이는 8개 단어이고 13세까지 매년 한 단어씩 증가한다고 했다. 그는 나이와 비교하여 편차가 2개 단어 이상으로 나타나면 문제가 있는 것으로 본다고 하였다

구문

구문(syntax)은 문장의 구조나 구, 절, 단락이 되기 위해 단어가 결합하는 방식과 관련된다. 학습장애 학생들이 자주 보이는 구문상의 오류는 단어 생략, 단어 순서의 왜곡, 부정확한 동사와 명사 사용법, 부정확한 단어 종결 그리고 구두점의 결여다(D. J. Johnson & Myklebust, 1967). Thomas, Englert와 Gregg(1987)은 나이 든 학습장애 학생들이 나타내는 구문상의 오류 중 상당수는 학생이 문장 대신 구를 만들어 내는 실수에 기인한다고 보았다.

구문의 성숙도를 평가하는 방법 중 하나는 미완성 문장, 단문, 중문, 복문과 같은 서로 다른 범주에 속하는 문장의 수를 세는 것이다. 쓰기 샘플에서는 네 가지 문장 유형 사용의 퍼센트를 학생의 진전도에 대한 비교와 기록을 위해 계산할 수 있다. 중문과 복문은 단문보다는 더욱 진보된 형태의 표현이라고 볼 수 있다. 일반적으로 중문과 복문은 연령에 따라 증가하며 미완성 문장과 단문의 사용은 감소한다.

구문에 대한 또 다른 보편적인 측정방법으로는 T단위(T-unit) 길이(종결단위당 사용된 단어)가 있다. T단위는 문법적으로 정확하면서 가장 짧은 부분으로 더 이상 나누어질 수 없다. 따라서 한 개의 T단위로 구성된 한 문장은 종속절, 구 혹은 그 안에 포함된 수식어를 가질 수 있다. 반면 복문은 두 개의 T단위를 가지는데, 문법적으로 두 개의 완성된 단위로 나뉘기 때문이다. 평균 T단위 길이에 대한 비율은 사용된 단어의 총수를 단락에서 나타난 T단위 수로 나눈 것이다. T단위 길이는 쓰기표현의 다른 측정치와 긍정적인 상관관계가 있으며(Isaacson, 1988), 일반적인 평균 T단위 길이의 증가는 학기 중에 일어난다(Morris & Crump, 1982).

어휘

어휘(Vocabulary)는 쓰기과제에 사용되는 단어의 다양성과 학생의 단어 선택에서의 창의성 또는 성숙과 관련이 있다. 학생의 어휘는 연령과 경험에 따라 증가해야 한다. 그러나 Morris와 Crump(1982)는 4학년의 일반학생들과 비교했을 때 학습장애 학생들은 글쓰기에서 훨씬 더 적은 수의 단어를 사용한다는 것을 보고했다. Wiig와 Secord(1994)는 학습문제를 가진 학생들 중 일부는 연령에 적절한 어휘를 가지고 있기는 하나 개별 단어를 수식하는 한정사의 수가 부족하다고 보고했다.

단어유형비율(Type Token Ratio: TTR; W. Johnson, 1944)은 사용된 단어의 총수(token)에 서로 다른 단어 유형(type)의 비율로 어휘에 대한 측정을 하는 것이다. 예를 들면, 'The two boys went fishing in Noonan's Lake early yesterday morning' 이라는 문장은 높은 TTR(1.0)을 가지고 있다. 즉, 11개의 총 단어가 사용되었고 사용된 단어는 모두 다르다. 대조적으로 문장 'The little girl saw the little boy in the little house'는 매우 낮은 TTR(.63)을 나타낸다. 즉, 총 11개의 단어가 사용되었지만 7개만이 다른 단어다. 낮은 TTR은 학생이 작문과제에서 부적절한 어휘를 사용한 것을 나타내 주기도 한다. 이 기법은 또한 긴 문장을 측정하는 데 사용할 수 있다. 하지만 서로 다른 어휘의 수는 작문에서 단어의 수가 증가함에 따라 감소하게 된다(Carroll, 1938). 동일 학생이나 다른 학생들이 쓴 글을 비교할 때는 같은 유형의 표본을 골라야 한다. 예를 들면, 2~3개의 글에서 최초의 50개 단어, 또 다른 글의 마지막 50개

단어를 선택하는 것이 아니라 선택된 모든 글에서 최초 50개 단어를 선택해야 한다.

어휘의 다양성은 또한 다양한 색인을 사용하며 평가할 수 있다(Carroll, 1938; Miller, 1951). 이는 쓰기 표본에서 가장 자주 사용된 단어가 나타날 때마다 그 사이에 쓰인 단어의 평균 수를 말한다. 하나의 평가방법으로는 표본의 총 단어 수를 단어 the의 수나 가장 많이 사용된 단어의 횟수로 나누는 것이다. 지표의 값이 높으면 높을수록 어휘는 더욱 다양해진다. 일반적으로 어휘의 다양성은 성숙한 쓰기의 한 징표로 볼 수 있다.

마지막으로 어휘는 이상한 단어의 수를 측정함으로써 평가될 수 있다. 이와 같은 평가를 위해 학생의 글 표본을 예로 들면 돌치(Dolch, 1955, 1960) 단어 목록과 같이 학생들이 흔히 사용하고 있는 단어의 목록과 비교해야 한다. 학생이 사용하는 단어 중 목록에 없는 단어의 수가 학생 어휘의 정도를 나타낸다.

구조

구조(structure)는 구두점, 대문자, 문법과 같은 쓰기의 기교적 측면을 말한다. 문법 정확도 비율(Grammatical Correctness Ratio: GCR; Stuckless & Marks, 1966)은 구조를 평가하는 데 사용할 수 있다. GCR은 재빠르게 학생의 문법적 오류의 수를 분석해 준다. GCR를 얻기 위해서 학생의 쓰기 표본(예: 한 글로부터 50개 단어)에서 문법적 오류의 수를 세어 점수화한다. 오류 계산은 50에서 감해지고 그 차를 50으로 나눈다. 백분율 점수를 얻기 위하여 이 마지막 수를 100으로 곱한다. 마지막 결과는 퍼센트로 나타나기 때문에 GCR은 단어의 수를 계산할 수 있고, 학생의 이전 점수와 비교할 수 있는 점수를 산출한다. GCR 점수는 또한 문법적 오류의 특정한 유형이나 구두점 또는 대문자에서의 실수를 계산할 수 있다.

구조는 또한 쓰기 표본에서의 오류 유형을 도표화할 수 있다. 특정 오류의 빈도가 개개인의 약점을 파악하기 위하여 기록된다. 오류분석 차트([그림 10-4] 참조)는 쓰기 구조에서의 오류에 대한 분석을 제공한다. 철자(음성적인 철자와 비음성적인 철자)와 필기(단어 완성의 문제, 띄어쓰기, 지속적인 비뚤어짐, 선의 질, 배열, 글자 크기, 빈도수) 또한 기록될 수 있다.

자발적인 글쓰기 표본과 함께 교사가 제작한 검사 문항 역시 쓰기 구조의 구체적인 요소를 분석하기 위하여 사용할 수 있다. 작문한 글은 발생 가능한 여러 형태의 오류를 충분히 포함하지 않을 수도 있다. 예를 들면, 학생은 사용법을 잘 아는 문법 형태나 구두점을 포함하여 문장을 쓸 수 있다. 따라서 교사는 구두점을 평가하기 위해 다양한 구두점이 사용되는 몇 개의 짧은 문장을 만든다. 문장은 학생이 정확하게 쓰기 위해 받아쓰기를 하도록 할 수 있고, 학생이 문제점을 수정하도록 구두점을 표시하지 않고 제시될 수 있다. 예를 들면 다음과 같다.

[그림 10-4] 오류분석 차트

	동사		대명사		단어					문장		대문자			구두점						총계
일시: 학생 이름	일치	시제	인칭	소유격	첨가	대치	수식어	부정어	복수	불완전	계속되는 문장	문장 시작	적절한 명사	부적절한 사용	마침표	쉼표	의문부호	생략부호	콜론	기타	

- 학교는 8 30에 시작한다
- 22명의 소년들이 교실에 있다
- Dr Goodman은 Richmond Virginia에 산다
- 그의 생일은 1943 1 31이다
- 골든리트리버 네 마리의 강아지를 낳았다고 알려라

내용

내용(content)은 쓰기표현의 다섯 번째 요소로서 정확성 개념과 조직성으로 나눌 수 있다(Carwright, 1968). 유사하게 Isaacson(1988)은 글쓰기 평가에서 고려해야 할 내용적 측면으로 개념 산출, 주제에 대한 논리정연함, 조직 또는 논리적 순서 그리고 독자에 대한 인식이 포함된다고 하였다. 쓰기과제의 성격이 무엇이냐에 따라 어떤 요소가 중요한지를 결정하게 된다. 예를 들면, 정확성은 글쓰기 연습이 역사적 사실에 대한 표현일 때 매우 중요한 항목이다. 평가방법은 0에서 10까지 각 요소의 등급을 정하는 것이다. 개념에서 10은 주제에 매우 적절하고 높은 수준의 독창성을 나타내며, 0은 독창성이나 과제에 대한 이해의 부족을 나타낸다. 학습문제를 가진 학생 중에는 경험 부족으로 인해 제한된 개념을 갖기도 하고 개념을 논리적인 순서로 연결하지 못하기도 한다. Thomas 등(1987)은 흔히 학습장애 학생들이 설명문 쓰기(예: 주제를 설명하거나 주제에 대한 정보를 제공하는 능력)에서 글을 미완성으로 끝맺음으로써 친숙한 주제에 대해서도 복합적인 사실적 진술을 만드는 데 어려움을 겪는다고 했다. 게다가 이 학생들은 정보를 반복하고 주제에 맞지 않은 사항을 글로 표현하는 경향이 있다. Wallace, Larsen과 Elksnin(1992)은 내용을 평가하는 것의 어려움을 언급하였는데, 그 이유는 글쓰기 결과물에 담긴 개념이나 추상성의 정도가 학생의 지능, 언어 경험, 문화, 배경, 흥미에 따라 달라지기 때문이라고 지적했다.

구성요소 프로파일

자기소개서와 같은 학생의 글쓰기 표본을 검토하면서, 교사는 어떤 기술을 학생에게 소개하고 교정할 필요가 있는지 그리고 어떤 기술이 습득되었는지를 알 수 있다. Poteet(1980)는 쓰기표현 기술에 대한 체크리스트를 개발했는데 필법, 철자, 문법(대문자, 구두점, 구문), 관념화(필기하기 유형, 본질적인 내용, 산출성, 이해성, 현실성과 스타일)의 네 가지 영역이 포함된다. 유사하게 Weiner(1980)는 쓰기기술 진단평가를 고안하면서 도식(시각적 특성), 바른 철자법(철자), 음운론(소리 요소), 구문론(문법), 의미론(의미) 그리고 자기 점검의 영역을 포함시켰다.

쓰기표현 요소에 대한 평가의 분석은 [그림 10-5]에 제시된 바와 같다. 분석은 개별 학생이나 전체 학급을 대상으로 하며 강약점과 학생의 진전을 기록한다. 비록

[그림 10-5] 쓰기표현 요소에 대한 평가분석

	유창성	통사론		어휘			구조		내용		
학생 이름	평균 문장 길이	문장 유형의 다양성	T단위 길이	단어 유형 비율	다양화 지표	일반적이지 않은 단어의 수	문법적으로 정확한 비율	오류의 유형	정확도 척도	생각 척도	조직화 척도

몇 가지 해석이 필요할지라도, 분석은 관찰을 표준화하고 더욱 신뢰성 있고 타당한 비공식적인 평가를 만들어 낸다. 또한 각각의 쓰기 요소와 연관된 오류 유형을 결정하는 것 역시 교수 계획에 필수적이다.

교육과정 중심 측정

교육과정 중심 측정은 교사가 일상의 자료를 수집하고 교수적 진보를 점검하는 데 도움이 된다. 쓰기기술은 이야기 시작자(starter)나 주제 문장을 사용하여 반복된 3분간의 글쓰기 표본으로 평가된다. 3분간 작성된 글쓰기 표본을 사용하는 것은 구체적인 글쓰기 결함에 대한 진단평가가 아니라 글쓰기 기술의 일반적 평가를 나타낸다. 그러나 이것은 교사가 직접적이고 반복적인 측정을 토대로 교수적 결정을 하게 한다.

일반적으로 1년간의 측정기간 동안 약 30개의 이야기 시작자가 필요하다. 메모 카드 앞에 이야기 시작자를 쓰고 뒤에는 학생 이름을 써서 동일한 이야기 시작자를 세 번 이상 같은 학생에게 사용하지 않는다. 측정은 개별적으로 하기보다는 집단의 학생들에게 실시된다. Tindal과 Marston(1990)은 다음의 세 가지 평가전략을 제시하였다. (1) 전체적인 점수: 평가자는 전반적인 느낌을 알기 위해 같은 양으로 작문을 검토하고 등급의 가치를 결정한다. (2) 분석적 점수: 글쓰기 표본은 특정한 성질이나 속성(조직, 개념, 글자표현, 구두점과 같은)을 점수화한다. 판단과정을 돕기 위해 조작적 정의와 기준을 사용한다. (3) 주요 속성 점수: 평가자는 정의된 속성(창의성 및 설득과 같은)에 따라서 글쓰기의 목적 내에서 일치성의 정도를 강조한다. Parker, Tindal과 Hasbrouck(1991)은 시간이 지나도 어떠한 향상이 보이지 않는다고 판단될 때 글쓰기의 과정적 접근이 매우 신뢰할 만하다고 했다. 그러나 하위 기술 습득 교수과정에서 글쓰기 과정을 점검하기 위한 가장 유용한 지표는 정확한 단어 연결의 수, 정확한 단어 연결의 평균 길이 그리고 알아볼 수 있도록 쓰인 단어의 백분율이다. 게다가 Espin과 동료들(2000)은 초등수준의 쓰기표현에서 학생의 일반적 수행지표(사용된 단어의 수, 정확한 철자로 쓴 단어의 수, 사용된 정확히 연결된 단어의 수)와 세 가지의 교육과정 중심 측정의 점수 기준의 타당도를 지지했다. Espin 등은 중등학교 수준에서 학생의 쓰기 숙달성에 대한 가장 신뢰롭고 타당한 예측자는 정확한 단어 연결에서 부정확한 단어 연결을 빼는 것이라고 했다.

쓰기표현과 관련된 교육과정 중심 측정을 실행하기 위해서 교사는 〈표 10-5〉의 단계를 사용할 수 있다. 이 표는 장기목표와 그래프 자료를 결정하는 것뿐만 아니라 쓰기표현 측정의 실시 및 점수화 절차를 보여 준다. [그림 10-6]은 교육과정 중심 측정 자료의 그래프를 제시하고 장기목표 또는 목표선을 보여 준다. Deno, Mirkin과 Wesson(1984)는 일반학생들에 대한 평균점수를 제공했다. 즉, 1학년은 14.7단어, 2학년은 27.8단어, 3학년은 36.6단어, 4학년은 40.9단어, 5학년은 49.1단어 그리고 6학년은 53.3단어다.

학생의 쓰고자 하는 동기를 증가시키는 것에 덧붙여, 쓰기표현을 점검하는 것은 교사에게 교수수정을 가능하게 하는 민감하고 관련성이 높은 정보를 제공한다. 예를 들면, 쓰기표현에 큰 어려움을 겪는 학생들에 대해 다음의 수정전략을 유용하게 사용할 수 있다.

- 학생이 글쓰기를 시작하도록 하기 위해 3분 동안에 선택된 단어를 베끼도록 한다. 선택된 단어는 주제(예: 바다생활), 단어군(예: cat, fat, rat, bat) 또는 특별한 관심(예: 스포츠)과 관련된 것일 수 있다.
- 빠진 단어나 철자가 있는 문장을 가진 이야기 시작자를 제공한다. 학생이 빈칸에 단어나 빠진 글자를 쓰도록 한다. 학생이 입력한 정확한 단어의 수를 센다.
- 정기적으로 구체적인 쓰기표현 중재(예: 대문자, 구두점, 복합어, 생략어)를 소개하고 학생의 글쓰기가 수업의 내용을 반영하는지를 기록한다.

〈표 10-5〉 쓰기표현 검사의 시행, 점수화 및 장단기 목표 결정과 자료 그래프화를 위한 절차

- 1단계: 기초선을 설정하기 위해 해당 주의 3일 동안 학생 개개인에게 줄 쳐진 종이나 이야기 시작자 혹은 주제문을 제공한다. 글쓰기 아이디어를 논의하고 나서 학생들에게 3분 동안 글쓰기를 하도록 한다. 3분 후에 종이를 걷는다.
- 2단계: 이야기 시작자나 주제 문장을 준 후에 학생이 쓴 단어나 글자 연결의 수를 센다. 잘못된 철자, 내용, 구두점 및 조직성은 무시한다. 이틀 동안 이 절차를 지속하고 그 주 동안 두 개의 새로운 이야기 시작자나 주제문을 준다. 그래프 위에 학생의 점수를 표시한다([그림 10-6] 참조).
- 3단계: 세 개의 기초선 점수에서 평균점수를 찾는다. 이것은 가장 낮은 점수에서 높은 점수로 등급을 매겼을 때 중간 수다.
- 4단계: 장기목표를 계산한다. 학기에서 앞으로 남은 주의 수를 센다. 주 수와 2.0(성장률)을 곱하고 기초선 주에서 얻어진 평균점수를 더한다(예: 21주×2.0=42, 42+14[기초선 평균]=56[목표])
- 5단계: 지난주 동안 목표 자료점수를 그래프 선으로 표시한다. 목표 자료점수에 기초선 평균 자료점수를 연결하는 목표선을 그린다. 이것은 학생이 학기 동안 진보함에 따라 학생의 수행을 표시하는 선이다.
- 6단계: 기초선 후에 첫주를 시작하면서 학생 수행을 매주 두 번 측정한다. 해당 주에 이틀 동안 학생에게 다른 이야기 시작자나 주제문을 준다. 이야기 시작자나 주제에 대한 간단한 논의 후에 학생에게 3분 동안 쓸 것을 말하고 글쓰기를 시작하라고 한다.
- 7단계: 3분 후에 '그만' 이라고 말한다. 종이를 걷고 이야기 시작자나 주제문을 준 후 학생이 쓴 단어나 글자 연줄의 수를 센다.
- 8단계: 매일 그리고 매주에 대응하는 공간에 그래프상으로 각 점수를 표시한다. 자료를 점수와 연결한다.
- 9단계: 이러한 절차를 1년 동안 계속한다. 개별 학생들의 글쓰기 결함에 관한 정보로 학생의 오류 유형을 분석한다. 수업을 계획하는 데 이러한 정보를 사용한다. 또한 특정 기술(예: 대문자, 구두점, 주어-동사 일치)의 진보를 점검하기 위해 그래프를 사용할 수 있다.

[그림 10-6] 목표선이 표시된 교육과정 중심 측정 그래프

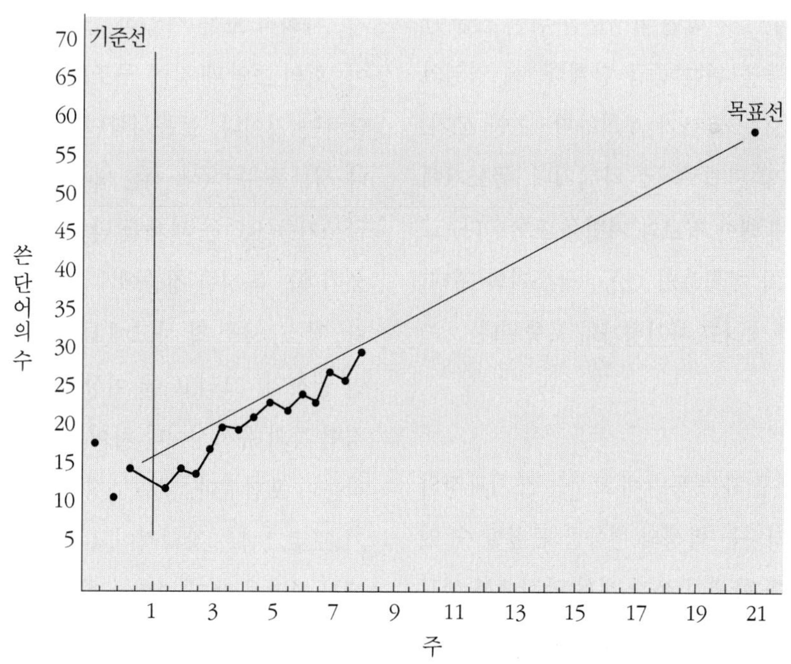

- 이야기 시작자로 학생의 경험(예: 과학 프로젝트, 학급 방문자 또는 영화)을 이용한다.
- 만약 학생이 문장을 산출할 수 없다면 대신 단어를 산출하도록 한다. 알아볼 수 있는 단어의 수를 점수화한다.

포트폴리오 평가

학생은 쓰기표현에서 자신의 노력, 진전, 성취를 반영하는 단어를 모은다. 글쓰기 포트폴리오는 노트, 도표, 초안 및 글쓰기 숙제의 마지막 완성본일 뿐만 아니라 신문 관련 글쓰기, 편지, 시 또는 수필 같은 다양한 것들이 포함된다. 글쓰기에 대한 학생 자신의 평가와 학생에 대한 교사의 평가가 포함된다. 따라서 학생은 평가과정에 참여함으로써 목표를 세우고 과정에서의 학습을 평가하는 것을 배운다. 평가도구로 활용하기 위해 학생의 학습, 수행 및 향상을 차트로 표시하는 쓰기 포트폴리오(Writing Portfolios; Curriculum Associate 출판)는 다음의 두 단계에서 유용하다. 1~3학년 학생들을 위한 초급 단계와 4~8학년 학생들을 위한 중급 단계다. 세 영역의 학생 쓰기 포트폴리오는 글쓰기 계획하기, 초안 쓰기, 수정하기, 필기하기 및 편집하기로 나눠지며, 글쓰기에서 진전을 보이는지에 대한 정보와 기법을 포함한다. 교사의 지도에는 글쓰기 계획하기 활동, 글쓰기의 형태, 편집하기와 교정하기 그리고 자기평가가 포함된다.

관찰과 면담

학급에서 쓰기과제를 하는 동안에 교사는 쓰기과정의 다양한 단계에서 나타나는 학생의 행동을 관찰할 수 있다. 예를 들면, 교사는 학생이 쓰기 계획 단계에서 생각하고 쓰는 데 시간을 보내는지, 그리고 수정 단계에서 검토하고 다시 쓰는 데 얼마나 많은 시간을 보내는지를 기록할 수 있다. 또한 학생이 글쓰기 전 또는 후에 학생 면담을 실시하여 글쓰기에서 관찰할 수 없는 측면에 대한 정보를 얻을 수 있다. 예를 들면, 글쓰기 전에 학생은 숙제에 대해 말하고 쓰기과제의 목적과 독자에 대해 논의할 수 있다. 글쓰기 후에는 학생에게 글쓰기의 목적이 성취되었는지의 여부를 묻고 쓰면서 어떤 변화가 생겼는지, 글쓰기 과정에서 어떤 사고과정을 사용하였는지를 물어볼 수 있다.

쓰기표현 기술의 교수

쓰기표현은 주로 창의적인 글쓰기와 관련되나 기능적 글쓰기를 포함하기도 한다. 창의적인 글쓰기는 시, 이야기 쓰기, 개인적 서사(narrative) 등 고유한 방식에서의 사고와 경험에 대한 개인적 표현이다. 서사적 글쓰기는 사건을 역사적 순서에 연결하고 1인칭(주인공)이나 3인칭(관찰자) 관점에서 쓸 수 있다. 이러한 글쓰기의 형태는 주로 나이가 어리거나 또는 글쓰기가 미숙한 학생에게 적용된다. 기능적 글쓰기는 질문에 대한 답 쓰기, 사회적 또는 사업적 편지, 초대장, 과제물과 에세이, 회의 초안과 같이 구조화된 형식에 맞게 정보를 전달하는 것이다. 보통 4학년 이상의 학생들은 설명하거나 정보를 주는(예: 예를 제시하거나 과정을 묘사) 설명적 글쓰기를 요하는 과제를 받는다. 세 가지 유형의 설명문 쓰기에는 특정한 청중에게 관점을 제시하는 논설문, 사람, 장소, 사물 및 사고에 대한 경험을 기술하는 기술적인 글쓰기, 그리고 둘 이상의 사람, 장소, 사물, 생각, 경험 간의 유사성이나 차이점을 강조하는 비교-대조의 작문이 포함된다. 학습문제를 가진 학생들을 위한 글쓰기 프로그램은 창의적이고 기능적인 글쓰기 영역 모두에서 다양한 쓰기 경험을 할 수 있도록 해야 한다. 학생은 명확하고 정확하게 의사소통을 하기 위하여 논리적으로 생각을 조직하고 글쓰기의 적절한 기교적 측면(구두점과 대문자 포함)을 따르는 것을 배워야 한다.

글쓰기의 과정 접근법

글쓰기 교수에서 글쓰기의 결과물보다는 그 결과물을 만드는 과정을 강조하는 변화가 일어났다. 결과 접근법은 주로 문법, 철자, 대문자 쓰기, 구두점 그리고 필기를 강조한다. 하지만 과정 접근법은 먼저 의미를 강조하고 그다음 의미의 맥락에서 기술을 강조한다. 학생들은 쓰기의 5단계—미리 글쓰기 계획하기, 초안 쓰기, 수정하기, 편집하기, 완성하기—를 통해 연습한다(Tompkins, 2002). 이러한 단계들은 학생이 그들의 작문 실력을 향상시키고 세련되게 함에 따라 통합되며 상호작용한다. 예를 들면, 글쓰기 계획하기와 초안 쓰기, 초안 쓰기와 수정하기, 초안 쓰기와 편집하기 사이에는 상호작용이 있을 수 있다(예: 작가는 계획하고 초안을 쓰는 것을 동시에 할 수 있다.). 글쓰기 단계에 대한 개관은 〈표 10-6〉에 제시한다. Scott와 Vitale(2003)은 순환적 형식의 5단계 글쓰기 과정을 제시하고 각 단계에 적절한 활동을 포함시켰다.

과정 접근법에서 학생은 글쓰기를 하기 전에 독립적으로 글쓰기 주제와 연관된 브레인스토밍을 선택한다. 글쓰기 형식에서의 아이디어를 얻기 위해 며칠 동안 초안 쓰기와 재초안 쓰기를 한 후 그것을 교사나 또래와

〈표 10-6〉 글쓰기 단계의 개요

글쓰기 전 단계
- 글의 주제를 선택한다.
- 글의 목적을 고려한다(예: 설명하기 위해서, 기술하기 위해서, 즐기기 위해서, 설득하기 위해서 등).
- 글을 읽을 독자를 확인한다(예: 급우, 부모님, 회사원, 출판업자 등).
- 목적과 독자에 기초한 작문을 위해 적절한 형식을 선택한다(예: 이야기, 보고서, 시, 대본, 편지글 등).
- 글에 대한 아이디어를 모으고 조직하기 위해서 리허설 활동에 착수한다(예: 그리기, 이야기 나누기, 읽기, 인터뷰하기, 브레인스토밍, 주요 내용과 세부 내용들을 결합하기 등).
- 학생이 교사와 함께 협력하거나 그룹 작문에 참여하며, 교사는 글쓰기 과정을 시범 보이거나 시연할 수 있고 질문이나 잘못된 점을 명확하게 설명할 수 있다.

초안 단계
- 매 다른 줄을 건너뛰고 수정을 위해 적당한 간격을 두는 등 대략적인 기안을 작성한다.
- 기술, 문법, 철자보다 내용을 강조한다.

수정 단계
- 대략적인 초안을 다시 읽고 내용 첨가, 대치, 제거, 옮기기 등을 통해 기안을 바꾼다.
- 글쓰기 그룹 내에서 작문을 공유하며, 청자는 칭찬뿐만 아니라 작문을 향상시키는 방법에 대한 비평 및 제안을 받아들인다.
- 글쓰기 그룹으로부터 받은 피드백에 기초하여 잘라내기, 옮겨 붙이기, 작성한 행의 사이 남은 공간에 쓰기 등을 통해 수정을 한다.

편집 단계
- 대문자 사용, 구두점, 철자, 문장 구조, 단어 사용, 관형 고려하기 등을 포함하여 기법에 초점을 맞춘다.
- 의미를 읽기보다는 단어별로 읽고 오류(예: 철자, 대문자 사용, 구두점 등)를 찾아내며 교정을 본다. 그리고 변화가 필요한 곳을 가리키기 위해 교정 표시를 집어넣는다.
- 가능한 한 많은 기술적 오류를 수정하고, 필요하다면 사전을 이용하거나 필요한 기술에 대한 지도 또는 짧은 수업을 통해 교사와 함께 회의를 한다.

출판 단계
- 적절한 형식으로 글을 출판한다(예: 책표지가 있는 책자를 만들거나 신문 또는 잡지에 투고한다.).
- 학급의 '작가 의자'에서 큰 소리로 읽거나 게시판에 글을 전시함으로써 완성된 작문을 급우들 또는 적절한 독자들과 공유한다.

출처: C. D. Mercer and P. C. Pullen, 2005, *Students with Learning Disabilities* (p.468), 6th ed. Upper Saddle River, NJ: Merrill/Prentice Hall. Copyright 2005 by Pearson Education(허락하에 게재함).

논의하고 수정하고 편집한다. 수정하는 것은 내용이나 구조를 바꾸는 것으로 다시 고쳐 쓰는 작업인 반면, 편집은 문법, 구문, 구두점과 철자에서 실수한 것을 고치는 과정이다. 마지막으로 학생이 쓴 결과물이 나오면 다른 사람들과 공유한다. Tompkins(2002)은 어린 아동과 글쓰기를 잘 하지 못하는 학생들의 글쓰기 과정을 글쓰기 계획하기, 초안하기, 완성하기의 세 단계로 줄이고, 수정과 편집 단계는 학생이 글쓰기를 좀 더 능숙하게 할 때 포함시킬 것을 강조했다. 따라서 글쓰기의 과정적 접근에서 교사는 단지 글쓰기 과제를 제시하고 그 결과물을 평가하던 것에서 글쓰기 전 과정을 학생과 함께 하는 것으로 역할이 바뀌었다. 교사가 글쓰기의 전 과정을 함께 함으로써 학생은 문제해결, 비판적 사고기술 그리고 긍정적인 자기상을 발달시킬 수 있다.

Isaacson(1995)은 교사가 학생에게 글쓰기의 전체적인 과정을 소개하는 과정 접근법을 초기 쓰기 아이디어 산출에서부터 마지막 기안 편집하기까지의 네 단계로 특징지어 설명했다.

1. **과정은 시범 보여야 한다.** 글쓰기를 하기 전 토론에서 교사는 주제에 대한 질문을 통해 계획전략을 시범 보이고 정보를 조직하는 방법(예: 차트나 의미관계도 등)을 시연해야 한다. 교사는 과제를 수행하는 동안 혼잣말을 함으로써 계획 노트를 문장 쓰기로 변형하는 방법을 시범 보일 수 있다. 마지막에 교사는 다시 보기와 교정 전략을 시범 보여야 하고 첫 초안이 마지막 인쇄본과 크게 다름을 보여 줘야 한다.
2. **과정은 협동할 수 있다.** 브레인스토밍, 정보 구성 및 조직화, 건설적인 피드백 제공, 기술적 오류의 편집 등과 같은 활동에서 교사나 다른 학생들과의 협동이 수반될 수 있다. 글쓰기 그룹은 글을 공유하고 생각을 발전시키기 위해 구성될 수 있다. 동년배 팀은 또한 글쓰기 작업을 편집하는 데 좋은 조합이다.
3. **과정은 촉진될 수 있다.** 교사는 글쓰기 과정의 단계를 촉진하거나 글쓰기와 관련된 결정에 도움을 제공할 수 있다. 예를 들어, 글쓰기 전 단계에서 학생들이 주제와 관련된 개별 단어를 열거하게 함으로써 촉진절차를 시작할 수 있다. 편집 단계에서 교사는 학생이 오류를 찾아내고 수정하도록 촉진하기 위해서 여백에 오류 유형(예: 철자는 sp, 동사 형태는 v, 대문자 필기하기는 cap 등)에 대한 표시를 써 줄 수 있다.
4. **과정은 자기 주도 및 자기 점검이 되어야 한다.** 교사는 학생에게 자기 교수적 언급, 예를 들어, 이 절의 뒤에서 소개될 문장 쓰기 전략(PENS), 문단 쓰기 전략(PLEASE), 오류점검 전략(COPS), 주제 쓰기에 사용되는 아구전략어(TOWER) 등을 통해 특별한 글쓰기 전략 및 아이디어를 보여 줄 수 있다.

Graham과 Harris(1994)는 글쓰기를 위한 과정 접근법의 세 가지 이점을 다음과 같이 소개하였다. (1) 학생 글쓰기는 자주 시행되고 그 자체로 의미가 있다. (2) 자기 통제적 학습을 촉진하는 환경 여건이 조성된다. 그리고 (3) 읽기 및 쓰기 발달에서 학습의 통합적 특성이 강조된다. 그러나 그들은 "우연적 학습에 대한 과도한 믿음과 글쓰기의 기술적 측면에 대한 강조의 부족으로" (p. 275) 이러한 이점들이 약화될 수 있다고 언급했다.

Kame'enui와 Simmons(1990)는 학습문제가 있는 학생들을 위해서 보다 심화된 연습과 적용을 할 수 있도록 기본 쓰기기술이 체계적으로 발달되게 가르치는 표현적인 글쓰기 교수 접근법을 제안하였다. 이 접근에서 교수적 강조점은 우선 (교사 주도적인) 글쓰기와 편집 단계에 두고 그다음으로 (학생 주도적인) 계획하기에 둔다. 그러므로 학생은 좀 더 복잡한 작업을 계획할 때 글쓰기 기술에 의지하는 것을 배운다. 더욱이 효과적인 글쓰기 교수에 대한 연구들을 보면, Stein과 Dixon(2001)은 글쓰기 교수를 위한 교수용 프로그램은 다음의 특징이 혼합될 때 가장 효과적이라고 보고했다. 많은 아이디어(내용 구조, 글쓰기 과정, 협력), 인지적 처리과정의 기본 과정을 상세화하는 전략 및 다양한 예를 적용할 수 있는 전략에 대한 명백한 교수, 비계교수(예: 활자화된 촉진물 제공하기, 유도 질문하기, 자세한 피드백 제공하기 등)의 점진적 제거, 적절하고 광범위하고 반복적이며 다양한 검토 등이다.

Graham과 Harris(1988)는 쓰기표현에 어려움을 가진 학생들을 위한 효과적인 글쓰기 프로그램을 개발하기 위하여 다음의 열 가지 교수 권고사항을 제시하였다.

1. **글쓰기 교수를 위한 시간을 할당하라.** 글쓰기 교수를 위하여 시간을 충분히 할당해야 한다(예: 주당 2시간). 학생들은 오직 글을 씀으로써 글 쓰는 사람으로 커 가고 글쓰기를 배울 수 있기 때문이다.
2. **학생을 여러 종류의 글쓰기 과제에 노출시켜라.** 학생들은 매우 구조화된 문제해결 상황이 제시된 글쓰기 활동뿐만 아니라 자기 선택적이고 표현적인 글쓰기를 수반하는 글쓰기 활동에 참여해야 한다.
3. **글쓰기 발달에 도움이 되는 사회적 환경을 만들어라.** 교사는 비가학적인 환경에서 격려할 필요가 있고, 학생이 공유하고 협력하도록 촉진함으로써 학급의 분위기를 발전시키는 노력을 해야 한다.
4. **글쓰기를 다른 학업 주제와 통합하라.** 글쓰기는 글을 쓰는 것을 늘리고 기술을 발달시킬 수 있는 다른 언어 활동과 통합되어야 한다.
5. **학생이 효과적인 글쓰기를 위해 과정을 발달시킬 수 있도록 도와주어라.** 작문과정은 일련의 개별적인 단계(예: 글쓰기 전, 쓰기, 다시 쓰기 등)로 나누어질 수 있고, 그래서 학생들은 적절한 과제 특정적 및 초인지 전략들(예: 자기교수 전략훈련 등)을 배울 수 있다.
6. **종이 위에 언어를 펼쳐 놓는 기술이 자동화되도록 하라.** 교사는 기술과 문장 및 구문 산출에 대해 직접교수를 제공해야 한다. 또는 작문의 기술적 조건은 구어 받아쓰기를 통해 제거될 수 있다.
7. **학생이 훌륭한 글쓰기의 특징에 대해 명백한 지식을 발달시키도록 도와라.** 학생들은 특별한 기술이나 스타일이 혼합되어 작성되었거나 살아 있는 모델에 대한 읽기 또는 교사의 제시를 통해 다양한 문학작품의 특징에 노출되어야 한다. 또는 학생들은 유명한 문학 스타일을 대표하는 구조화된 요소에 대해 직접적인 교수를 받아야 한다.
8. **학생이 좀 더 섬세한 작문과정을 수행할 수 있는 기술과 능력을 발달시키도록 도와라.** 좀 더 성숙한 작문과정의 발달을 위한 세 가지 방법은 교사가 협력자로 행동하는 동안의 회의, 외부 지원이 제공되는 절차적 촉진, 자기 교수 전략훈련을 포함한다.
9. **학생이 그들의 작품을 향상시키기 위한 목표를 발달시키도록 도와라.** 목표 설정 및 학생들이 특정한 기준에 따라 그들 자신이나 다른 사람의 작품을 평가하도록 하는 것은 학생들이 정확하게 글쓰기 과정을 점검하고 평가하도록 도울 수 있다.
10. **학생의 글쓰기 수행을 향상시키지 않는 교수적 훈련은 피하라.** 문법기술과 그 사용은 실제 글쓰기 과제를 하는 과정에서 발달되어야 한다. 그리고 교사는 어느 한 시간에 빈번하게 일어나는 오류 중 한 두 가지 유형에 대해서만 특정적이고 설명적인 피드백을 제공해야 한다.

다음의 여섯 가지 원칙은 글쓰기의 어려움을 방지하기 위해서뿐만 아니라 글쓰기 기술이 쌓여 갈 수 있도록 하기 위해서 마련되었다(Graham, Harris, & Larsen, 2001).

1. **효과적인 글쓰기 교수를 제공하라.** 대표적인 글쓰기 교수의 특징은 교사가 글쓰기 과정뿐만 아니라 글쓰기에 대한 긍정적 태도를 시범 보이는 것이다. 광범위한 기술, 지식, 전략을 섭렵하는 교수, 다양

한 독자를 위한 광범위한 글쓰기 과제에 대해 학생과 함께 세우는 일간 글쓰기 작업 계획, 초안, 수정, 편집 또는 출판을 서로 돕는 협력 조정, 피드백을 위해 그들의 또래에게 작품을 제공하는 그룹 또는 개별적 공유, 그리고 학사과정에 걸친 글쓰기 활동의 통합이 해당된다.

2. 글쓰기 교수를 학생들의 개별적 요구에 맞도록 정교화하라. 기술의 일반적인 교수수정은 중요한 기술의 발달에 좀 더 많은 관심을 기울이고 그 기술을 좀 더 명시적으로 가르치며 개별적인 지도가 제공되는 것을 말한다. 교사가 제공하는 교수 수정은 일대일 지원을 추가적으로 제공하고, 내용 산출의 어려움에 대해 도움을 제시하며(예: 받아쓰기, 키보드 사용 허락 등), 글쓰기에 수반되는 생각과 창조적 과정을 지지하기 위한 방법(예: 그래픽 조직자나 수정을 위한 체크리스트의 사용 등)을 제시한다. 또한 글쓰기 교수 정교화하기는 공식적인 교수와 비공식적인 교수 간의 조화뿐 아니라 의미, 과정 그리고 형식 사이에서 조화를 찾도록 한다.
3. 글쓰기 기술을 향상시키기 위해 일관적이고 지속적인 노력을 제공하는 중재를 하라. 예를 들어, 필기나 철자법에 대한 교수는 작문의 유창성에 긍정적인 영향을 미친다.
4. 학생이 글쓰기를 배울 수 있을 것이라 기대하라. 교사는 개별 학생의 글쓰기 수행에 대한 부정적인 기대를 무시하고, 높지만 현실적인 기대를 해야 한다. 그리고 모든 학생들이 성공적으로 과제를 마칠 수 있도록 글쓰기 교수 계획을 세워라.
5. 글쓰기 및 학교 성공을 위해 학업적 방해물과 비학업적 방해물을 확인하고 적절히 다뤄라. 교사는 학생의 글쓰기 발달을 저해하는 장애물(예: 주의집중 어려움, 낮은 동기수준, 부적응 태도 등)을 확인하고 적절히 다룰 필요가 있다.
6. 글쓰기 수행을 향상시키는 기술도구를 갖춰라. 기술도구들은 개요 짜기와 의미 연결하기 소프트웨어, 멀티미디어 응용 프로그램, 촉진 프로그램의 사용을 통해 계획 및 수정하기에 대한 지원을 제공할 수 있다. 또한 철자 점검기, 단어 예측 프로그램, 문법과 스타일 점검기, 음성 합성기는 텍스트를 만들어 내는 것을 도와준다.

글쓰기 교수

글쓰기 교수의 첫 단계는 학생이 글쓰기에 동기를 갖도록 긍정적인 태도를 촉진하는 것이다. 교사는 학생이 아이디어를 공유하도록 장려하면서 토론을 촉진할 수 있다. 글쓰기는 전체적인 교육과정으로 통합되어야 하고, 교사는 학생이 의사소통이라는 글쓰기의 목적을 이해할 수 있도록 도와야 한다. 그러므로 글쓰기 교수는 긍정적인 환경 만들기에서 시작하여 기술을 발달시키는 것으로 나아간다.

학습문제가 있는 학생들에게 글쓰기 기술을 가르치는 가장 효과적인 수단 중 하나는 자발적인 글쓰기 표현이다. 각 학생의 글쓰기 샘플은 다양한 글쓰기 기술에 대한 교수를 소개하는 것의 기초로 사용될 수 있다. 다시 말해서, 글쓰기 프로그램의 목표는 학생이 쉽게 생각하고 아이디어를 표현하도록 하는 것이다. 이후 글쓰기 작업은 기술의 발달을 위한 기반이 된다. 그러므로 자발적인 글쓰기 샘플은 총체적 언어, 언어경험 또는 직접 기술교수와 같은 다양한 교수 프로그램의 맥락 속에서 쓰기표현을 가르치기 위해 사용될 수 있다. 교사는 주제를 자극할 수 있는 사건(논의, 현장 견학, 영화 등)을 제공할 수 있다. 첫째로 학생은 개인적 제재, 예를 들어 가족, 여행, 휴가 등에 대해 가장 편안한 글쓰기를 할 수 있다. 어떤 학생들은 매일 쓰는 일기에 그들의 경험과 사건에 대한 반응을 쓰는 것을 즐긴다. 학생들은 또한 그림에 대한 이야기를 쓰거나 제목 붙이기, 이야기 완성하기(예: 이야기 시작 또는 이야기 끝맺기)를 즐긴다. 텍스트 없이 순서대로 그림이 제시된 책은 글쓰기 활동에 대한 자극으로 제공될 수 있다. 일반적으로 학생들은 그들 자신의 글쓰기 주제를 선택해야 한다. 학생들이 자신의 이야기를 만들어 낼 때 제재는 그들에게 의미 있는 것이 되고, 그래서 학생들이 글쓰기를 공부하는 동기를 찾을 수 있게 된다. 이는 특히 청소년들에게 중요할 수 있다. 학생들이 만드는 이야기는 그들의 성숙도 수준을 반영한다. 또한 글쓰기 과제는 학생들이 장기간에 걸쳐 같은 글쓰기 프로젝트에 참여할 때 의미가 더 생기게 된다. 주어진 주제에 대한 학생들의 개입이나 흥미는 그들의 글쓰기 능력에 영향을 미친다.

글쓰기를 시작하기 위하여 브레인스토밍은 아이디어와 사용되는 단어를 만들어 낼 수 있다. 학생은 주제에 대한 반응으로 마음으로부터 나오는 모든 단어와 구문을 목록으로 만든다. 정보 유목화나 연결 짓기 또한 학생이 글쓰기를 위한 아이디어를 조직화하는 데 도움을 준다. 유목화나 연결은 중심 생각, 세부 내용 그리고 예시를 포함할 수 있다. 이러한 정보적 글쓰기 전략 안에서 그리고 학생이 실험적으로 생각하는 것을 쓰기 시작함으로써 글쓰기의 기법보다는 내용이 강조된다.

학생이 글쓰기에서 생각을 잘 표현하도록 계속 격려하면서, 교사는 글쓰기를 시작할 때 기법적 측면을 좀 더 주의하도록 교수한다. 교사는 학생의 글에서 구두점과 대문자 쓰기 오류에 주의를 기울일 수 있고, 어떻게 그것을 사용하는 것이 의미 있는가를 지적한다.

Dowis와 Schloss(1992)는 글쓰기 과정 동안 기술과 내용이 동시에 발달할 수 있도록 특정한 기술을 가르칠 수 있는 직접교수의 사용을 제안했다. 따라서 글쓰기 기법(기술)은 필요에 따라 설명되고, 학생은 그 중요성을 깨닫게 된다.

교사는 학생이 생각을 표현하려는 시도를 방해할 가능성이 있는 글쓰기의 기술적 측면을 과도하게 수정하는 것을 피해야 한다. 학생은 무엇을 쓰느냐보다 어떻게 생각을 쓰는가를 더 중요하게 생각할 수 있다. 그러므로 학생은 글을 쓰기 시작하면서 제한된 어휘만을 사용할 수 있고, 오로지 간단한 문장을 사용하며, 복잡하고 창의적인 생각표현을 나타내지 못할 수도 있다. 좋은 글쓰기 모델을 제공해야 하고, 강화는 건설적인 비평과 함께 해야 한다. 교사는 수정을 제시하기 전에 학생의 작업에 대해 긍정적인 말을 해 주고 격려하며 학생이 쓴 글의 양이 어느 정도이건 칭찬을 해 줘야 한다. 일반적으로 기술적 오류를 수정하는 것보다 아이디어를 표현하고 쓰는 능력을 발달시키는 데 더 많은 주의를 기울여야 한다. 물론 올바른 구두점과 문법의 사용, 훌륭한 조직화를 배운 학생들이 더 나은 글을 쓸 수 있다. 그러므로 글쓰기의 과정과 기법 모두가 조화로운 교수의 목표가 된다. 어떤 교사는 글쓰기 숙제 중 일부에서 하나는 아이디어에 대한 점수, 하나는 글쓰기 기법에 대한 점수를 제공하는 것을 선호하기도 한다. 또한 교사는 구어 토론을 통해 학생에게 직접적으로 선택적 피드백을 제공할 수 있다.

학생의 글쓰기 향상을 돕기 위해 교사는 문장과 단락의 발달을 강조해야 한다. 학생이 자신의 생각을 표현할 수 있는 다른 구문 패턴이 있음을 인지하도록 도와주어야 한다. 학생에게 자신의 독립적 읽기수준에서 흥미 있는 제재를 읽게 하는 것은 다른 사람의 글로부터 훌륭한 문장을 경험해 보게 하는 것이고, 영어 문장구성에 대한 감각을 발달시켜 준다. 또한 구어 읽기나 테이프에 녹음된 이야기를 통해서 학생은 잘못된 문장 구성에 주목할 수 있다. 통일된 글쓰기를 배울 때 일관성 있는 단락 짓기는 학생이 생각을 범주화하거나 분류하거나, 혹은 논리적 순서에 따라 생각을 조직화하는 활동을 통해 촉진될 수 있다. 조직적 구성은 내용 차트, 의미관계도(연결하기), 정보의 개요를 제공하고 어떻게 항목들이 서로 연결되는지 시각적으로 보여주는 피라미드 도표를 통해 파악될 수 있다(Levy & Rosenberg, 1990). 전환어(예: 마침내, 또한 등)의 사용은 학생이 문장 여러 개를 연결하는 것을 도와준다.

의미 있는 철자 활동은 철자하기와 쓰기표현 기술을 향상시킨다.

Schumaker와 Sheldon(1985)이 제시한 문장 쓰기 전략은 문장의 구성 및 표현의 기본 원리를 가르치는 데 사용될 수 있다. 학생은 다양한 종류의 문장 쓰기와 재인을 촉진할 수 있는 일련의 단계와 형식을 배운다. 전략의 머리글자 PENS는 학생이 문장 쓰기의 단계를 기억하는 데 도움을 줄 것이다.

- P(pick): 문장 유형과 형식을 선택하라.
- E(explore): 형식에 맞는 단어를 찾아라.
- N(note): 단어를 적어라.
- S(search): 동사와 주어를 찾고 확인하라.

캔사스 대학교 학습연구 센터에서 개발한 문단 쓰기 전략에서 사용되는 PENS 또한 학생이 단락을 구성하는 주제 문장 쓰기, 세부 문장 쓰기, 마무리 문장 쓰기를 도와준다(Schumaker & Lyerla, 1991). 이 학습전략은 학생이 순서(서술이나 단계별), 기술, 설명, 비교 및 대조와 같은 다양한 문단 유형을 쓸 수 있도록 한다. 또한 문어 능력 교수(Teaching Competence in Written Language; Phelps-Terasaki & Phelps-Gunn, 2000)는 생각에서 문장 그리고 문단으로 단계별로 발전하는 매우 구조화된 교수를 다루고 있다.

Welch(1992)는 학생에게 문단 쓰기를 가르치는 초인지적 단계를 제시한다. 머리 글자 기억술을 사용함으로써 학생이 독립적으로 글쓰기 과제를 완성하는 방법을 보여 준다.

- P(pick): 주제, 독자, 적절한 본문 형식을 선택하라(예: 열거, 비교와 대조, 원인과 결과 등).
- L(list): 문장 만들기, 실시간 평가, 조직적 계획에서 사용되는 주제에 대한 정보 목록을 만들어라.
- E(evaluate): 목록이 완성되었는지의 여부를 평가하고 그것을 지지하는 문장을 만드는 데 사용되는 아이디어를 조직화하는 방법을 계획하라.
- A(activate): 짧고 간단한 서술 주제 문장이 있는 문단을 만들어라.
- S(supply): 목록의 항목에 기초한 지지 문장을 제공하라.
- E(End): 주제문장을 재표현하는 결론문으로 끝맺고, 대문자, 구두점, 철자, 외관상 오류에 대해 평가하라.

Welch는 글쓰기 전, 계획, 작문, 수정에 수반되는 글쓰기 과정의 초인지적 지식을 증가시킬 뿐 아니라 학생의 글쓰기 및 글쓰기 교수에 대한 태도를 향상시키는 중재를 언급했다.

글쓰기 기초 기술을 획득한 후, 학생은 교정하기와 편집하기를 배우게 된다. 교정하기에서 학생은 오류를 확인하고 수정하기 위해 작업한 글을 읽는다. 글을 편집하기 위해서 학생은 대문자, 문장개념, 구두점, 철자가 잘못된 단어, 여백, 단락의 첫 행 들여 쓰기와 같은 글쓰기의 요소들을 살펴보도록 지도받을 수 있다. 학생이 글을 큰 소리로 읽음으로써 빠진 단어, 잘못된 구두점과 같은 오류나 부족한 조직화와 같은 오류들이 눈에 띌 수 있다. 또래 비평은 교정전략으로 사용될 수 있으며 지지적인 분위기에서 교사와 함께 하는 개별적인 회의는 건설적인 편집하기를 가능하게 한다.

학생에게 네 가지 종류의 일반적인 실수를 발견하는데 도움을 주기 위해서 교사는 COPS를 오류점검 전략으로 소개할 수 있다(Shumaker, Nolan, & Deshler, 1985). 학생은 다음과 같은 질문을 하는 것을 배우고 나서 자신의 글에서 다음의 오류가 있는지 살펴본다.

- C(capitalize): 첫 단어와 고유명사를 대문자로 썼는가?
- O(overall): 전반적인 외형(띄어쓰기, 판독성, 절의 첫머리 들여 쓰기, 정렬성과 문장 완성)은 어떠한가?
- P(punctuation): 쉼표, 세미콜론(;), 마침표 등의 구두점을 사용했는가?
- S(spell): 모든 단어를 정확한 철자로 썼는가?

교사는 정기적으로 COPS를 검토하고, 학생 개개인이 매일 사용하여 습관이 될 수 있도록 돕는다. 교사는 학생에게 모든 글에 COPS를 사용할 것을 요구한다.

글쓰기의 목적이 개념을 소통하는 것이기에, 학생들은 자신이 쓴 작품을 공유해야 한다. 학생이 공유하기를 원하는 노트나 이야기책은 읽기자료로 사용될 수 있다. 또한 학생들은 다른 학생 앞에서 자발적으로 선택한 것을 읽을 수 있다. 학생들은 이야기를 공유하며, 피드백을 받고, 작문의 질을 향상시키기 위한 동기를 얻을 수 있다. 또한 학생들은 글쓰기 향상에 도움이 될 모델을 제공받는다.

중등수준에서는 학생들에게 더 많은 쓰기표현을 요구한다. 학생들은 수업시간에 노트 필기를 하고 검사에서 쓰기표현을 해야 할 뿐만 아니라 보통 과제물을 작성한다. TOWER는 주제 쓰기를 가르치는 구조적 접근을 제공한다(Schumaker, 2003).

- T(think): 사고하라(예: 제목, 주요한 하위 제목 및 세부적내용에 대해).
- O(organize): 조직하라(예: 제목과 세부사항).
- W(write): 초안을 쓰라.
- E(evaluate): 평가하라(예: COPS를 사용하여 실수를 살펴라.).
- R(refine): 문장을 다듬어라.

글쓰기를 하기 전에 학생은 맨 위에 제목을 쓰고 하위 제목이나 절에 따라 조직된 개념을 쓰는 양식을 채워 본다.

초안을 쓴 후에 학생은 편집하고 실수를 점검하기 위해 COPS질문에 답한다. 교사들은 글쓰기 작품이 깨끗한 것을 좋아하며, 무의식적으로 글쓰기 작품의 외형을 보고 판단하기도 한다. Archer와 Gleason(1988)은 글쓰기 작품의 외형이 나아 보이게 하기 위해 HOW 전략을 사용할 것을 제안하였다. 이것은 학생들이 쓴 글이 어떻게 보여야 하는지를 상기시켜 준다.

- H(headings): 제목(이름, 날짜, 제목 & 쪽수)
- O(organize): 조직하기(종이의 오른쪽에서 시작, 왼쪽과 오른쪽 가장자리 두기, 맨 위와 맨 아래에 한 줄의 공백선 두기, 띄어쓰기 잘하기)
- W(written neatly): 깨끗하게 필기하기(선 위에 단어나 숫자 쓰기, 단어나 숫자를 명확하게 쓰기, 깨끗하게 줄을 긋거나 실수 지우기)

MacArthur, Schwartz와 Graham(1991)은 워드프로세싱과 전략교수를 글쓰기의 과정 접근법으로 통합시키는 글쓰기 교육의 모델을 제시하였다. 글쓰기의 전략교수는 주로 학생들이 더 나은 내면화를 할 수 있도록 돕고, 효과적인 계획과 산출 그리고 텍스트의 수정과 관련된 인지적 활동을 조정하도록 돕는 데 사용된다 (Graham et al., 1991).

글쓰기의 양과 질을 높이기 위해서 글쓰기 과정의 중요한 측면인 사고를 더 많이 강조해야 하며, 글쓰기를 연습하고, 기술의 일반화를 위해 다양한 상황과 맥락에서 적용할 수 있도록 해야 한다.

쓰기표현 활동

쓰기기술은 연습을 통해 향상된다. 교육 활동은 개별 학생이 가진 특정한 기술 결함이 무엇이냐에 따라 선택되어야 한다. 이 장은 유창성, 구문, 어휘, 구조 및 내용에서의 기술을 발달시키기 위한 여러 가지 활동을 제시한다. 중등수준에서 시험 보기와 노트 필기와 관련된 쓰기 활동을 증진시키기 위한 부가적인 활동과 전략은 13장에서 제시한다.

유창성과 구문 개발 활동

- 한 문장에서 앞뒤가 뒤섞인 낱말들을 제시하고 학생에게 단어를 배열하여 문장을 완성하게 한다. 예를 들면 다음과 같다.

  그녀의 조용하게 고양이는 음식을 먹었다
  친구들은 어제 제인을 떠났다

  또한 몇 개의 낱말 목록을 주고 학생에게 그 낱말을 모두 포함하는 문장을 쓰도록 한다.

- 학생에게 문장의 일부분을 주고 완성하게 한다. 점차적으로 제시되는 낱말의 수를 줄인다. 예를 들면 다음과 같다.

  어제 아침 강아지는 ___________ 에서 짖었다.
  어제 아침 강아지는 ___________________
  어제 아침 ___________________________.

- 학생에게 두 개의 단문을 복문으로 만드는 연습을 시킨다. 학생에게 복문을 만들 때 사용하는 다양한 낱말 목록(예: 그러나, 왜냐하면, 또는, 그리고, 후에, 전에)을 준다.
- 다양한 명사구와 동사구를 주고 학생에게 서술적인 낱말을 첨가하여 각 문장을 확장시키도록 한다. 예를 들면 다음과 같다.

그 남자 먹었다	파란색 셔츠를 입은 그 남자는 저녁을 천천히 먹었다.
강아지 짖었다	커다란 검정 강아지는 막대기를 가진 남자를 보고 짖었다.

또한 학생에게 관련된 문장들을 한 문장으로 합치게 한다. 예를 들면 다음과 같다.

그 경찰은 젊다. 그 젊은 경찰은 차를 세웠다.	그 경찰은 차를 세웠다.
어제 소년들은 축구시합을 했다. 시합은 두 시간 동안 계속되었다.	어제 소년들은 두 시간 동안 계속된 축구 시합을 했다.

어휘 개발 활동

- 학생에게 다양한 경험(구조화된 현장학습, 이야기나 동시 듣기)을 제공하고 본 것과 들은 것에 대해 추후 토의를 한다. 또한 영화 감상, 초빙 강사의 강연 듣기, 그림사전 만들기, 그리고 책, 잡지, 신문 읽기는 어휘력 증진에 도움이 된다. 학생이 새로운 어휘를 적절하게 사용할 때마다 칭찬해 준다.
- 각 학생의 특별한 흥미(예: 야구, 음악, 요리)에 대해 함께 이야기하고 그와 관련된 단어 목록을 만든다. 새로운 낱말과 그에 대한 정의는 색인 카드에 쓰고 낱말상자에 모아 작문할 때 사용할 수 있게

한다.

- 학급에게 학습할 어휘 목록을 준다. 종이쪽지에 단어 하나씩을 쓰고 그것을 접어 장식된 커피 캔 안에 넣어 둔다. 첫 번째 학생이 종이 한 개를 뽑아서 그 단어가 포함된 문장을 만들어 이야기를 시작한다. 모든 낱말이 사용된 후에 교사는 이야기를 결말로 이끈다.
- 각 학생에게 교실 바깥(예: 표지판, TV, 읽기자료)을 둘러보고 소리를 들어봄으로써 새로운 단어를 찾도록 한다. 매주 한 날을 정하여 학생들이 반 친구들과 새로이 찾은 단어와 정의에 대해서 함께 이야기하도록 한다.
- 다양한 낱말 또는 구가 밑줄 쳐진 절을 제공한다. 학생에게 밑줄 친 부분을 적절한 낱말이나 표현으로 바꾸게 한다.
- 학급을 두 조로 나누어 동의어와 반의어를 찾는 게임을 한다. 한 낱말을 제시하고 각 조의 구성원에게(조를 바꿔 가며) 동의어를 찾도록 한다. 각 조가 정확한 대답을 하면 점수가 주어지고, 조가 더 이상 동의어를 말할 수 없으면 5점을 감점한다. 그다음 똑같은 단어나 새로운 단어를 제시하여 조 구성원들이 반의어를 찾도록 한다.
- 학생에게 읽을 절을 제시하고, 구체적인 질문(예: "두 번째 절에서 짐의 자동차를 나타내는 낱말은 무엇이지?" "마지막 절에서 메리가 화난 것을 나타내는 구를 찾아봐요.")에 대한 낱말이나 구가 위치한 곳이 어디인지를 묻는다.
- 한 사물과 관련된 단어를 포함하는 크로스워드 퍼즐을 완성하게 한다. 학생이 퍼즐을 완성하고 나면 퍼즐에 나온 모든 낱말을 사용하여 한 구절을 써 보도록 한다.

구조 개발 활동

- 구두점의 정확한 사용을 돕기 위해서 검정 도화지로 커다란 구두점을 만들어 학생들에게 핀을 꽂게 한다. 구두점 사용에 대한 규칙을 복습한 후에 칠판에 구두점이 표시되지 않은 이야기를 쓰거나 OHP에 이야기를 제시한다.
- 대문자 사용에 대한 인식을 증가시키기 위하여 구체적인 읽기 절에서의 모든 대문자 목록을 만들게 하고, 대문자인 이유를 제시하게 한다. 대문자 목록은 도시, 사람 이름, 주와 달 등과 같은 다양한 분류에 따라 만들 수 있다.
- 대문자가 없는 절을 제시한다. 학생이 대문자로 되어야 하는 단어를 수정하고, 대문자로 써야 하는 이유를 제시하게 한다. 또한 읽기 선택물은 학생이 쓰도록 받아쓰기 될 수 있으며 필요한 곳에 대문자를 첨가한다.
- 대문자나 구두점이 없는 문장을 제시하고 학생에게 각 문장을 정확하게 고쳐 쓰도록 한다. 또한 교사는 학생이 문장을 정확하게 다시 쓸 수 있도록 일부러 구두점이나 대문자 없는 절을 제시할 수 있다. 학생에게 필요한 구두점이나 대문자의 유형이나 수를 말하게 한다. 활동에 대해 자기 수정을 하도록 답을 제공한다.
- 동사나 단수명사의 목록을 제시하고 학생에게 각 동사의 과거형이나 각 명사의 복수형을 쓰게 한다. 예를 들면 다음과 같다.

do	*did*	child	*children*
ride	*rode*	boy	*boys*
eat	*ate*	deer	*deer*
sing	*sang*	hero	*heroes*
walk	*walked*	story	*stories*

그리고 학생에게 한 문장에서 과거형 동사나 복수명사를 쓰도록 한다. 문장은 동사가 생략된 상태에서 주어지고, 학생은 다지선다형에서 정확한 동사형을 선택한다. 예를 들면 다음과 같다.

I (*ride rode ridden*) the bus to school this morning.

Last Saturday we (*go went gone*) on a picnic.

When he (*fall fell fallen*), he hurt his leg.

- 문법적 기술에 대해서 학생이 완성해야 하는 빈칸이 있는 절을 제시한다. 빈칸은 여러 문법적 요소의 사용을 요구한다(예: 복수, 동사형, 소유대명사, 형용사). 학생이 사용하는 단어의 목록을 연습장의 맨 위에 제시할 수 있다.
- 편집기술을 연습시키기 위해 학생에게 종이를 교환하고 서로의 쓰기에 대해 COPS를 하게 한다. 교사가 쓰기를 검토한 후에 각 학생은 쓰기의 수정본을 갖는다. 교사는 또한 절을 제시하고 학생에게 COPS 질문에 따라 수정하게 한다.

내용 개발 활동

- 학급에 재미있는 이야기의 전반부를 읽어 주고 학생 개개인에게 결말을 쓰게 한다. 학생은 다른 학생이 이야기를 어떻게 끝냈는지를 알기 위해 자신의 글을 공유한다. 또한 영화를 보거나 읽기를 하거나 이야기를 들은 후에, 학생들은 요약 또는 개요를 쓴다.
- 이야기를 쓰기 위한 아이디어를 제공하기 위해서, 큰 판지 위에 세 개의 네모 칸(창)을 그린 후 자른다. 세 개의 원을 만들고 각각을 8개의 조각으로 나눈다. 첫 번째 원 위에 8개의 누구(WHO), 두 번째 원 위에 언제(When) 그리고 세 번째 원 위에 8개의 어디(Where)를 쓴다. 판지 뒤에 원을 붙이고 창을 통해 필기하기가 보이도록 한다([그림 10-7] 참조). 이야기 시작자를 찾기 위해 학생은 세 개의 모든 원을 돌린다. 또한 학생에게 아이디어를 제공하기 위해 판지를 두 개의 창으로 구성할 수 있다. 두 개의 원 중 하나는 서커스 행위의 이름(또는 어떠한 주제)을 쓰고 다른 하나는 그들이 하는 행위에 대한 절을 포함한다([그림 10-8] 참조). 원은 판지 뒤에 붙이고, 학생은 작문을 위한 주제를 찾기 위해 동그라미를 돌린다.
- 교실에 우체국을 두어 편지를 쓰게 한다. 학생과 마분지나 우유상자로 우편함을 만든다. 학생들에게 편지, 초대장, 생일 카드, 시 등을 쓰게 하고 학급 우체국을 이용하여 서로에게 전달한다. 또한 교사는 우편함을 사용하여 과제물을 돌려주고, 피드백을 주거나, 집으로 가져갈 노트를 보낸다.
- 큰 판지 위에 4개의 동그라미를 그리고, 각각을 여섯 조각으로 나눈다. 각 동그라미 위에 인물, 기술어, 배경 또는 행위를 쓴다. 각 동그라미의 중간에 화살을 붙인다. 학생이 네 개의 화살을 돌리고 나면 이야기에 네 가지 명시된 요소를 포함하는 절을 쓰도록 한다([그림 10-9] 참조).
- 문장이 순서대로 되어 있지 않은 절을 제공한다. 학

[그림 10-7] '누구? 언제? 어디?' 이야기판

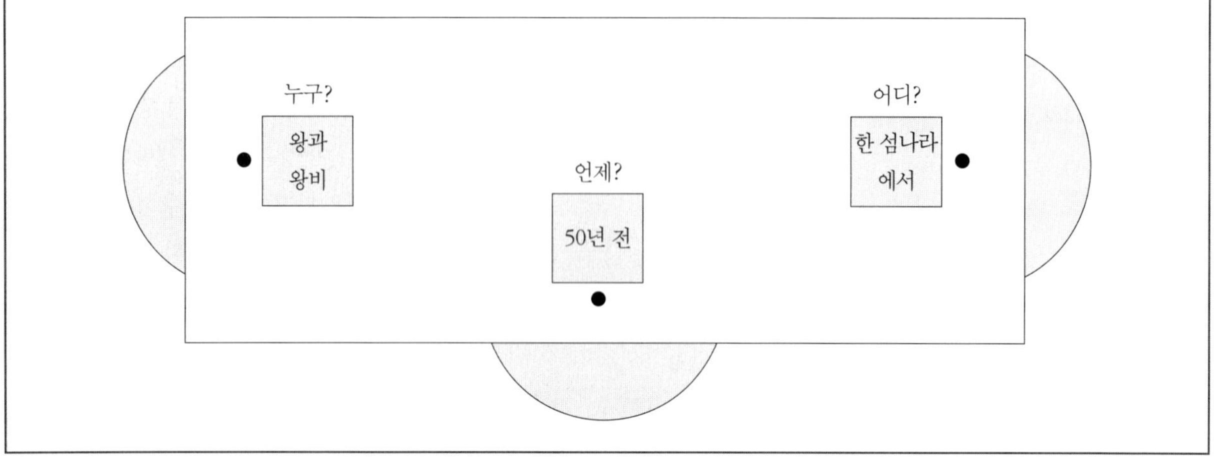

[그림 10-8] 서커스 놀이 이야기 판

[그림 10-9] 단락 쓰기 이야기판

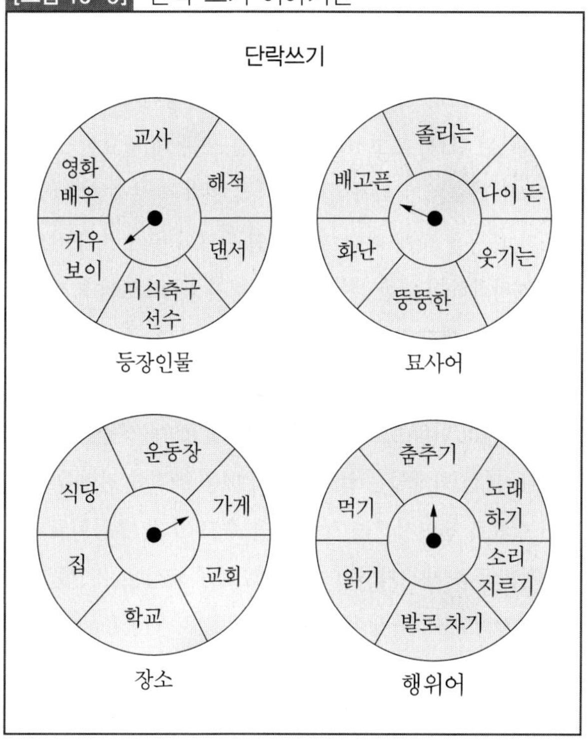

생이 의미 있는 순서로 문장을 배열하며 절을 다시 쓴다. 또한 학생은 주제 문장과 끝맺음 문장을 받고 절을 완성하기 위해 세 개의 세부사항을 쓴다.

- 조직기술을 연습시키기 위해 학생에게 일련의 카드를 준다. 카드는 서로 다르나 관련 개념을 담고 있다. 학생이 논리적 순서로 카드를 배열하여 윤곽을 잡고 그다음 작문을 쓰도록 한다.
- 복사지 위에 설명이 없는 만화나 인물이 말하는 글이 없는 연재만화를 다시 만든다. 학생은 적절한 설명을 쓰거나 대화를 채운다. 또한 연재만화 스토리를 필기하기 전에 적절한 순서로 배열해야 하는 연재만화 구성의 뼈대를 제공받는다. 이러한 것은 학급 모두 공유하여 가장 재미있거나 잘할 것은 책에 포함시킬 수 있다.
- 시에 대해 연습하게 한다. 학생이 적절한 순서로 시구를 배열하고 적절한 단어로 채우도록 한다. 그다음 학생에게 다양한 제목에서 한 가지를 선택하여 시를 구성하도록 한다. 학생이 시작하도록 돕기 위해 첫 번째 시구는 제시해 준다.

상업용 쓰기표현 프로그램

많은 상업용 프로그램과 자료가 쓰기표현 기술을 발달시키거나 향상시키기 위해 사용될 수 있다. 다음의 일부 프로그램과 자료는 쓰기표현에 문제를 가지고 있는 학생들에게 도움이 될 수 있을 것이다.

더 나은 글쓰기를 위한 단서

더 나은 글쓰기를 위한 단서(Clues for Better Writing;

Curriculum Associates 출판)는 유치원에서 초등 5학년에 해당하는 학생들이 읽기를 쓰기와 연결시키고 성공적인 쓰기를 위한 전략을 제공하기 위하여 만들어졌다. 유치원 수준에서 교사 주도적인 수업은 텍스트, 미술작품, 이야기로 구성되어 있어 초기 언어기술을 발달시키는 것을 목적으로 한다. 1학년 수준의 책에서는 창조적인 쓰기 프로젝트나 미술 활동, 어휘연습을 통해 기술을 발달시키거나 강화하고자 한다. 2~5학년 수준의 책에서는 학생이 성공적인 쓰기를 위한 5단계—브레인스토밍, 계획하기, 쓰기, 편집하기, 출판하기—를 학습하도록 도와준다. 읽기 샘플은 쓰기 활동에서 사용될 수 있으며, 각각의 쓰기 단계에 대한 2개의 구조화된 쓰기교수가 개방형 쓰기 활동과 함께 제시된다. 교사용 지침서에는 수업목표와 방향, 심화 활동이 제시되어 있다.

표현적인 글쓰기 1, 표현적인 글쓰기 2

S. Engelmann과 J. Silbert에 의해 개발된 표현적인 글쓰기 1, 표현적인 글쓰기 2(Expressive Writing 1, Expressive Writing 2; SRA 출판)는 3학년 혹은 그 이하의 읽기수준을 보이는 학생들을 대상으로 효과적인 쓰기 프로그램을 제시하고 있다. 이 프로그램은 문장 쓰기, 문단 구성, 편집기술을 통합한 45분짜리 일간 프로그램 50개로 구성되어 있다. 프로그램을 마칠 무렵, 학생은 쓰기, 구두점 찍기, 혼합문, 종속절 문장을 편집하고, 대화체의 직접인용, 항목들을 목록화한 문장을 편집할 수 있게 된다. 5년간의 현장조사를 기반으로 한 이 프로그램은 교사용 준비책, 학생용 학습지, 자기평가 활동으로 구성되어 있다.

생각하기와 글쓰기

생각하기와 글쓰기(Reasoning and Writing; SRA 출판)는 실생활의 쓰기와 생각하기 프로그램으로 학생의 글쓰기 과정을 안내하고 독립적으로 쓰기과제를 진행시킬 수 있도록 하는 글쓰기 템플릿에서부터 시작한다. 유치원부터 8학년까지의 총 6단계로 구성되어 있다. 초보 단계에서는 읽기이해와 쓰기의 기초를 닦고 생각하기 기술을 확장시킨다. 3단계까지 학생들은 초안 잡기, 개정하기, 편집하기를 포함한 글쓰기 과정 전체에 개입하게 된다. 문법과 복문 구조에 대한 지식은 확장되며, 학생은 다양한 단어와 문장 구조를 선택하고 기록을 남기고 구절을 쓰며 의견을 형성하기 위하여 다양한 관점으로부터 증거를 수집하는 방법을 배우게 된다. 편집 체크리스트는 학습자가 오류를 수정하고 정확한 교수를 받을 수 있도록 해 준다.

글쓰기를 위한 준비

M. E. Auman에 의해 개발된 글쓰기를 위한 준비(Set Up to Writng; Sopris West 출판)는 학생에게 명확하고 조직화된 단락, 보고서와 에세이를 쓰는 데 필요한 모든 기술을 가르치기 위하여 다감각적 전략을 사용한다. 글쓰기 과정을 작게 나눈 계열적인 단계와 글쓰기 조직도를 시각화하기 위한 색구분 전략을 사용함으로써 학생들은 자신의 생각을 정리하고, 주제문을 쓰며, 중심 생각을 그것을 지지하는 구체적인 사항과 연결시키며, 결론을 쓰고, 여러 단락으로 구성된 에세이를 쓰는 것을 배우게 된다. 또한 학생들은 글쓰기에서 배운 조직화 전략을 구어 발표로 전이시키는 것을 배울 수도 있다. 초등학급과 중등학급용 세트가 있으며, 자료로는 학생용 유인물과 학습지, OHP, 학생이 교육과정에 걸쳐 기술을 적용할 수 있도록 돕는 참고서, 14개의 양면 포스터가 제공된다. 지침서에는 설명문, 서사문에서의 분석적인 채점 지침, 창의적인 주제를 촉진할 수 있는 글쓰기 촉진자, 핵심 전략을 위한 기술의 영역과 계열이 포함되어 있다. 그리고 교사의 전문성 신장을 위한 연수 프로그램도 제공된다.

쓰기표현 영역의 컴퓨터 소프트웨어 프로그램

워드프로세서로 컴퓨터를 사용하는 것은 글쓰기를 가르치는 데 있어 도움이 된다. 워드프로세싱은 학생이 텍스트를 수정, 편집, 교정, 조작하는 것을 가능하게 한다. 워드프로세싱을 이용한 문서는 출력을 하기 전에 단어를 쉽게 바꿀 수 있기 때문에, 나이 든 학생들이 철자 및 기술적인 오류를 교정하기 위한 동기를 부여해 줄 수도 있을 뿐 아니라 글쓰기의 다른 측면에 있어서 향상을 이끌 수도 있을 것이다. 또한 워드프로세서에서 글쓰기의 가시성은 학생과 교사 간의 상호작용뿐 아니라 학생 간의 협력적인 쓰기 활동, 진행 중인 작업의 공유도 촉진하게 된다. 다시 쓰기 없이 글을 개정할 수 있는 기능, 철자 점검기, 간결하고 깨끗한 문서본을 출력할 수 있는 기능은 특히 철자나 필기 문제가 있는 학생들을 동기화시킬 수 있다. 컴퓨터를 기반으로 한 글쓰기 응용 프로그램의 부가적인 특성으로는 음성 합성, 발음 교정, 시각적으로 글자 강조하기, 철자 점검, 철자지원, 철자 수정, 정확하게 철자를 한 단어 삽입, 단어 사전, 단어 예측, 글의 구조 지원, 문법 교정 및 개인교수 등이 있다(Hunt-Berg, Rankin, & Beukelman, 1994).

Outhred(1989)는 학습문제를 가진 학생들에게 워드프로세서를 사용하도록 하면 철자 오류의 수가 줄어들고 좀 더 긴 이야기를 쓰도록 할 수 있다고 하였다. 그러나 워드프로세서를 사용하는 것의 혜택이 모든 장애학생들에게 돌아갈 것이라는 확실한 연구 결과는 아직 없다. 예를 들어, 학습장애를 가진 5~6학년 학생들을 대상으로 한 한 연구에서 MacArthur와 Graham(1987)은 손으로 쓴 이야기와 워드프로세서로 작성한 글 사이에 여러 변인(예: 길이, 질, 이야기 구조, 기술적 오류)을 고려했을 때 차이가 없음을 발견하였다. Isaacson(1995)은 쓰기기술의 발달에 워드프로세서가 효과적으로 기여하기 전에 교사가 이미 키보딩과 같은 필수적인 하위 기술과 컴퓨터가 가진 기능을 활용할 수 있도록 글쓰기의 자기 점검 전략을 가르쳐야 한다고 주장하였다.

Easy Book Deluxe(Sunburst 제작)는 3~8학년 학생들에게 도서의 형태로 그들의 이야기를 쓰고 디자인하며 그림을 그리고 출판하는 창의적인 환경을 제시한다. 글쓰기를 위한 도구로 철자 점검기, 동의어 사전, 편집 및 형식 지원, 학생이 글로 된 이야기를 소리로 들을 수 있도록 하는 기능이 포함되어 있다. 또한 사용자 친화적인 개인 컴퓨터 이용 글쓰기 프로그램인 Print Shop(Broderbund 제작)와 Student Writing Center(Riverdeep/The Learning Company 제작)는 전문적인 양식으로 책을 출판할 수 있도록 한다. 다양한 소프트웨어 프로그램이 쓰기표현 기술을 가르치는 데 사용될 수 있고, 다음의 프로그램은 쓰기표현 기술에서 문제를 갖는 학생들을 위한 교수를 촉진하는 데 사용될 수 있다.

문법

문법(Grammar; Optimum Resource 제작)은 3~9학년의 학생을 위한 멀티미디어에 기반을 둔 인터랙티브 프로그램이다. 여섯 부분으로 나뉘어 있고, 각 부분은 자기 나름대로의 속도에 맞게 학습 가능하며, 각기 48개의 수업으로 이루어져 있다. 이 수업은 말하기의 부분을 강화하며 문장 구조의 인식을 수립하고자 한다. 예시, 복습, 창의적인 글쓰기 기회를 통해 활동은 주어와 서술어(예: 주어-동사 상응), 단수명사와 복수명사, 대명사와 일반명사, 동사(현재, 과거, 미래형), 직접목적어, 형용사, 부사, 관사, 전치사, 불변화사, 부정사, 동명사 등에 초점을 맞춘다. 이 프로그램은 개방형이어서 교사가 질문, 답, 활동을 첨가할 수 있다. 수업 계획안과 추가 자료가 제공될 수 있으며 영어판과 스페인어판이 있다.

구두점 법칙

구두점 법칙(Punctuation Rules; Optimum Resources 제작)은 3~9학년 학생들의 구두점 기술을 향상시키기 위하여 고안되었다. 이 프로그램은 6단계로 350개의 다지선다형 질문을 통해 일반적인 구두점 법칙 20개를 포함하고 있다. 문장의 범주에서부터 소유격을 만드는 방법, 쉼표, 생략 부호(apostrophes), 의문부호, 콜론, 하이픈, 인용 부호, 느낌표의 올바른 활용을 포괄한다. 교사는 이 프로그램을 학생의 수준과 요구에 맞게 고칠 수도 있다. 모든 법칙과 질문은 연습용 검사, 숙제로 출력 가능하며 학생의 진보도 추적 가능하다. 영어판과 스페인어판이 있다.

쓰기 여행

쓰기 여행(The Writing Trek; Sunburst 제작)은 글쓰기 능력을 수립하고 창의성을 촉진하는 국어 프로젝트와 숙제로 구성되어 있다. 3개의 CD-ROM(4~6학년, 6~8학년, 8~10학년)이 제공되는데, 각각은 실생활의 글쓰기 모델에 기초한 12개의 구조화된 프로젝트로 구성되어 있다. 문장 구조, 구두점, 어휘와 같은 쓰기개념에 대한 교수가 구조화된 프로젝트에 통합되어 있다. 개인화되어 있고 쌍방향적인 학생용 노트북은 학생이 글을 쓰고 작품을 저장하며 Writing Trek이라는 인터넷 사이트에 직접 글을 올리고 작품을 비평할 수 있도록 해 준다.

· 제 · 11 · 장 ·

수학평가

수학은 모든 사람들의 일상생활에 영향을 미친다. 실생활의 측면에서 임금 증가의 영향을 계산하고, 대출 이자율을 비교하며, 단위가격을 계산하는 것과 같은 수학적 지식이 우리의 결정에 영향을 끼친다. 공익적 측면에서는 수학적 개념이 개인이 세금, 빚, 그리고 건강, 범죄, 환경 및 공공기관의 예산이 포함된 통계를 이해하는 것과 같은 공공정책과 관련된다. 직업 측면에서는 수학적 지식이 많은 사람들이 직업적으로 성공을 이루는 데 도움이 되는 도구가 되기도 한다. 여가 측면에서는 수학적 지식이 전략 게임하기, 다양한 카드 게임이나 스포츠 경기의 점수 유지, 게임의 확률 이해하기 등 휴식과 재미를 주는 자원이 될 수 있다. 마지막으로 문화적 측면에서는 수학의 힘이 문제를 해결하고 결과를 예측하는 것이라고 할 수 있다.

연구에 의하면 학습문제를 가진 학생들의 수학적 결함은 유아기에 나타나며 중등학교까지 지속된다. 따라서 수학에서 어려움을 경험하는 문제는 모든 연령에서 보편적으로 나타난다. 유치원과 초등학교 기간 동안 상당수의 아동은 크기별로 사물을 분류하거나 사물을 대응하고 수학적 언어를 이해하거나 논리적인 수 세기의 개념을 이해하는 것을 어려워한다. 이 학생들은 초등학교 시기에 계산기술을 배우고 활용하는 데 어려움을 겪는다. 중 · 고등학생들은 분수, 소수, 백분율과 측정을 어려워하는데, 일반적으로 나이가 어린 학생들이 보이는 것과 유사한 오류(예: 숫자와 기본 개념에서의 오류)를 보인다.

학습문제를 가진 학생들의 수학적 지식은 학교에 출석하는 2년 동안 약 1년 정도의 진전을 보였고, 12학년 학습장애 학생들의 평균 수학점수는 5학년 수준이었다(Cawley & Miller, 1989). 게다가 Cawley, Parmar, Yan과 Miller(1998)는 모든 연령대의 학습장애 학생들이 수학계산 능력의 체계적인 발달을 이루지 못하며(예: 10~12세의 수학 수행률이 향상되었다는 증거가 거의 없다.), 거의 고등학생에 준하는 연령에 이를 때까지 기술의 숙달을 보이지 않는다고 보고하고 있다.

수학에서 학습문제를 가진 학생들은 무엇보다도 질 높은 교육이 필요하다. 그러나 수학교육의 혁신을 고려할 때는 많은 어려움이 뒤따른다. Woodward와 Montague(2002)는 다음의 세 가지 힘이 수학적 개혁을 이룰 수 있다고 강조하였다. 그 힘은 이론적 패러다임의 변화, 실망할 만한 정도의 수학 수행수준 그리고 과학기술 진보의 영향이다. 1989년 국가수학교사협의회(National Council of Teachers of Mathematics: NCTM)에 의해 간행된 『학교 수학 교육과정과 평가기준(*The Curriculum and Evaluation Standards for School Mathematics*)』은 수학교육에서의 개혁적인 노력을 처음으로 시작했으며, 기존의 기준을 토대로 『학교 수학의 원리와 기준(*Principles and Standards for School Mathematics*)』(NCTM, 2000)을 만들었다. 이 두 가지의 기준은 교육 개혁에 관한 내용과 상당히 일치한다. 전문가들은 국가수준의 수학평가에서 미국 청소년들이 기대에 못미치는 수행을 보인 것에 자극을 받아 NCTM 기준을 채택해야 한다고 촉구했다. 구체적으로 NCTM은 현장 교사들과 연구자들에게 수학교수의 기본 요소로 문제해결을 포함시키고 의미 없는 기계적인 연습과 연습만을 위한 활동을 최소화할 것을 요구하였다. NCTM 기준은 학습에 대한 인지적·구조적 접근을 토대로 하여 학생이 수학에 대해 사고하는 능력을 발달시킬 것을 강조하고 있다. Maccin과 Gagnon(2002)에 의하면 기준은 절차적 지식과 공식에 의해 유도된 계산보다는 개념적 이해와 문제해결을 강조한다.

언뜻 살펴보면 NCTM 기준은 매우 호소력 있으며 그 목표 역시 폭넓게 받아들여지고 있다. 그러나 더 자세히 살펴보면 이 기준은 학습문제를 가진 학생들의 교육에 적용하기에는 몇 가지 심각한 제한점을 가지고 있다. 다음의 제한점 때문에 NCTM 기준을 다양한 학생 특성에 적용하거나 교수적 패러다임의 선택에 사용하는 데 있어 주의를 기울여야 한다.

- NCTM 기준을 장애학생들에게 적용할 때는 단지 참조만 한다(Hofmeister, 1993; Hutchinson, 1993b; Rivera, 1993; Woodward & Mmontague, 2002).
- NCTM 기준은 반복 가능하고 타당한 교수 프로그램을 기초로 한 것은 아니다. 특히 경도에서 중도 장애를 가진 학생들을 위한 교수 프로그램을 지지하는 연구가 부족하다(Hofmeister, 1993; Hutchinson, 1993b; Rivera, 1993). 예를 들어, Hutchinson은 "장애학생들이 교육 내용과 경험에 노출됨으로써 수학적인 힘을 가지게 된다는 주장을 지지하는 어떠한 증거도 없다."(p. 20)라고 했다.
- NCTM 기준은 모든 학생들에게 수학을 가르치기 위한 자기 발견적 접근법을 촉진한다. 이러한 입장은 경도에서 중도 장애를 가진 학생들에게 효과적이라고 입증된 교수 과정-결과 연구(Englert, Tarrant, & Mariage, 1992)에서부터 만들어진 다양한 교수 실제의 존재를 무시하는 것이다. 또한 발견학습을 엄격하게 고수하는 것은 교사 지시적인 발견 접근법을 촉진하거나 교사의 지도가 제공되는 발견 접근법을 옹호하는 교육자가 제안한 전도 유망한 성과를 고려하지 못하는 것이다.

수학교육 개혁은 더 높은 수준의 수행을 요하는 기준을 만들어 내어 현재의 기준과 전통적인 교육과정을 배우기 위해 분투하고 있는 많은 교사와 학생을 좌절하게 만든다. 예를 들어, 대수학 1을 성공적으로 마치는 것으로 중등학교 졸업을 위한 요구 조건을 강화시키는 주가 생겼다. 전통적인 수학교수에서 학습문제를 가진 학생들뿐만 아니라 다른 여러 학생들(Carnine, 1991; Cawley, Miller, & School, 1987; Fuchs & Fuchs, 2001)이 실패를 경험하는 상황에서 더 높은 수준의 기준을 시행해야 한다면 우리가 우려하는 상황이 벌어지게 될 것이다. 이같은 상황에서는 수학교육의 향상이 없이는 학생들이 계속해서 좌절, 불안 그리고 실패를 직면하게 될 것이다. 다행히도 지난 10년간 수학교육과 관련된 연구가 극적으로 증가했고, 학습문제를 가진 학생들에게 적절한 수학 교육과정과 효과적인 교수행동은 긍정적인 성과를 이끌어 내었다. 그러므로 학습문제를 가진 학생들이 적절한 교육을 받고 수학교육 개혁이 이 학생들의 고유한 학습과 정서적 요구에 민감하게 반응하기 위해서는 일반교사와 특수교사가 함께 협력해야 한다.

수학기술의 발달

수학은 논리적인 구조를 갖는다. 학생은 처음에 단순한 관계를 만들고 이후 더 복잡한 과제로 발전해 나아간다. 이러한 순서로 수학과제가 진보하면서 기술과 내용의 학습은 한 단계에서 다음 단계로 옮겨 간다. 특정한 중재를 계획하는 데 유용한 수학 개념과 기술에 대한 위계와 항목은 Heddens와 Speer(1997), Stein, Silbert와 Carnine(1997)이 제공한다. 부록 A에는 학년별로 일반적으로 강조되는 것들의 위계뿐 아니라 기술영역별로 수학의 위계를 나타내는 범위와 계열적 기술이 포함되어 있다. 비록 그 위계가 6학년까지만 제시되어 있지만 학습문제를 가진 많은 청소년들에게도 적용될 수 있는데, 보통 이 학생들이 초등학년에서 다루는 기술에 어려움을 가지기 때문이다. 기본적으로 부록 A에서 제시한 단계는 (1) 덧셈과 뺄셈(1, 2학년), (2) 곱셈과 나눗셈(3, 4학년), (3) 분수(4, 5학년), (4) 소수와 비율(5, 6학년)의 순서로 나타난다.

학생이 수학에서 진전을 보이기 위해서는 몇 가지의 인지적 요소가 필요하다. 공식적인 수학교육을 시작하기 위해서 학생은 연합(associations)을 형성하고, 기억하고, 기본적인 관계를 이해하고, 단순한 일반화를 할 수 있어야 한다. 학생이 낮은 수준의 수학기술에서 높은 수준의 수학기술로 진전을 보이게 되면 좀 더 복잡한 인지적 요소가 필요하다. 그리고 낮은 수준의 수학기술은 높은 수준의 수학기술이 학습되기 전에 습득되어야 한다. 그러므로 학습 준비도에 대한 개념은 수학교육에서 중요하다. NCTM(20000)은 학생이 기본적인 수학적 사실과 연산을 이해해야 할 필요성에 대해 강조했다. 초기 수학교육에서 수학적 사실을 습득하고 기본 개념을 이해하는 것을 실패하면 이후에 학습문제를 갖게 된다. 왜냐하면 기본적인 수학적 사실을 회상하는 것은 기본 연산이 포함된 더 복잡한 문제를 푸는 데 도움이 되기 때문이다. 불행하게도 학습문제를 가진 학생들은 보통 기본적인 수학적 사실을 이해하지 못하고 이와 같은 기초기술을 숙달하는 것이 어렵다.

수교육을 위한 준비기술

수를 이해하기 위해 분류, 순서, 배열, 일대일 대응, 보존과 같은 개념은 필수적이다. 그리고 이와 같은 개념을 습득하는 것은 앞으로 좀 더 높은 단계의 수학기술을 학습하기 위해 필요하다.

분류는 유사성과 차별성과 같은 관계에 대한 것으로, 특정 성질에 따라 사물을 범주화하는 활동이다. 예를 들면, 아동은 색깔, 그다음 크기, 형태 등에 따라 단추를 분류할 수 있다. 5~7세의 대부분의 아동은 색깔, 형태, 크기, 질감 그리고 기능과 같은 성질을 토대로 비슷한 것과 다른 것으로 사물을 구분할 수 있다.

순서는 수열화에 중요하다. 대부분의 아동은 6세 또는 7세가 되어야 순서를 이해한다. 그들은 처음에 순서의 위상적 관계를 이해해야 한다. 사물을 셀 때 학생은 그 사물을 배열해서 각기 한 번씩만 세어야 한다. 교사는 사물을 일정한 순서로 보여 주고 학생들에게 같은 순서로 동일한 사물을 배열하도록 한다. 순서와 관계된 활동은 일정한 패턴으로 블록을 연결하기, 특정한 순서로 급식 줄 서기, '패턴' 게임 완성하기(예: ×–○–×–○–×–○–×–와 같은 수열을 보고 그다음에 무엇이 올 것인지를 결정하는 것) 등이 있다.

형태적 순서(topological ordering)는 연속적인 항목 간에 양적 관계를 고려하지 않고 항목을 연결하지만, 배열(seriation)과 순서의 결합은 길이, 크기 혹은 색과 같은 성질의 변화를 토대로 항목을 순서화하는 것이다. 배열과제의 한 예는 가장 짧은 것에서 가장 긴 순서대로, 앞 항목보다 조금 더 긴 항목으로 연결하는 등 다양한 길이로 항목을 연결하는 것이다.

일대일 대응은 얼마나 많은지를 결정하는 셈하기의 기초이며, 계산기술을 습득하는 데 있어 필수적이다. 이는 특성의 유사성에 상관없이 하나의 묶음에서 한 개의 사물은 다른 묶음에서의 한 개의 사물과 같은 수라는 것을 이해하는 것이다. 만약 교사가 유리컵에 작은 단추를 여러 개 넣고 학생은 다른 유리컵에 교사가 넣은 단추와 같은 수만큼의 큰 단추를 넣는다면 큰 단추가 들어 있는 컵 쪽이 더 많이 차 있는 것으로 보일 것이다. 만약 '두 컵에 같은 수의 단추가 들어 있는가?' 란 질문에 학생이 '그렇다' 고 답하면 일대일 대응을 이해했다고 본다. '한쪽 컵에 들어 있는 단추가 더 높게 있기 때문에 그렇지 않다' 고 대답하면 학생은 일대일 대응을 적용하지 못하고 대신 감각적 단서를 토대로 판단한 것이다. 5~7세 아동의 대부분은 일대일 대응 개념을 습득한다. 최초의 활동은 같은 사물 대응시키기에서 시작하고, 후에 다른 사물을 대응시킨다. 한 명의 아동에게 연필 1개씩 주기, 머리에 모자 대응하기와 조약돌 하나에 동전 1개씩 대응하기, 같은 활동을 할 수 있다.

보존개념은 후에 수적 추론을 이해하는 데 필수적이다. 보존은 사물의 양 또는 한 집합을 구성하는 사물의 수가 공간적 배열에 상관없이 일정하게 남아 있는 것을 의미한다. 두 가지 유형의 보존—양과 수—이 있다. 양의 보존은 똑같은 양의 물을 길고 좁은 유리컵과 낮고 넓은 유리컵에 붓거나, 한 조각의 점토를 공이나 긴 두루마리를 만드는 실험을 통해 알 수 있다. 수의 보존은 한 집합의 사물 수가 집단 내에 가까이 붙어 있거나 떨어져 있는 것에 상관없이 일정하게 남아 있는 것을 이해하는 것이다. 교사는 학생들에게 7개의 접시와 숟가락을 고르게 하고 각 접시 위에 숟가락을 하나씩 놓게 한다. 그다음 숟가락을 걷어 함께 모으고 숟가락과 접시의 개수가 여전히 똑같은지를 질문한다. 학생이 그렇다라고 대답하면 수에 대한 보존개념을 이해한 것이다. 대부분의 아동은 5세와 7세 사이에 보존개념을 습득한다.

이상의 개념은 공식적인 수학교육을 시작하는 데 있어 선행조건으로서 반드시 이해되어야 한다. 유치원생과 초등학교 1학년생을 가르치는 교사의 대부분은 학생들이 이런 개념을 이해할 수 있도록 직접 가르친다. 그리고 고학년을 담당하는 교사들은 학생들이 그 개념에 있어 결함을 가지고 있는지를 발견하고 교정교육을 제공해야 한다고 주장하는 학자들도 있다.

고급 수학을 위한 준비기술

일단 공식적인 수학교육이 시작되면, 학생들은 계산과 문제해결의 기술을 습득하기 위한 연산과 기본 원리를 숙달해야 한다. 연산은 더하기, 빼기, 곱하기와 나누기로 잘 알려져 있지만 이에 비해 기본 원리는 덜 친숙한 편이다. 학습문제를 가진 학생들에게 수학 기술을 가르칠 때 특히 중요한 몇 가지의 기본 원리는 덧셈의 교환 법칙, 곱셈의 교환 법칙, 덧셈과 곱셈의 결합 법칙, 덧셈에 대한 곱셈의 배분 법칙 그리고 덧셈과 곱셈의 역연산 법칙이다.

덧셈의 교환 법칙

순서에 상관없이 똑같은 수가 더해지면 그 합은 같다.

$$a + b = b + a$$

$$3 + 4 = 4 + 3$$

곱셈의 교환 법칙

곱하는 수의 순서에 상관없이 그 결과는 같다.

$$a \times b = b \times a$$
$$9 \times 6 = 6 \times 9$$

덧셈과 곱셈의 결합 법칙

배치에 상관없이 합이나 곱은 변하지 않는다.

덧셈

$$(a + b) + c = a + (b + c)$$
$$(4 + 3) + 2 = 4 + (3 + 2)$$

곱셈

$$(a \times b) \times c = a \times (b \times c)$$
$$(5 \times 4) \times 3 = 5 \times (4 \times 3)$$

덧셈에 대한 곱셈의 배분 법칙

이 원리는 두 가지 연산과 관련이 있다.

$$a(b + c) = (a \times b) + (a \times c)$$
$$5(4 + 3) = (5 \times 4) + (5 \times 3)$$

역연산 법칙

다음 식은 역연산을 보여 준다.

덧셈과 뺄셈

$$a + b = c \qquad 5 + 4 = 9$$
$$c - a = b \qquad 9 - 5 = 4$$
$$c - b = a \qquad 9 - 4 = 5$$

곱셈과 나눗셈

$$a \times b = c \qquad 9 \times 3 = 27$$
$$c \div a = b \qquad 27 \div 9 = 3$$
$$c \div b = a \qquad 27 \div 3 = 9$$

평가 시 고려할 점

수학 개념과 기술에 대한 평가는 일반적인 것에서 구체적인 형태로 이루어진다. [그림 11-1]에 제시된 것처럼, 평가는 일반적인 수학기술에 대한 평가에서 시작한다. 이 단계에서는 기술의 범위(예: 연산, 문장제 문제, 측정)를 검사한다. 보통 표준화된 혹은 비공식적인 설문검사(survey test)는 기본적이고 일반적인 수학기술을 평가한다. 이 단계에서 이루어진 평가의 주된 목적은 학생의 전반적인 강점과 약점을 결정하는 것이다. 또한 표준화 점수는 수학장애를 규명하기 위해 사용되고 특수교육 서비스의 적격성을 결정한다. 특정 기술의 평가는 보통 표준화 진단검사 또는 비공식적 검사를 포함한다. 그러나 특정한 수학기술을 평가하는 데 주로 사용되는 도구는 비공식적인 검사다. 이 단계에서 이루어진 평가는 특정 교수목표를 결정하는 것을 목적으로 한다. 문제해결 기술에 대한 평가는 문장제 문제를 푸는 학생의 능력을 검사한다. 이 평가는 실제 생활문제에 수학적 개념과 연산을 적용하는 학생의 능력을 검사하고 문제해결 교수의 목표를 결정한다. 마지막으로 진단을 위한 면담과 비공식적 검사는 수학을 학습하는 것에 대한 학생의 태

[그림 11-1] 수학평가의 과정

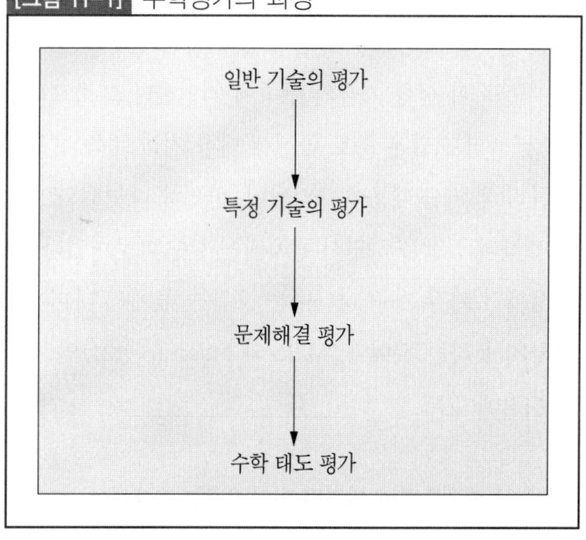

도와 관련된 감정을 평가한다. 이러한 정의적인 요소는 흔히 수학교육을 계획하는 데 있어 중요한 통찰력을 제시해 준다. 그리고 수학평가 과정을 통해 (일반기술에서 태도 평가에 이르기까지) 오류 유형, 이해수준 그리고 완전숙달 정도를 검사한다.

수학오류 검사

학생 개개인이 나타내는 특정한 오류 유형을 개별적으로 고려하는 것과 함께 학년별로 대다수의 학생들이 나타내는 오류 유형에 관한 연구를 살펴보는 것이 좋다.

계산법

계산을 하면서 할 수 있는 실수는 다음의 네 가지 범주로 나누어 볼 수 있다. 그 범주는 임의적인 답, 기본적인 수학 사실의 오류, 잘못된 연산 그리고 불완전한 연산법의 문제다. 많은 학생들이 나타내는 계산상의 실수는 불완전한 연산 때문이다. 연산법은 수학문제를 계산하는 데 이용되는 특정 단계를 의미한다. 연산법의 문제는 정답을 만들어 내지 못했을 때 찾아낼 수 있다. 예를 들면, 숫자(예: 2+4+1+6=13)를 고려하지 않은 채 학생이 24+16으로 계산을 한다면 불완전한 연산법을 사용하는 것이다.

Miller와 Milam(1987)은 213명의 학습장애 학생들을 대상으로 한 곱셈과 나눗셈 오류에 대한 연구에서 오류의 대부분이 선행 기술의 부족에 기인한다고 보고하였다. 곱셈의 오답은 주로 곱셈에 대한 지식 부족과 부정확한 덧셈 기술 때문에 나타났다. 반면에 나눗셈의 오답은 뺄셈과 곱셈을 하면서 행해지는 실수 때문이었다. 나눗셈에서 가장 자주 나타나는 오류는 몫에서 나머지를 구하지 못하는 것이다. Miller와 Milam(p. 121)의 제언은 다음과 같다.

> 이 연구를 통해 발견된 여러 오류는 수행해야 하는 과제 유형에 대한 학생의 준비가 부족함을 나타낸다. 학생들은 더 높은 수준의 연산을 하는 데 필요한 기술을 배우고 연습하지 않았다. 이를 위한 제언은 다음과 같다. 학생들은 한 단계씩 차근히 학습해야 한다. 그렇지 않으면 전혀 학습할 수 없다.

Kelly, Gersten과 Carnine(1990)은 학습장애를 가진 중등학생들이 덧셈 및 분수의 곱셈에서 보이는 오류 유형이 무엇인지를 연구하였다. 기본 프로그램을 배운 학생들이 보이는 오류는 주로 덧셈과 분수 곱셈에 대한 십진법에서의 혼동 때문이었다. 하지만 이 학생들을 위한 효과적인 교육과정을 계획함으로써 오류 유형을 줄이고 더 나은 성과를 가져올 수 있었다. Kelly 등은 오류의 수와 유형 그리고 교육과정 사이에 강력한 상관관계가 존재한다고 결론지었다.

특정 오류가 무엇인지를 결정하는 것은 중요한데, 오류 유형이 교정적 중재(예: 학생이 자릿수에 대한 교수를 받을지 혹은 십진법에 대한 구체적인 교수를 받을지)에 영향을 끼치기 때문이다.

Howell과 Nolet(2000, p. 134)은 오류분석을 위해 다음과 같은 지침을 제시했다.

1. 다양한 실수가 발생할 기회를 제공하는 평가 혹은 결과물을 선택한다.
2. 학생이 모든 것을 시도해 볼 수 있도록 하고 자신이 시도한 모든 것을 보여 주도록 격려한다.
3. 가능한 한 의미 있는 오류를 나타내는 예시를 많이 얻으려 노력한다(학생이 일부만을 정확히 푼 것이나 최선의 노력을 보인 결과물을 검토한다.).
4. 오류의 유형이나 학생 사고의 일관성을 기록하여 학생의 계산 과정과 관련된 통찰력 있는 정보를 얻는다.
5. 오류를 범주화하거나 내용, 행동 혹은 사고 과정(사실, 개념, 규칙, 전략)을 수정한다.
6. 나타나지 않은 기술을 적고 범주화한다.

7. '어떻게 이 답이 나오게 되었는가?' 를 자신(학생)에게 묻는다.
8. 오류 유형을 발견한 후에는 학생이 만들어 낼 수 있는 오류의 종류를 예측하고, 추후 다른 오류 유형이 발생할지를 보기 위하여 구체적인 평가를 한다.

Rivera와 Bryant(1992)는 학생이 답을 쓸 때 사용하는 전략이 무엇인지를 알기 위하여 과정평가(process assessment)를 수행하는 것이 중요하다고 하였다. 그들은 구체적으로 수동적인 과정평가와 적극적인 과정평가 모두를 사용할 것을 제안하였다. 수동적인 과정평가는 오류 유형과 절차적 전략이 무엇인지를 파악하기 위하여 학생이 작성한 과제물을 검사한다. 적극적인 과정평가는 방정식을 풀거나 문장제 문제를 풀 때 학생에게 '소리 내어 생각 말하기' 를 하게 하며 유연하게 학생을 인터뷰하게 된다.

Ginsburg(1987)는 학생이 나타내는 오류 유형은 기본적인 수개념 오류, 누락, 기계적 실수의 세 가지 범주로 나누어 볼 수 있다고 하였다. 수개념 오류는 학생이 기본적인 수학적 사실을 습득하지 않았을 때 발생한다. 누락은 기본적인 계산을 실행할 때 생기는 결함(예: 받아올린 수를 더하는 것을 잊어버림)을 말한다. 그리고 기계적 실수는 문제를 해결하는 동안 반복적으로 만들어지는 체계적인 절차상의 오류(예: 수의 배치에 상관없이 항상 큰 수에서 작은 수 빼기)다. 효과적인 교정 프로그램을 개발하기 위해서는 이와 같은 오류 유형이 나타나는지를 규명해야 한다. 다음과 같은 보편적인 사칙연산에서의 오류 유형을 살펴보면 학습문제를 가진 학생들이 겪는 계산과 관련된 어려움이 무엇인지를 알 수 있다.

- 일의 자리 수와 십의 자리 수를 합할 때 자릿수를 고려하지 않고 각각 쓴다.

$$\begin{array}{r} 83 \\ +\ 67 \\ \hline 1410 \end{array} \qquad \begin{array}{r} 66 \\ +\ 29 \\ \hline 815 \end{array}$$

- 모든 자연수를 함께 더한다(불완전한 십진법과 자릿수를 고려하지 않음).

$$\begin{array}{r} 67 \\ +\ 31 \\ \hline 17 \end{array} \qquad \begin{array}{r} 58 \\ +\ 12 \\ \hline 16 \end{array}$$

- 숫자를 왼쪽에서 오른쪽으로 더한다. 합계가 10보다 크면 올림을 오른쪽 다음 세로 행에서 한다. 이러한 유형은 전혀 자릿수를 고려하지 않은 것이다.

$$\begin{array}{r} {\scriptstyle 2\ 1} \\ 476 \\ +\ 851 \\ \hline 148 \end{array} \qquad \begin{array}{r} {\scriptstyle 3\ 7} \\ 753 \\ +\ 693 \\ \hline 1113 \end{array}$$

- 수의 배치에 관계없이 큰 수에서 작은 수를 뺀다. 윗자리 수(피감수)를 아랫자리 수(감수)에서 뺀다.

$$\begin{array}{r} 627 \\ -\ 486 \\ \hline 261 \end{array} \qquad \begin{array}{r} 861 \\ -\ 489 \\ \hline 428 \end{array}$$

- 필요 없는 받아내림을 한다.

$$\begin{array}{r} {\scriptstyle 6\ 1} \\ 175 \\ -\ 54 \\ \hline 1111 \end{array} \qquad \begin{array}{r} {\scriptstyle 7\ 1} \\ 185 \\ -\ 22 \\ \hline 1513 \end{array}$$

- 받아내림이 필요할 때 십의 자리에서 잘못된 빼기를 한다.

$$\begin{array}{r} {\scriptstyle 5\ 1\ 1} \\ 632 \\ -\ 147 \\ \hline 495 \end{array} \qquad \begin{array}{r} {\scriptstyle 4\ 1\ 1} \\ 523 \\ -\ 366 \\ \hline 167 \end{array} \qquad \begin{array}{r} {\scriptstyle 4\ 1\ 1} \\ 563 \\ -\ 382 \\ \hline 181 \end{array}$$

- 십의 자리에 받아올린 수가 십의 자리 피승수와 더해져 계산된다.

$$\begin{array}{r} {\scriptstyle 2} \\ 17 \\ \times\ 4 \\ \hline 128 \end{array} \qquad \begin{array}{r} {\scriptstyle 4} \\ 46 \\ \times\ 8 \\ \hline 648 \end{array}$$

- 몫에서 0이 생략된다.

```
   21
6)1206
  1200
     6
     6
```

계산 오류의 상당수는 자릿수에 대한 부정확한 이해에서 비롯된다. 흔히 나타나는 오류는 자릿수를 이해하는 데 필요한 절차인 받아올림과 관계가 깊다. 그러나 모든 연령대의 학생들이 같은 숫자라 하더라도 수의 위치에 따라 다른 크기의 값이 표현된다는 것을 이해하지 못하기 때문에 계속해서 실수를 하게 된다. 앞서 제시했던 여러 오류 유형은 자릿수에 대한 잘못된 이해에 의한 것이다.

Ashlock(2002)은 계산의 오류 유형 목록을 제시하였다. 학생의 수행을 분석하는 것에 덧붙여, 오류 유형을 결정하는 최선의 방법 중 하나는 학생에게 답이 어떻게 계산되었는지를 보여 달라고 하는 것이다. 학생의 답은 오류 유형과 그 원인에 대한 즉각적인 통찰력을 제공할 수 있다. Ashlock은 영국의 너필드 수학교수 프로젝트(Nuffield Mathematics Teaching Project)를 조직한 Geoffrey 박사와 함께 초등 1학년 동안은 정확하게 계산했으나 그다음 해는 수학문제의 절반 이상을 틀린 학생에 대한 이야기를 함께 나누었다. Matthews 박사는 학생과 이야기를 나누면서 학생이 피아노가 있는 쪽에서 계산을 시작하는 규칙을 사용했다는 것을 알아내었다. 학생은 이듬해 피아노의 위치가 바뀌자 혼돈을 느꼈다고 한다.

문제해결

최근 들어 학습문제를 가진 학생들의 문제해결 기술은 상당한 주목을 받아 왔는데 주로 문장제 문제로 문제해결 기술을 평가한다. 많은 학습장애 학생들은 문장제 문제를 푸는 데 어려움을 겪고 특히 범주화 문제의 경우 어려움은 더욱 크다(Russell & Ginsburg, 1984; Scheid, 1990). 문장제 문제의 난이도를 변화시키는 한 가지 방법은 질문을 바꾸는 것이다. 예를 들어, 다음의 문장제 문제는 난이도를 점진적으로 증가시킨 것이다.

1. 톰은 스티커 5개를 가지고 있었고 팸은 그에게 스티커 3개를 주었다. 톰은 이제 모두 몇 개의 스티커를 가지고 있는가?
2. 톰은 스티커 5개를 가지고 있다. 스티커가 7개가 되려면 몇 개가 더 필요한가?
3. 톰은 약간의 스티커를 가지고 있다. 팸이 그에게 스티커 3개를 주었더니 이제 7개의 스티커가 되었다. 톰은 처음에 몇 개의 스티커를 가지고 있었는가?

Cawley 등(1987)은 수학장애 학생들이 문제와 직접적인 관련이 없는 정보가 포함된 문제에서 어려움을 겪는다고 하였다. Montague와 Bos(1990)는 수학장애 학생들은 연산(곱셈 또는 뺄셈)을 예측하고, 다단계로 이루어진 문제의 정확한 연산을 선택하며, 문제를 정확하게 계산해 내는 데 어려움을 가지고 있다고 하였다. 또한 학습문제를 가진 많은 학생들은 문장제 문제를 수학적 표상(수식)으로 전환하는 데 어려움을 겪는다(Hutchinson, 1993b). 다행히도 일부 연구자들(Cawley et al, 1987; Hutchinson, 1993a; Montague, 1993)은 이 학생들이 성공적으로 문제를 풀 수 있도록 도움을 주는 전략이 있다고 주장하였다. 또한 다른 연구자들(Calhoon, Fuchs, & Hamlett, 2000; Fuchs, Fuchs, Eaton, Hamlett, & Karns, 2000)도 학습장애 학생들의 읽기 결함이 그들의 문제해결 수행평가의 점수를 낮추기 때문에 학생에게 문제를 읽어 주거나 컴퓨터를 활용하는 검사를 실시하는 것과 같이 평가방법을 조정하게 되면 좀 더 긍정적인 성과를 가져올 수 있다고 보고하였다.

이해수준의 결정

흔히 학생들은 계산과 관련된 개념이나 연산을 이해하지 않고 수의 성질이나 연산 자체를 암기한다. 그러나 이와 같은 과정은 정보를 이해하지 못하고 기계적으로 암기하는 것으로, 읽기에서 단어를 이해하지 못하면서 말을 하는 것과 유사하다. 학습된 정보를 이해하는 것은 계산 및 문장제 문제를 풀기 위하여 수학개념, 연산, 원리를 기억하고 조작하는 것을 향상시켜 준다. 따라서 수학의 이해수준에 대해 알고 있는 것은 수학의 평가와 교수에 있어 매우 중요하다. 다음은 수학적인 학습 경험을 이루는 기초적인 학습의 단계, 즉 구체물 단계, 반구체물 단계, 추상 단계다.

구체물 단계

구체물 단계(concrete level)는 사물의 조작과 관련이 있다. 이 단계는 학생이 조작물과 계산과정을 연결시키도록 돕는다. 이 단계에서 학습자는 조작하는 사물과 조작을 나타내는 상징적 과정(예: 6×3) 모두에 집중한다. 예를 들면, 교사는 조작을 평가하거나 가르치기 위해 문제 5×3을 제시하고 학생이 사물을 사용하여 이 문제를 나타낼 수 있도록 지도한다. 학생은 첫 번째 수 5를 보고 종이접시 5개를 준비하고, 그다음 두 번째 수 3을 보고 각 접시에 3개의 사물을 놓는다. 학생은 접시 위의 사물의 개수를 세거나 모두 더하며 "3개씩 5묶음은 15와 같다."고 말한다. 이러한 과정은 학생이 5×3이 '3개씩 5묶음은 15와 같다.'는 것을 의미함을 구체물 단계에서 이해하고 있다는 것을 보여주는 것이다. 어떤 학생들은 단순한 계산문제를 풀 때 손가락을 세면서 구체물 수준의 활동을 한다. 구체물의 경험은 수학 위계의 모든 수준의 기술을 가르치고 평가할 때 중요하다.

반구체물 단계

반구체물 단계(semiconcrete level)는 수학과제를 수행하는 데 있어 문항의 예증을 그림으로 표시하는 것과 관련이 있다. 여기에 사용되는 반구체물은 점, 선, 사물의 그림이나 구체적인 의미가 없는 표식일 수 있다. 연구자들은 이 단계를 반구체물과 반추상물로 나누기도 한다. 반구체물은 실제 사물의 그림을 사용하고, 반추상물은 그림과 막대 그림 모두를 말한다. 학습자가 항목의 개수와 같은 수를 찾도록 하는 과제는 반구체물 단계의 예시가 된다. 이 단계에서 학생의 이해를 평가하는 방법은 교사가 문제(예: 5×3)를 주고서 학생이 그림(예: 선과 단위 표시)을 사용하면서 문제를 풀게 하는 것이다.

학생은 첫 번째 수 5를 보고 수직선에서 5를 표시한다. 그다음은 두 번째 수 3을 보고 수직선상에서 점선 표시를 하며 5씩 3번의 건너뛰기를 한다. 학생은 수직선상의 단위 수를 세거나 더하고, "5씩 3번 가면 15다."라고 말한다. 이는 학생이 5×3은 '수직선상에서 5씩 3번 가면 15다.'라는 것을 반구체물 단계에서 이해한다

조작물을 사용하는 것은 학생이 수학 계산을 이해하는 데 도움을 준다.

는 것을 보여 준다. 수학에서 학습문제를 가진 학생의 상당수는 개념 또는 수학적 사실을 완전히 이해하기 위해 이 단계에서 연습이 필요하다. 흔히 학생들은 자신의 발전을 그래프로 표시할 수 있다. 예를 들면, 문제 5+4= ___ 그리고 3×2= ___는 다음의 방법으로 풀 수 있다.

```
  5 /////       3 //
+ 4 ////      × 2 //
-----         -----
  9             6 //
```

반구체물 단계에서는 시각적 모델과 수식 사이의 연합을 발달시키는 것을 강조한다.

추상 단계

추상 단계(abstract level)는 수의 사용과 관계된다. 예를 들어, 수학문제를 풀 때 수만을 사용하는 것이다. 수학에 어려움을 겪는 학생들은 수를 의미 있게 사용하기 전에 구체물 단계와 반구체물 단계의 경험이 필요하다. 전통적으로 평가는 추상 단계를 강조해 왔지만, 학생들을 평가할 때 는 그 내용이 추상 단계에만 한정되어서는 안 된다. 평가는 학습자가 의미 있는 방식으로 수학 계산을 할 수 있는가를 결정하는 데 그 목적을 두고, 이를 위해 각 단계에 해당하는 과제가 필요하다. 이 장의 후반부에서는 학생의 이해수준을 평가하는 데 사용할 수 있는 예시 활동이 제시된다.

완전학습의 결정

많은 교육자들은 학습기술의 완전학습(숙달, mastery) 정도를 결정하기 위해 백분율(%) 점수를 사용한다. 많은 경우 이 점수는 학생의 완전학습을 나타내 주는 타당한 측정값이 된다. 하지만 어떤 학생들에게는 백분율 점수만으로 완전학습을 평가하는 것이 충분하지 않다. 학습장애 학생들은 느린 속도로 정답을 산출하고 수학개념이나 연산을 이해하지 못하며 답을 계산하는 데 일종의 지루한 방법(손가락으로 계산하거나 큰 수에 막대 표시하기 등)을 사용한다. 계산 속도가 느린 것은 많은 수학장애 학생들이 나타내는 주요한 문제 중 하나다.

3장에서 언급했듯이, 완전학습 여부는 속도로 측정할 수 있다. 정답을 산출해 내는 속도가 빠르면 기억과 수준 높은 수학적 수행을 촉진할 수 있을 뿐만 아니라 시간 내에 시험을 마치고 숙제를 빨리 끝내면서 점수를 일정 수준으로 유지할 수 있다. 수학 속도의 평가는 정해진 시간 내(보통 1분)에 치르는 시험(예: 수학 시험지)을 활용하여 분당 정답 수와 오답 수를 계산해서 점수를 낸다. 시험의 견본은 이 장의 뒷부분에 제시되어 있다.

수학기술의 평가

공식적인 수학평가

표준화된 수학검사는 규준참조검사다. 이를 통해 학생의 수행을 규준이 되는 집단의 수행과 비교하여 여러 종류의 정보(예: 수학 학년수준, 수학 연령점수, 백분위, 스태나인 점수)를 얻을 수 있다. 표준화된 검사는 보통 2개의 범주—성취도(또는 설문형) 검사, 진단검사—로 분류한다. 그 밖에 상업용 수학검사는 준거참조검사로 학생이 특정 교육목표를 습득했는지의 여부를 파악하기 위하여 수행을 비교하기보다는 기술한다. 이 절에서는 성취도 및 진단 검사뿐만 아니라 준거참조검사를 찾아볼 수 있다.

성취도 및 진단 검사

대부분의 성취도 검사는 읽기, 쓰기, 수학과 같은 특정 학업영역을 다룬다. 이와 같은 학업영역은 하위 기술로 나누어지는데, 예를 들어 수학은 수리, 계산, 문장제 검사로 나눌 수 있다. 성취도 또는 설문 검사는 광범위한 수학기술을 다루며 학생들의 일반적인 성취수준을 예측하는 것을 그 목적으로 한다. 이 평가에서는 개인의 점수를 산출해서 표준화된 규준과 비교할 수 있으며 표준화된 점수나 학년 또는 연령 등가점수로 변환이 가능하다. 이러한 검사는 추가적인 평가가 필요한 학생을 규명하는 데 도움이 된다. 수학 하위검사가 있는 성취도 검사는 다음과 같다.

- 진단성취검사 제3판: 수학적 논리와 수학적 계산 평가
- 카우프먼 교육성취검사(Kaufman & Kaufman, 2004): 개념, 응용, 수리, 계산에 대한 평가
- 메트로폴리탄성취검사 제8판(2000): 수학적 계산과 개념, 문제해결에 대한 평가
- 피바디 개인성취검사 개정판(Markwardt, 1998): 수를 대응하고 인식하는 단계에서부터 기하학과 삼각법 문제풀이 기술을 평가
- 테라노바 제2판(California Achievement Tests Plus, 2000): 기초적 연산, 자연수, 분수와 십진법, 백분율, 연산의 순서, 대수학적 표현을 포함한 수학적 연산 평가
- 우드콕-존슨 성취검사(Woodcock, McGrew, & Mather, 2001): 계산, 수학 숙달, 응용문제에 대한 평가

성취도 검사와는 대조적으로, 보통 진단검사는 보다 구체적인 수학내용을 포함하며 수학기술 영역에서 학생의 수행수준을 평가하기 위해 사용되는데, 그 목적은 학생의 강점과 약점을 결정하는 것이다. 한 가지의 진단검사만으로 수학과 관련된 모든 문제를 평가할 수 없다.

〈표 11-1〉 표준화된 수학 진단검사

검사	학년수준	평가영역
포괄적 수학능력 검사(Hresko, Schlieve, Herron, Swain, & Sherbebou, 2002)	2~12학년	계산, 수리, 응용
이 검사는 덧셈, 뺄셈, 곱셈, 나눗셈, 문제해결, 그리고 차트, 표, 그래프의 6개 하위검사를 포함하고 있다. 또한 6개 보충적 하위검사는 대수학, 기하학, 유리수, 시간, 화폐 그리고 측정 영역에서 더 높은 수준의 수학능력과 관련된 정보를 제공하고 있다. 모든 항목은 현재의 정보와 시나리오로 이루어진 실제 상황에서의 문제로 표현된다. 핵심 하위검사는 40분간 시행되고, 컴퓨터로 점수화와 기록이 가능하다.		
핵심수학 개정판: 필수 수학 진단검사(Connolly, 1998)	유치원~12학년	기초 개념, 연산, 응용
핵심수학 개정판은 수학의 전반적인 내용 범위와 계열을 토대로 하고 있으며 3개 영역 13개의 하위검사로 구성되어 있다. 3개 영역은 기초개념(예: 계산, 유리수, 기하학), 연산(예: 덧셈, 뺄셈, 곱셈, 나눗셈, 암산), 그리고 응용(측정, 시간과 화폐, 추정, 자료 해석, 문제해결)이다. 검사시간은 약 35~50분이고, 봄과 가을 학기의 규준을 제공한다. 세 가지 영역과 전체 검사에서 산출된 점수는 표준 점수, 학년 및 연령 등치, 백분위를 제공한다. 핵심수학 개정판 소프트웨어가 있어 산출점수를 빨리 구할 수 있을 뿐만 아니라 보충학습을 위한 제언도 가능하다.		
스탠퍼드 수학 진단검사 제4판(Beatty, Madden, Gardner, & Karlsen, 1995)	1~13학년	개념, 응용, 계산
이 집단검사는 색깔로 구별되는 6개 수준으로 나뉘어 있다. 상위 세 수준은 두 가지 양식, 즉 다항식 선택형과 문제를 푸는 과정과 결과를 보여 주는 주관식 형태다. 또한 백분위 점수와 학년 등치의 점수 산출뿐만 아니라 검사 결과를 통해 특정 수학기술에서의 강점과 약점을 규명할 수 있다.		
조기 수학능력 검사 제3판(Ginsburg & Baroody, 2003)	유치원~3학년	개념, 수 세기, 계산
초기 수학능력에 대한 이 검사는 40분 정도 소요되며 공식적인 개념과 기술(학교에서 가르치는)뿐 아니라 비공식적인 것도 측정한다. 72개 항목은 수 세기, 수의 크기 비교, 수 읽기, 수의 성질 알기, 계산 그리고 개념 이해에 중점을 둔다. 결과는 표준점수, 백분위, 연령 및 학년 등치로 기록한다.		
수학능력검사 제2판(Brown, Cronin, & McEntire, 1994)	3~12학년	문장제 문제, 계산
2개 주요 영역(문장제 문제와 계산)에서 학생의 기술에 대한 정보와 함께 수학에 대한 태도, 수학적 어휘에 대한 이해에 관한 정보를 제공한다. 검사시간은 60~90분 정도 소요된다.		

따라서 검사자는 평가의 목적을 결정해서 그 목적에 가장 적절한 검사를 선택해야 한다. 〈표 11-1〉은 표준화된 여러 가지 수학 진단검사를 보여 주고 있다.

준거참조검사

표준화된 검사는 한 개인의 점수를 규준과 비교하는 것으로, 보통 학생이 수학에서의 보이는 문제점을 진단하는 데 도움을 주지 않는다. 그러나 준거참조검사는 특정 기술에 대한 준거를 통해서 학생의 수행을 설명해 주므로 특정 문제를 평가하는 데 더 적합하다. 준거참조검사는 일반적으로 몇 가지 학업영역과 관련되어 있으며 각 영역은 하위 기술 범주로 나누어져 있다. 설문검사는 일반적인 문제를 다루는 반면, 진단검사는 더 자세하며 특정 문제에 초점을 맞춘다. 따라서 준거참조 진단검사는 학생이 가진 수학의 문제점을 상세하게 명시하는 데 가장 적합하다.

비공식적인 수학평가

비공식적인 수학평가는 학생이 매일 공부한 표본을 살펴보거나 교사가 제작한 검사를 사용하는 것을 말한다. 비공식인 검사는 학생의 진전도를 자주 점검하고 학생 개개인에 대한 교수 결정을 하는 데 있어 필수적이다. 이 검사에서는 수학 교육과정과 직접적으로 관련 있는 많은 문항을 사용함으로써 교사가 특정 기술을 견본으로 뽑을 수 있다. 표준화된 수학검사의 내용과 수학 교육과정에 해당되는 내용이 많이 겹치지 않기 때문에 (Tindal & Marston, 1990), 교육과정에 기초하여 개별 학생의 성취를 평가하는 평가 실제는 필수적이라고 생각된다. 또한 비공식적인 방법으로 교사는 구체물, 반구체물 및 추상 단계에서 학생이 갖는 수학적 개념에 대한 이해도를 결정할 수 있다. 교사는 적절한 질문을 하고 학생들의 반응을 듣는 방식으로 학생 개인이 특정 문제를 풀 수 있는지의 여부뿐 아니라 어떻게 문제를 푸는지도 평가할 수 있다. 따라서 비공식적인 검사는 개별 학생의 교육적 요구를 결정하는 데 있어 가장 효과적인 방법이다.

교육과정 중심 측정

학생의 성취도를 측정하기 위하여 교육과정과 관련된 진전도를 평가하면서 교사는 평가할 것이 무엇인지, 가르쳤던 것이 무엇인지를 확실히 해야 한다. 교육과정 중심 측정(curriculum-based measurement: CBM)은 수학 교육과정 내의 학생 성취를 평가하는 신뢰성 있고 타당한 평가를 구성하기 위한 표준화된 비공식적인 평가방법이다.

교육과정 중심 측정은 적정 기술로 구성된 설문검사로 전체 학급을 평가함으로써 시작된다. 설문검사의 결

〈표 11-2〉 수학 준거참조검사

검사	학년수준	평가영역
브리건스 기초기술 진단평가 개정판(Brigance, 1999)		시간, 화폐, 측정, 기하학 계량
이 검사는 교육목표를 제공하고 개별 학생의 진전을 모니터하기 위한 기록유지 시스템을 포함한다. 또한 수학계산 기술과 수학 문제해결에 대한 학년 배치검사를 포함한다. 표준화된 또는 규준화된 점수를 선택할 수 있다.		
캘리포니아 수학 진단검사(1992)	1~12	수개념, 계산, 적용
이 검사는 각 학생의 능력 범위를 검사하는 6단계를 포함하고 있다. 준거참조와 규준참조 점수를 모두 산출할 수 있어 학생 진전을 평가하는 데 사용할 수 있다. 모든 단계에서 수 개념, 계산, 적용을 강조하는 항목들이 있으며, 8~12학년 학생들에 대한 단계에서 생활기술 문제에 대한 항목들도 있다. 교사 지침서는 검사 결과를 해석하고 학급경영에 적용하는 법을 설명하며, 장애 위험이 높은 학생들을 돕기 위한 교수기법들을 제공한다. 점수화와 기록은 컴퓨터를 활용하는 것과 손으로 하는 것 모두 가능하다.		

과를 토대로 교수적 결정을 내리기 위한 박스 좌표(3장 참조)를 만든다. 설문검사를 개발하고 실시하는 데 필요한 5단계는 다음과 같다.

1. **학교 교육과정에 포함된 연속적인 기술의 계열을 규명한다.** 교육과정의 단원평가나 복습용 평가는 계열화된 기술과 그에 상응하는 검사 문항을 선택할 수 있는 자료가 된다. 부록 A는 수많은 수학 기초 프로그램을 검토한 결과에 근거하여 개발된 수학기술의 범위 및 계열 목록을 제공한다. 이를 통해 기초적인 범위 및 계열 기술 목록 간에 높은 일치도(90~95%)를 보이고 있음을 알 수 있다.
2. **평가할 수학기술의 범위를 선정한다.** 4학년 초에는 3학년에서 배웠던 계산기술에 대한 설문검사를 시행하는 것이 적절하다. 설문검사를 통해 학생이 가진 수학 관련 문제점을 발견하고 목표 설정에 도움이 되는 표준적인 정보를 얻을 수 있다. 일단 학년별 범위와 계열을 명시해 놓으면 교사가 여러 가지 수학기술 범위를 측정하는 설문검사를 개발하는 데 선택의 범위가 넓어진다. 교사의 선택권은 교사가 수업집단(예: 상위, 평균, 하위 집단)을 정하거나 새로운 학생에 대한 수업 계획을 세우는 데 도움을 준다.
3. **선정된 범위 내의 개별 기술에 대한 문항을 구성 또는 선택한다.** 설문검사는 계산과 문제해결 기술을 평가하는 데 사용한다. 적절한 표본을 선택하기 위해서 특정 기술당 최소 3개의 문제를 포함시키는 것이 좋다. 〈표 11-3〉에서는 3학년 교육과정에서 다루는 대표적인 계산기술에 대한 설문검사를 제시하였다. 이 검사는 4학년 초기에 학생들이 3학년 수학기술과 관련하여 어떠한 추가적인 교수가 필요한지 또는 4학년 계산기술에 대한 준비가 되어 있는지를 결정하기 위하여 사용할 수 있다.
4. **설문검사를 실시하고 점수를 매긴다.** 교사는 학생들에게 2분 동안 연속적인 문제를 풀도록 한다. 채점할 때 교사는 총 정답 수를 센다. [그림 11-2]에는 상세한 CBM 시행 지침과 채점방법이 제시되어 있다.
5. **도표에 결과를 표시 · 해석하고 교수 계획을 수립한다.** 결과의 정확성을 높이기 위해 같은 기술에 대한 대안적 형식의 설문검사를 개발하여 원검사와 함께 대안적 검사를 시행하는 것이 좋다. 결과 해석은 학생들을 수업을 위한 집단에 배치하고 개별 프로그램을 계획하는 데 도움이 되어야 한다.

교사는 수학기술에 대한 학생 수행을 분석함으로써 개별 학생의 진전도를 점검하기 위한 확인평가를 개발할 수 있다. 특정 기술의 모니터링은 보통 숙달수준에 도달할 때까지 한 가지 기술에 한해서 실시한다. 부록 A에 나와 있는 범위와 계열 기술 목록은 연산(예: 덧셈, 뺄셈 등)기술의 계열을 다루어 순차적인 특성을 가진 기술을 점검하는 데 유용하다. 수학기술의 숙달 여부를 결정하는 비율은 문헌마다 다르지만 일반적으로 3학년 이상의 학생들은 계산문제에서 분당 40~60개의 자릿수를 정확하게 쓰는 것을 적합한 기준으로 본다. Starlin과 Starlin(1973a)은 수학의 구체적인 목표와 학년수준에 따른 숙달 비율을 다음과 같이 제안하였다.

- 0~9의 덧셈과 1~5의 뺄셈(2학년과 3학년): 2개 이하의 오류를 보이며 분당 20~30개의 숫자를 정확히 쓴다.
- 덧셈과 뺄셈(3학년과 4학년): 2개 이하의 오류를 보이며 분당 40~60개의 숫자를 정확하게 쓴다.
- 받아올림이 있는 두 자릿수 덧셈(4학년과 5학년): 2개 이하의 오류를 보이며 분당 40~60개의 숫자를 정확하게 쓴다.
- 받아내림이 있는 두 자릿수 뺄셈(4~6학년): 2개 이하의 오류를 보이며 분당 40~60개의 숫자를 정확하게 쓴다.

〈표 11-3〉 3학년 계산기술 설문검사

1.	$\begin{array}{r} 476 \\ +\ 200 \\ \hline \end{array}$	2.	$\begin{array}{r} 807 \\ +\ 407 \\ \hline \end{array}$	3.	$\begin{array}{r} 9000 \\ +\ 3010 \\ \hline \end{array}$
4.	$\begin{array}{r} 3168 \\ +\ 5426 \\ \hline \end{array}$	5.	$\begin{array}{r} 4727 \\ +\ 2761 \\ \hline \end{array}$	6.	$\begin{array}{r} 7964 \\ +\ \ 385 \\ \hline \end{array}$
7.	$\begin{array}{r} 604 \\ -\ 237 \\ \hline \end{array}$	8.	$\begin{array}{r} 704 \\ -\ 369 \\ \hline \end{array}$	9.	$\begin{array}{r} 501 \\ -\ 269 \\ \hline \end{array}$
10.	$\begin{array}{r} 7134 \\ -\ 3487 \\ \hline \end{array}$	11.	$\begin{array}{r} 5094 \\ -\ 4630 \\ \hline \end{array}$	12.	$\begin{array}{r} 8751 \\ -\ 2683 \\ \hline \end{array}$
13.	$\begin{array}{r} 9 \\ \times 8 \\ \hline \end{array}$	14.	$\begin{array}{r} 9 \\ \times 6 \\ \hline \end{array}$	15.	$\begin{array}{r} 8 \\ \times 7 \\ \hline \end{array}$
16.	$\begin{array}{r} 7 \\ \times 8 \\ \hline \end{array}$	17.	$\begin{array}{r} 6 \\ \times 9 \\ \hline \end{array}$	18.	$\begin{array}{r} 9 \\ \times 0 \\ \hline \end{array}$
19.	$\begin{array}{r} 8 \\ \times 0 \\ \hline \end{array}$	20.	$\begin{array}{r} 6 \\ \times 1 \\ \hline \end{array}$	21.	$\begin{array}{r} 1 \\ \times 8 \\ \hline \end{array}$
22.	$\begin{array}{r} 34 \\ \times\ \ 2 \\ \hline \end{array}$	23.	$\begin{array}{r} 26 \\ \times\ \ 1 \\ \hline \end{array}$	24.	$\begin{array}{r} 31 \\ \times\ \ 8 \\ \hline \end{array}$
25.	$24 \div 3 =$ _____	26.	$12 \div 2 =$ _____	27.	$4\overline{)16}$
28.	$5\overline{)16}$	29.	$4\overline{)34}$	30.	$7\overline{)58}$
31.	$\begin{array}{r} 17 \\ \times\ \ 5 \\ \hline \end{array}$	32.	$\begin{array}{r} 49 \\ \times\ \ 2 \\ \hline \end{array}$	33.	$\begin{array}{r} 16 \\ \times\ \ 4 \\ \hline \end{array}$
34.	$\begin{array}{r} 82 \\ \times\ \ 4 \\ \hline \end{array}$	35.	$\begin{array}{r} 74 \\ \times\ \ 2 \\ \hline \end{array}$	36.	$\begin{array}{r} 81 \\ \times\ \ 5 \\ \hline \end{array}$
37.	$\begin{array}{r} 342 \\ \times\ \ \ 2 \\ \hline \end{array}$	38.	$\begin{array}{r} 637 \\ \times\ \ \ 1 \\ \hline \end{array}$	39.	$\begin{array}{r} 312 \\ \times\ \ \ 3 \\ \hline \end{array}$
40.	$\begin{array}{r} 436 \\ \times\ \ \ 3 \\ \hline \end{array}$	41.	$\begin{array}{r} 578 \\ \times\ \ \ 6 \\ \hline \end{array}$	42.	$\begin{array}{r} 638 \\ \times\ \ \ 7 \\ \hline \end{array}$
43.	$3\overline{)36}$	44.	$4\overline{)44}$	45.	$2\overline{)28}$
46.	$3\overline{)51}$	47.	$4\overline{)72}$	48.	$7\overline{)84}$
49.	$6 \times \frac{1}{3} =$ _____	50.	$8 \times \frac{1}{4} =$ _____	51.	$12 \times \frac{1}{2} =$ _____
52.	$\frac{1}{\ } = \frac{\ }{\ }$	53.	$\frac{2}{\ } = \frac{\ }{\ }$	54.	$\frac{2}{\ } = \frac{\ }{\ }$

설문검사 문항분석

문항 1~3:	0이 포함된 덧셈
문항 3~6:	자릿수가 여럿인 덧셈
문항 7~9:	피감수에 0이 있고 1회 이상 다시 묶음이 있는 뺄셈
문항 10~12:	다시 묶음이 있는 네 자릿수 뺄셈
문항 13~21:	0과 1이 있고 순서 비례를 고려해야 하는 6~9 사이의 숫자 곱셈
문항 22~24:	두 자릿수 곱하기 한 자릿수의 곱셈
문항 25~27:	나눗셈
문항 28~30:	나머지가 있는 두 자릿수 나누기 한 자릿수의 나눗셈
문항 31~33:	십의 자리에서 다시 묶음이 있는 두 자릿수 곱하기 한 자릿수의 곱셈
문항 34~36:	백의 자리에서 다시 묶음이 있는 두 자릿수 곱하기 한 자릿수의 곱셈
문항 37~39:	다시 묶음이 없는 세 자릿수 곱하기 한 자릿수의 곱셈
문항 40~42:	다시 묶음이 있는 세 자릿수 곱하기 한 자릿수의 곱셈
문항 43~45:	다시 묶음이 없는 두 자릿수 나누기 한 자릿수의 나눗셈
문항 46~48:	다시 묶음이 있는 두 자릿수 나누기 한 자릿수의 나눗셈
문항 49~51:	정수 곱하기 분수의 곱셈
문항 52~54:	등가 분수

[그림 11-2] 교육과정 중심 측정의 시행 지침과 점수 산출 절차

시행 지침

다음은 2분 동안 시험을 시행하기 전에 개인이나 집단에게 지시를 주는 단계다.

1. 적절한 평가도구(예: 설문검사 또는 특정 기술에 대한 시험)를 선택하고 학생들에게 시험문제가 보이지 않도록 평가지/도구를 전달한다.
2. 시험의 시작과 함께 표준화된 지시를 준다. 또한 검사의 다른 부분에 대해서는 구체적인 지시를 제공한다.
   "내(교사)가 전달한 시험지에는 수학문제가 적혀 있어요." 만약 한 가지 기술에 대한 시험을 본다면 "모든 문제는 (덧셈, 뺄셈, 곱셈 또는 나눗셈)을 이용한 것입니다."라고 학생들에게 말한다. 여러 가지 기술에 대한 시험을 본다면 "시험지에는 여러 가지 유형의 문제들이 있는데 덧셈, 뺄셈, 곱셈에 대한 문제들입니다. 여러분은 계산을 하기 전에 문제를 자세히 살펴보세요."라고 말한다.
   " '시작' 이라고 하면 시험지를 뒤집어 답을 쓰기 시작합니다. 첫 줄에 있는 첫 번째 문제부터 손으로 짚으며 문제를 풀고 다음 줄로 넘어 가세요. 문제를 풀지 못하면 그 문제에 X 표시를 하고 다음 문제로 가세요. 한 장을 끝내면 다음 장을 푸시면 됩니다. 질문 있습니까?"
   "준비, 시작."
3. 교사는 학생이 지시(예: 순서대로 문제 풀기)를 따르고 있는지를 확인하기 위해 학생들이 문제 푸는 것을 살펴본다. 문제를 건너뛰어 풀기를 원하는 학생을 살펴보고 쉬운 문제를 풀게 한다.
4. 2분이 경과하면 "그만, 연필을 내려놓으세요."라고 말한다.

점수 산출

1. 정답에 밑줄을 긋는다.
2. 거꾸로 된 숫자(예: 3을 ε)도 맞는 것으로 점수를 준다.
3. 정확한 숫자에 점수를 준다.
4. 학생이 정답을 쓰면 만점(문제를 풀 때 쓴 정확한 모든 숫자)을 준다.
5. 학생이 문제를 풀고 답이 틀리면 정확하게 쓴 수 각각에 대하여 약간의 점수를 준다.
6. 받아올림으로 쓴 수는 세지 않는다.
7. 나머지 0은 세지 않는다.
8. X나 0이 정확한 자리에 위치하면 자릿수를 옳게 쓴 것으로 센다.
9. 비록 문제를 다 풀지 못했을지라도 정확한 자릿수에 대한 약간의 점수를 준다.
10. 정확한 자릿수의 총수를 계산하고 그것을 종이에 기록한다.

학생용 시험지 채점 샘플

$$\begin{array}{r} 2 \\ +\ 4 \\ \hline 6 \end{array}$$ 옳게 쓴 숫자의 수 1개

$$\begin{array}{r} 12 \\ +\ 26 \\ \hline 38 \end{array}$$ 옳게 쓴 숫자의 수 2개

$$\begin{array}{r} 38 \\ \times\ 9 \\ \hline 342 \end{array}$$ 옳게 쓴 숫자의 수 3개

$$\begin{array}{r} 12R42 \\ 63\overline{)798} \\ 63x \\ \hline 168 \\ 126 \\ \hline 42 \end{array}$$

(옳게 쓴 숫자의 수 4개)
(옳게 쓴 숫자의 수 3개)
(옳게 쓴 숫자의 수 3개)
(옳게 쓴 숫자의 수 3개)
(옳게 쓴 숫자의 수 2개)

$$\frac{1}{4} + \frac{1}{3} =$$

$$\frac{3}{12} + \frac{4}{12} = \frac{7}{12}$$

(옳게 쓴 숫자의 수 3개) (옳게 쓴 숫자의 수 3개) (옳게 쓴 숫자의 수 3개)

옳게 쓴 숫자의 수 15개 옳게 쓴 숫자의 수 9개

[그림 11-3] 특정 기술에서 학생의 진보를 보여 주는 차트

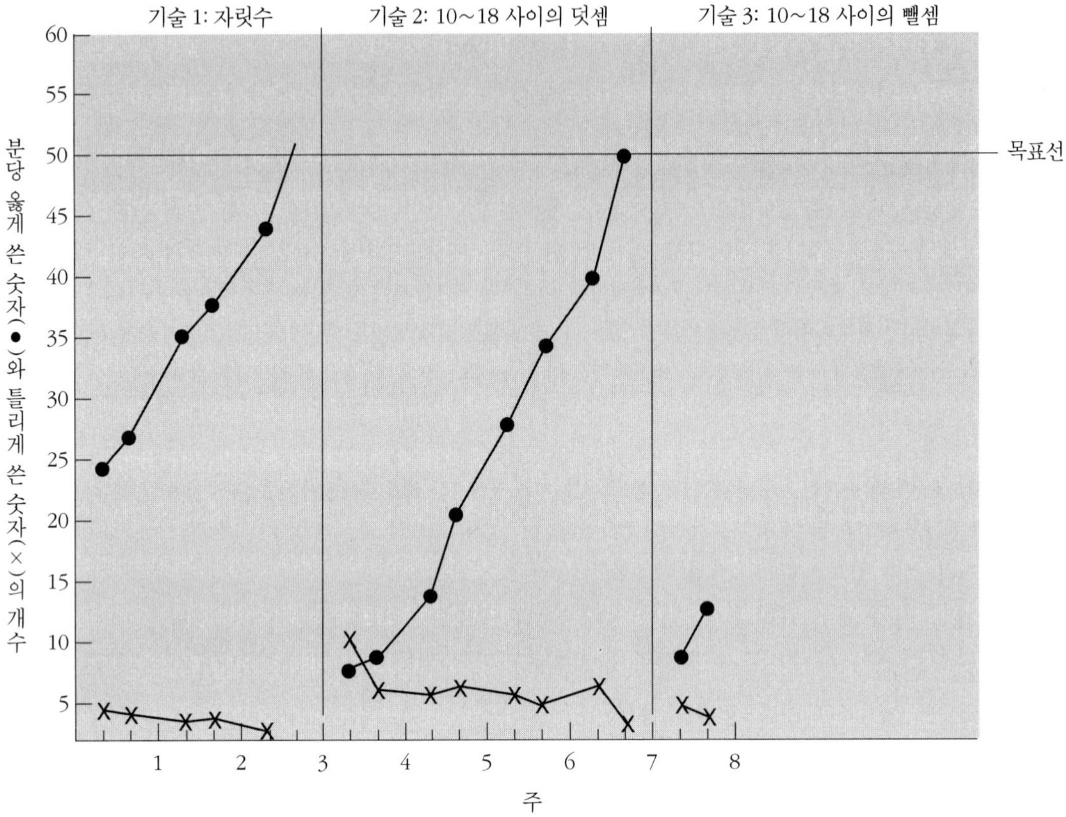

옳게/틀리게 쓴 숫자

주	화	목	주	화	목
1	24/4	27/3	5	14/5	20/6
2	35/2	37/2	6	28/5	33/4
3	43/1	51/0	7	40/6	50/1
4	7/10	8/6	8	8/4	12/2

- 곱셈(5학년과 6학년): 2개 이하의 오류를 보이며 분당 40~60개의 숫자를 정확하게 쓴다.
- 나눗셈(6학년): 2개 이하의 오류를 보이며 분당 40~60개의 숫자를 정확하게 쓴다.

Smith와 Lovitt(1982)는 사칙연산에서 분당 40~50개의 숫자를 정확하게 쓰는 것이 숙달의 기준이 된다고 하였다.

[그림 11-3]은 한 학생이 8주 동안 보인 특정 기술에 대한 진전도를 나타낸 것이다. 이 도표에서는 숙달이나 목표선을 분당 50개의 정확하게 쓴 숫자로 설정했다. 도표를 통하여 학생이 두 가지 기술을 숙달하였고 세 번째 기술을 학습하기 시작했음을 알 수 있다.

Jones(2001)는 교육과정 중심 평가는 계산이나 수리에 중점을 두기는 하지만, 교사가 수학교과의 읽기에서 학생의 진전도를 점검하기 위해서도 이러한 평가를 제작 · 사용할 수 있다고 하였다. 수학단어 목록은 학년별로 수학 교과서에 나오는 새로운 단어를 무작위로 선택해서 포함시키고, 수학적 어휘에 대한 교육과정 중심 평가는 각 학년의 수학 교과서에 나오는 새로운 수학 단어나 용어를 모두 포함해야 한다. 또한 수학 이해에 대한 교육과정 중심 평가는 기본적인 수학 연산과 수리

능력(예: 화폐, 분수, 측정)을 요구하는 영역에서 4~5개의 문장제 문제를 제시하여 학생이 문제를 푸는 방법, 어떤 정보가 연결되었는지, 그리고 문제를 풀 때 어떤 연산을 사용했는지에 대해 답하도록 한다. 더욱이 Helwig, Anderson과 Tindal(2002)은 수학의 개념적 이해를 측정하는 교육과정 중심 평가에 사용되는 과제는 전국 수학성취 기준에 도달하기 위한 학생의 진전도를 살펴보는 데 사용될 수 있다고 했다.

교사 제작 검사

교사가 제작한 검사는 개별화된 수학교육에 있어 반드시 필요한데, 이는 교사가 학생이 가진 문제점을 알아내고 이해수준을 결정하며 진전도를 점검하는 데 도움을 주기 때문이다. 교사가 선택하는 검사 유형은 부분적으로 평가의 목적에 의해 결정된다. 문제가 있는 특정 영역을 알아내기 위해서 교사는 난이도 수준이 다양한 문항을 만들어 검사를 제작할 수 있다. 이러한 유형의 검사를 개발하고 사용하기 위해서는 다음의 4단계를 거치는 것이 좋다.

1. **평가해야 한다고 생각하는 교육내용 영역의 위계를 선택한다.** 이러한 위계는 수학 프로그램 시리즈, 교육과정 지침서 또는 교재에서부터 선택할 수 있다. 수학 위계의 예시는 부록 A에 있다.
2. **평가할 필요가 있는 기술의 범위를 결정한다.** 위계는 다양한 기술을 포함하기 때문에 교사는 개별 학생에게 어떤 영역의 기술을 평가해야 하는지를 선택한다. 이는 평가에서 학생의 수행을 살펴보고 학년별 수학 교육과정을 분석함으로써 이루어진다. 영역을 결정함에 있어 교사는 학생에게 쉬운 문항에서부터 시작하여 점진적으로 어려워지는 문항으로 바꿔 가야 한다.
3. **선택된 범위 내에서 개별 기술의 문항을 구성한다.** 설문검사는 위계 내에서 학생의 계산(추상) 수행을 평가하기 위해 개발된다. 따라서 모든 문항은 추상 단계에 해당된다. 만약 시간 제한이 없는 접근을 사용한다면 교사는 기준별로 세 개의 문항을 포함시키고 통과 기준으로 67% 혹은 100%를 설정한다. 상업용 검사는 특정 기술을 적절하게 뽑아내지 못한다. 기술별로 세 개의 문항을 포함시키는 것은 부주의한 요소를 통제하고 적절한 검사의 표본을 제공하는 데 도움이 된다. 시험을 보는 것을 통해 특정 기술의 숙달 여부를 평가할 수 있다. 교사는 시간 제한이 있는 시험을 치르기 위해서 기술별로 한 문제씩을 만들고 분당 정답과 오답을 토대로 기준을 설정한다. 수행에 대한 타당한 정보를 얻기 위하여 각 시험은 적어도 세 번은 실시되어야 한다. 기준을 결정하는 데 있어 세 개 검사 중에서 나온 가장 높은 비율을 사용한다. 숙달의 비율을 분석하여 실수 없이 분당 40~60개의 정확한 숫자를 적는 것을 유용한 기준으로 본다.
4. **검사를 점수화하고 학생의 수행을 해석한다.** 교사는 가장 쉬운 기술 항목에서 시작하고 '세 개 중 두 개'(67%) 기준이나 분당 정확도를 그 기준으로 적용한다. 교사는 가르쳐야 할 기술을 결정하기 위해 기준에 도달하지 못한 지점에서 학생의 수행(예: 실수, 개념 결함, 이해)을 분석해야 한다. 또한 검사는 학생의 진전도를 점검하기 위해 사용할 수 있다.

[그림 11-4]에 제시된 나눗셈 검사는 부록 A의 수학 영역과 계열 기술 목록을 토대로 한다. 기술은 점진적으로 더 어려워지고 기술마다 세 개의 문항을 제시하였다. 때때로 각 기술영역에서의 문항을 카드에 써 주면 학생이 문제에 대한 두려움을 떨쳐 버릴 수도 있다. 교사는 각 기술에 대한 학생의 답을 점수화하고 67% 기준이 획득되었는지를 결정한다. 학생이 어떤 기술에 대한 기준에 도달하지 못하면 교사는 어려움을 겪는 특정 영역을 염두에 두고 교수목표나 앞으로의 평가영역을

정한다. [그림 11-4]에 제시된 검사의 유형은 주로 무엇을 가르칠 것인가를 결정하게 한다. 하지만 학생을 평가와 교수를 통해 더 연습시킨 후 학생의 이해수준을 파악하기 위한 진단검사를 만들 수 있다. 부록 A에 제시된 영역과 계열 기술 항목은 기타 수학영역에서의 비공식적인 검사를 개발하기 위해 사용할 수 있다.

교사가 제작한 검사는 다양한 형태를 취할 수 있다. 다음은 기술의 예와 관련된 평가 문항들이다.

- 10까지 수의 전후를 안다.

  어떤 수들이 빠져 있나요?

  _ 2 _ _ 5 _ 7 _ 9

  빈 곳을 채우시오.

[그림 11-4] 자연수의 나눗셈 평가

기술	기준(%)
1. 나눗셈을 요구하는 문제에 동그라미를 치면서 나눗셈 기호를 구별한다. $\begin{array}{r}4\\+\,4\\\hline\end{array}$ 6 × 3 6 ÷ 2 7 − 4 $\frac{6}{2}$ 4)16 7 × 4 8 ÷ 2 $\frac{9}{3}$ $\begin{array}{r}13\\\times\ 7\\\hline\end{array}$ 4 × 1 $\begin{array}{r}6\\+\,2\\\hline\end{array}$ 8)64 6 + 2 9 = 3	☐
2. 1로 나누는 기본 나눗셈을 한다. 1)8 1)7 1)1	☐
3. 기본 나눗셈을 한다. 4)36 7)42 8)56	☐
4. 0이 아닌 수를 바로 그 수로 나눈다. 7)7 29)29 1)1	☐
5. 한 자릿수 또는 두 자릿수를 한 자릿수로 나누어 몫과 나머지를 구한다. 3)7 4)7 2)9 8)74 6)39 3)17	☐ ☐
6. 피제수의 자릿수를 늘이며 나눗셈을 한다. 3)9 3)90 3)900 2)6 2)60 2)600 4)8 4)80	☐
7. 세 자릿수를 한 자릿수로 나누어 몫을 구한다. 8)638 6)461 3)262	☐
8. 많은 자릿수를 한 자릿수로 나누어 몫을 구한다. 7)47,864 6)2783 3)578,348	☐
9. 세 자릿수를 10의 배수인 두 자릿수로 나누어 몫을 구한다. 40)681 30)570 10)874	☐
10. 제수를 100, 1000 등과 같은 수로 하여 몫을 구한다. 100)685 100)4360 100)973 1000)6487 1000)99,490 1000)7430	☐ ☐
11. 세 자릿수를 두 자릿수로 나누어 몫을 구한다. 27)685 39)871 14)241	☐
12. 여러 자릿수를 여러 자릿수로 나누어 몫을 구한다. 649)78,741 3641)100,877 247)8937	☐

* 검사를 시행할 때 2~12문항에 대해 "다음의 나눗셈 문제를 푸세요."라는 지시를 한다.

전		후
____	9	____
____	7	____
____	3	____

• 0에서 100까지의 수에서 큰 수와 작은 수를 알고 >와 <을 쓴다.

큰 수에 동그라미 하시오.

87 100	35 53	19 10
40 26	1 6	33 44

◯ 안에 >와 <을 쓰시오.

40 ◯ 26　　8 ◯ 19　　94 ◯ 76

13 ◯ 43　　43 ◯ 29　　65 ◯ 59

• 일의 자리와 십의 자리 숫자를 안다.

밑줄 그은 수의 액면값(face value)과 자릿값을 말하시오.

463	284	843
액면값 ____	액면값 ____	액면값 ____
자릿값 ____	자릿값 ____	자릿값 ____

다음을 완성하시오.

일의 자리 7 십의 자리 3 = ______
일의 자리 4 십의 자리 5 = ______
일의 자리 3 십의 자리 0 = ______

• 일의 자리의 합이 20 이상인 세 개의 두 자릿수를 계산한다.

다음을 더하시오.

$$\begin{array}{r}26\\18\\+\ 47\\\hline\end{array}\qquad\begin{array}{r}57\\38\\+\ 49\\\hline\end{array}\qquad\begin{array}{r}29\\47\\+\ 36\\\hline\end{array}$$

• 분수의 대소를 안다.

각 쌍에서 더 작은 수를 나타내는 분수에 동그라미 하시오.

$\frac{1}{2}\ \frac{1}{3}$　　$\frac{1}{6}\ \frac{1}{2}$　　$\frac{1}{4}\ \frac{1}{3}$

• 분수를 쓴다.

검게 처리된 부분을 분수로 나타내시오.

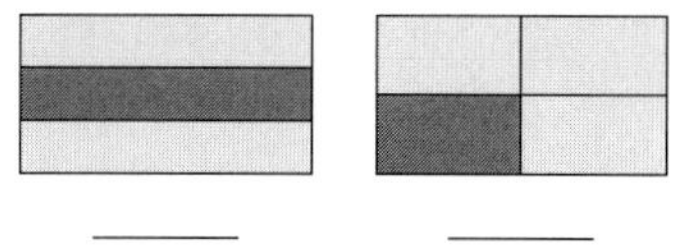

• 분수가 1이 되게 한다.

다음 빈칸에 알맞은 수를 넣으시오.

$1 = \frac{\square}{8}$　　$1 = \frac{\square}{77}$　　$1 = \frac{\square}{689}$

교사가 만든 확인평가는 또한 학생이 어려움을 경험하는 문제영역을 알아내는 데 사용할 수 있다. 혼합형 시험문제는 앞으로의 평가나 교수가 필요한 영역을 파악할 수 있게 해 준다. [그림 11-5]는 여러 가지의 덧셈 시험문제다. 여기에서는 9 이하의 덧셈〔첫 번째 문제(4+3)와 그다음 매 네 번째 문제〕, 받아올림 없는 두 자릿수 더하기 두 자릿수〔두 번째 문제(22+41)와 그다음 매 네 번째 문제〕, 받아올림 없는 두자릿수 더하기 한 자릿수〔세 번째 문제(33+6)와 그다음 매 네 번째 문제〕, 그리고 18 이하의 덧셈〔네 번째 문제(9+7)와 그다음 매 네 번째 문제〕을 평가할 수 있다. 이 시험에서 학생은 실수 없이 최대 점수인 63점을 획득할 수 있다. 세 번의 시험을 본 후에 실수 없이 분당 40 이상의 높은 점수를 받는다면 진단목적을 위한 합리적인 기준을 통과한 것이라고 본다. 만약 학생이 혼합형 시험에서 기준에 도달하지 못한다면 답을 분석한 후 실수한 문제를 살펴보는 것이 중요하다. 이러한 분석을 통해 교사는 (0에서 9와 같이) 특정한 기술의 시험에 대한 앞으로의 평가를 위한 정보를 얻는

[그림 11-5] 다시 묶기 없는 혼합형 덧셈의 확인평가

4 + 3	22 +41	33 + 6	9 + 7	6 + 2	36 +62	41 + 3	6 + 5	8 + 0
53 +44	78 + 1	5 + 8	7 + 2	43 +36	82 + 5	7 + 4	5 + 3	61 +37
42 + 4	8 + 7	4 + 5	33 +52	31 + 8	9 + 9	6 + 0	24 +53	65 +24
7 + 6	5 + 2	82 +13	37 + 2	6 + 6	4 + 4	31 +18	57 +32	7 + 9

이름: ____________ 날짜: ____________

옳게 쓴 숫자의 수: ________

틀리게 쓴 숫자의 수: ________

유형: 0~9 ________/9

2D+2D ________/9

2D+1D ________/9

0~18 ________/9

비고: ____________

다. 또한 특정한 기술에 대한 시험은 학생의 매일의 진전을 점검하는 데 사용한다.

구체물, 반구체물 및 추상 단계에서의 평가

앞서 언급한 것처럼, 수학적 사실과 개념의 학습은 구체물, 반구체물 그리고 추상의 세 가지 단계를 이해하는 것을 통해 발전한다. 대부분의 상업용 검사는 추상 단계에 해당하는 문항으로 구성된다. 따라서 이는 학생이 나타내는 구체물과 반구체물 단계에 대한 이해와 관련된 정보를 제공하지 못한다. 학생의 이해수준은 조작적 경험, 그림으로 나타내는 경험 또는 추상적 경험 중 어떤 것이 적절한지를 결정한다. 교사가 효과적인 교육계획을 수립하는 데 필요한 정보의 유형을 얻기 위해서는 문제점을 파악하고 이해수준을 결정하는 데 초점을 맞추는 분석적인 검사를 제작할 수 있다. 구체물 단계의 문항은 실제 사물을 포함하고, 반구체물 단계의 문항은 그림이나 막대 표시를 사용하며, 추상 단계의 문항에서는 수를 사용한다.

구체물 단계의 평가에서는 사물을 보여 주면서 필답문제(예: 5+3=___)를 주거나 혹은 수와 사물을 함께 제시하는 것으로 시작한다. 필답문제를 가지고 평가를 시작할 때, 학생은 그 문제를 읽고 나서 사물을 사용하여 문제를 푼다. 사물을 가지고 평가를 하게 하면 학생은 사물의 배열(예: ⌘+ஃ=___)을 본 다음 문제를 푼다. 수와 사물(예: 5⌘+3ஃ=___)을 이용하여 평가를 할 때, 학생은 문제를 풀기 위해 사물을 활용한다(예: 세기, 제거하기 또는 묶기). 평가를 위해 선호하는 순서는 다음과 같다. (1) 수와 사물 둘 다 사용한다, (2) 사물만 사용

하고 학생이 문제를 쓰도록 한다, (3) 단지 필답문제만 사용하고 학생이 문제를 풀기 위해 사물을 배열한다.

반구체물이나 표상 단계에서의 평가는 필답 문제, 그리기(즉, 그림과 막대 표시) 또는 수와 그림(예: 5 /////+ 3 ///=____)으로 시작할 수 있다. 필답문제로 평가를 할 때 학생은 막대 표시를 하면서 문제를 푼다. 그림 또는 막대 표시를 그리면서 평가를 시작하면 학생에게 문제를 쓰고 풀도록 한다. 수나 그림 모두를 사용하여 평가할 때는 학생이 문제를 풀기 위해 그리기를 활용한다. 반구체물을 이용한 평가에서 선호하는 순서는 다음과 같다. (1) 수와 그리기 모두 사용한다, (2) 그리기만 사용하고 학생에게 문제를 풀게 한다, (3) 필답문제만을 사용하고 학생이 막대 표시를 그리게 한다.

간혹 사물을 사용하거나 그림을 그리도록 하는 것을 통해 문제를 풀게 하는 것은 연산이 나타나지 않기 때문에 적절하지 않을 수 있다. 예를 들어, 뺄셈을 위해 사물을 배열하면 피감수에 대한 사물이나 그리기는 문제를 푸는 첫 단계에서 사용된다. 감수는 피감수로부터 사물을 제거하는 것을 의미하므로 감수는 원래의 자극을 구성하는 일부가 되지는 않는다. 추상 단계에서는 학생은 숫자로만 제시된 문제를 푼다.

다음의 예는 특정 기술영역에서 분석적 수학검사를 개발하는 데 도움이 된다. 그리고 구체물, 반구체물, 추상 단계에서의 부가적인 예시는 부록의 11장에서 찾을 수 있다. 또한 (3단계에서) 각 연산을 가르치기 위해 제시된 12장의 교수 활동은 평가 항목을 개발하는 데 있어 지침을 제공해 준다.

기술: 덧셈(0~18)

- 구체물 단계: 일의 자리와 십의 자리를 표시하는 블록을 배열한 다음 합을 쓴다.

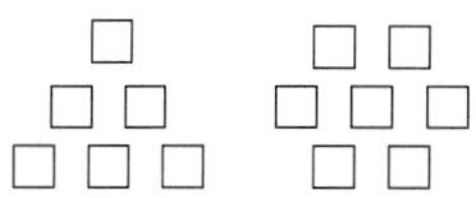

6 + 7 = ____

풀이의 예

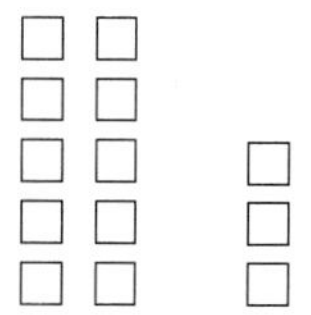

10 + 3 = 13

- 반구체물 단계: 동그라미 10개를 그리고 합을 쓴다.

풀이의 예

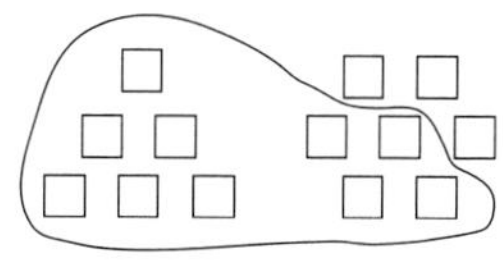

10 + 3 = 13

- 추상 단계: 합을 쓴다.

$$\begin{array}{r} 6 \\ +\ 7 \\ \hline \end{array}$$

기술: 받아올림이 있는 덧셈

- 구체물 단계: 10개씩 묶음을 하고 합을 쓴다.

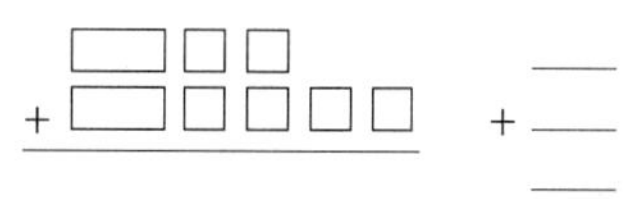

- 반구체물 단계: 십의 자리는 동그라미로 표현하고 낱개는 10개로 묶는다. 그리고 합을 쓴다.

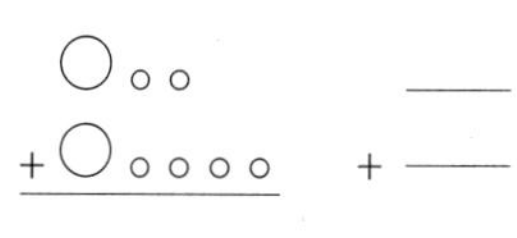

- 추상 단계: 합을 쓴다.

$$\begin{array}{r} 12 \\ +\ 14 \\ \hline \end{array}$$

기술: 뺄셈

- 구체물 단계: 빼고 남은 수 혹은 차를 쓴다.

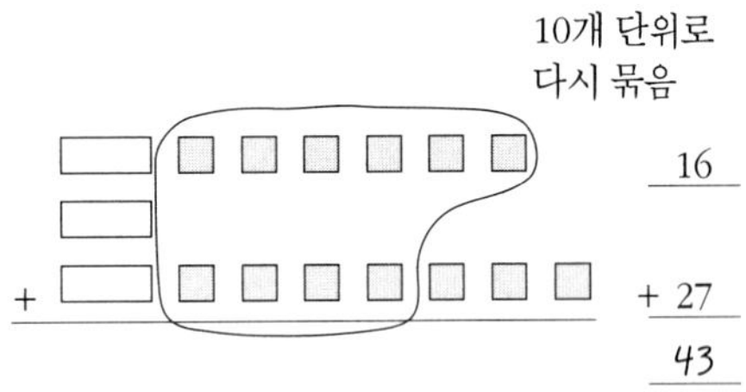

• **반구체물 단계:** 빼고 남은 수 혹은 차를 쓴다.

풀이의 예

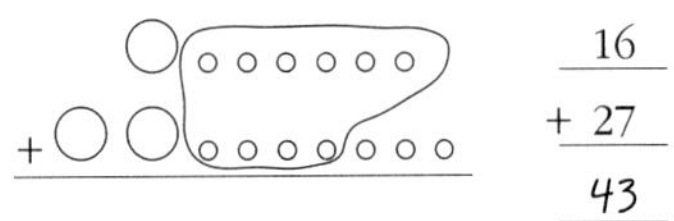

• **추상 단계:** 빼고 남은 수 혹은 차를 쓴다.

$$\begin{array}{r} 16 \\ +\ 27 \\ \hline \end{array}$$

기술: 받아내림이 있는 뺄셈

• **구체물 단계:** 블록을 재배열하고 빼기를 나타내는 선을 사용한다. 빼고 남은 수 혹은 차를 쓴다.

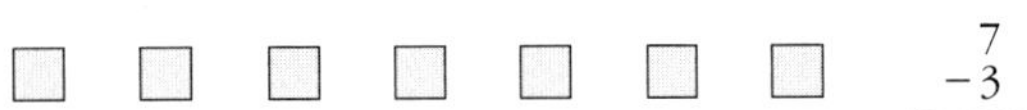

풀이의 예

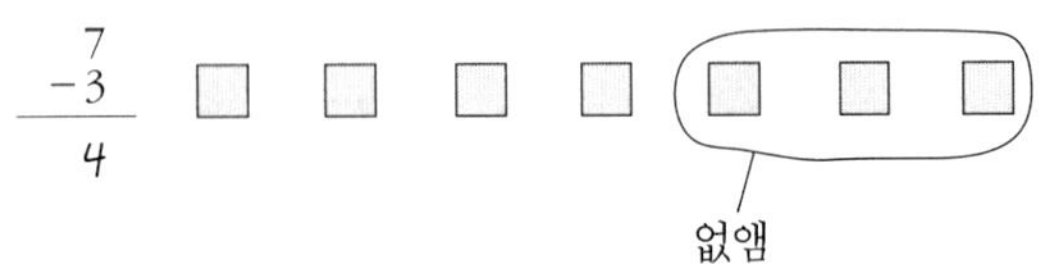

• **반구체물 단계:** 사선을 긋는다. 빼고 남은 수 혹은 차를 쓴다.

$$\begin{array}{r} 7 \\ -3 \\ \hline \end{array}$$ ///////

풀이의 예

$$\begin{array}{r} 7 \\ -3 \\ \hline 4 \end{array}$$ ////XXX 3을 빼기 위해 막대를 지운다.

• **추상 단계:** 빼고 남은 수 혹은 차를 쓴다.

$$\begin{array}{r} 7 \\ +\ 3 \\ \hline \end{array}$$

기술: 곱셈

• **구체물 단계:** 결과를 쓴다.

풀이의 예

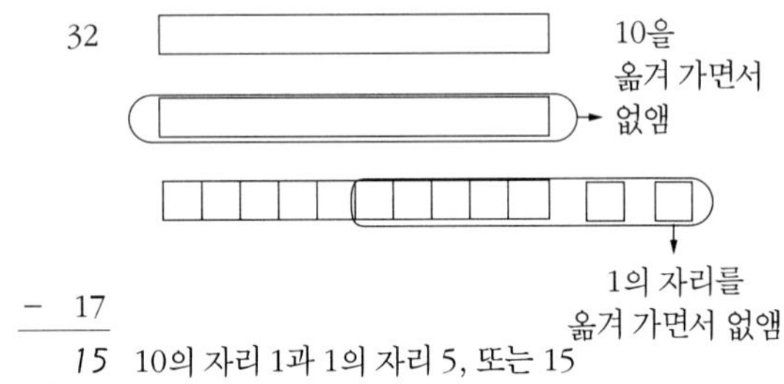

• **반구체물 단계:** 결과를 쓴다.

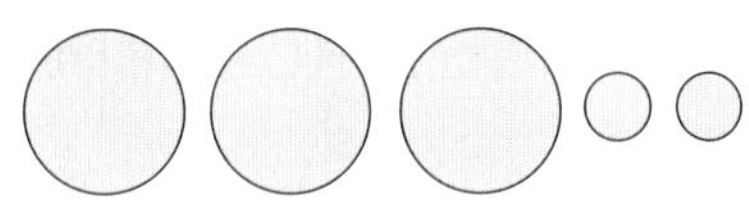

풀이의 예

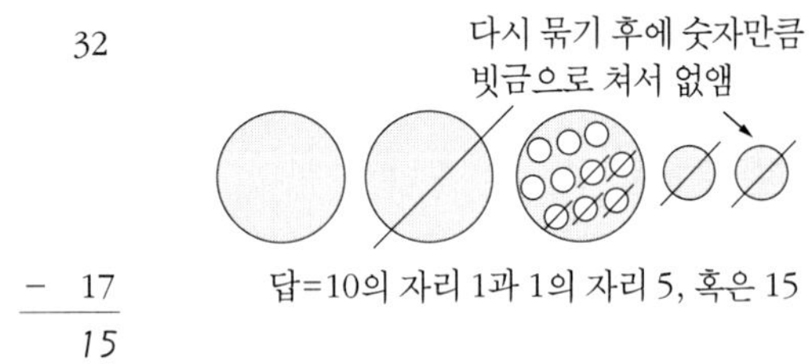

• **추상 단계:** 결과를 쓴다.

$$\begin{array}{r} 32 \\ +\ 17 \\ \hline \end{array}$$

기술: 나눗셈

• **구체물 단계:** 묶음을 사용한다. 몫을 쓴다.

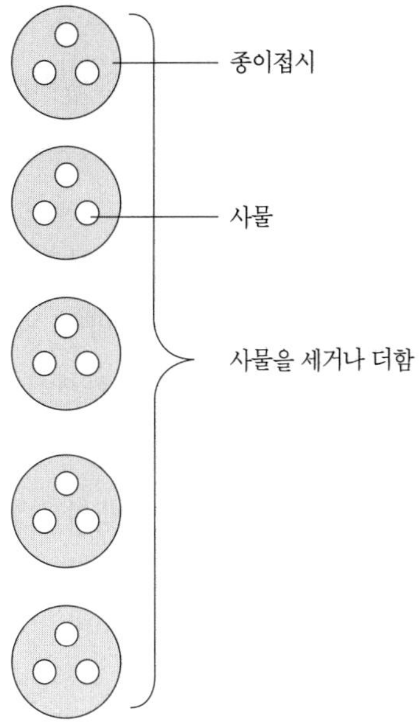

$$\begin{array}{r} 5 \\ \times 3 \\ \hline \end{array}$$

• **반구체물 단계:** 선으로 연결한다. 몫을 쓴다.

$$\begin{array}{r} 5 \\ \times 3 \\ \hline \end{array}$$

$$\begin{array}{r} 5 \\ \times 3 \\ \hline \end{array}$$

• **추상 단계:** 몫을 쓴다.

$$\begin{array}{r} 5 \\ \times 3 \\ \hline \end{array}$$

기술: 분수의 덧셈

• **구체물 단계:** 줄을 이용하여 연산을 하고 답을 쓴다.

 $3\overline{)12}$

풀이의 예

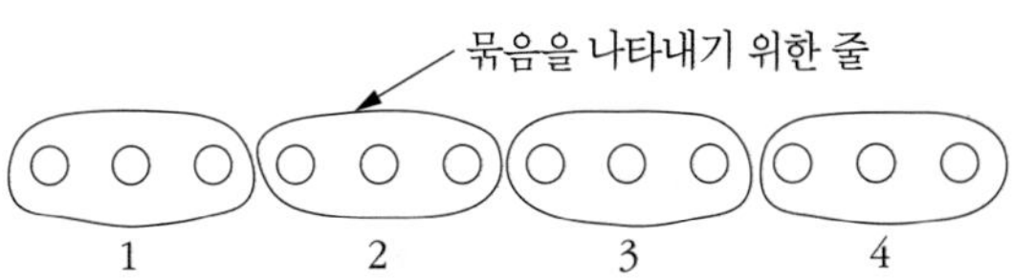

$$\begin{array}{r} 4 \\ 3\overline{)12} \end{array}$$

• **반구체물 단계:** 묶음을 연결하고 답을 쓴다.

 $3\overline{)12}$

풀이의 예

$$\begin{array}{r} 4 \\ 3\overline{)12} \end{array}$$

• **추상 단계:** 답을 쓴다.

$$3\overline{)12}$$

기술: 분모가 같은 분수의 덧셈

• **구체물 단계:** 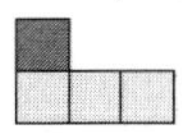 $=\frac{1}{3}$이다. 블록을 가지고 연산을 한 후 답을 쓴다.

풀이의 예

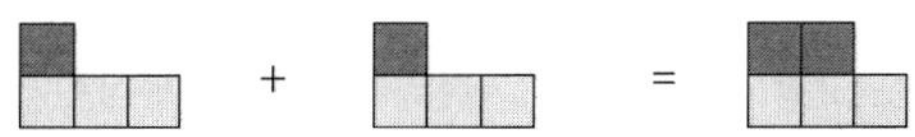

$$\frac{1}{3} + \frac{1}{3} = \frac{2}{3}$$

• **반구체물 단계** 원을 색칠해서 $\frac{1}{3}+\frac{1}{3}$의 합을 보여준다.

• **추상 단계:**

$$\frac{1}{3} + \frac{1}{3} = \underline{\quad\quad}$$

기술: 1달러에 해당하는 돈을 교환하기.

• **구체물 단계:** 실제 돈과 가격 표시가 있는 물건을 주고, 1달러로 39센트의 물건을 사면 잔돈이 얼마인지 안다.

• **반구체물 단계:** 39센트의 물건을 살 때 1달러에 대한 잔돈만큼 동전을 동그라미로 표시한다.

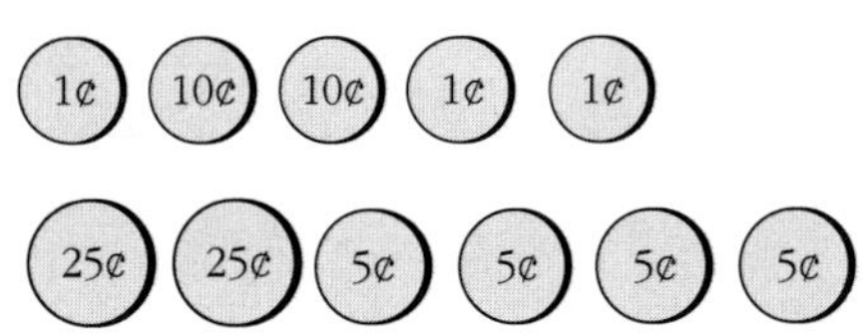

- **추상 단계:** "이 문제에 답하세요. 손님이 39센트 물건을 사면서 1달러를 건네주면 잔돈을 얼마 거슬러 주어야 하나요?"

정기적이고 지속적으로 수학평가를 시행하면 교수에 대한 정보를 얻을 수 있다. 정기적인 평가에는 교수목표를 산출하는 최초의 검사가 포함된다. 다시 말하면, 정기적인 평가에는 일반적인 진보와 학생이 경험하는 문제를 파악하기 위한 심도 있는 검사가 포함되고, 지속적인 평가는 학생의 진보를 점검하는 데 초점을 맞춘다. 평가는 매일, 매주 혹은 격주로 실시된다. Stein 등(1997, p. 11)은 계속적인 평가의 중요성을 강조하였다.

> 교사의 면밀한 모니터링이 매우 중요하다는 것은 여러 번 강조해도 지나치지 않다. 교사가 학생이 가진 기술의 결함을 발견하는 시기가 빠르면 빠를수록 그것을 교정하는 것이 더욱 쉬워진다. 학생의 실수가 발견되지 않는 동안, 학생은 본질적으로 잘못된 방법으로 연습을 하고 있다고 할 수 있다. 교사는 학생의 기술 결함을 교정하기 위하여 학생의 오류가 나타나지 않을 때까지 매일 다시 가르칠 계획을 수립해야 한다. 따라서 교사의 세심한 모니터링은 효율적인 교수의 중요한 요소다.

차트를 사용하면 학생이 잘 기억하지 못하는 수학적 사실이 무엇인지를 발견할 수 있다. 교사는 학생에게 수학시험을 보게 하고(예: 0~9, 10~18 이하의 덧셈, 0~9, 10~18 이하의 뺄셈), 그다음 차트 위에 다음과 같이 학생의 수행을 기록한다. ∨=기본적인 수학적 사실을 기억함; −=기억하지 못함. [그림 11−6]에 제시된 곱셈 관련 사실을 나타내는 도표는 학생이 0과 관련된 부분에서 어려움을 겪고 있다는 것을 보여 준다. [그림 11−7]에 제시된 0~18 이하의 뺄셈의 도표를 보면 9와 관계되거나 감수가 차와 똑같은 경우를 제외하고는 학생이

[그림 11−6] 기본 곱셈에서의 학생수행 차트

X	0	1	2	3	4	5	6	7	8	9
0	✓	—	—	—	—	—	—	—	—	—
1	—	✓	✓	✓	✓	✓	✓	✓	✓	✓
2	—	✓	✓	✓	✓	✓	✓	✓	✓	✓
3	—	✓	✓	✓	✓	✓	✓	✓	✓	✓
4	—	✓	✓	✓	✓	✓	✓	✓	✓	✓
5	—	✓	✓	✓	✓	✓	✓	✓	✓	✓
6	—	✓	✓	✓	✓	✓	✓	✓	✓	—
7	—	✓	✓	✓	✓	✓	✓	✓	—	✓
8	—	✓	✓	✓	✓	✓	✓	—	✓	✓
9	—	✓	✓	✓	✓	✓	—	✓	✓	✓

[그림 11−7] 0−18까지의 뺄셈에서 학생수행차트

피감수

—	0	1	2	3	4	5	6	7	8	9	10	11	12	13	14	15	16	17	18
0	✓	✓	✓	✓	✓	✓	✓	✓	✓	✓	✓								
1	✓	✓	✓	✓	✓	✓	✓	✓	✓	✓	✓								
2		✓	✓	✓	✓	✓	✓	✓	✓	✓	✓	✓							
3			✓	✓	✓	✓	✓	✓	✓	✓	✓	✓	✓						
4				✓	✓	✓	✓	✓	✓	✓	✓	✓	✓	✓					
5					✓	✓	✓	✓	✓	✓	✓	✓	✓	✓	✓				
6						✓	✓	✓	✓	✓	✓	—	✓	—	—	✓			
7							✓	✓	✓	✓	✓	✓	—	—	✓	—	✓		
8								✓	✓	✓	✓	✓	✓	—	—	—	✓	✓	
9									✓	✓	✓	✓	✓	✓	✓	✓	✓	✓	✓

감수

두 자릿수에서 한 자릿수 빼기를 잘 하지 못한다는 것을 알 수 있다.

표본 문항에 대한 분석을 통해 개별적으로 평가해야 할 학생의 수학적 이해수준을 비교적 쉽게 알 수 있다. 분석적 수학검사를 개발하고 시행하는 것은 시간이 많이 필요한데, 교사들이 이러한 검사와 관련된 충분한 파일을 모으는 데는 수년이 걸리기도 한다. 시간적 제약 때문에, 교사는 체계적인 수학교육을 통해 진보를 나타내지 않거나 심한 수학 결함이 있는 학생들의 경우 이러한 유형의 평가 결과를 잘 보관하고 있어야 한다. 어떤 교사는 수업을 통해 학생들에게 구체적인 경험을 제공하고 반구체물과 추상 문항을 포함하는 검사를 만든다. 학습문제가 있는 학생들을 위한 수학교수에서는 구체적인 개념과 기술을 가르치기 위하여 학생이 3 단계 모두를 경험할 수 있도록 해야 한다.

수학의 진단적 면담

교육과정 영역으로서 수학은 읽기, 말하기 혹은 쓰기와 사뭇 다른데, 중요한 차이 중 하나를 꼽는다면 수학기술은 구어 읽기, 언어 샘플, 문단 쓰기와 같은 전반적인 과제를 나타내지 않는다는 것이다. 수학에 관해 많은 것을 알고 있는 학생도 구체물을 쓰지 않는 수학시험에서는 낮은 수행을 보일 수도 있다. 따라서 기능적 수행평가를 시행하기 위하여, 교사는 학생이 무엇을 배웠는지 그리고 무엇을 배워야 하는지를 알 필요가 있다. 더욱이 수학의 기본 교재는 계열성과 그 내용의 범위가 매우 다양하기 때문에 수학시험을 통해 얻은 학년별 점수는 서로 비교하기가 어렵다. 따라서 학년 규준점수를 토대로 학생을 수학 프로그램에 배치하는 것은 그리 바람직하다고 볼 수 없다.

수학평가에 대하여 불만이 증가하면서 수학의 참 평가로의 움직임이 나타났다. 이러한 움직임은 개방형 수행평가로 대변되는 포트폴리오 평가(California Mathematics Assessment Advisory Committee, 1990)와 관련이 있으며, 수학은 수(數)라는 언어 이상의 것이라는 것을 강조한다. 학생에게 눈으로 보고 수를 쓰는 것만을 요구하는 평가절차는 수학교육과 관련된 최근의 관점을 반영하기 어렵다. 일반적인 평가가 수학 프로그램과 많이 일치하지 않기 때문에 최근의 포트폴리오 접근법과 학생 면담은 특정 단계에서 수학평가를 할 때 사용할 수 있다. 학생을 면담함으로써 학생이 사용하는 수학 전략, 과정, 결과 및 수학과 관련된 사회-정서적 반응에 대한 통찰력을 얻을 수 있다.

수학 진단을 위한 면담은 학생들에게 가르칠 수학기술과 이를 가르치는 방법을 결정할 때 도움이 되는 정보를 제공한다. 진단을 위한 면담에서 학생들은 수학문제를 풀면서 일어나는 사고과정을 표현한다. 교사는 진단적 면담을 통해 구체적으로 문제점이 무엇인지, 오류 유형 혹은 수학의 문제해결 전략을 알아낼 수 있다. 다음에서 제시되는 진단적 면담의 예는 교사가 어떻게 중요한 정보를 찾아내는지를 보여 준다.

> 교사는 메리에게 세 개의 곱셈문제를 주고 "이 문제를 풀고 선생님에게 어떻게 답을 알게 되었는지를 말해 주세요."라고 말한다. 메리는 다음과 같이 문제를 풀었다.
>
> $$\begin{array}{r} {\scriptstyle 2} \\ 27 \\ \times\ 4 \\ \hline 168 \end{array} \qquad \begin{array}{r} {\scriptstyle 4} \\ 36 \\ \times\ 7 \\ \hline 492 \end{array} \qquad \begin{array}{r} {\scriptstyle 3} \\ 44 \\ \times\ 8 \\ \hline 562 \end{array}$$
>
> 첫 번째 문제에 대해 "7×4=28이어서 저는 8을 일의 자리에 쓰고 2는 십의 자리로 옮겼어요. 그리고 2와 2를 더하면 4가 되고 4×4=16이니까 16을 여기에 썼어요."라고 설명했다. 나머지 두 개의 문제에 대해서도 같은 방법으로 풀었다고 말했다.

교사는 메리가 문제를 푼 것을 보고 그녀의 이야기를 들으면서 메리가 나타내는 오류 유형이 무엇인지를 알게 되었다. 그녀는 십의 자리 곱셈을 하기 전에 십의 자리로 이동한 수를 십의 자리에 있는 수와 더했다. 메리는 덧셈에서 받아올림을 할 때 옮긴 수를 더하는 것으로 배웠다고 말했다. 메리가 보이는 오류 유형과 오류를 만들어 내는 이유를 찾고 교사는 그녀에게 정확한 연산을 가르치고 그에 대한 이해를 발달시킬 수 있는 수업을 계획했다. 진단을 위한 면담이 없었다면 교사는 메리의 오류를 교정하는 데 적절하지 못한 곱셈수업을 계획할 수도 있었다.

또한 임상적 면담은 수학에 대한 부정적인 정서와 태도를 알아내는 데 큰 도움을 준다. 교사가 학생이 수학에 대해 갖는 이러한 감정에 대해 아는 것은 학생의 태도나 감정을 바꾸기 위해 수학교육(예: 그래프, 촉진, 강화물, 도표 사용)을 수정하는 데 있어 도움이 된다.

다음은 학생의 태도를 평가하기 위해 면담과정에서 사용할 수 있는 활동들이다.

- 학생에게 2~3개의 수학문제를 풀게 하고 학생의 행동(예: 부정적인 진술, 당황함 혹은 빨리 포기하는지의 여부)을 관찰한다.
- 학생에게 말로써 문장 완성하기 과제에 답하도록 한다. 교사가 문장을 시작하면 학생은 큰 소리로 문장을 완성한다. 그 예는 다음과 같다.

  수학은 매우 ____________________
  내가 가장 좋아하는 과목은 ____________
  수학시간에 나는 ____________ 을 느낀다.

- 학생에게 직접적인 질문을 한다. 다음은 몇 가지 질문의 예다.

  가장 좋아하는 과목은 무엇인가요?
  수학을 좋아하나요?
  수학에서 가장 좋아하는 것은 무엇인가요?
  수학에서 좋아하지 않는 것은 무엇인가요?
  학교 밖에서도 수학을 하나요?
  수학을 더 재미있게 하려면 어떻게 해야 하나요?

진단적 면담 결과의 타당도는 교사-학생 상호작용의 질에 따라 달라진다. 교사는 학생과 라포를 형성하여 학생이 정직하고 편안하게 답할 수 있도록 돕는다. 진단적 면담을 하기 위한 일반적인 지침은 다음과 같다.

- 라포를 형성한다. 면담을 하는 동안 수학에 대한 학생의 태도를 재빨리 파악한다. 학생이 쉽게 끝을 낼 수 있는 문제에서부터 시작하는 것이 좋다.
- 수학기술의 계열에서 가장 낮은 위치에 있는 문제 영역에만 초점을 맞춘다. 한 번의 면담 회기에는 학생이 어려움을 느끼는 영역 하나(예: 받아올림 있는 두 자릿수 덧셈)로 제한한다.
- 학생이 자신만의 방식으로 문제를 자유롭게 풀 수 있도록 허용한다.
- 학생의 사고과정을 기록하고 오류 유형과 문제해결을 분석한다.
- 일단 오류 유형이나 부적절한 문제해결 전략이 발견되면 학생의 이해수준을 평가하기 위한 진단적 활동을 소개한다. 이러한 활동은 반구체물과 구체물 단계의 과제를 포함해야 한다〔수학의 진단적 면담에 대해 좀 더 자세한 것을 알고 싶다면 Rivera와 Bryant(1992)를 보라.〕.

제 12 장 수학교수

다음 이야기에 나오는 학생들의 행동에서 그들이 수학학습에 대해 느끼는 흥분감을 엿볼 수 있다(Mercer & Pullen, 2005, p. 483).

> 나는 최근 플로리다의 한 시골학교에서 2학년 담당 교사 및 학생들과 수학 프로젝트를 함께 할 기회가 있었다. 학교에 있는 지난주 동안 학교 소풍에 참석했다. 아이스크림을 즐겁게 먹으며 테이블에 앉아 있을 때 "나는 99 곱하기 0을 알아요."라며 확신에 차 있지만 작은 목소리로 말하는 것을 들었다. 테이블 옆에는 2학년 학생인 매트가 주머니에 손을 넣은 채 내 대답을 기다리며 서 있었다. 나는 좀 재미있게 해 주기로 마음먹고 "너는 2학년밖에 안 되었는데 어떻게 99 곱하기 0을 알 수 있지? 그건 최소한 3학년은 되어야 아는데."라고 말했다. 매트는 재빠르게 "99 곱하기 0은 0!" 하고 대답했다. "맞았어!"라고 말하자, 그는 나에게 "또 올게요."라고 말하고 멀리 가버렸다. 몇 분 후에 매트는 그의 2학년 친구 여러 명을 데리고 왔다. 그의 친구 중의 한 명이 "나는 1000 곱하기 1을 알아요." 하고 말하자, 나는 "농담이지? 2학년은 그 문제를 알 수 없어."라고 답했다. 친구는 쉽게 "1000!" 하고 답했다. 더 많은 2학년 학생들이 우리가 얘기하는 곳으로 몰려왔다. 그들은 계속해서 나와 곱셈에 관한 이야기—1,000,000×1, 6,000×0, 9×8 등—를 하였다. 8~10명의 학생들은 일반학생과 학습장애 학생들로 구성되어 있었다. 그들은 나에게 수학 규칙, 곱셈 및 문제해결 기술에 관한 지식을 보여 주었다. 나는 그들의 지식과 똑똑함에 대해서 칭찬을 했다. 나는 그들이 다른 학생들이 노는 시간에도 계속해서 수학에 대해 얘기하고 있는 것을 보고 놀랐다. 그날 오후 집으로 운전해 오면서 나는 학생들의 능력이 무한하다는 교훈을 얻었다.

이 이야기처럼 학생들이 수학에 흥분하여 기꺼이 참여하는 상황은 불행하게도 일반적이라고 말하기 어렵다. 많은 학생들의 경우 수학학습에서 보이는 어려움은 흔히 학교 적응의 실패를 가져오며, 이에 대해 학부모 및 교사들은 걱정이 많다. 학습장애 학생들의 일차적 특성으로 읽기의 결함이 가장 많이 언급되고 있기는 하지만, Mastroperi, Scruggs와 Shiah(1991)는 수학의 결함 또한 그들에게 심각한 문제라고 강조했다.

보통 학습문제를 가진 학생들은 보다 높은 단계의 수학기술을 습득하는 데 필요한 수학적 개념을 습득 · 유지하는 능력에 결함을 가지고 있으며 수학의 기본 개념에 익숙하지 못하다는 사실은 수학을 학습하는 데 어려움을 가지는 학생들에게 매우 중대한 문제라고 할 수 있다. 많은 학습장애 학생들은 기본적인 수학개념을 숙달하는 데 있어 부족함이 있으며 효과적으로 문제를 풀지 못한다.

앞서 11장에서 언급했듯이, 수학교육에서 이루어지고 있는 개혁은 수학 교육과정을 전체적으로 매우 복잡하게 만들고 있다. 교사들은 일반교사 및 특수교사 간의 협력을 통해 교수방법의 개선을 이루어 학습문제를 가진 학생들의 독특한 학습 및 정서적 요구에 민감하게 대처할 수 있어야 한다. 비록 수학적 결함을 보이는 상당수의 학생들이 보이는 특성(기억, 언어, 읽기, 추론, 초인지 등의 문제)이 수학 관련 문제의 원인이 되기는 하지만, 사실 학생들이 갖는 수학의 문제는 간혹 비효과적인 교수와도 관련이 있다고 할 수 있다. 많은 연구자들(Carnine, 1991; Cawley, Miller, & School, 1987; Kelly, Gersten, & Carnine, 1990; Scheid, 1990)은 학습문제를 가진 학생들이 보이는 수학적 어려움의 일차적 원인으로 바람직하지 않거나 전통적인 교수방법을 꼽았다. 그리하여 많은 연구에서 수학장애를 가진 학생들의 수학 실력을 향상시키기 위해서는 그들을 잘 가르쳐야 한다고 주장하고 있다(Mastropieri et al., 1991; Mercer & Miller, 1992; Rivera & Smith, 1988; Scheid, 1990).

수학교육의 개혁이 학습문제를 가진 학생들의 더딘 수학 관련 진보를 개선하고 평가의 기준을 향상시키는 것을 목표로 하기 때문에 그들을 위한 효과적인 수학 교육과정이 고안되어야 한다. 이 학생들이 좀 더 나은 수학교육을 받지 못하게 되면 그들은 계속해서 절망과 실패를 경험하게 될 것이다. 학습장애 학생들이 낮은 수준의 수학기술을 갖는 문제점(예: 5학년 이상의 학년이 되면 습득하고 있어야 할 390개의 기본 연산을 배우지 못한다.)과 수학교과에서 전반적인 성취수준을 높이기 위해 기본적인 연산이 중요하다는 것을 고려한다면, 이를 가르치기 위한 포괄적인 교수 프로그래밍은 반드시 필요하다.

이 장은 교사가 수학문제를 가진 학생들을 효과적으로 지도하는 데 도움이 되는 정보를 담고 있다. 기본 수학용어와 과정, 효과적인 수학지도에 관한 연구, 계산과 문제해결을 위한 교수 실제(기초 수학 프로그램, 구체물-반구체물-추상 활동, 기본 법칙 및 연산법, 문제해결 중재법, 기능적 수학, 어림 및 계산기), 수학 활동, 교수용 게임, 자기 교정 자료, 상업용 프로그램 및 컴퓨터 소프트웨어 프로그램이 포함되어 있다.

수학의 기본 용어 및 과정

수학교육을 시작하기 전에 교사는 수학에 사용되는 기본 용어를 알아야 한다. 〈표 12-1〉은 몇 가지 중요한 용어를 제시한다.

또한 교사는 수학교과의 조직과 관련된 기본 정보를 알고 있어야 한다. 사칙연산의 학습에는 이해, 기본 연산, 자릿값, 법칙, 그리고 받아올림과 받아내림의 다섯 가지 영역이 필수적이다. 이해는 구체물, 반구체물(표상) 및 추상 단계에서의 연산을 아는 것을 말한다. 기본 개념은 반드시 이해하고 기억해야 하는데, 그것이 계산의 도구가 되기 때문이다. 기본 개념은 계산에서 사용되는 숫자 등식을 의미한다. 사칙연산은 두 개의 항 사이에 이루어지는 기본적인 이항연산이다(Ashlock, 2002). 390개—100개의 덧셈, 100개의 뺄셈, 100개의 곱셈 및 90개의 나눗셈—의 기본 연산이 있다. 일단 개념을 이해하고 기본 연산방법을 습득하면 구체적인 연산은 자릿값을 사용하여 쉽게 확장할 수 있다. 예를 들면, 학생이 3×2가 6이라는 것을 알면 자릿값 개념은 다음과 같은 문제를 계산하는 데 쉽게 적용할 수 있다.

$$\begin{array}{r} 3 \\ \times\ 2 \\ \hline 6 \end{array} \qquad \begin{array}{r} 30 \\ \times\ \ 2 \\ \hline 60 \end{array} \qquad \begin{array}{r} 300 \\ \times\ \ \ 2 \\ \hline 600 \end{array}$$

$$\begin{array}{r} 3000 \\ \times\ \ \ \ 2 \\ \hline 6000 \end{array} \qquad \begin{array}{r} 30 \\ \times\ 20 \\ \hline 600 \end{array} \qquad \begin{array}{r} 300 \\ \times\ \ 20 \\ \hline 6000 \end{array}$$

구조는 학생들에게 도움이 되는 수학적 속성 중 하나다. 7×3=21임을 기억하지만 3×7은 따로 기억해야 할 새로운 문제로 보는 학생이 곱셈을 효과적으로 배우기 위해서는 기본 규칙(이 경우 곱셈의 교환적 성질)을 이해해야 할 필요가 있다(이 외의 규칙은 11장 참조). 마지막으로 **받아올림**과 **받아내림**은 사칙연산에서 좀 더 복잡한 문제를 풀 때 학생이 이해해야 할 부분이다.

수학교수에서 중요한 부분 중 하나는 연산법(algorithm)에 대한 지식이다. 연산법은 수학문제를 풀 때의 계획된 순서를 말한다. 연산법은 이 장의 뒤에서 다룬다.

〈표 12-1〉 수학 계산 용어

연산	용어
덧셈	8 ← 가수 + 4 ← 가수 12 ← 합
뺄셈(덜어내기)	9 ← 피감수 − 4 ← 감수 5 ← 차
뺄셈(빠진 가수 알기)	9 ← 합 − 4 ← 알고 있는 가수 5 ← 빠진 가수
곱셈	8 ← 피승수 × 5 ← 승수 40 ← 결과 산출
나눗셈	8 ← 몫 6)48 ← 나눠지는 수(피제수) ↑ 나누는 수(제수)

효과적인 수학교육에 관한 연구

지난 10년간 진행된 수많은 수학교수 관련 연구를 통해 학습문제가 있는 학생들의 수학성취에 있어 교육과정의 설계와 교사 행동 모두가 직접적인 영향을 미치는 것으로 드러났다(Hutchinson, 1993a; Kame'enui & Simmons, 1990; Kelly et al., 1990; Mastropieri et al., 1991; Mercer, Jordan, & Miller, 1994; Mercer & Miller, 1992). 그러나 수학교수에 대해 알려진 내용이 많음에도 불구하고 교육자들은 수학 교육과정에서 무엇을 가르쳐야 하고 어떻게 가르치는 것이 최선의 실제인가를 결정하기 위하여 기존의 연구와 문헌을 지속적으로 연구·조사해야 한다. 체계적으로 수학교수에 대해 알려진 바를 조사·적용함으로써 교육자들은 학습문제를 지닌 학생들의 성취수준이 그들의 잠재력에 상응한다는 것을 확신할 수 있게 된다. Fuchs와 Fuchs(2001)는 수학에서의 어려움을 예방하는 네 가지 원리를 다음과 같이 제시하였다. (1) 높은 수준의 학생 수업 참여를 유지하면서 다양한 활동을 사용하며 빠른 속도로 교수하기, (2) 성취를 위한 학생의 도전 가능한 기준 수립, (3) 자기 언어화(self-verbalization) 기법의 사용, (4) 수개념이나 문제해결 상황에 대한 물리적·시각적 상징의 제시다. 일반교육 환경에서 교수적 수정은 정상적인 교실 일과 중에서 쉽게 이루어져야 하고, 학습문제를 지닌 학생이 알아채지 못할 정도로 자연스러워야 하고 또한 급우들에게도 방해가 되어서는 안 된다. Fuchs와 Fuchs는 중재가 학습을 향상시켜야 할 때 교수적 의사결정의 단위는 개별 학생이 되어야 하고, 집중적인 교수가 제공되며, 기술에 기초한 교수는 명시적인 개념화를 이루어야 한다고 강조하였다. 다음에서는 효과적인 수학교육의 요소에 대해 설명하고자 한다.

적합한 수학내용의 선정

수학교사들은 수학 교육과정의 내용을 개혁할 것을 제안하였다. 수학에 있어 계산은 중요한 요소가 되기는 하지만, 관련 전문가들은 종이에 답을 써 내는 것만으로는 충분하지 않다고 말한다. 그리하여 최근에는 답을 평가하고 다시 대안적인 방법으로 답을 어떻게 얻어 내었는지를 확인하는 것을 강조하고 있다. 더욱이 비판적으로 생각할 수 있는 능력, 개념과 연산의 이해 그리고 실생활에 적용하는 능력은 수학 교육과정의 중요한 목표가 된다. 1988년 국가수학감독위원회(National Council of Supervisors of Mathematics)의 『수학교육의 12가지 필수 요소(*Twelve Components of Essential Mathematics*)』는 학습문제를 지닌 학생들을 위하여 수학교수를 계획할 때 도움이 될 제언점을 제시하였다.

1. 문제 해결하기. 수학을 공부하는 주된 이유 중 하나는 앞서 습득한 정보를 새로운 정보 및 다른 상황에 적용함으로써 문제해결을 학습하는 것이다. 문제해결은 언어적(글) 문제와 비언어적 문제를 해결하는 것을 모두 포함한다. 관련 기술에는 시행착오, 관련된 질문하기, 연산 선택하기, 결과 설명하기, 상황 분석하기, 결과 해석하기 등이 포함된다.
2. 수학적인 개념에 대해 의사소통하기. 학생들은 수학 용어와 기호를 배워야 한다. 학생들은 조작물, 그림, 지필과제 및 구어의 사용을 통하여 수학개념을 표현해야 한다.
3. 수학적 추론. 학생들은 수학개념을 연구하는 것을 배워야 한다. 여기에는 임시적인 결과 만들기, 패턴 인식하기 및 학생의 추측을 지지할 수 있는 수학 지식을 사용하기 등이 있다.
4. 일상생활에 수학 적용하기. 학생들은 매일의 경험을 수학적인 표상(예: 그래프, 표, 도형, 수학적 표현)으로 바꾸고 결과를 해석해야 한다.
5. 결과의 타당성에 대하여 주의하기. 학생들은 실현 가능한 추측(어림)에 반대되는 결과를 탐구할 수 있어야 한다. 계산기와 컴퓨터의 사용이 도움이 된다.
6. 어림. 학생은 수학적 해결의 타당성을 위해 빠르게 머릿속으로 근사치를 찾아야 한다. 물건 구입 비용의 근사치뿐만 아니라 길이, 넓이, 부피, 무게와 같은 영역에서도 어림을 할 수 있어야 한다.
7. 적절한 계산기술. 학생들은 자연수와 소수를 사용하는 연산(예: 사칙연산)에 숙달해야 한다. 기본 연산에 대한 지식은 필수적이며 암산도 중요하다. 또한 분수와 소수를 사용하는 능력은 필수적이며, 계산기를 사용할 때를 아는 것도 유용하다.
8. 대수적 사고하기. 학생들은 수학적 양과 표현, 수학적 관계, 그리고 그래프, 표, 방정식의 기능을 나타내기 위해 문자를 사용하는 것을 배워야 한다. 학생들은 하나의 양이 다른 기능으로 어떻게 변화되는지를 이해할 필요가 있다.
9. 측정. 학생들은 구체적인 경험을 통하여 측정의 기본적인 개념(예: 거리, 무게, 시간, 용량, 온도, 각도)을 배워야 한다.
10. 기하학. 학생들은 3차원 세계의 기능과 관련된 기하학적인 개념을 배워야 한다. 여기서 평행, 수직, 합동, 유사성 및 대칭은 중요한 개념이다. 이 개념은 측정과 문제해결이 포함된 상황에서 탐색되어야 한다.
11. 통계. 학생들은 매일의 질문에 답하기 위하여 자료를 수집하고 조직하는 것을 배워야 한다. 표, 지도, 그래프를 해석하는 것뿐만 아니라 중심 경향과 변인을 측정하는 것도 중요하다.
12. 확률. 학생들은 미래 사건의 가능성을 예측할 수 있는 확률의 기본 개념을 이해해야 한다.

많은 전문가들은 수학교육이 실제적인 상황에서 문제

를 해결하는 것에 초점을 맞추어야 한다고 조언한다. 이를 수행하는 한 가지 방법은 문장제 문제로 수학 개념과 연산을 소개하는 것이다. 예를 들면, 나눗셈 문제를 다음과 같은 문장제 문제로 제시하여 해결할 수도 있다. “신디는 친구 6명에게 공짜 피자 쿠폰 30장을 나누어 주려고 한다. 각 친구들은 쿠폰을 몇 장씩이나 받을 수 있을까?” 교사는 간단한 나눗셈을 이용하여 학생들에게 다음과 같이 문제해결을 설명할 수 있다. 30장÷6명=_____장, 이것은 6명×c(각 학생당 쿠폰 수)=30장. 아울러 교사는 문제해결과 관련하여 곱셈과 나눗셈의 관계에 대하여 학생이 가지고 있는 선행지식을 사용한다(즉, “어떤 수에 6을 곱하면 30이 될까?”). 수업이 진행됨에 따라 교사는 학생들에게 나눗셈을 사용해서 문제를 해결할 수 있는 문장제 문제를 직접 만들어 보도록 지도한다.

만약 수학내용이 실제적인 것이라면 그것이 필요한 실제 상황에서 제시하는 것이 좋다. 예를 들어, 학생들이 6y+2y+6=48의 교수내용을 실질적인 문장제 문제로 연결하는 것이 어렵다면 답을 구하기 위해 의미 없는 절차를 기억해야 할 것이다. Bottge와 Hasselbring(1993)은 학습문제가 있는 학생들을 대상으로 테크놀로지를 활용한 수학 중재법 연구에서 맥락에 기초한 학습을 이 학생들을 위한 수학 중재의 핵심적인 요소라고 하였다.

어떤 수학내용을 가르쳐야 하는가를 결정하기 위해서는 학생의 선행학습도 고려해야 한다. 수학은 단계적으로 순서화된 개념과 연산을 논리적으로 서로 밀접하게 연관시킨 체계다. 여러 연구자들(Bley & Thornton, 2000; Kame'enui & Simmons, 1990; Stein, Silbert, & Carnine, 1997)은 학생들에게 수학에 있어 필수가 되는 선행기술을 가르치는 것이 매우 중요하다고 강조하였다. 예를 들면, 학생들은 뺄셈을 배우기 전에 덧셈을 알아야 한다. 필수적인 선행 기술이 부족한 상태에서 수학을 배우다 보면 과제의 수행이 제한될 수밖에 없고 수학의 개념과 연산을 기계적인 방식으로 외우게 되어 수학 학습에서 좌절감을 많이 경험할 수 있다. 최선의 교수를 제공하기 위해서는 학생들이 새로운 기술을 학습하는 데 필요한 선행기술을 가르치거나 혹은 학생이 가지고 있는 필수적인 선행기술 중에서 교수를 시작하는 것이 좋다. 결국 교사는 학습문제를 지닌 학생들에게 연관성이 있거나 실용적인 수학기술에 대한 교수를 해야 한다. 예를 들면, 로마숫자를 가르치는 것은 연관성이 부족하다고 볼 수 있다.

수학기술 습득을 위한 교수

교수 단계

계산이나 문제해결 기술의 습득을 가르치는 데 사용 가능한 교수 계획에는 다음과 같은 활동이 포함된다.

1. 학생의 수학기술을 평가하고 적합한 교수목표를 정한다. 학생의 성공을 촉진하기 위하여 목표는 관련성이 있어야 하고 학생이 가진 필수적 선행기술 중 하나여야 한다.
2. 학생이 배워야 할 수학기술과 목표 설정에 대한 동의서를 받는다. 목표기술을 적용하는 것에 관한 토의를 통하여 학생이 배우고자 하는 동기를 갖도록 돕는다. 그리고 목표를 함께 설정하는 것은 교사와 학생에게 교수적 기대를 제공하고 동기를 유발한다. 숙달 기준에 도달하는 데 필요한 기간을 정함으로써 목표 설정을 높일 수 있다. 유능한 교사들은 교수목표를 명확히 하고 학생들에게 기대수준이 무엇이며 왜 구체적인 기대수준이 있는지에 대해 이야기한다. 효율적인 교사는 목표를 제시할 때 목표를 달성하기 위해 학생들이 무엇을 해야 하는지와 무엇을 학습해야 하는지를 설명할 수 있다. 일반적으로 교사는 학습문제를 지닌 학생들을 대상으로 너무 쉬운 목표를 수립하는 경향이 있다

(Anderson & Pellicer, 1990; Clifford, 1990). Clifford는 학생들에게 쉽게 성공을 경험하게 하기보다는 도전감을 가지게 하기 위하여 목표 설정에서 중간 난이도 수준의 과제를 제시하는 것이 가장 좋다고 하였다. 또한 교수환경은 학생의 실수를 인내하고 오류를 수정했을 때 보상을 줄 수 있어야 한다고 하였다. 그리고 어렵지만 성취 가능한 목표를 세우는 것은 좀 쉬운 것을 목표로 세웠을 때보다 학생이 더 많이 노력하고 높은 성취를 이끌 수 있다는 연구 결과가 많이 있다(Locke & Latham, 1990). 학습문제를 지닌 초 · 중등학생들은 수학의 목표 설정에서 잘 반응해 왔다. 목표를 설정하는 것은 학생들이 더욱 적극적으로 자신의 학습에 참여할 수 있도록 해 준다. 더욱이 학생 스스로 자신의 목표를 정했을 때가 교사로부터 목표를 지정받았을 때보다 좀 더 나은 수준의 수행을 보이게 된다. Miller, Strawser와 Mercer(1996)는 목표 수립에 대해 다음의 지침을 제공하였다.

- 학생이 목표를 세우는 데 필요한 시간(예: 10~15분)을 허용한다.
- 다른 사람들이 듣지 못하는 장소에서 학생과 협의하도록 한다.
- 학생이 말을 많이 할 수 있도록 격려한다(즉, 교사는 듣는 입장이어야 한다.).
- 학생이 자신의 진전에 대해 스스로 평가할 수 있도록 지도하면서 교수 회기를 시작한다.
- 학생의 생각을 방해하지 않고 교사의 평가를 배제한 채 들어준다.
- 필요하다면 자유로이 생각대로 답할 수 있는 질문을 함으로써 학생이 목표를 현실적으로 바꾸어 나갈 수 있도록 지도한다.
- 학생들이 학습의 습득, 숙달, 유지 그리고 일반화 수준에서의 기술로 목표를 세우도록 격려한다.
- 협의의 결과를 기록하고 학생들에게 복사본을 준다. 협의양식은 목표, 기술 진전에 대한 자기평가, 각 기술을 수행하는 데 필요한 시간의 양, 학생이 가지고 있지 않은 선행기술, 그리고 각 기술을 수행하는 데 학생이 계획한 시간과 관련된 시간표를 기록할 수 있는 공간이 있어야 한다.

3. 수학기술을 가르치기 위하여 효과적인 교수 단계를 사용한다. 〈표 4-11〉은 교사-학생 상호작용을 지도하는 수학교수 지도안의 예시로 효과적인 교수 단계가 포함되어 있다. 많은 연구자들은 학습문제를 지닌 학생들이 수학에서 훌륭하게 성취를 이룰 수 있도록 이러한 단계(또는 단계의 변형)를 사용하고 있다. 그리고 새로운 자료를 학습할 때에도 학생은 이전에 배운 내용을 복습할 수 있고 높은 성공률을 유지해야 한다. Wilson, Majsterek과 Jones(1995)는 복습의 네 가지 유형을 제시하였다. (1) 수학수업을 시작하기 전에 검토한다, (2) 숙제를 검토한다, (3) 매일의 수업 중에 검토한다, (4) 수업 전반을 검토한다.

명시적인 교사 모델링

최근 연구에서는 교사 모델링의 본질에 대해 밝혀냈다. 교사가 의미 없는 상황에서 수학의 연산법을 모델링하는 전통적인 방법 대신, 연구자들은 학생에게 의미 있는 문제를 해결하고 자기 조절 과정을 개발하기 위한 문제해결 전략(예: 인지와 초인지)의 모델링에 대해 연구하고 있다. Woodward(1991)는 인지적 과제분석을 통하여 교사들이 수학문제 해결과 관련된 사고과정을 모델링할 수 있다고 주장하였다. 문장제 문제를 푸는 데 있어 인지 및 초인지 전략을 사용하는 교사가 하는 명확한 모델링은 긍정적인 성과를 가져왔다. 이런 연구 결과(Hutchinson, 1993a; Montague, 1992, 1993)를 살펴보면 수학의 구체적인 전략교수는 학습장애 학생들에게 매우 중요하다는 것을 알 수 있다. Zawaiza와 Gerber(1993)는 "성공적인 전략교수는…… 경쟁적인 전략 사용하기, 적합한 예시문제를 충분히 활용하기, 전략 사용의 기회를 충분히 갖고 전략의 사용을 수정하기, 학생들이 새롭게 학습한 전략들을 어떻게 효과적으로 사용할 수 있는가를 설명하고 평가할 수 있는 기회 등이 필수적이다."(p. 67)라고 했다. 명시적 교사 모델링을 포함하는 전략은 문제해결 중재와 관련된 부분에서 다룬다.

교사-학생 상호작용의 강조

교사-학생 상호작용을 강조하는 것은 수학을 가르치는 데 있어 교수적 담화의 질을 향상시키고자 하는 교사들에게 시기적으로 적절한 기회를 제공한다. 초기 연구에서는 주로 교사의 역할에 초점을 두었던 반면, 최근 연구는 개념적인 이해를 발달시키기 위한 학생과 교사 간 역동적인 대화의 특성을 강조한다. 이러한 역동적인 과정에서 교사는 학생의 요구에 따른 대화에 지속적으로 반응해야 한다. 교사들은 직접교수의 제공, 교사의 지도가 제공되는 연습, 질문하기, 과제 주기, 교정적인 피드백 주기, 격려하기, 학생이 독립적으로 수행하도록 하기, 학생의 의견 반영하기, 교수목표 세우기, 인지적 혹은 초인지적 전략 모델링하기, 새로운 진술적 혹은 절차상의 지식을 학습하기 위한 원리 토의하기, 전이 논의하기 등을 언제 제공하는 것이 적절한지를 파악하기 위하여 학생과의 상호작용 시간을 정례화하는 것이 좋다. 학생의 개념적 이해 발달을 확실하게 하기 위해 교수를 제공하는 동안 교사가 정기적으로 상호작용할 때, 학생들은 자신의 학습에 보다 적극적인 참여자가 될 수 있다.

Elmore(1992)는 교사들이 교수 관련 최근 연구에서 도출된 개념을 배우고 적용시킬 수 있도록 하기 위해서는 광범위한 수준의 도움이 필요하다고 주장하였다. 그는 교사 스스로 이를 수행할 수 있을 것이라고 기대하는 것 자체가 비현실적이라고 주장했는데, 상업용 교육자료만으로 교사들이 개념적 이해를 가르치는 것이 어렵기 때문이다. 대부분의 교육자료는 수학문제를 해결하기 위하여 연산법을 어떻게 사용하는지를 설명해 주는 정보만 제시한다. 하지만 이러한 접근법은 수학의 개념적 기초를 가르치고자 하는 교사들에게는 거의 도움이 되지 않는다.

교사가 전략을 모델링하고 수학개념의 이해를 가르치도록 도와주기 위하여, 일부 연구자들은 교수 스크립트나 대화 예시문을 제공해 왔다(Hutchinson, 1993a; Mercer & Miller, 1992; Montague, 1993). 이러한 스크립트나 대화 예시문은 교사에게 초인지 전략을 어떻게 모델링하고 어떻게 학생에게 수학개념(서술적 지식)을 이해시킬 것인지, 그리고 문장제 문제와 수학 방정식을 해결하기 위한 서술적이고 절차적인 지식을 어떻게 적용할 것인지에 대한 지침을 제공한다. 교수 스크립트는 교사와 학생 간의 생산적인 토론에 교사가 참여할 수 있도록 하는 출발점이 될 수 있다. 교사가 학생과의 상호작용에서 신뢰와 경험을 얻으면 대화 예시문은 필요하지 않다. 대화 예시문은 교수 단계 동안 교사에게 길잡이의 역할을 해 준다. 설명-모델링 단계는 교사가 전략을 명시적으로 모델링하도록 한다. 교사의 지도를 받는 수행 단계는 교사가 학생으로 하여금 개념적 이해와 독립적인 과제 수행을 하도록 지도하는 비계교수와 유사한 것으로 볼 수 있다. 독립적인 수행 단계는 학생이 숙달을 이루기 위하여 혼자 수행하기와 또래들과 함께 수행하기를 모두 포함한다. 피드백 단계는 성공을 축하해 주고 그것을 교수목표와 연결시켜 주며 학생의 오류를 교수 및 학습의 기회로 활용한다. 일반화와 전이 단계에서는 학생이 스스로 문장제 문제를 만들고 전략 사용을 점검하도록 격려한다(〈표 4-11〉은 대화 예시문과 연습 활동을 개발하는 초기 단계에 사용될 수 있는 형식을 제시하고 있다.).

구체물-반구체물-추상의 계열 사용

계산법이나 문제해결 기술을 습득하는 단계에서 학생은 그 기술이나 개념에 대한 이해를 명확하게 할 수 있는 방법을 배울 수 있어야 한다. 많은 전문가들은 구체물-반구체물-추상(CSA)의 순서가 학습문제를 지닌 학생들에게 수학개념, 연산 및 응용을 이해시키는 확실한 방법이라고 믿는다. Lambert(1996)는 수학개념을 가르치기 위하여 전 학년에서 조작적인 사물을 사용해야 한다고 주장하였다. 일부 연구(C. A. Harris, Miller, & Mercer, 1995; Mercer & Miller, 1992)에서는 CSA 계열이 학습문제를 지닌 학생들에게 수학을 가르치는 효과적인 방법이라고 하였다. 연구 결과, 이 학생들이 기본적인 연산을 이해하는 데 구체물과 반구체물 단계의 형식적인 경험이 많이 필요하지 않다는 것을 알 수 있었다. 이 연구에서 학습문제를 지닌 학생들은 30분짜리 수업 6회기(3회기는 구체물로, 3회기는 반구체물로) 동안에 각 연산에 대해 이해하였고, 학습을 추상적 수준(오직 수만 제시)의 문제로 일반화시켰다. 더욱이 학생들은 추수 검사에서 목표기술을 유지하였다. CSA 계열은 특히 문장제 문제로부터 수학개념을 표현하거나 다시 수식으로 만들어 내기, 수식을 사물이나 그림으로 나타내기, 반대로 사물이나 그림을 등식으로 나타내기 등에 결함을 지닌 학생들에게 유용하다. CSA 계열을 사용하는 것은 기본 연산을 가르치는 것뿐 아니라 분수(Butler, Miller, Crehan, Babbitt, & Pierce, 2003; Jordan, Miller, & Mercer, 1998), 면적과 평면도형의 길이(Cass, Cates, Smith, & Jackson, 2003) 그리고 대수학(Maccini & Hughes, 2000; Witzel, Mercer, & Miller, 2003)을 가르치기 위해서도 조작물과 그림 표상을 효과적으로 활용할 수 있다. CSA 계열에서는 학생들에게 사물과 그림을 가지고 수학 개념과 연산을 나타내도록 하기 때문에 학생이 수학 개념(덧셈, 자릿값, 곱셈, 분수, 방정식 같은)을 이해하게 된다. CSA의 예는 이 장의 뒤에서 제시한다.

개념과 규칙의 교수

개념과 규칙을 학습하는 것은 학생들이 수학에 대해 이해하는 것을 촉진해 준다. 8+6=14이지만 6+8을 새로운 문제로 인식하는 학생이 있다면 그들이 효과적으로 덧셈을 배우기 위해서는 기본 개념(이 경우 덧셈의 교환 법칙)을 이해할 필요가 있다. 뺄셈의 학습은 학생이 덧셈과 뺄셈의 역관계(즉, a+b=c, c−b=a)를 이해하면 더 나아진다. 자릿값 개념은 많은 학생들이 어려움을 느끼며 교사들이 관심을 두어야 하는 부분이다. 마지막으로 영(0)에 어떤 수를 곱하여도 0이라는 규칙은 학생이 곱셈 규칙을 배우는 데 도움을 준다. 구체물과 반구체물 경험을 하게 하는 것은 학생들에게 개념과 규칙을 설명하는 훌륭한 방법이다.

진보 점검과 피드백 제공

학습문제를 지닌 학생들의 수학적 진보를 점검하고 피드백을 제공하는 것(예: 차트 사용)은 학생성취와 관련하여 훌륭한 성과를 이루어 낸다. Gersten, Carnine과 Woodward(1987)에 의하면 오류에 대한 즉각적인 교정 피드백을 제공하는 교사는 학생이 더 높은 수준의 성취를 이룰 수 있도록 도와준다고 한다. 더욱이 Robinson, DePascale과 Roberts(1989)는 학습장애가 있는 학생들에게 피드백을 주었을때 더 많은 수의 문제를 풀 수 있으며 그 정확도도 73%에서 94%까지 향상된다고 하였다. 그들은 다음과 같이 피드백의 중요성을 강조하였다 (p. 28).

> 피드백은 주의집중이 잘 안 되고 학업과제에 참여를 잘 하지 못하며, 오류를 자주 범하는 학습장애 학생들에게 더욱 중요하다. 학습장애 학생들에게는 적시에 피드백을 제공하는 교사로부터 직접적인 지도를 받는 것과 학습 기회를 최대화할 수 있는 학습환경이 필요하다.

Kline, Schumaker와 Deshler(1991)는 학습문제를 지닌 학생들을 위한 피드백의 순서를 개발, 평가 및 정교화하였다. 그들은 이 순서를 사용하여 학생들이 빠르고 효과적으로 학습목표를 성취할 수 있을 것이라고 하였다. 피드백의 순서에서 중요하다고 여기는 요소는 오류가 학생들에게는 학습 기회이며 교사에게는 교수 기회가 된다는 것이다. FEEDBACK이라는 기억술에는 정교화된 피드백을 설명하는 필수적인 속성이 포함되어 있다.

- F(find): 점수를 찾는다. 성적을 설명한다.
- E(enter): 점수를 기록한다. 그래프와 목표 설정을 이용하여 점수를 의미 있게 만든다.
- E(evaluate): 목표에 의해 점수를 평가한다.
- D(determine): 패턴을 조사하여 오류를 결정한다.
- B(begin): 오류를 수정하기 시작한다. 교사는 비슷한 문제를 모델링한다.
- A(Ask): 학생에게 수정 절차를 적용하도록 요구한다.
- C(close): 수정에 대해 긍정적인 피드백을 제공함으로써 회기를 끝낸다.
- K(kick): 등을 도닥여 주고 편히 쉬게 한다!

Clifford(1990)는 학생에게 제공되는 교수환경은 오류를 참아내고 오류수정에 대해 보상을 제공해야 한다고 제안하였다. FEEDBACK에서 문자 D, B, A와 C는 오류수정 절차를 강조한다.

융통성의 유지

학습문제를 지닌 학생들의 이질성을 고려한다면 교사는 수학교육에서 몇 가지 융통성을 발휘해야 한다. 수학 학습에 영향을 주는 광범위한 학습 특성을 살펴보면 교수 활동이나 절차에서의 다양성이 필요하다. 특정 교수 활동으로 기대했던 학습 성과를 얻지 못한다면 다른 방법을 시도해야 한다. 낮은 강도의 연산법, 특정 양식 중심의 교수, 시각적 · 청각적 단서, 촉진 그리고 강화요법은 교수적 대안이 될 수 있다.

완전학습 교수

여기에서 완전학습(mastery learning, 숙달)은 기술을 자동적 수준으로 활용할 수 있게끔 가르치는 것을 말한다. 보통 학생들은 계속해서 수학문제를 풀게 되면 답을 계산하는 데 머뭇거리지 않고 자동적 수준에 도달하게 된다. 대부분의 사람들은 '당신의 전화번호가 무엇인가?' 또는 '6 더하기 2는 무엇인가?' 와 같은 질문에 답할 때 자동적 수준으로는 반응한다. 자동성을 측정할 수 있는 효과적인 방법으로는 반응 속도를 사용한다(Hasselbring, Goin, & Bransford, 1987). 기술의 숙달에 도달하는 것은 여러 측면에서 이점이 많은데 계산하기뿐 아니라 상위수준의 문제를 해결하는 능력의 습득 및 유지 능력이 향상된다. 이 외에도 시간 제한을 둔 검사 잘 끝내기, 더 빨리 숙제 마치기, 더 높은 점수 받기, 수학에 대한 긍정적인 감정 발달시키기 등이 있다.

기술의 숙달을 연습하기 위한 기법을 사용하기 전에 학생은 선행기술을 가지고 있어야 하고 목표기술과 관련된 개념을 이해하고 있어야 한다. 일단 기술을 이해하면 학생들을 숙달수준에서 교수할 수 있다. Ashlock(2002)은 개념의 이해는 구체물과 반구체물의 사용, 연산 간의 관계성 알기(예: 4+3=7, 7−4=3; 8×3=24, 24÷3=8, 24÷8=3), 빠진 수를 정하는 방법 알기(예: 덧셈에서 일일이 세기와 같은 연산법 사용하기, 0에 어떠한 수를 곱해도 0이라는 규칙 사용하기) 등을 통하여 얻어질 수 있다고 하였다. 학습문제를 지닌 학생들은 자동성을 습득하기 위해 연습을 아주 많이 해야 한다. 독립적인 수행은 숙달을 이루기 위하여 사용되는 기본적인 교수 형식이다. 학생으로 하여금 연습을 계속하게 하는 것은 지루함을 느끼게 할 수 있다. 그러므로 교사는 학생이 흥미롭고 재미있게 연습해 나가도록 지도해야 한다. 교수용 게임, 또래교수, 컴퓨터 보조 교수, 자기 교정 자료, 강화제 등은 숙달을 위한 연습 활동을 계획하는 데 도움이 된다.

수학의 계산 속도를 향상시키기 위해 사용할 수 있는 기법은 다음과 같다.

- 정반응의 속도를 높이도록 강화한다.
- 목표 속도를 정한다.
- 일단 목표가 달성되면 연습을 종결하고 수행을 차트에 표시한다.
- 학생에게 더 빨리 과제를 수행해 보도록 말한다.
- 학생이 가장 마지막에 얻은 속도 점수를 능가하도록 도전해 보게 한다.
- 학생들에게 규칙(예: 어떤 수를 2번 곱하면 그 수의 두 배다.)을 사용하도록 가르친다.
- 효과적인 연산법(덧셈에서 수 세기와 같은)을 가르친다.
- 플래시카드로 어려운 문제를 반복 연습한다.
- 교육용 수학 게임을 한다.
- 짧은 간격(10~20초)으로 연습 속도를 제공한다.
- 학생이 사칙연산을 배울 때 각각의 관계를 가르친다.

학생 개개인에 대한 숙달의 속도수준을 정할 때 학습자의 특성(예: 나이, 학업기술, 운동능력)을 고려하는 것이 중요하다. 예를 들어, 쓰기에 어려움을 가진 학생들에게는 구두로 대답하게 하는 것이 더 적절할 수 있다. 대부분의 학생들에 대해서는 2개 이하의 오류를 보이면서 분당 40~60개의 숫자를 정확히 쓰는 것을 기준으로 삼는 것이 적당하다. 그러나 더 어린 학생들(유치원~초등 2학년)의 경우 분당 더 적은 수의 정확한 숫자를 쓰면 된다. 일단 숙달수준에 도달하면, 교사와 학생은 적합한 선행 기술과 자신감을 가지고 다음 기술로 옮겨 갈 수 있다.

문제해결 교수

문제해결이 수학교육에서 최우선의 과제이며 10여 년 이상 교육자들로부터 많은 관심을 받아 왔음에도 불구하고, 문제해결을 특징짓는 성질이 무엇인지는 아직도 모호하다. 문제해결은 문장제 문제와 계산하기 문제 모두와 관련이 있다. 문제해결 활동은 누구든지 문제해결을 어렵다고 느끼는 학생들에게 필요하다. 따라서 문장제 문제와 계산문제 모두 문제해결의 절차가 필요할 수 있다. 그러나 자동성을 습득한 기술에 있어서 문제해결력은 반드시 필요한 절차적인 과정은 아니다.

대부분의 전문가들(Cawley et al., 1987; Fleischner, Nuzum, & Marzola, 1987; Kame'enui & Simmons, 1990)은 문장제 문제의 문맥 안에서 문제해결을 해석하고 있다. 학습문제를 지닌 학생들의 문제해결에 대한 연구를 분석해 보면 의미 있는 몇 가지 요소를 발견할 수 있다. 이러한 요소는 학생이 문제해결을 위해 수학적 지식 기반을 가질 필요가 있으며 습득한 지식을 새롭고 익숙하지 않은 상황에 적용하고, 사고 과정에 적극적으로 참여할 필요가 있다는 개념이다. 사고 과정은 학생이 문제를 조직화하고, 절차와 관련된 전략을 계획하며, 문제 안에 내포된 수학 관계를 알아내고, 문제를 해결하기 위해 필요한 수학 지식이 무엇인지를 결정하는 것이다. 그다음에 학생은 수식으로 문제를 나타내고, 방정식을 만들고, 계산 단계를 순서화하며, 답을 계산하고, 합리적인 방식으로 답을 검토해야 한다. 학생은 이 전 과정을 스스로 점검하고 문제를 해결하기 위한 대안적인 방법을 모색할 수 있어야 한다. 문제해결은 복잡한 절차이며 문제해결과 관련된 여러 요소를 이해하고 평가하는 데 필요한 참조 틀로서 제공된다.

문제해결이라는 개념이 매우 복잡함에도 불구하고 그것을 강조하는 것은 다행스럽게도 어떻게 학습에 어려움을 보이는 학생들에게 문장제 문제를 풀도록 가르칠 것인가에 관심을 갖게 해 주었다. 이때 문제해결을 강조하는 것과 마찬가지로 전략교수를 강조하는 것이 필요하다. 전략교수는 학생으로 하여금 문장제 문제를 조직화하고 성공적으로 해결하는 데 필요한 단계에 참여하도록 해 준다. 학습문제를 가진 학생들에게 문제해결 기술을 가르치기 위해서 많은 학습전략이 개발·평가되고 있다. 예를 들어, 기억전략은 기억의 문제를 가진 학생들이 구체적인 수학 내용과 절차를 습득, 기억, 적용할 수 있도록 도와준다. 다음은 문제해결 교수를 위한 지침 중 몇 가지다.

- 학생의 선행지식과 교수를 연결하고, 그들이 새로운 정보를 학습할 때 무엇을 알아야 하는가를 연결할 수 있도록 한다. 예를 들면, 학생이 나눗셈을 배울 때 곱셈과 나눗셈의 관계를 연결하도록 한다(예: 9×7=63, 63÷9=7, 63÷7=9).
- 학생들이 개념과 연산을 이해할 수 있도록 가르친다.
- 학생들에게 실생활에서 일어날 수 있는 문제를 제공한다.
- 계산기술과 함께 문장제 문제를 푸는 것을 동시에 가르친다.
- 학생들이 수학에 대해 긍정적인 태도를 발전시키도록 한다.
- 학생들이 독립적인 학습자가 될 수 있도록 도와주는 학습전략을 가르친다.

Cawley 등(1987, pp. 91-92)은 교사들에게 '해야 할 일'과 '해서는 안 되는 일'을 다음과 같이 제시하였다.

- 해야 할 일
  - 아동이 입학한 날부터 문제해결을 시작하게 한다.
  - 계산의 이유로 문제해결을 설명한다.
  - 문제해결과 관련된 장기목표를 세운다.
  - 여러 감각 양상을 활용하는 활동으로서 문제해결을 수행한다.
  - 한 가지 변인의 결과가 다른 변인에 영향을 미치지 않도록 한다. 만약 아동이 문제를 읽지 못한다면 학생이 알기 쉽게 다시 쓴다. 만약 계산이 너무 복잡하다면 더 간단하게 만든다.
  - 아동이 문제를 준비하거나 수정하도록 한다.
  - 과정과 지식을 구별한다.
  - 아동이 정보에 반응할 수 있는 방식으로 문제를 준비한다. 같은 질문 유형이 포함된 한 세트의 문제를 준비한다.
  - 유사한 주제의 문제를 다루도록 문제를 제시한다.
  - 지속적으로 진보를 점검하고 아동의 약점과 진보에 맞는 문제로 수정한다.
- 해서는 안 되는 일
  - 연산을 암시하는 단서가 되는 단어를 사용하지 않는다.
  - 아동이 문제를 해결할 때 계산의 규칙을 사용하라고 말하지 않는다. 즉, 아동이 3개의 다른 숫자를 보고 있을 때는 '더하라'고 말하면 안 된다.
  - 문제해결 활동을 계산의 마지막 단계에서 소개하는 형식으로 사용하지 않는다.
  - 아동이 연산은 맞았지만 문제를 해결하는 과정에서 계산상의 오류를 범했다면 틀렸다는 표시를 하지 않는다.
  - 교사가 계산에 부차적인 것으로 문제해결을 여기도록 훈련하지 않는다.
  - 아동이 셈 계산을 할 수 있기 때문에 자동적으로 문제를 풀 수 있을 것이라고 가정하지 않는다.
  - 오답이 나오면 자동적으로 이를 숙달의 부족 때문이라고 결론 내리지 않는다.
  - 문제해결이 일상생활에서 수학의 가장 중요한 측면임을 인식시키는 데 실패해서는 안 된다.
  - 다른 교과목과 관련시켜 문제해결을 훈련할 기회를 포착하는 데 실패해서는 안 된다.
  - 계획성 없이 문제해결을 제시하지 않는다. 계열과 세심한 계획이 필수적이다.

문제해결 기술을 가르치기 위한 중재는 이 장의 뒤에

서 제시한다.

일반화 교수

4장에서 언급한 것처럼, 일반화는 훈련 동안 제시했던 상황과 같지 않은 여러 가지 훈련받지 않은 상황(즉, 주제, 환경, 사람, 행동 및 시간에 상관없이)에서 목표행동이 나타나는 것을 의미한다(Stokes & Baer, 1977). 보통 학습문제를 지닌 학생들은 일반화 기술에 어려움을 가지고 있다. 특히 학습문제를 지닌 학생들을 대상으로 수학기술의 일반화를 목표로 둔 교수가 부족한 것은 그들이 갖는 일반화의 문제에 기여해 왔다고 할 수 있을 것이다. Ellis, Lenz와 Sabornie(1987a, 1987b)는 일반화를 교수의 전 · 중 · 후 모두에서 가르쳐야 한다고 주장하였다. 학생들이 수학기술을 일반화하는 데 도움이 되는 교수 실제는 다음과 같다.

1. 학습하겠다는 동기를 발전시킨다. 기술이나 전략을 배우고자 하는 학생들은 일반화를 잘한다. 동기부여를 통해 학생들이 자신의 학습에 책임감을 느끼고, 교사의 지원 없는 환경에서 새로운 기술을 적용하는 데 필요한 독립성을 가질 수 있다.
2. 교수과정 동안 학생들과 수학기술 학습의 원리와 수학기술이 유용한 상황(예: 숙제, 여가 활동, 쇼핑)에 대해 토론한다.
3. 교수과정 동안 학생들에게 다양한 예시와 경험을 제공한다. 예를 들어, 구체물 활동에서 조작할 수 있는 사물(예: 정육면체, 장기와 단추)을 다양하게 사용하고, 반구체물 활동에서 다양한 도식적 표상(예: 여러 그림, 선과 막대 표시)을 사용한다. 이와 유사하게 추상적인 계산이나 문제해결 활동에서 그 형식을 다양하게 한다(예: 가로식과 세로식으로 된 계산문제 제시). 또한 다양한 사람이 수업을 할 수 있게 한다(예: 특수교육 보조원, 또래, 부모).
4. 학생들이 숙달수준에 도달하도록 기술을 가르쳐서 단지 기술을 기억하는 것이 아니라 사용할 수 있도록 한다.
5. 학생들에게 다단계 수학문제를 해결할 수 있는 전략을 가르친다. 학생들이 어려운 문제를 해결할 수 있는 전략을 가지게 되면 더욱 독립적인 행동을 할 수 있게 되고, 또 문제해결 과정에도 적극적으로 참여하게 된다. 기억전략은 학생들이 적합한 전략을 인출할 수 있도록 도와준다.
6. 학생들에게 일상생활과 관련된 문제를 해결하도록 가르친다. 이는 기술을 기능적으로 사용하게 하며, 동기를 촉진하며, 일반화에도 필요하다. 그리고 학생들은 문장제 문제를 직접 만드는 것을 배울 수 있다.
7. 자연적 강화물을 사용하도록 한다. 학생들은 인위적인 사건(예: 교실 안에서만 사용 가능한 강화물)에 의존하지 않고 학습한 기술을 유지 · 사용할 수 있게 된다.
8. 일단 학생이 기술을 배우게 되면 교수환경을 통제된 형태(즉, 교사주도)에서 보다 느슨하게 통제된 형태(예: 독립적인 과제 수행)로 바꾼다.
9. 학생이 일반화하도록 격려한다.

명시적-내재적 수학교수의 활용

경도와 중등도 장애학생들을 위한 구조적인 교수와 전략교수와 관련된 수학의 실험연구는 구성주의가 어떻게 해석되고 어떻게 명시적 교수 및 내재적 교수의 상황으로 적용되는지에 대한 관점을 제공한다(Mercer, Jordan, & Miller, 1994, 1996). 4장에서 논의한 것처럼, Moshman(1994, 1996)은 구성주의가 명시적 교수(외생성 구성주의)에서부터 내인성의 내재적 교수에 이르는 연속체로 해석될 수 있다고 하였다. 그간 구성주의는 여러 가지 방식으로 해석 · 적용되어 왔다(Baroody &

Hume, 1991; Borkowski, 1992; Englert, Tarrant, & Mariage, 1992; K. R. Harris & Pressley, 1991; Hutchinson, 1993b; Lenz, 1992; Mastropieri et al., 1991; Mercer & Miller, 1992; Montague, 1992; Paris & Winograd, 1990; Pressley, Harris, & Meister, 1992; Wong, 1992). 다음의 교수 요소는 구성주의와 학습전략 연구에서 제안된 것들이다.

1. 목표 전략을 모델링한다.
2. 상호적인 대화〔예: 비계교수, 소크라테스식 교수(문답법), 협력적인 토의〕에 참여한다.
3. 초인지와 자기 규칙을 고무한다.
4. 촉진과 지도를 제공한다.
5. 참학습과 학습 원리에 초점을 맞춘다.
6. 진보를 점검하기 위해 그래프를 사용하고 피드백을 제공한다.
7. 숙달하도록 가르친다.
8. 목표를 설정한다.
9. 전이를 가르친다.
10. 이해를 비롯하여 학생들이 선행 지식과 새로운 지식을 연결시키는 것을 강조한다.
11. 명시적 교수를 제공한다.
12. 기억전략을 가르친다.
13. 반성하기(reflection)와 토론하기를 격려한다.
14. 학생들이 '소리 내어 생각 말하기'를 사용하도록 한다.
15. 교사용 교수 스크립트를 사용한다.
16. 근접발달영역 안에서 가르친다.
17. 교수에 앞서 선행기술 발달을 검토한다.
18. 언어적 시연을 사용한다.
19. 또래 협력을 촉진한다.

이상의 교수 요소를 살펴봄으로써 구성주의가 교사 행동, 교수 내용 및 학습 요인에 대해 함축성을 가진다는 것을 알 수 있다.

교사 중심의 교수적인 요소(예: 위의 요소 중 1, 4, 6, 11, 15)는 쉽게 목록으로 만들 수 있기 때문에, 대부분의 구성주의자들은 경도에서 중등도의 장애학생들을 대상으로 수업을 할 때 명시적 교수를 사용하는 것으로 나타났다. 이러한 관점은 학습자의 특성을 고려한다면 이해하기 어렵지 않다. 솔직히 유창성, 초인지 전략, 기억, 주의집중, 일반화, 동기와 관련된 문제를 가진 학생들이 효과적인 내재적 학습(예: 자기발견 학습)에 적극적으로 참여하는 것을 기대하기는 어려운 듯하다. 따라서 교사 주도적 교수나 명시적 교수는 장애학생들에게 수학을 가르치는 데 있어 기본적인 요소가 된다(Borkowski, 1992). Cobb, Yackel과 Wood(1992)는 학생들이 수학 개념과 관계를 배우는 데 있어 도움을 주는 직접교수의 필요성에 대해 주장하였다. 연구자들은 학생들이 현재의 내적 표상보다 발달적으로 더 진보된 수학적 관계를 인식하는 것이 가능한지의 여부에 대해 의문을 품었다. 더 나아가 그들은 "교사는 학생들이 쉽게 이해할 수 있는 형태로 수학적 관계를 정확하게 알 수 있도록 도와주는 역할을 해야 한다."(p. 5)고 주장한다. 또한 Cobb와 동료들은 수천 년을 통해 발전해 온 수학과 관련된 지혜를 학생에게 교수하려면 교사가 많은 도움을 제공해야 한다고 주장하였다.

초등 연령의 특수아동을 위한 수학 중재의 메타분석에서 Kroesbergen과 Van Luit(2003)는 직접교수와 자기교수(예: 전략의 사용)는 교사가 개입한 교수보다 더 효과적인 것으로 보고했다. 일반적으로 직접교수는 기본적인 수학 연산의 학습에 가장 효과적인 것으로 나타났으며, 자기교수 방법은 문제해결 기술에 더 효과적인 것으로 나타났다. 때때로 또래교수는 유용하며 효과적이기도 하다. 하지만 또래교수는 성인 교사에 의한 지도를 대체할 수 없으며 그만큼 효과적이지도 않다.

명시적이며 내재적인 전략을 교수 상황에서 처방적으로 적용하는 것은 경도 및 중등도 장애학생들이 일상생활에서 능숙하게 수학을 적용하고 사용할 수 있도록 도와준다. 학교 상황에서 명시적-내재적 교수를 실천하기 위해서는 다음의 몇 가지 사항을 극복해야 한다. (1) 출판을 하기 전 연산법 중심의 교수자료를 다양한 학교 상황에서 타당하고 적용될 수 있는 수학자료로 대체해야 한다. (2) 1년 동안 시행할 수 있어야 한다(예: 대부분의 자료는 1년 동안 시행해야 할 수업 일수보다 40~60회기 정도가 더 필요하다.). (3) 교사는 실제적인 내용을 사용하고, 명시적 초인지 전략을 모델링하며, 교수적으로 처방적이고 상호적인 담화를 하며, 정교화된 피드백 사용하고, 학습전략을 전이할 수 있도록 지도한다. (4) 다양한 패러다임의 강점을 인식한다.

교육자들이 명시적-내재적 교수를 적용하기 위해 시간과 노력을 투자하고 교사와 학생을 체계적으로 평가한다면 명시적-내재적 교수가 제공할 수 있는 새로운 지식의 잠재력은 매우 클 것이다. 학습자의 이질적인 특성을 고려한다면 연역적이고 귀납적인 학습 모두 지식을 습득, 유지, 일반화하는 데 중요하다고 할 수 있다.

수학에 대한 긍정적인 태도 촉진

학습문제를 지닌 많은 학생들은 수학 실패의 경험을 가지고 있다. 결론적으로 이 학생들은 흔히 수학학습에 대한 부정적인 태도를 가지고 있으며 수학에서 성공할 수 있는 능력에 대하여 확신하지 못한다. 수학학습에서 태도, 믿음 및 동기는 중요한 역할을 한다. 수학적 경험과 관련된 정서적인 태도는 학생의 노력수준에 영향을 미칠 수 있기 때문에 교사는 수용적이고 고무적이며 촉진적이어야 하고, 즐거운 환경을 제공함으로써 학생이 수학에 대한 긍정적인 태도를 발달시킬 수 있도록 해야 한다.

수학교육은 학생이 성공을 확신하고 긍정적인 태도를 증진시킬 수 있도록 계획해야 한다. 성공과 동기를 촉진하기 위한 많은 교수전략은 이미 1장에서 제시한 바 있다. 다음은 수학학습에 대한 긍정적인 태도를 촉진하기 위한 지침이다.

- 학생을 도전적인 환경에 참여시키고 습득 가능한 교수목표를 세운다. 목표를 수립하는 것은 학생의 참여와 노력에 강한 영향을 미친다(Locke & Latham, 1990).
- 선행기술을 형성하고 수학기술이나 개념과 관련된 교수계열을 단순하게 하기 위하여 과제분석을 사용하여 학생의 성공을 확신시킨다. 학생들이 얼마나 어떻게 잘 하고 있는지에 대해 피드백을 주기 위하여 차트를 사용한다.
- 수학기술과 실제 생활의 관련성에 대해 토론한다. 학생의 일상생활 일부를 문장제 문제로 나타낸다.
- 학생의 학습능력에 대한 긍정적인 기대감을 전달한다. 학생들이 수학에서 높은 성취를 할 수 있다고 믿는 교사의 태도가 중요하다.
- 학생들이 자신의 노력이 성공과 실패 모두에 영향을 미친다는 것을 이해할 수 있도록 돕는다. 이는 학생의 행동이 직접적으로 자신의 성공과 실패에 영향을 미친다는 것을 깨닫도록 돕는 것이다. 또한 자신의 학습을 스스로 통제할 수 있다고 깨달아야 한다.
- 수학에 대해 열정적이고 긍정적인 태도를 모델링하고 수학교수를 하는 동안에 이러한 태도를 유지하도록 한다.
- 학생이 수학과제에 대해 노력하면 강화를 해 주고 오류는 학습할 기회라는 사실을 강조한다.

계산과 문제해결을 위한 교수 실제

[그림 12-1]에 제시한 계산법을 가르치기 위한 교수 요소는 이 장의 뒤에서 제시한 교수 절차와 활동을 사용하고 있다. 학습문제를 가진 많은 학생들은 기본 연산을

[그림 12-1] 계산법을 가르치기 위한 교수 요소

1. 이해를 증진시키기 위한 구체물 경험을 제공한다.
   예: 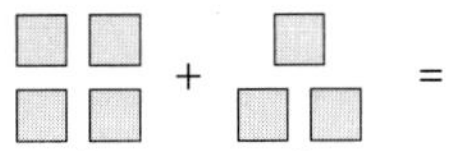
   4 + 3 = ______

2. 이해를 증진시키기 위한 반구체물 경험을 제공한다.
   예: /// + ///
   4 + 3 = ______

3. 숙달하도록 개념적인 활동과 연습을 제공한다.
   예: 4 + 3 = ______

4. 유형과 관계를 보여 주는 법칙을 가르친다.
   예: 0법칙: 어떤 수에 0을 더하면 그 수와 같다.
   4 + 0 = 4
   순서 법칙: 더하기는 더하는 순서에 관계없이 합이 항상 같다.
   4 + 3 = 7　　3 + 4 = 7

5. 문제해결을 위해 연산법을 가르친다
   예: 7 + 2 = ______ 연산법: 큰 수에서 수 세기를 시작한다.

6. 학생이 연산법을 기억하거나 문제해결 순서를 익히도록 암기법을 사용한다.
   예: DRAW
   D(discover): 기호를 찾는다(+, −, ×, ÷).
   R(read): 문제를 읽는다("4 더하기 3은 ____.").
   A(answer): 답을 쓰거나 혹은 선과 계수를 이용해서 문제에 대한 개념적 표상을 '그려' 보고 확인한다(4 + 3= ______).
   //// ///　　　　//// ///
   W(write): 답을 쓴다(4 +3 = __7__).

7. 숙달 및 일반화를 위한 다양한 연습 활동을 제시한다.
   예: 가로형 및 세로형 문제를 제시한다.
   자습시간에 자기 교정 도구, 학습용 게임, 또래교수 및 컴퓨터 보조 교수 등을 사용한다.
   반응 빈도를 증가시키기 위한 활동을 제공한다(1분 테스트 등).

8. 문제해결을 가르친다.
   예: 학생에게 다양한 문장제 문제를 풀게 한다.
   학생에게 직접 문장제 문제를 만들게 한다.
   학생에게 문제해결 전략을 제시한다.

습득하는 데 실패하기 때문에 여기서는 수학을 가르치기 위한 두 개의 프로그램에 대해 논의하고자 한다. 프로그램에 따라 구체물–반구체물–추상적 교수 활동, 기본 법칙과 연산법, 문제해결 중재, 기능적 수학, 어림 그리고 계산기 사용을 제시한다.

Thornton과 Toohey의 수학 프로그램

여러 문헌을 종합해 본 결과 Thornton와 Toohey (1985)는 학습 과제의 **계열과 제시** 방법을 수정하면 학습문제를 가진 학생의 기본 연산기술을 증진시킬 수 있다고 하였다. 그들은 문헌을 토대로 학습문제를 가진 학생들의 기본 지도를 위한 계획 및 적용을 위한 열 가지

지침을 제시하였다. 이 지침은 MATHFACT를 위한 기초를 형성했는데, 이는 호주 퀸즐랜드에서 성공적으로 개발·사용되고 있다(Thornton & Toohey, 1982-1985). 그들의 지침은 다음과 같다.

1. **복습 혹은 재교수에 앞서 선행 학습을 필요한 만큼 고려한다.** 수학적인 개념과 계산은 위계가 있다. 새로운 기술 혹은 개념을 학습하는 데 있어 기본이 되는 개념은 새로운 내용을 알기 전에 학습해야 한다. 예를 들어, 9까지의 덧셈은 뺄셈을 배우기 전에 습득해야 한다.
2. **지속적인 진단과 평가를 제공한다.** 학생의 진보 속도, 오류 유형, 개념에 대한 이해 및 학습 스타일에 대한 관심은 성공적인 수학지도에 필수적이다.
3. **학습을 위해 제시된 연산의 순서를 수정한다.** 전통적인 교수방법으로는 수의 합의 크기에 따라 덧셈을 순서화한다. Thornton와 Toohey(1985)는 다양한 학습자를 위해서 순서를 바꾸는 것이 더 효과적일 수 있다고 하였다. 예를 들어, 미성숙한 학생이나 심각한 결손을 가진 학생의 경우는 다음 72개의 가장 쉬운 덧셈부터 연산을 가르칠 것을 제안하였다. 1씩 늘여서 더하기(+1, +2, +3; 45개의 연산), 0을 더하기(19개의 연산), 같은 수를 이중으로 더하기(6개의 연산), 그리고 합이 10이 되게 하기(6+4와 4+6; 2개의 연산)다.
4. **훈련 전 학생에게 친숙하지 않은 문제를 계산하는 전략을 가르친다.** 학습문제를 가진 많은 학생들은 혼자서 문제를 해결할 수 있는 전략을 배울 필요가 있다. 예를 들면 다음과 같다.

$\begin{array}{r} 7 \\ +2 \\ \hline \end{array}$ $\begin{array}{r} 6 \\ +3 \\ \hline \end{array}$ 큰 수에서 시작해서 세기

$\begin{array}{r} 6 \\ +0 \\ \hline \end{array}$ $\begin{array}{r} 0 \\ +8 \\ \hline \end{array}$ 0을 더하면 그대로 같은 수가 됨

$\begin{array}{r} 8 \\ +6 \\ \hline \end{array}$ $\begin{array}{r} 6 \\ +8 \\ \hline \end{array}$ 더하는 순서는 합에 영향을 주지 않음

전반적으로 쉬운 덧셈, 쉬운 뺄셈, 복잡한 덧셈, 복잡한 뺄셈 등의 순서를 따른다.

5. **각 학생의 학습 스타일에 맞는 활동 유형으로 수정한다.** 학습문제를 가진 학생들은 서로 다른 스타일과 선호도를 가진 다양한 사람들이다. 다양한 반응양식의 선호도를 이용하는 절차는 다음과 같다(Thornton & Toohey, 1985, pp. 52-53).

〈청각적 학습자를 위하여〉

1. 행동과 시범을 보이기에 앞서 언어로 지도를 한다. 각 단계는 (a) 언어적 지시만 하기, (b) 시각적 자극, 구체물 조작 혹은 시범을 보이면서 언어적으로 지시하기로 이루어져 있다.
2. 각 단계에 대한 요약을 언어로 제공한다.
3. 필요하면 아동의 주의를 끌 수 있는 핵심 단어를 사용한다("자 들어 봐." 등).
4. 관련 없는 시각적 자극을 없앤다.

〈시각적 학습자를 위하여〉

1. 언어로 지도하기 이전에 구체적 조작이나 행동으로 시범을 보여 주는 것이 우선이다. 각 단계는 (a) 시각적 자극만 보여 주기, (b) 언어와 함께 시각화하기로 구성된다.
2. 아동에게 행동, 그림 혹은 구체물 조작을 흉내 내어 보게 하거나 시범으로 보여 준다.
3. 각 단계를 요약하여 시각적으로 제시한다.
4. 학생이 시각적 자극을 머릿속 이미지로 그리도록 격려한다. 이미지를 다시 표현할 기회(언어적으로, 그림으로)를 제공한다.
5. 아동의 주의를 끌 수 있는 암시 카드를 사용한다.
6. 조용한 수업을 시도한다.

〈운동적/촉각적 학습자를 위하여〉

1. 모든 지도에 앞서 아동 스스로 목표물을 신체

적으로 조작해 보는 것을 선행한다. 각 단계는 (a) 신체로만 조작하기, (b) 언어적 지시와 함께 신체로 조작하기로 구성된다.

2. 산만하게 하는 시각적 자극이 있으면 제거한다. 아동은 눈을 감거나 등 뒤로 뒷짐 진 손에 목표물을 둔다.
3. 요약(각 단계에 대한 신체적 조작)을 제시한다.
4. 아동의 관심에 집중할 단서 시스템을 사용한다.
5. 촉감이 있는 교구를 사용한다(청소용 솔, 사포, 점토, 모래, 자석판 등).

6. **속도를 조절한다.** 연산교수를 잘하기 위해서 언제 더 빨리 혹은 천천히 할지를 아는 것은 중요하다. 진도에 대한 지속적인 모니터링은 학습 속도를 촉진한다.
7. **학생이 전략을 사용해야 할 때를 알고 배운 것과 새로운 것을 통합시키도록 돕는다.** 학습문제를 가진 학생들은 전략을 배우고 모든 상황에 적용해야 한다. 예를 들어, 학생은 수세기 전략을 배울 것이고 이를 모든 덧셈에 적용할 것이다. 학생의 적절한 전략 사용은 적절한 수학 관련 활동들을 함으로써 강화되어야 한다.
8. **언어적 촉진을 제공한다.** 지도할 동안 반복해서 학생에게 언어적 촉진을 제공한다. 이는 일부 학생들이 스스로 언어적 촉진과 특정 사실을 연관시키도록 돕는다.
9. **학생이 자기 점검 기술을 개발하도록 돕는다.** 학습문제를 가진 많은 학생들은 학습방법에 중점을 두어 기술을 습득할 필요가 있다. 인지적 행동수정 및 학습전략 훈련과 같은 기술은 학생이 과제 및 상황에 유용한 자기 점검 기술을 발전시킬 수 있도록 한다.
10. **숙달된 후에도 연습을 계속하게 한다.** 일단 숙달되면 학습문제를 가진 학생들이 그것을 장기 기억 속에 저장하도록 도울 수 있는 활동을 강조한다. 이는 일반적으로 다양한 훈련 활동과 높은 수준의 과제 수행을 필요로 한다. 학습용 게임, 자기 교정 자료, 또래교수 및 정기적인 점검은 완전학습을 유지시킬 수 있는 적절한 활동이다.

Mercer와 Miller의 수학 프로그램

전략적 수학 시리즈(Strategic Math Series; Mercer & Miller, 1991~1993)는 수학의 기본을 가르치기 위한 7단계로 특징지어진다.

- 1단계: 사전검사를 한다.
- 2단계: 구체물을 이용하여 가르친다.
- 3단계: 표식을 이용하여 가르친다.
- 4단계: 'DRAW' 전략을 소개한다.
- 5단계: 개념적인 내용을 가르친다.
- 6단계: 사후검사를 한다.
- 7단계: 유창성을 위한 연습을 제공하고 문제해결 전략을 발전시킨다.

수학의 기본 연산을 가르치기 위하여 전략적 수학 시리즈의 모든 단원에는 효과적 교수에 관한 연구를 통해 개발된 일련의 절차가 포함되어 있다. 이 단계는 학습문제를 가진 학생들에 대한 효과가 입증되어 온 것들이다. 지도 순서는 다음과 같다.

1. **선행 조직자 제시하기.** 각 단원의 첫 번째 구성 요소는 학생의 학습을 준비시키는 조직자다.
2. **설명하고 시범 보이기.** 이 요소는 교사가 계산과정을 설명하고 시범을 보이는 것으로 다음의 두 가지 기본 절차를 따른다. 첫 번째 절차에서 교사는 학습지에서 하나 이상의 문제에 대한 답을 계산하는 법을 시범 보이면서 크게 소리 내어 질문하고 답한다. 문제를 계산할 때 교사는 학생이 문제풀이 과정을 더 잘 이해할 수 있도록 생각을 언어로 표현

해야 한다. 두 번째 절차에서 교사는 계속해서 하나 이상의 문제를 푸는 법을 시범 보이고, 학생의 반응을 이끌어 내며, 정답을 이끌어 내기 위해 촉진이나 단서를 사용한다. 따라서 두 번째 절차에서는 교사와 학생이 함께 학습한다.

3. **교사의 지도를 받으며 실행하기.** 교사의 지도를 받으며 실행하는 것은 교사가 학생들이 혼자서 문제해결을 하는 방향으로 학생을 교육하고 지원하는 것이다. 이 시기 동안 교사는 두 가지 절차를 따른다. 첫 번째 절차에서 교사의 역할은 학생의 사고과정을 촉진하는 것이다. 정반응을 이끌어 내기 위하여 교사는 질문을 하고 촉진과 단서를 사용하여 학생 반응을 이끌어 낸다. 따라서 성공을 보장하는 방식으로 문제를 통해 학생을 지도한다. 두 번째 절차에서 교사는 학생들이 학습지의 다음 문제를 풀도록 지도한다. 학습자 개개인에게 필요한 만큼만의 보조를 제공한다.
4. **독립적으로 수행하기.** 독립 수행은 수업의 중요한 요소다. 이는 교사가 학생이 문제를 독립적으로 풀 수 있을지를 결정하도록 한다. 이 요소를 위해 학생들에게 간단한 지시사항을 제시한다. 학생들이 이전에 학습한 기술과 전략을 사용할 수 있도록 상기시켜 주는 말을 사용한다. 일반화를 향상시키기 위해서 학생은 가로형과 세로형 문제를 모두 푼다. 숙달을 촉진시키기 위해서 각 연산의 규칙과 관계(구조)를 다룬다. 이 시기 동안 교사는 어떠한 도움도 제공하지 않는다.
5. **문제해결 수행하기.** 계산의 독립연습과 같이 모든 수업에서 문제해결의 연습은 중요한 요소가 되어야 한다. 학생에게 문제해결에 필요한 사고과정을 가르치기 위해서는 교사가 문장제 문제 풀이의 점진적인 단계를 사용한다. 예를 들면, 학생은 수업 전반부에서 세 단어가 있는 문제를 풀고 수업 후반부에서는 직접 문장제 문제를 만든다. 이와 같은 방식으로 학생들은 문제와 관련 없는 정보를 걸러내는 것을 배운다. 따라서 학생들이 연산 프로그램을 마치면 관계없는 정보의 유무에 상관없이 문장제 문제를 풀 수 있고 스스로 문장제 문제를 만들 수 있다.
6. **피드백 제공하기.** 학습에 있어 적절한 피드백은 중요하기 때문에 모든 수업은 피드백 요소를 포함한다. 이 요소는 Kline와 동료들(1991)이 개발한 정교한 피드백 과정을 따르며, 교사가 학생의 정답을 알아보고 칭찬하게 하여 앞으로 나타날 수 있는 오류를 방지할 수 있게 한다. 연산 관련 진보를 나타내는 차트를 사용하여 피드백을 촉진할 수 있다. 차트 위에 교사와 학생은 학습지상의 마지막 10문항에 대한 학생의 점수를 표시한다.

전략적 수학 시리즈는 현장에서 사용되어 탁월한 결과를 산출했다(Mercer & Miller, 1992; Miller, Mercer, & Dillon, 1992). 교육현장에서 나온 결과는 109명의 학습장애 학생들이 수학 연산에 대한 계산기술을 습득하고, 관련 없는 정보가 있든 없든 문장제 문제를 풀고, 연산을 포함한 문장제 문제를 만들고, 어려운 문제에 기억전략을 적용하며, 계산의 속도가 증가하고, 검사자와 환경 및 과제의 변화에 상관없이 수학기술을 일반화하는 것을 보여 주었다.

구체물-반구체물-추상적 활동

구체물, 반구체물 및 추상(CSA) 계열(11장 참조)은 수학적 개념, 기술, 문장제 문제를 가르치기 위해 수학적 이해를 시키는 데 적절하다. 조작물의 사용이 효과적인 결과를 얻기 위해서는 다음의 몇 가지 구체적인 지침이 필요하다.

- 추상적 경험 전에 구체물(조작물) 경험에서 반구체물 경험으로 교수를 진행한다.

- 조작물을 사용하는 주요 목적은 학생이 수학적 과정의 정신적 이미지를 이해하고 개발하도록 돕는 것이다.
- 활동은 정확하게 실제적 과정을 표상해야 한다. 예를 들면, 조작적 활동과 지필 활동 간에 직접적 상관이 있어야 한다.
- 개념 하나를 가르칠 때는 하나 이상의 조작적 사물을 사용해야 한다.
- 학생 개개인은 조작물을 각각 사용한다.
- 조작적 경험은 사물의 움직임을 포함해야 한다. 학습은 사물 자체보다는 사물에 대한 학생의 신체적 움직임에서 발생한다.
- 교사는 계속적으로 학생들이 사물을 조작함에 따라 학생에게 움직임에 대한 질문을 해야 한다. 그리고 학생이 자신의 생각을 언어로 표현하도록 격려해야 한다.

CSA 교육의 의미는 학생이 기본 연산 및 연산법을 기억하기 전에 수학적 개념을 이해해야 한다는 것이다. 수업은 학생이 CSA 계열에 따라 계산문제를 풀기 위해 3차원 사물을 사용하는 구체물 단계에서 시작한다. 구체물 단계에서 성공적으로 문제를 푼 후에 학생은 반구체물(표상) 단계로 넘어간다. 반구체물 단계에서 학생은 2차원의 그림(예: 그림 또는 선, 단위 표시)을 사용한다. 이 단계에서 성공적으로 문제를 푼 후에 학생은 다음 단계인 추상 단계에서 공부하기 시작한다. 추상 단계에서 학생은 계산문제를 보고 사물이나 그림을 사용하지 않고 문제를 푼다. 학생은 문제를 읽고 답을 기억하거나 답을 계산하는 방법을 생각한다. 그다음엔 답을 적는다. 학생이 문제에 답을 못하는 것이 아니라면 어떠한 사물이나 그림도 계산에서 사용하지 않는다. 수학에서의 성공은 추상 단계에서 문제를 해결하는 능력을 요구하기 때문에 이 단계의 학생 숙달은 매우 중요하다. 다양한 계산기술을 가르치기 위하여 CSA 계열을 사용하는 예시는 다음에서 찾아볼 수 있다.

자릿값

구체물 단계에서 자릿값을 가르치기 위하여 2개의 플라스틱 컵, 빨대 한 묶음, 블록 한 세트를 준비한다. 보드판 위에 컵을 2개 놓는다. 오른쪽 컵에는 일(낱개), 왼쪽 컵에는 십이라는 이름표를 붙인다. 학생에게 블록의 개수를 세라고 말한다. 학생이 블록을 하나씩 셀 때마다 빨대를 낱개 컵에 넣는다. 블록 9개를 세고 빨대가 낱개 컵에 9개 들어가면 수 세기를 멈춘다. 열 번째 빨대를 꽂기 전에 학생에게 십이라고 적힌 컵 안의 빨대 1개는 10개의 사물을 대표함을 설명한다. 학생은 낱개 컵에서 빨대 9개를 빼고 낱개 10개와 바꾼 빨대 1개를 십이라고 적힌 컵 안에 넣는다. 그다음에 학생은 계속해서 블록을 세고 빨대를 꽂는다. 다음과 같이 수 세기를 계속한다. 10이 1개와 낱개 1개, 10이 1개와 낱개 2개…… 10이 3개와 낱개 4개, 10이 3개와 낱개 5개 등등. 매번 낱개가 10개가 되면 낱개 컵을 비우고 십 컵에 빨대 1개를 넣는다. 학생이 10이 1개와 낱개 1이 11인 것을 알고 10이 3개와 낱개 5개는 35인지를 알더라도 자릿값을 가르칠 동안 학생이 이렇게 세는 것에 익숙해지도록 북돋아 준다. 학생은 과제를 쉽게 수행할 수 있을 때까지 블록과 빨대 세기를 계속하도록 한다.

반구체물 단계에서는 블록, 빨대, 컵 대신에 그림을 사용한다. 예를 들면 다음과 같다.

과제: 개수를 세어 각 컵 안에 수만큼 넣는다.

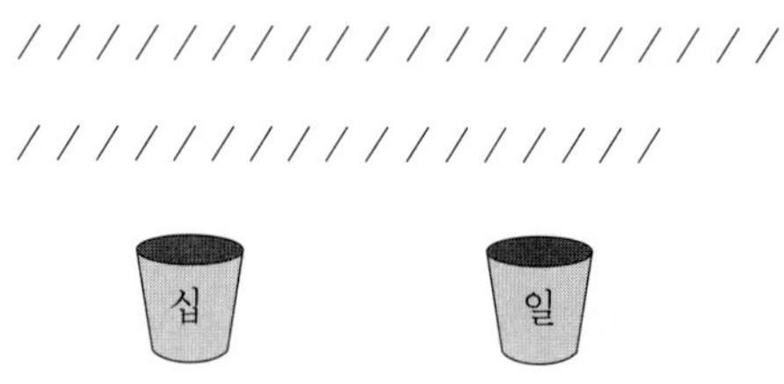

완성된 과제는 다음과 같다.

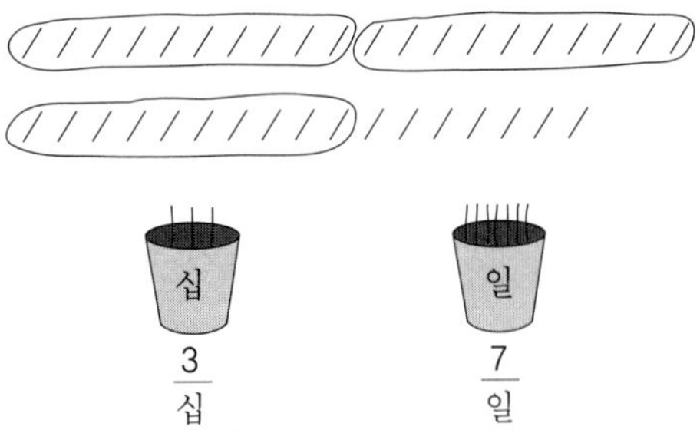

점차적으로 컵 그림을 없애면서 다음으로 대체한다.

_____ _____
십 일

물건은 실제 물건의 그림으로 바꿀 수 있다.

개념적인 단계에서 수를 점차적으로 더해 간다. 예를 들면 다음과 같다.

과제 1: 항목을 세고 십의 개수와 낱개의 수를 구분해 본다.

//

____ 십 ____ 일

××××××××××××××××××

____ 십 ____ 일

과제 2: 각 수에서 십의 개수와 낱개의 수를 구분해 본다.

24는 10이 _____ 개, 1이 _____ 개

87은 10이 _____ 개, 1이 _____ 개

이 활동은 구체물, 반구체물 및 추상 단계에서 자릿값을 지도하는 방법을 제시한 것이다. 교사는 이 세 가지 단계 모두에서 여러 가지 활동으로 확장하여 할 수 있다.

덧셈: 1~9

9까지 더하기를 학습하는 것은 다음 단계의 수학학습을 위한 기초가 된다. 이 기본 덧셈은 숙달되어야 한다.

구체물 단계: 6 + 3= __________

학생은 첫 번째 숫자를 보고 같은 수의 물건을 센다. 두 번째 숫자를 보고 같은 수만큼 센다. 합계를 구하기 위하여 물건을 다 합쳐서 센다.

예:

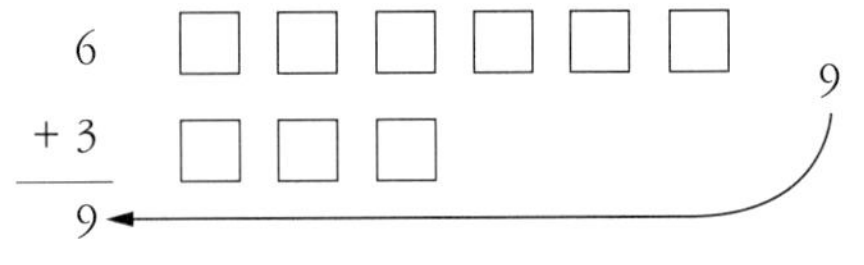

반구체물 단계: 6 + 3 = __________

학생은 첫 번째 숫자와 같은 수만큼 막대를 그린다. 두 번째 숫자와 같은 수만큼 막대기를 표시한다. 합계를 구하기 위하여 모두 더한다.

예:

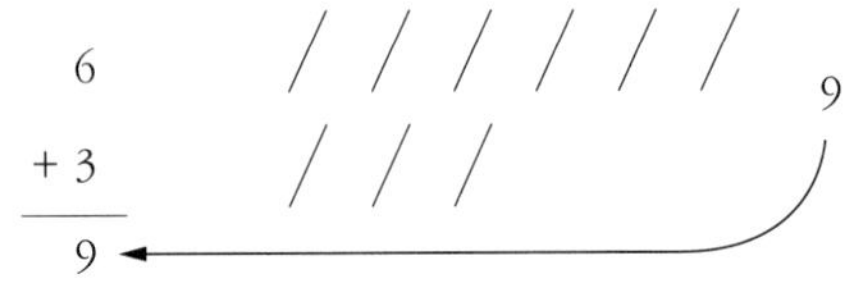

추상 단계: 6 + 3 = __________

학생은 문제를 보고 물건이나 그림 없이도 풀 수 있다. 학생은 계산법(예: 큰 수에서 시작해서 세기) 혹은 문제해결을 위해 기억이나 연산법을 사용한다.

예:

$$\begin{array}{r} 6 \\ +\ 3 \\ \hline 9 \end{array} \quad \text{혹은 } 6 + 3 = 9$$

덧셈: 10~18

9까지 더하기와 두 자릿수에 대한 자릿값을 학습했으면 학생은 18까지의 덧셈을 학습할 준비가 된 것이다.

구체물 단계: 7 + 5 = __________

학생은 첫 숫자를 보고 같은 수만큼 물건을 센다. 두 번째 숫자를 보고 같은 수만큼 물건을 센다. 학생은 물건을 10개와 2개로 다시 배열한다. 10이 1개와 1이 2개, 또는 12라고 답을 쓰고 말한다.

예:

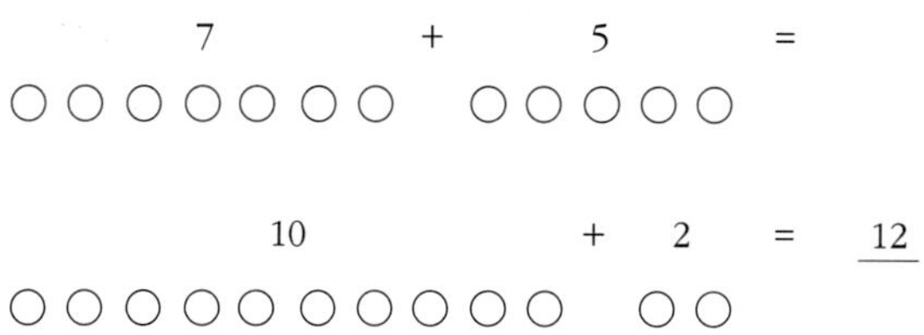

반구체물 단계: 7 + 5 = __________

학생은 첫 숫자와 같은 수만큼 단위 표시로 막대기를 그린다. 두 번째 숫자와 같은 수만큼 막대기를 표시한다. 합계를 구하기 위하여 모두 더한다. 학생은 10개를 한 묶음으로 묶고, 답을 10이 1개, 1이 2개라고 적는다.

예:

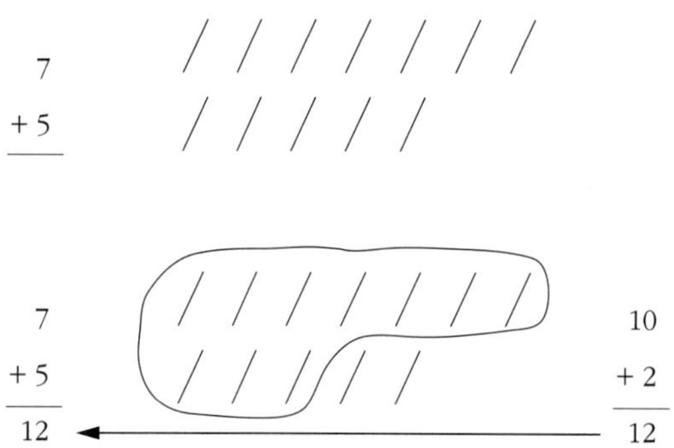

추상 단계: 7 + 5 = __________

학생은 기억이나 연산법을 사용해서 문제에 답한다.

예:

$$\begin{array}{r} 7 \\ +\ 5 \\ \hline 12 \end{array} \quad \text{혹은 } 7 + 5 = 12$$

받아올림

구체물에서 반구체물 단계로 넘어갈 때 교사는 실제 사물을 그림, 점 혹은 단위 표시로 간단히 대체한다. 반구체물에서 추상 단계로 넘어가면 그림, 단위 표시에서 수로 대체한다. 다음은 받아 올려 더하는 것을 가르치는 교사들에게 도움이 되는 예들이다.

구체물 단계: 26 + 17 = __________

학생은 첫 숫자를 보고 십의 자리와 일의 자리에 해당하는 사물의 수를 센다. 두 번째 숫자를 보고 십의 자리와 일의 자리에 해당하는 사물의 수를 센다. 학생은 낱개의 총수가 십이 넘으면 십의 자리로 재배열한다. 일의 자리와 십의 자리의 총합을 세고 답을 쓴다.

예:

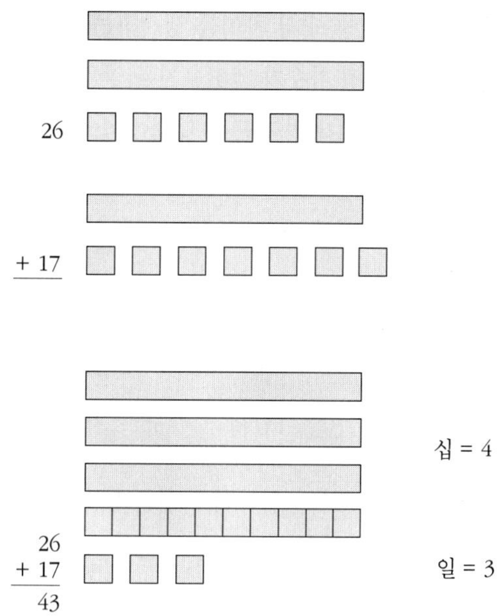

반구체물 단계: 26 + 17 = __________

학생은 첫 숫자를 보고 십과 일을 표시하는 그림을 그린다. 두 번째 숫자를 보고 십과 낱개를 표시하는 그림을 그린다. 학생은 낱개의 총수가 십이 넘으면 십의 자리로 재배열한다. 일의 자리와 십의 자리의 총합을 세고 답을 쓴다.

예:

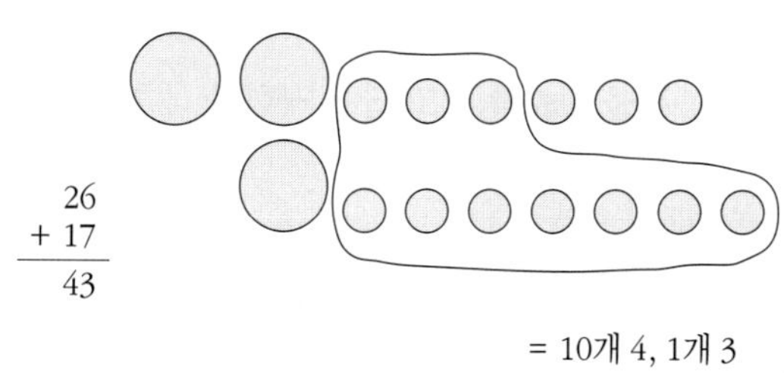

추상 단계: 26 + 17 = __________

학생은 연산법을 사용해서 문제에 답한다.

예:

$$\begin{array}{r} 26 \\ +\ 17 \\ \hline 43 \end{array} \quad \text{혹은 } 26 + 17 = 43$$

뺄셈: 1~9

9까지 더하기를 배운 후 빼기(1~9)를 가르치는 것은 간단하다. 뺄셈은 두 수의 차이를 생각하는 대신에 '더하기' 에서처럼 어떤 가수가 빠졌는지를 알아낸다. 이러한 빠진 가수를 알아내는 접근은 덧셈에서 사용하는 원리와 같다. 따라서 학생들은 덧셈을 알아야 뺄셈을 할 수 있다. 예를 들어, 학생이 구하려는 답이 무엇인지에 따라 더하기 혹은 빼기 등식으로 표현할 수 있다.

덧셈: 4 + 3 = <u>7</u> (가수 + 가수 = 합계)
뺄셈: 7 − 3 = <u>4</u> (합계 − 가수 = 차)

뺄셈에서 차를 구하기 위하여 학생은 덧셈에 관한 지식을 사용한다. "3에 얼마를 더해야 7과 같아질까?" 따라서 7−3=____을 풀 때, 문제는 3+____=7이 된다. 이 방법도 수학적으로 적절하나 '개수를 덜어내는' 방법을 학습장애 학생을 가르칠 때 더욱 광범위하게 사용한다. 개수를 덜어내는 접근법은 문장제 문제를 풀거나 뺄셈과정을 설명할 때 보다 적절하다. 9 이하의 뺄셈에서 세 단계의 뺄셈과정은 다음과 같다.

구체물 단계: 7 − 3 = ________

학생은 첫 번째 숫자를 보고 같은 사물의 수를 센다. 학생은 두 번째 수를 보고 그 수만큼 사물을 제거한다. 남아 있는 사물의 수를 세고 답을 구한다.

예:

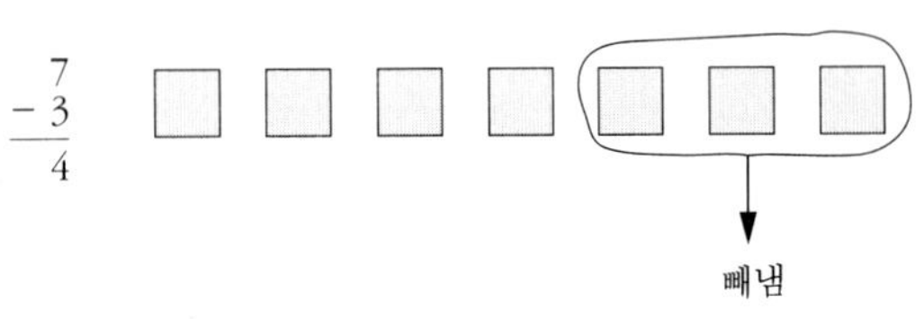

반구체물 단계: 7 − 3 = ________

학생은 첫 번째 수를 보고 개수만큼 막대를 그린다. 두 번째 수를 보고 해당하는 수만큼 X를 만들어 지운다. 답을 쓰기 위해 남은 수만큼 센다.

예:

$$\begin{array}{r} 7 \\ -\ 3 \\ \hline 4 \end{array} \quad \text{////XXX}$$

추상 단계: 7 − 3 = ________

학생은 기억 혹은 연산법을 사용하여 답을 쓴다.

예:

$$\begin{array}{r} 7 \\ -\ 3 \\ \hline 4 \end{array} \quad \text{혹은 } 7 - 3 = 4$$

뺄셈: 10~18

10~18범위의 수를 포함하여 뺄셈을 할 때 학생은 자릿값을 알아야 한다(예: 십의 자리에서 받아내려 빼기). BBB규칙을 사용할 수 있다. 즉, 뺄셈에서 일의 자리에 있는 감수(Bottom number)가 피감수보다 크면(Bigger) 십의 자리에 있는 한 개의 십을 낱개로 쪼개서(Break) 계산한다.

구체물 단계: 14 − 6 = ________

학생은 첫 번째 수를 보고 그 수만큼 사물을 세고 그것을 십의 자리와 일의 자리 수로 배열한다. 학생은 두 번째 수를 보고 앞서 배열한 사물에서 그 수만큼을 덜어낸다. 남아 있는 사물을 세고 답을 구한다.

예:

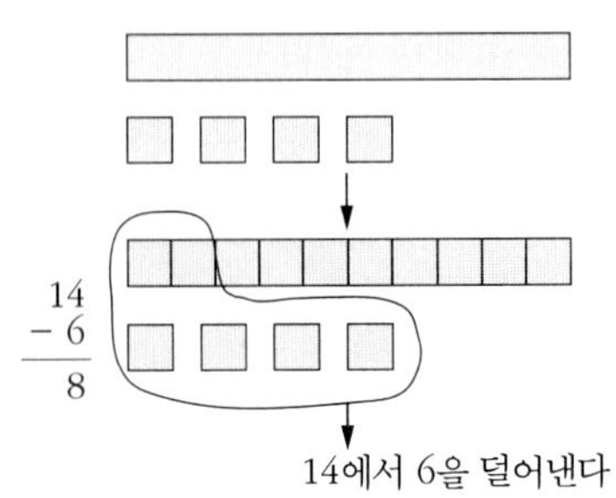

반구체물 단계: 14 − 6 = ________

학생은 첫 번째 수를 보고 10을 표시하는 한 개의 선과 낱개 4를 표시하는 선을 그린다. BBB 규칙을 사용하여 10을 낱개로 분할한다. 두 번째 수를 보고 해당 수만큼 낱개를 지운다. 남아 있는 수를 세어 답을 적는다.

예:

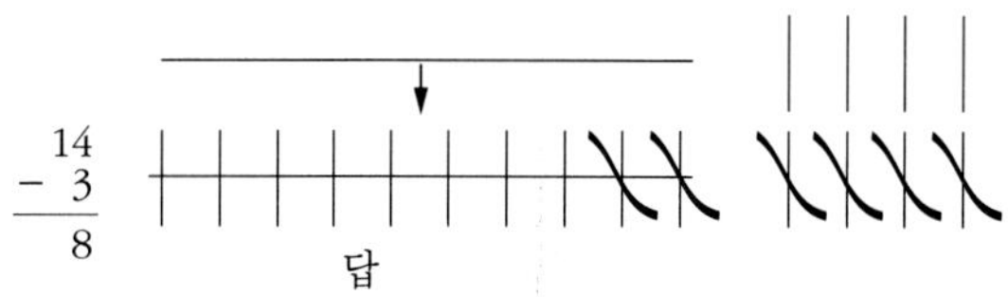

추상 단계: 14 − 6 = ________

학생은 기억 혹은 연산법을 사용하여 답을 쓴다.

예:

$$\begin{array}{r} 14 \\ -\ 6 \\ \hline 8 \end{array} \quad \text{혹은 } 14 - 6 = 8$$

받아내림

다음은 교사가 세 가지 단계에서 받아 내려 빼기하는 것을 지도하도록 돕는 예다.

구체물 단계: 33 − 18 = ________

학생은 첫 번째 수를 보고 그 수만큼 사물을 세고 그것을 십의 자리와 일의 자리 수로 배열한다. 학생은 두 번째 수를 보고 BBB 규칙을 사용하여 해당 수만큼 낱개를 지운다. 남아 있는 수를 세어 답을 적는다.

예:

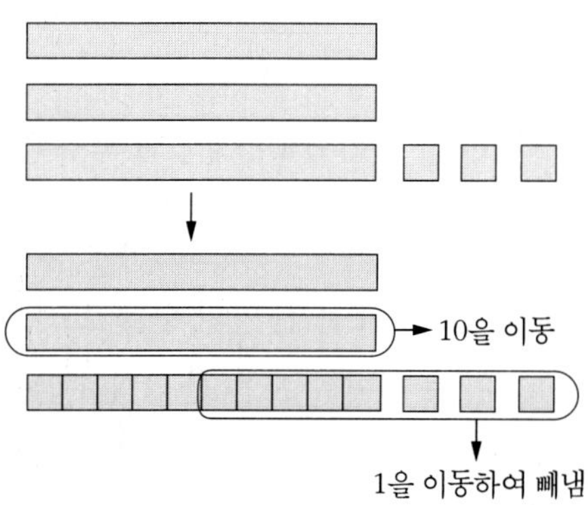

반구체물 단계: 33 − 18 = ________

학생은 첫 번째 수를 보고 십과 일을 표시하는 그림을 그린다. 학생은 두 번째 수를 보고 BBB 규칙을 사용하여 해당 수만큼 낱개를 지운다. 남아 있는 수를 세어 답을 적는다.

예:

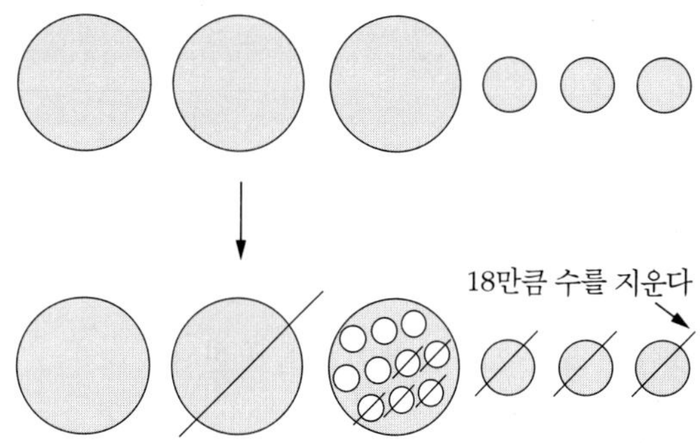

답은 10이 1개와 낱개 5개, 또는 15

추상 단계: 33 − 18 = ________

학생은 기억 혹은 연산법을 사용하여 답을 쓴다.

예:

$$\begin{array}{r} 33 \\ -\ 18 \\ \hline 15 \end{array} \quad \text{혹은 } 33 - 18 = 15$$

곱셈

100개의 기본 곱셈 연산(×0~×9)은 보다 복잡한 곱셈을 위한 기초가 된다.

구체물 단계: 3 × 4 = ________

학생은 첫 번째 수를 보고 그 수만큼 종이접시를 선택한다. 학생은 두 번째 수를 보고 각 접시에 그 수만큼 구체물을 담는다. 답을 구하기 위하여 구체물의 수를 세어 더한다.

예:

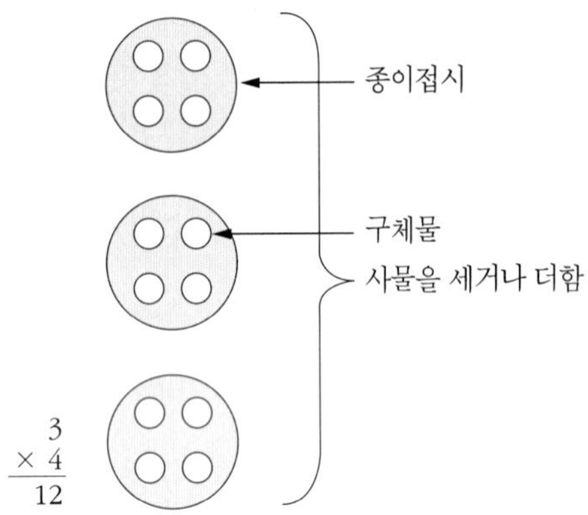

반구체물 단계: 3 × 4 = ________

학생은 첫 번째 수를 보고 그 수만큼 가로선을 긋는다. 두 번째를 보고 그 수만큼 막대를 각각의 가로선 위에 그린다. 모든 개수를 세어 답을 구한다.

예:

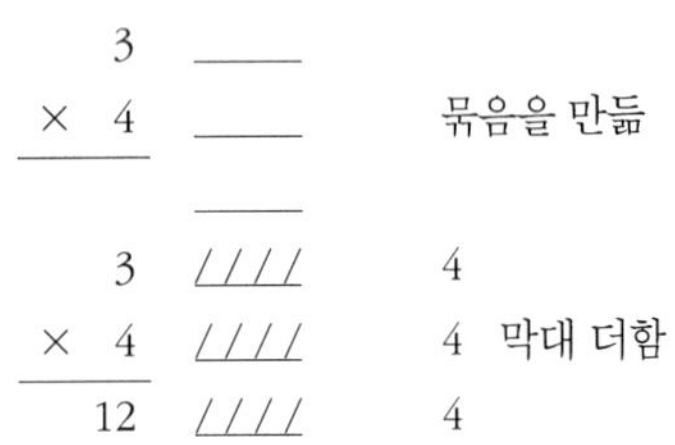

추상 단계: 3 × 4 = ________

학생은 기억 혹은 연산법을 사용하여 답을 쓴다.

예:

$$\begin{array}{r} 3 \\ \times\ 4 \\ \hline 12 \end{array} \quad \text{혹은 } 3 \times 4 = 12$$

나눗셈

나눗셈은 사칙연산 중 가장 어렵다. 예를 들어, 여러 자리 나눗셈은 몫을 구하기 위하여 나누기, 곱하기 및 빼기 계산을 해야 한다. 다음은 나눗셈 문제를 구체물을 묶는 방법으로 푸는 것을 보여 준다.

구체물 단계: 12 ÷ 4 = ________ 혹은 $4\overline{)12}$

학생은 첫 번째 수 또는 선 안에 들어간 수를 보고 그 수만큼 구체물을 센다. 두 번째 수 또는 선 밖의 수를 보고 그 수에 따라 구체물을 묶는다. 묶음을 세어 답을 구한다.

예:

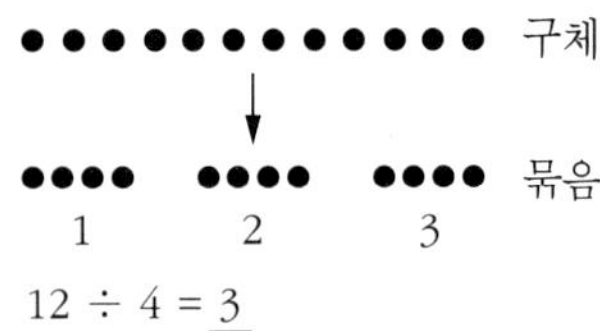

반구체물 단계: 12 ÷ 4 = ________ 혹은 $4\overline{)12}$

학생은 첫 번째 수 또는 선 안의 수를 보고 그 수만큼 막대를 그린다. 두 번째 수 또는 선 밖의 수만큼 가로선을 그리거나 원으로 묶은 후 그 안에 막대를 그린다. 묶음을 세어 답을 구한다.

예:

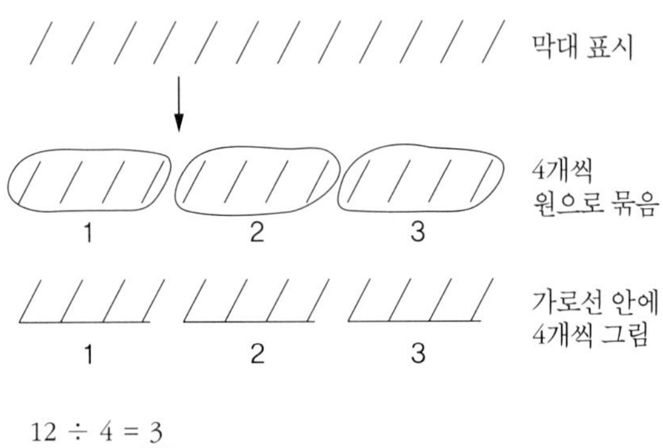

추상 단계: 12 ÷ 4 = ________ 혹은 $4\overline{)12}$

학생은 기억 혹은 연산법을 사용하여 답을 쓴다.

예:

$$12 \div 4 = \underline{\ 3\ } \quad \text{혹은} \quad \begin{array}{r} 3 \\ 4\overline{)12} \end{array}$$

나머지가 있는 나눗셈

다음은 나머지가 있는 나누기 문제를 보여 준다.

구체물 단계: 20 ÷ 3 = ________ 혹은 $3\overline{)20}$

학생은 첫 번째 수 또는 선 안의 수를 보고 그 수만큼 구체물을 센다. 두 번째 수 또는 선 밖의 수만큼씩 구체물을 묶는다(선으로 묶는다). 학생은 몇 묶음인지를 세고 묶음에 들어가지 않은 나머지를 세어 답을 구한다.

예:

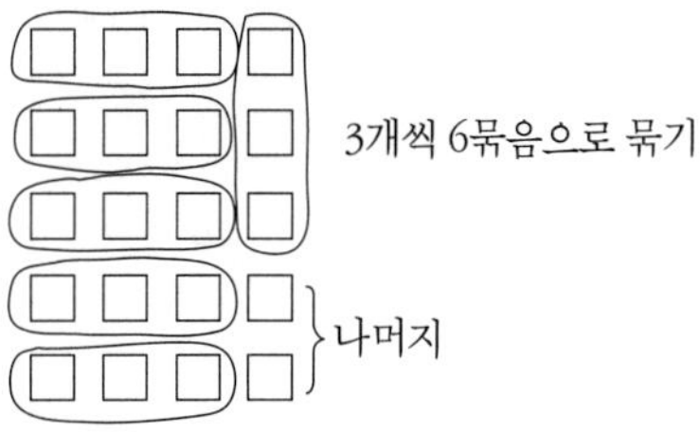

20 ÷ 3 = 6, 나머지는 2

반구체물 단계: 20 ÷ 3 = ________ 혹은 $3\overline{)20}$

학생은 첫 번째 수 또는 선 안의 수를 보고 그 수만큼 막대를 그린다. 막대들을 두 번째 수 또는 선 밖의 수만큼 원에 들어가게 묶는다. 묶음을 세어 답을 구한다. 학생은 몇 묶음인지를 세고 묶음에 들어가지 않은 나머지를 세어 답을 구한다.

예:

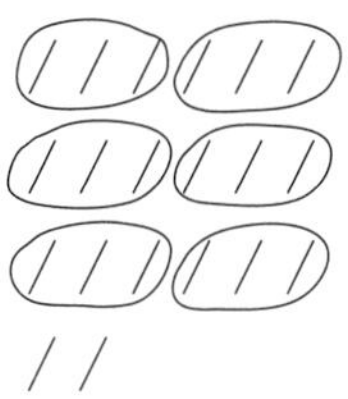

20 ÷ 3 = 6, 나머지는 2

이 단계에서 학생은 나눗셈을 하기 위해 격자판(아세테이트로 되어 유성펜을 사용할 수 있는 판)을 사용할 수 있다. (예: 20 ÷ 3) 문제를 풀기 위하여 학생은 스무 번째의 네모 칸에 동그라미 표시를 한다. 처음의 세 칸은 1, 다음 세 칸은 2, 그 다음 세 칸은 3으로 표시하고, 스무 번째 칸까지 계속해서 세 칸씩 진행하면 두 칸이 남게 된다. 예를 들면 다음과 같다.

1	1	1	2	2	2	3	3	3	4
4	4	5	5	5	6	6	6	X	(X)

학생은 스무 번째 네모 칸에 동그라미 표시를 해 둔다. 20 ÷ 3 = 6 ⋯ 2

추상 단계: 20 ÷ 3 = ________ 혹은 $3\overline{)20}$

학생은 기억 혹은 연산법을 사용하여 답을 쓴다.

예:

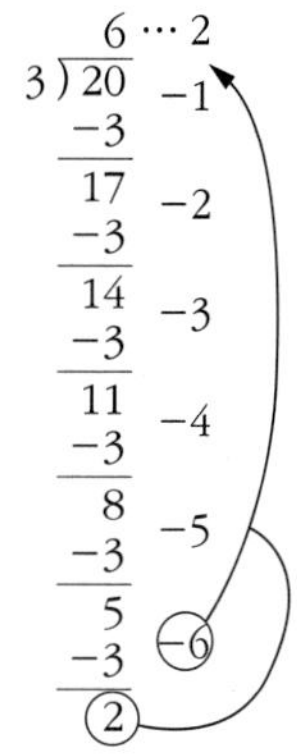

분수 이해

교사는 분수 계산에 필요한 여러 가지 기술을 가르치기 위해 다음 과제를 활용할 수 있다.

구체물 단계:

[ ]를 1이라고 하고 보다 작은 크기의 블록으로 분수의 하위 영역을 표시한다.

[ ]는 블록으로 분할하거나 블록을 넣는 칸이 될 수 있다. $\frac{1}{4}$, $\frac{1}{3}$, $\frac{1}{2}$ 등을 표시하기 위해 블록을 사용한다.

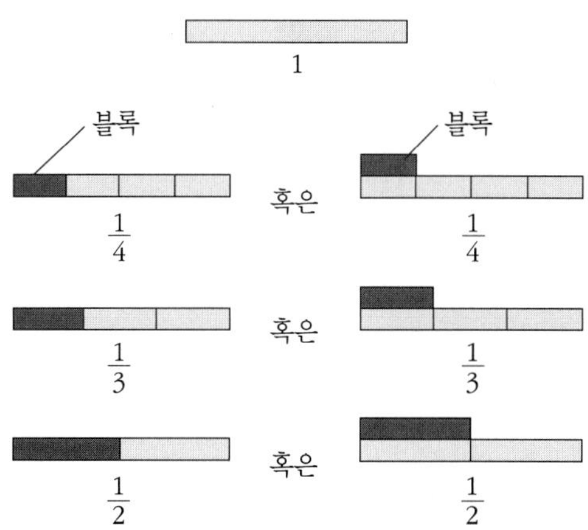

분수의 구체물 학습 단계에서 다양한 상업용 교구들을 활용할 수 있다〔예: 퀴젠네어로드(서로 다른 길이와 색을 지닌 상업용 교구), 유니픽스 큐브(주: 수나 수개념 교수학습에 사용되는 다채로운 색상을 가진 큐브형 교구)〕.

반구체물 단계:

그림을 보고 분수를 쓴다.

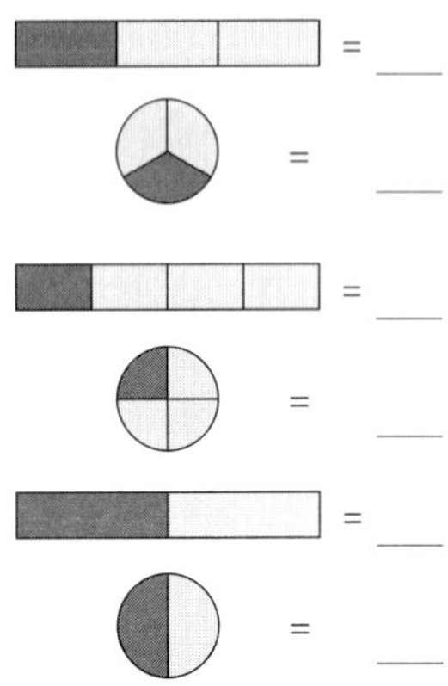

추상 단계: 수를 사용하여 $\frac{1}{4}$, $\frac{1}{3}$, $\frac{1}{2}$를 표현한다.

분모가 같은 분수 더하기

구체물 단계: ($\frac{1}{3}$ + $\frac{1}{3}$)

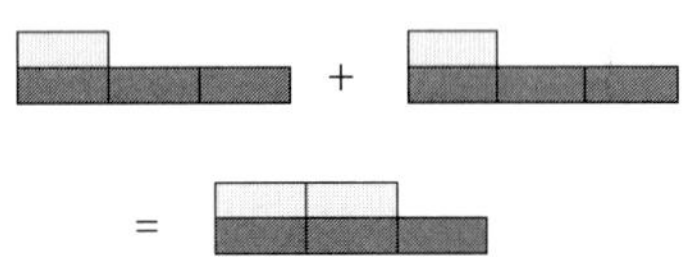

반구체물 단계: ($\frac{1}{4}$ + $\frac{2}{4}$)

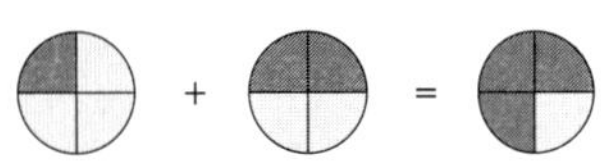

추상 단계:

$$\frac{1}{3} + \frac{1}{3} = \frac{\square}{\square}$$

$$\frac{1}{4} + \frac{2}{4} = \frac{\square}{\square}$$

대분수의 덧셈과 뺄셈

구체물 단계:

• 과제 1: 실제 블록을 사용한다($3\frac{2}{3} + 2\frac{2}{3}$).

• 과제 2: 끈을 사용한다($5\frac{1}{4} - 2\frac{3}{4}$).

반구체물 단계:

• 과제 1: 그림을 사용한다($3\frac{2}{3} + 2\frac{2}{3}$).

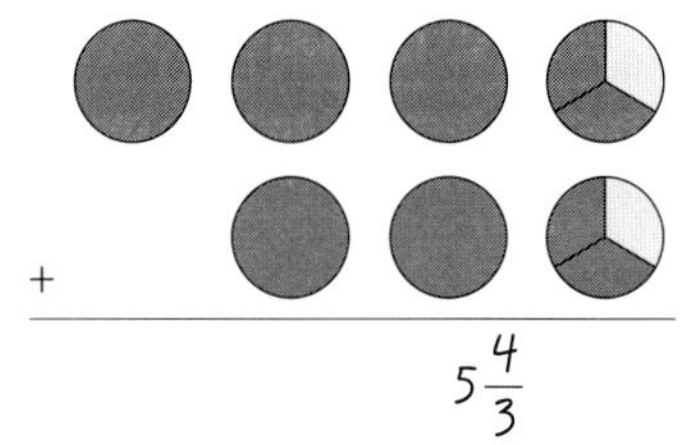

• 과제 2: 선을 사용한다($5\frac{1}{4} - 2\frac{3}{4}$)

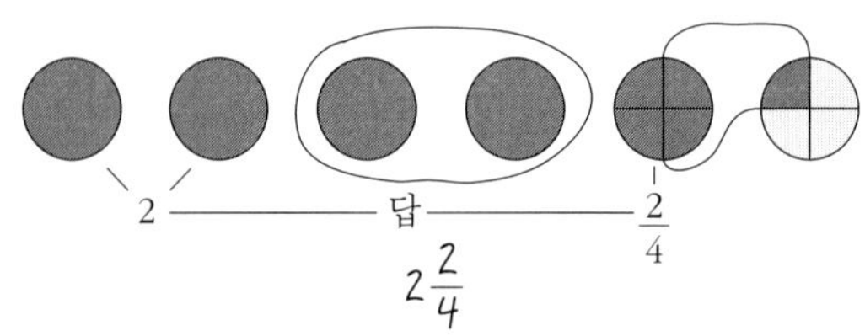

추상 단계:

$$\begin{array}{r} 3\frac{2}{3} \\ +\ 2\frac{2}{3} \\ \hline 5\frac{4}{3} = 6\frac{1}{3} \end{array}$$

$$\begin{array}{rcl} 5\frac{1}{4} & = & 4\frac{5}{4} \\ -\ 2\frac{3}{4} & = & 2\frac{3}{4} \\ \hline & & 2\frac{2}{4} = 2\frac{1}{2} \end{array}$$

다양한 수준의 분수 곱하기, 나누기 활동은 이 장 후반부의 분수 활동들을 참조한다.

기본 법칙과 연산법

기본 법칙과 연산법을 가르치는 것은 학생이 수학을 보다 효과적으로 계산하도록 돕는다. 또한 많은 규칙과 연산법은 학생의 이해력과 문제해결력을 기르는 기본이다.

덧셈 법칙

다음의 다섯 가지 덧셈 법칙은 수학을 이해하는 데 기본이 된다.

1. 순서 법칙: 더하는 순서는 답에 영향을 주지 않는다 (교환적 성질; 6+3=9, 3+6=9).

2. 0법칙: 어떤 수에 0을 더해도 어떤 수가 된다(3+0=3, 0+7=7).
3. 1법칙: 어떤 수에 1을 더하면 숫자 하나 더 큰 수가 된다 (3+1=4, 18+1=19).
4. 9법칙: 9에 0보다 큰 한 자릿수를 더하는 것은 그 수에 −1을 하고 10을 더하는 것과 결과가 같다 (9+7=6+10=16).
5. 10법칙: 10에 한 자릿수(0~9 사이)를 더하면 더해진 수만큼으로 바뀐다(10+6=16).

덧셈 연산법

학생이 18까지의 덧셈을 익혔다면 십진법의 활용이 계산에 유용할 수 있다.

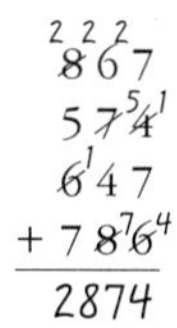

보기처럼 오른쪽 가장 위부터 시작한다. 7+4=11. 이는 10과 1로 다시 쓸 수 있다. 10을 올림하고 4를 지운 후 1을 쓴다. 1+7=8. 그다음 8+6=14. 10을 올림하고 남은 4는 6을 지우고 그 자리에 쓴다. 4를 일의 자리 답란에 적는다.

일의 자리에서 2번 지운 것은 20이 올림이 되는 것을 의미한다. 따라서 십의 자리 위에 20을 의미하는 2를 쓴 후 더해 나간다. 6과 더하고 계속 더해서 합이 10이거나 그 이상이 될 때까지 더한다. 20+60=80. 80+70=150. 574의 7을 지운 후 5라고 쓰고 다시 더해 나간다. 50+40=90. 90+80=170. 786의 8을 지우고 7이라고 쓰고 십의 자리 칸에 7이라고 적는다. 십의 자리 칸에 쓰지 않은 100이 2개 남아 있다. 따라서 십의 자리에서 그은 2개의 선은 200이 올림되는 것을 말한다. 백의 자리 제일 위로 2를 올림하고 덧셈을 시작한다. 200은 800에 더해지고 같은 방법으로 더해 나간다.

또 다른 연산법으로 다음과 같은 부분 더하기 방법도 있다.

```
  47
+ 28
----
  15
  60
----
  75
```

이 계산법에서는 일의 자릿수의 합이 10과 같거나 그 이상이면 그대로 두 수를 일과 십의 자리에 쓴다. 주어진 예에서 7+8=15이므로 그대로 15라고 쓰면 된다. 다음 십의 자릿수를 더해 합계를 일의 자리의 합계 밑에 적는다. 이 경우 40+20=60이 된다. 이후 두 수를 더하면 된다.

왼쪽에서 오른쪽으로 더하는 연산법도 있다. 이 과정은 보다 이해력이 좋은 학생들에게 활용될 수 있다. 예를 들면 다음과 같다.

```
  898
+ 367
-----
 11
  15
   15
-----
 1265
```

뺄셈 법칙

다음 여섯 가지의 뺄셈 법칙은 수학을 이해하는 기본이 된다.

1. 0법칙: 어떤 수에서 0을 빼도 어떤 수가 된다(6−0=6, 9−0=9).
2. 1법칙: 어떤 수에서 1을 빼면 하나 더 작은 수가 된다(6−1=5, 19−1=18).
3. 같은 수 법칙: 어떤 수에서 똑같은 수를 빼면 0이 된다(8−8=0).
4. 하나 적은 법칙: 어떤 수에서 1을 빼면 하나 적은 바로 앞의 수가 된다(15−1=14).
5. BBB 법칙(Bottom-Bigger-Break): 뺄셈에서 빼야

하는 아랫수가 윗수보다 크면 반드시 윗수를 10으로 쪼개서 빼고 남은 수를 답으로 한다.

6. **덧셈/뺄셈 관계 법칙:** 뺄셈문제에서 답에 뺀 수를 더하면 원래 수가 된다(13−5=8, 8+5=13). 이 법칙은 학생이 뺄셈과 덧셈을 모두 할 수 있을 때 적용 가능하다. 예를 들어, 12−7을 풀기 위해 학생은 '7에 어떤 수를 더해야 12가 되지?' 라고 생각한다.

뺄셈 연산법

학생은 18까지의 뺄셈을 습득한 후에 이 계산법을 배우면 좋다. 이것은 계산하는 두 수에 같은 수를 더하거나 빼서 계산을 해도 답은 항상 같다는 사실에 기초한다.

	풀이의 예:		
6000		6000−1	5999
−3642		−3642−1	−3641
			2358

이 문제에서 6000에서 1을 빼면 5999로 바꿀 수 있다. 양쪽 수에서 똑같이 1을 빼면 받아내림 없이 문제가 쉽게 풀린다. 이러한 방법은 특히 0에서 빼기를 자주해야 하는 돈 계산 문제에서 유용하다(예: 5달러−2.38; 10달러−6.74).

받아내림을 않고 양쪽에 같은 수를 더해서 계산하는 방법은 다음과 같다.

	풀이의 예:		
46		46+2	48
−28		−28+2	−30
			18

이 문제에서 일의 자리 감수가 피감수보다 더 큰 수일 때는 아래의 수를 몇십으로 만들 수 있는 수를 양쪽 수에 더해 준다. 감수가 0이 되면 문제는 쉽게 해결된다.

또 다른 예는 뺄셈을 할 때 피감수의 일의 자릿수에 10을 더해서 빼기를 하고, 아래 감수의 십의 자릿수에 10을 더해서 빼는 방법이다. 예를 들면 다음과 같다.

42	$4^{1}2$	풀이의 예:
− 27	$-{}^{3}27$	일의 자리에 있는 윗수에 십을 더하고 십의 자리에 있는 아랫수에 10을 더한다.
	15	

이 방법은 분수를 계산하는 데 효과적으로 사용될 수 있다.

$5\frac{1}{4}$	$5\frac{5}{4}$	풀이의 예:
$-2\frac{3}{4}$	$-3\frac{3}{4}$	위의 분수에 $1(\frac{4}{4})$을 더한다. 아래 수에도 1을 더한다.
	$2\frac{2}{4}$	

다음은 교정교수 방법으로 효과적이면서 학생이 활용하기 어렵지 않은 저응력(low-stress) 기법중 하나다. 이는 여러 방법으로 감수나 합을 기록하는 방법에 기초한다. 예를 들면, 752는 $6^{1}52$ 혹은 $6^{1}4^{1}2$ 혹은 $74^{1}2$로 표시한다. 이 방법을 사용하기 위해 합이나 감수를 뺄셈을 시작하기 전에 가운데 사이마다 적는다. 예를 들면 다음과 같다.

(a) 8472 − 6673

	8	4	7	2
	7	$^{1}3$	$^{1}6$	$^{1}2$
−	6	6	7	3
	1	7	9	9

(b) 65400062 − 21450238

	6	5	4	0	0	0	6	2
	6	4	$^{1}3$	9	9	$^{1}0$	5	$^{1}2$
−	2	1	4	5	0	2	3	8
	4	3	9	4	9	8	2	4

이 연산법에서는 계산하기 전에 수를 다시 적어 두어야 한다. 학생은 감수가 피감수보다 클 때 수를 다시 적는 이 방법이 필요하다.

왼쪽에서 오른쪽 빼기 연산법은 학생이 답을 다시 구조화하는 방법이다. 이 방법은 학생이 받아내림을 이해하도록 돕는다. 예를 들면 다음과 같다.

532	532	532	532
−246	−246	−246	−246
3	39	396	286
	2	28	

곱셈 법칙

다음 여섯 가지 곱셈 법칙은 수학을 이해하는 기본이다.

1. 순서 법칙: 곱하는 순서는 답에 영향을 주지 않는다 (6×3=18, 3×6=18).
2. 0법칙: 어떤 수에 0을 곱하면 0이다(8×0=0, 647×0=0).
3. 1법칙: 어떤 수에 1을 곱하면 어떤 수가 된다(9×1=9, 78×1=78).
4. 2법칙: 어떤 수에 2를 곱하면 2배가 된다(8×2=8+8=16, 12×2=12+12=24).
5. 5법칙: 어떤 수에 5를 곱하면 어떤 수의 5배수를 세는 것과 같다(즉, 5×6은 5, 10, 15, 20, 25, 30, 3×5=5+5+5 혹은 '5, 10, 15'로 세기).
6. 9법칙: 어떤 수에 9를 곱하면 답은 승수에서 1을 뺀 수를 십의 자릿수로 하고 그다음에 그 수와 더해서 9가 되는 수를 일의 자릿수로 하면 얻을 수 있다(9×4=36에서 3은 4보다 1 작은 수이고 3+6=9이다.).

이 법칙들을 사용하면 15개의 연산만 기억하면 된다.

3×3=9	4×8=32
3×4=12	6×6=36
3×6=18	6×7=42
3×7=21	6×8=48
3×8=24	7×7=49
4×4=16	7×8=56
4×6=24	8×8=64
4×7=28	

같은 수를 두 번 곱하는 것(3×3=9, 4×4=16 등)을 이해하면 10개만 외우면 되고 더 빨리 배울 수 있다.

곱셈 연산법

다음 곱셈에 대한 저응력 방법은 계산할 동안 기억해야 할 양을 감소시킨다. 이것은 곱셈의 산출가를 여러 방법으로 표시한다. 산출가를 떨어뜨려 쓰는 방법은 다음과 같다.

$$\begin{array}{r} 7 \\ \times\ 8 \\ \hline \end{array} \quad \text{은} \quad \begin{array}{r} 7 \\ \times\ 8 \\ 5\ \ \\ 6 \end{array}$$

보편적으로 답을 적는 방법은 다음과 같다.

$$\begin{array}{r} 8 \\ \times\ 7 \\ \hline 56 \end{array} \qquad \begin{array}{r} 6 \\ \times\ 6 \\ \hline 36 \end{array} \qquad \begin{array}{r} 5 \\ \times\ 1 \\ \hline 5 \end{array}$$

떨어뜨려 쓰기:

$$\begin{array}{r} 8 \\ \times\ 7 \\ \hline 5\ \ \\ 6 \end{array} \qquad \begin{array}{r} 6 \\ \times\ 6 \\ \hline 3\ \ \\ 6 \end{array} \qquad \begin{array}{r} 5 \\ \times\ 1 \\ \hline 0\ \ \\ 5 \end{array}$$

떨어뜨려 쓰기 방법을 사용하면 곱셈문제를 다음의 방법으로 계산할 수 있다.

(a) 1단계 2단계 3단계

$$\begin{array}{r} 476 \\ \times\quad 8 \\ \hline 40 \\ 8 \end{array} \qquad \begin{array}{r} 476 \\ \times\quad 8 \\ \hline 540 \\ 68 \end{array} \qquad \begin{array}{r} 476 \\ \times\quad 8 \\ \hline 3540 \\ 268 \\ \hline 3808 \end{array}$$

(b)

$$\begin{array}{r} 57764 \\ \times\qquad 7 \\ \hline 344420 \\ 59928 \\ \hline 404348 \end{array}$$

(c) 여러 자릿수 곱셈을 해야 하는 경우:

```
1단계        2단계
  476          476
×  38        ×  38
-----        -----
 3540         3540 } ×8
  268          268 }
              1210 } ×3
               218 }
             -----
             18088
```

곱셈에 대한 저응력 방법은 받아올림을 할 필요가 없으며 학생이 복잡한 곱셈문제를 풀 때 곱셈만 사용하면 된다.

또 다른 곱셈 연산법에는 부분적으로 각각 결과를 산출하여 더하는 방법이 있다. 예를 들면 다음과 같다.

```
  27                          362
× 6                         ×   4
----                        -----
  42 (7×6) 부분 산출가           8 (2×4)
 120 (20×6) 부분 산출가        240 (60×4)
----                         1200 (300×4)
 162                        -----
                             1448
```

나눗셈 법칙

다음의 다섯 가지 나눗셈 법칙이 수학을 이해하는 기본이다.

1. 0법칙: 0으로 어떤 수를 나눠도 0이 된다(9÷0=0, 49÷0=0).
2. 1법칙: 어떤 수를 1로 나누면 어떤 수가 된다(8÷1=8, $1\overline{)8}$ 몫 8, 67÷1=67).
3. 2법칙: 어떤 수를 2로 나누면 그 수의 반이 된다(14÷2=7, $2\overline{)66}$ 몫 33).
4. 9법칙: 9배수를 9로 나누면 답은 십의 자리에 있는 수에 1을 더한 것과 같다($9\overline{)36}$ 몫 4 —3+1은 4, $9\overline{)45}$ 몫 5 —4+1은 5).
5. 곱셈/나눗셈 관계 법칙: 나누는 수(제수)와 몫을 곱하면 나뉨 수(피제수)가 된다(7×5=35, 35÷7=5, 35÷7=5). 이 법칙은 학생이 나눗셈을 하기 위하여 곱셈을 사용하는 것을 가능하게 한다. 예를 들어, 32÷8을 풀 때 학생은 '8에 어떤 수를 곱해야 32가 되지?' 라고 생각한다.

나눗셈 연산법

다음의 연산법은 전통적인 나눗셈 방법보다 덜 어렵다. 이 연산법을 사용하는 것은 10의 배수단위로 자르는 것을 알면 쉽다. 이 예에서 학생은 나누는 수에 곱해지는 가장 큰 10의 배수를 즉각적으로 생각해 낸다.

```
28)62372
   56000  2000
   -----
    6372
    5600   200
    ----
     772
     560    20
     ---
     212
     196     7
     ---
      16  2227
```

다음은 선택한 첫 번째 몫이 너무 작을 때 몫의 각 수를 계산하도록 돕는다.

```
1단계          2단계
                  1
    2             2
23)8761        23)8761
   46             46
   --             --
   41             41
                  23
                  --
                  18
```

1단계와 2단계는 더 이상 곱셈이 필요하지 않을 때까지 반복한다. 몫을 계산할 때 각 세로행에 있는 수끼리 더해서 값을 구한다.

```
        2                 12
       78   98           260
(a)  8)784         (b) 8)8761      답은 380이고
       56                46        나머지는 21
       --                --
       22                41
```

16	23
64	186
64	138
	48
	46
	21
	0
	21

분수 연산법

분수의 덧셈과 뺄셈을 가르치기 위한 저응력 방법은 방사선(ray) 곱셈법으로 불리며 다음 단계를 따른다:

1. 학생에게 기하학적 도형과 숫자의 위치를 훈련시키기 위해 OHP를 사용한다. ○/△ □/◇는 오른쪽 아래, 왼쪽 아래, 오른쪽 위, 왼쪽 위의 위치를 가르치기 위한 모델이다.
2. 학생에게 세 개의 방사선을 그리도록 지도한다(↗↖). 오른쪽 아래에서 왼쪽 위로, 왼쪽 아래에서 오른쪽 위로, 그리고 왼쪽에서 오른쪽 아래로 선을 그린다. 따라서 ○/△ □/◇에 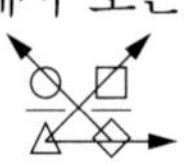 와 같이 선을 그릴 수 있다.
3. 학습지에 한 쌍의 분수가 있으면 학생은 3개의 방사선을 긋고 그 선을 따라 곱셈하도록 지도받는다. 이러한 곱셈에 대한 답을 적는다. 선을 따라 곱한 후 학생은 각 분수 사이의 연산식을 쓴다. 예를 들면 다음과 같다.

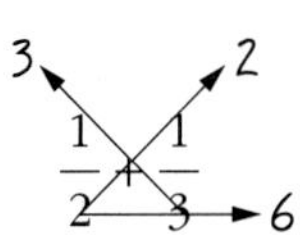

4. 이 단계에서 학생은 곱셈한 결과에 따른 새로운 분수를 적는다. 새로운 분수의 분모는 가로 방사선 곱하기의 결과다. 예를 들면 다음과 같다.

$$\frac{3}{6}+\frac{2}{6}$$

5. 이제 학생은 두 분수의 합 혹은 차를 계산해서 그 결과를 쓴다.

$$\frac{3}{6}+\frac{2}{6}=\frac{(3+2)}{6}=\frac{5}{6}$$

또는

$$\frac{3}{6}-\frac{2}{6}=\frac{(3-2)}{6}=\frac{1}{6}$$

이 방사형 곱셈법은 스트레스를 줄이고 숙달에 이르는 시간을 감소시키며 계산능력을 증가시킨다.

문제해결 중재법

문장제 문제의 해결을 위해 수학문제를 사회적 상황의 맥락 안에서 표현하고 각각의 문제를 푸는 데 필요한 정보가 선별·사용된다. 어떤 문제는 직접적인 관련이 없는 정보가 포함되기도 하고, 연산의 수는 한 단계에서부터 다단계에 이르기까지 다양하게 요구된다. 단순한 덧셈과 뺄셈의 문제는 다양한 형태로 제시되며, 학생은 이전 문제를 풀기 위해 수학적 개념을 이해하고 전략을 개발해야 한다. 〈표 12-2〉는 문장제 덧셈과 뺄셈 문제를 기본적 4개 영역으로 나누어 소개하고 있다.

순차적인 단계를 사용한 중재

RIDE는 문장제 문제를 성공적으로 푸는 데 필요한 단계를 보여 주는 기억전략이다.

- R(read): 문제를 정확하게 읽는다.
- I(identify): 관련된 정보를 선별한다.
- D(determine): 연산과 답을 쓰기 위한 단위를 결정한다.
- E(enter): 정확한 수를 기입해서 계산하고 답을 확인한다.

또한 Watanabe(1991)는 다섯 단계의 기억전략인 SIGNS을 소개하였다. 이는 학습문제를 가진 학생이 문장제 문제를 성공적으로 해결하도록 돕는다.

〈표 12-2〉 덧셈과 뺄셈 문장제 문제의 종류

문제 유형	문제 예시
결합 (주어진 수 합치기)	1. 젠은 7개의 과자를 가지고 있습니다. 케빈이 그녀에게 4개를 더 주었습니다. 젠은 과자를 모두 몇 개 가지고 있습니까? 2. 젠은 7개의 과자를 가지고 있습니다. 과자가 모두 11개가 되려면 몇 개 더 필요합니까? 3. 젠은 과자를 가지고 있습니다. 케빈이 과자를 4개 더 주어 11개가 되었습니다. 젠은 처음에 과자를 몇 개 가지고 있었습니까?
분리	1. 젠은 11개의 과자를 가지고 있습니다. 케빈에게 7개를 주었습니다. 젠에게 남아 있는 과자는 몇 개입니까? 2. 젠은 11개의 과자를 가지고 있습니다. 케빈에게 몇 개를 주고 7개가 남았습니다. 젠은 케빈에게 과자를 몇 개 주었습니까? 3. 젠은 과자를 가지고 있습니다. 케빈에게 7개를 주고 4개가 남았습니다. 젠은 처음에 과자를 몇 개 가지고 있었습니까?
부분-부분-전체	1. 젠은 7개의 오트밀 과자와 4개의 초콜릿 과자를 가지고 있습니다. 그녀는 과자를 얼마나 많이 가지고 있습니까? 2. 젠은 과자를 11개 가지고 있습니다. 7개는 오트밀 과자이고 나머지는 초콜릿 과자입니다. 젠은 얼마나 많은 초콜릿 과자를 가지고 있습니까?
비교	1. 젠은 11개의 과자를 가지고 있습니다. 케빈은 7개의 과자를 가지고 있습니다. 젠은 케빈보다 얼마나 더 많이 과자를 가지고 있습니까? 2. 케빈은 7개의 과자를 가지고 있습니다. 젠은 케빈보다 과자가 4개 더 많습니다. 젠은 몇 개의 과자를 가지고 있습니까? 3. 젠은 11개의 과자를 가지고 있습니다. 케빈보다 과자가 7개 더 많습니다. 케빈은 몇 개의 과자를 가지고 있습니까?

- S(survey): 질문을 조사한다.
- I(identify): 핵심 단어와 명칭을 선별한다.
- G(graphically): 문제를 그림으로 그린다.
- N(note): 필요한 연산을 기록한다.
- S(solve): 문제를 풀고 확인한다.

Fleischner와 동료들(1987)은 학습문제를 가진 학생들이 문장제 덧셈과 뺄셈 문제를 성공적으로 풀기 위한 단서 카드를 이용한 전략 중재에 대해 논의하였다. 단서 카드는 다음 순서로 사용한다.

1. 읽기: 질문이 무엇입니까?
2. 다시 읽기: 필요한 정보가 무엇입니까?
3. 생각하기: 합치는 것인가? = 더하기, 분리하는 것인가? = 빼기, 모든 정보가 필요한 것인가? 이것은 다단계로 계산해야 하는 문제인가?
4. 풀기: 등식을 적어라.
5. 확인하기: 다시 계산하고 부호를 확인하고 비교하라.

읽기 단계에서 학생은 질문에 집중하고 파운드, 인치 등과 같은 단위를 쓴다. 생각하기 단계에서 학생은 가장 큰 수에 동그라미를 치고 수를 쓴다. 그다음엔 그 수를 어떻게 할 것인가를 생각한다(예: 더 작게 만들 것인가 또는 크게 만들 것인가?). 마지막으로 학생은 답을 계산하기 위해 계산기를 사용하고 계산보다는 문제해결에 집중한다.

학습장애를 가진 중학생들에게 문제해결 전략을 가르치기 위하여 Montague(1992)는 인지 및 초인지 전략에 대한 명시적 모델링을 사용했다. 또한 중재는 언어적 시연 교정적이며 긍정적인 피드백, 교사의 지도를 받는 연습, 그리고 숙달의 확인을 포함시켰다. 구체적인 인지적 전략은 다음과 같다.

1. 이해하기 위하여 읽는다(Read).
2. 자신의 말로 다시 말한다(Paraphrase).
3. 그림이나 표로 시각화한다(Visualize).
4. 문제를 풀기 위한 가설을 세운다(Hypothesize).
5. 답을 추정 혹은 예견한다(Estimate).
6. 계산을 한다(Compute).
7. 답이 맞는지를 확인한다(Check).

Montague는 학생들이 이러한 전략을 쉽게 배우고 문장제 문제를 풀 때 이러한 전략을 성공적으로 적용했다고 보고했다. 그녀는 전략을 유지하고 일반화하는 것을 잘 하지 못하는 학생들 때문에 일반화를 촉진하는 전략의 사용을 제안하였는데, 이에 구체적으로 학생들이 절차적 수학 지식을 기억하고 습득하는 데 도움이 되는 기억전략과 언어적 시연을 사용할 것을 권장했다. 마지막으로 Montague는 전략교수가 학습문제를 가진 학생들이 수학을 배우도록 도움을 주는 데 매우 전망이 밝다는 결론을 내렸다. 이러한 유형의 전략교수로는 'Solve it!'이 있는데, 이는 수학의 문장제 문제를 푸는 데 어려움을 가진 학생들을 위한 실증연구에 기초한 프로그램이다(Montague, Warger, & Morgan, 2000). 학생들이 인지적 과정과 자기 조절 전략을 적극적으로 습득 · 적용할 수 있도록 도와주는 네 가지의 중요한 교수기법은 다음과 같다. 문제해결 평가, 문제해결 과정과 전략의 명시적 교수, 과정 모델링(예: 인지적 활동을 실제로 하면서 소리 내어 생각 말하기) 그리고 수행에 대한 피드백이다.

Hutchinson(1993a)의 중재에서는 교사가 학습장애 청소년에게 문장제 문제를 풀 때 사용할 수 있는 전략을 명시적으로 모델링하는 것이 포함된다. 전략은 문장제 문제를 나타내고 풀기 위한 자기 질문으로 이루어진다. 또한 중재는 교사의 유도된 교수, 교수 촉진, 격려, 교정적인 피드백, 소리 내어 생각 말하기, 교사의 지도가 제공되는 연습, 독립연습, 그리고 학생 진보를 점검하기 위한 차트의 사용에 대한 교수 스크립트를 포함하고 있다. 문장제 문제를 풀기 위한 자기 질문은 다음과 같다. (1) 내가 문장을 읽고 이해했는가? (2) 이 문제에 대한 전체 그림과 표상을 갖고 있는가? (3) 학습지 위에 그림이나 표상을 나타냈는가? 자기 질문을 통해 학생은 문장제 문제에서 수행의 향상을 보였고 문제해결 전략의 유지와 전이가 명확하게 나타났다.

학생이 방정식을 풀도록 하는 중재에는 학생들의 기억을 용이하게 하는 CAP을 사용한다.

- C(combine): 각 항을 결합하라. 똑같은 변수를 가진 등식의 양쪽 항을 결합한다(예: 3m+2m은 5m와 결합). 변수를 갖지 않은 등식의 양쪽 항을 결합한다(예: 15−7은 8과 결합). 부호가 나타내는 계산을 해서 항들을 결합한다(예: 6p−4p는 2p와 결합, +7−13은 −6과 결합).
- A(ask): 자신에게 묻는다. '어떻게 변수를 분리할 수 있는가?' 변하지 않는 상수(예: +6, −8)에 부호가 반대인 수를 더해(예:−6은 +6으로, +8은−8로) 0이 되게 하여 상수를 없앤다. 변수(예: 6s)는 1이 되게 계산하여 없앤다(예: 6s를 6으로 나누면 s만 남음).
- P(put): 최초의 방정식에서 변수의 값을 정한다. 그리고 방정식이 성립되었는지를 확인한다.

CSA 단계를 사용한 중재법

Howell과 Barnhart(1992)는 어린 학생들에게 문장제 문제를 풀도록 지도하는 구체물−반구체물−추상 교수 순서(CSA)를 개발했다. 구체적 단계는 6단계로 이루어지며 등식을 나타내기 위해 사물을 체계적으로 조작하는 것을 포함한다. 6단계는 다음과 같다. 학생은 문제를 다음과 같이 읽는다(어떤 학생에게는 크게 읽으라고 한다.). "파란색 동그라미 3개와 주황색 동그라미 2개가 있다. 모두 몇 개의 동그라미가 있는가?" 학생은 보드판 위에 파란색 동그라미와 주황색 동그라미의 정확한 개수만큼 놓고 다음과 같이 말한다. "나는 한쪽에 파란색 동그라미 3개를 놓고 다른 쪽에 주황색 동그라미 2개를 놓았다. 모두 몇 개의 동그라미가 있는지를 알기 위해서 동그라미를 모두 합친다. 따라서 3개의 동그라미와 2개의 동그라미를 더하면 5개의 동그라미가 된다." 학생이 이 활동을 정확하게 수행하면 다음 단계로 옮긴다.

반구체물 단계에서 학생은 조작적인 사물을 그림이나 선으로 대체하여 6단계를 진행한다. 여섯 번째 단계에서 학생은 막대 표시를 그리고 방정식을 적은 후에 답을 계산함으로써 이야기 문제를 푼다.

추상 단계에서는 문장제 문제를 풀기 위한 사고전략을 촉진하기 위하여 일련의 다섯 가지를 질문한다.

1. 문제는 무엇인가?
2. 문제에 나온 수는 무엇인가?
3. 이 수들을 어떻게 해야 하는가?
4. 답은 무엇인가?
5. 막대 표시(////)를 그려 답을 확인할 필요가 있는가?

추상적 단계의 마지막은 학생이 혼자서 문장제 문제를 만들어 보는 것이다. 예를 들면, 7−4=3은 다음의 문장제 문제로 나타낼 수 있을 것이다. "우리 집 개는 7마리의 강아지를 낳았다. 4마리는 수컷이고 나머지는 암컷이다. 암컷 강아지는 모두 몇 마리인가?"

Mercer와 Miller(1991-1993)는 학습장애 학생들에게 수학 연산과 문장제 문제를 동시에 가르치는 학습전략 접근을 제시했다. [그림 12−2]에 제시한 곱셈의 문장제 문제는 난이도가 점차적으로 증가하여 학생이 관계없는 정보를 가진 문장제 문제를 풀고 또 스스로 문장제 문제를 만들도록 학습하는 데 도움이 된다. 이러한 CSA 순서는 학생이 실제 생활의 문장제 문제를 이해하고 곱셈을 적용하도록 돕는다. 현장에서 입증된 결과들은 수학 연산, 일반화 그리고 문제해결 기술의 훌륭한 습득을 나타내었다.

Marsh와 Cooke(1996)는 수학 학습장애가 있는 학생들에게 문장제 문제를 가르치기 위하여 조작적 사물을

[그림 12−2] 곱셈의 문제해결 순서

서술	예시
첫 번째 숫자 오른쪽에 쓰여 있는 단어 묶음과 두 번째 숫자 옆의 빈칸 그리고 정답 칸과 함께 계산문제를 제시한다.	6 묶음 3 ____ ____
학생은 수업에서 사용한 사물의 이름을 빈칸에 쓰고 문제를 풀고는 문장을 읽는다. "장기 말이 3개씩 6묶음은 말이 18개다."	6 묶음 3 말 18 말
첫 번째 숫자 오른쪽에 쓰여 있는 묶음이라는 단어와 두 번째 숫자 옆의 빈칸 그리고 정답 칸과 함께 계산문제를 제시한다.	6 묶음 3 ____ ____
학생은 각 수업에서 사용된 그림의 이름을 빈칸에 쓰고 문제를 풀고는 문장을 읽는다. "동그라미가 3개씩 6묶음은 동그라미가 18개다."	6 묶음 3 동그라미 18 동그라미
첫 번째 숫자의 오른쪽에 쓰여 있는 묶음이라는 단어와 두 번째 숫자의 오른쪽에 쓰여 있는 일반적인 단어 그리고 정답 칸과 함께 계산문제를 제시한다.	6 묶음 × 3 사과 사과

학생은 문제를 풀고 문장을 읽는다. "사과가 3개씩 6묶음은 사과가 18개다."	6 묶음 × 3 사과 18 사과
계산문제는 첫 번째 숫자의 오른쪽에 쓰여 있는 명사나 구(형용사-명사) 그리고 두 번째 숫자 및 정답 칸과 함께 제시한다.	6 갈색 가방 × 3 빨간 사과 빨간 사과
학생은 문제를 풀고 문장을 읽는다. "빨간 사과가 3개씩 들어 있는 6개의 갈색 가방에는 빨간 사과가 18개 들어 있다."	6 갈색 가방 × 3 빨간 사과 18 빨간 사과
숫자들의 양옆에 쓰여 있는 단어 그리고 정답 칸과 함께 계산문제를 제시한다. 숫자들은 세로형으로 배열되어 있다.	수잔은 6개 갈색 가방을 갖고 있다. 3개씩 사과 수잔은 ___개 사과를 갖고 있다.
학생은 문제를 풀고 문장을 읽는다.	수잔은 6개 갈색 가방을 갖고 있다. 3개씩 사과 수잔은 _18_개 사과를 갖고 있다.
보편적인 문장제 문제는 숫자들이 일렬로 제시되지 않는다.	수잔은 6개 가방을 갖고 있다. 각 가방 안에는 사과가 3개씩 들어 있다. 수잔은 몇 개의 사과를 갖고 있는가?
학생은 문제를 풀고 방정식을 쓴다.	6 × 3 = 18
관계없는 정보를 포함한 문장제 문제를 제시한다.	수잔은 6개 가방을 갖고 있다. 각 가방에는 사과가 3개씩 들어 있다. 빌은 거북이 2마리를 갖고 있다. 수잔은 몇 개의 사과를 갖고 있는가?
학생은 관계없는 정보를 걸러 내고 문제를 풀고는 방정식을 쓴다.	수잔은 6개 가방을 갖고 있다. 각 가방에는 사과가 3개씩 들어 있다. 수잔은 몇 개의 사과를 갖고 있는가? 6 × 3 = 18
학생은 직접 곱셈 문장제 문제를 만들어 본다.	3마리의 강아지가 있다. 각 강아지는 2개의 점을 갖고 있다. 점을 합치면 모두 몇 개의 점이 되는가?
학생은 문장제 문제를 만들고는 문제를 풀고 방정식을 쓴다. 세 가지 유형의 문장제 문제를 제시한다. 1. 관계없는 정보를 주지 않은 문제 2. 관계없는 정보가 있는 문제 3. 학생이 직접 만든 문제	3 × 2 = 6
학생은 문제를 직접 만들고 문제를 풀고는 방정식을 쓴다.	

사용했다. 그들의 중재는 다음의 절차를 따른다.

1. 학생은 문장제 문제를 크게 읽고 모르는 단어에 대해 도움을 받는다.
2. 교사는 문제를 한 줄씩 다시 읽고 학생에게 필요한 수만큼 구체물을 갖다 놓으라고 말한다.
3. 교사는 학생이 문장제 문제의 부분에 대한 정확한 구체물 조작을 하도록 촉진과 단서를 사용한다.
4. 학생은 각각의 사물을 만지고 수를 세면서 문장제 문제를 다시 읽는다.
5. 학생은 정확한 계산식을 보여 주는 플래시카드를 집는다. 틀리면 교정절차를 밟는다.

Marsh와 Cooke는 이러한 중재를 통해 학생이 문장제 문제를 푸는 문제해결 전략을 일반화할 수 있다고 주장했다. 또한 CSA 계열을 사용하는 중재는 학습장애 학생들에게 대수학을 가르치기 위한 효과적인 교수적 접근이다(Gagnon & Maccini, 2001; Maccini, McNaughton, & Ruhl, 1999; Witzel et al., 2003; Witzel, Smith, & Brownell, 2001). Witzel과 동료들(2003)은 대수의 변형 부등식을 푸는 데 어려움을 가지는 학생들을 가르치기 위해 CSA 순서를 사용했다. CSA 순서를 통해 부등식을 푸는 법을 학습한 학생들은 전통적인 교수법으로 배운 학생들보다 수행이 뛰어났으며 변수가 있을 때도 풀이 과정에서 오류를 더 적게 보였다. 더욱이 Maccini와 Hughes(2000)는 정수가 있는 문제를 가르칠 때 CSA 계열을 사용했다. 교수적 순서에서 그들은 대수의 문제해결 전략인 STAR을 사용했다. 이것은 다음의 단계를 따른다.

- S(search): 문장제 문제를 찾는다(예: 문제를 주의 깊게 읽고, 자기 질문을 사용해 사고를 시작하고 연산을 적는다.).
- T(translate): 글자를 그림의 형태로 바꿔 등식을 만든다(예: 변수를 찾고 연산을 알아내고 사물이나 그림의 형태로 문제를 푼다.).
- A(answer): 문제에 답한다.
- R(review): 답을 검토한다(예: 문제를 다시 읽고 답의 타당성을 확인한다.).

정수를 포함한 학생들의 문제해결 기술은 CSA 수준에서 매우 향상되었고 학생들의 전략 사용 또한 증가했다.

기능적 수학

학습문제를 가진 학생들을 위한 수학교육은 그들의 독립적인 생활을 위해 필요한 필수기술을 거의 준비시키지 못하고 있다. 그러나 이 학생들을 위한 수학교육의 주요한 목적은 성인의 일상생활에 수학을 사용하도록 준비시키는 것이다. 이를 위해 수학 교육과정은 실용적인 결과를 촉진하는 내용을 포함해야 한다. 실생활에서의 수학은 예산 세우기, 어림하기, 구매하기, 고용하기, 확률 있는 게임하기, 그래프와 표 읽기를 여행과 교통수단 계획하기와 같은 기술을 포함한다. 〈표 12-3〉은 다섯 가지 영역, 즉 소비자, 직업, 가정 관리, 여가 활동 및 여행의 일상생활에서의 수학적 요구를 나타낸다.

4장과 이 장에서 논의한 체계적 단계는 중도와 최중도 학생들에게 필수적인 수학기술을 실제 상황에서 적용하도록 효과적으로 가르친다. 또한 실제 생활의 수학은 구두적으로 표현되기 때문에 학생들은 정신적으로 수학 계산을 연습할 필요가 있다.

어림

어림은 근사치(예: 식료품점 품목의 가격 또는 방이나 마당의 넓이를 추정하는 것)을 만들고 계산이 맞는지(예: 현금인출기의 계산 총액을 아는 것)를 확인하는 것이다. 어림은 수학의 모든 측면에 적용되며, 학습문제를 가진 학생들을 위한 효과적인 수학 프로그램의 필수적인 부분이다(Bezuk & Cegelka, 1995; Bley & Thornton,

〈표 12-3〉 일상생활에서의 수학적 요구

소비자	직업
잔돈 바꾸기	실 수령액 결정하기
세일 물건의 가격 계산하기	공제금액 이해하기
세금 계산하기	병가와 휴가 시간 계산하기
가격 비교하기	시급 계산하기
개인 통장의 잔액 확인하기	보너스 지급의 기준 이해하기
품질보증서 이해하기	임금총액과 실제임금 이해하기
채무금에 대해 이해하기	근로 일정 짜기
식료품 구입하기	전화 사용하기
비용과 잔돈 어림하기	현금인출기나 계산기 사용하기
	최저임금과 추가 수당 알기
가정 관리	**여가 활동**
근로소득세 내기	휴가비용 예산잡기
재산세 내기	여가 활동 비용 계산하기
보험 가입하기	여가 활동 계획하기
카펫, 방의 크기, 집의 크기, 목공, 가구, 요리 등의 측정 단위 알기	리모컨 사용하기
비율 혼합하기(예: 스프레이용 살충제 등)	수학과 관련된 게임하기
예산 세우기	확률 알기(예: 로또 복권이나 카드 게임)
은행업무 처리하기	**이동**
관심영역 알기	자동차 보험 가입하기
건강보험 가입하기	비행기, 기차 및 버스 티켓 구입하기
온도계와 저울 읽기	자동차 렌트하거나 임대하기
칼로리와 지방 그램 수 알기	자동차 구입하기
투약 시간과 양 계획하기	자동차 수리비용 알기
옷 치수 알기	타이어 압력 보기
타이머 설정하기	자동차 계기판 읽기
기부금 내기	지도 읽기와 주행 거리와 시간 계산하기
	숙박 업소의 위치와 비용 결정하기

2000). Ashlock(2002)은 어림하는 능력은 '수적 감각'을 필요로 한다고 했다. 구체적으로 학생들은 수학의 기본 연산에 숙달되고 수개념을 이해하고 수학적 관계와 법칙을 이해할 필요가 있다. 예를 들면, 계산기는 답이 맞았는지 틀렸는지를 말해 주지 않는다. 정확성을 결정하는 것은 계산적 지식과 기술을 요구한다. 따라서 강한 수적 감각과 어림기술의 교육적 결합은 학습문제를 가진 학생들이 어림을 배우고 적용할 수 있게 한다. 또한 학생들은 어림 사용, 머리로 계산하기, 지필 계산 그리고 계산기 사용이 필요한 때가 언제인지를 구별해야 한다.

어림교육의 초기에는 학생들에게 추측할 시간, 추측을 검사할 기회와 필요한 만큼 그들의 추측을 정정할 시간을 주어야 한다. 게다가 어림은 단지 하나의 정확한 답을 얻는 것이 아니라 수많은 답을 수용할 수 있다는 것을 강조한다. 학습문제를 가진 대부분의 학생들에게 어림은 명확한 교수를 요구하는 일련의 기술을 포함한다. Ashlock(2002, p. 56)은 다음의 기술이 자연수의 어림을 위해 중요하다고 했다.

1. 피가수에 가수를 더할 때 가수를 1씩 큰 수나 1씩

작은 수로 더하는 연습을 한다. 일반적으로 뺄셈도 마찬가지의 방식으로 연습한다.
2. 어림수를 10, 100 등과 가장 가까운 자연수에 맞춘다.
3. 한 번에 10과 10의 제곱수을 곱한다.
4. 두 수를 곱할 때 0은 0의 수만큼을 합친다(예: 20×300). 이것은 연산을 필요로 하지 않고 한 번에 수행한다.

Ashlock은 분수에서의 어림은 흔히 0, $\frac{1}{2}$ 또는 1에 가까운 특정 분수를 알아내는 것이라고 했다. 어림기술을 촉진하는 활동들은 다음을 포함한다.

- 학생들에게 계산문제와 몇 가지 답을 제시한다. 학생이 가장 합리적인 답을 선택하고 계산에 의해 그것을 증명하게 한다.
- 학생들에게 한 수를 제시하고 그 수가 10, 100 또는 1000의 자리를 나타내는 수직선상에서 어느 쪽에 가까운지를 결정하게 한다. 예를 들면, 수직선상에 42를 표시하고 42가 40이나 50 중 어느 쪽에 더 가까운지를 결정하게 한다.
- 두 자릿수 카드를 제시한다(예: 73, 58, 13, 27, 84, 39, 42, 87, 16, 61). 학생들은 카드를 책상에 펼치고 몇십에 가장 가까운 수를 머릿속으로 생각하고, 그 다음 100이 되도록 수를 합친다.
- 학생 집단에게 식료품점 품목의 이름, 품목의 사진과 가격이 적힌 카드 세트를 준다. 신문이나 잡지의 광고를 사용할 수 있다. 한 학생이 카드 세 개를 뒤집은 후에 집단의 모든 구성원은 카드에 표시된 품목을 사기 위해 필요한 돈의 양을 어림한다. 학생들은 어림치를 논의하고 함께 동의한 어림수를 기록한다. 만약 몇 개의 집단이 있다면 동의한 각각의 수를 비교할 수 있다. 마지막으로 계산기를 사용하여 학생의 어림수를 가지고 품목의 가격을 비교한다.

계산기

계산기는 계산을 정확하고 편리하게 해 주기 때문에 우리 사회에서 폭넓게 사용한다. Dessart, DeRidder와 Ellington(1999)은 계산기를 사용하는 것이 수학교육의 중요한 부분이 되어야 한다고 주장했다. 그러나 효과적인 수학교육은 이해력, 문제해결력 및 계산을 강조하기 때문에 분명하게 확인할 때만 계산기가 필요하다. 일반적으로 계산기는 학생들이 손으로 문제를 푸는 것이 가능한 문제에만 주로 사용한다. 또한 학생들은 문제를 풀기 위해 계산기를 사용하기 전에 계산에 포함된 수학개념(예: 곱셈)을 이해해야 한다. 지필은 간단한 계산문제에 대부분 효과적인 반면, 계산기는 복잡하거나 지루한 문제(예: 긴 나눗셈)에 더 적합하다.

학생들은 처음에 계산기를 사용하는 정확한 절차를 배울 필요가 있다. 적절하게 교육을 일찍 시작하는 것은 계산기 사용에 있어 긍정적인 경험을 주고, 학생들이 수학적 진보를 보임에 따라 계산기를 성공적으로 잘 사용할 수 있게 준비시킨다. 계산기 교육을 조기에 하기 위한 몇 가지 지침은 다음과 같다.

- 학생이 계산기로 각 문제를 풀기 전에 클리어(Clear) 키를 두 번 누르도록 한다.
- 학생이 사용할 계산기의 연속적인 수 배열과 기능 키의 위치를 가르쳐 준다.
- 학생이 시작 후에 화면 표시판을 보고 계산 결과를 확인하도록 한다(Heddens & Speer, 1997).
- 건전지가 없거나 고장 난 계산기는 답이 부정확하다는 것을 강조한다(Heddens & Speer, 1997).
- 학생이 쓰기에 사용하지 않는 손으로 계산기를 조작하게 한다. 이것은 한 손으로 결과를 기록하고 다른 한 손으로는 계산기를 사용하는 것을 가능하게 한다(Heddens & Speer, 1997).

Hembree(1986)는 계산기 사용에 대한 79개의 연구를 검토한 후 다음의 결과를 보고했다.

- 계산기를 적절하게 사용하면 기술의 습득이 촉진된다.
- 4학년에서 지속적으로 계산기를 사용하면 기술 발달이 방해된다.
- 시험 볼 때 계산기의 사용은 높은 성취점수를 가져다준다.
- 계산기의 사용은 수학에 대한 학생의 태도를 향상시킨다.

또한 Fleischner 등(1987)은 계산기를 사용하면 학생이 계산을 방해받기보다는 문제해결에 집중할 수 있다고 했다. 따라서 계산기의 사용은 특히 문제를 푸는 데 어려움을 가지는 학생들에게 도움이 된다.

Heddens와 Speer(1997)는 계산기의 사용은 학생들이 자릿값, 자리 바꿔 계산하기, 수의 관계, 연산 그리고 수학적 어림에 대해 이해하는 것을 도울 수 있다고 했다. 계산기를 가지고 할 수 있는 활동은 다음과 같다.

- 어린 학생들에게 계산기 화면 표시판에 좋아하는 수나 개인적인 수(예: 나이, 친한 친구의 나이, 오늘 날짜, 주소의 숫자, 전화번호)를 나타내 보라고 한다. 자신의 개인적 수를 모르는 학생을 위해서는 개인적 수에 대한 복사본을 제공한다(Heddens & Speer, 1997).
- 계산기로 문제를 풀도록 실제 생활의 문제를 제시한다. 예를 들면, 한 학생의 책상 위에 책 3권을 두고 다른 학생의 책상 위에 5권을 둔다. 문제 상황을 말해 보게 하고 학생이 계산기를 이용하여 두 책상 위의 책이 모두 몇 권인지를 답하게 한다. 그리고 답이 정확한지를 확인한다.
- 학생에게 계산기에 5748을 누르게 한다. 그다음 7에서 0까지의 수를 변화시키며 덧셈이나 뺄셈을 하게 한다. 새로운 수에 대해서도 물어보고 700을 빼면 5,048이 왜 답이 되는지를 말하도록 한다. 5에서 6, 4에서 2, 그리고 8에서 1까지 수를 변화시키며 과제를 반복한다.
- 학생이 백의 자리 덧셈문제를 보고 백의 자리에 가까운 수를 어림하여 더하게 한다. 그다음에 학생이 계산기를 사용하여 가수들의 실제 합과 어림하여 계산한 값을 비교해 보도록 한다. 예를 들면 다음과 같다.

	학생 수행	
329	300	
289	300	
474	500	
+ 336	300	
	1400	(어림한 값)

- 학생이 계산기를 사용하여 몇 개의 숫자를 10으로 나눠 보게 한다. 학생은 매번 =를 눌러야 하며 10으로 나눠 얻어진 몫의 소수점은 왼쪽으로 한 칸 들어간다(Heddens & Speer, 1997).
- 학생에게 다양한 계산문제를 준다. 학생이 계산된 답을 확인할 때 자기 교정적 도구로서 계산기를 사용하도록 한다.

수학 활동

수학기술을 가르치거나 연습시킬 때 다양한 활동을 이용할 수 있다. 활동은 흥미를 불러일으키고, 교수를 개별화하며, 연습을 확장시키고, 교수방법의 다양성을 제공한다. 교사는 다양한 문화를 반영한 이야기 문제를 개발하거나 다른 문화를 대표하는 사람이나 사건에 대한 자료를 이용한다. 또는 De la Cruz, Cage와 Lian(2000)이 제시한 두 가지 게임과 같은 다문화 게임을 하면서 학생의 다양한 문화와 수학 교육과정이 조화를 이루게 한다. 여기에 제시된 활동들과 다음에 제시될 교수용 게임과 자기 교정 자료들은 수학기술의 발달을 돕는다. 부가적인 수학 활동에 대한 정보를 위해서는 부록의 12장 부분을 살펴보기 바란다.

준비도

이 장에서 선택된 활동에 추가하여 준비도 영역과 관련 평가과제는 11장에 제시된 바 있다.

분 류

다양한 색깔의 원, 네모, 세모 모양을 학생에게 준다. 학생이 모양에 따라 항목을 분류한 다음 색깔에 따라 분류하도록 한다. 분류 활동에 유용하게 사용할 수 있는 기타 사물에는 단추, 나무 블록, 도미노, 숟가락, 못, 골프 티 등이 있다.

순 서

학생에게 여러 가지 크기의 사물(예: 나무 블록, 단추, 빨대, 못, 막대기, 도형, 수학교육용 도구)을 준다. 학생이 사물을 가장 작은 것에서 가장 큰 순서대로 배열하거나 그 반대로 배열하도록 한다.

일대일 대응

페그보드 모형을 주고 학생에게 그것과 똑같이 만들도록 한다. 나사에 볼트 끼우기, 종이 나눠 주기, 음악 의자를 갖고 놀기, 그리고 몇 개의 항목에 똑같은 부분 더하기 같은 활동(연에 줄 달기, 보트에 돛 달기, 꽃에 줄기 달기, 컵에 빨대 꽂기)들이 있다.

수 세기

학생에게 사물의 수와 수 세는 음성이 녹음(한 마리, 두 마리, 세 마리—세 마리의 고양이와 같은)되어 있는 언어 마스터(Language Master) 카드를 준다.

각 학생에게 비밀 숫자를 준다. 학생에게 자신의 비밀 숫자만큼 문을 두드리게 한다. 학급 친구들은 "숫자 5, 7, 14…… 들어오세요."라고 대답한다.

학생은 점의 개수에 일치하는 수에 동그라미한다.

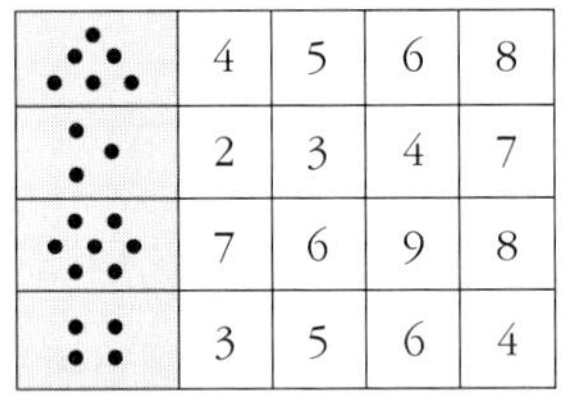

학생이 참고하도록 학생의 책상 위에 수직선을 붙인다.

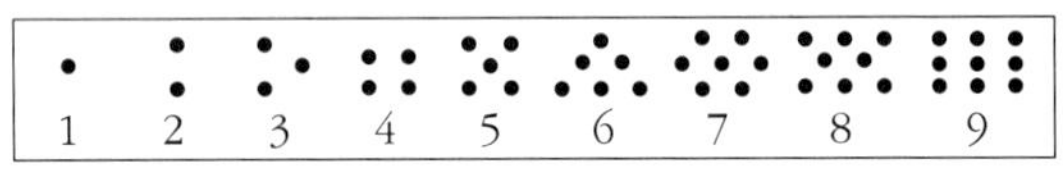

더 큰 수, 더 작은 수

부등호를 사용할 때 어떤 수가 더 큰지 그리고 더 작은지를 결정하기 위해 수직선을 사용하면 도움이 된다(Heddens & Speer, 1987). 예를 들면 다음과 같다.

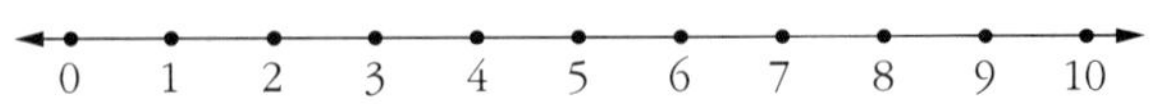

빈칸을 <이나 >으로 채우시오. 7__5 0__4 10__8

자릿값

은행 게임

은행놀이 보드게임을 이용하면 학생들이 자릿값을 이해하는 데 도움이 된다(Ashlock, 2002). 예를 들면 다음과 같다.

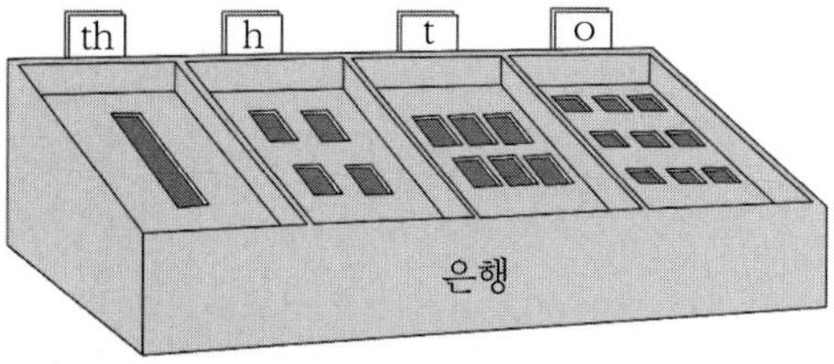

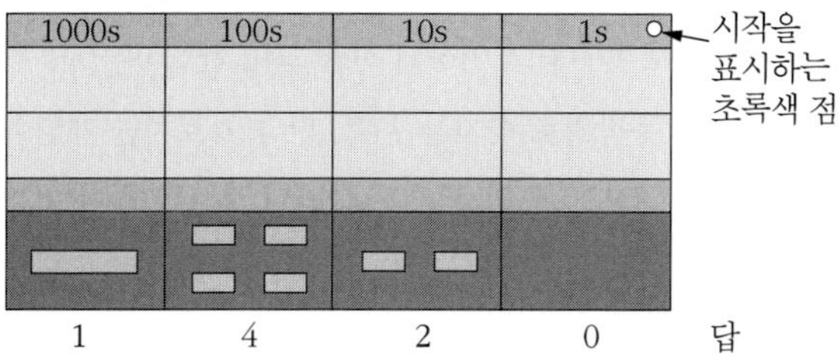

문제 527+893을 계산할 때, 학생은 윗줄의 백의 자리에 5, 십의 자리에 2, 일의 자리에 7만큼의 블록을 놓는다. 그다음 두 번째 줄에 893에 대한 정확한 블록을 놓는다. 일의 자리에서 시작하여 학생은 10개의 낱개를 모으고 모두 일의 자리 칸 넓은 선 아래로 옮긴다. 학생은 십의 자리의 정확한 수를 구하기 위해 낱개 10개를 은행에서 교환한다. 이 문제(위의 그림 참조)에서 일의 자리의 낱개 10개는 1개의 십으로 은행에서 교환하고, 일의 자리 칸의 넓은 선 아래의 블록들은 치운다. 그다음에는 10개의 십을 1개의 백 블록으로 교환하고 2개의 십 블록은 십의 자리 칸의 넓은 줄 아래에 놓는다. 학생은 1개의 천과 10개의 백을 교환하고 그다음에는 백의 자리 칸의 넓은 줄 아래로 4개의 백 블록을 놓는다. 마침내 천의 자리 칸의 넓은 줄 아래에 천 블록을 옮겨 간다. 학생은 각 칸의 블록의 수를 세고 1,420이란 답을 적는다.

칸 만들기

학생이 자릿값을 이해하고 문제를 풀도록 기억전략인 FIND를 사용하게 하라.

- F(find): 세로 칸을 찾아라.
- I(insert): 자리에 수를 써 넣어라.
- N(name): 세로 칸의 자릿수를 읽어라.
- D(dertermine): 백의 자리, 십의 자리, 일의 자리의 수를 결정하라.

예를 들면 다음과 같다.

세로 칸을 찾아 각 칸에 수를 넣으시오.

643

6	4	3

세로 칸의 자릿수 이름을 쓰시오.

100s	10s	1s
6	4	3

백의 자리, 십의 자리, 일의 자리의 수를 결정한다.
6 백
4 십
3 일

페그보드

받아올림을 가르치기 위해 페그보드를 사용한다. 예를 들면, 세 칸과 세 줄로 나누기 위해 차단 테이프를 사용한다. 각 영역 안에 9개의 구멍을 뚫는다. 맨 마지막 줄과 칸을 분리시키는 테이프 위에 오른쪽에서 왼쪽으로 화살표를 그린다. 이 선은 = 표시로 사용한다. 문제에 대한 답은 항상 차단선 아래의 페그보드 구멍에 나타난다. 각 칸의 자릿값을 알게 하기 위하여 초록색부터 출발하게 하는 색깔 단서를 사용할 수 있다. 위의 두 개의 줄은 덧셈이나 뺄셈 문제의 첫 두 수를 표시하는 페그를 꽂는다. 5+6를 풀기 위해서 학생은 일의 자리에 있는 모든 페그를 화살표 아래 일의 자리 영역으로 옮기기 시작한다. 결과적으로 학생은 1개의 노란 페그와 10개의 초록색 페그를 교환(10개의 낱개를 1개의 십으로)하고, 이 노란색 페그를 십의 자리 칸으로 옮긴다. 일의 자리에 초록색 페그 1개와 십의 자리에 노란색 페그 1개가 되어 결과는 11이 된다.

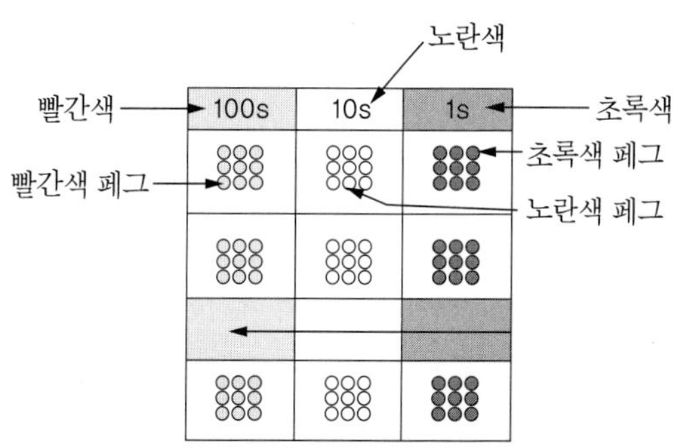

자릿값 카드

한쪽 면은 숫자 그리고 다른 쪽 면은 백의 자리, 십의 자리, 일의 자리 등에 그 수를 나타내는 계수를 표시한 카드를 만든다. 예를 들면 다음과 같다.

431

앞면

100s	10s	1s
////	///	/

뒷면

또한 카드에 줄을 달아 각 칸에 수를 표시하는 구슬을 줄에 끼운다.

자릿값표

학생에게 자릿값표에서 빠진 공간을 채우도록 한다. 예를 들면 다음과 같다.

100 작은 수	10 작은 수	1 작은 수		1 큰 수	10 큰 수	100 큰 수
178			278	279		
		141	142		152	
	359		369			469
420			520			
		400	401	402		

일반적인 계산

여기에서는 사칙연산에 쉽게 적용할 수 있는 활동을 제시한다. 뒤에 제시할 많은 교수용 게임과 자기 교정 자료 또한 네 가지 연산 모두에 유용하다.

작은 과제

과제를 작은 부분으로 나누어 제시한다. 주의력과 흥미가 부족한 학생들에게 학습지상의 모든 문제를 다 풀게 하는 것은 어렵다. 과제를 작은 부분으로 나누어 제시하는 것은 이 학생들이 차츰 학급 친구들만큼 많은 문제를 풀도록 도울 수 있다. 학습지를 작은 부분이나 줄로 자르거나 한 문제를 완성할 때마다 학생이 선택하는 카드 위에 문제를 제시한다.

수학 미스터리

5×5인치 네모 모양으로 마분지를 자른다. 중간 부분에 장식하는 그림이나 도안을 그린다. 중간의 장식 네모의 양쪽으로 7개나 그 이상의 선을 그어 칸을 나눈다. 왼쪽 칸들에 무작위로 숫자를 쓴다. 만약 가르치는 개념이 어떤 수 ÷ 6이고 첫 번째 수가 42라면 오른쪽의 첫 번째 수는 7이 되어야 한다. 7을 쓴 칸 아래의 나머지 칸들은 빈칸으로 둔다. 위 칸에서 아래 칸까지 이 과정을 계속한다. 학생은 관련된 수학 기능을 알아내고 나머지 칸을 채운다. 그다음은 맨 아래 쓰인 숫자를 보고 맨 위의 빈칸을 채워 나간다.

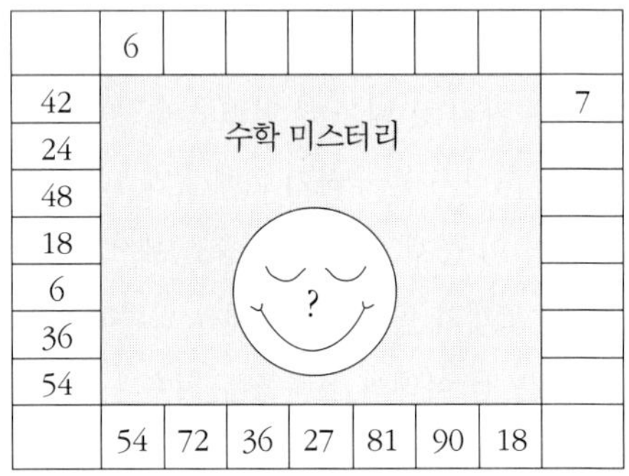

덧셈

점 더하기

학생들이 수학문제를 풀도록 수 위에 해당 수만큼 점을 찍는다.

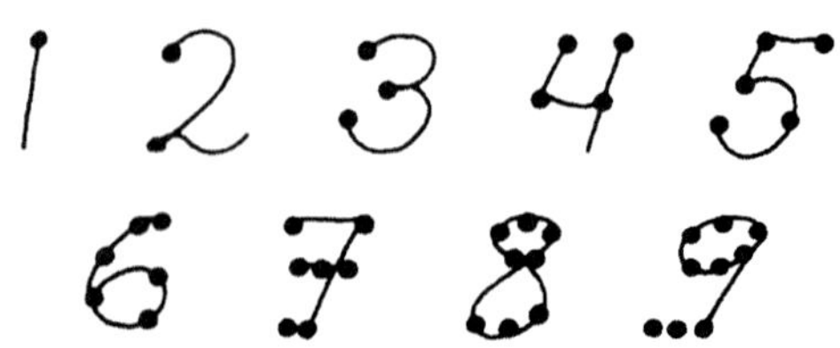

이것은 수의 지각에 일관성을 제공하며 수와 그것의 가치를 직접적으로 연관시키는 것을 돕는다. 실제로 점은 덧셈에 대한 반구체물 단계라고 할 수 있다. 이러한 점 단서는 학생이 덧셈에 능숙해짐에 따라 소거할 수 있다. 예를 들면 다음과 같다.

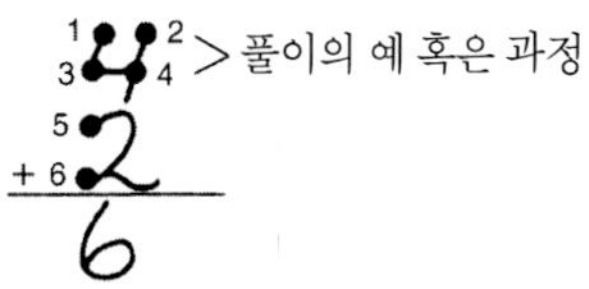

두드러진 점

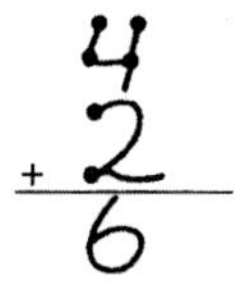
약간 두드러진 점

계산 단서

학생이 연산의 단계를 기억하도록 단서를 제공한다. 예를 들어, 받아올림을 하는 곳에 네모 칸을 그려 주면 학생이 계산을 쉽게 할 수 있다.

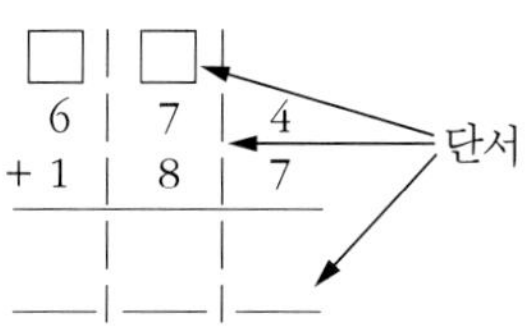

더하기 군

학생이 덧셈을 배우는 것을 돕기 위해 수의 군(群)의 틀 내에서 덧셈(0~18)을 제시한다([그림 12-3] 참조). 0에 어떤 수를 더하면 다시 그 수가 된다는 것과 어떤 수에 1을 더하면 1만큼 커지는 것을 가르침에 따라, 학생은 100개 중 64개의 기본 연산을 기억하면 된다. 만약 똑같은 수를 두 번 더하여 합을 계산하는 것을 가르치면 56개만 기억하면 된다.

뺄셈

주판

문제 57−34를 풀기 위해서 학생은 주판 위에 57을 놓기 위해 주판알을 십의 자리에 5개, 일의 자리에 7개를 놓는다. 교사는 '덜어내기' 또는 '빠진 가수 찾기'

[그림 12-3] 더하기 군

0	1	2	3	4	5	6	7	8	9
0 0*	0 1*	0 2*	0 3*	0 4*	0 5*	0 6*	0 7*	0 8*	0 9*
	1 0*	2 0*	3 0*	4 0*	5 0*	6 0*	7 0*	8 0*	9 0*
		1 1*	1 2*	1 3*	1 4*	1 5*	1 6*	1 7*	1 8*
			2 1*	3 1*	4 1*	5 1*	6 1*	7 1*	8 1*
				2 2*	2 3	2 4	2 5	2 6	2 7
					3 2	4 2	5 2	6 2	7 2
						3 3*	3 4	3 5	3 6
							4 3	5 3	6 3
								4 4*	4 5
									5 4

10	11	12	13	14	15	16	17	17
1 9*	2 9	3 9	4 9	5 9	6 9	7 9	8 9	9 9*
9 1*	9 2	9 3	9 4	9 5	9 6	9 7	9 8	
2 8	3 8	4 8	5 8	6 8	7 8	8 8*		
8 2	8 3	8 4	8 5	8 6	8 7			
3 7	4 7	5 7	6 7	7 7*				
7 3	7 4	7 5	7 6					
4 6	5 6	6 6*						
6 4	6 5							
5 5*								

주: 별표(*) 표시된 곳은 기억할 필요 없음.

접근법을 사용한다. '덜어내기' 접근법에서 학생은 34(30+4)를 주판에서 제거하고 차이를 알기 위해 남은 주판알을 센다. '빠진 가수 찾기' 접근법에서는 총합인 57에서 알고 있는 가수 34를 제거하고, 빠진 가수를 알기 위해 남은 주판알을 센다.

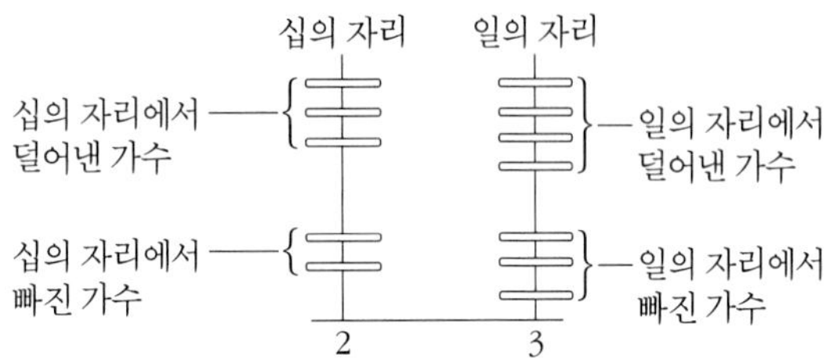

57−39를 풀기 위해 주판에 57을 놓는다. 학생은 7에서 9를 뺄 수 없기 때문에 십의 자리에 있는 주판알 1개를 가져와서 일의 자리에 있는 10개의 주판알과 바꾼다. 이제 일의 자리에서 9개의 주판알을 제거하고 십의 자리에서 3개의 주판알을 제거한다. 주판에 남은 수가 답이 된다.

수직선

학생이 뺄셈을 계산하도록 수직선을 제공한다. 14−8을 계산하기 위해서 수직선상의 14에서 왼쪽으로 8만큼 이동하여 답(6)을 구한다([그림 12-4] 참조).

자기점검 뺄셈 전략

학생이 뺄셈에서 받아내림을 하도록 전략을 제공한다. 학생이 다음의 전략 단계를 기억하도록 각 문제 위에 단서가 되는 단어를 쓸 수도 있다.

1. 시작하는가? 일의 자리에서 시작하라.
2. 더 큰가? 어느 수가 더 큰가?
3. 받아 내려야 하는가? 감수가 더 크면 받아 내려야 한다.
4. 연산? 연산을 기억하라. 필요하면 그림을 그린다.

예를 들면 다음과 같다.

		___	시작
___	___	___	더 큰 수
___	___	___	빌려오기
___	___	___	연산
7	6	5	
−2	8	7	

교사가 다른 연산에 대한 문제해결 순서를 개발하면 덧셈, 곱셈 그리고 나눗셈에 사용할 수 있는 자기점검 전략을 만들 수 있다.

곱셈

곱하기 정렬

학생이 타일, 페그보드 또는 기타 사물을 사용하여 배열을 하고 줄과 행의 수를 결정하도록 한다. 줄과 행의 개수가 곱셈의 피승수와 승수를 나타낸다는 것을 설명한다. 그다음에는 학생에게 다양한 배열에 의해 곱셈을 할 수 있다는 것을 가르친다.

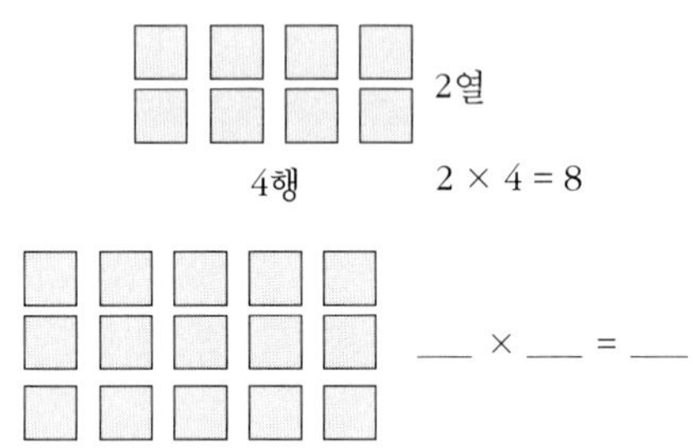

그런 다음 학생에게 곱셈문제를 내고 그에 일치하는 배열을 하게 한다.

[그림 12-4] 14−8의 계산을 보여 주기 위한 수직선

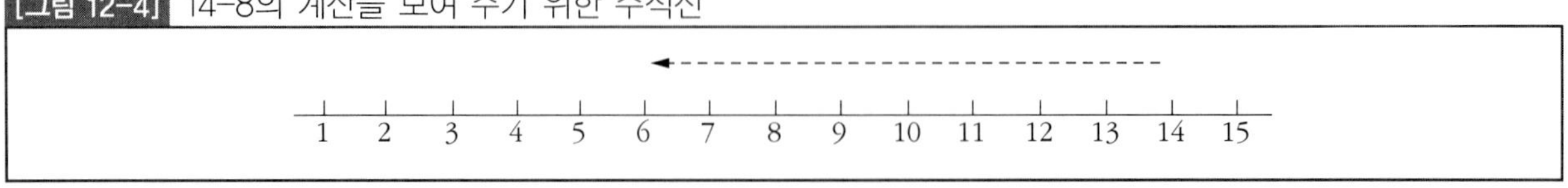

[그림 12-5] 네이피어 계산봉

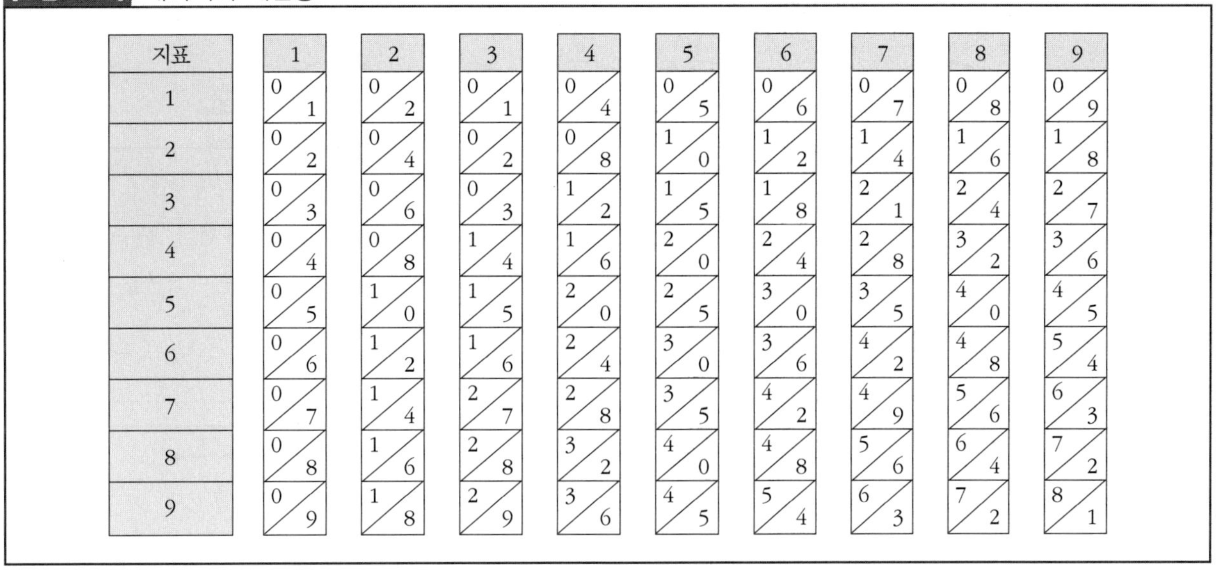

네이피어 계산봉

학생이 곱셈을 잘하도록 네이피어 계산봉(Napier's rods)을 사용하도록 한다. 봉은 두꺼운 마분지, 나무 막대 또는 사탕 막대로 만들 수 있다. [그림 12-5]에 제시된 것처럼 패턴에 따라 수가 적혀 있는 10개의 띠 줄로 만든다. 띠 줄 맨 위의 수들은 피승수이고 지표에 있는 수들은 승수다. 결과는 네모 안의 대각선에서 볼 수 있다. 지표 옆에 하나의 띠 줄을 놓음으로써 학생은 피승수와 승수를 곱해서 나온 산출값을 쉽게 알 수 있다. 예를 들면, 봉은 한 자릿수 이상과 한 자릿수 곱셈에도 사용할 수 있다. 예를 들어, 73×4를 계산하려면 봉을 아래 그림과 같이 세운다. 값을 계산하기 위해 대각선 칸의 수를 오른쪽에서 왼쪽으로 더한다.

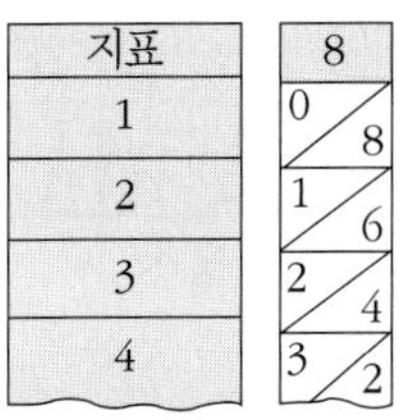

곱셈표

곱셈표를 제공해서 학생이 결과를 확인하고 자습하는 것이 가능하도록 한다. 예를 들면 다음과 같다.

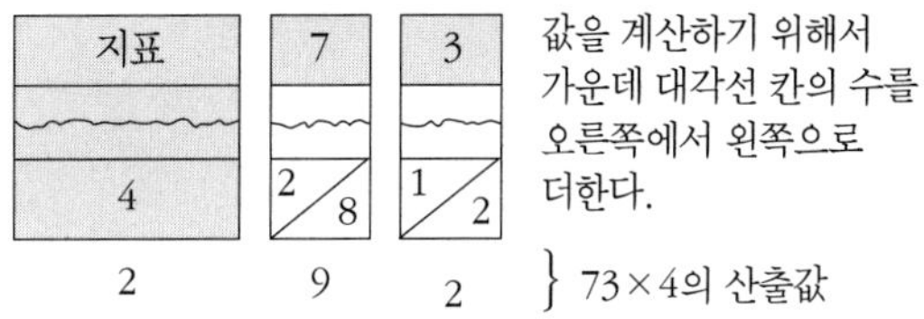

점 카드

1~9의 수를 나타내는 10세트의 카드를 만든다. 1세트는 각 카드에 점 1개가 있는 9개의 카드다. 2세트는 각 카드에 점 2개가 있는 9개의 카드다. 3세트는 각 카드에 점 3개가 있는 9개의 카드다. 계속해서 같은 방법으로 세트를 만든다. 학생이 곱셈문제를 계산할 때 카드를 이용하게 한다.

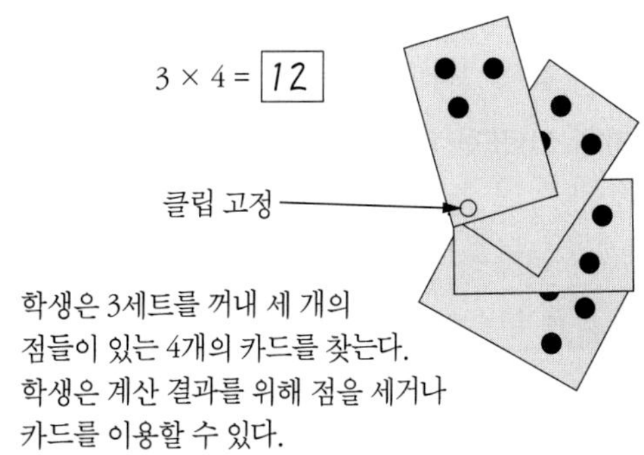

[그림 12-6] 18÷3의 계산을 보여 주는 수직선

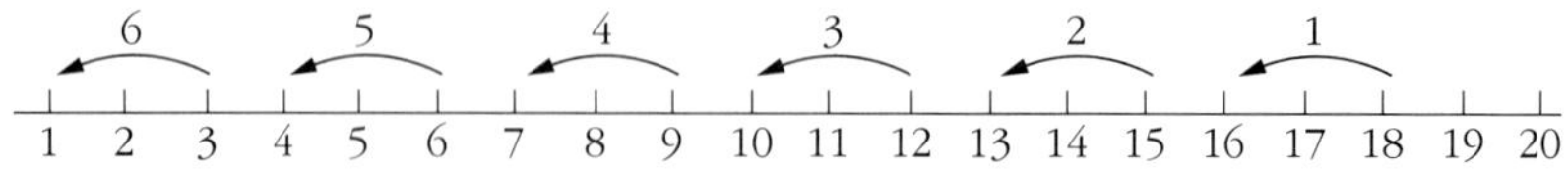

나눗셈

수직선

수직선을 이용하여 나눗셈을 하기 위해서 학생은 1에 도달할 때까지 수직선상의 피제수가 있는 곳에서 제수만큼씩 뒤쪽에서부터 건너뛰면서 온다. 몫은 피제수에서부터 1까지 건너뛴 수의 합이다. 예를 들면, 18÷3을 계산할 때 학생은 제수가 3이기 때문에 뒤쪽에서 앞쪽으로 3씩 건너뛴다. 그다음 학생은 답을 위해 곡선을 센다. 따라서 18÷3=6이다([그림 12-6] 참조).

점으로 나누기

나눗셈 문제를 풀기 위해 점을 사용하고 학생에게 계산식을 쓰도록 한다. 예를 들면 다음과 같다.

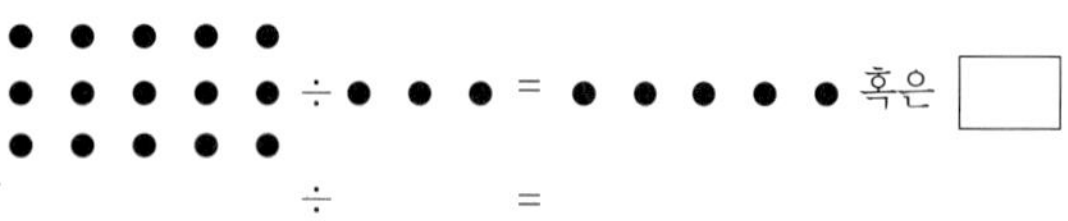

분수

수직선

분수의 값을 나타내는 분수 수직선을 이용한다([그림 12-7] 참조). 또한 학생들에게 분수가 1과 같은지, 1보다 큰지, 1보다 작은지 등을 표시하게 한다. 분수를 포함하는 간단한 나눗셈 문제를 나타내는 수직선을 이용한다. 예를 들면 다음과 같다.

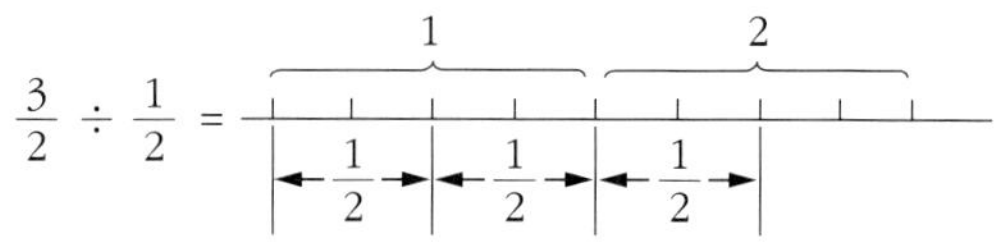

$= 3 \text{ or } 1\frac{1}{2} \div \frac{1}{2} = 3$

분수표

1과 기타 분수에 대한 분수관계를 나타내는 분수표를 이용한다. 표를 활용하여 분수가 더 큰지와 더 작은지를 알 수 있고, 가장 적은 수의 공통분모와 같은 값의 분수를 찾을 수 있다.

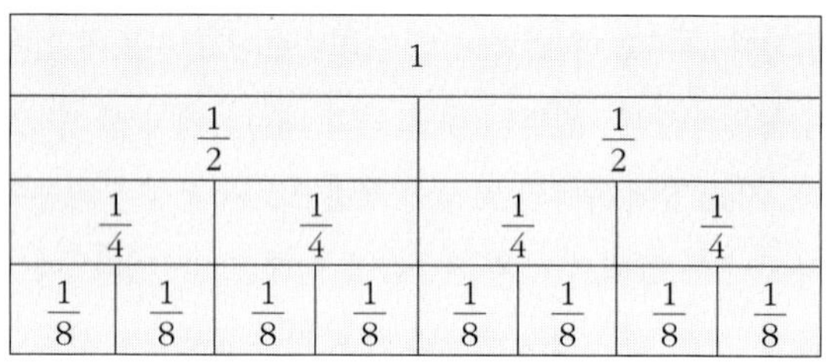

앞면

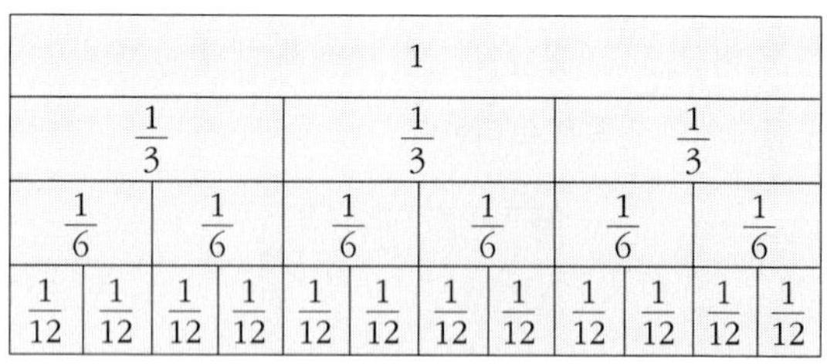

뒷면

[그림 12-7] 분수 수직선

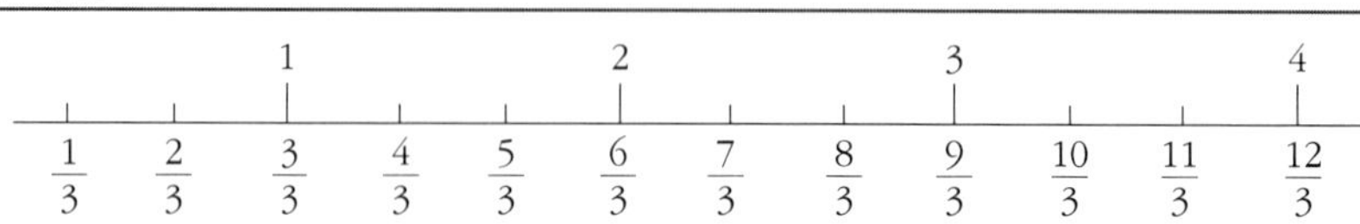

분수 막대

나무 막대, 사탕 막대 또는 마분지로 분수 막대를 만든다. 각 막대 위에 한 자릿수의 배수를 쓴다. 예를 들면 다음과 같다.

3	6	9	12	15	18	21	24	27
4	8	12	16	20	24	28	32	36
5	10	15	20	25	30	35	40	45

막대 하나가 다른 막대 위에 놓이면 분수가 만들어진다. 왼쪽 끝의 두 수는 기약분수($\frac{3}{4}$과 같이)가 되고 나머지는 모두 같은 값을 가진 분수들($\frac{3}{4}$, $\frac{6}{8}$, $\frac{9}{12}$와 같이) 이다. 예를 들면, 분수와 그것의 같은 값은 막대 5에 대해 막대 3을 놓으면 만들어진다. 예를 들면 다음과 같다.

3	6	9	12	15	18	21	24	27
5	10	15	20	25	30	35	40	45

같은 값의 분수 읽기, 다른 막대와 분수 만들기 그리고 새로운 막대 만들기 같은 활동을 할 수 있다.

분수 막대를 가지고 계산하도록 학생에게 $\frac{2}{3}+\frac{2}{5}$와 같이 두 분수를 더할 때 막대를 사용하게 한다. 학생은 다음의 단계를 따라야 한다.

1. 막대 3에 막대 2를 놓음으로써 분수 $\frac{2}{3}$를 만든다.

2	4	6	8	10	12	14	16	18
3	6	9	12	15	18	21	24	27

2. 분수 $\frac{2}{5}$를 만든다.

2	4	6	8	10	12	14	16	18
5	10	15	20	25	30	35	40	45

3. 각 분수의 분모를 보고 각 분모의 막대기에서 분모가 똑같은 수 중 가장 작은 수를 찾는다. 이 예에서는 15다.
4. 그 바로 아래에 놓일 때까지 분수 막대 $\frac{2}{5}$를 민다.

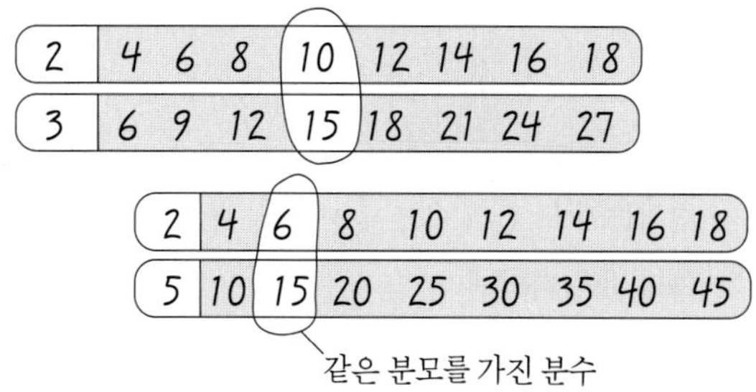

5. 더하기 위해 분자 막대의 수를 더한다. 10+6=16. 따라서 합은 $\frac{16}{15}$이다.
6. 빼기 위해 분자 막대의 수를 뺀다. 10−6=4. 따라서 차나 빠진 가수는 $\frac{4}{15}$이다.
7. $\frac{2}{3}$을 $\frac{2}{5}$로 나눈다면 공통분모를 사용한다.

$$\frac{2}{3}\div\frac{2}{5}=\frac{10}{15}\div\frac{6}{15}=$$
$$(10\div6)\div(15\div15)=$$
$$(10\div6)\div1=10\div6=\frac{10}{6}$$

격자무늬 판을 사용한 분수의 곱셈

학생에게 피승수와 승수를 나타내는 가로와 세로가 일정한 크기의 네모 칸을 그리게 한다. 학생은 다음 단계를 따른다.

1. 직사각형을 만들고 그것이 공통분모 값을 나타내도록 똑같이 네모 칸을 나눈다. 예를 들면, $\frac{2}{3}\times\frac{1}{4}=$ 12칸

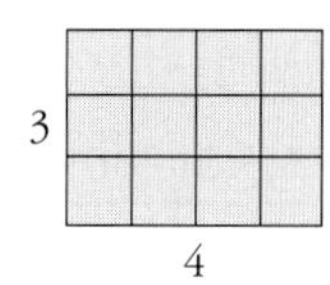

2. 네모 칸 위에 $\frac{2}{3}$를 표시하기 위해 정확하게 그 수만큼 빗금을 친다.

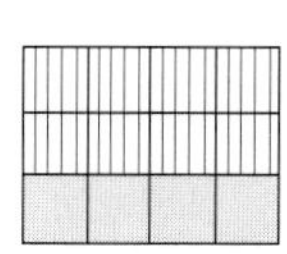

$=\frac{2}{3}$

3. 정확한 수만큼 칸을 색칠해서 $\frac{1}{4}$을 표시한다.

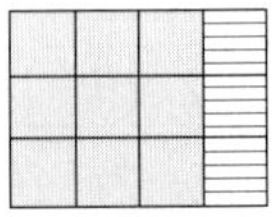

$= \frac{1}{4}$

4. 겹치는 네모 칸의 수는 $\frac{2}{3} \times \frac{1}{4}$을 계산해서 나온 분자의 값을 나타낸다.

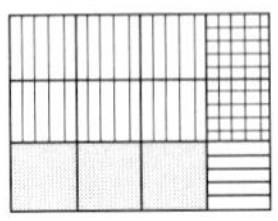

$= \frac{2}{12}$. 따라서

$\frac{2}{3} \times \frac{1}{4} = \frac{2}{12}$

네모 칸의 전체 수는 분모를 나타낸다. 구체물 단계에서 학생은 여러 크기의 타일을 사용한다.

시간

수직선

학생이 시간을 학습하도록 [그림 12-8]에서 볼 수 있듯이 1~60의 약간 둥근 수직선을 사용한다. 학생은 시계를 만드는 데 수직선을 사용할 수 있다. 몇 시 몇 분인지 알고 시침과 분침의 움직임을 기록한다.

수업 종 기록

학교 수업 종에 대한 정확한 시간을 표시한다. 주요 시간을 기록하기 위해 큰 시계를 이용한다.

[그림 12-8] 원형 수직선이 붙어 있는 시계판

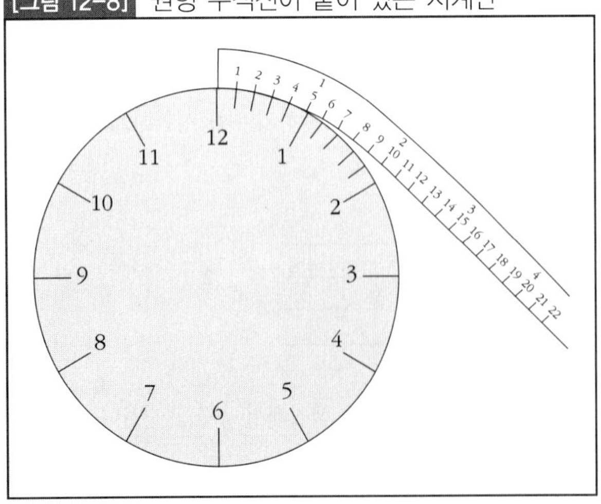

7:50
조회 종

8:05
1교시 시작 종

8:55
1교시 마침 종

9:00
2교시 시작 종

달력 퀴즈

학생에게 달력과 질문들이 적혀 있는 연습지를 준다. 학생은 다음의 질문에 답해야 한다.

1. 일주일은 몇 일인가요?
2. 3월 27일은 무슨 요일인가요?
3. 1월에 수요일에 해당하는 날짜를 모두 쓰시오.
4. 일 년은 모두 몇 달인가요?
5. 31일까지 있는 달은 언제인지 모두 쓰시오.

소수/화폐

수직선

소수와 그에 해당하는 분수를 나타내기 위해 수직선을 이용한다([그림 12-9] 참조). 소수-분수 문제를 계산하는 것을 돕는 선으로 사용할 뿐만 아니라, 학생은 수직선상의 빈칸 채우기를 할 수도 있다.

분수, 소수 그리고 백분율의 관계를 배우는 활동으로 학생은 도표나 그림의 빠진 부분을 채운다.

[그림 12-9] 분수와 소수 수직선

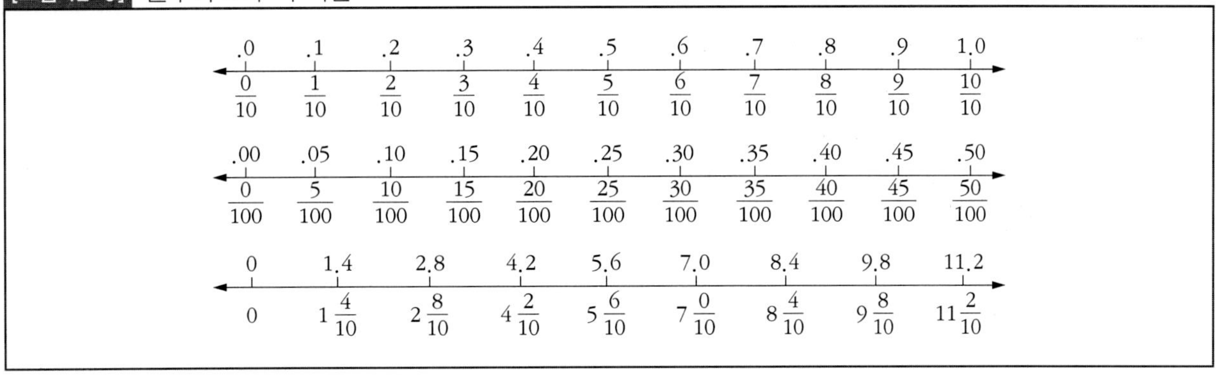

빠진 부분 채우기

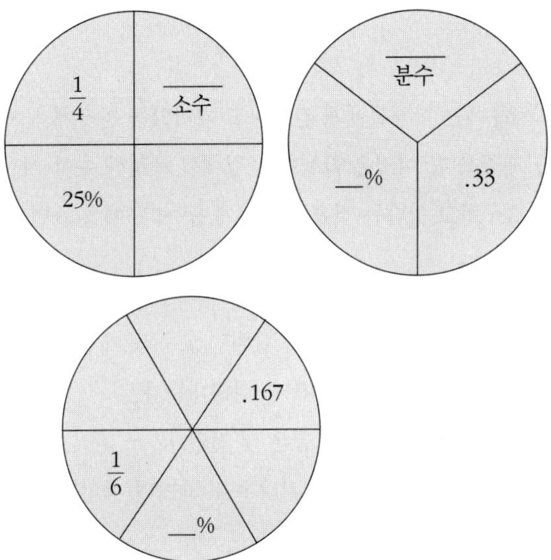

분 수	___	___	$\frac{1}{2}$	$\frac{3}{5}$	___
백분율	%	33%	%	%	%
소 수	.25	___	___	___	.67

자릿값 도표

자릿값, 자릿값의 이름 그리고 소수를 나타내는 자릿값 도표를 사용한다([그림 12-10] 참조).

화폐 카드

학생이 거스름돈을 정확하게 알도록 돕는 화폐 카드를 사용한다. 예를 들면, 10달러의 카드는 10달러를 주었을 때 정확한 잔돈을 계산하기 위해 사용할 수 있다. 물건 값이 6.77달러이면, 학생은 10달러를 주었을 때 잔돈을 얼마 받아야 하는지를 알기 위해서 카드 위에 물건 값을 표시한다. 남은 돈이 정확한 잔돈이다.

$10.00 화폐 카드

$	$	$	$	$	$	$	$	$	
⑩	⑩	⑩	⑩	⑩	⑩	⑩	⑩	⑩	
①	①	①	①	①	①	①	①	①	①

[그림 12-10] 확장된 자릿값 도표

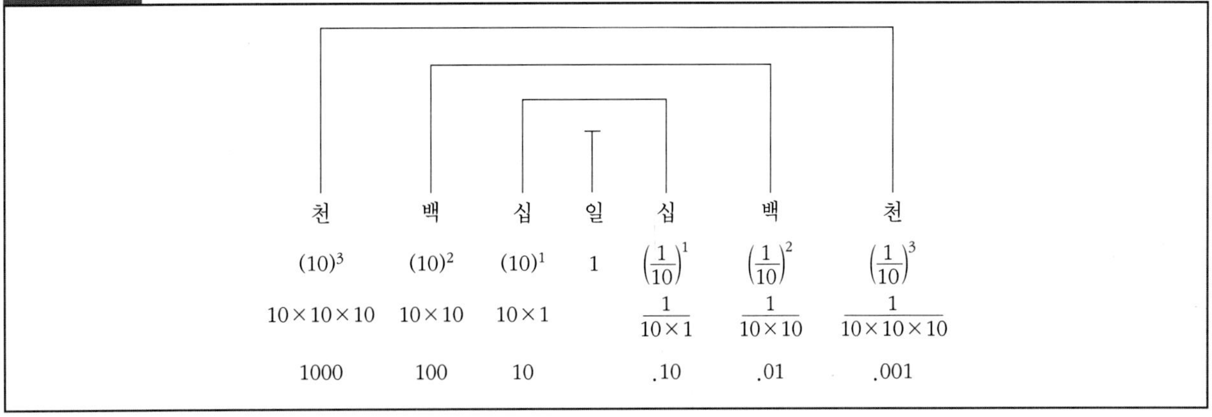

쿠폰 쇼핑

서류철 위에 도표를 그리고 식료품점 품목, 가격, 쿠폰 값 그리고 실제 가격 칸을 만들어 적는다. 쿠폰 가격 칸에 실제 쿠폰의 할인가를 적는다. 학생에게 쿠폰을 사용한 각 항목의 실제 가격을 적도록 한다.

식품 목록	가격	쿠폰 가격	실제 지불 가격
1. 커피	$3.12	10% 할인	______
2. 피클	$1.14	$ .15	______
3. 시리얼	$1.39	15% 할인	______
4. 젤리	$ .79	$ .20	______

거스름돈 체크

학생에게 점원의 실수를 발견하고 계산이 정확하게 되었는지를 확인하는 연습을 학습지로 시킨다. 예를 들면 다음과 같다.

$1.19	$1.38
.99	2.64
.37	.26
1.03	.15
$3.38	$4.43

측정

측정 상자

학생에게 측정할 수 있는 사물(사탕 막대, 빗, 클립, 빨대 등)이 들어 있는 상자를 주고 학습지 위에 사물의 이름을 적는다. 학생은 사물을 측정하고 학습지 위에 인치, 센티미터로 사물의 길이를 적는다. 이러한 활동은 사물의 무게 측정도 포함한다.

나를 측정하기

학생은 다음의 학습지를 완성한다.

나의 키: ______________________

나의 몸무게: ______________________

나의 달리기 속도: ______________________

나의 능력: ______________________

52개의 카드를 섞는 데 걸리는 시간: ______________________

나의 이름 쓰기 속도: ______________________

나의 읽기 속도: ______________________

나의 머리둘레: ______________________

나의 허리둘레: ______________________

문장제 문제

이야기 문제

처음에는 학생들에게 간단하고 재미있는 문장제 문제를 제공한다. 이것은 학생이 문장에서 특정한 수학 계산을 요구하고 있다는 것을 이해하게 돕는다. 예를 들면 다음과 같다.

1. 구슬 3개와 구슬 4개를 합치면 모두 몇 개인가?
2. 어떤 수가 트리플(3점)을 나타내는가?
3. 미식축구에서 필드 골은 몇 점인가?
4. 미식축구에서 첫 터치다운을 하려면 얼마나 많은 야드를 달려야 하는가?
5. 농구에서 10골은 몇 점인가?

학생으로 하여금 이야기 문제를 읽고 문장을 수로 나타내게 한다. 예를 들어,

Mary는 만화책이 6권 있다. 이중 2권을 읽었다. 몇 권이 남았을까? $6-2=$ ______

수학영역의 교수용 게임

루크 수학

자료: 루크(Rook) 카드 한 벌(4개씩 숫자가 쓰인 14세

트의 카드), 주사위 4개

방법: 카드를 뒤섞고 5장씩 참여자들에게 나눠 준다. 남은 카드는 테이블 위에 놓고 그중 한 장의 카드는 뒤집어 놓는다. 카드를 나눠 주는 왼편의 사람부터 4개의 주사위를 던지고, 주사위의 총합과 한 장의 카드 또는 자신의 손에 있는 카드와 수를 똑같이 맞춘다. 주사위를 던진 사람은 총 합과 같은 카드 한 장 또는 카드 몇 장을 내려놓는다. 카드 한 벌에서 뒤집어 놓은 카드를 가져올 수 있다. 참여자가 카드를 내려놓는 것에 상관없이, 뒤집어 놓은 카드 더미 위에 불필요한 패를 버린다. 그런 다음 참여자의 순서가 된다. 한 참여자의 순서가 끝나면 참여자들은 게임을 한 카드를 모두 합하고 가장 높은 합을 가진 참여자가 게임에서 이긴다.

수학 집중

자료: 한 면에는 수학문제가 있고 다른 뒷면은 비어 있는 10개의 자극 카드, 한 면에 자극 카드의 문제에 대한 답이 있고 뒷면은 비어 있는 10개의 카드

방법: 카드는 5×4 배열로 뒤집어서 놓는다. 2명이나 그 이상의 학생들이 게임을 할 수 있다. 첫 번째 학생은 카드 한 개를 뒤집고 답을 말한다. 만약 답이 맞다면 학생은 두 번째 카드를 뒤집는다. 만약 두 번째 카드가 첫 번째 카드에 대한 답이라면 학생은 두 카드를 모두 가진다. 만약 첫 번째 카드에 부정확한 답을 하면 학생은 두 번째 카드를 뒤집지 못한다. 그다음에 다른 학생이 시작한다. 카드를 제일 많이 가져간 사람이 이긴다.

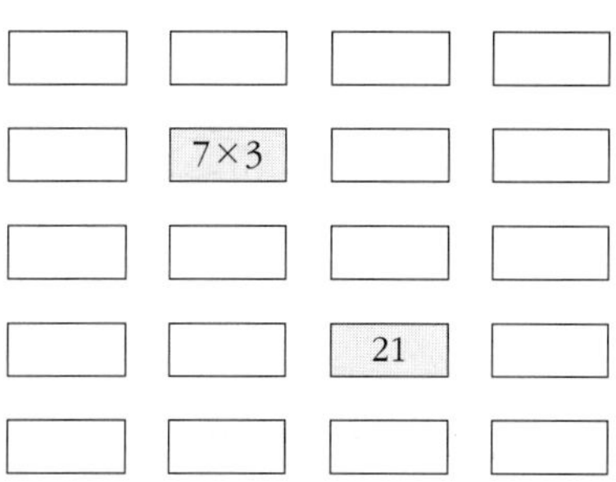

분수 게임

자료: 각면에 $\frac{1}{2}$, $\frac{1}{4}$, $\frac{1}{6}$, $\frac{1}{12}$, $\frac{1}{3}$, $\frac{1}{12}$이라고 쓰인 점성이 있는 스티커를 가진 1인치 나무 정육면체, 1인치(2.54cm) 네모 마분지($\frac{1}{4}$이라고 적힌 24조각, $\frac{1}{6}$이라고 적힌 31조각, $\frac{1}{2}$이라고 적인 12조각, $\frac{1}{3}$이라고 적힌 18조각, $\frac{1}{12}$이라고 적힌 60조각), 12부분으로 표시된 6개의 게임판.

방법: 각 게임자는 게임판을 받는다. 게임자는 겹치는 조각 없이 판의 $\frac{12}{12}$를 덮을 분수 부분을 모은다. 첫 번째 게임자가 정육면체를 던져서 나온 분수 조각을 모은다. 이 조각은 게임판 위에 놓는다. 그다음은 다른 게임자의 순서다. 게임자의 판이 덮일 때까지 게임을 계속한다. 만약 한 게임자가 정육면체를 던지고 나온 분수 조각을 이미 가지고 있으면 게임자는 가져갈 수 없다.

여행 게임

자료: 큰 미국 지도, 위치 표시물 혹은 교통기관 그림, 수학문제가 있는 카드

방법: 큰 미국 지도 위에 나라를 가로지르는 코스를 50마일(80.47km) 간격으로 표시한다. 각 카드에는 수학문제와 마일 수(50, 100, 200 등)가 표시된다. 게임 참여자들은 카드를 한 장씩 가져가서 수학문제의 답을 말한다. 정답을 말하면 카드에 표시된 거리만큼 위치 표시물이 앞으로 나가고, 틀리면 카드에 적힌 거리만큼 뒤로 간다. 목적지에 가장 먼저 도착한 사람이 승자다.

변형 및 수정: 게임 참여자들은 다양한 난이도의 카드를 제공받을 수 있다. 각 학생은 자신에게 적절한 난이도의 카드를 선택할 수 있다. 문제가 어려워질수록 거리(마일 수)는 길어진다(높아진다).

동전 세기

자료: 타이머, 종이와 연필

방법: 게임의 목표는 주어진 합계를 만들기 위해 가장 적은 수의 동전을 사용하는 것이다. 진행자는 합계를 말한다(65센트와 같이). 각 게임 참여자는 주어진 제한시간 안에 합을 만들기 위해 필요한 동전을 적어야 한다. 합을 바르게 만든 모든 사람은 1점을 받는다. 게임 참여

자 혹은 가장 적은 수의 동전을 사용한 사람은 5점을 받는다. 25점을 제일 먼저 받는 사람이 게임에서 이긴다.

속도 게임

자료: 출발-도착 게임판, 수학 문제지 및 답안지, 게임 표시물, 주사위

방법: 각 게임자에게 적절한 지도수준의 개별 문제지가 주어진다. 첫 번째 게임자는 주사위를 한 번 굴리고, 말을 게임판에서 주사위에 나온 수만큼 움직일지 혹은 문제지에 답을 10초 안에 적고서 맞힌 정답 수만큼 움직일지를 선택한다. 상대방 게임자가 답지를 사용하여 정답을 확인한다. 만일 문제지에 답 쓰는 것을 선택했다면 게임자는 주사위를 던진 것보다 정답 수가 적게 나왔더라도 결과를 받아들여야 한다. 도착점에 먼저 도달한 사람이 게임에 이긴다.

분수 블랙잭

자료: 한 벌의 놀이 카드

방법: 모든 그림 카드에는 1~10의 숫자가 있다. 카드는 빨강 카드(다이아몬드 ◆, 하트 ♥)와 검정 각각 카드(스페이드 ♠, 클로버 ♣)로 나누어진다. 처음에 학생이 카드를 던지면 검정 카드는 분자가 되고, 빨강 카드는 분모가 된다. 즉, 학생이 검정 카드 8과 빨강 카드 2를 던지면 분수는 8/2이 되는 것이다. 같은 학생이 2장 이상의 카드(검정 카드 1장과 빨강 카드 1장)를 던지는 것을 계속하면서 분수를 만들고, 새로운 분수는 처음 분수(8/2)에 더한다. 학생은 합계가 10 또는 10에 가까워질 때까지 계속한다. 합계가 10보다 위나 아래가 되면 10에 가장 가까운 학생이 승자가 된다.

변형 및 수정: 게임은 두 장의 카드를 교대로 받거나 합이 10 이상이 되면 지는 것처럼 다소 전통적인 블랙잭처럼 할 수 있다.

분수 이동

자료: 주사위(초록 1개와 흰색 1개), 종이, 연필

방법: 각 학생은 종이 위에 숫자 22개(1.00, .50, .33, .25, .20, .26, 2.00, .66, 40, 3.00, 1.50, .75, .60, 4.00, 1.33, 1.20, 5.00, 2.50, 1.66, 1.25, .83과 6.00)를 적는다. 초록 주사위와 흰색 주사위를 사용하여 초록 주사위는 분자가 되고, 흰색 주사위는 분모가 된다. 즉, 초록 주사위가 4가 나오고 흰 주사위가 2가 나오면 4/2 또는 2가 되는 것이다. 이 경우의 소수값은 2다. 또 초록 주사위가 3이 나오고 흰색 주사위가 5가 나오면 3/5 또는 .60이 된다. 각 학생은 주사위를 굴리고 분수를 만들면서 소수를 계산한다. 그리고 각각의 종이 위에 그 숫자를 지운다. 소수를 하나 지워 갈 때마다 1점이 되고, 분수가 1.00(예: $\frac{4}{4}$)이 되면 5점의 보너스가 주어진다. 먼저 50점을 기록하는 학생이 승자가 된다.

소수 형태 판

자료: 소수 형태의 숫자가 기록된 게임판, 10개의 표시물(5개씩 두 가지 색깔), 한 면은 L로 표시되고 다른 한 면은 S로 표시된 칩, 보드에 있는 수들이 가장 적은 수부터 가장 큰 수의 순서로 표시된 답지

방법: 두 게임자가 모든 표시물을 보드의 출발칸에 놓는다(검은 선으로 둘러싸여 있음). 첫 번째 게임자가 칩을 가볍게 던진다. 만일 칩이 L자 면으로 떨어지면 게임자는 표시물이 놓여 있는 칸의 숫자보다 큰 숫자를 가진 근접 칸으로 표시물을 움직여야 한다. 만일 칩이 S자 면

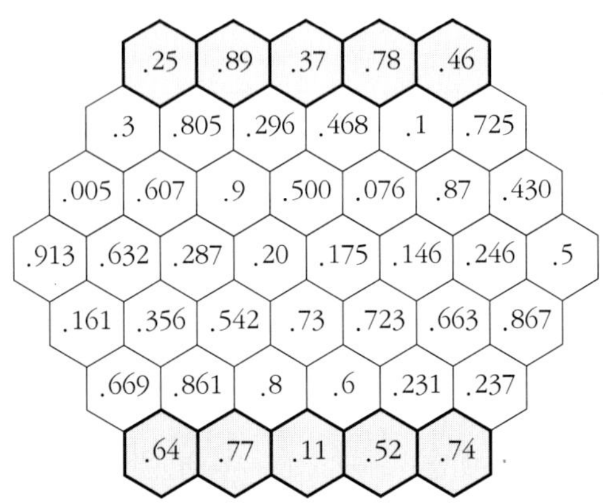

으로 떨어지면 표시물이 있는 칸의 숫자보다 작은 수를 가진 인접 칸으로 표시물을 옮긴다. 만일 게임자의 표시물이 상대방 표시물이 있는 칸으로 옮겨 가면 상대방은 출발점으로 표시물을 다시 놓아야 한다. 한 칸에는 하나의 표시물만 있을 수 있다. 게임자는 방향에 상관없이 표시물을 움직일 수 있다면 그렇게 한다. 만일 움직일 수 없다면 게임자는 차례를 잃게 된다. 두 명의 게임자가 번갈아 가며 움직이는데, 각각의 움직임은 답안지를 사용하여 정확하게 움직였는지 확인한다. 맞은 편 출발 칸으로 모든 표시물들을 먼저 옮긴 사람이 승자다.

자기 교정 수학자료

수학 카드 뒤집어 맞추기

피드백 제공 장치: 정답은 각 자극 카드 뒤에 쓴다.

자료: 한 면에는 수학문제가 있고 뒷면에는 정답이 있는 자극 카드

방법: 학생은 카드의 수학문제를 보고 나서 연습지에 답을 적는다. 이후 학생은 답을 확인하기 위해 카드를 뒤집는다.

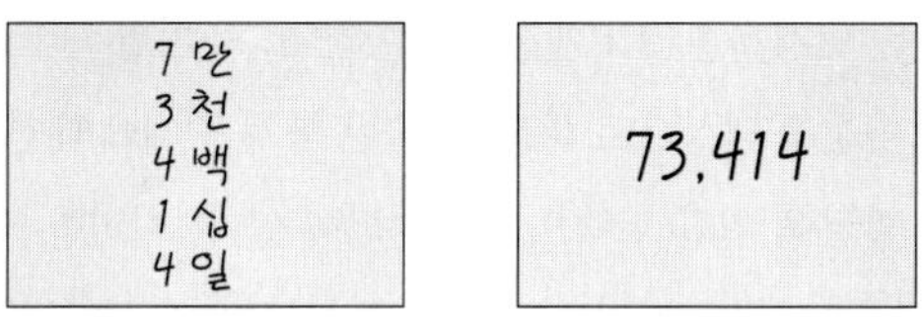

앞면 뒷면

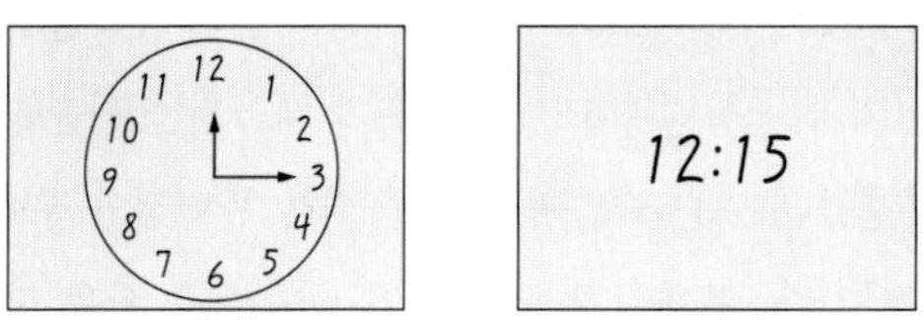

앞면 뒷면

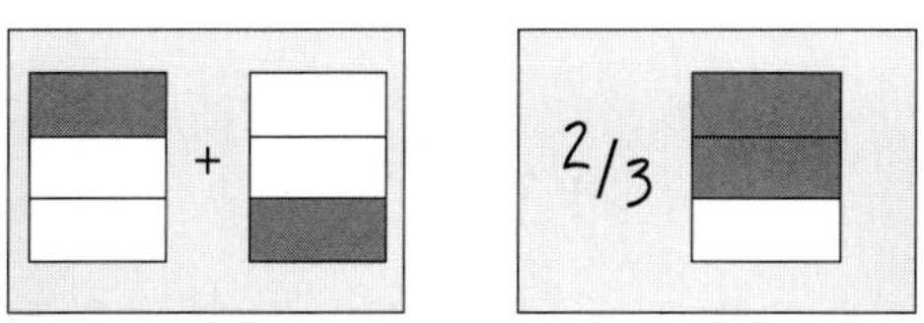

앞면 뒷면

답 집게

피드백 제공 장치: 판 위의 문제에 답이 적힌 집게로 집고, 판을 뒤집으면 집게의 뒷면에 있는 부호가 판 뒤쪽의 부호와 일치하면 정답이다.

자료: 앞면에는 수학문제가 있고 뒷면에는 부호가 있는 칸이 나눠진 판. 한쪽 면은 답이 있고 다른 쪽 면은 부호가 적혀 있는 집게.

방법: 학생은 판 위의 문제를 보고 집게를 끼워 답을 표시한다. 그리고 보드를 뒤집어서 판 뒤쪽의 부호와 집게 뒤쪽의 부호 표시가 같으면 정답이다.

변형 및 수정: 보관을 용이하게 하기 위해 집게를 지퍼가 있는 비닐 백에 넣는다. 또한 판을 카드로 만드는 것도 좋다.

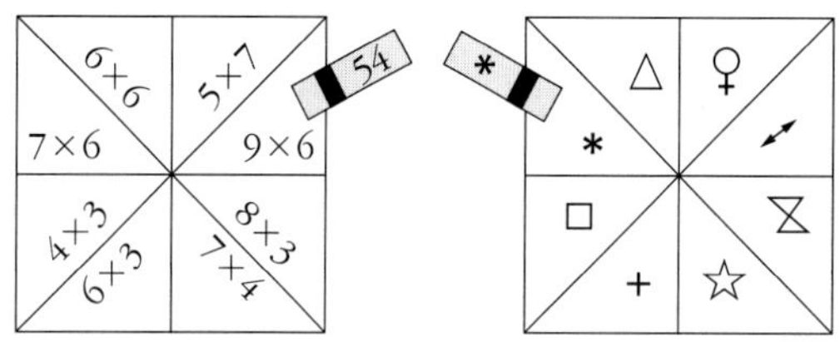

앞면 뒷면

컬러 코드 폴더

피드백 제공 장치: 문제지가 빨간색 투명 폴더 안에 있으면 문제는 보이지만 답은 볼 수 없다. 다른 종이에 답을 작성한 후에 학생은 폴더에서 문제지를 꺼내 답을 확인해 본다.

자료: 붉은색 투명 폴더, 검정 매직펜으로 쓴 문제와 노란색으로 답이 적혀 있는 문제지

방법: 학생은 빨간색 폴더에 문제지를 넣는다. 이후 학생 수만큼 종이를 주고 각 문제의 답을 적게 한다. 문제지를 폴더에서 꺼내서 학생이 노란색으로 적혀 있는 답을 보고 확인한다.

변형 및 수정: 다른 색을 사용할 수 있다(답은 폴더와 같은 색을 사용한다.).

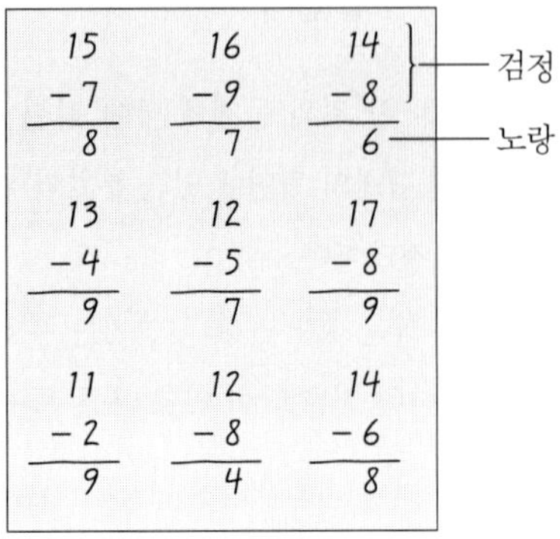

학습지

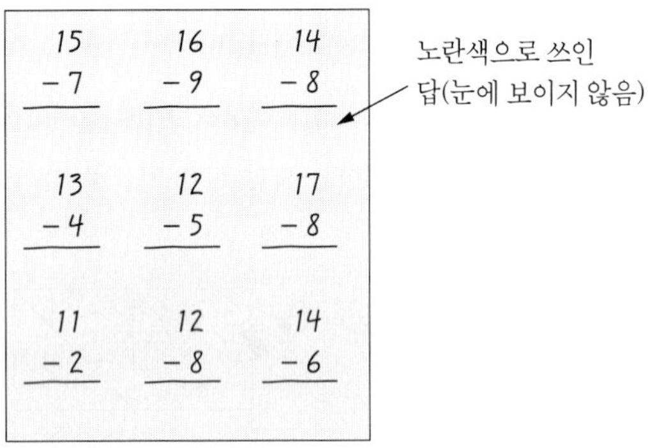

학습지가 삽입된
붉은색 폴더

빠른 연산

피드백 제공 장치: 정답은 폴더 안쪽에 써 둔다.

자료: 안쪽의 오른쪽 면에는 수학문제가 적혀 있고 왼쪽 면에는 각 문제에 대한 정답이 적혀 있는 폴더(폴더의 덮개를 접었을 때 문제만 보이도록 폴더의 덮개 쪽을 자름)

방법: 학생은 닫힌 폴더의 문제를 계산하고 나서 답을 확인할 때 폴더를 편다.

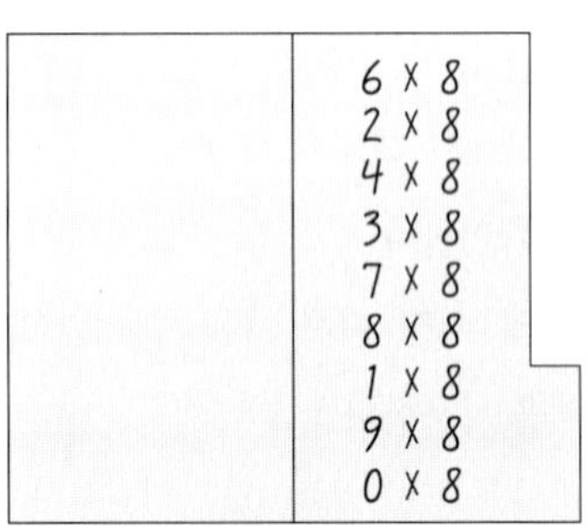

닫힌 폴더

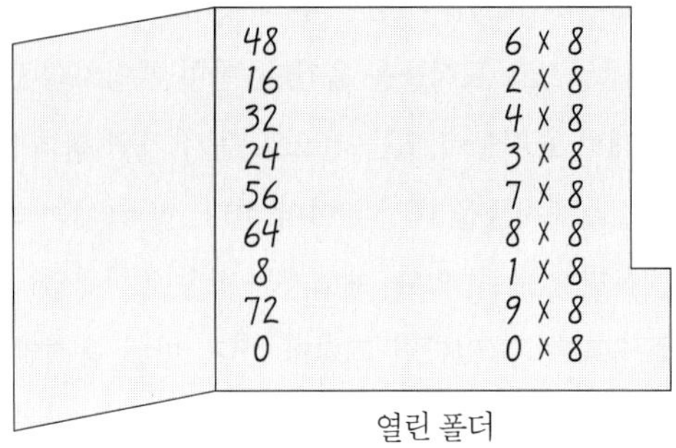

열린 폴더

상업용 수학 프로그램

수학 개념 및 기술을 교수하는 데는 다양하게 출판된 프로그램과 자료들을 이용할 수 있다. 다음의 프로그램 및 자료들은 학습문제가 있는 학생들에게 수학기술을 교수하는 데 유용하다.

수학개념의 연계

수학개념의 연계(Connecting Math Concepts)라는 이름의 교육과정 S. E. Engelmann, D. Carnine, O. Engelmann과 B. Kelly(SRA 출판)에 의해 개발된 것으로 수학개념과 응용 사이의 관계를 정립한다. 기초 프로그램은 단계 A부터 F까지를 포함하며, 유치원부터 8학년의 아동을 대상으로 하고, 기술은 특정 주제에 대한 지속적 발달을 위한 트랙으로 구성되어 있다. 이러한 직접 교수 프로그램은 점진적으로 아이디어들을 소개하고, 각 과는 5~10분 간격으로 나뉘어 각기 다른 주제들을 소개한다. 자세한 설명과 교사의 지도가 제공되는 연습을 통해 학생들은 기술 숙달과 유지를 위한 독립적인 수행으로 나아간다. 문제해결 활동 게임, 협동학습 활동 및 손 조작 교구의 사용을 위한 제언들이 제공된다.

교정적 수학

교정적 수학(Corrective Mathematics)은 S. E. Engelmann과 D. Carnine(SRA 출판)에 의해 개발된 것으로 기초기술을 습득하지 못한 4학년부터 성인까지의

같은 학급 친구들끼리 게임 형식으로 수학기술을 연습할 수 있다.

학생을 위한 기본 수학의 보충학습 시리즈다. 기본 연산은 덧셈, 뺄셈 곱셈, 및 나눗셈을 가르친다. 프로그램은 이야기 문제를 숫자로 옮기기뿐만 아니라 받아올림과 받아내림의 개념도 포함한다. 각 수업은 25~45분이 걸리고 교사지도 교수 및 독립적인 복습 활동을 포함한다. S. E. Engelmann과 D. Steely가 개발한 추가된 수학 모듈에서는 기초 분수, 소수, 백분율, 비례식, 및 방정식을 이용할 수 있다.

핵심수학 : 교수와 연습

핵심수학:교수의 연습(Key Math Teach and Practice)는 A. J. Connolly(American Guidance Services 출판)에 의해 개발된 것으로 수학 문제점의 진단 및 중재에 대한 활동을 제공한다. 이것은 유치원부터 8학년까지의 중요한 개념들을 포함하고, 기초 개념, 조작 및 응용의 세 가지 패키지가 '핵심수학 개정판: 필수 수학기술의 진단평가(Key Math-Revised: A Diagnostic Inventory of Essential Mathematics)'와 직접적으로 관련되어 있다. 수학 목록과 시험들은 학생의 강약점을 결정하는 데 사용된다. 교수적 중재는 다음 순서를 따른다. (1) 기초 단계(선행 기술 복습, 개념 및 기술 소개, 응용 시범), (2) 학습 활동(손조작 교구 사용에서부터 상징적 표상에 대한 그림까지), (3) 반복연습, 게임 및 확장 활동(판단 및 문제해결 연습을 포함). 교사지도, 학생 진전 기록 그리고 범위와 순서 차트 또한 포함되어 있다.

수퍼소스

수퍼소스(The Super Source; ETA/Cuisenaire 제작)는 학급에서 검증된 손조작 교구 사용을 수반하는 문제해결 활동이 포함된 21권의 교사 자료 시리즈다. 각 학년 수준의 책(유치원~2학년, 3~4학년, 5~6학년)은 7개 손조작 교구 중 1개에 초점을 맞춘다(기초 10개 블록, 색깔 타일, 퀴즈네르 막대, 지도판, 패턴 블록, 큐브, 퍼즐판). 3단계 교안과 제안된 활동들이 수학 프로그램에서 손조작 교구를 사용하게 하고 수학학습에 있어 '실제로 조작해 보기' 접근법을 촉진한다. 추가적인 수학 손조작 교구들은 Lakeshore Learning Matherials 및 SRA에서 제작된다.

수학영역의 컴퓨터 소프트웨어 프로그램

수학영역의 컴퓨터 소프트웨어 프로그램은 반복연습에 대한 동기를 제공하고 활동을 연습하는 데 사용할 수 있다. 게임 상황을 제공하는 프로그램이 있고 학생의 흥미를 유지시키기 위해 효과적으로 애니메이션과 소리효과를 제공하는 프로그램이 있다. 또한 컴퓨터는 자기교정 피드백을 제공하여 학생이 오류를 범하지 않도록 한다. 효과적인 학습 결과를 위해 직접적인 교사의 지도와 개별지도 및 반복연습 소프트웨어를 통합하는 것이 유용하다. Kroesbergen과 Van Luit(2003)는 학생들이 수학 연산을 연습하고 자동화하며 직접적인 피드백을 받는 데 컴퓨터를 사용할 수 있다고 했다. 그러나 컴퓨터는 교수의 보조도구로서 교사를 대신할 수 없으며, 학생이 안고 있는 기본적 어려움들을 중재할 수 없다. 문장제 문제 해결에 대한 메타분석 중재에서 Xin과 Jitendra(1999)는 컴퓨터 보조 교수는 특히 효과적인 교육과정 디자인과 인터랙티브 비디오 프로그램을 결합한 연구에서 매우 효과적으로 나타났다고 했다. 다음의 소프트웨어 프로그램은 다양한 수학기술을 제공하고 학생이 그 기술들을 이해하고 습득하는 것을 돕는다.

분수 놀이터

분수 놀이터(Fraction Attraction; Sunburst Communications 제작)는 3~8학년 학생들이 기초 분수개념을 배울 수 있도록 디자인되었다. 4개의 만화로 된 축제 스타일 활동은 학생의 순서 매기기, 상대적 크기, 동치, 수직선에서 분수의 위치 그리고 다양한 상징의 이해를 강화시킨다. 각각의 다단계 수준 활동은 진단적 특징이 있어 학생이 개념적 오류를 수정하는 것을 돕는다. 프로그램은 완전하게 개별화할 수 있고 활동과 함께 교사의 안내문을 포함한다.

WordMath

WordMath 프로그램(Miliken 제작)은 학생들에게 문장제 문제 해결에 대한 개별화된 교수 및 연습을 제공한다. 기초 WordMath의 경우, 2학년과 3학년 학생을 위한 수업은 덧셈, 뺄셈 그리고 기초 연산을 강조하며 모든 오류에 대한 개별지도 메시지를 포함한다. 계산은 화면에서 실행되고, 학생이 어려워한다면 단계별 해결과정을 제공한다.

4학년부터 8학년을 위한 WordMath I 과 WordMath II는 기초 연산, 선행/역행 순서, 부가적인 숫자, 숨겨진 숫자, 핵심어, 사전, 혼합 계산 및 진전된 혼합계산에 대한 모듈을 포함한다. 그래픽 강화는 정답을 지지하고 개별지도 오류 메시지는 오류 종류 및 특정 문제에 대한 즉각적인 도움을 제공한다. 프로그램은 각 디스크에 2개 수준 난이도뿐만 아니라 집중적인 관리 시스템을 포함한다. 보충 워크북을 제공한다. 프로그램은 보충학습이나 중재를 위해 사용할 수 있다.

앞으로의 전망

학습문제를 가진 많은 학생들은 수학에 어려움을 겪고 있다. 그러나 연구자들이 과학적으로 연구에 기초한 원리의 잠재적 이점을 알려 주고 교사들이 직접 사용할 수 있는 교재를 많이 개발한다면 학생들의 수학학습과 교사들의 수학교육은 매우 향상될 것이다. 수학 학습에 대한 학습자들의 기대수준은 변화할 것이고, 더욱 많은 수학교사들은 학생들이 "$9x-6x+12=24$를 푸는 법을 알았어요."라고 말하는 것을 들으며 큰 만족과 기쁨을 경험할 것이다.

제 13 장

학습전략, 내용 및 공부기술의 교수

1장에서 12장까지는 학습문제를 가진 학생들이 듣기, 말하기, 읽기, 쓰기, 계산하기, 문제해결하기와 사회화를 배우는 데 도움을 줄 수 있는 교수환경을 조성하는 데 초점을 두었다. 이와 같이 토대가 되는 기술은 초기 학교에서의 성공에 있어 중요하며, 학생들이 중등학교와 고등교육 학교환경에서 직면하는 확장된 학교 관련 요구의 기초를 제공해 준다. 청소년들은 교사와 학생들에게 요구되는 환경에서 과학과, 사회과, 문학, 독립생활에 대한 지식을 습득하기 위하여 이러한 학업 및 사회적 기술을 사용하는 복잡한 과제에 직면하게 된다.

학습문제를 가지고 있는 청소년들의 특성은 복잡한 학업적 요구와 어려운 교수적 현실에 섞여서 그들이 학교에서 성공하기 어렵게 만든다. Bulgren과 Lenz(1996), Mercer와 Pullen(2005)을 종합한 [그림 13-1]은 중학교와 고등학교 시기에서 학습 특성, 학업적 요구, 환경적 실제의 지표를 강조하고 있다. 이러한 교수적 상황을 파악하는 것은 학습문제를 지닌 청소년들이 성공을 하기 위하여 집중적이고 명시적인 교수가 필요하다는 사실을 보여 주고 있다.

다행히 학습장애 분야에서는 효과적인 중등 프로그램을 개발하기 위한 많은 노력이 있어 왔다. 예를 들어, 1978년 캔자스 대학교 학습연구 센터는 학습장애 청소년들의 요구가 무엇인지를 알고 적절한 중재를 개발하기 위한 목적으로 설립되었다. Don Deshler와 Jean Schumaker의 주도하에 이루어진 여러 연구는 나라 전체에 큰 영향을 미쳤다. 학습전략 자료와 내용 향상 프로그램은 학습문제를 지닌 청소년들이 성공적인 학교생활을 하도록 도왔다. 또한 다른 연구자들(Hoover, 1995; Meltzer et al., 1996; Wood, 2002) 역시 효과적인 공부 기술과 기법을 제시하였다. [그림 13-1]은 학습문제를 보이는 학생들에게 필수적인 교수 항목으로 학습전략, 내용 향상, 공부 기술과 기법을 제시하고 있다. 이 장에서는 학습 동기와 청소년에 관한 토론에 이어 학습문제를 가진 학생들에게 학습 전략과 내용, 공부기

[그림 13-1] 학습문제를 가진 학생들을 위한 교수조건과 필수 서비스

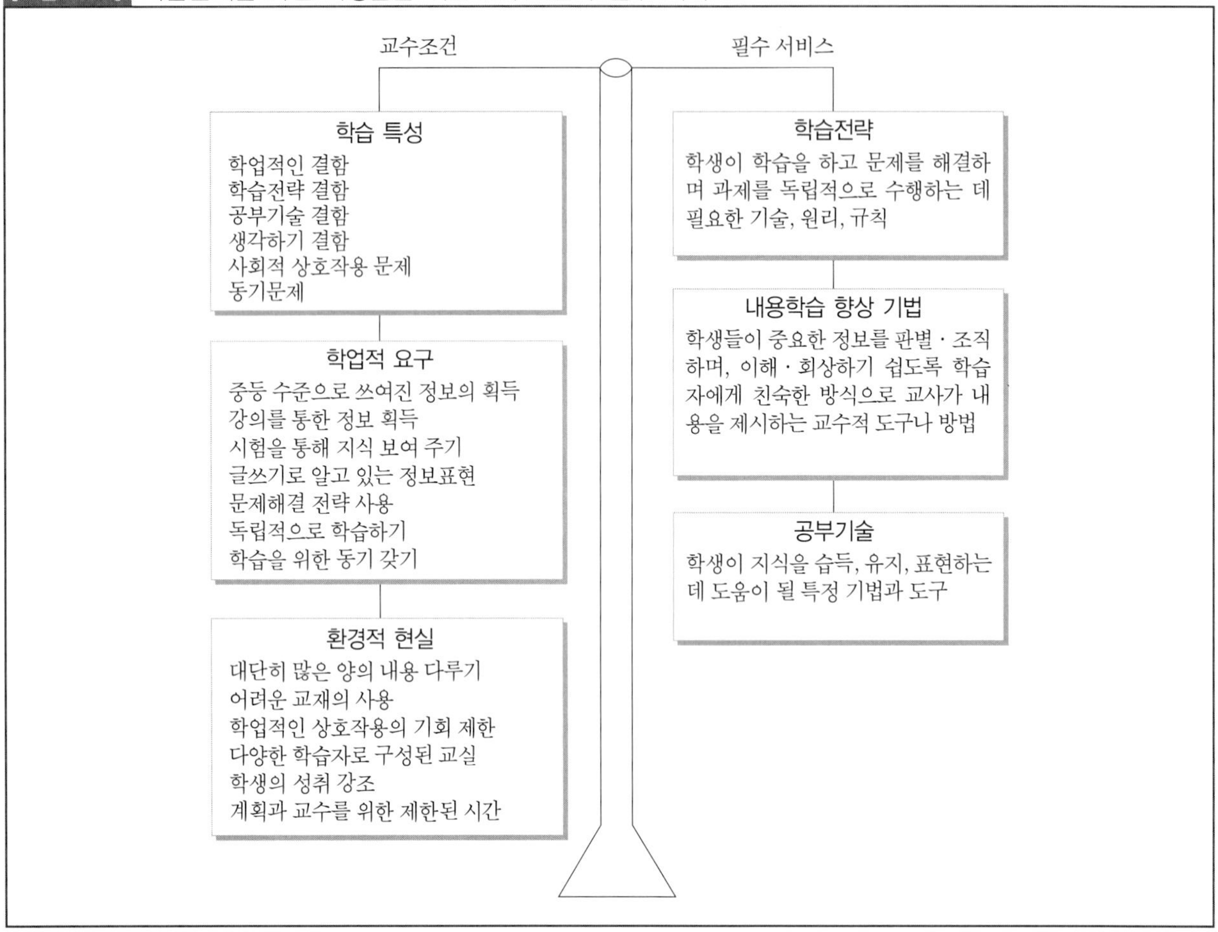

술을 어떻게 가르칠 수 있는가에 대한 정보를 제공하고 있다.

동기

학습이나 수업 참여를 위한 동기는 어떠한 중재적 접근이든 그 성공을 위해서 필수적이다. '말을 물가로 안내할 수는 있지만 말에게 물을 먹일 수는 없다.' 는 속담은 학습에도 확실히 적용된다. 학습문제가 있는 학생들에게 효과적인 중재 접근이 되려면 개개인이 그 중재에 참여하고자 하는 동기가 있어야 한다. 학습장애 청소년들에게 동기의 부족은 종종 학교에서의 성공을 가로막는 장애물이 된다. 그래서 동기와 관련하여 이 속담은 '당신의 말에게 물을 먹일 수 없지만 당신이 건초를 소금에 절일 수는 있다.' 로 바꿀 수 있어야 한다.

몇 가지 동기부여 기술을 사용하면 중등학교에 다니는 저성취 학생에게 도움을 줄 수 있다. 이러한 접근법은 두 가지의 큰 범주—외적 통제를 사용하는 기술과 내적 동기에 초점을 맞추는 기술—로 나뉜다. 학습문제를 가진 청소년들의 학업기술을 향상시키기 위하여 여러 가지 외적 통제기법이 사용될 수 있다. 청소년들에게 효과적으로 사용할 수 있는 외적 강화물은 다음과 같다.

- 테이프, CD, 녹음물을 듣는 시간을 갖기
- 학업 향상에 대해 토큰 주기
- 학업성취의 자기 기록이나 차트 이용하기

- 점수와 연결하여 가정에서 용돈 받기
- 게임이나 여가 활동을 즐길 시간 주기
- 학업 활동을 계획하는 데 참여할 기회 주기
- 식권, 잡지, 영화 티켓과 같은 눈에 보이는 강화제 주기
- 약간의 숙제나 과제로부터 열외시켜 주기
- 휴식이나 점심 때 추가 시간 주기

가장 유용한 기술은 토큰 경제, 유관계약, 구어적 피드백이다(이 기술에 대한 상세한 내용은 5장을 보라.). 또한 내적 동기를 촉진하는 데 목표를 둔 기술로는 지원의 제공이 있다.

동기전략은 캔자스 대학교 학습연구 센터에서 개발된 전략중재 모델(Strategies Intervention Model)의 교육과정 요소 중 하나다. 이 모델에서 동기전략은 학생을 학습과정에 관여하게끔 하고 학습자의 학습에 대한 의지를 증가시키기 위해 사용될 수 있다. 또한 동기전략은 학생이 학습에 대해 갖는 관심을 증가시키고 자신의 수행에 대한 통제력을 고조시킨다. 자아의 가능성(Possible Selves; Hock, Schumaker, & Deshler, 2003)은 학생이 자신의 강점과 흥미뿐 아니라 그들이 소망하고 기대하며 두려워하는 자아를 파악할 수 있는 동기전략 프로그램이다. 학생들은 이러한 자아의 가능성과 그 자아의 특성에 대한 시각적인 묘사를 만들어 내고, 이 영역과 관련하여 육성하고 목표를 수립하고 싶은 영역을 결정하며, 그 목표를 성취하기 위하여 노력하게 된다. 이 프로그램은 또한 학생 동기와 자기 결정력을 향상시키기 위한 자기옹호 전략을 가르치도록 되어 있는데(Van Reusen, Bos, Schumaker, & Deshsler, 2002), 이는 읽기, 쓰기, 수학, 공부기술, 교실행동 기술, 사회성 기술, 컴퓨터/테크닉 기술, 진로와 고용 기술의 영역을 강조한다. 또한 자기옹호 전략은 14장에서 제시된 여덟 가지의 전환기술 영역을 강조한다. 이 전략의 5단계는 I PLAN〔즉, 강점, 요구, 목표, 선택의 평가(Inventory); 평가 정보의 제공(Provide); 경청과 반응(Listen and Respond); 질문(Ask); 자신의 목표 제시(Name)〕으로 요약될 수 있다. 학생들은 교육(IEP)과 전환 계획 모임을 포함한 회의를 준비하고 참여하려고 할 때 이 전략을 사용할 수 있다.

동기전략은 적극적이고 독립적인 학습자로서 발달할 수 있도록 목표 수립, 진보 정도의 자기 기록, 자기 평가 및 자기 강화와 같은 자기 통제 기술을 가르친다. 자기 통제 훈련은 학습문제를 지닌 학생들이 자신의 과제를 완수하도록 돕고, 훈련절차는 수행하기 쉽고 과도한 외적 강화제에 의존하지 않도록 한다. 다음의 기법은 내적 동기를 향상시키는 데 사용될 수 있다.

1. 학생들이 학습의 가치를 인식하도록 하는 교육과정의 내용과 절차와 관련하여 선택을 할 수 있도록 하고 다양한 내용의 실재성(실제 삶에 적용되는)에 관하여 토론하라.
2. 토론을 통하여 학생이 가치 있다고 여기고 추구하고자 하는 것을 얻을 수 있게 하라.
3. 학생이 선택하고 책임을 지며, 협상하여 동의를 얻어 낼 수 있도록 공식적 · 비공식적인 토의를 구성하라.
4. 학생의 진보에 힘을 실어 주는 피드백을 제공하라. 학생은 피드백이 자신을 부추겨 노력하게 하는 것이라고 인식해서는 안 된다. 여기에 자기 교정 자료가 유용하게 사용 가능하다.

학생 참여는 학습문제가 있는 청소년들을 관리하고 동기화하는 것과 관련된 문헌에서 주요한 주제로 다루어진다. 중등교사는 학생들이 교육과정에 참여할 수 있도록 고무해야 한다. 학생들은 과제, 교육과정, 자료의 선택, 사회적 목표의 우선순위 결정, 교실 구조의 결정, 후속결과 및 우발적 사건의 설계에 참여해야 한다.

교사가 학생의 동기를 촉진하는 데는 학생의 자신에 대한 믿음을 고려해야 한다. 보통 많은 학생들은 자신에

대한 믿음을 바꿀 수 있거나 별도로 배울 수 있는 것이라고 생각하지 않는다. Ellis, Deshler, Lenz, Schumaker와 Clark(1991)는 학생이 가진 학습과 수행에 대한 믿음을 변화시키는 데 사용할 수 있는 네 가지 방법을 제시하였다.

1. 학생의 독립성을 강화하고 향상시킬 수 있는 교수적 배치를 수립한다.
2. 단어와 활동을 통하여 학생들에 대한 높은 기대감을 토론한다.
3. 비효과적인 학습자로서 보이는 학생들의 행동에 신경을 곤두세우는 잘못된 믿음이 무엇인지를 찾고 분석할 수 있도록 돕는다.
4. 다양한 활동과 상호작용을 통하여 비생산적이고 부적절한 믿음을 카드에 적어 보도록 한다.

학습전략

학습전략(learning strategies) 접근법은 학습문제가 있는 학생들이 중등학교에서 직면할 수 있는 복잡한 교육과정적 요구에 대처하도록 도와준다. 캔자스 대학교 학습연구 센터의 Deshler와 동료들은 학습전략을 배우고 문제를 해결하며 독립적으로 과제를 수행하도록 하는 기술, 원리 혹은 규칙이라고 정의했다. 전략 개발의 목표는 궁극적으로 효과적이고(즉, 학생들이 현재 및 미래의 과제 모두에서 필요로 하는 요구에 직면했을 때 그들을 도울 수 있음) 효율적인(즉, 학생들에게 적절하고 시기적으로 적절한 자원을 활용하며 정당한 방법으로 과제의 요구에 응할 수 있게 도움) 전략을 발달시키는 것이다. 그리고 전략교수의 목표는 효과적이고(즉, 학생이 전략을 학습하고 일반화하는 것) 효율적으로(즉, 교사와 학생이 최소한의 노력으로 궁극적인 수준에 도달하도록 전략을 배우는 것) 전략을 가르치는 것이다. 이 접근은 내용을 획득, 기억, 표현하는 데 필수적인 기술을 교수함으로써 학생들이 내용을 배울 수 있도록 하는 시도이기도 하다. 기본적으로 학생들이 배우고, 학습과제를 완수하는 데 있어 지식적 요구를 어떻게 보여 줄 수 있는가를 가르치는 데 초점을 둔다. 예를 들어, 4학년 수준의 읽기기술을 가진 학생이 10학년 교과서의 한 부분에서 발췌된 정보를 획득하기 위해서는 읽기전략이 사용될 수도 있다. 전략중재 모델의 한 부분으로, Deshler와 동료들은 학급에서 사용 가능한 명시적이면서 발달적으로 타당한 요소로 구성된 학습전략을 개발했다. 전략중재 모델에서 제시한 전략은 학습문제가 있는 청소년들을 대상으로 한 포괄적인 연구를 기초로 개발되기에 이 접근법에 대해 자세하게 설명되어 있다.

학습전략 교육과정

캔자스 대학교의 학습전략 교육과정에는 중재를 위한 지도서와 교수지원 자료가 포함되어 있다. 지도서에는 교사들이 학습문제가 있는 청소년들을 어떻게 집중적으로 교수할 것인지와 어떻게 학습전략 교수를 통해 생겨난 능력을 보여 주고 정보를 습득, 저장, 표현하는 방법을 촉진해 줄 수 있는지에 대해 서술하고 있다. 교육과정에 포함된 전략은 〈표 13-1〉에 제시되어 있다. (8, 10, 12장에서도 이러한 전략의 일부가 제시되어 있으며, 이 장의 후반부에 제시되는 공부하기 기술은 전략적인 기조 안에서 조직화되는 기술이다.) 개별 교사의 교사용 지도서는 학생들에게 어떻게 전략을 가르치고, 학생들이 어떻게 다양한 상황에서 이러한 전략을 전이시키는 것을 도와줄 수 있을지에 대해 자세히 설명하고 있다. 교사들은 실증연구를 통하여 이미 증명이 된 전략의 기본 개념을 훈련하고, 학생의 요구에 부합하기 위해 교사 개인의 교수 스타일에 따라 전략교수를 맞추어야 한다. 따라서 교사는 학생의 성공을 확실하게 하기 위해 반드시 전략의 기본 특성의 완전성과 교수절차를 유지하면

〈표 13-1〉 캔자스 대학교 학습연구 센터의 학습전략 교육과정

습득

- **전략적인 수학 시리즈:** 학생들에게 기본적인 수학 사실을 획득하고 이를 적용하기 위한 문제해결 절차를 가르친다. 이 전략은 학생들이 기본적인 수학 사실에서의 유창성을 개발하고 문장제 문제를 푸는 전략을 사용하는 것을 돕기 위해 고안되었다.
- **단어판별 전략:** 자료를 읽을 때 잘 모르는 단어를 재빠르게 찾는 문제해결 방법을 가르친다. 이를 통해 학생이 구문을 빨리 이해할 수 있도록 한다.
- **쉽게 바꾸어 말하기 전략:** 학생들에게 자료의 일부를 읽도록 하고, 그 부분의 중심 생각과 세부사항에 대해 학생 자신에게 묻도록 하며, 자기 말로 써 보도록 한다. 이 전략은 문단의 중요한 정보에 집중하고 적극적으로 관여할 수 있도록 하여 이해를 향상시키고자 한다.
- **자기 질문하기 전략:** 한 단락에서 주요 정보에 대해 학생들이 적극적으로 질문하도록 하여 읽기 이해를 돕고 그 질문에 대한 답을 찾게 하기 위해 글을 읽도록 한다.
- **시각적 이미지 전략:** 산문에서 학생의 습득, 저장, 회상을 향상시킨다. 학생은 짧은 문단을 읽고 그것이 묘사된 장면을 배우들과 행동 그리고 세세한 사항을 연합하여 시각화함으로써 읽기 이해를 향상시킨다.

저장

- **FIRST 문자 기억술 전략:** 학생에게 기억술이나 기억 보조도구를 고안 · 설계하도록 가르침으로써 정보의 목록을 기억하는 것을 돕고, 결정적인 정보를 발견하고 목록으로 작성하도록 한다.
- **관련 있는 것 짝짓기 전략:** 시각적인 이미지, 친숙한 사물에 관련 정보 연결하기, 중요한 날짜 표시하기, 첫 어절 기술을 사용함으로써 정보의 짝이나 모둠으로 나눌 수 있도록 한다.
- **LINCS 어휘전략:** 강력한 기억향상 기술을 사용하여 새로운 어휘단어의 뜻을 배우도록 돕는다. 전략의 단계는 학생이 개념의 결정적인 요소에 초점을 맞출 수 있도록 한다(시각적 이미지를 사용하기, 선행지식과 연관시키기, 공부 카드를 개발하기 위하여 핵심어 기억장치 고안하기, 이해를 향상시키고 개념의 회상을 위한 카드 공부하기).

능력의 표현과 제시

- **SLANT: 교실 참여를 위한 전략:** 교실 토론에서 학생의 참여를 돕는다. 학생은 어떻게 적절한 태도, 말하는 사람을 추적하기, 그들의 생각을 표현하고 정보 만들기에 기여할 수 있을지를 배운다.
- **문장쓰기 전략에서 기본 원칙:** 단순한 문장 쓰기와 관련된 기본적인 개념과 기술 및 주어, 목적어, 동사, 전치사, 부사 판별방법을 가르친다.
- **문장쓰기 전략에서 유창성:** 문장의 네 가지 유형—단문, 중문, 복문, 겹복문—의 인지, 생성을 위한 전략을 가르친다.
- **문단쓰기 전략:** 생각의 윤곽을 잡고 관점과 시제를 결정하며 생각을 어떻게 나열할지 검토하며 그다음 작품을 점검하는 것을 통해 잘 조직화되고 완전한 단락을 쓰는 방법을 가르친다.
- **오류 점검하기 전략:** 학생들에게 쓰기에서의 오류를 찾아내고 교정하며 좀 더 말끔한 작품을 만들어 내는 과정을 가르친다. 학생들은 단락 조직, 문장 구조, 대문자, 전반적인 편집과 외형, 구두점, 철자에 대해 자기 자신에게 일련의 질문을 던져 보도록 교육받는다. 학생들은 교사에게 글을 제출하기 전에 오류를 교정하고 문단을 다시 작성한다.
- **주제가 있는 글쓰기 전략의 기초:** 학생들에게 주제에 대한 생각을 만들고, 그것들을 논리적인 순서로 조직화하며, 단락을 쓰고 오류를 점검하며, 그 주제에 대해 다시 작성하도록 가르친다.
- **과제완성 전략:** 학생들에게 과제가 주어지고 교사에게 그것을 제출할 때까지 과제를 점검하도록 가르친다. 학생은 과제를 쓰고, 분석하며, 하위 과제에 대한 계획을 수립하며, 하위 과제를 완성함으로써 전체 과제를 끝내고, 교사에게 제출한다.
- **시험보기 전략:** 학생들에게 시험 보는 동안 시간 계획을 세우도록 하고 조심스럽게 지시사항과 질문을 읽도록 가르친다. 문제마다 답을 쓰거나 혹은 좀 더 생각해 보고 답을 쓸 것으로 나눈다. 분명하게 오답이라고 생각하는 것은 제외시키고 합리적인 수준의 추측은 할 수 있다. 마지막으로 답을 기록하지 않은 문제가 있는지를 확인하기 위하여 전체 시험지를 훑어본다.
- **InSPECT 전략:** 학생들에게 컴퓨터 철자 교정기나 휴대용 철자 보조장치를 사용하여 숙제에서 오류를 찾아내고 교정하는 것을 가르친다.

서 개별적인 상황에서 교수가 의미 있는 중재가 될 수 있도록 융통성을 가져야 한다.

학습전략의 중재는 학습문제를 보이는 청소년들을 위한 교육과정과 교수방법을 필요로 하는 교사들이 원하는 중요한 부분이다. 대부분의 특수교사들이 일반학급보다는 학습도움실(자료실) 상황에서 교수를 행하기 때문에, 하나의 상황에서 교육과정 자료를 사용하여 전략을 가르치고, 이후 학생들이 다른 상황(예: 일반학급)으로 전략을 일반화할 수 있도록 촉진한다. 일반교실에서 사용하는 자료는 학생들이 자연스럽게 일어나는 학업적 요구에 직면하여 성공적으로 전략을 연결시켜 나가도록 가르치는 과정에서 사용된다. 서비스 전달체계에서의 변화는 일반교사들이 이들 전략 중재의 많은 항목을 내용영역 교수로 조합하여 학생이 자연스러운 상황에서 전략을 적용할 수 있도록 한다. 그러나 중등학교의 내용교과를 가르치는 교사들의 상당수는 학습문제를 지닌 학생들의 어려움을 극복하는 데 필수적인 실재적이면서 집중적인 교수를 제공할 수가 없다. 따라서 이 학생들을 위하여 특수교사는 지원이 제공되는 환경에서 집중적인 교수를 추가적으로 제공해야 한다.

효과적인 학습전략의 특성

Ellis와 Lenz(1996)는 효과적이고 효율적인 학습전략은 내용, 설계와 유용성의 측면에서 중요한 특성을 공유한다고 주장하였다. 이러한 특질은 〈표 13-2〉에 제시되어 있다. 모든 전략은 전략 단계를 조직화하고 학생이 그 단계의 내용과 순서를 기억하기 쉽도록 하기 위하여 기억법(즉, 두문자어)을 사용한다. Ellis와 Lenz는 내용 특성이 "과제에서의 수행과 그 결과를 계획, 수행, 평가할 때 어떻게 생각하고 행동해야 할 것인가"(p. 30)에 대한 지침을 제공해 준다고 언급하였다. 설계 특성은 어떻게 전략이 하나의 묶음(package)으로 구성되는지에 초점을 맞춘다. 좋은 설계는 학생의 최적 학습과 적용을 하기 위한 내용을 조직화하는 것이다. 유용성의 특성은 전략이 어떻게 상황, 환경, 사람에 따라 적용되어야 하는가와 관련이 있다.

〈표 13-2〉 효과적인 학습전략의 지표와 특징

지표	특징
내용	전략 단계는: • 특별하고 성공적인 결과를 이끈다. • 과제에 대한 효율적인 접근이 되도록 계열화한다. • 학생에게 특별한 인지적이고 초인지적인 과정들을 사용하도록 상기시킨다. • 학생에게 적합한 절차, 규칙, 기술을 선택하고 사용하도록 상기시킨다. • 외현적 행동의 사용을 알려 준다. • 합리적인 시간 동안에서 수행된다.
설계	전략 단계는: • 기억하기 체계를 포함한다. • 기억하기 체계에서 간단하고 단순한 단어를 사용한다. • 동사로 시작한다. • 기억하기 체계에서 일곱 개 이하의 단계를 사용한다.
유용성	전략은: • 학생들이 직면하는 중요하고 흔한 문제를 해결한다. • 시간이 지나면서 직면하는 요구를 해결한다. • 여러 환경과 상황에 적용할 수 있다.

교수절차

청소년들이 기술을 습득할 수 있도록 하기 위하여 2~3개의 교수절차가 사용된다. 이 접근에는 교사의 지도가 제공되는 연습, 모델링, 또래교수, 피드백의 제공이 포함되는 활동이 사용된다. 1978년 이래로 캔자스대학교 학습연구 센터는 청소년들의 학습을 촉진하기 위하여 이러한 교수절차가 어떻게 통합 · 사용되어야 하는가를 연구해 왔다. 이 센터는 연구를 통해 교수방법과 교수 단계를 통합시키는 일련의 교수절차를 밝혀내었다. Ellis와 Lenz(1996), Lenz, Ellis와 Scanlon(1996)는 교육문제와 교수 단계에 대해 자세히 묘사하였다.

〈표 13-3〉은 학습문제가 있는 청소년들에게 다양한 기술과 전략을 성공적으로 가르치기 위한 단계다. 이 교수 단계에서는 학생들이 자기통제를 학습할 수 있도록 하고 강화를 받는 교수절차에서 청소년의 역할을 증가시킨다. 전략이라는 용어의 사용을 통해 여러 다른 기술(예: 구직, 비평의 수용, 자기에게 질문하기, 개요 만들기, 목표수립, 용어 정의, 수학 문장제 완성하기, 문단 쓰기)의 습득을 촉진시키기 위하여 똑같은 단계를 적용한다.

다음의 교수절차는 기술과 전략의 습득 및 일반화와 관련이 있다.

1. **학생은 전략을 학습하기로 약속하고 전반적인 목적과 이점을 이해해야 한다.** 교수절차의 첫 단계는 학생이 비효과적이고 비효율적인 전략을 계속 사용했을 때의 결과와 전략의 잠재적인 효과성에 대하여 이해하는 것이다. 학생은 궁극적인 목표가 전략 자체를 배우는 것이 아니라 내용을 학습하거나 성공적으로 과제를 수행하는 것임을 이해해야 한다. 그래서 교사는 학생에게 전략의 목표를 전달하고 전략을 배우겠다는 약속을 받아야 한다.
2. **전략에서 사용되는 신체 및 정신 활동은 전체적으로 묘사되고 설명되어야 한다.** 교사는 학생에게 전략의 각 단계마다 무엇을 해야 하고 어떻게 생각해야 하는지를 가르쳐야 하고, 전략의 전체 내용을 명확하게 보여 주어야 한다. 교사는 학생의 경험과 관련 있는 예시와 환경을 보여 주고, 학생은 전략과 그 사용을 탐색하는 데 있어 적극적인 역할을 수행해야 한다.
3. **학생은 자기교수 과정을 촉진하기 위하여 어떻게 전략을 기억해야 하는지를 배워야 한다.** 전략의 내용을 학생에게 보여 준 후, 교사는 학생에게 어떻게 전략을 쉽게 기억할 수 있는지도 보여 주어야 한다. 만약 기억술이 사용된다면, 교사는 그것을 의도된 신체 및 정신적 연합과 연결시켜야 하고 학생이 자기교수 과정에서 자신을 안내해 줄 수 있는 기억술의 사용방법을 보여 주어야 한다.
4. **학생은 전략학습의 과정을 이해해야 하고 학습을 예견하고 탐구하는 목표 지향적인 활동에 참여해야 한다.** 학생은 습득과 일반화 과정에 대해 알고 있어야 하며 각 단계의 목표와 관련 어휘를 이해하며 각 단계를 숙달하기 위한 목표를 수립해야 한다. 교수가 진행되면서 학생은 단계별로 특정 학습목표가 성취되었는지의 여부를 결정하기 위하여 각 단계를 평가해야 한다.
5. **전략의 다양한 모델이 제공되어야 하고 전략에 관련된 신체적 활동과 정신적 활동 간의 적절한 균형이 이루어져야 한다.** 전략교수의 핵심은 교사가 정확하고 명확하게 전략을 적용하는 것을 보여 주는 소리 내어 생각 말하기 모델이다. 완전하고 철저한 초기 모델이 중요하기 때문에 이후 모델링에 사용되는 에피소드는 전체 교수과정을 통해 적절히 삽입되어야 한다. 이 모델의 각각에 관련된 정신적인 활동으로서 밖으로 소리 내어 생각 말하기 전략을 명확하게 사용하는 것을 보여 주어야 한다.
6. **학생은 모델에 포함되어야 하고 전략교수 과정을 안내하는 데 있어 전반적으로 참여할 수 있어야 한**

〈표 13-3〉 캔자스 대학 학습연구 센터의 획득과 조직화 전략 단계

1단계: 사전평가와 약속

목적: 학생이 새로운 전략을 학습하도록 동기화하고 교수를 위한 기초선을 수립한다.

1기: 오리엔테이션과 사전평가
- 근거와 개요를 제공한다.
- 사전평가를 실시한다.
- 전략이 적절한지 결정한다.

2기: 인식과 약속
- 대안적인 전략을 서술한다.
- 다른 사람들이 성취한 결과를 서술한다.
- 새로운 전략을 배우기 위한 약속을 한다.

2단계: 전략 서술

목적: 새로운 전략의 명시적, 내재적 과정 및 단계를 명확하게 보여 준다.

1기: 오리엔테이션과 개요
- 전략의 근거를 제시한다.
- 전략이 사용될 수 있는 상황을 서술한다.

2기: 전략과 기억체계를 제시한다.
- 전반적인 전략적 절차를 서술한다.
- 기억체계와 자기교수의 관계를 설명한다.
- 전략을 학습하기 위한 목표를 세운다.

3단계: 전략의 모델링

목적: 전략의 사용에 관련된 인지적인 행동과 신체적인 행동을 시연한다.

1기: 오리엔테이션
- 선행학습을 검토한다.
- 기대감을 설명한다.

2기: 제시
- 큰 소리로 생각 말하기
- 자기교수
- 자기 점검
- 과제 수행

3기: 학생 참여
- 촉진의 활용
- 이해 점검

4단계: 구어적 정교화와 시연

목적: 전략의 이해를 명확히 하고 학생의 개입을 촉진 한다.

1기: 구어적 정교화
- 학생에게 전략의 의도와 과정을 설명하게 한다.
- 학생에게 각 단계가 어떻게 수행되어야 하는지 설명하게 한다.

2기: 구어적 시연
- 학생이 자동적인 수준으로 전략의 각 단계를 말하도록 한다.

5단계: 교사의 통제가 있는 연습과 피드백

목적: 통제된 자료에서 연습하며 자신감과 유창성을 수립하고 점진적으로 전략 사용의 책임을 학생에게로 넘겨 준다.

1기: 오리엔테이션과 개요
- 전략의 단계를 복습한다.
- 전략의 사용과 오류에 대해 보고하도록 한다.

〈계속〉

2기: 교사의 지도가 제공되는 연습

교사가 모델링하면서 학생이 활동을 완수해 보도록 촉진한다.

학생의 책임감을 향상시키도록 격려한다.

또래 중재 실행에 대해 명백한 교수를 실행한다.

6단계: 심화연습과 피드백

목적: 좀 더 발전된 자료(예: 일반교실이나 과제와 관련된 자료)와 상황들에서 연습을 제공하고 점진적으로 전략 사용과 피드백에 대한 책임을 학생에게로 옮겨 간다.

심화연습과 피드백을 위한 교수순서는 통제된 연습에서 사용된 교수순서와 같다. 그러나 심화연습은 학년에 적합하거나 상황에 적절한 자료를 사용하고, 전략의 사용과 평가를 위한 촉진과 단서는 점진적으로 소거한다.

7단계: 습득의 확인 및 일반화 약속

목적: 숙달을 문서화하고 자기 조절적 일반화의 근거를 수립한다.

1기: 확인과 축하

숙달에 도달한 학생을 축하해 준다.

성취와 성공의 귀인을 토의한다.

2기: 일반화의 예측과 약속

일반화의 목표를 설명한다.

일반화의 단계를 설명한다.

일반화에 대한 약속을 촉진한다.

8단계: 일반화

목적: 다른 환경에서도 전략의 사용을 확실하게 한다.

1기: 오리엔테이션

다음과 같이 학생을 촉진한다.

- 전략 사용의 근거를 토론한다.
- 전략이 사용될 수 있는 환경을 규명한다.
- 전략 사용을 기억하는 방법을 토론한다.
- 다양한 상황들과 자료에서 전략의 적합성을 평가한다.

2기: 활성화

다양한 환경에서 학생의 전략 적용을 촉진 · 점검한다.

다른 교사가 줄 수 있는 도움을 목록으로 만든다.

다음과 같이 학생을 촉진한다.

- 다양한 환경, 상황, 자료, 과제에서 전략을 적용한다.
- 전략의 사용에 대한 목표를 세운다.

다음과 같이 일반교사들을 촉진한다.

- 전략을 이해한다.
- 전략의 사용에 대한 단서를 제공한다.
- 전략 사용에 대한 피드백을 제공한다.

3기: 적용

다음과 같이 학생을 촉진한다.

- 다양한 환경에서 어디서 이러한 절차와 전략이 필요한지를 판별한다.
- 어떻게 전략이 수정되어야 할지 판별한다.
- 수정된 전략을 가지고 적용하기를 반복한다.

4기: 유지

다음과 같이 학생을 촉진한다.

- 전략의 장기적인 사용과 관련된 근거를 토론한다.
- 장기적인 사용을 점검하기 위하여 관련된 목표를 수립한다.
- 자기 강화제와 자기 보상을 판별한다.

출처: C. D. Mercer & P. C. Pullen, 2005, *Students with Learning Disabilities* (pp. 187-188), 6th ed. Upper Saddle River, NJ: Merrill/Prentice Hall. Copyright 2005 by Pearson Education(허락하에 게재함).

다. 비록 교수의 모델링 첫 단계가 교사에 의해 시작되기는 하지만, 모델링 과정은 학생의 경험과 학생의 참여로 끝이 나야 한다. 교사는 점진적으로 모델에 학생을 참여시켜야 한다. 결국 학생은 각 단계와 관련된 주요한 정신적 행위를 제공하면서 전략을 수행할 수 있어야 한다.

7. 전략은 전체적으로 이해되어야 하고 전략연습이 시행되기 전에 기억되어야 한다. 학생이 전략을 기억해서 완수하도록 하기 전에 전략의 단계에 대한 충분한 연습이 이루어져야 한다. 전략을 적용하기 전, 학생은 시스템을 기억해야 함을 알아야 하고 자기교수 과정에 그것을 어떻게 사용해야 하는지에 대한 지도를 받아야 한다. 전략을 실행하는 동안, 학생은 전략을 충분히 이해해야 하며 그 양상을 기억하는 데 불필요한 노력을 기울이기보다 그것을 적용하는 데 집중할 수 있어야 한다.
8. 연습의 시작은 교사의 지도하에 이루어져야 하고, 결국은 학생의 독립적인 수행으로 끝이 나야 한다. 초기 전략실행 단계는 내용이나 상황적인 요구로 인한 혼란 없이 전략을 숙달하는 것을 그 목표로 한다. 그래서 전략의 실행은 학생이 편안하다고 느끼거나 알고 있다고 생각하는 상황하에서 이루어져야 한다. 전략을 학습하면서 학생들이 실제적인 학업적 요구에 직면하여 전략을 전반적으로 사용할 수 있을 때까지는 가능한 한 실질적인 상황과 과제 요구를 소개해야 한다.
9. 측정체계는 학생과 교사에게 전략이 학습되고 사용된다는 것을 보여 주고 환경적 요구가 충족된다는 것을 나타내 주는 지속적인 정보를 제공해야 한다. 진보와 수행에 관련된 지식은 학습과정에 있어 결정적인 부분이다. 평가체계는 학생들에게 전략이 그들의 성공을 촉진하고 있음을 보여 주어야 한다. 그러나 평가체계는 또한 학생이 전략의 사용을 숙달하고 있는지와 관련된 정보를 제공해야 한다.
10. 일반화는 전략 습득 과정을 통하여 촉진되어야 함에도 불구하고 일반화를 촉진하기 위한 별도의 노력이 전략 습득 이후에 이루어져야 한다. 전략을 숙달한 학생은 그것을 일반화하도록 시도해야 한다. 일반화 단계에서 교사와 학생은 상황과 상태를 통틀어 전략이 어디서 사용될 수 있는지를 판별해야 하고, 그것을 일반화시키기 위해 필요하다면 전략에서 수정해야 할 점을 찾아야 하며, 상황마다 전략의 사용을 프로그램화해야 한다.

전략중재 모델과 학습전략 교육과정에 대한 추가적인 정보는 캔자스 대학교의 훈련 코디네이터와 연락하여 얻을 수 있다.

내용교수

학습장애 청소년을 위한 프로그램을 개발할 때 교육자들은 학생들이 중등학교 교육과정의 내용을 어떻게 숙달할 수 있는지를 결정해야 함은 물론 중요한 기술과 전략을 개발해야 한다. 대부분의 교육 프로그램에서 학습문제를 보이는 청소년들은 보통 학교에서 보내는 시간의 대부분을 일반학급에서 지내고 있다.

대개의 경우, 일반교사는 학습문제를 보이는 학생들의 요구를 충족시키기 위하여 교수를 개별화하고 수정해야 한다. 특수교사들에게 요구되는 조정은 학생이 숙달할 것으로 기대되는 내용을 어떻게 전달하고 평가할 것인가, 어떻게 내용의 특성과 양을 조절할 것인가 등이 해당된다. 통합학급의 교사들은 학생들에게 도움을 주기 위하여 여러 종류의 교수적인 대안을 사용한다. 이러한 대안들은 종종 교수수정 기법, 보충기술, 교수수정으로 사용되기도 한다. 특수교육과 일반교육 교사들은 학습장애 학생들을 위한 교수적인 대안을 개발할 때 다음의 문제해결 순서를 사용한다.

1. 일반교육 교실에서 '문제해결을 이루어 내는 데' 필요한 요구가 무엇인지를 결정한다.
2. 학생이 만족하고 있지 못하는 과정적 요구가 무엇인지를 명확히 한다.
3. 학생의 수행을 방해하는 요소를 판별한다.
4. 가능한 교실 수정의 묘안을 낸다.
5. 행동의 계획을 선택한다.
6. 계획을 실행한다.
7. 계획을 평가한다.

필요한 수정의 유형을 결정하는 것은 프로그램의 대안을 제공하는 데 있어 결정적이다. 앞서 3장에서는 학생이 어떻게 배우는가를 결정하기 위한 요소뿐 아니라 수정 · 평가하기를 제시했고, 4장은 자료와 상호작용적 교수, 학생 수행을 포함하는 일련의 조정을 제시했다. 〈표 13-4〉에 제시된 대안들의 목록에서는 수정할 수 있는 것들에 대한 개요를 제공하고 있다. 이 절에서는 내용학습의 향상, 자료의 수정, 과제, 개인교수, 시험 및 시행상의 고려점과 같은 영역에서 교수적인 대안을 보여 준다.

내용학습 향상 기법

내용교과 담당 교사들이 어떻게 학생들이 사용하는 전략에 민감한 정보를 제공할 수 있는지에 대한 학습 연구가 증가되어 왔다. 학생들이 중요한 정보를 조작하고 · 이해하고 기억하는 데 유리하게 정보가 제시될 때, 비효율적이거나 비효과적인 전략의 영향은 최소화된다. 이를 위하여 내용영역의 교사는 특정한 학습목표를 성취하기 위해 수업시간에 사용될 수 있는 내용학습 향상(content enhancements)의 기법을 선택해야 하고, 그 다음에 학생들에게 그 기법을 성공적으로 사용할 수 있도록 가르쳐야 한다. 예를 들어, 교사는 학생들이 친숙하지 않고 추상적인 어떤 것을 이해하도록 돕기 위하여 학생에게 친숙하고 구체적인 유사한 것을 사용할 수 있다. 그리고 교사는 학생들이 두 개의 개념들 간의 연관성을 보고 새로운 개념을 의미 있게 받아들일 수 있도록 유사성을 제시해야 한다. 따라서 내용학습 향상 기법은 교사가 학생이 결정적인 내용 정보를 판별, 조직화, 이해, 기억할 수 있도록 도와주는 기술이다(Lenz, Bulgren, & Hudson, 1990).

내용학습 향상 기법은 학생들이 효과적 혹은 효율적으로 내용을 다룰 수 있을 것이라고 교사들이 예측하는 것보다 조작이 더 많이 필요한 내용인 경우에 사용될 수 있다. Schumaker, Deshler와 McKnight(1991)에 따르면 내용학습 향상 기법은 추상적인 정보를 좀 더 구체화시켜 주고, 새로운 지식을 기존의 지식과 연결시켜 주며, 제시되는 정보의 관계와 조직적 구조를 강조하며, 동기가 그리 높지 않은 학습자의 관심을 정보에 집중시킬 수 있도록 할 때 사용될 수 있다. 그러나 내용학습 향상 기법을 수업의 한 부분으로 단순하게 사용하는 것은 그리 효과적으로 보이지 않는다. 교사는 학생으로 하여금 내용학습 향상 기법이 효과적이라는 것과 학습 과정에서 내용학습 향상 기법을 사용하는 것에 대한 개별 학생의 참여와 지원이 필요함을 볼 수 있도록 도움을 주어야 한다.

Bulgren과 Lenz(1996)는 일반학생들과 특수교육 대상 학생들 모두에게 효과적인 내용학습 향상의 두 가지 요소로 책략적 도구(devices)와 교수루틴(routines)을 제안하였다. **책략적 도구**는 교사가 학생들의 학습을 촉진하기 위하여 사용하는 교수방법이다. 이는 교사가 명시적 학습을 촉진하고, 구체적인 사항에 초점을 맞춰, 생각과 관계성 간에 명확한 관련을 맺을 수 있도록 도와준다. 특별한 전략을 개발하는 유형은 학생들이 내용을 조직화하고 이해 · 묘사하며 보여 주고 그 내용을 상기하도록 돕는다. 이러한 도구에는 내용 제시의 언어적, 시각적 양상이 포함되어 있다. [그림 13-2]는 내용 제시의 기능(유형)과 양식에 따른 내용학습 향상의 도구가 제시

〈표 13-4〉 통합 교사를 위한 교수적 대안

수업 조직	교실 관리	제시방법	연습방법	시험보기 방법
학생 그룹화 배치 • 대집단 교수 • 소집단 교수 • 개별화 교수 • 성인과 함께하기 • 또래중재 학습 • 컴퓨터 보조 교수 교수방법 • 명시적 교수 • 교사의 지도가 제공되는 교수 • 암시적 교수	채점체계 숙제 시험 수업 참여 목표 그룹 과제 개별 과제 강화체계 구체물 포인트 칭찬 점수 특별 활동 자유시간 목표 세우기 진보 차트 컴퓨터하는 시간 계획에 학생 참여시키기 규칙 행동 기대 규칙의 근거 학생 참여 규칙의 수	내용 실제 맥락 다른 교수목표 학습시간 내용의 양 내용의 난이도 일반적 구조 예습 조직자 내용학습 향상 과제 기억술 피드백 학생 참여 유형 복습 선행 조직자 • 교사의 지도가 제공되는 연습 • 토론 질문/대답 비디오테이프 오디오테이프 영화 컴퓨터 OHP	일반적 구조 연습의 양 연습시간 집단/개별 연습 교사주도 연습 독립연습 또래중재 연습 난이도 수준 피드백 반응 • 필답 반응 –진위형 –선다형 –연결형 –단답형 –서술형 –목록 –비교 –오픈북/클로우징북 –창의형 • 구두 반응 –긴 답 –제시 –토론 자료 유형 • 교과서 • 학습지 • 컴퓨터 • 오디오테이프 • 비디오테이프	유형 짧은 구어 답 정교화된 구어 답 객관적 문항 작성 서술형 문항 작성 시범 일반적 구조 • 집단/개인 • 시간 제한 있음/시간 제한 없음 • 시험 분량 반응 객관형–재인 객관형–회상 서술형–목록 서술형–단답 서술형–장문답 내용학습 향상

되어 있다.

교수루틴은 특정 전략을 개발, 습득, 적용할 때 학생들을 포함시키는 전략적인 교수절차다. Bulgren과 Lenz(1996)는 교수루틴을 "정보의 획득, 저장과 내용 정보의 표현/시연의 전체 과정과 관련된 광범위한 학습 목표를 촉진하기 위하여 설계된 특정 전략의 개발을 가르치는 데 도움이 되는 일련의 통합된 교수절차"(p. 447)로 정의했다. 책략적 도구가 교수절차 안에 묻어날 때 바로 하나의 일상화된 교수루틴이 된다. 캔자스 대학교 학습연구 센터는 다음의 교수루틴을 개발·출간했다.

• **교과목 조직자 루틴**(Course Organizer Routine; Lenz, Schumaker, Deshler, & Bulgren, 1998)에는

[그림 13-2] 내용학습 향상 기법

양식: 내용 제시		
유형	언어적	시각적
조직화 (의미 있는 구조 안에서 정보 배치)	요약 묶음으로 만들기 선행 조직자 마무리 조직자 조직화에 대한 구어적 단서	개요 망상조직(web) 위계적인 그래픽 조직자 표 격자형 도표 순서도
이해 촉진 (단어나 개념을 명확히 하기)	유사함 비교 동의어 은유 반의어 직유 예시	상징 구체물 그림 모델 도표
묘사 (이야기하기)	최근 사건들 과거 사건들 꾸며낸 이야기 가설적인 시나리오 사적인 이야기	영화 영화 슬라이드 비디오
제시 (활동으로 보여주기)	역할극 드라마틱한 묘사	신체적인 제스처/ 움직임 움직임이 있는 사물 시범
기억 재생 촉진	두문자어 핵심어	시각적인 이미지 스케치

출처: D. D. Deshler, E. S. Ellis & B. K. Lenz, 1996, *Teaching Adolescents with Learning Disabilities: Strategies and Methods* (p. 446), 2nd ed. Denver, CO: Love. Copyright 1996 by Love Publishing Company(허락하에 게재함).

교사가 다양한 학습자를 고려한 생각과 관련하여 교과목을 만들어 내는 데 도움을 줄 수 있는 일련의 활동이 포함된다. 교사가 수업과정의 개념을 반영하고 문제를 극복하고 공식화할 수 있는 기억법의 책략적 특성을 갖는다.

- **단원 조직자 루틴**(Unit Organizer Routine; Lenz, Bulgren, Schumaker, Deshler, & Boudah, 1994)은 교사가 다양한 학습자들을 위하여 하나의 교수 통합체를 만들어 내는 데 사용할 수 있는 일련의 단계를 포함하고 있다. 이는 장의 내용, 중요한 성과 및 수업의 길라잡이 역할을 하는 그래픽 도구의 개발을 반영한다.
- **수업 조직자 루틴**(Lesson Organizer Routine; Lenz, Marrs, Schumaker, & Deshler, 1993)에는 교사가 다양한 학습자를 위한 수업 계획안을 만들기 위하여 사용할 수 있는 일련의 단계가 포함되어 있다. 이는 교육을 위한 '길라잡이'로 제공되는 그래픽 책략과 중요한 성과 및 내용을 반영한다(4장 참조).
- **개념숙달 루틴**(Concept Mastery Routine; Bulgren, Deshler, & Schumaker, 1993)은 교사가 중요한 개념과 관련된 정보를 보여 주는 개념 도식의 특성을 가지고 있다. 교사는 학생들과 함께 개념을 분석하고 이해하도록 한다.
- **개념연결 루틴**(Concept Anchoring Routine; Bulgren,

Schumaker, & Deshler, 1994)은 연결표(anchoring table)라 불리는 시각적 도구의 특성을 가지고 있는데, 교사가 목표개념과 중요한 특성을 공유하는 친숙한 개념으로 연결시킴으로써 새로운 개념에 대한 정보를 보여 줄 수 있게 한다.

- **개념비교 루틴**(Concept Comparison Routine; Bulgren, Lenz, Deshler, & Schumaker, 1995)은 개념비교표(concept comparison table)라 불리는데, 교사가 개념이나 주제가 공유하는 특성을 분석함으로써 두 가지 이상의 개념에 대한 정보를 보여 줄 수 있게 한다.
- **과제 질 향상을 위한 루틴**(Quality Assignment Routine; Rademacher, Deshler, Schumaker, & Lenz, 1998)은 높은 수준의 과제를 계획하기 위한 루틴으로 하나의 단계를 계획, 설명, 평가하는 것으로 구성되어 있다. 상호작용의 각 단계는 학생이 과제를 완수하도록 지도할 수 있게 한다.
- **설문 루틴**(Survey Routine; Deshler, Schumaker, & McKnight, 1997)은 읽기과제에 대한 관점을 제공하기 위한 루틴이다.
- **명료화 루틴**(Clarifying Routine; Ellis, 1997)은 교사가 학생들에게 새로운 용어와 관련 정보를 보여 줄 수 있게 한 일련의 절차와 그래픽 도구다.
- **개념틀 루틴**(Framing Routine; Ellis, 1998)은 학생들에게 복잡한 내적 연관성이 있는 정보를 보여 주는 그래픽 조직자다.
- **회상향상 루틴**(Recall Enhancement Routine; Schumaker, Bulgren, Deshler, & Lenz, 1998)은 교사가 학생들에게 기억하기 전략을 어떻게 만들어 내고 사용하는가를 보여 줄 수 있게 한다.
- **질문탐색 루틴**(Question Exploration Routine; Bulgren, Lenz, Deshler, & Schumaker, 2001)은 교사가 학생이 내용 정보에 대하여 중요한 질문을 하도록 하기 위해 어떻게 도울 수 있는가와 학생이 특정 내용을 이해하는지의 여부를 평가할 수 있는 평가도구를 어떻게 준비해야 하는가에 도움을 줄 수 있다.

내용학습 향상 기법(즉, 특별한 전략 개발과 루틴)의 사용에 대한 연구를 종합한 Hudson, Lignugaris-Kraft와 Miller(1993)는 다음의 일곱 가지 유형을 찾아냈다.

1. **선행 조직자.** 이 향상 기법은 학생으로 하여금 앞으로 이루어진 수업에 대한 준비를 할 수 있도록 도와준다. 선행 조직자(advanced organizers)는 교수 시연 전에 제시되고 교수에 대한 정보를 알려 주는 것이다. 선행 조직자는 선행교수나 정보, 목표내용의 소개, 수행해야 할 과제에 대한 설명이 교수의 내용과 연결되어야 하고 교수에 대한 원리를 제공하며 교수자료와 새로운 어휘를 소개한다. Ellis와 Friend(1991)는 교사들이 선행 조직자를 사용하는데 도움이 될 만한 간단한 절차를 제시하였다. 일명 FORM 책략은 내용영역 교수를 소개하기 위해 사용된다.

   - F(focus, 초점): 수업에서 무엇에 초점을 두어야 하고 학생 질문의 초점은 무엇인가?
   - O(organization, 조직화): 학생이 더 쉽게 배울 수 있는 교수를 제공하기 위하여 어떤 조직적인 도식이 사용되어야 하고, 교수가 진행되는 동안에 어떠한 행동계열이 사용되어야 하는가?
   - R(relationship, 관계): 이전에 배웠던 것 중에서 지금 도움이 될 것은 무엇인가? 만약 당신이 자료를 숙달했다면 미래에 그것이 어떻게 당신에게 도움을 줄 수 있는가?
   - M(most important goal, 가장 중요한 목표): 만약 당신이 그 밖에 어떤 것도 배우지 못한다면 당신은 무엇을 배워야 하는가?

   교사는 선행 조직자를 조절하고, 학생에게 개념

을 전달하도록 돕는 양상을 사용하고, 학생들이 배워야 할 내용을 소개할 수 있다. 선행 조직자와 아울러, 교사는 중요한 구조와 교수 내용을 강화하는 수업 조직자를 사용할 수 있다. 내용의 조직과 초점을 명확하게 하기 위하여 교사는 '첫째……, 둘째……, 셋째……,'과 '가장 중요한 생각은……'과 같은 단어나 문장 혹은 도식, 표, 차트를 사용하여 학생들에게 내용의 구조를 보여 줄 수 있다. 조직자는 교수적인 계열 전에(선행 조직자), 교수계열을 통하여(수업 조직자), 혹은 교수적인 계열의 끝에(마무리 조직자) 사용될 수 있다. 예를 들어, 학생들에게 학습과제를 소개하기 위하여 Schumaker 등(1991)은 교과서의 한 단원을 소개하는 데 사용할 수 있는 교수 루틴을 제시해 주었다. 이 루틴에서 교사는 학생들이 책을 읽기 전에 학습할 단원에 대해 개괄적이고 중요한 것에 초점을 맞출 수 있도록 해 준다. 그 탐구과정에서 교사는 학생들이 주변의 내용 속에서 어떻게 특정 내용을 맞출 것인가를 발견하고, 서로 토론하고, 제목과 소주제들을 훑어보고, 중요한 중심 생각을 알아내고, 텍스트 속의 다양한 부분들에서 어휘들을 찾아가도록 지도한다.

2. **시각적 제시.** 이 강화는 내용의 조직화를 그래프로 보여 주는 여러 형식으로 이루어졌다. 예를 들어, [그림 13-3]은 세 가지 유형의 시각적 제시(visual display, 예: 묘사적, 방향적, 위계적/중심적)를 설명하고 있다. 시각적 제시는 강력하고 정교한 교수 루틴을 수립하는 데 함께 사용될 수 있다. 개념도(Bulgren et al., 1993), 의미론적 특성분석(Bos & Anders, 1987), 의미론적인 망상조직(Anders & Bos, 1984)은 학생들이 개념을 구성하는 다양한 부분을 이해하도록 도울 수 있는 세 가지 기법이다. 그래픽 조직자의 사용은 이런 모든 루틴을 포함하고 있다. 의미 개념도 루틴에서 교사는 학생이 중요한 개념과 관련된 정보를 브레인스토밍하고 개념의 주요한 특징을 세 가지 속성(즉, 항상 나타나는 것, 가끔 나타나는 것, 거의 나타나지 않는 것)으로 분류하도록 한다. 학생들은 항상 나타나는 속성의 목록으로부터 얻은 개념을 가지고 정의를 세우고, 정의에 기초한 개념의 예시와 비예시를 만들어 낸다. 예를 들어, [그림 13-4]는 포유동물이라는 개념을 도표로 보여 주고 있다. 의미론적 특성 분석 루틴은 세로열에 개념의 예시가 열거된 표를 사용하고 가로열에는 중요한 개념적 특성이나 특징이 제시되어 있다. 주어진 예시를 가지고 표를 가로질러 읽음으로써, 학생들은 개념에 포함되는 예시의 특성을 판별할 수 있게 된다. 또한 학생들은 개념의 예시에 대한 정보를 탐색함으로써 표를 작성할 수도 있고 긍정적(+)이거나 부정적(-)인 관계, 어떤 관계도 발견되지 않는 것(0), 학생이 아직 관계에 대한 확신이 없는 것(?)을 표시할 수 있다. 의미론적인 망상조직 루틴은 칠판 위에 중요한 단어 혹은 생각을 쓰고는 학생이 정보를 일반화하도록 돕는다. 원래 자극개념과 관련 있는 개념에 대하여 정보를 적절하게 배치하는 것이 토론되고, 선을 이용하여 관계, 예시 혹은 특성을 조정하고 종속함을 나타낸다.

3. **학습 지침.** 이 내용학습 향상 기법은 중요한 정보를 강조하기 위해 사용된다. 학습 지침(study guides)은 일반적으로 중요한 내용을 강조하는 진술이나 질문으로 구성되어 있고, 그 양식으로는 연결하기, 단답형 질문, 빈칸 채우기 등이 있다. 따라서 학습 지침은 교사가 학생의 주의를 집중하고 중요한 정보를 지적하며 학생이 자료를 자세하게 점검할 수 있도록 격려하는 데 사용할 수 있는 개요나 질문 목록으로 구성되어 있다. 그래픽의 사용이 포함된 학습 지침에서 학생들은 내용의 구조화된 도표에서 빠진 부분을 채워 넣도록 한다. 질문형 학습 지침과 그래프형 학습 지침은 학생들이 혼자서 공부

[그림 13-3] 시각적 제시의 예

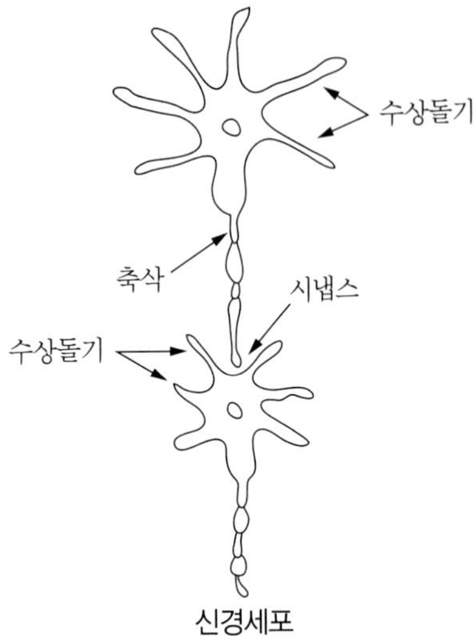

묘사적 (도표, 그림, 구체화된 모델을 통하여 사물들 간 혹은 사물의 부분들 간의 관계를 설명하고 있음)

방향적(계열적 관계를 설명하고 있음)

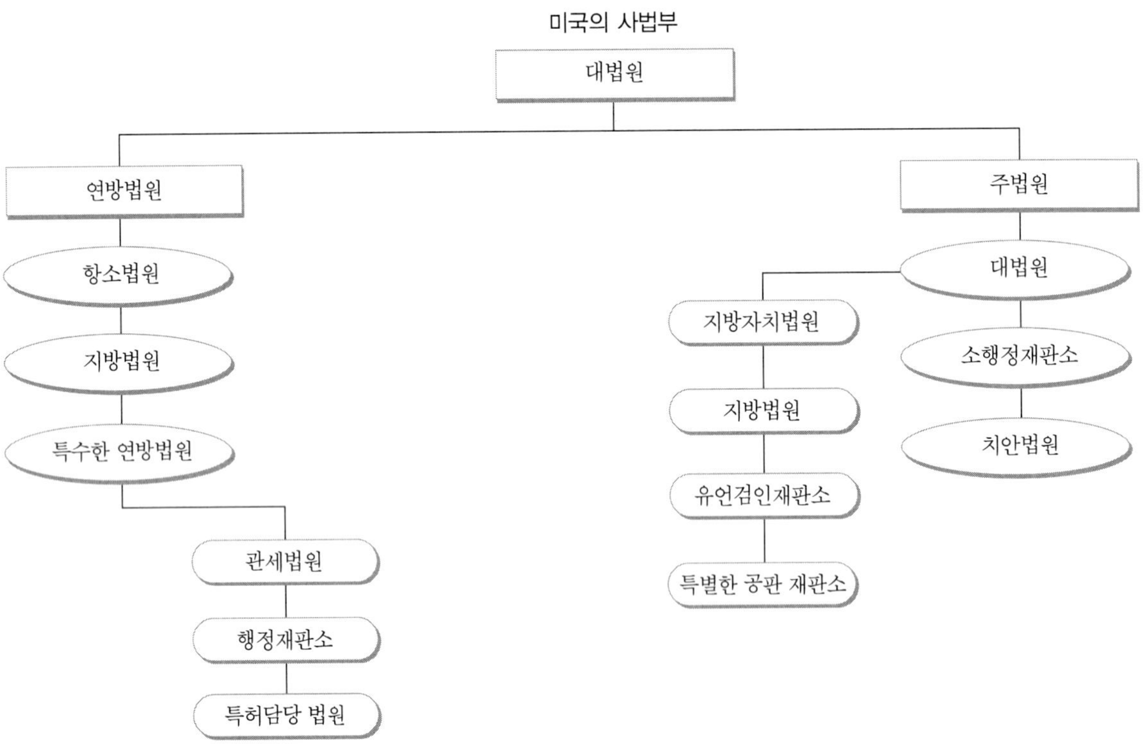

위계적/중심적 (주요 주제와 그 주제에서 바깥쪽으로 갈수록 다른 정보가 제시되어 있음)

[그림 13-4] 개념도

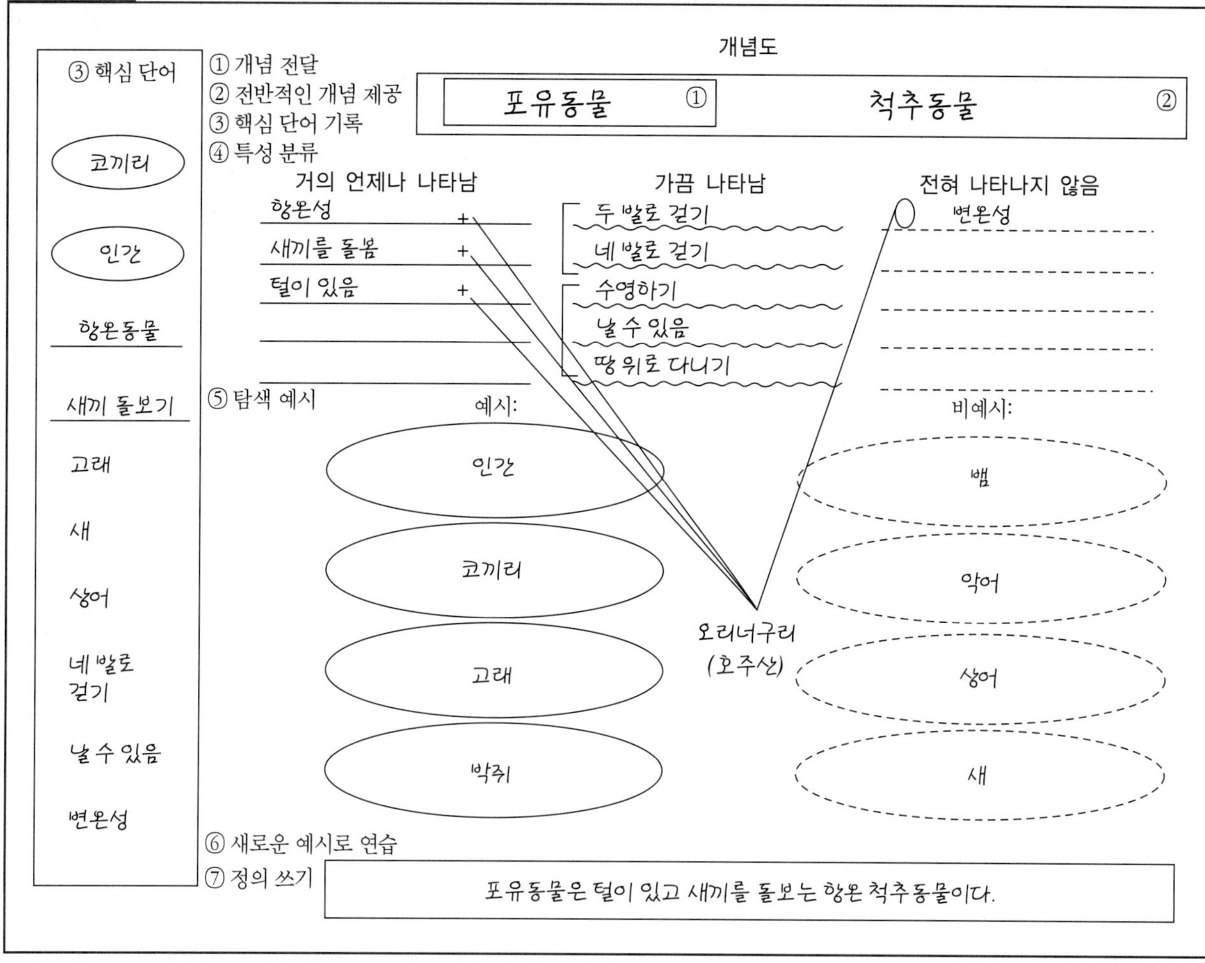

주: 이 개념도는 캔자스 대학교 학습연구 센터에서 개발하고 연구한 교수도구다(Bulgren, Schumaker, & Deshler, 1988). 이것은 다양한 학생군들이 있는 교실 상황에서 교사들이 내용 정보를 교수하기 위해 사용되도록 고안된 교수장치들 중 하나다. 이것은 교수와 관련된 단서와 특정 내용의 전달, 인지절차에 대한 학생 참여, 학습과정과 내용자료에 대한 검토들을 혼합한 교수 루틴일 뿐만 아니라 계획 루틴을 사용할 때 효과적인 것으로 밝혀진 자료에 근거한 교수도구라고 할 수 있다(Bulgren et al., 1993). 만약 이것이 학생들에 대해 간단한 기여만 하는가와 관련한 효과적인 도구로만 보이지는 않는다. 개념도의 사용과 관련된 훈련 워크숍에 대한 더 많은 정보는 캔자스 대학의 학습연구 센터(주소: 1122 West Campus Road, Room 517, Lawrence, KS 66046), 또는 전화 785/864-5728로 연락하면 얻을 수 있다.

출처: J. A. Bulgren, D. D. Deshler & J. B. Schumaker, 1993, *The Content Enhancement Series: The Concept Mastery Routine* (p. 37). Lawrence, KS: Edge Enterprises. Copyright 1993 by J. A. Bulgren, D. D. Deshler & J. B. Schumaker(허락하에 게재함).

하는 것보다 더 큰 도움을 줄 수 있다. 그러나 학습 지침에서 그래픽을 사용하는 것이 가장 효과적인 것으로 나타났다(Bergerud, Lovitt, & Horton, 1988).

4. 기억술. 이것은 학생들이 학습내용을 기억하는 데 도움을 주기 위한 것으로 학생들이 친숙하지 않은 정보를 재생하도록 촉진하는 그림이나 언어적 기술을 말한다. 교사가 학생들이 어떻게 정보를 의미 있는 덩어리로 통합하도록 도울 수 있는가에 대한 연구는 학생들이 기억장치의 사용으로 기억량을 줄이기에 앞서 기억해야 할 것이 무엇인지를 이해하는 것이 더 중요하다고 강조한다(Nagel, Schumaker, & Deshler, 2003). 따라서 교사와 학생은 제시되는 정보 중 가장 중요한 것이 무엇인지를 알아내고 그것을 분류하고 조직한다. 학생들이 중요한 정보를 기억하도록 도울 수 있는 실제적인 조

작에는 정신적 이미지 만들기, 친숙한 연관성 찾기, 단어의 머리글자를 사용하는 기억법, 또는 핵심어 전략을 사용하는 것과 같은 다양한 방법들이 있다. 단어의 머리글자를 사용하는 기억법은 학습문제를 가진 학생들이 정보를 기억하도록 돕는 주요한 언어적 형태의 방법이다. 이 전략에서는 학생에게 단어, 구 또는 문장의 머리글자를 가르쳐 주며 목표 정보를 기억하는 단서를 제공한다. 예를 들어, 단어 EASY는 다음의 학습전략을 기억할 수 있는 방법이다(Ellis & Lenz, 1987).

- E(elicit): 중요한 정보를 찾아내기 위해 wh-질문(누가, 무엇을, 언제, 어디서, 왜)을 이끌어 낸다.
- A(ask yourself): 가장 어려움이 없는 정보에 대해 자기 자신에게 질문한다.
- S(study): 먼저 가장 쉬운 부분을 공부하고 가장 어려운 부분을 마지막으로 공부한다.
- Y(yes): 할 수 있다는 자기 강화를 사용한다.

많이 사용하는 언어적인 형태에는 핵심어, 모방, 상징적인 것이 포함된다. 핵심어 형태는 이미 배운 용어에 대해 음성학적으로 유사한 사물이나 그림을 짝 짓는 것이다. 모방 형태는 목표 정보의 그림 상징을 포함한다. 예를 들어, 학생들에게 등대의 정의를 상기시키기 위하여 등대의 그림을 사용한다. 상징적인 기억법은 중요한 정보를 표현하기 위하여 보편적인 상징을 사용하는 것이다. 예를 들어, 비둘기는 평화를 상징하는 데 사용된다.

5. 녹음하기. 이것은 말 그대로 인쇄자료를 녹음하고 다른 자료들과 함께 핵심 정보를 녹음하는 것이다.
6. 컴퓨터 보조 교수. 이것은 컴퓨터를 통하여 교육을 전달하는 것이다. 기본적인 형식은 시뮬레이션과 개별지도다. 학생들은 보통 독립적으로 과제를 완수한다. 그러나 Hudson 등(1993)은 컴퓨터 프로그램이 학습문제를 보이는 학생들이 독립적으로 새로운 내용을 배우도록 충분히 도울 수 있도록 설계되지 못했다고 하였다. 컴퓨터 시뮬레이션에서 학생들은 복습하고 이미 학습한 사실과 개념을 적용한다(2장 참조).
7. 또래중재 교수. 이것은 급우들이 서로를 가르치는 것이며 또래 교사 및 협동학습을 포함한다(2장 참조).

내용학습 향상에 대한 전반적인 연구 결과는 고무적이다. 더욱이 다양한 내용학습 향상은 교수주기의 다양한 국면에서 효과적으로 사용할 수 있다. 예를 들어, 기억장치는 새로운 자료를 제시할 때나 교사의 지도가 제공되는 연습에서 사용할 수 있고, 또래중재는 독립적인 수행을 하고 학생의 진보를 평가할 때 통합할 수 있다.

교과내용을 제시하기 위한 활동

다음은 학습문제를 보이는 학생들에게 내용을 제시하기 위한 활동이다.

- 강의나 읽기과제를 하기 전에 효과적인 선행 조직자로 간단한 질문 목록들을 제공한다.
- 구어적인 지시나 강의에 대한 인쇄자료(예: 유인물이나 슬라이드를 사용하라.)를 제공한다.
- 청각적인 정보 입력에 어려움을 갖는 학생들에게 정보를 제시하기 위해 다음의 활동들을 사용한다.
  - 사전 제시 질문을 제공한다.
  - 제시 전에 어휘를 학습하게 한다.
  - 제시의 속도를 조절하고 빈번한 예시를 준다.
  - 중요한 부분을 한데 묶는다.
  - 요약한다.
  - 학생이 질문을 하고 토론할 수 있는 기회들을 제공한다.
  - 중요한 부분은 반복한다.
  - 다른 주제들과 교과를 연관시킨다.

- 언어적 제시를 따르지 못하는 학생들에게는 강의 테이프를 제공하거나 학급 수업과 토의를 녹음하게 한다. 학습문제가 있는 학생들에게는 우수한 노트 필기를 복사하도록 한다.
- 학습문제가 있는 학생들은 교실 앞쪽에 앉아서 수업하게 한다. 이것은 교사 중심 활동에 주의를 집중시키고 주의가 산만해지는 것을 감소시킬 수 있다.
- 학습에 문제가 있는 학생들을 도울 수 있는 또래를 짝 짓는다. 또래는 지시와 숙제를 설명하고, 강의의 중요한 정보를 함께 검토하고, 노트를 공유하고 수정하며, 과제나 프로젝트를 함께 한다.
- 다음은 학생이 주의집중을 유지하면서 배울 수 있도록 돕기 위한 제언들이다.
  - 시각적인 것과 청각적인 제시를 결합한다.
  - 구어적인 지시나 강의를 하는 동안 학생과 눈맞춤을 한다.
  - 과제, 지시사항, 강의목표를 칠판에 기록한다.
  - 명확하고 알맞은 속도로 말한다.
  - 중요한 것이 무엇인지에 대한 단서를 주고, 학생에게 명확함과 정보를 주기 위해 교과서 페이지를 언급한다.
- 학습문제가 있는 청소년들의 기억능력을 향상시키기 위해 수업 중에 강의를 잠깐 멈추는 시간을 갖는다. 학생들이 수업에서 다뤄지는 내용을 토의하도록 몇 번씩 강의를 멈춘다(예: 매 6~12분). 3~4명의 집단 학생들이 체계적으로 내용을 토의하도록 하기 위해 2장에서 제시한 RAP 기억법을 사용하게 한다.

자료의 수정

내용 중심 학습에 사용하는 텍스트 및 자료의 난이도 수준은 학습문제가 있는 중등학생들에게 문제가 될 수 있다. 왜냐하면 텍스트와 자료의 읽기의 수준이 학생의 읽기수준보다 몇 학년 높을 수 있기 때문이다. 그러므로 학습에서 학생을 돕기 위하여 제시할 내용을 수정하거나 적합하게 조정할 필요가 있다. 이러한 수정의 목적은 기본 교과내용은 유지하면서 제시의 형태와 양식을 변화시키는 데 있다. 자료를 조정하기 위한 대안으로는 평행적인 교육과정을 개발하고, 교과서를 단순화하며, 교과서를 녹음하는 것 등이 있다.

평행적 교육과정의 개발

평행적인 교육과정 자료는 문제를 가진 학습자가 조직하고, 실행하고, 중요한 정보에 숙달할 수 있도록 도와주는 방법으로 필수적인 내용을 제시한다. 여러 교육청에서는 일반교사와 특수교사들이 성취수준이 낮은 학습자들에게 사용할 수 있는 교육과정 지도서를 만들도록 휴가 또는 임금을 제공하고 있다. 그리하여 성취수준이 낮은 학습자들은 표준화된 교재와 교육과정 지도서 혹은 팸플릿을 제공받는다.

더욱이 몇몇 출판사들은 학년수준의 교과서에 맞추면서 더 낮은 읽기능력 수준에 맞게 쓰인 수정된 교과서들을 제공하고 있다〔예: *Wonders of Science and America's Story*(Steck-Vaughn 출판)〕. 그러나 통합환경에서 학습문제를 보이는 많은 학생들은 다른 학생들이 사용하고 있는 교과서를 똑같이 사용하고 싶어 한다. 따라서 학생들이 학년수준의 교과서로 공부하도록 돕기 위하여 보충자료를 단순하게 하여 제공하는 것이 유용하다.

교과서의 단순화

교과서를 단순하게 함으로써 성취수준이 낮은 학습자들이 필수적인 정보에 효과적으로 숙달하도록 할 수 있다. 다음은 교과서를 단순하게 하기 위하여 사용할 수 있는 활동과 절차다.

- 학생에게 가장 중요한 텍스트를 제공한다. 학생에게 주제, 단어 그리고 개념을 색깔 있는 펜으로 밑줄 긋게 하거나 강조하는 것은 관련 자료에 집중하

도록 돕는다. 또한 관련 없거나 별로 중요하지 않은 단어들은 검정 펜으로 지우게 하여 중요한 내용을 선별하게 한다.

- 단어를 차트, 그래프, 그림이나 모델 등과 같은 도식적인 것으로 바꾸는 것은 내용 제시에 도움이 될 수 있다.
- 학생이 읽기자료에 대해 준비하도록 선행 조직자를 사용한다. 이것은 개관, 도식적인 개요, 지침, 질문, 미리 검토하기(예: 제목이나 삽화 살펴보기) 등을 포함한다.
- 성취도가 낮은 학생들이 종결을 정기적이고 일치되게 할 수 있도록 학습단위의 복잡성과 길이를 줄인다.
- 자기 교정 학습자료를 제공한다. 자주 해답을 스스로 확인하는 것은 자료를 통하여 학생을 지도하는 데 도움이 될 수 있다.
- 교과서를 단순하게 할 때는 내용, 문장 구조 및 어휘에 집중한다. 내용을 단순하게 할 때 먼저 일반화를 제시하고, 뒤따라 보완적인 부분과 함께 연대적인 순서로 계열화된 사건을 제시하며, 관련 자료들을 함께 묶어 제시하는 것이 좋다.
- 제한된 읽기기술을 보이는 학생들에 대해서는 다시 쓴 교과서를 사용하는 것을 고려한다. 다시 써야 하는 상황에서는 다음의 지침이 도움이 될 수 있다.
  - 문장을 짧게 한다. 5~8개의 단어를 사용하는 것이 가장 좋다.
  - 음절이 거의 없는 기본적인 단어를 사용한다.
  - 현재 시제를 사용하고 수동태는 피한다.
  - 간단한 문장을 사용하고 각 문장을 하나의 주어로 시작한다. 동격과 삽입어구의 표현은 피한다. 주어-동사로 이루어진 단문은 복문이나 순서가 바뀐 문장보다 읽기가 더 쉽다.
  - 비유적이거나 상징적인 언어는 피한다(예: 짐승의 무리가 맹렬하게 떼 지어 갈 때 나는 발굽 소리가 천둥 소리와 같다는 것을 나타내는 '천둥 같은 짐승 무리'라는 비유적 표현).
  - 가능한 한 그림 단서를 많이 사용한다.
  - 모든 대명사는 분명히 선행사가 있음을 확실하게 한다.
  - 새로운 단어는 자제한다. 더 간단한 내용이 되게 하는 동의어를 사용하기보다는 핵심 단어를 반복해서 사용한다.
  - 불필요한 단어를 제거한다.

교과서 녹음하기

교과서 읽기에 대한 대안으로 교과서를 테이프에 녹음하여 듣게 한다. 녹음된 교과서의 사용은 학생의 독립성을 증가시키고 중등수준의 학업내용에 대한 습득을 증가시키는 효과적인 방법이기도 하다(Boyle et al., 2003). 학생들은 두 가지 방법으로 녹음된 교과서를 구할 수 있다. 하나는 시각장애나 학습장애를 가지고 있는 개인들에게 제공되는 특별한 녹음테이프를 받을 수 있는 자격을 학생들에게 부여하는 것이다. 현존하는 테이프를 유용하게 사용하면서도 이 서비스에 대한 별도의 비용은 청구되지 않는다. 또 다른 방법은 학생이나 부모들이 직접 테이프를 녹음하는 것이다. 이를 위한 지침은 다음과 같다.

- 소음이 없는 조용한 장소에서 녹음한다.
- 녹음자료부터 약 6인치 정도 떨어진 곳에 마이크를 놓는다. 소리 크기를 조정하고 자료를 알맞은 속도로 읽는다. 녹음이 만족스럽게 될 때까지 테이프를 들어보고 소리를 다시 조정하고는 마이크 위치를 조정한다.
- 녹음을 시작하기 전에 소리를 낮게 하여 흡기음을 제거한다.
- 처음 5초간 녹음을 피하고 15분마다 쉬는 시간을 갖는다. 지루함을 달래기 위하여 목소리를 바꿔 가며 녹음한다.
- 학생에게 테이프를 주기 전에 점검한다.
- 테이프 시작 부분에서 본문의 제목, 지은이, 읽는

장과 부분을 말한다.

- 최초의 본문에 다음의 지시를 포함한다. "여러분이 질문에 답하고자 할 때, 노트에 필기하고자 할 때, 또는 보다 주의 깊게 책을 보고 싶을 때는 테이프를 멈춰 주세요. 그리고 각 페이지의 마지막 부분에서 종소리를 듣게 되면 다음 페이지로 넘어가세요"
- 테이프의 시작 부분에 선택된 질문들을 넣는다. 이것은 학생에게 중요한 내용을 알려 준다.

과제

많은 특수교사들은 학생들이 교실에서 과제를 완성하는 것을 좋아한다. 왜냐하면 교실에서 학생들의 수행을 관찰하고 과제를 끝마칠 수 없는 학생들을 도와줄 수 있기 때문이다. Lenz, Ehren과 Smiley(1991)의 주장에 의하면 과제의 완수는 학업 상황에서 학습자의 독립성을 나타내 주는 것이기 때문에 학생은 독립적으로 과제를 끝마칠 기회를 제공받아야 한다. Lenz, Ehren과 Smiley는 과제 완수를 완수 지식과 완수 관리로 나누었다. **완수 지식**(completion knowledge)은 과제를 마치는 데 필요한 학업기술과 배경 지식을 포함한다. **완수 관리**(completion management)는 학업기술과 지식의 사용을 촉진하는 시간, 흥미, 자원의 계획, 통합, 조직화를 의미한다. 그들은 또한 과제의 세 가지 유형—공부용 과제, 일상 과제, 프로젝트—을 제시했다. **공부용 과제**(study assignments)는 학생이 시험이나 여러 유형의 교실 활동을 준비할 수 있도록 하고, 과제의 초점은 항상 과제를 통해 얻어지는 영구적인 산출물보다는 과정에 둔다. **일상 과제**(daily work)는 수업에서 다룬 내용에 뒤따른 과제(예: 해당 장의 질문이나 학습지를 끝내는 것)로 구성되고, 내용의 연습과 이해를 촉진하기 위하여 만들어진다. **프로젝트**(project)는 과제를 끝내는 데 최소 하루나 이틀이 걸리고 종종 리포트, 주제, 시각적 자료 혹은 프레젠테이션을 준비하면서 내용의 확장이나 응용을 하도록 한다. 교사의 기대에 따라 달라지기는 하지만, 이 세 가지 과제 유형은 모두 (착석과제의 형태로) 교실환경에서 완수되거나 개별적으로나 집단으로 사용될 수 있다.

숙제영역에서의 실증연구에 따르면 학생이 숙제에 시간을 더 많이 쓸수록 학생의 성취는 더 높아지는 것으로 나타났다(Cooper, 2001; Jenson, Sheridan, Olympia, & Andrews, 1994). 숙제와 학업성취의 긍정적인 관계의 효과는 중등학생들에게 아주 의미가 있으며, 중학생들에게는 특히 좋다. 그러나 과제는 숙제의 긍정적인 이점을 보장하기 위해서 반드시 학생의 능력과 성취수준에 적합해야 한다.

과제 및 과제완수 과정의 유형에 대한 연구 결과는 학생들의 흥미나 동기가 충족되지 않는다면 과제의 구조와 조직 면에서 더 나은 형태를 만들어 내는 것으로는 과제의 완수과정을 향상시켜 주기 어렵다는 것을 보여주었다. 따라서 교사는 과제의 기본적인 속성과 질에 관심을 두어야 한다. Lenz와 Bulgren(1988)은 학습문제를 보이는 청소년의 성취를 향상시키기 위하여 교실과제와 관련해 다음과 같은 제안을 하였다.

- 과제와 관련된 사항(요구사항)은 명확하고 분명해야 한다.
- 과제의 요구사항은 중요한 학습 결과와 관련이 있어야 한다.
- 학생이 학습을 개인화(personalize)할 수 있도록 선택을 제공해야 한다.
- 시간이 지남에 따라 무엇을 배울 것인지, 어떻게 배울 것인지, 이미 배운 것을 어떻게 보여 줄 것인지에 대해 학생이 선택을 할 수 있어야 한다.
- 처음에 과제 완수는 교사에 의해 모델링되고 학급 안에서 지도되어야 하며 그에 학생이 참여해야 한다.
- 학생들은 과제의 여러 측면에 대해 알고 있어야 하고, 과제 완수에 대한 질문을 하도록 촉진되어야

한다.

- 과제 완수에 대해 학습하는 과정은 내용을 학습하는 것만큼 중요하게 생각해야 한다.
- 과제의 질과 과제 완수와 관련된 성과에 대한 토의는 교실 활동의 정기적인 부분이 되어야 한다.
- 학생들은 과제완수 과정을 향상시키는 것과 관련된 목표를 수립해야 하며 과제 완수의 결과로 배운 것이 무엇인지를 알아야 한다.
- 과제의 수가 줄어들수록 과제는 가장 중요하다고 여기는 학습 성과를 강조해야 한다.
- 과제는 채점이 아니라 평가되어야 하고, 학생들은 점수보다 과제의 질을 향상시키기 위해 과제를 수정해야 한다.
- 다양한 학습 모델을 촉진하기 위해 종종 또래를 활용한다.

Meese(1994)는 학습문제를 지닌 학생들을 위한 과제에 대하여 다음의 제안을 하였다.

- 과제는 여러 부분으로 나누고 각 부분마다 수행을 위한 기간이나 시간을 정해 준다.
- 과제 완수를 위해 시간을 연장해 준다
- 과제 완수를 위해 컴퓨터와 계산기의 사용을 장려한다.
- 집단으로 2~3개의 쓰기과제를 하도록 한다.
- 과제를 하는 데 있어 필요한 베끼기의 양을 줄인다(예: 교과서나 칠판에서 문제 옮겨 쓰기).
- 학생들이 과제의 요구사항을 쉽게 바꾸어 말하도록 요구하라.

개인교수

중등학교 수준에서 학점을 따는 것은 주요한 교수적 관심사다. 일부 특수교사들은 학생이 졸업을 위해 수강해야 할 교과목에서 개인교수를 제공하거나 그 내용을 가르치고 학점을 부여한다. 중등학년에서 개인교수에 강조를 두는 것과 관련하여, Carlson(1985)은 개인교수를 실행하고 평가하는 데 필요한 지침과 기준을 제안하였다.

1. **교수는 강력해야 한다.** 교사는 강력한 교수를 제공하기 위하여 내용을 잘 알아야 하고, 집중 교수를 위해 충분한 시간을 제공해야 하며, 효과적인 교수의 원리를 따라야 한다(예: 강화, 집중시간, 모델링하기, 피드백).
2. **교수는 학습자에게 장기적 관점에서 이익을 주어야 한다.** 효과적인 교수는 학습에서의 어려움이 미래 학습에 미치는 영향을 줄이거나 학생이 좀 더 적합하게 기능하도록 도와야 한다. 즉각적인 교과목 내용과 더불어, 교사는 이후 학습에서 학생의 잠재적인 학습을 증가시키는 기술(예: 공부기술과 시험보기 기술)을 강조해야 한다.
3. **학습자 수행에 대한 교사 기대가 높아야 한다.** 성공은 유지되어야 하지만 수행에 대한 기대수준은 절대적으로 필요한 것이 아니라면 줄어서는 안 된다.

Hammill과 Bartel(1995)은 튜터를 위한 몇 가지 비학습적 지침을 제공하였다.

- 의존적이어야 한다. 개인교수의 2~3회기를 빠지는 것은 튜터와 튜티 관계에 부정적인 영향을 미치고 학생의 진보를 방해할 수 있다.
- 교수가 이루어지는 동안은 인내해야 한다. 학생이 수업내용을 배울 때까지 계속해서 자료를 검토하고 다시 가르쳐야 한다.
- 학생의 근심과 감정을 이해하는 것에 초점을 맞추어야 한다.
- 학생 진보에 대하여 학생에게 정확한 피드백을 제공하면서 수업을 지속해야 한다.
- 대인관계를 존중하고 민감하게 대처해야 한다.

시험 보기

학습문제를 지닌 학생들은 종종 시험에서 그들의 지식이나 기술을 보여 주기에 어려움을 경험한다. 시험 형식을 수정하는 것만으로도 이 학생들이 시험에서 좀 더 나은 수행을 보여 주게끔 도와줄 수 있다. 다음의 지침은 시험에서의 수행을 향상시키기 위하여 제공되었다.

- 시간 제한이 있는 쪽지시험을 자주 실시하여 학생들이 시험을 독립적이고 불안을 유발하는 상황으로 인식하지 않게 한다. 연습시험을 보게 하고, 학생들끼리 서로 시험을 보게 하며, 답을 맞추어 보게 한다.
- 학생의 표현을 방해하는 시험 형식이 있다면 대안적인 반응양식(예: 에세이, 선다형, 단답형 등)을 사용한다.
- 선다형의 대안으로는 진위형 질문을 사용하기, 선택 항목의 수 줄이기, 선택에 도움이 되는 정보 추가적으로 제공하기, 연결형 문항 사용하기가 있다.
- 단답형의 대안으로는 답에 사용할 수 있는 사실과 정보의 목록을 제공하기, 학생으로 하여금 준비된 여러 개의 짧은 답 중에서 선택하거나 정보를 목록화하는 것을 허용하기, 빈칸 채우기 기법 사용하기, 정돈되지 않은 정보를 문제에 맞게 정리하기가 있다.
- 에세이형 대안으로는 학생에게 개요의 부분을 제공하고 완성하게 하기, 답을 테이프에 녹음하게 하거나 답에 포함되어야 할 주요 사항을 기록해 주기, 집에 가서 시험 보게 하기 등이 있다.
- 인쇄된 시험지와 시험문제를 녹음한 것을 함께 제공하기도 한다. 이러한 방법은 학생으로 하여금 지시사항, 문항을 들을 수 있게 한다. 또한 테이프를 시험에 활용하는 것은 추가시험이나 보충시험에 유용하다.
- 문항들 사이에 충분히 빈 공간을 남겨 두고, 지시사항과 시험 문항의 핵심 단어에 밑줄을 긋는다.
- 다양한 반응양식(예: 에세이, 선다형, 빈칸 채우기 등)에 대비하여 시험공부 지침을 제공한다.
- 천천히 쓰는 학생을 위해 추가 시간을 제공하거나 최소한의 쓰기가 필요한 시험 문항을 사용한다. 또한 구두시험을 볼 수 있는데, 그 답을 녹음할 수도 있다.

시행상의 고려점

저성취 학생들을 위한 실효성 있는 프로그램의 개발과 유지에는 행정적 지원이 필수적이다. 교장은 중앙 행정부처로부터의 지원이 필요하며, 교사와 상담교사들은 학교 관계자의 지원이 필요하다. 다음의 지원적 활동과 절차는 저성취 학생들을 위한 양질의 프로그램을 촉진할 수 있을 것이다.

- 학습문제를 지닌 학생들의 요구사항을 가장 민감하게 파악할 수 있는 일반교사가 누구인지를 파악한다. 이 '민감한' 교사들과 함께 학생의 시간표를 작성하고, 그들이 가장 선호할 만한 일정과 같은 활동을 제시한다. 이 외에도 추가적인 교수계획 시간의 제공, 특수교육 보조원 할당, 교육과정 개발을 위한 책임 수업시간 감면, 자원봉사 인원 배치, 교사의 요구에 맞는 연수훈련 제공, 교육과정 개발에 대한 여름방학 동안의 보너스 지급, 학회나 워크숍 참여 기회 제공, 대학수업 수강지원, 별도의 후원금 제공, 전체 교직원 앞에서 프로그램의 가치 인정해 주기, 교재 · 교구 구입에 추가금 지원하기가 있다.
- 숙제 핫라인 개발을 지원한다.
- 부모 참여와 훈련 프로그램을 수립하도록 돕는다.
- 업무량의 균형을 맞추기 위하여 상담교사와 함께 학생의 시간표를 관리한다(예: 좀 부담스럽거나 필수적으로 수강해야 하는 과목과 덜 부담스러운 과목 간의 균형을 맞춘다.).

- 내용교과에 있어 평행적인 대안적 교육과정을 개발하도록 격려한다.
- 통합된 학생들에 대해 다른 학생들이 받는 것에 상응하는 졸업 기회를 개발하도록 지원하라.

공부기술

공부기술을 습득하고 사용할 수 있는 능력은 학교생활의 성공에 있어 핵심적인 요인이다. 효율적인 공부기술을 적용하는 것은 어떻게 배울 것인가를 학습하는 것이며, 개인이 다양한 학습 상황에서 새로운 정보를 습득, 유지, 사용하는 것을 도와준다. 그러나 공부기술이 학습에 있어 중요한 것으로 생각됨에도 그것을 체계적으로 교수하는 것이 교육과정 안에 포함되어 있지 않다. 안타깝게도 학습문제를 갖는 학생들의 상당수는 공부기술이 부족하다. 그러므로 공부기술을 배우기 위한 교수가 필요하다.

Hoover(1993)는 공부기술을 연구하고 평가하는 틀을 제공하였다. 열한 가지의 공부기술과 그 하위 기술은 다음과 같다.

1. **읽기 속도.** 대충 읽기, 훑어 읽기, 보통 읽기, 빠르게 읽기, 세심하게 읽기 등 각기 다른 속도의 읽기가 있다.
2. **듣기.** 과제를 듣는 데 주의집중하기, 구어적인 메시지의 의미를 듣고 대답하기, 청각적인 방해 요소 걸러내기
3. **노트에 적기/개요 수립하기.** 제목을 적절하게 사용하기, 간단하고 명확하게 기록하기, 중요한 정보 적어 두기, 강의의 개요 만들기와 노트 필기 사용하기, 잘 조직화된 개요 만들기, 노트용 카드 잘 정리하기
4. **보고서 작성하기.** 생각을 조직화하기, 적절한 구두점 찍기, 적절한 철자와 문법 사용하기
5. **발표하기.** 자유롭게 참여하기, 발표 조직화하기, 제스처 사용하기, 명확하게 말하기
6. **그래픽 보조도구 사용.** 관련 요인에 집중하기, 목적 이해하기, 발표 시 다양한 보조도구 사용하기, 시각적 보조도구 개발하기
7. **시험 보기.** 대답 조직화하기, 교정 보기, 지시사항을 읽고 이해하기, 단서가 되는 단어 찾기, 적합하게 정답 표시하기, 어려운 문제는 마지막에 풀기, 답이 될 만한 것으로 좁혀 가면서 문항의 선택사항 고르기, 이전 시험의 오답 고치기
8. **도서관 이용하기.** 도서 카드나 전산화된 도서 목록 사용하기, 도서관 조직 이해하기, 도서관의 매체 전문가의 역할 이해하기
9. **참고서/사전 사용하기.** 사전의 요소 알기, 지침단어 사용하기, 참고문헌 사용에 대해 이해하기, 과제 수행을 위해 참고자료 활용하기, 다른 문헌자료 찾기
10. **시간 관리.** 일상 활동 조직하기, 주간 및 월간 계획 짜기, 시간 관리 이해하기, 필요할 때 시간 관리 재조직하기, 활동의 우선순위 결정하기
11. **행동의 자기 관리.** 자신의 행동 점검하기, 자신의 행동 변화시키기, 행동하기 전에 생각하기, 자신의 행동에 대해 책임지기

공부준비 기술

공부준비 기술에는 효율적인 학습에 선행되는 관련 기술과 요인이 포함된다. 학생의 태도와 동기는 학생의 노력과 후속결과에 있어 중요하다. 학습문제가 있는 청소년들은 과제의 관련성을 이해하고 노력을 촉진시키는 태도를 보여 줄 필요가 있다. 5장과 이 장의 앞에서 동기를 향상시킬 수 있는 전략과 활동을 제시하였다. 여기에서는 시간 관리와 자기 관리에 초점을 맞추고자

한다.

시간 관리를 개발하기 위한 활동

정해진 시간 안에 과제를 마치고 주요한 활동(또래들과 함께하는 것, 클럽 활동에 참여하는 것, TV를 보는 것, 음악을 듣는 것)에 참여해야 하는 청소년들이 처한 요구와 상황을 생각해 본다면 시간 관리는 학교에서 생활하는 데 있어 매우 중요하다. 학습문제가 있는 청소년들은 보통 시간 관리에 대한 교육을 필요로 한다. 시간 관리를 교육하기 위한 활동에는 시간 계획 잡기, 시간 추정하기, 먼저 수행해야 할 활동 결정하기 등이 포함된다.

- 학생에게 5일간의 방과 후 일정을 주고 그 시간 동안 일어나는 모든 활동을 기록하게 한다. 그다음에는 학생에게 특정 활동에 소요될 시간을 할당하게 하고 가능한 한 시간 계획을 따르게 한다(〈표 13-5〉 참조). 처음에는 학생에게 하루만 계획하게 하고 점진적으로 일주일 계획을 세우게끔 해 나간다.
- 학생에게 일간 혹은 주간 활동을 계획할 때 도움을 줄 수 있는 달력을 제공한다. 과제 기한이나 시험 날짜를 기억할 수 있도록 달력 위에 기록해 놓게 한다. 또한 학생은 학습과제와 그날의 할 일을 기록할 수도 있다.
- 학생이 하루 일정에서 약간의 융통성을 발휘할 수 있도록 한다. 종종 예상치 못했던 일들이 계획된 활동이 행해지기 전에 일어날 수도 있다. 그날의 일정 속에서 새로 생긴 사건을 소개하고 어떻게 조정이 이루어져야 할지를 설명한다(예를 들어, 친구가 공부시간에 피자 먹으러 가자고 할 때, 학생은 TV 시청시간을 공부시간으로 대체할 수 있다.). 마지막으로 학생은 교사에게 적용 가능하다면 조정사항을 작성하여 보여 주어야 한다.
- 학생에게 과제를 주거나 학생이 최소한 네 가지의 학교과제를 목록으로 만들고, 각각의 과제를 끝마치는 데 얼마나 오랜 시간이 걸릴지를 어림잡게 한다. 그러고 나서 학생에게 과제를 끝마치는 데 실제 소요된 시간을 기록하게 한다. 이 시간을 학생의 일정표에 적어 놓는다. 학생의 추정시간이 현실적이 될 때까지 학생이 과제나 교과목에서 연습을 하는 데 소요되는 시간이 얼마나 될지를 확인하게 한다(20% 이상 벗어나지 않게 하라.).
- 학생으로 하여금 학교과제를 목록으로 만들고 어떤 것을 먼저 할 것인가를 정하게 한다. 학생은 그들이 완수해야 할 순서대로 활동의 순서를 일정표에 적는다(즉, 가장 먼저 해야 할 활동에 '1' 이라고 적고, 그다음 활동에 '2' 라고 적는다.). 예를 들면 다음과 같다.

_____ 2주 동안에 제출일이 돌아오는 사회과 프로젝트를 한다.

_____ 2일 후가 제출일인 과학실험 보고서를 작성한다.

〈표 13-5〉 학생의 방과 후 일정

	월요일	화요일	수요일	목요일	금요일
3:00~4:00	친구와 간식 먹기	친구와 간식 먹기	친구와 간식 먹기	친구와 간식 먹기	친구와 간식 먹기
4:00~5:00	공놀이	공놀이	가사일 돕기	공놀이	공놀이
5:00~6:00	공놀이	공놀이	가사일 돕기	공놀이	공놀이
6:00~7:00	저녁 먹기	저녁 먹기	저녁 먹기	저녁 먹기	저녁 먹기
7:00~8:00	공부하기	공부하기	공부하기	게임 하기	영화 보러 가기
8:00~9:00	공부하기	TV 보기	공부하기	게임 하기	영화 보러 가기
9:00~10:00	음악 CD 듣기	TV 보기	비디오게임 하기	TV보기	TV 보기

_____ 내일 제출해야 할 수학 학습지를 끝낸다.
_____ 3일 후에 경기가 있는 야구 연습을 한다.
_____ 4일 후에 제출해야 하는 발표 보고서의 준비를 위해 책 20페이지를 읽는다.

해야 할 일의 목록에서 우선순위를 결정하는 데 있어 결과와 시간이라는 요소를 고려해야 하는 필요성에 대해 논의한다. 순위를 살펴본 후, 결과의 측면에서 옳다고 생각하는 순위와 옳지 않다고 생각하는 순위를 지적하고, 좀 큰 과제는 작은 단위로 쪼개고(예: 읽기자료를 날마다 읽을 페이지의 수로 나누기), 시간 요소도 검토한다. 또한 학생으로 하여금 세 가지 영역으로 활동을 나눔으로써 과제와 활동의 우선순위를 결정하는 데 있어 가치 결정 단계의 사용을 연습하게 한다. 그것은 높은 가치를 갖는 활동, 보통의 가치를 갖는 활동, 낮은 가치를 갖는 활동이다.

• 학습과제를 효율적으로 끝마치도록 하기 위하여 학생이 공부하는 데 도움이 되는 환경에서 공부할 수 있게 한다. 공부하기에 이상적인 장소는 상대적으로 조용해야 하며 자극이 많지 않아야 한다. 만약 시끄럽다면(예: TV 소리, 친구들이 떠드는 소리 등) 너무 산만해지므로 학생이 귀마개를 사용할 것을 고려해 볼 수 있다.

자기 관리를 개발하기 위한 활동

자기 관리는 학생들이 자신의 행동에 책임을 지는 것이다. 효과적인 자기 관리는 학생이 자신의 행동을 점검하고 과제 완수를 방해하는 행동을 감소시키는 것이다(Hoover, 1995). 자기 기록, 자기 평가, 자기 강화를 통한 자기 관리에 대해서는 이미 4장에서 논의된 바 있다. 자기 관리를 향상시키기 위한 효과적인 활동은 다음과 같다.

• 학생이 과제와 교실 루틴과 관련된 특정한 행동적 기대를 이해하고 있는지 확인한다.
• 학생이 학교과제에 대하여 목표를 수립하고 시간계획을 세우도록 돕는다.
• 학생이 학교과제를 했을 때와 하지 않았을 때의 결과를 탐색할 수 있도록 '만약-그러면' 토의를 한다. 학생이 생활에서 일어나는 후속결과에 영향을 미치는 자신의 행동을 인식할 수 있도록 지도한다. 이 예방적이고 순행적인 관점의 긍정적인 가능성을 강조한다.
• 학생이 목표행동을 점검할 수 있도록 자기 점검 차트를 제공한다. 행동이 나타나는 때마다 학생이 확인 · 기록하게 한다.

공부기술의 습득

학생들은 중등학교 환경에서 살아남기 위하여 문헌이나 구어적 투입으로부터 정보를 습득하고 조직화할 수 있어야 한다. 중등교사들은 강의/노트 필기 형식을 많이 사용한다. 학생들 역시 교과서에서 정보를 얻고 조직화할 수 있어야 한다. 여기서는 정보를 모으고 조직화하는 기술을 개발하는 것을 목표로 하는 교수 활동과 전략을 제시하고자 한다. 공부기술은 듣고 노트 필기하기, 교과서 사용기술, 읽기와 공부 기술, 읽기와 노트 필기 기술, 시각적 보조도구 사용하기, 계열적 공부방법의 영역으로 분류해 볼 수 있다.

듣고 노트 필기하기를 발달시키기 위한 활동

노트 필기하기는 사용 가능한 양식으로 정보를 기록하고 조직화하는 개별화된 과정으로 적극적인 학생의 참여에 따라 달라진다. 노트 필기가 학생에게 도움이 된다는 것이 분명함에도 불구하고, 어떠한 접근법이 우위에 있다고 말하기는 어렵다. 노트 필기하기 전략은 중요한 아이디어와 주요 정보를 지지하는 하위 지식을 판별하는 것에 초점을 맞춘 개요양식과 정보를 분류하고 조직하는 지침으로서 사용되는 칼럼형 양식이 있다. 노트 필기과정의 중요성과 복잡성 때문에 노트 필기기술의 개발을 촉진할 수 있는 다음의 지침 및 활동과 같은 제언이 필요하다.

- 듣고 노트 필기하기를 돕기 위하여 학생에게 다음의 전략을 사용하도록 가르쳐라.
  - 듣고 노트 필기하기를 신체적으로 준비시키기 위하여 중요한 자료(예: 노트, 두 개 이상의 연필이나 펜, 교과서)를 가지고 편안한 책상에 약간 긴장된 상태(예: 앞으로 바짝 다가와 앉음)로 앉는다. 책상부터 주의를 분산시키는 모든 물건을 치운다. 듣기와 능동적인 수업 참여를 고무하기 위하여 학생들이 SLANT(4장에서 소개된 기억 전략)를 사용하도록 한다.
  - 수업이 시작되기 전에 수업의 주제와 관련된 어휘(예: 교과서 혹은 참고자료에서부터 나온)를 검토한다. 일부 학생들은 수업/노트 필기를 하는 중에 그들 책상 위에 어려운 단어의 목록을 놓고 있을 수 있게 한다.
  - 조직화에 도움이 되는 단서나 신호단어(예: 보통 시기나 순서를 나타내는 말—첫째, 둘째, 구문, 구두점, 다음, 시기, 마지막으로)를 잘 듣는다. 신호단어에는 계열이나 추가적인 아이디어를 지칭하는 단어(예: 첫째, 둘째, 또한, 더욱이, 다시, 덧붙여, 다음, 그 후에), 결론을 이루는 생각을 알려 주는 주의단어(예: 결국은, 그래서, 그러므로, 결론적으로, 요약하자면, 마지막으로), 생각의 변환을 알려 주는 전환단어(예: 반면에, 반대로, 그러나, 그렇지 않으면, 그럼에도 불구하고), 특별한 관심을 보여야 하는 중요한 것임을 알려 주는 멈춤단어(예: 매우 중요하게도, 분명하게, ~할 때마다, 의심의 여지없이, 질문할 여지없이), 생각의 구체적인 적용을 지칭하는 응용단어(예: 왜냐하면, 예를 들어, 상세히 말하면)가 포함된다.
  - 목소리, 억양, 목소리의 크기, 높낮이의 변화와 같은 단서에 주목하면서 내용 중요도를 귀담아 듣는다.
  - 혼동이 되면 특정 지점이나 내용을 상세히 설명해 달라고 부탁한다.
  - 특별한 개념을 설명하기 위한 예시를 말해 보도록 요구한다.
  - 이해를 확인하기 위하여 특정 사항을 다시 말해 보도록 한다.
  - 시각적인 참고자료를 요구한다(예: 교과서의 해당 페이지).
- 다양한 기술을 연습하기 위한 기회를 학생에게 제공하기 위하여 다음의 듣고 노트 필기하기 활동을 사용한다.
  - 교사는 학생의 요구에 적절한 내용에 대해 5~8분 단위로 강의를 하여 녹음을 한다. 교사와 학생은 서로 나란히 앉아서 동시에 노트 필기를 한다.
  - 테이프가 끝날 무렵 교사는 학생에게 자신이 기록한 노트를 보여 주고 듣고 노트 필기하기 전략을 설명함으로써 교정적 피드백을 제공한다. 교사는 테이프를 되돌려 다시 들으면서 듣고 노트 필기하기에 있어 핵심 요소(예: 내용 조직화와 목소리 단서)를 지적할 수 있다.
  - 학생은 테이프를 다시 듣고 새롭게 노트 필기를 한다. 테이프 듣기가 끝나면 학생은 교사가 작성한 노트와 학생이 작성한 새로운 노트를 비교하며 교정한다. 학생은 이러한 절차를 다른 테이프를 들으며 준거에 도달할 때까지 반복해서 연습해 볼 수 있다.
  - 일반교사들의 수업을 짧게 녹음하여 사용할 수 있다. 준거를 성취할 때까지 학생은 이 테이프를 듣고 교정적 피드백을 받으며 듣고 노트 필기하기를 연습한다.
  - 학생이 진보함에 따라 강의 테이프 피드백의 순서는 다양한 교과목의 여러 교사들로 확대될 수 있다.
  - 종국에는 학생들이 수업이 이루어지는 상황에서 노트 필기를 하고, 노트를 수정하거나 완성하기

위하여 다양한 견본 노트(예: 교사나 학급 급우의 노트)를 사용한다.

이 활동은 듣고 노트 필기하기 기술을 평가하고 교정하기 위하여 개인이나 집단을 대상으로 사용할 수 있다. 유창한 또래들의 노트 필기는 다른 학생들에게 노트 필기 모델로도 사용 가능하다. 또한 특수교육 보조원은 강의를 녹음하고 견본 노트를 제공하도록 훈련할 수 있다.

- 가독성을 향상시키기 위하여 두 명의 학생들로 하여금 서로 친구의 노트를 읽게 하고 알아볼 수 없는 단어에 동그라미를 치게 한다. 학생 각각은 동그라미 친 단어를 다시 써 본다.
- 다음의 3단계에 따라 듣기 활동을 한다.

1. 준비 단계
   a. 수업을 위한 동기를 수립한다.
   b. 새롭거나 어려운 개념을 소개한다.
   c. 새롭거나 어려운 단어를 소개한다.
   d. 듣기를 위한 목표를 세운다.
2. 듣고 암송하기 단계
   a. 학생들은 준비 단계 동안 듣기에 대한 목표를 듣는다.
   b. 교사는 학생에게 준비 단계 동안에 설정한 목표와 관련하여 몇 가지의 사실적 질문과 추론적 질문을 던진다.
   c. 학생은 자발적으로 수업에 대한 해석적이고 평가적인 설명을 한다. 몇 번의 수업 토의가 이루어진다.
   d. 만약 수업에 대한 학생의 이해에 착오가 있다면, 교사는 학생에게 수업의 일부를 다시 듣도록 지시한다.
3. 후속 단계
   a. 교사는 학생에게 수업 중에 습득한 개념을 정립하고 발달시킬 수 있는 활동에 참여할 기회를 제공하고 또 그것을 격려해야 한다. 이러한 활동에는 쓰기, 읽기, 소집단 토의, 미술 활동 등이 있다.

- 듣기 이해와 유지를 향상시키기 위하여 다음의 순서를 따라 활동한다.
  - 교사는 학생에게 앞으로 듣게 될 것을 모두 기억하도록 노력하라고 요청한다.
  - 교사는 강의를 하거나 선택된 녹음 강의를 틀어준다. 만약 교사가 강의한다면 강의를 녹음한다.
  - 교사는 학생에게 수업에 대해 상기시킨다. 그런 다음 교정을 주거나 질문을 하는 것 없이 칠판에 모든 것을 적어 내려간다.
  - 교사는 칠판에 적혀 있는 모든 것을 읽고, 학생이 잘못된 정보를 지적하고 놓친 정보에 대하여 생각하게 한다.
  - 학생은 다시 테이프를 듣고, 부정확한 정보를 교정하고, 놓친 정보를 얻는다.
  - 칠판 위에 쓰인 정보는 수정되고 확장된다.
  - 교사는 칠판 위에 적힌 생각 중 어떤 것이 주된 것이고 어떤 것이 오랫동안 기억되어야 할 것인지를 묻고 강조한다.
  - 이제, 학생은 선택된 내용(사실적 지식만)을 완전히 학습하고, 교사는 이해에 결정적인 추론 질문을 던진다.
  - 교사는 칠판을 지우고 읽기기술이나 쓰기기술에 너무 의존하지 않는 문항(예: 선다형과 진위형)을 가지고 기억력을 평가한다.
  - 교사는 몇 주 후에 유사한 시험을 통해 장기기억을 평가한다.
- 학생에게 중심 생각과 그것이 도출되게 된 주요 사항을 찾아낼 수 있도록 가르친다. 이 방법으로 학생은 기대되는 성과(즉, 중심 생각)의 측면에서 얼마나 많은 세부사항이 필요한지를 결정함으로써 무엇을 쓸 것인지에 대한 통찰력을 얻게 된다. 중심 생각과 관련 사항을 찾는 것은 학생으로 하여금 생각, 이해, 질문을 하도록 하면서 더욱 적극적인 청자가 되도록 한다. 또한 학생들에게 강의의 순서와 조직을 찾아보도록 가르친다. 노트는 자료의 뼈대가 되

는 틀을 보여 주는 것이라고 이야기한다.

- 학생에게 쓰기의 부담을 줄여 주기 위해 약어를 쓰는 방법(예: with를 w/로, United States를 U.S.로)을 가르친다.
- 다단형 노트 필기 양식을 사용하는 것을 고무한다. 노트 필기의 양식을 구성할 때 페이지의 제일 위쪽에 주제문을 쓰고 세 종류의 정보를 기록하기 위한 3개의 세로단〔5인치(12.7cm), 2인치(5.08cm), 1인치(2.54cm) 폭〕을 만든다. 첫 번째 세로단에는 기본 아이디어와 시험에 필요한 자료(예: 사실, 특징, 날짜, 사람, 장소)를 기록한다. 두 번째 세로단에는 배경 정보로서 생각에 덧붙인 추가 관련 정보, 학생의 흥미를 끄는 사실이나 주제를 포함한다. 이는 지난 수업에서 나온 핵심어나 개념으로부터 시작할 수 있다. 세 번째 세로단은 질문으로서 명료화나 정교화가 필요한 불분명한 정보를 표시한다.

교과서 사용기술을 발달시키기 위한 활동

교과서는 중등학생들에게 정보를 제공하는 기본적인 자료원이 된다. 올바른 교과서의 사용은 학습문제를 지닌 학생에게 유익하고 그들이 과제를 끝마칠 수 있도록 하며 관련 정보를 검토하게도 한다. 여기서는 학생들의 교과서 사용기술을 향상시키기 위한 다양한 활동을 소개한다.

- 교과서 사용에서 교수목표를 개발하고 능력을 평가할 때 도움을 주기 위하여 사전/사후 검사를 시행한다. 검사 형식은 다음의 질문을 포함한다.

책의 어떤 부분이 책의 조직을 설명하고 있는가?
저자는 책의 어떤 부분에 기록되어 있는가?
__________에 대한 정보는 어느 페이지에서 찾을 수 있는가?
책의 어떤 부분에 단어의 뜻이 제시되어 있는가?
이 책은 몇 개의 장으로 구성되어 있는가?
주어진 주제에 대한 참조 페이지는 책의 어느 부분에 제시되어 있는가?
정의하기________________________
제목이 ________인 장은 몇 페이지에 있는가?
책의 어떤 부분에서 시각적인 보조도구 형식에 대한 정보를 찾을 수 있는가?
누가 이 책을 출판했는가?
___장은 몇 페이지에서 시작하고 끝나는가?
____에 대해 찾으려면 몇 페이지를 찾아야 하는가?
이 책의 부록에는 어떤 정보가 있는가?

- 학생에게 교과서의 특정 부분을 찾을 수 있도록 가르친다. 각 부분(예: 목록)마다 15초를 제공한다. 다음의 형식이 유용하다.

교과서의 제목은 ____________________
아래에 해당 페이지를 쓰시오.
목차 ___________
색인 ___________
용어 해설 ___________
부록 ___________

- 학생이 특정 장의 시작과 끝 페이지를 찾기 위해 목차를 사용하도록 교수한다.
- 학생이 특정 주제에 대한 내용이 있는 장의 이름을 찾기 위해 목차를 사용하도록 가르친다. 다음의 형식이 도움이 될 수 있다.

지시: 왼편에 제시된 제목 밑에 오른편에 제시된 장의 제목을 맞추시오.

Ⅰ. 날씨	파충류
A.	강수량
B.	영양-단백질과 비타민
Ⅱ. 동물	양서류
A.	고기압
B.	약물치료
Ⅲ. 건강	
A.	
B.	

• 용어 해설의 목적을 토론하고, 학생으로 하여금 교과서 용어 해설에 있는 단어 몇 개를 찾아보게 한다.
• 내용 읽기 과제에서 학생에게 핵심 단어를 판별하게 하고, 용어 해설에서 그 뜻을 찾아보게 한다.
• 색인이 무엇인지, 어떻게 만들어졌는지, 그리고 어떻게 색인을 사용할 수 있는지를 설명한다. 색인은 용어와 관련된 정보를 제시하는 페이지를 제공하며, 이에 학생은 색인을 이용하는 방법을 배운다.
• 학생에게 질문을 하고 핵심 단어를 찾고 색인에서 그 위치를 찾도록 한다. 학생으로 하여금 질문 주제와 관련된 페이지 숫자를 쓰게 한다. 제안된 형식은 다음과 같다.
  핵심 단어들에 밑줄을 긋는다. 색인에 핵심 단어의 위치를 찾고 답을 찾을 수 있는 페이지 숫자를 쓴다.
  1980년에 샌프란시스코의 인구는 얼마인가? ____
  해일의 원인은 무엇인가? ____
• 학습을 돕기 위하여 학생에게 다음의 인지적인 전략들을 가르친다(Ellis & Lenz, 1987):

CAN-DO: 내용 정보를 학습하기 위한 전략

– C(create): 학습해야 할 일련의 용어 목록 만들기
– A(ask yourself): 목록이 완전한지를 스스로에게 묻기
– N(note): 수형도(tree diagram)를 이용하여 핵심 생각과 세부사항에 대해 기록하기
– D(describe): 각 요소와 그것이 다른 요소들과 어떤 연관성이 있는지 묘사하기
– O(overlearn): 핵심 생각 후에 세부사항 다시 배우기

RIDER: 읽기이해를 위한 시각적인 이미지 전략

– R(read): 문장 읽기
– I(image): 마음속에 이미지나 그림 만들기
– D(describe): 새로운 이미지가 마지막 문장과 어떻게 다른지 묘사하기
– E(evaluate): 필요한 모든 것이 포함되어 있는지 확인하기 위해 이미지 평가하기
– R(repeat): 다음 문장을 읽으면서 위의 순서를 반복하기

FIST: 읽기 이해를 위한 자기 질문하기 전략

– F(first): 문단의 첫 문장 읽기
– I(indicate): 첫 문장의 정보에 기초한 질문 알기
– S(search): 질문에 대한 답을 찾기
– T(tie): 질문에 대한 답과 문단을 연결하기

읽기와 공부 기술을 발달시키기 위한 활동

읽기자료로부터 정보를 얻기 위한 광범위한 요구가 중등학년 수준에서 나타난다. 학습문제가 있는 학생들은 다양한 읽기자료에서 내용을 습득해야 한다. 이 학생들에게는 필수적인 정보를 획득하기 위하여 몇 가지 읽기 스타일과 속도가 필요하다. 그래서 학습문제가 있는 학생들은 다양하게 인쇄된 자료로부터 빨리 정보를 얻도록 하는 전략을 배워야 한다.

대충 읽기(skimming)는 중등학년 수업에서 필요한 읽기를 다루고 공부를 할 때 학생들을 도울 수 있는 효율적이고 체계적인 읽기전략이다. 이 전략에서 학생은 중요한 생각을 결정짓는 핵심 문장, 문단, 단어들을 빠르게 읽을 수 있다. 대충 읽기의 단계는 다음과 같다.

1. 그들이 보고 있는 인쇄물의 제목과 하위 제목들을 읽는다.
2. 도입부를 읽는다(즉, 그 장이나 문헌의 시작 부분에 있는 몇몇 단락들).
3. 각 하위 계열 단락의 첫 문장을 읽는다. 교과서에서 첫 문장은 보통 그 단락의 중요한 생각을 담고 있다.
4. 그 장의 그림 설명을 읽고 삽화를 공부한다.
5. 결론이나 그 장의 요약을 읽는다.

대충 읽기를 포함하는 활동들은 읽기–공부 기술을

개발할 때 도움을 줄 수 있다.

- 학생이 학급 교과의 중요한 주제를 훑어보도록 하고, 각 주제들에 대해 몇 가지 질문을 만들어 낸다. 교사는 그룹 활동으로 학생들에게 각 주제에 대해 하나의 질문을 만들어 보도록 할 수도 있다
- '연대순의, 계열적인, 우발적인' 의 용어들에 대해 토론하고 각각의 예들을 제공한다.

연대순의: 일어나는 순서 안에 있는 주제나 사건들. 대부분 역사 책들은 연대순으로 구성되었다.

계열적인: 단계적인 절차. 이것은 종종 과학 실험이나 프로젝트를 수집하기 위한 교수에서 일어난다.

우발적인: '만약-그러면' 제시 패턴. 몇몇 교재에서는 현상(예: 비, 맑음, 허리케인과 같은 날씨에 일어날 수 있는 상태)을 설명하기 위하여 우발적인 패턴들이 제시되었다.

- 학생에게 선택된 내용 읽기를 주고, 몇 가지 중요한 주제들을 다루는 일련의 이해 질문을 준다. 학생이 선택한 과제를 대충 읽도록 교수하고 질문에 대한 답을 준다.
- 사전/사후 검사로, 혹은 실행으로 대충 읽기 활동을 따르도록 한다. 학생에게 4~5페이지의 내용을 제공하고, 중요한 생각과 핵심 단어에 해당하는 20개의 이해 질문을 준다. 학생에게 한 절에 대해 대충 읽기 기술을 사용하고 가장 중요한 정보를 얻도록 가르친다. 5분 지난 즈음에 학생이 이해 질문에 답하도록 한다. 이해 질문에 대해 90%의 정답률을 숙달 기준으로 한다.

훑어 읽기(scanning)는 학습문제를 가진 학생들이 인쇄된 자료에서 정보를 획득해야 하는 요구를 다루도록 돕는 읽기전략이자 학습전략이다. 그것은 핵심 문장, 단락, 특별한 정보가 위치한 단어들을 빠르게 읽는 것이 포함된다. 훑어 읽기는 독자가 빠르게 특별한 정보를 발견하도록 하기 때문에 읽기와 공부에 큰 도움을 준다. 훑어 읽기의 단계는 다음과 같다.

1. 답이 제시되어야 할 특정 질문을 기억하라.
2. 답이 어떤 형식이 되어야 할지 평가하라(즉, 단어, 이름, 숫자, 그래픽, 날짜).
3. 그것이 위치한 단서에서 기대되는 답 형식을 사용하라.
4. 자료를 빠르게 눈으로 추적하면서 단서를 찾아라. 답을 분명히 하는 부분이 언제 나타나는지 찾고, 그것을 더욱 주의 깊게 읽는다.
5. 답을 찾고 기록하고는 읽기를 멈춘다.

훑어 읽기를 포함하는 활동은 다음과 같다.

- 학생에게 알파벳순으로 된 일련의 자료를 준다. 목록에 자료 이름을 쓰고, 학생에게 15초 안에 자료에 동그라미를 표시하도록 교수한다. 일단 학생이 숙달되면, 활동은 알파벳순으로 되지 않은 목록을 가지고 반복하도록 한다.
- 학생에게 알파벳순으로 되지 않은 목록과 관련된 질문을 준다. 질문을 읽고 학생에게 질문에 대한 답을 적합한 단어로 쓰도록 가르친다. 각 질문에 대한 시간 제한은 30초다. 학생이 진행함에 따라, 시간 제한은 10초로 더 짧아질 수도 있다. 간단한 형식은 다음과 같다.

____ 적도	____ 초록색	____ 대학교 2학년
____ 포유류	____ 노새	____ 암양
____ 문장	____ 파란색	____ 6
____ 빨간색	____ 수퇘지	____ 황소

1. 털이나 머리카락을 가지고 있으면서 따뜻한 피가 흐르는 동물의 종은 무엇인가요?
2. 암컷 양은 무엇이라고 부르나요?
3. 풀의 색깔은 무엇인가요?
4. 완전한 생각을 표현하는 단어들의 집합을 무엇

이라고 하나요?

5. 미국 국기의 색은 빨간색, 흰색 그리고 _______
6. 10학년은 무엇이라고 부르나요?
7. 하루에는 얼마나 많은 수업시간이 있나요?
8. 여자 말은 무엇이라고 부르나요?
9. 숫소는 뭐라고 부르나요?
10. 사과는 어떤 색인가요?
11. 수컷 돼지는 뭐라고 부르나요?
12. 지구 주변의 가상 선은 무엇이라고 하나요?

이 활동은 정해진 시간(예: 2~6초) 안에 학생이 과제(예: 수학 질문)를 완성하도록 함으로써 독립적인 과제 수행에 적용될 수 있다.

- 학생이 공부하고 있는 교실에서 한 장에 대해 몇 개의 질문을 준다. 각 질문에 대한 답이 어디에 있는지 해당 페이지를 적게 한다. 교육과 형식에 따라 각 질문에 학생이 답을 한다.

지시: 각 질문에 대해 60초나 그 이하의 시간 내에 답을 한다. 각 질문은 다음 4단계를 거친다. (1) 제시된 페이지 찾기, (2) 질문 읽기, (3) 답을 찾는 페이지 빨리 읽기, (4) 답 쓰기

(118쪽) 터너의 반항은 얼마나 오래 지속되었는가?
(72쪽) 북서부 지역에는 어떤 주들이 포함되는가?
(164쪽) 왜 드레드 스콧은 자유로운 인간이라고 생각했는가?
(210쪽) '짐 크로우'라는 말은 무엇을 의미하는가?

- 학생이 내용영역의 공부하고 있는 장에서 몇 개의 질문을 제시한다. 질문들을 다양하게 해서 몇 개의 핵심 단어들이 색인(예: 이름, 장소, 사건) 안에서 발견되게 하고, 다른 것들은 장(예: 단원의 첫머리, 이탤릭체로 된 단어, 볼드체 활자)에서 발견되게 한다. 학생들에게 (1) 교재 안에 있는 정보의 위치를 알아내게 하고, (2) 적합한 페이지 숫자를 쓰게 하고, (3) 질문을 읽게 하고, (4) 핵심 단어들이 있는 페이지를 찾아 빨리 읽게 하고, (5) 질문에 답하게 한다.
- 사전/사후 검사로서 혹은 실행 활동으로서 다음의 활동들을 사용하라. 다른 교과서에서 10페이지 정도 선택하고, 카드에 10개의 질문을 쓴다(1장의 카드당 1개씩). 첫머리에 포함된 정보, 주요 문장에 포함된 정보, 차트나 그래프 혹은 지도에 포함된 정보, 색인에 포함된 정보, 핵심 단어와 용어에 포함된 정보에 대해 각 2개의 질문을 만든다. 학생에게 교재에서 질문에 대한 답이 있는 페이지를 제공한다. 이에 학생은 질문을 읽고, 답의 위치를 알고, 답을 쓴다. 시간을 기록한다. 이 방법을 모든 질문의 답을 찾을 때까지 계속한다. 학생이 모든 질문에 대해 10초 안에 바르게 대답하면 목표 기준은 이루어진다.

읽기와 노트 필기 기술을 발달시키기 위한 활동

수업시간에 읽은 자료를 노트 필기하기는 기억을 촉진시키고, 종종 시간이 지난 후에라도 학생이 불필요하게 다시 읽기를 하지 않아도 된다. 학생은 자료를 읽고 노트 필기를 할 때 자료에 대한 생각에 초점을 두므로 시간이 지난 후에도 내용의 기억이 촉진된다(Roe, Stoodt-Hill, & Burns, 2004). 더욱이 생각을 쓰는 행위는 학생이 내용을 기억하도록 돕는다. 자료를 읽고 노트 필기를 하는 것은 중요한 주제나 단락 형식을 따라간다. 다음은 읽기와 노트 필기하기 기술을 발달시키거나 향상시키기 위하여 설계된 활동들이다.

- 학생에게 중요한 주제 형식을 어떻게 사용하는가를 가르친다. 첫 단계는 중요한 생각을 결정하는 것이다. 다음 단계는 중요한 생각 각각에 대해 지지적인 생각을 포함하는 것이다. 빈 곳은 적합한 형식을 기록하는 데 도움이 된다.

제목
I. 주요 개념
A. 지지하는 정보 I

B. 지지하는 정보 I

1. 지지하는 세부 정보 B
2. 지지하는 세부 정보 B
   a. 지지하는 세부 정보 2
   b. 지지하는 세부 정보 2

C. 지지하는 정보 I

II. 주요 개념

A. 지지하는 정보 II

B. 지지하는 정보 II

C. 지지하는 정보 II

1. 지지하는 세부 정보 C
2. 지지하는 세부 정보 C

- 개요를 보여 주기 위하여 학생에게 교과서의 단원에 포함된 하위 제목들은 각기 위계가 어떻게 다른지를 보여 준다. 예를 들어, 많은 교과서에서 중요한 제목은 로마자로 쓰여 있을 수 있고, 부제는 대문자 인쇄체일 수 있고, 이탤릭체 부분이나 절의 제목은 아라비아 숫자로 쓰일 수 있다.
- 다음을 학생이 완성하도록 지도한다(Roe et al., 2004).

제목

I. (교사 제공)

A. (교사 제공)

1. (학생 완성)
2. (학생 완성)

B. (교사 제공)

1. (교사 제공)
2. (학생 완성)

II. (학생 완성)

A. (교사 제공)

B. (학생 완성)

이 기술은 점차적으로 교사가 단지 구조적인 배치(즉, 로마자, 대문자, 아라비아 숫자)를 제공할 때까지 어려움을 증가시킬 수도 있다. 이 과제는 교사가 학생들의 일반적인 내용 수업에서 사용한다면 더 많은 관련성이 있을 것이다.

- 인쇄물 자료의 노트 필기를 촉진하기 위하여 학생에게 칼럼 형식을 사용하도록 가르쳐라. 예를 들어, 형식에 따라 왼쪽에 있는 2인치(5.08cm) 세로단은 중요한 생각을 기록하기 위하여 사용하고, 6인치(15.24cm) 세로단은 중요한 생각에 대한 세부사항들을 기록하기 위하여 사용하고, 밑의 2인치 공간은 생각을 요약하거나 질문을 제기하거나 관심영역을 정리하기 위하여 사용한다.

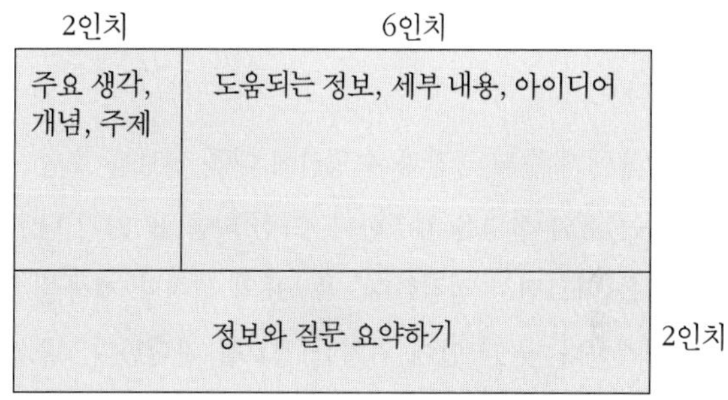

- 몇 개의 절과 몇 개의 요약을 제공한다. 학생에게 절을 최선으로 요약할 수 있도록 한다. 중요한 생각(보통 단락의 주요 문장)과 그것을 지지하는 세부 내용들이 있는 곳을 지적한다.
- 학생이 사용하고 있는 교과서에서 문단을 제공한다. 다음의 단계대로 요약하여 쓰도록 지도한다. (1) 중요한 생각의 위치, (2) 세부 내용 위치, (3) 가능한 한 명확한 정보를 쓰기, 묘사하는 자료를 찾고 중요한 생각을 정교화하기.

시각적 보조도구 사용기술을 발달시키기 위한 활동

중등학년 교과서는 시각적인 보조도구로서 충분하고, 학습문제를 지닌 청소년들은 그것을 어떻게 사용하고 이해하는지를 배워야 한다. 여기에서는 다양한 시각적인 보조도구 사용과 관련된 활동들과 기술을 제시한다.

- 지리적 영역을 보여 주는 지도를 설명한다. 다음 지도 읽기 단계들을 검토해 본다(Roe et al., 2004). 위치와 지도의 제목을 이해하기, 지도 방향을 보기,

지도 기호를 해석하기, 지도의 척도를 적용하기, 지도 용어(예: 위도, 경도, 적도, 만, 대륙, 육지) 논의하기, 지도자료에서 추론하기(예: 인구, 산업, 기후), 투영도(예: 평평한 지도나 굴곡이 있는 곳) 이해하기

- 학생에게 한 면에는 지도 기호가, 뒷면에는 그것의 사용법이나 정의가 제시된 색인 카드를 나눠 준 뒤 학생에게 기호의 사용을 설명하거나 교수하고, 그 대답을 체크한 카드를 돌려받는다.
- 지도를 주고 학생에게 위치 간 거리를 평가하는 방법을 가르치고, 한 장소에서 다른 장소로 방향을 쓰게 한다.
- 학생에게 수직 공간과 수평선에 대한 정보를 포함하는 표와 설명을 제공한다. 그런 다음 표 읽기 단계를 따르면서 점검한다. 즉, 표의 위치와 제목을 이해한다. 공간 안에 위치한 정보를 판단한다. 줄 가운데 위치한 정보를 판단한다. 특별한 정보가 있는 곳을 확인한다.
- 학생에게 표 만들기와 개별 도시들, 그곳의 매달 평균기온이나 학생들의 수업 관련 사항이나 6주간 성적을 표로 작성해 보도록 지도한다.
- 네 가지 기본적인 그래프인 유형그림, 곡선, 막대 그리고 선그래프를 설명하기 위한 예시 그래프를 사용한다. Roe 등(2004)은 교사들이 다음의 단계들을 살펴봄으로써 학생들의 그래프 해석을 도울 수 있다고 하였다.
  - 그래프의 목적(보통 제목으로 알 수 있지만 수반되는 설명을 학습할 때 더욱 명확하게 된다.).
  - 막대그래프와 선그래프 위의 측정 척도
  - 그림그래프의 척도
  - 비교되는 자료
  - 그래프 안에 특별한 정보를 제공하는 위치(예: 가로선 지표 위의 관심 점과 세로선 지표 위의 관심 점들 간의 상호 교차하는 부분의 발견)
  - 그래프에 의해 설명되는 경향(예: 시간의 흐름에 따른 증가의 양이나 감소의 양은?)
  - 실재적인 생활 상황에서 그래프 정보의 적용(예를 들어, 호주 시드니의 매달 평균기온을 보여주는 그래프는 해마다 특별한 시기에 옷차림을 어떻게 해야 할지를 계획할 때 유용하다.)
- 다양한 내용영역의 교과서에서 학생의 읽기 속도를 고려하여 선그래프를 만들도록 교수한다.
- 두 개의 농구 팀을 만들어 출발선의 높이에 대한 막대그래프를 그려 보게 한다. 농구 프로그램은 자료를 제공할 수 있다. 이 활동은 다양한 스포츠에 적용하여 정보(예: 축구에서 무게, 야구에서 공을 친 거리의 평균)를 얻을 수 있다.
- 학생은 시간을 얼마나 사용했는가에 대한 곡선그래프를 만들 수 있다(예: 학교에서, 수면 시, 놀 때, 식사 등).
- 학생은 다음의 정보로 그림그래프를 만들 수 있다. 댈러스는 70회 터치다운 점수를 냈고, 워싱턴은 76회, 마이애미는 47회, 피츠버그는 64회, 샌프란시스코는 37회, 뉴욕은 54회, 덴버는 62회의 점수를 냈다. # 표시는 10회의 터치다운을 나타낸다.
- 교과서에서 그림 사건, 절차, 구조, 관계 혹은 연속성에 대해 도표가 어떻게 사용되는지 설명할 수 있는 모델을 사용하라. 화살표, 명명, 다양한 도표 형식의 사용을 강조한다.
- 학생에게 농구 게임의 도표를 만들어 보도록 가르치고, 교사나 급우에게 그것을 말로 표현해 보게 한다.
- 시각적 보조도구를 평가할 때 사전/사후 검사 형식에 대해 지도, 표, 그래프, 도표를 학생에게 제공하고, 특별한 정보를 시각적 보조도구로 표현해 본다.
- 학생에게 시각적 보조도구를 읽을 때 인지적 전략을 사용하도록 가르친다.

  - R(read): 읽기. 시각적인 보조도구를 선호하거나 자료가 무감각해질 때까지 읽기자료를 읽는다.
  - V(view): 검토하기. CLUE를 사용하면서 시각적 보조물을 검토한다.

    C-명백하게 하기(clarify). 인쇄된 자료 안에서 사실을 명확히 한다.

L-위치를 확인하기(locate). 중요한 것(광범위한 것)과 세부사항(구체적인 것)의 위치를 확인한다.

U-노출하기(uncover). 단서단어를 찾는다.

E-조사하기(examine). 논리를 점검한다(자료에서 읽은 것 중에 그림은 무엇을 생각나게 하는가?)

- A(ask yourself): 자신에게 질문하기. FUR을 사용하여 시각적 보조도구와 읽기자료 간 관계에 대하여 질문한다.

  F-시각적 보조도구와 읽기자료를 어떻게 서로 맞출지(fit) 질문한다.

  U-시각적 보조도구가 어떻게 읽기자료 이해(understand)를 도울 수 있는지 질문한다.

  R-시각적 보조도구가 읽기자료의 기억하기(remember)를 어떻게 도울 수 있을지 질문한다.
- S(summarize): 요약하기. 가장 중요한 정보를 요약한다.

• 교과서에서 사용되는 시각적 보조도구의 분석을 촉진하고, 학생에게 SNIPS 절차를 사용하게 가르친다(Ellis & Friend, 1991).

- S(start): 시작하기. 질문(예: 왜 시각적 보조도구를 분석해야 하는가? 시각적 보조도구에 대하여 무엇을 이해하고 기억해야 하는가?)을 시작한다.
- N(note): 기록하기. 힌트(선, 숫자, 색깔 그리고 제목)에서 배울 수 있는 것을 기록한다.
- I(identify): 판별하기. 중요한 것(즉, 사실들)을 판별한다.
- P(plug): 통하게 하기. 단원 속에서 그것이 통하게 한다.
- S(see): 보기. 시각적 보조도구를 가지고 어떤 것을 설명할 수 있는지 찾아본다.

계열적인 공부방법

학생들이 교과서에서 정보를 얻고 조직화할 수 있도록 돕기 위하여 몇 가지 방법들이 개발되어 왔다. Robinson(1961)은 SQ3R 방법을 개발했는데, 이는 가장 광범위하게 알려진 공부방법 중 하나다. SQ3R(조사, 질문, 읽기, 암기, 검토)에서 각 단계들의 자세한 내용은 8장에서 논의된 바 있다. 공부방법은 중등학년 학생들을 가르치기 위해 명확해야 하지만, 특수한 사람들에게 효과적인 다양한 방법들을 판별하기 위해 체계적인 적용이 필요하다. 여기에서는 학습문제가 있는 학생들을 위한 세 가지 계열적인 공부방법들을 제시한다.

다중 통과(multipass)는 학습문제가 있는 청소년들에게 효과적인 공부기술로 설계되었다(Schumaker, Deshler, Alley, Warner, & Denton, 1982). 다중 통과는 다음과 같다.

1. **조사**(Survey) 단계는 단원의 중요한 생각을 결정하고 조직화하기 위하여 설계되었다. 이 단계에서 학생은 다음의 순서로 배워야 한다.

   a. 단원 제목을 읽는다.
   b. 도입부 단락을 읽는다.
   c. 차례를 살펴봄으로써 단원들 간의 관계를 검토한다.
   d. 장의 기초 하위 주제를 읽고 단원 조직을 판별한다.
   e. 삽화를 기록하고 그 설명을 읽는다.
   f. 단원 요약을 읽는다.
   g. 선행 단계들에서 획득된 정보를 부연설명한다.

2. **평가하기**(Size-Up) 단계는 시작에서 끝까지 읽지 않고도 장에서 특별한 정보와 사실들을 얻을 수 있도록 학생을 위해 설계된다. 이 단계에서 학생의 교수는 다음과 같다.

   a. 단원 끝의 질문을 읽고 어떤 정보가 중요한지 결

정한다. 만약 학생이 질문에 대답할 수 있다면 그 질문 옆에 표시한다.

b. 다음의 지침을 따라 전체 단원을 조사한다. 텍스트적인 단서들을 살펴본다(예: 이탤릭체로 된 단어들, 볼드체 활자로 된 인쇄물, 하위 제목들). 단서를 질문들과 연결한다(예: 이탤릭체로 된 단어 단서가 '유사분열' 이라면 학생은 "유사분열이 뭐예요?"라고 질문한다.). 질문의 답이 어디에 있는지 주변을 훑다. 위 b책을 보지 않고 대답을 평가한다.

c. 단원 안에서 모든 텍스트적 단서들에 대해 '나' 단계를 적용해서 획득된 모든 생각과 사실들을 평가한다.

3. 분류하기(Sort-Out) 단계는 단원자료에 대한 이해를 자기 평가하도록 설계되었다. 이 단계에서 학생은 단원 끝의 각 질문을 읽고 대답한다. 만약 학생이 즉각적으로 대답할 수 있다면 체크 표시를 그 옆에 한다. 대답을 할 수 없다면, 학생은 다음의 교수 단계를 따라 한다.

a. 가장 답과 유사한 곳에 대하여 생각한다.

b. 답과 관련 있는 곳을 훑어보고 답이 발견되면 질문 옆에 표시한다.

c. 답이 거기에 있지 않으면 생각하기를 계속하고 답이 있는 곳을 발견할 때까지 훑어본다. 해당 질문 옆에 표시한다.

S.O.S 전략은 원래 학년수준보다 4년 이상 낮은 읽기 수준을 보이는 학생들에게 유용한 대안적인 방법이다. 그것은 다중 통과 방법과 똑같이 유사한 세 가지 단계들을 포함하나, 시각적으로는 표시하기를 사용하고 청각적으로는 단원의 테이프 녹음을 포함한다. 교사나 특수교육 보조원은 단원을 수정할 수 있다. 표시체계는 중요한 사실, 주요 생각, 핵심 단어들을 강조한다. 단원이 표시된 후에는 그것을 읽고 테이프에 녹음한다(말한 대로가 아니라 표시된 대로). 테이프에는 중요한 내용은 강조되고 일부 내용은 삭제된다. 각 단원 테이프는 90분 이상을 넘지 않는다. 학생은 조사, 세부사항을 얻기, 스스로 검사해 보기를 배워야 한다. S.O.S 전략이 사용되는 동안, 학생은 조직자 윤곽을 완성한다. 이 절차는 학생이 능동적인 학습자가 되도록 돕는다.

PANORAMA 공부기술은 3단계(Edwards, 1973)에 여덟 가지 하위 단계를 포함하는데, 이는 다음과 같다.

〈준비 단계〉

1. 목적(Purpose). 학습자는 자료가 왜 읽혀야 하는지를 결정한다.
2. 자료에 대한 속도를 조정하기(Adapting rate to material). 교사는 자료가 어떤 속도로 읽혀야 할지를 결정한다. 이것은 단원에서 읽기의 유연성을 유지하는 것이다(예를 들어, 중심 생각이 나타난다면 초기 읽기 속도를 천천히 한다.).
3. 질문 만들기(Need to pose questions). 학생은 질문을 개발하기 위하여 제목이나 단서단어를 사용한다.

〈중간 단계〉

4. 검토하기(Overview). 학생은 자료의 조직화를 결정하기 위하여 단원의 주요 부분을 조사한다.
5. 읽고 연관 짓기(Read and relate). 학생은 구체적인 목적으로 자료를 읽고, 질문에 대해 구체적인 답을 찾는다.
6. 주석 달기(Annotate). 학생은 주요 생각, 핵심 단어, 개념들에 주석(축약하기와 윤곽 표현하기)을 단다.

〈결론 단계〉

7. 기억하기(Memorize). 학생은 중요한 개념을 배우기 위하여 윤곽 잡기와 요약하기를 사용한다. 주요 관점을 재생하도록 촉진하기 위하여 머리글자 쓰

기와 연상법이 사용된다.

8. **평가하기**(Assess). 학생은 읽기(예: 질문에 답하기)의 목적과 관련하여 성과 정도를 평가한다.

회상기술

중등학생들은 교사의 강의와 교재 읽기를 통하여 많은 정보를 습득하고 그것을 계속 유지해야 한다. 배운 것을 기억하는 것은 시연전략을 사용하여 촉진될 수 있다. 많은 학생들은 조직화된 교과내용을 시연하는 전략(필기하기, 요점 말하기, 요약하기, 토의하기, 시범 보이기)이 필요하다.

시연기술을 개발하기 위한 활동

다음은 자료의 시연을 도와주는 활동이다.

- 학생이 다양한 형식으로 내용을 시연하게 한다. 예를 들면 다음과 같다.
  - 노트에 필기하는 것을 시연한다. 노트 필기를 다시 하고, 시험 질문을 만들어 보고, 중요한 내용의 목록을 구성해 보며 요약하여 쓰고, 급우들과 함께 검토해 본다.
  - 요점 말하기를 시연한다. 요점을 말해 보고, 요점을 도식(도표, 차트, 그래프)으로 구성한다.
  - 토의를 시연한다. 요약해서 쓰고, 보충자료를 사용하며, 중요한 내용을 입증하는 예시를 제시한다.
  - 시범 보이기를 시연한다. 역할놀이, 연속적인 행동의 일부분을 연습하기, 또래들과 함께 연습하고 서로 조언해 주기를 한다.
- 학습내용을 검토할 때는 학생으로 하여금 구어적 시연을 사용할 수 있도록 격려한다. 학습전략 교수의 계열에서 이와 같은 기본 단계는 자료를 초기에 학습할 때와 검토할 때 사용할 수 있다. 구어적 시연은 기본적으로 자기교수 훈련을 포함한다(5장에서 인지적 행동수정과 구어적 시연의 단계에 대해 논의하였다.).
- 학습내용을 검토하면서 질문하기 전략을 사용하도록 가르친다. 예를 들어, 질문하기는 다음과 같은 단계로 구성되어 있다.
  - 적절한 읽기자료를 선택한 후, 교사와 학생은 다음의 단계에 따라 2~3개의 단락을 읽는다. 교사와 학생 모두 첫 문장을 조용히 읽는다. 학생은 읽은 문장에 관련된 질문을 가능한 한 많이 만들어 묻고, 교사는 그 질문에 대답을 한다. 이번에는 교사가 문장에 관련된 질문을 하고 학생이 그에 대한 대답을 한다.
  - 위의 논의 단계를 사용하여 다른 단락 몇 개를 읽은 후, 학생은 질문에 답을 쓰거나 이야기의 결과에 대해 미리 예측해 본다. 그런 다음 학생은 읽고 질문에 답하거나 예측한 것을 확인해 본다.
- 나중에도 정보를 기억할 수 있도록 학생이 시연하기를 하는데, 이때 다음과 같은 활동과 제언이 사용될 수 있다(Roe et al., 2004).
  - 구체적인 목적(예: 질문에 대답하기)을 가지고 학생이 자료를 검토하도록 한다.
  - 학생이 줄거리를 말하면서 자료의 조직을 이해할 수 있도록 한다. 이것은 학생이 주요 제목 아래에서 학습한 정보를 범주화하도록 돕는다.
  - 학생이 텍스트나 노트가 나타내고 있는 것을 시각화하도록 가르친다.
  - 학생이 시연하는 동안 노트 필기를 하도록 격려한다. 필기는 기억을 유지하는 데 도움을 줄 뿐 아니라 학습자의 적극적인 참여를 돕는다.
  - 학생에게 중요한 정보와 보충적인 정보를 바꾸어 말하게 한다. 내용을 바꾸어 말하는 것은 이해를 향상시킨다.
  - 학생이 급우와 자료를 토의하도록 한다.
  - 장기 기억을 위하여 학생이 한 번에 많은 수행(예: 한 번의 긴 수행 회기)을 하기보다는 일정한 간격을 두고 수행(예: 몇 번의 짧은 수행 회기)을

하도록 고무한다.

- 학생이 자료를 읽은 후에 가능한 한 빨리 암송하게 하고, 즉시 정확도를 확인하고 오류를 바로잡는다.

• 학생에게 8장에서 제시한 핵심어 방법을 사용하도록 격려한다.

기억법을 개발하기 위한 활동

Nagel 등(2003)은 정보를 회상하기 위한 전략으로 FIRST 기억법을 소개했다.

• F(form): 단어를 만든다. 예를 들어, 학생은 원자의 부분들을 기억하기 위하여 PENS−proton(양성자), electron(전자), neutron(중성자) 그리고 shell(원자)−라는 단어를 만들 수 있다.

• I(insert): 기억을 돕는 단어를 만들어 내기 위하여 부가적인 철자를 삽입한다. 예를 들어, 전에 본 적이 없는 과학적인 사물〔예: 블랙홀(blackholes), 반물질(antimatter), 우주선(cosmic rays) 그리고 지구핵(earth's core)〕을 기억하기 위하여 r이라는 철자를 단어의 첫 머리글자 뒤에 붙여 BrACE로 만든다.

• R(rearrange): 기억에 도움이 되는 단어를 만들기 위하여 머리글자끼리 다시 배열한다. 목록을 순서대로 기억할 필요가 있다. 예를 들어, RAP 전략—단락을 읽고(Read), 주제와 관련 세부 항목에 대하여 스스로 질문하고(Ask), 자신의 단어를 만든다(Put)—은 그 순서를 순서대로 기억할 필요가 있다. 간혹 순서가 중요하지 않는 목록도 있다. 이것은 기억에 도움이 되는 단어를 만들기 위하여 각 단어의 머리글자를 조작한다. 예를 들면, 눈의 주요 부위〔예: 눈꺼풀(eyelid), 홍채(iris), 동공(pupil), 및 공막(sclera)〕를 기억하기 위하여 PIES라는 단어를 이용한 기억법으로 만들 수 있다.

• S(shape): 기억법을 형성하기 위하여 한 문장을 만든다. 예를 들면, 학생은 로마자를 올라가는 순으로 기억하기 위하여 '나는 지난 크리스마스 아침에 엑스레이를 찍었다(<u>I</u> <u>v</u>acuumed <u>x</u>-rays last <u>C</u>hristmas <u>D</u>ay <u>m</u>orning).' 라는 문장을 만들 수 있다.

• T(try): 기억법을 만들기 위하여 처음 4단계를 결합한다.

표현기술

중등학교에서 성공하기 위해서 학생들은 학급 내에서 보는 시험, 최저학력검사, 쓰기과제 등에서 자신의 지식을 증명할 수 있어야 한다. 더욱이 실제 생활에 지식을 적용하는 것은 중등학교 및 이후의 독립적인 생활을 성공적으로 해 내기 위해 매우 중요하다.

시험보기 기술을 발달시키기 위한 활동

학생들이 시험보기 기술을 개발하도록 도와줄 수 있는 활동은 다음과 같다.

• 시험 준비를 하기 위해 어떤 정보가 관련 있는지를 학생에게 결정하도록 한다. 다음의 목록을 지침으로 사용할 수 있다.

과목 ______________________

시험 날짜 ______________________

해당하는 단원 ______________________

질문 유형 ______________________

질문 수 ______________________

시험시간 ______________________

수업 중 강조된 정보 ______________________

또한 학생들의 시험 준비에 도움을 주기 위하여 기출문제를 제공하기도 한다.

• 시험에 자주 사용되는 지시어를 알게 한다. 학생에게 용어를 정의하도록 하고 특정 행동을 수행하게 한다. 예를 들면 다음과 같다.

비교하다의 뜻은 ________________.
대조하다의 뜻은 ________________.
우유와 물을 비교하고 대조한다.
비판하다의 뜻은 ________________. 학교 시간표에 대해 비판한다.
예를 들어 예시를 들어 설명하다의 뜻은 _______. 삼각형과 원의 다른 점을 예를 들어 설명한다.
평가하다의 뜻은 ________________. 읽기의 중요성을 평가한다.

이 외에도 시험에서 사용할 수 있는 단어에는 토의하기, 열거하기, 정당화하기, 간단하게 쓰기, 도표 작성하기, 줄 긋기, 정의하기, 연결하기, 자세히 설명하기 등이 있다.

• 학생들이 시험을 보는 데 도움을 줄 수 있는 전략으로 SCORER 체계(Carman & Adams, 1972)를 제시한다. 각 철자는 시험 보기에 있어 중요한 규칙을 나타낸다.

- S(schedule): 시간 계획을 짜라. 학생은 전체 시험을 살펴보면서 문제의 수, 문제당 점수, 문제의 난이도에 따라 시간 계획을 수립한다.
- C(clue): 단서가 되는 단어를 찾아본다. 학생은 각 문항에서 단서가 되는 단어를 찾는다. 예를 들면, 참-거짓을 표시하는 문제 유형에서 '항상'과 '전혀'라는 단어는 보통 진술문이 거짓인 경우 잘 쓰는 말들이다. '보통'과 '가끔'과 같은 단어는 진술문이 사실일 때 많이 쓰인다.
- O(omit): 어려운 질문은 잠시 미룬다. 시험을 보면서 쉬운 문제를 먼저 풀고 어려운 문제를 나중으로 미루는 것은 학생의 점수를 향상시킬 수 있다. 구체적으로 Carman과 Adams(p. 217)는 학생들이 다음의 절차를 사용할 것을 제안했다.

  -시험문제를 빠르게 푼다.
  -쉬운 문제나 답을 확신하는 문제부터 푼다.
  -처음에 어려운 문제는 건너뛴다.
  -문제를 건너뛸 때는 가장자리에 표시(-이나 ✓)를 한다(표시가 채점자의 표시와 혼동될 수 있기 때문에 빨간 색연필이나 펜을 사용하지 않는다.).
  -계속해서 문제를 푼다. 지우지 않는다. 빈둥빈둥 시간을 보내지 않는다. 필요하다면 나중을 위해 가장자리에 간단하게 적는다.
  -쉬운 문제를 다 풀면 표시(-이나 ✓)를 한 곳으로 돌아가 다시 시도한다.
  -여전히 풀기 어려운 문제는 다시 표시한다. 표시 -를 +로, ✓를 ✓✓로 바꾼다.
  -검토할 때(SCORER에서 마지막 R단계)는 제한된 시간 안에서 모든 문제를 자세히 검토한다. 처음에는 '✓✓' 표시를 한 곳, 다음은 '✓' 표시한 곳에, 그다음은 아무런 표시가 되어 있지 않은 곳의 순으로 한다.

- R(read): 세심하게 읽는다. 시험의 지시사항과 각 문항을 주의 깊게 읽는 것은 시험에서의 학생 수행을 향상시킨다. 부주의한 읽기는 주관식 문제에서 혼돈을 야기할 수 있고, 객관식에서는 오답을 낼 수 있다.
- E(estimate): 답을 추정한다. 계산이나 문제 해결력을 필요로 하는 시험에서 학생은 답을 추정해야 한다. 이는 부주의한 오답을 정답으로 바꿀 수 있게 하기도 한다. 더욱이 추측하는 것이 허용된다면 모든 문제에 답한다. 문항의 선택지에서 분명하게 오답인 것을 제거한 후 최선의 추측을 한다.
- R(review): 시험을 검토한다. 학생은 자신에게 허용된 모든 시간을 사용한다. 모든 문항에 답한 후, 학생은 시험을 다시 검토한다. Carman과 Adams(p. 222)는 다음의 체크리스트를 사용하도록 권장하고 있다.

• 이중 체크(✓✓)의 어려운 문항으로 돌아가 문제를 다시 읽는다. 단서가 될 만한 단어를 찾는다. 새

로운 단서를 찾는다. 그다음은 체크(✓) 가 표시된 질문으로 돌아간다. 마지막으로 아무런 표시를 하지 않은 문제로 간다.

- 답을 너무 쉽게 바꾸지 않는다. 충분한 이유가 있을 때만 답을 바꾼다.
- 확실하게 모든 문제를 고려해야 한다.
- 시험지 위에 이름을 쓴다. 만약 시험지가 여러 장이라면 각 장마다 이름을 쓴다.
- 학생들에게 참-거짓으로 답하는 시험문제(진위형 문항)에 대해 도움을 주는 활동과 지침은 다음과 같다.
  - 진위형에 대하여 다음의 시험규칙을 기록한다. 시험 문항의 진술문이 사실이기 위해서는 완벽하게 사실이어야 한다. 만약 진술문의 일부가 거짓이라면 전체 진술문은 거짓이다. 학생들에게 교묘한 단어(예: 약간, 많이, 가장, 모든, 어느 누구도, 결코, 그리고 항상 등)에 주의를 기울이도록 가르친다. 그 단어가 어떻게 진위형 진술문에 대한 단서가 되는지를 설명한다.
  - 학생에게 진위형 문항에 대한 지시문이 다양할 수 있다는 것을 알려 준다. 지시문의 예는 다음과 같다.

    각 진술문 다음에 사실은 T로, 거짓은 F로 표시하시오.

    각 진술문 다음에 '참' 이나 '거짓' 이라고 쓰시오.

    만약 진술문이 참이라면 아무것도 표시하지 않고 그대로 두고, 거짓이라면 거짓을 나타내는 부분에 × 표시를 하시오.

- 진위형 문항과 선다형 시험문제에서 학생은 긍정적이거나 부정적인 단어가 답을 바꾸는 데 사용되었는지를 찾아본다.
- 학생이 선다형 시험문제에 답하는 데 도움을 줄 수 있는 활동과 지침은 다음과 같다.
  - 대부분의 선다형 질문에서 보통 몇 가지 선택지는 정확한 오답이기 때문에 그것을 찾아 제거하는 것이 쉽다는 것을 학생에게 설명한다. 일반적으로 두 개 정도가 정답인 것으로 보이지만 가장 최선의 답을 선택해야 한다는 것을 알려 준다.
  - 학생에게 여러 사고방식을 보여 주는 선다형 시험문제의 예시를 제공한다. 예를 들면, '제외하고, 그렇지 않은, 이상의 모든 것에서' 등과 같은 핵심 단어를 포함하는 문제를 사용한다.
  - 학생이 다음의 지침을 선다형 문제에서 사용하도록 가르친다. 답을 몇 개 선택해야 하는지를 알아야 한다. 찾고 있는 답(예: 부정적인 질문에 대한)의 종류에 대해 인식한다. 질문을 기억한다. 가장 적절한 답을 선택한다. 조심스럽게 답을 표시한다.
- 학생이 주관식 문제에 답하는 것을 돕는 활동과 지침은 다음과 같다.
  - 학생이 지시문과 문제를 유의해서 읽고 핵심 단어에 밑줄을 긋게 가르친다. 지시문에서 학생은 '다음의 문제 중 2개를 선택하여 답하시오.' 와 같은 부분에 밑줄을 긋는다. 문제에서 핵심 단어는 '논하라, 비교하라, 순서대로 써라' 등과 같은 것이다.
  - 학생에게 답을 쓰기 전에 개요를 쓰거나 조직하도록 가르친다. 시간 제한이 있다면 개요를 서술하는 것으로 문제에 답해야 한다.
  - 학생에게 주관식 문제에서 SCORER 체계를 사용하도록 가르친다.
- 모든 시험에서 학생에게 다음의 기술을 사용하도록 가르친다.
  - 시험을 전체적으로 검토한다.
  - 시험 보는 데 허용된 시간을 잘 분배한다.
  - 문제당 점수를 알아야 한다.
  - 주의 깊게 지시사항을 따른다.
  - 지시문과 문제에서 핵심 단어에 주목한다.
  - 지시문과 문제를 다시 읽는다.
  - 시험을 자세히 살펴보고 처음에 확신하는 것을 선택하거나 답을 쓴다.

학습전략을 효과적으로 사용하면 청소년들이 학업적으로 성공할 수 있다.

- 나중에 풀고자 하는 문제 옆에 표시를 해 둔다.
- 표시된 문제로 다시 돌아간다.
- 완성된 각 페이지의 끝에는 × 표시를 한다.
- 모든 문제를 검토한다.

• 학생의 수행이 향상될 수 있는가를 검토하는 한 방법으로 먼저 시험을 보도록 한다.

• 학생에게 기계로 점수 계산이 되는 학습지와 일련의 선다형 문제지를 제공한다. 학생이 표준화된 기초능력 검사에 어려움을 보이므로, 다른 유형의 문제지를 사용하여 연습함으로써 학생이 그런 형식에 답하는 기술을 발전시키도록 돕는다.

• 학생에게 다음 PIRATES 시험보기 전략을 사용하도록 가르친다(Hughes, Schumaker, Deshler, & Mercer, 1993).

–P(prepare): 성공을 준비하기. 이름을 쓰고 시험지위에 PIRATES를 쓴다. 시험에서 우선순위를 결정하고 시간을 할당한다. 긍정적인 말을 하고 2분 안에 시작한다.

–I(inspect): 지시문을 세심하게 보기. 지시문을 읽고 어디서 어떻게 반응해야 할지 밑줄을 긋고 특별한 요구에 주목한다. 전체 문제를 읽고, 공부한 것을 기억하고, 선택지를 줄여 나간다.

–A(answer): 답을 하거나 미루기. 질문에 답하거나 잠시 답하는 것을 보류한다.

–T(turn): 되돌아가기. 시험의 마지막 부분에서 미루었던 질문으로 돌아가서 답한다.

–E(estimate): 평가하기. 답을 모르는 문제들에 대해 ACE를 사용하여 평가한다.

A–절대적인 것을 피하기(avoid).

C–가장 길거나 가장 상세한 것을 선택하기(choose).

E–비슷한 답들을 없애기(eliminate).

–S(survey): 살펴보기. 모든 문제에 답했는지 자세히 살펴보고 오답임을 확신한다면 답을 고친다.

쓰기표현 기술을 발달시키기 위한 활동

중등학교 교육과정을 밟는 데 있어 학습문제가 있는 학생들은 쓰기를 통해 자신의 지식을 표현해야 한다. 프로젝트, 보고서 그리고 서술형 시험은 어느 정도의 쓰기를 요구한다. 10장에는 쓰기표현을 가르치기 위한 몇 가지 방법(예: COPS와 TOWER)과 활동이 소개되어 있다. 여기에서는 쓰기표현 전략을 가르치기 위한 부가적인 방법을 소개하고자 한다.

학습문제가 있는 청소년들은 단락을 조직화하는 훈련을 받은 후에야 단락을 조직화하여 쓰는 것을 학습할 수 있다. 예를 들어, 학생은 다음의 3단계를 따른다. (1) 주제 문장을 쓴다. (2) 최소한 3개의 하위 세부 문장을 쓴다. (3) 끝 문장이나 결론 문장을 쓴다.

또한 학습문제가 있는 청소년들은 쓰기자료에서 오류를 발견하고 수정할 수 있도록 만들어진 오류점검 전략을 배울 수 있다. 다음은 오류점검 전략을 가르치기 위한 단계다.

1. 교사가 만든 단락 하나를 학생에게 준다. 학생의 능력수준과 학년수준에 맞게 한 구절 이상을 줄 수도 있다. 각 구절에는 대문자 오류, 빠진 글자 오류, 철자 오류 등이 포함된다.
2. 학생에게 다음의 절차대로 교사가 만든 절에서 오류를 탐지하고 수정해 나가도록 한다.

- 각각의 문장을 분리해서 읽는다.
- (10장에서 설명된) COPS 질문을 한다.
- 오류가 발견되면 동그라미를 하고 오류 위에 수정을 한다.
- 잘 모르면 도움을 요청한다.

3. 학생에게 다음의 단계를 따르면서 과제를 검토하도록 가르친다.

- 대략의 초안을 쓸 때 매번 다른 줄에 쓴다.
- 한 문장을 읽으면서 COPS 질문을 한다.
- 오류가 발견되면 그 위에 수정을 한다.
- 바른 수정을 했는지 불확실하면 도움을 요청한다.
- 교사에게 제출하기 전에 절을 깨끗하게 다시 쓴다.
- 마지막 확인 작업 차원으로 절을 다시 읽는다.

Ellis와 Friend(1991)는 쓰기표현 기술을 개발하기 위한 인지적 전략으로 DEFENDS을 제시하였다.

- D(decide): 목표와 주제를 결정하라. 누가 쓰기과제를 읽을 것인지와 의사소통에 어떤 종류의 정보가 필요한지를 결정하라.
- E(estimate): 주요 개념과 세부 문장을 정하라. 주제를 설명하기 위하여 적어도 두 개의 주요 개념을 생각하고, 각 주요 개념을 설명하기 위한 최소한 3개 정도의 세부 문장을 적는다.
- F(figure): 주요 개념과 세부 문장을 최선의 순서대로 나타내라. 첫 번째로 써야 할 주요 개념을 결정하고, 세부 문장을 나타내기 위한 최선의 순서를 적는다.
- E(express): 첫 번째 문장에 주제를 표현하라. 무엇에 대하여 서술하는지를 설명하라.
- N(note): 각 주요 개념과 이를 지지하는 관점을 기록하라. 세부 문장을 사용하여 첫 번째 주요 관점을 설명하고, 다른 주요 관점에 대해서도 그것을 반복하라.
- D(drive): 마지막 문장에 전달하고자 하는 내용을 납득시켜라. 첫 번째 문장과 다른 문장을 사용하여 주제가 무엇인지를 재진술하라.
- S(search): 오류를 찾고 수정하라.
  - S—수정을 위한 목표를 세운다(set).
  - E—글의 의미가 통하는지를 확인한다(examine). 작문을 큰 소리로 읽고 각 문장이 생각을 잘 표현하고 의미가 통하는지를 확인한다.
  - A—다른 사람들에게 내용이 명확하게 전달될 수 있는지를 스스로에게 질문한다(ask). 개념을 분명하게 표현하고, 논리적인 순서로 개념을 나타냈는지를 살펴본다.
  - R—꼼꼼하게 오류를 수정한다(reveal). 모든 대문자, 구두점, 철자 및 문법 오류를 찾아내어 수정하고 다른 사람에게 확인을 부탁한다.
  - C—깨끗하게 적는다(copy).
  - H—마지막으로 오류를 점검한다(have).

발표기술을 발달시키기 위한 활동

중등학교 수업의 일부 과제는 학생에게 구두로 정보를 제시할 것을 요구하기도 한다. 다음은 학생이 구두발표 능력을 개발하는 데 도움을 주는 활동이다.

- 학생이 일대일 소그룹 및 전체 학급에서 구두로 발표를 하도록 연습시킨다.
- 학생이 구두로 정보를 교환하거나 얻을 수 있는 기회(예: 인터뷰, 조사 보고서, 토론 등)를 제공한다 (Hoover, 1995).
- 학생이 구두 발표를 하는 상황(예: 자리에 앉아서 또는 일어서서, 책상에서, 교실 앞에서, 선정된 토론자로서, 역할놀이로)을 융통성 있게 구조화한다.
- 학생이 말하기를 준비할 때 다음과 같은 영역의 지도를 한다. (1) 발표의 목적을 안다. (2) 발표의 개요를 만든다. (3) 긴장되지 않은 환경에서 연습을 한다. (4) 적극적인 태도를 유지한다.
- 학생에게 TALKS를 사용하여 발표할 때 기본적으로 좋은 몸동작을 하도록 고무한다.
  - T(talk): 기분 좋은 목소리로 말한다.
  - A(act): 자신감 있게 행동하고 다른 사람들과 눈맞춤을 한다.
  - L(look): 청중을 바라본다.
  - K(keep): 즐거운 얼굴 표정을 유지한다.
  - S(stand): 몸의 자세를 바르게 하고 선다.

상업용 학습전략과 학습기술 프로그램

학습전략과 학습기술에 초점을 둔 상업화된 프로그램을 사용하여 학습문제를 보이는 청소년들을 도울 수 있다. 이 절에서는 중등학년 교과내용의 학습을 촉진하기 위하여 사용할 수 있는 프로그램을 소개한다.

학교에서 성공하기 위해 필요한 심화기술

A. Archer와 M. Gleason이 개발한 학교에서 성공하기 위해 필요한 심화기술(Advanced Skills for School Success; Curriculum Associates 출판)은 7~12학년 학생들을 위한 4개의 기본 모듈로 구성된 교사 중심 프로그램이다. 모듈 1은 '학교행동과 조직화 기술' 로 적절한 학교행동, 조직화와 시간 관리를 강조한다. 모듈 2는 '매일의 숙제를 완성하기' 로 숙제 계획, 사실적인 질문과 의견적인 질문에 답 쓰기 그리고 교정하기를 강조한다. 모듈 3은 '효과적으로 교과서 읽기' 로 학생이 읽기에 대해 미리 검토하기, 능동적으로 읽기, 노트 필기하기, 내용을 시각적으로 표현한 지도 만들기 그리고 단락을 요약하여 쓰기를 포함한다. 모듈 4는 '구두 발표와 토론에 참여하는 학습' 으로 노트 필기, 브레인스토밍 그리고 학급 토의에 효과적으로 참여할 수 있는 전략을 다룬다. 교사 지침서는 스크립트 수업뿐만 아니라 수업 복습과 후속 활동들을 포함한다. 교재는 또한 3~6학년 학생들에게 유용하다.

FIRST 문자 기억전략

FIRST 문자 기억전략(Nagel et al., 2003)은 완전학습이 되어야 하는 대량의 정보에 독립적으로 접근하기 위해 사용될 수 있는 하나의 조직화된 방법이다. 이 전략은 학생들이 배워야 할 중요한 정보의 목록을 찾고, 각각의 정보 목록에 적합한 제목을 만들어 내며, 기억도구를 선택하고, 공부를 위한 카드를 만들고, 정보를 습득 · 재생하는 데 도움을 주기 위해 만들어졌다. 이 전략을 사용하는 동안 학생은 적극적인 방법으로 정보를 기억하기 쉬운 형태로 조작할 수 있다. 지침서는 학습전략 교육과정의 일부이며 전략중재 모델 훈련을 필요로 한다.

시험보기 전략

시험보기 전략(Hughes et al, 1993)은 교실에서 시험을 치르는 동안 사용해야 할 전략들을 제공한다. 학생들은 시간을 할당하고 시험에서 우선순위를 정하는 것과 시험의 지시문을 주의 깊게 읽고 중요한 요소에 집중하는 것을 배운다. 그리고 기억법을 사용하여 정보를 회상하는 것, 문제에 답을 선택적으로 하거나 미루면서 체계적으로 빨리 시험을 치르는 것과 추측을 잘하는 것을 배운다. 또한 답 점검하기, 혼잣말을 사용하여 시험 상황을 통제하기, 시험보기 원리를 적용하기 등에 초점을 둔다.

이 전략은 다양한 시험 상황에 적용할 수 있다. 지침서는 학습전략 교육과정의 일부이며 전략중재 모델 훈련이 필요하다.

학습전략과 공부기술 영역의 컴퓨터 소프트웨어 프로그램

시험을 준비하고 시험을 보는 연습은 학생이 내용교과 수업에서 자신의 지식을 표현하는 능력을 향상시킬 수 있다. 다음의 소프트웨어 프로그램은 효과적인 학습과 시험 보기를 가르치는 데 중점을 두고 있다.

성공적인 학습을 위한 공부기술

성공적인 학습을 위한 공부기술(Study Skills for Successful Learning; www.homeworkhelp.com에서 구입 가능)은 6~12학년 학생들의 공부기술, 노트 필기하기, 시간 관리를 돕도록 설계되었다. 120개가 넘는 교수 단계로 오디오와 텍스트를 결합하고 있으며, 노트 필기하기, 비판적 사고하기, 조직화하기, 기억하기, 시험 보기, 문제 해결하기를 강조한다. CD-ROM은 출력 가능한 일정표, 노트 정리양식, 도전적인 게임, 진단 퀴즈, 재미난 애니메이션을 포함한다.

멀티미디어 공부기술

멀티미디어 공부기술(Multimedia Study Skill; Cambridge Educational 제작)은 7학년 이상의 학생들이 공부 습관을 어떻게 향상시키고 시험을 어떻게 준비하는지를 가르치는 데 초점을 맞추었다. '공부기술' 모듈에 포함된 주제는 학습 유형, 기본 학습시간, 숙제나 일정표, 노트 필기하기 기술, 읽기, 듣기, 기억하기, 과제점수 모으기다. '시험 준비' 모듈은 시험 보기, 객관식 시험, 주관식 시험을 포함한다. 비디오 클립과 동영상 예시를 통하여 학생들은 정보를 이해하고 기억하는 데 도움이 되는 기술을 학습하고 긴장을 풀며 다른 형태의 시험을 준비하는 데 사용되는 기술을 배운다.

제 14 장

전환교육의 촉진

장애가 있는 학생들이 학교를 중퇴하거나 졸업했을 때는 학교에서 지역사회의 생활, 취업 혹은 고등교육으로의 전환을 결정해야 한다. 이 학생들이 당면한 과제는 자신의 관심사와 강약점을 평가하고, 진로를 선택하며, 취업을 하고자 하거나 고등교육 및 성인으로서의 독립을 이루는 것이다. 하지만 안타깝게도 대부분의 장애 성인들은 우리가 수용 가능한 삶의 질을 찾기가 어렵다는 연구 결과가 보고되고 있다(U.S. Department of Education, 1994). Goode(1990)는 "장애 유무에 상관없이 한 개인은 직장, 학교, 집, 지역사회와 같은 거대한 생활환경에서 중요한 요구에 직면했을 때 다른 사람들이 그 환경에서 취할 수 있는 규범적인 기대감을 만족시키면서 높은 삶의 질을 경험하고자 한다."(p. 46)고 하였다. 자기 결정(self-determination)의 개발은 수용 가능한 삶의 질을 이루는 데 있어 중요한 요인으로 인식되고 있다. 자기 결정은 비공식적인 결정을 할 수 있는 능력에 해당되고 자기만족감, 독립성과 밀접한 연관이 있다(Wiederholt & Dunn, 1995).

학습장애 성인과 관련된 후속 연구의 결과를 조사해 보면 그들의 중등학교 교육환경에 대한 몇 가지 관점을 살펴볼 수 있다. 이런 연구에서는 성공적인 경우와 비성공적인 경우 모두를 포함하고 있으며, 장애를 가진 개인들의 수용 가능한 삶의 질을 높이기 위한 프로그램을 계획할 때 고려할 수 있는 중요한 사항을 제시하고 있다.

학습장애 성인

학습장애로 인해 생기는 부정적 효과는 성인기에도 지속된다(Spekman, Goldberg, & Herman, 1992; White, 1992). 학습장애를 가진 사람들도 다른 사람들과 똑같은 성인기 문제에 직면한다. 그러나 그들은 학습장애와 불안정한 정서 상태로 인해 위험성이 높은 세 가지 쟁점에 직면하게 된다. 학습장애 성인들에 대한 연구가 증가

되고 있기는 하지만, 그들은 현재 직업에 대한 질적 만족, 삶의 독립성, 그들 스스로 잘 지내고 있다는 감정 등을 느끼기 힘들며, 삶에 대한 만족감을 갖는 데도 큰 어려움을 겪고 있다는 안타까운 연구 결과가 보고되고 있다(White, 1992). 또한 학습장애가 없는 학생들과 비교했을 때, 학습장애가 있는 고등학교 졸업생들은 중등교육 이후에 이루어지는 교육에 의미 있는 방식으로 참여하지 못하고 졸업률도 저조한 것으로 알려져 있다(Murray, Goldstein, Nourse, & Edgar, 2000). 이러한 결과가 그리 고무적이지는 않지만, 학습장애를 지닌 성인들은 독립적이며 질적으로 우수한 직업을 가지고 있고 많은 여가 활동을 즐기고 있으며 그들의 삶에 만족하고 있다는 견해도 있다(Spekman et al., 1992).

학습장애 성인들의 연구는 생애주기 안에서 성인의 발달을 이해하는 데서부터 시작한다. 아동기와 청소년기를 거치며 특성이 변화하는 것처럼, 성인기의 특성도 학습장애를 가진 성인의 성인으로서의 삶을 통해 변화한다. Keogh(1993)에 의하면 학습장애 성인들은 일정 시간과 중재가 주어지면, 비장애 성인들에 비해 다소 그 속도가 더디기는 하지만, 아주 천천히 발달 단계를 성공적으로 거쳐 나간다. 생리학적, 환경적, 역사적 그리고 사회적 영향력은 그들이 누구인지, 어떻게 기능하는지, 또 무엇을 필요로 하는지에 영향을 미친다. Spekman, Goldberg와 Herman(1993)은 전 생애적 요구에 대한 관심이 필요함을 강조하였다. "학습장애는 일생에 걸쳐 변화와 적응이 일어나는 과정임을 기억해야 한다. 특정 시기에 빈약한 수행을 보이는 개인이라 하더라도 다른 시기에는 신뢰와 능력을 보여 주고 성공할 수 있도록 도움을 받을 수 있다." (p. 16)

대부분의 성인들에게 18~25세 사이의 기간은 가장 어려운 시기다. 이 시기 동안에 그들은 가정과 중등학교라는 보호된 환경에서 나와서 '진짜 세상'으로 들어간다. 이 실제 세상이라는 환경은 독립성을 더 많이 요구하고 고등교육 시기의 삶과 관련된 것들과 직업교육, 취업, 독립적인 생활에 대한 의사결정을 필요로 한다. 더욱이 한 개인이 사회적 성숙과 독립성 및 자기 주도에 관한 더 높은 기대감에 직면했을 때 전환에서의 어려움은 더욱 커지게 된다.

학습장애가 있는 젊은 성인 중 일부가 중등학교 이후 시기에의 적응에 성공적이었다는 연구 결과가 있음에도 불구하고 그들의 상당수는 여전히 곤란을 겪고 있다. 관련 연구와 조사보고서의 개관(Fourqurean & LaCourt, 1990; Reiff & deFur, 1992; Sitlington, Frank, & Carson, 1993; Wagner, 1990; White, 1992; Witte, Philips, & Kakela, 1998)에 의하면 학습장애를 가진 개인들은 중등학교 이후의 적응에서 다음과 같은 어려움에 직면하고 있었다.

- **불완전 고용.** 학습장애를 가진 젊은 사람들의 상당수는 전일제보다 시간제 직업을 얻고, 직업을 갖는다 하더라도 대부분 미숙하거나 반숙련된 수준이다. 그들은 낮은 보수를 받고 일반적으로 낮은 사회적 지위의 직업에서 일을 한다.
- **직업 불만족.** 학습장애를 가진 성인기 초기의 사람들은 비장애 동년배들보다 직업 만족도가 낮음이 보고되었다.
- **의존적인 주생활.** 학습장애를 가진 젊은 성인들의 약 60~70%는 중등학교를 졸업한 후에도 꽤 오랜 기간 동안 그들의 부모와 살고 있다.
- **사회성 기술의 문제.** 학습장애를 가진 젊은 성인 상당수는 그들의 작업 공간에서 동료들과의 관계에 문제를 가지고 있다. 그 문제는 불화, 오해, 빈약한 의사소통 및 부적절한 표현으로 나타난다.
- **미비한 작업 습관.** 작업 속도를 못 맞추는 것, 일의 압력을 똑같이 맞추는 데 보이는 어려움, 학업기술의 결함을 가지고 있는 것, 작업 완수를 방해하는 지시 따르기 등의 문제가 학습장애를 가진 젊은 성인들에게서 나타난다.

- **직업 선택.** 많은 학습장애인들은 그들의 약점이 두드러지는 직업을 가지고 있다. 예를 들어, 조직화하는 기술에서 결함을 가지고 있는데도 광범위한 조직화 기술을 요하는 직업을 갖고 있다.

학습장애인들의 중등학교 이후의 적응과 관련된 요인들이 무엇인가를 이해하고자 할 때 성공적으로 적응하고 있는 사람과 그렇지 못한 사람들 간의 비교연구가 필요하다. 이런 연구에서는 대부분의 학습장애 성인, 즉 성공적인 모습을 보이는 학습장애인들, 성공적이지 못한 학습장애인들에게서 나타나는 상태나 요인에 관한 자료를 다룬다. 〈표 14-1〉은 Adelman과 Vogel(1993), Reiff와 deFur(1992), Reiff, Ginsberg와 Gerber(1995), Sitlington 등(1993), Spekman, Goldberg와 Herman (1993), Spekman, Herman과 Vogel(1993) 등의 연구 결과를 요약한 것이다. 20년간 시행된 한 종단연구의 결과를 보면 자기 자각, 순행성(proactivity), 인내력, 정서적 안정, 목표 설정, 효과적인 지원체계의 활용과 같은 요인들이 학습장애를 가진 사람들의 성공을 예견할 수 있는 지표라고 한다(Goldberg, Higgins, Raskind, & Herman, 2003; Raskind, Goldberg, Higgins, & Herman, 1999).

이상의 연구의 대부분에서는 성공을 결정하는 데 있어 다차원적인 관점을 적용하고 있다. 학습장애 성인의 성공을 이끄는 일반적인 요소로는 고용관계에서 연령에 적합한 행동하기, 학교 출석하기, 동년배와 어울리기, 가족과 어울리기, 여가 및 사회적 활동에 참여하기, 생활에 대한 만족도와 실제적인 방법으로 노력하고 있음을 보여 주기(즉, 지각하는 것과 실제적인 것의 조화)가 있다(Sitlington et al., 1993; Spekman et al., 1992). 게다가 다차원적 관점은 성공적이지 못한 중등학교 이후의 적응에 대해 정의하고 있으며, 연령에 적합한 행동에 대한 어려움과 일, 학교, 가족, 여가, 우정, 생활 만족과 소망에 대한 생각을 포함하고 있다(Spekman et al., 1992). 성공적인 학습장애 성인들에 대한 연구 결과는 교육자들이 학습장애를 가진 사람들에게 자신의 강점과 약점을 인식 · 이해하도록 돕고, 자기 결정력(즉, 긍정적인 결과를 이루기 위하여 자신을 통제하도록 하는 것)을 배우도록 하는 중재에 집중하는 것을 강조하였다.

몇 가지 연구에서 사회적 결함은 학습장애 성인과 관련된 중요한 요소 중 하나다. 많은 학습장애 성인들은 다음의 영역에서 도움이 필요하다.

1. 사회적 관계와 기술
2. 진로상담
3. 자아존중감과 자기 신뢰의 개발
4. 의존성의 극복, 생존
5. 직업훈련
6. 구직과 직업 유지
7. 읽기
8. 철자 쓰기
9. 개인 경제의 관리
10. 조직화 기술

일반적으로 학습장애를 가진 사람들의 사회적 관계와 같은 문제는 청소년기, 초기 성인기 및 일반 성인기에도 지속적으로 나타난다. 그들은 시간이 지나면서 변화하며 종종 새로운 도전과 문제가 나타나는 상황에 적응해야 한다. 몇 년간 학교를 떠나 있던 학습장애 성인들 중 일부는 몇 가지 고무적인 결과를 보여 주었다. 예를 들어, Lewandowski와 Arcangelo(1994)는 1982~1988년에 중등학교를 졸업한 학습장애 성인과 비장애 성인들의 사회적 적응과 자아개념을 조사했다. Lewandowski와 Arcangelo는 이 연구에서 학습장애 성인들의 사회 적응과 자아개념이 비장애 성인들의 그것과 유사하다는 것을 알아냈다. 즉, "학습장애 성인들이 일단 공립학교 환경을 벗어나게 되면 장애 분류가 어떠한 부정적인 효과도 미치지 않기 때문에 학습장애 성인들의 사회 · 정서적 상태에 대한 예측은 불필요하게 비관적일 수도

〈표 14-1〉 학습장애 성인의 일반적인 특성

학습장애를 가진 모든 성인들은 다음과 같은 경향이 있다.

- 성인기 동안에도 학습장애를 가진다.
- 더 많은 스트레스에 직면한다.
- 자신의 능력을 꽃피우는 데 시간이 좀 많이 걸린다.
- 지속적인 지원 시스템을 필요로 한다.
- 자신들의 장애를 파악하는 데 도움을 필요로 한다.
- 전이 계획을 필요로 한다.
- 전이를 계획할 때 그들 자신을 포함시켜야 한다.
- 문제해결 전략을 동반하는 보조가 필요하다.

학습장애를 지녔으면서도 성공적인 성인은 다음과 같은 경향을 보인다.

- 자신의 학습장애를 이해하고 수용한다.
- 순행적인 접근법을 유지한다.
- 생활 관련 사건을 다루는 데 있어 지속적인 인내심을 보인다.
- 적응전략과 스트레스를 감소시키기 위한 노하우를 개발한다.
- 정서적인 안정성을 유지한다.
- 적합한 목표를 세우고 목표지향성을 유지한다.
- 지원체계(예: 개인교수 경험, 치료지지적 관계)를 사용한다.
- 그들의 삶에서 통제력(예: 삶에 책임을 지고 앞으로의 발전을 위하여 유용한 적응을 하고자 하는 의사결정)을 유지한다.
- '끝을 내자'는 결심(즉, 동기)을 유지한다.
- 자신의 강점을 최대화하고 단점을 최소화하는 직업을 찾는다.
- 문제를 보상하고 해결하는 창의적인 방법을 개발한다.
- 배움에 대해 긍정적인 태도를 유지한다.
- 일과 독립을 가치 있게 생각하는 지역사회나 가족 윤리를 가지고 있다.
- 중등학교를 졸업했다.
- 수준 높은 구어기술을 보여 준다.

학습장애를 지녔으면서 비성공적인 성인들은 다음과 같은 경향을 보인다.

- 여성의 경우 실업률이 더 높다.
- 자신의 학습장애를 이해하지 못하거나 수용하지 못한다.
- 자신의 삶을 통제하는 데 실패한다.
- 학습된 무기력을 지니고 있고 책임감을 보이는 데 실패한다.
- 의존적인 관계를 추구하고 촉진한다.
- 자신의 약점을 강조하는 직업을 추구한다.
- 심각한 수학장애를 가지고 있다.
- 보호적인 요인(예: 사랑이 넘치는 가정환경)나 성공적인 성인생활과 관련된 요인(예: 지원체계, 순행성, 동기)이 없다.
- 중등학교를 자퇴했다.

출처: C. D. Mercer & P. C. Pullen, 2005, *Students with Learning Disabilities* (p. 197), 6th ed. Upper Saddie River, NJ: Merrill/Prentice Hall. Copyright 2005 by Pearson Education(허락하에 게재함).

있다."(p. 598)고 보고하고 있다. 게다가 Spekman 등(1992)은 지원체계(즉, 가족)에 높은 의존성을 보이는 학습장애를 가진 젊은 성인들은 시간이 지날수록 더욱 독립적이 될 수도 있다고 주장하였다. 더 나은 직업, 높은 임금과 지역사회 서비스를 얻을 수 있다면 그들의 독립성이 촉진될 것이다.

Patton과 Polloway(1992)는 학습장애인들의 경우 나이가 들어갈수록 종종 그들이 가진 문제가 더 복잡해질 수 있다고 주장하였다. Gerber 등(1990)은 장애 관련 변인 간의 상호작용과 복잡성은 성인기에 더욱 확대된다고 하였다. Cronin과 Patton(1993)은 그 변인들은 고용과 교육, 가정과 가족, 여가, 지역사회 참여, 신체/정신건강, 개인적 책무성, 상호관계과 같은 성인영역의 맥락 안에서 고려되어야 한다고 지적하고 있다. Gerber(1994)는 이러한 맥락 안에서 그와 같은 변인을 고려하는 것은 학습장애 성인과 관련된 연구에 있어 의미 있는 분야가 될 수 있을 것이라고 주장하였다.

많은 학습장애 성인들이 그들의 잠재능력에도 불구하고 수용할 만한 삶의 질을 누리지 못하므로(U.S. Department of Education, 1994; Wehman, 1993), 교육자들은 그들에 대한 전환 프로그램을 개발하고 이행해야 한다. 「전환: 새로운 병에 오래된 술을 담는다」라는 글에서, Halpern(1992)은 교육자들이 장애 청소년들이 성인기 삶으로의 전환에 성공하도록 하기 위하여 30년 이상의 노력을 해 왔다고 주장하고 있다. 교육자들은 1960년대에 협력적인 작업이라고 할 수 있는 프로그램을 연구했고, 1970년대에 진로교육을 소개했으며, 1980년대와 1990년대에는 전환에 초점을 두었다. Halpern에 의하면, "교육과정과 교수영역에서 우리가 무엇을 가르쳐야 하는지, 어떻게 가르쳐야 하는지, 그리고 어디서 가르쳐야 하는지에 대한 연구는 여전히 부족하다. 교육과정의 내용은 여전히 학업의 교정에 지나치거나 중점을 두고 있고 기능적 기술에는 충분한 관심과 집중을 하고 있지 못하다"(p. 206).

중등환경으로부터의 전환

전환 서비스는 오랫동안 실패를 경험해 온 많은 장애학생들이 성인생활에 긍정적으로 적응할 수 있도록 돕기 때문에 국가적으로 높은 관심을 두고 있는 분야다(Halpern, 1992). 전환은 1990년에 IDEA(미 공법 101-476)의 개정안에 의무조항으로 포함되었다. 이 법령(Section 602[a][19])에서는 전환 서비스를 다음과 같이 정의하고 있다.

> 전환 서비스는 성과 중심 과정에 의거하여 한 명의 학생을 위해 고안된 일련의 조정된 활동으로, 학교에서 졸업 후 활동으로의 이동을 촉진한다. 전환 서비스에는 고등교육, 직업훈련, 통합된 고용(지원 고용 포함), 지속적인 성인교육, 성인기 서비스, 독립생활 기술, 지역사회 참여를 포함한다. 일련의 조정된 활동은 개별 학생의 요구에 근거하며, 학생들의 선호도와 관심사를 고려하고, 교수 지역사회 경험, 고용 및 학령기 이후의 다른 성인생활의 목표를 개발하며, 가능하다면 목표의 습득도 포함하여야 한다.

아울러 1997년의 IDEA 재개정(미 공법 105-17)은 14세부터 교육 프로그램 안에 전환 계획을 포함하도록 하였다. 특수교육이 필요한 모든 학생들에 대하여 14세부터 전환교육을 시작하도록 명령하고 있고, 이를 해마다 갱신하도록 규정하고 있다. 필요한 전환 서비스를 진술하는 것은 16세에서 시작하도록 하고 있다. 이와 같은 의무조항은 장애학생들을 위한 전환 서비스의 개발 및 서비스 전달이 심각하게 고려되어야 함을 확실하게 하고자 하는 것이다.

전환 프로그램의 요소

전환 프로그램이 성공적이기 위해서는 다음의 요소를 포함해야 한다. 그 요소로는 (1) 학생들이 독립적으로 기능할 수 있도록 준비시키고 직업현장에서 일하거나 고등교육을 받을 수 있도록 하기 위한 학업 프로그램, (2) 진로교육, (3) 직업교육, (4) 자기옹호 훈련, (5) 전문가, 부모 및 고용주의 협력적 태도가 있다. Rojewski

(1992)는 전환의 아홉 가지 표준적인 목표를 검토하고 일곱 가지의 필수 요인을 정의하였다.

1. 개별화된 계획 수립
2. 체계적인 직업평가, 직업 탐색, 직업상담, 직업기술 훈련
3. 학업 교정
4. 학업 및 직업 상담, 권리옹호 훈련, 사회성 기술 및 사회적 지원과 관련된 중재
5. 직업재활 상담가, 고용주, 직업 교사와 같은 지원체계의 판별과 조정
6. 이력서 작성, 구인 광고 찾기, 지원서 작성, 고용주와의 면담과 같은 활동을 수행하도록 체계적인 구직 교육과정 작성
7. 프로그램의 단기와 장기 효과를 조사하기 위한 평가 계획 수립

전환 프로그램 참여자와 전환 계획

전환 프로그램에는 다양한 구성원들이 참여한다. 프로그램 계획과 운영에 필요한 기본적인 구성원과 그들의 역할은 다음과 같다.

- **특수교사**: 전환 사례 관리자로서 활동하고 직업과 관련된 학업전략, 사회성 기술을 가르치며, 직업 찾기와 유지하기를 선행적인 프로그램으로 가르친다. 계획을 조정하기 위하여 전환 팀과 협력하고, 자기옹호 기술을 가르친다.
- **진로상담가(guidance counselors)**: 진로와 관련하여 개별 혹은 소그룹 상담을 제공한다. 진로에 대한 자각을 촉진하고 정보를 탐색하게 한다.
- **직업 평가자 혹은 학교 심리학자**: 직업과 관련된 평가를 시행한다.
- **고용주**: 일과 관련된 요구사항에 대한 정보를 제공한다. 직업훈련의 측면과 영구적인 직업을 제공한다. 졸업 전과 후에 학생들을 평가한다.
- **직업 교사**: 학교 안팎에서 직업훈련을 제공한다. 필요할 때는 교수수정을 한다. 직업과 관련된 요구사항에 대한 정보를 얻는다.
- **학부모**: 청소년들이 실제적인 진로목표를 세우도록 돕는다. 독립성을 촉진하고 지원한다. 청소년들이 진로 선택안을 탐색하도록 돕는다.
- **학생**: 성공적인 직업생활을 위해 필요한 전략과 기술을 배운다. 독립성을 이루기 위하여 일을 한다. 고등교육에서 교육 배치와 관련된 전략과 기술을 얻는다.
- **대학 관계자**: 학생들에게 입학허가 절차와 관련된 조언을 한다. 시간 계획, 수정 및 자문과 같은 지원 서비스 계획을 세운다.
- **직업재활 상담가**: 직업 관련 서비스에 대한 자금을 조달한다. 직업교육 정보를 제공한다. 직업 배치를 돕고 지원 서비스를 제공한다.

프로그램 구성원들은 중등학교 수준에서 중요한 계획을 수립하는 사람들이다. 그러나 학교 중심의 진로 개발과 전환 프로그램은 초등학교에서 시작되며 성인기까지 지속되어야 한다. Clark와 Kolstoe(1990)는 학령 전기에서부터 평생학습 기회에 연결되는 학교 중심 진로개발과 전환교육 모델을 제시했다. 모델은 다음의 네 가지 내용 요소를 가지고 있다.

1. 현재와 미래의 요구에 적합한 취업과 일상생활 기술
2. 다양한 직업 관련 규칙을 포함하는 직업 정보, 직업어휘, 작업 교대 그리고 일의 세계에 대한 기본적인 실제
3. 직업, 가족, 지역사회 안에서의 인간관계
4. 일에 대한 가치관, 태도, 필수적인 습관

미 공법 105-17에서는 학습장애 학생을 위하여 개별화된 전환교육 프로그램을 계획할 것을 요구한다(즉,

14세에 프로그램을 시작하라는 전환요구 명령과 16세부터 전환 서비스를 시작해야 한다는 시행령). 법에 따라 개별화 전환교육 프로그램을 개별화 교육 프로그램(IEP)으로부터 분리하거나 IEP와 전환교육 프로그램을 동시에 계획·실행하도록 할 수 있다. 교수목표(즉, 지식과 기술 개발)와 연계목표(즉, 필요한 지원과 서비스 간 연결)가 함께 개발되어야 한다. 학생들의 요구가 다양하기 때문에 프로그램 계획은 다양한 유형의 서비스와 서비스 제공자가 포함된다. 전환교육 계획 수립을 위한 평가(Clark & Patton, 1997)는 학생 개개인이 가진 전환의 요구(즉, 지식, 기술, 지원, 서비스)를 판별하고 계획을 수립하기 위한 체계적인 방법을 제공하기 위하여 개발된 도구다. 이 평가를 구성하는 영역은 고용, 교육과 훈련, 일상생활, 생활 배치, 여가 활동, 지역사회 참여, 건강, 자기 결정, 의사소통과 대인간 상호작용이다. [그림 14-1]은 학교를 졸업한 후 정규직 고용을 목표로 하는 정서장애 학생을 위한 개별화 전환 계획이다.

전환교육 프로그램 영역

효과적인 전환 프로그램은 장애학생들이 수용 가능한 삶의 질을 누리기 위하여 성인으로서의 다양한 역할을 성공적으로 다할 수 있도록 학생들을 준비시켜야 한다. 기본 교육과정 영역에는 학업, 직업, 가정생활, 이동, 여가와 레크리에이션, 지역사회 서비스로의 접근이 포함된다. 고등교육기관으로의 전환을 계획하는 학생들은 고등교육에서 성공을 이룰 수 있는 진로교육과 함께 학업내용이 포함된 교육과정으로 훈련을 받아야 한다. 교육과정에서 직업적인 측면은 진로교육, 직무교육과 학업 프로그램을 통하여 제공된다. 가정생활, 이동, 여가와 레크리에이션, 지역사회 서비스 접근은 독립적인 생활기술을 배우는 학업적 교육과정 안에서 다루어져야 한다. 결국 자기옹호 훈련을 포함한 학업 프로그램은 모든 성인의 역할에 있어 성공할 수 있도록 도와준다. 이 절에서는 학업 중재, 생활기술 교수, 진로 및 직업 교육, 자기 옹호와 자기 결정 교수 등 전환 프로그램의 중요한 구성 요소에 대해 다루겠다.

학업 중재

전환 프로그램에서 학업 중재는 기술 중심 교수나 내용 중심 교수로 구성되어 있다.

기술 중심 교수

기술 중심 교수는 학생들에게 그들이 어려움을 나타내는 학업영역과 관련된 기술을 가르친다. 이런 기술은 하위 기술로 나뉘고 시간이 흘러가면서 학생들이 그것을 배우게 된다. Zigmond(1990)는 학생이 성공적인 고용과 독립생활을 이루기 위하여 기초적인 학업기술을 집중적이고 효과적으로 교수해야 한다고 주장한다. 특히 학업과 관련된 중재가 필요한 학생들은 기초 학업기술 영역 중 한 영역에서 성취수준이 4학년 이하인 9~10학년 학생들이다. 기초 기술의 중재는 초등 특수교육 프로그램의 기본이 된다. 이 책에서는 교사들에게 학업 영역에서 학습문제를 보이는 학생들에게 적합한 학업 기술을 발달시키는 데 도움이 될 정보를 제공하고 있다.

학습장애 학생들을 위한 중등교육과정 내용을 분석한 Rieth와 Polsgrove(1994)는 몇 가지 주목할 만한 결과를 보고하였다. 우선 읽기교수에서 청소년들을 대상으로 한 발음법 교수는 그 효과가 비교적 미약한 중재라고 하였다. 철자영역에서는 철자교수가 다른 의미에 기반한 언어교수와 통합되었을 때 학생의 철자능력이 향상된다고 보고하였다. 청소년들을 대상으로 한 수학교수에서는 비디오디스크 기술이 학업성취에서 인상적인 성과를 가져왔으며 교사들에 의해 잘 수용되고 있었다(Woodward & Gersten, 1992).

중등학생들은 중등학교의 교육과정 자체가 너무 광범

[그림 14-1] 개별화 전환 계획의 예시

10학년 정규학업 프로그램에 재학 중인 정서장애 학생을 위한 ITP

학생프로파일: 존은 16세 학생으로 정서장애학생을 위한 그룹홈에서 1년간 생활한 후 집으로 돌아와서 지역의 고등학교에서 하루 4시간 동안 수업을 받고 있다. 존은 자동차정비수업을 좋아하기는 하지만 출석과 프로젝트 완수를 책임감 있게 받아들이고 있지는 못하다. 존의 학업기술은 현 학년수준이다. 존은 현재 취업면접기술에 자신감을 얻기 위해 야간에 성인 평생교육학교의 직업 기술반에 등록을 하였다. 존은 졸업 후 전일제로 직업을 갖기를 원한다.

〈개별화전환계획〉

이름: 존 토스 생년월일: 01/31/81 연령: 16 사회보장번호: 272-95-4576

졸업지위 X 정규졸업 특별졸업 수료 졸업예정일: 1999

고등학교 졸업후 성과: 고용: 전일제 독립형 거주: 반독립형

교육: 추가교육 없음

직업반: 목공예, 기계

지역사회 교수: 씨월드에서 주중 3시간씩

근로경험: 6개월간 씨월드에서 주 8시간씩 유급 근로

기타:

학생은 ~을 가지고 있나요	예	아니오	언제?	처리중	성인기관의뢰	의뢰일	A-유효 I-비유효
사회보장카드	X				직업재활	3/99	I
운전교육		X	12th gr		보건복지국	N/A	
운전면허증		X	12th gr		지역대학국	N/A	
주판별증		X		X	사회보장국		A
버스운전카드		X		X	직업개발과	10/97	
출생기록증	X				정신건강부서	5/97	A
이력서		X	11th gr	X	사회보장국	N/A	
기타					기타	N/A	

ITP에서 충족되어야 할 문제의 우선순위

	중등 후	1	고용/훈련		성인기관 관계
	거주		지역사회/여가	2	개인관리
	건강/의료		재정		가족·사회생활
3	자기 옹호		이동		기타

전환영역	전환목표	기간	책임자/기관	평가
고용/훈련	존은 저녁에 열리는 구직반에 참여할 것이다.	6/97	존, 상담가	-충족 -수정 -계속
고용/훈련	존은 관심있는 직종의 일 2가지에 지원할 것이다.	6/97	존, 교사, 상담가	-충족 -수정 -계속
고용/훈련	존은 입사지원서를 작성하고 청소년취업 여름 캠프에 참여할 것이다.	5/96 & 5/97	존, 상담가	-충족 -수정 -계속
개인관리	존은 지역 정신건강부서의 주간 상담 회의에 참석하고 계속해서 개인적인 목표와 독립생활목표를 성취할 수 있도록 노력할 것이다.	6/97	존, 상담가	-충족 -수정 -계속
자기 옹호	존은 각 영역(즉, 고용, 여가 등) 내에서 미래 생활 목표를 설정하고 각 영역별로 자신의 희망사항을 적은 목록을 만들 것이다.	9/97	존, 교사, 부모	-충족 -수정 -계속
자기 옹호	존은 ITP 회의에 참여하여 자신의 고용 및 개인적 목표에 대해 이야기할 수 있다.	9/97- 6/98	존, 부모, 교사	-충족 -수정 -계속

다음 ITP 회의에서 다루어야 할 문제의 우선순위

	중등 후	3	고용/훈련	4	성인기관 관계
1	거주		지역사회/여가		개인관리
	건강/의료	2	재정		가족·사회생활
	자기 옹호		이동		기타

추후 ITP 회의 참여자

이름: 스미스 기관: 주 정신건강원

서명: 학생 ______ 부모 ______

교사 ______ 성인기관 ______

전환전문가 ______ 교장 ______

상담가 ______ 기타 ______

위하고 그 요구 또한 커서 그들이 가진 문제를 개선할 만한 여유가 거의 없기 때문에 교사들이 교수의 강도를 증가시킬 방법을 찾고 있다(예: 학습 연구실과 강도가 매우 높은 학습 센터). 예를 들어, 교정적 읽기(Corrective Reading; SRA 출판)는 학습장애 청소년들을 위한 학업 중재의 교수 강도를 높이는 데 사용될 수 있다. 또한 여름학교 프로그램에서는 집중적인 교수를 제공할 수 있어 학생이 제때 졸업하지 못하는 일이 없도록 한다.

내용 중심 교수

내용 중심 교수를 통해 학생들은 교과내용의 직접적인 습득을 촉진할 수 있다. 기술이나 전략의 교수는 궁극적으로 내용영역의 학습이 유리하도록 만들어졌으나 그 관계는 간접적이다. 내용의 습득은 내용의 심화를 고안함으로써 촉진된다. 교수를 계획하는 데 있어서 다음의 세 가지 수준으로 내용을 조직할 수 있다. 즉, 모든 학생들이 학습하는 내용, 대부분의 학생들이 배우는 내용, 그리고 일부 학생들이 배우는 내용으로 조직하는 것이다. 더불어 내용교과에서 개인교수와 동등한 내용교수 등도 포함된다. 4장에서는 내용의 단계별 계획, 13장에서는 내용의 심화와 조정 및 수정을 통하여 동등한 내용을 교수하는 방법에 대해 다루었다. 13장에서는 또한 학생들의 내용학습을 도와주는 학습전략과 학습기술을 제시하였다.

McKenzie(1991)는 주 교육부를 대상으로 한 설문조사에서 전국적으로 특수교사들이 광범위하게 내용교수를 사용한 것을 발견했다. 개인교수 접근에서 일반교사들은 내용을 전달하지만, 특수교사는 학생이 어려움이나 실패를 경험하고 있는 내용의 핵심을 숙달하도록 단기간의 지원을 제공한다. 일반교사와 특수교사는 통합교육이 늘어나면서 학습자들에게 친숙한 방법으로 내용을 전달하기 위한 협력을 계속하고 있다.

여러 주에서 실시된 중등학교 학습장애 프로그램에 대한 교사 및 학교 행정가들의 인식을 조사한 연구에서, Cline과 Billingsley(1991)는 10년이 넘도록 기초적인 프로그램 요소는 지속되어 왔으나 프로그램 영역에 대한 상대적 중요성은 변화하고 있다는 사실을 밝혀내었다. 교사와 학교 행정가들이 가장 높은 비율의 프로그램으로 선택한 네 가지의 요소는 내용교과의 직접교수, 기초 기술의 교정, 학습과 공부 전략, 그리고 개인지도적 보조다. 그러나 특수교사들은 내용영역의 교수는 감소시키면서 학습전략의 교수를 증가시키고 있음이 밝혀졌다. 또 특수교사들은 일반교사들에게 상담을 더 많이 제공해야 한다는 데 높은 응답률을 보였다.

생활기술 교수

장애학생에게 적합한 교육은 성인기에 요구되는 생활기술과 관련성이 높은 개인적인 요구사항을 바탕으로 이루어져야 한다. 생활기술은 다양한 지역사회 환경에서 성공적으로 생활하는 데 필요한 일련의 기술을 말한다. 생활기술 교육과정은 개인/사회, 일상생활 및 직업적응의 영역에서 학생에게 필요한 것과 학생이 인식해야 할 것에 초점을 맞춘 내용의 교수가 포함된다.

기능적 혹은 필수적 생활기술 프로그램은 학업기술이 매우 낮은(즉, 4학년 수준 이하) 중등학생들을 위해 계획된다. 기능적 생활기술은 학습문제가 있는 소수의 학생들을 대상으로 직접적이고 체계적으로 가르쳐야 한다. 그렇지 않으면 학생들은 이 필수 기술을 결코 습득할 수 없거나 시간과 돈만 낭비하는 결과를 초래할 수 있다. Brolin(1997)은 생활 중심의 진로교육 교육과정 맥락에서 일상생활 기술을 구성하는 능력과 그 하위 능력을 다음과 같이 제시하고 있다.

1. 개인재정 관리. 돈 세기와 돈 교환하기, 현명하게 소비하기, 기본 금융관계 기록하기, 세금 내기, 신용카드 잘 사용하기, 은행 서비스 사용하기
2. 주거 선택과 관리. 가정 안팎을 관리하기, 기본적

인 가전제품과 기구 사용하기, 적합한 주거 선택하기, 가족 이루기, 가정 기반 유지하기

3. **개인적 요구 관리.** 신체적 안녕, 영양 및 체중에 대한 지식 보여 주기, 적합한 차림새와 위생 관리하기, 적절하게 옷 입기, 흔한 질병의 예방 및 관리에 대한 지식 가지고 있기, 개인의 안전성 실행하기
4. **자녀양육과 책임 있는 결혼생활.** 자녀를 양육할 수 있는 신체적인 건강, 자녀양육에 관한 심리학적인 양상 알기, 책임 있는 결혼생활 하기
5. **재료 구입, 요리 준비 및 음식 소비.** 음식 구입하기, 음식 준비 장소를 깨끗하게 하기, 음식을 담아두기, 재료 준비하기, 적합한 식사 습관 보여 주기, 균형 있는 식사 계획하고 먹기
6. **의류 구입 및 관리.** 옷 깨끗하게 빨기, 옷 구입하기, 다림질하기, 꿰매기, 옷 보관하기
7. **책임 있는 시민의식.** 시민의 권리와 책임에 대한 지식, 지역사회, 시정부에 대한 특성 알고 있기, 법준수에 대한 규칙과 능력 가지고 있기
8. **여가/레저 참여.** 지역사회 자원에 대한 지식과 활동을 선택하고 계획하기, 여가에 대한 가치와 지식 가지고 있기, 그룹이나 개인 활동에 참여하기, 휴가 계획하기
9. **지역사회 이동.** 교통 규칙과 안전에 대한 지식, 다양한 이동수단에 대해 알고 이용하기, 지역사회를 이동할 수 있는 방법 찾기, 자동차 운전하기

이상의 능력은 기능적인 생활기술 교육과정에서 중요한 요소인데, 개인, 사회 및 직업 지도와 준비에 이러한 능력이 잘 혼합된다면 훌륭한 진로 중심 교육의 기초가 이뤄질 수 있다. 이러한 능력의 상당수는 전통적인 교육과정 안에서도 교수될 수 있다. 예를 들어, 영역 1은 수학과에 포함되고, 영역 3과 5는 과학과에, 영역 4, 7과 9는 사회과 영역에, 영역 2와 6은 가정경제와 쇼핑하기에, 그리고 영역 8은 음악, 미술 및 체육 수업에 포함될 수 있다.

Polloway, Patton과 Serna(2001)는 교육과정에 생활기술 주제를 포함시킬 수 있는 방법을 제안했다. 한 가지 방법은 일련의 특별한 생활기술 교과(예: 개인재정, 실용수학, 건강과 위생, 일상생활 속의 과학)을 개발하는 것이다. 두 번째 방법은 단일 영역에 초점을 맞추거나 일반적인 주제 범위를 포괄하는(예: 기능적인 생활기술) 단 하나의 생활기술 교과목을 만드는 것이다. 마지막 방법은 생활기술 주제를 현재 시행 중인 교육과정 활동의 내용에 통합시키는 것이다.

브리건스 기초기술 진단평가(The Brigance Diagnostic Inventory of Essential Skills; Brigance, 1981)는 교육 혹은 직업 전 목표를 수립하고 점검하는 데 사용할 수 있다. 이 검사도구는 중등학년 수준에서 기능적인 학습과 최소한의 학습 및 직업능력을 평가한다. 그것은 건강 상태와 태도, 책임감과 자기 통제, 구직면접 준비, 자동적인 안전성, 말하기 기술, 듣기기술과 같이 객관적으로 측정될 수 없는 능력을 평가할 수 있다. 실제적인 평가 중에는 음식과 차림새, 돈 관리와 재정, 여행과 이동, 구어 의사소통과 전화하기 기술이 포함된다. 그리고 브리건스 생활기술 진단평가(Brigance Diagnostic Life Skills Inventory; Brigance, 1994)는 실제 상황에서 기초기술과 기능적인 생활기술을 측정한다. 9개의 기술영역에는 말하기와 듣기, 기능적인 글쓰기, 흔히 보이는 신호와 경고 표지 읽기, 전화하기, 돈과 재정 관리, 음식, 차림새, 건강, 여행과 이동이 포함되어 있다.

생활기술을 개발하기 위한 활동

Cronin(1988)은 소비자 경제, 직업 지식, 건강, 지역사회 자원과 행정과 법률의 영역에서 기능적인 교육과정의 과제를 제시하였다. 이 과제는 초등과 중등 학교 수준에서 다양한 학업영역(예: 읽기와 쓰기)에 걸쳐 제시된다. 〈표 14-2〉는 교사가 이 과제와 기술을 학년수준과 학업영역에서 맞게 통합시킬 수 있는 방법을 제시하

〈표 14-2〉 학업영역 관련 기능적 교육과정의 과제

초등학교					
	소비자 경제생활	직업 지식	건강	지역사회 자원	행정 및 법률
읽기	장난감을 사기 위해 신문에서 광고를 찾기	다양한 직업에 대해 도서관에서 책 읽기	학교 점심 메뉴를 읽기	TV 편성표를 읽기	도로 표지판을 읽고 무엇을 의미하는지 이해하기
쓰기	구입할 물품의 가격 쓰기	교실에서 행해지는 역할 중 하나를 수행하는 데 필요한 특별한 과제 쓰기	먹은 음식 목록에서 매일 먹은 음식을 일기로 쓰기	어린이 리그 팀에서 경기에 참여하기 위한 지원서 작성하기	학교 급우들에게 초대 편지를 써보기
말하기/듣기/보여주기	저축한 돈이 얼마인지에 대해 은행 직원에게 이야기 듣기	이웃에게 신문구독 신청을 하도록 전화하기	양치하기 영상물 보여주기	119 응급전화 사용을 연습해 보기	시민으로서의 자세를 향상시키기 위하여 공원 이용하기에 대해 토론하기
문제해결	자동판매기로 물건을 사기 위하여 잔돈을 충분히 가지고 있는지 결정하기	교실에서 자신이 최선으로 잘할 수 있는 역할을 결정하기	학생이 배가 아프다면 무엇을 할 수 있는지를 역할놀이 해 보기	119 응급전화 번호를 사용해야 하는 때를 역할놀이 해 보기	지도에서 시청 찾아보기. 걸어서 갈 수 있는지, 차를 타고 가야 하는지 결정하기
대인관계	식품점에서 물건을 찾기 위하여 도움을 요청하기	친구에게 교실 내 역할을 수행하는 데 필요한 도움을 요청하기	모기 물린 곳을 처치하기 위하여 보건교사 찾아가기	영화관에 전화해서 영화 상영 스케줄을 확인하기	무엇을 잃어버렸을 때 경찰 부르기를 역할놀이 하기
계산하기	쿠폰을 사용하여 시리얼 한 박스의 가격을 계산하기	시급 3달러의 비용으로 일주일에 5시간을 일한다면 얼마인지 계산하기	하나 가격에 치약을 3개 주는 세일을 한다면 하나의 가격은 얼마인지 계산하기	영화 보러 가는 비용을 계산하기	사탕 하나에 대한 부가세를 계산하기
중학교					
	소비자 경제생활	직업 지식	건강	지역사회 자원	행정 및 법률
읽기	가게의 이름, 위치, 전화번호, 물건의 가격을 읽기	직무에 대한 설명을 읽기	전화번호부에서 약물 통제국의 번호 위치를 읽기	지역사회에서 레크리에이션 프로그램을 제공하는 곳을 전화번호부에서 찾아 읽기	미국 주들의 목록의 위치를 찾아 읽기
쓰기	잡지구독 신청서를 찾아서 완성하기	단어를 간략하게 쓰는 연습하기	균형 잡힌 식사 메뉴를 쓰기	막 종영된 TV 프로그램에 대해 방송국에 편지 쓰기	선거인의 등록부 작성하기
말하기/듣기/보여주기	돈을 저축하기/소비하기에 대해 토론하기	일을 해야 하는 이유에 대해 토론하기	개인의 외모에 대해 긍정적·부정적 피드백을 듣기	찾는 책에 대해 도서관에 전화해서 묻기	우리가 왜 선거를 해야 하는가에 대해 토론하기
문제해결	저녁에 10달러로 영화관람, 볼링, 피자 먹기 중 무엇을 할지 선택하기	직업환경(안, 밖, 책상, 여행 등) 결정하기	다양한 장소(극장, 교회, 식당)에서 적합한 행동을 역할놀이 하기	지도에서 스케이트장을 찾아보고 그곳에 가는 최선의 방법을 결정하기	지방세가 들어간 항목들을 결정하기
대인 관계	청바지를 구입할 때 판매원에게 도움 요청하기	구직면접에서 요구되는 질문 목록을 작성하기	정직, 신뢰 그리고 약속에 대해 토론하여 각각을 정의하기	스케이트장에 전화해서 시간에 대해 물어보기	살고 있는 곳이 어떤 구역인지 알아내기 위하여 전화하기
계산하기	청바지 한 벌에 대해 할인된 세금 계산하기	순수입 계산하기	샴푸 가격을 계산하고 비교하기	10대들의 센터까지 버스비 계산하기	운전면허증 취득을 위한 비용 계산하기

〈계속〉

고등학교					
	소비자 경제생활	직업 지식	건강	지역사회 자원	행정 및 법률
읽기	식품점 품목들의 가격을 읽고 비교하기	직업 설명과 자격 증명서 읽기	시럽 약병에 쓰인 유의사항을 읽기	영화 일정표를 읽기	국가/주 기관에서 판매세금 용지를 얻어서 읽기
쓰기	구입 양에 대해 점검하고 쓰기	입사지원서 완성하기	음식 구입 항목을 포함하여 일주일 동안 장본 품목을 적기	정부조직과 지역사회기관을 전화번호부에서 찾아 목록 만들기	취업허가서 신청하기
말하기/듣기/보여주기	현금가와 카드로 계산한 가격의 차이 설명하기	아팠을 때 사장에게 전화하는 역할놀이 해보기	예약을 위해 병원에 전화하기	고속도로 운전에 대하여 경찰의 말 듣기	사건 설명하기
문제해결	아파트를 빌릴 때 늘어느 정도의 금액을 지불할 수 있는지 결정하기	구직면접에 적합한 옷차림에 대하여 결정하기	아팠을 경우를 대비하여 지역사회 내 클리닉이나 병원에 가야 할지의 여부를 결정하기	차가 고장났다면 무엇을 해야 하는지에 대해 역할놀이 해 보기	선거 입후보자 중 내가 투표할 사람 결정하기
대인관계	물품의 예약 가능 여부와 비용을 판매원에게 묻기	모의 면접을 역할놀이로 해보기	처방에 대하여 약사에게 물어보기	비디오 가게 주인에게 유의사항 묻기	법률고문에게 전화해서 어떤 서비스가 유용한지 물어보기
계산하기	다른 가게들과 구입하고자 하는 품목의 가격을 계산하고 비교하기	소득공제 계산하기	하루에 몇 번 알약을 복용해야 하는지 결정하기	집과 빨래방에서 빨래하는 비용을 계산하기	속도위반에 대한 범칙금을 계산하기

출처: M. E. Cronin, 1998, Applying Curriculum for the Instruction of Life Skills, *Best Pracioces in Mental Disabilities* (pp. 44-46, Vol. 2) by G. A. Robinson, J. R. Patton, E. A. Polloway, & L. R. Sargent (Eds.). Des Moines: Iowa Department Peprinted, Bureau of Special Education. Copyright 1988 by Iowa Department of Education, Bureau of Special Education(허락하에 게재함).

고 있다. 더욱이 다음의 구체적 활동은 학생의 생활기술을 발달시키는 데 도움을 줄 수 있다.

- 가정경제 관리에 초점을 맞추기 위하여 학생들이 기록하는 경험을 하도록 한다. 예산에서는 음식, 의복, 이동, 저축, 병원치료, 여가 활동과 같은 영역이 포함되어야 한다. 또한 학생은 특정 기간 동안 가족들이 구입할 물건을 항목별로 나누어야 한다. 학생들이 돈을 현명하게 쓰도록 격려하기 위하여 가능한 한 여러 다른 가게에서 쇼핑 목록을 만들도록 돕고, 가격을 비교하거나 돈에 맞게 물건을 선택하도록 해야 한다.
- 은행과 새마을금고로 현장학습을 가 보게 하고, 이러한 기관과 유사하게 학급 상황을 만들어 본다. 교실에 마련된 은행과 개인 계좌를 만들어서 학생들이 수표 사용, 입금, 출금, 은행통장 개설하기 등의 역할을 수행해 보도록 돕는다. 이 같은 활동은 개인수표 쓰기, 입금표 작성하기, 수표장에 맞추기 등 실제적인 경험을 할 수 있게 해 준다. 학생은 대출받는 법이나 신용거래 개설 등 은행의 다른 서비스를 사용하는 법을 배울 수도 있다.
- 다양한 종류의 공과금(전기, 가스, 재산세, 수입과 같은)을 조사할 때 소그룹 토의를 하게 한다. 학생들에게 공과금이 부과되는 항목을 판별하게 하고, 양을 결정하게 하고, 세금이 어떻게 계산되고 어떻게 사용되는지를 알게 하라. 모든 학생들에게 1040A 간략형 양식(역자 주: 연말 세금정산 양식)을 작성할 수 있도록 한다. 개별 항목에 번호를 부여해서〔예: 1번은 이름과 주소 쓰기, 2번은 사회보장번호(역자 주: 우리나라의 주민번호) 쓰기 등〕 가르친다. 학생들에게 서식을 완성한 견본을 제시한다. 그리고 개별 학생들에게 서식을 작성할 수 있게 순서대

로 가르치고, 학생별로 개별 교수 카드를 작성해 나간다.

- 지역사회에서 다양한 방식으로 집을 구할 수 있음에 대해 이야기한다. 학생들이 비용, 공간, 유용성과 위치에 따라 장단점을 생각하게 한다. 집을 빌리는 방법에 대해 토론할 때는 집세의 입금방법, 차용증서 쓰기, 세입자의 권리와 책임 같은 요소에 대해 이야기한다. 신문에서 임대 광고 목록을 잘라내어 모아 둔다. 색인 카드에 임대와 관련된 질문을 쓰고, 폴더에 포켓을 만들어 카드를 모아 둔다. 학생은 카드를 집고 질문에 답해 보거나 답을 써 본다.
- 학생들과 역할놀이를 통해 결혼과 육아에 대한 잠재적인 문제를 발견하고 그 해결책을 찾아볼 수도 있다. 육아와 관련하여 적합한 실제가 제안될 때, 학생 자신이 삶의 경험과 관련하여 말할 수 있도록 격려한다. 또한 가족 계획을 하고 결혼 중 문제에 부딪혔을 때 지역사회 기관과 자원을 활용할 수 있도록 해 주어야 한다.
- (화재, 태풍 피해와 같은) 가정과 가족 구성원에게서 일어날 수 있는 응급 상황(예: 사고나 상해)에 대해 이야기해야 한다. 학생별로 응급전화 번호를 찾아보게 하고, 응급 상황에서 어떻게 도움을 요청해야 하는가에 대한 정보를 모아 둔 책자를 구비하게 한다. 상해 상황에 최초의 응급 대처법을 교실 안에서 시연하고, 학생의 정보 책자에 기록하게 해야 한다. 또한 위험한 상황에 대한 안전절차도 토론한다.
- 학생 각각은 자신이 참여할 수 있는 여가 활동을 결정하고, 지역사회에서 활용 가능한 자원과 시설 목록에 기록한다. 학생이 음악에 관심이 있다면 교사는 다섯 가지 유형의 음악을 녹음하여 그중 학생이 가장 좋아하는 것을 선택하게 한다. 그 후 학생은 그 음악을 들을 수 있는 곳을 찾아낼 수 있다. 여가 활동으로 미술에 대한 관심을 개발하기 위하여 교사는 다양한 유형의 예술 활동을 보여 준다. 학생은 여가시간에 즐길 수 있는 예술 활동이 이루어지는 장소나 행사를 찾을 수 있다. 또한 클럽 활동이나 취미 활동에 참여하여 효과적으로 여가시간을 활용할 수도 있다.

진로교육과 직업교육

1970년대 초 진로교육(career development)이 강조되기 시작되었지만, 학생들은 미래 생활에 적합한 준비를 할 수 있는 교육적 체계의 효과성에 불만족을 표시하고 있다. 진로교육은 학생이 의미 있는 삶과 만족스러운 직업생활을 영위할 수 있는 경험에 초점을 맞추고 있으며, 그들에게 학업, 일상생활, 개인과 사회, 경제력과 개인적 및 사회적 만족감을 줄 수 있는 직업기술을 배울 수 있는 기회를 제공한다. 더불어 현재의 사회적 지위에 상관없이 모든 일에 가치를 둔다. Cegelka와 Greene (1993, pp. 142-143)은 다음과 같이 주장했다.

> 다양한 진로 및 직업을 교과목과 연계시키는 것을 강조하고 작업을 하는 데 필요한 기술을 발달시킴으로써 교육이 우리 일상생활의 경제 및 직업과 좀 더 가까워지도록 하는 데 그 목적을 둔다……. 진로교육은 한 개인이 의미 있고 만족스러우며 생산적인 삶을 영위하는 방법을 배우게 하는 모든 경험의 총체라고 볼 수 있다.

Meers(1992)는 진로교육이 유치원에서 12학년에 걸쳐 이루어져야 하며, 다음의 세 가지 구성 요소를 포함한다고 하였다. 즉, (1) 개인이 집에서 독립적으로 생활하도록 돕는 교수, (2) 개인이 지역사회에서 독립적으로 생활하도록 돕는 교수, (3) 개인의 성공적인 고용을 준비시키는 직업교육이 해당된다. 그래서 진로교육은 포괄적인 교육 프로그램에 초점을 맞추고 있으며 초기 아동기에 시작하여 성인기를 걸쳐 지속된다. 초등학년 시기의 중요한 목표는 학생에게 다양한 직업을 소개하는 것이다. 중등학년 시기의 초기 목표는 진로를 준비하면서 직업에 대한 인식을 형성하는 것이다.

[그림 14-2] 진로개발 단계

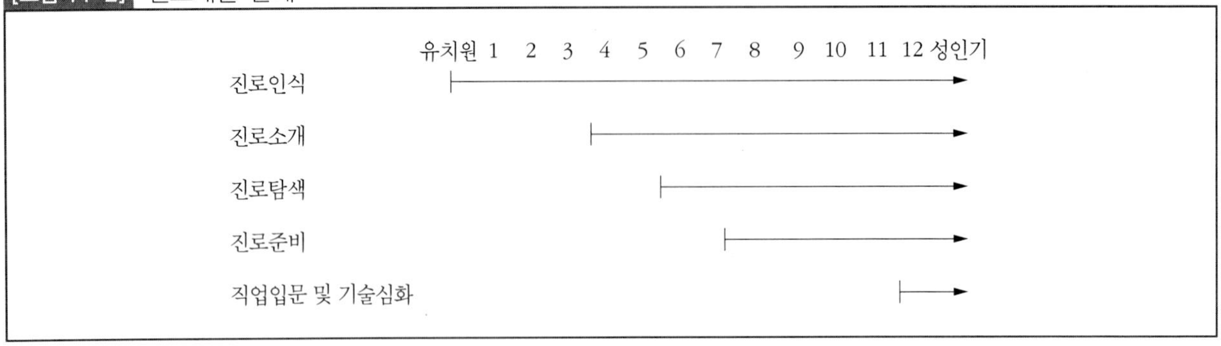

[그림 14-2]는 진로개발의 단계를 보여 주고 각 단계에 대한 최고 학년수준을 제시하고 있다. 유치원 시기에 시작하여 고등학교에 걸쳐, 진로인식(career awareness) 단계는 진로교육에 대한 기초를 수립하고, 다양한 일과 직업에 대한 이해와 일의 중요성을 강조하고, 진로와 관련된 관심을 자각할 수 있도록 한다. 진로소개(career orientation) 단계는 진로인식과 연계되어 보통 초등학교 시기에 시작되는데, 실질적인 경험으로서 진로에 대한 관심을 이끄는 데 초점을 두고 학생들을 다양한 직업에 노출시킨다. 중등학교 시기의 진로탐색(career exploration) 단계에서는 학생들이 자신의 진로목표와 관심사를 판별할 수 있도록 돕는 자극적이고 직접적인 경험을 제공해 준다. 진로준비(career preparation) 단계에서 학생은 구직을 위한 직업교육과 대학진학을 통하여 고용에 필요한 훈련을 받는다. 진로개발의 마지막 단계인 직업입문과 기술심화(job entry and skill refinement) 단계에서는 학생들이 직장이나 고등교육기관에서 효과적으로 기능하는 방법을 배운다.

Wiederholt와 Wolffe(1990)은 진로개발 단계를 보완해 줄 수 있는 독립생활 발달의 정상적인 발달 계열을 제시하였다. 이러한 독립생활의 발달은 학생이 직업에 대한 태도, 가치, 흥미, 정보를 어떻게 발달시켜야 하는가에 대한 개념적 틀을 제공해 준다.

1. **학령전.** 듣고, 협력하고, 혼자서 하고, 먼저 시도하고, 정직하기, 할 일을 다른 활동과 구별하기, 다양한 일의 유형과 관련된 역할을 이해하기, 일에 대한 감정을 발달시키기
2. **초등학교 연령.** 다른 역할들을 상상하기, 부모의 직업을 이해하기, 진로에 대한 상상을 더욱 복잡 다양하게 하고 계속하기, 광범위하고 다양한 일과 역할 이해하기, 훌륭한 직업의 질을 이해하고 개발하기, 의사소통 기술을 지속적으로 발달시키기, 또래나 전문가와 적합하게 상호작용하는 것을 배우기
3. **중학교 연령.** 아르바이트 해 보기, 가사일 돕기, 취미나 특별한 선호도를 개발하기, 개인의 강약점에 대해 이해하기, 일의 중요한 범주와 관련하여 보상과 요구의 이해를 시작하기, 진로결정에 따른 책임감 수용하기, 개인적 가치와 자아개념을 구체화하기
4. **고등학교 연령.** 다양한 진로 가능성에 대한 탐색을 계속하기, 진로나 초기 고용을 준비하기, 개인적인 관심을 구체화하기, 계획 또는 직업을 변경하기, 개인의 강약점을 이해하고 그에 맞게 행동하기, 기술을 발달시키기, 개인적 가치와 자아개념을 구체화하기, 독립적인 생활 조절하기, 초기 관계를 세우기, 취미나 특별한 관심을 재정립하기, 몇 가지 다른 직업을 어떻게 얻고 지킬 수 있는지에 대해 배우기, 적합한 직업행동을 배우고 보여주기

진로교육은 개인이 직업세계를 탐색하고 판별하고, 자신에게 만족을 줄 수 있는 직업 결정을 가능하게 한다. Brolin(1997)은 진로교육이 장애학생의 교육과정에 있어 중요한 부분으로서 개인의 전체적인 삶의 계획에 초점을 맞추어야 한다고 주장한다. 전체 인생 계획은 모든 삶의 역할과 환경 안에서 성장과 발달을 촉진한다. Brolin은 어린 시기에 보이는 일상생활 기술에 대한 능력과 아울러 개인적 · 사회적 기술 그리고 직업 지도와 준비에 있어 다음의 능력을 포함시키고 있다.

- **개인적 · 사회적 기술**: 자기 자각을 이루기, 자기 신뢰 획득하기, 사회적으로 책임 있는 행동 형성하기, 개인 간 긍정적인 기술 유지하기, 독립성 구축하기, 적합한 결정하기, 다른 사람과 의사소통하기
- **직업 지도와 준비**: 직업적인 가능성을 알고 탐색하기, 직업 선택을 계획하기, 적합한 작업 습관과 행동 보여 주기, 고용을 찾고 추구하며 유지하기, 특별한 직업기술을 습득하기

진로교육은 매우 광범위한 것을 강조하고 있으며 직업훈련을 포함하고 있다. 보통 직업교육은 중등학교나 중등학교 졸업 이후에 제공되는데, 취업에 유용하고 생산적으로 진보하는 데 필요한 개인의 기술과 능력, 이해, 태도, 작업 습관 및 바른 판단력을 습득하도록 해야 한다. 직업교육의 목표는 취업이 될 수 있도록 준비시키는 것이다. 진로교육과 직업교육 모두 학습문제를 보이는 학생들이 성공적으로 중등학교 이후 성인생활로 전환할 수 있도록 해 준다. 일반적으로 중등학교에서 취업으로 이어지기 위하여 일부 장애학생들은 직업교육과 함께 지속적이거나 시간 제한적인 생활기술 교수가 요구되는 반면, 다른 장애학생들은 특별한 지원 서비스가 필요하지 않을 수도 있다.

특히 직업훈련은 직업세계로 입문하기 위해 필수적인 직업기술을 발달시키는 데 초점을 둔다. 역사적으로 경도장애 학생들이 그들을 위한 직업훈련을 받는 것은 쉽지 않았다. 그러므로 저성취 학생들에게 그들이 필요로 하는 다양한 선택과 서비스를 제공해야 한다. 이 학생들은 직업기술 학교와 특수 직업학교, 학교 안팎에서 진행되는 산학연계 기관에서 특화기술을 배울 수도 있다. 학령기 이후 대안으로는 입문형 직업, 교환학교, 지역의 초급대학, 대학교가 있으며, 직업재활국이나 적절한 지역사회 혹은 정부기관으로의 의뢰가 있다.

다양한 평가도구와 방법은 진로 방향과 관련된 적절한 결정을 내리는 측면에서 학생을 평가할 때 사용될 수 있다. 교사–학생 상호작용과 상담절차를 통하여 비공식적으로 정보가 수집될 수 있다. 또한 브리건스 취업가능기술 진단평가(Brigance Diagnostic Employability Skills Inventory; Brignce, 1995)는 취업을 하고 작업장에서 성공을 거두기 위해 필요한 기본 기술과 고용능력 기술을 평가하는 규준참조검사 도구다. 또한 표준화된 도구 중 상당수가 직업적 관심이나 태도를 평가한다. 다음의 두 가지 평가도구는 중등학생들이 그들의 특별한 능력과 관심에 기초하여 적합한 진로를 선택할 수 있도록 돕는 데 사용된다. 진로 의사결정체계 개정판(Career Decision-Making System-Revised; Harrington & O'Shea, 1992)과 직업 태도 및 흥미 검사 제3판(Occupational Aptitude Survey and Interest Schedule–3; Parker, 2001)이 그것이다. 표준화된 평가절차와 더불어 직업 전 평가의 수단으로 작업표본 방법을 사용한다. 작업표본은 다양한 고용환경의 대표적인 과제나 활동을 시연하는 직업 관련 활동이나 과제를 말한다. 이를 이용하여 직업적인 잠재능력을 가름할 수 있는 인성적 특성과 기술 양상을 관찰할 수 있다.

교육과정 중심 직업평가는 상업화된 도구에 대한 대안적인 접근법이다. Schloss, Smith와 Schloss(1995)에 의하면 교육과정 중심 직업평가는 개별 학생의 학습 요구에 기초하고 다음의 네 가지 기본 특성을 나타낸다.

1. 개개인의 직업 프로그램을 계획하는 초기 단계에

서 관련 정보를 제공한다.

2. 학생의 직업 프로그램에서 평가는 통합적이고 지속적으로 이루어져야 한다.
3. 교육과정 중심 직업평가를 시행하는 사람은 학생의 직업교수를 책임지는 사람이다.
4. 비공식적이고 직접적인 평가절차가 직업 프로그램을 통틀어 학생의 진보를 평가하는 데 사용된다.

교육과정 중심 직업평가를 사용하여 얻은 정보는 프로그램을 진행하는 전 과정 동안에 유용하다(예: 배치 결정하기, 직업반에서 일하기, 프로그램 끝내기). 또한 이 평가는 교사가 다른 전문가들과 협력하는 데 도움을 주고 교수나 프로그램의 수정, 미래의 직업 배치를 계획하는 데 도움을 주기도 한다 .

진로 관련 기술을 개발하기 위한 활동

다음 활동은 학생의 진로와 관련된 기술을 개발하는 데 도움이 될 수 있다.

- 최근에 학교를 졸업한 학생을 초대하여 중등교육과정을 마치고 대학, 직장, 군대에 갈 때 학생들의 직업이나 관련 문제에 대하여 토론하도록 한다. 선택된 학생들은 선배를 초대할 시기와 적합한 질문을 이끌어 내는 데 주도적인 역할을 할 수 있다. 졸업자들과의 대화는 그들의 진로에 대한 긍정적인 측면을 포함하고 있으며 직장에서 직면할 수 있는 문제를 어떻게 조정할 수 있는가를 보여 준다. 가능하다면 관심 있는 학생들은 실제로 작업하는 모습을 관찰할 수 있는 기회를 가질 수도 있다.
- 사업장을 방문하여 직업 탐색의 계획을 세우고 개인적으로 면담할 수 있게 한다. 작업장과 관련된 사람들을 초청하여 질문을 하거나 정보를 얻을 수 있다. 작업장 체험은 학생들이 다양한 직업을 수행하는 사람들을 관찰하고 취업에 필요한 정보(기구, 작업조건, 직업에 있어 좋은 특성과 나쁜 특성)를 기록할 수 있는 시간으로 활용할 수도 있다. 학생들은 사업장 방문 후에 교실로 돌아와 그들이 얻은 정보에 대해 토론을 한다.
- 학생을 소그룹으로 나누고, 매주 특정 직업 하나를 정하여 정보를 얻는다. 그룹 토의 시간에 학생들은 직업능력을 결정하고 개인과 사회적 가치를 판별하고 직업과 관련된 단어 목록을 작성해 나간다.
- 개별 학생은 자신이 완벽한 직업이라고 생각하는 것과 관련하여 광고를 작성하게 한다. 광고에는 시간, 월급, 자격, 업무와 같은 정보를 포함한다. 그런 다음 학생은 그들이 원하는 직업과 관련된 정보가 신문의 어느 면에 있는지 찾아 표시하고, 그들의 생각과 신문 광고를 비교한다. 그것이 적합하다면 학생들은 최근에 취업한 사람들의 봉급, 역할 등을 찾도록 하여 다양한 사업체에서 요구하는 개인적인 사항을 살펴볼 수 있다. 또한 학생들은 가장 많은 관심을 보이는 사업체에 방문자, 자원봉사자 혹은 작업 관찰자로 참여할 수도 있다.
- 구직을 위해 신문 광고를 오린다. 학생은 광고에서 직업 하나를 선택하고 왜 그 직업을 원하는지 설명하고, 무엇을 준비하고 어떤 자격이 필요한지에 대해 안다. 그런 다음 학생은 그 직업에 대한 서식을 완성한다. 완성된 서식을 검토하는 동안 학생이 발전되어야 한다.
- 다양한 직업을 위한 모의 면접하기를 역할놀이로 해 본다. 시간 엄수, 적합하게 옷 입기, 면접 시 예상되는 질문과 적합한 응답에 대해 토론한다. 역할놀이는 실제 면접 상황에서 학생의 자기 신뢰를 확립할 수 있다.

자기 옹호와 자기 결정 교수

자기 옹호 기술의 발달은 학생이 고용을 창출하고 독립적인 생활 기회를 갖도록 도와준다. 학습장애 학생들의 전환 프로그램 내 자기 옹호 구성 요소에 대한 문헌연구를 통하여 Merchant와 Gajar(1997)는 I PLAN과 같은 전략, 역할놀이와 직접교수(즉, 목표행동의 제시, 시연, 연습, 피드백, 자연스러운 상황에서의 실행)를 통해 자기 옹호를 최상의 방법으로 가르칠 수 있다고 주장하였다. Van Reusen, Bos, Schumaker와 Deshler(2002)는 강점을 판별하고, 전환목표를 수립하며, 학생이 스스로를 옹호할 수 있도록 가르치는 데 있어 그들에게 동기와 자기 결정을 고무할 수 있는 자기 옹호 전략을 제공하였다. 특히 학생들은 독립생활, 경제와 소비, 시민권과 법률, 지역사회 참여, 진로와 고용, 사회생활과 가족생활, 건강과 안녕, 그리고 여가와 오락 등 여덟 가지 전환기술 영역에 대해 조사하고 계획을 수립한다. 또한 학생들이 자기 옹호를 하도록 하기 위하여 지역사회 기술은 나누기 행동(즉, 관심 갖기, 유쾌한 목소리로 대하기, 긍정적으로 생각하기, 이완하기, 눈인사 하기)을 통하여 교수된다. 13장에서는 전략적 교수기술과 I PLAN 전략의 단계를 제시하고 있다.

더욱이 Durlak, Rose와 Bursuck(1994)은 학습장애 성인들의 성공적인 학령기 이후의 적응과 긍정적인 관련성이 높은 몇 가지 정서적 요소를 보여 주었다. 특히 Durlak 등은 자기 결정 기술의 중요성에 대해 언급했으며 이를 학습장애를 가진 중등학년 학생들에게 직접적으로 가르치는 것이 효과적이라고 하였다. 그들은 결론에서 이 학생들에게 자기 결정 기술을 명시적으로 가르치고 훈련 상황뿐 아니라 자연스러운 상황에서 그 기술을 실현할 수 있는 기회를 주고 구체적인 피드백을 주는 것이 학생들이 자기 옹호 및 자기 지각 기술을 획득 · 유지하고 일반화하는 데 도움이 될 수 있을 것이라고 하였다. 이것은 정의적인 기술을 가르치기 위하여 중등학년 전환 교육과정을 개발하는 데 있어 고무적인 함의를 제공한다고 할 수 있다.

교사가 자기 조절적 문제해결을 촉진하고 자기 결정을 향상시킬 수 있는 하나의 과정은 자기 결정 학습교수 모델(Self-Determined Learning Model of Instruction; Wehmeyer, Palmer, Agran, Mithaug, & Martin, 2000)을 통한 방법이다. 이 모델에 따르면 학생은 요구를 충족하기 위하여 목표를 수립하고(즉, 나의 목표는 무엇인가?), 목표를 충족하기 위한 계획을 세우며(즉, 나의 계획은 무엇이었는가?), 계획을 완수하기 위해 행동을 조정함으로써(즉, 내가 배운 것은 무엇인가?) 문제해결을 조정할 수 있는 세 가지 교수 단계를 갖는다. 학생은 문제, 잠재적인 문제해결책, 문제해결의 장벽, 문제해결책 각각에 대한 결과에 초점을 맞춘 일련의 질문에 답함으로써 각 교수 단계에서 문제를 해결한다. 청소년들이 교육적으로 가치 있는 목표를 성취할 수 있도록 하는 것과 더불어, Palmer와 Wehmeyer(2003)는 초등학교 저학년부터 목표를 수립하고 자기 결정적인 과정을 시작할 수 있도록 이 모델을 사용할 수 있다고 하였다.

장애 대학생

학습장애가 있는 학생들이 평균이나 그 이상의 지능을 가지고 있고 선택영역에서 학업적으로 의미 있는 강점을 가지고 있기 때문에 그중 상당수가 중등학교 이후에 대학으로의 전환을 하고 있다. 이 절에서는 학습장애를 가진 대학생들의 적응과 관련된 정보에 대해 설명한다.

많은 학습장애 학생들은 지역 대학과 4년제 대학교로 진학하였다(Henderson, 2001). 66개의 주립대학과 지역대학을 대상으로 한 한 연구에서, Spillane, McGuire와 Norlander(1992)는 교과적인 기준(예: 성적표, 추천장, 입학시험)과 비교과적인 기준(예: 지능, 동기, 독립성)은 비장애 학생들에게 사용되는 기준과 비슷하게 학습장애 학생들에게도 적용된다는 것을 밝혀내었다. 재활법 504조와 1990년 미국 장애인법은 어느 누구도 장애로 인해 제외될 수 없음을 시사하고 있다. 나아가 미국의 장애인교육법(IDEA)은 장애를 가지고 있으면서 대학진학의 '자격이 있는' 개인들이 가진 학업적인 요구에 대하여 프로그램의 수정을 받을 수 있음을 밝히고 있다.

합리적인 수정에는 시간 연장과 함께 교과목 대체 혹은 수정, 외국어 필수과목의 면제, 시간제 등록, 시험시간 연장 등이 포함된다. Scott(1994)은 교수수정의 요구를 숙고하기 위한 지침을 검토하고 학습장애 대학생을 위해 학업적으로 적합한 적용을 하기 위한 제안을 하였다.

또한 재활법 504조에 따르면 학생들은 자신에게 필요한 것을 판별하거나 언급하도록 하며, 대학은 그들이 성공을 보장하는 데 필요한 공정한 기회를 줄 수 있는 프로그램 접근성을 확보해 주어야 한다. 하지만 불행하게도 많은 학습장애 대학생들의 경우는 학업적인 위기에 처할 때까지 그들이 가진 학습장애가 드러나지 않는다. 학습장애 대학생들을 위한 제언은 다음과 같다.

- 학기가 시작되기 전에 교수들에게 이야기한다.
- 자신이 특정 학습장애를 가지고 있다는 생각이 든다면 학교에서 실시되고 있는 장애학생 서비스를 찾아본다.
- 교과목 이수를 위해 실제적인 목표와 우선순위를 유지한다.
- 하나의 수첩에 모든 약속과 관련된 날짜(즉, 과제 제시일, 시험기간, 프로젝트 마감 시한)를 표시한다.
- 강의 중에 녹음기를 사용하여 수업을 녹음하고, 가능한 한 수업이 끝나자마자 노트 필기를 다시 한다.
- 다음 시험을 보기 전에 답할 수 있는 문제에 대해 도움을 청한다.
- 교실에서 앞자리에 앉는다.
- 수업시간 과제는 완수한다. 피로는 시간을 낭비하게 하므로 휴식시간에 갖는다.
- 강의 계획서를 얻어서 수업과정에서 해야 할 기대치를 명확히 안다.
- 과제를 먼저 예습한다.
- 학내 지원 서비스(예: 조기 등록, 순차적인 오디오북 보조, 시험 대체 과제, 특화된 연구 보조도구, 또래 지지 그룹, 진단적 상담, 연구기술, 개인학습 서비스)를 이용한다.

덧붙여 다음의 서비스는 학습장애 대학생들에게 도움이 될 수도 있다. 가정교사, 노트 필기자, 오디오북, 대체 시험양식, 수업 녹음하기, 또래 보조, 학업 중재, 조직화 기술 중재, 프로그램 시간의 수정, 코스 분석과 일정을 미리 설명받기, 조기 등록, 상담(학업, 직업, 개인), 강의절차, 학습전략, 사회성 기술훈련, 권리옹호 프로그램, 시험과 평가 수정, 지지그룹, 학생 및 교수진과의 코칭, 자기평가 훈련 등등.

많은 연구들이 학습장애 대학생들의 판별과 중재에 초점을 맞추고 있다. 학습장애 대학생들과 관련된 100개 이상의 연구를 검토한 후, Hughes와 Smith(1990)는 다음과 같이 그 결론과 정보를 제공하고 있다.

- 학습장애 대학생들의 지적인 기능은 학습장애를 가지고 있지 않은 다른 대학생들과 비교 가능하다.
- 학습장애 대학생들은 인지검사에서 평균이나 그 이상의 수준을 보여 준다.
- 읽기수준은 중등학교에서 대학수준에 이르기까지 매우 광범위하다. 학습장애 대학생의 평균 읽기수준은 10학년 정도다.
- 자기 보고 평가를 사용한 연구에서 학습장애 대학생은 대부분 읽기이해와 읽기 속도, 정보 저장하기에 문제를 보인다.
- 대부분의 학습장애 대학생들은 성취도 평가에서 측정되는 기술수준을 비교했을 때 자신의 기술문제를 정확하게 판별할 수 있다는 실증적인 증거가 있다.
- 학습장애 대학생들의 기술수준을 평가할 수 있는 측정도구가 그리 많지 않은데, 이는 자료 해석에서의 문제점을 시사해 준다.
- 많은 학습장애 대학생들이 수학 계산과 응용뿐 아니라 대수학, 기하학과 같은 다소 추상적인 영역에서 문제를 가진다.

적절한 사회성 기술은 대학 및 직업으로의 성공적인 전환을 이루는데 중요하다.

- 많은 학습장애 대학생들은 철자하기, 구두법, 문장 구조와 같은 쓰기표현 영역에서 심각한 결함을 보인다.
- 특히 외국어 학습은 많은 학습장애 학생들이 어려움을 나타내는 영역이다.
- 학습장애 대학생들을 위한 독특한 중재나 교수적인 접근법의 효과성에 초점을 맞추는 실험연구는 거의 없다.

비록 학습장애 학생을 위한 대학 프로그램의 개발에 상당한 관심이 있기는 하지만, 타당성 있는 특별한 중재를 만들려는 노력은 거의 전무하다고 할 수 있다. 한 중재연구에서 Ruhl, Hughes와 Gajar(1990)는 학습장애를 가진 학생들과 그렇지 않은 학생들 모두에게 강의를 통하여 사실을 기억하는 것을 돕는 휴기절차를 연구하였다. 표준 강의 동안에 휴기절차는 학생에게 토론과 노트 필기를 위한 2분간의 3회기를 제공한다. 이 절차는 학생 모두를 위한 객관적인 평가에서 단기 기억을 촉진하는 데 효과적이다. Ruhl 등은 위의 방법을 사용하여 학생들에게 교실수업 중에 제시되는 정보를 처리할 수 있는 구조와 시간을 제공하면 더욱 효과적이며 그것이 대학환경에서 실행 가능한 간단한 절차임을 강조하였다. 다른 연구에서 Ruhl과 Suritsky(1995)는 이 방법이 학습장애 대학생들에게 강의내용을 즉각적으로 기억할 수 있도록 도움을 주는 것 이상의 효과를 나타낼 수 있다고 하였다.

학습장애를 가진 성인들은 더 높은 수준의 교육을 받고자 한다. 미국학습장애협회(Learning Disabilities Association of America 4156, Library Road, Pittsburgh, PA 15234)는 학습장애 학생들을 위한 프로그램의 목록을 제공하고 있다. 또한 『학습장애 관련 전화번호부(The Complete Learning Disabilities Directory)』(Grey House Publishing에서 구입 가능)에는 학교의 입학 기준, 학습 센터, 직업훈련 프로그램, 협회와 조직, 학습장애에 참여하는 정부기관이 포함되어 있다.

상업용 전환교육 프로그램

수많은 상업용 프로그램과 자료는 학생들이 학교에서 작업장, 일상생활으로의 성공적인 전환을 할 수 있도록 설계되었다. 다음의 컴퓨터 프로그램뿐만 아니라 상업용 프로그램은 학생들이 기능적 생활기술 및 진로와 관련된 기술을 개발하도록 도와준다.

직업준비

직업준비(Job Ready; Curriculum Associates 출판)

는 2권의 책으로 구성되어 있으며, 학생들이 취업 초기 수준이나 반숙련 기술을 가지고 취업하거나 그 직업에서 성공적으로 수행할 수 있도록 돕기 위하여 기획되었다. 1권 '직업과 나에 대한 이해'는 나의 관심 분야와 올바른 직업을 선택하기 위한 강점과 고용을 위한 기술을 판별하는 데 초점을 둔다. 2권 '나의 직업 발견과 성공'은 구직을 포함한 직업 찾기, 면접 준비 및 참여하기, 고용 조건에 맞춰 준비하기와 수용하기, 퇴직에 대해 논의하고 있다. 각 권은 6학년 읽기수준으로 30개의 고용 관련 문헌과 고용 관련 어휘 및 읽기 이해를 강화하는 활동을 싣고 있다.

자기 결정을 위한 단계

자기 결정을 위한 단계(Steps to Self-Determination; Feryuson Publishing 제작)는 S. Field와 A. Hoffman이 개발한 것으로, 중등학생들이 중요한 목표를 정의하고 성취할 수 있도록 돕기 위하여 설계된 16개 항목으로 구성된 교육과정이다. 여기에서는 자기 결정의 5개의 주요 요소를 자기 자신에 대해 알기, 자기 가치 알기, 계획하기, 행동과 결과 경험하기 그리고 배우기를 소개한다. 각 영역에는 강점, 약점, 요구와 선호도, 결정하기 기술, 자원과 지원 알아보기, 협상하기 기술, 결과를 경험하고 결과로부터 배우기가 포함된다. 이 교육과정은 활기찬 환경과 목표를 향한 작업을 강조한다. 교사용 지침서와 학생용 워크북인 '자기 결정 지식척도'에는 교육과정을 위한 사전검사와 사후검사가 실려 있다.

전환교육 영역의 컴퓨터 소프트웨어 프로그램

컴퓨터 소프트웨어 프로그램은 학생들이 진로교육과 기능적인 생활기술을 발달시킬 수 있도록 도와줌으로써 학교에서 고용이나 지역사회 생활로의 전환을 촉진할 수 있다. 컴퓨터 프로그램은 또한 진로선택에 대한 의미 있는 정보를 제공할 수 있다.

진로발견 백과사전

진로발견 백과사전(Career Discovery Encyclopedia; Education Associates 제작)은 600개 이상의 진로에 대한 포괄적인 정보를 제공한다. CD-ROM에는 가장 좋아하는 교과목, 개인적인 관심사에 기초하여 탐색하도록 하는 맞춤식 특성과 능력에 대해 소개한다. 프로그램은 진로를 위한 생활과 진로탐색 과정을 포함하는 거의 100개의 라이브 활동 비디오를 포함한다.

가족과 소비자 생활기술 멀티미디어 시리즈

가족과 소비자 생활기술 멀티미디어 시리즈(Family and Consumer Life Skills Multi-Media Series; Education Associates 제작)는 고등학교에서 성인기에 이르는 학생들이 중요한 소비자 생활기술을 배울 수 있도록 설계되었다. 8개의 프로그램은 다음과 같다. 은행 업무, 신용거래와 대출(예: 신용을 쌓고 대출 신청하기), 은행업무, 수표업무와 저축(예: 예금계좌 개설하기), 자동차 구입(예: 협상하기 기술, 예약하기, 책임지기), 아파트 구하기(예: 관련 용어, 차용증서, 선택사항들, 비용, 가격), 혼자 처리할 일(예: 새로운 사람을 만나는 것, 세탁, 생활비 짜기), 전화 관련 생활기술(예: 전화번호부 사용하기, 전화 걸기의 유형, 기계와 서비스에 대한 대처 방법), 오늘날 세계 돌아보기(예: 지도 보기, 시간 관리, 대중교통), 소비자 쇼핑하기(예: 비교하여 쇼핑 결정 및 구매 하기).

직업준비 기술 시리즈

직업준비 기술 시리즈(Job Readiness Skills Series; Education Associates 제작)는 고등학교 학생들과 성인들이 진로목표, 직업 적용, 단정한 외모, 구직, 면접, 의사소통, 복직, 긍정적인 태도, 지면을 통한 의사소통하기에 관하여 준비할 수 있도록 교육을 한다. [그림 14-1]

은 사전검사와 사후검사를 보여 주며 경험을 확장시키기 위해 관련된 관심 링크뿐 아니라 특별한 범주를 제공한다. 학생 활동은 출력되거나 화면에 제시되고, 프로그램에는 교사들을 위한 관리 기능이 포함된다.

참고문헌

Abruscato, J. (1993). Early results and tentative implications from the Vermont Portfolio Project. *Phi Delta Kappan, 74,* 474-477.

Ackerman, P. T., Dykman, R. A., & Gardner, M. Y. (1990). Counting rate, naming rate, phonological sensitivity, and memory span: Major factors in dyslexia. *Journal of Learning Disabilities, 23,* 325-327.

Adams, G. L., & Englemann, S. (1996). *Research on direct instruction: 25 years beyond DISTAR.* Seattle, WA: Educational Achievement Systems.

Adams, M. J. (1990). *Beginning to read: Thinking and learning about print.* Cambridge, MA: MIT Press.

Adams, M. J., & Bruck, M. (1995). Resolving the "great debate." *American Educator, 19*(7), 10-20.

Adelman, P. B., & Vogel, S. A. (1993). Issues in the employment of adults with learning disabilities. *Learning Disability Quarterly, 16,* 219-232.

Adler, S. (1988). A new job description and a new task for the public school clinician: Relating effectively to the nonstandard dialect speaker. *Language, Speech, and Hearing Services in Schools, 19,* 28-33.

Alberto, P. A., & Troutman, A. C. (2003). *Applied behavior analysis for teachers* (6th ed.). Upper Saddle River, NJ: Merrill/Prentice Hall.

Alderman, M. K. (1990). Motivation for at-risk students. *Educational Leadership, 48*(1), 27-30.

Allinder, R. M., Bolling, R. M., Oats, R. G., & Gagnon, W. A. (2000). Effects of teacher self-monitoring on implementation of curriculum-based measurement and mathematics computation achievement of students with disabilities. *Remedial and Special Education, 21,* 219-226.

Allor, J. H., & McCathren, R. B. (2003). Developing emergent literacy skills through storybook reading. *Intervention in School and Clinic, 39,* 72-79.

American Psychiatric Association. (1982). *Diagnostic and statistical manual of mental disorders* (2nd ed.). Washington, DC: Author.

American Psychiatric Association. (1987). *Diagnostic and statistical manual of mental disorders* (3rd ed.). Washington, DC: Author.

American Psychiatric Association. (1994). *Diagnostic and statistical manual of mental disorders* (4th ed.). Washington, DC: Author.

American Speech-Language-Hearing Association. (1991). A model for collaborative service delivery for students with language-learning disorders in the public schools. *Asha, 33*(Suppl. 5), 44-50.

American Speech-Language-Hearing Association. (1992). Definitions for communicative disorders and differences. *Asha, 24,* 949-950.

Anders, P. L., & Bos, C. S. (1984). In the beginning: Vocabulary instruction in content classrooms. *Topics in Learning and Learning Disabilities, 3*(4), 53-65.

Anderson, D. W. (1966). Handwriting research: Movement and quality. In T. D. Horn (Ed.), *Research on handwriting and spelling.* Champaign, IL: National Council of Teachers of English.

Anderson, L. W., & Pellicer, L. O. (1990). Synthesis of research on compensatory and remedial education. *Educational Leadership, 48*(1), 10-16.

Archer, A. L., & Gleason, M. M. (1988). *Skills for school success.* Boston: Curriculum Associates.

Archer, A. L., & Gleason, M. M., & Isaacson, S. (1995). Effective instructional delivery. In P. T. Cegelka & W. H. Berdine, *Effective instruction for students with learning difficulties* (pp. 161-194). Boston: Allyn & Bacon.

Ashlock, R. B. (1998). *Error patterns in computation* (7th ed.). Upper Saddle River, NJ: Merrill/Prentice Hall.

Ashlock, R. B. (1998). *Error patterns in computation: Using error patterns to improve instruction* (8th ed.). Upper Saddle River, NJ: Merrill/Prentice Hall.

Baechle, C. L., & Lian, M. J. (1990). The effects of direct feedback and practice on metaphor performances in children with learning disabilities. *Journal of Learning Disabilities, 23,* 451-455.

Baker, E. T., Wang, M. C., & Walberg, H. J. (1994/1995). The effects of inclusion on learning. *Educational Leadership, 52*(4), 33-35.

Baker, S. K., Simmons, D. C., & Kameenui, E. J. (1994), Making information more memorable for students with learning disabilities through the design of instructional tools. *LD Forum, 19*(3), 14-18.

Bandura, A. (1971). Analysis of modeling processes. In A. Bandura (Ed.), *Psychological modeling: Conflicting theories.* New York: Aldine/Atherton.

Bankson, N. W. (1990). *Bankson Language Test—2.* Austin, TX: PRO-ED.

Baratz, J. C. (1969). Language and cognitive assessments of Negro children: Assumptions and research needs. *Journal of American Speech and Hearing Association, 11,* 87-91.

Barbe, W., Milone, M., & Wasylyk, T. (1983). Manuscript is the "write" start. *Academic Therapy, 18,* 397-406.

Barenbaum, E., & Newcorner, P. (1996). *Test of Children's Language.* Austin, TX: PRO-ED.

Baroody, A. J., & Hume, J. (1991). Meaningful mathematics instruction: The case of fractions. *Remedial and Special Education, 12*(3), 54-68.

Bartel, N. R., Grill, J. J., & Bryen, D. N. (1973). Language characteristics of Black children: Implication for assessment. *Journal of School Psychology, 11,* 351-364.

Bates, E. (1976). Pragmatics and sociolinguistics in child language. In D. Morehead & A. Morehead (Eds.), *Normal and deficient child language* (pp. 411-463). Baltimore, MD: University Park Press.

Battle, J. (2002). *Culture-Free Self-Esteem Inventories—3.* Austin, TX: PRO-ED.

Bauwens, J., & Hourcade, J. J. (1995). *Cooperative teaching: Rebuilding the schoolhouse for all students.* Austin, TX: PRO-ED.

Beatty, L. S., Madden, R., Gardner, E. F., & Karlsen, B. (1995). *Stanford Diagnostic Mathematics Test—Fourth*

Edition. San Antonio, TX: Harcourt Educational Measurement.

Beck, I. L., & Juel, C. (1995). The role of decoding in learning to read. *American Educator, 19,* 8, 21-25, 39-42.

Belson, S. I. (2003). *Technology for exceptional learners: Choosing instructional tools to meet students' needs.* Boston: Houghton Mifflin.

Bender, W. N. (1994). Social-emotional development: The task and the challenge. *Learning Disability Quarterly, 17,* 250-252.

Bender, W. N. (1995). *Learning disabilities: Characteristics, identification, and teaching strategies* (2nd ed.). Boston: Allyn & Bacon.

Bender, W. N., & Smith, J. K. (1990). Classroom behavior of children and adolescents with learning disabilities: A meta-analysis. *Journal of Learning Disabilities, 23,* 298-305.

Bender, W. N., Vail, C. O., & Scott, K. (1995). Teachers' attitudes toward increased mainstreaming: Implementing effective instruction for students with learning disabilities. *Journal of Learning Disabilities, 28,* 87-94, 120.

Bender, W. N., & Wall, M. E. (1994). Social-emotional development of students with learning disabilities. *Learning Disability Quarterly, 17,* 323-341.

Bergerud, D., Lovitt, T. C., & Horton, S. (1988). The effectiveness of textbook adaptation in life science for high school students with learning disabilities. *Journal of Learning Disabilities, 21,* 70-76.

Bernstein, D. K. (1993). Language development: The preschool years. In D. K. Bernstein & E. Tiegerman (Eds.), *Language and communication disorders in children* (3rd ed., pp. 97-122). Boston: Allyn & Bacon.

Bezuk, N. S., & Segelka, P. T. (1995). Effective mathematics instruction for all students. In P. T. Cegelka & W. H. Berdine, *Effective instruction for students with learning difficulties* (pp. 345-383). Boston: Allyn & Bacon.

Bhat, P., Griffin, C. C., & Sindelar, P. T. (2003). Phonological awareness instruction for middle school students with learning disabilities. *Learning Disability Quarterly, 26,* 73-87.

Binder, C. V. (1988). Precision teaching: Measuring and attaining academic excellence. *Youth Policy, 10,* 12-15.

Blackham, G. J., & Siberman, A. (1980). *Modification of child and adolescent behavior* (3rd ed.). Belmont, CA: Wadsworth.

Bley, N. S., & Thornton, C. A. (2000). *Teaching mathematics to students with learning disabilities* (4th ed.). Austin, TX: PRO-ED.

Bloom, L., & Lahey, M. (1978). *Language development and language disorders.* New York: John Wiley.

Bloomfield, L., & Barnhart, C. L. (1961). *Let's read—A linguistic approach.* Detroit, MI: Wayne State University Press.

Boehm, A. E. (2000). *Boehm Test of Basic Concepts—3.* San Antonio, TX: Psychological Corporation.

Boning, R. A. (1998). *Specific skill series* (5th ed.). DeSoto, TX: SRA.

Boone, R., Higgins, K., Falba, C., & Langley, W. (1993). Cooperative text: Reading and writing in a hypermedia environment. *LD Forum, 18*(3), 29-37.

Borich, G. D. (1992). *Effective teaching methods* (2nd ed.). Upper Saddle River, NJ: Merrill/Prentice Hall.

Borkowski, J. G. (1992). Metacognitive theory: A framework for teaching literacy, writing, and math skills. *Journal of Learning Disabilities, 25,* 253-257.

Borkowski, J. G., Estrada, M. T., Milstead, M., & Hale, C. A. (1989). General problem-solving skills: Relations between metacognition and strategic processing. *Learning Disability Quarterly, 12,* 57-70.

Borkowski, J. G., Weyhing, R. S., & Carr, M. (1988). Effects of attributional retraining on strategy-based reading comprehension in learning-disabled students. *Journal of Educational Psychology, 80*(1), 46-53.

Bormuth, J. R. (1968). The cloze readability procedure. *Elementary English, 45,* 429-436.

Bos, C. S., & Anders, P. L. (1987). Semantic feature analysis: An interactive teaching strategy for facilitating learning from text. *Learning Disability Focus*, 3(1), 55-59.

Bos, C. S., & Vaughn, S. (2002). *Strategies for teaching students with learning and behavior problems* (5th ed.). Boston: Allyn & Bacon.

Bottge, B. A., & Hasselbring, T. S. (1993). A comparison of two approaches for teaching complex, authentic mathematics problems to adolescents in remedial math classes. *Exceptional Children, 59,* 556-566.

Boyle, E. A., Rosenberg, M. S., Connelly, V. J., Washburn, S. C., Brinckerhoff, L. C., & Banerjee, M. (2003). Effects of audio texts on the acquisition of secondary-level content by students with mild disabilities. *Learning Disability Quarterly, 26,* 203-214.

Bracken, B. A. (1991). *Multidimensional Self Concept Scale.* San Antonio, TX: Psychological Corporation.

Braine, M. (1971). *On two types of models of the internalization of grammar.* New York: Academic Press.

Braine, M. (1976). Children's first word combinations. *Monographs of the Society for Research in Child Development, 41* (Serial No. 164).

Brandt, R. (1991). Overview: Time for reflection. *Educational Leadership, 48*(6), 3.

Brandt, R. (1994/1995). Overview: What is best? *Educational Leadership, 52*(4), 3.

Brendtro, L., & Long, N. (1995). Breaking the cycle of conflict. *Educational Foundation Leadership, 15*(5), 52-56.

Brigance, A. H. (1981). *Brigance Diagnostic Inventory of Essential Skills.* North Billerica, MA: Curriculum Associates.

Brigance, A. H. (1995). *Brigance Diagnostic Employability Skills Inventory.* North Billerica, MA: Curriculum Associates.

Brigance, A. H. (1999). *Brigance Diagnostic Comprehensive Inventory of Basic Skills—Revised.* North Billerica, MA: Curriculum Associates.

Brigham, F. J., Scruggs, T. E., & Mastropieri, M. A. (1992). Teaching enthusiasm in learning disabilities classrooms: Effects on learning and behavior. *Learning Disabilities Research & Practice, 7,* 68-73.

Brolin, D. E. (1997). *Life-centered career education: A competency-based approach* (5th ed.). Reston, VA: Council for Exceptional Children.

Brophy, J. (1987). Synthesis of research on strategies for motivating students to learn. *Educational Leadership, 45*(2), 40-48.

Browder, D. M. & Snell, M. E. (1993). Functional academics. In M. E. Snell (Ed.), *Instruction of students with severe disabilities* (4th ed., pp. 442-479). Upper Saddle River, NJ: Merrill/Prentice Hall.

Brown, A. S. (1988). Encountering misspellings and spelling performances: Why wrong isn't right. *Journal of Educational Psychology, 80,* 488-494.

Brown, L. L., & Alexander, J. (1991). *Self-Esteem Index.* Austin, TX: PRO-ED.

Brown, L. L., & Hammill, D. D. (1990). *Behavior Rating Profile—2.* Austin, TX: PRO-ED.

Brown, R. (1973). *A first language: The early stages.* Cambridge, MA: Harvard University Press.

Brown, R., & Berko, J. (1960). Word association and acquisition of grammar. *Child Development, 31,* 1-14.

Brown, V. L., Cronin, M. E., & McEntire, E. (1994). *Test of Mathematical Abilities—2.* Austin, TX: PRO-ED.

Brown, V. L., Hammill, D. D., & Wiederholt, J. L. (1995). *Test of Reading Comprehension—3.* Austin, TX: PRO-ED.

Bruininks, R. H., Woodcock, R. W., Weatherman, R. F., & Hill, B. K. (1996). *Scales of Independent Behavior—Revised.* Itasca, IL: Riverside.

Bruner, J. S. (1974/1975). From communication to language: A psychological perspective. *Cognition, 3,* 255-287.

Brunner, M. S. (1993). *Reduced recidivism and increased employment opportunity through research-based reading instruction.* Washington, DC: Office of Juvenile Justice and Delinquency Prevention Juvenile Justice Clearinghouse.

Bryan, J. (1988, April). *Perspectives on the regular education initiative.* Paper presented at the meeting of the Council for Exceptional Children, Washington, DC.

Bryan, T. H. (1986). Self-concept and attributions of the learning disabled. *Learning Disabilities Focus, 1,* 82-89.

Bryan, T., & Sullivan-Burstein, K. (1998). Teacher-selected strategies for improving homework completion. *Remedial and Special Education, 19,* 263-275.

Bryant, B. R., Wiederholt, J. L., & Bryant, D. P. (2004). *Gray Diagnostic Reading Tests—Second Edition.* Austin, TX: PRO-ED.

Bryant, D. P., Goodwin, M., Bryant, B. R., & Higgins, K. (2003). Vocabulary instruction for students with learning disabilities: A review of the research. *Learning Disability Quarterly, 26,* 117-128.

Bryant, N. D., Drabin, I. R., & Gettinger, M. (1981). Effects of varying unit size on spelling achievement in learning disabled children. *Journal of Learning Disabilities, 14,* 200-203.

Bulgren, J. A., Deshler, D. D., & Schumaker, J. B. (1993). *The content enhancement series: The concept mastery routine.* Lawrence, KS: Edge Enterprises.

Bulgren, J. A., & Lenz, B. K. (1996). Strategic instruction in the content areas. In D. D. Deshler, E. S. Ellis, & B. K. Lenz, *Teaching adolescents with learning disabilities: Strategies and methods* (2nd ed., pp. 409-473). Denver, CO: Love.

Bulgren, J. A., Lenz, B. K., Deshler, D. D., & Schumaker, J. B. (1995). *The content enhancement series: The concept comparison routine.* Lawrence, KS: Edge Enterprises.

Bulgren, J. A., Lenz, B. K., Deshler, D. D., & Schumaker, J. B. (2001). *The content enhancement series: The question exploration routine.* Lawrence, KS: Edge Enterprises.

Bulgren, J. A., Schumaker, J. B. & Deshler, D. D. (1988). The effectiveness of a concept teaching routine in enhancing the performance if students with learning disabilities in mainstream classes. *Learning Disability Quarterly, 11,* 3-17.

Bulgren, J. A., Schumaker, J. B. & Deshler, D. D. (1994). *The content enhancement series: The concept anchoring routine.* Lawrence, KS: Edge Enterprises.

Burns, P. C. (1980). *Assessment and correction of language arts difficulties.* Upper Saddle River, NJ: Merrill/Prentice Hall.

Burns, P. C., & Broman, B. L. (1983). *The language arts in childhood education* (5th ed.). Chicago: Rand McNally.

Burns, P. C., & Roe, B. D. (2002). *Informal Reading Inventory* (6th ed.). Boston: Houghton Mifflin.

Bursuck, W. D., Harniss, M. K., Epstein, M. H., Polloway, E. A., Jayanthi, M., & Wissinger, L. M. (1999). Solving communication problems about homework: Recommendations of special education teachers. *Learning Disabilities Research & Practice, 14,* 149-158.

Bursuck, W., Polloway, E. A., Plante, L., Epstein, M. H., Jayanthi, M., & McConeghy, J. (1996). Report card grading and adaptations: A national survey of classroom practices. *Exceptional Children, 62*, 301-318.

Butler, F. M., Miller, S. P., Crehan, K., Babbitt, B., & Pierce, T. (2003). Fraction instruction for students with mathematics disabilities: Comparing two teaching sequences. *Learning Disabilities Research & Practice, 18*, 99-111.

Buttrill, J., Niizawa, J., Bierner, C., Takahashi, C., & Hearn, S. (1989). Serving the language learning disabled adolescent: A strategies-based model. *Language, Speech, and Hearing Services in Schools, 20*, 185-201.

Calhoon, M. B., Fuchs, L. S., & Hamlett, C. L. (2000). Effects of computer-based test accommodations on mathematics performance assessments for secondary students with learning disabilities. *Learning Disability Quarterly, 23*, 271-282.

California Department of Education. (1994). *I can learn: A handbook for parents, teachers, and students.* Sacramento, CA: Author.

California Diagnostic Reading Test. (1992). Monterey, CA: CTB/McGraw-Hill.

California Mathematics Assessment Advisory Committee. (1990). *Guidelines for the mathematics portfolio: Working paper.* Sacramento: California Assessment Program, California State Department of Education.

Canady, R. L., & Retting, M. D. (1995). The power of innovative scheduling. *Educational Leadership, 53*(3), 4-10.

Carbo, M. L. (1978). A word imprinting technique for children with severe memory disorders. *Teaching Exceptional Children, 11*, 3-5.

Carbo, M. L. (1987). Matching reading styles: Correcting ineffective instruction. *Educational Leadership, 45*(2), 55-62.

Cardoza, D., & Rueda, R. (1986). Educational and occupational outcomes of Hispanic learning-disabled high school students. *The Journal of Special Education, 20*, 111-126.

Carlson, S. A. (1985). The ethical appropriateness of subject-matter tutoring for learning disabled adolescents. *Learning Disability Quarterly, 8*, 310-314.

Carman, R. A., & Adams, W. R. (1972). *Study skills: A student's guide for survival.* New York: Wiley.

Carnine, D. (1989). Teaching complex content to learning disabled students: The role of technology. *Exceptional Children, 55*, 524-533.

Carnine, D. (1991). Curricular interventions for teaching higher order thinking to all students: Introduction to the special series. *Journal of Learning Disabilities, 24*, 261-269.

Carnine, D. W., Silbert, J., Kameenui, E. J., & Tarver, S. G. (2004). *Direct instruction reading* (4th ed.). Upper Saddle River, NJ: Merrill/Prentice Hall.

Carreker, S. (1999). Teaching spelling. In J. R. Birsh (Ed.), *Multisensory teaching of basic language skills* (pp. 217-256). Baltimore, MD: Paul H. Brookes.

Carreker, S. (2002). Fluency: No longer a forgotten goal in reading instruction. *Perspectives* (The International Dyslexia Association), *28*(1), 1, 4.

Carroll, J. B. (1938). Diversity of vocabulary and the harmonic series law of word-frequency distribution. *Psychological Record, 2.*

Carrow-Woolfolk, E. (1995a). *Oral and Written Language Scales: Listening Comprehension and Oral Expression.* Circle Pines, MN: American Guidance Services.

Carrow-Woolfolk, E. (1995a). *Oral and Written Language Scales: Written Expression.* Circle Pines, MN: American

Guidance Services.

Carrow-Woolfolk, E. (1999a). *Comprehensive Assessment of Spoken Language.* Circle Pines, MN: American Guidance Services.

Carrow-Woolfolk, E. (1999a). *Test for Auditory Comprehension of Language—3.* Austin, TX: PRO-ED.

Cartwright, G. P. (1968). Written language abilities of normal and educable mentally retarded children. *American Journal of Mental Deficiency, 72,* 499-508.

Cartwright, G. P. (1969). Written expression and spelling. In R. M. Smith (Ed.), *Teacher diagnosis of educational difficulties* (pp. 95-117). Upper Saddle River, NJ: Merrill/Prentice Hall.

Cass, M., Cates, D., Smith, M., & Jackson, C. (2003). Effects of manipulative instruction on solving area and perimeter problems by students with learning disabilities. *Learning Disabilities Research & Practice, 18,* 112-120.

Cawley, J. F., & Miller, J. H. (1989). Cross-sectional comparisons of the mathematical performance of children with learning disabilities: Are we on the right track toward comprehensive programming? *Journal of Learning Disabilities, 23,* 250-254, 259.

Cawley, J. F., Miller, J. H., & School, B. A. (1987). A brief inquiry of arithmetic word-problem solving among learning disabled secondary students. *Learning Disabilities Focus, 2,* 87-93.

Cawley, J. F., Parmar, R. S., Yan, W., & Miller, J. H. (1998). Airthmetic computation performance of students with learning disabilities: Implications for curriculum. *Learning Disabilities Research & Practice, 13,* 68-74.

Cegelka, P. T., & Berdine, W. H. (1995). *Effective instruction for students with learning difficulties.* Boston: Allyn & Bacon.

Cegelka, P. T., & Greene, G. (1993). Transition to adulthood. In A. E. Blackhurst & W. H. Berdine (Eds.), *An introduction to special education* (3rd ed., pp. 137-175). New York: HarperCollins.

Chalfant, J. C., & Pysh, M. V. (1989). Teacher assistance teams: Five descriptive studies of 96 teams. *Remedial and Special Education, 19*(6), 49-58.

Chall, J. S. (1987). Reading and early childhood education: The critical issues. *Principal, 66*(5), 6-9.

Chall, J. S. (1989). Learning to read: The great debate 20 years later—A response to "Debunking the great phonics myth." *Phi Delta Kappan, 70,* 521-538.

Chall, J. S. (1996). *Stages of reading development* (2nd ed.). Fort Worth, TX: Harcourt Brace.

Chall, J. S., & Stahl, S. A. (1982). Reading. In H. E. Mitzel (Ed.), *Encyclopedia of educational research* (5th ed., pp. 1535-1559). New York: Free Press.

Chapman, J. W., & Boersma, F. J. (1979). Learning disabilities, locus of control, and mother attitudes. *Journal of Educational Psychology, 1,* 250-258.

Chard, D. J., Simmons, D. C., & Kameenui, E. J. (1995). *Understanding the primary role of word recognition in the reading process: Synthesis of research on beginning reading* (Tech. Rep.). Eugene: University of Oregon, National Center to Improve the Tools of Educators.

Chiang, B., & Ford, M. (1990). Whole language alternatives for students with learning disabilities. *LD Forum, 16*(1), 31-34.

Chomsky, N. A. (1965). *Aspects of the theory of syntax.* Cambridge, MA: MIT Press.

Chirstenson, S. L., Ysseldyke, J. E., & Thurlow, M. L. (1989). Critical instructional factors for students with mild handicaps: An integrative review. *Remedial and Special Education, 10*(5), 21-31.

Cianciolo, P. J. (1965). Children's literature can affect coping behavior. *Personnel and Guidance Journal, 43*(9), 897-903.

Clark, C. M. (1989, October). *The good teacher.* Paper presented at the Norwegian Research Council for Science and the Humanities Conference: "Education from Cradle to Doctorate," Trondheim, Norway.

Clark, G. M., & Kolstoe, O. P. (1990). *Career development and transition education for adolescents with disabilities.* Boston: Allyn & Bacon.

Clark, G. M., & Patton, J. R. (1997). *Transition Planning Inventory.* Austin, TX: PRO-ED.

Clay, M. M. (1985). *The early detection of reading difficulties* (3rd ed.). Auckland, New Zealand: Heinemann Educational Books.

Clements, D. H. (1987). Computers and young children: A review of research. *Young Children, 42*(1), 34-44.

Clifford, M. M. (1990). Students need challenge, not easy success. *Educational Leadership, 48*(1), 22-26.

Cline, B. V., & Billingsley, B. S. (1991). Teachers' and supervisors' perceptions of secondary learning disabilities programs: A multi-state survey. *Learning Disabilities Research & Practice, 6,* 158-165.

Cobb, P., Yackel, E., & Wood, T. (1992). A constructivist alternative to the representational view of mind in mathematics education. *Journal of Research in Mathematics Education, 23,* 2-33.

Cohen, P. A., Kulik, J. A., & Kulik, C. C. (1982). Educational outcomes of tutoring: A meta-analysis of findings. *American Educational Research Journal, 19*(2), 237-248.

Coie, J., Dodge, K., & Coppotelli, H. (1982). Dimensions and types of social statues: A cross-age perspective. *Developmental Psychology, 18,* 557-570.

Collins, M., Carnine, D., & Gersten, R. (1987). Elaborated corrective feedback and the acquisition of reading skills: A study of computer-assisted instruction. *Exceptional Children, 54,* 254-262.

Colvin, G., Sugai, G., & Patching, B. (1993). Precorrection: An instructional approach for managing predictable problem behaviors. *Intervention in School and Clinic, 28,* 143-150.

Conderman, G., & Koroghlanian, C. (2002). Writing test questions like a pro. *Intervention in School and Clinic, 38,* 83-87.

Conners, C. K. (1996). *Conners' Rating Scale—Revised.* San Antonio, TX: Psychological Corporation.

Connolly, A. J. (1998). *Key Math—Revised: A Diagnostic Inventory of Essential Mathematics.* Circle Pines, MN: American Guidance Service.

Cook, B. G., Tankersley, M., Cook, L., & Landrum, T. J. (2000). Teachers' attitudes toward their included students with disabilities. *Exceptional Children, 67,* 115-135.

Cooper, H. (2001). *The battle over homework. Common ground for administrators, teachers, and parents* (2nd ed.). Thousand Oaks, CA: Corwin Press.

Cooper, H., & Nye, B. (1994). Homework for students with learning disabilities: The implications of research for policy and practice. *Journal of Learning Disabilities, 27,* 470-479.

Coopersmith, S. (1981). *Coopersmith Self-Esteem Inventories.* Palo Alto, CA: Consulting Psychologists Press.

Courtright, J. A., & Courtright, I. C. (1976). Imitative modeling as a theoretical base for instructing language-disordered children. *Journal of Speech and Hearing Research, 19,* 655-663.

Courtright, J. A., & Courtright, I. C. (1979). Imitative modeling as a language intervention strategy: The effects of two mediating variables. *Journal of Speech and Hearing Research, 22,* 389-402.

Covey, S. R. (1989). *The seven habits of highly effective people.* New York: Simon & Schuster.

Covey, S. R., Merrill, A. R., & Merrill, R. R. (1994). *First things first.* New York: Simon & Schuster.

Cronin, M. E. (1988). Applying curriculum for the instruction of life skills. In G. A. Robinson, J. R. Patton, E. A. Polloway, & L. R. Sargent (Eds.), *Best practices in mental disabilities* (Vol. 2, pp. 41-52). Des Moines: lowa Department of Education, Bureau of Special Education.

Cronin, M. E., & Patton, J. R. (1993). *Life skills instruction for all students with special needs: A practical guide for integrating real-life content into the curriculum.* Austin, TX: PRO-ED.

Cummings, R. E., & Maddux, C. D. (1985). *Parenting the learning disabled: A realistic approach.* Springfield, IL: Charles C. Thomas.

Cunningham, A. E., & Stanovich, K. E. (1998). What reading does for the mind. *American Educator, 22* (Spring/Summer), 8-15.

DeBoer, A. (1994). *Grading alternatives.* Presentation conducted at Project TIDE Training, Myrtle Beach, SC.

DeFord, D. E., Pinnell, G. S., Lynos, C. A., & Young P. (1988). *Reading Recovery: Volume IX, report of the follow-up studies.* Columbus, OH: Ohio State University.

De la Cruz, R. E., Cage, C. E., & Lian, M. J. (2000). Learning math and social skills through ancient multicultural games. *Teaching Exceptional Children, 32*(3), 38-42.

Delquadri, J., Greenwood, C. R., Whorton, D., Carta, J. J., & Hall, R. V. (1986). Classwide peer tutoring. *Exceptional Children, 52,* 535-542.

Dempster, F. N. (1991). Synthesis of research on reviews and tests. *Educational Leadership, 48*(7), 71-76.

Denckla, M. B., & Rudel, R. (1974). Rapid "automatized" naming of pictured objects, colors, and letters, and numbers by normal children. *Cortex, 10,* 186-202.

Denham, C., & Lieberman, A. (Eds.). (1980). *Time to learn.* Washington, DC: National Institute of Education.

Deno, S. L. (1987). Curriculum-based measurement. *Teaching Exceptional Children, 20*(1), 41-42.

Deno, S. L. (1989). Curriculum-based measurement and special education services: A fundamental and direct relationship. In M. R. Shinn (Ed.), *Curriculum-based measurement: Assessing special children* (pp. 1-17). New York: Guilford Press.

Deno, S. L., Mirkin, P. K., & Chiang, B. (1982). Identifying valid measures of reading. *Exceptional Children, 49,* 36-45.

Deno, S. L., Mirkin, P. K., & Wesson, C. (1984). How to write effective data-based IEPs. *Teaching Exceptional Children, 16,* 99-104.

Deshler, D. D., & Lenz, B. K. (1989). The strategies instructional approach. *International Journal of Disability, Development, and Education, 36*(3), 203-224.

Deshler, D. D., & Schumaker, J. B. (1986). Learning strategies: An instructional alternative of low achieving adolescents. *Exceptional Children, 52,* 583-590.

Deshler, D. D., Schumaker, J. E., & McKnight, P. C. (1997). *The content enhancement series: The survey routine.* Lawrence: University of Kansas Center for Research on Learning.

Dessart, D. J., DeRidder, C. M., & Ellington, A. J. (1999). The research backs calculators. *Mathematics Education Dialogues, 2*(3), 6.

DeVries, D. L., & Slavin, R. E. (1978). Teams-games-tounament (TGT): Review of ten classroom experiments.

Journal of Research and Development in Education, 12, 28-38.

Dickinson, D. K., & McCabe, A. (2001). Bringing it all together: The multiple origins, skills, and environmental supports of early literacy. *Learning Disabilities Research & Practice, 16,* 186-202.

Dixon, R. C. (1991). The application of sameness analysis to spelling. *Journal of Learning Disabilities, 24,* 285-291, 310.

Dixon, R. C., & Carnine, D. (1994). Ideologies, practices, and their implications for special education. *The Journal of Special Education, 28,* 356-367.

Dixon, R. C., Carnine, D., & Kameenui, E. J. (1992). *Curriculum guidelines for diverse learners* (Monograph for National Center to Improve the Tools of Educators). Eugene: University of Oregon.

Dixon, R. C., & Engelmann, S. (2002). *Spelling through morphographs.* DeSoto, TX: SRA.

Dixon, R. C., Engelmann, S., Bauer, M. M., Steely, D., & Wells, T. (1998). *Spelling mastery.* DeSoto, TX: SRA.

Dodds, T., & Goodfellow, F. (1990/1991). *Learning through literature.* DeSoto, TX: SRA.

Dodge, K. A. (1983). Behavioral antecedents of peer status. *Child Development, 54,* 1400-1416.

Dodge, K. A., Pettit, G. S., McClaskey, C. L., & Brown, M. M. (1986). Social competence in children. *Monograph of the Society for Research in Child Development, 51* (2, Serial No. 213).

Dolch, E. W. (1955). *Methods in reading.* Champaign, IL: Garrard.

Dolch, E. W. (1955). *Better spelling.* Champaign, IL: Garrard.

Dowhower, S. L. (1987). Effects of repeated reading on second-grade transitional readers' fluency and comprehension. *Reading Research Quarterly, 22,* 389-406.

Dowhower, S. L. (1994). Repeated reading revisited: Research into practice. *Reading and Writing Quarterly, 10,* 343-358.

Dowis, C. L., & Schloss, P. (1992). The impact of mini-lessons on writing skills. *Remedial and Special Education, 13* (5), 34-42.

Duling, W. P. (1999). Literacy development of second language learners with technology and LEA. In O. G. Nelson & W. M. Linek (Eds.), *Practical classroom applications of language experience: Looking back, looking forward* (pp. 248-256). Boston: Allyn & Bacon.

Dunn, L. M., & Dunn, L. M. (1997). *Peabody Picture Vocabulary Test—Third Edition.* Circle Pines, MN: American Guidance Service.

Dunn, R., Beaudry, J. S., & Klavas, A. (1989). Survey of research on learning on learning styles. *Educational Leadership, 46* (6), 50-58.

Durlak, C. M., Rose, E., & Bursuck, W. D. (1994). Preparing high school students with learning disabilities for the transition to postsecondary education: Teaching the skills of self-determination. *Journal of Learning Disabilities, 27,* 51-59.

Early, G. (1973). The case for cursive writing. *Academic Therapy, 9,* 105-108.

Edwards, P. (1973). Panorama: A study technique. *Journal of Reading, 17,* 132-135.

Ehren, B. J., & Lenz, B. K. (1989). Adolescents with language disorders: Special considerations in providing academically relevant language intervention. *Seminars in Speech and Language, 10,* 192-204.

Ehri, L. C. (1995). Phases of development in learning to read words by sight. *Journal of Research in Reading, 18,* 116-125.

Ehri, L. C. (1998). Grapheme-phoneme knowledge is essential for learning to read words in English. In J. Methsala & L. Ehri (Eds.), *Word recognition in beginning literacy* (pp. 3-40). Mahwah, NJ: Erlbaum Associates.

Ekwall, E. E., & Shanker, J. L. (1988). *Diagnosis and remediation of the disabled reader* (3rd ed.). Boston: Allyn & Bacon.

Elbaum, B., Vaughn, S., Hughes, M., & Moody, S. W. (1999). Grouping practices and reading outcomes for students with disabilities. *Exceptional Children, 65,* 399-415.

Elksnin, L. K., & Elksnin, N. (1998). Teaching social skills to students with learning and behavior problems. *Intervention in School and Clinic, 33,* 131-140.

Ellett, L. (1993). Instructional practices in mainstreamed secondary classrooms. *Journal of Learning Disabilities, 26,* 57-64.

Elliott, S. N. (1998). Performance assessment of students' achievement: Research and practice. *Learning Disabilities Research and Practice, 13,* 233-241.

Elliott, S. N., Gresham, F. M., & Heffer, R. W. (1987). Social-skill interventions: Research findings and training techniques. In C. A. Maher & J. E. Zins (Eds.), *Psychoeducational interventions in the schools* (pp. 141-159). New York: Pergamon.

Ellis, E. S. (1986). The role of motivation and pedagogy on the generalization of cognitive strategy training. *Journal of Learning Disabilities, 19,* 66-70.

Ellis, E. S. (1997). *The content enhancement series: The clarifying routine.* Lawrence, KS: Edge Enterprises.

Ellis, E. S. (1998). *The content enhancement series: The framing routine.* Lawrence, KS: Edge Enterprises.

Ellis, E. S., Deshler, D. D., Lenz, B. K., Schumaker, J. B., & Clark, F. L. (1991). An instructional model for teaching learning strategies. *Focus on Exceptional Children, 24*(1), 1-14.

Ellis, E. S., & Friend, P. (1991). Adolescents with learning disabilities, In B. Y. L. Wong (Ed.), *Learning about learning disabilities* (pp. 505-561). San Diego, CA: Academic Press.

Ellis, E. S., & Lenz, B. K. (1996). Perspectives on instruction in learning strategies. In D. D. Deshler, E. S. Ellis, & B. K. Lenz, *Teaching adolescents with learning disabilities: Strategies and methods* (2nd ed., pp. 9-60). Denver, CD: Love.

Ellis, E. S., Lenz, B. K., & Sabornie, E. J. (1987a). Generalization and adaption of learning strategies to natural environments: Part Ⅰ: Critical agents. *Remedial and Special Education, 8*(1), 6-20.

Ellis, E. S., Lenz, B. K., & Sabornie, E. J. (1987b). Generalization and adaption of learning strategies to natural environments: Part Ⅱ: Research into practice. *Remedial and Special Education, 8*(2), 6-23.

Elmore, R. F. (1992). Why restructuring alone won't improve teaching. *Educational Leadership, 49*(7), 44-48.

Emmer, E. T., Evertson, C. M., & Worsham, M. E. (2003). *Classroom management for secondary teachers* (6th ed.). Boston: Allyn & Bacon.

Engelmann, S. (1988). The Direct Instruction Follow Through model: Design and outcomes. *Education and Treatment of Children, 11,* 303-317.

Engelmann, S., & Bruner, E. C. (2002). *Reading mastery* (Classic ed.). DeSoto, TX: SRA.

Engelmann, S., Bruner, E. C., Hanner, S., Osborn, J., Osborn, S., & Zoref, L. (2001). *Reading mastery plus.* DeSoto, TX: SRA.

Engelmann, S., Hanner, S., & Johnson, G. (1999). *Corrective reading.* DeSoto, TX: SRA.

Englert, C. S., & Mariage, T. V. (1991). Making students partners in the comprehension process: Organizing the reading "POSSE." *Learning Disability Quarterly, 14,* 123-138.

Englert, C. S., Tarrant, K. L., & Mariage, T. V. (1992). Defining and redefining instructional practice in special education: Perspectives on good teaching. *Teacher Education and Special Education, 15,* 62-86.

Englert, C. S., Tarrant, K. L., Mariage, T. V., & Oxer, T. (1994). Lesson talk as the work of reading groups: The effectiveness of two interventions. *Journal of Learning Disabilities, 27,* 165-185.

Epstein, M. H., & Cullinan, D. (1998). *Scale for Assessing Emotional Disturbance.* Austin, TX: PRO-ED.

Epstein, M. H., Munk, D. D., Bursuck, W. D., Polloway, E. A., & Jayanthi, M. (1999). Strategies for improving home-school communication about homework for students with disabilities. *The Journal of Special Education, 33,* 166-176.

Ervin-Tripp, S., & Mitchell-Kernan, C. (Eds.). (1977). *Child discourse.* New York: Academic Press.

Espin, C. A., & Deno, S. L. (1993). Performance in reading from content area text as an indicator of achievement. *Remedial & Special Education, 14*(6), 47-59.

Espin, C. A., Deno, S. L., & Albayrak-Kaymak, D. (1998). Individualized education programs in resource and inclusive settings: How "individualized" are they? *The Journal of Special Education, 32,* 164-174.

Espin, C., Shin, J., Deno, S. L., Skare, S., Robinson, S., & Benner, B. (2000). Identifying indicators of written expression proficiency for middle school students. *The Journal of Special Education, 34,* 140-153.

Farlow, L. (1996). A quarter of success stories: How to make inclusion work. *Educational Leadership, 53*(5), 51-55.

Fernald, G. (1943). *Remedial techniques in basic school subjects.* New York: McGraw-Hill.

Fernald, G. (1988). *Remedial techniques in basic school subjects.* Austin, TX: PRO-ED.

Fewster, S., & MacMillan, P. D. (2002). School-based evidence for the validity of curriculum-based measurement of reading and writing. *Remedial and Special Education, 23,* 149-156.

Fisher, C. W., Berliner, D. C., Filby, N. N., Marliave, R., Cahen, L. S., & Dishaw, M. M. (1980). Teaching behaviors, academic learning time, and student acievement: An overview. In C. Denham & A. Lieberman (Eds.). *Time to learn.* Washington, DC: National Institute of Education.

Fisher, C. W., Berliner, D. C., Filby, N. N., Marliave, R., Cahen, L. S., Dishaw, M. M., & Moore, J. E. (1978). *Teaching and learning in the elementary school: A summary of the Beginning Teacher Evaluation Study.* San Francisco: Far West Laboratory for Educational Research and Development.

Fister, S. L., & Kemp, K. A. (1995). *TGIF: But what will I do on Monday?* Longmont, CO: Sopris West.

Fitts, W. H., & Warren, W. L. (1996). *Tennessee Self-Concept Scale: Second Edition.* Los Angeles: Western Psychological Services.

Flanders, N. (1970). *Analyzing teacher behavior.* Menlo Park, CA: Addison-Wesley.

Fleischner, J. E., Nuzum, M. B., & Marzola, E. S. (1987). Devising an instructional program to teach arithmetic problem-solving skills to students with learning disabilities. *Journal of Learning Disabilities, 20,* 214-217.

Folk, M. C., & Campbell, J. (1978). Teaching functional reading to the TMR. *Education and Training of the Mentally Retarded, 13,* 322-326.

Foorman, B. R., & Torgesen, J. (2001). Critical elements of classroom and small-group instruction promote reading success in all children. *Learning disabilities Research & Practice, 16,* 203-212.

Forgan, J. W. (2002). Using bibliotherapy to teach problem solving. *Intervention in School and Clinic, 38,* 75-82.

Forness, S. R., & Kavale, K. A. (1985). Effects of class size on attention, communication, and disruption of mildly mentally retarded children. *American Educational Research Journal, 22*(3), 403-412.

Forness, S. R., & Kavale, K. A. (1996). Treating social skill deficits in children with learning disabilities: A meta-analysis of the research. *Learning Disability Quarterly, 19,* 2-13.

Fourqurean, J. M., & LaCourt, T. (1990). A follow-up study of former special education students: A model for program evaluation. *Remedial and Special Education, 12*(1), 16-23.

Fowler, J. W., & Peterson, P. L. (1981). Increasing reading persistence and altering attributional style of learned helpless children. *Journal of Educational Psychology, 73,* 251-260.

Frank, A. R., & Brown, D. (1992). Self-monitoring strategies in arithmetic. *Teaching Exceptional Children, 24*(2), 52-53.

Frith, G. (1991). Facilitating homework through effective support systems. *Teaching Exceptional Children, 24*(1), 48-49.

Fry, E. (1977). Fry's readability graph: Clarifications, validity, and extension to level 17. *Journal of Reading 21*, 242-252.

Fuchs, D., & Fuchs, L. S. (1988). Evaluation of the adaptive learning environments model. *Exceptional Children, 55,* 115-217.

Fuchs, D., & Fuchs, L. S. (1994). Inclusive school movement and the radicalization of special education reform. *Exceptional Children, 60,* 294-309.

Fuchs, D., Fuchs, L. S., & Burich, P. (2000). Peer-assisted learning strategies: An evidence-based practice to promote reading achievement. *Learning Disabilities Research & Practice, 15,* 85-91.

Fuchs, D., Fuchs, L. S., Mathes, P. G., & Simmons, D. C. (1997). Peer-assisted learning strategies: Making classrooms more responsive to diversity. *American Educational Research Journal, 34,* 174-206.

Fuchs, D., Fuchs, L. S., Thompson, A., Svenson, E., Yen, L., Otaiba, S. A., Yang, N., McMaster, K. N., Prentice, K., Kazden, S., & Saenz, L. (2001). Peer-assisted learning strategies in reading. *Remedial and Special Education, 22,* 15-21.

Fuchs, D., Mathes, P. G., & Fuchs, L. S. (1996). *Peabody peer-assisted learning strategies reading methods.* Nashville, TX: Peabody College.

Fuchs, L. S. (1986). Monitoring progress of mildly handicapped pupils: Review of current practice and research. *Remedial and Special Education, 7*(5), 5-12.

Fuchs, L. S., Bahr, C. M., & Rieth, H. J. (1989). Effects of goal structures and performance contingencies on the math performance of adolescents with learning disabilities. *Journal of Learning Disabilities, 22,* 554-560.

Fuchs, L. S., & Fuchs, D. (1986). Effects of systematic formative evaluation: A meta-analysis. *Exceptional Children, 53,* 199-208.

Fuchs, L. S., & Fuchs, D. (2001). Principles for the prevention and intervention of mathematics difficulties. *Learning Disabilities Research & Practice, 16,* 85-95.

Fuchs, L. S., Fuchs, D., & Deno, S. L. (1985). The importance of goal ambitiousness and goal mastery to student achievement. *Exceptional Children, 52,* 63-71.

Fuchs, L. S., Fuchs, D., Eaton, S., Hamlett, C. L., & Karns, K. (2000). Supplementing teacher judgments of mathematics test accommodations with objective data sources. *School Psychology Review, 29,* 65-85.

Fuchs, L. S., Fuchs, D., & Hamlett, C. L. (1989). Effects of instrumental use of curriculum-based measurement to enhance instructional programs. *Remedial and Special Education, 10*(2), 43-52.

Fuchs, L. S., Fuchs, D., Hamlett, C. L., Walz, L., & Germann, G. (1993). Formative evaluation of academic progress: How much growth can we expect? *School Psychology Review, 22*(1), 27-48.

Fuchs, L. S., Fuchs, D., Karns, K., & Phillips, N. (1996). *Peabody peer-assisted learning strategies in math.* Nashville, TX: Peabody College.

Fuchs, L. S., Fuchs, D., & Kazdan, S. (1999). Effects of peer-assisted learning strategies on high school students with serious reading problems. *Remedial and Special Education, 20,* 309-318.

Fuchs, L. S., Fuchs, D., & Maxwell, L. (1988). The validity of informal reading comprehension measures. *Remedial and Special Education, 9*(2), 20-28.

Fuchs, L. S., Fuchs, D., Phillips, N. B., Hamlett, C. L., & Karns, K. (1995). Acquisition and transfer effects of classwide peer-assisted learning strategies in mathematics for students with varying learning histories. *School Psychology Review, 24,* 604-620.

Fuchs, L. S., Hamlett, C., & Fuchs, D. (1997). *Monitoring Basic Skills Progress: Basic Reading.* Austin, TX: PRO-ED.

Fulghum, R. (1988). *All I really need to know I learned in kindergarten.* New York: Ballantine Books.

Gagon, J. C., & Maccini, P. (2001). Preparing students with disabilities for algebra. *Teaching Exceptional Children, 34*(1), 8-15.

Gajria, M., Salend, S. J., & Hemrick, M. A. (1994). Teacher acceptability of testing modifications for mainstreamed students. *Learning Disabilities Research & Practice, 9,* 236-243.

Garden, J. L., Cassey, A., & Christenson, S. L. (1985). Implementing a prereferral intervention system. Part I. The model. *Exceptional Children, 51,* 377-384.

Gardner, M. F. (1998). *Test of Handwriting Skills.* Novato, CA: Academic Therapy.

Garnett, K. (1992). Developing fluency with learning disabilities. *Learning Disabilities Research & Practice, 7,* 210-216.

Gartland, D. (1995). Reading instruction. In P. J. Schloss, M. A. Smith, & C. N. Schloss, *Instructional methods for adolescents with learning and behavior problems* (2nd ed., pp. 225-254). Boston: Allyn & Bacon.

Gentry, J. R. (1982). An analysis of developmental spellings in *Gnys at wrk. The Reading Teacher, 36,* 192-200.

Gerber, P. J. (1994). Researching adults with learning disabilities from an adult-development perspective. *Journal of Learning Disabilities, 27,* 6-9.

Gerber, P. J., & Popp, P. A. (1999). Consumer perspectives on the collaborative teaching model: Views of students with and without LD and their parents. *Remedial and Special Education, 20,* 288-296.

Gerber, P. J., & Popp, P. A. (2000). Making collaborative teaching more effective for academically able students: Recommendations for implementation and training. *Learning Disabilities Quarterly, 23,* 299-236.

Gerber, P. J., Schneiders, C. A., Paradise, L. V., Reiff, H. B., Ginsberg, R., & Popp, P. A. (1990). Persisting problems of adults with learning disabilities: Self-reported comparisons from their school-age and adult years. *Journal of Learning Disabilities, 23,* 570-573.

German, D. J. (1984). Diagnosis of word-finding disorders in children with learning disabilities. *Journal of Learning Disabilities, 17,* 353-359.

German, D. J. (1990). *Test of Adolescent/Adult Word Finding.* Austin, TX: PRO-ED.

German, D. J. (2000). *Test of Word Finding—2.* Austin, TX: PRO-ED.

Gersten, R., Camine, D., & Woodward, J. (1987). Direct instruction research: The third decade. *Remedial and Special Education, 8*(6), 48-56.

Gersten, R., & Dimino, J. (1993). Visions and revisions: A special education perspective on the whole language controversy. *Remedial and Special Education, 14*(4), 5-13.

Gersten, R., Fuchs, L. S., Williams, J. P., & Baker, S. (2001). Teaching reading comprehension strategies to students with learning disabilities: A review of research. *Review of Educational Research, 71*, 279-320.

Gersten, R., & Woodward, J. (1994). The language-minority student and special education: Issues, trends, and paradoxes. *Exceptional Children, 60,* 310-322.

Gettinger, M. (1991). Learning time and retention differences between nondisabled students and students with learning disabilities. *Learning Disability Quarterly, 14,* 179-189.

Giangreco, M. F., Dennis, R. E., Edelman, S. W., & Cloninger, C. J. (1994). Dressing your IEPs for the general education. climate: Analysis of IEP goals and objectives for students with multiple disabilities. *Remedial and Special Education, 15,* 288-296.

Gillingham, A., & Stillman, B. (1970). *Remedial training for children with specific disability in reading, spelling, and penmanship* (7th ed.). Cambridge, MA: Educators Publishing Service.

Ginsburg, H. P. (1987). How to assess number facts, calculation, and understanding. In D. D. Hammill (Ed.), *Assessing the abilities and instructional needs of students* (pp. 483-503). Austin, TX: PRO-ED.

Ginsburg, H. P., & Baroody, A. J. (2003). *Test of Early Mathematics Ability—3.* Austin, TX: PRO-ED.

Girolametto, L. E. (1988). Improving the social-conversational skills of developmentally delayed children: An intervention study. *Journal of Speech and Hearing Disorders, 53,* 156-167.

Glasser, W. (1965). *Reality therapy: A new approach to psychiatry.* New York: Harper & Row.

Goldberg, M. F. (1990). Portrait of Madeline Hunter. *Educational Leadership, 47*(5), 41-43.

Goldberg, R. J., Higgins, E. L., Raskind, M. H., & Herman, K. L. (2003). Predictors of success in individuals with learning disabilities: A qualitative analysis of a 20-year longitudinal study. *Learning Disabilities Research & Practice, 18,* 222-236.

Goldiamond, I. (1984). Training parent trainers and ethecists in nonlinear analysis of behavior. In R. F. Dangle & A. Polster (Eds.), *Foundations of research and practice* (pp. 504-545). New York: Gilford Press.

Goldman, R., & Fristoe, M. (2001). *Goldman-Fristoe Test of Articulation—2.* Circle Pines, MN: American Guidance Service.

Godd, R. H., III, & Kaminski, R. (2002). *DIBELS: Dynamic Indicators of Basic Early Literacy Skills* (6th ed.). Longmont, CO: Sopris West.

Goode, D. (1990). Thinking about and discussing quality of life. In R. Schalock & M. Begab (Eds.), *Quality of life: Perspectives and issues* (pp. 41-58). Washington, DC: American Association on Mental Retardation.

Goodland, J. I. (1984). *A place called school.* New York: McGraw-Hill.

Goodman, K. S. (1986). *What's whole in whole language?* Portsmouth, NH: Heinemann.

Gordon, J., Vaughn, S., & Schumm, J. S. (1993). Spelling interventions: A review of literature and implications for instruction for students with learning disabilities. *Learning Disabilities Research & Practice, 8,* 175-181.

Goswami, U. (1998). Rime-based coding in early reading development in English: Orthographic analogies and rime neighborhoods. In D. Hulme & R. M. Joshi (Eds.), *Reading and spelling: Development and disorders* (pp. 69-86). Mahwah, NJ: Erlbaum Associates.

Graden, J. L., Casey, A., & Christenson, S. L. (1985). Implementing a prereferral intervention system. Par I. The model. *Exceptional Children, 51,* 377-384.

Graham, S. (1990). The role of production factors in learning disabled students' compositions. *Journal of Educational Psychology, 82,* 781-791.

Graham, S. (1992). Issues in handwriting instruction. *Focus on Exceptional Children, 25,* 1-14.

Graham, S. (1999). Handwriting and spelling instruction for students with learning disabilities: A review. *Learning Disability Quarterly, 22,* 78-98.

Gradham, S., Berninger, V., & Weintraub, N. (1998). The relationship between handwriting style and speed and legibility. *Journal of Educational Research, 91,* 290-297.

Gradham, S., Berninger, V., Weintraub, N., & Shafer, W. (1998). The development of handwriting fluency and legibility in grades 1 through 9. *Journal of Educational Research, 92,* 42-52.

Graham, S., & Freeman, S. (1986). Strategies training and teacher vs. student-controlled study conditions: Effects on LD students' spelling performance. *Learning Disability Quarterly, 9,* 15-22.

Graham, S., & Harris, K. R. (1988). Instructional recommendations for teaching writing to exceptional students. *Exceptional Children, 54,* 506-512.

Graham, S., & Harris, K. R. (1994). Implications of constructivism for teaching writing to students with special needs. *The Journal of Special Education, 28,* 275-289.

Graham, S., Harris, K. R., & Larsen, L. (2001). Prevention and intervention of writing difficulties for students with learning disabilities. *Learning Disabilities Research & Practice, 16,* 74-84.

Graham, S., Harris, K. R., & Loynachan, C. (1994). The Spelling for Writing list. *Journal of Learning Disabilities, 27,* 210-214.

Graham, S., Harris, K. R., MacArthur, C. A., & Schwartz, S. (1991). Writing and writing instruction for students with learning disabilities: Review of a research program. *Learning Disability Quarterly, 14,* 89-114.

Graham, S., & Voth, V. P. (1990). Spelling instruction: Making modifications for students with learning disabilities. *Academic Therapy, 25,* 447-457.

Graham, S., & Weintraub, N. (1996). A review of handwriting research: Progress and prospects from 1980 to 1994. *Educational Psychology Review, 8,* 7-87.

Grant, R. (1993). Strategic training for using text headings to improve students' processing of content. *Journal of Reading, 36,* 482-488.

Greene, G. (1994). The magic of mnemonics. *LD Forum 19*(3), 34-37.

Greenwood, C. R. (1991). Longitudinal analysis of time, engagement, and achievement in at-risk versus non-risk students. *Exceptional Children, 57,* 521-534.

Greenwood, C. R., Arreaga-Mayer, C., & Carta, J. J. (1994). Identification and translation of effective teacher-developed instructional procedures for general practice. *Remedial and Special Education, 15,* 140-151.

Greenwood, C. R., Carta, J. J., & Hall, R. V. (1988). The use of peer tutoring strategies in classroom management and educational instruction. *School Psychology Review, 17*(2), 258-275.

Greenwood, C. R., Delquadri, J. C., & Carta, J. J. (1997). *Together we can! ClassWide Peer Tutoring to improve basic academic skills.* Longmont, CA: Sopris West.

Gresham, F. M., & Elliott, S. N. (1989). Social skills assessment technology for LD students. *Learning Disability Quarterly, 12,* 141-152.

Gresham, F. M., & Elliott, S. N. (1990). *Social skills Rating System.* Circle Pines, MN: American Guidance Service.

Gresham, F. M., Elliott, S. N., & Evans-Frenandez, S. (1992). *Student Self-Concept Scale.* Circle Pines, MN: American Guidance Service.

Gresham, F. M., & Reschly, D. J. (1988). Issues in the conceptulization, classification, and assessment of social skills in the mildly handicapped. In T. Kratochwill (Ed.), *Advances in school psychology* (pp. 203-247). Hillsdale, NJ: Erlbaum.

Gresham, F. M., Sugai, G., & Horner, R. H. (2001). Interpreting outcomes of social skills training for students with high-incidence disabilities. *Exceptional Children, 67,* 331-344.

Griggs, S. A., & Dunn, R. (1988). High school dropouts: Do they learn differently from those who remain in school? *The Principal, 35*(1), 1-8.

Grossen, B. (1999). *The research base for corrective reading.* Columbus, OH: SRA/McGraw-Hill.

Gunter, P. L., Miller, K. A., Venn, M. L., Thomas, K., & House, S. (2002). Self-graphing to success: Computerized data management. *Teaching Exceptional Children, 35*(2), 30-34.

Hagin, R. A. (1983). Write right—or left: A practical approach to handwriting. *Journal of Learning Disabilities, 16,* 266-271.

Hallahan, D. P., & Kauffman, J. M. (1994). Toward a culture of disability in the aftermath of Deno and Dunn. *The Journal of Special Education, 27,* 496-508.

Halpern, A. S. (1992). Transition: Old wine in new bottles. *Exceptional Children, 58,* 202-211.

Hammill, D. D., & Bartel, N. R. (1995). Final thoughts. In D. D. Hammill & N. R. Bartel, *Teaching students with learning and behavior problems: Managing mild-to-moderate difficulties in resource and inclusive settings* (6th ed., pp. 451-467). Austin, TX: PRO-ED.

Hammill, D. D., Brown, V. L., Larsen, S. C., & Weiderholt, J. L. (1994). *Test of Adolescent and Adult Language—3.* Austin, TX: PRO-ED.

Hammill, D. D., & Larsen, S. C. (1996). *Test of Written Language—3.* Austin, TX: PRO-ED.

Hammill, D. D., & Newcomer, P. L. (1997). *Test of Language Development—Intermediate: 3.* Austin, TX: PRO-ED.

Hammill, D. D., Leigh, J. E., Pearson, N. A., & Maddox, T. (1998). *Basic School Skills Inventory—Third Edition.* Austin, TX: PRO-ED.

Hancock, V., & Betts, F. (1994). From the lagging to the leading edge. *Educational Leadership, 51*(7), 24-29.

Hanna, P. R., Hodges, R. E., & Hanna, J. S. (1971). *Spelling: Structure and strategies.* Boston: Houghton Mifflin.

Hanover, S. (1983). Handwriting comes naturally? *Academic Therapy, 18,* 407-412.

Hanson, R. A., & Farrell, D. (1995). The long-term effects on high school seniors of learning to read in kindergarten. *Reading Research Quarterly, 30,* 908-933.

Harrington, T. F., & O'Shea, A. J. (1992). *Career Decision-Making System—Revised.* Circle Pines, MN: American Guidance Service.

Harris, C. A., Miller, S. P., & Mercer, C. D. (1995). Teaching initial multiplication skills to students with disabilities in general education classrooms. *Learning Disabilities Research & Practice, 10,* 180-195.

Harris, K. R., & Pressley, M. (1991). The nature of cognitive strategy instruction: Interactive strategy construction. *Exceptional Children, 57,* 392-404.

Harrison, P., & Oakland, T. (2000). *Adaptive Behavior Assessment System.* San Antonio: Psychological Corporation.

Hartwig, E. P., & Ruesch, G. M. (2000). Disciplining students in special education. *The Journal of Special Education, 33,* 240-247.

Hasselbring, T. S. (1994). *TECH TALK: A multimedia teleconference* [video]. Orlando, FL: Orange County Public Schools.

Hasselbring, T. S., & Goin, L. I. (1989). Use of computers. In G. A. Robinson, J. R. Patton, E. A. Polloway, & L. R. Sargent (Eds.), *Best practices in mild mental disabilities.* Reston, VA: Division on Mental Retardation, Council for Exceptional Children.

Hasselbring, T. S., Goin, L. I., & Bransford, J. D. (1987). Developing automaticity. *Teaching Exceptional Children, 19*(3), 30-33.

Hasselbring, T. S., Goin, L. I., & Bransford, J. D. (1988). Developing math automaticity in learning handicapped children: The role of computerized drill and practice. *Focus on Exceptional Children, 20*(6), 1-7.

Harrington, T. F., & O'Shea, A. J. (1992). *Career Decision-Making System—Revised.* Circle Pines, MN: American Guidance Service.

Harris, C. A., Miller, S. P., & Mercer, C. D. (1995). Teaching initial multiplication skills to students with disabilities in general education classrooms. *Learning Disabilities Research & Practice, 10,* 180-195.

Harris, K. R., & Pressley, M. (1991). The nature of cognitive strategy instruction: Interactive strategy construction. *Exceptional Children, 57,* 392-404.

Harrison, P., & Oakland, T. (2000). *Adaptive Behavior Assessment System.* San Antonio: Psychological Corporation.

Hartwig, E. P., & Ruesch, G. M. (2000). Disciplining students in special education. *The Journal of Special Education, 33,* 240-247.

Hasselbring, T. S. (1994). *TECH TALK: A multimedia teleconference* [video]. Orlando, FL: Orange County Public Schools.

Hasselbring, T. S., & Goin, L. I. (1989). Use of computers. In G. A. Robinson, J. R. Patton, E. A. Polloway, & L. R. Sargent (Eds.), *Best practices in mild mental disabilities.* Reston, VA: Division on Mental Retardation, Council for Exceptional Children.

Hasselbring, T. S., Goin, L. I., & Bransford, J. D. (1987). Developing automaticity. *Teaching Exceptional Children, 19*(3), 30-33.

Hasselbring, T. S., Goin, L. I., & Bransford, J. D. (1988). Developing math automaticity in learning handicapped children: The role of computerized drill and practice. *Focus on Exceptional Children, 20*(6), 1-7.

Hauerwas, L. B., & Walker, J. (2003). Spelling of inflected verb morphology in children with spelling deficits. *Learning Disabilities Research & Practice, 18,* 25-35.

Haynes, M. C., & Jenkins, J. R. (1986). Reading instruction in special education resource rooms. *American Educational Research Journal, 23,* 161-190.

Hazel, J. S., & Schumaker, J. B. (1988). Social skills and learning disabilities: Current issues and recommendations for future research. In J. F. Kavanagh & T. J. Truss (Eds.), *Learning disabilities: Proceedings of the national conference* (pp. 293-344). Parkton, MD: York Press.

Heckelman, R. G. (1969). The neurological impress method of remedial reading instruction. *Academic Therapy, 4,* 277-282.

Heddens, J. W., & Speer, W. R. (1997). *Today's mathematics. Part 2: Activities and instructional ideas* (9th ed.). Upper Saddle River, NJ: Merrill/Prentice Hall.

Hefferan, M., & Parker, S. (1991). *B.A.L.A.N.C.E.: Blending all learning activities nurtures classroom excellence.* Orlando, FL: FDLRS/Action.

Heilman, A. W. (1985). *Phonics in proper perspective* (5th ed.). Upper Saddle River, NJ: Merrill/Prentice Hall.

Heiman, T., & Margalit, M. (1998). Loneliness, depression, and social skills among students with mild mental retardation in different educational settings. *The Journal of Special Education, 32,* 154-163.

Hellman, A. W., Blair, T. R., & Rupley, W. H. (1998). *Principles and practices of teaching reading* (9th ed.). Upper Saddle River, NJ: Merrill/Prentice Hall.

Helwig, R., Anderson, L., & Tindal, G. (2002). Using a concept-grounded, curriculum-based measure in mathematics to predict statewide test scores for middle school students with LD. *The Journal of Special Education, 36,* 102-112.

Hembree, R. (1986). Research gives calculators a green light. *The Arithmetic Teacher, 34,* 18-21.

Henderson, C. (2001). *College freshman with disabilities: A biennial statistical profile.* Washington, DC: American Council on Education, HEATH Resource Center.

Henry, M. K., & Rome, S. O'C. (1995). Results of Orton-Gillingham tutoring on students with reading disabilities: A retrospective study. In C. W. McIntyre & J. S. Pickering (Eds.), *Clinical studies of multisensory structured language education for students with dyslexia and related disorders* (pp. 138-143). Salem, OR: International Multisensory Structured Language Education Council.

Herman, R., & Stringfield, S. (1995, April). *Ten promising programs for educating disadvantaged students: Evidence of impact.* Paper presented at the meeting of the American Educational Research Association, San Francisco, CA.

Heron, T. E., & Kimball, W. H. (1988). Gaining perspective with the educational consultation research base: Ecological considerations and further recommendations. *Remedial and Special Education, 9*(6), 21-28, 47.

Herrick, V. E. (1960). Handwriting and children's writing. *Elementary English, 37,* 248-258.

Heshusius, L. (1989). The Newtonian-mechanistic paradigm, special education, and contours of alternatives: An overview. *Journal of Learning Disabilities, 22,* 403-415.

Heshusius, L. (1991). Curriculum-based assessment and direct instruction: Critical reflection on fundamental assumptions. *Exceptional Children, 57,* 315-329.

Hildreth, G. (1963). Simplified handwriting for today. *Journal of Educational Research, 56,* 330-333.

Hirschman, A. O. (1986). *Rival views of market society and other recent essays.* New York: Viking.

Hitchcock, M. E. (1989). *Elementary students' invented spellings at the correct stage of spelling development.* Unpublished doctoral dissertation, University of Oklahoma, Norman.

Hoagland, J. (1972, March). Bibliotherapy: Aiding children in personality development. *Elementary English,* 390-394.

Hochman, J. C. (1999). Composition: Expressive language and writing. In J. R. Birch (Ed.), *Multisensory teaching of basic language skills* (pp. 281-298). Baltimore, MD: Paul H. Brookes.

Hock, M. F., Schumaker, J. B., & Deshler, D. D. (2003). *Possible selves.* Lawrence, KS: Edge Enterprises.

Hofmeister, A. M. (1993). Elitism and reform in school mathematics. *Remedial and Special Education, 14*(6), 8-13.

Hook, P. E., & Jones, S. D. (2002). The importance of automaticity and fluency for efficient reading comprehension. *Perspectives* (The International Dyslexia Association), *28*(1), 9-14.

Hoover, H. D., Dunbar, S. B., & Frisbie, D. A. (2001). *Iowa Test of Basic Skills.* Itasca, IL: Riverside.

Hoover, J. J. (1993). *Teaching study skills to students with learning problems.* Boulder, CO: Hamilton.

Hoover, J. J. (1995). Teaching study skills to students. In D. D. Hammill & N. R. Bartel, *Teaching students with learning and behavior problems: Managing mild-to-moderate difficulties in resource and inclusive settings* (6th ed., pp. 347-389). Austin, TX: PRO-ED.

Horton, L. W. (1970). Illegibilities in the cursive handwriting of sixth graders. *Elementary School Journal, 70,* 446-450.

Houck, C. K., & Billingsley, B. S. (1989). Written expression of students with and without learning disabilities: Differences across the grades. *Journal of Learning Disabilities, 22,* 561-567, 572.

Howell, S. C., & Barnhart, R. S. (1992). Teaching word problem solving at the primary level. *Teaching Exceptional Children, 24*(2), 44-48.

Howell, K. W., & Lorson-Howell, K. A. (1990). What's the hurry: Fluency in the classroom. *Teaching Exceptional Children, 22*(3), 20-23.

Howell, K. W., & Nolet, V. (2000). *Curriculum-based evaluation: Teaching and decision making* (3rd ed.). Belmont, CA: Wadsworth/Thomson Learning.

Hresko, W. P., Herron, S. R., & Peak, P. K. (1996). *Test of Early Written Language—2.* Austin, TX: PRO-ED.

Hresko, W. P., Reid, D. K., & Hammill, D. D. (1999). *Test of Early Written Language—3.* Austin, TX: PRO-ED.

Hresko, W. P., Schlieve, P. L., Herron, S. R., Swain, C., & Sherbenou, R. J. (2002). *Comprehensive Mathematical Abilities Test.* Austin, TX: PRO-ED.

Hudson, P., Lignugaris-Kraft, B., & Miller, T. (1993). Using content enhancements to improve the performance of adolescents with learning disabilities in content classes. *Learning Disabilities Research & Practice, 8,* 106-126.

Hughes, C. A., Ruhl, K. L., & Peterson, S. K. (1988). Teaching self-management skills. *Teaching Exceptional Children, 20*(2), 70-72.

Hughes, C. A., Ruhl, K. L., Schumaker, J. B., & Deshler, D. D. (2002). Effects of instruction in an assignment completion strategy on the homework performance of students with learning disabilities in general education classes. *Learning Disabilities Research & Practice, 17,* 1-18.

Hughes, C. A., Schumaker, J. B., Deshler, D. D., & Mercer, C. D. (1993). *Learning strategies curriculum: The test-taking strategy* (Rev. ed.). Lawrence, KS: Edge Enterprises.

Hughes, C. A., & Smith, J. O. (1990). Cognitive and academic performance of college students with learning disabilities: A synthesis of literature. *Learning Disability Quarterly, 13,* 66-79.

Hughes, D. L. (1989). Generalization from language therapy to classroom academics. *Seminars in Speech and Language, 10,* 218-230.

Hunt, K. W. (1965). *Grammatical structures written at three grade levels* (NCTE Research Report No. 3). Champaign, IL: National Council of Teachers of English.

Hunt-Berg, M., Rankin, J. L., & Beukelman, D. R. (1994). Ponder the possibilities: Computer-supported writing for struggling writers. *Learning Disabilities Research & Practice, 9,* 169-178.

Hutchinson, N. L. (1993a). Effects of cognitive strategy instruction on algebra problem solving of adolescents with learning disabilities. *Learning Disability Quarterly, 16,* 34-63.

Hutchinson, N. L. (1993b). Second invited response: Students with disabilities and mathematics education reform—Let the dialogue begin. *Remedial and Special Education, 14*(6), 20-23.

Hyson, M. C. (1985). Emotions and the mircocomputer. An exploratory study of young children's responses. *Computers in Human Behavior, 1,* 143-152.

Idol, L. (1987). A critical thinking map to improve content area comprehension of poor readers. *Remedial and Special Education, 8*(4), 28-40.

Idol, L. (1988). A rationale and guidelines for establishing special education consultation programs. *Remedial and Special Education, 9*(6), 48-58.

Idol, L. (1993). *Special educator's consultation handbook* (2nd ed.). Austin, TX: PRO-ED.

Idol, L., & Croll, V. J. (1987). Story-mapping training as a means of improving reading comprehension. *Learning Disability Quarterly, 10,* 214-229.

Idol, L., Paolucci-Whitcomb, P., & Nevin, A. (1986). *Collaborative consultation.* Austin, TX: PRO-ED.

Idol, L., & West, J. F. (1991). Educational collaboration: A catalyst for effective schooling. *Intervention in School and Clinic, 27,* 70-78.

Isaacson, S. (1988). Assessing the written product: Qualitative and quantitative measures. *Exceptional Children, 54,* 528-534.

Isaacson, S. (1995). Written language. In P. J. Schloss, M. A. Smith, & C. N. Schloss, *Instructional methods for adolescents with learning and behavior problems* (2nd ed., pp. 200-224). Boston: Allyn & Bacon.

Jacobson, R., & Halle, M. (1956). *Fundamentals of language.* The Hague: Mouton.

Jayanthi, M., Nelson, J. S., Sawyer, V., Bursuck, W. D., & Epstein, M. H. (1995). Homework-communication problems among parents, classroom teachers, and special education teachers: An exploratory study. *Remedial and Special Education, 16*(2), 102-116.

Jenkins, J. J., & Palermo, D. S. (1964). Mediation processes and the acquisition of linguistic structure. In U. Bellugi & R. Brown (Eds.), *The acquisition of language. Monographs of the Society for Research in Child Development, 29*(1, Whole No. 92).

Jenson, W. R., Sheridan, S. M., Olympia, D. E., & Andrews, D. (1994). Homework and students with learning disabilities and behavior disorders: A practical, parent-based approach. *Journal of Learning Disabilities, 27,* 538-548.

Johnson, D. D. (1971). The Dolch list reexamined. *The Reading Teacher, 24,* 449-457.

Johnson, D. J., & Myklebust, H. R. (1967). *Learning disabilities: Educational principles and practices.* New York: Grune & Stratton.

Johnson, D. W., & Johnson, R. T. (1994). *Learning together and alone: Cooperative, competitive, and individualistic learning* (4th ed.). Boston: Allyn & Bacon.

Johnson, K. R., & Layng, T. V. J. (1992). Breaking the structuralist barrier: Literacy and numeracy with fluency. *American Psychologist, 47,* 1475-1490.

Johnson, M. S., Kress, R. A., & Pikulski, J. J. (1987). *Informal reading inventories.* Newark, DE: International Reading Association.

Johnson, W. (1944). Studies in language behavior. A programs of research. *Psychological Monographs, 56*(2).

Joint Committee on Teacher Planning for Students with Disabilities. (1995). Planning for academic diversity in America's classrooms: Windows on reality, research, change, and practice. *Effective School Practice, 14*(2), 1-53.

Jones, C. J. (2001). CBAs that work: Assessing students' math content-reading levels. *Teaching Exceptional Children, 34*(1), 24-28.

Jones, V. F., & Jones, L. S. (1995). *Comprehensive classroom management: Creating positive learning environments for all students* (4th ed.). Boston: Allyn & Bacon.

Jordan, L., Miller, D. M., & Mercer, D. C. (1998). The effects of concrete to semiconcrete to abstract instruction in the acquisition and retention of fraction concepts and skills. *Learning Disabilities: A Multidisciplinary Journal, 9*(3), 115-122.

Juel, C. (1988). Learning to read and write: A longitudinal study of 54 children from first through fourth grades. *Journal of Educational Psychology, 80,* 437-447.

Just Read, Florid! Final Report of the Department of Education. (February 15, 2002). Tallahassee, FL: Department of Education.

Kagan, S. (1989/1990). The structural approach to cooperative learning. *Educational Leadership, 47*(4), 12-15.

Kame'enui, E. J. (April, 2000). Reading presentation at Council for Exceptional Children International Conference, Vancouver, B. C.

Kame'enui, E. J., Darch, C. B., & Colvin, G. (1995, April). *Instructional classroom management.* Paper presented at the meeting of the Council for Exceptional Children, Orlando, FL.

Kame'enui, E. J., & Simmons, D. C. (1990). *Designing instructional strategies: The prevention of academic learning problems.* Upper Saddle River, NJ: Merrill/Prentice Hall.

Kaminski, R., & Good, R. H., III. (1996). Toward a technology for assessing basic early literacy skills. *School Psychology Review, 25*(2), 215-227.

Karlsen, B., & Gardner, E. F. (1995). *Stanford Diagnostic Reading Test—Fourth Edition.* San Antonio, TX: Harcourt Brace Educational Measurement.

Kauffman, J. M. (1994). Places of change: Special education's power and identity in an era of educational reform. *Journal of Learning Disabilities, 27,* 610-618.

Kauffman, J. M., & Hallahan, D. P. (1993). Toward a comprehensive delivery system for special education. In J. I. Goodlad & T. C. Lovitt (Eds.), *Integrating general and special education* (pp. 73-102). Upper Saddle River, NJ: Meriill/Prentice Hall.

Kauffman, J. M., & Hallahan, D. P. (Eds.). (1995). *The illusion of full inclusion: A comprehensive critique of a current special education bandwagon.* Austin, TX: PRO-ED.

Kauffman, J. M., Hallahan, D. P., Haas, K., Brame, T., & Boren, R. (1978). Imitating children's errors to improve their spelling performance. *Journal of Learning Disabilities, 11,* 217-222.

Kaufman, A. S., & Kaufman, N. L. (2004). *Kaufman Test of Educational Achievement—II.* Circle Pines, MN: American Guidance Service.

Kaufman, M., Agard, J., & Semmel, M. (1985). *Mainstreaming: Leaners and their environment.* Cambridge, MA: Brookline Books.

Kay, P. J., Fitzgerald, M., Paradee, C., & Mellencamp, A. (1994). Making homework work at home: The parent's perspective. *Journal of Learning Disabilities, 27,* 550-561.

Kayser, H. (1989). Speech and language assessment of Spanish-English speaking children. *Language, Speech, and Hearing Services in Schools, 20,* 226-241.

Kearney, C. A., & Drabman, R. S. (1993). The write-say method for improving spelling accuracy in children with learning disabilities. *Journal of Learning Disabilities, 26,* 52-56.

Keller, C. (2002). A new twist on spelling instruction for elementary school teachers. *Intervention in School and Clinic, 38,* 3-7.

Kelly, B., Gersten, R., & Carnine, D. (1990). Student error patterns as a function of curriculum design: Teaching fractions to remedial high school students and high school students with learning disabilities. *Journal of Learning Disabilities, 23,* 23-29.

Keogh, B. (1993, December). *Viewing learning disabilities through a developmental lens: The importance of time and context.* Paper presented at The Cove School and Cove Foundation meeting, Educational and Psychological Needs of Students with Learning Disabilities, Winnetka, IL.

Keogh, B. (1994). What the special education research agenda should look life in the year 2000. *Learning Disabilities Research & Practice, 9,* 62-69.

Kerr, M. M, & Nelson, C. M. (2002). *Strategies for addressing behavior problems in the classroom* (4th ed.). Upper Saddle River, NJ: Merrill/Prentice Hall.

King, J. A. (1994). Meeting the educational needs of at-risk students: A cost analysis of three models. *Educational Evaluation and Policy Analysis, 16*(1), 1-19.

King-Sears, M. E. (2001). Three steps for gaining access to the general education curriculum of learners with disabilities. *Intervention in School and Clinic, 37,* 67-76.

Kirk, S. A., & Chalfant, J. C. (1984). *Academic and developmental learning disabilities.* Denver: Love.

Kirk, S. A., Kirk, W. D., & Minskoff, E. (1985). *Phonic remedial reading lessons.* Novato, CA: Academic Therapy.

Kirsch, I. S., Jungeblut, A., Jenkins, L., & Kolstad, A. (1993). *Executive summary from adult literacy in America: A first look at the results of the National Adult Literacy Survey.* Washington, DC: U.S. Department of Education.

Kleinert, H. L., Green, P., Hurte, M., Clayton, J., & Oetinger, C. (2002). Creating and using meaningful alternate assessments. *Teaching Exceptional Children, 34*(4), 40-47.

Kleinert, H. L., Kennedy, S., & Kearns, J. F. (1999). The impact of alternate assessments: A statewide teacher survey. *The Journal of Special Education, 33,* 93-102.

Kline, F. M., Schumaker, J. B., & Deshler, D. D. (1991). Development and validation of feedback routines for instructing students with learning disabilities. *Learning Disability Quarterly, 14,* 191-207.

Klinger, J. K., Vaughn, S., Hughes, M. T., Schumm, J. S., & Elbaum, B. (1998). Outcomes for students with and without learning disabilities in inclusive classrooms. *Learning Disabilities Research & Practice, 13,* 153-161.

Knapp, M. S., Turnbull, B. J., & Shields, P. M. (1990). New directions for educating the children of poverty. *Educational Leadership, 48*(1), 4-8.

Koorland, M. A., Keel, M. C., & Uenerhorst, P. (1990). Setting aims for precision learning. *Teaching Exceptional Children, 22*(3), 64-68.

Kroesbergen, E. H., & Van Luit, J. E. H. (2003). Mathematics interventions for children with special needs: A meta-analysis. *Remedial and Special Education, 24,* 97-114.

Kroth, R. L., & Edge, D. (1997). *Strategies for communicating with parents and families of exceptional children* (3rd ed.). Denver: Love.

Kuhn, M. R., & Stahl, S. A. (2000). *Fluency: A review of developmental and remedial practices* (CIERA Report #2-008). Ann Arbor: Center for the Improvement of Early Reading Achievement, University of Michigan.

Kuska, A., Webster, E. J. D., & Elford, G. (1964). *Spelling in language arts 6.* Don Mills, Ontario, Canada: Thomas Nelson & Sons.

Laberge, D., & Samuels, J. (1974). Toward a theory of automatic information processing in reading. *Cognitive Psychology, 6,* 293-323.

Lahey, M. (1988). *Language disorders and language development.* Boston: Allyn & Bacon.

Lambert, M. A. (1996). Mathematics textbooks, materials, and manipulatives. *LD Forum, 21*(2), 33, 41-45.

Lambert, N., Nihira, K., & Leland, H. (1993). *AAMR Adaptive Behavior Scale—School* (2nd ed.). Austin, TX: PRO-ED.

Langford, K., Slade, K., & Barnett, A. (1974). An explanation of impress techniques in remedial reading. *Academic Therapy, 9,* 309-319.

Langone, J. (1990). *Teaching students with mild and moderate learning problems.* Boston: Allyn & Bacon.

Larrivee, B. (1986). Effective teaching for mainstreamed students is effective teaching for all students. *Teacher Education and Special Education, 9,* 173-179.

Larsen, S. C., Hammill, D. D., & Moats, L. (1999). *Test of Written Spelling—4.* Austin, TX: PRO-ED.

Larson, V. L., & McKinley, N. (1995). *Language disorders in older students.* Eau Claire, WI: Thinking Publications.

Lazar, R. T., Warr-Leeper, G. A., Nicholson, C. B., & Johnson, S. (1989). Elementary school teachers' use of multiple meaning expressions. *Language, Speech, and Hearing Services in Schools, 20,* 420-429.

Lee, D. M., & Allen, R. V. (1963). *Learning to read through experiences* (2nd ed.). New York: Appleton-Century-Crofts.

Lenneberg, E. H. (1967). *Biological foundations of language.* New York: Wiley.

Lenz, B. K. (1992). Cognitive approaches to teaching. In C. D. Mercer, *Students with learning disabilities* (4th ed., pp. 269-309). Upper Saddle River, NJ: Merrill/Prentice Hall.

Lenz, B. K., & Bulgren, J. A. (1988). *Issues related to enhancing content acquisition for students with learning disabilities.* Lawrence: University of Kansas Center for Research on Learning.

Lenz, B. K., Bulgren, J. A., & Hudson, P. (1990). Content enhancement: A model for promoting the acquisition of content by individuals with learning disabilities. In T. Scruggs & B. Wong (Eds.), *Intervention research in learning disabilities* (pp. 122-165). New York: Springer-Verlag.

Lenz, B. K., Bulgren, J. A., Schumaker, J. B., Deshler, D. D., & Boudah, D. J. (1994). *The content enhancement series: The unit organizer routine.* Lawrence, KS: Edge Enterprises.

Lenz, B. K., Deshler, D. D., & Schumaker, J. B. (1990). *The development and validation of planning routines to enhance the delivery of content to students with handicaps in general education settings* (Progress report). Lawrence: University of Kansas Center for Research on Learning.

Lenz, B. K., Ehren, B. J., & Smiley, L. R. (1991). A goal attainment approach to improve completion of project-type assignments by learning disabled adolescents. *Focus on Learning Disabilities, 6,* 166-176.

Lenz, B. K., Ellis, E. S., & Scanlon, D. (1996). *Teaching learning strategies to adolescents and adults with learning disabilities.* Austin, TX: PRO-ED.

Lenz, B. K., & Hughes, C. A. (1990). A word identification strategy for adolescents with learning disabilities. *Journal of Learning Disabilities, 33,* 149-158, 163.

Lenz, B. K., Marrs, R. W., Schumaker, J. B., & Deshler, D. D. (1993). *The content enhancement series: The lesson organizer routine.* Lawrence, KS: Edge Enterprises.

Lenz, B. K., Schumaker, J. B., Deshler, D. D., & Bulgren, J. A. (1998). *The content enhancement series: The course organizer routine.* Lawrence, KS: Edege Enterprises.

Leonard, L. B. (1975). Modeling as a clinical procedure in language training. *Language, Speech, and Hearing Services in Schools, 6,* 72-85.

Leonard, L. B., Wilcox, M. J., Fulmer, K. C., & Davis, G. A. (1978). Understanding indirect requests: An investigation of children's comprehension of pragmatic meanings. *Journal of Speech and Hearing Research, 21,* 528-537.

Levin, H., Glass, G., & Meister, C. (1984). *Cost-effectiveness of four educational interventions.* Stanford, CA: Institute for Research on Educational Finance and Governance, Stanford University.

Levin, M. (2002). *A mind at a time.* New York: Simon & Schuster.

Levy, N. R., & Rosenberg, M. S. (1990). Strategies for improving the written expression of students with learning disabilities. *LD Forum, 16,* 23-30.

Lewandowski, L., & Arcangelo, K. (1994). The social adjustment and self-control of adults with learning disabilities. *Journal of Learning Disabilities, 27,* 598-605.

Lewis, E. R., & Lewis, H. P. (1965). An analysis of errors in the formation of manuscript letters by first grade children. *American Educational Research Journal, 2,* 25-35.

Lewis, R. B., & Doorlag, D. H. (2003). *Teaching special students in general education classrooms* (6th ed.). Upper Saddle River, NJ: Merrill/Prentice Hall.

Liberman, I. Y., & Liberman, A. M. (1990). Whole language vs. code-emphasis: Underlying assumptions and their implications for reading instruction. *Annals of Dyslexia, 40,* 51-77.

Licht, B. G. (1984). Cognitive-motivational factors that contribute to the achievement of learning-disabled children. *Annual Review of Learning Disabilities, 2,* 119-126.

Lieberman, L. M. (1983). The homework solution. *Journal of Learning Disabilities, 16,* 435.

Lindamood, P. C., & Lindamood, P. D. (1998). *Lindamood phoneme sequencing program for reading, spelling, and speech* (3rd ed.). Austin, TX: PRO-ED.

Lindsley, O. R. (1971). Precision teaching in perspective: An interview with Ogden R. Lindsley. *Teaching Exceptional Children, 3*(3), 114-119.

Lipinski, J. M., Nida, R. E., Shade, D. D., & Watson, J. A. (1986). The effects of microcomputers on young children: An examination of free-play choices, sex differences, and social interactions. *Journal of Educational Computing Research, 2,* 147-168.

Locke, E. A., & Latham, G. P. (1990). *A theory of goal setting and task performance.* Upper Saddle River, NJ: Merrill/Prentice Hall.

Long, N. J., & Newman, R. G. (1971). Managing surface behavior of children in schools. In N. J. Long, W. C. Morse, & R. G. Newman (Eds.), *Conflict in the classroom: The education of emotionally disturbed children* (2nd ed.).

Belmont, CA: Wadsworth.

Lovitt, T. C. (1977). *In spite of my resistance: I've learned from children.* Upper Saddle River, NJ: Merrill/Prentice Hall.

Lovitt, T. C. (1995). *Tactics for teaching* (2nd ed.). Upper Saddle River, NJ: Merrill/Prentice Hall.

Lovitt, T. C., Guppy, T. E., & Blattner, J. E. (1969). The use of free-time contingency with fourth grades to increase spelling accuracy. *Behavior Research Therapy, 7,* 151-156.

Lyon, G. R. (1995a). Research initiatives in learning disabilities: Contributions form scientists supported by the National Institute of Child Health and Human Development. *Journal of Child Neurology, 10* (Suppl. 1), 120-126.

Lyon, G. R. (1995b). Towards a definition of dyslexia. *Annals of Dyslexia, 45,* 3-27.

Lyon, G. R. (1998). Overview of reading and literacy initiatives (Report to Committee on Labor and Human Resources, U.S. Senate). Bethesda, MD: National Institute of Child Health and Human Development, National Institutes of Health.

Lyon, G. R. (1999). *Education research: Is what we don't know hurting our children?* (Report to House Science Committee, Subcommittee on Basic Research, U.S. House of Representatives). Bethesda, MD: National Institute of Child Health and Human Development, National Institutes of Health.

Lyon, G. R., Alexander, D., & Yaffe, S. (1997). Progress and promise in research in learning disabilities. *Learning Disabilities: A Multidisciplinary Journal, 8*(1), 1-6.

Maag, J. W. (2002). A contextually based approach for treating depression in school-age children. *Intervention in School and Clinic, 37,* 149-155.

MacArthur, C., & Graham, S. (1987). Learning disabled students' composing under three methods of text production: Handwriting, word processing, and dictation. *The Journal of Special Education, 21,* 22-42.

MacArthur, C. A., & Haynes, J. B. (1995). Students assistant for learning from text (SALT): A hypermedia reading aid. *Journal of Learning Disabilities, 28,* 150-159.

MacArthur, C., Haynes, J. B., Malouf, D., Harris, K., & Owings, M. (1990). Computer-assisted instruction with learning disabled students: Achievement, engagement, and other factors that influence achievement. *Journal of Educational Computing Research, 6,* 311-328.

MacArthur, C. A., Schwartz, S. S., & Graham, S. (1991). A model for writing instruction: Integrating word processing and strategy instruction into a process approach to writing. *Learning Disabilities Research & Practice, 6,* 230-236.

Maccini, P., & Gagnon J. C. (2002). Perceptions and application of NCTM Standards by special and general education teachers. *Exceptional Children, 68,* 325-344.

Maccini, P., & Hughes, C. A. (2000). Effects of a problem-solving strategy on the introductory algebra performance of secondary students with learning disabilities. *Learning Disabilities Research & Practice, 15,* 10-21.

Maccini, P., McNaughton, D., & Ruhl, K. L. (1999). Algebra instruction for students with learning disabilities: Implications from a research review. *Learning Disability Quarterly, 22,* 113-126.

MacGinitie, W. H., MacGinitie, R. K., Maria, K., & Dreyer, L. G. (2000). *Gates-MacGinitie Reading Tests—Fourth Edition.* Itasca, IL: Riverside.

Madden, N. A., Slavin, R. E., Karweit, N. L., Dolan, L. J., & Wasik, B. A. (1993). Success for All: Longitudinal effects of a restructuring program for inner-city elementary schools. *American Educational Research Journal, 30,* 123-

148.

Maheady, L., Harper, G. F., & Mallette, B. (1991). Peer-mediated instruction: A review of potential applications for special education. *Reading, Writing, and Learning Disabilities International, 7,* 75-103.

Maheady, L., Harper, G. F., & Mallette, B. (2001). Peer-mediated instruction and interventions and students with mild disabilities. *Remedial and Special Education, 22,* 4-14.

Mainzer, R. W., Jr., Mainzer, K. L., Slavin, R. E., & Lowry, E. (1993). What special education teachers should know about cooperative learning. *Teacher Education and Special Education, 16,* 42-50.

Majsterek, D., & Wilson, R. (1993). Computer-assisted instruction (CAI): An update on applications for students with learning disabilities. *LD Forum, 19*(1), 19-21.

Mann, P. H., Suiter, P. A., & McClung, R. M. (1992). *A guide to evaluating mainstreamed students* (4th ed.). Boston: Allyn & Bacon.

Manzo, K. K., & Sack, J. L. (1997, February 26). Effectiveness of clinton reading plan questioned. *Education Week,* pp. 1, 28-30.

Markwardt, F. C., Jr. (1998). *Peabody Individual Achievement Test—Revised.* Circle Pines, MN: American Guidance Service.

Marsh, L. G., & Cooke, N. L. (1996). The effects of using manipulatives in teaching math problem solving to students with learning disabilities. *Learning Disabilities Research & Practice, 11,* 58-65.

Maskel, S., & Felton, R. (1995). Analysis of achievement at the Hill Learning Development Center: 1990-1994. In C. W. McIntyre & J. S. Pickering (Eds.), *Clinical studies of multisensory structured language education for students with dyslexia and related disorders* (pp. 129-137). Salem, OR: International Multisensory Structured Language Education Council.

Mastropieri, M. A. (1988). Using the keyword method. *Teaching Exceptional Children, 20*(2), 4-8.

Mastropieri, M. A., Leinart, A., & Scruggs, T. E. (1999). Strategies to increase reading fluency. *Intervention in School and Clinic, 34,* 278-283.

Mastropieri, M. A., & Scruggs, T. E. (1997). Best practices in promoting reading comprehension in students with learning disabilities: 1976 to 1996. *Remedial and Special Education, 18,* 197-213.

Mastropieri, M. A., Scruggs, T. E., & Fulk, B. J. M. (1990). Teaching abstract vocabulary with the keyword method: Effects on recall and comprehension. *Journal of Learning Disabilities, 23,* 92-96, 107.

Mastropieri, M. A., Scruggs, T. E., Mohler, L., Beranek, M., Spencer, V., Boon, R. T., & Talbot, E. (2001). Can middle school students with serious reading difficulties help each other learn anything? *Learning Disabilities Research & Practice, 16,* 18-27.

Mastropieri, M. A., Scruggs, T. E., & Shiah, S. (1991). Mathematics instruction for learning disabled students: A review of research. *Learning Disabilities Research & Practice, 6,* 89-98.

Mather, N. (1992). Whole language reading instruction for students with learning disabilities: Caught in the cross fire. *Learning Disabilities Research & Practife, 7,* 87-95.

Mather, N., Hammill, D. D., Allen, E. A., & Roberts, R. (2003). *Test of Silent Word Reading Fluency.* Austin, TX: PRO-ED.

Mather, N., & Roberts, R. (1994). Learning disabilities: A field in danger of extinction? *Learning Disabilities Research & Practice, 9,* 49-58.

Mather, N., & Woodcock, R. W. (1997). *Mather-Woodcock Group Writing Tests.* Itasca, IL: Riverside.

Mathes, P. G., & Babyak, A. E. (2001). The effects of peer-assisted literacy strategies for first-grade readers with and without additional mini-skills lessons. *Learning Disabilities Research & Practice, 16,* 28-44.

Mathes, P. G., Clancy-Manchetti, J., & Torgesen, J. K. (2001). *Kindergarten peer-assisted literacy strategies.* Longmont, CO: Sopris West.

Mathes, P. G., Torgesen, J. K., Allen, S. H., & Allor, J. H. (2001). *First grade peer-assisted literacy strategies.* Longmont, CO: Sopris West.

McCardle, P., Cooper, J. A., Houle, G. R., Karp, N., & Paul-Brown, D. (2001). Next steps in research and practice. *Learning Disabilities Research & Practice, 16,* 250-254.

McCarney, S. B., & Leigh, J. E. (1990). *Behavior Evaluation Scale—2.* Columbia, MO: Hawthorne Educational Services.

McCarthy, D. (1954). Language development in children. In L. Carmichael (Ed.), *Manual of child psychology.* New York: Wiley.

McCarty, H., & Chalmers, L. (1997). Biobliotherpy: Intervention and prevention. *Teaching Exceptional Children, 29*(6), 12-13, 16-17.

McConnell, S., & Odom, S. (1986). Sociometrics: Peer-referenced measures and the assessment of social competence. In P. Strain, M. Guralnik, & H. Walker (Eds.), *Children's social behavior: Development, assessment, and modification* (pp. 215-284). Orlando, FL: Academic Press.

McDougall, D. (1998). Research on self-management techniques used by students with disabilities in general education settings: A descriptive review. *Remedial and Special Education, 19,* 310-320.

McGhee, R., Bryant, B. R., Larsen, S. C., & Rivera, D. M. (1995). *Test of Written Expression.* Austin, TX: PRO-ED.

McGinnis, E., & Goldstein, A. P. (1997). *Skillstreaming the elementary school child* (Rev. ed.). Champaign, IL: Research Press.

McGregor, K. K., & Leonard, L. B. (1989). Facilitating word-finding skills of language-impaired children. *Journal of Speech and Hearing Disorders, 54,* 141-147.

McGuigan, C. A. (1975). *The effects of a flowing words list vs. fixed words lists and the implementation of procedures in the add-a-word spelling program* (Working Paper No. 52). Seattle: University of Washington, Experimental Education Unit.

McIntyre, C. W., & Pickering, J. S. (1995). *Clinical studies of multisensory structured language education for students with dyslexia and related disorders.* Salem, OR: International Multisensory Structured Language Education Council.

McKenzie, R. G. (1991). Content area instruction delivered by secondary learning disabilities teachers: A national survey. *Learning Disability Quarterly, 14,* 115-122.

McKenzie, R. G., & Houk, C. S. (1986). The paraprofessional in special education. *Teaching Exceptional Children, 18,* 246-252.

McLean, J. E., & Snyder-McLean, L. K. (1978). *A transactional approach to early language training.* Boston: Allyn & Bacon.

McLoughlin, J. A., & Lewis, R. B. (2001). *Assessing students with special needs* (5th ed.). Upper Saddle River, NJ: Merrill/Prantice Hall.

McNamara, B. E. (1986). Parents as partners in the I.E.P. process. *Academic Therapy, 21*(3), 309-319.

McNaughton, D., Hughes, C. A., & Clark, K. (1994). Spelling instruction for students with learning disabilities: Implications for research and practice. *Learning Disability Quarterly, 17,* 169-185.

McNeil, D. (1970). The development of language. In P. H. Mussen (Ed.), *Carmichael's manual of child psychology* (Vol. 2, 3rd ed., pp. 1061-1161). New York: Wiley.

McREL Staff. (1984/1985, Winter). Coaching: A powerful strategy for improving staff development and inservice education. *Noteworthy,* pp. 40-46.

Meckel, H. C. (1963). Research on teaching composition and literature. In N. Gage (Ed.), *Handbook of research on teaching.* Chicago: Rand MaNally.

Meers, G. D. (1992). Getting ready for the next century. *Teaching Exceptional Children, 24*(4), 36-39.

Meese, R. L. (1994). *Teaching learners with mild disabilities: Integrating research and practice.* Pacific Grove, CA: Brooks/Cole.

Meichenbaum, D. (1977). *Cognitive-behavior modification: An integrative approach.* New York: Plenum Press.

Mellard, D. F., & Hazel, J. S. (1992). Social competencies as a pathway to successful life transitions. *Learning Disability Quarterly, 15,* 251-271.

Meltzer, L. J., Roditi, B. N., Haynes, D. P., Biddle, K. R., Paster, M., & Taber, S. E. (1996). *Strategies for success: Classroom teaching techniques for students with learning problems.* Austin, TX: PRO-ED.

Mercer, C. D., & Campbell, K. U. (1997). *Great leaps reading program: Grades K-2.* Gainesville, FL: Diarmuid.

Mercer, C. D., Campbell, K. U., Miller, M. D., Mercer, K. D., & Lane, H. B. (2000). Effects of a reading fluency intervention for middle schoolers with specific learning disabilities. *Learning Disabilities Research & Practice, 15,* 179-189.

Mercer, C. D., & Corbett, N. L. (1991). Enhancing assessment for students at risk for school failure. *Contemporary Education, 62,* 259-265.

Mercer, C. D., Jordan, L., & Miller, S. P. (1994). Implications of constructivism for teaching math to students with mild to moderate disabilities. *The Journal of Special Education, 28,* 290-306.

Mercer, C. D., Jordan, L., & Miller, S. P. (1994). Constructivistic math instruction for diverse learners. *Learning Disabilities Research & Practice, 11,* 147-156.

Mercer, C. D., Lane, H. B., Jordan, L., Allsopp, D. H., & Eisele, M. R. (1996). Empowering teachers and students with instructional choices in inclusive settings. *Remedial and Special Education, 17,* 226-236.

Mercer, C. D., Mercer, A. R., & Evans, S. (1982). The use of frequency in establishing instructional aims. *Journal of Precision Teaching, 3*(3), 57-63.

Mercer, C. D., Mercer, K. D., & Campbell, K. U. (2002). *Great leaps math* (A series of three manuals: *Addition and Subtraction Facts 0 to 9, Addition and Subtraction Facts 10 to 18, Multiplication and Division Facts 0 to 81*). Gainesville, FL: Diarmuid.

Mercer, C. D., & Miller, S. P. (1991-1993). *Strategic math series* (A series of seven manuals: *Addition Facts 0 to 9; Subtraction Facts 0 to 9; Place Value: Discovering Tens and Ones; Addition Facts 10 to 18; Subtraction Facts 10 to 18; Multiplication Facts 0 to 81; Division Facts 0 to 81*). Lawrence, KS: Edge Enterprises.

Mercer, C. D., & Miller, S. P. (1992). Teaching students with learning problems in math to acquire, Understand, and apply basic math facts. *Remedial and Special Education, 13*(3), 19-35, 61.

Mercer, C. D., & Pullen, P. C. (2005). *Students with learning disabilities* (6th ed.). Upper Saddle River, NJ: Merrill/Prentice Hall.

Mercer, J. R. (1983). Issues in the diagnosis of language disorders in students whose primary language is not English. *Topics in Language Disorders, 3*(3), 46-56.

Merchant, D. J., & Gajar, A. (1997). A review of literature on self-advocacy components in transition programs for students with learning disabilities. *Journal of Vocational Rehabilitation, 8,* 223-231.

Merritt, D. D., & Liles, B. Z. (1987). Story grammar ability in children with and without language disorder: Story generation, story retelling, and story comprehension. *Journal of Speech and Hearing Research, 30,* 539-552.

Metropolitan Achievement Tests—Eighth Edition. (2000). San Antonio, TX: Harcourt Educational Measurement.

Metropolitan Achievement Tests—Eighth Edition: Writing Test. (2000). San Antonio, TX: Harcourt Educational Measurement.

Meyer, M. S., & Felton, R. H. (1999). Repeated reading to enhance fluency: Old approaches and new directions. *Annals of Dyslexia, 49,* 283-306.

Meyer, M. S., & Wood, F. B., Hart, L. A., & Felton, R. H. (1998). Selective predictive value of rapid automatized naming in peer readers. *Journal of Learning Disabilities, 31,* 106-117.

Miller, G. A. (1951). *Language and communication.* New York: McGraw-Hill.

Miller, J. H., & Milam, C. P. (1987). Multiplication and division errors committed by learning disabled students. *Learning Disabilities Research, 2*(2), 119-122.

Miller, L. (1989). Classroom-based language intervention. *Language, Speech, and Hearing Services in Schools, 20,* 153-169.

Miller, S. P., Mercer, C. D., & Dillon, A. S. (1992). CSA: Acquiring and retaining math skills. *Intervention in School and Clinic, 28,* 105-110.

Miller, S. P., Strawers, S., & Mercer, C. D. (1996). Promoting strategic math performance among students with learning disabilities. *LD Forum, 21*(2), 34-40.

Mills, H., O'Keefe, T., & Stephens, D. (1992). *Looking closely: Exploring the role of phonics in one whole language classroom.* Urbana, IL: National Council of Teachers of English.

Milone, M. N., & Wasylyk, T. M. (1981). Handwriting in special education. *Teaching Exceptional Children, 14,* 58-61.

Milwaukee Public Schools. (1990). *One at a time together! Best practices: Integrated programming and therapy.* Milwaukee, WI: Milwaukee Public Schools, Department of Exceptional Education and Supportive Services.

Mims, A., Harper, C., Armstrong, S. W., & Savage, S. (1991). Effective instruction in homework for students with disabilities. *Teaching Exceptional Children, 24*(1), 42-44.

Miramontes, O. B. (1991). Organizing for effective paraprofessional services in special education: A multiligual/multiethnic instructional service team model. *Remedial and Special Education, 12*(1), 29-36.

Moats, L. C. (1995). *Spelling: Development, disabilities, and instruction.* Timonium, MD: York Press.

Moats, L. C. (2000). *Speech to print: Language essentials for teachers.* Baltimore: Paul H. Brookes.

Moats, L. C., & Rosow, B. (2003). *Spellography: A student road map to better spelling.* Longmont, CO: Spris West.

Mohlman, G., Sparks-Langer, S., & Colton, A. B. (1991). Synthesis of research on teachers' reflective thinking. *Educational Leadership, 48*(6), 37-44.

Montague, M. (1992). The effects of cognitive and metacognitive strategy instruction on the mathematical problem solving of middle school students with learning disabilities. *Journal of Learning Disabilities, 25,* 230-248.

Montague, M. (1993). Student-centered or strategy-centered instruction: What is our purpose? *Journal of Learning Disabilities, 26,* 433-437, 481.

Montague, M., & Bos, C. S. (1990). Cognitive and metacogntive characteristics of eighth grade students' mathematical problem solving. *Learning and Individual Differences, 2,* 371-388.

Montague, M., Warger, C., & Morgan, T. H. (2000). Solve it! strategy instruction to improve mathematical problem solving. *Learning Disabilities Research & Practice, 15,* 110-116.

Montgomery, M. S. (1994). Self-concept and children with learning disabilities: Observer-child concordance across six context-dependent domains. *Journal of Learning Disabilities, 27,* 254-262.

Morgan, D. L., & Guilford, A. M. (1984). *Adolescent Language Screening Test.* Austin, TX: PRO-ED.

Morris, N. T., & Crump, D. P. (1982). Syntactic and vocabulary development in the written language of learning disabled and non-learning disabled students at four age levels. *Learning Disability Quarterly, 5,* 163-172.

Morrow, L. M. (1992). The impact of a literature-based program on literacy achievement, use of literature, and attitudes of children from minority backgrounds. *Reading Research Quarterly, 25,* 251-275.

Morse, W. C. (1971). Worksheet on life space interviewing for teachers. In N. J. Long, W. C. Morse, & R. G. Newman (Eds.), *Conflict in the classroom: The education of emotionally disturbed children* (2nded.). Belmont, CA: Wadsworth.

Morse, W. C. (1994). Comments form a biased viewpoint. *The Journal of Special Education, 27,* 531-542.

Moses, N., Klein, H. B., & Altman, E. (1990). An appraoch to assessing and facilitating casual language in adults with learning disabilities based on Piagetian theory. *Journal of Learning Disabilities, 23,* 220-228.

Moshman, D. (1982). Exogenous, endogenous, and dialectical constructivism. *Developmental Review, 2,* 371-384.

Mueller, D. J., Chase, C. I., & Walden, J. D. (1988). Effects of reduced class size in primary classes. *Educational Leadership, 45*(5), 48-50.

Muhlstein, E. A., & Croft, D. J. (1986). *Using the microcomputer to enhance language experiences and the development of cooperative play among preschool children* (ERIC Document Reproduction Service No. ED 269 004). Cupertino, CA: De Anza College.

Munk, D. D., & Bursuck, W. D. (1998). Report card grading adaptations for students with disabilities: Types and acceptability. *Intervention in School and Clinic, 33,* 306-308.

Munk, D. D., & Bursuck, W. D. (2001). What report card grades should and do communicate: Perceptions of parents of secondary students with and without disabilities. *Remedial and Special Education, 22,* 280-287.

Murray, C., Goldstein, D. E., Nourse, S., & Edgar, E. (2000). The postsecondary school attendance and completion rates of high school graduates with learning disabilities. *Learning Disabilities Research & Practice, 15,* 119-127.

Nagel, D. R., Schumaker, J. B., & Deshler, D. D. (2003). *The learning strategies curriculum: The FIRST-letter mnemonic strategy* (Rev. ed.). Lawrence, KS: Edge Enterprises.

Naglieri, J. A., LeBuffe, P. A., & Pfeiffer, S. I. (1993). *Devereux Behavior Rating Scale—School Form.* San Antonio, TX: Psychological Corporation.

Nagy, W., & Anderson, R. C. (1984). How many words are there in printed school English? *Reading Research Quarterly, 19,* 304-330.

National Council of Supervisors of Mathematics. (1988). *Twelve components of essential mathematics.* Minneapolis, MN: Author.

National Council of Teachers of Mathematics. (1989). *Curriculum and evaluation standards for school mathematics.* Reston, VA: Author.

National Council of Teachers of Mathematics. (2000). *Principles and standards for school mathematics.* Reston, VA: Author.

National Education Goals Panel. (1995). *National Education Goals report: Building a nation of learners.* Washington, DC: Author.

National Institute for Literacy. (1997). *Literacy: It's a whole new world.* Washington, DC: Author.

National Reading Panel. (2000). *Teaching children to read: An evidence-based assessment of the scientific research literature on reading and its implication for reading instruction* (NIH Pub. No. 00-4754). Washington, DC: National Institute of Child Health and Human Development, National Institutes of Health.

Neely, M. D. (1995). The multiple effects of whole language, precision teaching and direct instruction on first-grade story-reading. *Effective School Practices, 14*(4), 33-42.

Neeper, R., Lahey, B. B., & Frick, P. J. (1990). *Comprehensive Behavior Rating Scale for Children.* San Antonio, TX: Psychological Corporation.

Nelson, N. W. (1989). Curriculum-based language assessment and intervention. *Language, Speech, and Hearing Services in Schools, 20,* 170-184.

Nelson, N. W. (1994). Curriculum-based assessment and intervention across the grades. In G. P. Wallach & K. G. Butler (Eds.), *Language learning disabilities in school-age children and adolescents* (pp. 104-131). Boston: Allyn & Bacon.

Neuhaus, G. F., & Swank, P. R. (2002). Understanding the relations between RAN letters subtest components and word reading in first-grade students. *Journal of Learning Disabilities, 35,* 158-174.

Newcomer, P. L. (1999). *Standardized Reading Inventory—2.* Austin, TX: PRO-ED.

Newcomer, P. L. (2001). *Diagnostic Achievement Battery—3.* Austin, TX: PRO-ED.

Newcomer, P. L., & Barenbaum, E. (2003). *Test of Phonological Awareness Skills.* Austin, TX: PRO-ED.

Newcomer, P. L., & Hammill, D. D. (1997). *Test of Language Development—Primary: 3.* Austin, TX: PRO-ED.

Newland, T. E. (1932). An analytical study of the development of illegibilities in handwriting from the lower grades to adulthood. *Journal of Educational Research, 26,* 249-258.

Newmann, F. M., & Wehlage, G. G. (1993). Five standards of authentic instruction. *Educational Leadership, 50*(7), 8-12.

Nicholls, J. G., McKenzie, M., & Shufro, J. (1994). Schoolwork, homework, life's work: The experience of students with and without learning disabilities. *Journal of Learning Disabilities, 27,* 562-569.

Ogle, D. (1986). K-W-L: A teaching model that develops active reading of expository text. *The Reading Teacher, 39,* 564-570.

Okolo, C. M., Bahr, C. M., & Rieth, H. J. (1993). A retrospective view of computer-based instruction. *Journal of Special Education Technology, 12,* 1-27.

Okolo, C. M., Cavalier, A. R., Ferretti, R. P., & MacArthur, C. A. (2000). Technology, literacy, and disabilities: A review of the research. In R. Gersten, E. P. Schiller, & S. Vaughn (Eds.), *Contemporary special education research: Synthesis of the knowledge base on critical instructional issues* (pp. 179-250). Mahwah, NJ: Erlbaum.

Olson, J. L., & Paltt, J. C. (2004). *Teaching children and adolescents with special needs* (4th ed.). Upper Saddle River, NJ: Merrill/Prentice Hall.

Olympia, D. E., Sheridan, S. M., & Jenson, W. R. (1994). Homework: A natural means of home-school collaboration. *School Psychology Quarterly, 9,* 60-80.

O'Melia, M. C., & Rosenberg, M. S. (1994). Effects of cooperative homework teams on the acquisition of mathematics skills by secondary students with mild disabilities. *Exceptional Children, 60,* 538-548.

O'Neil, J. (1994/1995). Can inclusion work? A conversation with Jim Kauffman and Mara Sapon-Shevin. *Educational Leadership, 52*(4), 7-11.

Orton Dyslexia Society. (1997). *Informed instruction for reading success: Foundations for teacher preparation* (A position paper of The Orton Dyslexia Society). Baltimore, MD: Author.

Orton, J. L. (1976). *A guide to teaching phonics.* Cambridge, MA: Educators Publishing Service.

Orton, S. T. (1937). *Reading, writing, and speech problems in children.* New York: W. W. Norton.

Osguthorpe, R. T., & Scruggs. T. E. (1986). Special education students as tutors: A review and analysis. *Remedial and Special Education, 7*(4), 15-26.

Outhred, L. (1989). Word processing: Its impact on children's writing. *Journal of Learning Disabilities, 22,* 262-264.

Owens, R. E., Jr. (1991). *Language disorders: A functional approach to assessment and intervention.* Boston: Allyn & Bacon.

Owens, R. E., Jr. (1994). Development of communication, language, and speech. In G. H. Shames, E. H. Wiig, & W. A. Secord (Eds.), *Human communication disorders: An introduction* (4th ed., pp. 36-81). Boston: Allyn & Bacon.

Paine, S. C., Radicchi, J., Rosellini, L. C., Deutchman, L., & Darch, C. B. (1983). *Structuring your classroom for academic success.* Champaign, IL: Research Press.

Palinscar, A. S., & Brown, A. L. (1986). Interactive teaching to promote independent learning from text. *The Reading Teacher, 39*(8), 771-777.

Palinscar, A. S., & Brown, A. L. (1988). Teaching and practicing thinking skills to promote comprehension in the context of group problem solving. *Remedial and Special Education, 9*(1), 53-59.

Palincsar, A. S., Magnusson, S. J., Collins, K. M., & Cutter, J. (2001). Making science accessible to all: Results of a design experiment in inclusive classrooms. *Learning Disability Quarterly, 24,* 15-32.

Palmer, S. B., & Wehmeyer, M. L. (2003). Promoting self-determination in early elementary school. *Remedial and Special Education, 24,* 115-126.

Paris, S. G., & Winograd, P. (1990). Promoting metacognition and motivation of exceptional children. *Remedial and Special Education, 11*(6), 7-15.

Parker, R. I., Tindal, G., & Hasbrouck, J. (1991). Progress monitoring with objective measures of writing performance for students with mild disabilities. *Exceptional Children, 58,* 61-73.

Parker, R. M. (2001). *Occupational Aptitude Survey and Interest Schedule—3.* Austin, TX: PRO-ED.

Parmar, R. S., Deluca, C. B., & Janczak, T. M. (1994). Investigations into the relationship between science and language abilities of students with mild disabilities. *Remedial and Special Education, 15*(2), 117-126.

Parnell, M. M., Amerman, J. D., & Harting, R. D. (1986). Responses of language-disordered children to whquestions. *Language, Speech, and Hearing Services in Schools, 17,* 95-106.

Patton, J. R. (1994). Practical recommendations for using homework with students with learning disabilities. *Journal of Learning Disabilities, 27,* 570-578.

Patton, J. R., & Polloway, E. A. (1992). Learning disabilities: The challenges of adulthood. *Journal of Learning Disabilities, 25,* 410-416.

Paulson, F. L., Paulson, P. R., &, Meyer, C. A. (1991). What makes a portfolio a portfolio? *Educational Leadership, 48*(5), 60-63.

Pavri, S., & Monda-Amaya, L. (2000). Loneliness and students with learning disabilities in inclusive classrooms: Self-perceptions, coping strategies, and preferred interventions. *Learning Disabilities Research & Practice, 15,* 22-33.

Pearl, R., Bryan, T., & Donahue, M. (1980). Learning disabled children's attributions for success and failure. *Learning Disability Quarterly, 3*(1), 3-9.

Peck, K. L., & Dorricott, D. (1994). Why use technology? *Educational Leadership, 51*(7), 11-14.

Pehrsson, R. S., & Denner, P. R. (1988). Semantic organizers: Implications for reading and writing. *Topics in Language Disorders, 8*(3), 24-32.

Phelps-Terasaki, D., & Phelps-Gunn, T. (1992). *Test of Pragmatic Language.* Austin, TX: PRO-ED.

Phelps-Terasaki, D., & Phelps-Gunn, T. (2000). *Teaching competence in written language* (2nd ed.). Austin, TX: PRO-ED.

Phillips, V., & McCullough, L. (1990). Consultation based programming: Instituting the collaborative ethic in schools. *Exceptional Children, 56,* 291-304.

Piaget, J. (1960). *The psychology of intelligence.* Paterson, NJ: Littlefield, Adams.

Piers, E. V., Harris, D. B., & Herzberg, D. S. (2002). *The Piers-Harris Children's Self-Concept Scale: Second Edition.* Los Angeles: Western Psychological Services.

Pinnell, G. S. (1990). Success for low achievers through Reading Recovery. *Educational Leadership, 48*(1), 17-21.

Pinnell, G. S., DeFord, D. E., & Lyons, C. A. (1988). *Reading Recovery: Early intervention for at-risk first graders.* Arlington, CA: Educational Research Services.

Polloway, E. A., Patton, J. R., & Serna, L. (2001). *Strategies for teaching learners with special needs* (7th ed.). Upper Saddle River, NJ: Merrill/Prentice Hall.

Polloway, E. A., & Polloway, C. H. (1981). Survival words for disabled readers. *Academic Therapy, 16,* 443-448.

Polloway, E. A., & Smith, T. E. C. (1992). *Language instruction for student with disabilities* (2nd ed.). Denver, CO: Love.

Polsgrove, L., & McNeil, M. (1989). The consultation process: Research and practice. *Remedial and Special Education, 10*(1), 6-13, 20.

Poplin, M. S. (1988). The reductionist fallacy in learning disabilities: Replicating the last by reducing the present. *Journal of Learning Disabilities, 21,* 389-400.

Porter, A. C., & Brophy, J. (1988). Synthesis of research on good teaching: Insights from the work of the Institute for Research on Teaching. *Educational Leadership, 45*(8), 74-85.

Poteet, J. A. (1980). Informal assessment of written expression. *Learning Disability Quarterly, 3*(4), 88-98.

Potter, M. L., & Wamre, H. M. (1990). Curriculum-based measurement and developmental reading models: Opportunities for cross-validation. *Exceptional Children, 57,* 16-25.

Prater, M. A. (1993). Teaching concepts: Procedures for the design and delivery of instruction. *Remedial and Special Education, 14*(5), 51-62.

Pray, B. S., Jr., Hall, C. W., & Markley, R. P. (1992). Social skills training: An analysis of social behaviors selected for individualized education programs. *Remedial and Special Education, 13*(5), 43-49.

Premack, D. (1959). Toward empirical behavior laws: I. Posotive reinforcement. *Psychological Review, 66,* 219-233.

Pressley, M., & Harris, K. R. (1990). What we really know about strategy instruction. *Educational Leadership, 48*(1), 31-34.

Pressley, M., Harris, K. R., & Marks, M. B. (1992). But good strategy instructors are constructivists! *Educational Psychology Review, 4,* 3-33.

Pressley, M., & Rankin, J. (1994). More about whole language methods of reading instruction for students at risk for early failure. *Learning Disabilities Research & Practice, 9,* 157-168.

Pugach, M. C., & Johnson, L. J. (1990). Meeting diverse needs through professional peer collaboration. In W. Stainback & S. Stainback (Eds.), *Support networks for inclusive schooling: Interdependent integrated education* (pp. 123-137). Baltimore, MD: Paul H. Brookes.

Pullen, P. C., & Justice, L. M. (2003). Enhancing phonological awareness, print awareness, and oral language skills in preschool children. *Intervention in School and Clinic, 39,* 87-98.

Pullen, P. C., Lane, H. B., & Hayes, L. F. (1999). *Jump start in reading: Assessments of early literacy development.* Gainesville, FL: Jump Start in Reading.

Put reading first: The research building blocks for teaching children to read. (2001). Jessup, MD: National Institute for Literacy.

Quay, H. C., & Peterson, D. R. (1987). *Revised Behavior Problem Checklist.* Coral Gables, FL: University of Miami.

Rademacher, J. A., Callahan, K., & Pederson-Seelye, V. A. (1998). How do your classroom rules measure up? Guidelines for developing an effective rule management routine. *Intervention in School and Clinic, 33,* 284-289.

Rademacher, J. A., Deshler, D. D., Schumaker, J. B., & Lenz, B. K. (1998). *The content enhancement series: The quality assignment routine.* Lawrence, KS: Edge Enterprises.

Rankin, J. L., Bruning, R. H., Timme, V. L., & Katkanant, C. (1993). Is writing affected by spelling performance and beliefs about spelling? *Applied Cognitive Psychology, 7,* 155-169.

Rankin-Erickson, J. L., & Pressley, M. (2000). A survey of instructional practices of special education teachers nominated as effective teachers of literacy. *Learning Disabilities Research & Practice, 15,* 206-225.

Rasinski, T. V. (1990). Investigating measures of reading of fluency. *Educational Research Quarterly, 14*(3), 34-44.

Raskind, M. H., Goldberg, R. J., Higins, E. L., & Herman, K. L. (1999). Patterns of change and predictors of success in individuals with learning disabilities: Results from a twenty-year longitudinal study. *Learning Disabilities Research & Practice, 14,* 35-49.

Rea, P. J., McNaughlin, V. L., & Walther-Thomas, C. (2002). Outcomes for students with learning disabilities in inclusive and pullout programs. *Exceptional Children, 68,* 203-222.

Reid, D. K., Hresko, W. P., & Hammill, D. D. (2001). *Test of Early Reading Ability—3.* Austin, TX: PRO-ED.

Reid, D. K., & Stone, C. A. (1991). Why is cognitive instruction effective? Underlying learning mechanisms. *Remedial and Special Education, 12*(3), 8-19.

Reiff, H. B., & deFur, S. (1992). Transition for youths with learning disabilities: A focus on developing independence. *Learning Disability Quarterly, 15,* 237-249.

Reiff, H. B., Ginsberg, R., & Gerber, P. J. (1995). New perspectives on teaching form successful adults with learning disabilities. *Remedial and Special Education, 16*(1), 29-37.

Reynolds, A. (1992). What is competent beginning teaching? A review of the literature. *Review of Educational Research, 62,* 1-35.

Reynolds, C. R., & Kamphaus, R. W. (1992). *Behavior Assessment System for Children.* Circle Pines, MN: American Guidance Service.

Reynolds, M. C. (1989). An historical perspective: The delivery of special education to mildly disabled and at-risk students. *Remedial and Special Education, 10*(6), 7-11.

Reynolds, M. C., Wang, M. C., & Walberg, H. J. (1987). The necessary restructuring of special and regular education. *Exceptional Children, 53,* 391-398.

Reynolds, M. C., Wang, M. C., & Walberg, H. J. (1992). The knowledge bases for special and general education. *Remedial and Special Education, 13*(5), 6-10, 33.

Rice, D., & Zigmond, N. (2000). Co-teaching in secondary schools: Teacher reports of developments in Australian and American classrooms. *Learning Disabilities Research and Practice, 15,* 190-197.

Rich, H. L., & Ross, S. M. (1989). Students' time on learning tasks in special education. *Exceptional Children, 55,* 508-515.

Riedlinger-Ryan, K. J., & Shewan, C. M. (1984). Comparison of auditory comprehension skills in learning-disabled and academically achieving adolescents. *Language, Speech, and Hearing Services in Schools, 15,* 127-136.

Rieth, H. J., & Evertson, C. (1988). Variables related to the effective instruction of difficult-to-teach children. *Focus on Exceptional Children, 20*(5), 1-8.

Rieth, H. J., & Polsgrove, L. (1994). Curriculum and instructional issues in teaching secondary students with learning disabilities. *Learning Disabilities Research & Practice, 9,* 118-126.

Rivera, D. M. (1993). Examining mathematics reform and the implications for students with mathematics disabilities. *Remedial and Special Education, 14*(6), 24-27.

Rivera, D. M., & Bryant, B. R. (1992). Mathematics instruction for students with special needs. *Intervention in School and Clinic, 28*(2), 71-86.

Rivera, D. M., & Smith, D. D. (1988). Using a demonstration strategy to teach midschool students with learning disabilities how to compute long division. *Journal of Learning Disabilities, 21,* 77-81.

Robertson, H. M. (1999). LEA and students with special needs. In O. G. Nelson & W. W. Linek (Eds.), *Practical classroom applications of language experience: Looking back, looking forward* (pp. 221-223). Boston: Allyn & Bacon.

Robinson, F. P. (1961). *Effective study.* New York: Harper & Row.

Robinson, G. E. (1990). Synthesis of research on class size. *Educational Leadership, 47*(7), 80-90.

Robinson, S. L., DePascale, C., & Roberts, F. C. (1989). Computer-delivered feedback in group-based instruction: Effects for learning disabled students in mathematics. *Learning Disabilities Focus, 5*(1), 28-35.

Roe, B. D., Stoodt-Hill, B. D., & Burns, P. C. (2004). *Secondary school literacy instruction: The content areas* (8th ed.). Boston: Houghton Mifflin.

Rojewski, J. W. (1992). Key components of model transition services for students with learning disabilities. *Learning*

Disability Quarterly, 15, 135-150.

Rojewski, J. W., Pollard, R. R., & Meers, G. D. (1990). Grading mainstreamed special needs students: Determining practices and attitudes of secondary vocational educators using a qualitative approach. *Remedial and Special Education, 12*(1), 7-15, 28.

Rooney, K. J., & Hallahan, D. P. (1985). Future direction for cognitive behavior modification research: The quest for cognitive change. *Remedial and Special Education, 6*(2), 46-51.

Rosenshine, B., & Meister, C. (1992). The use of scaffolds for teaching higher-level cognitive strategies. *Educational Leadership, 49*(7), 26-33.

Roth, F. P., & Clark, D. M. (1987). Symbolic play and social participation abilities of language-impaired and normally developing children. *Journal of Speech and Hearing Disorders, 52,* 17-29.

Ruhl, K. L., Hughes, C. A., & Gagar, A. (1990). Efficacy of the pause procedure for enhancing learning disabled and nondisabled college students' long- and short-term recall of facts presented through lecture. *Learning Disability Quarterly, 13,* 55-64.

Ruhl, K. L., & Suritsky, S. (1995). The pause procedure and/or an outline: Effect on immediate free recall and lecture notes taken by college students with learning disabilities. *Leadership Disability Quarterly, 18,* 2-11.

Rupley, W. H., & Blair, T. R. (1989). *Reading diagnosis and remediation: Classroom and clinic* (3rd ed.). Upper Saddle River, NJ: Merrill/Prentice Hall.

Russell, R., & Ginsberg, H. (1984). Cognitive analysis of children's mathematical difficulties. *Cognition and Instruction, 1,* 217-244.

Sabornie, D. J. (1994). Social-affective characteristics in early adolescents identified as learning disabled and nondisabled. *Learning Disability Quarterly, 17,* 268-279.

Salend, S. J. (2001). *Creating inclusive classrooms: Effective and reflective practices* (4th ed.). Upper Saddle River, NJ: Merrill/Prentice Hall.

Salend, S. J., & Fradd, S. (1986). Nationwide availability of services for limited English-proficient handicapped students. *The Journal of Special Education, 20,* 127-135.

Salend, S. J., & Garrick Duhaney, L. M. (2002). Grading students in inclusive settings. *Teaching Exceptional Children, 34*(3), 8-15.

Salend, S. J., Gordon, J., & Lopez-Vona, K. (2002). Evaluating cooperative teaching teams. *Intervention in School and Clinic, 37,* 195-200.

Salend, S. J., & Salinas, A. (2003). Language differences or learning difficulties: The work of the multidisciplinary team. *Teaching Exceptional Children, 35*(4), 36-43.

Salend, S. J., & Schliff, J. (1989). An examination of the homework practices of teachers of students with learning disabilities. *Journal of Learning Disabilities, 22,* 621-623.

Salvia, J., & Ysseldyke, J. E. (2004). *Assessment in special and inclusive education* (9th ed.). Boston: Houghton Mifflin.

Salvin, R. E., & Madden, N. A. (1989). What works for students at risk: A research synthesis. *Educational Leadership, 46*(5), 4-13.

Salvin, R. E., Madden, N. A., Dolan, L. J., Wasik, B. A., Ross, S. M., & Smith, L. J. (1994). "Whenever and wherever we choose": The replication of "Success for All." *Phi Delta Kappan, 75,* 639-647.

Samuels, S. J. (1997). The method of repeated readings. *The Reading Teacher, 50*, 376-381. (Originally published in 1979 in *The Reading Teacher, 32,* 403-408)

Sander, N. W. (1991). Effects of a self-management strategy on task-independent behaviors of adolescents with learning disabilities. *B. C. Journal of Special Education, 15,* 64-75.

Scheid, K. (1990). *Cognitive-based methods for teaching mathematics to students with learning problems.* Columbus, OH: LINC Resources.

Schloss, P. J., Smith, M. A., & Schloss, C. N. (1995). *Instructional methods for adolescents with learning and behavior problems* (2nd ed.). Boston: Allyn & Bacon.

Schumaker, J. B. (2003). *Fundamentals in the theme writing strategy.* Lawrence, KS: Edge Enterprises.

Schumaker, J. B., Bulgren, J. A., Deshler, D. D., & Lenz, B. K. (1998). *The content enhancement series: The recall enhancement routine.* Lawrence: University of Kanasa Center for Research on Learning.

Schumaker, J. B., & Deshler, D. D. (1984). Setting demand variables: A major factor in program planning for the learning disabled adolescent. *Topics in Language Disorders, 4*(4), 22-40.

Schumaker, J. B., Deshler, D. D., Alley, G. R., Warner, M. M., & Denton, P. H. (1982). Multipass: A learning strategy for improving reading comprehension. *Learning Disability Quarterly, 5,* 295-304.

Schumaker, J. B., Deshler, D. D., & McKnight, P. C. (1991). Teaching routines for content areas at the secondary level. In G. Stover, M. R. Shinn, & H. M. Walker (Eds.), *Interventions for achievement and behavior problems* (pp. 473-494). Washington, DC: National Association of School Psychologists.

Schumaker, J. B., & Hazel, J. S. (1984). Social skills assessment and training for the learning disabled: Who's on first and what's on second? Part II. *Journal of Learning Disabilities, 17,* 492-499.

Schumaker, J. B., & Lyerla, K. D. (1991). *The paragraph writing strategy.* Lawrence: University of Kansas Center for Research on Learning.

Schumaker, J. B., Nolan, S. M., & Deshler, D. D. (1985). *Learning strategies curriculum: The error monitoring strategy.* Lawrence: University of Kansas Center for Research on Learning.

Schumaker, J. B., & Sheldon, J. (1985). *The sentence writing strategy.* Lawrence: University of Kansas Center for Research on Learning.

Schumm, J. S., & Vaughn, S. (1995). Meaningful professional development in accommodating students with disabilities: Lessons learned. *Remedial and Special Education, 16,* 344-353.

Schumm, J. S., Vaughn, S., Haager, D., & Klinger, J. K. (1994). Literacy instruction for mainstreamed students: What suggestions are provided in basal reading series? *Remedial and Special Education 15,* 14-20.

Schumm, J. S., Vaughn, S., & Leavell, A. (1994). Planning pyramid: A framework for planning for diverse student needs during content area instruction. *The Reading Teacher, 47*(8), 608-615.

Schunk, D. H. (1981). Modeling and attributional effects on children's achievement: A self-efficacy analysis. *Journal of Educational Psychology, 73,* 93-105.

Schwabe, A. M., Olswang, L. B., & Kriegsmann, E. (1986). Requests for information: Linguistic, cognitive, pragmatic, and environmental variables. *Language, Speech, and Hearing Services in Schools, 17,* 38-55.

Scott, B. J., & Vitale, M. R. (2003). Teaching the writing process to students with LD. *Intervention in School and Clinic, 38,* 220-224.

Scott, B. J., Vitale, M. R., & Masten, W. G. (1998). Implementing instructional adaptations for students with disabilities in inclusive classrooms: A literature review. *Remedial and Special Education, 19,* 106-119.

Scott, S. S. (1994). Determining reasonable academic adjustments for college students with learning disabilities. *Journal of Learning Disabilities, 27,* 403-412.

Scruggs, T. E., & Mastropieri, M. A. (1994). The construction of scientific knowledge by students with mild disabilities. *The Journal of Special Education, 28,* 307-321.

Scruggs, T. E., & Richter, L. (1985). Tutoring learning disabled students: A critical review. *Learning Disability Quarterly, 8,* 286-298.

Seidenberg, P. L. (1988). Cognitive and academic instructional intervention for learning-disabled adolescents. *Topics in Language Disorders, 8*(3), 56-71.

Semel, E. M., & Wiig, E. H. (1982). *Clinical language intervention program.* San Antonio, TX: Psychological Corporation.

Semel, E. M., Wiig, E. H., & Secord, W. A. (1996). *Clinical Evaluation of Language Fundamentals—3. Screening Test.* San Antonio, TX: Psychological Corporation.

Semel, E. M., Wiig, E. H., & Secord, W. A. (2003). *Clinical Evaluation of Language Fundamentals—4.* San Antonio, TX: Psychological Corporation.

Shanker, A. (1994/1995). Full inclusion is neither free nor appropriate. *Educational Leadership, 52*(4), 18-21.

Shanker, J. L., & Ekwall, E. E. (2003). *Locating and correcting reading difficulties* (8th ed.). Upper Saddle River, NJ: Merrill/Prentice Hall.

Shany, M. T., & Biemiller, A. (1995). Assisted reading practice: Effects on performance for poor readers in grades 3 and 4. *Reading Research Quarterly, 30,* 382-395.

Shapiro, E. S. (1989). Teaching self-management skills to learning disabled adolescents. *Learning Disability Quarterly, 12,* 275-287.

Shaywitz, S. E., Fletcher, J. M., & Shaywitz, B. A. (1996). A conceptional model and definition of dyslexia: Findings emerging from the Connecticut Longitudinal Study. In J. H. Beitchman, N. Cohen, M. M. Konstantareas, & R. Tannock (Eds.), *Language, learning and behavior disorders* (pp. 199-223). New York: Cambridge University Press.

Shelton, T. L., Anastopoulos, A. D., & Linden, J. D. (19850. An attribution training program with learning disabled children. *Journal of Learning Disabilities, 18,* 261-265.

Shinn, A. R. (1989). *Curriculum-based measurement: Assessing special children.* New York: Guilford Press.

Shinn, M. R., Good, R. H., Knutson, N., Tilly, W. D., & Collins, V. L. (1992). Curriculum-based measurement of oral reading fluency: A confirmatory analysis of its relation to reading. *School Psychology Review, 21*(3), 459-479.

Shinn, M. R., Tindal, G., & Stein, S. (1988). Curriculum-based measurement and the identification of mildly handicapped students: A research review. *Professional School Psychology, 3*(1), 69-85.

Showers, B. (1985). Teachers coaching teachers. *Educational Leadership, 42*(7), 43-48.

Showers, B. (1990). Aiming for superior classroom instruction for all children: A comprehensive staff development model. *Remedial and Special Education, 11*(3), 35-39.

Sidman, M. T. (1979). The effects of group free time and contingency and individual free time contingency on spelling performance. *The Directive Teacher, 1,* 4-5.

Silvaroli, N. J., & Wheelock, W. H. (2001). *Classroom Reading Inventory* (9th ed.). DeSoto, TX: McGraw-Hill.

Simmons, D. C., Chard, D., & Kameenui, E. J. (1994). Translating research into basal reading programs. Applications of curriculum design. *LD Forum, 19*(4), 9-13.

Simmons, D. C., Fuchs, D., & Fuchs, L. S. (1991). Instructional and curricular requisites of mainstreamed students with learning disabilities. *Journal of Learning Disabilities, 24*, 354-360.

Simmons, D. C., Fuchs, D., Fuchs, L. S., Hodge, J. P., & Mathes, P. G. (1994). Importance of instructional complexity and role reciprocity to classwide peer tutoring. *Learning Disabilities Research & Practice, 9*, 203-212.

Simmons, D. C., Gunn, B., Smith, S. B., & Kameenui, E. J. (1994). Phonological awareness: Applications on instructional design. *LD Forum, 19*(2), 7-10.

Simon, C. S. (1985). *Communication skills and classroom success.* San Diego, CA: College-Hill Press.

Simonsen, F., & Gunter, L. (2001). Best practices in spelling instruction: A research summary. *Journal of Direct Instruction, 1*, 97-105.

Simpson, R. L. (1996). *Working with parents and families of exceptional children and youth* (3rd ed.). Austin, TX: PRO-ED.

Sindelar, P. T., Monda, L., & O'Shea, L. (1990). Effects of repeated readings on instructional- and mastery-level readers. *Journal of Educational Research, 83*, 220-226.

Sindelar, P. T., Smith, M., Harriman, N., Hale, R., & Wilson, R. (1986). Teacher effectiveness in special education programs. *The Journal of Special Education, 20*, 195-207.

Sitlington, P. L., Frank, A. R., & Carson, R. (1993). Adult adjustment among high school graduates with mild disabilities. *Exceptional Children, 59*, 221-233.

Skinner, B. F. (1957). *Verbal behavior.* New York: Appleton-Century-Crofts.

Slavin, R. E. (1978). Student teams and achievement divisions. *Journal of Research and Development in Education, 12*, 39-49.

Slavin, R. E. (1986). *Using student team learning* (3rd ed.). Baltimore, MD: Center for Research on Elementary and Middle School, Johns Hopkins University.

Slavin, R. E. (1988). Synthesis of research on grouping in elementary and secondary schools. *Educational Leadership, 46*(1), 67-77.

Slavin, R. E. (1989/1990). Research on cooperative learning: Consensus and controversy. *Educational Leadership, 47*(4), 52-54.

Slavin, R. E. (1991). Synthesis of research on cooperative learning. *Educational Leadership, 48*(5), 71-82.

Slavin, R. E., & Madden, N. A. (1989). What works for students at risk: A research synthesis. *Educational Leadership, 46*(5), 4-13.

Slavin, R. E., Madden, N. A., Dolan, L. J., Wasik, B. A., Ross, S., & Smith, L. (1994). *Success for All: Longitudinal effects of systemic school-by-school reform in seven districts.* Paper presented at the meeting of the American Educational Research Association, New Orleans, LA.

Slavin, R. E., Madden, N. A., Karweit, N. L., Dolan, L. J., & Wasik, B. A. (1992). *Success for All: A relentless approach to prevention and early intervention in elementary schools.* Arlington, CA: Educational Research Service.

Slavin, R. E., Madden, N. A., & Stevens, R. J. (1990). Cooperative learning models for the 3 R's. *Educational Leadership, 47*(4), 22-28.

Slavin, R. E., Stevens, R. J., & Madden, N. A. (1988). Accommodating student diversity in reading and writing instruction: A cooperative learning approach. *Remedial and Special Education, 9*(1), 60-66.

Smith, C. R. (1995, March). *Developmental progression of phonological segmentation skills.* Paper presented at the Learning Disabilities Association International Conference, Orlando, FL.

Smith, C. R. (1998). *Learning disabilities: The interaction of learner, task, and setting* (4th ed.). Boston: Allyn & Bacon.

Smith, D. D. (1981). *Teaching the learning disabled.* Upper Saddle River, NJ: Prentice Hall.

Smith, D. D., & Lovitt, T. C. (1982). *The computational arithmetic program.* Austin, TX: PRO-ED.

Smith, D. D., & Luckasson, R. (1992). *Introduction to special education: Teaching in an age of challenge.* Boston: Allyn & Bacon.

Smyth, J. (1989). Developing and sustaining critical reflection in teacher education. *Journal of Teacher Education, 40*(2), 2-9.

Snow, C. E., Burns, M. S., & Griffin, P. (Eds.). (1998). *Preventing reading difficulties in young children.* Washington, DC: National Academy Press.

Snyder, L. S. (1986). Developmental language disorders: Elementary school age. In J. M. Costello & A. L. Holland (Eds.), *Handbook of speech and language disorders* (pp. 617-700). San Diego, CA: College-Hill Press.

Sparrow, S. S., Balla, D. A., & Cicchetti, D. V. (1984). *The Vineland Adaptive Behavior Scale.* Circle Pines, MN: American Guidance Service.

Spekman, N. J., Goldberg, R. J., & Herman, K. L. (1992). Learning disabled children grow up: A search for factors related to success in the young adult years. *Learning Disabilities Research & Practice, 7,* 161-170.

Spekman, N. J., Goldberg, R. J., & Herman, K. L. (1993). An exploration of risk and resilience in the lives of individuals with learning disabilities. *Learning Disabilities Research & Practice, 8,* 11-18.

Spekman, N. J., Herman, K. L., & Vogel, S. A. (1993). Risk and resilience in individuals with learning disabilities: A challenge to the field. *Learning Disabilities Research & Practice, 8,* 59-65.

Spillane, S. A., McGuire, J. M., & Norlander, K. A. (1992). Undergraduate admission policies, practices, and procedures for applications with learning disabilities. *Journal of Learning Disabilities, 25,* 665-670, 677.

Sprick, R. S. (1981). *The solution book: A guide to classroom discipline.* DeSoto, TX: SRA.

Sprick, R. S. (1985). *Discipline in the secondary classroom: A problem-by-problem survival guide.* West Nyack, NY: The Center for Applied Research in Education.

Sprick, R. S. (1991). *Discipline and responsibility: A team approach.* Eugene, OR: Teaching Strategies.

Sprick, R. S., Garrison, M., & Howard, L. M. (1998). *CHAMPs: A proactive and positive approach to classroom management.* Longmont, CO: Sopris West.

Sprick, R. S., & Howard, L. M. (1995). *The teacher's encyclopedia of behavior management: 100 problems/500 plans.* Longmont, CO: Sopris West.

Sridhar, D., & Vaughn, S. (2000). Bibliotherapy for all Enhancing reading comprehension, self-concept, and behavior. *Teaching Exceptional Children, 33*(2), 74-82.

Staats, A. (1971). Linguistic-mentalistic theory versus an explanatory S-R learning theory of language development. In D. I. Slobin (Ed.), *The ontogenesis of grammar.* New York: Academic Press.

Stahl, S. A., & Miller, P. D. (1989). Whole language and language experience approaches for beginning reading: A quantitative research synthesis. *Review of Educational Research, 59,* 87-116.

Stahl, S. A., Osborn, J., & Lehr, F. (1990). *Beginning to read: Thinking and learning about print—A summary.* Urbana-Champaign, IL: University of Illinois Center for the Study of Reading.

Stainback, S., & Stainback, W. (1987). Integration versus cooperation: A commentary on "Educating children with learning problems: A shared responsibility." *Exceptional Children, 54,* 66-68.

Stainback, S., Stainback, W., East, K., & Sapon-Shevin, M. (1994). A commentary on inclusion and the development of a positive self-identity by people with disabilities. *Exceptional Children, 60,* 486-490.

Stanford Writing Assessment Program—Third Edition. (1996). San Antonio, TX: Harcourt Educational Measurement.

Stanovich, K. E. (1994). Constructivism in reading education. *The Journal of Special Education, 28,* 259-274.

Starlin, C. M., & Starlin, A. (1973a). *Guides to decision making in computational math.* Bemidji, MN: Unique Curriculums Unlimited.

Starlin, C. M., & Starlin, A. (1973b). *Guides to decision making in spelling.* Bemidji, MN: Unique Curriculums Unlimited.

Stauffer, R. G. (1970). *The language-experience approach to the teaching of reading.* New York: Harper and Row.

Stein, M., & Dixon, R. (2001). What research tells us about writing instruction for students in the middle grades. *Journal of Direct Instruction, 1,* 107-116.

Stein, M., Silbert, J., & Carnine, D. (1997). *Designing effective mathematics instruction: A direct instruction approach* (3rd ed.). Upper Saddle River, NJ: Merrill/Prentice Hall.

Stempel-Mathey, L., & Wolf, B. J. (1999). Teaching handwriting. In J. R. Brish (Ed.), *Multisensory teaching of basic language skills* (pp. 257-280). Baltimore: Paul H. Brookes.

Stetson, E. G., & Stetson, R. (2001). *Stetson spelling program: Strategies that work* (2nd ed.). Austin, TX: PRO-ED.

Stewart, S. R., & Cegelka, P. T. (1995). Teaching reading and spelling. In P. T. Cegelka & W. H. Berdine, *Effective instruction for students with learning difficulties* (pp. 265-301). Boston: Allyn & Bacon.

Stires, S. (Ed.). (1991). *With promise: Redefining reading and writing for "special students"*. Portsmouth, NH: Heinemann.

Stokes, T. F., & Baer, D. M. (1977). An implicit technology of generalization. *Journal of Applied Behavior Analysis, 10,* 349-367.

Stowitschek, C. E., & Jobes, N. K. (1977). Getting the bugs out of spelling—or an alternative to the spelling bee. *Teaching Exceptional Children, 9,* 74-76.

Strauss, A., & Lehitnen, L. (1947). *Psychopathology and education of the brain-injured child.* New York: Grune & Stratton.

Stuckless, E. R., & Marks, C. H. (1966). *Assessment of the written language of deaf students* (USOE Cooperative Research Project 2544). Pittsburgh, PA: University of Pittsburgh.

Sugai, G., & Fuller, M. (1991). A decision model for social skills curriculum analysis. *Remedial and Special Education, 12*(4), 33-42.

Swanson, H. L. (1999a). Instructional components that predict treatment outcomes for students with learning disabilities: Support for a combined strategy and direct instruction model. *Learning Disabilities Research & Practice, 14,* 129-140.

Swanson, H. L. (1999b). Reading research for students with LD: A meta-analysis of intervention outcomes. *Journal of*

Learning Disabilities, 32, 504-532.

Tappenden, V. J. (1983). Analysis of the learning styles of vocational education and nonvocational education students in eleventh and twelfth grades form rural, urban, and suburban locations in Ohio. *Dissertation Abstracts International, 44,* 1326a.

Taylor, K. K., & Kidder, E. B. (1988). The development of spelling skills: From the first grade through eighth grade. *Written Communication, 5,* 222-244.

Templeton, S. (1986). Synthesis of research on the learning and teaching of spelling. *Educational Leadership, 43*(6), 73-78.

Templin, E. (1960). Research and comment: Handwriting, the neglected R. *Elementary English, 37,* 386-389.

Terra Nova, The Second Edition. (2000). Monterey, CA: CTB/McGraw-Hill.

Thomas, S. S., Englert, C. S., & Gregg, S. (1987). An analysis of errors and strategies in the expository writing of learning disabled students. *Remedial and Special Education, 8*(1), 21-30, 46.

Thornton, C. A., & Toohey, M. A. (1982-1985). *MATH FACT: An alternative program for children with special needs (A seried of four kits: Basic Addition Facts: Basic Division Facts).* Brisbane, Australia: Queensland Division of Special Education.

Thornton, C. A., & Toohey, M. A. (1985). Basic math facts: Guidelines for teaching and learning. *Learning Disabilities Focus, 1,* 44-57.

Thorpe, H. W., & Borden, K. F. (1985). The effect of multisensory instruction upon the on-task behavior and word reading accuracy of learning disabled students. *Journal of Learning Disabilities, 18,* 279-286.

Thureber, D. N. (1999). *D'Nealian handwriting* (Rev. ed.). Reading, MA: Scott, Foresman—Addison Wesley.

Thurlow, M. L., Ysseldyke, J. E., & Silverstein, B. (1995). Testing accommodations for students with disabilities. *Remedial and Special Education, 16*(5), 260-270.

Tiegerman, E., & Siperstein, M. (1984). Individual patterns of interaction in the mother-child dyad: Implications for the language-disordered child. *Topics in Language Disorders, 4,* 50-62.

Tindal, G. A., & Marston, D. B. (1990). *Classroom-based assessment: Evaluating instructional outcomes.* Upper Saddle River, NJ: Merrill/Prentice Hall.

Tindal, G. A., Shinn, M. R., & Rodden-Nord, K. (1990). Contextually based school consultation: Influential variables. *Exceptional Children, 56,* 324-336.

Tompkins, G. E. (2002). *Language arts: Content and teaching strategies* (5th ed.). Upper Saddle River, NJ: Merrill/Prentice Hall.

Torgesen, J. K. (1990). Studies of children with learning disabilities who perform poorly on memory span tasks. In J. K. Torgesen (Ed.), *Cognitive and behavioral characteristics of children with learning disabilities* (pp. 41-58). Austin, TX: PRO-ED.

Torgesen, J. K., & Barker, T. A. (1995). Computers as aids in the prevention and remediation of reading disabilities. *Learning Disability Quarterly, 18,* 76-87.

Torgesen, J. K., & Bryant, B. R. (1994). *Phonological awareness training for reading.* Austin, TX: PRO-ED.

Torgesen, J. K., Rashotte, C. A., & Alexander, A. W. (2001). Principles of fluency instruction in reading: Relationships with established empirical outcomes. In M. Wolf (Ed.), *Dyslexia, fluency, and the brain.* Parkton, MD: York Press.

Torgesen, J. K., & Wagner, R. K. (1998). Alternative diagnostic approaches for specific developmental reading disabilities. *Learning Disabilities Research & Practice, 13,* 220-232.

Torgesen, J. K., Wagner, R. K., & Rashotte, C. A. (1994). Longitudinal studies of phonological processing and reading. *Journal of Learning Disabilities, 27,* 276-286.

Torgesen, J. K., Wagner, R. K., Rashotte, C. A., Alexander, A. W., & Conway, T. (1997). Preventive and remedial interventions for children with severe reading disabilities. *Learning Disabilities: A Multidisciplinary Journal, 8*(1), 51-61.

Uhry, J. K. (1999). Phonological awareness and reading: Research, activities and instructional materials. In J. R. Birsh (Ed.), *Multisensory teaching of basic language skills* (pp. 63-84). Baltimore, MD: Paul H. Brookes.

U.S. Department of Education. (1994). *National transition longitudinal study: Postschool outcomes of students with disabilities* (Contrast No. 300-87-0054). Washington, DC: U.S. Department of Education.

U.S. Department of Education. (2002). *Twenty-fourth annual report to Congress on the implementation of the Individuals with Disabilities Education Act.* Washington, DC: Author.

United States General Accounting Office. (1995). *School safety: Promising practices for addressing school violence.* (GAO/HEHS-95-106). Washington, DC: Author.

Utley, C. A., Mortweet, S. L., & Greenwood, C. R. (1997). Peer-mediated instruction and interventions. *Focus on Exceptional Children, 29*(5), 1-23.

Valencia, S. (1990). A portfolio approach to classroom reading assessment: The whys, whats, and hows. *The Reading Teacher, 43,* 338-340.

Van Reusen, A. K., & Bos, C. S. (1994). Facilitating student participation in individualized education programs through motivation strategy instruction. *Exceptional Children, 60,* 466-475.

Van Reusen, A. K., Bos, C. S., Schumaker, J. B., & Deshler, D. D. (2002). *The self-advocacy strategy for enhancing student motivation and self-determination* (Rev. ed.). Lawrence, KS: Edge Enterprises.

Vaughn, S., Gersten, R., & Chard, D. J. (2000). The underlying message in LD intervention research: Findings from research syntheses. *Exceptional Children, 67,* 99-114.

Vaughn, S., & Klingner, J. K. (1998). Students' perceptions of inclusion and resource room settings. *The Journal of Special Education, 32,* 79-88.

Wagner, M. (1990, April). *The school programs and school performance of secondary students classified as learning disabled: Findings from the national longitudinal transition study of special education students.* Paper presented at the meetings of Division G, American Educational Research Association, Boston.

Wagner, R. K., & Torgesen, J. K. (1987). The nature of phonological processing and its casual role in the acquisition of reading skills. *Psychological Bulletin, 101,* 192-212.

Wagner, R. K., Torgesen, J. K., & Rashotte, C. (1999). *Comprehensive Test of Phonological Processing.* Austin, TX: PRO-ED.

Waksman, S., & Waksman, D. D. (1998). *The Waksman social skills curriculum for adolescents: An assertive behavior program* (4th ed.). Austin, TX: PRO-ED.

Walker, H. M., McCommell, S., Holmes, D., Todis, B., Walker, J., & Golden, N. (1983). *The Walker social skills curriculum: The ACCEPTS program.* Austin, TX: PRO-ED.

Walker, H. M., Todis, B., Holmes, D., & Horton, G. (1988). *The Walker special skills curriculum: The ACCESS program.* Austin, TX: PRO-ED.

Wallace, G., & Hammill, D. D. (2002). *Comprehensive Receptive and Expressive Vocabulary Test—2.* Austin, TX: PRO-ED.

Wallace, G., & Kauffman, J. M. (1986). *Teaching students with learning and behavior problems* (3rd ed.). Upper Saddle River, NJ: Merrill/Prentice Hall.

Wallace, G., Larsen, S. C., & Elksnin, L. K. (1992). *Educational assessment of learning problems: Testing for teaching* (2nd ed.). Boston: Allyn & Bacon.

Wallach, G. (1989). Current research as a map for language intervention in the school years. *Seminars in Speech and Language, 10,* 205-217.

Walther-Thomas, C. S. (1997). Co-teaching experiences: The benefits and problems that teachers and principals report over time. *Journal of Learning Disabilities, 30,* 395-407.

Wang, M. C. (1987). Toward achieving educational excellence for all students: Program design and instructional outcomes. *Remedial and Special Education, 8*(3), 25-34.

Wang, M. C., Haertel, G. D., & Walberg, H. J. (1993/1994). Synthesis of research: What helps students learn? *Educational Leadership, 51*(4), 74-79.

Wang, M. C., Reynolds, M. C., & Walberg, H. J. (1986). Rethinking special education. *Educational Leadership, 44*(1), 26-31.

Wang, M. C., & Zollers, N. J. (1990). Adaptive instruction: An alternative service delivery approach. *Remedial and Special Education, 11*(1), 7-21.

Warden, M. R., & Hutchinson, T. A. (1992). *Writing Process Test.* Austin, TX: PRO-ED.

Warren, S. F., & Yoder, P. J. (1994). Communication and language intervention: Why a constructivist approach is insufficient. *The Journal of Special Education, 28,* 248-258.

Watanabe, A. (1991). *The effects of a mathematical word problem solving strategy on problem solving performance by middle school students with mild disabilities.* Unpublished doctoral dissertation, University of Florida, Gainesville.

Wehman, P. (1993). *Life beyond the classroom: Transition services for youth with disabilities.* Boston: Pail H. Brookes.

Wehmeyer, M. L., Palmer, S. B., Agran, M., Mithaug, D. E., & Martin, J. E. (2000). Promoting casual agency: The self-determined learning model of instruction. *Exceptional Children, 66,* 439-453.

Weiner, E. S. (1980). Diagnostic evaluation of writing skills. *Journal of Leaning Disabilities, 13,* 48-53.

Weinstein, G., & Cooke, N. L. (1992). The effects of two repeated reading interventions on generalization of fluency. *Learning Disability Quarterly, 15,* 21-28.

Weinstein, R. S. (1982). *Expectations in the classroom: The student perspective.* Invited address, Annual Conference of the American Educational Research Association, New York.

Weintraub, N., & Graham, S. (1998). Writing legibly and quickly: A study of children's ability to adjust their handwriting to meet common classroom demands. *Learning Disabilities Research & Practice, 13,* 146-152.

Welch, M. (1992). The PLEASE strategy: A metacognitive learning strategy for improving the paragraph writing of students with mild learning disabilities. *Learning Disability Quarterly, 15,* 119-128.

Weller, C., Watteyne, L., Herbert, M., & Crelly, C. (1994). Adaptive behavior of adults and young adults with learning disabilities. *Learning Disability Quarterly, 17,* 282-295.

West, J. F., & Cannon, G. S. (1998). Essential collaborative consultation competencies for regular and special educators. *Journal of Learning Disabilities, 21,* 56-63, 28.

West, J. F., & Idol, L. (1990). Collaborative consultation in the education of mildly handicapped and at-risk students. *Remedial and Special Education, 11*(1), 22-31.

West, J. F., Idol, L., & Cannon, G. (1988). *Collaboration in the schools: Communicating, interacting, and problem solving.* Austin, TX: PRO-ED.

Westerman, G. S. (1971). *Spelling & Writing.* San Rafael, CA: Dimensions.

Western, R. D. (1977). Case against cursive script. *Elementary School Journal, 78,* 1-3.

Whelan, R. J. (1996). Classroom management. In E. L. Meyen, G. A. Vergason, & R. J. Whelan (Eds.), *Strategies for teaching exceptional children in inclusive settings* (pp. 303-310). Denver, CO: Love.

White, O. R. (1986). Precision teaching—Precision learning. *Exceptional Children, 52,* 522-534.

White, W. J. (1992). The postschool adjustment of persons with learning disabilities: Current status and future projections. *Journal of Learning Disabilities, 25,* 448-456.

Wiederholt, J. L., & Bryant, B. R. (2001). *Gray Oral Reading Test—Fourth Edition.* Austin, TX: PRO-ED.

Wiederholt, J. L., & Dunn, C. (1995). Transition from school to independent living. In D. D. Hammill & N. R. Bartel, *Teaching students with learning and behavior problems: Managing mild-to-moderate difficulties in resource and inclusive settings* (6th ed., pp. 381-417). Austin, TX: PRO-ED.

Wiederholt, J. L., & Wolffe, K. E. (1990). Preparing problem learners for independent living. In D. D. Hammill & N. R. Bartel, *Teaching students with learning and behavior problems* (5th ed., pp. 451-501). Boston: Allyn & Bacon.

Wiig, E. H. (1990). Linguistic transitions and learning disabilities: A strategic learning perspective. *Learning Disability Quarterly, 13,* 128-140.

Wiig, E. H., & Secord, W. (1992). *Test of Word Knowledge.* San Antonio, TX: Psychological Corporation.

Wiig, E. H., & Secord, W. (1994). Language disabilities in school-age children and youth. In G. H. Shames, E. H. Wiig, & W. A. Secord (Eds.), *Human communication disorders: An introduction* (4th ed., pp. 212-247). Boston: Allyn & Bacon.

Wiig, E. H., & Semel, E. M. (1976). *Language disabilities in children and adolescents.* Boston: Allyn & Bacon.

Wiig, E. H., & Semel, E. M. (1984). *Language assessment and intervention for the learning disabled* (2nd ed.). Boston: Allyn & Bacon.

Wilcox, M. J. (1986). Development language disorders: Preschoolers. In J. M. Costello & A. L. Holland (Eds.), *Handbook of speech and language disorders* (pp. 643-670). San Diego, CA: College-Hill Press.

Wilkinson, G. S. (1994). *Wide Range Achievement Test—3.* Austin, TX: PRO-ED.

Will, M. C. (1986). Educating children with learning problems: A shared responsibility. *Exceptional Children, 52,* 411-415.

Wilmore, E. L. (1994/1995). When your child is special. *Educational Leadership, 52*(4), 60-62.

Wilmore, C. L., & Hughes, M. (1994). Involving linguistically diverse parents. *LD Forum, 13*(3), 25-27.

Wilson, R., Majsterek, D., & Jones, E. D. (1995). Mathematics instruction. In P. J. Schloss, M. A. Smith, & C. N. Schloss, *Instructional methods for adolescents with learning and behavior problems* (2nd ed., pp. 255-286).

Boston: Allyn & Bacon.

Wirtz, C. L., Gardner, R., III, Weber, K., & Bullara, D. (1996). Using self-correction to improve the spelling performance of low-achieving third graders. *Remedial and Special Education, 17,* 48-58.

Witte, R. H., Phillips, L., & Kakela, M. (1998). Job satisfaction of college graduates with learning disabilities. *Journal of Learning Disabilities, 31,* 259-265.

Witzel, B. S., & Mercer, C. D. (2003). Using rewards to teach students with disabilities: Implications for motivation. *Remedial and Special Education, 24,* 88-96.

Witzel, B. S., Mercer, C. D., & Miller, M. D. (2003). Teaching algebra to students with learning difficulties: An investigation of an explicit instruction model. *Learning Disabilities Research & Practice, 18,* 121-131.

Witzel, B. S., Smith, S. W., & Brownell, M. T. (2001). How can I help students with learning disabilities in algebra? *Intervention in School and Clinic, 37,* 101-104.

Wong, B. Y. L. (1986). A cognitive approach to teaching spelling. *Exceptional Children, 53,* 169-173.

Wong, B. Y. L. (1992). On cognitive process-based instruction: An introduction. *Journal of Learning Disabilities, 25,* 150-152, 172.

Wood, B. S. (1976). *Children and communications: Verbal and nonverbal language development.* Upper Saddle River, NJ: Prentice Hall.

Wood, J. W. (2002). *Adapting instruction to accommodate students in inclusive settings* (4th ed.). Upper Saddle River, NJ: Merrill/Prentice Hall.

Wood, M. M., & Long, N. J. (1991). *Life space intervention: Talking with children and youth in crisis.* Austin, TX: PRO-ED.

Woods, M. L., & Moe, A. J. (2003). *Analytical Reading Inventory* (7th ed.). Upper Saddle River, NJ: Merrill/Prentice Hall.

Woodcock, R. W., McGraw, K. S., & Mather, N. (2001). *Woodcock-Johnson III Tests of Achievement.* Itasca, IL: Riverside.

Woodward, J. (1991). Procedural knowledge in mathematics: The role of the curriculum. *Journal of Learning Disabilities, 24,* 242-251.

Woodward, J., & Carnine, D. (1988). Antecedent knowledge and intelligent computer-assisted instruction. *Journal of Learning Disabilities, 21,* 131-139.

Woodward, J., & Gersten, R. (1992). Innovative technology for secondary students with learning disabilities. *Exceptional Children, 58,* 407-421.

Woodward, J., & Montague, M. (2002). Meeting the challenge of mathematics reform for students with LD. *The Journal of Special Education, 36,* 89-101.

Worthen, B. R. (1993). Critical issues that will determine the future of alternative assessment. *Phi Delta Kappan, 74,* 444-454.

Xin, Y. P., & Kitendra, A. K. (1999). The effects of instruction in solving mathematical word problems for students with learning problems: A meta-analysis. *The Journal of Special Education, 32,* 207-225.

Yell, M. L. (1995). Least restrictive environment, inclusion, and students with disabilities: A legal analysis. *The Journal of Special Education, 28,* 389-404.

Yoder, P. J., Kaiser, A., & Alpert, C. (1991). An exploratory study of the interaction between language teaching methods and child characteristics. *Journal of Speech and Hearing Research, 34,* 155-167.

Ysseldyke, J. E., & Algozzine, B. (1995). *Special education: A practical approach for teachers* (3rd ed.). Boston: Houghton Mifflin.

Ysseldyke, J. E., & Chistenson, S. L. (2002). *Functional Assessment of Academic Behavior: Creating successful learning environments.* Longmont, CO: Sopris West.

Ysseldyke, J. E., Chistenson, S. L., & Kovaleski, J. F. (1994). Identifying students' instructional needs in the context of classroom and home environments. *Teaching Exceptional Children, 26*(3), 37-41.

Zawaiza, T. R. W., & Gerber, M. M. (1993). Effects of explicit instruction on math word-problem solving by community college students with learning disabilities. *Learning Disability Quarterly, 16,* 64-79.

Zigmond, N. (1990). Rethinking secondary school programs for students with learning disabilities. *Focus on Exceptional Children, 23*(1), 1-24.

찾아보기

인명

내용

저자 소개

Cecil D. Mercer는 미국 플로리다 대학교 사범대학의 명예교수다. 1974년 미국 버지니아 대학교 대학원 특수교육학과에서 교육학박사 학위를 취득하였고, 이후 특수아동의 교육과 관련하여 수많은 논문과 저서를 남겼다. Mercer 교수의 주요 업적으로는 학습장애(*Students with Learning Disabilities*)와 수학전략 시리즈(*Strategic Math Series*), 그레이트 립스 읽기 프로그램(*Great Leaps Reading Program*), 그레이트 립스 수학 프로그램(*Great Leaps Math Program*, 공저) 등이 있다. Mercer 교수는 공 · 사립 학교의 교사교육 및 학급활동에 참여함으로써 특수아동의 교육 프로그램에 깊이 관여하고 있으며, 여러 전국단위 학회의 기조연설자로 활약하고 있다. Mercer 교수는 국제난독증협회 및 학습장애협회 미국 전문가회의 이사다. 그는 플로리다 대학교 사범대학 올해의 교수상을 3회 수상했으며 플로리다 대학교 대학원 최우수지도교수상을 받았다.

Ann R. Mercer는 정서 및 학습문제를 가진 초 · 중등 학생들을 가르치던 전직교사로, 현재 플로리다 주 게인스빌에서 교육진단가로 활약하고 있다. Mercer 여사는 교실에서 사용 가능한 자기 교정적 학습자료(*Self-Correcting Learning Materials for the Classroom*)뿐 아니라 특수교육 분야의 여러 논문과 저서의 공저자이기도 하다.

역자 소개

서선진 이화여자대학교 사범대학 사회생활학과 졸업
이화여자대학교 대학원 특수교육학과(석사)
미국 플로리다 대학교 대학원 특수교육학과(철학박사)
현 건양대학교 중등특수교육과 교수

〈논문〉
학습문제아동의 수업참여와 주의집중 증진 방안에 대한 고찰: 통합학급의 국어 읽기수업을 중심으로
통합학급 내 학습문제를 보이는 아동을 위한 평가와 교수: 읽기이해를 중심으로
Beginning special education teachers' classroom reading instruction: practices that engage elementary students with learning disabilities
Special education teacher supply and teacher quality: The problems and what states, districts, and schools can do about them

안재정 이화여자대학교 특수교육학과 졸업
이화여자대학교 대학원 특수교육학과 수료
미국 애리조나 주립대학교 대학원 특수교육학과(석사)
백석대학교 유아특수교육과 겸임교수
현 청원언어인지학습연구소장

〈역서〉
통합교육의 실천과 학교개혁(파라다이스복지재단, 2003)

〈논문〉
The Effects of Cooperative Learning in Computer-Assisted Instruction

이금자 이화여자대학교 특수교육학과 졸업
이화여자대학교 대학원 특수교육학과(석사)
현 호산나대학 교양학과장

〈논문〉
자기교수전략이 주의집중장애를 지닌 초등 저학년 수학장애학생의 산술능력과 주의력결핍행동에 미치는 효과

학습문제가 있는 학생들을 위한

특수교육 교수방법

Teaching Students with Learning Problems, 7th ed.

2010년 3월 19일 1판 1쇄 발행
2011년 3월 25일 1판 2쇄 발행

지은이 • Cecil D. Mercer · Ann R. Mercer
옮긴이 • 서선진 · 안재정 · 이금자
펴낸이 • 김진환
펴낸곳 • (주) 학지사
121-837 서울시 마포구 서교동 352-29 마인드월드빌딩 5층
대표전화 • 02-330-5114 팩스 • 02-324-2345
등록번호 • 제313-2006-000265호

홈페이지 • http://www.hakjisa.co.kr
커뮤니티 • http://cafe.naver.com/hakjisa

ISBN 978-89-6330-275-1 93370

정가 25,000원

역자와의 협약으로 인지는 생략합니다.
파본은 구입처에서 교환해 드립니다.

부록은 학지사 홈페이지 회원가입 후 부록자료실에서 다운로드 가능합니다.